HEYNE BIOGRAPHIEN

Paul Guth

MAZARIN

Frankreichs Aufstieg zur Weltmacht

Wilhelm Heyne Verlag
München

Genehmigte, erweiterte Taschenbuchausgabe

Printed in Germany 1976
Erweiterung der Zeittafel, Erweiterung der Bibliographie:
Dr. Hubert Fritz
Umschlagfoto: Photographie Giraudon, Paris
Bildnachweis: Archiv für Kunst und Geschichte (8)
Umschlaggestaltung: Atelier Heinrichs, München
Gesamtherstellung: Presse-Druck, Augsburg

ISBN 3-453-55029-3

ERSTER TEIL

Von der Wiege bis zum Kardinalshut

Eine Wolke verschleiert die Ursprünge der Familie Mazarin. In den Mazarinaden, den späteren Spottliedern, werden die Mazarins als eine Sippe von Dienern und Knechten besungen. 1649 verhöhnt sie der verkrüppelte Scarron: »Der Name Mazarin kommt vom Tal Mazare. Wie es in Frankreich Leute von niederer Geburt zu tun pflegen, wo sich ein Mann, der aus der Touraine kommt, Tourangeau nennt, ein Mann aus Maine Manceau, so nennen sich die Mazarins nach Mazare.«

Und wie ein Echo hört sich an, was der bissige Saint-Simon sagt: »Nie hat man weiter zurückgehen können als bis zum Vater der berüchtigten Eminenz; auch weiß man nicht, wo sie geboren ist . . . Man weiß nur, daß die Familie aus Sizilien stammt. Es sollen Bauern aus dem Mazare-Tal sein, die den Namen Mazarin angenommen haben, so wie es auch in Frankreich Leute gibt, die sich Champagne oder Bourguignon nennen.« Die Gegner des Kardinals machen sich ein Vergnügen daraus, seinen Purpur in den Schmutz zu ziehen. Sizilien, das Land der Briganten, kommt ihnen als Geburtsstätte Mazarins sehr gelegen. »Ein Brigant aus Sizilien«, der gekommen ist, Frankreich auszunehmen.

Die Ahnenforscher gelangen bis zum Großvater des Kardinals mit dem Vornamen Giovanni Battista, weiter kommen sie nicht. Einige Pamphletisten bezeichnen ihn als Hutmacher, andere als Rosenkranzhändler oder als bankrotten Juden. Höfische Ahnenforscher besingen einen Giovanni Mazarini, der zur Zeit der Sizilianischen Vesper (1282) geächtet wurde, weil er auf seiten der Franzosen stand. Durch diese glückliche Ausgrabung konnte die Familie des Kardinals Mazarin bis auf Ludwig den Heiligen zurückgeführt werden; sie hatte damals schon für ihre Liebe zu Frankreich büßen müssen! Leider bestreiten ernsthafte Ahnenforscher die Verwandtschaft zwischen der Eminenz und dem Märtyrer.

1650, mitten in der Fronde-Zeit, hält Mazarin es für nützlich, sich einen Schutzschild aus seinen Vorfahren zu verschaffen. Sie müssen aber erst gefunden werden. Den fähigsten Mann in Frankreich beauftragt er, nach ihnen zu suchen: einen berühmten Ahnenforscher, Jesuit und Italiener, also zweifach mit Geschicklichkeit begabt, den Pater Diaceto. Der beflissene Pater muß das verzweifelte Kopfschütteln zur Kenntnis nehmen, mit dem die Fachleute ihn auf eine »Leere« von dreihundert Jahren in der besagten Genealogie aufmerksam machen, die er selbst trotz seines scharfen Blicks nicht bemerkt hat. Er bittet d'Hozier, die personifizierte Ahnenforschung, ihm »diesen Irrtum« zu erklären, »damit ich in Zukunft vorsichtiger vorgehe«. Der redliche d'Hozier zeigt ihm, was in der Sippenkunde der Mazarins Felsen und was Parmesan ist. Trotz aller Ratschläge gräbt der italienische Jesuit beharrlich Dokumente aus der Tiefe der Zeiten aus, die schon auf den ersten Blick als falsch gelten müssen. Mazarins Wunsch war es, daß seine echten Ahnen gefunden würden, nicht, daß man ihm falsche zurechtzimmert. Er schickt Pater Diaceto noch einmal über die Alpen.

Die Familie Mazarin ist weniger unbedeutend, als die Mißgünstigen es behaupten. Ein weiterer Giulio Mazarini, ein Onkel oder, wie manche meinen, ein Großonkel des Kardinals, war zu Ruhm gekommen. Dieser Jesuit wurde 1544 in Palermo geboren und starb 1621, als der spätere Kardinal neunzehn Jahre alt war. Er glänzte als Prediger auf den berühmtesten Kanzeln Italiens. Seine gewaltige Stimme drang über die Alpen. 1612 veröffentlichte F. Huby in Paris eine Schrift im Quartformat: »Der Ruhm der Göttlichen Dreieinigkeit, erläutert in dreißig Reden über das Gloria Patri usw., verfaßt vom Hochwürdigen Pater Jules Mazarini ... in unsere Sprache übertragen von F. S. E. (Fr. Soulier, Limousin).«

Dieser redegewaltige sizilianische Bossuet hat wohl seinen Neffen Pietro, den Vater des Kardinals, mit nach Rom genommen. Pietro verfügt über einen regen Geist und zugleich über einen Sinn für alles Reale. Einer der ersten Biographen des Kardinals, Elpidio Benedetti, berichtet, Pater Giulio Mazarini habe ihn, um seine Bildung zu vervollkommnen, »Literatur, Philosophie und Rechtswissenschaften« studieren lassen. Pietro ist nach Rom gekommen, um sein Glück zu machen; er tritt in die Dienste der Familie Colonna. Wenn man aus dem Nichts kommt, muß man sich ein hohes Ziel setzen. Man hängt ganz und gar von seinem Gebieter ab: er kann einen wie einen Ball in die Höhe schnellen, aber auch wieder fallen lassen. Pietro glaubt, die richtige Wahl getroffen zu haben: die Colonna sind Säulen des römischen Adels. Aus ihrem mit Marmorstatuen geschmückten Palast stammen Botschafter, Kardinäle und Kondottieri. Die raubgierigen, mitleidlosen Männer trotzen Königen und Päpsten. Aus dieser Familie wählt sich Pietro Mazzarini – damals schrieb er seinen Namen mit zwei z, und wenn dieser ausgesprochen wurde, klang es wie das Schwirren von Insekten – Filippo Colonna, Groß-Konnetabel des Königreichs Neapel, Herzog von Palliano und Tagliacozzo. Der Fürst beauftragt Pietro »mit der Verwaltung mehrerer seiner Besitzungen«. Die Historiker legen diese »Verwaltung« jeder auf seine Art aus, ganz wie ihre Einstellung dem Kardinal Mazarin gegenüber ist. Man macht aus Pietro entweder einen Beamten, der das Vertrauen seines Herrn hat, oder einen vornehmen Geschäftsmann, bald einen goldverschnürten Kammerherrn, bald einen unterwürfigen Kammerdiener, der an den Türen lauscht.

Vater Pietro, wie später Sohn Giulio, verfügt über die Kunst, Dienste zu leisten, die weit über ihre Stellung hinausreichen. Wird er belohnt, weil er weit mehr als seine Pflicht getan hat, und deshalb in das nächst höhere Amt versetzt, dann hat er dieses schon seit langem ausgeübt, ohne den entsprechenden Titel zu führen. Er müßte bereits den noch höheren Rang einnehmen. Mit solchen Bediensteten ist der Gebieter stets um eine Stufe und eine Dankesbezeigung in Verzug, und nie wähnen sich solche Bedienstete ihrer Leistung entsprechend bezahlt. Filippo Colonna macht aus dem Zauberkünstler Pietro einen Fachmann für hoffnungslose Angelegenheiten. Knirscht es im Räderwerk, dann schickt er ihn los, um Öl ins Getriebe zu gießen: Forderungen des Volks, Auflehnung gegen zu hohe Steuern. »Er besitzt das uneingeschränkte Wohlwollen des Fürsten, seines Herrn, aber er kann außerdem auch einen hübschen Haufen Taler beiseite legen«, stellt Elpidio Benedetti fest. Pietro ist dieser Meinung nicht. Die Briefe an Giulio, seinen Sohn, den späteren Kardinal, sind voller Klagen: Filippo Colonna belohnt ihn mit goldenen Worten, ohne ihm die einbringliche Stellung zu geben, die ihm für seine Dienste zukommt: »Ich werde kein Verwaltungsamt übernehmen, das nicht ehrenwert und nutzbringend ist, das mir für meinen eigenen Unterhalt nicht die Mittel verschafft und mir nicht dreihundert Taler für das Haus, ›la casa‹, einbringt.«

Filippo Colonna war der Auffassung, er habe seinen Angestellten großzügig belohnt durch ein Geschenk, das ihn selber nichts kostete, aber einem wahren Schatz gleichkam: die Hand seines Patenkindes, Hortensia Bufalini. Das bedeutete: eine ansehnliche Mitgift, Schönheit, Verstand, ein liebenswertes Talent, Verse zu schmieden, und so viel Tugend, daß Papst Alexander VII. im Jahre 1655, als er ihrer gedenkt, dreimal sich bekreuzigend, ausruft: »Das war eine Heilige!« (Hierzu ist anzumerken, daß der Sohn dieser Heiligen, Kardinal Mazarin, zu jener Zeit Erster Minister von Frankreich war.)

Durch die Heirat erlangt Pietro Liebe, Glück und Bildung. Die vortreffliche Hortensia Bufalini hat blaues Blut in den Adern. Ein Bruder von ihr ist Abbé, und der zweite ist Komtur der Malteserritter, was voraussetzt, daß er sechzehn adlige Ahnen hat nachweisen können

Im Sommer 1602, als Hortensia ein Kind erwartet, flieht sie aus der drückenden Hitze Roms in die frische Luft der Abruzzen. Dort, in der Nähe des Fucino-Sees, ist ihr Bruder Abbé in der Abtei von Pescina. Giulio Mazarini kommt am Tag des heiligen Bonaventura zur Welt – ein gutes Omen für ein erfolgreiches Leben. Es ist der 14. Juli: gut ausgesucht, um es in Frankreich zu etwas zu bringen! Selbst vor der Erstürmung der Bastille. Dieses erste Kind scheint zu Allerhöchstem bestimmt. Es wird »coiffé« geboren, das heißt mit dem fötalen Häutchen über dem Kopf: für die Volksphantasie ein Zeichen, daß das Kind eine glänzende Zukunft vor sich hat. Und es liegt darin auch eine Anspielung auf den Kardinalshut. Überdies hat das Kind bei der Geburt zwei Zähne, mit denen es das Leben anpacken wird.

Es bekommt den Namen Giulio, womit dem Onkel Giulio Dank abgestattet wird, dem Jesuiten, der Pietro nach Rom gebracht hat und der, so hofft man, auch den Sohn lenken wird.

Pietro und Hortensia bekommen fünf weitere Kinder: einen zweiten Sohn, Michele, er wird Dominikaner und später Erzbischof von Aix, Kardinal und Vizekönig von Katalonien, und vier Töchter: die eine geht ins

Kloster, die drei anderen werden äußerst vorteilhaft vermählt. Sie heiraten Geronimo Martinozzi, Lorenzo Mancini und Francesco Luti. Die Töchter Martinozzi und Mancini werden später von sich reden machen.

Giulio Mazarini wird als zweifaches Glückskind geboren. Einmal, weil er das kostbare Plazenta-Häutchen trägt und weil ihm die Gunst widerfährt, einer Familie anzugehören, die fest zusammenhält. Er ist die Frucht eines in Harmonie lebenden Paares, das sich liebt, und pflückt vom Baum der Erblichkeit von jedem seiner Erzeuger das Beste. Seine Mutter, eine schöne Römerin, Dichterin und Tochter einer Dichterin, dazu Schwester des Verfassers eines Traktats über das Duell, vererbt ihm Schönheit, Charme und Lebensfreude. Sie gibt ihm die Begabung des Schreibens und Redens mit auf den Weg. Der Geist, der über ihn ausgegossen wird, sein persönliches Pfingsten, macht sich Giulio zunutze: er beherrscht später zwei Fremdsprachen ebenso sicher wie seine Muttersprache: Französisch, Schlüssel zur Macht in seinem zweiten Vaterland; Spanisch, Schlüssel zum Herzen Annas von Österreich. Außerdem wirft seine Mutter das römische Gewicht in die Waagschale: den Sinn für die Ewigkeit, einen weltlichen Hunger nach künstlerischer Schönheit und die bizarre Neigung zum Nepotismus.

Der Vater, das Faktotum, legt ihm Sizilien in die Wiege: die Unruhe des ewigen Wanderers, der sein Glück unter fremden Himmeln sucht, der sich allem beugt, sich selber nur das Recht zu seufzen und abzuwarten – pazienza, pazienza! – zubilligt und aus den Wolken ein märchenhaftes Geschick herauszulesen.

Hortensia und Pietro setzen alle Hoffnungen auf ihren Erstgeborenen. Dieser Phönix soll alles das werden, was sie nicht haben sein können. Mit seiner Liebenswürdigkeit, seiner Intelligenz fliegt er all ihren Wünschen und Sehnsüchten vorauf. Er ist ein Engel, ein Schatz, der spätere »Teufel aus Sizilien«, als der er in den spöttischen Mazarinaden erscheint; er wird von allen bewundert und erfüllt das Haus in Rom, nahe der alten Kirche Santi Vicenzo e Anastasio, mit seinem Lachen. Die Mazarini streben danach, Eingang in die Gesellschaft zu finden, und lassen sich im vornehmen Viertel Rione del Trevi nieder, wo, um den Quirinal herum, die Barberini, Aldobrandini, Chigi und Spada ihre prächtigen Paläste haben. Die Mutter, die den frischen Liebreiz einer Madonna von Raffael ausstrahlt, will ihren Giulio fromm wie einen Musterknaben machen. Sein ganzes Leben lang bewahrt er die Erinnerung daran.

Wie Mozart hundertfünfzig Jahre danach in der Musik, so gilt der kleine Mazarini bei den geistlichen Übungen in der Chiesa Nuova und in Sant'Onofrio als Wunderkind. »Schon in seiner frühesten Jugend«, berichtet Abbé Benedetti, sein ihn verehrender Biograph, »offenbarte sich seine leuchtende Intelligenz. Obwohl er noch nicht fünf Jahre alt war, sagte er mit bewunderungswürdiger Aufgewecktheit und Anmut die Predigten her, die von den Oratorianerpatres für die geistlichen Übungen verfaßt wurden.

Und der Ausdruck, mit dem er jedes Wort begleitete, zeugte von einem so gründlichen Verständnis, daß die Zuhörer sich zweifelnd fragten, ob diese so genau abgemessenen Reden vielleicht doch nicht nur Gedächtnisübungen darstellten, sondern der Beweis für ein Denken waren, das sein Alter überstieg.«

Papagei oder Genie? Wie bei jedem Kind, ein bißchen von beidem. Der kleine Mazarini hat es schon weit gebracht in der Kunst zu gefallen, sich ein Vorbild an anderen zu nehmen und jedem das zu geben, was er erwartet. Eher also ein Chamäleon. Kurzum, jedem zeigt er die Farbe, die er wünscht. Aber welche Farbe ist seine eigentliche? Keine? Oder alle: ein Kaleidoskop, in dem jeder sich wiedererkennt?

Mit sieben Jahren schicken ihn seine Eltern in die Lehranstalt, die den künftigen Häuptern der Gesellschaft vorbehalten ist. Zu dieser Anstalt rät ihnen der geistvolle Onkel Jesuit, der andere Giulio. Und dorthin hat auch der Konnetabel Colonna seine Söhne geschickt: in das römische Kolleg der Jesuiten. Hier ist alles neu: das Gebäude für zweitausend Schüler und die 1561 bis 1567 von Pater Giovanni Tristano erbaute Kirche, eines der ersten Kleinode jenes Barockstils, mit dem die Jesuiten im 17. Jahrhundert ganz Europa schmücken. Doch auch der Geist ist so neu wie das Gemäuer.

Das 17. Jahrhundert ist das Jahrhundert der Jesuiten, der wendigen harten Streiter der Gegenreformation. Schon im 16. Jahrhundert haben sie die vom Protestantismus unterhöhlte Kirche gerettet. Sie haben begriffen, daß man die Kirche wie auch die Gesellschaft nur durch Lehre und Unterricht zu beherrschen vermag. Alles beginnt in der Schule. Sie nehmen sich der Kinder an, sobald diese den Schoß der Mutter verlassen haben, und formen sie nach ihren eigenen Vorstellungen um. Sie schaffen einen neuen Menschentyp, es ist nicht mehr der Humanist der Renaissance mit seinem über die Pandekten gebeugten Gelehrtenkopf, es ist der »honnête homme«, der intelligente Mann, der sich auf nichts etwas einbildet. Der »homme du monde«, der für die Welt bestimmt ist. Geist, Körper und Seele sind immer präsent und verfügbar. Ein menschliches Modell, das ausgestattet ist mit allgemeiner Bildung, das fähig ist, sich allen Besonderheiten anzupassen, und dabei fürstlichen Anstand bewahrt.

Für den »honnête homme« bleiben Himmel und Erde an ihrem Platz. In großer Gefahr hebt er die Augen auf zu dem, der alle Menschen erschaffen hat, den »honnête homme« eingeschlossen, ohne ihn mit Klagen zu bestürmen. Dazu ist er zu gut erzogen! Luther und Calvin, erschreckt und Schrecken verbreitend, zeigten überall Abgründe auf zwischen der unendlichen Macht Gottes und dem unendlichen Nichts des Menschen. Für die Jesuiten gibt es keine Abgründe. Um sie zu überwinden, verfügen sie über Brücken und Stricke, über ein ganzes System von Kasuistik und List. Sie verfügen auch über den Wind des Optimismus, des Vertrauens in die menschliche Kraft, die unser Jammertal in einen Garten zu verwandeln vermag. Sie versöhnen Erde und Himmel. Der Erfolg hienieden ist nicht unvereinbar mit dem Erfolg dort oben. Warum sollte Gott den Gescheiterten, die ihm Schande machen, nicht die Sieghaften vorziehen, die ihm Ehre machen?

Das römische Kolleg führt so viele Neuerungen in der Pädagogik ein, daß es als revolutionär gilt. Es bewahrt den alten Marmorsockel des Lateins, die antike Mathematik, die religiösen Wissenschaften: heilige Schriften, Theologie, Scholastik. Doch selbst in diesem Bereich wird Staub entfernt. In vollem Umfang hält sich das Kolleg an die Direktiven der Monumenta Paedagogica Societatis Jesu, die Richtlinien des jesuitischen Unterrichts im 16. Jahrhundert, die eine Erweiterung der Zulassungsbedingungen zu den Kollegs brachten: ursprünglich den künftigen Mönchen und Geistlichen vorbehalten, nehmen sie bald junge Laien auf, die entschlossen sind, im weltlichen Leben, an wichtigen Stellen zu bleiben.

Der Lehrplan des römischen Kollegs folgt der Ratio studiorum, der Grunddoktrin der »litterae humanitatis«, der Geisteswissenschaften, die den Menschen schaffen, der Humaniora: allem voran stehen die klassischen Autoren, das substantielle Mark der griechisch-lateinischen Kultur, mithin des Heidentums. Durch sie und insbesondere durch das Latein als Vehikel wird die Verbindung geschaffen zwischen dem religiösen Leben, in erster Linie der Gottesdienste, und dem weltlichen Denken.

Innerhalb des Kollegs bestehen zwei Abteilungen, die die spätere Ausrichtung der Schüler bereits festlegen: die Akademie, wo die brillantesten Schüler sich in öffentlichem Wettstreit in Rede und Auftreten messen; und die Kongregation für die Frommen.

Das römische Kolleg befaßt sich auch mit dem Hebräischen, mit der Metaphysik, der Ethik, der Geometrie, der Astronomie und als aufsehenerregender Neuerung mit den Naturwissenschaften. Es hat ungewöhnlich gute Lehrer: den Mathematiker und Architekten Orazio Grassi, Christoph Grienberger und Flaminio Strada. Es steht auf seiten Galileo Galileis, der die von Papst Paul III. einst gebilligte Lehre des Kopernikus übernimmt. Wahrscheinlich nimmt der kleine Mazarini teil an der Siegesfeier, die die Jesuiten am 29. März 1611 für den großen Forscher abhalten, der letzten, bevor Mißgünstige ihn zwingen, sich der Inquisition zu beugen und zuzugeben, daß die Erde sich nicht um die Sonne bewegt.

Dieses Versuchskolleg dient ganz Europa zum Vorbild. In Frankreich, Spanien, Deutschland und Flandern entstehen ähnliche Kollegien. Zwei Jahrhunderte hindurch bauen die Jesuitenschüler die klassische Zivilisation auf der Selbstzucht auf und betonen, wie Descartes und Corneille, die Willenskraft, wie Mazarin die Wendigkeit oder wie Voltaire die Heiterkeit.

Wie später Voltaire setzt Giulio Mazarini seine Lehrer und seine Mitschüler, die kleinen Patrizier, in Erstaunen. Dieser Diamant aus Geist verzaubert. Er floriert in dem Bereich, der für die Jesuiten einen Schlüssel darstellt, mit dem sie sich die Türen der Welt aufschließen, dem Theater. Bei Schulfesten, zu denen die vornehme Gesellschaft herbeiströmt, wird Giulio Mazarini die Starrolle in dem Theaterstück anvertraut, das als Höhepunkt des Festes gilt. Durch seine schauspielerischen Fähigkeiten zwingt er der glanzvollen Zuhörerschaft Tränen oder Gelächter ab. Er bekommt den Beifall und steht am Ende der Vorstellung allein an der Rampe und verbeugt sich, rot vor Freude.

Sein Meisterstück vollbringt er anläßlich der Kanonisation des heiligen Ignatius und des heiligen Franz-Xavier (22. bis 24. Mai 1622). Drei Tage lang glanzvolle Feste, wirbelnde Narretei, verschwenderische Inszenierung. Zwei Dramen, eines von Pater Vicenzo Guiniggi zum Andenken an die Bekehrung des Ignatius auf dem Monserrat. Das andere zum Andenken an die Verbreitung des Christentums in Indien durch den heiligen Franz Xavier. Die dreitägige Festlichkeit gipfelt in einem prunkvollen Schlußbild: unglaublich raffinierte Requisiten, antike Kostüme. Verherrlichung des heiligen Ignatius, des Gründers der Gesellschaft Jesu, Verherrlichung des römischen Kollegs und vor allem Giulio Mazarinis. Der Schüler, der den heiligen Ignatius darstellen sollte, ist nicht erschienen. Giulio spielt die Rolle aus dem Stegreif. Mit eindrucksvollen Worten und Gesten verdeutlicht er den Kampf seines Helden gegen das Böse und die Niederwerfung der Ketzerei.

»Commediante . . . tragediante! . . .« ruft der in Fontainebleau gefangengehaltene Papst Pius VII. dem Korsen Napoleon zu, auch er ein mittelmeerischer Mensch, als er eine seiner üblichen Vorstellungen gibt (Januar 1813). Seit den Tagen des römischen Kollegs besitzt Mazarini das Arsenal der Listigkeiten und Verschlagenheiten des Schauspielers, des »Scheinheiligen«, dessen, der so tut als ob. In späteren Jahren benutzt er es in der Politik, diesem Theater, auf dem die Herren der Völker alle Rollen spielen, indem sie an die Leidenschaften appellieren. Ein Reich der Illusion mit seinen Kulissen, seinem Trompe-l'œil, seiner Schminke, seinen Kostümen, Karren, Versenkungen, Erscheinungen, Triumphen, seinem Beifall und seinen Pfiffen, es beweist mehr als irgendein anderes menschliches Tun, daß »das Leben ein Traum ist«.

Die Jesuiten umgarnen dieses Phänomen mit ihrer ganzen Verführungskunst. Er ist bereits ein halber Jesuit durch seinen Onkel. Wird er es gänzlich, werden sie ihm helfen, nach vorn und nach oben zu gelangen. Im Rom der Päpste, dem Priesterstaat, kann er es weit bringen.

Pietro Mazarini billigt alles, was die Patres für die Zukunft seines Sohns planen. Er sieht Giulio bereits als Domherrn, Monsignore, Bischof und Kardinal, in schimmerndem Violett oder Purpur.

Giulio vernimmt andere Sirenentöne, und schuld daran sind ebenfalls seine Lehrer. An Festtagen vermischt sich im Kolleg der Geruch des Weihrauchs mit dem »odore di femmina«, dem Parfüm der Schwestern und Mütter der Schüler, jenen Aristokratinnen, die in ihren Roben wie Göttinnen anzusehen sind.

Mazarini hat weltliche Helden vor Augen, er schwankt zwischen Reinheit und Verlangen. Mit glühenden Wangen liest er die Gedichte des Kavaliers Marin, die damals in Mode waren. Wie seine Mutter und seine Großmutter verfaßt er kleine Dichtungen. Doch der Vers läßt sich besser feilen, wenn man von einem nackten Busen träumt.

Mazarinis Geist schwebt auf den Flügeln der Heldengedichte, welche die Jugend begeistern: »Der Rasende Roland« von Ariost, »Das Befreite Jerusalem« von Tasso.

Mit sechzehn Jahren ist er berauscht. Ihm schwindelt der Kopf, wie er später den jungen Mädchen von Saint-Cyr schwindeln wird, wenn sie zur Zeit Ludwigs XIV. »Esther« spielen. Denn das Theater ist ein noch gefährlicherer Zaubertrank als alle Zaubertränke von Ariost und Tasso. Ein Jahr nur noch bleibt Giulio, um seine Studien abzuschließen. Trunken von Phantasie, betrunken von Lebenslust, fasziniert vom behexenden Taumel der Zeit, wie die Gestalten des »Rasenden Roland« es bei den Umtrieben der Zauberer und Zauberinnen waren, wirft er seine Studien über die magischen Wälder hinweg. Er sagt, daß seine Lehrer versuchen, ihn mit ihrem Honig auf den Leim zu locken, daß er sich nur losreißen kann, indem er flieht, daß er auf diese Weise seine Aufrichtigkeit beweist, daß er weder Jesuit sein will noch Dominikaner, noch Franziskaner, noch Benediktiner, noch Theatiner, daß er überhaupt nicht Priester werden will, weder ein Ordens- noch ein Weltgeistlicher, weder Lehr- noch Bettelpriester, auch Prediger nicht, weder ein beschuhter noch ein barfüßiger, daß er leben will wie ein Mann, daß er das Licht, die Düfte, die Musik, die Frauen, alle Früchte des Gartens von Kanaan auskosten will mit offenem Mund, offenen Augen, offener Nase, offenen Händen und offenen Armen.

Wären Pietro und Hortensia aus der Familie Colonna, Barberini, Aldobrandini oder Chigi gewesen, hätten sie dem verlorenen Sohn lächelnd beigebracht, daß es überall, vor allem aber in Rom, Arrangements mit dem Himmel gebe, daß es zwar großartig sei, unter Anstrengungen und Gefahren ein Heiliger werden zu wollen, daß man sich aber auch damit begnügen könne, Kardinal zu sein. Mit einem gewissen Sinn für Schicklichkeit könne man, auch als Priester, ein »gentiluomo« bleiben und mittlere, ausgleichende Lösungen finden, man könne gewisse Bedürfnisse stillen, ohne seinem Heil zu sehr zu schaden, und dabei bequem in Rang und Würden aufsteigen, in schönem Gleichgewicht zwischen der Erde und dem Himmel.

Doch trotz ihres sozialen Aufstiegs gehören Pietro und Hortensia nicht zur Hocharistokratie, der sie nahestehen. Sie sind nur ehrbare Bürger, die ihre Rechte und Pflichten buchstabengetreu befolgen. Um die Zukunft zu gewinnen, müssen sie unbeirrt geradeaus gehen. Beim geringsten Fehltritt stürzt alles zusammen. Auf ihrem Weg nach vorn stehen sie noch unter dem Zwang der Tugenden. Doch um die Tugenden zu üben, brauchen sie sich nicht zu zwingen, sie entsprechen ihrem Wesen und dem, was die Obrigkeit von ihnen erwartet. »Bei den Tugenden, die man von einem Domestiken erwartet, kennt Eure Exzellenz wohl viele Herren, die würdig wären, Diener zu sein?« So Figaro zum Grafen Almaviva im »Barbier von Sevilla«! Die schöne Hortensia ist fromm, aber nicht wie eine große Dame, die mit dem lieben Gott kokettiert, sondern wie eine bürgerliche Frau, für die jeder Strich des Dogmas ein Wort des Evangeliums ist. Wenn ihr Giulio auf Ehre und Gewissen sich nicht imstande fühlt, ein guter Priester zu werden, dann soll er eben Laie bleiben!

Pietro findet die Lösung. Er lenkt seinen Sohn und Erben dahin, wo alle Söhne aus guter Familie enden: in die Rechtswissenschaft. Das ist die beste Art und Weise, die Zeit totzuschlagen, bis der Grünschnabel sich ausgetobt hat, die beste Vorbereitung auf eine noch unbestimmte Zukunft, es kann eine taube Nuß oder ein Beherrscher der Welt daraus hervorgehen. Ohne große Begeisterung schreibt sich Giulio an der Universität ein, der Sapientia, der hochberühmten Bildungsstätte illustrer Gelehrter, die überstrahlt wird von Cosimo Fideli, dem Stern der Jurisprudenz in Europa.

Bleiche Wangen holt sich Giulio nicht beim Studium des kanonischen Rechts, über dem »Codex Dionyso-Hadrianus«, auch nicht über dem »Decretum Gratiani« oder beim römischen Recht, über den »Institutiones« des Gaius und den »Pandekten«. Er stürzt sich in Feste, Empfänge, Bälle. Er wird einer der Gesellschaftslöwen des mondänen Rom. Doch um gekleidet zu sein wie ein Fürst, um sich mit Samt, Seide und Spitzen zu bedecken, sich mit Schmuck zu behängen und Diamanten an den Fingern zu tragen, braucht man unendlich viel mehr Geld, als seine Eltern ihm geben können. Er begibt sich also zu dem wundertätigen Brunnen, der so unerschöpflich ist wie die Brunnen von Rom, so geheimnisvoll wie die verzauberten Brunnen im »Rasenden Roland«. Zu dem Brunnen, der in langen Nächten unter den Kronleuchtern sprudelt, der einem mehr als Liebesabenteuer den Atem benimmt: dem Spiel.

Im 17. Jahrhundert spielt ganz Europa. Es spielen die Bettler, die Lakaien, die Grandseigneurs, die Fürstinnen, die Kardinäle und die Könige. Man spielt in den Schenken, in den Sakristeien, in den Palästen und auf den Stufen der Throne. Die Großen spielen um ihre Schlösser, ihre Ländereien, ihre Herden. Die Frauen spielen um ihre Körper, die Prälaten um ihr ewiges Leben. Das Spiel ist die Droge jener Zeit. Die Gegenreformation hat die Raubgier gebändigt. Die Feudalkriege sind erloschen. Zentralgewalt und Religion ziehen den Schraubstock fest an. Die Heißblütigen, jetzt zum Katzbuckeln gezwungen, können nur noch sich selbst tyrannisieren. Am Abgrund des Spiels werden sie ihre eigenen Henker. Aus diesem Schlund, in den sie ihr Hab und Gut werfen und vergessen, wieviel Mühe es ihre Ahnen gekostet hat, kann das Glück heraufsprudeln und alle Prinzipien von Arbeit und Geduld, auf die sich Reiche gründen, über den Haufen werfen. Doch das aus dem Nichts gekommene Gold fällt schnell wieder dorthin zurück. Staub zwischen Fingern aus Staub.

Aus dem Jesuitenjüngling Mazarini mit den Pfirsichwangen wird der Jüngling des Spiels. Mit der Unbekümmertheit seiner Jugend zähmt er das kalte Ungeheuer. Er gewinnt, gewinnt, gewinnt. Er stößt seinen Degen in die Flanke des Glücks, bis es um Gnade fleht. Er stürzt sich in den Wirbel und Taumel wie viele Jugendliche heute, die einen Revolver an ihre Schläfe halten und Russisch Roulett spielen. Er spielt nicht mehr, um das Leben zu genießen, sondern um die Hölle zu genießen. Um sich auf die Probe zu stellen, um Gott und den Teufel auf die Probe zu stellen, um mit der Spitze seines Degens dort oben das Uhrwerk des Universums zu berühren. Oder auch, ohne jede Berechnung, einfach weil er schrecklich jung ist und weil ein unbändiger Überschuß an Leben ihm das Blut in den Kopf treibt, wirft er sein Pferd in Galopp und sein Gold auf den grünen Tisch. »Ein wirklicher Spieler mißt die Taler mit Scheffeln . . . Ein wirklich großartiger Mann hat den Himmel zum Schatzmeister.« Die Römer kennen seine übermütigen Reden und sagen sie weiter; sie klingen wie die Reden von Molières Don Juan, der seine ruchlose Hand in die des Komturs legt. Man spricht über die Tollheiten des jungen Mazarini. Eines Tages hatte er alles verloren. Bei einem Wucherer mußte er seine Kleidung, seine Schmuckstücke, seine Strümpfe verpfänden. Dieses Geld warf er wiederum in den Krater des Spiels, der ihm Kleidung, Schmuckstücke und Strümpfe ins Gesicht zurückspie. Auf dem Gipfel der Macht, immer verhält er sich so, er spielt um seine Stellung, seine Politik, sein Leben, er weiß, daß ihn im letzten Augenblick eine Liebeswelle von den Abgründen zurückreißen und ihn in die Wolken tragen wird.

Mittlerweile ist Pietro zu der Auffassung gekommen, daß Giulio lange Zeit braucht, um sich die Hörner abzustoßen. Er fürchtet, daß seine Fähigkeiten verkümmern. Diese Verschwendung schmerzt ihn in seiner Vaterliebe und in seiner bürgerlichen Rechtschaffenheit. Er spricht mit Filippo Colonna, seinem Herrn, darüber. Colonna will seinen zweitältesten Sohn Girolamo nach Spanien schicken, wo dieser sich auf eine kirchliche Laufbahn vorbereiten soll. (Er wird mit dreiundzwanzig Jahren Kardinal.) An der Universität von Alcalá soll er kanonisches Recht studieren, und am Hof von Madrid Diplomatie. Warum sollte ihn Giulio Mazarini, der von frühester Jugend an mit ihm zusammen erzogen worden ist, nicht begleiten? Nicht als »cameriere«, als Kammerdiener, der das Nachtgeschirr ausleert, wie es die Verleumder Mazarins behaupten, sondern als »camerata«, als Gefährte. Pietro stimmt diesem Anerbieten seines Herrn gerne zu. Girolamo Colonna ist entzückt, Giulio begeistert. Trotz des sozialen Unterschieds, der zwischen ihnen besteht, sind Giulio und Girolamo in erster Linie gleichaltrige Kameraden, die nun glücklich sind, auf Abenteuer ausgehen zu können. Im Frühjahr 1622 besteigen sie das Schiff mit der gleichen Freude, als sollten sie ins Eldorado segeln.

Spanischer Wind

Für die Italiener sind die Spanier Mondbewohner, mit ihrem von Rissen zerklüfteten Boden, ihrer schwarzen Kleidung, als trügen sie ständig Trauer, mit ihren blutigen Corridas und ihren Ketzerverbrennungen, vermischt mit dem Geruch ihrer Ölküche.

Im Jahr 1598 stirbt Philipp II. einen grandiosen spanischen Tod. Er läßt seinen Sohn und seine Lieblingstochter in die Zelle des Escorials rufen, in der er auf seiner mönchischen Lagerstatt liegt. Sein Körper ist nur noch eine einzige stinkende Eiterwunde. Man kann ihn nicht mehr hochrichten. Seine Kinder sehen ihn hingestreckt in einer Lache von Auswurf und Exkrementen. »Zunächst hatte ich die Absicht, euch diesen Anblick zu ersparen, aber ihr sollt gesehen haben, wie auf dieser Erde Könige sterben können.«

Im Morgengrauen des 13. September läßt er sich ein Kruzifix an eine Hand binden, eine Kerze an die andere. Seine Augen starren gebannt auf das Tabernakel des Hochaltars der Basilika, das er durch ein für diese Gelegenheit geschickt ausgehauenes Guckloch zu sehen vermag. So haucht er seinen letzten Seufzer als Spanier und als König aus.

Dieser mitleidlose Tote hat für seine Nachfolger das fast unversehrte Erbe Karls V. mit seinen Klauen festgehalten. Er hat die protestantischen Niederlande verloren, aber er hat Portugal hinzugewonnen. Er behält Neapel, Sizilien, das Mailänder Gebiet, die Franche-Comté, das Artois, Flandern und, in Übersee, das märchenhafte »Reich der Inder«. Er bleibt der Gebieter »eines Reiches, über dem die Sonne nicht untergeht«.

Kaum hat er die Augen geschlossen, da beginnt die Sonne zu sinken. Auf Philipp II. folgen Schemen. Es sind Schattenkönige, sie überlassen die Macht Günstlingen, den »Privados«. Philipp III. (1578–1621) ist ein aufgeblasener Dummkopf mit aufgezwirbeltem Schnurrbart. Das Bild, das Velasquez von ihm gemalt hat, zeigt ihn auf seinem Pferd, das sich wohl nur aus Höflichkeit aufbäumt. Dieser königliche Hampelmann richtet sein ganzes Augenmerk darauf, sein Zepter nicht fallenzulassen und unter seinem Federbusch die berühmte Perle zu zeigen, die groß ist wie ein Taubenei und »Peregrina« genannt wird. Dieser Trottel wirft das Gold zum Fenster hinaus: für Feste, Jagden und Corridas. Sein einziges Interesse besteht darin, ganze Wagenladungen von Spaniern, die des Heiligenscheins irgendwie würdig sind, in Rom heiligsprechen zu lassen. Das Regieren überläßt er seinem korrupten Günstling, dem Herzog von Lerma, der von einem Schwarm unbedeutender Günstlinge gelenkt wird, die noch korrupter sind als er selbst. Der Herzog von Lerma veranlaßt den König, die meisten der 275 000 Morisken mit Kolbenstößen und Degenstichen in den Rücken nach Afrika zu deportieren: Nachkommen der Muselmanen, schlechteingefärbte Katholiken, von denen der Firnis abblätterte. Damit vernichtet er den Kern des Handwerks, der Industrie und des Handels. Stolz geworden, von den Konquistadoren mit Gold überschüttet, wollen die eigentlichen Spanier sich die Hände nicht mehr schmutzig machen. Sie geben den Anbau von Getreide und Gemüse auf, der zu viel Mühe kostet, und wenden sich der Aufzucht von Schafen zu, die selbst die Weide finden. Die Wälder werden abgeholzt, um für die »Mesta«, die allmächtige Vereinigung großer Herden, Weideflächen zu schaffen. Das Verschwinden der Wälder aber verursacht Erosion. Die Folge davon ist eine Klimaveränderung: das Innere Spaniens ist, wie das des benachbarten Afrika, ohnehin trocken; nun wird es zur Wüste.

Durch Philipp III. wird Spanien in die Schlinge des Dreißigjährigen Krieges hineingezogen.

1622 gehen Girolamo Colonna und Giulio Mazarini mit Sack und Pack an Land. Im Jahr zuvor ist Philipp IV. (1605–1655), ein noch nicht ausgewachsener Knabe von sechzehn Jahren, also etwas jünger als sie, auf Philipp III. gefolgt. Er trägt keinen Schnurrbart, er ist noch blasser als sein Vorgänger. Velasquez, sein Hofmaler, porträtiert ihn um 1628. Philipp IV. wirkt wie eine längliche Aubergine: Wams, Mantel, Ordensband des Goldenen Vlieses, Kniehose, Strümpfe, Schuhe – alles unheimlich schwarz, so als wäre der dreiundzwanzigjährige Mann in einen Kohlenhaufen gefallen. Die einzigen weißen Flecken: die beiden Hände, ein Stück Papier, das die Rechte hält, die Halskrause, steif wie eine Rasierschüssel, und darüber ein finsteres Pferdegesicht. Ein weißes Pferd, das im Keller seine Farbe verloren hat. Weiße Nüstern, ungleiche Augen, Haar, das aussieht wie eine Puderquaste. Über dem birnenförmigen degenerierten Kinn die Habsburger Lippe wie ein Schöpflöffel, unglaublich sinnlich.

Er ist ein Schürzenjäger und zeugt zweiunddreißig Bastarde. In Aranjuez schneidet er Hirschen und Rehen die Kehle durch; er steht am Ende einer Schleuse aus Leinwand, in die das Wild von einer Hundemeute hineingetrieben wird. Auf einer Holzestrade sitzen die Damen und sehen diesem Gemetzel zu. Außerdem liebt Philipp IV. das Theater und die Malerei. Als einfacher Privatmann wäre er ein aufgeklärter Mäzen gewesen, doch der Beruf als König langweilt ihn. Auch er überläßt das Regieren einem Günstling, einem »Privado«, dem Grafen und Herzog von Olivárez, Großkämmerer und Indien-Kanzler. Der Maulheld Olivárez mit seinem Schnurrbart und seiner herausfordernden Bartfliege, mit dem Nacken eines Lastenträgers, läßt sich, obwohl er völlig zivil ist, von Velasquez zu Pferde malen, als Kriegsheld: mit Küraß, Fransenschärpe und einem Marschallstab, der auf einen feuerflammenden Horizont weist.

Giulio Mazarini kann sich über das Günstlingswesen an Ort und Stelle und am lebenden Beispiel informieren. Er sieht, wie ein Privado zweifach arbeiten muß, während sein Herr die Daumen dreht, wie er als halber Spitzbube für »relativ ehrlich« gilt, wie er sich benimmt, wenn er auf einen Schurken folgt. In dem immer ärmer werdenden Spanien hat der Herzog von Lerma ein ungeheures Vermögen zusammengerafft. Um dieses zu retten und zugleich sein Leben, ringt er, als er merkt, daß seine Herrschaft sich dem Ende zuneigt, mit Hilfe des Königs dem Papst einen Kardinalshut ab. (1618) Geschützt durch diesen Schild entgeht er dem Tod durch das Halseisen und stirbt in seinem Bett. (1623) Von seinen Schützlingen kann das nicht gesagt werden. Mazarini nimmt, sozusagen in der ersten Reihe sitzend, an einem Schauspiel menschlichen Versagens teil, das er vergleichen kann mit denen, die er im Kolleg aus dem Tacitus übersetzte.

Olivárez säubert Spanien von den Akteuren der voraufgegangenen Herrschaft. Ein apokalyptischer Wind wirft alle Komparsen aus der Zeit des Herzogs von Lerma wie Kegel um. Die Mächtigen von gestern, diese Gespenster, irren durch die Gänge des Palastes, um die Stiefel des neuen Königs zu lecken. Die Günstlinge von heute halten sich von ihnen fern wie von Aussätzigen. Sie kennen sie nicht. Sie haben sie nie gesehen. Das schwören sie auf das Kreuz, auf das Heilige Schweißtuch. Olivárez schreibt Philipp IV. vor, an den hohlen Popanzen Philipps III. wortlos vorüberzugehen. Sie sind zur Nichtigkeit verdammt und ziehen sich als lebendig Begrabene in ihre Provinzen zurück. Mazarini kann das Spektrum der Ungnade genau zerlegen: unter einem Monarchen von Gottes Gnaden bedeutet die Tatsache, vom König aufgegeben zu sein, Gott verloren zu haben. In den Adern dessen, den der König nicht mehr sieht, hört das Blut auf zu kreisen.

Der Herzog von Uceda, Sohn des Herzogs von Lerma, erscheint, um die Siegel zu übergeben. »Legen Sie sie dort hin«, sagt der König beiläufig und eiskalt und weist mit dem Kinn auf eine Kommode. In der Woche darauf wird der Herzog im Schloß von Velasco gefangengesetzt. So ergeht es auch Pater Aliaga, dem Beichtvater Philipps III., und Acevedo, dem Ratspräsidenten von Kastilien. Der ehemalige Sekretär der Kammer, Rodrigo Calderon, Marqués de Siete Iglesias, ein Schutzbefohlener des Herzogs von Lerma, wird als Erpresser und Mörder in zweihundertvierundvierzig Anklagepunkten für schuldig befunden. Möglicherweise habe er, neben anderen, auch Königin Margarethe von Österreich umgebracht. Wie das gewöhnliche Gesindel wird er zum Tod durch das Halseisen verurteilt.

Mazarini erfährt, wie der Günstling eines Günstlings stirbt, wenn letzterer, unter seinen Kardinalshut geduckt, gerade noch seine eigene Haut retten kann. Auf ein Maultier gebunden, eingehüllt in einen wollenen Umhang mit Kapuze, in der Hand das Kreuz, und den Blick auf Christus geheftet, die Lippen zu einem herausfordernden Lächeln zusammengepreßt, so läßt sich der Marqués beim Gebimmel der Armsünderglocke, umgeben von einem Wald von Kruzifixen, verächtlich als Mörder zur Garotte führen, mit der er erdrosselt wird. Und die Spanier wissen einen schönen Tod zu schätzen. So wie sie den »toro bravo« bewundern, der unter der Klinge nicht zusammenzuckt, gefällt ihnen der Mann, der gut stirbt.

Mazarini bemerkt, daß, wenn der Wind sich dreht, er weder die Größe noch die Großen verschont. Selbst der Herzog von Osuna wird festgenommen, der einst bei Ragusa mit fünfzehn Galeeren, die unter der Flagge seines Hauses segelten, achtzig venezianische Schiffe vernichtete und eine Beute von einer Million machte. Der Lorbeer für Spanien; die Beute für Osuna. Im Gefängnis zwingt Olivárez ihn zur Herausgabe. Aber Mazarini kann auch feststellen, daß zuweilen großes Ansehen Haßgefühle zu überwinden vermag, wenn nämlich die Verdienste eines großen Mannes seine Fehler übersteigen. Dem Plünderer Osuna gibt Olivárez das in Byzanz geprägte venezianische Gold zurück. Das ist die Entlohnung für seinen Ruhm.

Mazarini sieht auch, daß, wenn der Günstling Andalusier ist, die Günstlinge des Günstlings es ebenfalls sind. Von Olivárez unterstützt werden Juan de Fonseca und Francisco de Rioja aus Sevilla, der eine Großkämmerer, der andere Propagandaminister. Mit Tinte befleckte Sekretäre, mit Sternen bestäubte Astrologen, finstere Zauberer, Mönche, die Gott oder den Teufel unter ihrer Kapuze tragen, einfache oder Doppelspione, sie alle intrigieren, prophezeien und treiben Verrat auf andalusisch.

Der junge Mazarini kann viele Einsichten sammeln, die europäische Politik, die Triebfedern der Diplomatie, die Beweggründe der Könige betreffend. Er entdeckt das sonderbare Gesetz der Geschichte: die Kultur des Geistes ist stets hinter der des Körpers zurück; die Kunst ist stets die Kunst der Vergangenheit, sie lebt von Erinnerungen, sie entreißt dem Grab die Hinterlassenschaft und verleiht ihr neues Leben. Materiell gleitet Spanien unter Philipp IV. in die Dekadenz. Aber Literatur und Künste zeigen der Welt die Monstranz des Goldenen Zeitalters. Wie Rosen und Korn blühen Künste und Geisteswissenschaften auf dem Boden der Verwesung. Ihre Sonne ist die Sonne der Verstorbenen.

1622 sind sechs Jahre vergangen, daß Cervantes im Kloster der Calle del Humilladero begraben wurde wie ein armer Schlucker, mit unbedecktem Gesicht, gemäß der Regel des Franziskanerordens. Sein Geburtsort war Alcalá de Henares, wo Mazarini und sein adliger Studiengefährte sich an der Universität einschreiben. In dieser kleinen Stadt ist die Erinnerung an den unbemittelten, mit sieben Kindern behafteten Wundarzt sehr wach, denn sein »Don Quichotte« machte ihn in ganz Spanien berühmt und brachte ihm ein Vermögen ein.

Im »Don Quichotte« findet Mazarini viel von der ritterlichen Phantasiewelt, die jener Welt so ähnlich ist, in der die Jugend mit heißem Blut lebt. »Glückliche Zeit und glückliches Jahrhundert, denen die Alten den Namen Goldenes Zeitalter gaben, nicht etwa weil dieses Metall, das in unserem

Eisernen Zeitalter so hochgeschätzt wird, sich in jener seligen Zeit mühelos zusammentragen ließ, sondern weil die damals Lebenden die beiden Worte Dein und Mein nicht kannten.« Wiederholt sich in dieser Beschwörung des Hidalgos von der langen dünnen Gestalt nicht der Traum von der Goldquelle, den der junge, dem Spiel verfallene Tor träumt?

Aus dem Munde Sancho Pansas vernimmt Mazarini die bäuerlichen Redensarten, die ländliche Heiterkeit und die volkstümliche Ungezwungenheit, die er später auf dem Gipfel der Macht anwendet: »Manchmal regnet es, und zugleich scheint die Sonne«; »Mancher geht bei guter Gesundheit schlafen und steht tot wieder auf«; »Wer kann sich rühmen, einen Nagel in das Rad des Glücks schlagen zu können?«; »Zwischen das Ja und das Nein einer Frau würde ich mich nicht anheischig machen, die Spitze einer Nadel zu setzen.«

Ob Mazarini zwischen dem grenzenlosen Wahn Don Quichottes, der auf die höchsten Höhen des Ehrbegriffs abzielt, und dem bodenständigen Realismus Sancho Pansas, der sich um die Kandare der Eigenliebe nicht kümmert, den leidvollen, von Nackenschlägen begleiteten Weg des Könnens und der Leistung wählen wird?

Sicherlich hat sich Mazarini in den Strudel von Geist und Kultur des »Goldenen Jahrhunderts« gestürzt.

Der Dichter Quevedo, 1622 zweiundvierzig Jahre alt, zeigt ihm die ganze Skala der Wut und des Grolls eines Pamphletisten; er selber läßt später die Mazarinaden gelassen über sich ergehen. Wespe, Schlange, Wolf, Kröte, hysterische Frau, das Pamphlet sticht, beißt, spuckt, zerfetzt, doch das Übermaß seiner Wut schießt über den Gedanken hinaus. Man braucht nur zu warten, bis das Fieber heruntergeht. Dann sieht man, daß das Übel, welches mit so viel Aufwand verursacht wurde, zu dem Geschrei in keinem Verhältnis steht. Zudem ist der Pamphletist nicht so unerbittlich wie es den Anschein hat. Man muß ihn anschauen, wenn er schäumt und schlägt: sein Blick bleibt klar. Auf dem Porträt, das ein Schüler Murillos von Quevedo gemalt hat, trägt er auf seiner Schnabelnase eine riesige Brille, um zu sehen, woher der Wind weht.

Seinen Theaterhunger kann Mazarini in Spanien besser stillen als anderswo. Es wimmelt von großartigen Stückeschreibern. 1622 ist Lope de Vega (1562–1635) sechzig Jahre alt, Tirso de Molina (1571–1648) einundfünfzig, Alarcón (1581–1639) einundvierzig und einer, Calderon (1600 bis 1681), ist erst zweiundzwanzig Jahre alt.

Wie mag der leichtlebige Mazarini über den ernsten Gongora (1561 bis 1627) denken? Dieser Mann aus Cordoba wird als der größte spanische Dichter angesehen. Seine gesammelten Werke erscheinen 1627 unter dem Titel »Dichtungen des spanischen Homer«. Um 1622 wird er durch den Sturz seiner Beschützer und durch heimtückische Unterstellungen, er sei unreinen Geblüts, vom Olymp herabgestoßen.

Mazarini hat mit Gongora ein Vorbild vor Augen: einen Laien, der mit großen kirchlichen Pfründen belehnt, doch erst im Alter von sechsundfünfzig Jahren zum Priester geweiht wird. Ergreift der italienische Student Partei für die Pro-Gongora, die ihr Idol in den Himmel heben und seine Düsternis bewundern, oder für die Anti-Gongora, an deren Spitze Lope de Vega und Quevedo stehen und die ein bißchen Licht von dem Cordobaner fordern?

Als Mazarini sich in Alcalá und Madrid aufhält, kommt auch der größte spanische Maler nach Madrid, Velasquez, damals dreiundzwanzig Jahre alt. Kaum drei Jahre älter als Mazarini, der noch tief in seinem Studium steckt, während Velasquez wie auch Calderon bereits berühmt sind.

All diese Lektionen in Romanliteratur, Theater und Malerei sind gut und schön, doch die Rechtswissenschaft darf dabei nicht vergessen werden. Denn zu ihrem Studium ist Mazarini schließlich nach Spanien gekommen. Er und sein Gefährte Girolamo Colonna haben in Madrid, der kleinen häßlichen Hauptstadt auf der windigen Hochebene, die vollgestopft ist mit Ministerien, Büros und Botschaften, keine Wohnung finden können. Sie wohnen in Alcalá de Henares, einunddreißig Kilometer von Madrid entfernt. Weit genug von der Hauptstadt, um in Ruhe arbeiten zu können, doch falls sie wollen, auch nahe genug, um sich in die Gesellschaft zu mischen, sofern ihnen der Sinn danach steht.

Nach der Wiedereroberung im Jahre 1118 nimmt Alcalá (»al Kala« d. i. die Festung, im Arabischen) den Namen Henares hinzu, von den Weideflächen abgeleitet, die ein Fluß durchfließt. Die Erzbischöfe von Toledo, Herren von Alcalá, genießen hier die Frische und halten sich oft hier auf. Einer von ihnen, der strenge Kardinal Cisneros, Großinquisitor von Kastilien, gründet 1498 die Universität, die mit Salamanca wetteifert. Im 16. Jahrhundert übt sie große Anziehungskraft aus, es kommen bis zu zwölftausend Studenten. Von 1504–1517 wird in Alcalá die berühmte mehrsprachige Bibel »Complutensis« in sechs Bänden (hebräisch, lateinisch, griechisch, chaldäisch) gedruckt, die in den Träumen des jungen Mazarin sicherlich keine Rolle gespielt hat. An religiöser Architektur kann er sich gütlich tun: vor 1834 war Alcalá stolz auf seine dreißig Kirchen, einundzwanzig Klöster und siebenundzwanzig religiöse Kollegs, die meisten aus alter Zeit.

Hoch vom Giebel der Universität segnet eine Christusgestalt die Studien und die Studenten. Mazarini hat den Segen sehr nötig. Wieder einmal hat er sich berauschen lassen. Zunächst von der Stimmung und von dem Lufthauch der Jugend, den man in dieser Studentenstadt atmet, in der noch etwas aus der Zeit des gelehrten Erasmus schwebt, als Alcalá eine der faszinierendsten Universitäten Europas war. Außerdem liegt die kleine Stadt, wie schon gesagt, nur einunddreißig Kilometer entfernt von Madrid. Girolamo Colonna stürzt sich in das kanonische Recht. Mazarini befaßt sich nur oberflächlich damit. Er entschwebt nach Madrid, wo er sich in den literarischen und künstlerischen Zirkeln austobt, in den Akademien und den geschwätzigen »Bruderschaften« von Musikern und Malern. Die Sprache des kanonischen Rechts ist Latein. Die Spanier sprechen spanisch. Sollte ein junger Mann, der von seinem Vater nach Spanien geschickt wurde, um sein Studium abzuschließen, die Landessprache nicht von den fröhlichen Burschen lernen, die sie ihm gratis beibringen?

Und da der liebe Gott so viele dramatische Genies auf einmal in Spanien erstehen läßt, ist es dann nicht die Pflicht eines Studenten, ins Theater zu gehen? Womit er außerdem den Absichten seiner Lehrer, den von dieser Kunstgattung besessenen Jesuiten, entgegenkommt.

Dank dem Sesam-öffne-Dich des Namens Colonna, Granden von Spanien und römischen Fürsten, gelangt Mazarini an den Hof, zu jenen in Dünkel und Hoffart erstarrten Unmenschen. Hier kommt er den Staatsinteressen und dem geheimnisvollen Spiel der Beweggründe auf die Spur. Hier bekommt er eine Ahnung von den Triebfedern, die die Regierungen in Europa in Bewegung setzen. Hier erlebt er Verstellung und Wendigkeit, Energie und Beharrlichkeit. Er lernt Persönlichkeiten kennen, die stärker sind als viele in Rom, größeren Tatendrang, mächtigere Hebel, deren Wirkung bis ans Ende der Welt reicht. Die herben Wonnen der Politik, die köstlicher sind als die Wonnen des Spiels und der Liebe.

Ungefähr zwanzig Jahre später, 1641, bringt Velez de Guevara den satirischen Roman »Der hinkende Teufel« heraus, den der Franzose Lesage nachschreibt. Darin weiht ein Teufel namens Asmodée einen Schüler in die Geheimnisse der Häuser von Madrid ein, deren Dächer er aufklappt. Dieser Schüler ist, zwanzig Jahre früher, Mazarini. Sein Teufel ist der Dämon der Jugend voll ungezähmter Neugier und einem unstillbaren Hunger nach Leben. Er hinkt nicht. Er läuft, fliegt und lacht hochoben über Madrid. Seine wache Intelligenz sprüht Funken. Doch um den Teufel und den Schüler zu spielen, um so viele Dächer aufzuklappen, ist mehr nötig als sein pfeilschneller Geist. Nötig sind auch einige Duoros. Bei wem sollte er sich die Goldstücke holen, wenn nicht bei jenem Teufel, dem er sich in Italien anheimgegeben hatte? Wie in Rom pocht Mazarini in Madrid auf den Boden, um eine unerschöpfliche Quelle zum Springen zu bringen. Die Spielleidenschaft ist in seinem Mark verwurzelt. Sie ist sein Brot, sein Rüstzeug. Immer heißt leben für ihn auch spielen.

In Madrid aber verkleidet sich der Dämon des Spiels als Notar. Nodaro, ein schwarzgekleideter Notar, der ganz so aussieht wie die schwarzen Männer, die in den spanischen Theaterstücken auftreten und die Verwicklungen lösen, empfindet Zuneigung für den brillanten Spieler. Er lädt ihn in sein Haus ein und umschmeichelt ihn. Er spürt, daß hinter dem großen Charme des Italieners eine für sein Alter überdurchschnittliche Intelligenz steckt. Es wäre jammerschade, wenn der begabte junge Mann zu große Spielschulden machen würde und einer zu knappen Börse wegen auf künftige Gewinne verzichten müßte. Mit übertriebener spanischer Großmut leiht ihm Nodaro Geld. Sind es nur bombastische Worte, oder spricht sein Herz, wenn er sagt: »Nehmen Sie das Geld! Nehmen Sie es, Señor! Es gehört Ihnen.« Gehört Mazarini nicht schon ein bißchen zur Familie?

Nodaro hat eine Tochter von sechzehn Jahren, die so schön ist, daß sie alle Spieler rasend machen könnte. Mazarini verliebt sich unsterblich in sie. Auch er ist schön und strahlend. Er bringt die hübsche Kleine zum Lachen. Er denkt an Heirat. Auf diesen Gedanken hat ihn sicherlich Nodaro gebracht. In Spanien wird mit der Tugend junger Mädchen kein Scherz getrieben. Wenn die Eltern einen Freier unter ihrem Dach empfangen, bedarf es keines Asmodée, der die Ziegel abdeckt, um zu wissen, daß das Mädchen und der Freier ihren Ruf aufs Spiel setzen. Zumindest würden sie ihren Ruf aufs Spiel setzen, wenn eine unausweichliche Bahn sie nicht von der Paella am Familientisch zum Ring am Finger führen würde. Mazarini ist auf dieser Bahn, und er ist glücklich, daß er endlich in den Besitz dessen kommt, was man in Spanien nur nach der offiziellen Hochzeit erhält. In seinem Freudentaumel bittet er seinen Gefährten Girolamo, von seinem Vater, dem Konnetabel, die Heiratserlaubnis zu erwirken, was für einen abhängigen jungen Mann, dessen Vater ebenfalls von dieser großen Familie abhängt, unumgänglich notwendig ist.

Girolamo hat die Gefahr erkannt. Er ist zwei oder drei Jahre älter als Giulio. Ihm haben die beiden Väter den jungen Brausekopf anvertraut. Seine Rolle als großer Bruder und künftiger Herr nimmt er ernst. Ihm ist klargeworden, daß Giulio, der Älteste einer kinderreichen Familie, dem eine glänzende Zukunft offensteht, dabei ist, sein Leben in eine Notariats-Sackgasse zu lenken. Girolamo bereitet eine Szene vor, die der Commedia dell'arte entnommen sein könnte und deren weise Voraussicht eher von einem Graubart erwartet werden könnte.

Er gibt sich alle Mühe, den Verliebten nicht zu erschrecken. Er preist die Schönheit der Notariatstochter. Er freut sich über das Glück – vergleichbar dem Hohenlied Salomonis –, daß diese Perle Spaniens Giulio zufallen soll. Er verspricht dem rettungslos Verliebten, sich für eine so prächtige Sache einzusetzen. Nur eines verlangt er von Giulio: er möge ein geheimes diplomatisches Dokument dem Konnetabel eigenhändig in Rom übergeben. Diese Mission wird den Eintritt in den Garten Eden nicht verzögern, sondern im Gegenteil beschleunigen.

Mazarini spielt in diesem spanischen Stück die Rolle des Geprellten, die er in späteren Jahren häufig anderen auflädt. Das Dokument ist natürlich eine lange Epistel, in der der schlaue Girolamo seinem Vater die Gefahren darlegt, die dem Überbringer drohen. Er beschwört ihn, diesen nicht wieder zurückreisen zu lassen.

Anfangs erleidet Mazarini tausend Tode. Er erlebt seinen ersten Liebeskummer. Doch bald, schneller als er geglaubt hätte, verblaßt das Traumbild.

In der Welt erwarten ihn unendlich viel mehr Blumen und Früchte, als ihm, unter der schützenden Hand eines Notars, zwei schöne spanische Augen verheißen konnten.

In den späteren Mazarinaden taucht das spanische Mädchen noch einmal auf. Um eines Reimes willen und um den Versen ein bißchen Lokalkolorit zu geben, wird sie zu einer Orangenverkäuferin. Doch Mazarini hat aus Spanien mehr mitgebracht als ein paar Orangen, mehr auch, als er an den grünen Tischen hätte gewinnen können.

Zukünftige Könige werden von Hofmeistern in die Politik eingeführt. Für Mazarini, der einmal ebensoviel Macht haben wird wie ein König, ist der eigentliche Hofmeister – einflußreicher als seine ehemaligen Lehrer, die Jesuiten – das Land Spanien. Dort hat er gelernt, was Politik und was Selbstbeherrschung ist. Spanien ist das Beispiel für ein Land, das fest in der Hand seines Königs ist, oder des Mannes, der in seinem Namen regiert. Körperlich hat Mazarini dort die Ohnmacht Italiens gespürt. Denn was ist Italien? Marmorstaub des antiken Roms, eine Staubwolke von Staaten. Spanien regt ihn an, weiterzublicken als bis zum Apennin oder bis zum Ufer des Mittelmeers. Spanien vermittelt ihm den Begriff Europa, den Ehrgeiz, eine europäische Laufbahn einzuschlagen, für die er Geist und Waffen schmieden will.

Den Geist bekommt er, sozusagen auf Umwegen, in Spanien dargeboten: dort darf er Machiavellis »Il Principe« (Der Fürst) lesen. Dieses Handbuch der Staatsräson, das 1531, nach dem Tod des Verfassers, veröffentlicht wurde, ist in Rom von der Inquisition verboten worden. In Paris und Madrid ist es frei erhältlich. In dieser Schrift findet Mazarini die Bestätigung seiner Gedanken über Spanien. »Der Fürst« bestärkt ihn in seiner Überzeugung, daß die italienischen Republiken, von denen die eine hierhin, die andere dorthin will, niemals die Einheit der Halbinsel verwirklichen können, während Frankreich und England ihre völkische und geographische Einheit unter einem Monarchen hergestellt haben. Mit Hilfe des »Fürsten« wird Mazarinis Geist durchforstet, vom Gestrüpp aus Moral, Vorbehalten und Verboten befreit. Zurück bleibt nur geläuterte Politik, eingeschient von dem Lehrwort: »Wer das Ziel will, will auch die Mittel«. Allein ein Fürst (ein Souverän), der alles der Staatsräson unterordnet, hat soviel Klugheit und Umsicht, die Großen, die das Volk unterdrücken, zu zerbrechen, und, wenn das Allgemeinwohl es erfordert, Terror auszuüben und zu lügen.

Mazarini ist mehr als Römer denn als Italiener fortgegangen, und er kommt als Europäer nach Rom zurück. Sein Kummer läßt ihn hart werden. Jetzt hebt sich der Vorhang über seinem innerlichen Theater. Endlich sieht er, was er solange gewesen ist: ein Falter, der sich die Flügel am Feuer des Spiels und der Liebe verbrannt hat. Ein Tor, der einem Notar auf den Leim gegangen ist. Ein Einfältiger, der, allerdings zu seinem Besten, von seinem Gefährten Girolamo hintergangen worden ist. Er lacht sich nachträglich selber aus. Nie irrt er sich, wenn er über andere und über sich selbst lachen kann. Diesem Lachen verdankt er seine Zukunft. Es ist eine Gewissensprüfung, die den masochistischen Kniefällen der Beichte überlegen ist. Im Lachen ist für Mazarini alles enthalten: Lebens- und Schaffensfreude, Toleranz, Tüchtigkeit, Demut, Vergebung, Gleichgültigkeit, Vergessen, Trost, Balsam bei Kränkungen, Rache der Schwachen für den Dünkel der Großen, Vertrauen in seinen Stern und in eine unbeirrbare Liebe.

Ehe er sich die Waffen beschaffen kann, die für eine europäische Karriere nötig sind, wird noch einige Zeit vergehen. In seinem Innern schlummert die Idee, sich in die Nähe eines Fürsten zu begeben, der dem Machiavellis gleichen müßte, oder in die Nähe eines Mannes oder einer Frau, die für den Fürsten handeln und regieren. Als Ersatz für die zurückgelassene Spanierin hält das Schicksal eine andere für ihn bereit, zu der er in seinen kühnsten Träumen die Augen nicht aufzuheben gewagt hätte.

Hauptmann Alleswisser

Im Januar 1639 schreibt Mazarin an Chavigny:

»Ich war zweiundzwanzig Jahre alt, ich kam aus Spanien zurück, wo ich den Damen des Landes sehr zugetan war, ich war in Rom eng befreundet mit dem Herzog von Palliano [Konnetabel Colonna], mit dem ich ständig zusammen war. Noch nie hatte ich einen Franzosen kennengelernt, als eines Tages ein Bediensteter des Herzogs von Parma, der als großer Astrologe galt, erschien und mich fragte, warum ich mich darauf versteife, den Spaniern zu Diensten zu sein, da doch alle meine künftigen Erfolge und Ehren mir von Frankreich zuteil werden sollten. Im einzelnen sagte er zu meinem Vater, von dem er meinen Geburtsort erfahren hatte, daß ich vor meinem vierzigsten Lebensjahr Kardinal werden würde. Aber ich machte von dieser Weissagung kein Aufhebens.«

Mazarini ist zu sehr Italiener, und er glaubt zu sehr an ein zukünftiges Glück, als daß er diese Prophezeiung in den Papierkorb der Illusionen geworfen hätte. Doch kommt sie ihm sicherlich zu phantastisch und meilenweit entfernt von seinen Wünschen vor; seine Vorstellungskraft kann die Kluft zwischen der schwarzen Robe eines Juristen und dem Purpur einer Eminenz nicht überspringen.

Als er die verschiedenen Stationen des Lebens durchlaufen hat, die ihn nach und nach zu den Gipfeln führten, denkt er an den Astrologen zurück. Wie Katharina von Medici, wie alle Italiener, schöpft er Kraft aus der Vision des Mannes mit dem spitzen Hut.

Zunächst einmal macht Mazarini schnell, aber mit glänzendem Erfolg den Doktor beider Rechte. Man muß mit dem Studium fertig sein, ehe die Pickel der Jugend aus dem Gesicht verschwinden. Es ist Zeit, ein Mann zu werden, was nach der Familienauffassung heißt, in die Pantoffeln zu schlüpfen. Den Doctor juris erwartet eine bequeme Zukunft: ein Stuhl in der päpstlichen Verwaltung und eine wohlhabende Gattin im Bett.

Aber Mazarini ist unverbesserlich. Er fühlt, daß er für etwas anderes bestimmt ist, etwas Funkelndes, etwas Bewegtes, das dem Zucken des Blitzes gleicht, dem Galopp eines Pferdes, der Sonne des Ruhms und der Liebe.

Mit sechzehn Jahren hielt er im Kolleg einen mutigen Vortrag über den Kometen, der 1618 am römischen Himmel erschienen war. Mit zweiundzwanzig will er dieses Lichtbündel weiterhin mit den Augen verfolgen und sich genauso über den Wolken tummeln. Es ist aufregend, sein Leben zu gestalten. Jeden Morgen der Einzigartige, der Unverwechselbare zu sein, wie der Narr Don Quichotte, zu dem die junge schöne Altisidora aus Mitleid, aber vor allem mit einer bestimmten Absicht ins Zimmer gekommen war. Sie gab vor, ihn im Traum gesehen zu haben. Der hagere Hidalgo antwortete: »Das muß tatsächlich eine Vision gewesen sein, denn mich gibt es auf der Welt nicht noch einmal.«

Doch Mazarini verfällt nicht in diesen Fehler. Im Auf und Ab des Geschicks verliert der Günstling der Sterne nie den Verstand. Die Lektion, die er am Spieltisch erhalten hat, vervollständigt er, indem er die »Einführung ins fromme Leben« von Franz von Sales liest, die 1608 erschien und gleich ins Italienische übersetzt wurde. Diese Milch der frommen Denkungsart hat Mazarini trinken können: »Wie man seinen guten Ruf erhält, indem man Demut übt. Von der Sanftmut gegenüber dem Nächsten. Von der Sanftmut gegenüber uns selbst. Über wahre Freundschaften ... Über Unterhaltungen ... Über Zerstreuungen, die ehrbar und erlaubt sind. Wann man spielen darf.«

Bei Franz von Sales hat Mazarini Unterricht im Gebrauch der Sprache nehmen können: »Offen, sanft, natürlich, treu.« Später wird er, wie der Bischof von Genf, ein großer Gelehrter in Geduld. Er schafft sich seine eigene Lebensregel, an die er sich in allen Stürmen mit der Geschmeidigkeit des Schilfrohrs hält: »Man muß einen gerechten und vernünftigen Sinn haben.«

Mazarini, der gern in wildbewegtem Wasser fischt, wirft seine Angel zum erstenmal in die Gebirgsbäche des Veltlins. Die katholischen Bewohner dieses Alpentals möchten das Joch der Schweizer Kantone und der Graubündener Protestanten abwerfen. Spanien schielt nach diesem Korridor, durch den eine schnellere und einfachere Verbindung zwischen den spanischen Besitzungen in Deutschland und Italien hergestellt würde. Zweimal schlägt Spanien mit seiner eisernen Faust zu: zuerst erlangt es das Durchgangsrecht (1617), dann besetzt es das ganze Tal (1620). Zwar ist Frankreich mit Graubünden alliiert, droht aber nur schwach. Zwei Jahre lang wird verhandelt, indem man sich dann und wann die Zähne zeigt. Im Januar 1621 stirbt Papst Paul V. Um einen allgemeinen europäischen Krieg zu vermeiden, denkt sich Gregor XV. eine »Combinazione« aus: das Veltlin wird neutralisiert. Spanien zieht aus dem Tal ab und wird durch päpstliche Truppen ersetzt. Die Ehre ist gewahrt. Keiner ist über die Regelung so erbost, daß er wagen würde zu sagen, er sei nur zur Hälfte zufriedengestellt.

Um das Veltliner Tal zu besetzen, fehlt es dem Papst jedoch an Soldaten. Gregor XV. verlangt von jeder römischen Patrizierfamilie ein Truppenkontingent, das nach dem jeweiligen Vermögen veranschlagt wird. Diese Gelegenheit nimmt Mazarini wahr. Die Uniform verlockt ihn: der große Spitzenkragen, der das Gesicht mit den langen Haaren zur Geltung bringt, die Stiefel, das Wehrgehänge, der Degen, der Schnurrbart, die Bartfliege. »Ein Wind hat sich erhoben, man muß das Leben wagen.« Der Konnetabel Colonna ist von der Begeisterung Mazarinis beeindruckt und empfiehlt den Neuling dem Fürsten von Palestrina, der ein Infanterieregiment von dreitausend Mann zusammenstellt.

So verwandelt sich der Jurist in einen Hauptmann der Landsknechte. Von Sturmangriffen und Metzeleien träumt Mazarini nicht. Er versteht vom Waffenhandwerk nichts. Den Degen schätzt er nur als Symbol der Männlichkeit, das den Damen gefällt, und als Kennzeichen des Adels. Wenn er auf Scharmützel aus war, ist er enttäuscht worden. Sein Regiment bleibt in der Etappe, zuerst in Loretto, dann in Ancona. Das Leben in der Garnison drückt auf das ungestüme Temperament des jungen Hauptmanns. Aber es stört ihn nicht, er findet sich mit allem ab. Er ist ein brillanter, amüsanter Gesellschafter, und er spielt noch immer wie ein Verrückter. Seine Überlegenheit wird ihm nachgesehen, weil er viel Liebenswürdigkeit besitzt. Denn den anderen Offizieren ist er um hundert Ellen voraus. Wo ist in Loretto, in Ancona, auf der ganzen Halbinsel ein anderer Hauptmann zu finden, der eine so reiche Bildung besitzt, der Jurist ist und mehrere Sprachen spricht? Zu jener Zeit sprechen und verstehen nur wenige Italiener eine andere Sprache als ihre eigene. Sie sind vom gelehrten Europa zu sehr verwöhnt worden, das seit der Renaissance Italienisch lernt. Hauptmann Mazarini aber spricht Spanisch wie Cervantes und Französisch fast ebenso gut wie Malherbe.

Das erste historische Dokument, das von dem erstaunlichen Hauptmann Zeugnis gibt, ist ein Brief des Fürsten von Palestrina an Carlo Barberini vom 20. April 1625 aus Ancona. Obwohl Mazarini sich dem Kasernenleben, wie allem anderen, anpaßt, ist er voller Unrast. Er versucht auf offiziellem Weg Ausgangserlaubnis zu erhalten. Er bittet um Urlaub, unter dem höchst ehrenwerten Vorwand, in Rom Rekruten zu sammeln und den Bestand seiner Kompanie aufzufüllen. Wer wollte einem Hauptmann, der darunter leidet, daß seine Einheit Lücken hat, einen solchen Urlaub ablehnen?

Die erste Beurteilung des Hauptmanns Mazarini stammt vom 22. Mai.

Der Fürst von Palestrina schreibt an den gleichen Empfänger über diesen Eliteoffizier, der sich unendliche Mühe gibt, seine Reihen vollzählig zu machen. Der schlaue Mazarini hat herausgefunden, daß seine Vorgesetzten von einer Marotte besessen waren: die Truppenstärke aufzufüllen. Folglich befaßt er sich damit.

Andere Berichte sprechen von einem jungen Hauptmann, der untadeliger ist als man verlangt. (Der Mantel dieser Ordentlichkeit und Pünktlichkeit verbirgt die beim Spiel durchwachten Nächte.) Aber dieser Hauptmann, der seinen Dienst so wichtig nimmt, legt auch Wert auf genaueste Abrechnung. Ihm liegt um so mehr an der Rückzahlung seiner Auslagen, als er sein Geld zusammenhalten muß, denn er braucht für das Spiel jeden Pfennig.

Mazarini stand damals im Ruf, äußerst impulsiv zu sein, was mehrere Historiker zum Anlaß nahmen, ihm eine Entfernung von seinem Posten als Desertion anzukreiden. Als er in Ancona in Garnison lag, habe er eines Tages erfahren, daß seine Mutter gefährlich erkrankt sei. Verzweifelt sei er mit verhängtem Zügel nach Rom geritten, ohne seine Vorgesetzten zu fragen. Danach habe er sich dem Papst zu Füßen geworfen und ihn um Vergebung angefleht. Der unwiderstehliche junge Komödiant habe den Heiligen Vater gerührt, dieser habe einem so liebevollen Sohn Absolution erteilt und sogar erlaubt, in Rom zu bleiben, bis er über den Zustand seiner Mutter völlig beruhigt sei.

Durch einen Brief des Fürsten von Palestrina an Carlo Barberini wird diese Legende zerstört. Der Hauptmann Mazarini hat sich zwar nach Rom begeben, jedoch versehen mit formeller Erlaubnis. Er wollte dort seinen unter Mordanklage stehenden Vater verteidigen.

Es ist ein Vergnügen, Mazarinis weiteren Weg genau zu verfolgen. Der ins Veltliner Tal gesandte Generalleutnant der päpstlichen Armee heißt Torquato Conti, ein Mann, der lange Zeit in Deutschland gedient hat. Ihm zur Seite steht der apostolische Kommissar Giovanni Francesco Sacchetti, dem wiederum ein Unterkommissar beigegeben ist. Er heißt Capatio und ist ein Dummkopf. Auf dem Unverstand dieses Menschen baut sich Mazarinis Karriere auf. Er ist Hauptmann, steht aber so hoch über seinem Dienstgrad, daß man ihm unendlich viel schwierigere Aufgaben übertragen kann als jene plumpen Angelegenheiten der Truppenauffüllung. Zum Beispiel kann man ihn »halbamtlich« mit Missionen betrauen, die auszuführen dieser törichte Unterkommissar nicht fähig ist. Mit ihm kann man stets weiter vorstoßen; als wenn man sich an die schwerfällige amtliche Ordnung hält. Zudem kann man den Hauptmann Mazarini auch stets desavouieren. Er kann das Gesicht nicht verlieren, denn er hat noch keins. Man bedient sich dieses Untergebenen, um den Franzosen und Spaniern Anordnungen zu überbringen. Aber wenn er Augen, Ohren und ein Gedächnis hat, die ihn befähigen, unendlich viel mehr zu sehen, hören und zu behalten, als was man ihm offiziell mitteilt? Ist er deswegen ein Spion? Eher ein Beobachter. Er ist imstande, sich zwei Röcke anzuziehen. Er ist Hauptmann der Landsknechte, wenn er im Verzeichnis seiner Kompanie Bestandsziffern untereinanderreiht, und er ist Diplomat, wenn er sich bemüht, das Durcheinander im Veltlin zu entwirren. Bei dem dort herrschenden »Imbroglio« wären auch andere zum Diplomaten geworden, außer einem Tölpel wie Capatio.

Wenn man einen Mazarini in seinem Dienst hat, kann man auf ihn nicht mehr verzichten. Unmöglich, einen Mitarbeiter zu finden, der witzig ist wie er, so tüchtig, so liebenswürdig, der jeglichen Klatsch weitererzählt, alles begreift, alles weiß, alles sieht, ein Zauberer, der alle Schwierigkeiten mit seinem Zauberstab, alle Probleme sofort löst und aus den langweiligsten Akten die Paradiesvögel der Phantasie aufflattern läßt. Kurzum, ein Wunderknabe, der in allen Farben der Sonne Italiens schillert und wahrscheinlich nur im Land des Belcanto und der Commedia dell'arte zu finden ist: er arbeitet emsig und verbissen und bringt trotzdem alle Welt zum Lachen.

Sacchetti ist begeistert vom Hauptmann Mazarini. Er gibt ihm den Posten des schwerfälligen Capatio. Und General Torquato Conti ist von den geistsprühenden Berichten Mazarinis so angetan, daß er sie nach Rom weitergibt, wo man sich an ihnen ergötzt.

Er kann wie ein Luftgeist überall zugleich sein, er galoppiert von Turin nach Mailand, von Mailand nach Venedig, von Venedig nach Graubünden. Der junge Hauptmann ist das Symbol, der Inbegriff dessen, was im Veltlin geschieht, er ist die Windrose der Politik, bei der die Interessen des Reichs, Frankreichs, Spaniens und des Papstes zusammenlaufen. Den Hut in der Hand, ein Lächeln auf den Lippen, das Bein gebeugt und den Rücken gebogen, überbringt er Botschaften an federbuschtragende Generale, goldstrotzende Gesandte und Hoheiten. Am 13. Mai 1626 beauftragt ihn Torquato Conti in Monza, einen Brief zu Gonzalvo de Cordoba oder dem Herzog von Feria zu bringen. Der Kommandierende der spanischen Truppen, die in Alessandria liegen, wird mit dem Schreiben gebeten, Verbindungen zwischen den alliierten Heeren herzustellen. Mazarini soll nur eine »schriftliche Antwort« entgegennehmen, jedoch seine Ohren spitzen und behalten, was mündlich sonst noch gesagt wird.

In der Vatikanischen Bibliothek befindet sich eine Spesenabrechnung, in der der Name Giulio Mazarini mit zwei Entschädigungen in Höhe von zweihundertneunundzwanzig und dreihundertvierzig Pfund verzeichnet ist. Die letztere Summe betrifft die Kosten seiner Mission nach Alessandria zum Herzog von Feria. Mazarini hat sicherlich genau Buch geführt, denn es lag ihm nicht, ins Leere hinein Geld vorzustrecken.

Mit dem Vertrag von Monçon vom 5. Mai 1626 wird die Veltliner Affäre endgültig abgeschlossen. Das Schleifen der Befestigungen überwacht der Papst. Der Korridor soll neutral bleiben, die Veltliner sollen katholisch bleiben. Der neue Papst Urban VIII. erklärt sich mit dieser Regelung sofort einverstanden, ihm geht es darum, seine Armee aufzulösen, die ihn finanziell ruiniert.

Mazarini verbringt das Jahresende 1626 in der Garnison Monza. Torquato Conti schickt ihn nach Mailand zu dem neuen Gouverneur Gonzalvo de Cordoba. Diesmal handelt es sich nicht nur darum, Botschaften zu überbringen. Dem vierundzwanzigjährigen jungen Mann wird, wie einem Gesandten, eine richtige Verhandlung aufgetragen. Er soll seinem Gesprächspartner von der kristallenen Klarheit der Absichten des Papstes überzeugen, der von nichts weiter träume als von Ölzweigen und Truppenentlassungen. Der Unterhändler soll bei seiner Rückkehr getreu berichten, was er gehört und gesagt habe.

Für seine erste wirkliche diplomatische Mission führt Mazarini eine Theaterszene auf. Und er macht Journalismus, das heißt, er versteht es, durch großen Wirbel dem Ereignis die von ihm gewünschte Wichtigkeit zu verleihen. Mitten in der Nacht kommt er in Mailand an. Ohne sich um das Protokoll zu kümmern, läßt er sich unverzüglich bei dem Gouverneur melden. Willentlich überrumpelt er ihn, um seinen Zorn zu erregen und ihn dazu zu bringen, seine Absichten preiszugeben. Wie gewünscht, erhält er die Zustimmung zum Abzug der Truppen.

Gleich danach schreibt er einen triumphierenden Brief an Torquato Conti. Am nächsten Tag faßt er seinen Bericht ab, den ersten diplomatischen Text, der aus seiner Feder bekannt ist. Mit der Geschicklichkeit eines Zauberkünstlers läßt er in den Zusammenhang der Darstellung die Andeutung einfließen, er habe Wunder an Diplomatie und Takt entfaltet; aber es sieht so aus, als erwähne er selbst die Tatsache gar nicht, als entdecke sie sein Vorgesetzter allein. In den römischen Amtsräumen genießt man diesen Bericht wie eine Handvoll köstlicher Dragéemandeln, die bei einer Taufe ausgeteilt werden: der Taufe des Zauberers Merlin der Diplomatie.

Deus ex machina

Sacchetti bekommt den Oberbefehl der Truppen der Provinz Ferrara. Er nimmt Mazarini mit sich nach Bologna, wo sein Bruder Kardinal-Legat ist.

Als »Offizier für administrative und diplomatische Fragen« sieht der Hauptmann Mazarini sich in seiner Doppelrolle, wenn auch bescheiden und vage, bestätigt. Und als Sacchetti 1628 zum außerordentlichen Nuntius in Mailand ernannt wird, nimmt er ihn wiederum mit und überträgt ihm etwa die Funktionen eines Legationssekretärs. Auf folgende Weise zieht Mazarini Nutzen aus seiner neuen Stellung: Zwischen den beiden Sacchetti und dem Papst findet ein unentwegter Austausch von Berichten statt. Mazarini überbringt sie jeweils. Aber er beschränkt sich nicht darauf, nur passiv den Briefträger zu spielen. Mit jedem Bericht überbringt er sich selber, er läßt seine Befähigung und seine Verdienste durchschimmern, und er deutet an, wie sie zu verwenden wären. Der päpstliche Hof wartet jedesmal mehr auf den Boten als auf die Botschaft.

Er ist ein Mann des gesprochenen Worts, der Geste, des Blicks, ein Schauspieler, der improvisieren, der ein noch warmes Ereignis gut zu servieren versteht; seine schwache Seite aber ist das Schreiben. Seine Schrift, mit der er ungeduldig versucht, seine Zunge einzuholen, macht unleserliche Katzensprünge. Je bedeutender und mächtiger er wird, desto mehr kann er sich, wie Napoleon, den Luxus leisten, unleserlich zu schreiben. Doch so weit ist er noch nicht. Sein Vater klagt in einem Brief, daß »Seine Heiligkeit die größte Mühe hatte, seine Depeschen zu lesen. Er solle doch, und sei es nur eine Viertelstunde am Tag, üben, um eine schöne Handschrift zu erlangen ... Und setze Deine Unterschrift ein bißchen besser hin, sonst kann sie keiner entziffern«.

Mazarini bewegt sich nicht nur gern, sondern auch gut im Ungefähren. In dem Nebel, den er um sich verbreitet, kann er sein Licht leuchten lassen. Zu jenem Zeitpunkt ist es ihm lieber, sich in einer unbestimmten Stellung überlegen zu erweisen, als unterlegen in einem genau festgelegten Amt.

Um einem verzagten Anfänger im Jahr 1638 Mut zu machen, stellt er sich selber als Beispiel hin. »Als die Padroni begannen, mich bei Staatsgeschäften zu verwenden, machte ich mich unentbehrlicher durch die Handhabung dieser Affären als durch die Stellung, die ich innehatte, denn die bestand in nichts anderem als darin, die Padroni über das zu unterrichten, was in der Lombardei vor sich ging ... Mit Hilfe von Gewandtheit, Geist und Eifer müssen Sie sich bemühen, die Schwierigkeiten, die in Staatsaffären auftauchen, auszugleichen ... Ich bin sicher, daß Sie auf diese Weise Ihre Stellung sehr verbessern werden ... Setzen Sie sich darum das Ziel, allgemeine Anerkennung durch Ihre Taten zu gewinnen, denn ein gutes Ansehen ist der eigentliche Reichtum und der eigentliche Erfolg für eine edle Seele.«

Mit diesen Grundsätzen zielte er ab auf das Gelingen seiner Missionen, aber auch auf »die Nützlichkeit und den Vorteil« desjenigen, der sich mit ihnen befaßte.

In Rom beeindruckt er Kardinal Bentivoglio, einen feinsinnigen Humanisten, ehemals Nuntius in Frankreich, der mit der Wahrnehmung der französischen Interessen im Vatikan beauftragt ist. Van Dyck hat den ehrwürdigen Prälaten gemalt: er hat die kahle Stirn eines Lateinprofessors, sein Schnurrbart und sein Spitzbart sehen aus wie mit Kreide bestäubt, seine Augen sind vom vielen Korrigieren gerötet. Hier vollzieht sich der erste Kontakt Mazarinis mit einem Vertreter des Landes, das, wie die Sterne verkündeten, ihm Glück bringen sollte.

Durch Kardinal Bentivoglio wird Mazarini Kardinal-Minister Francesco Barberini, einem Neffen des Papstes Urban VIII., vorgestellt. Der Pontifex maximus frönt einem schamlosen Nepotismus, er überhäuft seine beiden Neffen, die Brüder Francesco und Antonio Barberini, mit Ehren.

Der gestrenge Francesco Barberini mit dem Mephistobart und der von Sorgen gefurchten Stirn krümmt sich unter der Last seiner Stellung als Vizekanzler, der Aufsicht über vier große Abteien, des Erzpriesteramts von Santa Maria Maggiore und Sankt Peter und Tausenden von Bänden und Manuskripten der Vatikanischen Bibliothek. Diese ungeheure Persönlichkeit verbreitet ihren Schatten über die ganze Familie. Wenn die französischen Gesandten vom Kardinal Barberin sprechen, handelt es sich stets um den gebeugten Francesco.

Dieser Barberini ist das Gegenteil von einem Diplomaten: er ist schroff, launisch und jagt Trugbildern nach. »Innamorato de l'impossible«, »Verliebt in das Unmögliche«, sagt später Kardinal von Retz. Verliebt vor allem in Bücher, und so bereichert er die Vatikanische Bibliothek. Wie der Papst und wie sein Bruder Antonio protegiert er Schriftsteller und Künstler, besonders wenn sie den Ruhm Gottes preisen. Er führt, wie Retz schreibt, ein »gottesfürchtiges« Leben. Die einzige Ausschweifung, die er sich erlaubt: zweimal in der Woche begibt er sich auf seinen kleinen Landsitz, seinen »Weinberg«. Dort ißt er wie ein Bauer, sieht zu, wie der Käse bereitet wird und geht zwischen seinen Ziegen und Kühen spazieren. Solche ländlichen Zwischenspiele geben ihm Kraft, die übermäßigen Anstrengungen zu ertragen. »Er ruht sich weder bei Tag noch bei Nacht aus. Er nimmt sich kaum die Zeit zu essen und zu schlafen. Manchmal ißt er am Abend stehend zwei Bissen. Er geht sehr spät zu Bett und steht vor Tagesanbruch auf.«

Auf welche Weise Mazarini von Bentivoglio dem strengen Kardinal Francesco empfohlen wird, geht aus einer Depesche hervor, die der venezianische Gesandte an seine Regierung schickt:

»Ich überlasse ihn Ihnen, weil ich nicht wert bin, ihn zu behalten. Durch dieses Geschenk glaube ich, mich eines Teils der Verpflichtungen gegenüber einer illustren Familie zu entledigen.«

Der pedantische Barberini fällt aus allen Wolken: er hat nie von diesem Phönix sprechen hören. Er stottert: »›Da er aus Ihrer Hand kommt, nehme ich ihn mit Freuden an, aber sagen Sie mir, wofür halten Sie ihn fähig?‹ – ›Zu allem, ausnahmslos.‹ – ›Wenn es so ist, könnten wir nichts Besseres tun, als ihn mit Kardinal Ginetti in die Lombardei zu schicken; wir benötigen einen tätigen Mann an seiner Seite. Bereiten Sie ihn schonend darauf vor.‹«

Bentivoglio hat diesen Auftrag gern übernommen, und Ginetti hat den jungen Mazarini als Legationssekretär eingestellt; er hat ihn mit der Rechnungsstelle beauftragt.

Der venezianische Gesandte porträtiert den seltenen Vogel: »Mazarini ist angenehm und sieht gut aus, er ist höflich, geschickt, ausgeglichen, unermüdlich bei der Arbeit, gescheit, vorausschauend, diskret, verschwiegen, beredt, überzeugend und findig in Ausflüchten: mit einem Wort, er besitzt alle Fähigkeiten, die einen wendigen Unterhändler ausmachen. Da er sehr jung und von robuster Gesundheit ist, wird er sich lange Zeit, wenn ich mich nicht täusche, der Ehren erfreuen, die auf ihn zukommen. Es mangelt ihm nur an Vermögen, um es weit zu bringen.«

»Vermögen« erwerben, das wird Kardinal Mazarin später tun, um den venezianischen Gesandten nicht Lügen zu strafen.

Kardinal Francesco Barberini ist schroff wie ein trockenes Brett und glatt wie ein nasses. Mazarini, das aufsteigende Gestirn der Diplomatie, leidet Höllenqualen, weil er mitansehen muß, wie sein Herr und Gebieter mit seinen bleiernen Stiefeln viele feine Marienfäden zerreißt. Fortwährend muß er Vorwürfe einstecken. Mazarini stürmt wie bei einem Hochzeitsflug in den Raum und bricht sich dann an einer gläsernen Mauer die Flügel. In ihrer Korrespondenz schlägt sich dieses Drama nieder. Sie erstreckt sich über den Zeitraum von Juni 1629 bis Ende 1636, der Rückkehr Mazarinis aus Frankreich, und füllt dreizehn in Pergament gebundene Bände der Vatikanischen Bibliothek.

Es besteht ein erschütternder und zugleich burlesker Kontrast zwischen den Anordnungen Barberinis, die wie Fallbeile immer haarscharf neben dem Eigentlichen niederfallen, und den überschwenglichen Antworten des Anfängers, der voller Einfälle ist, voller Lebenslust und dem grenzenlosen Wunsch, voranzukommen. »Lieben Sie mich?« fragte Mozart als Kind die Zuhörer, bevor er ein Konzert begann. »Lieben Sie mich?« fragt bänglich, über die Entfernung hinweg, die Briefsalve, mit der der junge Mazarini seinen Herrn bombardiert. Um die Windungen seines Gehirns elastisch zu machen, um das Glück beim Schopf zu packen, das sich, von den Ungeschicklichkeiten des Kardinals erschreckt, verflüchtigt, schreibt ihm Mazarini bis zu neun Briefe am selben Tag. Wenn ein Liebender seinen Atem mit dem seiner Geliebten vermengt, hebt er Zeit und Raum auf. Nie hat Mazarini an eine Frau so begeistert geschrieben wie an diesen Kardinal; er vermengt seinen frischen Hauch mit dem Atem der Eminenz, die, von ihrem »Weinberge« zurückgekehrt, nach Ziegenkäse riecht.

Glücklicherweise findet Mazarini anderswo Trost. Er tut alles, um dem Konnetabel Colonna, dem Dienstherrn seines Vaters, zu Gefallen zu sein. Er betreut den vierten Sohn des Konnetabels mit Namen Carlo. Dieser hitzige zwanzigjährige Jüngling tritt in der Lombardei in die spanische Armee ein. Mazarini ist ihm ein so fürsorglicher Mentor, daß sich der Konnetabel mit einem Brief (November 1628) herzlich bei ihm bedankt.

Anfangs mißtraut Carlo Colonna, der den Titel Herzog von Marsi führt, dem allzu brillanten Hauptmann. Dann aber ergeht es ihm wie allen anderen, er schwärmt für ihn. Als er im März 1629 nach Rom zurückkehrt, übertrifft er noch seinen Bruder, den jungen Kardinal Girolamo, in seiner Bewunderung für den Zauberer. Vater Pietro Mazarini, der den Großen gegenüber stets skeptisch ist, da er von ihnen eher Nackenschläge als Belobigungen erwartet, verhehlt seine Verblüffung nicht. Er schreibt an seinen Sohn:

»Er hat mit mir, in Gegenwart mehrerer Kavaliere, mit solcher Zuneigung und Liebe über Dich gesprochen, daß ich höchst erstaunt war. Denn er hat sich selbst überwunden. Und noch erstaunter war ich, daß er beim Diner mit dem Herrn Kardinal [Girolamo Colonna] nur von Deiner Lebensart und Deinen Verdiensten sprach. Er hob Dich in den Himmel und sagte, Du habest ihm viele Dienste erwiesen.«

Am nächsten Tag tun die beiden jungen Leute wiederum nichts anderes. Sie begeben sich in Begleitung ihrer Schwester Anna – sie ist die Frau eines Neffen des Papstes, Taddeo Barberinis, Präfekt von Rom – zur päpstlichen Audienz. Carlo hält wieder eine Lobrede auf Mazarini. Urban VIII. unterbricht ihn lächelnd: »Sie lieben ihn wohl, weil er weiterhin spielt?« Auch Kardinal Girolamo tritt für seinen Gefährten von der Universität Alcalá ein: »Heiliger Vater, wir sind seit unserer frühesten Kindheit zusammen erzogen worden; seine Fähigkeiten verdienen Ihre Huld.« Von so viel Eifer überwältigt, murmelt Urban VIII.: »Er hat einen wachen Geist, wir werden uns seiner annehmen.«

Carlo nimmt den Dienst bei den Spaniern wieder auf. Er wird an der Hand schwer verwundet. Seines Ungestüms wegen ist die Familie in Sorge. Girolamo fleht ihn an, die Vorschriften der Ärzte zu befolgen ... »Und spiele nicht, wie gewöhnlich, den Draufgänger, denn es geht um Dein Leben.« Mazarini läßt Carlo ins Krankenhaus der Jesuiten nach Genua überführen, dort wird er aufopfernd gepflegt. Die Familie Colonna atmet auf. Der Konnetabel schickt Mazarini Geld, mit dem die Patres entschädigt werden sollen. Er erklärt, Giulio habe Carlos Leben gerettet. Als später der Verwundete nach der Genesung wieder zu seinem Regiment in Mailand stößt, beauftragt der Konnetabel Mazarini, den tollkühnen Soldaten vor seiner Gier nach Heldentaten zu schützen. »Ich bin sicher, daß Sie ihm aus schlichter Zuneigung werden raten können in bezug auf sein Wohlergehen und seine Gesundheit.« (Brief vom Dezember 1629)

Ende Juni 1629 muß Giovanni Francesco Sacchetti persönlicher Angelegenheiten wegen nach Rom reisen. Er setzt so großes Vertrauen in Mazarini, daß er dem siebenundzwanzigjährigen jungen Mann die Leitung der Nuntiatur während seiner Abwesenheit überläßt. Dieser Glücksfall ereignet sich bei einem zweiten »Imbroglio«. Es geht um die Erbfolge von Mantua. Generale avancieren in Kriegen, Diplomaten in »Imbroglios«. Vorausgesetzt, daß sie Lust haben, Initiative zu beweisen.

Der Herzog von Mantua, Vinzenz II., stirbt im Dezember 1627 kinderlos. Er vermacht sein Herzogtum einem entfernten Verwandten, einem französischen Fürsten, Karl von Gonzaga, Herzog von Nevers. Spanien bringt seine Kandidatin ins Spiel: eine Enkelin des Herzogs von Savoyen, eine Nichte des Verstorbenen. Kaiser Ferdinand II. steckt tief im Dreißigjährigen Krieg, er hüllt sich in steinernes Schweigen. Man weiß aber, daß er für Spanien ist. Richelieu ist vollauf mit den Protestanten beschäftigt, ein Ende der Belagerung von La Rochelle ist noch nicht abzusehen. Spanien und Savoyen machen sich diese Gegebenheiten zunutze und holen zu einem hinterlistigen Streich aus.

Die Erbschaft des verstorbenen Vinzenz II. besteht aus zwei Stücken: dem Herzogtum Mantua und der Markgrafschaft Montferrat. Durch einen Geheimvertrag haben sich Spanien und Savoyen bereits das kleine Stück, die Markgrafschaft, geteilt.

Im Zusammenhang mit Karl Emanuel von Savoyen wird stets Victor Hugos Vers zitiert: »Savoyen und sein Herzog sind voller Abgründe ...« Es besteht kein Grund, darüber zu lachen. Wie die Abgründe Schwindel verursachen, würde es auch die Regierung von Karl Emanuel tun, wenn er über ein größeres Land herrschen würde. Man weiß nie, was dieser Meister des Doppelspiels will, dessen Auge das Lügen straft, was er sagt, dessen rechte Hand nicht weiß, was die linke tut. Er hat ein Militärbündnis mit Frankreich und Venedig abgeschlossen, hofft aber, den größeren Teil von Montferrat auf Kosten seines Helfershelfers Spanien einzustreichen; zugunsten Spaniens verrät er seine beiden Verbündeten. Spanien läßt ihn gewähren. Es besitzt bereits das Mailänder Gebiet und würde sich zufriedengeben mit der Festung Casale, dem Riegel im Norden Italiens.

Der Herzog von Nevers verschanzt sich mit einigen französischen Freiwilligen in Mantua. Eine weitere französische Enklave und Garnison ist Casale.

Im Januar 1628 setzen sich die Heere in Marsch. Die Savoyer nehmen das gesamte Gebiet nördlich des Po in Besitz. Der spanische Gouverneur von Mailand belagert zur gleichen Zeit Casale. Ganz Europa blickt gebannt auf diese Stadt, und die Wünsche gelten, je nach Einstellung, dem einen oder anderen Lager.

Bernini hat 1637 von Papst Urban VIII. ein steinernes Bildwerk geschaffen. Es könnte an die Molière-Figur des Georges Dandin erinnern, der im Hemd, eine Kerze in der Hand, die Zipfelmütze auf dem Kopf, in der Nacht seine Frau mit ihrem Galan überrascht. Der Papst scheint schlaftrunken, mit struppigem Bart und halbgeschlossenen Augen aus einem nächtlichen Streitgespräch mit seinen Neffen zu kommen. Der Pontifex mit den schwachen Schultern wird erdrückt vom Nepotismus, er soll über die Kirche Europas regieren, muß sich aber mit den Neffen herumschlagen. Seit mehr als zehn Jahren wird Deutschland vom Krieg heimgesucht. Wird das Feuer nach Italien übergreifen? In großer Besorgnis schickt Urban VIII. als außerordentlichen Nuntius Giovanni Francesco Sacchetti nach Mailand; ihm steht der unabkömmliche Hauptmann Mazarini zur Seite, der sich im Veltlin ausgezeichnet hat. Sacchettis Mission entspricht dem Charakter

Mazarinis mehr als dem Sacchettis selbst: nach außen hin nichts, alles vollzieht sich in der Tiefe. Sehen, hören, beobachten, das Unüberbrückbare überbrücken, beschwichtigen und, vor allem, zwischen Frankreich und Spanien treten, um den Krieg zu verhindern.

Trotz seines schläfrigen Aussehens ist der Papst erstaunlich gut unterrichtet. Wahrscheinlich dank Sacchetti und dessen Hauptmann mit den hundert Augen weiß er, daß Richelieus Geduld Grenzen hat. Nicht lange mehr wird es der Premierminister des Königs von Frankreich zulassen, daß der Herzog von Nevers lächerlich gemacht wird. Nicht lange mehr wird er mit der Belagerung von La Rochelle zu tun haben. Die Belagerten pfeifen auf dem letzten Loch. Am 28. Oktober 1628 ergeben sie sich. Der stählerne Kardinal hat die Hände frei. Er schlägt zu. Am 1. März 1629, trotz winterlicher Witterung, bezwingen Ludwig XIII. und seine Armee den schneebedeckten Paß des Mont-Genèvre.

Durch diesen Ausfall hofft Richelieu das Bündnis zwischen dem heimtückischen Herzog von Savoyen und Spanien zu spalten. Er leitet in Chiomonte Verhandlungen ein. Doch Karl Emanuel ist starrköpfig. Der Mont-Genèvre-Paß ist ersteigbar (die französische Armee hat es gezeigt); der Susa-Paß, meint er, ist es nicht. Außerdem ist die Lage der französischen Invasoren nicht so günstig wie sie glauben machen wollen. Karl Emanuel hat noch Trümpfe in der Hand. Wenn Richelieu Neutralität von ihm verlangt, wird der »abgründige« Herzog sie sich teuer abkaufen lassen. Wiederum überrumpeln ihn Richelieu und seine verteufelten Franzosen. Im Morgengrauen des 6. März greifen sie Susa an. Noch vor neun Uhr haben sie den Paß bezwungen.

Mit einer Handbewegung drängt Richelieu die Spanier aus dem Spiel. Der neue Wächter der norditalienischen Alpenpässe ist nun Frankreich. Schnaubend unterzeichnet Karl Emanuel einen Bündnisvertrag mit Frankreich und Venedig, den er genauso verletzen will wie den früheren. Mit einem gezwungenen Lächeln läßt er erkennen, daß er seine Absichten auf die Markgrafschaft Montferrat aufgegeben hat.

Spanien verliert das Gesicht. Um den Schild reinzuwaschen, wird Gonzalvo de Cordoba abberufen und beschuldigt, Richelieu nicht schnell genug entgegengetreten zu sein und Casale nicht vor dem Fall von La Rochelle genommen zu haben. Spanien sendet einen der größten Heerführer aller Zeiten nach Mailand. Es ist Spinola, ein Genuese, der in spanische Dienste getreten ist. Der Sieger von Ostende (1604) und von Breda (1625). Ein Meister der Belagerung. Das Symbol des unbesiegbaren Heldentums der »Tercios«. (Spanische Infanterieregimenter, die ihrer Tapferkeit wegen berühmt waren.)

Der Hof von Madrid wirft nicht nur Spinola in die Waagschale; inständig bittet man den Hof von Wien, stärker denn je die Solidarität der beiden Habsburger Zweige zu dokumentieren. Vereint würde es gelingen, Mantua vor der Ankunft der Franzosen einzunehmen. Kaiser Ferdinand II. schickt den gefürchteten Haudegen Collalto, einen zum Reichsgrafen ernannten Friauler, und mit ihm seine Scharen von Totschlägern.

Venedig schwebt in allen Ängsten und appelliert an das verbündete Frankreich.

Die Lage ist hoch gespannt. Bislang hatten Frankreich und Spanien einander belauert, sorgfältig darauf bedacht, sich nur über Dritte kleine Stiche zu versetzen. Jetzt hat es den Anschein, als suchten sie die direkte Auseinandersetzung.

Urban VIII. ist äußerst beunruhigt; in aller Eile schickt er Monsignore Pencirola, einen ergrauten Diplomaten, der jeden Gedanken des Papstes kennt und vertritt, nach Mailand. Dort trifft er Sacchetti nicht an, denn dieser ist nach Rom gereist. Dafür findet er den untergeordneten Hauptmann Mazarini vor, von dem anläßlich der Veltliner Affäre viel Gutes erzählt worden war. Aber das Veltlin war nur eine Lappalie, gemessen an der Tragödie, die sich am Horizont abzeichnet.

Was will Urban VIII.? Frieden. Was für einen Frieden? Einen umfassenden Frieden, der die österreichischen und französischen Herren aus Italien entfernt und das Land zu Atem kommen läßt. Diesen Frieden durch die Waffen zu erringen, ist er nicht stark genug. Er muß ihn mithin durch die Diplomatie erlangen. Er möchte sich vor allem auf Frankreich stützen, das als Befreier auftritt, während die Habsburger die Rolle des Ungeheuers spielen. Doch zunächst muß er sich vergewissern, daß der Befreier nicht ebenso gefräßig ist wie das Ungeheuer.

Urban VIII. beauftragt Mazarini, die drei Hauptdarsteller des sich vorbereitenden kriegerischen Balletts auf Herz und Nieren zu prüfen: Spinola, den Herzog von Savoyen und den Marschall von Créqui, den Oberbefehlshaber der französischen Truppen.

Mazarini ist in seinem Element: Sondierung, vorsichtige Annäherung, persönliche Ausstrahlung. Bei seinem bescheidenen Dienstgrad kann er im Schatten bleiben. Er ist eine nichtige Größe. Wenn die Oberen mit ihm sprechen, haben sie den Eindruck, mit sich selber zu sprechen. Überdies kommt ihm die scheinbare Neutralität des Heiligen Stuhls zugute. Was kann es denn auch unter all den federbuschgeschmückten Größen Neutraleres geben als einen Hauptmann?

Mazarini ist zwar Vertreter eines Priesterstaats, er selbst aber hat nicht die Neutralität eines Priesters. Er ist kein Priester. Er wird es nie sein. Er ist ein Mann im Besitz der männlichen Waffen der Aggression. Seine Neutralität könnte sich vielleicht auf das Evangelium stützen. Er ist, obwohl nicht Priester, doch ein Katholik, und er spricht im Auftrag des Papstes. Seine Neutralität verfällt nicht in die Fehler, welche den Priestern von den Antiklerikalen vorgeworfen werden. Die Neutralität eines Zaghaften, eines Kapauns, kennt er nicht, nicht einmal die, welche von den Mannhaften, vor allem in einer Zeit der Helden- und Ritterromane, wiewohl ein bißchen verspätet, als fade, weich, feige und duckmäuserisch verachtet wird. »Gott speit die Lauen aus.« Der Hauptmann Mazarini hat die sprühende Neutralität, die, dem Spiel des Lebens gleich, alle Möglichkeiten auskostet, alle Kombinationen des Schachbretts ausschöpft. Eine Sinnlichkeit der Ideen, die sich in Theatergestalten verkörpern, auf der Weltbühne, wo der Verräter nicht verdammenswerter ist als der Held, denn er mußte genau wie der andere seine Rolle spielen: »Das Leben – ein Traum.«

Ein völlig Neutraler muß mit allen gut stehen. Mazarini hatte bereits das beste Verhältnis zu Gonzalvo und zu den Offizieren seines Stabes. Gonzalvo redete gern. Ohne Argwohn ließ er vor dem jungen Hauptmann seiner Rede freien Lauf. Mazarini lächelte, warf einige Witze dazwischen, setzte die Miene entzückter Aufmerksamkeit auf, was den Wortfluß des anderen in Bewegung hielt. Aus diesem Gießbach fischte er die Goldkörner, die er dann in der Nacht nach Rom schickte.

Dieselbe Komödie führt er auf, als Spinola anstelle von Gonzalvo an die Spitze der spanischen Truppen tritt. Obwohl sein allzu vertrauensseliger Vorgänger gewarnt hat, übertrifft Spinola ihn noch in seinem Vertrauen zu Mazarini. Er ist begeistert, daß er als Italiener mit einem Italiener, der über die ganze Liebenswürdigkeit seiner Landsleute verfügt, plaudern kann. Spinola ist ein bedeutender General, aber ein kläglicher Diplomat, und er beauftragt Mazarini, für ihn zu verhandeln, sozusagen sein Diplomat zu sein. Mazarini berichtet alles nach Rom.

Er fleht den Italiener Spinola an, aus ihrer beider Heimatland kein Ruinenfeld zu machen. Damit berührt er einen empfindlichen Punkt bei dem eisengepanzerten Heros, der auf Velasquez' Gemälde »Las Lanzas« (1635) die Menschlichkeit inmitten der Verheerungen des Krieges verkörpert: mit fürstlicher Höflichkeit nimmt er die Schlüssel der Stadt Breda entgegen, die ihm Justin von Nassau in seinen weiten batavischen Pluderhosen reicht.

Durch Mazarinis Sirenengesänge läßt sich Spinola zu so weitgehenden Konzessionen verleiten, daß der allzu menschliche Krieger später von seinen spanischen Herren getadelt wird und aus Kummer darüber stirbt. Der schlangengleiche Diplomat paßt sich seinem jeweiligen Partner so genau an, daß er in dessen Inneres hineinschlüpft. Dieser glaubt, wenn er ihm zuhört, die Stimme seines eigenen Gewissens zu vernehmen, die ihm im Namen der Menschlichkeit befiehlt, seine Herren zu verraten.

Ist Mazarini ein Spion? Nein, wenn man an das denkt, was die Plakate während des Krieges 1914–1918 ausdrücken sollten: »Schweigt! Seht euch vor! Feind hört mit!« Ein Neutraler ist kein Feind. Der vollkommen Neutrale benutzt, was er sieht und hört, gegen keinen der Kriegführenden. Er benutzt es nur, wenn er danach gefragt wird, oder von sich aus, im allgemeinen Interesse des Friedens.

Man könnte sagen, Mazarini war vielmehr ein Spion nach der Art, wie manche Frauen die Männer betören. Er bringt es fertig, jeden Partner in dem Glauben zu lassen, er allein sei es, den er schätze. Die Gunst, die er anderen schenkt, hat nichts zu bedeuten. Inmitten der Schrecken des Krieges macht sich dieser Magier die Tatsache zunutze, daß unter den Kürassen der Generale und den Federbüschen der Fürsten der Wunsch lebendig ist, geliebt zu werden.

Das Chamäleon Mazarini begnügt sich nicht damit, die Farben der ihn umgebenden Welt anzunehmen. Er will sich seine Welt schaffen. Er träumt davon, wie er es möglich machen könnte, an die Stelle des eisenharten Padrone Kardinal Francesco Barberini den seidenweichen Padrone Kardinal Antonio Barberini, den jüngeren Bruder des anderen, zu setzen.

Nur zehn Jahre trennen die beiden Brüder voneinander, aber es ist eine Kluft. 1629 ist der »Cardinal Antoine«, wie die Franzosen ihn nennen, zweiundzwanzig Jahre alt. Er ist immer ein zartes, verwöhntes Kind gewesen, der jüngste Sohn Carlo Barberinis, des Bruders von Urban VIII. Als kleines Kind war er so kränklich, daß man glaubte, er würde nicht durchkommen. Seine Eltern verhätschelten ihn, ebenso der Papst. Wohltat auf Wohltat häuft er auf seinen jüngsten Neffen, er macht ihn zum Prior des Malteserordens, mit zwanzig Jahren zum Kardinal, zum Abt von Tre-Fontane und von Nonatola sowie zum Legaten von Bologna, Ferrara und Urbino.

Antonio ist ein liebenswürdiger, großmütiger, ungezwungener Fürst, Freund aller Vergnügungen, der Abgott der Jugend. Der Purpur, den er trägt, ist die Farbe des Glücks, nicht die Farbe des Bluts der Märtyrer. Er pflückt die Blumen des Lebens und überläßt die Dornen seinem düsteren älteren Bruder. Francesco verkörpert Langeweile, Sorgen, Arbeit, Magenschmerzen und Galle. Antonio ist die Eminenz der Freude, der Legat der Festlichkeiten, die im Jahrhundert des Barocks in Italien auch ihren Gesandten haben müssen. Ein Kupferstich von Leoni zeigt ihn im Alter von achtzehn Jahren. (1625) Man könnte ihn mit seinen langen Haaren für einen jungen Mann von heute halten; in seinen großen Augen brennt das gleiche ungestüme Feuer der Jugend, die auch in unserer Zeit vergöttert wird.

Schon zu Beginn seiner Karriere streckt Mazarini die Fühler in Richtung des Kardinals Antonio aus. Vergebens. Das Schicksal will es, daß er zunächst unter der Fuchtel des strengen Kardinals in die Schule geht.

Wendig wie Mazarini ist, findet er sich damit ab. Gegen Ende des Jahres 1629 empfindet Kardinal Antonio doch etwas Eifersucht gegen seinen Bruder, der ihn ein bißchen zu sehr als funkelnde Nichtigkeit behandelt. Er hat den Wunsch, sich nützlich zu machen. Er läßt sich vom Papst zum Legaten ernennen, der für den Frieden in Norditalien sorgen soll. Eiligst galoppiert Mazarini von Mailand nach Bologna, wo er mit dem neuen Legaten zusammentrifft. Unter dem Vorwand, ihm die Karten aufzudecken, betört er den Purpurträger. Es ist rührend zu sehen, wie sich der junge Mazarini bemüht, eine Puppe aufzublasen. Er schlägt alle Saiten an bei dem verwöhnten jungen Mann, der nur fünf Jahre jünger ist als er selbst: Ehrgeiz, Wetteifer, Ruhmsucht, Friedensliebe. Er gerät fast außer Atem bei der Anstrengung, diesen kleinen luftigen Kardinal in die Höhe zu bringen. Damit auch er nach oben getragen wird, schreibt er nach Rom: »Für den Kardinal-Legat ist der Zeitpunkt gekommen, seine friedliche Residenz Bologna zu verlassen und unter den Fürsten, Generalen und Bevollmächtigten zu erscheinen, die das Geschick der Völker in Händen halten.«

Mit sanfter Beharrlichkeit gelingt es ihm allmählich, den flauen Antonio zu leiten. Anfang April 1630 drängt er ihn, sich nach Pinerolo zu begeben, einer befestigten Stadt, in der sich die Franzosen verschanzt haben. Richelieu wird nicht den Fehler begehen, den geliebten Neffen des Papstes mit saurer Miene zu empfangen. Doch bringt der junge Legat von dieser ersehnten Zusammenkunft nur Wind mit zurück. Richelieu hält Pinerolo fest in der Hand und will es dem Eigentümer, dem Herzog von Savoyen, nicht überlassen. Da Antonio erfahren mußte, wie erfolglos sein erster Versuch war, sich nützlich zu machen, kehrt er entmutigt nach Rom zurück und nimmt das bequeme Leben wieder auf.

Doch Mazarini hat die Zeit nicht nutzlos verstreichen lassen. Er tut so, als sehe er den Kardinal Antonio als seinen eigentlichen Padrone an, den Padrone seines Herzens. Er unterrichtet ihn über alle Verhandlungen, und als kämen alle Gedanken vom Kardinal, überläßt er diesem den Erfolg aller von ihm selbst stammenden Anregungen. Auch in einem persönlicheren Bereich wendet er sich an den leichtlebigen Kardinal. Mazarini ist ein Fachmann der Diplomatie des vertraulichen Gesprächs Aug' in Auge, und besser als jeder andere weiß er, daß »Geschenke die Freundschaft erhalten«. Er hat nicht die Mittel und Möglichkeiten, dieses Sprichwort zu verwirklichen, deshalb nimmt er die Großzügigkeit Antonios in Anspruch. Der junge Kardinal wird sein Antiquar, sein Bilderhändler, sein Beschaffer von Parfüm und Handschuhen. Er versorgt ihn mit den Kunstgegenständen, den Toilettewassern und duftenden Handschuhen, mit denen Mazarini den Herzog und die Herzogin von Savoyen beschenkt.

Gewöhnlich wahrt Mazarini gegenüber allen Menschen einen gewissen Abstand, doch mit Kardinal Antonio fühlt er sich so verbunden, daß er ihm zuweilen sein Herz ausschüttet. Als er eines Tages besonders verbittert über die Schroffheit von Kardinal Francesco ist, läßt er seinem Unmut freien Lauf: »Wenn mich nicht die Hoffnung aufrechterhielte, Eurer Eminenz bald meine Aufwartung machen zu können, würde ich vor Kummer umkommen. Doch hoffe ich, eines Tages durch Ihre Freundlichkeit getröstet zu werden. Aus guten Gründen will ich nichts weiter sagen.« (20. September 1631)

Dem friedliebenden Krieger Spinola kann Mazarini vertrauen, er kennt dessen Schwäche für sein Heimatland. Er will jetzt seinen Einfluß auf Monsignore Pencirola geltend machen. Er malt ihm den Frieden in den herrlichsten Farben aus. Um ihn zu erlangen, genüge es, Selbstgefühl und Eigenliebe zu schonen, alles das zu glätten, was man meistens aus Unverstand oder bösem Willen aufwühlt. Gäbe man sich beim Schlichten von Streitigkeiten ebenso viel Mühe wie beim Entfachen, würde der Frieden über Italien leuchten.

Mazarini stürzt sich mit Leib und Seele in die Glaubenslehre der Diplomatie. Er ist ein Märtyrer des Lächelns, an die Stelle der Ekstase setzt er die Kunst der Verhandlung.

Nichts erscheint ihm unmöglich, da alles von den Menschen abhängt, von ihren Beziehungen zueinander, von der Vernunft, die man ihnen mit Klugheit und Geduld ins Herz pflanzen kann. Vor allem nichts erzwingen noch aufzwingen wollen! Auf welches Recht, auf welche Mittel gestützt, könnte ein neutraler Diplomat, der Vertreter des Statthalters Gottes auf Erden, so etwas sagen? Es ist ganz einfach: man muß die Gegner, die drauf und dran sind, mit den Waffen aufeinander loszugehen, auffordern, einen Augenblick nachzudenken. Ihnen vor Augen führen, welch herrliches Gefühl von Gnade sie durchströmt, sobald sie auf Gewalt verzichten. Ihnen die Musik vernehmlich machen, die in ihnen und in der Welt erklingt, wenn sie den Frieden mit ihrem eigenen Gewissen schließen, bevor sie Frieden mit dem Gegner schließen. Zudem leiden ihre Interessen darunter nicht: das Interesse aller ist der Frieden.

In der Nacht des 15. September 1629 verläßt der Pilger des Unmöglichen zu Pferde die Stadt Mailand. Auf Straßen, an denen Krieg und Pest lauern, gelangt er nach Mantua. Der Herzog von Nevers ist mit seiner »Combinazione« ohne weiteres einverstanden: er gibt sich mit den befestigten Plätzen Mantua und Casale vor allem deswegen zufrieden, weil er weiß, daß man ihm das übrige nicht überlassen würde. Es ist schon sehr viel, wenn er Mantua und Casale überhaupt bekommt.

Urban VIII. spendet der Kühnheit seines jungen Diplomaten Beifall. Dieser Neuling scheint nicht nur seinen Befehlen nachzukommen, sondern auch die innerste Überzeugung zu teilen, von der die päpstliche Politik geleitet wird. In seiner naiven Gutmütigkeit glaubt der Papst, daß zwischen vernünftigen Leuten sich alles ordnen läßt. Man muß nur miteinander sprechen. 1634, als der französische Gesandte in der Türkei, Marcheville, in Rom ist, erzählt ihm der Papst unbefangen, auf welche Weise er den »Zwist in den Angelegenheiten der Christenheit« lösen würde. Man setze Ludwig XIII. »in ein Zimmer zur rechten Hand, und den König von Spanien in eines zur linken«, und in wenigen Stunden würde er dafür sorgen, daß sich alle Streitpunkte verflüchtigten, die überall von ehrgeizigen Ministern geschaffen worden seien. Er würde »sehr gute Freunde« aus ihnen machen.

Ende September erwirbt Mazarini in Turin das Vertrauen Karl Emanuels, so wie er ohne Schwierigkeiten das Vertrauen aller seiner Partner erwirbt. Am 8. Oktober kehrt er froh und zufrieden nach Mailand zurück und weist Spinola und dem Nuntius eine reiche Jagdbeute vor. Doch ein hitzköpfiger Mensch, der Haudegen Collalto bringt alles zu Fall. Dieser Grobian will seinen Krieg. Mit seinen schweren Stiefeln walzt er die Verhandlungen nieder, fällt in das Herzogtum Mantua ein und belagert die Stadt. Fünf oder sechs Armeen stampfen in Norditalien herum. Mantua und Casale werden berannt. Es ist zwar kein richtiger, durch Notenaustausch deutlich erklärter Krieg zwischen Frankreich und Spanien, aber es ist der Auftakt dazu.

Solange nicht alles verloren ist, klammert sich Mazarini an jeden Strohhalm. Solange er nur den Kopf über Wasser hat, hält er sich für einen Schwimmer, nicht für einen Ertrunkenen. Im November und Dezember 1629 pendelt der Friedensstifter zwischen Mailand, Mantua, Turin und Bologna hin und her. Zu Pferde, in einem Meer von Schlamm, auf Straßen am Ende der Welt, muß er versuchen, den überall herumstreunenden Briganten zu entkommen. Krankheit und Fieber werden zu seinen Bundesgenossen. Collaltos Truppen werden grausam hingerafft. Mazarini ringt dem Rohling auf geschickte Weise einen Waffenstillstand von der Dauer eines Monats ab, so als stehle er ihm seine Uhr.

Da das Unheil sie nicht alle tötet, töten die Akteure die Zeit mit dem Warten auf Verstärkung. Der Herzog von Savoyen begeht Verrat über Verrat: er pfeift auf den militärischen Bündnisvertrag mit Frankreich und verhandelt hinter Frankreichs Rücken mit Spanien. Er verproviantiert die französische Armee nicht, wozu ihn der Vertrag verpflichtet.

Darauf reagiert Richelieu mit dem Einsatz aller Kräfte. Seiner Ansicht nach geht es in Norditalien um die Zukunft Frankreichs. Wenn Spanien in Mantua einen Sieg erringt, wird es Frankreich in Europa zermalmen. Doch Richelieus eigene Kräfte werden von Magengeschwüren und Gallenkoliken untergraben. Maria von Medici, die wahnwitzige italienische Matrone, überschüttet ihn mit Beschimpfungen. Sie enthebt ihn seines Amts als Oberintendant und schreit in ihren Palästen herum wie eine Marktfrau, was schon Heinrich IV. mit Entsetzen erfüllt hatte. Unaufhörlich muß Richelieu um das Vertrauen des Königs werben, das immer wieder in Frage gestellt wird. Im Innern des Landes toben die Feinde des Kardinals. Feinde jeden Schlages, jeder Art.

Der würdige Kardinal von Bérulle – er ist der Gründer des Oratorianerordens – ist der Auffassung, Richelieu befinde sich auf einem Irrweg, wenn er seine Kräfte verschleiße, um den Staat aufzubauen. Wichtig allein ist das himmlische Reich, die Kirche Christi. In den Krieg ziehen gegen das katholische Spanien heißt »die nahtlose Tunika«, die christliche Einheit, zerreißen. »Dieser edle Geist«, sagt Richelieu über Bérulle, »hat unentwegt Angriffe gegen meine Person unternommen, ohne die geringste Abneigung gegen mich zu hegen. Er verspürte überhaupt keinen Haß gegen irgend jemand. Seine Unbeugsamkeit gründete sich auf die Gewißheit, daß er Gottes Willen kundtue.«

Von seiner Klause aus versetzt der Mystiker Bérulle, die Augen zum Himmel erhoben und als denke er an nichts Böses, Richelieu die unheilvollsten Schläge. Bei der Belagerung von La Rochelle stellt er ihm, in aller Frömmigkeit, hinterlistig ein Bein. Er bringt die rasende Maria von Medici mit ihrem Scheuklappen-Katholizismus gegen diesen Kardinal auf, der es wagt, dem allerkatholischsten Spanien die Stirn zu bieten. Mit der ganzen Kraft seines Glaubens, der bereits von der ewigen Seligkeit bestrahlt ist, bestärkt er Michel de Marillac, den Siegelbewahrer, in seiner ablehnenden Haltung gegen den Italienkrieg.

Ludwig XIII. ist derartig beunruhigt über den verhängnisvollen Einfluß des heiligmäßigen Bérulle, daß er erwägt, ihn in einer Mission fortzuschicken, um seine Besessenheit zu dämpfen. Glücklicherweise hat Bérulle soviel Taktgefühl, am 20. Oktober 1629 zu sterben.

Marillac läßt es sich angelegen sein, die Gefahren aufzuzeigen: die Staatskasse ist leer, die Armee wankend, die Soldaten sind undiszipliniert, die Befehlshaber zum Verrat bereit, und das Land ist ruiniert. Wie soll Frankreich, das von Feinden umzingelt ist, der mächtigen Koalition, bestehend aus Spanien und dem Habsburger Kaiser, Widerstand leisten? Und sogar Gott ist gegen die Franzosen. Marillac bedient sich einer Prophezeiung Bérulles: »Viele fromme Seelen haben vorausgesagt, daß der Staat gestraft werden wird, weil er es nicht verstanden hat, sich der Mittel zu bedienen, die Gott ihm zur Ausrottung des Ketzerglaubens verliehen hat.«

Die eintreffenden Nachrichten scheinen zu bestätigen, was Marillac behauptet. Richelieu ist in der Lage, das nachzuprüfen: er hat einen ausgezeichneten Nachrichtendienst, er ist der Argus von Europa. Die Kaiserlichen haben in der Po-Ebene zweiundzwanzigtausend Mann Fußvolk und viertausend Reiter zusammengezogen, die Spanier fünfzehntausend Mann Fußvolk und dreitausend Reiter, mit dem großen Spinola an der Spitze.

Ein Hagel von Pamphleten fällt auf Richelieus Purpur nieder: »Dieser Narr ist nur von einer Idee besessen: das Haus Österreich niederzuringen« ... »Er wird einen allgemeinen Krieg entfesseln, und die Barbarenhorden werden die Straßen Frankreichs unsicher machen.«

Man droht mit dem Gespenst des allgemeinen Krieges: die Spanier fallen, über die Pyrenäen kommend, in Frankreich ein, die Kaiserlichen von Osten kommend.

Marillac weiß nicht mehr aus noch ein, unablässig untergräbt er die Willenskraft des Königs. Um seine Hände in Unschuld zu waschen, um mit dem Unheil, das er ankündigt, nichts mehr zu tun zu haben, bietet er im

November seinen Rücktritt an. »Daran ist nicht zu denken, das ist nicht der Augenblick«, grollt Richelieu.

Die aus Italien eintreffenden Nachrichten sind nicht gut. Frankreich hat nicht genug Truppen dort. Toiras, der in Casale eingeschlossen ist, tut was er kann. Aber was ist gegen Spinola, den Maestro der Belagerungskunst, zu machen? Unerbittlich zieht er den Ring fester um die Stadt. Collalto und seine Deutschen bestürmen die dürftigen Bataillone vor Mantua. In Susa verweigert der Herzog von Savoyen dem Marschall von Créqui den Durchzug, den er ihm eigentlich gewähren muß.

Der schlaue Karl Emanuel ist das Barometer Europas, Da er Frankreich die Zähne zeigt, bedeutet dies, daß Europa an Frankreichs Sturz glaubt. Wie sollte auch jemand an den Sieg eines zerrissenen Landes glauben, in dem der Thronerbe Gaston d'Orléans die übermütigen Feudalherren gegen einen verhaßten Minister aufwiegelt und ihnen Beute verspricht?

Mit krampfhaft angespannter Energie kann Richelieu diesen Gefahren trotzen. Er zähmt seine Feinde im Innern, er bezähmt Fieber, Migräne, Magenschmerzen, Furunkel, Hämorrhoiden, Geschwülste und Fisteln, die ihn so oft so quälen, daß er sich nicht setzen kann; dieser kranke Mann, der sich ins Bett hätte flüchten müssen, übernimmt, mitten im Winter, am 29. Dezember 1629, den Oberbefehl über die Armeen und macht sich von Paris aus nach Süden auf den Weg. Es beginnt für ihn das Soldatenleben, wie es ihm zu Anfang seiner Laufbahn bestimmt war. Er überzeugt Ludwig XIII. von der Notwendigkeit seines Verbleibens in Frankreich, denn man wisse nicht, welche Absichten die Kaiserlichen am Rhein haben. In Wahrheit will er den König keiner Gefahr aussetzen, weil auch dieser krank ist und die Erhaltung seines Lebens ungeheuer wichtig für das Land. Sollte der überspannte und hohle Gaston d'Orléans die Nachfolge antreten, wäre das Ende des Königtums gekommen. Und da Pest und Ruhr, so wird gesagt, die Armee heimsuchen, wären die Gefahren für den geschwächten Organismus Seiner Majestät noch viel größer.

Vor seinem Aufbruch hat Richelieu einen seiner schwierigsten Siege errungen. Nach unzähligen Eingaben ist es ihm gelungen, vom Papst den Dispens von der Brevierverpflichtung zu erlangen. Zu Anfang hat er den Heiligen Vater beschworen, diese Tatsache zu verschweigen, sie wie ein Staatsgeheimnis zu behandeln. Dann bittet er um die Genehmigung, sie seiner nächsten Umgebung mitteilen zu dürfen, denn er fürchtet, man könnte schockiert sein.

Richelieu ist Oberbefehlshaber, unter ihm stehen drei Marschälle und fünf Artilleriegenerale. Er teilt die französischen Streitkräfte in zwei Armeekorps: das eine soll durch die Schweiz, das andere durch das Dauphiné marschieren.

Am 18. Januar 1630 kommt Richelieu in Lyon an. Er steigt bei seinem Bruder Alphonse ab, dem Verrückten, der sich für Gottvater hält, und den er zum Erzbischof und Kardinal hat machen können. Gern hält er sich in den Gärten von Ainay auf, am Zusammenfluß von Saône und Rhône, wo er nach den Mahlzeiten Spaziergänge unternehmen kann. Sie sind für sein gestörtes Gleichgewicht unumgänglich notwendig.

Der alte Herzog von Savoyen tischt wiederum seine ewigen Spitzfindigkeiten hinsichtlich des Durchzugsrechts auf. Sein Sohn, der Fürst von Piemont, kommt über den Sankt Bernhard, um Richelieu ein Zusammentreffen auf neutralem Gebiet vorzuschlagen. Die Marschälle Schomberg und La Force raten dazu, diese Quertreiber fortzujagen. Bassompierre ist mehr für Diplomatie.

Karl Emanuel hat solche Furcht vor Richelieu, daß er den einzigen Mann, den er auf der Welt für fähig hält, das Unglück abzuwenden, zu ihm schickt: den Hauptmann Mazarini. Der wunderwirkende Hauptmann setzt sich, von Vorahnungen getrieben, in Marsch. Wie gewöhnlich von Schnee und Schlamm begleitet, erreicht er auf apokalyptischen Wegen am 28. Januar Lyon. Am 29. trifft er mit dem Mann zusammen, der sein Leben bestimmen wird. Nachträglich ist es leicht, von einer Fügung zu sprechen. Aber zunächst, mitten im Geschehen, sieht der Mensch nur den einzelnen Faden, aus dem der Gobelin gewebt wird, noch nicht das ganze Bild.

Aus unserem Gesichtswinkel betrachtet, ist die Begegnung von Richelieu und Mazarini das Zusammentreffen eines Mannes von fünfundvierzig Jahren und eines jungen Mannes von siebenundzwanzig, eines Franzosen und eines Italieners, eines Kardinals und eines Hauptmanns, eines Premierministers und eines Anfängers, eines Kranken und eines vor Gesundheit strotzenden Burschen, der klassischen und der barocken Geisteshaltung, der Eiche und des Schilfrohrs, des Ultimatums und der Combinazione, des Beherrschers des damaligen Frankreichs und des noch nicht vorauszusehenden Beherrschers des zukünftigen Frankreichs, des Ex-Galans einer italienischen Königin von Frankreich und des späteren Geliebten und vermutlich heimlichen Gatten einer spanischen Königin von Frankreich, zweier gegensätzlicher Phänomene, vergleichbar denen, die Plutarch in seinen Parallelbiographien geschildert hat und mit denen Frankreichs Seele jahrhundertelang gespeist wurde. Corneille-Racine und Bossuet-Fénelon mögen als Beispiel gelten.

Doch ist diese Begegnung vor allem das Zusammentreffen zweier politischer Genies, den Pfeilern der französischen Geschichte. Richelieu und Mazarini, der auf dem Weg ist, Mazarin zu werden.

Was hat Richelieu angesichts dieses unterwürfigen Anfängers in die Waagschale zu werfen? Zwanzig Jahre Verstellung, List und Unterdrükkung seines grenzenlosen Ehrgeizes. Ein dürres Herz, das auf Befehl in Tränenströme ausbrechen kann. Überschwenglichen Jubel (er führt einen Freudentanz auf, als ein Bote ihm verkündet, daß er zum Kardinal ernannt worden ist) im Wechsel mit düsteren Depressionen. Halben Wahnsinn, der ein vollkommener geworden wäre, wie bei seinen beiden Brüdern und seiner Schwester, wenn sein Genie nicht die Oberhand behalten hätte. Wutanfälle, bei denen er die Seidentapete seines Zimmers mit Stockschlägen zerreißt und Lakaien und Minister verprügelt. Den Mut eines Soldaten und die Gefühligkeit einer Frau, die monatlich in Erscheinung tritt wie die Regel. Stets Angst im Leib, wie die Raubtiere. Furcht vor dem Dolch des Mörders, vor der Niederlage dem inneren oder äußeren Feind gegenüber. Vor allem Furcht, das Vertrauen des Königs zu verlieren. Einen panischen Schrecken, durch Intrigen aus den »vier Quadratfuß des Kabinetts« Seiner Majestät vertrieben zu werden.

Sein Leben ist ein unendlich langsamer Aufstieg. Der König, dieser stammelnde Knabe, den er einst nicht beachtet hatte, weil er vor den Günstlingen der Königinmutter kroch, der hysterischen Leonora Galigai und dem Schönling Concini, hatte in seinen Gefühlen Richelieu gegenüber verschiedene Stufen durchlaufen: aus berechtigtem Haß war kaltes Mißtrauen geworden, dann laues Mißtrauen und schließlich eisiges Halbvertrauen. Richelieu bemüht sich, es zu einem warmen Vertrauen werden zu lassen. Dazu kommt es erst viel später, aber auch dann muß er jeden Augenblick fürchten, es zu verlieren. Wie ein Schatten heftet er sich an den König, er zittert, wenn er nur einen Schritt von ihm weicht, denn er könnte erdolcht werden wie Concini, Marschall von Ancre.

Richelieu ist ein Ungeheuer an Stolz und Niedrigkeit, er küßt die Füße derjenigen, die er fürchtet, wie diesen Concini, einen ehemaligen Transvestiten der Commedia dell'arte in Florenz, mit dem Beinamen »Isabelle«. Wenn er bemerkt, daß sie in Ungnade fallen, stößt er ihnen das Messer in den Rücken: Er bittet den König, Concini überwachen lassen zu dürfen; alles, was er in Erfahrung bringt, will er ihm übermitteln.

Er tyrannisiert die Kleinen, er schmeichelt den Großen und windet sich glattzüngig zu Füßen der Frauen. Vor der Matrone Maria von Medici, die zwölf Jahre älter ist als er, spielt er den schwärmerischen Anbeter. Er hat zweideutige Zusammenkünfte mit dieser exaltierten »Mamma« gehabt. Er verdankt ihr alles: seine Stellung als Staatssekretär und seinen Kardinalshut. Später verrät er sie.

Richelieu hat lange Zeit seine Überlegenheit unter den Scheffel stellen müssen, ehe er sie, als seine Stunde gekommen war, zu Frankreichs Nutzen einsetzen konnte. Nun rächt er sich. Wie eine Sprungfeder schleudert er seinen Stolz weit in die Höhe, da er ihn zuvor tief nach unten hatte drükken müssen. In der Zwischenzeit muß er, seinen Zorn zügelnd, Schritt für Schritt den Weg der Macht erklimmen. Selbst als Kardinal wird er zum Staatsrat nur durch die Hintertür zugelassen (29. April 1624), »um hier seine Meinung über die laufenden Dinge abzugeben«. Aber er kann in seiner Eigenschaft als Minister des Königs weder in seinem Haus verhandeln noch mit irgend jemand die Angelegenheiten Seiner Majestät besprechen.

Der Grund dafür ist, daß man ihm diese Autorität nicht zubilligen will, die er, da er Kardinal ist und eine angeborene hervorragende Intelligenz besitzt, bald erlangen wird. Zum leitenden Minister wird er erst 1629 ernannt, wenige Monate vor seinem ersten Zusammentreffen mit Mazarini.

Auf dem Gipfel angelangt, gibt er alles dem König, das heißt Frankreich hin: seine Krankheiten, seine Schlaflosigkeit, seine Arbeit bei Tag und Nacht, sein unaufhörliches Wachehalten auf den Zinnen des Staates, sein Seelenheil: »Viele Menschen würden ihre Seele retten, wenn sie Privatpersonen blieben, sie verdammen sich, wenn sie Staatspersonen werden.«

Richelieu regiert ungeachtet Gottes, ungeachtet der Franzosen, ungeachtet der Versuchungen, denen der König ausgesetzt ist, immer fußend auf seinem Streben nach Größe, Seine starke Majestät gegen Seine schwache Majestät ausspielend; er ist der eigentliche Präzeptor des Monarchen, der sechzehn Jahre jünger ist als er und dessen Vater er sein könnte in einem Jahrhundert, in dem man jung heiratet. Kardinal Retz sagt, Richelieu habe »die Menschen eher niedergedonnert als regiert«, aber der Donner entlädt sich nur mit des Königs Genehmigung. »Ich war eine Null, die als Zahl etwas bedeutet, wenn eine Ziffer vor ihr steht.«

Ein seltsames Paar, bei dem die Kraft des einen aus der Schwäche des anderen erwächst, und umgekehrt. Zwei weibliche Naturen, die großes Geltungsbedürfnis haben. Ein Psychoanalytiker würde sagen, daß der eine dem anderen als Vaterfigur dient: der junge König durch seine Macht als Gesalbter des Herrn, der Kardinal durch sein Titanengenie.

Macht, wie sie ein Günstling, zum Beispiel Concini oder Luynes, hat, die der König mit einem Fingerschnippen herbeiruft oder entläßt, würde Richelieu ablehnen. Er denkt nicht daran, vor dem König wie ein Lakai zu zittern, der die Macht vom Boden aufsammelt wie einen Handschuh. Er will vor dem König nur zittern wie vor Gott. Von seiner eigenen Größe ist er so überzeugt, daß er es von sich weist, in die Kleider anderer zu schlüpfen. Er möchte, daß man ihm Stellungen und Ämter nach Maß schafft. Für ihn hat die französische Sprache, die sich gegen Superlative sträubt, aus dem Italienischen das Wort »Generallissimus« entlehnt, ebenfalls kurz vor seinem ersten Zusammentreffen mit Mazarini. Auch möchte er, daß für ihn eine neue Amtsbezeichnung gefunden wird. Der Ausdruck »Principal Ministre« erinnert zu sehr daran, daß es andere Wesen gibt, die aus demselben Lehm geformt sind. Er würde nur der erste unter ihnen sein. Er möchte unverwechselbar sein, von einer anderen Gattung. In seinem »Politischen Testament«, das er um 1627 abzufassen beginnt, gibt er der von ihm erträumten Stellung die Bezeichnung »Conseiller d'Etat«, Staatsrat. An der Seite des Königs ist er, er ganz allein, ein »Conseil« für sich, eine Ratsversammlung, der er präsidiert, deren einziges Mitglied er ist: der »Conseil de l'Etat«, der »Conseiller d'Etat«. »L'Etat c'est moi«, sagt Ludwig XIV. am 13. April 1655 im Parlament. Aber Ludwig XIII. ist bereits der Staat. Doch der Staat kann irren, täuschen, in Unbewußtheit oder Übertreibung verfallen. Paul Valéry hat gesagt: »Der Staat ist ein ungeheures, schreckliches, schwaches Gebilde. Zyklop einer außergewöhnlichen Macht und eines außergewöhnlichen Ungeschicks, ein monströses Kind der Stärke und des Rechts.« Diese Riesenamöbe, hier weich und dort gepanzert, braucht einen Conseil, der sie zur Ordnung ruft, der ihr jeden Tag von neuem, wie Descartes, einen »Discours de la méthode« hält, der sie unter die Disziplin der Vernunft zwingt. Dieser Conseil ist er, Richelieu, der Vormund des Königs und des Staats, der sie nötigt, sich gerade zu halten, gemäß den Gesetzen der »Grandeur«, von der Corneille spricht.

Doch dieser »Conseiller d'Etat« ist die Zielscheibe so vieler Anwürfe, daß er sich nur aufrecht halten kann, wenn ihn der König jederzeit stützt. »Es liegt im Interesse des Fürsten so zu handeln, denn es gibt keinen Menschen, der der Öffentlichkeit nutzbringend dient, ohne sich den Haß und den Neid aller zuzuziehen.«

Als Lohn für eine Arbeit ohne Pause, Mühen ohne Grenzen, Gefahren ohne Schranken, für eine Menge von Tugenden, die man »auf vier reduzieren kann, das heißt auf Fähigkeit, Treue, Mut und Fleiß, die manch andere einschließen«, darf der »Conseiller d'Etat« nur Undank erwarten. »Er muß wissen, daß die Arbeit, die man für die Allgemeinheit tut, häufig von keiner Einzelperson anerkannt wird und daß er auf der Erde keine andere Belohnung erhoffen kann als Ansehen, womit die großen Seelen bezahlt werden.«

»Er muß außerdem wissen, daß die großen Männer, die zur Regierung der Staaten berufen werden, denen gleich sind, die zur Folter verurteilt sind, nur mit dem Unterschied, daß diese die Strafe für ihre Vergehen empfangen, und die anderen für ihre Verdienste.«

Man darf sich nicht vorstellen, daß Richelieu, als er zum erstenmal mit Mazarini zusammentrifft, dem staunenden Neophyten als Staatskoloß gegenübertritt, ausgerüstet mit seinem dreifachen Plan, den Historiker wie Hanotaux auf das Jahr 1621 zurückführen und der folgende Punkte umfaßt: die Hugenotten als politische Partei vernichten, ohne an ihren Kult zu rühren, den Stolz der Feudalherren brechen, Habsburg vor den Bourbonen, als Herren in ihrem Land und in Europa, in die Knie zwingen. Dieser französische Garten von Gedanken und Vorstellungen, dessen Entwurf Richelieu seit 1627 tastend weiterverfolgt, löst sich erst nach und nach aus den Schwaden der Erfahrung und Erkenntnis. In seiner geometrischen Großartigkeit wird er erst zwischen 1635 und 1640 von den Mitarbeitern der Werkstatt Richelieus in seinem »Politischen Testament« kodifiziert.

Zu jener Zeit, als Richelieu sich, auf dem Weg nach Italien, in Lyon befindet, ist dieser Gigant auf dem Gipfel der Macht, doch er fühlt sich des Fundaments, auf dem er steht, so wenig sicher, daß er an seine Nichte schreibt und um eine Nachricht von Maria von Medici bettelt, deren

Schweigen und Leibesfülle ihm bedrohlich erscheinen. Manche Männer betören die Damen durch Taschentücher oder Bonbons, er versucht, die läppische Frömmlerin durch Reliquien nachgiebig zu stimmen.

»Ich schicke Ihnen ein Stück des echten Kreuzes, das die Königin vom Zölestiner-General in Avignon erbeten hatte und das dieser mir für Ihre Majestät gesandt hat. Ich bitte Sie, es ihr zu überbringen. Ich bin entzückt, von Ihnen zu erfahren, ihr Geist sei in einer so guten Verfassung, daß sie immer mehr erkennen wird, wie ich stets der gewesen bin, der zu sein meine Pflicht ist. Ich bitte ihr zu sagen, in welcher Verlegenheit ich bin, auf die Fragen, welche die hier befindlichen Herren Marschälle mir zuweilen stellen, Antwort zu geben, wenn ich keine Briefe von Ihrer Majestät erhalte. Ich flehe sie an, mir die Ehre zuteil werden zu lassen, mir einen Brief zu schreiben, den ich ihnen vorweisen kann. Und besonders wäre ich ihr verpflichtet, wenn die Briefe, die sie mir liebenswürdigerweise senden will, ihre Handschrift trügen. Drei Zeilen dieser Art wären mir lieber als ganze Seiten von der Art 4016/1922 [Briefnummer von Denis Bouthillier, dem Sekretär der Königin], die zwar für andere gut ist, nicht aber für ihren ergebenen Diener.«

Wie überragend als »Conseiller d'Etat« er auch sein möchte, ein Mann, der nichts gemein hat mit dem Schwarm der Günstlinge, er kann nicht umhin zu weinen, als er von der Ermordung des Herzogs von Buckingham, des Günstlings des Königs von England, hört. »Das war ein Hüne, in dem sich alle Vorstellungen vom Glück vereinigten. In einem kurzen Augenblick wurde er von der Hand eines Verräters niedergestreckt. Ein Ereignis, über das man Tränen vergießen kann und das augenfällig die Nichtigkeit der Größe zeigt.«

Was die Engländer getan haben, könnten die Franzosen ebenfalls tun. Richelieu gibt sich keinen Illusionen hin. »In ihrer gewohnten Leichtfertigkeit ersehnen die Franzosen die Veränderung, weil die bestehenden Dinge sie langweilen. Das Gemüt der Franzosen ist so lebhaft, daß sie ans Ende ihrer Wünsche gelangen wollen, sobald sie ihnen gekommen sind.«

So etwa ist es um Richelieu bestellt, als er am 29. Januar 1630 in Lyon den Hauptmann Mazarini mit tiefen Verbeugungen auf sich zukommen sieht. Auf der einen Seite ein allmächtiger Minister, so wie ihn später in seinem ganzen Glanz Philippe de Champaigne malt. Lodernd in erregter Spannung, sprühend von mitreißender Willenskraft. Über der langen Gestalt, dessen körperliches Elend das Purpurgewand verhüllt, ein kleines, spitzes, dreieckiges Gesicht, gipsweiß wie die Mauern von Paris, ausgezehrt vom Fieber, in dem die große siegessichere Nase, der Schnurrbart, die Bartfliege und der Kinnbart lauern, während unter der bänglichen Stirn und dem spärlichen Haar die Augen ungezählter Nachtwachen drohen und lähmen.

Ihm gegenüber, in gebückter, ergebener Haltung, Hauptmann Mazarini.

Auch bei ihm sind, der Mode gemäß, Schnurrbart Bartfliege und Kinnbart geölt, doch üppig und seidig, dazu, über den Kragen wallend, die lockigen Haare der Jugend.

Der Kardinal weiß, daß dieser kleine, noch unprofilierte Sendbote des Papstes seine Nase bereits in die Veltliner Affäre gesteckt hat. Was er wohl nicht weiß: daß hinter dieser jungen Stirn große Bewunderung für Frankreich aufzukeimen beginnt. In seinen ersten Depeschen über seine ersten Schritte in Frankreich äußert sich der Hauptmann, trotz der Unbilden des Winters, begeistert: »Ganz Frankreich quillt über von Menschen ... Die Armee, die der Herr Kardinal persönlich führt, umfaßt fünfundzwanzigtausend Mann Fußvolk und viertausend Reiter. Darunter sind zehn- oder zwölftausend Mann, die besonders ausgewählt sind aus den Regimentern Navarra, Piemont, Phalsbourg, mit acht Kompanien Gardisten ... Ich hatte das große Glück, ihnen auf meinem Weg von Chambéry nach Lyon zu begegnen, es sind gut ausgerüstete, von Inbrunst erfüllte Elitetruppen ... Monsieur d'Alincourt sagte mir, er habe Befehl, jeden Monat, sobald der Herr Kardinal in Italien eingetroffen ist, fünftausend Mann Fußvolk und zweitausend Reiter dorthin zu schicken, und daß Seine Herrlichkeit kaum weniger als zwei Millionen mit sich führt ...«

In Truppenbeständen kennt sich der kleine Hauptmann aus. Vor fünf Jahren, in Ancona, rackerte er sich ab, um die Lücken seiner Regimenter zu stopfen. Deshalb vergleicht er voller Bewunderung die französische Macht und Entschlossenheit mit dem Feilschen an den italienischen Höfen, deren dürftigen Mitteln und ihrer an Geiz grenzenden Sparsamkeit.

In Mazarinis Kopf marschieren »die französischen Streitkräfte unter der Regierung des Allerchristlichsten und Allersiegreichsten Monarchen Ludwigs des Gerechten« auf, so wie ein zeitgenössischer Stich es darstellt: Im Vordergrund, zu Pferde, König Ludwig XIII., zu seiner Rechten der Oberbefehlshaber. Im Hintergrund, in der Ebene, die sich vor burggekrönten Bergen hinstreckt, wogen die Truppen – Fußvolk und Kavallerie – bis ins Unendliche, in prächtiger Schlachtaufstellung.

Doch die Franzosen beschränken sich nicht darauf, diese Menschen-Gärten schnurgerade auszurichten. Sie betätigen sich auch als Gärtner. Dieses Menschenkapital, die Seele des Krieges, versetzt Mazarini in Staunen, vor allem, wenn er es vergleicht mit den Commedia dell'arte-Puppen Italiens. Er sieht, daß hier in Frankreich ein Plan und ein Wille vorhanden sind, und Männer, fähig zur Ausführung: der Finanzintendant Michel Particelli d'Emery, der Gerichtsintendant Abel Servien, und in der Armee großartige Befehlshaber: der Herzog von Montmorency, die Marschälle Créqui, Schomberg, La Force, Bassompierre, der Komtur von Valençay, Graf von Alais, und die Blüte der französischen Tüchtigkeit, Graf von Sault.

Fünfzehn Jahre nach dieser ersten Begegnung macht Mazarini, aus dem inzwischen Mazarin geworden ist, Léon Bouthillier de Chavigny, einem französischen Freund, Mitteilung von der Weissagung eines italienischen Astrologen, zweiundzwanzig Jahre zuvor, bei seiner Rückkehr aus Spanien. Er »fragte mich, warum ich mich darauf versteifte, den Spaniern zu Dienst zu sein, da doch alle künftigen Erfolge und Ehren mir von Frankreich zuteil werden sollten ... Ich machte damals kein Aufhebens von dieser Weissagung. Aber ich gestehe, daß, als ich den Eminentissime Kardinal-Herzog in Lyon sah, ich mich daran erinnerte, und ich beschloß, mich ihm ganz zu widmen.«

Zuvor schon hatte er gestanden: »Ich habe mich dem Kardinal aus Instinkt [per genio] angeschlossen, noch ehe ich seine großen Fähigkeiten kennenlernte.« Zwischen den beiden Männern, die so verschieden sind an Alter, Bedeutung, geistiger und körperlicher Beschaffenheit, entsteht auf den ersten Blick gegenseitige Bewunderung. Von seiten Mazarinis, von unten nach oben, ist es völlig verständlich. Doch Richelieu, von oben nach unten, geht es nicht anders.

Bevor man sich dem Raubtier Richelieu nähert, unterrichtet man sich, um zumindest nicht gleich beim erstenmal aufgefressen zu werden. »Ich habe mit dem Kardinal viel zu tun gehabt. Das ist wirklich ein großer Geist, aber er will, daß es bei allem und jedem so aussieht, als hinge von ihm allein die Entscheidung ab.« Mit diesen Worten rüstete der Fürst von Piemont, der Erbe Savoyens, Mazarini für den gefährlichen Gang aus.

Von den Ansprüchen, die sein furchterregender Gegner stellt, läßt Mazarini sich nicht einschüchtern. Sie fügen sich sogar in seine Taktik ein: sich so gründlich in die Ansichten seines Gesprächspartners hineindenken, sich so genau in seine Lage versetzen, daß jeder, der mit Mazarini spricht, glaubt, mit sich selbst zu sprechen. Mazarini will versuchen, Richelieu einen Waffenstillstand abzuringen. Richelieu lehnt ab. Schon nach den ersten Sätzen hätte es zu einem Abbruch der Unterhaltung kommen können. Richelieu zermalmt Mazarini mit einem monumentalen Nein. Zermalmt ihn, oder besser gesagt, wollte ihn zermalmen. Polyphem und Odysseus, David und Goliath. Der gewaltige Goliath läßt sein Schwert auf den kleinen David niedersausen. Weder Odysseus noch David noch Mazarini werden zu Brei geschlagen. Ein Sprung zur Seite, sie sind der Lawine ausgewichen. In der Stille, die auf das Erdbeben folgt, als alles Leben um Richelieu herum vernichtet sein müßte, ist, so wie man manchmal in Ruinen das Zirpen eines Vogels hört, ein Ton zu vernehmen. Der winzige Mazarini, der eigentlich unter der Erde bei den Toten sein müßte, hat die Stirn, Worte von sich zu geben. Von Satz zu Satz gewinnt er mehr Festigkeit, er rührt an Erde und Himmel und entfaltet sich in dem Maße, wie er spürt, daß sie sicherer geworden sind und er sich vergewissert hat, daß kein neues Beben stattfindet, der unbedeutende Mazarini ergreift nicht nur das Wort, er spricht drei Stunden lang.

Zunächst ist Richelieu, dessen Blick schon Größere in Schrecken versetzt und gelähmt hat, verblüfft. Dann ist er amüsiert, interessiert, neugierig, seine Aufmerksamkeit wird immer offenkundiger und wohlwollender. Es handelt sich nicht mehr um Diplomatie. Richelieu, der große Lebensgenießer, der begierig auf alles ist, erlaubt sich einen Waffenstillstand, den er dem anderen verweigert, eine Erholungspause, um ein seltenes Naturereignis auszukosten: ein einzigartiges Wesen, das aus fernen Ländern gekommen ist, steht vor ihm und spricht und singt.

Die Schwärmerei für das Theater wird zu einer Brücke zwischen den beiden Männern. Richelieu, der große Regisseur von Spielen der Leidenschaft und der Geschichte, ist besessen vom Theater.

Am 29. Januar 1630, an einem nebligen Tag in Lyon, erwartete Richelieu ein Zwischending zwischen einem Hauptmann und einem Diplomaten. Er sieht sich einem Komödianten gegenüber, einem Mimen, einem Sänger, einem Akrobaten, einem Jongleur, einem Musiker, einem Dichter, einem Einmannorchester, einem Schlangenmenschen, der imstande ist, alle Nummern auszuführen, jede Musik zu spielen, einem Proteus, einem Zauberer Merlin, einem Equilibristen, einem Zauberkünstler, einem Degenschlucker, einem Feuerspeier, einem Raubtierbändiger, einem Schlangenbeschwörer, einem Clown: dem vollendetsten Schauspieler der Commedia dell'arte.

Wie alle impulsiven Menschen ist der Blitze schleudernde Minister dem Eindruck des Augenblicks unterworfen. Seine Umgebung ist manchmal überrascht von den Aufhellungen, die sich plötzlich zwischen dunklen Wolken auftun. Wenn ihn einmal die Leiden nicht zu arg plagen, reißt er Witze und führt Possen auf.

An diesem Januartag in Lyon wirkt Hauptmann Mazarini wie ein Sonnenstrahl. Er kommt aus dem goldenen Italien. Er hat Augen wie Samt und eine betörende Stimme. »Zu Königen muß man mit Worten aus Seide sprechen«, empfiehlt Richelieu in seinem »Politischen Testament«. Aber auch zu Beinahe-Königen. Und Richelieu versteht etwas von Musik. Er hat bei Gaultier das Lautespielen gelernt, um damit die füllige Maria von Medici zu betören.

Dieser Mazarini hat eine Stimme wie eine Laute und eine Mimik wie Andreini, der Leiter der italienischen Theatergruppe »Fedeli«, die Maria von Medici des öfteren nach Paris kommen ließ.

Was hat Mazarini während der drei Stunden seines Monologs, seines Solos, seiner Nummer, seiner One-man-Show gesagt? Was hat er gesungen, getanzt, gemimt, verschwinden und wieder erscheinen lassen? Ballett, Oper, Komödie, Tragödie, Posse, Gaukelei – alle Gattungen eines politischen Arguments wegen, von einem Ausgangspunkt ausgehend, wie bei den Improvisationen der Commedia dell'arte. Das eigentliche Thema ist nicht mehr Mantua, Casale, sind nicht mehr die Interessen Frankreichs, Italiens, Spaniens, die Rivalitäten der Bourbonen und Habsburger, das europäische Gleichgewicht, die auf dem Marsch befindlichen Truppen, die belagerten

Städte, ein Kontinent, der möglicherweise bald in Flammen steht. Das eigentliche Thema ist das Ballett der Betörung, das der Hauptmann Mazarini vor dem Kardinal von Richelieu aufführt. Verstand und Instinkt haben ihm blitzartig eingegeben, daß er in dieser Stunde um seine Zukunft, um sein Leben spielt. Beim berechnenden Vergleich des Kräfteverhältnisses und bei einem Lichtstrahl der Intuition ist ihm bewußt geworden, daß er sich von den Spaniern lösen und sich diesem Mann anschließen muß.

Mazarini weiß, daß er dieser Kaskade aus Purpur um jeden Preis gefallen muß, diesem kleinen spitzen Kopf vor ihm im ungesunden Licht von Lyon. Drei Stunden lang also breitet er sein ganzes Können aus, schlägt Rad und läßt seinen Diamanten in allen Facetten funkeln.

Dennoch gelingt es Mazarini nicht, Richelieu durch seinen zuckersüßen Wortfluß mitzureißen. »Und sprächen Sie zwanzig Jahre lang, ich würde nicht nachgeben«, unterbricht ihn der Kardinal. Ein Triumph der klassischen Vernunft über das Barock? Auf jeden Fall ein Triumph. Mazarini scheitert als Abgesandter des Papstes. Er hat Erfolg als Abgesandter Mazarinis. Richelieu möchte die Verzauberung noch andauern lassen, er umarmt den schillernden Hauptmann und lädt ihn zum Essen ein.

Mazarini setzt zu einem zwei- und dreifachen, gefährlichen Salto an. In einer zweiten und dritten Unterhaltung gewinnt er zurück, was er verloren zu haben schien. Schließlich lockert Richelieu die Schraube ein wenig. Um ein winziges bißchen. Doch durch diesen Spalt entreißt ihm Mazarini so etwas wie die Basis für direkte Verhandlungen zwischen den gegnerischen Befehlshabern.

Richelieu hat die unendlich breite Skala der Möglichkeiten Mazarinis genossen, er hat einen Schlangenmenschen gesehen, der sich in einen Menschen aus Bronze verwandeln kann. Es hat ihm gefallen, daß der junge Diplomat wieder zum Hauptmann wurde, der den Unverschämtheiten des venezianischen Gesandten derb entgegengetreten ist. Er fand ihn herrlich in der Rolle des jungen Kampfhahns. Er hat ihm komplizenhaft auf den Fuß getreten, um ihn zur Geduld zu mahnen, während er nach der anderen Seite, endlich einmal überwunden, dem energischen Marschall Schomberg ins Ohr flüstert: »Er hat recht!«

Über die gegenseitige Begeisterung der beiden Partner äußern sich Mazarinis Biographen einhellig:

»Das war das erste persönliche Zusammentreffen von Richelieu und Mazarin. Und der große Mann war darüber so entzückt, daß er seiner Hochachtung vor den Fähigkeiten, die er an ihm bemerkt hatte, öffentlich Ausdruck gab. Dieser kurze Aufenthalt in Lyon öffnete ihm in weitem Umfang die Gunst des Kardinals.« (Benedetti)

»Nachdem Richelieu eine dreistündige Unterredung mit ihm hatte, teilte er den hohen Persönlichkeiten seines Hofes mit, er habe noch nie einen Menschen getroffen, der bei der ersten Begegnung einen Eindruck von solcher intellektuellen Kraft hinterlassen habe und der sich besser unterrichtet gezeigt habe über alle politischen Angelegenheiten, insbesondere die italienischen.« (Brusoni)

In einer langen Depesche an Kardinal Francesco läßt Mazarini seiner Bewunderung für Richelieu freien Lauf, über »seine große Liebenswürdigkeit, verbunden mit großer Klugheit und erhabenem Genie ... Über den Charakter dieser Persönlichkeit möchte ich nur sagen, daß er über die ungewöhnlichste Feinsinnigkeit verfügt, mit der ein kluger und edler Geist die Seelen zu fesseln vermag, und daß sie weise von ihm angewendet wird. Er ist sich seiner Fähigkeiten hinreichend bewußt, um überzeugt zu sein, daß er einen begünstigt und verpflichtet, während er einem Böses zufügt; er gehört, alles in allem, zu denjenigen, die, wenn sie einem etwas verweigern, einen mehr bezaubern als andere, wenn sie etwas gewähren.«

Mazarini wäre es lieb, diese Depesche würde von Richelieus Geheimdienst abgefangen werden; denn im Grunde ist sie für den mächtigen Mann bestimmt.

Während der folgenden Monate gehen Mazarini und Richelieu getrennte Wege. Vergeblich bemüht sich Mazarini, die drei Befehlshaber Créqui, Collalto und Spinola für die Idee einer Waffenruhe zu gewinnen. Richelieu bereitet den Angriff vor, dessen Plan er seit langem im Kopf hat. Der unverbesserliche Herzog von Savoyen klammert sich noch immer, wie Unkraut, an Spanien.

Urban VIII. erfährt, daß Richelieu seine Truppen zusammenzieht. In allen Ängsten schickt er ihm, wie man Feuerwehrleute an die Brandstätte beordert, seinen Legaten Pencirola, vor allem aber seinen unvergleichlichen Attaché Mazarini. Richelieu hat die Alpen überstiegen. Er rückt auf Turin vor. Ohne Proviant, in der Zange zwischen zwei feindlichen Armeen, ist er möglicherweise in eine Falle geraten. Er wird unruhig. Noch einmal, ein letztesmal so scheint es, fordert er den Herzog von Savoyen auf, für die Verpflegung der französischen Truppen zu sorgen, wozu er verpflichtet ist. Eisiges Schweigen.

Am 17. März treffen Pencirola und Mazarini in der Nähe von Rivoli, am Ufer der Doria, mit Richelieu zusammen. Er ist zu Pferde, ehern, wie auf dem Stich von Le Blond, der mit lobhudelnden Versen untermalt ist. »Niemand kommt dem unsterblichen Richelieu gleich / Sein Geist ist göttlich im Frieden wie im Kriege / überall wird von ihm wie von einem Halbgott gesprochen / Er ganz allein könnte die Erde regieren.«

Er ist in bissiger Stimmung. »Die Verhandlung fand im Freien, unter einem Baum statt.« Frische Luft ist der Diplomatie nicht förderlich. Und diesmal ist Mazarini nicht allein. Vielleicht hindert ihn die Gegenwart eines Vorgesetzten daran, seine Kunststücke vorzuführen. Der Funke springt nicht über.

»Was will der Heilige Vater genau?« fragt die gestiefelte Eminenz kurzangebunden. Diese Frage durfte nicht gestellt werden. Unter dem Baum hält Richelieu an seinen eingewurzelten Positionen fest. Unverrichteter Dinge verlassen Pencirola und Mazarini das Standbild zu Pferde. Mazarini bleibt nur übrig, die Erinnerungen an das Idyll von Lyon zu zerpflücken und sich an die Erfahrung zu halten, die er damals, als Richelieu den Charmeur spielte, gewonnen hat. »Aus seiner schwermütigen Stimmung und seiner nachdenklichen Miene schloß ich, daß er über einem großen Plan brütete.«

Karl Emanuel von Savoyen erwartet, daß der in Turin eingeschlossene Richelieu aufgibt. Offen zeigt er seinen Haß. »Glauben Sie mir, junger Mann«, ruft er Mazarini gallig zu, »jetzt ist Ihr Kardinal verloren!« In einem Brief beschwört er den Kaiser, Richelieu vom Rücken und von der Flanke her zu überrennen.

Mazarini läßt sich nicht erschüttern. In seinen fast täglichen Berichten bombardiert er den Papst mit Warnungen. Während der drei Stunden in Lyon hat er Richelieu genau abgeschätzt und ausgemessen. Die Sondierung, die er unter dem Purpur vorgenommen hat, befähigt ihn, Voraussagen für zehn Jahre zu machen. Ein Jahrzehnt lang ist Mazarini imstande, Richelieus Reaktionen, als wären es die seinen, vorauszusehen.

»Der große Plan«, den er unter dem Baum gewittert hat, verwirklicht sich am 30. März durch die Einnahme von Pinerolo seitens der Franzosen. Frankreich ist Herr über Piemont. Als Gegenschlag lassen Spinola und Collalto die Falle zuschnappen, in der der Herzog von Savoyen mit seinem Doppelspiel sitzt: sie dringen in sein Gebiet ein.

Richelieu und Mazarini führen ein seltsames Versteckspiel auf. Sie sehen und sprechen sich dauernd, in Casaletto, in Pinerolo, in Grenoble, in Chambéry, doch sie tun, als sähen und hörten sie sich nicht. Richelieu spricht scheinheilig vom Frieden, will aber den Krieg. Doch führt er diesen Krieg weniger gegen die Habsburger als gegen die dicke Maria von Medici. Soldaten, Pferde und Kanonen sind nur die Schutzwand, hinter der er den König dem Kreischen seiner Mutter entreißen will, die ihn gegen den Ersten Minister aufhetzt.

Mazarini verursacht möglichst viel Wirbel, damit sein Name in Richelieus Kopf allmählich wie von selbst mit den Gedanken über Italien, Frieden und Verhandlung verknüpft wird. In dieser Hinsicht hat er wiederum Erfolg. Am 17. Mai gelingt es ihm, Ludwig XIII. in Grenoble vorgestellt zu werden. In Gunstbeweisen wetteifert der König mit seinem Minister. Auch er lädt den jungen Hauptmann zum Essen ein. (Man reißt sich darum, Mazarini an der Tafel zu haben, um das steife Protokoll am Ende der Mahlzeit aufzulockern.) Beim Dessert macht Seine Majestät Miene, ihm Geld aufzunötigen. Mazarini weist die Summe, die der König ihm anbietet, zurück. Die königliche Freigebigkeit hatte übrigens nichts Kränkendes an sich. Es sollte nichts weiter sein als eine Entschädigung für die beschwerliche Reise des neutralen Diplomaten, der zu jenem Zeitpunkt die Interessen Frankreichs vertritt. Mazarini legt ebenso viel Einfachheit und Takt in die Ablehnung wie Ludwig XIII. in sein Anerbieten. Das ist die Kunst, etwas elegant abzulehnen. So wie die großen Kurtisanen, die zu Anfang ihrem steinreichen, um sie werbenden Liebhaber einen billigen Ring refüsieren, um ihn dann soweit zu bringen, ihnen ein Schloß zu schenken.

Richelieu wäre bereit, Pinerolo zu räumen, doch zu so drakonischen Bedingungen, daß es für ihn günstiger ist, die Festung aufzugeben, als sie in der Hand zu behalten. Er macht Mazarini zum Überbringer seiner schier unmöglichen Bedingungen. Mazarini tut so, als übernehme er diese Last mit Freuden. Richelieu tut so, als sei er ihm dankbar dafür. Er verspricht sich nichts von der Sache. Am Tag nach einer neuerlichen Zusammenkunft in Grenoble schreibt er an Maria von Medici. (29. Mai 1630) Er gibt sich den Anschein, als schütte er seine Sorgen in den Schoß des Drachen. In Wirklichkeit heuchelt er Respekt, um das Mannweib daran zu hindern, mit ihrer Leibesfülle den Weg des Vertrauens zwischen dem König und ihm zu verstellen.

»Der Sieur Mazariny ist gestern abend wieder abgereist. Er hat viele gute Absichten, aber so wenig Macht, daß ich glaube, seine Verhandlungen werden nicht die Frucht tragen, die man erwarten könnte.«

Richelieu ist wütend, als er erfährt, daß die höfischen Drohnen in Lyon die Worte »Mazarini« und »Frieden« summen. Das Wort Frieden wirkt auf den Kardinal wie das rote Tuch auf den Stier. Dahinter zeichnen sich die Medici und ihre Clique ab. Medici heißt Frieden. Richelieu heißt Krieg. Das sind die Schlagworte. Richelieu sieht rot, als er hört, daß in Lyon »alle Welt mit ungewöhnlicher Neugier danach fragt, wann Mazarini zurückkommt«. (24. Juni) Mazarini, Mazarini, der Messias!

Ein weiteres Zusammentreffen mit dem von der Vorsehung auserwählten Mazarini findet am 3. Juli in Saint-Jean-de-Maurienne statt. In seinen Briefen an Maria von Medici geht Richelieu so weit, den beflissenen Diplomaten des Verrats zu zeihen: »Ich glaube, er ist ganz und gar den Feinden zugetan und ist wohl eher hierher gekommen, um den Stand der Dinge zu erfahren als aus irgendeinem anderen Grund . . .«

Richelieu schreckt nicht davor zurück, über Mazarini, der sich die allergrößte Mühe gibt, als Franzose zu gelten, folgendes zu sagen: »Er ist ein solcher Spanier und ein solcher Savoyer, daß das, was er sagt, nicht als Evangelium genommen werden darf . . . Wahrscheinlich ist er hierher gekommen um zu spionieren, nicht um zu verhandeln.« (6. und 8. Juli)

Ein Doppelspiel Richelieus, um die mazarinische Taube in der Vorstellung der tolpatschigen Frau in einen Raben zu verwandeln.

Übrigens macht sich Richelieu tatsächlich daran, die Taube zu rupfen. Mit Degen und Kanonen entscheidet er diesen Brandsommer 1630. Spinola und Collalto zerren Norditalien zwischen sich hin und her, wie zwei Hunde einen Knochen. Spinola will Casale. Collalto will Mantua. Die Pest will sie alle beide. In die Enge getrieben, will Karl Emanuel von Savoyen nur noch den Feldherrn Wallenstein. Mit Briefen klammert er sich an ihn, bittet ihn eindringlich, die Alpen zu überschreiten und den gordischen Knoten in Italien durchzuhauen.

Wer ihn durchhaut, ist Richelieu. Er schlägt den Herzog von Savoyen in zwei Schlachten. Der glattzüngige Karl Emanuel stirbt aus Wut, erdrosselt in seinen Netzen.

Um sich zu rächen nimmt Collalto in der Zwischenzeit Mantua ein; es geschieht mit solchen Metzeleien, daß Europa, obwohl es durch hundert Jahre Religionskriege hart geworden ist, vor Entsetzen bebt.

Der Nachfolger des alten dreibödigen Herzogs, Fürst Viktor Amadeus, beschwört Mazarini, ins französische Lager zu reiten und dem zornschnaubenden Richelieu klarzumachen, daß Savoyen ein Friedenslamm ist.

Die Zusammenkunft in Saint-Jean-de-Maurienne am 2. August läßt sich schlecht an. Richelieu hat Ludwig XIII. vorher ins Gebet genommen, denn er fürchtet, er könne dem Charme des jungen Italieners erliegen. »Es sollte dem König belieben, nicht zu große Freude darüber zu zeigen, daß Mazarini wieder erscheint.« Die Unterhaltung spitzt sich zu. Richelieu erregt sich über all die Klatschereien, die Collalto nicht daran gehindert haben, Mantua zu nehmen und zu verwüsten. Bis zur Behauptung, daß sie sogar Beistand geleistet haben, ist nur ein Schritt. Richelieu tut ihn, indem er seinen Sessel umstößt und auf seinem Kardinalskäppchen herumtrampelt. (Mit Napoleon gehört er zu den großen französischen Staatsmännern, die in schwierigen Situationen ihre Wut an ihrer Kopfbedeckung auslassen.)

Mazarini bleibt unbewegt. Das Zerstampfen des Käppchens wertet er als einfachen Test, um die Widerstandskraft des Gesprächspartners zu erproben. Allmählich beruhigt sich Richelieu. Er entschuldigt sich bei Mazarini und bittet ihn, den Faden der Verhandlung über das von Viktor Amadeus aufgeworfene Problem wieder aufzunehmen. Da Mantua verloren ist, soll Mazarini versuchen, die Einnahme von Casale zu verzögern; die Festung wird von einer Handvoll Franzosen unter dem Marschall Toiras verzweifelt gegen Spinola verteidigt.

Unter dem Küraß und dem Purpur ist Richelieus Lage verteufelt unsicher. In Paris untergräbt Maria von Medici wie ein Maulwurf seine Stellungen. Eine Epidemie tut das gleiche in der Armee. Und dazu nagt die Krankheit am König. Das Schicksal des Kardinals hängt von seinen Erfolgen ab. Richelieu hat allen Grund, Wasser in seinen Wein zu mischen.

Außerdem ist es schwer, diese ganzen italienischen Geschichten zu begreifen. Nichts als Wirrwarr, ein Sack voll Verwicklungen, Imbroglio! Die nichtitalienischen Mitwirkenden in diesem Stück, und Richelieu allen voran, geben es auf, dieses Problem lösen zu wollen und überlassen die Dinge lieber einem Italiener. Weil alle der Sache müde sind, ist Mazarini plötzlich der Bevollmächtigte von allen geworden. Bei diesem makkaronischen Rätsel vertraut ihm jeder seine eigenen Interessen an: Laßt brennen was brennt, aber verhindert den großen Brand. Und damit basta, seht, wie ihr zurechtkommt!

Unter all den Auftraggebern an der Börse der Bereitwilligkeit kümmert sich Mazarini besonders um das Portefeuille des mächtigsten, dessen, der ihm die besten Garantien für die Zukunft bietet: Richelieu. Unter dem Deckmantel, Repräsentant des Papstes zu sein, kommt es dahin, daß Mazarini Frankreich repräsentiert, oder genauer gesagt Richelieu, dem er in einem entscheidenden Augenblick seiner Laufbahn Hilfe leistet.

Mazarini ermöglicht es Richelieu, sein Augenmerk auf Frankreich zu richten, um dort seine Situation zu festigen, ohne in Italien den Erfolg einzubüßen, den er durch die Schläge gegen das Haus Österreich errungen hat. Mazarini macht sich die geheimsten Wünsche und Pläne Richelieus derart zu eigen, daß er ihn in Italien sozusagen vertritt, um ihm freie Hand in Frankreich zu lassen. Dieser Neuling steht im Dunkel und entscheidet gleichwohl über das Geschick des großen Kardinals. Niemals vergißt Richelieu, was Mazarini für ihn in jenen Tagen getan hat, als seine »Halbgott«-Fortüne bei dem kleinsten Hindernis in Italien hätte zerbrechen können. Vor allem vergißt er nicht, daß es nur Andeutungen bedurfte, damit Mazarini ihn verstand.

In den folgenden Wochen ändert Richelieu seinen Ton Mazarini gegenüber. Um ihn bei sich selbst und in den Augen aller wieder aufzuwerten, schickt er ihm durch einen Brief eine Wolke von Weihrauch. Er fordert seine Mitarbeiter auf, jegliches Mißtrauen gegen den Italiener aus ihren Köpfen zu entfernen. Er ist überzeugt, daß Mazarini großen Einfluß auf den Herzog von Savoyen hat, von dessen Verhalten es abhängen kann, ob den Franzosen oder den Spaniern der Sieg zufallen wird. Als Täuschungsmanöver schickt Richelieu die Armee des Marschalls Schomberg den Belagerten in Casale zu Hilfe. Aber diese Truppendeckung ist dem vom gefürchteten Spinola befehligten Feind zahlenmäßig unterlegen. Er ist jetzt noch mehr zu fürchten, da er sich neuerdings auf Krieg eingestellt hat. Sein österreichischer Waffenbruder Collalto hat Mantua erobert. Um ihm nicht nachzustehen, will Spinola Casale erobern.

Wie die Grille in der Sommerglut von Baum zu Baum hüpft, eilt Mazarini von einem General zum anderen. Er putzt seine Deckflügel, um schneller fliegen zu können, er ist überall zugleich. Seine Stimme ist eins mit der Stimme Italiens, das unter der Sonne brütet und nicht sterben will.

Am 4. September wird in Rivalta ein Waffenstillstand von vierzigtätiger Dauer unterzeichnet. Die Spanier bekommen die Stadt Casale, die Franzosen die Festung. Das ist keine gute Teilung. Doch für Mazarini ist alles, was nicht Krieg ist, ein Schritt zum Frieden hin. Er hofft sogar, die Partner dahin bringen zu können, daß sie vor dem Ende des Waffenstillstands zwei Schritte machen.

Am 25. September stirbt Spinola. Mazarini verliert einen Freund, einen großen Mann, er verliert aber nicht den Mut. Er läßt keine Stunde ungenutzt verstreichen. Am 15. Oktober ist der Waffenstillstand zu Ende. Die Wetterfahne, die sich so oft gedreht hat, steht auf Krieg. Die Franzosen geben vor, die Festung Casale mit Hilfe heranrückender Franzosen räumen zu wollen. Die Ungewißheit ist schlimmer zu ertragen als das Schlimmste. In Deutschland kursieren Friedensgerüchte. In Regensburg werden Verhandlungen aufgenommen. Da die Österreicher auf dieser Seite frei sind, schicken sie sich an, sich mit den Spaniern zu vereinigen, um Casale den Franzosen zu entreißen. Am Nachmittag des 26. Oktober bricht der Vulkan aus. Toiras unternimmt einen verzweifelten Ausfallversuch aus der Festung. Unter dem Befehl von Schomberg, La Force und Marillac rücken die französischen Truppen heran. Die Spanier weichen keinen Fußbreit zurück. Als sich die Reihen auf Büchsenschußlänge genähert haben, halten sie inne, um zu beten. Allerletzte Pause, um die Seele Gott zu befehlen vor dem ungewissen Spiel, bei dem jede Kugel sich ihren Toten sucht. Nach der Schweigeminute stürmen die Franzosen vorwärts. Die spanischen Kanonen beginnen Feuer zu speien. Die Höllenmaschine ist in Bewegung. Nichts mehr auf der Welt vermag sie anzuhalten. Außer einem Wunder, das bei Kriegen seit Beginn der Zeiten erhofft wird und das nie eintritt. Aber gerade dieses Wunder geschieht. Wunder sind Theatercoups, die die Naturgesetze über den Haufen werfen. Der Mann, der auf dem Plan erscheint, der ohne ihn zum Schlachtfeld von Casale geworden wäre, ist, obwohl er den Papst vertritt, weder ein Heiliger noch ein Priester, sondern ein Hauptmann und ein Theatermensch. Der frühere Schauspieler, der in seiner Studienzeit auf der Bühne seiner Jesuitenlehrer glänzte, bringt die italienische Oper mit den Theatermaschinen nach Frankreich. Am Ende der Stücke ist die durch die Handlung entstandene Spannung so unerträglich geworden, daß irgend etwas Gräßliches oder Wunderbares geschehen muß, um eine Entspannung herbeizuführen. Nur ein Gott kann dieses Imbroglio lösen. Der Deus ex machina erscheint aus dem Hintergrund in einer Maschine: Pferd, Wagen, Schiff oder Wolke. Alle halten den Atem an. Er, der löst, was verwickelt war, der erhellt, was dunkel war, der befreit, was gefesselt war. Jener Deus ex machina ist ein Messias.

Zu Pferde, wie aus einer Versenkung, taucht der Hauptmann Mazarini auf. Er spornt sein Roß, wie in den Heldenliedern, wie bei den Kreuzzügen, wie in den Western-Filmen. Heiliger Furor des Lebensboten, des rettenden Engels, des Helden im Finale, der in Shakespeare-Stücken weiß gekleidet ist wie eine Wolke.

Mit verhängtem Zügel galoppiert Hauptmann Mazarini heran, unter Einsatz seines Lebens. Er schwenkt etwas in der Hand. Seinen Hut? Das sähe zu sehr nach Musketier aus. Ein Papier? Das sähe zu sehr nach Notar aus. Ein vom Legaten ausgeborgtes Kreuz? Für den Vertreter des Papstes ein ideales Attribut. Auf jeden Fall ist es kein Degen oder irgendeine andere Waffe. Er schreit aus Leibeskräften. Auf französisch, so sagen die einen: »La paix! La paix!« Auf italienisch, so sagen die anderen: »Pace! Pace!« Ebensogut könnte er auf spanisch »Paz! Paz!« schreien.

Der Marschall La Force in seiner rauhen Soldatenart meint, Mazarini habe einfach »Halt!« gerufen, wie man Pferde zum Halten bringt. Er schreibt in einem Brief: »Die ganze Reiterei hatte den Degen schon in der Hand, da erschien der besagte Mazarini, aus den Reihen der Feinde auf uns zukommend, und schrie Halt!«

Auf jeden Fall ist »der besagte Mazarini« vielsprachig, vielgestaltig, vielliebend, vielseitig. Er glättet auf allen Seiten, Ecken und Kanten, er hält jedem die Facette des Spiegels vor, in dem er das beste Bild von sich selbst erblickt, er ist in die Haut jedes der gegnerischen Führer geschlüpft, um ihm diesen Waffenstillstand abzuringen. Gauklerkunststück. Taschenspielerei, die als Sieg der Religion verbrämt wird. Meisterstück eines Zauberkünstlers, der aus den Blutbechern des Krieges »die Milch der Menschenliebe« fließen läßt.

Chauvinistisch brüstet sich der »Mercure français«: »So hat sich das schwere Gewitter verzogen, das ganz Frankreich bedrohte und dem es fast gelungen wäre, Frankreich seine Königslilien, Mantua seine Festung, Italien seine Unabhängigkeit, dem französischen Adel seinen Ruhm und ganz Europa seine Freiheit zu rauben. So sind die Deutschen und die Spanier nach Italien gekommen und wieder abgezogen, mit mehr Schande als Gewinn.«

Der »Mercure« vergißt den kühnen Reiter, der erst 1638, acht Jahre später, in einem Brief seine Rolle bei diesem außergewöhnlichen Ereignis erläutert. Mazarini hatte die gegnerischen Führer zusammengerufen, um ihnen die Waffenruhe nahezulegen: »Ich sprach ungefähr eine Viertelstunde zu ihnen, alle stimmten dem zu, was ich sagte, und alle umarmten sich. Es war so, daß man Franzosen und Spanier nicht mehr auseinanderhalten konnte, alle schienen leibliche Brüder zu sein. Bei den Truppen herrschte höchstes Erstaunen, denn sie hatten geglaubt, andere Gefechte führen zu müssen als Umarmungen und Höflichkeitsbezeigungen.«

Diese Verbrüderung inmitten der Schrecken des Krieges ist eines der großen Ereignisse der Kriegsgeschichte. Solche Vorgänge gereichen dem Menschen zur Ehre; er könnte, wenn er wollte, jederzeit, selbst am Rand des Abgrunds, der Zwangsläufigkeit des Todes Einhalt gebieten.

Was hat Mazarini in Casale erreicht? Franzosen und Spanier mußten die Stadt räumen. Das Reich versprach, den von Frankreich protegierten Herzog von Nevers mit dem Herzogtum Mantua zu belehnen. Der neue Herzog sollte nach seiner Belehnung in Casale eine französische Garnison einrichten.

Eine Zeitlang war Mazarini das Idol Europas. Durch seine Tat galt er als »Gesandter Seiner Heiligkeit«. Im Archiv der Auswärtigen Angelegenheiten in Turin ruht der Text des Vertrages vom 27. Oktober 1630, in dem Mazarini unter diesem Titel erscheint: »Vertrag, geschlossen vor Casale, durch Vermittlung von Herrn Mazzarini, Gesandter Seiner Heiligkeit.« Der Vertragstext schließt mit den Worten: »Alle diese Dinge wurden von Herrn Mazzarini vorgetragen, der sich inmitten der obengenannten Generale der beiden Armeen befand. Seine Rede wurde von allen Parteien gutgeheißen ... Am 27. kam Herr Mazzarini noch einmal, um mitzuteilen, daß der Graf von Collalto, zu dem er sich begeben hatte, alles, was verabredet war, genehmigte und unterzeichnete.«

Mazarini schickt Richelieu ein Billet, in dem Böswillige den Beweis erblicken, daß er bereits ein Agent im Sold Frankreichs war: »Eminentissime und reverendissime Seigneur, mein sehr verehrter Maître ... ich gebe mich damit zufrieden, daß die Ereignisse Eurer Eminenz meinen Wunsch offenbaren, Ihnen zu dienen.«

In Frankreich schlägt sich die Freude in Almanachen nieder (1631), in denen man, wie Gabriel Naudé, Mazarinis Bibliothekar berichtet, »den Signor Giulio zu Pferde sieht, wie er mit seinem Hut zwei mächtigen Armeen, die aufeinanderprallen sollten, Zeichen macht, die Waffen niederzulegen und den Frieden, den er ausgehandelt hatte, anzunehmen.«

Auch in Rom herrscht Jubel. Wenn schon fremde Besatzung sein muß, ist Italien eher für das Königreich der Lilien als für die der Habsburger mit dem Eselsgebiß. Urban VIII. will den Tag im Gedächnis der Nachwelt verankern. Er läßt Medaillen prägen. Er gibt den Auftrag zu einem großen historischen Gemälde. Anstelle des schäumenden Pferdes und des »Pace! Pace!« schreienden Hauptmanns Mazarini stellt der Maler in der Ebene von Casale die Armeen in Schlachtordnung auf, wie Blumen auf einem Beet. In der Mitte, wie in Marmor gehauen, auf einem stampfenden Pferd, diktiert der Abgesandte des Papstes der Erde die Befehle des Himmels.

Die Schein-Tonsur

Man könnte meinen, der Papst habe seinen hervorragenden Mitarbeiter mit Wohltaten überschüttet. Im Gegenteil, Mazarini muß ihm alles mühsam abnötigen.

Und doch haben seine Gönner großen Einfluß beim Papst. Der Konnetabel Colonna hat seine Tochter mit Taddeo Barberini, dem Neffen Urbans VIII. verheiratet und für seinen Sohn Girolamo einen mit prächtigen Pfründen verzierten Kardinalshut erwirkt. Die Sacchetti aus Florenz sind seit langem mit der Familie des Papstes, den Barberini aus Florenz verbunden. Der Heilige Vater macht aus Giulio Sacchetti einen Kardinal, aus Marcello seinen Bankier und aus Giovanni Francesco den Verantwortlichen für vertrauliche Missionen.

Kurzum, Mazarinis Protektoren protegieren sich vor allem selbst.

Mit sechsundzwanzig Jahren wartete der Gaukler mit seinen Kapriolen noch immer auf eine hohe Stellung. Was wirft man ihm vor? Welche Hindernisse stehen ihm im Wege?

Seit seiner Rückkehr aus Spanien ist Mazarini das Oberhaupt der Familie. Er hat das ganze Haus auf den Schultern: Mutter, Bruder, Schwestern, die noch in der Ausbildung sind. Pietro, der Vater, hatte aus Rom fliehen müssen, weil er eines im Jähzorn begangenen Mordes beschuldigt wurde. Wirft man Mazarini vor, der Sohn eines, wenn auch nicht vorsätzlichen Mörders zu sein? Wirft man ihm vor, er spiele wie ein Verrückter? Ihm blieb nichts anderes übrig, als durch Kartenspiel den Topf am Kochen zu halten. Von anderer Seite bekam er nichts.

Der eigentliche Stein des Anstoßes ist (man kann es fast nicht glauben) sein Charakter.

Wie ist es möglich, daß dieser Schlangenmensch durch seinen Charakter an seiner Fortüne gehindert sein sollte? Nun, diese mazarinische Geschmeidigkeit ist nicht natürlich, und ebendies macht ihn sympathisch. Sie ist nicht die angeborene Gefügigkeit und Schmiegsamkeit einer Molluske ohne Rückgrat und Grundsätze. Sie ist das Ergebnis einer harten Schulung.

Wie alle Genies verfügt Mazarini über eine nicht zu unterdrückende vitale Kraft. Mit seinem scharfen Verstand, seinen plötzlichen Eingebungen durchschaut er die Nichtigkeit der Großen. Für jemanden, der alles sieht, alles hört und alles versteht, ist es schwer so zu tun, als habe er nichts gesehen, gehört und verstanden. Eins der wichtigsten Gesetze der Diplomatie, der Politik und des gesellschaftlichen Lebens heißt: verschleiern und vortäuschen, kurzum, den Dummen spielen. Mazarini braucht lange Zeit, um sich daran zu gewöhnen. Und als er sich daran gewöhnt hat, kann er sicherlich manchmal ein Aufblitzen in den Augen, einen kleinen Luftsprung nicht unterdrücken, was Anzeichen dafür sind, daß er keineswegs der Dumme ist.

Seine Überlegenheit ist so offenkundig, daß sie schwer zu verbergen ist. Vor allem weil sie in der Allgegenwart des Geistes begründet ist. Aber wie sollten ihm die Großkopfeten, die ihm die Ehren verwehren, seine Gewandtheit verzeihen?

Mazarini trägt Feuerwerk unter seinem Wams. Er mag es noch so sehr niederhalten, er kann den Mund nicht öffnen, ohne daß Strahlen hervorschießen. Wie soll er dieses Feuer ersticken? Wie soll er die Leute beruhigen? Wie soll er beweisen, daß auch er fähig ist, so seriös wie die Dummköpfe und so langweilig wie die Überheblichen zu sein?

So viel zauberische Lebensfreude, so viel kindliches Strahlen bis ins Jünglingsalter hinein erregt bei dem Sohn eines Kleinbürgers Anstoß. Sein Leben ist ein immerwährendes Fest, für das er nur die inneren Mittel besitzt (Talent, die Gabe, andere in Erstaunen zu versetzen, sie zu verwandeln), ohne die äußeren Mittel (Name, Vermögen, Würde) zu haben. Um so glücklich auszusehen, um so ungestraft glänzen zu können, müßte er wenigstens Kardinal, Fürst oder ein Neffe des Papstes sein. Indes, er ist nur der Sohn eines Verwalters der Colonna.

Seine Gegenwart beschämt alle jene, die schwerfällig, steif, trübsinnig, eifersüchtig und langweilig sind. Neben der Sternschnuppe Mazarini wirkt alles andere aschfahl. Die Frauen verabscheuen Beleuchtungen, die ihrem Teint etwas Bleiches verleihen. Die Großen verabscheuen alles, was ihnen ein schlechtes Gewissen verleiht.

Das Dogma der Unfehlbarkeit des Papstes wird erst 1870 verkündet. Das Dogma der Unfehlbarkeit der Großen ist von jeher in Kraft. Unglücklicherweise irrt sich Mazarini nie in Gegenwart seiner Vorgesetzten, die sich häufig irren, vor allem nicht in Gegenwart von Kardinal Francesco Barberini, der sich ständig irrt. Mazarini leidet unter seinem Unverständnis. Dieser purpurtragende Klotz leidet unter der haarsträubenden Unfehlbarkeit seines Untergebenen.

Mazarini war so ehrlich, sich nicht zum Priester machen zu lassen. Er muß die Folgen auf sich nehmen. Zwei Jahre lang, während seiner militärischen Karriere, tritt er auf der Stelle. Der Papst ist harthörig, als Mazarini in das Haus des jungen Antonio Barberini eintreten will, der ihn über Francescos hartes Wesen hinweggetröstet hätte. Nur durch Zufall bekommt Mazarini eine Stellung. Sein Gönner Giovanni Francesco Sacchetti wird in die Lombardei geschickt, um das Knäuel der Erbfolge in Mantua zu entwirren. Er willigt ein, Mazarini in sein Gefolge aufzunehmen, zusätzlich, auf dem Trittbrett sozusagen. In welcher Eigenschaft? Das wird sich finden. Irgendwie als »Sekretär«. Mazarini selbst gibt durch seine stürmische Initiative diesem Fragezeichen feste Umrisse.

Die Krankheit Marcello Sacchettis gibt Mazarini Gelegenheit, den Fuß in den Steigbügel zu setzen. Marcello stirbt kurz darauf. Sein Bruder Giovanni Francesco muß schleunigst nach Rom zurück, um seinen Platz in dem Bankhaus der Familie einzunehmen. Mit der Verbissenheit des Kindes aus dem bedrückten Volk, das alles zu gewinnen und nichts zu verlieren hat, macht sich Mazarini das Interim zunutze und geht ungestüm ans Werk. Es ist etwas von Figaro in diesem jungen Mann, ohne dessen soziale Ansprüche. Mit seinen Einfällen setzt er die Barberini in Erstaunen. Er wird allmählich so unersetzlich, daß sie ihm ihren Schutz als »Padroni« gewähren müssen. Diesem Meteor gegenüber, der sie mit Briefen, Berichten, Depeschen, Voraussagungen und unendlich vielen kleinen Angelegenheiten überschwemmt, sitzen sie wie versteinert, betäubt und atemlos auf ihrem

Kardinalsthron. Mit dem bitteren Nachgeschmack den Menschen haben, die vergewaltigt worden sind.

Mazarini zwingt seine Vorgesetzten dazu, wider Willen intelligent zu sein. Wenn er dem ledernen Francesco neun Briefe am Tag schreibt, kann die Eminenz ihm nur grollen, daß sie in diesen Wirbel hineingerissen wird. Bei diesem Tempo wird die Diplomatie zur Pizzicato-Musik, zur Dichtung, zur Liebestollheit. Und dichterische Begabung sowie Liebestollheit begreifen die Uneingeweihten am wenigsten. Besser ist es, regelrecht zu scheitern, als toll zu reüssieren.

Giovanni Francesco Sacchetti setzt sich beim Papst unaufhörlich für Mazarini ein. Unter dem Firnis von Gutmütigkeit bleibt Urban VIII. zurückhaltend. Es dauert zwei Jahre, bis er seine Absichten offenbart. Sacchetti schreibt: »Der Papst hat mir bei passender Gelegenheit gezeigt, daß er große Dinge tun wollte ... Er lobte Sie höchlichst und sagte, er wolle Sie zum Priester machen und voranbringen.«

Der Heilige Stuhl hat Mazarini nie verziehen, daß er sich dahin entschied, nicht Priester zu werden. Seine Erfolge während der Studienzeit bei den Jesuiten hatten ihm den Weg vorgezeichnet. Er hat ihn ausgeschlagen. Seine diplomatischen Erfolge ändern die Meinung des Papstes nicht; sie erregen sein Mißtrauen. Wie kann man sich der Treue dieses Magnetiseurs versichern? Wie kann man diesen Mann, der alle Mauern durchdringt, im Dienst der päpstlichen Regierung verankern? »Sie hat ihren Vater betrogen, indem sie Sie heiratete ... es ist an Ihnen, Folgerungen daraus zu ziehen«, sagt der Verräter Jago zu Othello, um anzudeuten, daß seine Frau Desdemona ihn selbst habe betrügen können. So denkt Urban VIII. über Mazarini. Wie ist der perfekte Diplomat an die Kette zu schmieden?

Es gibt nur eine Möglichkeit: Am Verhandlungstisch, der in den Heiligen Tisch verwandelt wird, muß ihm Gott als Partner gegeben werden. Mazarini muß unter der Macht des Herrn erdrückt werden. Er muß Priester werden.

Einen Monat bevor Sacchetti den Brief schreibt, zwingt Mazarini den sich gegenüberstehenden Gegnern eine Waffenruhe von sechswöchiger Dauer ab. Diese Tat bringt den Entschluß des Papstes nicht ins Wanken. Er behandelt Mazarini viel härter als andere seiner Mitarbeiter, die Mazarini das Wasser nicht reichen können. Er bevorzugt Monsignore Ceva, seinen ehemaligen Schleppenträger, ohne ihm diese Bedingungen aufzuerlegen. Er ist der Leiter des Sekretariats der Memoralien, dann des Staatssekretariats, läßt sich aber erst in dem Augenblick zum Priester weihen, als er den Kardinalshut aufsetzt. Ohne Priester zu sein, erlangen Prinz Franz-Nikolaus von Lothringen, Girolamo Colonna und Antonio Barberini den Purpur.

Trotz der ungeheuren Dienste, die Mazarini geleistet hat, behandelt ihn der Papst weiterhin als Verwalterssohn, der seine Treuebeweise erst noch beibringen muß. Ohne Priesterschaft keine Karriere! Für diesen geringen, aus der Reihe tanzenden Menschen, der mit so vielen inneren Gaben ausgestattet ist, gibt es keine Vergünstigungen. Gaben und Gunst wäre zu viel für einen einzigen Mann.

Der Papst läßt Mazarini ein Dimissorium zukommen und weist »persönlich und aus seinem Mund« den Kardinal Ginetti an, alle Schwierigkeiten zu überwinden und Mazarini zum Priester zu machen. In einem Brief an Mazarini (11. Januar 1631) sagt Giovanni Francesco ganz deutlich: der Papst will »Mazarini so bald wie möglich als Priester« sehen. Der unnachgiebige Retz und manche andere haben ihren Rücken gebeugt. Der »geschmeidige« Mazarini nicht. Er ist Laie und bleibt Laie. Der Berg kreißt und bringt eine Maus hervor. Der diplomatische Vesuv von Casale bringt für Mazarini ein kümmerliches Benefiz, aus einer griechischen Schule in Rom stammend, hervor. Die Anschrift des ersten Breve, das ihm der Papst am 14. Mai 1632 schickt, wirkt komisch mit seiner protokollarischen Umhalsungsformel: »Dilecto filio Julio Mazarini scholari romano« (Unserem vielgeliebten Sohn Julius Mazarini, römischem Lehrer).

Das Trientiner Konzil dachte an den Lebensunterhalt der Priester. »Es ist nicht angebracht, daß diejenigen, die zum Dienste Gottes zugelassen, zur Schande ihres Berufs zum Betteln gezwungen oder genötigt sind, ihr Leben durch schmutzige Arbeit zu verdienen.« Das Konzil bestimmte, keinen Kleriker in den Priesterstand zu erheben, »wenn er vorher nicht Rechtens bewiesen hat, daß er unbehelligt ein Einkommen hat, das ausreicht, ihn ehrbar zu ernähren«.

Endlich fängt Urban VIII. an, folgerichtig zu denken. Er möchte, daß Mazarini Priester wird. Mithin muß er ihm die Mittel, Priester sein zu können, zur Verfügung stellen. Auf diese Weise spielt er nicht einmal den Wohltäter. Ganz bürokratisch hält er sich an die Entscheidungen des Konzils. Am 14. Dezember 1631 teilt Kardinal Francesco Barberini Mazarini durch einen Brief mit, daß der Papst daran denke, ihm ein Kanonikat an der Kirche Santa Maria Maggiore zu übertragen, das durch den Tod eines anderen Kanonikus vakant geworden ist.

Pietro, Mazarinis Vater, hat die Einstellung des Untersuchungsverfahrens erreicht. Er hat seine Stellung als Familienoberhaupt wieder eingenommen. Jetzt hat er ein Auge auf Giulios römische Angelegenheiten. Die Sache mit dem Kanonikat gefällt ihm nicht. Sein jüngerer Sohn Alessandro ist Dominikaner geworden. Allein auf Giulio baut Pietro, um den Namen Mazarini weiterzuvererben. In der Zeit vom 6. März bis in den April 1632 hat er nichts unternommen, das Breve über das Kanonikat an Santa Maria Maggiore ausfertigen zu lassen.

Giovanni Francesco Sacchetti spricht ihm Mut zu. Giulio wird die Soutane nicht anzuziehen brauchen. Nur eine winzige Tonsur muß er sich scheren lassen. Ein kurzer unangenehmer Augenblick. Dafür wird er die Einkünfte aus dem Kanonikat haben. Auf jeden Fall muß der Vater sich jetzt regen, er muß versuchen, das Breve vom Papst zu bekommen, er muß die nötigen Schritte unternehmen.

Die anderen Gönner Giulios werden zu Rate gezogen; im Chor stimmen sie die gleiche Melodie an. Der Konnetabel, Kardinal Sacchetti und Paolo Macarini, sie alle drängen Mazarini, er solle den Rücken beugen, er solle nachgeben. Nur halb, und nicht für lange. Wenn er nur willfährig ist, würde er bald anstelle seines Kanonikus-Einkommens eine jährliche Leibrente von vierhundert Talern einstreichen. Nur vorübergehend würde er Kanonikus sein.

Der Papst beendet das Warten. Vergeblich hat er versucht, die Einkünfte, die während der Vakanz des Kanonikats von Santa Maria Maggiore den anderen Domherren zuflossen, in Mazarinis Tasche zu leiten. Er läßt davon ab. Als Ersatz gibt er Mazarini »auf geheimem Wege« ein Kanonikat an San Giovanni in Laterano (8. Mai 1632), das ebenfalls durch einen Todesfall vakant geworden war. Einkünfte: fünfhundert römische Dukaten im Jahr. Eine einzige Verpflichtung: innerhalb von sechs Monaten »die klerikale Würde« zu empfangen.

Schließlich faßt Pietro Mazarini den Entschluß, dem Papst im Namen seines Sohns eine Bittschrift zu schicken, damit er in den Genuß der Einkünfte kommt. Ein neues Hindernis stellt sich ein. Sixtus V. hat 1589 eine Bulle erlassen, die, fußend auf den Überlieferungen der Kirche und den Beschlüssen des Trientiner Konzils, den Inhabern einer Pfründe die Tonsur und ein geistliches Gewand vorschreibt, »um die Ehrbarkeit und innere Aufrichtigkeit ihrer Sitten durch den äußeren Anstand ihrer Kleidung in Erscheinung treten zu lassen«.

Mazarini aber befindet sich, Verhandlungen halber, am französischen Hof, ein eleganter Mann, so wie ihn die Zeichnung von Dumonstier (1632) zeigt: gelocktes Haar, nach oben gezwirbelter Schnurrbart, gekräuselter Kinnbart, Kirschenmund. Und nun soll er von einem Tag auf den anderen im Gewand eines Domherrn erscheinen, mit gefalteten Händen und heiligmäßigen Gedanken?

Endlich öffnet der Papst die Tür der Gunstbeweise einen Spalt. Durch das Breve vom 14. Mai 1632 (dem ersten »stricto sensu«, das Mazarini zugute kommt) erteilt er ihm die Erlaubnis, die erste Tonsur (»prima tonsura«) von den Händen eines ihm genehmen Bischofs ohne Dimissorium zu empfangen.

Aufgrund eines Wunders vatikanischer Zauberei wird er tonsuriert ohne Tonsur, wird er Kanonikus ohne Soutane. Dieses Breve, es trägt den Titel »de non incendendo« und wird »per via segreta« (auf geheimem Weg) befördert, befreit ihn zwar nicht von der Zeremonie der Tonsur, aber vom Eingriff der Schere in sein schönes Haar.

Der Indult vom 22. Mai, ein Gewebe von Spitzfindigkeiten, fügt der Sonderstellung Mazarinis unter den anderen Domherren des Laterans noch eine weitere Raffinesse hinzu. Um in den Genuß seiner Pfründe zu kommen, muß jeder Kanonikus am Ort seiner Kirche wohnen, der Messe beiwohnen, an den Kapitel-Versammlungen teilnehmen, die vorschriftsmäßigen Stundengebete rezitieren, wenn auch nicht mit schöner Stimme, so doch jedenfalls bemüht, im Sommer, wenn in der Kirche unterkühlte Kellertemperatur herrscht, wie im Winter, wenn man dort zu Eis gefriert.

Mazarini singt andere Melodien, denn er ist durch seine Verhandlungen in Frankreich in Anspruch genommen. Der Indult vom 22. Mai 1632 erinnert zwar daran, daß der »Indultar« innerhalb von sechs Monaten die »klerikale Würde« annehmen muß, verlängert aber, vom Ausstellungsdatum an, drei Jahre lang die Frist, während der Mazarini in den Genuß seiner Vorrechte und Vorteile seines Kanonikats kommt, obwohl er in dieser Zeit im Dienst des Papstes nicht tätig ist. Der Indult gestattet ihm, das besagte Kanonikat durch seinen Vater ohne besondere Vollmacht in Besitz nehmen zu lassen.

Das Ganze ist ein Gaukelspiel. Das äußerst subtile kanonische Recht betrachtet den abwesenden Diplomaten Mazarini als einen anwesenden Kanonikus Mazarini, der im Gestühl des Laterans rezitiert, den Messen beiwohnt, bei den Beratungen mit aktiver und passiver Stimme votiert und zum Lohn für seine Emsigkeit seine Renten empfängt und dazu die gewöhnlichen und täglichen Zuteilungen in Naturalien entgegennimmt: Holz, Kerzen, Pfeffer, Safran, Zuckerwerk, seine voraussehbaren und sicheren oder außergewöhnlichen und unregelmäßigen Einkünfte. Hingegen verweigert der Papst die Streichung der Abgaben, zu denen der neue Kanonikus dem Kapitel gegenüber verpflichtet ist. Eine Enttäuschung für Mazarinis Vater, der um die Streichung gebeten hatte.

Urbans VIII. Verhalten Mazarini gegenüber ist wechselnd. Einen Schritt nach vorn zur Gunst hin, einen Schritt zurück zum Mißtrauen. In den vatikanischen Archiven sind die Akten in drei Kategorien eingeteilt. Erstens: Die Bullen des Sekretariats der Breven, die »vor allem die auf geheimem Weg geregelten Benefiziar-Angelegenheiten betreffen«. Zweitens: Die Breven, ein Berg von Aktenstücken, die die gesamte Christenheit betreffen. Drittens: Die »Diversorum«, die für Bevorzugte reserviert sind: Günstlinge, Verwandte des Papstes, Neffen der Kardinäle.

Die beiden von Urban VIII. gewährten Indulte gehen in der anonymen Flut der Breven unter. Trotz seiner hohen Begabung verdient es der junge Mazarini nicht, aus der Masse herausgehoben zu werden. Doch ein Wort leuchtet aus dem lateinischen Text des Indults vom 22. Mai hervor und verrät, welche Wichtigkeit der Papst dem neuen Pfründeninhaber beimißt. Das Wort »triennium«. Madeleine Laurain-Portemer, eine ausgezeichnete Kennerin dieser Fragen, hat ergründen wollen, warum der Papst diese lange Frist von drei Jahren einem Mann gewährte, den er sonst so fest am Zügel hält. Eine Freizügigkeit, die um so erstaunlicher ist, als er am 16. Juni 1632, nur fünfundzwanzig Tage nach dem an Mazarini gerichteten Indult, Ludwig XIII. durch ein Breve die Ankunft Monsignore Cevas als außerordentlichen Nuntius in Frankreich ankündigt. Mazarini durfte seinen Aufenthalt in Paris nicht über die Dauer von einigen Monaten hinaus ausdehnen. Der Papst hat ihn also für andere Missionen im Ausland vorgesehen, bei denen er seine Fähigkeiten entfalten kann.

Kardinal Francesco Barberini erinnert Mazarini mit boshaftem Drängen an die Notwendigkeit der Tonsur, auch wenn sie nur fiktiv ist. In einem Brief vom 15. Mai 1632 steht: »Um der Schicklichkeit und der Vorteile willen, die die Einkünfte aus dem Kanonikat darstellen«, wäre es gut, wenn »Euer Gnaden sich anschickte, zumindest die erste Tonsur vornehmen zu lassen«. Der barsche Purpurträger läßt über Mazarinis Haupt die Damokles-Schere schweben. »Seine Heiligkeit hat im Augenblick jedoch nicht die Absicht, Euer Gnaden zu nötigen, andere Weihen auf sich zu nehmen, oder Ihnen das Tragen des klerikalen Gewands zur Pflicht zu machen, solange Sie im Dienst Seiner Heiligkeit von Rom abwesend sind.«

Francesco Barberini will Mazarini in Furcht halten: es handelt sich nur um einen Aufschub im Kampf um die Priesterschaft.

Diese Friseurskomödie um die fiktive Tonsur wird am 18. Juni 1632 in Sainte-Menehould aufgeführt, wohin Nuntius Bichi und Mazarini den nach Lothringen reisenden König begleitet haben. Mazarini hat die Erinnerung daran ausgelöscht, er spricht nie darüber.

Die Zeremonie spielt sich, dem römischen Ritual entsprechend, folgendermaßen ab. Messe, Gebete, Psalmen. Der künftige Kleriker kniet vor dem Bischof nieder, welcher ihm die Spitzen der Haare über der Stirn, im Nacken, über den Ohren und oben auf dem Kopf abschneidet: Verzicht auf die Welt. Doch die auf dem Kopf angedeutete Krone verbindet den, der der Welt entsagt, mit dem Königreich des Himmels. Über Mazarinis Haupt klappert die Schere im Leeren. Anschließend wird der der Tonsur unterworfene Diakon mit einem weißen Chorhemd bekleidet: er zieht den neuen Menschen an.

Für Mazarini bleibt es bei diesem Klappern. Er empfängt später weder niedere noch höhere Weihen. Er bleibt stets ein mit einer Scheintonsur ausgestatteter Laie. Die Schere, die nur in die Luft geschnitten hat, schneidet kirchliche Vorrechte für ihn aus. Jetzt soll er, wie der die Messe zelebrierende Priester es ihm einschärft, versuchen, »Gott wohlgefällig zu sein durch ehrbares Benehmen, durch gute Sitten und gute Werke«.

Nach der Heldentat von Casale ist Mazarini wieder in Rom, er genießt den Triumph, eine Spezialität der Ewigen Stadt. Aus allen Vierteln strömt die Menge hin zu seinem Haus. Man will ihn sehen, anfassen, ihm Beifall spenden. Er wird sicherlich auf dem Balkon erscheinen und die Menge grüßen. Kein römischer Triumph ohne Balkon. Seine Liebenswürdigkeit verdoppelt seine Verdienste. Wie alle Italiener freut er sich über den Ruhm, der auch auf seine Familie ausstrahlt. Die römischen Patrizier wittern einen künftigen »porporato«, einen Purpurträger. Sie überwinden ihre Hoffart und beglückwünschen die Eltern des Helden. Sie beginnen, die vier heiratsfähigen Töchter näher zu betrachten. Daß Laura und Girolama später Baronin und Gräfin werden, verdanken sie dem Reitersmann von Casale.

Aber die Waffenruhe von Casale ist nur flüchtig. Sie muß untermauert werden. Vor allem liegt Urban VIII. daran, das Haus Österreich in Italien in Schach zu halten, um die Unabhängigkeit des Heiligen Stuhls zu gewährleisten. Das Haus Österreich beherrscht das Mailänder Gebiet, die Festungen in der Toskana und das Königreich Neapel. Es streckt seine Krallen nach Venedig aus. Glücklicherweise hat Richelieu verhindern können, daß Savoyen in die Arme Spaniens fällt. Diese Politik muß unbedingt gefestigt werden. Alle Fäden laufen in Mazarinis Hand zusammen. Viktor Amadeus, der neue Herzog von Savoyen, ein Schwager des französischen Königs, will nur mit und durch den Zauberkünstler von Casale verhandeln. Der Papst und Richelieu müssen ihn als Unterhändler verwenden.

Der Papst schickt Mazarini nach Paris, um das Gewebe der künftigen Verträge von Cherasco zu knüpfen. Mit seinem strahlend neuen Titel »Gesandter Seiner Heiligkeit« geschmückt, zieht Mazarini am 18. Januar 1631 fast romanhaft um Mitternacht in die französische Hauptstadt ein. Die Nacht ist die große Verbündete dieses Spielers, der keinen Schlaf benötigt. Sie schwächt den kritischen Geist, verführt zu Vertraulichkeiten und verbreitet Verzauberung. Sie ist das Reich des Spiels, des Theaters, der Liebe und der mazarinischen Diplomatie. Nuntius Alessandro Bichi berichtet, der Held von Casale sei »mit Freuden empfangen worden an diesem Hof, wo sein guter Ruf schon Wurzeln geschlagen hatte und die Bewunderung für seinen Mut frisch war«.

Da Mazarini Verwicklungen liebt, ist er am richtigen Platz. Gerade ist »der Tag der Geprellten« (11. November 1630) vorüber, der Tag, an dem Ludwig XIII. in einer dramatischen Auseinandersetzung gezwungen ist, sich zwischen seiner Mutter und seinem Minister zu entscheiden, sich für den Minister entscheidet. Und der Tag des Auszugs von Maria von Medici nach Compiègne (23. Februar 1631) ist nicht mehr fern. Sie wird bald wie ein dicker Stein über die Grenze weiterrollen.

Richelieu kann dem König nicht allein gegenüberstehen. Er braucht Verbündete. Vergeblich versucht er, sich mit der Königinmutter auszusöhnen. Sie ist ärgerlich über den Mann, den sie der schwärzesten Undankbarkeit zeiht. Diese Furie läßt nicht mit sich reden. Vorübergehend kann Richelieu auf schwankende Unterstützung von Monsieur, dem Bruder des Königs, rechnen. Doch was ist nicht vorübergehend bei Monsieur, diesem Tollkopf?

Unbedingt wichtig für Richelieu ist es, die Neutralität Annas von Österreich, der regierenden Königin, zu gewinnen: einer blonden Spanierin, einer mit rosigem Teint, mit grünen Katzenaugen und herrlich schönen Händen, die von den Dichtern besungen und von den Malern, unter ihnen Rubens, dargestellt worden sind.

Doña Ana (Anne-Marie Mauricette) ist am 22. September 1601 in Valladolid geboren. Sie ist fünf Tage älter als Ludwig XIII. und neun Monate und zweiundzwanzig Tage älter als Mazarin. Sie ist eine Urenkelin Karls V., das älteste von sieben Kindern Philipps III., Königs von Spanien, und Margarethens von Österreich. Mit zehn Jahren verliert sie ihre Mutter. In spanischer Strenge wird sie von Doña Maddalena de Gusman aufgezogen, der Marquesa del Valle, Gräfin von Altamira, der Schwester des Herzogs von Lerma, des Günstlings von Philipp III. Rücksichtslos wird die vierzehnjährige Infantin nach Frankreich verpflanzt, sie bebt vor Angst und Bereitwilligkeit. Damit sie sich nicht zu fremd fühlt, umgibt man sie mit einer Handvoll Heimaterde, einem ganzen spanischen »Hofstaat«, der sie nach Paris begleitet und dort bleibt.

Sie hat Ludwig XIII., ihren Verlobten, zum erstenmal am 21. November 1615 gesehen, zwei Meilen vor Bordeaux, auf der Straße, durch die Scheiben ihrer Karosse hindurch. Der kleine König saß in der seinen. Die beiden riesigen Kutschen rollten nebeneinander her. Der Junge zeigte mit dem Finger auf sich und schrie dem Mädchen zu: »Io son incognito! Io son incognito!«

Incognito! Vielmehr einer dem anderen unbekannt, an jenem Tag und immerdar.

Am 25. November vermählt der Bischof von Saintes in der Kathedrale Saint-André in Bordeaux die beiden Unbekannten. Anna bricht fast zusammen unter dem Königsmantel aus rot-violettem Samt, mit goldenen Lilien bestickt, mit Hermelin verbrämt und mehr als acht Meter lang.

Am Abend, im erzbischöflichen Palais, führt ihr die Königinmutter, die Rolle der Matrone spielend, in ihrem Schlafzimmer ihren kleinen Ehemann zu. Der ist auch mehr tot als lebendig. Monsieur de Guise, Monsieur de Gramont und andere Spaßvögel haben ihm schlüpfrige Geschichten erzählt, um ihn anzustacheln. Die Königinmutter ist begleitet von Souvré, dem Arzt Héroard, dem Marquis von Rambouillet als Maître de la garderobe, der Amme des Königs, der Amme der Königin und von Beringhen, dem ersten Kammerdiener, der den Leuchter trägt.

Nachdem Maria von Medici den beiden »Ehegatten« ein paar Worte gesagt hat, befiehlt sie: »Los, gehen wir alle hinaus!« Scheinabgang. Keine Intimität zwischen den beiden kleinen Monarchen. Sie sind nicht zum Vergnügen hier, auch nicht zur Liebe. Wie hätte sie auch entstehen sollen zwischen zwei Geschöpfen, die sich nicht kennen, die nie allein gelassen, die zueinandergetrieben werden. Sie gehören einander nicht an. Sie sind zwei Tiere aus dem königlichen Gestüt, die Kinder bekommen sollen. Durch die Augen und Ohren der beiden Ammen, die im Schlafzimmer bleiben, überwachen Frankreich und Spanien den Vorgang. Die Matrone Medici befiehlt den beiden Wächtern in Röcken, die beiden Zuchttiere nur anderthalb oder zwei Stunden zusammenzulassen.

Vollzogen oder nicht vollzogen? Das allein interessiert die Ammen. Diese Ehe hat in der Partei der Prinzen einen solchen Wirbel hervorgerufen, daß Maria von Medici ihre Hand dafür ins Feuer legen möchte, daß sie vollzogen worden ist. Zweimal, wie der König selber und die wachhabenden Ammen sagen. Dann schläft das Männchen ein, wacht auf, ruft nach seiner Amme, zieht seine Hausschuhe und seinen Schlafrock an und geht in sein Zimmer. Anna steht auf und legt sich in ihr aus Spanien mitgebrachtes Jungmädchenbett.

Der Arzt steckt seine Nase in die Bettücher. Héroard faßt seinen Bericht ab.

»Er verlangt seine Pantoffeln, nimmt seinen Schlafrock und geht um acht Uhr ins Schlafzimmer der Königin, wo er neben der Königin, seiner Frau, in Gegenwart der Königin, seiner Mutter, ins Bett gelegt wird. Um ein viertel nach zehn Uhr erscheint er, nachdem er ungefähr eine Stunde geschlafen und es zweimal getan hat, wie er uns sagt. Es hatte den Anschein, denn der P... war rot.«

Die beiden Miniatur-Gatten sind von dieser tierischen Roheit so abgestoßen, daß sie es während der folgenden vier Jahre nicht wieder versuchen.

Vier Jahre später muß der König gezwungen werden, die Prozedur zu wiederholen. Alle Welt treibt ihn dazu, mit den derben Scherzen jener Epoche, in der sich Brautfeste im allgemeinen Trubel abspielen. Am 11. Januar 1619 findet die Verlobung von Christine von Frankreich, der Schwester Ludwigs XIII., mit Viktor Amadeus von Savoyen statt. In einer für heutige Begriffe erstaunlich freizügigen Redeweise, vor allem im Mund eines Diplomaten, sagt der Nuntius zum König: »Sire, ich glaube, Sie sollten die Schande nicht hinnehmen, daß Ihre Schwester einen Sohn bekommt, bevor Eure Majestät einen Dauphin hat.«

Diese Predigt wurmt Ludwig XIII. Am 20. Januar heiratet seine natürliche Schwester, Mademoiselle de Vendôme, den Herzog von Elbœuf. Am Abend nach dem Souper begibt er sich zu der Jungverheirateten, »um sie von der Sache abzuhalten«, schreibt der Arzt Héroard in seinen Aufzeichnungen. Aber nicht, um ihr, wie bei solchen Gelegenheiten üblich, aus

Spaß das Bett durcheinanderzubringen oder Juckpulver hineinzustreuen. Er braucht eine Vorführung. Er wohnt dem Vollzug der Ehe bei. Die junge Frau hat weder die Feinfühligkeit noch die Komplexe ihres Halbbruders. Nach dem Liebesakt gurrt sie wie eine Taube.

»Sire, machen Sie dasselbe mit der Königin, und es wird Ihnen gut bekommen.«

Der König möchte und möchte auch nicht. Seine Komplexe hemmen ihn. Er muß gezwungen werden. Am 25. Januar hat er sich, wie es das Protokoll vorschreibt, schlafen gelegt. Um elf Uhr kommt sein Günstling Luynes, um ihn ins Bett der Königin zu bringen. Der König weigert sich, er leistet Widerstand. Luynes bleibt beharrlich, er läßt nicht locker. Der König bricht in Schluchzen aus, wie ein Kind, das Angst hat. Der dreiundzwanzig Jahre ältere Luynes tut, was ein Vater tun würde. Er packt Seine Majestät und trägt ihn, von Beringhen begleitet, der den Leuchter hochhält, aus seinem Zimmer.

Der Widerspenstige, er ist achtzehn Jahre alt, wird in das Bett der Königin gelegt. Die spanische Zimmerfrau geht hinaus. Die Französin, Madame de Bellière, bleibt. In seinen ärztlich-schlüpfrigen Aufzeichnungen sagt Héroard: Der König »bemüht sich zweimal, wie man berichtet hat«. Er brüstet sich: »Haec omnia nec inscio.« (Ich weiß das alles genau.)

Enttäuschung. Kein Kind. Noch immer stichelnd, schreibt der Nuntius am 17. März an Monteleone: »Die regierende Königin ist bei guter Gesundheit. Ich frage sie öfters, was der Herr Dauphin mache. Sie lächelt, errötet und sagt kein Wort.«

Im März 1622 ist die Königin in anderen Umständen. Am Abend des 14. macht sie der Prinzessin von Condé, die das Zimmer hüten muß, einen Besuch. Bis Mitternacht scherzt sie mit den anwesenden Damen und Herren. Sie ist sehr fröhlich. Sie verjagt die düsteren Gedanken, die ihr trübsinniger Gatte verursacht. Um wieder in ihre Gemächer zu gelangen, durchquert sie die riesige, dunkle, eiskalte Galerie. In der Begleitung der Königin befinden sich Madame de Verneuil und die Witwe Luynes, eine lustige Witwe, die spätere Herzogin von Chevreuse, eine tolle Zauberin. In der weiträumigen Galerie kommen die beiden verrückten Frauen auf den Gedanken, die Königin zu einem Wettlauf aufzufordern. Ist das nicht reizvoll? Eine schwangere Königin bei einem Wettlauf! Die Chevreuse hat dabei einen teuflischen Hintergedanken: den zukünftigen Dauphin ungeboren zu töten, um Richelieu und den König zu bestrafen und somit Monsieur, den Bruder des Königs, zu begünstigen. Die beiden leichtfertigen Damen nehmen die Königin rechts und links unter den Arm. Und los! Die schweren Roben, die hohen Absätze schleifen und klappern im Dunkel über den glatten Parkettboden. »Beim kleinen Relais des Thronhimmels« kommt die Königin zu Fall. Das ist die erste Station auf dem Leidensweg, der auf diese Kinderei folgt. »Sie verletzte sich und verlor ihre Leibesfrucht«, schreibt Bassompierre. Das verzeiht ihr der König nie. Dieser verlorenen Leibesfrucht wegen, die Frankreich gehörte, erscheint sie ihm plötzlich von Fehlern und Mängeln strotzend: sie ist flatterhaft, kokett, unruhig, sinnlich, kapriziös, ein spanischer Papagei. Durch den Verlust eines Dauphins von Frankreich wird diese Leichtsinnige in seinen Augen unwiderruflich »hispanisiert«. Sie hat in ihrem Innern nicht das atemlose Warten auf einen Dauphin gespürt, diese atemberaubende Hoffnung auf Fortbestand. Sie ist Königin von Frankreich auf dem Papier, nicht im Herzen. Durch dieses Drama wird sie wieder in das Land der Kastagnetten, jenseits der Pyrenäen zurückgeworfen.

Die mühsam zustande gekommene Verzauberung ist zerbrochen. Von der Einzigartigkeit ihres Gesichts bleiben nur Mängel übrig. Eine zu große Nase, austerngrüne Schlitzaugen, bonbonrosa Puppenwangen, und dazu ständig das spanische Kasperletheater: Geplapper, verstohlene Blicke, marionettenhafte Handbewegungen.

War es der Mühe wert, sich anzustrengen und die künftige Mutter des Dauphins mit solcher Liebe zu umgeben und ihr zärtliche Worte zu schreiben? »Kommen Sie, kommen Sie ebenso fröhlich, wie Sie von mir erwartet werden. Leidenschaftlich wünsche ich, Sie zu sehen.«

Er hätte seiner homosexuellen Veranlagung nachgeben können, wie sein Halbbruder Vendôme, wie später sein zweiter Sohn Philipp von Orleans. Möglicherweise unterdrückt er diese Veranlagung wie auch andere Neigungen, weil er einen so hohen Begriff von seinen Pflichten hat. Trotzdem liebt er es, sich mit Männern zu umgeben, mit Baradas, Saint-Simon. Die frevelhafte Fahrlässigkeit der Königin hat diesen Hang bestärkt, wenngleich es nicht zur Ausübung kam.

Die vernachlässigte Anna von Österreich träumt von der Liebe zu anderen. Die teuflische Circe, die Herzogin von Chevreuse, verdreht ihr den Kopf mit Erzählungen über England, die Engländer und den strahlendsten aller Engländer: den Herzog von Buckingham, den Günstling Karls I. Sie selbst ist »anglisiert«, bis ins Bett hinein: ihr damaliger Geliebter ist der Graf von Holland.

Die Engländer bilden überhaupt das Tagesgespräch. Am 11. Mai 1625 segnet Kardinal La Rochefoucauld die Verbindung von Henriette von Frankreich, der entzückenden Tochter Heinrichs IV., mit Karl I. von England, bevollmächtigt vertreten durch den Herzog von Chevreuse.

Am 24. Mai trifft der Bramarbas der Liebe, der legendäre Held der Romane jener Zeit, der Herzog von Buckingham, in Paris ein. Er kommt, um die neue Königin von England abzuholen und alle Pariserinnen zu beeindrucken. Mit der Selbstsicherheit eines Fachmanns übt er sein Gewerbe als Frauenheld aus. Samtaugen, Seidenwimpern, einen Schnurrbart und eine Bartfliege aus Satin. Er tritt auf, und die Frauen legen sich hin.

Für die acht Tage seines Aufenthalts hat der Verführer, ein guter Regisseur, alles vorausgeplant: Dekorationen, Kostüme, Requisiten. Siebenundzwanzig Anzüge, darunter das Prachtstück aus weißem, mit Diamanten besetztem Samt. Es hat den Wert von achtzigtausend Pfund Sterling. Ganz Paris kennt genau die Anzahl der Diamanten und den Preis dieses märchenhaften Kostüms, so wie heute jeder, durch die Reklame, weiß, was die Kostüme einer neuen Revue in den Folies-Bergère kosten.

Die verruchte Herzogin von Chevreuse hat die romantische Phantasie Annas von Österreich bis zur Weißglut geschürt. Auf diese Weise hofft sie, Richelieu demütigen zu können, und den König, der einst ihre Annäherungsversuche zurückgewiesen hat. So kann sie auch zum Dreh- und Angelpunkt der französisch-englischen Allianz werden. Auch Buckingham heizt sie ein, denn er ist bei ihr abgestiegen, in der Rue Saint-Thomas-du-Louvre, in ihrem Palais de Chevreuse, das, wie der »Mercure français« schrieb, »gegenwärtig in Frankreich das am kostbarsten eingerichtete« Haus war.

Am 24. Mai, einem Frühlingsabend, steht Buckingham im Louvre plötzlich wie eine Erscheinung vor der Königin. In seinen Memoiren (1662) erzählt La Rochefoucauld mit Wonne von der Liebesromanze, die die Königin und Buckingham vor allem in ihren Träumen erlebt haben. Bei ihrer ersten Begegnung ist La Rochefoucauld ein Knabe von zwölf Jahren. Mit neunundvierzig Jahren ist er noch wie trunken von der vergoldeten Legende seiner Kindheit: Die Königin »erschien ihm noch liebenswerter als seine Phantasie sie ihm dargestellt hatte, und er erschien der Königin als der ihrer Liebe würdigste Mann ... Sie benutzten ihr erstes Zusammensein, um über Angelegenheiten zu sprechen, die sie lebhafter bewegten als die der beiden Kronen, und sie waren einzig mit den Dingen ihrer Leidenschaft beschäftigt.«

Dieses Tête-à-tête erregt Aufsehen. Es ist eine Schlappe für das Protokoll und die Monarchie. Diese beiden Geschöpfe, die man nie hätte allein lassen dürfen, verschaffen sich, inmitten des gesamten Hofs, ein Alleinsein! Richelieu rächt sich, indem er brüsk Buckinghams Vorschlag zurückweist, die französische Armee zur Lanzenspitze der Koalition gegen das Haus Österreich zu machen. Ludwig XIII. ist wütend, er weigert sich, am 27. Mai an dem von Maria von Medici im Palais Luxembourg veranstalteten Fest teilzunehmen. Er wünscht nichts weiter, als daß der Eindringling das Feld räumt. Auf Richelieus Rat hin wird der Zug des Ehrengeleits in zwei Teile geteilt. Die neue Königin von England reist in Begleitung des lästigen Buckingham nach Amiens. Maria von Medici und Anna von Österreich nehmen den Weg über Compiègne und stoßen erst in Montdidier zu dem anderen Teil des Geleits.

Dem überheblichen Insulaner kommen Gerüchte zu Ohren: wenn er nicht abläßt von seinem Vorhaben, läuft er Gefahr einige Kugeln oder Klingen in den Leib zu bekommen.

Am 7. Juni bringt die Herzogin von Chevreuse in Amiens ein Zusammentreffen der beiden Verliebten in einem Park zustande. Die Herzogin lustwandelt langsam am Arm des Grafen von Holland, ihres Geliebten, über die Parkwege. Sie läßt Buckingham und die Königin vorbeigehen. Das gleiche tun die übrigen Damen und Herren, die als Helfershelfer bei dieser »Einschiffung nach Kythera« fungieren.

Die Allee macht eine Biegung, die Büsche wirken als Wandschirme, wie oft in der Geschichte der Monarchie. Der aus Albion gekommene Eroberer hält den Augenblick für günstig. Sie sind allein. Er gibt sich nicht weiter mit schönen Reden ab, sondern geht zum Angriff über. Wie in den Sagen und auf den Wandteppichen mit Darstellungen vom Raub der Nymphen dringt ein Schrei durch die Stille.

Die Königin reagiert wie eine Spanierin: anfangs treibt sie die Koketterie so weit, daß der Mann glaubt, er könne sich alles erlauben, dann plötzlich sieht sie die Gefahr, verliert sie die Nerven, ein schrecklicher Skandal, eine große Sünde stehen ihr vor Augen. »Halten Sie ein, oder ich rufe!« Der Angreifer ist durch die voraufgegangenen Kühnheiten entflammt, er läßt nicht ab. Nun ruft sie aus Leibeskräften, geleitet von ihrem Gefühl für Sittsamkeit und für den Rang ihrer gesellschaftlichen Stellung, die Repräsentanten der Ordnung zu Hilfe: Brüder, Ehemann, Vater, Mutter, Onkel, Priester, Schergen, Lakaien.

Der Knappe der Königin eilt herbei, dazu die Hofdamen und das ganze Gefolge. La Rochefoucauld wird später von seiner Freundin Madame de Chevreuse über den Vorfall unterrichtet (ist diese Schlange zu einer genauen Unterrichtung überhaupt in der Lage?), und er spricht »von der Verwirrung und Unruhe, in der sie [die Königin] sich befand«.

Was hat Buckingham wirklich getan? Wer weiß es? Auf jeden Fall etwas, das einen Schrei verursachte, den wir noch hören und den in Paris die empfindlichen Ohren Richelieus und Ludwigs XIII. zu hören glauben. »Ich verbürge mich für die Tugend der Königin, vom Gürtel bis zu den Füßen. Vom übrigen kann ich nicht das gleiche sagen«, sagt die Prinzessin Conti auf nicht gerade feine Art und Weise.

Beim Abschied, am 16. Juni, läßt sich Buckingham angesichts der Stadträte und der Menschenmengen auf die Knie nieder, neben der Karosse, die ihm die Königin seines Herzens entführt.

Als die Räder sich in Bewegung setzen, stößt Anna – für die Galerie – einen Seufzer aus. Sie ist erleichtert, wie eine Frau, die mit dem Feuer gespielt hat und noch einmal davongekommen ist. Heimlich spinnt sie den Faden weiter; sie glaubt sich in Sicherheit und will nicht die ganze Glut einbüßen müssen. Ihren vertrauten Diener La Porte schickt sie mit einer Botschaft zu Buckingham. Unverzüglich wirft sich der liebestolle Engländer aufs Pferd und galoppiert nach Amiens.

Nach so viel Aufregung hält Anna es für das Beste, sich ins Bett zu legen und einen Aderlaß vornehmen zu lassen. Verrückt vor Liebe, wie der rasende Roland des Ariost, droht Buckingham, die Tür einzurennen. Maria von Medici rät der Königin, ihn zu empfangen. Wie von Sinnen »warf er sich vor ihr Bett und küßte ihr Bettuch mit solchem Überschwang, daß man leicht erkannte, wie ungestüm seine Leidenschaft war und zwar von der Art, daß sie denjenigen, die von ihr befallen sind, keinen Gebrauch ihrer Vernunft gestattet ... Er sagte der Königin ganz laut die zärtlichsten Dinge, sie aber antwortete ihm nur mit Klagen über seine Kühnheit, ohne vielleicht sehr zornig zu sein.« (Memoiren der Madame de Motteville)

Wehklagende Koketterie, die den Mann anstachelt.

Der Liebesroman mündet auf dem europäischen Schachbrett. Buckingham nimmt sich vor, so bald als möglich nach Frankreich zurückzukehren. Richelieu und Ludwig XIII. nehmen sich vor, ihn daran zu hindern, je wieder den Fuß auf französischen Boden zu setzen.

In England rächt sich Buckingham dadurch, daß er die neue Königin Henriette von Frankreich quält, er hetzt ihren königlichen Gemahl gegen sie auf, er läßt die Katholiken verfolgen. In späterer Zeit unterstützt er die französischen Protestanten gegen Ludwig XIII.

Aus kleinen Narrheiten werden große Tollheiten, die von der Herzogin von Chevreuse geschürt werden: Anna von Österreich taumelt in den Verrat. Die beiden Komplizinnen beziehen die Krankheit des Königs in ihre Pläne ein. Sie warten auf seinen Tod. Sollte Anna Witwe werden, könnte sie den jüngeren Bruder Seiner Majestät, Gaston, heiraten. Sie wird in die Verschwörung des Marquis de Chalais verwickelt, die blutig endet. Wegen Majestätsverbrechens läßt Richelieu Chalais zum Tode verurteilen, einen Angehörigen der Familie Talleyrand-Périgord, Enkel des Marschalls von Montluc, Patenkind Heinrichs IV. Auf dem Bouffray-Platz in Nantes metzelt ein anderer zum Tode Verurteilter, für diesen Zweck zum Amateurhenker ernannt, das Opfer mit einunddreißig Schwerthieben hin und erledigt es dann mit dem Böttcherbeil.

Noch immer versucht Buckingham, nach Frankreich zurückzukehren, aber Ludwig XIII. und Richelieu hindern ihn hartnäckig daran. »Da man sich weigert, mich in Frankreich als Botschafter zu empfangen, der den Frieden bringen will, werde ich gegen den Willen der Franzosen als General, der den Krieg bringt, dort Einzug halten!« grollt der prachtliebende Hitzkopf. Obwohl er unfähig ist, irgendein militärisches Kommando zu übernehmen, läßt er sich zum Großadmiral und Kommandierenden General ernennen. Er bestückt fünf Geschwader gegen Frankreich, er will den Protestanten in La Rochelle zu Hilfe kommen und versuchen, die Inseln Ré und Oléron zu nehmen. Auf das Flaggschiff nimmt er zwanzig Anzüge mit, einer davon ist mit Perlen bestickt. In seiner goldverzierten Kabine steht auf dem mit Brokat bezogenen Altar im Schein von Kerzen das Porträt Annas von Österreich. Am Großmast, über der Flagge des Großadmirals weht das Banner seines Idols im Wind. (1627)

Nach manchen ritterlichen und nichtigen Unternehmungen muß Buckingham mit seiner »Kleopatra-Flotte«, wie die Spötter sagen, wieder nach England zurücksegeln. »So hat diese Affäre, deren Hauptmotiv mehr die Leichtfertigkeit als irgendein geschichtswürdiges Ziel war, in Eitelkeit und als Roman ihr Ende genommen«, schreibt der venezianische Gesandte, der nicht verliebt ist.

Die Herzogin von Chevreuse ist verbannt worden und nimmt Zuflucht in Lothringen, dessen Herzog Richelieu haßt. Sie ist die Seele eines Komplotts. In ihren Überlegungen zerstückeln die Verschwörer Frankreich: Der Herzog von Savoyen soll die Provence und das Dauphiné besetzen; der Herzog von Rohan soll das Languedoc aufwiegeln; der Herzog von Lothringen soll durch die Champagne auf Paris marschieren; Buckingham soll La Rochelle nehmen.

So sah der Zerstückelungsplan im Dezember 1626 aus. Im November 1627 ist der letzte Teil durch die diamantenschillernde Null Buckingham buchstäblich ins Wasser gefallen. Aber die anderen Punkte bleiben bestehen. Ein Freund Buckinghams, Montaigu, zieht im Barrois umher. Eines Tages wagt er sich zu nahe an die Grenze, wird gefangengenommen und in die Festung Coiffy gebracht. Eine schwere Tasche, die seine Papiere enthält, wird beschlagnahmt. Diese Tasche wird zum beständigen Alpdruck Annas von Österreich. »Die Nachricht von der Gefangennahme des Mylord Montaigu versetzte die Königin in großen Schrecken. Denn sie fürchtete, ihr Name könne in den Papieren von Mylord erwähnt sein, und wenn das entdeckt würde, könnte der König, mit dem sie in nicht sehr gutem Einvernehmen lebte, sie quälen und sie nach Spanien zurückschicken, was er sicherlich getan hätte. Das verursachte ihr eine solche Unruhe, daß sie darüber den Schlaf und die Eßlust verlor.« (Memoiren von La Porte)

Seit dem Zwischenspiel von Amiens ist La Porte vom Rang eines Kammerdieners in den eines Gendarmen abgestiegen. Er gehört zu der Kompanie, die Montaigu bewacht. Alles spielt sich ab wie in einem Roman von Dumas, der, selbst da, wo er phantasiert, genauestens die Atmosphäre dieser phantastischen Epoche getroffen hat. Anna von Österreich läßt in der Nacht den Gendarmen La Porte in ihr Schlafzimmer kommen. Sie fleht ihn an, Montaigu um alles in der Welt daran zu hindern, ihren Namen zu nennen.

Montaigu beruhigt La Porte. In der dicken Tasche ist kein Papier, auf dem der Name der Königin steht. Er selber würde sich eher in Stücke hacken lassen, als ihren Namen zu nennen. Bei dieser Nachricht »bebt Anna vor Freude«.

Später kommt aus Montaigus Tasche Mazarin heraus. Nach dem Tod Ludwigs XIII. wird der englische Diplomat Gesandter in Paris. Anna von Österreich ist Regentin geworden und bringt ihm blindes Vertrauen entgegen. Auf seinen Rat hin wird Mazarin Erster Minister.

Es wird angenommen, daß Mazarin und die Königin zum erstenmal bei seinem ersten Aufenthalt in Paris im Januar 1631 zusammengetroffen sind. Nach dem »Tag der Geprellten« zielen alle gutwilligen Bemühungen am Hof darauf ab, Annas von Österreich Verbitterung gegen Richelieu zu mildern. Der Kardinal selbst gibt sich große Mühe, denn ihm ist bewußt, daß er der Verschwörerin hatte Verdruß bereiten müssen. Er hatte eine Dame ihres Gefolges, Madame du Frargis, vertreiben müssen, weil sie zu oft nach Brüssel schrieb. Er hatte dem spanischen Gesandten Mirabel, der als hochfahrender Spion galt, untersagen müssen, die Königin in Privataudienz zu sprechen. Wie ein kleines hinterhältiges Mädchen empfängt Anna Mirabel heimlich im Kloster Val-de-Grâce, wohin sie sich zum Gebet begibt. In einsichtigen Momenten gesteht sie sogar, daß sie als Strafe für ihre Verrätereien härter hätte behandelt werden können »und daß man Anlaß zu Vorwürfen hatte, ohne daß sie sich darüber vernünftigerweise hätte beklagen können«.

Richelieu, der kein Mittel verschmäht, holt seine geschworene Gegnerin, die Herzogin von Chevreuse, an den Hof zurück; in ihrer Macht steht es, den Sinn der Königin nach ihrem Willen zu beeinflussen. In das fromme Dunkel des Klosters Val-de-Grâce schickt die Herzogin der Königin einige ihrer Verehrer von gestern, heute und morgen. Romantisch verkleidet erscheint Montaigu und flüstert Anna ein, »der König habe, was die Königin seine Mutter angehe, nichts anderes tun können, als was er getan hat.«

Auch der Diplomat Abel Servien, ein ergebener Anhänger der Natter Chevreuse, übernimmt es, Anna zu besänftigen. Richelieus Getreue stellen ihm das Zeugnis aus: »Sehr kluger Geist und sehr ehrenwerter Mann.« Er gewinnt den Zauberkünstler von Casale, die neue Attraktion von Paris, für die Aufgabe, das Knäuel der Gedanken der Königin zu entwirren. Er bringt die zweite schicksalhafte Begegnung im Leben Mazarinis zustande: nach Richelieu trifft er die Königin. Lionne, Serviens Neffe, berichtet dem Geschichtenerzähler Tallemant des Réaux diese neue »große Szene« in der Olla podrida, dem Gemisch aus Posse und Oper, als welches das Leben Mazarinis sich darbietet.

»Als der Kardinal von Richelieu Mazarini zum erstenmal der Königin vorstellte (es war nach dem Vertrag von Casale), sagte er zu ihr: ›Madame, er wird Ihnen sehr gefallen, er sieht aus wie Buckingham.‹«

Eine taktlose Bemerkung, weit entfernt von dem Respekt, den ein Untertan seiner Königin schuldet. Wäre sie authentisch, würde diese freimütige Redeweise das damals umlaufende Gerücht bestätigen, Richelieu habe eine Leidenschaft für Anna gehabt, und die Königin habe ihn ironisch abgewiesen. Sie soll, zusammen mit der Herzogin von Chevreuse, dem schüchternen Verehrer einen bösen Streich gespielt haben. »Auf Betreiben der hinterhältigen Frau und um der Königin zu gefallen, soll der Kardinal vor den beiden Damen die Sarabande getanzt haben, angetan mit grünen Samtbeinkleidern, mit Silberglöckchen am Knieband und Kastagnetten.«

Mazarini und Buckingham, es ist interessant, die beiden Männer zu vergleichen. In seinem Buch »Mazarin und seine Freunde« hat Georges Dethan ihrer beider Porträts gegenübergestellt: Mazarini als Reiter, 1632 von Dumonstier gemalt (Privatsammlung) und Buckingham von Rubens gemalt. (Palazzo Pitti, Florenz)

Dumonstier ist nicht Rubens. Aber ganz offenkundig besteht zwischen den beiden Dargestellten Ähnlichkeit: zwei Spaniels ähneln sich mehr als ein Spaniel und ein Dackel. Mazarini und Buckingham gehören ungefähr zum gleichen Männertyp. In der Liebe lieben wir alle einen bestimmten Männer- oder Frauentyp, dem man sein Leben lang treu bleibt. Allerdings besteht hier ein gewisser Unterschied, der zwischen einem Italiener und einem Engländer, zwischen einem Genie und einem Dummkopf.

Das gleiche längliche Gesicht, dieselbe Haartracht (auch damals folgte man stets der Mode). Bartfliege und Schnurrbart etwas spitzer, etwas länger und vibrierend bei Buckingham, der die Modevorschriften übertreibt. Der gleiche sanfte Mund, bei Mazarini geschaffen für die Rede, die die Herzen gefangennimmt, bei Buckingham für den gekonnten Kuß. Dieselbe große Nase mit dem langen Nasenrücken, wie man sie bei Lebenskünstlern findet.

Dem Tagebuch Richelieus ist zu entnehmen, daß Mazarini während seines dreiwöchigen Aufenthalts in Paris unendlich viel unternommen hat. Verschiedene Audienzen, unter vier Augen, beim König, beim Kardinal. Unterredungen mit dem spanischen Gesandten. Er muß der Königinmutter seine Aufwartung machen. Vier Jahre danach hat sie noch eine so gute Erinnerung daran, daß sie ihn beauftragt, einen letzten Aussöhnungsversuch zwischen ihr und ihrem Sohn auszuhandeln. Es wäre unwahrscheinlich, wenn die einzige große Persönlichkeit, die Mazarini nicht getroffen hätte, die »regierende Königin« gewesen wäre.

Der schwatzhafte Tallemant des Réaux treibt die Mutmaßungen noch weiter: »Es gibt Leute, die geglaubt haben, der Kardinal habe die Absicht gehabt, die Königin durch den Kardinal Mazarin zu lenken, denn er hatte bei ihrer ersten Zusammenkunft bemerkt, daß sie Zuneigung zu ihm empfand«, oder zumindest, daß »seine Ähnlichkeit mit Buckingham ihm Anlaß gab, es zu hoffen«.

Als Mazarini 1632 wieder nach Frankreich kommt, hat er einen Brief des Grafen Philippe (von Aglié), dem Geliebten von Christine von Savoyen, für die Herzogin von Chevreuse bei sich. Er kannte also die Freundin der Königin. Es wäre verwunderlich, wenn diese Intrigantin ihn ihrer Gebieterin nicht vorgestellt hätte.

Sollte sich Mazarini in das Herz Annas von Österreich im Auftrag von irgend jemand eingeschlichen haben? Eine solche Rolle als Spion, einer männlichen Mata Hari, der das Herz einer Frau zu einem politischen Sprungbrett macht, wäre so abscheulich, daß man eigentlich nicht daran glauben kann. Mangels Beweisen muß Mazarini der Vorbehalt des Zweifels zugebilligt werden.

Mit oder ohne Mazarini – es gelingt Richelieu, Ludwig XIII. erneut ins Bett der Königin zu bringen. Im März 1631 flüstert man sich am Hof zu, Anna von Österreich erwarte ein Kind. Ein spitzzüngiger Jesuit, Pater Monod, der Beichtvater des Herzogs von Savoyen, bringt seltsame Gerüchte in Umlauf, deren Widerhall in einem Brief Richelieus an Servien (Januar 1632) zu finden ist: »Monod hat hier durchblicken lassen, daß Mazarin ein zweiter Philippe sei, was die Liebesleidenschaft angeht, die Ihnen bekannt ist.«

Graf Philippe San Martino von Aglié ist ein piemontesischer Adonis von sechsundzwanzig Jahren. Er ist Leutnant der Gardisten des Herzogs von Savoyen, er bezaubert die leicht entflammbare Herzogin durch seine Schönheit. »Le comte Philippe«, wie man ihn allgemein nennt, wird ihr Geliebter und zweifelsohne der Vater der Kinder, die sie in den nächsten Jahren zur Welt bringt, wohingegen ihr Ehemann bisher keine Eignung zur Kinderzeugung bewiesen hat.

»Die Liebesleidenschaft, die Ihnen bekannt ist«, was kann dieses offene Geheimnis bedeuten, wenn Richelieu meint, Mazarini sei »ein zweiter Philippe«? Besser kann der Punkt auf das i nicht gesetzt werden. Es kann sich nur um ein Liebesspiel zwischen Mazarini und Anna von Österreich handeln. Wie hat dieses Gerücht entstehen und sich verbreiten können? Sollte sich Mazarini in Turin der Gefühlsregungen der Königin gerühmt haben? Eine solche Taktlosigkeit entspricht keineswegs seinem vorsichtigen Wesen. Wahrscheinlich kann alles mit dem gehässigen Geschwätz von Pater Monod erklärt werden. Richelieu sträuben sich die Haare vor Abscheu angesichts dieses »bösen Geistes«, vor dem man sich hüten muß, »wie vor einer giftspritzenden Schlange«. Pater Monod begünstigt die Liebschaft des Comte Philippe mit Madame Chrétienne. Gleichzeitig sorgt er mit seiner unheilbar losen Zunge dafür, daß die Geschichte ruchbar wird. Kuppler sehen überall Liebe am Werk. Der schleimige Monod meinte, sie zwischen Anna und Mazarini gewittert zu haben.

Die Königin von Frankreich hätte gewiß manchen Grund gehabt, Gefallen an Mazarini zu finden. Er sieht gut aus, ist geistreich, witzig und hat viel Charme. Wenn Anna von Österreich ihn mit Buckingham vergleicht, muß sie den Eindruck haben, sogar einen guten Tausch zu machen. Sie ist der Skandale überdrüssig, die der erstere hervorgerufen hat, und empfindet bei dem zweiten, der samtige Milde ausstrahlt, die weibliche Wollust an der Heimlichkeit.

Welch ein Glück, daß nach dem Stier, der die Türen einrennen wollte, der zweite Buckingham mit der ausgeglichenen Ruhe einer Katze begabt ist! Diese Frau, die von Spionen umgeben ist, genießt dankbar die gedämpften, verhüllten Gefühle. Zumal diese Schmiegsamkeit keineswegs mit Lauheit einhergeht. Gott und die Frauen speien die Lauen aus. Richelieu lobt am Diplomaten Mazarini »den Geist, die Geschicklichkeit und das Feuer«.

Ein anderer enormer Vorzug in den Augen der Spanierin: wie sie ist der Neuankömmling nicht Franzose. Sie können sich hinter dem Rücken der Untertanen Ludwigs XIII. verständigen. Denn er spricht, wie sie, Spanisch. »Er sprach es wie ein Eingeborener«, sagt Pater Bissaro, der ihm auf dem Sterbebett Beistand leistet. »Ein halber Spanier aufgrund der Jahre, die er in Spanien verbracht hat«, plaudert Madame de Motteville in ihren Memoiren. In Wahrheit hat er nur zwei Jahre dort verbracht, doch die Jugendjahre zählen doppelt. Und Spanien besitzt eine seltene Anziehungskraft. Noch heute übt das Land sie aus auf die Touristen, die es in Windeseile in wenigen Tagen durchqueren, wiewohl Auto, Flugzeug, Rundfunk und Fernsehen alles uniformieren. Wieviel stärker mußte die Faszination auf einen besonders empfänglich jungen Mann des 17. Jahrhunderts wirken!

Natürlich können wir die allzu hübsche Liebesgeschichte des jungen Mazarini mit der Notarstochter aus Madrid nicht stillschweigend schlucken. Der anonyme »Jugendfreund«, der sie erzählt, bietet nicht Bürgschaft genug. Und Mazarinis Biograph Benedetti stößt sie beiseite. Vielleicht fürchtet er, dem Ruf seines Herrn und Meisters zu schaden, was allerdings ein schlechtes Argument wäre und uns dazu verleiten könnte, die Geschichte glaubhaft zu finden.

Immerhin hat Mazarini selbst an Chavigny geschrieben, er sei »den Damen dieses Landes sehr zugetan« aus Spanien zurückgekehrt. Unter dem Einfluß seiner ersten Padroni, den Colonna, die auf seiten des Königs von Spanien standen, ist er in die päpstliche Armee eingetreten, um im Veltliner Tal (1625) »den Spaniern zu dienen«.

Mazarini ist empfänglich für den Charme der Frauen. Auf die Spanierin folgen die Damen von Casale (Carlo Colonna neckt ihn deswegen), dann die von Turin. Die Schönen im Hofstaat der Herzogin bemühen sich eifrig, Mazarinis Aufmerksamkeit auf sich zu ziehen. Er überflutet den Hof von Savoyen mit wohlriechenden Wässern und Handschuhen »à la frangipane« (Handschuhe, die aufgrund eines von den Brüdern Frangipani erfundenen Verfahrens mit Jasmin parfümiert wurden). Einige Damen behaupten, Briefe von ihm oder römische »Bagatellen«, allen möglichen Tand, bekommen zu haben. Im Mai 1632 schreibt ihm Servien: »Eine Dame erzählte sehr kühn vor dem ganzen Hof, sie wolle Ihnen antworten, obwohl sie gar keine Briefe von Ihnen bekommen hatte. Ich glaube, sie wollte den anderen den Vorteil nicht lassen, mehr von Ihnen begünstigt zu sein als sie selbst.«

Wenn Anna von Österreich allein ist mit Mazarini, in ihrer Muttersprache sprechen kann, fühlt sie sich, mitten in der Hauptstadt Frankreichs, inmitten des königlichen Hofs, wie in einer spanischen Enklave. Weiblicher Spaß an der Heimlichtuerei: in einer unbekannten Mundart sprechen. Trost für die Schmähungen, mit denen man sie überhäuft. Ein Hauch von Kindheitserinnerungen bei einer Frau, die, wie viele kokette Frauen, stets ein kleines Mädchen geblieben ist. Wie mit dem ersten Buckingham, aber diesmal mit größerer Aussicht auf Dauer, ein Rausch des Tête-à-tête auf einer verzauberten Insel.

Während seines ersten Aufenthalts in Paris (18. Januar bis 16. Februar 1631) hat Mazarini den gewiegtesten Politikern die Köpfe verdreht, wie Buckingham es mit den hübschen, leeren Köpfen der Frauen getan hat. Unter seinen Eroberungen sind die Minister und Gesandten zu finden, insbesondere Abel Servien, sein Mitunterhändler bei den Besprechungen mit den Vertretern Spaniens und des Reichs.

Am 6. April kommt es zum ersten Vertrag von Cherasco. Am 8. Juni schreibt Abel Servien in einem Brief, daß dank des Scharfsinns und der Geschicklichkeit Mazarinis Frankreich Pinerolo wird behalten können. »Der Papst kann sich keines würdigeren und wendigeren Gesandten bedienen.«

Im ersten Vertrag von Cherasco werden Charles-Gonzague de Nevers die beiden Herzogtümer zugesprochen, derentwegen Europa fast in Brand geraten wäre, und es wird die Unabhängigkeit des Veltlins proklamiert. Richelieu hat auf der ganzen Linie gewonnen. Der spanische Riegel ist aufgesprengt. Französische Luft strömt nach Italien ein. Papst Urban VIII. ist sie lieber als die spanische Luft. Er ist Nuntius in Paris gewesen und hat den späteren Ludwig XIII. über das Taufbecken gehalten. Er ist begeistert von der Glaubenserneuerung im Königreich der Lilien, die Bérulle und Vinzenz von Paul zu verdanken ist.

Durch das Wunder von Casale ist Mazarini kühn geworden, auch fühlt er sich von Richelieu unterstützt; er drängt deshalb den Papst, das spanische Joch abzuwerfen. Er sieht in Urban VIII., da er von den Waffen des eisernen Kardinals beschützt wird, den Wächter über den Frieden in Europa.

Der Papst und Richelieu sind von Mazarini so behext worden, daß sie einen gemeinsamen diplomatischen Honigmond erleben. Als der Papst das Herzogtum Urbino im Mai 1631 annektiert, bietet Richelieu ihm Beistand an. Er hofft, der Papst wird sich eher auf Frankreichs Schulter als auf die Habsburger stützen.

Mazarini ist das Auge Richelieus in Rom. Durch ihn kann er dieses Wespennest überwachen. Mit seiner Hilfe kann er die Politik des Heiligen Stuhls in die von ihm gewünschte Richtung lenken.

Mazarini seinerseits hängt sich in Rom einen Zipfel von Richelieus Purpurmantel um. Er brüstet sich mit der Freundschaft des Riesen von Europa.

Doch der spanienfreundliche Clan, der im Vatikan zahlreich vertreten ist, versucht ihn auszubooten. Mit der Koketterie einer gekränkten Jungfrau legt er Richelieu dar, was er für ihn auszustehen hat: »In Rom sind sehr bösartige Worte gegen mich gefallen, der Grund dafür ist die Ehre, die mir von Seiner Majestät und Eurer Eminenz zuteil geworden ist. Daher stammt der Neid, von dem die Böswilligen getrieben wurden, tausend falsche Dinge über mich zu schreiben.« (Brief vom 3. Juni 1631)

Auch Abel Servien faßt unbedingtes Vertrauen zu Mazarini, er schwört nur noch auf ihn. Nach der Unterzeichnung des zweiten Vertrages von Cherasco (19. Juni 1631) beauftragt er ihn, als wäre er sein zweites Ich, nach Mailand und Pavia zu reisen, um dort mit dem Herzog von Feria, dem Gouverneur des Mailänder Gebiets, die Artikel durchzusprechen. Anziehungskraft, Zaubertrank – so verfährt der Magier stets. Über die Diplomatie hinaus verzaubert Mazarini seine Bewunderer, wie es in den Hirtenromanen jener Zeit geschieht; seit dem Erscheinen der »Diana« von Montemayor (1542) wird Europa von einer goldenen literarischen Woge überschwemmt. Es folgen »Galathea« von Cervantes (1584), »Aminta« von Tasso (1581), »Pastor fido« von Guarini (1585) und schließlich »Astrée« von dem Franzosen Honoré d'Urfé in fünf Teilen von 1607 bis 1627.

Muß man in der Macht, die der Diplomat von jenseits der Berge auf andere ausübt, in dem Wunsch, den die Menschen empfinden, sich ihm hinzugeben, sich durch ihn vertreten zu lassen, als wäre er sie selbst, nicht Gründe suchen, die über den Verstand hinausgehen? Das Vertauschen des Herzens des geliebten Wesens mit dem Herzen dessen, der liebt, ist ein häufiges Thema der Romane und Dichtungen des Jahrhunderts. Das kann sich in der Freundschaft genauso abspielen wie in der Liebe.

Die Franzosen sind bereit, sich Mazarini zu überlassen. Seine Stimme schläfert ihren Willen ein. Sie wollen nur, was er will. Sie setzen alles darein, nichts anderes zu sein, als was er für sie entschieden hat.

Richelieu ist bereit, den nötigen Preis zu bezahlen, um diesen Magier in seinem Dienst zu halten. Er gehört nicht zu denen, die erst herbeieilen, wenn der Erfolg sich eingestellt hat, die ihre Stimme erst erheben, wenn einhelliger Beifall aufrauscht. Mit dem ersten Blick hat er in Mazarini den Unersetzlichen, den Unverwechselbaren erkannt. Den Sohn der Fortuna, den man mit aller Kraft am Schopf packen muß, wie seine Mutter, die Göttin. Richelieu ist von der »Geschicklichkeit und Hingabe an die Friedensverhandlungen« des jungen Diplomaten so eingenommen, daß er 1631 den französischen Gesandten in Rom anweist, den neunundzwanzigjährigen Mann für die Nuntiatur in Paris, wenn sie frei werden sollte, in Vorschlag zu bringen: »Ich kenne keinen Menschen, der dem Heiligen Stuhl mehr zum Nutzen gereichen könnte als ihn.« Und keinen, der Richelieu mehr zum Nutzen gereichen könnte!

Er bittet Abel Servien, dem seltenen Vogel zu versichern, er würde inmitten aller tückischen Winde an ihm stets einen Rückhalt finden. »Beruhigen Sie Monsieur Mazarin und sagen Sie ihm, daß alles, was man ihm erzählt hat, falsch ist, daß ich ihn so liebe und schätze, wie er es nur wünschen kann.«

Ein Jahr danach ist Mazarini wieder in Paris. Diesmal bleibt er mehr als drei Monate (von April bis Juli 1632). Viktor Amadeus von Savoyen beauftragt ihn, einen Ersatz für den Verlust Pinerolos für ihn auszuhandeln. Er plant einen Feldzug gegen Genf, das Rom des Protestantismus. Das katholische Rom zollt Beifall. Viktor Amadeus möchte, daß Paris das gleiche tut. Ludwig XIII. lehnt ab, er will nichts unternehmen, was seinem Bündnis mit den Schweizern schaden könnte. Doch wird dieser diplomatische Mißerfolg für Mazarini ausgeglichen durch einen Schritt nach vorn in der königlichen Gunst. Schon bei ihrer ersten Begegnung in Chambéry (Mai 1630) hat er Ludwig XIII. beeindruckt. »Seine Jugend, sein gutes Aussehen, seine Lebhaftigkeit und Sanftheit zugleich, die Intelligenz, die seine ganze Person ausstrahlte, und sein aufrichtiger Wunsch nach Frieden«, alles das hatte den König für ihn eingenommen. Sie sind fast gleichaltrig. Richelieu ist siebzehn Jahre älter als sie. Er könnte ihr Vater sein, sowohl was das Alter wie sein Verhalten angeht. Für Ludwig XIII. ist Mazarini eine Erholung von dem großen überwältigenden Mann. Für Richelieu ist er eine Erholung von seinem anstrengenden König. Er ist ihrer beider Erholung. Aber für den König ist er die wahre Erholung.

Der von seinen Komplexen gehemmte König atmet freier, wenn er mit dem freien, ungezwungenen, respektvollen Vertreter seiner eigenen Generation zusammen ist. Mit aller nur denkbaren Ehrerbietung und trotz der astronomischen Distanz, die einen simplen Sterblichen von dem Gott trennt, wie es zu jener Zeit ein König von Frankreich ist, führt Mazarini dem König vor Augen, was ein junger Mann seines Alters zu sein vermag, der seine Kräfte und Fähigkeiten in einer katholischen und monarchischen Welt frei entfaltet, der sich den Zwängen des Protokolls unterwirft, ohne von ihnen erdrückt zu werden, und bei allen Verbeugungen sein inneres Feuer sprühen läßt.

Im April 1632 empfängt Ludwig XIII. Mazarini zu einer Audienz in der Kapelle des Schlosses von Saint-Germain und behandelt ihn, wie Mazarini selber schreibt, »mit einem solchen Ausdruck von Zuneigung, daß ich ganz verwirrt war«. Der König schien auf diesen Hauch aus Italien gewartet zu haben, der den eisernen Atem seines Mentors milderte. Dann »kam die Königin hinzu, er führte mich zu ihr, damit ich ihr meine Reverenz erweise«. Offizielle Vorstellung durch den Ehegatten. Doch möglicherweise hatte, ein Jahr zuvor, die offiziöse Vorstellung durch Richelieu mit den berühmten frechen Worten stattgefunden. Das eigentliche Stück spielt sich stets in der Kulisse ab.

Weil es die Disziplin verlangt, kehrt Mazarini in den Schoß Roms zurück. Trotz seiner Großtaten am Himmel Europas ist der Phönix durch ein Band gefesselt. Ein langes violettes Band bindet ihn an seinen unbesetzten Chorstuhl in San Giovanni in Laterno.

Durch zwei Breven und eine Bulle wird der Feuervogel, sobald er wieder in der Ewigen Stadt ist, in den Käfig gesperrt. Er trifft am 15. November 1632 ein. Am 20. verkünden die »Avvisi« von Rom in italienischer Sprache und »La Gazette de France« in der Sprache von Descartes: »Seigneur Mazarini hat bei seiner Rückkehr aus Frankreich und der Lombardei vor fünf Tagen das kirchliche Gewand angelegt, des Kanonikats von San Giovanni in Laterano wegen, das ihm Seine Heiligkeit übertragen hat.«

Der zum Schein tonsurierte Mazarini kommt zu weiteren Ehren. Wir kennen heute vier Arten von apostolischen Protonotaren. Unter Urban VIII. gab es nur zwei. Die Protonotare »de numero participantium«, nie mehr als zwölf an der Zahl, verfassen als päpstliche Geheimschreiber »die wichtigsten Schriftstücke, die in Rom aufgesetzt werden, zum Beispiel die Papstwahl betreffend oder die Heiligsprechungsprozesse«; die sogenannten Protonotare »simplices, honorarii, extraordinarii oder titularii« erhalten einen reinen Ehrentitel, der aber sehr gefragt ist.

Diese jungen, energischen und ehrgeizigen Protonotare tragen die Farbe der Streber: violett. Sie gehören dem ersten Prälatenkollegium an. Bei Zeremonien haben sie Vorrang vor den anderen Kollegien. Sie können Diplome für juristische Doktoren und Notare ausstellen, sie können uneheliche Kinder zu ehelichen erklären. Vor allem aber sind sie bereits halbe Bischöfe, die auf die Mitra zusteuern.

Alle Protonotare dieser zweiten Kategorie haben die gleichen Rechte. Indes, es gibt Protonotare und Protonotare, je nach der Stellung des Prälaten, der sie fördert.

Da Mazarini endlich einmal wieder in Rom ist, wird er bevorzugt behandelt. Im Gegensatz zu den anderen Kandidaten seines Jahrgangs braucht er keine Eingabe zu machen. Der Papst selbst ernennt ihn, und zwar sehr schnell. Schon am 18. November 1632, drei Tage nach Mazarinis Rückkehr, weist Seine Heiligkeit den Kammerherrn Monsignore Giori an, ein Breve mit der Ernennung zum apostolischen Protonotar auf den Namen Mazarini auszustellen. Dem Papst liegt daran, die Verwaltungsmaschine zu beschleunigen. Er läßt dieses Breve sogar um einen Tag (17. November) vordatieren. Und er fügt hinzu, man solle, sofern ein Breve bereits ausgestellt sei, es ihm unverzüglich vorlegen, damit er sein Siegel aufdrücken kann.

Das festgelegte Ritual beschränkt sich bei den anderen Protonotaren darauf, die »Unterwerfung unter den Papst und den Apostolischen Heiligen Stuhl« zu verzeichnen. Im Fall Mazarini wird hervorgehoben, daß er einen »Dienst« versprochen hat. Die Federfuchser des Heiligen Stuhls lassen immer wieder die Furcht erkennen, der Phönix könne davonfliegen.

Zweite Ausnahme: Mazarini, den man wahrscheinlich für äußerst beschäftigt hält, wird eine Frist von vier Monaten zuerkannt, um den Eid in der apostolischen Kanzlei abzulegen. Erst nach Ablegung dieses Eides kann er in vollem Umfang von seiner Würde als Protonotar und seinem klangvollen Titel Monsignore Gebrauch machen.

Mazarini hat es nicht eilig, die violette Soutane anzulegen. Er hat niemals Priester sein wollen. Wie soll er aber in diesem Gewand weiterhin selber glauben, daß er es nicht ist? Schließlich kann er sich doch kein Schild mit der Aufschrift »Nur zum Schein tonsuriert« um den Hals hängen.

Erst Anfang März 1633 zieht er die Soutane an. Und was sagen die Damen dazu? Am Hof von Turin machen sich die Lebedamen in der Umgebung der frivolen Madame Chrétienne darüber lustig. Mit oder ohne Soutane, Mazarinis Charme wird sich immer durchsetzen. Die Französinnen fürchtet er allerdings mehr. »Nirgends ist man so scharfzüngig wie in Paris.« Um sich im voraus einen Schild gegen jeden Sarkasmus zu schaffen, schreibt er an eine Pariserin, Mademoiselle de Senneterre: »Wenn Sie wüßten, wie ungeduldig ich mich danach sehne, wieder in Paris zu sein, um Ihnen meine Verehrung zu Füßen zu legen, würden Sie mich, dessen bin ich sicher, noch mehr lieben. Bereiten Sie sich jedoch darauf vor, zu lachen, wenn Sie mich im Gewand eines Nuntius sehen werden, denn es ist doch arg verschieden von dem, das ich früher getragen habe. Doch ganz gewiß ist, daß ich in jedem Gewand und jedem Stand Ihr dankbarster und aufrichtiger Diener bleibe. Die Gerechtigkeit verpflichtet Sie, mich zu lieben, da Sie es mir zu beiden Malen, als ich am dortigen Hof war, versprochen haben . . .«

Diese Liebenswürdigkeiten könnten den Eindruck erwecken, Mazarini habe eine Leidenschaft zu einem Traumgeschöpf gefaßt. Mademoiselle de Senneterre aber ist eine Sechzigjährige mit spitzer Zunge. Man darf sich nicht irreleiten lassen von dem mondänen Ton, der zu jener Zeit stets etwas übertrieben war und zu dem noch italienische und mazarinische Glut hinzukommt.

Übrigens steht ihm diese Soutane, die er wie ein Schreckbild schildert, recht gut. Das Violett unterstreicht noch seinen goldbraunen Teint und seine samtdunklen Augen. Der Faltenwurf verleiht seinem Gang eine weihevolle Würde. Dieses Gewand, mit dem er eigentlich Gott zugehört, verbreitet einen geheimnisvollen Hauch um ihn. Mit seinem Charme ist er ein Vorläufer des Stendhalschen Helden Fabricio del Dongo, der Koadjutor des Erzbischofs von Parma wurde und selbst auf der Kanzel nur an seine Liebe zu Clélia denkt: »In seinen Ansprachen war ein Hauch von tiefer

Traurigkeit zu spüren, die im Verein mit seinem reizvollen Gesicht und der hohen Gunst, die er am Hof genoß, alle Frauenherzen für ihn einnahm.« Ersetzt man Traurigkeit durch Fröhlichkeit, so hat man ein Bild des frischgebackenen Monsignore. Ein Zeitgenosse, Th. Bonnet, bezeugt, welche Wirkung Mazarini in der Soutane hervorrief: »Als er in Rom das violette Gewand und die Eigenschaft eines Prälaten angenommen hatte, war er von den vier schönsten Prälaten des Hofes, die einander an gutem Aussehen ähnlich oder vergleichbar waren, der meistbeachtete.«

Anscheinend will der Papst den neuen Soutaneträger mit Auszeichnungen überschütten. Durch ein Breve vom 8. März 1633 ernennt er ihn »in forma gratiosa« zum Referendar. Ein reiner Ehrentitel, durch den Mazarinis Name auf den »ruolo della famiglia di Nostro Signore«, die Ehrenliste der Päpstlichen Familie, kommt. Die achtunddreißig von Urban VIII. ernannten Referendare bilden die engere Umgebung des Papstes. Sie sind seine »vertrauten Diener«. Sie genießen das Vorrecht, ihn jederzeit sehen und sprechen zu können. Für sie existiert die Chinesische Mauer des Protokolls nicht. Sie sind die zukünftigen Purpurträger.

Doch scheint die päpstliche Sonne für diese Begünstigten nur, wenn sie sich in Rom aufhalten. Als Mazarini die Ewige Stadt verläßt, um außerordentlicher Nuntius in Frankreich und Vizelegat in Avignon zu werden, wird er von der Liste der Referendare gestrichen.

Das Verhalten Urbans VIII. Mazarini gegenüber ist allerdings zwiespältig. Dieser Januskopf unter der Tiara scheint Mazarini ständig zu mißtrauen. Mit der einen Hand belohnt er ihn, und mit der anderen löscht er die Gunst zur Hälfte wieder aus. Sein Schützling soll sich nicht einbilden, die Ernennung beruhe auf seinen ungewöhnlichen Verdiensten. In den »Avvisi« läßt er »Urbi et orbi« anzeigen, daß diese Auszeichnungen ihm nicht als Person gelten, sondern als »Auditor des Kardinals Antonio für die Angelegenheiten in Avignon«. Der Papst will Mazarinis Glanz und Einfluß dämpfen. Er will in ihm nur den Abglanz seines geliebten Neffen sehen: er darf keine selbständige Sonne sein, sondern nur ein Mond.

»Intra muros« hingegen überträgt er ihm, durch eine geheime Bulle vom Mai 1633, »die Herrschaft über das Priorat Santi Senesio e Teopompo, in der Provinz Ravenna gelegen, zur Diözese Modena gehörend, aber unmittelbar vom Heiligen Stuhl abhängend«.

Der Papst will wohl den Lebensunterhalt eines Mannes sicherstellen, der ihm so hervorragende Dienste leistet. Aber auch hier schüttet er nicht das Füllhorn aus. Sparsam verteilt er die Bissen. Dieses Priorat ist mit mehreren Pensionen in Höhe von fünfundzwanzig Talern belastet, die von seinen Einkünften abgehen.

Die Damen in Paris oder Turin würden schallend lachen, wenn sie ihren Mazarini die Stundengebete respondieren hörten, in Gemeinschaft mit den alten klapprigen Domherren von San Giovanni in Laterano. Die Vorschrift zwingt ihn dazu, was vor allem im Winter, der Verkühlungen wegen, recht unangenehm ist. Für Mazarini ist es ein Fegefeuer.

Glücklicherweise gibt es Tröstungen. Vor allem die Gewogenheit von Kardinal Antonio. Seit Jahren bemüht sich Mazarini, in sein Haus, seine Umgebung zu gelangen. Jetzt, da er wieder in Rom ist, hat er es erreicht. Er tritt in den Kreis seiner Ratgeber, wird sein Vertrauter. Endlich hat Mazarini einen Kardinal für sich, einen Mann seines Alters, den Lieblingsneffen des Papstes. Diese feinsinnige Seele kann er formen. Er will aus ihm das Werkzeug seiner Politik machen und dabei, wie stets, alle Welt zufriedenstellen.

Mazarini ist der Mann Frankreichs. Kardinal Antonio soll es werden. Seit langem schon liegt die »Protection« der französischen Interessen in Rom in den Händen von Kardinal Maurizio, dem Bruder des Herzogs von Savoyen. Bleibt die »Coprotection«. Der sie innehat, ist Kardinal Bentivoglio, der frühere Nuntius in Frankreich. Doch er beschäftigt sich am liebsten mit humanistischen Arbeiten. Entgegenkommenderweise überläßt er die »Coprotection« Kardinal Antonio, der von Mazarini gelenkt wird.

Antonios Bruder, der derbe Kardinal Francesco, ist keineswegs damit einverstanden, daß sein jüngerer Bruder sein dahintändelndes Leben aufgibt. Doch der Papst ist erfreut über Antonios gute Vorsätze. Kardinal Francesco ist der Protektor der Interessen Spaniens in Rom. Seine Heiligkeit ist damit einverstanden, daß Antonio die Interessen Frankreichs vertritt. Ein bißchen Zwietracht unter seinen Neffen kann nicht schaden; so kann er sie besser lenken. Außerdem ist der geliebte Antonio auch der kostspielige Antonio. Urban VIII. ist höchst erfreut, daß der päpstliche Geldbeutel jetzt für den Unterhalt seines Neffen nicht mehr allein aufkommen muß, daß der König von Frankreich sich beteiligen wird.

In Kardinal Antonios Nähe fühlt sich Mazarini wohl. Das ist ein Padrone nach Maß, eine nach Jasmin duftende Eminenz, ein vortreffliches Instrument für seine politischen Absichten. Doch vor allem bietet ihm Antonio das Paradies auf Erden. Was könnte für einen zweiunddreißigjährigen, lebenslustigen und ehrgeizigen Mann schöner und angenehmer sein als ein römischer Barock-Palazzo der Jahre nach 1630?

Bisher hatte Mazarini nur im Galopp vom Zauber des Lebens genippt. Nach dem Abgang vom Kolleg war er noch von seinen Sinnen und vom Spielteufel hin und her gerissen. Wie alle Jünglinge in diesem Alter war er seinen Schwärmereien verfallen. Später, als er wie ein Wirbelwind die Höfe von Turin, Mantua und Paris durchquert, ist er auch noch nicht er selbst. Angespornt wird er von seiner Manie, Verhandlungen zu führen. Er ist der Nomade der Diplomatie, der sein Leben der Pest, dem Schlamm und dem Krieg aussetzt. Ein schweißbedeckter Zentaur, von dem Wunsch verzehrt, überall zugleich zu sein, um Gewalt zu beseitigen oder zu verhindern.

Zum erstenmal zwingt der Papst Mazarini, seßhaft zu werden. Zwei Jahre lang, vom November 1632 bis Ende August 1634, macht er sein Praktikum als bedächtiger Fußgänger. Nachdem er die anderen Menschen entdeckt hat, entdeckt er sich selbst. Er wird er selbst, erforscht sich, schafft sich neu. Er wandelt in und durch sich selbst, wie in einem Palazzo und in einer Stadt. Und in einem Palazzo und einer Stadt kommt er zu sich. Im Palazzo Barberini. In der Ewigen Stadt.

Er betrachtet das Rom seiner Kindheit mit neuen Augen, er entdeckt ein neues Rom. Aber nicht nur seine Augen sind anders geworden. Ein neues Rom entsteht tatsächlich aus dem alten. Zwischen 1600 und 1630 ist die Stadt von einem Baufieber gepackt. Unzählige Kirchenfassaden wachsen aus der Erde. San Giacomo, Santa Maria in Vallicella, San Sebastiano, Santa Maria della Vittoria, Santa Maria Novella, Sant'Ignazio, San Carlo al Corso, San Gregorio Magno und viele andere. Das Barock entsteht mit Sant'Andrea della Valle und Santa Maria della Concezione.

1615 hat Paul V. den Architekten Maderno beauftragt, Sankt Peter mit einer neuen Fassade zu schmücken; sie erhebt sich inmitten von Gebüsch aus unbebautem Boden. 1621 folgt auf Paul V., doch nur für zwei Jahre, Gregor XV. 1623 besteigt Maffeo Barberini, aus einer wohlhabenden Kaufmannsfamilie stammend und reich ausgestattet mit Kultur und Geld, den Thron des heiligen Petrus und wird Papst Urban VIII. Auch er ist gepackt von der Bauleidenschaft, mit aller Macht will er seine Vorgänger in den Schatten stellen und über ihrem Rom das Rom Urbans VIII. erstehen lassen. Er verwirklicht das Programm, das sich im 17. Jahrhundert jeder neue Papst vornimmt: seiner Familie Glanz und Macht zu verleihen. Neffen als Kardinäle, eine Kirche im Bau (Sankt Peter), ein Leibarchitekt (Bernini), ein Palazzo im Werden, eine Familienkapelle in einer großen Kirche (Sant'Andrea della Valle).

Urban VIII. hat es so eilig, das Rennen als Pontifex der Bauherrn zu gewinnen, daß er mit der Ausschmückung der Familienkapelle beginnt, ehe er mit der Tiara gekrönt ist. Er beschäftigt seine engeren Landsleute, Florentiner Künstler. Unter ihnen war ihm, fast noch in der Wiege, der Sohn des Bildhauers Pietro Bernini aufgefallen. Im Alter von fünfzehn Jahren hatte dieses Phänomen Gian Lorenzo, der spätere große Bernini, mit ungewöhnlich begabter Hand das Bildwerk »David tötet Goliath« geschaffen. Ungefähr ein Jahr nach seiner Wahl zum Papst gibt Urban VIII. dem jungen Bernini Gelegenheit, sein Künstlertum an der Kirche Santa Bibiana zu erproben (1624–1626). Dann öffnet er ihm die großartigste Baustätte der Christenheit: mit einunddreißig Jahren wird Bernini nach dem Tod Madernos, 1629, Leiter der Bauhütte von Sankt Peter. Seine Mannschaft, »gli artisti Barberini«, stürzt sich mit genialem, jugendlichem, künstlerischem Ungestüm in die Arbeit.

Berninis Meisterwerk aber, das Mazarini, der nur vier Jahre jünger ist als er, wahrscheinlich begeistert hat, ist das Ziborium in Sankt Peter. Raum und Zeit mußten unterbrochen, die schwindelerregende Leere unter Michelangelos Kuppel mußte ausgefüllt werden. Und es mußte mit einem Posaunenstoß verkündet werden, daß sich darunter das Grab des heiligen Petrus befand, jenes Felsens, auf den Christus seine Kirche erbaut hat und der dem Bischof von Rom, dem Papst, die Autorität über alle Bischöfe der Welt verleiht.

Ein Triumphbogen, ein Bogen der Gewißheit. Eine zündende und barocke Deutung. Ein Altarhimmel. Vier gewaltige, in Bronze gegossene gewundene Säulen steigen auf, am Kreuzpunkt des Hauptschiffs und des Querschiffs. Vier gigantische, vollsaftige Baumstämme scheinen sich mit der unbezweifelbaren Macht der Gewißheit in die Gruft des Apostels zu bohren, und sie erheben sich, streben nach oben mit der unbezwinglichen Kraft, die die Riesen der Wälder aufrecht hält. Vier Lebensbäume, jeder in drei Abschnitte geteilt und zusammengehalten durch goldene Bänder, wie Fässer, deren Dauben man umgürtet. Ein Sinnbild der vitalen Kraft, die in Mazarini pulst. Die Beharrlichkeit der gewundenen Form, die sich in die Luft bohrt wie die Beweisführung des Diplomaten in den Sinn seiner Gesprächspartner.

Auf dem Gesims dieser Säulen vier aufrechtstehende Engel mit goldenen Flügeln. Vier Giganten in Anmut und Stärke, tanzend, einen Fuß auf den Boden gesetzt, den anderen in der Luft haltend, als wollten sie sich drehen. So wechselt der Diplomat, um den Verhandlungspartner zu täuschen, die Fußstellung. Nichts vermag diese vier Botschafter-Engel zu überraschen. Über der Leere halten sich diese vier Mazarini an Blätter- und Blumenranken, Sinnbilder des Ruhms der Welt, sie halten sie zwischen Daumen und Zeigefinger, als wollten sie seilspringen. Ihr Standbein ruht fest in der Bronze. Das andere, sich hebende, kann jede Richtung einschlagen, jede Finte ausführen. Steuer, Ruder, Motor der ewigen Bewegung: dieser Fuß »mit den tausend Listen« lacht, wie der listenreiche Odysseus, der Zukunft entgegen. Der Fuß, dessen nächste Bewegung nicht vorauszusehen ist, er kann springen, laufen oder stillstehen. Und sollte er in die Leere springen, würden die gewaltigen goldenen Flügel die vier Unterhändler in den Himmel tragen.

Vom Pincio bis hin zu Santa Maria Maggiore kann Mazarini sehen, wie sich inmitten von Gärten die Flanken des Quirinal, des Viminal, des Esquilin mit Kirchen, Palazzi und Brunnen bedecken. Aber der feste Punkt seiner Neugier, die für ihn wichtigste Stätte, ist der Palazzo, den die beiden Kardinäle Barberini, der derbe und der strahlende Bruder unter großen Kosten umbauen lassen. Ihre Familie hat ihn 1625 den Quattro-Fontane abgekauft. Um ihn zu erweitern, zu vergrößern, haben sie Maderno, den berühmtesten Architekten jener Zeit, gewählt. Nach seinem Tod (Januar 1629) verpflichten sie Bernini, Urbans VIII. Günstling.

Im Juni 1630 wirft der Papst vierzigtausend Taler in den Schlund dieser Baustelle zugunsten seines Neffen Taddeo. Auf diese Weise wachsen die Mauern schneller, so wie die Pflanzen nach dem Regen.

Im Palazzo Barberini kann Mazarini Unterricht in Kunstgeschichte nehmen. Dieser Bau ist das Modell für die Kunsthistoriker, und sie widmen ihm ganze Stöße von Werken. Er steht am Schnittpunkt zweier Epochen der Architektur. Er spielt eine Rolle als Beispiel und Vorbild. Anfänglich ist er nach klassischem Plan konzipiert, ein einfaches, großes Viereck mit einem von Arkaden gesäumten Innenhof. Dann sprengt man diesen zu städtischen Schrein. Man läßt sich von einer »Villa« auf dem Lande inspirieren, etwa der von Vasanzio erbauten Villa Borghese. Das Gebäude öffnet seine Arme, Luft, Sonne und Landschaft einzulassen. Kein geschlossener Hof mehr. Beiderseits eines Hauptgebäudes zwei Flügel. In der Fassade sieben gewölbte Fensternischen über drei Stockwerke. Dadurch ist sie üppig durchbrochen, sie fordert die Außenwelt auf, durch sie hindurchzugehen, wie das Licht durch ein Prisma.

Dieser beispielhafte Palazzo wird zu einem Arbeitsfeld, auf dem die größten Künstler jener Zeit miteinander wetteifern. Mazarini erlebt das Drama, das sich zwischen Bernini und Borromini abspielt, dem sieghaften Bernini, dem alles gelingt, und dem scheuen Borromini, der sich in seine Einsamkeit einspinnt. Auch die Arbeit eines der eigenwilligsten damaligen Maler, Pietro di Cortona, der gerade sein Meisterwerk, den »Raub der Sabinerinnen« fertiggestellt hat, kann er verfolgen. Pietro di Cortona malt das monumentale Treppengewölbe des Palazzo Barberini aus.

An der Quelle saugt sich Mazarini voll mit den Herrlichkeiten der Kunst. Er sieht, daß man um 1630 in Rom und auch anderswo nur als umfassend gebildeter Mensch gelten kann, wenn man ein Kunstkenner wird und das reale Leben durch den Abglanz des erträumten Lebens vervollständigt. Spielend erwirbt er die Kenntnisse, die ihm später als Sammler zustatten kommen. Er wohnt nicht im Palazzo Barberini, in dem noch immer Steinmetzen und Maler am Werk sind. Aber er steigt ständig in ihm herum.

Aufgrund seiner feinsinnigen Art, die Umwelt zu erobern, weiß er, daß es nicht genügt, nur mit seinem Herrn auf gutem Fuß zu stehen, wenn man eine Stellung halten will. Man muß auch mit seinen Mitarbeitern ein gutes Verhältnis haben, denn sie schaffen die Luft und den Boden, auf dem die Freundschaft dauerhaft blüht. Ohne sie verkümmert die Blume der Gunst, sie hat keine Wurzeln.

Er nimmt die wichtigsten Untergebenen des Kardinals für sich ein, insbesondere den Majordomus Vincenzo Martinozzi, der den ersten Platz innehat. Dem Sohn dieses einflußreichen Mannes, Geronimo, gibt er seine Schwester Margarita bald darauf zur Frau.

Kardinal Antonio räumt dem Vergnügen den ersten Platz ein. Der größte Teil seines Palazzo gehört dem Theater. Ehe noch das ganze Bauwerk fertiggestellt ist, weiht er, zum Karneval 1632, den Theatersaal ein. Es wird »Sant'Alessio«, Sankt Alexis, aufgeführt; das Libretto stammt von G. Rospigliosi, die Musik von Stefano Landi, dem Schöpfer der römischen Oper.

An dieser Vorstellung kann Mazarini nicht teilnehmen, da er abwesend von Rom ist. Teilnehmen jedoch kann er am Karneval 1633 und 1634 im Palazzo Barberini, als zu Ehren des Bruders des polnischen Königs die Oper wiederum aufgeführt wird. Für diese Vorstellung schafft Bernini, der alles kann, die Ausstattung, auswechselbare Kulissen, eine Menge von Theatermaschinen, mit denen allegorische Figuren in die Wolken, in den Himmel gehoben werden können.

Der fanatische Theaterliebhaber Mazarini ist begeistert von »Sant'Alessio«. Er betätigt sich quasi als Theateragent. Jedesmal, wenn eine Schauspielertruppe im Palazzo Barberini auftritt, sorgt er dafür, daß »alle Franzosen eingeladen werden«, die vorübergehend in Rom sind und die sein Lob singen, wenn sie wieder abreisen.

Er weicht Kardinal Antonio nicht von der Seite. Aus Berechnung und aus Zuneigung: die Eminenz ist ein unübertrefflicher Gesellschafter. Mazarini begleitet ihn auch, wenn er sich auf seinen Landsitz in der römischen Campagna begibt, nach Bagnia bei Viterbo. Dort hat Kardinal Antonio die alte Renaissance-Villa von den Ludovisi erworben. Ein grenzenloser Horizont, der vom Monte Soratto gekrönt wird, breitet sich vor ihr aus. Andrea Sacchi bekommt den Auftrag, sie mit Fresken auszumalen.

Dem Rat Mazarinis folgend, öffnet Kardinal Antonio durchreisenden Franzosen auch seine Villa. Zu Ehren von Marschall Toiras, dem Verteidiger von Casale, werden prächtige Jagden veranstaltet. Nur ungern nimmt Mazarini daran teil, »ohne viel Vergnügen«, gesteht er selbst, »die Wildschweine waren tapferer als die Hunde«.

Nach Castel Gandolfo wagt Kardinal Antonio Mazarini nicht mitzunehmen. Dort hat Urban VIII. sich über dem Albaner See eine Villa erbauen lassen, die allen Päpsten späterhin als Sommerresidenz dient. Doch auch dort, in der erhabenen Nähe des Pontifex maximus, denkt Antonio an seinen Freund. So schickt er im Herbst 1633 einen vertraulichen Brief nach Rom, adressiert an »Monsignore Mazzarini«, seinen Liebesboten.

»Ich habe nur Ruhe finden können bei dem Gedanken, daß es Ihnen gelingen möge, der Signora Leonora einen Gruß von mir auszurichten. Ich schreibe Ihnen also heute mit der Bitte, ihr diesen Brief zu übermitteln, ihr selbst zu schreiben wage ich nicht, denn ich kann nicht hoffen, eine Antwort von ihr zu verdienen . . .

Es wird also geschehen, o Gott, daß Sie in dieses gesegnete Haus gehen, daß Sie diesen Engel sehen und hören, während ich kein anderes Gespräch habe als das mit den blühenden Büschen und den einsamen Wegen, die meine Gedanken nicht hindern, mich mit dem einzigen Gegenstand meiner

Sehnsucht zu beschäftigen. Denn ich hasse das Gespräch mit den Menschen; es hindert mich daran, mich in die Anschauung des Wesens zu versenken, das mein Geist mir unaufhörlich so ausdrucksvoll und lebhaft vor Augen stellt.

Wenn ich ehrlich bin, Monsignore, weiß ich nicht genau, ob ich Sie um das Glück, diesem Geschöpf Ihre Ehrerbietung erweisen zu können, beneide, oder ob ich Sie beklage. Denn das Gesetz der guten Freundschaft zwischen uns läßt mich nicht zweifeln, daß sich Ihre Zuneigung um die, die von jedem Mann von Geist Huldigung und Aufwartung verdient, bemühen wird. Ich weiß auch nicht recht, ob ich eifersüchtig bin, denn ich fürchte, daß die Macht der Liebe, die alle Herzen zu fesseln vermag (mein Beispiel beweist es), Ihnen nicht die Freiheit läßt, die Sie sich aus anderen Gründen vielleicht bewahren möchten. Ich bitte Sie mithin, Signora Leonora zu versichern, daß ich ihr mit aller nur erdenklichen Zuneigung unzählige Male die Hände küsse, und sie mit Ihrer ganzen Beredsamkeit anzuflehen, mir einen kleinen Platz in ihrer Huld freizuhalten.

Empfehlen Sie mich den Damen Adriana und Catarina, aber vergessen Sie nicht, worum ich Sie bei Signora Leonora besonders gebeten habe. Baldige Nachricht von ihr würden dem unendliche Erleichterung verschaffen, der sie so nötig hat . . . Ich bin der Ihre wie ein liebender Bruder.

Castel Gandolfo, den 1. Oktober 1633

Kardinal Antonio Barberini.«

In seinem Buch »Mazarin und seine Freunde« hat Georges Dethan festgestellt, wer diese Leonora ist. Es handelt sich um die Sängerin Leonora Baroni. Adriana ist ihre Mutter, Catarina ihre jüngere Schwester; drei hervorragende Künstlerinnen.

Mit der rührenden Lauterkeit eines Don Quichotte kämpft Dethan um die Tugend von Leonora. Er möchte den Gedanken nicht aufkommen lassen, Mazarini und Kardinal Antonio, Komplizen des Vergnügens, seien zu vertraut mit dieser Nachtigall gewesen: »Leonora war keine Geisha. Sonst hätte sie nicht die Achtung der vornehmen römischen Damen besessen, nicht die Freundschaft des erhabenen christlichen Dichters John Milton und später auch nicht die Gewogenheit eines musikliebenden Papstes, Clemens' IX. Rospigliosi. Hätte Mazarin es außerdem gewagt, sie am französischen Hof, bei Anna von Österreich, einzuführen, wenn der geringste Verdacht über ihren früheren Beziehungen gelegen hätte?«

Die Erfahrung zeigt, daß viele vornehme, selbst »römische« Damen leichtsinnigen Sängerinnen ihre »Achtung« nicht versagt haben. »Erhabene christliche Dichter« verhüllen nicht immer ihr Antlitz vor einem frivolen Singvogel. Zu jener Zeit schenkt »ein musikliebender Papst seine Gewogenheit« eher einer zweifelhaften Primadonna, die richtig singt, als einer Heiligen, die falsche Töne herausbringt. Und selbst wenn Mazarini damals in Rom mit der Diva sehr vertraut gewesen wäre, hätte ihn nichts daran gehindert, sie mit seiner schlangenhaften Geschmeidigkeit »am französischen Hof, bei Anna von Österreich, einzuführen«.

Mazarini erinnert sich noch lange an die Abende bei Leonora, wo er selbstgedichtete Verse vortrug, seinen Blick über die Sängerin und den verliebten Kardinal schweifen ließ und »Amanti ch'in pianti« (Liebende in Tränen) trällerte. Nichts stärkt mehr die Freundschaft zu einem Herrn und Gebieter, als wenn man ihm als Kuppler dient.

In seinem Buch »Die italienische Oper in Frankreich vor Lulli« deutet H. Prunières an, daß Mazarini Leonoras Geliebter gewesen sei und daß er »seine ersten Ämter am Hof Urbans VIII. der Vermittlung der Sängerin verdankt«. Georges Dethan hingegen bestreitet es und sagt: »Wir wissen, daß nichts davon wahr ist. Die Familie Baroni hat sich erst 1633 in Rom niedergelassen, zu einem Zeitpunkt, als Mazarini bereits über mehrere Pfründen verfügt. Andererseits war Leonora mit Anna-Maria, einer Schwester Giulios, die Nonne geworden war, freundschaftlich verbunden. Diese spricht in einem Brief aus dem Jahr 1653 an ihren Bruder von Leonora als ›unserer Familie anhänglich zugetan‹.«

In jenen Jahren in Rom hat Mazarini mannigfaltig Gelegenheit, seine künstlerische Ausbildung zu vertiefen. Eine weitere befreundete Familie, die Sacchetti, bemüht sich darum. Die beiden Brüder Sacchetti, Marcello und Giulio, haben, da sie aus Florenz stammen und sehr gebildet sind, Zugang zum Papst. Marcello ist so kunstbegeistert, daß er selber Landschaften malt. Er ist stolz, einen jungen Florentiner Maler, Pietro di Cortona, entdeckt zu haben. Er spielt in dieser Familie bald die gleiche Rolle wie Bernini bei den Barberini und baut für sie in den Jahren 1626 bis 1630 die Villa Castel Fusano. Dann beauftragt Marcello ihn mit dem Bau seiner Villa del Pigneto. Wie dieses Wunderwerk, das nicht mehr existiert, ausgesehen hat, zeigt ein Stich aus dem Jahr 1669: Eine Villa im venezianischen Stil, die zu Empfängen auffordert, mit ihren Terrassen, Treppen, dem Wasserbecken mit den prustenden Tritonen, den vielen Statuen, die auf dem Dach und den Seitenflügeln ihr Wesen treiben mit theatralischen Gesten. Gäste aus Stein fordern Gäste aus Fleisch und Blut auf, hier glücklich zu sein.

Doch mit der Kunstbegeisterung allein ist es bei Mazarini nicht getan. Er bereichert sich an der Kunst, lüftet den Geist, wird geschmeidig durch sie, um für weitere Aufgaben fähig zu werden. Er blickt weiter. Hinter dem brennenden Dornbusch, in dem ihm Frauen, Gemälde, Statuen und Opern erscheinen, sieht er den Horizont der Macht funkeln. Er hält sich für fähig, das Land Kanaan zu erobern. Er fühlt sich unendlich viel begabter als alle, die sich mit Politik beschäftigen, intelligenter, wendiger, freier. Die meisten sind eingeschränkt durch ihre Vorurteile, ihre Leidenschaften, ihre Interessen oder ihren flachen Geist.

Mazarini fühlt sich durch nichts eingeschränkt. Er mag sich noch so sehr abtasten, er findet in sich keine Mauern, wie die anderen sie in sich aufrichten und hinter denen sie verkümmern. Mazarini fühlt sich völlig offen, beweglich, in alle Richtungen drehbar, wie ein Segel.

Er ist ein Rechner, aber kein trockener, er umhüllt seine Berechnungen mit Samt und verleiht ihnen dadurch den Flaum des Lebens. Er ist ein Charmeur, aber ein berechnender, er läßt seinen Charme spielen, tut aber so, als geschähe es ohne seinen Willen, so wie eine Pflanze oder ein Tier sich dem Tropismus beugt. Er benutzt die anderen wie Brettsteine, und sie meinen, sie würden geliebt. Warum sollte Mazarini seine Brettsteine nicht lieben? Um mit ihnen den günstigsten Ertrag zu erzielen, um seine Berechnungen so gut wie möglich zu verschleiern. Und vielleicht liebt ein Spieler seine Brettsteine als Boten der Fortuna: so wird Gott in den Spielsälen genannt.

Kurzum, Machiavelli, gemildert durch den heiligen Franz von Sales.

Es ist erstaunlich zu sehen, wie er den kleinen Kardinal Antonio knetet und formt. Er versucht, ihm Geschmack am »Ruhm« einzuhauchen, den »man nur auf schwierigen Wegen erwirbt«. Er spricht von dornigen Pfaden zu einem Mann, der nur über Rosen schreitet. Mit der Willenskraft der Gestalten Corneilles fordert er den auf, der in Wonnen schwimmt, den »Widerwillen« gegen die französische »Coprotektion« zu überwinden. Wie eine Mutter, die ihr Kind ermahnt, eine bittere Medizin zu nehmen, ihm den Kopf hält und so tut, als koste sie selbst das abscheuliche Getränk, so hilft Mazarini dem sensiblen Mann, seinen Ekel zu überwinden: »Um den Preis meines Lebens möchte ich Sie davon befreien, aber da es nicht anders geht, muß man Geduld haben ... Je mehr Hindernissen Eure Eminenz begegnet, desto größer erscheint Ihre Tüchtigkeit, denn es ist heute, glauben Sie es mir, niemand in der Lage, Ihren Ruhm in den Schatten zu stellen und das Bild zu verdunkeln, das man überall von Ihrer großartigen Standhaftigkeit und Ihrem Können hat.«

Ein wirklich außerordentlicher Nuntius

Mazarini gegenüber verhält sich Urban VIII. weiterhin wie das Pendel einer Uhr. In die Angelegenheit der »lothringischen Lehen« stößt er ihn hinein wie einen Untergebenen, nicht wie einen Günstling. Diese alte Geschichte flammt wieder auf, als Herzog Karl IV., von den französischen Truppen in die Enge getrieben, verschwindet. Sein Bruder, Kardinal Nikolaus-Franz, tritt im Januar 1634 die Nachfolge an. Er verzichtet auf seinen Kardinalshut und heiratet schnell entschlossen seine Kusine, die Prinzessin Claude, um die Fortdauer der Dynastie zu gewährleisten. Seine Lehen werden vakant. Darunter die Abtei von Saint-Avold, in der Nähe des heutigen Sarreguemines gelegen, die fünfhundert Goldgulden einbringt. Durch ein

Breve vom 3. März 1634, das den Charakter einer Bulle hat, überträgt er Mazarini die Verwaltung. Zwei Tage später läßt er ihm »motu proprio« ein Breve »stricto sensu« zustellen, das die Bezeichnung »capienda possessione« führt.

Diese Ernennung bringt nicht nur Vorteile mit sich, im Gegenteil: er kommt in ein Wespennest. Die Mönche der Abtei von Saint-Avold haben, wie es bisher ihr Recht war, Dom Lavignon zum Abt gewählt. Urban VIII. hat die Wahl abgeschafft und sich die Ernennung vorbehalten. Er ist gegen Dom Lavignon und überträgt deshalb Mazarini die Verwaltung. Auch Ludwig XIII. will ein Wort in dieser Affäre mitsprechen, denn aufgrund des Konkordats von Bologna hat er das Recht, in kirchliche Angelegenheiten einzugreifen, sofern sie in seinem Herrschaftsbereich liegen, vor allem in Lothringen und den drei Bistümern. Er ernennt zum Abt von Saint-Avold den sechsjährigen Prinzen Conti. Drei Kandidaten also für denselben Posten, darunter ein unmündiges Kind. Diese Harlekinade zieht sich bis 1660 hin. Mit einem Lichtblick allerdings. Ludwig XIII. schätzt Mazarini so sehr, daß er ihn schließlich für Saint-Avold bestimmt.

Im Februar 1633 nehmen die Brüder Barberini einen Tausch vor. Kardinal Francesco tauscht mit Antonio die Legation von Avignon gegen das Apostolische Brevenarchiv, das er mit der Vizekanzlei verbindet. Kardinal Antonio hält sich, seiner Vergnügungen wegen, meistens in Rom auf. Auch der Papst hält ihn in der Ewigen Stadt fest, als hinge von seiner Gegenwart das Schicksal der Christenheit ab. In Avignon ist Antonio durch den Vizelegaten Monsignor Filonardi vertreten. Im Mai 1634 ernennt der Papst diesen Prälaten zum Nuntius in Polen.

Mehr als ein Jahr lang hat Mazarini sich als Auditor von Kardinal Antonio in die Avignon betreffenden Angelegenheiten eingearbeitet. Als Nachfolger von Filonardi ernennt Antonio ihn für drei Jahre, mit dem Vorbehalt, ihn jederzeit abberufen zu können, zum Generalvikar und Prolegaten in der Stadt Avignon und im Comtat Venaissin, sowohl für den geistlichen wie für den weltlichen Bereich, auch für die Provinzen Embrun, Arles, Aix, Vienne und Narbonne.

Durch ein Breve vom 24. Juli 1634 bestätigt der Papst die von Kardinal Antonio vorgenommene »Deputation« und gewährt Mazarini den kanonischen Dispens, den seine Ämter erfordern. Die Mischung von Weltlichem und Geistlichem, als welche die Legationen gelten können, bezeichnet de Luca in seiner »Relatio romanae curiae« als »Mixtur von königlicher und päpstlicher Gewalt«.

Vor dem Blut verhüllt die Kirche ihr Gesicht. Sie lehnt es ab, die Todesstrafe in ihr Strafrecht aufzunehmen. Aus Achtung vor dem Leben, über das Gott allein der Herr ist, und weil sie stets daran denkt, den Sünder zu bekehren. Die Todesstrafe bessert den Schuldigen nicht, sondern löscht ihn aus.

Aufgrund eines päpstlichen Breves, einer frommen Spitzfindigkeit, kann

Mazarini, wie alle anderen Vizelegaten, in Kriminalfälle eingreifen, »ohne sich einer kirchlichen Regelwidrigkeit schuldig zu machen, selbst wenn Blutvergießen, Verstümmelung von Gliedern oder gar der Tod die Folge sein sollte«. Weiß wie Schnee geht der humane Mazarini aus Prozessen hervor, wo er bei der Festsetzung der Strafe mitbestimmen, aber nicht selbst den Urteilsspruch fällen darf. Die Kirche überläßt es den Laien, sich mit Blut zu beflecken.

In der Hierarchie kommt Mazarini voran. Zum erstenmal ernennt der Papst zum Vizelegaten nicht einen richtigen Bischof, sondern einen einfachen Prälaten. Und Kardinal Antonio begleitet die Ernennung im amtlichen Text mit einer Beweihräucherung, die den Betreffenden hätte trunken machen können. Aber die Kurienschreiber fragen sich scharfsinnig, ob der wendige Mazarini wohl glücklich ist, der Sonne Roms, in der die Gunst reift, so weit entrückt zu sein. In einem Brief vom 8. November 1635 an Antonio Feragallo zitiert Mazarini ein nicht zu übersetzendes Wortspiel, das die Schreiber hinter ihren Aktenstößen aufgebracht haben: »Euer Gnaden weiß, daß in Rom das völlig falsche Gerücht umgeht, ich sei »andavo relegato e non vice-legato«. Relegation und nicht Vizelegation.

Lange wägt Mazarini das Für und Wider ab, ehe er den Gang ins Exil antritt. Ausschlaggebend für ihn ist, daß am Ende dieser bitteren die außerordentliche Nuntiatur in Frankreich leuchtet, denn sie zieht den Kardinalspurpur nach sich.

Doch durch die »Relegation« nach Avignon kann er Gefahr laufen, die Vorzugsrechte zu verlieren, die den Kurienmitgliedern vorbehalten sind. Ein von Paul V. erlassenes Breve hatte verfügt, daß Kurialen ihre Erben frei bestimmen und ihnen ihr Hab und Gut in Rom oder Umgebung vermachen könnten. Unter der Bedingung, daß der Tod in Rom oder in der Nähe von Rom erfolgte. Nun aber schickt Urban VIII. Mazarini nach Avignon, und er riskiert, seine Vorrechte als Mitglied der »päpstlichen Familie« zu verlieren. Um diese berechtigte Furcht zu beschwichtigen, gewährt der Papst durch sein Breve vom 12. Juli 1634 Mazarini die »facultas testandi« (Befugnis, ein Testament zu erlassen), um die er nachgesucht hatte. Das päpstliche Breve betet die unendlich lange Litanei der gegenwärtigen und künftigen Besitztümer herunter, die Mazarini vererben kann. Sie werden dereinst gewaltigen Umfang haben. Kardinal Mazarini wird der Besitzer umfangreicher weltlicher Güter sein. Die Liste des Inventars ist lang und prächtig:

»Kultgegenstände: Kreuze, Kandelaber, Bilder, Kelche, Hostienteller ... Schmuckstücke und Edelsteine. Möbel. Grundbesitz: Schlösser, Ländereien, Villen, Häuser, Palais, Domänen ... Domänenrechte weltlicher und rechtlicher Art, übertragbare und nichtübertragbare Anteile an Leihämtern ... Pensionen, Einkünfte, erzbischöfliche, bischöfliche und äbtliche Proviant- und Tafelgelder ... Gebühren und Zuwendungen für die Abhaltung von

Gottesdiensten am Tage und in der Nacht.« (Damals ist Mazarini noch Kanonikus.)

Ebenso großzügig zeigt sich der Papst hinsichtlich der Wahl der Erben. »Anerkannt als unumschränkter Herr über sein persönliches Vermögen und das, was er dank der Kirche erworben hat, kann Mazarini sie, ohne jeglichen Einspruch seitens der Apostolischen Kammer, den Personen seiner Wahl hinterlassen. Leibliche Personen: Blutsverwandte, angeheiratete Verwandte, Verwandte jeglichen Grades, Diener, Freunde, natürliche Kinder oder Mitglieder ihrer Familie. Juristische Personen: Kollegien, Universitäten, Kirchen, fromme oder weltliche Einrichtungen.«

Der Papst bevorzugt vor allem Mazarinis Erben. Doch durch drei Bullen vom 19., 21. August und 25. September 1634 will er ihn ganz persönlich belohnen. Jedesmal, wenn Urban VIII. ihn mit der einen Hand zu benachteiligen scheint, entschädigt er ihn mit der anderen. Und umgekehrt.

Bulle vom 19. August. Da Mazarini Rom verläßt, kann er der Liturgie in San Giovanni in Laterano nicht mehr beiwohnen. Der Papst dispensiert ihn von dieser Fron und erlaubt ihm, sein Kanonikat niederzulegen. Sein Vertreter Paolo Boccardini entschädigt ihn reichlich: eine jährliche Pension in Höhe von vierhundert römischen Talern, zahlbar in zwei Raten. Diese gewichtigen Taler sind für einen Teil der Aussteuer der beiden Schwestern Mazarinis bestimmt.

Um den Verlust aus den Einkünften seines Kanonikats (fünfhundert Taler) auszugleichen, gewährt ihm der Papst durch die Bullen vom 21. August und 25. September »zwei Renten von jeweils zweihundert römischen Talern, die von den bischöflichen Tischgeldern von Isola und Volterra stammen«. Diese Zahlungen sind befreit von der Steuerflut, die der päpstliche Fiskus über seine Zahlungspflichtigen ausgießt: für den Kreuzzug, für die Bauhütte von Sankt Peter, für die Feldzüge gegen die Türken oder andre Feinde des katholischen Glaubens, für die Unterstützung der bei den Muselmanen schmachtenden Galeerensträflinge und so weiter.

In seinem väterlichen Wohlwollen verpflichtet der Papst, der an alles denkt, die Bischöfe von Isola und Volterra, die sich natürlich sträuben, Mazarini diese Renten zu zahlen, sie ihm auf Heller und Pfennig auszuliefern, ohne sich auf Fälle von höherer Gewalt oder säumige Schuldner zu berufen: »Krieg, Pest, Brand, Hagel, Trockenheit, Überschwemmung, Überfälle von Soldaten, Entvölkerung, Felderverwüstung, Ernteschaden und so weiter«.

Mit diesen beiden Breven und den drei Bullen ausgestattet, kann Mazarini sich einigermaßen beruhigt auf den Weg nach Avignon machen.

Am 25. August 1634 nimmt er am feierlichen Gottesdienst zu Ehren Ludwigs des Heiligen teil. Dann steigt er in eine mit sechs riesengroßen Maultieren bespannte, prächtige Karosse, ein Geschenk von Kardinal Antonio. Mazarini als unermüdlicher Briefeschreiber berichtet von seiner abenteuerlichen Reise in einem langen Brief, der von seinem Freundeskreis gelesen und vorgelesen und mit Rührung, Bravorufen oder Lachen, wie im Theater, von Hand zu Hand weitergereicht wird. Gerichtet ist der Brief diesmal an einen Reisefachmann, der auch seine Fahrt vorbereitet hat, an Messere, den Stallmeister von Kardinal Antonio.

Das Gespann verläßt Rom bei der Piazza del Popolo und nimmt die Straße nach Viterbo. Doch bevor der Flecken Monterosi erreicht wird, passieren schon tausend kleine Zwischenfälle. Etwas Possenhaftes geschieht stets in Mazarinis Nähe, damit entgeht er der Grube, in die viele große Männer fallen: sich zu ernst zu nehmen. So lief im antiken Rom ein Sklave hinter dem Kampfwagen des Siegers her und hämmerte ihm ein: »Denke daran, daß das Kapitol neben dem Tarpejischen Felsen liegt!«

Messere, im Grunde ein besonnener Mann, hatte das Schicksal des künftigen Herrn über Frankreich »drei jungen unerfahrenen Burschen vom Lande anvertraut, die untereinander entzweit und so leichtfertig waren, daß die Maultiere glaubten, es sei niemand da, sie zu lenken oder zu züchtigen. Der Kutscher war aus der Umgebung von Bologna, der Knappe aus Ferrara und der Diener ein ehrenwerter Junge aus den Marken. Die drei bartlosen Schlingel waren so nachlässig, daß die Maultiere uns eher aus Höflichkeit als aus Schuldigkeit so gut es ging vorwärtsbrachten solange es Tag war. Doch mit der Nacht kamen unendlich viele Mißgeschicke«.

Die Maultiere sind anscheinend versessen auf Alte Geschichte, sie nahmen nicht die neue Straße, sondern ziehen die antike vor. Die Kutsche versinkt im Altertum und im Schmutz. Die nicht enden wollende Nacht verbringt man damit, sie aus dem Schlamm herauszuziehen. Die Flüche der drei jungen Leute gibt Mazarini in ihrem heimatlichen Dialekt wieder. Wie ein Märchenerzähler läßt er sogar die Maulesel sprechen: »Wir Unglücklichen, was haben wir nur Messere angetan, daß er uns nach langer und treuer Dienstzeit der Führung zweier Bengel unterstellt!«

Alle greifen in die Räder, um die zu einem Wrack gewordene Märchenkutsche freizubekommen. Ein ganzer Hofstaat umgibt Mazarini. Der Sekretär Dom Allessandro, der später, bei der Ankunft in Paris, stirbt. Der Violinspieler Michel Angelo, der in Reggio d'Emilia entwischt, weil der Herzog von Modena ihn mit phantastischen Versprechungen angelockt hat. Die Familie ist durch den Vetter Niccolo Bufalini vertreten, und das Geschwätz durch den Grafen Bonarelli.

Unter allen Reisegenossen ist Mazarini der naive Silvio Antonini der liebste, ein Freund von Kardinal Antonio. Ein Staunender, ein »Entzückter«, er sieht aus wie eine Santon-Figur aus der Provence. Antonini bringt alle zum Lachen. Nachdem man riesige Steinblöcke, die der Kutsche den Weg versperrten, von der antiken römischen Straße weggeräumt hat, errichtet er ein Denkmal: einen zwischen zwei Steine gesteckten Stock mit einem alte lateinische Inschriften imitierenden Text: »Viam Flaminiam temporum injurias diratam Silvius Antoninus Pius manibus propriis restauravit.« Silvio Antonino der Fromme hat mit eigenen Händen die von den Unbilden des Wetters unbefahrbar gemachte Via Flaminia wiederhergestellt. (Mazarini ist ein kleiner Irrtum unterlaufen, er ist ein weniger guter Latinist als Diplomat. Es handelt sich nicht um die antike Via Flaminia, sondern um die Via Cassia.)

Während der ganzen langen, drei Monate dauernden Reise von Florenz nach Modena, Bologna, Ferrara, Parma, Mailand, Turin, Avignon und Lyon hat der reizende Silvio Mazarini unterhalten und erfreut: »Was sich ähnelt, tut sich zusammen.« In dieser Zuneigung zu Silvio wird eine Seite von Mazarinis Gemüt sichtbar, er braucht Frische und Natürlichkeit neben den Listen und Spitzfindigkeiten der Diplomatie. »Silvio liebt mich. Frankreich ist schön, die hier herrschende Freiheit gefällt ihm, er kleidet sich nach der hiesigen Mode, und die Rückreise von Paris nach Rom ist lang und voller Unbequemlichkeiten. Und doch will er sie bald unternehmen, woraus die Politiker schließen, daß der Dienst bei Eurer Eminenz angenehm ist . . . Er wird Eurer Eminenz viel zu erzählen haben. Bereiten Sie sich darauf vor, wochenlang lachen zu müssen . . . In der Kutsche, im Boot, zu Pferde und abends in den Gasthäusern, immer fand er einen Grund, fröhlich zu sein. Französisch spricht er auf seltsame Art und Weise: er redet jedermann mit ›Monsu‹ an, selbst die Damen, zu denen er ›Monsu Madama‹ sagt . . . Er ist wirklich ein netter Junge, und er liebt Eure Eminenz, was eine notwendige Eigenschaft ist, um gute Dienste zu leisten.«

In Florenz erhält Mazarini eine gute Nachricht, die ihn hinwegtröstet über die dauernden Befragungen, denen die Spanier ihn aussetzen. Diese Nachricht ist übrigens der Grund für die Ausfragerei: Der Papst ernennt Mazarini zum außerordentlichen Nuntius in Frankreich. Die Spanier sind wütend auf ihn, sie sehen in ihm ihren Todfeind und betrachten die Ernennung als Schmähung.

In Avignon, »diesem Grab«, wie er sagt, hält er sich nicht lange auf. Als sollten die Spuren dieses meteorhaften Durchzugs verwischt werden, sind in den Wirren der Revolution die Archive der Vizelegation verbrannt.

Mazarini zieht es nach Paris. Théophraste Renaudot berichtet in seiner »Gazette« vom Einzug des »Seigneur Mazarin« in die Hauptstadt am 26. November 1634, wo er »zwei Wochen zuvor inkognito angekommen war«. (Da sein Name französiert worden ist, soll er von nun an auch in diesem Buch Mazarin heißen.) Diesmal ist es nicht die Ankunft eines flüchtigen Wanderers, sondern der feierliche Einzug des Vertreters des Papstes, der in außerordentlicher Mission auftritt, um den ständigen Nuntius, Monsignore Bolognetti, einen alten mürrischen Mann, zu unterstützen. Jedesmal wenn dieser Griesgram um eine Audienz bei Ludwig XIII. ersucht, tut er es, um ihm vorzuwerfen, der König verrate die Kirche, seine Mutter, weil er den deutschen Protestanten hilft. Wenn er zu Richelieu geht, behandelt er ihn als Brandstifter Europas. Dieser sogenannte Diplomat, der die damalige Pariser Gesellschaft in den Räumen der Nuntiatur empfangen sollte, verkriecht sich »in ein Zimmer und in so erbärmlicher Weise, daß man Mitleid mit ihm hat; er empfängt niemand zu Tisch«.

Am 26. November 1634 hält Mazarin Einzug in die Geschichte Frankreichs. Er verliert ein i aus seinem Namen, gewinnt aber großes Selbstvertrauen. Graf von Alais und Herr von Bautru, in ihrer Eigenschaft als »Introducteurs« der Gesandten, fahren ihm bis Picpus entgegen, um ihn im Namen des Königs willkommen zu heißen. Mazarins prächtige Kutsche erregt Aufsehen und Bewunderung. Er wird von Reitern eskortiert, und in seinem Gefolge sind mehr als hundert Kutschen, die meisten mit sechs Pferden bespannt. Dieser eindrucksvolle Geleitzug fährt durch die Porte Saint-Antoine nach Paris hinein und begibt sich zur Nuntiatur, wo die Vertreter des Königs und der Königin versammelt sind, um den Prälaten zu begrüßen. Dann wird Mazarin zum Schloß Saint-Germain geleitet, und von Ihren Majestäten empfangen. Wohnung nimmt er im Palais der Nuntien, dem heutigen Palais Cluny.

In Italien wird Mazarins Ernennung günstig aufgenommen. Niccolini, der toskanische Resident in Rom, lobt ihn in einem Brief über die Maßen: »Mazarin ist ein Ehrenmann, er hat eine edle und großherzige Gesinnung, er hat den Ehrgeiz, sich bei Verhandlungen durchzusetzen, er ist voller bewundernswerter und rascher Angriffe und Verteidigungen und läßt sich nie durch Erwiderungen aus der Fassung bringen. Er kennt die Launen des Kardinals sehr gut, er wird ihn richtig zu nehmen wissen, und wenn es ihm nicht gelingt, einen Vorteil zu erlangen, wird es keinem anderen gelingen.«

Wie nach Casale, so schickt Urban VIII. Mazarin nach Paris, damit er ein Wunder vollbringt. Wie alle Mittelmäßigen in hoher Stellung ist er anmaßend: Wenn er befiehlt, hat das Genie etwas Wunderbares zu schaffen. Zieht der Zauberer es nicht augenblicklich aus der Tasche, gilt er als Verräter.

Eine weitere sonderbare Einfalt des Heiligen Vaters tritt etwa zur gleichen Zeit in einer Unterhaltung zwischen ihm und Marcheville, dem französischen Gesandten in der Türkei, zutage. Er will alle Häfen der türkischen Levante mit Hilfe der christlichen Flotten im Mittelmeer, die seinen Weisungen folgen, besetzen. »Die gesamten Silberlinge, die sich in der Engelsburg angesammelt hatten, waren für eine solche Unternehmung bestimmt.« So sagt Georges Dethan. Der Papst war bereit, für dieses Ziel alles, was ihm gehörte, zu opfern, sogar sein Scheitelkäppchen.

Hinsichtlich des »Zwists in den Angelegenheiten der Christenheit« meint er ein unfehlbares Mittel gefunden zu haben, ihn beizulegen. Es sei daran erinnert, daß er Ludwig XIII. »in ein Zimmer zur rechten Hand und den König von Spanien in eines zur linken« setzen wollte. In wenigen Stunden wollte er sie, durch die Einwirkung des Heiligen Geists »zu sehr guten

Freunden machen und ihre Streitigkeiten, die überall von ehrgeizigen Ministern geschaffen werden, beilegen«.

Nach dem Wunder von Casale, dem einzigartigen Feuerwerk, dessen Funken, wie er meint, überall niedergegangen sind, ist es nicht erstaunlich, daß der einfältige Mann in eine Sackgasse gerät. Richelieu bereitet den Krieg gegen Spanien vor. Er möchte in Italien mit allen unabhängigen Staaten eine spanienfeindliche Liga der Neutralen schaffen. Er bietet dem Papst an, diese Liga anzuführen: es ist eine riskante Ehre. Venedig gibt seine Zustimmung. Zwar liebt die sinnenfreudige Republik die Priester nicht, aber sie befindet sich zwischen dem spanischen Mailand und dem Habsburger Reich wie in einem aufgesperrten Wolfsrachen. Nur die Faust Frankreichs kann verhindern, daß sich die Kiefer schließen.

Der pfiffige venezianische Gesandte Contarini hielt den Papst für zu weich, um die Neutralen anzufeuern. Oft braucht man mehr Kraft, neutral zu bleiben, als zu kämpfen. Am 27. November 1632 schrieb Contarini bereits aus Rom: »Ich persönlich glaube, daß alles in Diskussionen enden wird, denn ich halte hier niemanden zu einem solchen Entschluß für fähig.« In Rom arbeitet die spanische Clique gegen den Papst. Angeführt wird sie von dem hochmütigen Kardinal Borgia, dem Gesandten Philipps IV. Ihr gehören Eminenzen an, die von Spanien Zuwendungen erhalten.

In der Zeit vor Urban VIII. war Spanien daran gewöhnt, die Päpste auf seiner Seite zu haben. Die Interessen der Kirche und die Interessen Spaniens sollten bis ans Ende der Zeiten die gleichen sein. Seit Casale schien sich Urban VIII. etwas von dieser Linie entfernt zu haben. Spanien hat ihn im Verdacht, unter dem Scheitelkäppchen Unabhängigkeitsträume zu nähren. Unerbittlich läßt Spanien ihn bespitzeln. Überall in Rom hat es Augen und Ohren, sogar unter dem Papstthron. Giftige Pamphlete überschwemmen Rom und Madrid. Frankreich wird beschuldigt, sich mit den Ketzern einzulassen.

Spanien wirft Urban VIII. vor, in petto spende er dem Siegeszug des Schwedenkönigs Gustav Adolf in Deutschland Beifall. Als der Kriegsheld im November 1632 in Lützen fällt, läßt Urban VIII. nur eine stille Messe lesen. Spanien schäumt. Eine stille Messe, als bete er für das Seelenheil der dahingeschiedenen Geißel! Er hätte besser die Mauern der Basilika von Sankt Peter mit einem strafenden und rächenden Tedeum sprengen sollen! »Von Natur aus ist der Papst französischer als irgendein Bürger von Paris«, grollt Fluvio Testi, der diplomatische Vertreter Modenas in Rom.

Urban VIII. ist zwischen Frankreich und Spanien hin und her gerissen, er will weder die eine noch die andere Seite verärgern; er weiß nicht, wie er sich verhalten soll.

Richelieu unternimmt mit der Liga der Neutralen einen neuen Vorstoß. 1633 hält sein Gesandter Créqui dem Papst von neuem diesen dornenreichen Köder vor. Der Papst weist ihn zurück. Richelieu gerät in Zorn. Als

Urban VIII. den Kapuziner von Alès nach Paris schickt, um die Möglichkeiten eines Friedens zwischen Frankreich und Spanien zu erkunden, steckt ihm Richelieu ein trockenes Nein in die Kapuze.

Auch die »Lothringer Hochzeit« bringt die Dinge zwischen Rom und Paris nicht ins reine.

Nach dem »Tag der Geprellten« sind viele Franzosen, die Richelieu feindlich gesinnt waren, ins Ausland gegangen. Ihr Oberhaupt ist Gaston d'Orléans, der jüngere Bruder Ludwigs XIII., der präsumtive Erbe der Krone. Dieser Tollkopf flieht nach Nancy. Karl IV., der Herzog von Lothringen, nimmt ihn mit offenen Armen auf. In einem Anfall von Irresein – diese Anfälle treten periodisch bei ihm auf wie die Drehkrankheit der Schafe – heiratet Gaston im Januar 1632 die Schwester seines Gastgebers. Eine verrückte Eheschließung, die der schrullige Gatte Ludwig XIII. so lange wie möglich zu verheimlichen sucht. Als Ablenkungsmanöver sckickt er dem König einen Brief, in dem er gegen die Hinrichtung eines seiner Komplizen, des rebellischen Herzogs von Montmorency, protestiert.

Ludwig XIII. betrachtet diese Heirat als Majestätsbeleidigung. Besser konnte Gaston sein Einverständnis mit dem Feind nicht offenbaren. Diese kindliche Heimlichtuerei mit der Hochzeit ist ein Dolchstoß ins Herz des Königs, des älteren Bruders, des Hauptes des Hauses Frankreich.

Richelieu, durch mütterliche Herkunft ein geborener Jurist, schießt einen juristischen Pfeil ab. Heimliche Eheschließung: ein Grund zur Annullierung. Im Januar 1634 wird Karl IV., Herzog von Lothringen, vor dem Parlament von Paris wegen Entführung des präsumtiven Erben angeklagt. Phantastisch, was man sich da ausgedacht hat!

Auf diese Weise gelingt es Richelieu, Lothringen Stück für Stück zu schlucken. Einnahme von Bitsch, von La Mothe. Diese Geschichte wird zur Posse und zum Versteckspiel. Ehe die Franzosen eintreffen, flieht die Schwester Karls IV. aus Nancy zu ihrem Gatten Gaston d'Orléans nach Brüssel. Der »Entführer« Karl IV. ist von dem Prozeß, den ihm das Parlament gemacht hat, dermaßen in Angst versetzt, daß er ebenfalls flieht. Er dankt zugunsten seines Bruders Nicolaus-Franz ab; dieser flieht seinerseits.

Europa geißelt Richelieus Gier. Ebenso der Papst. Natürlich billigt er Gastons heimliche Eheschließung nicht, die ohne die Genehmigung des Königs erfolgte: das ist Hochverrat. Aber das Oberhaupt der Kirche kann nicht anders, als die Annullierung der vor Gott geschlossenen Ehe durch die Gerichtsbarkeit der Menschen zu verurteilen. Zudem ertönt von Deutschland und den Niederlanden her das Klagelied der beiden heimatlosen Fürsten. Weinend wenden sie sich an den Papst. Sie flehen ihn an, sich für sie zu verwenden.

Jahrelang hat Richelieu mit aller Kraft alles gefördert, was dem Hause Österreich abträglich sein konnte. Jetzt hält er es für an der Zeit, Spanien selbst mit offenem Visier entgegenzutreten. Die eisernen Würfel werden rollen. Nur ein Mann ist imstande, sagt sich der Heilige Vater, ihnen Einhalt zu gebieten: Mazarin, von dem man Wunder erwartet.

Kurz nachdem Urban VIII. Mazarin mit seiner Mission nach Paris geschickt hat, spricht das Parlament sein Urteil (5. September 1634). »Alles wohlerwogen, wird folgendes festgestellt: Der Gerichtshof erklärt die vorgebliche Heirat von Monsieur, dem Herzog von Orléans, Sohn Frankreichs und einzigem Bruder des Königs, mit der Prinzessin Margarethe von Lothringen für nicht gültig geschlossen. Und wegen Frevel und Entführung, begangen durch die Angeklagten: Herzog Karl, Nicolaus-Franz und Henriette von Lothringen, Prinzessin von Phalzburg, wird Herzog Karl, Lehnsvasall der Krone, für schuldig befunden, Majestätsbeleidigung, Verrat und Rebellion begangen zu haben.« Der Gerichtshof des Parlaments verbannt Karl, Nicolaus-Franz und Henriette von Lothringen für Lebenszeit aus dem Königreich Frankreich. Ihre Güter in Frankreich »verfallen dem König«.

Gaston langweilt sich in Belgien. Diese Wetterfahne fühlt sich nur in Frankreich wohl, dem Paradies der Wetterfahnen. Dieser kindische Schwachkopf, der stets den Eingebungen des Augenblicks folgt, freut sich schon über den Streich, den er den Belgiern spielen wird. Am 8. Oktober 1634 macht er sich die Gelegenheit einer Fuchsjagd in einem Wald zwei Meilen vor Brüssel zunutze und entflieht. Mit verhängtem Zügel galoppiert er nach La Capelle, einem fündundzwanzig Meilen entfernten französischen Ort, dem ersten hinter der Grenze. Nach siebzehn Meilen bricht sein Pferd vor Erschöpfung zusammen. Sechs weitere Pferde sind in seinem Gefolge. Das bevorzugte Spiel der Nichtstuer jener Zeit bestand darin, Pferde zwischen ihren Schenkeln zuschanden zu reiten.

Am 21. Oktober wird Gaston in Saint-Germain vom König empfangen. Er sagt zu ihm: »Monsieur, ich weiß nicht, ob es Furcht oder Freude ist, was mir die Worte raubt. Im Augenblick bleibt mir nichts anderes, als Sie um alles Vergangene um Verzeihung zu bitten.«

Der König umarmt ihn und antwortet: »Mein Bruder, ich habe Ihnen verziehen. Sprechen wir nicht mehr von der Vergangenheit, sondern nur noch von der Freude, die ich so stark empfinde, da ich Sie hier wiedersehe.«

Kurz darauf trifft Richelieu ein. Der König sagt zu Gaston: »Mein Bruder, ich bitte Sie, den Herrn Kardinal zu lieben.« Und Gaston erwidert: »Monsieur, ich werde ihn lieben wie mich selbst, ich bin entschlossen, seinen Ratschlägen zu folgen.«

Allgemeiner Honigmond. Sein Höhepunkt ist die Ankunft des honigsüßen Mazarin. Er erscheint in einer Wolke wohlriechender Wässer. Er scheint nicht nur der Vertreter des Papstes zu sein, sondern auch der Vertreter der Parfümerie von jenseits der Alpen. Seit Jahren hat er alle Schritte vorbereitet, alle Wege geebnet. Blumige Briefe hat er voraufgeschickt, die begleitet waren von »Aufmerksamkeiten«. Er hat sie durch Servien verteilen lassen und damit hohe Beamte und die Damen erfreut: Toilettenwasser, nach Jasmin duftende Handschuhe und »Crème für die Hände«. Mazarins Diplomatie riecht nach Frisiersalon.

Für Richelieu sind nicht solche »Bagatellen« bestimmt, sondern wertvollere Dinge: antike Statuen, Gemälde von Tizian, Giulio Romano und Pietro di Cortona, dazu kostbare Kunstgegenstände wie etwa eine »vergoldete, ganz mit Korallen eingelegte Vase«. Auch vergaß er nicht, Madame de Combalet zu beschenken, die geliebte Nichte Seiner Eminenz, und dessen Mitarbeiter Chavigny, Bullion und Servien.

Doch Mazarin schickte nicht nur Pomaden und erging sich nicht nur in übertriebenen Höflichkeiten. Sein Briefpartner Abel Servien teilt ihm eines Tages mit, daß Richelieu dem ehrenwerten Marschall Toiras, dem Verteidiger von Casale, seine Gunst entzogen hat. Mazarin bleibt dem unglücklichen Soldaten treu. Er handelt der unbeugsamen Eminenz einen freundlichen Brief für Toiras ab und die Genehmigung, daß er in den Dienst des Herzogs von Savoyen treten darf. Als Mazarin von seinem Tod erfährt, schreibt er an Francesco Barberini: »Ich habe einen Freund verloren, wie ich ihn nie wieder finden werde. Aber wer hat mit seinem Tod nichts verloren? Er liebte Italien, und in der Achtung, die er gutgesinnten Leuten entgegenbrachte, machte er keinen Unterschied, welcher Nationalität sie waren.« Solche Worte sagt ein Mann, von dem die Uneinsichtigen behaupten, er krieche. Er ist geschmeidig wie eine Schlange, hat aber das Rückgrat, das ihn, wenn es sein muß, wie eine Sprungfeder aufrichtet.

Eine dreifache Aufgabe hat Mazarin in Paris zu erfüllen: Er soll versuchen, Frankreich zu bewegen, das geschluckte Lothringen wieder auszuspucken; er soll versuchen, Ludwig XIII. zu bewegen, Gastons heimliche Eheschließung zu schlucken; er soll versuchen, Richelieu zu bewegen, die Idee des Friedens und den Verzicht auf einen »offenen Krieg« gegen die Habsburger zu schlucken.

Keiner dieser drei Versuche des Hinunterschluckens und der Wiedergutmachung hat die geringste Aussicht auf Erfolg. Noch in Rom war Mazarin sich bewußt, daß er sich keinen Illusionen hingeben durfte: »Sie können mir glauben«, schrieb er an Servien, »daß ich mich nicht darum gerissen habe, mich mit Verhandlungen zu befassen, die nicht gelingen können ... und daß ich mein möglichstes getan habe, die verschiedensten Vorwände zu finden, um mich dem Auftrag zu entziehen.« (8. Juli 1634) Sich entziehen? Er wäre sogar ins Feuer gesprungen, um abreisen zu können. Aber der Anfang des Satzes ist wahr. Diplomatie: ein Gewebe aus Wahrem und Falschem.

Mazarins Mission in Paris: eine Lektion für diplomatische Lehrlinge. Wie man ein fröhliches Gesicht zeigt, wenn man einen Mißerfolg erlitten hat. Wie man sich von unnachgiebigen Partnern mehr feiern läßt, als wenn man einen Erfolg errungen hat. Mazarin scheint in Paris von Erfolg zu

Erfolg zu schreiten. Der König, die Königin und Richelieu schwärmen für ihn. Alle reißen sich um ihn. Vorsehung, Messias, Manna, Heilmittel gegen die Langeweile. Alle fordern von Mazarin ihre Dosis, wie die Depressiven unserer Tage ihre Pillen. Parfüm, Musik, Droge aus Italien.

Gleich nach seiner Ankunft empfängt Richelieu ihn »mit großer Höflichkeit«. Doch Mazarin merkt, daß er gegen eine Mauer stößt. »Ich glaube mehr an einen allgemeinen Krieg als an einen Frieden«, schreibt er an Kardinal Antonio. Er prophezeit »Berge von Schwierigkeiten und großen Verwicklungen wegen der verdammten Heirat von Monsieur«.

Mehr als ein Jahr lang spinnt er an seinem Gewebe, das man ihm immer wieder zerreißt und das er immer wieder neu beginnt. Unermüdliche Spinne, gekreuzt mit einer Nachtigall. Er singt das Lied des Friedens. Er versucht, Richelieu einzulullen, doch dieser läßt sich nicht ganz betäuben und bringt Gegenargumente: Es liegt im Interesse Frankreichs, Spanien anzugreifen, um einem Angriff zuvorzukommen. Mit seiner sanften Stimme gibt Mazarin zu bedenken: Ruhe in der Christenheit, allgemeine Harmonie, die Gefahr für Richelieu, im Krieg den Generalen den Vortritt lassen zu müssen. Und was würde im Fall einer Niederlage der empfindsame König sagen?

Von Dezember 1634 an hat Mazarin die Ehre, zwischen den Höfen, den beiden Sonnen Frankreichs hin und her zu pendeln, zwischen Saint-Germain (König und Königin) und Rueil (Richelieu). Den Landsitz von Rueil hat Richelieu ein Jahr zuvor gekauft. Er steckt ein Vermögen in Bauten, Wasserspiele, Tulpenbeete und Kastaniengehölze. Dort lebt er wie ein König, umgeben von seinem Kammerherrn, seinem Haushofmeister, seinem Finanzverwalter, seinen Stallmeistern, seinen dreiunddreißig Pagen, seinen Dienern, seinen Pferden und Gardisten und einem Schwarm von Ärzten, Wundärzten und Apothekern, die seinem Hof den Anstrich des Hauses eines »Eingebildeten Kranken« geben. Allerdings ist Richelieu, »der verfaulte Hintern«, wie ihn Anna von Österreich und die Herzogin von Chevreuse galanterweise nennen, wirklich eine Grube von Hämorrhoiden, Geschwüren und Fisteln.

Wenn die Nächte zu Ende sind und die Watteträger, Spritzenträger und Salbenträger die Instrumente ihres Berufs aus der Hand legen, um dafür die Feder des Sekretärs in die Hand zu nehmen, gönnt sich Richelieu im Schatten hoher Bäume eine Ruhepause mit der Aufführung einer Komödie oder eines Konzerts. Unter allen Schauspielern ist ihm Mazarin der liebste. In seiner Nähe empfindet er mehr als Freude, eine wahre Leidenschaft. Eine Bezauberung, eine Trunkenheit, einen Hunger. Dieser heftige Mann mit seinen zerrütteten Nerven braucht Mazarin physisch. Mazarin ist sein Beruhigungs-, sein Linderungsmittel. Besser als alles Abführen und Aderlassen erfrischt er sein Blut, mildert er seine schlechten Stimmungen. Er unterhält ihn, ermuntert ihn, lockert das schreckliche Halseisen, das der

König, das Königreich und seine Leiden ihm aufzwingen. Alle Welt ist verwundert über diese außerordentliche Gunstbezeigung. Vor allem die ausländischen Diplomaten, die ihn mit den Wolken am Himmel von Paris und Rom konfrontieren.

»Er empfängt tausend Annehmlichkeiten von seiten Seiner Eminenz, und man kann sagen, er verbringt ganze Tage bei ihm, nimmt teil an Banketten und Theateraufführungen.« (Brief des venezianischen Gesandten an seine Regierung vom 26. Dezember 1634.)

Daraus spricht die Eifersucht des Diplomaten, aber auch des Italieners, der in langen Abständen eine kärglich bemessene Audienz erbettelt und der sieht, wie ein Kollege hoch in Gunst steht.

Mazarin selbst ist es fast peinlich. Er fürchtet, sein Padrone, der rauhe Kardinal Francesco, der nur die schwere Arbeit des Ochsen vor dem Pflug kennt, könne ihm vorwerfen, er versinke in leichtfertigen Vergnügungen. Mit dem unschuldigen Ausdruck eines Schülers, der beim Schuleschwänzen ertappt wird, rechtfertigt er sich: »Vor drei Tagen kam Kardinal Richelieu nach Paris und lud mich abends zu einer Komödie ein, zu der ich auch ging. Zuvor bat er mich zu einem Diner mit Madame de Combalet. Wäre es Eurer Eminenz nicht bekannt, daß man im gesellschaftlichen Gespräch mehr erreicht und dabei vermeidet, den Herrn Kardinal und die anderen Minister zu nötigen, müßte ich befürchten, in Ihren Augen als ein Mann zu gelten, der sich Zerstreuungen hingibt. Aber ich kann versichern, daß ich kein anderes Ziel verfolge, als möglichst dienlich und nützlich zu sein.« (Brief vom 18. Januar 1635)

Die gleiche Melodie im Februar: »Kardinal Richelieu behandelt mich mit großer Zuvorkommenheit. Von drei Abenden behält er mich zweimal zum Essen bei sich, er gibt kein Fest, ohne mich einzuladen, und wenn er selbst zu einem Fest des Königs geht, möchte er, daß ich auch hingehe . . . Privat geht er sehr vertraulich mit mir um, und in der Öffentlichkeit bezeigt er mir besonderen Respekt. Wenn er sich vergnügen und die Zeit vertreiben will, bittet er mich stets, ihm Gesellschaft zu leisten.«

Mazarin, der Mann, der alles kann. Der brillante Plauderer in einer Epoche, da die Konversation ein Miniaturtheater ist und eine der wichtigsten Sprungfedern für jemand, der vorankommen will. Als Zauberkünstler im Kartenspiel, als Spieler von der Wiege an, hat er die Stirn zu behaupten, er spiele »eher der Politik als des lasterhaften Vergnügens wegen, da ein guter Diplomat sich der Mittel bedienen müsse, die ihm den Zugang zu denen erleichtern, von denen der günstige Ausgang seiner Verhandlungen abhängt«. Hatte er wohl an seine Pflichten als »guter Diplomat« gedacht, als er am Ende seiner Studienzeit in Rom wie ein Verrückter gespielt hat, dann in Spanien, wohin sein Vater ihn geschickt hatte, um ihn von den Spielsälen fernzuhalten, und schließlich in den italienischen Garnisonstädten? Dennoch ist in diesen Lügen ein Korn Wahrheit enthalten.

Mazarin ist ein Diplomat auf allen Ebenen, er spielt in allen Tonlagen, Tugend und Laster, wie auf einem hervorragenden Instrument. Ein Schauspieler schafft sich, durch Lispeln oder Schlucken, seinen eigenen Typ. Mazarin stellt seine Spielerleidenschaft in den Dienst der Diplomatie. Und dazu seine Liebe zur Musik und zum Theater. Er ist Fachmann darin, wie Richelieu, der sich im Stückeschreiben versucht. Selbst in Avignon balgt sich Mazarin mit der Technik des Librettisten von musikalischen Komödien herum: »Aber wenn ich an den ›Blinden‹ und an die ›Pastourelle‹ denke (zwei Stücke, die damals mit Erfolg gespielt wurden), erlahmt mein Arm und sinkt mein Mut.«

Weder in Paris noch in Rueil findet eine Vorstellung statt, ohne daß dazu sein Rat eingeholt wird. Er ist Theatermaschinist, Souffleur, Kerzenputzer, das unentbehrliche Requisit in den Kulissen. Er kümmert sich um die Dekorationen, um die Kostüme, um die Schminktöpfe. Seine Nuntiusschleppe vermengt sich mit der Vorhangschleppe. Der warme Geruch von Schminke, von Frauen und Beifall berauscht ihn; an den Kopf eines Briefes schreibt er Angaben wie Seeleute »auf hohem Meer«: »aus dem Schlafzimmer Seiner Eminenz, vor Beginn des Balletts.«

In diesem engen Zusammenleben mit Richelieu entstehen allerlei Beinamen, die damals in den oberen Gesellschaftsschichten, bei den »Preziösen« beiderlei Geschlechts, im Schwange waren, wie übrigens in allen Kreisen, wo man sich immer wieder trifft und wo man, um die Eintönigkeit zu vertreiben, seinen Partnern eine Identität umhängt, deren Zwanglosigkeit zu ihrem Rang und Stand in Gegensatz steht. Der Aristokrat Richelieu heftet dem außerordentlichen Nuntius außerordentliche Spitznamen an den Schulterkragen: Rinzama (Anagramm von Mazarin), Nunzinicardo (lieber kleiner Nuntius). Colmardo und sein Diminutiv Colmarduccio wirken befremdend. Richelieu erklärt die Namen: Colmardo ist der »Frère Coupechou«, der kleine Mönch, der in den Klöstern die niedrigsten Arbeiten auf sich nimmt: Gemüseputzen, Ausfegen, Geschirrabwaschen.

»Colmardo« ist seiner Natur nach so beschaffen, daß er sich seinem unbeständigen Partner anzupassen vermag. Mit klassischen Methoden erreicht man bei Richelieu gar nichts. Je nach Tag und Stunde trifft man auf einen völlig verschiedenen Richelieu. Es kann geschehen, daß man meint, er lebe auf einem anderen Planeten, er spreche eine andere Sprache. Es müßte eine Karte der verschiedenen Richelieus geben, wie es eine gibt, in der die wechselnden Tiefen und Untiefen des Meeres eingezeichnet sind. Mazarin hat Jahre gebraucht, um eine solche anzufertigen. Er hält sie auf dem neuesten Stand, indem er die Veränderungen der Sandbänke und Strömungen vermerkt. Dank diesem nautischen Handbuch schafft sich Mazarin eine Gebrauchsanweisung für die Eminenz.

»Es gibt Stunden, da der Kardinal von Richelieu alles hinnimmt, und andere, da er an allem Anstoß nimmt. Man muß kurz mit ihm verhandeln, denn er wird schnell müde. Manchmal kann man zwanzig Angelegenheiten in einer Stunde mit ihm besprechen, aber öfter geschieht es, daß man nur eine einzige in zwanzig Tagen erledigen kann. Da es angebracht ist, sich seiner Stimmung anzupassen, ist es von großem Vorteil, ihn häufig aufzusuchen, und es ist sehr wichtig, jede Gelegenheit dazu wahrzunehmen.«

Aber die ständige Anwesenheit genügt nicht. Sowohl Listigkeit wie Anbetung nutzen sich ab. Wo die Geschmeidigkeit nichts mehr ausrichtet, benutzt Mazarin seine Geheimwaffe. Aus dem Diplomaten wird der Spaßmacher. Ein springender, tanzender, sich verrenkender Harlekin. Und wenn Mazarin nach Rom schreiben kann: »Ich habe Seine Eminenz zum Lachen gebracht«, klingt es wie die Meldung über einen großen Sieg. Das ist seine Wunderarznei gegen schwarze Gedanken. Man kann Richelieu nur entspannen, wenn man ihn zum Lachen bringt.

Kommt der Spaßmacher ungelegen, verschwindet er augenblicklich. Als Nuntius kommt er zurück, »und zwar als einer, der in allen Angelegenheiten der Christenheit sehr versiert ist«, sagt Richelieu. Mazarin weiß alles, hört alles, sieht alles. Er steckt seine Nase in militärische Pläne, in die Beratungen der Regierung. Er sagt seine Meinung über alles, was Italien angeht. Er wagt, Stellung zu nehmen gegen Bullion, den Hauptverwalter der Finanzen. Er paßt sich den Gezeiten der Gunst an. Er trennt sich von Servien, der nicht mehr gut gelitten ist, und hängt sein Boot an das des jungen Léon Bouthillier de Chavigny, dessen Stern im Aufstieg begriffen ist. Mit vierundzwanzig Jahren sitzt dieser Jüngling bereits in einem Staatssekretärs-Sessel. »Sohn des Kardinals«, wispern die Nattern am Hof. Doch er ist wirklich nur der Sohn des Hauptverwalters der Finanzen Bouthillier, Richelieus langjährigem Freund.

Léon Bouthillier de Chavigny ist arbeitsam und sinnenfreudig, schroff und auch wieder charmant, er ist der Verbindungsmann zwischen Richelieu und Gaston. Wenn Mazarin, noch in Rom, irgendein neues Gestirn am Hof von Frankreich aufgehen sah, besprengte er es mit Toilettewasser. Das tut er von 1633 an auch mit Chavigny. Als dieser bemerkt, daß Richelieu an Mazarin einen Narren gefressen hat, richtet er sich danach. Mazarin schreibt darüber an Kardinal Barberini: »Aus der Tatsache, daß Seine Majestät mich gern empfängt, entnehme ich, daß Seine Eminenz geruht hat, gut über mich zu sprechen, und was mich in dieser Meinung bestärkt, ist die Art und Weise, in der mich jetzt Bouthillier, sein Lieblingskind, behandelt.«

Auch im Palais Bouthillier geht Mazarin ein und aus. Auch hier gehört er sozusagen zum Mobiliar. »Man nannte ihn Signor Jule, man setzte sich sogar, ohne auf ihn zu warten, zu Tisch, und wenn er kam, und man hatte bereits angefangen, wurde sein Gedeck noch aufgelegt.«

Der Stern von »Bouthillier le Jeune« steigt unaufhaltsam. 1635 kauft er einen Landbesitz in der Touraine und nimmt den pompösen Namen »Comte de Chavigny« an. Richelieu setzt ihn als Kanzler und Spion zugleich in das Haus Orléans ein, zu Gaston. Zwischen dem charmanten Spion und dem spitzbübischen Ausspionierten keimt Freundschaft auf. Ständig wünscht der Ausspionierte den Spion um sich zu haben, sowohl in Paris wie in seinem Schloß Blois. Zusammen mit dem unerläßlichen Mazarin. »Samstag komme ich zum Soupieren und zum Schlafen zu Ihnen. Lassen Sie auch Seigneur Julio kommen, wenn es möglich ist.« Ein anderes Mal: »Bringen Sie Seigneur Julio mit, damit er mich zur Mitternachtsmesse begleiten kann.«

Gaston hat Mazarin gern, weil er die Gültigkeit seiner von Gott gesegneten lothringischen Heirat beim König verteidigt hat. Aber auch weil »Seigneur Julio« oder »Signor Jule« ein unwahrscheinlicher Spaßmacher ist, der mit dreiunddreißig Jahren auf den Brettern der mondänen Welt sich ebenso brillant bewegt, wie er es im Kolleg auf der Bühne der Jesuiten getan hat. Die beiden siebenundzwanzigjährigen Komplizen, der Spion und der Ausspionierte, werfen sich mit dem Feuer ihrer Jugend und mit dem »außerordentlichen« Nuntius in Tollheiten, die in großem Widerspruch zu dem düsteren Hof des Königs stehen.

Chavigny führt Mazarin in viele Kreise ein, er verschafft ihm damit die Möglichkeit, die Fäden aller Personen aus der Umgebung Richelieus in die Hand zu bekommen. Er stellt ihn dem Kardinal La Valette vor, dem »Cardinal Valet«, dem Kardinal Lakai, wie er genannt wird, weil er vor Richelieu auf den Knien liegt. Durch ihn erhält Mazarin Zutritt zum Palais Rambouillet, zu Arthénices Blauem Zimmer, dem Garten Eden der Allerfeinsten. Mazarin hat alle Eigenschaften, die der göttlichen Marquise gefallen. Sie ist die Tochter des französischen Gesandten in Rom, Marquis de Pisani, und Giulia Savellis, die aus einer großen römischen Familie stammt. Bis zu ihrem zwölften Lebensjahr lebt sie in Rom. Ihrer italienischen Herkunft verdankt sie den Geschmack an allem Schönen, ihren Sinn für Architektur. Da sie zur Hälfte einem Volk von Hauserbauern angehört, hat diese zarte Bezauberin den Mörtel sozusagen im Blut. Schon 1608 hat sie sich in ihre Gemächer zurückgezogen und dort ihre Empfänge veranstaltet, denn die Geburten ihrer sieben Kinder hatten sie erschöpft, auch war sie angewidert vom Knoblauchgeruch des soldatischen Hofs Heinrichs IV., wo es zum elegantesten Scherz gehörte, den Damen Wein ins Mieder zu schütten. Sie läßt das Haus ihres Vaters in der Rue Saint-Thomas-du-Louvre abreißen, ernennt sich zu ihrem eigenen Architekten und läßt ein neues Palais aufführen. Ihre Erfindung ist die Treppe, die nicht wie bisher, in der Mitte der Vorhalle nach oben führt, sondern an der Seite, wodurch Raum geschaffen wird. Sie baut Zimmerfluchten mit hohen und breiten Türen und Fenstern, die sich gegenüberliegen und durch die das Licht voll einströmen kann. Auf engem Raum schafft sie Weite und zugleich Intimität und Atmosphäre. Möbel, Lampen, kleine Salons oder Kabinette, riesige Blumenkörbe, die einen ewigen Frühling erzeugen, das alles zusammen macht aus ihrem Haus ein verzaubertes Schloß. Der Mittelpunkt der Welt ist von nun an »Das Blaue Zimmer der Arthénice«. Dort thront sie in ihrem Alkoven, um sie herum ist alles azurblau; sie hat die Farbe dem Meer und dem Himmel Italiens entliehen und zum erstenmal in Frankreich bei der Innenausstattung verwendet, anstelle der ewig gleichen Farben Rot und Braun, in denen sich nur noch die Flöhe wohlfühlen. Eine hingelagerte Frau rächt sich an den zentaurischen Reitern Heinrichs IV., die durch Frankreich galoppierten, um es zu erobern.

Arthénice ist schön, gütig, sanft, entgegenkommend, feinsinnig, intelligent, geistreich, bescheiden, mit einem Wort: unvergleichlich. Sie ist nicht prüde, mürrisch, trübsinnig und arrogant. Indem sie alles, was sie ist, verschmilzt mit allem, was sie nicht ist, wird sie für den Beobachter Mazarin zum Vorbild dessen, was eine Vereinigung von Frankreich und Italien hervorbringen kann: eine große Dame, die das Salonleben bis zur Mythologie steigert.

Schon 1620, lange vor dem 4. August, dem Tag, an dem 1789 die Adligen freiwillig auf ihre Privilegien verzichten, schafft sie alle Vorrechte ab und verwirklicht, im Prinzip, die Gleichheit der Klassen. Alles, was das Königreich an Großem und Einzigartigem vorweisen kann, sei es durch Geburt, Schönheit oder Talent, drängt sich herzu und bildet ihren Hofstaat. Man stelle sich eine Königin von Frankreich vor, die eine Märchenfee wäre. Ihre Untertanen repräsentieren, wie bei den Generalständen, die drei Stände der Nation, aber auch die beiden Geschlechter. Die großen Damen: die Fürstin von Montmorency, die Herzogin von La Tremouille, die Herzogin von Longueville, Angélique Paulet, mit dem Beinamen die »Löwin« ihrer rötlichen Haarmähne wegen, die drei Fräulein von Coligny, von Scudéry, von Vigean, die Marquise von Sable. Und Frau von Combalet, die Nichte Richelieus. Die Grandseigneurs: der Marquis von Vigean, der Herzog von Rochefoucauld, der Marschall Souvré, der Herzog von Montausier. Und die Geistlichkeit: Kardinal von Richelieu, Kardinal von La Valette, Abbé Cottin, Abbé Godeau, der spätere Bischof von Grasse, der so klein ist, daß er den Beinamen »der Zwerg der Prinzessin Julie« (Tochter der Marquise) bekommen hat. Die den Dritten Stand vertretenden Schriftsteller: Malherbe, Racan, Voiture, Segrais, Georges de Scudéry, Colletet, Ménage, Mairet, Benserade, Gombauld, Sarrasin, Malleville, Scarron, Rotrou, Corneille und das allmächtige Triumvirat Chapelain, Conrart und Guez de Balzac: drei Füße in der neugegründeten Académie française, drei bei der Marquise.

Das ist der Olymp, mit dem Mazarin »harmlose Spiele« spielt: das Spiel der verlorenen Herzen, das Spiel der Liebesjagd, das Körbchenspiel (ich liebe diese und jene, weil sie diese guten oder jene schlechten Eigenschaften hat), das Tierspiel (jeder nimmt einen Tiernamen an, und die Hausherrin stellt diese Arche Noah zum Verkauf, indem sie ihre Ware anpreist). Bei diesen Spielen läuft Mazarin jedenfalls nicht Gefahr, sich zugrunde zu richten!

Bei einem weiteren Spiel legt man sich Namen zu, die aus Romanen wie »Astrée« und »Amadis« genommen sind. Mazarin hat seine Namen bereits, Richelieu hat sie geprägt: Rinzama, Nunziricardo, Colmardo, Colmarduccio. Man liest Gedichte vor. Zu Ehren der Tochter der Marquise, Julie d'Angennes, bemüht sich der ganze literarische Stamm des Salons, sechsundsiebzig Madrigale zu verfassen, die kunstvoll auf Pergament geschrieben, unter Miniaturen stehen; sie stellen Blumen dar, Sinnbilder aller Vollkommenheiten des Schönen. Das Werk heißt »La Guirlande de Julie«. Es ist ein Geschenk, wie es in Italien üblich ist, und wurde Julie am 1. Januar 1634 vom Herzog von Montausier auf ihren Toilettentisch gelegt, dem Freier, der dreizehn Jahre um sie geworben hat.

Doch das erhabenste Spiel, in dem vor allem Mazarin sich hervortut, das erlesene Vergnügen, das mit seiner Musik die Zuflucht der Glückseligen tränkt, ist die Konversation, das Gespräch. Die Marquise macht es zum Hochgenuß Frankreichs, und so bleibt es zwei Jahrhunderte lang. Alle diese Menschen leben in einem andauernden Stand der Konversation, wie die Heiligen im Stand der Gnade. Aus dem gesprochenen Wort und Satz machen sie ein Kunstwerk: Fresko, Miniatur, Relief, Stickerei, Symphonie, Oper. Oder eine komplette Aufführung: Tragödie, Komödie, Marionettenspiel und Ballette, bei denen die Hände und der Körper die Worte unterstreichen und mimen. Und wer sollte Mazarin bei einem solchen Schaustück schlagen können?

Die ständigen Besucher des »Blauen Zimmers« plaudern über alles, über nichts, über sich selbst, über die anderen, über Leidenschaften, über den Lauf der Welt. Das sind Gesprächsthemen, die Mazarin gefallen. Die schwierigen, schwerwiegenden Probleme werden angeschnitten, durcheinandergerüttelt, durchlüftet und von Gedankenblitzen durchbohrt. Das ist ein Feld für Mazarin, den wirklichkeitsnächsten der Nuntien. »Von zehn Sachen, die er wußte, hatte er neun durch Konversation erlernt«, sagt der gelehrte Historiker Varillas zu Ménage. Das hätte Mazarin auch sagen können.

Im »Blauen Zimmer« läßt sich Mazarin, der Virtuose aus Italien, in die Kunststücke des Virtuosen aus Frankreich einweihen, des Dichters Voiture, der »Seele des Kreises«, der Clown, der hüpft, springt und Purzelbäume schlägt. Er ist, wie Mazarin, von bescheidener Herkunft, er zeigt ihm, wie man es in Frankreich, wie auch in Italien, machen muß, um das ewige Problem zu lösen: von den Großen anerkannt zu werden, wenn man der Sohn eines Weinhändlers aus Amiens oder – eines Verwalters aus Rom ist. Gefallen muß man, gefallen, bis zum letzten Atemzug. Voiture wirft sein Gesicht ab, das »zwischen sanft und dumm« eingeschätzt wurde. Er tanzt, improvisiert, dreht sich und entzückt die anderen. Man muß gefallen, sonst ist es aus. Sonst muß Voiture zurück zu seinen Weinfässern, und Mazarin zurück zu seinen Soutanen.

Wie Mazarin, weiß auch Voiture, daß das Heil im Geld liegt und das Vergessen im Spiel. Er häuft Sinekuren auf seine Person, er ist eine Art Protokollchef bei Monsieur, gewöhnlicher Gentilhomme und Haushofmeister bei Madame, Maître d'hôtel beim König und Erster Commis beim Hauptverwalter der Finanzen. Ziemlich viele Ämter für einen Dichter? Und bald, für Mazarin, ein ziemlich großes Vermögen für einen nur zum Schein zur Tonsur Befohlenen!

Schließlich und endlich liebt Voiture, wie Mazarin, Spanien abgöttisch. Er baut sich ein Traumreich aus Cervantes, Gongora, Cristobal de Castillejo, Hurtado de Mendoza. Er baut sich aus Perlen und Diamanten eine ideale Stadt aus den »Bürgerkriegen von Granada« von Perez de Hita. Er bekommt den Beinamen »El Rey Chiquito«, der kleine König. Die Spanierin Anna macht später in ihrer Liebe auch aus Mazarin »El Rey«, nicht den König einer Runde von Salonsesseln, sondern von Frankreich.

Schon ehe Mazarin diese leuchtenden Beispiele französischer Gesittung kennenlernte, hat er stets die Franzosen mehr geliebt als Frankreich. Wer wäre damals auch imstande gewesen, Frankreich in seiner Gestalt, in seinen Landschaften zu erkennen? Diese Moralisten unterscheiden nur Köpfe und Seelen. Sie nehmen nur Denkmaschinen auseinander. In Frankreich sieht Mazarin nur die Franzosen, nicht ihre Berge und Täler. Bei seinen ersten Besuchen bewundert er »die Offenheit des Herzens und des Geistes, die der französischen Nation eigen ist«. Die verschlungenen Wege des Vatikans irritieren ihn. Mazarin, der Spieler, der Soldat, der so geschickt Gordische Knoten löst, hat es lieber, wenn Schläge des Schicksals sie durchhauen. Er ist mutig, unternehmend und fröhlich, gewundene Wege geht er nur in Notwehr. Seinem Geschmack läge es mehr, wie in Casale, sich in die frische Luft des Abenteuers zu stürzen, als sich in Verwicklungen einzulassen; muß er aber Verwicklungen entwirren, tut er es in großartiger Weise.

Warum er Sehnsucht nach Frankreich, seinem geistigen Vaterland, verspürt, geht aus einem Brief hervor, den er an Kardinal Francesco schreibt. »Diese Nation ist ihrem Wesen nach wagemutig und hält sich etwas auf ihre Tapferkeit zugute.« Sie ist »den wesentlichen Dingen zugewandt und glaubt, daß äußerer Anschein nicht wichtig ist. Es gibt auf der Welt keine Nation, die in kühnen und gefährlichen Unternehmungen eine glücklichere Hand hat«.

Die Freimütigkeit französischer Soldaten, wie den Marschällen Créqui, Schomberg und Toiras, befreit Mazarin von der pontifikalen Klebrigkeit. Schon 1631 schreibt er an Abel Servien Briefe ohne Umschweife. In den Jahren 1635 und 1636 befreundet er sich mit Kardinal La Valette, mit

Bautru und Senneterre, ausgesprochenen Witzbolden und scharfsinnigen Diplomaten. Natürlich auch mit dem Fürsten der Jeunesse dorée, dem sprühenden Bouthillier de Chavigny.

Mazarin muß zwischen den zwei Clans lavieren, aus denen sich die Regierung zusammensetzt: den Kriegslüsternen und den Friedliebenden. Falken und Tauben, sagen heute die Amerikaner.

Der oberste Falke ist Servien, Staatssekretär im Kriegsministerium. Würde er Krieg führen, könnte er sein Jabot mit Blut schmücken. Der Gebieter der Tauben ist Bullion, der Hauptverwalter der Finanzen, er sitzt auf dem Staatsschatz, der durch den Krieg ein riesiges Loch bekommen würde. Ihm stehen Vater und Sohn Bouthillier zur Seite, und der Kapuziner Père Joseph, der Schatten Richelieus, trägt in seiner Kapuze sowohl Frieden wie Krieg. Mit dem Mund predigt er den Frieden, heimlich stachelt er Schweden zum Kampf an.

Frankreich erklärt den Habsburgern den Krieg. Trotzdem liegt Chavigny Mazarin mit seinem Lied in den Ohren: »Er dürfe an nichts anderes denken als an den Frieden, denn dieser sei das zweckmäßigste Mittel, die öffentlichen Angelegenheiten, und seine persönlichen, sicher voranzubringen.«

Eiligst berichtet Mazarin diese tröstlichen Worte dem Kardinal Francesco. Als Ende 1635 der Falke Servien in Ungnade fällt, scheint Mazarin recht zu behalten.

War es richtig, daß Mazarin an das, was Chavigny sagte, wie an das Evangelium glaubte? Hat »Monsieur le Jeune«, wie Mazarin ihn nennt, wirklich so viel Einfluß auf Richelieu, wie er meint?

Um sich Gewißheit darüber zu verschaffen, haben der Amerikaner Ranum und der Franzose Georges Dethan Hunderte von Briefen, die Mazarin mit Chavigny wechselte, als er von Paris abwesend war, durchstöbert. Im Umgang mit seinem Freund hat Chavigny viel Italienisches angenommen, er behängt Mazarin mit einer Flut von Komplimenten. Er gibt den Hofklatsch weiter, erzählt von der ätherischen Liebe des Königs zu Mademoiselle de la Fayette, von seiner Zuneigung zu Cinq-Mars. Er gibt Gesundheits- und Stimmungs-Bulletins vom Hof Richelieus. Chavigny erscheint nicht so sehr ein Dreh- und Angelpunkt der Politik zu sein, sondern eher ein Mann, der zu allem zu verwenden ist. Dem König flüstert er ein, Richelieu verehre ihn. Dem flatterhaften Monsieur hilft er bei seinen militärischen Unternehmungen. Dem widerspenstigen Bullion preßt er Kredite ab, er läßt sich, wie alle großen Finanzleute, lange nötigen. Er bietet alles auf, um Gunstbezeigungen zu erlangen.

Die Mitarbeiter Richelieus teilen sich, wie Georges Dethan sagt, den Kuchen des Ministeriums der Auswärtigen Angelegenheiten folgendermaßen. Chavigny: Italien; Père Joseph: Deutschland und Nordeuropa; Bullion: England; Sublet de Noyers, der Nachfolger Serviens im Kriegsministerium, schwebt über allem und greift in die Beratungen ein, wenn die französischen Truppen im Ausland operieren.

Chavigny, der über alles am Hof und in den Alkoven Bescheid weiß, tritt, seiner Natur nach, für den Frieden ein. Manchmal versteckt er seine Meinung hinter einer doppelten Maske der Vorsicht und Umsicht, wofür als Beispiel ein verklausulierter Brief gelten kann, den er Ende 1636 und überdies noch auf italienisch schrieb: »Die Christenheit darf nicht glauben, daß der Frieden unsererseits auf Schwierigkeiten stößt, denn er liegt in unserem Interesse ... Unser Bündnis mit den Schweden ist noch nicht wieder erneuert worden, und sie scheinen wenig geneigt, es abzuschließen, denn sie stellen sehr harte Bedingungen ... Meiner Meinung nach müssen wir unseren [friedliebenden] Ruf bewahren und die Abreise unserer Abgeordneten [nach Köln] ankündigen, sobald wir die endgültige Entscheidung der Schweden kennen. Lassen Sie mich gütigst Ihre Meinung darüber wissen, ich werde mich ihr anschließen.«

Frankreich erneuert das schwedische Bündnis. Der Kongreß von Köln ist weit in die Ferne gerückt. Der Genießer Chavigny labt sich im Geist mit Mazarin an den Früchten des Friedens: »Gott sei Dank spricht man nicht davon, daß dieses Jahr auf die Reise gegangen wird [daß kein Feldzug unternommen wird] ... Das verschafft mir die Möglichkeit, mein Haus zu genießen und den Bois de Vincennes, wo ich mich immer gern verlustiere. Ich lebe in großer Ruhe ... und nichts fehlt mir an der Zufriedenheit, wenn ich nur weiß, daß Sie mich lieben.« (8. September 1637)

Die Anziehungskraft dieses jungen italienischen Prälaten, der erst seit kurzer Zeit das Violett des Nuntius trägt, ist so groß, daß er, selbst aus der Ferne, dem mächtigen Chavigny, dem Werkzeug des allmächtigen Richelieu Ratschläge hinsichtlich der französischen Politik gibt.

Colmardo und Tenebroso-Cavernoso

Während seines Aufenthalts in Paris trifft Mazarin die abgründig rätselhafte »Eminence grise«, die graue Eminenz, die hinter der roten Eminenz hockt, wie der Schatten im Rücken des Lichts.

Pater Joseph ist am 4. November 1577 geboren, ist also acht Jahre älter als Richelieu. Er war der älteste Sohn von Jean Le Clerc du Tremblay, dem Kanzler des Herzogs von Alençon. Seine Mutter, Marie de La Fayette, stammte aus einer Familie des Landadels. Seine Großeltern mütterlicherseits gehörten der calvinistischen Religion an und lebten recht und schlecht auf ihren Gütern. Um ihrer Tochter Marie keine Aussteuer geben zu müssen, ließen sie sie katholisch erziehen und schickten sie dann in ein Kloster. Eine reuige Sünderin, die Herzogin von Etampes, eine frühere Mätresse Franz' I., holte sie aus dem Kloster, gab ihr eine Aussteuer und verheiratete sie. Marie de La Fayette vermählte sich mit Jean Le Clerc du Tremblay. Der Erstgeborene aus dieser glücklichen Verbindung ist François-Joseph, der spätere Père Joseph. Er ist ebenso begabt und frühreif wie Mazarin, mit zehn Jahren schon wird er von einer großen Zuhörerschaft für seine in lateinischer Sprache abgefaßte Lobrede auf Ronsard bewundert und gefeiert. Seiner Zeit voraus, lernt er Sprachen, darunter Griechisch, auf fortschrittliche, unmittelbare Art und Weise. Schon damals vertrat er die Ansicht – was selbst heutzutage in Frankreich nicht jeder zu vertreten wagt –, daß Sprachen dazu da sind, gesprochen zu werden.

Von seinem achten Lebensjahr an wird er im Collège von Boncourt der eisernen Disziplin des Pensionats unterstellt, die ihn auf hartem Weg auf die franziskanische Ordensregel vorbereitet. Als er zehn Jahre alt ist, trifft ihn der plötzliche Tod seines Vaters wie ein Blitzschlag. Ihm wird offenbar, daß wir nur Staub sind, der vom Wind des Todes hinweggetragen wird.

Seine Mutter hat sich in Tremblay in ein befestigtes Haus zurückgezogen, weil sie Diebe und Mörder fürchtet, die Paris in eine Räuberhöhle verwandelten. Nach dem Tod des Vaters holt sie den Schüler aus dem Collège. In der ländlichen Festung, wo die Tagelöhner mit ihren Heugabeln einen Schutzwall bilden, bekommt François-Joseph einen düsteren Hauslehrer, dem er den Beinamen »Minos«, der Totenrichter, gibt. Der Mentor beugt ihn vor allem unter das Joch des Studiums der lebenden Sprachen. Der Junge lernt gleichzeitig Spanisch und Italienisch, er spricht beides ebensogut wie Mazarin. Doch um auf Anna von Österreich Eindruck zu machen, muß man mehr können, als nur fließend ihre Muttersprache sprechen.

Später übt François-Joseph seinen Geist durch das Studium der Philosophie, der Rechtswissenschaft, der höheren Mathematik. Ehe er sechzehn Jahre alt ist, liest er unpräpariert Hebräisch.

In diesem vielseitigen Programm wird die körperliche Ertüchtigung nicht vergessen; er lernt Schießen und Reiten, um die Nerven zu zügeln.

François-Joseph befaßt sich eingehend mit dem Leben großer Männer und den Meistern der Askese, er verschlingt, beides zugleich, die Parallelbiographien von Plutarch und die Lebensgeschichten der Eremiten. Der Wunderknabe schwankt, als er zwölf Jahre alt ist, zwischen irdischem und himmlischem Ruhm; der himmlische scheint ihn stärker anzuziehen. Er schreibt eine »Lobrede auf das geistliche Leben«.

Dieser Feuerkopf entbrennt in Liebe zu einem Mädchen, das mit vierzehn Jahren zur Heirat gezwungen wurde und im Kindbett starb. Diese Tragödie versetzt ihn in Wahnvorstellungen. Häufig glaubt er, er sei von grinsenden und schreienden verdammten Seelen umgeben. Es geschieht, daß ihm mitten in einem Gespräch die Tote erscheint. Er erbleicht, versteinert, er hört und sieht nichts mehr. Um das Gespenst herum stürzt die Welt zusammen.

Eines Tages wird seine Mutter, trotz der ländlichen Wachen, von Soldaten belästigt. Ein andermal wirft ein plündernder Soldat dem Jungen ein Buch vor die Füße, das er vermutlich aus einer Klosterbibliothek geraubt hat: »Balaam und Josaphat«. Es ist die lateinische Übersetzung einer arabischen Vorlage, den »Lalita Vistara«, einer Sammlung von Sanskrit-Gedichten aus vorchristlicher Zeit. Diese Botschaft, die aus der Tiefe der Zeiten kommt, deutet der junge Mann als einen Ruf des Himmels. Er wird Kapuziner; 1613 ist er Provinzial in der Touraine. Nach den Religionskriegen kümmert er sich um die Wiederherstellung des Glaubens in protestantischen Gegenden. In Rom, Florenz und Turin predigt er leidenschaftlich den Kreuzzug gegen die Türken. Er unterstützt Karl von Gonzaga, der christliche Milizen aufstellt. Am 14. Januar 1622 gründet Gregor XV. die »Congregatio de Propaganda Fide«. Mit Begeisterung wirft sich Pater Joseph in diese katholische Weltmission. Innerhalb dreier Jahre wird er deren Präfekt.

Pater Joseph schickt seine Kapuziner-Missionare in die Welt, sie sind die Lasttiere des Glaubens. Diese unermüdlichen Wanderer, die ihre Beine bis zu den Knien ablaufen, ohne zu klagen, legen in ganz Europa, in der Levante und in Westafrika zehn bis zwölf Meilen am Tag zurück. Durch Wüsten, Wälder, Dschungel, Steppen, über Berge, durch Flüsse, unter sengender Sonne und Sandstürmen, in der Kälte der Tundra marschieren sie, marschieren für Gott und für die Kirche, wie Ameisen oder Maultiere. Aber sie begnügen sich nicht damit, nur Schritt vor Schritt zu setzen und den Glauben in die Herzen zu pflanzen, sie haben offene Ohren, offene Augen und schreiben alles auf. In ihren Berichten vermerken sie, welcher afrikanische Stammesfürst zu welchem Preis Elfenbein, Kokosnüsse, Goldstaub und Sklaven verkauft. Es sind großartige Handlungsreisende, die die wirtschaftliche Landkarte eines Gebiets erstellen, aber es sind auch politische Informanten mit Luchsaugen, Spione mit gefalteten Händen.

Seit 1616 hat Richelieu sein Augenmerk auf diesen verbissenen Kapuziner geworfen, der Steine essen und Feuer speien soll. 1624 macht er ihn zu seinem Schatten. Père Joseph wird zur dunklen Seite seiner selbst, die Asche, die ihn an den Tod mahnt, der Staub, der ihm zeigt, daß auch sein Purpur ein Nichts ist, daß auch ihm, trotz seiner Prunkgewänder, bestimmt ist, wieder zu Staub zu werden.

Richelieu, der gewiegte Regisseur, bringt einen klassischen Theatereffekt zustande, indem er seinem Purpur dieses graue Doppel beigibt. Mit seinem Talent, Beinamen zu erfinden, tauft er ihn »Tenebroso-Cavernoso«, den Düster-Dumpfen. Düsternis und dumpfe Höhlen sind tatsächlich das Feld des Père Joseph. Die Farbe Grau ist noch viel zu leuchtend für ihn. Die »graue Eminenz« hüllt sich, lieber noch als in ihr härenes Gewand, in die schwarzen Schleier der Nacht.

Richelieu hält sich in einem gespannten Gleichgewicht zwischen Père

Joseph, der acht Jahre älter, und Mazarin, der siebzehn Jahre jünger ist als er. Wie zwischen einem älteren Bruder und einem Sohn. Zwischen einem Kapuziner mit Grabeshauch und einem Schein-Tonsurierten mit Parfümgeruch. Zwischen einem, dessen Gegenwart ihn an das Wort erinnert: »Bruder, du mußt sterben!«, und dem anderen, dessen Gepflegtheit verkündet: »Eminenz, du mußt leben!«

Drei Gemälde zeigen das antithetische Wesen dieser drei Gestalten. Père Joseph, von Michel Lasne gemalt: auf Knien vor einem Kruzifix, die Hände krampfhaft gefaltet. Der Kopf zur Hälfte von der Kapuze bedeckt. Ein Gesicht, das unerbittliche Energie ausstrahlt, kugelige Augen treten fast aus ihren Höhlen heraus. Drei tiefe Falten an der Nasenwurzel. Furchen durchziehen die Stirn. Man sucht den Totenkopf, der eigentlich das Porträt vervollständigen müßte.

Richelieu, von Philippe de Champaigne gemalt: aufrecht, wie nur einer stehen kann, der allein in dieser zertrümmerten Welt ist.

Mazarin in seiner Galerie, von Chaveau und Nanteuil gemalt: sitzend, freundlich, genießerisch in die schwellende Cappa magna geschmiegt, die die Rückenlehne des Sessels bedeckt, unter der die eine Hand hervorkommt, schön, gepflegt, man meint bis auf den heutigen Tag das Parfüm zu riechen, sie liegt schlaff auf der Armlehne, während die andere eine Landkarte hält, das Sinnbild des Diplomaten, der die Welt umspannt.

Wenn Richelieu seine Anfälle hat, benimmt er sich wie ein Halbverrückter, sagt sein Kammerdiener Olivier. Er brüllt, schäumt, kriecht unter das Bett und ist nicht hervorzulocken. Père Joseph ist ebenfalls ein Verrückter der Politik und des Glaubens. Er verkriecht sich in noch verborgenere Winkel, als es üblicherweise Diplomaten tun, wenn sie ihre Absichten verschleiern wollen. Er entscheidet sich für das Weiße und Schwarze zugleich, für das Für und das Wider. Zum Teufel mit dem Widerspruch!

Er schreibt den »Diskurs über die Rechtmäßigkeit eines Bündnisses mit den Ketzern und den Ungläubigen« (1624–1625). Zugleich versucht er, durch sein Heldengedicht »Turciade« einen europäischen Kreuzzug gegen den Islam zu entfachen. Auf der einen Seite verspricht er dem Herzog von Bayern und der Katholischen Liga die Unterstützung des Königs, auf der anderen drängt er Richelieu, dem Protestanten Gustav Adolf, der über Deutschland herfällt, Hilfsgelder zu schicken.

Georges Dethan weist auf einen Widerspruch hin, den sich dieser Pater Janus an einem und demselben Tag geleistet hat. Am 13. Oktober 1630 läßt sich Père Joseph durch seine Doppelzüngigkeit hinreißen, seine Befugnisse zu überschreiten. Mit der rechten Hand unterzeichnet er den allgemeinen Frieden mit dem Kaiser. Bourbonen und Habsburger löschen ihre Streitigkeiten aus. Sie verpflichten sich, ihre Verbündeten aus den Abmachungen zu entlassen. Gleich darauf schreibt der Kapuziner mit der linken Hand an Richelieu: »Was den König von Schweden angeht, halte ich es für richtig, ihn nicht völlig fahrenzulassen ... Es wird sich als nützlich erweisen, etwas Verbindung mit ihm zu halten ... damit durch ihn ... der König der Mittler des Friedens im Reich wird.«

Hier treibt Père Joseph das Doppelspiel bis zum Rausch. Er gibt zu, daß »die [deutschen] Katholiken darunter zu leiden haben werden«. Er räumt ein, »daß es schwierig sein wird, etwas dagegen zu tun«. Gleichwohl glaubt er steif und fest, daß der Vertrag von Regensburg Gustav Adolf »zu einiger Mäßigung« verleiten wird. »Man muß sich dieser Dinge bedienen wie der Gifte, von denen ein Weniges als Gegengift wirkt und ein Zuviel tötet.«

(Was der zynische Kapuziner bescheiden »diese Dinge« nennt, ist ganz einfach der schwedische Einfall in Deutschland.)

Der Homöopath der Hölle hat die Dosis schlecht berechnet. Gustav Adolf vermag seine draufgängerischen Truppen nicht zurückzuhalten. Er schluckt Deutschland. Das Zuviel siegt. Das Zuviel tötet. Richelieu, der keineswegs »tenebroso« und »cavernoso« ist, sondern ein Realist, kündigt den Vertrag von Regensburg auf. Ein schriller Mißklang im Konzert der schwedischen Allianz.

Die Historiker zerbrechen sich den Kopf über Père Joseph. Sie legen die himmelschreienden Widersprüche nebeneinander auf den Tisch. Wie sind sie zu erklären?

Wollte er, der Politik des Vatikans folgend, einen Kreuzzug gegen die Türken ausrufen? Spanien sträubt sich, den Türken zu fressen. Glaubt Père Joseph, er könne Spanien durch die Entfesselung des Kriegs gegen die Habsburger zwingen? Aber just der Heilige Stuhl meinte, die europäischen Herrscher würden erst Appetit auf den Türken bekommen, wenn sie sich untereinander aufgefressen hätten.

Ist Père Joseph, wie Fagniez glaubt, der Apostel der »Politik des Gleichgewichts und des moralischen Übergewichts« gegen die »annexionistische Politik« Richelieus? Oder ist er, wie Aldous Huxley meint, »ein durch die Politik fortschreitend entarteter Mystiker«? Ein anderer Mystiker, Ludwig der Heilige, wollte seine Politik dem Evangelium anpassen. Er versuchte, es zu verwirklichen, indem er in einem Haus aus Glas regierte, so daß bei der Durchsichtigkeit jeder seiner Untertanen seine Gedanken lesen konnte. Er ernannte Kommissare, die die Beamten beaufsichtigten. Er sprach Recht und ließ Recht sprechen auf so untadelige Art und Weise, wie der Höchste Richter beim Jüngsten Gericht es tut.

Dieses Wunder gelang, weil Ludwig der Heilige ein lebensfroher Mann und ein Engel des Lichts war, dessen Porträt aus Stein und Glas unter dem Himmel von Paris die Sainte Chapelle ist, und weil er seinen Mystizismus ausglich durch die Liebe zu seiner Frau, durch körperliche Anstrengungen, durch Heiterkeit, durch den Krieg, durch die Ausübung der höchsten Gewalt. Tenebroso-cavernoso ist weder ein Mann, noch ein Engel des Lichts.

Er ist nur ein fanatischer Priester, der in seinen dumpfen Höhlen hockt. Alle Gifte des Unbewußten gären bei ihm im Dunkel. Seitdem er Richelieus Schatten geworden ist, ist er ein Kapuziner, der nicht mehr marschiert. Alle Schritte, die er nicht mehr über Berge und Täler macht, kehren sich gegen ihn. Er wandert nur noch über innere Straßen, die unendlich viel gewundener sind als die Straßen auf der Erde. Er ringelt sich bis ins Unendliche, wie ein Tau, in sich selber auf, wie die Windungen des Gehirns, und so spinnt er sein Gewebe. In seinen Finsternissen speichert er gewaltige Mengen Energie, die auf eine bestimmte Glaubensvorstellung gerichtet ist. Wenn zur Tat geschritten wird und die Falltüren sich öffnen, wenn diese Energie an der frischen Luft mit der Realität zusammentrifft, entsteht ein irres Brausen und Zischen, wie wenn Kalk sich mit Wasser verbindet.

Das erste Zusammentreffen zwischen »Colmardo« und »Tenebroso« ist fast ebenso bedeutend wie das Zusammentreffen zwischen Mazarin und Richelieu. Es findet im April 1630 statt, in Pinerolo, wohin Mazarin seinen tändelnden Kardinal Antonio zu einem Gespräch mit Richelieu gebracht hatte, das bekanntlich zu nichts führte. Während der schwache, nach Jasmin duftende Antonio, der Lieblingsneffe des Papstes, von der roten Eminenz zwar schonend behandelt, aber doch zermalmt wurde, begann Mazarin, sich an der grauen Eminenz zu reiben. Er weiß und findet es bestätigt, daß die graue der Schatten der roten ist. Vielleicht vorläufig, doch in Frankreich ist nur das Vorläufige von Dauer, und mit diesem Vorläufigen muß er sich abfinden.

Während Richelieu und Antonio in prunkvoller Umgebung konferieren, unterhalten sich Mazarin und Joseph. In der italienischen Komödie stehen neben den Szenen der Herren die Auftritte der Diener. Mazarin und Père Joseph sprechen über die verwickelten Verhandlungen, die zu einem Frieden in Italien führen sollen, bei denen Mazarin sich seit Monaten abrackert, um zwischen den sich drohend gegenüberstehenden Heeren einen Waffenstillstand zu erwirken.

»Colmardo« erforscht die Höhlen von »Cavernoso«. Er hält sie für gefährlich und berechnet jeden Schritt, den er tut. Erstes Gebot: sich gut stellen mit diesem düsteren Schlund. Mit Lächeln allein ist jedoch nichts auszurichten. Er braucht handfestere Nahrung. Mazarin regt Richelieu an, Père Joseph als Friedenstaube zu Kaiser Ferdinand II. auf den Reichstag von Regensburg zu schicken. Doch bald muß er es bitter bereuen. Unter der Kapuze des Kapuziners brodelt ein »herrschsüchtiger Geist«. Der düstere Père Joseph offenbart, wenn er aus seinen Höhlen hervorkommt, ein »alquanto ambizioso«, ziemlich ehrgeiziges Temperament. Er drückt alle anderen an die Wand. Er versucht, Mazarin den Erfolg des Waffenstillstands zu stehlen, für den der Unglückliche viel Schweiß vergossen hat.

Zum Glück besitzt Mazarin Waffen zur Verteidigung: Begabung, Jugend, Schnelligkeit. Achtundzwanzig Jahre gegen dreiundfünfzig. Licht gegen

Dunkel. Die warme Geschmeidigkeit des Lebens gegen die kalte Starre des Todes. Intuition sprüht knisternd aus allen seinen Poren. Mazarin ist fast sicher, daß der despotische Joseph, wenn er seinen Dämonen freien Lauf läßt, seine Befugnisse überschreiten wird. Am 13. Oktober unterzeichnet Père Joseph den Vertrag von Regensburg. Mazarin ahnt, daß Richelieu ihn widerrufen wird. Folglich muß er, Mazarin, die äußerst kurze Frist, während der er gültig ist, nutzen. Bevor noch die Tinte auf den Vertragspapieren getrocknet ist, führt er blitzartig seinen Degenstoß. Den gegnerischen Parteien in Casale macht er klar, daß sie sich in einer heiklen, unsinnigen Lage befinden. Warum sollten sie königlicher sein als ihre Könige? Warum sollten sie sich die Bäuche aufschlitzen, während ihre Herren und Gebieter sich umarmen? Die Generale begreifen. Das ist der mirakulöse Waffenstillstand von Casale.

Schon am nächsten Tag, am 27. Oktober, erfährt Mazarin, daß Richelieu den Vertrag von Regensburg widerrufen hat. Wäre es einen Tag früher geschehen, hätte es weder seinen Ruhmesritt gegeben, noch hätte er das magische Wort »Pace! Pace! La paix! La paix!« in die Reihen der Soldaten schleudern können, die aufeinander losschlagen wollten. Auch nicht die Lobreden und Glückwünsche, auch nicht die Illusion, daß ein Mann auf seinem weißen Pferd, wie es in Träumen vorkommt, mit Hilfe von Verstand und Liebe, die blindwütige Todesmaschine am Rand des Abgrunds aufzuhalten vermag.

Dieser im Freien abgeschlossene Waffenstillstand verwandelt sich in einen wankenden, schwankenden Frieden. Doch haben Jugend und Liebe, wie später in Molières Komödien, den Egoismus überrundet und auch Alter und Tod, denn damals war man mit dreiundfünfzig Jahren bereits an der Schwelle vom Leben zum Tod.

Trotz der Nichtanerkennung des Regensburger Vertrags stellt Richelieu das Vertrauensverhältnis zur grauen Eminenz schnell wieder her. Er will sie 1632 sogar in eine rote Eminenz verwandeln. Er fordert den Kardinalshut für Père Joseph. Als Mazarin wieder in Rom ist, erforscht er die Meinung des Papstes in dieser Angelegenheit, und er verhehlt den Vertretern Frankreichs nicht, daß Urban VIII. das Grau des »Tenebroso« nie in Rot umwandeln wird. Er wird ihn in seinen Unterständen verkommen lassen. Gleichwohl verkündet Mazarin in Rom: »Er ist der größte Favorit des Kardinals Richelieu ... dieser überläßt ihm die Erledigung der wichtigsten Angelegenheiten.« Ein gutunterrichteter Papst ist zwei Päpste wert.

Als außerordentlicher Nuntius trifft Mazarin mehrere Male mit Père Joseph zusammen. Er bespricht mit ihm die Auswahl der französischen Bevollmächtigten auf der Friedenskonferenz, die Seine Heiligkeit einberufen will. Der Kapuziner redet »mit solcher Bestimmtheit, Entschlossenheit und Sicherheit«, daß man glauben könnte, einen geistig Gesunden vor sich zu haben. Logik der Verrückten. Der wetterwendische Pater verspricht hoch und heilig, ihm zu helfen: »In einem Jahr wird der Frieden geschlossen sein.« Mazarin geht ihm nicht ins Garn. »In einem Jahr wird der Frieden geschlossen sein« ... sofern »die Waffen ihn ermöglichen«, fügt der Wahnsinnige hinzu. Was den Frieden anbetrifft, können Sie auf mich zählen, sofern vorher der Krieg stattgefunden hat.

Zehn Tage bevor der Krieg an Spanien erklärt wird, den er leidenschaftlich gewünscht hat, schreibt der doppelgesichtige Pater an den Grafen von Avaux: »Es ist die aufrichtige Absicht des Königs, so bald wie möglich einen allgemeinen Frieden herbeizuführen.« Den Frieden der auf dem Schlachtfeld Gefallenen.

Mazarin durchschaut das Spiel des Finsteren. Ende 1635 zieht der »Tenebroso« ein schiefes Gesicht, als Mazarin sich für den Frieden einsetzt. Er rät ihm, mit seinem Olivenzweig nach Spanien zu gehen. In einem Brief an Kardinal Francesco spottet Mazarin: »Es ist eine sonderbare Sache, daß Père Joseph will, ich solle hier weggehen, damit die Eifersucht der Vertrauten des Königs ein Ende hat, und daß ihm nicht bewußt ist, daß sie viel größer werden würden, wenn ich nach Spanien ginge! Ich frage mich, ob der Eifer, den der besagte Pater für den Frieden bezeigt, ihn auf solche Gedanken bringt oder ob es irgendeinen anderen Grund gibt. Ich möchte mich noch nicht zu einem Urteil entschließen, obwohl mir jemand zugeflüstert hat, das große Vertrauen, welches Kardinal von Richelieu in mich setzt, gefalle dem besagten Pater nicht.« (1. Januar 1636)

Mazarin hat den Finger auf die Wunde gelegt. Pater Joseph, der eifersüchtige Pater, fürchtet, bei Richelieu durch seinen jungen Rivalen ausgestochen zu werden. Deshalb hat er es so eilig, ihn »tras los montes« zu schicken.

Mit der Fingerfertigkeit einer Spitzenklöpplerin bedient sich Mazarin des Eifersuchtsfadens von »Cavernoso« und verstärkt ihn möglicherweise sogar. Dadurch gewinnt er beim Heiligen Stuhl an Ansehen, wo die graue Eminenz als schwarzes Schaf gilt.

Trotz dieser Eifersucht oder gerade ihretwegen unterhält Mazarin, von Avignon oder Rom aus, einen regelmäßigen Briefwechsel mit dem Eifersüchtigen; dadurch, daß er ihn benutzt, will er versuchen, ihn auszuschalten. Anfangs verfängt der Köder nicht. Père Joseph antwortet erst auf den dritten Brief seines Rivalen. Er verspricht ihm einen »Diskurs über den Plan, Gottesfurcht an weit entfernt liegenden Stätten zu schaffen«. Eine »Gottesfurcht« mit Kanonenschüssen: stets und ständig der Kreuzzug gegen die Türken!

Die Spanier fallen in Frankreich ein. Ehe Père Joseph dem unermüdlichen Briefeschreiber antwortet, wartet er ab, um zu sehen, wohin der Wind dreht.

Der Eifersüchtige hält die Verbindung zu Mazarin des Kardinalshuts wegen. Er leidet darunter, daß er in Rom »wie ein Verworfener behandelt wird«. »Verworfenen« setzt Rom seine roten Hüte nicht auf den Kopf. In Sätzen, die ebenso gewunden sind wie Mazarins, zeigt der Pater, daß er kein reines Gewissen hat und daß er seinem Briefpartner nicht völlig traut. »Ich bitte um keinen anderen Gefallen als um die Fortdauer Ihrer Freundschaft und flehe Sie an, der meinen sicher zu sein. Ich erhoffe mir davon, daß wir dem Tadel, der Italienern gemeinhin gemacht wird, entgehen. Einem allgemeinen Irrtum zufolge sollen sie aus zu großer Vorsicht und Geschicklichkeit, sich den Umständen anzupassen, keine beständigen Freunde sein. Und den Franzosen sagt man nach, sie seien zu schwach und unbeständig, um auf die Umstände zu warten, und sie würden mit der Zeit schlaff.«

In einer zweiunddreißig Seiten langen Epistel (Rom, 9. Dezember 1636) schwört Mazarin bei allen Heiligen, daß er nicht aus zu großer Geschicklichkeit unbeständig sei wie jene Italiener, die von der grauen Eminenz angeschwärzt werden. Er verspricht ihm »eine echte und wahre Freundschaft«. Man meint, die Helden aus dem Roman von Honoré d'Urfé zu hören, der mit seinem Gewicht von fünf Bänden, zwölf Büchern und fünftausendfünfhundert Seiten über Paris hereinbricht und die obere Gesellschaftsschicht in Fieber versetzt: »L'Astrée«, der Roman, »in dem in mehreren Geschichten und an Gestalten von Hirten und anderen Menschen die verschiedenen Wirkungen der echten Freundschaft dargelegt werden.«

»An Gestalten« eines Kapuziners und eines Nuntius könnte man von den beiden verkleideten Füchsen sagen. Die Romantik jener Zeit ist zu bewundern. Welche Füchse von heute, italienische, französische oder andere Diplomaten, würden zweiunddreißig Seiten lange Briefe abfassen, um sich »echte und wahre Freundschaft« zu schwören? Im Verlauf seines Schreibens stellt Mazarin dem begehrlichen Kapuziner alle Anstrengungen vor Augen, die er unternimmt, um den Kardinalshut für ihn zu erlangen. Er habe den Papst und Kardinal Barberini überzeugt, daß der in Demut versunkene Père Joseph den Purpur nicht begehre und daß er, was dies anbetrifft, von den französischen Demarchen nichts wisse.

Mazarin habe dem Papst gegenüber »das vorbildliche Leben« des Mönchs gerühmt, »seinen Eifer zugunsten der Missionen und frommen Werke in Frankreich, was dazu diene, der Christenheit den Frieden zu verschaffen«.

Der listige Mazarin kann jedoch nicht verheimlichen, daß Kardinal Barberini für die Kreuzzungsaufrufe des Kapuziners nur kühle Ablehnung hat. Und der Papst müsse zwar zugeben, daß Joseph ein Mann von hoher Tugend sei, er habe aber nicht umhin können zu bemerken, daß »von verschiedenen Seiten anders darüber gesprochen wird«. Eine beschönigende Ausdrucksweise, die besagt, daß kein gutes Haar an ihm gelassen wird. Für den Heiligen Stuhl ist er der Werwolf, die Vogelscheuche, der Antichrist, der den katholischen König Ludwig XIII. dazu gebracht hat, dem Protestanten Gustav Adolf die Hand des Verbündeten hinzustrecken.

Mazarin sagt weiter, er habe mit einem einzigen Wort widersprochen: La Rochelle.

War es nicht Pater Joseph, der Richelieu drängte, um den Preis von viel Schweiß und Blut, die protestantische Zitadelle zu stürmen?

Es hilft alles nichts. Der Papst beharrt auf seinem Standpunkt. Der Teufel kann nicht zum Kardinal ernannt werden. Der Heilige Vater verschanzt sich hinter einem Argument: Ein Kapuziner, Schüler des heiligen Franziskus, hat das Gelübde der Bescheidenheit abgelegt, wie der »Poverello«. Ihm den Purpur verleihen, hieße »den Kapuziner-Orden ruinieren«. Warum wechseln Sie nicht das Gewand? fragt Mazarin hinterlistig den »Tenebroso«.

Als Gegengefälligkeit für jene, die er in Rom zu seinen Gunsten unternommen hat, bittet Mazarin Père Joseph, dafür Sorge zu tragen, daß Richelieu ihn »im Gedächtnis« behalte. Er ist sich nicht sicher, ob der Pater diesen Auftrag richtig ausgeführt hat. Auch bittet er ihn, darum bemüht zu sein, daß ihm die Nutznießung der lothringischen Abtei Saint-Avold bestätigt wird, denn um diesen Kuchen reißen sich mehrere Feinschmecker, insbesondere der Prinz von Condé. Schließlich gibt er seiner Hoffnung Ausdruck, den französischen Armeen möge der Sieg beschieden sein, den er in seiner »Parteinahme für Frankreich« so glühend wünsche. »Parteinahme« eines genauen Rechners, der außerdem ein feuriges Herz besitzt.

Père Joseph hingegen windet und verstrickt sich derart, daß die Beweihräucherung, mit der er Mazarin bedenkt, nicht mehr glaubhaft ist. Er speist seine »wohlbekannte Geschicklichkeit« (es müßte jemand blind sein, um sie nicht zu sehen), seine »Offenherzigkeit und Beständigkeit, Eigenschaften, in denen ich Monsieur Mazarin gleichzukommen hoffe, wiewohl ich ihm in allen anderen Dingen unterlegen bin«.

»Offenherzigkeit« bedeutet damals »natürlich sein«, ohne Schminke. Hand in Hand arbeiten die beiden, wie Père Joseph sagt, für das Glück der Menschheit: »Ihre Freundschaft war zum Dienste Gottes und des allgemeinen Wohls bestimmt.« Der Pater offenbart seinem »Freund« seine universellen Pläne und Absichten. Sein Sekretär, Pater Ange, steigt in aller Heimlichkeit von den Höhen herab und teilt flüsternd durch seine Feder mit, welche Freude es hervorrufen würde, wenn man einige »Devotionalien« erhalten könnte. Wiederum dient Kardinal Antonio als Beschaffer. Im Namen von Mazarin schickt er an Père Joseph ein ganzes Warenlager von Reliquien, Medaillen, Rosenkränzen, Agnus Dei, frommen Gemälden, Figuren von Heiligen beiderlei Geschlechts, Madonnen, Darstellungen der Christgeburt und Kruzifixe. Außerdem auch Parfüms: für Mazarin vermischt sich der Geruch der Heiligkeit mit dem Duft von Schönheitsmitteln.

Allerdings ruft Mazarin den Landsmann von Descartes, dessen »Discours de la méthode« 1637 erscheint, zur Logik auf und macht dem Kapuziner klar, daß er vom Papst nicht den Kardinalshut und den Dispens vom

Brevier zugleich erbitten kann. Wenn man der Teufel ist und Kardinal werden will, ist das schon viel. Wenn er überdies das Brevier nicht liest ...

Avignon, dieses Grab

Wenn Mazarin zwischen Paris, Saint-Germain und Rueil hin und her eilen kann, ist er im siebten Himmel. Sich in der Gunst des Königs und des Kardinals sonnen, sich in die großen Angelegenheiten mischen und dabei die kleinen erledigen, versuchen, die Weltkarte zu verändern und dabei Theater spielen, den Frauen gefallen wie ein Günstling der Sonne oder wie ein Charmeur, auch ohne die Gunst der Sonne, Gefallen finden, ist das alles nicht der Himmel für einen »außerordentlichen Nuntius«?

Leider ringeln sich Schlangen unter diesen Blumen. Der spanische Gesandte in Rom zischt dem Papst seine Wut ins Ohr. Warum hält sich Mazarin so lange in Paris auf? Ein »außerordentlicher Nuntius« ist mit einer begrenzten Mission beauftragt. Welches Doppelspiel spielt dieser geschniegelte vorgebliche Nuntius bei einem Richelieu, einem Kardinal der Heiligen Römischen Kirche, der überall in Europa die Ketzer gegen das allerkatholischste Spanien aufhetzt? Sollte der Papst diesen Mazarin nach Frankreich geschickt haben, damit der Friede erhalten bleibt, so ist es erwiesen, daß er gescheitert ist. Ein gescheiterter Diplomat wird zurückgerufen. Vor allem, sagen die haßerfüllten Spanier, wenn seine Mission eine au-ßer-or-dent-li-che, das heißt zeitlich begrenzte und auf ein bestimmtes Ziel gerichtete Mission war. Ist kein Ziel mehr da, ist die Mission zu Ende!

Der perfekte Diplomat muß Schläge, die gegen ihn gerichtet sind, stets im voraus parieren. Und so tun, als habe er sie sich selbst beigebracht. Am 8. November 1635 schreibt Mazarin an Kardinal Barberini, er sei bereit, wenn nötig, Frankreich zu verlassen und nach Avignon zu gehen. [Avignon gehörte bis 1791 zum Vatikan.] Vielleicht hofft er, man werde ihn bitten zu bleiben. Das geschieht nicht. Am 6. Dezember wird Mazarin durch einen amtlichen Brief des Kardinalstaatssekretärs aufgefordert, sich vom König zu verabschieden und sich nach Avignon zu begeben.

Adam ist aus dem Paradies vertrieben. Avignon, »dieses Grab« ist von Asche bedeckt, so scheint ihm. Die Stadt indes ist angenehm. Gewiß, sie hat nicht mehr den Glanz, den sie im 16. Jahrhundert hatte, als sie der Sitz der Päpste war. Aber ein wenig davon hat sie wiedererlangt. Zwar sind keine Päpste mehr in der Stadt, aber sie ist das Zentrum einer blühenden Keramikindustrie und des Anbaus der Pflanze, die das Krapp-Rot für die Färberei liefert. Wahrscheinlich ist Mazarin beim Anblick des Krapp-Rots an den Purpur erinnert worden, der jetzt in weite Ferne gerückt ist. Und welcher Verbannte hat sich je durch den Anblick eines Keramiktopfes trösten lassen? Mazarin gähnt sich durch den Tag. Es ist ein einziges Seufzen.

Seine Karriere ist zu Ende, sämtliche Hoffnungen sind vernichtet. Wie soll er die Zeit totschlagen, die wie ein Bleigewicht auf ihm lastet? An Chavigny schreibt er: »Das Leben, das ich hier führe, ist das schwermütigste von der Welt. Ich habe einen der alten Säle [des Papstpalastes] in einen Spielsaal umgewandelt, aber wenn ich eine Stunde gespielt habe, langweile ich mich mehr denn je.«

Und wenn er sich ans Theater wagte? Wenn er in Avignon Komödien und Opern aufführen ließe, die in Paris und Rom erfolgreich waren? »Ich habe begonnen, an einer Komödie zu arbeiten, aber wenn ich an die ›Cieca‹ und an die ›Pastorella‹ denke, werden mir die Arme lahm, und mir fehlt der Mut.« (Brief an Richelieu)

Um nicht in Avignon verschimmeln zu müssen, würde er jedwede Aufgabe übernehmen. Am 13. Mai 1636 schreibt er an Chavigny: »Gern würde ich mein Geschick mit dem des Gärtners von Rueil vertauschen und den ganzen Tag unter dem strengen Befehl des Grafen Nogent bei den Springbrunnen arbeiten, um endlich die Tröstung zu empfangen, bald Colmarduccio, bald Nunzinicardo von dem Menschen genannt zu werden, von dem man nicht einmal sprechen kann, ohne ihn zu verehren.«

Mazarin wird krank, und freudlos wird er wieder gesund. Während seiner Krankheit hat er ein Ziel: gesund zu werden. Jetzt hat er keines mehr. Teilnahmsvoll erkundigt sich Richelieu nach seiner Gesundheit und neckt ihn, indem er in einem Brief seinen gewundenen italienischen Stil, seinen Akzent und seine Gesten nachahmt: »Ich bin hocherfreut, daß es Ihnen jetzt wieder besser geht, denn ich liebe nicht nur Ihre Person, sondern auch die, welche Sie als Seigneur Colmar gern haben, von dem ich Ihnen sage, daß ich fürchte, daß bei diesem netten italienischen Herrn mit der Zeit sein Geist kränker wird als sein Körper.« (9. Mai 1636)

Trotz aller Liebenswürdigkeit kann Richelieu ihm nicht wirklich helfen, ihm keine Geldmittel zukommen lassen. Sich langweilen ist schlimm. Sich ohne Geld langweilen ist noch schlimmer. Der Hilfsbedürftige von Avignon beklagt sich bei Chavigny über »den schlechten Willen, den Monsieur de Bullion grundlos mir gegenüber hegt ... Hätte ich mit seiner Gattin geschlafen oder Wideville in Brand gesteckt [Bullions Schloß in der Nähe von Versailles], könnte er sich nicht viel boshafter rächen«.

Mazarin windet sich in den Krallen seiner Gläubiger. Er schuldet ihnen hundertsechstausend Pfund. Als Pfand hat er ihnen in Paris sein Silberzeug hinterlassen, seine »Juwelen« und eine Schuldverschreibung in Höhe von achtzehntausend Francs. Im darauffolgenden Monat muß er zweiundfünfzigtausend Pfund an Ottoman zahlen, den Agenten des Kardinals von Savoyen. »Um mein Wort zu halten, müßte ich mich ruinieren.«

Damals gehörte es zum guten Ton, Schulden zu machen. Mazarin führt sich auf wie ein Herzog und Pair. Das hebt ihn in den Augen Chavignys. Stöhnend wühlt sich Mazarin durch die Schuldscheine, Bürgschaften, Wechsel und Geldscheine hindurch wie ein gelernter Hochstapler. »Ich erröte, wenn ich daran denke, daß ich durch kleine Schulden Monsieur de La Milleraye zwanzigtausend Pfund zurückzahlen muß, wie Sie durch meinen Geschäftsmann erfahren können. Sollten Sie das Glück haben, an die zehntausend Taler zu kommen, möchte ich Sie bitten, sie Monsieur Ottoman zu geben und von ihm mein Silberzeug und meine Juwelen zurückzufordern, oder, falls Sie sich dieser Mühe nicht unterziehen können, diese Angelegenheit dem Abbé des Roches zu übertragen, dem Verwalter Seiner Eminenz, der den genannten Ottoman kennt.«

Man meint, einen Grandseigneur zu hören, der bis über die Ohren verschuldet ist, einen Don Juan, dessen Gläubiger nicht »Herr Sonntag«, sondern »Herr Ottoman« heißt.

Bullion hat im Grunde nichts gegen Mazarin. Wie alle großen Finanzleute hält er nur die Hand auf dem Geldbeutel. Vor allem, weil Frankreich in einen Krieg verwickelt ist, den er nicht gewollt hat und der die Kredite blockiert. Im Herbst 1636 rücken die Spanier in Frankreich ein und stoßen bis Compiègne vor.

In seinem »Grab« Avignon stampft Mazarin vor Ungeduld. Er will sich um jeden Preis nützlich machen. Dem ängstlichen Chavigny spricht er Mut zu. Gefühlsmäßig weiß er, daß die Franzosen vor allem Menschen sind, die an ihrem Eigentum hängen, und er versichert Chavigny, daß die Spanier sich schwer täuschen, wenn sie einen Volksaufstand in Paris erwarten: »Selbst die Franzosen, die Spanien sehr zugeneigt sind und auf eine neue Regierung hoffen, werden ihre Meinung ändern, wenn es sich darum handelt, ihre Häuser zu verteidigen.«

In ihm schlägt noch das Herz des früheren Hauptmanns. Er läßt alle verfügbare Munition in Avignon sammeln und schickt zwanzig Scheffel Schießpulver nach Lyon. Er möchte ein Regiment aufstellen. Wäre er nicht Vizelegat, würde er sich an die Spitze stellen. Richelieu ist von so viel Eifer gerührt: »Es ist festzustellen, daß nur die Italiener und vor allem die Jules imstande sind, die Dinge richtig zu machen. In Friedenszeiten verteilen sie wohlriechende Pulver, und in Kriegszeiten explodierendes.«

»Zum Franzosen kanonisiert«

Dem Verstand und dem Herzen nach gibt es für den nach Avignon Verbannten keinen anderen Ausweg als für Frankreich zu arbeiten. Avignon ist eine Sackgasse, in der man ihn verkommen läßt. Er muß auf jeden Fall heraus. Doch unmittelbar kann er nicht nach Frankreich zurück, aus dem die Spanier ihn vertrieben haben. Nur in Rom kann er für Frankreich arbeiten oder, besser gesagt, für seinen französischen »Super-Patron« Richelieu. Er läßt sich also von seinem »Ersatz-Padrone«, dem Kardinal Antonio zurückrufen. Dieses Marionettenspiel mit Vorgesetzten, diese internationale Kette von »Patrons« und »Padroni« begünstigen Mazarins europäische Laufbahn.

Doch im Augenblick muß Mazarin fürchten, sich zwischen zwei Stühle zu setzen. Geht er ohne jede Sicherheit nach Rom zurück, versinkt er im Nichts. Nur durch den, der größer ist als er, der ihn beseelt, stellt er etwas dar. Er möchte Avignon nicht verlassen, ehe Richelieu sich nicht deutlich geäußert hat. Am 7. Oktober 1636 erhält er von der überragenden Eminenz einen Brief, dem ein Haufen von Instruktionen beigegeben ist. Ludwig XIII. und Richelieu haben den »aufrichtigen Wunsch, einen guten allgemeinen Frieden« herbeizuführen. Sie würden das Bündnis mit dem protestantischen England über Bord werfen und dafür ein Bündnis mit dem katholischen Bayern eingehen. Marazin bekommt auch ein Memorandum, die Lieblingsidee des Papstes betreffend, »einen heiligen Krieg« gegen die Türken. Aber ihm wird zur Auflage gemacht, diesen Köder nur äußerst vorsichtig zu benutzen.

Mazarin trägt das Gewand eines römischen Prälaten, doch ist er in der Umgebung des Papstes eigentlich ein Geheimagent Ludwigs XIII. Anfang November kehrt er, einigermaßen beruhigt über die Zukunft, der Stadt des Krapp-Rots, der Keramiktöpfe und der Päpste erleichtert den Rücken.

Die drei letzten römischen Jahre Mazarins, bis 1636, sind für die Historiker ein dunkles Loch. Sein Tun und Treiben ist nicht mehr zu verfolgen. »Ach«, sagt Mazarin eines Tages seufzend zu Chavigny, »wenn ich Ihnen einmal von dem Leben erzählen könnte, das ich während der drei Jahre in Rom geführt habe, würden Sie nicht umhin können, gerührt zu sein.«

Immer noch liegt die Zukunft im ungewissen, er ist unglücklich, daß er fern von Frankreich ist, daß der mißtrauische Papst ihn zu nachlässig unterstützt, daß Kardinal Francesco ihn hart behandelt. Zählen kann er einzig auf Antonio, den Kardinal der Spiele und des Lachens. Die Ungewißheit füllt er durch übertriebene Geschäftigkeit aus. Er dient zwei Herren zugleich, dem Papst und Richelieu. Damit ihn nur ja keiner von beiden vergißt, veranstaltet er möglichst viel Wirbel. Die kleinen Einzelheiten seines Tageslaufs sind nicht zu rekonstruieren. Aber das große Ziel seiner Bestrebungen liegt klar zutage. Wie Mozart alles Unglück, das ihm widerfuhr, in Freude umsetzte, stürzt Mazarin sich um so mehr in Aktionen, je größer seine Sorgen sind.

Mit Hilfe und Unterstützung des liebenswürdigen und oberflächlichen Antonio greift er in das Rad der Kölner Versammlung oder fördert einen Plan für allgemeine Waffenruhe.

Chavigny und Richelieu glauben naiverweise, der Papst könne Mazarins Verdiensten und Fähigkeiten gegenüber nicht völlig blind sein, und hoffen, er werde diesen von Tätigkeitsdrang glühenden Mann bald nach Paris zurückschicken. Chavigny hat in seinem Stadtpalais für Mazarin eine Wohnung herrichten lassen, die, wie er meint, ihm nicht mißfallen wird. Richelieu weist seinen Hofpoeten Boisrobert an, die Komödie »Philarque, der blinde Liebhaber« bis zur Rückkehr Mazarins zu verlängern.

Um Mazarin anzulocken, schickt ihm sein Geschäftsmann in Paris, Charles, der manchmal auch »Abbé Charles« genannt wird, nach Rom eine Beschreibung dieser Komödie »mit den schönsten Dekorationen und Szenenwechseln, die es je in Frankreich gegeben hat. Im Handumdrehen öffnet sich der Tempel der Diana, und man erblickt eine Perspektive von Bogen und Marmorpflasterung, und im Hintergrund das Standbild der Göttin«.

In Paris wird Charles, das Abbild des bewunderten »Colmardo«, von allen sehr umworben. »Wenn ich Charles treffe, spüre ich große Freude in mir, denn ich vermeine unseren guten Freund Monsieur Mazarini zu sehen«, ruft der Graf von Bautru aus. Père Joseph, Sublet de Noyers, Monsieur und Richelieu überhäufen Charles mit Freundlichkeit. Aber die Palme der Zärtlichkeiten kommt Chavigny zu, »den man Ihren trefflichsten Freund nennen kann«, berichtet der gute Charles. (Ein »trefflicher Freund«, weil er weiß, daß »Nunzinicardo« Richelieus Schwarm ist.)

Nach dem Muster der Lebemänner vom Palais Rambouillet werden die Briefe zwischen Mazarin und Chavigny immer überschwenglicher. »Ich ersehne Ihre Rückkehr nach Frankreich nicht weniger stark als die Rückkehr einer Mätresse, denn ich gehöre Ihnen mehr als mir selbst«, schreibt dieser Vater, der zwanzig Kinder gezeugt hat, an den einst außerordentlichen Nuntius. Und »Colmarduccio« überschlägt sich in verliebten Wendungen: »Um Gottes und des Himmels willen, lassen Sie mich nicht länger schmachten und gewähren Sie Charles eine halbe Stunde Zeit, damit er Ihr Porträt machen kann. Die schönste Dame der Welt hätte sich dem fortgesetzten Flehen eines Geliebten längst gebeugt.«

Um diese sonderbaren Worte, die den »Précieuses ridicules« von Molière entnommen sein könnten, noch mehr zu genießen, stelle man sich einmal vor, der Nuntius des Papstes würde sich heute in dieser Weise an den Außenminister wenden, um ihn um seine Fotografie zu bitten.

Mazarin hat jede Hoffnung aufgegeben, in Bälde zum Nuntius in Paris ernannt zu werden. Er empfindet für die französische Hauptstadt die gleiche Sehnsucht, die im 18. Jahrhundert die Fremden, Grandseigneurs und Schriftsteller gepackt hatte. Süchtige ohne Droge. Wenn er zu stark unter dem Fernsein leiden sollte, würde Mazarin einen Sprung nach Paris machen, es ist lebensnotwendig für ihn, und wäre es auch nur für einige Tage. Und dieser aus dem Herzen kommende Schrei eines von seinem Idol getrennten Liebhabers ist nicht allein durch Überschwenglichkeit und Affektion zu erklären: »Wer mir sagen würde, daß ich nie nach Frankreich zurückkehren könnte, würde mein Todesurteil sprechen.«

Was macht Mazarin während dieser drei Jahre? Nie ist er aktiver, als wenn er im Grunde nichts zu tun hat. Er ist ein Diplomat des barocken

Zeitalters, dessen höchste Ausdrucksweise das Theater ist, als Hirn, Herz und Lunge der Schlösser und Paläste. Das Theater und vor allem die Oper, die Mazarin später in Frankreich einführt und die alle Künste in Bewegung setzt: Literatur, Musik, Gesang, Architektur, Perspektive, Mode, Malerei und Bühnenausstattung. Und das Publikum nimmt an einem zweifachen Schauspiel teil, an dem auf der Bühne, dessen Zuschauer es ist, und an dem im Zuschauerraum, wo wie Trauben die Logen hängen, als wären es Salons, wo es Schauspieler ist. Im Barockzeitalter sind auch die Kirchen Theater, wohin die Gläubigen wie in die Oper gehen, um die zu Statuen gewordenen Heiligen zu betrachten, die Jungfrau und Jesus, wo sie die rituellen Gesten ausführen und ihre erhabenen Weisen singen. Der Schauspieler ist der Held des Barockzeitalters, »in dem der Mensch sein Leben eher spielt, als daß er es lebt, unaufhörlich projiziert er sein Sein in die Fiktion einer idealen Existenz«. (Germain Bazin »Destins du baroque«)

»Man selbst sein und der andere«, sein Wesen im Scheinen finden, von der Selbstdarstellung übergehen zur Verschleierung, ständig die Maske wechseln, das ewige Ballett der äußeren Erscheinungen tanzen, Verstellung, Verkleidung, Doppelgänger, Lügen, Geringschätzung, Verwechslung – das sind die heiteren und grausamen Spiele des Barockzeitalters, von Shakespeare und Lope de Vega bis Corneille, Molière, Goldoni und Marivaux. Das ist das Gesetz der Oper, deren Hauptthema die Verwandlung der Helden ist, die »Verzauberung«, durch die sie in Tiere oder in Götter verwandelt und dann wieder zu Menschen werden: »Prüfungen der Schimäre.« Entzückung, Überraschung.

Mazarin, der Diplomat des Barocks. Der Schauspieler, der Virtuose des Scheinens, der es ausgezeichnet versteht, »er selbst und der andere« zu sein, so weit, daß er am meisten er selber ist, wenn er der andere ist und den anderen dazu zwingt, sich durch Mazarin darstellen zu lassen, Mazarin zu werden. Ein schwindelerregendes Spiel von Spiegeln, die sich gegenseitig die Bilder zuwerfen: Wo endet das Wirkliche? Wo beginnt das Bild? Mazarin: eine Spiegelgalerie.

Mazarin, der die Oper in Frankreich einführt, macht aus seinem Leben als Diplomat eine »märchenhafte Oper«, wie Rimbaud später von sich selbst sagt, mit einem unaufhörlichen Wechsel von Kulissen und Kostümen: die Straßen, die italienischen Berge, das Meer, die Feldlager, die Schlachtfelder, die Spielsäle, die Theater, die Kirchen, der päpstliche Hof, die Festsäle, die königlichen Schlösser und Paläste, das Zimmer der Königin – der Hauptmann, der Spieler, der Nuntius, der Liebhaber, der Premierminister. Und manchmal, wie in Casale, eine plötzliche Eingebung, der »Deus ex machina« zu Pferde, der zwischen die feindlichen Heere galoppiert und den Menschen, die aufeinander losschlagen wollen, den Frieden des Himmels bringt.

Mazarin hat einen natürlichen »Abscheu vor der Leere«. Er bemüht sich, die drei hohlen römischen Jahre auszufüllen. Er ist ein Optimist, er glaubt, daß Aktion wieder Aktion hervorbringt. Nicht eine Sekunde läßt er die Aktion der Oper Mazarin schleifen. Unermüdlich erprobt er die Bewegung durch Gehen, das Leben durch Leben. So wie der Wind immerfort Wolkenpaläste am Himmel schafft, erfindet er neue Kombinationen, wenn voraufgegangene zerfallen.

Wie Scapin hüpft er von einem Fuß auf den anderen und legt sich ein neues Gesicht zu. Im Dienst des Papstes? Da bin ich! Im Dienst des Königs? Euer Majestät zu Diensten! Stets hat er mehrere Stücke auf dem Webstuhl. Er springt von einem zum anderen und wirft sein Schiffchen. Von der Angelegenheit, die die »französische Protektion« betraf und die er für Kardinal Antonio zum Guten wendet, das heißt für sich selbst, geht er über zum Kardinalshut für Père Joseph. Eine purpurne Lockspeise, die er oben an einem Klettermast befestigt und mit der er den höllischen Kapuziner ködert.

Der Marschall d'Estrées, der französische Gesandte beim Vatikan, steht mit den Barberini auf Hauen und Stechen. Mazarin vermittelt zwischen dem jähzornigen Diplomaten und seinen empfindlichen »Padroni«. Er belagert das Kardinalskollegium, bahnt sich unterirdische Gänge. Er versucht, die Kardinäle, einen nach dem anderen, für die französische Sache zu gewinnen, und mit ihnen eine französische Partei zu bilden. Wie kaum ein anderer kennt er den Wert eines Tête-à-tête. Eine Partei setzt sich aus Stimmen zusammen. Jede Stimme ist ein Mensch, mit Leidenschaften, Interessen und Eigenheiten. Jedes Schloß hat seinen Schlüssel. Jeder Mensch, jeder Kardinal auch. Mazarin besitzt das Schlüsselbund.

Von den großen Angelegenheiten erholt er sich bei den kleinen. Früher hat er Parfüms verteilt. Er sagte zu Servien, er solle sich nicht beunruhigen, wenn das Orangenblütenwasser, das er ihm schickte, einen rauchigen Geruch angenommen habe, »denn das Parfüm entsteht durch mehrmaliges Seihen. Es duftet angenehmer auf einem Taschentuch oder wenn man es im Zimmer versprengt, als wenn man an den Flakons riecht«. Jetzt ist er zum Aufkäufer von Kunstgegenständen geworden, zum Packer und Spediteur.

»Ich verwahre die vier Statuen, die ich Euer Eminenz beschrieben habe, in Kisten, aber ich wüßte gern, ob ich sie mit den von Monsieur Frangipani gekauften zusammentun soll, damit sie auf den Weg gegeben werden können, oder ob ich sie selber schicken soll. In diesem Fall würde ich sie nach Avignon auf den Weg geben, und die Anweisung erteilen, sie nach Rueil zu bringen, damit sie dort die Giebelstücke der entzückendsten und üppigsten Springbrunnen schmücken, die man sich vorstellen kann. Die Gemälde für die neue Galerie [im Palais-Cardinal, das dann zum Palais-Royal wurde, in Paris] sind bald fertig, und mein Bestreben wäre es, sie in die Galerie zu bringen und dort aufzuhängen, um wenigstens mit solchen Kleinigkeiten meinem Herrn und Wohltäter dienlich sein zu können, da meine geringen Fähigkeiten mir nicht erlauben, es in wichtigen Dingen zu tun.« (Brief an Richelieu, Rom, 30. Mai 1637)

Von den Kisten voller Kunstgegenstände springt er zu diplomatischen Ermittlungen. Mit unmerklichen Kriechbewegungen umschleicht er die Vertreter der kriegführenden Mächte. Sind sie bereit zu einer allgemeinen Waffenruhe, oder sind sie weiterhin blutdürstig? Um das herauszufinden, betastet er sie wie mit empfindlichen Fühlern.

In den Beziehungen zwischen Frankreich und den Herzögen von Parma und Savoyen kennt sich keiner so gut aus wie er. Alles was Savoyen anbetrifft, muß, so wünscht es Richelieu, über Mazarin gehen. Er läßt ihm die amtliche Korrespondenz des französischen Gesandten in Turin übermitteln.

Die Vorschläge und Pläne für einen »allgemeinen Frieden« gehen in Rauch auf. Sonst ist Mazarin stets bereit, jede Friedenskrume aufzupicken, jetzt aber weist er den Versuch eines »Sonder-Waffenstillstands« in Italien zurück. Sollte aus der Taube ein Falke geworden sein?

Pessimismus kommt niemals auf in Mazarin. Pessimismus ist Tod, das heißt, wenn man am Leben ist, Irrealität. Mazarin handelt aufgrund eines höheren Realismus. Er, der früher mit den Fingern das kleinste Stückchen Frieden aufgesammelt hat, ist jetzt für den Krieg. Nicht aus Neigung. Wie das Verbrechen, so »zahlt« der Krieg »sich nicht aus«. Er schiebt die Lösung der Probleme auf und verwickelt sie nur noch stärker. Danach sind sie wieder da, in schlimmerer Form. Und man muß die Kriegsschäden wiedergutmachen, obwohl der Krieg die Schäden eigentlich beheben sollte.

Doch jetzt steht Mazarin ungeheuren Schwierigkeiten gegenüber. Er ist sich klar darüber, daß er bei den Spaniern nichts erreichen kann. An ihren Lederwämsen hat sich schon mancher Mensch die Zähne ausgebissen. Wenn Europa leben soll, müssen sie niedergeworfen werden. Da, wo sie schwach sind: in Italien. Denn dieser Europäer ist auch Italiener, der seinen Stiefel von dem Besatzungsgewürm säubern möchte. Und schließlich vergißt dieser Italiener und Spieler nicht, daß die Spanier ihn aus Frankreich vertrieben haben, dem Land, das die Sterne ihm als Schicksal bestimmt haben.

Im November 1637, dem Erscheinungsjahr des »Discours de la méthode«, entwirft Mazarin, dieser Barockdiplomat, einen Plan, den Descartes nicht abgelehnt hätte: Franzosen und Piemontesen sollen gemeinsam das Mailänder Gebiet den Spaniern entreißen. Es ist nicht die Eroberung des Mondes, eher ein Kinderspiel: »Das ganze Mailänder Gebiet lebte in äußerstem Elend, die Bevölkerung war müde und nicht in der Lage, [den Spaniern] die notwendige Unterstützung zu geben. Die Ortschaften waren schlecht verproviantiert, schlecht befestigt und hatten keine erfahrenen Kriegsleute.« Man schlägt mehrere Fliegen mit einer Klappe: man befreit das Mailänder Gebiet, man nimmt Piemont und Montferrat das drückende spanische Joch ab, man begeistert die Bevölkerung, die »den Entschluß des Königs beifällig aufnehmen wird«, und man vereint zu ewiger Freundschaft das Herzogtum Savoyen und das Königreich Frankreich. Das ist das einzige Mittel, Spanien in die Knie zu zwingen.

1638 sind die Verträge über ein »offensives« und »defensives« Bündnis zwischen Frankreich und Savoyen fertig, die Eroberung ist auf dem Papier festgelegt. Doch ausgeführt wird sie nicht, hingegen stürzt man sich in unendlich viel blutigere Abenteuer. Völker und Könige folgen weniger ihren Interessen als ihren Leidenschaften. Durch einen unechten Realismus, wie er als Folge von Wahnsinnstaten auftritt, wird Mazarin um die Ernte einer reifen Frucht gebracht. Doch Mazarin läßt sich nie entmutigen. Er spielt an allen Tischen, auf allen Instrumenten. In seiner Wunderdoktortasche hat er für jeden Geschmack Lösungen.

Steht Richelieu der Sinn nach Waffenruhe? Mazarin kann ihm Träume von Waffenruhe anbieten. Der Kaiser hat dieses Mittel genommen. Auch den Spaniern sollte man es vorschlagen, so wie heute irgendein Reisebüro einem mürrischen Kunden, der ein Billet von Paris nach einem Vorort kaufen will, eine Reise um die Welt, aber über Tahiti, andreht.

Durch Vermittlung Chavignys versucht Mazarin, Richelieu diese Idee in den Kopf zu pflanzen. Ein Vorführer läßt vor dem Kunden alle Schlösser der Schubladen eines Möbelstücks spielen. So läßt Mazarin »die Liebe der Bevölkerung all dieser Königreiche« schillernd vor Richelieus Auge erstehen, »und der König wird die Vorteile der durch den Krieg errungenen Erfolge genießen können« (8. Dezember 1637). Und dann, wenn man das Möbelstück gekauft hat, sind die Schubladen verklemmt; man kann sie nicht mehr aufmachen.

Richelieu äußert sich beifällig über den Stil des Vorführers, »den Verstand, die Wendigkeit und die Wärme«. Verstand: Begabung, Intelligenz, Fähigkeiten. Wendigkeit: Geschicklichkeit des Darstellers. Wärme: eine sonnenhafte, italienische, aber vor allem eine buntfarbige, samtene.

Richelieu könnte bei Mazarin auch die vitale Großzügigkeit des Künstlers hervorheben, der fortwährend neue Gebilde schafft, oft verbunden mit einer kindlichen Naivität, was bei diesem Fuchs ein unvermutetes Paradox zu sein scheint, aber eine Eigenschaft ist, die schöpferische Menschen haben.

Es ist schön, im Theater zu sein, aber auch hier gibt Mazarin seinem Publikum zu sehr nach. Er verhält sich wie ein Säbelschlucker auf dem Jahrmarkt, der dort herumgeht und beim Einsammeln schreit: »Noch zehn Groschen, und es geht los!«; der aber angesichts allgemeiner Knauserigkeit seine Klinge dann doch sofort schlucken muß.

Trotz aller Zuneigung kann sich Richelieu nur schwer entschließen, Mazarin die Nutznießung der Abtei von Saint-Avold zu bestätigen. Es ist fast peinlich zu sehen, welche Boten Mazarin in Gang setzen muß: »Ich fürchte, mein Barbier ist Eurer Exzellenz lästig gefallen, als er von dieser Angelegenheit sprach, aber ich bitte Sie, mir zu glauben, daß ich ihm keinen anderen Auftrag gab als den, Ihnen nicht lästig zu fallen. Da ich Ihrer Nachsicht sicher bin, kümmere ich mich kaum darum, wie schlecht meine anderen Dinge stehen.«

Man hält ihm verlockend eine andere Abtei vor Augen, die frei geworden ist. Mazarin schickt weiterhin Geschenke an seine Freunde in Frankreich. Gleichzeitig bettelt der auf dem Trockenen sitzende Spender bei Chavigny und erhält zur Antwort: »Man hat so wenig Geld, daß es zum Erbarmen ist«, denn er hatte den Finanzverwalter an den Rockstößen gezupft, doch dieser hatte nichts herausgerückt.

Ein anderer würde mit dem Kopf gegen die Mauern rennen. Mazarin springt lieber über sie hinweg. In Paris Nuntius zu werden, ist unmöglich? Die Sterne mögen sagen, was sie wollen, aber es gibt nicht nur in Paris einen Nuntius. Auch in Turin, wo er eine Menge Verehrer hat. Und in London, wo Königin Henriette ihn hinhaben will. Immer die Frauen! Er muß Montagu bearbeiten. Er überschwemmt ihn mit Briefen, Strömen von Briefen, die breiter sind als die Themse und auf die Montagu nicht immer gleich antwortet. Am 16. September 1637 schreibt Mazarin aus Rom an ihn: »Ungeduldig erwarte ich die Bestätigung, daß ein sehr umfangreicher Brief von mir richtig bei Ihnen eingetroffen ist.«

Er überschwemmt ihn auch mit wohlriechenden Wässern und Handschuhen. Vor allem aber spielt er den Kommissionär. Er übermittelt Montagu, der Bernini zu einer Büste des Königs Karl I. von England beglückwünscht hatte, die dankbaren Empfindungen des Künstlers: »Die wahre Statue ist ihm Ihr Lob, das ihm Ruhm und Ehre bedeutet.« Wiederum ist er Packer und Spediteur im Lärm der Hämmer, mit denen die Kisten vernagelt werden. Er schreibt lange Episteln über die Kunstgegenstände, die er nach London schickt, doch letztlich tut er es nur, um schließlich zum Wesentlichen zu kommen, das schneller abgehandelt wird als die Nebensächlichkeiten: die Fäden, die er spinnt, um Nuntius in London zu werden.

»Ich bitte Sie, es nicht für unmöglich zu halten, daß ich eines Tages dazu verurteilt werde, mich in Ihrem Haus wiederzufinden. Meine geringen Verdienste sind hier [in Rom] zu bekannt, als daß ich hoffen könnte, einen guten Posten zu erlangen. Die Worte, die Sie bei Ihrem Fortgang Kardinal Barberini gesagt haben, meinem Gebieter, hindern mich daran, alle Hoffnungen aufzugeben.«

Und in demselben Brief an Montagu schreibt er etwas, das viel aussagt über seine internationale Einstellung und seine Liebe zu Frankreich: »Zum Trost bleibt mir auf jeden Fall die Gewißheit, daß für einen galant homme jedes Land Vaterland ist.« Ein Emigrantenwort (wo es einem gutgeht, da ist das Vaterland); das Wort eines Menschen, der als Wurzeln nur noch seine Anpassungsfähigkeit haben will in dem Land, das ihm erlaubt, sie am besten zu entfalten.

1638: das Jahr des circulus vitiosus. Um Kardinal zu werden, muß er Nuntius sein. Da er nicht Nuntius ist, wie kann er also Kardinal werden? Eine einzige Abkürzung führt direkt zum Kardinalshut: wenn man »Kandidat einer Krone« ist, offizieller Kandidat eines Königs. In Frankreich?

Dort ist Père Joseph, dieser alte Spitzbart, Kandidat. Warum dann nicht in Polen, auf dem Mond, beim Teufel?

Mazarin träumt von einem Nest beim König von England, oder beim König von Polen. Würde er dann Mazarining, Mazarinski heißen?

Er klammert sich jedoch an Frankreich. Was ihn zum Franzosen macht, ist der Haß auf Spanien: »Ich bin nicht als Untertan des Königs geboren, aber ich glaube mir wirklich einbilden zu können, daß die Erklärungen der Spanier mich zum Franzosen kanonisiert haben, so daß man mir gerechterweise erlauben kann, Frankreich mein Vaterland zu nennen.«

»Das Vaterland«, nicht mehr das weiche Ruhekissen, sondern die Folterkammer. »Kanonisiert« durch die Schmähungen, wie die Heiligen durch Verbrennung oder Pfählung.

Die Spanier speien Gift und Galle über diesen von den Franzosen gekauften Verräter. Durch eine Ernennung in Paris würde er ein als Nuntius verkleideter Spion für Frankreich sein. Nicht der Nuntius des Papstes, sondern Richelieus. Dann könnte auch der Erzbischof von Lyon, der Bruder des Kardinals, gleich zum Nuntius in Frankreich ernannt werden, oder in Spanien der Bischof von Cordoba. Das sind die hämischen Reden der Spanier.

Mazarin ist der großartigste Gesandte gewesen. Er hat das Schicksal Europas entschieden. Er hat das Wunder von Casale vollbracht! Und jetzt in Rom behandelt man ihn als Stümper! »Ich absolviere das Noviziat, nachdem ich längst die Profeß abgelegt habe.« In der Ewigen Stadt könnte er den Beinamen »Colmardo«, Küchenhelfer, wirklich tragen. Doch nicht mehr von Richelieu zärtlich hingemurmelt, sondern von dem strengen Barberini geknurrt, der eifersüchtig auf seinen leichtlebigen Bruder ist.

Mazarin ist Barberinis Prügelknabe, wie ein von seinem Feldwebel tyrannisierter Soldat. Barberini macht ihn verantwortlich für alle Ausfälle des törichten Marschalls d'Estrées, des französischen Gesandten in Rom, als hinge alles, was französisch ist, von Mazarin ab.

Mazarin schreibt an Chavigny am 12. August 1639: »Die Methode von Kardinal Barberini besteht darin, alles zu verreißen, ehe es getan ist. Ich kann Ihnen versichern, daß ich in diesen drei Jahren in Rom dieser verdammten Art und Weise zu verhandeln wegen mehr gelitten habe als in meinem ganzen Leben. Ich schufte Tag und Nacht, unter fortwährender Besorgnis, ich fühle mich allenthalben abgestoßen und ich erreiche nichts. Alles ist ›Colmardos‹ Fehler, und wenn die Angelegenheiten in Ordnung kommen, wird ihm kein Lohn zuteil, denn es sind Angelegenheiten solcherart, über die, selbst wenn sie in Ordnung gekommen sind, sich nicht zu sprechen verlohnt.«

Folter der Schikane – schlimmer als das Rad. Um ihn zu demütigen, überträgt Barberini ihm nur niedere Geschäfte. (In der Kaserne hat man später auch einen Nobelpreisträger den Hof fegen lassen.) Er spickt die

Aufträge mit Stacheln, damit Mazarin aufsässig wird und man ihn wegen Widersetzlichkeit gegen seinen Oberen anschuldigen kann. »Der Papst spricht stets mit Liebe und besonderer Achtung von mir. Und dennoch wird gesagt, er habe eine Aversion gegen mich! Ich verstehe überhaupt nichts mehr.« Aus Verzweiflung bekommen seine Briefe manchmal romantische Akzente, er denkt an den Tod. »Ich schwöre Ihnen bei Gott, daß ich am Tagesausklang zuweilen einschlafe mit dem Wunsch, mich nicht mehr aus dem Bett zu erheben, um dem elendsten Leben, das man sich vorstellen kann, zu entgehen.«

Zurück nach Frankreich – egal wie und als was »Als Feldkaplan.« Als Hausmeister, als Verwalter, wie sein Vater. Um »die Statuen aufzustellen und Sorge zu tragen für das Schloß« von Richelieu im Poitou. In einen Winkel verwiesen, wie ein Hund: »Zwei Zimmer bei Richelieu wird man mir nie verweigern.«

Oder als Soldat! Der ehemalige Hauptmann würde den Dienst wieder aufnehmen; auch bis jetzt noch haben sich Prinzen für die Fremdenlegion verpflichten lassen. Er geht fast soweit, Kardinal La Valette, dem Befehlshaber der französischen Armee, die nach Piemont gekommen ist, um die von den Spaniern angegriffene Herzogin, Madame Chrétienne, zu verteidigen, seine aktive Teilnahme anzubieten: »Ich kann Ihnen aufrichtig schwören, daß mir das Gewand des Prälaten nie so viel Mißvergnügen bereitet hat wie jetzt, da es mir untersagt ist, Ihnen mit einer Pike zur Verfügung zu stehen. Es müßte den Prälaten eigentlich zustehen, unter einem General-Kardinal Dienst zu leisten.«

Doch Richelieu erweist sich als treuer Freund. Dem in einem Abgrund von Erniedrigung sitzenden Mazarin, diesem mit Füßen getretenen Staub bedeutet Richelieu, daß er unersetzlich ist. »Colmardo kann nicht in Vergessenheit geraten, insbesondere nicht bei Kardinal Richelieu. Wenn Ihre Feinde mächtig sind, so ist der Schutz, unter dem Sie stehen, nicht schwach. Der König liebt Sie . . .« Vorübergehend will er ihn der Dienste wegen, die er leistet, noch in Rom belassen. Dort kann Mazarin Wache für Frankreich halten, er ist da so etwas wie ein französischer Gesandter. Er vertritt den eigentlichen Gesandten, diese Null, den Marschall d'Estrées, der mit dem Papst und den Barberini spinnefeind ist. Mazarin soll die Zähne zusammenbeißen und alles erdulden. So sind die Anweisungen. Dächte er christlicher, so würde er meinen, er trüge sein Kreuz. Doch ein solcher Gedanke kommt ihm, der niemals hat Priester sein wollen, nicht. Ihm nicht, den die Kirchenmänner nicht als einen der Ihren betrachten, und dessen Glaube nur lau ist.

Richelieu zwingt ihn zu einem größeren Heroismus als den von Casale. Nach dem Ruhm jetzt die Erniedrigung. Dieses Aschenputtel der vatikanischen Kanzleien, an dem Barberini seine Pantoffeln abtritt, ist in Rom die eigentliche Garnison und Gesandtschaft Frankreichs.

Wie kann Mazarin Kardinal werden? Richelieu sucht nach irgendeiner Lösung. Unmöglich ist es jedenfalls, den unangenehmen Père Joseph zu übergehen, den Kandidaten für den »Kardinalshut der Krone«. Im Oktober 1638 fragt Ludwig XIII. beim Papst an, ob bei einer der nächsten Ernennungen Frankreich nicht zwei Kardinalshüte gewährt werden könnten; der zweite sei für Mazarin. Angesichts dieser Forderung, die in den Papierkorb wandert, gerät Barberini außer sich.

Zwei Monate später, am 18. Dezember, stirbt Père Joseph. Noch ehe er den letzten Atemzug getan hat, sprengt ein Kurier mit verhängtem Zügel in den Vatikan. Richelieu zieht die Benennung des Sterbenden für den »Hut der Krone« zurück. Er schlägt dafür einen Lebenden vor: Monsieur Mazarin.

Anfang Januar 1639 teilt Richelieu Mazarin den Tod von Père Joseph mit und seine, Mazarins, Benennung für den »Hut der Krone« von Frankreich. Ein gewöhnlicher Bürger würde seine gute Tat mit Trompetenstößen verkünden. Richelieu wirft mit seiner aristokratischen Feder ein geheimnisvolles Postscriptum hin, das wie ein Zettel wirkt, der in einem Salon auf einer Kommode liegenblieb. Eine fürstliche Kürze drückt sich darin aus, die genügen müßte, die Ungerechtigkeit der »Literaturgeschichte« zu tilgen und Richelieu unter die großen französischen Schriftsteller einzureihen: »Monsignore Colmardo wird erkennen, wie gut es ist, sich in den Dienst großer Fürsten und gütiger Herren zu begeben, wie der es ist, dem wir dienen. Er wird auch erkennen, wie gut es ist, treue Freunde zu haben, und daß ich nicht der geringste bin, den er auf der Welt hat.«

Mazarin wird fast ohnmächtig vor Glück: »In keinem Jahrhundert ist ein solcher Mann geboren worden!« Atemlos vor Dankbarkeit schreibt er einen von Tränen feuchten Brief an Richelieu, einen Brief eines Ertrinkenden an seinen Retter: »Sie sind mein Wohltäter, so sehr, daß es um Colmardo geschehen wäre, wenn er nicht durch die Zuneigung Eurer Eminenz wiederaufgerichtet worden wäre.« »Wiederaufgerichtet«, aus dem Wasser gezogen. Richelieu tut mehr, als ihm die Laufbahn zu ebnen. Er rettet ihm das Leben.

Eine Zeitlang bezeigt ihm der Papst eine gewisse Beachtung. Ende Februar 1639 glaubt Mazarin, seine Ernennung stünde bevor. Einen Monat später: Rückfall in den Abgrund. Aus Paris übermittelt Chavigny schlechte Nachrichten. Barberinis Haß ist nicht auszurotten. Nuntius Bolognetti erscheint offiziell bei Richelieu, um ihm im Auftrag Urbans VIII. mitzuteilen, daß Mazarin als Untertan des Papstes nicht Kandidat für den »Hut der Krone« von Frankreich sein könne. Was für erbärmliche Spitzfindigkeiten!

Damit es nicht den Anschein hat, der Wunsch des Königs von Frankreich erleide eine Abweisung und der Papst lehne dessen »Kron«-Kandidaten ab, was eine unüberbietbare Beleidigung wäre, fügt der Nuntius tückisch hinzu, das sei nur eine »Formalität«. Einer jener Stempel in einem

Paß, die mehr noch als eine Mauer jemanden daran hindern, eine Grenze zu überschreiten.

Hier muß ein wichtiges Problem angeschnitten werden: Ist Mazarin, der spätere Erste Minister und Herr Frankreichs Italiener geblieben, oder hat er sich naturalisieren lassen und ist Franzose geworden? Sollte er nur einer von den italienischen Abenteurern gewesen sein, ein zeitweiliger Günstling, wie Concini, der in den französischen Geschichtsbüchern nie als »Concin« auftritt? Sollte Mazarini nur grammatikalisch als »Mazarin« naturalisiert worden sein? Sollte seine ganze Bemühung, Franzose zu werden, nur darauf hinauslaufen, daß er lediglich ein i in seinem Namen verloren hat?

1879 entdeckt der Historiker Chéruel die »Kopie« der Naturalisationsurkunde, die Ludwig XIII. im April 1639 für Mazarin ausgestellt hat. Alle Historiker schenken ihm Glauben. Heute jedoch stellen einige Gelehrte, so Georges Dethan, die Frage, wie es zu erklären sei, daß Mazarin niemals eine Andeutung über diese Naturalisierung gemacht hat. Weshalb hat Mazarin, der stets freimütig an Chavigny schrieb, eben diese äußerst wichtige Tatsache nicht erwähnt?

Das von Chéruel aufgefundene Dokument ist nur eine späte Kopie aus den Registern der Rechnungskammer. Das Original dieser Register ist vorhanden. Georges Dethan hat sie durchgesehen und keine Spur der Akte vom April 1639 gefunden. Er folgert: »Es ist mithin nicht erstaunlich, daß Mazarin Ende Mai 1639 an Chavigny schreibt, die diplomatischen Erfolge Frankreichs hätten ›alle guten Italiener‹ erfreut. Es ist sicher, daß er sich zu ihnen rechnete, und es besteht kaum Grund, daran zu zweifeln, daß diese paradoxe Gestalt, die Kardinal war, ohne Priester zu sein, Leitender Minister Ludwigs XIV. wurde, ohne jemals Franzose gewesen zu sein.«

Hierzu kann folgendes festgestellt werden: Mazarin ist unbestritten, wie alle Genies, eine »paradoxe Gestalt«. Doch nicht, weil er »Kardinal war, ohne Priester zu sein«. Der Priester ist »geweiht«. Der Bischof »gesalbt«. Der Kardinal ist nur ein Würdenträger, der vom Papst »ernannt« wird. Er ist ebensowenig gesalbt wie der Postminister. Um Kardinal zu werden, ist es nicht notwendig, Priester zu sein, (damals) nicht einmal notwendig, unwiderruflich für das Priestertum bestimmt zu sein. Die niederen Weihen genügen. Das erforderliche Mindestalter beträgt einundzwanzig Jahre. Der Papst könnte Laien nach Beendigung ihrer Militärzeit zu Kardinälen ernennen. Dieser Fall ist nie eingetreten. Die Vorschriften jedenfalls verbieten es nicht. Wenn der Vatikan Mazarin den Kardinalshut verweigert, geschieht es nicht, weil er etwa zu jung ist, sondern aus politischen Gründen und aus Eifersucht. Im übrigen ernennt der Papst einfache »niedere Geistliche« nur zu Kardinälen, wenn sie regierenden Familien angehören. Der Kardinal-Infant, Bruder Philipps IV., einer der hervorragendsten spanischen Generale, hat den Purpur im Alter von zehn Jahren erlangt. Fürst

Maurizio, Bruder von Viktor Amedeus von Savoyen, erhält ihn, ohne zum Priester geweiht zu sein, nach einer bescheidenen ersten Tonsur. Es wäre lächerlich, wenn Mazarin, aus einfacher Familie, Sohn eines Verwalters, es wagte, auf solche fürstlichen Gunstbeweise Anspruch zu erheben.

Zweites Paradox: Ist Mazarin »Minister Ludwigs XIV. gewesen, ohne jemals Franzose gewesen zu sein«? Mit bewundernswerter wissenschaftlicher Loyalität hat Georges Dethan 1968 in einem weiteren Werk seine Ansichten aus dem Jahre 1959 revidiert. Ja, das Original der Naturalisationsurkunde Mazarins ist verschwunden. Aber im Jahre 1923 hat Léonce Celier das »Protokoll« der Rechnungskammer unter die Lupe genommen: das Verzeichnis der Entscheidungen, das von den Kanzleischreibern angefertigt wird. Das »Protokoll« dient als Unterlage für die Erstellung der »Urschrift«, die vom Präsidenten und vom Kanzleischreiber unterzeichnet wird. Sie allein hat rechtlichen Wert. Das »Protokoll« hat nur einen De-facto-Wert, der für die Historiker hinreicht.

1923 hat Léonce Celier aus diesem »Protokoll« ersehen, daß die »Naturalisierungsurkunde« Mazarins, deren Original verschwunden ist, »im Juni 1638 durch die Finanzverwaltung ordentlich registriert und geprüft worden ist«. Es ist wie unter allen Regimen: was der Fiskus tut, das allein ist gut und richtig.

Jetzt gibt Georges Dethan Aufschluß über das Schweigen Mazarins und seiner Zeitgenossen hinsichtlich der Naturalisierung. »Der Ausländer, der naturalisiert wurde, verlor nicht seine ursprüngliche Nationalität.« Folglich war Mazarin im Besitz doppelter Staatsangehörigkeit. Als neugebackener Franzose ist er Italiener geblieben.

Im Juni 1971 hat Georges Pompidou, Präsident der Französischen Republik und Nachfolger Ludwigs XIII., eine ähnliche Fiktion geltend gemacht, um Julien Green, Schriftsteller französischer Sprache, aber amerikanischer Staatsangehörigkeit, zu ermöglichen, in die Académie française gewählt zu werden. Green wollte seine ursprüngliche Nationalität nicht ablegen. Deshalb wurde erklärt, er »würde als Franzose betrachtet«, weil er in der französischen Armee gedient und lange Zeit in Frankreich gelebt hatte. Mithin konnte Mazarin einen Monat, nachdem er seine Naturalisierungsurkunde erhalten hatte, an Chavigny schreiben, »alle guten Italiener« freuten sich über die diplomatischen Erfolge Frankreichs. »Er zählte sich zu ihnen« aus dem einfachen Grund, weil er Italiener geblieben war. Und zwar ein »guter« Italiener, das heißt ein Franzose dem Herzen und dem Verstand nach, der froh war über die ganz frische Naturalisierungsurkunde in seiner Tasche.

Diese Urkunde ermöglichte Mazarin auch, bestimmte Handlungen vorzunehmen. Er war jetzt »fähig«, sein Vermögen und seinen Besitz in Frankreich zu vererben, dort kirchliche Pfründen zu besitzen, wozu er vorher rechtlich »unfähig« war.

Große Persönlichkeiten, die keineswegs daran denken, Franzosen zu werden, ersuchen um eine solche Urkunde einzig und allein, um ihren Besitz in Frankreich zu sichern oder dort Abteien zu erwerben. Darunter befinden sich die Fürsten von Savoyen und 1652 sogar der schöne Kardinal Antonio, Mazarins »padrone di cuore«.

Mazarin ist den Geldquellen nähergerückt und kann jetzt gottlob gleich zu Anfang dornige Probleme in Ordnung bringen. Seine französischen Freunde locken ihn von fern mit dem Paktolus, dem Goldstrom, der aus seiner Abtei Saint-Médard-de-Soissons in seine Truhen fließen wird. Der Titular dieses Klosters, François Holtmann, war so gütig, im März 1636 zu sterben. Von Ende des Jahres an werden die Einkünfte an Monsieur Charles, Mazarins Faktotum in Paris, ausgezahlt. 1637 beziffern sie sich auf viertausend Taler. Sie werden noch größer. Die Domänen von Saint-Médard scheinen von Engeln verwaltet zu werden. Es hat eine besondere Bewandtnis mit diesen Domänen. »Der Mann, der sich um die Domäne kümmert, glaubt, es sei für eines meiner Kinder, und ich habe ihn durchaus bei diesem Glauben gelassen«, schreibt Chavigny an Mazarin. Darum verdoppelt der Verwalter auch seine Bemühungen; er will dem Mitarbeiter Richelieus zu Gefallen sein. Chavigny griff zur Lüge, weil der geheimnisvolle Nutznießer, den die Benediktiner nicht kannten, ein Ausländer war, der ferne Mazarin. Und Mazarin kannte Saint-Médard nicht der im 6. Jahrhundert Bischof von Noyon war, den Wetterheiligen:

Quand il pleut à la Saint-Médard
Il pleut quarante jours plus tard.

Wenn es an Saint-Médard regnet
Regnet es vierzig Tage lang.

Jetzt, da Mazarin seine »Naturalisierungsurkunde« besitzt, kann er bekanntmachen, daß er der Abt von Saint-Médard ist, wiewohl er den Heiligen noch immer nicht besser kennt. In der Präambel zu der Urkunde bezog sich Ludwig XIII. auf die »bedeutenden und unschätzbaren Dienste, die Sieur Jules Mazarin dem Staat bei verschiedenen Verhandlungen, Verträgen und Affären erwiesen hat, die hauptsächlich den Frieden und die Eintracht unter den mächtigsten Fürsten der Christenheit betrafen«.

Wenn Mazarin dem König antwortet, schlägt er nicht jenen bewundernd scherzhaften Ton an, wie gegenüber Richelieu. Er greift zu seiner aufwendigsten Feder, als schriebe er an das Standbild von Frankreich: »Ich habe keine größere Pflicht, aber auch keinen größeren Wunsch auf dieser Welt, als wirklich der Diener mit der unendlichen Ergebenheit und Achtung sein zu können, der ich durch die Güte Eurer Majestät mich rühmen kann zu sein.« (9. Juni 1639)

Mazarin verleugnet sein Heimatland nicht. Er ist stolz auf Rom, die

Stadt der Wölfin, die Stadt der Städte, die Hauptstadt der Kirche. Lange Zeit fühlte er sich als Franzose »aus Dankbarkeit und Veranlagung«. Doch diese Liebe war schwankend und hätte sich ebensogut auf andere Länder, wie erinnerlich, richten können: auf England, Savoyen, Polen ... Wie die Katze, die darauf wartet, daß sie ein Zeichen bekommt, erwartet er, daß man ihn stark genug liebt, um ihn wirklich zu behalten. Nun endlich ist die Liebesprobe erfolgt, auf die auch die Frauen stets warten: der Heiratsantrag. Dann fallen sie bebend in die Arme des Mannes, der ihnen eine ungeheure Ehre zuteil werden läßt: ihnen seinen Namen zu geben.

Als »Kandidat auf den Kardinalshut der Krone« ist Mazarin nicht mehr nur »Rinzama, Nunzinicardo, Colmardo, Colmarduccio«, Kosenamen, die man Katzen gibt, wenn man ihnen den Kopf krault. Er wird eine Persönlichkeit, die man respektiert, die Kardinal wird.

Aber der Dulder von Rom, der Fußabtreter Barberinis, ist mehr auf Anerkennung bedacht als auf Ehren. Kardinal zu sein, ist interessant, »Eminenz« angeredet zu werden, wertvoll. Kirchenfürst zu sein, ist hübsch. Das Alltagsgewand gegen eine Purpurrobe einzutauschen, ist zweckdienlich. Besser aber noch ist es, der offizielle Kandidat Frankreichs zu sein.

»Zum Franzosen kanonisiert«: nur ein Ausländer kann eine solch schmeichelhafte Wendung finden. Alle wetteifern in Begeisterung über Frankreich. 1625 schrieb der Holländer Grotius an Ludwig XIII.: »Wenn Gott dich in Sein Königreich ruft, das allein das deine übertrifft«, was so gedeutet werden kann: »Frankreich ist das schönste Königreich nach dem des Himmels.«

Mazarins Worte drücken das gleiche aus. Und wenn man bedenkt, daß sie aus der Feder eines zukünftigen Kardinals kommen, könnte man sagen, er geht noch weiter. Sein Himmel ist auf der Erde, ist Frankreich. Unter den Figuren des Kartenspiels dieses Spielers (Kardinalshut, Krone, Heiligenschein) interessiert ihn der Heiligenschein nur, wenn er ihn hienieden erhält. Ihm ist der Hut lieber, da er einen geplagten Emigranten vor Unbilden schützt.

Doch dieser zukünftige Kardinal, dessen Idealwelt rein laizistisch ist, treibt die Diplomatie bis zur Heiligkeit. Wenn man unter Heiligkeit die Überwindung der Natur, die Askese, die Bezwingung der Leidenschaften versteht. Er, der in Rom im Namen Richelieus den katastrophalen Gesandten, den Marschall d'Estrées offiziös vertritt, ist kein geschworener Feind dieser Plage. Er schreibt dessen Schnitzer seiner »feurigen Natur« zu. Er verhält sich wie ein Akrobat, der nachsichtig einem naiven Amateur zuschaut, der sich auf ein Seil gewagt hat und sich beim ersten Schritt die Knochen brechen wird. Jeder bleibe bei seinem Leisten! Der Marschall ist kein Diplomat.

Dieser im Privatleben recht angenehme Mann empfängt die Menschen, die er gern hat, offenen Herzens. So nimmt er auch Mazarin auf, der in

Ausübung seines Dienstes den äußerst unangenehmen Auftrag hat, ihn aus seinem Amt zu drängen. Auf den Abendgesellschaften in der Gesandtschaft mit Musik und Theateraufführungen bezaubert Mazarin, wie immer, alle Leute. Er ist der Schwarm der Töchter des Marschalls, vor allem der jüngsten, die ihn spielerisch als ihren Ehemann betrachtet. »Ich bitte Sie inständigst«, schreibt er an die Marschallin, seine fiktive Schwiegermutter, »meiner kleinen Gemahlin einen Kuß von ihrem Mimi zu geben.« In der Gesandtschaft pflegt »Mimi« die Wunden, die ihm der Henkersknecht Barberini schlägt.

Es wäre töricht zu glauben, daß seine Benennung als Kandidat für den »Hut der Krone« für Mazarin das Allheilmittel wäre. Brosamen, wie die Saint-Médard betreffenden Bullen, wirft ihm der Papst gern zu, was aber den Hut angeht, basta! Ende 1639 befindet sich Mazarin, der sich menschlichem Ermessen nach schon als Kardinal sehen könnte, in einer Hölle. Sollte er einer von jenen Soldaten sein, die noch eine Minute vor dem Waffenstillstand fallen? Er wird nicht mehr als der brillante Italiener behandelt, der geduckt werden muß, sondern als Spion, der aufgehängt gehört.

Doppelte Staatszugehörigkeit? Lediglich ein Traumbild! Wenn er mit Frankreich verheiratet ist, muß er sich von Italien scheiden lassen; die einzige Scheidung, die Italien zuläßt. Italien stößt ihn aus wie seinen unechten Vorfahren Giovanni Mazarini, der mit den Franzosen kollaborierte und bei der Sizilianischen Vesper 1282 geächtet wurde.

Ludwig XIII. hat eine Weile gehofft, der Papst würde es akzeptieren, der Pate des Dauphins, seines neugeborenen Sohnes, zu werden. Doch davon kann nicht die Rede sein. Urban VIII. würde diese Ehre ablehnen, denn er weiß, daß man sie ihm nur anträgt, um eine Gelegenheit zu schaffen, sich bei der Taufe in Paris durch Mazarin vertreten zu lassen. Das wäre ein zu großer Sieg für den geschmähten Mazarin und für sein Frankreich.

Marschall d'Estrées spielt mit in diesem Konzert des Hasses. Haß ist die einzige Musik, die er von nun an dem einstigen Zuhörer seiner Orchesterabende bietet. Wenn er den Namen der beiden Barberini, des guten und des bösen, hört, sieht er rot, und er wütet gegen den Günstling von Kardinal Antonio, der zugleich Richelieus »Colmarduccio« ist. Für »Mimi« gibt es keinen Kuß von seiner »kleinen Gemahlin« mehr!

Im September stirbt Mazarins Schwager Geronimo Martinozzi. Ein Schwager ist weder ein Bruder noch ein Vater, doch die Trauer um ihn ruft neue Tränen hervor. Mazarin beginnt zu glauben, Gott stehe auf seiten Francesco Barberinis. Das Ende der Welt. Himmel und Erde stürzen ein. In der Finsternis bläst der Wind seinen Stern aus, fegt dem Spieler die Karten aus der Hand.

Mazarin gibt sich einen letzten Ruck, er ruft um Hilfe. Flehentlich bittet er Chavigny, ihn nach Paris zu rufen. Kardinalshut oder Leben? Das ist keine Frage mehr: nur noch Leben! Paris ist nicht mehr nur eine bezaubernde Stadt, sondern gleichbedeutend mit Luft, Brot, Atem. Das Heil in dieser und der anderen Welt: »Bin ich erst bei Seiner Eminenz, meinem teuren Herrn und Gönner, und bei Ihnen, werde ich mich wie im Paradies fühlen.«

Endlich trifft die Einladung des Königs ein, die inbrünstiger erwartet wurde, als Verstärkung von einem in den letzten Zügen liegenden Belagerten. Während eines Monats packt Mazarin seine Koffer und nimmt Abschied von diesem Hofstaat von Heuchlern. Unterwürfigkeit im Gesicht, das Rückgrat gebeugt, so verabschiedet er sich, dem Protokoll gemäß, von seinen Henkern. Diese sind keineswegs erstaunt über seine Verbeugungen. Wie sollen sie wissen, ob er aufrichtig ist oder nicht? »Man kann in die Herzen nicht hineinschauen.« Der »allzu freundliche« Monsignore hat, mit der Großmut des Genies, viele Mittelmäßige gut behandelt. Zudem sind in damaliger Zeit Verbeugungen und Kniefälle etwa zu vergleichen mit unserem Händeschütteln. Mazarin vollführt sie einfach nur mit größerer Anmut und Eleganz als andere, er bleibt freier dabei als wir heutzutage mit unserem Duzen.

Der spanische Besatzer ist mißtrauisch. Man verweigert ihm den Paß. Das kümmert Mazarin nicht. Ihm sind wieder Flügel gewachsen. Indes, es ist nicht einfach für einen Beamten, in seinem eigenen Land mit einem falschen Bart zu reisen. Nach Ablehnung des Passes wird Mazarin noch stärker beobachtet. Jeder Schritt, den er tut, wird von einem Polizisten bewacht. Er ist nicht mehr »persona grata«, wie die zugelassenen Diplomaten, sondern »persona ingratissima«.

Der von den Spaniern okkupierte Boden Italiens schließt sich um ihn wie eine Wolfsfalle. Es bleibt ihm nur das Meer. Es hat ihm stets Glück gebracht. Im Frühling 1622, als er zwanzig Jahre alt war, trug es ihn hinweg von der Spielhölle Rom und brachte ihn mit seinem adligen Gefährten Colonna nach Spanien, seinem Eldorado. Hier begegnete er einer unglücklichen Liebe und fand den Schlüssel zu einer späteren märchenhaften Liebe. Jetzt liegt die Gefahr nicht mehr bei ihm, sondern beim einst von ihm vergötterten Spanien und bei dessen italienischen Kollaborateuren. Sein Himmel ist Frankreich.

Am 13. Dezember 1639, im Weihnachtsmonat, der den Menschen das Glück verkündet, verläßt er Rom wie ein Dieb in der Nacht. Die Nacht ist die Vertraute dieses verliebten Spielers, sie hat manches Mal unter ihrem Mantel seine Heldentaten, sein Kommen und Gehen verborgen. Er begibt sich nach Civitavecchia, wo zweihundert Jahre später ein dicker, zum Schlagfuß neigender Mann namens Beyle, französischer Konsul, doch weniger Diplomat als Mazarin, von seinem eigenen Kanzler verfolgt wird, der ihn als »gottlos und politisch revolutionär« bei der päpstlichen Regierung angezeigt hat. Beyle kommt fast um vor Langeweile, stöhnt unter der

Sommerhitze, reißt seinen hohen, goldbestickten Kragen auf und schreit: »Soll ich wegen der Dummköpfe hier ersticken? Es hat ganz den Anschein.« Dieser Beyle schrieb unter dem Namen Stendhal Bücher, die, wie er es vorausgesagt hatte, erst hundert Jahre später gelesen wurden. Auch er war ein Märtyrer. Aber im Gegensatz zu Mazarin wird er in dieser Welt weder reich noch mächtig. Erst in der anderen Welt empfängt er seinen Ruhm. Und wiederum im Gegensatz zu Mazarin liebte er Italien, so wie dieser Frankreich liebte. Sein höchstes Ziel: zum Italiener »kanonisiert« zu werden. Schade, daß er das Wort »kanonisiert« nicht gekannt hat. Auf seinen Grabstein, auf dem Friedhof Montmartre in Paris, läßt er die Inschrift einmeißeln: »Arrigo Beyle, Milanese«.

Seinen Vornamen Henri italianisiert er in Arrigo. Giulio Mazarini französisiert sich in Jules Mazarin. Doch Stendhal hat, ohne es zu ahnen, den jungen Hauptmann Mazarini in »Die Kartause von Parma« beschrieben und dargestellt in der Gestalt des Fabricio del Dongo. Sein ganzes Leben lang ist Kardinal Mazarin eine Gestalt, die Stendhals Helden sehr nahe kommt. Im Augenblick wartet er in Civitavecchia auf eine italienische Tartane, die nicht am Horizont erscheint.

Das Schicksal bietet ihm, wie auf einem Tablett, »ein gutbestücktes französisches Schiff an, das dabei ist, die Segel zu setzen«. Das schönste aller Schiffe! Am liebsten möchte er den Rumpf küssen, die Takelage, die Matrosen, und auf die Tartane spucken, die nicht kommt, die gerade gut genug ist, die Steine seines armseligen Italien zu laden, aber unwürdig, »Cäsar und sein Geschick« hinwegzutragen.

Kaum hat Mazarin den Fuß auf das Stück schwimmenden französischen Bodens gesetzt, da ändert sich alles. Alles wird heiter. Den Franzosen gehorcht und gelingt alles. Sie sind tüchtig, sie sind schnell. Mitten im Winter ist Frühling, wie damals, als der Zwanzigjährige nach Spanien segelte. Mit dem Wind der Geschichte im Rücken steuern die Franzosen ihrem Großen Jahrhundert zu, und der Garant dieser großen Zeit ist der Passagier, den sie an Bord haben. Direkter Kurs auf Marseille! »Wir waren drei Tage unterwegs, und in den Winden spürte ich die Sicherheit, die mir die Spanier verweigerten.«

Ende Dezember trifft Mazarin in Lyon ein. Hier begegnete er vor fast zehn Jahren zum erstenmal dem Mann, dessen Sache er zu seiner eigenen macht.

Am 5. Januar 1640 wirft er sich, atemlos vor Freude, als komme er in sein eigentliches Vaterland zurück, Ludwig XIII. und Richelieu zu Füßen. Dieses vernachlässigte Kind der Diplomatie findet endlich seine wahre Familie. Tot oder lebendig – in das undankbare Italien kehrt er nie wieder zurück.

In Frankreich wird Mazarin mit Begeisterung aufgenommen. Chavigny gewährt ihm zunächst bei sich, ohne jede Umstände, in der Rue du Roi-de-Sicile Unterkunft, dann sucht er eine Wohnung für ihn in Paris. Und was Richelieu angeht: »Seine Eminenz behandelt mich mit so viel Zutrauen und Freundlichkeit, daß ich wahrhaftig nicht mehr verlangen kann.«

Der Kardinal erweist ihm eine ganz besondere Gunst. Es scheint, er habe nur auf ihn gewartet, um seine neben der Politik heißeste Leidenschaft stillen zu können: seine Theaterleidenschaft. Wie soll der Saal aussehen, der das Glanzstück seines Palais werden wird? Grundriß, Ausmaße, Akustik? Mazarin ist Theaterratgeber, Architekt, Bühnenausstatter und Regisseur, er wählt das Repertoire aus und dirigiert das Ganze.

Seit langem schmiedet Mazarin heimlich an einem Plan: Er möchte die italienische Oper in Frankreich einführen. Aber die Franzosen sind konservativ, obwohl es den Anschein hat, sie zertrümmerten alles Alte. Die geringste Kleinigkeit vermag sie zu schockieren, so behaupten die Meister der Meinungsforschung.

»Alle sind der Ansicht, daß die musikalische Komödie in diesem Land keinen Beifall finden wird, und obwohl ich das Gegenteil glaube, möchte ich es nicht wagen, Ausgaben dafür zu machen. Denn ich fürchte, daß viele beharrlich sagen werden, das tauge nichts.«

Über Richelieu hinweg gewinnt er den König für seine Ideen. Der treffliche Kardinal Bichi ist begeistert: »Ich freue mich zu hören, daß der König daran denkt, eine kleine musikalische Komödie aufführen zu lassen, denn ich glaube, wenn er sich an den Redegesang gewöhnt, wird er Vergnügen daran finden und sehen, daß diese Darstellungsweise viel eindrucksvoller und angenehmer ist.«

Diese Nettigkeiten befriedigen Mazarin nicht. Er hat sich nicht zum Ziel gesetzt, ein Theater hinter einem Horizont von Schminktöpfen zu leiten. Der Papst behauptet weiterhin, daß niemand, und wäre es der König von Frankreich, ihm einen Kardinalkandidaten aufdrängen kann. Der König bleibt dabei, ihm Mazarin aufzudrängen. Er hat sogar die Unbefangenheit, die sich nur die »Harmlosen« und die Könige erlauben können, ein Wort auszusprechen, das den Papst wahrscheinlich zum Lächeln veranlaßt: das Wort »Verdienst«. Er verknüpft damit eine moralische Verpflichtung, eine geheiligte Gewissenspflicht. Würde der König sie verletzen, beginge er ein Verbrechen, die Unterlassung der Hilfeleistung gegenüber einer in Gefahr befindlichen Person. Er würde sich zum Helfershelfer der Aggressoren machen. Der König bringt noch einen emotionellen Grund vor, der die Steine erweichen müßte: die Liebe, die dieser Gequälte für seine Peiniger empfindet, insbesondere für die grausame Eminenz Barberini, eine Liebe, die einem künftigen Kardinal der Heiligen Römischen Kirche gut ansteht.

Und niemand soll glauben, daß der König von Frankreich eines Tages seine Meinung ändern könnte! Niemand soll hoffen, daß man den Fisch im Weihwasser ertränken könnte. »Keine Erwägung kann den König davon abbringen, von der Ernennung des Sieur Mazarin Abstand zu nehmen, da er dazu triftige Gründe hat und sich verpflichtet fühlt, keineswegs nachzugeben und einen für das Kardinalsamt so würdigen Mann dem Haß seiner Gegner auszusetzen, der sich um den Staat wohlverdient gemacht hat und von dem er überdies weiß, wie sehr er dem Haus Barberini zugetan ist.«

Der Papst weigert sich beharrlich. Richelieu, der dank der tausend Augen und Ohren seiner Diplomaten und Polizisten alles erfährt, hat diesen Widerstand nicht vorausgesehen. Er stellte sich vor, Urban VIII. würde, wie eine Figur aus der italienischen Oper in der Versenkung verschwinden, wenn er von der Ernennung Mazarins zum Kandidaten der Krone erführe. Dem Geheiß des Königs nicht auf der Stelle Folge zu leisten, ist in seinen Augen eine Majestätsbeleidigung. Ein Attentat gegen die höchste Macht der Welt. Eine Dummheit.

Majestätsbeleidigung wurde wie Elternmord bestraft: mit Folterung, Abschlagen der rechten Hand, Rädern, Scheiterhaufen, Verstreuen der Asche in den Wind.

So kann Richelieu Seine Heiligkeit nicht bestrafen. Wer aber kann ihn daran hindern, ihm seine Verachtung entgegenzuschleudern?

Der Kraft und Stärke gegenüber gibt alles nach, außer der Dummheit. Man kann sie nur bändigen, indem man sie vernichtet. Angesichts der Ohnmacht der Diplomatie, der Interessen- und Vernunftgründe fährt Richelieu schwere Artillerie auf: Der König wird keinen ordentlichen Nuntius mehr empfangen, solange Mazarin nicht Kardinal ist. Entweder den Kardinalshut für Mazarin oder Abbruch der diplomatischen Beziehungen, wenn nicht de jure, so doch de facto.

Ein dummer Zwischenfall, wie er sich nur unter Mittelmäßigen ereignet, verschlimmert alles. Die römische Justiz hat einen Edelmann namens Rouvray aus der Umgebung des unseligen französischen Botschafters hinrichten lassen. Als Vergeltung werden in Rom und Paris den diplomatischen Vertretern keine Audienzen mehr gewährt. Der Nuntius in Paris, Scotti, ebenfalls ein mittelmäßiger Mensch, steigert sich in einen unmäßigen Zorn gegen Richelieu. Er beschuldigt ihn, er wolle das Schisma herbeiführen, die Kirche von Frankreich unabhängig von Rom machen und sich selber zum Papst ernennen.

Er schlägt den üblen Ton schlechter Diplomaten an, die an die großen Affären nicht herangelassen werden und sich mit Geschwätz begnügen. Am 9. Dezember 1639 hinterbringt Scotti dem Staatssekretär Chavigny den Klatsch, »Monsignore der Kardinal habe ihm gesagt, der König würde seinem Groll Ausdruck geben, wenn Monsieur Mazarin nicht Kardinal würde, und Seine Majestät würde dafür sorgen, daß der Papst in Frankreich nur noch ›quoad spirituale‹ anerkannt würde«. Nur noch als »geistliche« Autorität, was besagen will: als herzlich wenig!

Bei Chavigny, dem vertrauten Freund und Komplizen Mazarins in Frankreich, kommt der Nuntius gerade an den Richtigen. Chavigny lacht verstohlen über diesen neuen Faux-pas und erwidert von oben herab: »Was die Interessen des Monsieur Mazarin angeht, so werden sie von Seiner Majestät unterstützt ...« Dann erhält der Nuntius einen heimtückischen Schlag: »... sie werden von Seiner Majestät unterstützt, und er folgt damit dem Beispiel des Königs von Spanien, der die Interessen des Abbé Pierret mit der allseits bekannten Kraft und Entschlossenheit fördert.« Der König von Frankreich tut nur dasselbe, was sein Feind jenseits der Pyrenäen tut, wenn er Mazarin hartnäckig unterstützt.

In Paris begnügt sich Mazarin nicht damit, die drei Klopfzeichen zu geben, mit denen der Beginn der Theateraufführungen angezeigt wird. Er versucht, auf einer größeren Bühne die Zeichen zu geben. Männer wie d'Estrées und Scotti hätten dem Papst die ständigen Benachteiligungen und Verfolgungen verübelt. Sie hätten sich gerächt, indem sie den Streit zwischen Rom und Paris schürten. Um die päpstlichen Krallen zu lockern, hätten sie sich nur auf Richelieus starke Faust und Frankreichs Macht verlassen. Mazarin aber mit seiner Vernunft weiß, wie die Heiligen mit ihrer Liebe, daß man ohne den Frieden nichts erreichen kann. Die absolute Vernunft grenzt an Heiligkeit. Mazarin bemüht sich, seinen genialen »Patron« Richelieu und seinen schwerfälligen »Padrone«, den Papst, auszusöhnen. Um dieses diplomatische Meisterstück zu vollbringen, muß er zuvor eine Sünde begehen. Und eine Schändlichkeit. Er muß den Marschall d'Estrées aus Rom herausreißen, obwohl dieser sich mit aller Macht dort festklammert. »Mimi« muß den Vater des entzückenden Mädchens, das ihn als ihren »kleinen Bräutigam« betrachtete, entwurzeln. Den großzügigen Gastgeber, den er umarmt hat, den er beinahe jeden Abend bei Tisch, im Konzert und in seinem Theater zum Lachen gebracht hat, im Theater, wo unter seiner Regie eine Richelieu gewidmete Oper aufgeführt wurde: »Il Favorite del Principe«, der Günstling des Fürsten. Ist es der Verrat eines Judas, der bei einem Kuß dem anderen einen Dolch in den Rücken stößt?

Aber es handelt sich hier nicht um Verrat. Es handelt sich um Staatsräson, bei der Opfer und Henker ans Kreuz geschlagen werden, und für die (wie Richelieu seufzte) jeder Minister seine Seele verkauft.

Richelieu selbst, der im Namen dieser »Räson« so viele Köpfe rollen ließ, hatte es nicht gewagt, Marschall d'Estrées aus Rom zurückzuberufen. Innerhalb eines Jahres zwingt Mazarin, der wegen dieser »Räson« nie einen Tropfen Blut vergossen hat, dem harten Kardinal Francesco die Ausweisung ab.

Mazarin kam nach Frankreich mit einem Olivenzweig im Mund. Sein höchstes Ziel war, Botschafter des Friedens zu sein. Er hat kaum seine

Koffer ausgepackt, da ernennt ihn der König zum »Bevollmächtigten« bei dem Kongreß, der in Köln stattfinden soll.

Um das Ansehen Frankreichs zu heben, und auch sein eigenes, verfolgt Mazarin große Pläne. Je mehr Aufhebens er macht, desto mehr steigen seine Chancen, den Kardinalshut zu bekommen. Ein Mann, der seine diplomatische Delegation in eine Konstellation von Sternen verwandelt. Er träumt davon, die Elite Frankreichs aus allen Bereichen nach Köln mitzunehmen.

Eine hervorragende Idee, die in unserer Zeit Furore machen würde. Heute ist ein Überseedampfer die schwimmende Ausstellung der Leistungen französischer Kunst und Technik. Warum sollte eine diplomatische Delegation nicht einen erlesenen Kreis von Schriftstellern, Künstlern und Industrieführern umfassen?

Als Sekretär der Delegation möchte er den Dichter Jean Chapelain gewinnen. Einen Mann, der ständig hustete und den Boileau zur Zielscheibe seines Spotts machte. Doch er ist Richelieus Auge und Ohr in der Académie française, er wird später der Austeiler der königlichen Pensionen für Schriftsteller sein sowie Minister für Kunst und Literatur, vor dem die Schriftsteller kriechen und bittend die Hand ausstrecken. Ein habgieriger Mensch, dessen schmutziges Taschentuch sich in ein Füllhorn verwandelt, aus dem er sich selbst eine Pension von achttausend Pfund zuteilt. Er verfaßt dann das groteske Heldengedicht »La Pucelle« (Die Jungfrau von Orleans). Im Grunde »ein braver Mann«, wie Boileau sagt. Er fühlt sich von der Ehre, die ihm zuteil werden soll, überwältigt.

»Ich bin völlig verwirrt«, schreibt Chapelain an seinen Freund Guez de Balzac, »von dem Einfall, den Monsieur Mazarin hat. Er will mich zum Sekretär seines ›Bevollmächtigten‹-Amtes machen, ohne mich zu kennen und ohne zu wissen, ob ich es will und kann. Aber es bringt mich in Verlegenheit, daß er droht, mich dazu vom Herrn Kardinal befehlen zu lassen, was ich als äußerst merkwürdig empfinden würde«.

So »merkwürdig«, daß Richelieus Beauftragten für Literatur nichts anderes übrigbleibt, als die Pille zu schlucken. Er fürchtet, diese diplomatische Mission könne sein Lebenswerk, sein kümmerliches Gedicht »La Pucelle« gefährden. »Die Berufung ist für den, der sie erhält, ruhmvoll und nützlich, für mich aber wäre sie tödlich und würde der ›Pucelle‹ den Hals brechen.«

Diese komische literarische Episode zeigt, wie sehr man sich täuscht, wenn man oberflächlich von Mazarins »Geschmeidigkeit« spricht. Vorherrschend bei ihm ist der Drang, etwas zu tun. Um sein Ziel zu erreichen, das er von ferne, in einem Blitz der Eingebung sieht, während Mittelmäßige es in ihrer Dumpfheit nicht wahrnehmen, bedient er sich der Geschmeidigkeit, wenn es sein muß, wenn er kann; aber er springt mit einem Satz über sie hinweg, wenn sie ihn hindert.

Chapelain kann aufatmen! Er kann sich seiner »Pucelle« widmen. Ende

Januar 1640 wird der Kölner Kongreß bis vor Ostern vertagt, dann bis nach Ostern. Schließlich bis Sonntag Trinitatis.

Um seinen »Colmardo« nicht zu verstimmen, muß Richelieu lügen. »Mañana ... Mañana ...«, wie seine Feinde, die Spanier, sagen, wenn sie etwas auf den Sankt-Nimmerleinstag verschieben wollen. Im Gegensatz zu dem späteren Friedenskardinal will Richelieu der Kriegskardinal sein. Man zaudert und zögert. Die deutschen Fürsten beraten sich endlos. Der Kaiser ist unschlüssig, ob er den Reichstag einberufen soll oder nicht.

Außerdem braucht Richelieu seinen »Colmardo« zur Unterhaltung und Zerstreuung. Kaum angekommen, soll er nicht für lange Monate zu einem Kongreß reisen. Dann hätte er gar nicht zu kommen brauchen! Er ist sein »Divertissement«, im Sinne von Pascal. Sein Arzt. Seine Arznei. Seine Droge. Er hilft ihm, das Leben zu ertragen, seine Macht, seine Leiden, kurzum sein Kreuz. Nur »Colmarduccio« versteht es, seine Einsamkeit zu durchbrechen und ihn wirklich zum Lachen zu bringen. Dafür verdient er den Kardinalshut! Aber unter einer Bedingung: daß er immer in der Nähe ist, immer erreichbar, bereit, beim leisesten Anruf herbeizueilen, wie ein Krankenpfleger, nach dem der Kranke in der Nacht läutet.

Zwei Jahre zuvor schrieb Chavigny an Mazarin: »Der Kardinal wünscht sehnsüchtig, Sie hier zu sehen, der Zuneigung wegen, die er für Sie hegt, und des Vergnügens wegen, das er in Ihrer Gesellschaft empfindet.« Unterhalter, Vorleser, Gesellschafter, all das ist »Colmardo« für Richelieu. Wie ein junger trauter Kammerdiener, der mit seinem Wedel die Fliegen verscheucht, muß er von Seiner Eminenz einen Feind fernhalten, der fürchterlicher ist als der Spanier: die Langeweile, den Tod.

Kein grünbezogener Verhandlungstisch in Köln, dafür Laufgräben, Kasematten, Schießscharten. Das Schauspiel, das die bewehrte Eminenz ihrem Günstling bietet, ist die Belagerung von Arras. Von Amiens aus sieht der Hof mit allen Damen dem Fest zu. Der Kardinal, wie immer sterbenskrank, wie immer noch lebend, wird auf einer Tragbahre hingebracht.

Die Spanier klammern sich an die Mauern von Arras, als wären es die Mauern von Madrid. Schließlich, am 8. August, müssen sie sich wohl oder übel ergeben.

Auch ohne Kölner Kongreß hat Mazarin genug zu tun. Er würde Beschäftigung finden, selbst wenn es gar keine gäbe. Doch er hat eine, eine höchst wichtige, die für sich allein genügen würde, das Leben eines Menschen auszufüllen, er holt Kunstgegenstände zusammen. Richelieu gibt ihm den Auftrag, italienische Gemälde und Statuen auf den Weg bringen zu lassen. Und die Künstler dazu. Wie heute etwa Amerika Kunstwerke, Gelehrte und, Stein für Stein, selbst ganze Bauwerke aus Europa herüberholt.

Mit einem Brief vom 8. Mai 1640 bittet Richelieu Mazarin, seinen Freunden in Rom Monsieur de Chantelou zu empfehlen, der zu ihnen kommen wird, »um auf die Suche zu gehen nach den hervorragendsten Malern,

Bildhauern, Architekten und anderen berühmten Handwerkern, und sie nach Frankreich kommen zu lassen«.

Mazarin führt den Beauftragten durch ein Schreiben bei dem sehr geliebten, sehr leichtlebigen, sehr kunstliebenden Kardinal Antonio ein. Monsieur de Chantelou gelingt ein guter Fang: er bringt es fertig, den großen Maler Poussin nach einem sechzehnjährigen Aufenthalt in Italien wieder in die Heimat zu holen.

Eine höchst wichtige Aufgabe ist für Mazarin die Erfüllung eines Wunsches von Richelieu: er möchte, daß der Bildhauer Giovanni Lorenzo Bernini, der in Frankreich »le Bernin« oder »le Cavalier Bernin« genannt wird, eine Büste von ihm anfertigt. Er ist der Fürst des Barock, ungeheuer begabt und überbeansprucht, Architekt, Bildhauer, Bühnenausstatter, Techniker. Er verkörpert seine Epoche durch seine Liebe zum Theater, der angesehensten Kunst der Zeit; in seiner Architektur und seiner Bildhauerei, selbst in der religiösen, veranstaltet er Theater, und im Theater veranstaltet er Architektur und Bildhauerei. Wie könnte »der einzigartige Mann«, das »erhabene Genie«, das der Papst in den Himmel hebt, aus Rom fortgelockt werden? Urban VIII. kann es ebensowenig dulden, daß sein Idol die Ewige Stadt verläßt, wie Richelieu seinen Mazarin nicht einen Zollbreit von seiner Seite weichen läßt.

In seiner Heimatstadt hat Mazarin bei Kardinal Antonio Bernini oft gesehen. Sie sind ungefähr gleichaltrig; Mazarin ist vier Jahre jünger. Die gleiche Generation, die den gleichen »barocken Blütenstaub« einbringt.

Aus Freundschaft zu Mazarin willigt Bernini ein, Richelieus Büste zu schaffen, doch er hat ihn nie gesehen, und er hat nicht die Absicht, ihn zu sehen. Damit er diese Zusage halten kann, läßt Mazarin Richelieus Porträt von Philippe de Champaigne von vorn und im Profil von mehreren Seiten malen. Der brave Charles übergibt sie in Paris einem Mann namens Brachet, der sie nach Italien bringt. »Monsieur le Cavalier Bernin muß jedoch darauf hingewiesen werden, daß er sich eher des Bildes mit einem Küraß bedient als der anderen, denn es ist sehr ähnlich.« Über das Wort »Küraß« besteht Unklarheit. Die Abschrift des Briefes von Mazarin ist schlecht lesbar, und es kann statt des italienischen Wortes »Corazza« auch »Prospetto« heißen: das Bild, auf dem er von vorn zu sehen ist.

Da Bernini nicht selber nach Paris kommen kann, schickt er, um seinen guten Willen zu zeigen, »mit anderen Arbeitern« einen von seinen Schülern, Giovanni Maria, der für den König Ballett- und Theaterausstattungen ausführt.

Am 3. September 1641 schreibt Mazarin aus Amiens, wohin der Hof dem bei der Armee befindlichen Ludwig XIII. gefolgt ist, an einen Verwandten, den Pater Michele Mazarini nach Rom, um ihm von einem schweren Mißgeschick zu berichten, das bei gemalten oder in Stein gehauenen Porträts häufig vorkommt und viele Dramen verursacht hat: »Die jungen Leute des

Cavaliere Bernini sind mit der Büste des Herrn Kardinals, die in gutem Zustand ist, eingetroffen, aber ich möchte Ihnen im Vertrauen sagen, daß sie dem Modell nicht ähnelt. Und Signor Cinquini hat es durchaus zugegeben.«

Es wäre besser gewesen, der bedeutende Kopf hätte einige Kratzer gehabt, wäre aber ähnlich gewesen. Am schlimmsten ist, daß der Überbringer der Büste, der getreue Cinquini, ein Edelmann aus der Umgebung des Kardinals Antonio, der Richelieu das Kunstwerk zum Geschenk macht, »zugegeben hat«, daß er nicht zu erkennen ist.

Mazarin befindet sich zwischen Baum und Borke: zwischen dem berühmten Bildhauer und seinem unzufriedenen Modell. In Wirklichkeit war er gar nicht Berninis Modell, er hat ihm nie gesessen. Diese Tatsache gibt Mazarin die Möglichkeit, den Kardinal zu besänftigen, ohne sich mit Bernini zu entzweien. Er lädt die ganze Verantwortung auf die »Profile«, die allerdings von einem der genauesten französischen Maler stammen, dem, der Richelieus Gestalt verewigt hat: Philippe de Champaigne. »Es muß daraus geschlossen werden, daß die Porträts, die man geschickt hatte, mangelhaft waren.«

Mazarin kann diesen Mißerfolg nicht verwinden, für ihn ist es eher ein diplomatischer Fehler als ein künstlerischer Irrtum. Ist er aufrichtig oder heuchelt er, wenn er von »dem ausgezeichneten Kopf« spricht, »der wirklich alles übertrifft, was man erwarten konnte«? Auch scheint er die Franzosen des schlechten Geschmacks zu zeihen. Sie sind im Bereich der Kunst, verglichen mit den Italienern, noch immer Barbaren. Ihnen kommt es nur auf die plumpe Ähnlichkeit an. (Alle Zitate sind dem Buch »Mazarin und seine Freunde« von Georges Dethan entnommen.) Trotzdem bemüht sich Mazarin, diese »Niete«, wie die Franzosen meinen, aufzuwerten. Er hat Richelieu gegenüber bereits »die technische Vollkommenheit des Werkes hervorgehoben«. Wird Seine Eminenz urteilen wie die Franzosen oder wie die Italiener?

Ein an Bernini gerichteter, drei Monate später im Schatten Richelieus in Rueil geschriebener Brief offenbart, was für ein Akrobat Monsignore Mazarini sein kann: der Brief eines italienischen Equilibristen, der mit Grazie seine Sprünge und Schwünge ausführt. Wie kann man dem größten Künstler seiner Zeit, dem der Papst, die Könige, die Herzöge zu Füßen liegen, wie kann man Bernini, der mit dreiundvierzig Jahren auf dem Gipfel seines Schaffens steht, beibringen, daß er eine Niete geschaffen hat? Oder zumindest ein Werk, das von den Franzosen so beurteilt wird?

Gleich zu Beginn schwingt sich Mazarin auf den Gipfel des Lobes, so als wolle er Gott preisen. Seine Bewunderung ist so offenkundig, so zwingend, daß der geringste Versuch, ihr Ausdruck zu geben, ins Groteske abgleiten würde. Die einzig angemessene Sprache wäre Schweigen, die stumme Ekstase.

Er beginnt mit Lachen. Man darf nicht vergessen, daß er Italiener ist, ein Theatermensch, daß er im Barockzeitalter lebt, in dem das Leben, die Liebe, die Politik, die Geschäfte, die Religion und Gott theatralisch behandelt werden. Und daß er Mazarin ist. Er begnügt sich nicht damit, das alles nur zu schreiben, wie etwa die Franzosen, vor allem die Franzosen von heute, die sich intellektuell geben und Räsoneure sind, von Komplexen gelähmt, von Ohnmacht gefesselt. Er begnügt sich nicht mit dem armseligen kurzen Weg der Feder: Gehirn – Papier. Er läßt seine Gedanken durch den Körper fließen, sie durchströmen ihn, werden schillernd, beleben sich, verzweigen sich, wie das Wasser die unzähligen Erdschichten durchströmt. Er spricht, spielt und mimt seinen Brief. Das Papier ist nichts weiter als die kleine Bühne, auf der er das Schauspiel großartig darstellt: die großen Schauspieler (sämtlich Italiener) sind großartige Darsteller. Er vergißt den Ehrentitel nicht, der erstaunlich wirkt. Uns würde der Name Bernini genügen. Doch damals befand man sich im Jahrhundert der Titel und Ränge. Der Cavaliere Bernini ... der Cavalier Bernin ... der Ritter Picasso!

»Euer Gnaden würde über mich lachen, und mit Recht, wollte ich im einzelnen die Bewunderung schildern, die das von Ihnen vom Herrn Kardinal-Herzog geschaffene Porträt hervorgerufen hat. Denn Sie wissen sehr wohl, daß dies der gerechte Tribut ist, den man Ihrem Werk schuldet. Es sei mir dennoch erlaubt ...«

Wird der Akrobat so kühn sein und den Salto mortale ausführen? Wird er es wagen, den leichtesten Schatten anzudeuten, der von ferne zwar nicht einer Kritik, aber doch einer Nuance in der Bewunderung ähneln und von einem böswilligen Betrachter doch so gedeutet werden könnte ... kurzum, wird er es wagen, es leise zu flüstern, oder wird er einfach nur auf seinem Gesicht ausdrücken, daß diese Vandalen, die Franzosen, dieses Meisterwerk für eine Niete halten?

Nicht dumm! ... Mazarin, kindlich wie er ist, macht sich selber etwas Angst: ... »Es sei mir dennoch erlaubt, Ihnen nur zu sagen [hier zittern wir noch], daß ich nicht glaube [hier immer noch], daß jemals [die Angst ist noch nicht verflogen] aus Ihren Händen [gerettet!] ein lebendiger Kopf hervorgegangen ist, der mehr Können aufweist und besser ausgeführt ist als dieser ...«

Er treibt den Zynismus so weit, daß er den vermeintlichen Ausspruch eines französischen Betrachters wiedergibt, der ausgerufen haben soll: »Diese Büste soll der Kardinal Richelieu sein? Warum nicht der Papst?«

»... Jemand hat gesagt, es sei unmöglich, daß der Kopf nicht irgendwann zu sprechen anfinge.«

Eine törichte Bemerkung, wie sie in Museen und Ausstellungen nur Banausen von sich geben. Ist der Spieler nicht ein bißchen zu weit gegangen? Mazarin berauscht sich gern und läßt sich zu Eskapaden hinreißen, die ein bloßer Rechner vermeiden würde.

Richelieu ist so wütend über die unähnliche Büste, daß er sich darauf beschränkt, Mazarin mitzuteilen, er solle Bernini sagen, »daß er eine Aufmerksamkeit für dessen Gattin auf den Weg bringen werde«. Mehr nicht!

Der Kardinal hofft, daß Bernini alles wiedergutmachen wird durch ein Standbild, das aber ähnlich sein soll. Dafür werde er den angemessenen Preis zahlen. Und der Künstler darf sich dem nicht entziehen. Diese Wiedergutmachung schuldet er Seiner Eminenz, dem Kardinal-Herzog, dem Premierminister des größten Königs der Welt. Der Herr Kardinal-Herzog »vertraut darauf, Ihnen ein Geschenk zu machen bei Anlaß der Statue, die er von Ihnen zu bekommen den Anspruch erhebt.«

Der Ton ist ein anderer geworden. Mazarin spricht hier im Namen des Kardinals. Unter dem trockenen Wort »Anspruch« schwelt eine Drohung.

Dann erfolgt ein neuer Wechsel. Mazarin spricht wieder in seinem eigenen Namen. Vor allem will er nicht, daß Bernini, ein Landsmann, ein langjähriger Freund, ihn im Verdacht haben könne, er mache sich zum Komplizen dieser Knauserigkeit im Purpurmantel. Er selbst, Mazarin, (Bernini ahnt es sicherlich) hat sein möglichstes getan.

»Die Herren Giacomo Balzinelli und Niccolo Sale werden Ihnen die Aufmerksamkeit überbringen und Ihnen berichten, dessen bin ich sicher, daß ich alles getan habe, was ich konnte, um Ihnen zu Gefallen zu sein; sie haben gesehen, daß ich ganz auf Ihrer Seite stehe.«

Um sich, allerdings unauffällig, von seinem geizigen »Patron« abzusetzen, legt Mazarin persönlich einige Geschenke hinzu, die er aus seiner Tasche bezahlt. So wie eine vorbildliche Ehefrau hinter dem Rücken ihres Mannes dessen Schnitzer wiedergutmacht.

Geschenke für Berninis Frau. Und vor allem, um Richelieus schmähliches Versäumnis auszugleichen, eine Überraschung. Wie von ungefähr in die Sendung geschmuggelt, damit Richelieus Aufmerksamkeit nicht erregt wird, ein Geschenk für Bernini selbst, ein persönliches, freundschaftliches Geschenk, das dem eleganten Mann und großen Künstler gefallen wird: »Ich habe mir gestattet, einige Kleinigkeiten an Benedetti, meinen Agenten [in Rom], für die Dame zu senden, und darunter einen Biberhut für Euer Gnaden.«

Und zum Schluß, wie immer, das Wichtigste. Das am schwersten zu Schluckende. Wenn Bernini zwischen den Zeilen zu lesen versteht, erkennt er, durchschimmernd wie ein Wasserzeichen, den Zorn des Modells. Da der Bildhauer nicht ausgetauscht werden kann, wird der Maler der Profile und seine Nationalität gewechselt. Wenn auch diesmal die Statue wieder nicht »ähnlich« ist, kann es keine Entschuldigung für Bernini mehr geben. »Van Dyck wird hierher kommen, wie er versprochen hat, um in vorbildlicher Weise die Profile Seiner Eminenz zu malen, nach denen Sie werden arbeiten können; so werden Sie sicher sein, Porträts vor Augen zu haben, die Seiner Eminenz am ähnlichsten sind.«

Nun noch der Gruß, mit der Hand auf dem Herzen: »Und damit bitte ich Sie, mir Ihre Liebe zu erhalten, und bleibe von ganzem Herzen ...« und so weiter.

Wie ein Kreisel, der sich wiederaufrichtet, versucht Mazarin, seinen halben Mißerfolg in der Profil-Affäre wiedergutzumachen. Der große italienische Maler Pietro di Cortona, der damals als einer der kühnsten galt und sehr geschätzt wurde, hat Chantelou, dem französischen Aufkäufer von Kunstwerken, vertraulich seinen Wunsch mitgeteilt, er wolle an den französischen Hof kommen. »Sobald er die Arbeit erledigt hat, die er für den Großherzog von Florenz ausführt.« Sobald Richelieu es erfährt, will er Berge versetzen. Ein Aufschub ist für ihn ein Staatsverbrechen. Mit der Ungeduld des Blitzes und des Todkranken erklärt er, jede Verzögerung sei Komplizenschaft mit dem Tod.

Richelieu kann und will nicht warten, bis Pietro di Cortona seine Arbeit für den Großherzog »erledigt« hat. Wer ist überhaupt dieser Großherzog, der nichts weiter aufzuweisen hat als seine hohe Geburt? Ehe der Maler seinen Auftrag »erledigt«, hat der Tod vielleicht Richelieu schon »erledigt«.

Glücklicherweise steht Mazarin gut mit Kardinal Giulio Sacchetti, »dem Pietro alles verdankt und der alles über ihn vermag«. Ein Sacchetti, ein Mitglied der Florentiner Familie seiner zweiten »Padroni«, unmittelbar nach den Colonna. Es sind vier Brüder, denen Urban VIII. gewogen ist, auch er ein Toskaner. Einer von ihnen, Gian Francesco, war Apostolischer Kommissar bei der päpstlichen Armee, als Mazarini als Hauptmann in Monza stand. Dieser Gian Francesco hielt dem Hauptmann den Steigbügel, nicht in der Kavallerie, sondern in der Diplomatie. Als außerordentlicher Nuntius in Mailand nahm er Mazarini als Sekretär zu sich. Und was sich daraus ergab, ist bekannt ...

Mazarini hat den Kardinal Giulio mit der flachen Nase stets umworben. Und der Kardinal hat eine so feine Witterung bewiesen, daß er den kleinen Mazarini, der einmal groß werden könnte, stets umwarb. Im September 1633, als er erfährt, daß Mazarini Kardinal Antonio zum Gönner hat, den Lieblingsneffen des Papstes, läßt er ihm eine Sendung von köstlichem Piemonteser Wein zugehen, »ein Getränk, das Seiner Heiligkeit würdig ist«.

Am 24. September 1641 schreibt Mazarin aus Chaulnes in der Nähe von Péronne an Kardinal Sacchetti. Im Namen Richelieus bittet er ihn, auf Pietro di Cortona einzuwirken, damit dieser schleunigst nach Paris komme. Für dieses kleine, rein künstlerische Problem bezeigt der Herr und Gebieter Frankreichs genauso viel Leidenschaft wie für eine Angelegenheit, von der das Schicksal der Welt abhängt. Dem Schreiben Mazarins legt Richelieu einen handgeschriebenen Brief bei. »Der Herr Kardinal-Herzog« wünscht sich für die Galerie seines Schlosses ein Gemälde. »Sieur Pietro wird es nicht ablehnen, auch für den König etwas zu schaffen.«

Um die Mithilfe von Kardinal Sacchetti zu erlangen, beschwört Mazarin die großen Zeiten herauf und greift nach dem Pinsel des Historienmalers: »Seine Majestät und Seine Eminenz werden ihm [Pietro di Cortona] einen Empfang bereiten, dem vergleichbar, den einst König Franz Leonardo da Vinci bereitet hat.«

Mazarin, der Erfahrung hat im Verpacken und Spedieren, unternimmt alles, was für den Versand dieser kostbaren Fracht nötig ist. Eine Grundregel der Reeder lautet, niemals ein Schiff leer schwimmen zu lassen. Gerade hat er seinen Freund Marschall d'Estrées aus der römischen Gesandtschaft entfernt. Dessen Nachfolger, Marquis de Fontenay, soll seinen Posten auf dem Seeweg mit einem Geleitzug von Galeeren und mit dem Bestimmungshafen Civitavecchia antreten. Eines der Schiffe wird, nachdem es den Gesandten ausgebootet hat, auf der Rückfahrt nach Frankreich den Maler an Bord nehmen. Umschlag der Frachten!

Trotz dieser maritimen Vorbereitungen, trotz der grollenden Höflichkeit Richelieus, trotz der Samtfinger Mazarins und des illustren Vorgängers Leonardo da Vinci gelingt es Kardinal Sacchetti nicht, den schönen Pietro aus dem Boden Roms herauszureißen.

Zum Ruhme von Madame Chrétienne

Glücklicherweise steht Savoyen, dank Mazarin, auf Frankreichs Seite. Savoyen ist in Italien der einzig solide Verbündete. In seine Ehe mit Frankreich hat Mazarin nicht nur sein Hemd mitgebracht. Als Mitgift brachte er Savoyen ein, oder besser gesagt die Zuneigung, die der Herzog für ihn empfand. Unglücklicherweise hat der brave Victor-Amé die Unvorsichtigkeit begangen, eine liebestolle, törichte Person zu heiraten: Marie-Christine, Madame Chrétienne, die Tochter Heinrichs IV., die Schwester Ludwigs XIII., die in ihrer Sinnlichkeit ihrem Vater ähnlicher ist als ihrem Bruder. Victor-Amé ist zwanzig Jahre älter und heiratet sie, als sie dreizehn Jahre alt ist (1619). Das feurige Mädchen schreibt ihm glühende Briefe: »Fern von Ihnen bin ich ein Leib ohne Seele ... Ich schicke Ihnen so viele Küsse, wie der Tag Minuten hat ...« Eine Ration, die der bläßliche Victor-Amé ihr nicht zu verabfolgen vermag. Um ihren Heißhunger zu stillen, wendet sie sich an kräftigere Lieferanten. Die Fama mit den hundert Mündern, von denen neunundneunzig schlangenzüngig sind, behauptet, daß ihr erster Geliebter, ein Sieur Pommeuse, ein Franzose, der Vater ihres ersten Kindes, einer Tochter, ist. Nach zehn kinderlosen Jahren, woran vermutlich die Unzulänglichkeit des Gatten schuld ist, kommt sie 1629 nieder.

Zum Unglück für Chrétienne und für Frankreich regiert noch immer der strenge und mürrische Herzog Karl Emanuel. Dieser gekrönte Tartüff scherzte nicht mit der Ehre, wenn es um Frauen ging. Wütend verjagt er den Sieur Pommeuse vom Hof. Doch um alle Liebhaber seiner Schwiegertochter zu vertreiben, hätte er nicht Arme und Hände genug. Bald darauf muß er einen anderen ausweisen, wiederum einen Franzosen namens Saint-Michel.

Doch schon taucht ein Adonis am Horizont auf, aus adliger Piemonteser Familie, Graf Philippe San Martino d'Aglié, der am Hof des Fürst-Kardinals Maurizio, einem der beiden Schwager von Chrétienne, erzogen worden ist. Als er neunzehn Jahre alt ist, wird sein Name durch ein aufsehenerregendes Duell bekannt. Mit sechsundzwanzig wird er zum Leutnant der Garden Victor-Amés ernannt, der jetzt der neue Herzog ist. Das Korps der Garden ist für eine männergierige Herzogin ein von Liebhabern wimmelnder Fischteich! Chrétienne entdeckt ihn sogleich. Wenn nicht, hätte sie blind sein müssen. Sie brennt lichterloh. Graf Philippe ist schön und keineswegs dumm. Er ist Dichter, Musiker und Regisseur, am französischen Hof hat er sein unterhaltsames »Ballett der Piemonteser Gebirgler« aufführen lassen. Er ist mutig. Er hat es Chrétienne gegenüber bewiesen. Und für ihre schönen Augen beweist er es neuerlich. Das ist jemand, der nicht zum Staatsmann bestimmt ist, sondern fürs Bett.

Bald sind die Liebschaften der Herzogin mit dem Grafen Philippe in Frankreich und Europa so bekannt, als hätten Zeugen ihrem Zusammensein beigewohnt. Zu verdanken ist es einem Savoyer Jesuiten, dem infernalischen Pater Monod, den Richelieu als »bösen Geist« bezeichnet, den man fliehen müsse wie »eine giftige Schlange«. Diesen Mephisto hat Fürst-Kardinal Maurizio dem naiven Victor-Amé als Beichtvater empfohlen. Pater Monod fädelt alle Intrigen ein, er treibt allenthalben doppeltes Spiel. Vor Richelieu hat er verheimlicht, daß er der Vertraute und Kuppler des Grafen ist. Da der Platz im Bett der Herzogin stets belegt sein mußte, hat Monod, auf Weisung des Fürst-Kardinals, lieber einen Piemontesen als einen Franzosen hineingedrängt. Maurizio und Monod hoffen, durch diese neue Politik endlich zu erreichen, daß Piemont nicht mehr Frankreich zugehört, sondern den Piemontesen. Piemontesisch gut überlegt. Für Frankreich unvorteilhaft.

Der französische Gesandte in Turin, Servien, bestätigt, was der Jesuit verbreitet. Um Richelieu, der sich taub stellt, den Tatbestand einzuhämmern, schreibt Servien am 3. Mai 1632, auf frühere Berichte zurückgreifend, diesmal noch eindringlicher: »Philippes Ausschweifungen werden von Tag zu Tag ärgerlicher. Er zeigt nicht nur öffentlich, daß er der Geliebte von Madame ist, sondern er tut es auf unverschämte Art und Weise ... Fast jeden Abend geht er angesichts aller Leute zu Madame in ein kleines abseits gelegenes Kabinett, wo er mit ihr manchmal drei Stunden verbringt. Die Bevölkerung von Turin spricht offen darüber und der Fürst-Kardinal schürt in schlechter Absicht diese Gerüchte; er sowohl wie seine Leute scheuen keine List, die Schwangerschaft von Madame suspekt erscheinen zu lassen ...« Unter dem nichtssagenden Titel »Umgang am Hof von Savoyen« oder unter der schreienden Überschrift: »Die Liebschaften von Madame Chrétienne« werden handgeschriebene anonyme Schriften heimlich herumgereicht. Sie machen aus der Herzogin eine Messalina: »Die tyrannischste Frau, zügellos in jeder Art von Unzucht und Hurerei.«

Das sind journalistische Übertreibungen, um Papier zu verkaufen, so wie heutzutage in der Regenbogenpresse über Schauspielerinnen oder Königinnen fabuliert wird. Trotz ihres männermordenden Appetits bewahrt Madame Chrétienne in der Öffentlichkeit die Haltung einer Herrscherin, einer Königstochter und Königsschwester, was zu jener Zeit göttlicher Abkunft gleichkam. Was im Schlafzimmer geschieht, geht nur sie und ihren Partner etwas an. Die schmutzigen Skribenten, die Verfasser der »Liebschaften von Madame Chrétienne«, waren so wenig zugegen wie sonst irgend jemand. Die Piemonteser Historiker des 19. Jahrhunderts, Bazzoni, Clarette und Foa schlagen keusch die Augen nieder. 1619 weigert sich Mademoiselle Gallina, die schamhafte Biographin des Grafen Philippe, sich »in einer intimen und delikaten Sache« zu äußern. Erst 1660 gibt R. de Felice zerknirscht »eine wirklich amouröse Verbindung« zwischen der Herzogin und ihrem Untertanen zu.

Mazarin befindet sich in Frankreich, als der hetzerische Brief Serviens eintrifft. Er wird ihm übergeben, denn Mazarin ist der Fachmann für Savoyen. Servien selbst hält ihn für »genauestens unterrichtet über alle Angelegenheiten und insbesondere über die verschiedenen Intrigen an diesem Hof«. Diese Epistel trifft den behutsamen Mazarin wie ein Eimerguß mit eiskaltem Wasser. Servien begnügt sich nicht damit, grobschlächtig das Bett der Herzogin aufzuschlagen, er verwüstet auch das von Marschall de Toiras, dem Freund, dem Mazarin unerschütterlich treu bleibt. Servien beschreibt ihn als einen alten Hurenbock, der unter seiner Rüstung die Liebschaften der Herzogin verbirgt, um die seinen mit der Marquise de San Germano zu verdecken, einer Ehrendame des munteren Philippe.

Mazarin ist vor allem über das in seinen Augen schlimmste Verbrechen entrüstet und tief erbittert, über die Dummheit. Seit Monaten bemüht er sich angestrengt, »dem Herrn Kardinal beizubringen«, die Herzogin sei ein unschuldiges Lamm, das Opfer von Bösewichten. Harmlos, vielleicht einer Unklugheit fähig, wie es häufig bei lauteren Herzen geschieht, die Böses nicht einmal ahnen und sich nicht vorstellen können, daß Verleumder auch unbedeutende Gesten falsch deuten. Und nun tritt dieser Servien ins Fettnäpfchen! Schwerfällig, töricht, elefantenhaft, wie Kardinal Francesco in Rom. Wie die Maulwürfe überall, die von der feingesponnenen Arbeit des Diplomaten nichts verstehen.

»Stellen Sie sich meine Betrübnis vor, wenn ich jeden Tag, nachdem ich die üble Vorstellung, die man sich ungerechterweise von Madame bildet, ausgeräumt habe, Nachrichten in die Hand bekomme, die alles, was ich für sie tun konnte, wieder zerstören ... Ich versichere Ihnen, daß es mir das Herz bricht ...«

Mazarin ist verzweifelt darüber, daß dieser Hauch diplomatischer Lauterkeit zerstört wird, den er mit seinem liebevollen Atem um Madame gewebt hat. Er ist weniger verliebt in Madame als in die Arbeit, die er als ihr geniales Werkzeug vollbracht hat. Hält er sie für unschuldig? Sollte er, der alles weiß, nicht wissen, daß der strahlende Philippe »fast jeden Abend angesichts aller Leute zu Madame geht, in ein kleines, abseits gelegenes Kabinett, wo er mit ihr manchmal drei Stunden verbringt«? Sollte Mazarin der einzige sein, der den schönen, siegreichen Liebhaber nicht sieht, wenn er »fast jeden Abend angesichts aller Leute« vorübergeht, und auch nicht weiß, was in diesem »kleinen Kabinett« geschieht, wenn er vorübergegangen ist?

Es gibt keinen schlimmeren Tauben als den, der nicht hören, keinen schlimmeren Blinden als den, der nicht sehen will. Mazarin verstopft sich Augen und Ohren. Weil er Madame Chrétienne sehr gern hat. Hätten die Sterne es nicht anders bestimmt, wäre er vielleicht nicht abgeneigt gewesen, bei ihr die Rolle des Grafen Philippe selber zu spielen, in jener romantischen Zeit, da die Königinnen häufig verrückt vor Liebe sind. Doch die Sterne weisen woanders hin. Daß er sich die Augen und Ohren verstopft, geschieht aus einem noblen Grund sowohl, wie aus einem überlegten Grund, wobei der eine den anderen erhellt, wie so oft bei Mazarin, diesem Wesen, bei dem sich Wärme und Licht paaren.

Der noble Grund: seine ritterliche Ergebenheit einer heftig angegriffenen Fürstin gegenüber. Der Tochter des verstorbenen Königs und der Schwester des Königs gegenüber, der das Land regiert, an das Mazarin sein Lebensschiff gehängt hat. Der Gemahlin Victor-Amés gegenüber, den Mazarin ebenfalls mag; er würde es schändlich finden, sein Vertrauen zu mißbrauchen. Einer der seltenen Hahnreis der Geschichte, die eher rührend als lächerlich wirken.

Der überlegte Grund: Politisch ist es für Mazarin wichtiger, Madame für lauter als für unlauter zu halten. Ist sie lauter, dann ist sie Frankreichs Riegel am Tor zu den Alpen. Ist sie unlauter, gibt es keinen Riegel mehr!

Gegen den Liebesbrand von Madame Chrétienne für den Piemontesen Philippe möchte Servien ein Gegenfeuer anlegen und den Franzosen Saint-Michel nach Turin zurückholen, der von Herzog Karl Emanuel ausgewiesen worden war. Ein Franzose gegen einen Piemontesen, wäre das nicht eine Politik nach dem Herzen Mazarins? Gewiß, doch nur unter der Voraussetzung, daß man nicht Feuerwehr spielt und eintrifft, nachdem das Feuer verlöscht ist.

Im Oktober 1632 erscheint einer der höchsten Offiziere der Armee in Piemont, Saint-Aunais, am französischen Hof und verkündet, was Pater Monod und Servien, jeder auf seine Weise, ausgesagt haben. Auch das hat keine Wirkung. Von Mazarin umgarnt, verstopft sich Richelieu mit seinem Purpurmantel Augen und Ohren. Nie und nimmer wird der Kardinal »all diesen Niederträchtigkeiten über Madame« Glauben schenken. »Wenn ich sie auch notgedrungen anhören muß, um nichts auf der Welt würde ich sie glauben!«

Er gibt jedoch zu, daß Madame aus Unvorsichtigkeit hat sündigen können. Weiter geht er nicht. »Mir wäre es lieb, wenn Madame sich durch gewisse Vorgänge nicht selber Schaden zufügen würde. Ich bin weit davon entfernt, ihr Kritiker sein zu wollen. Ich habe dieses Amt nie bei jemandem ausgeübt. Ich werde mein Leben lang ihr Diener sein und alle Gelegenheiten wahrnehmen, ihr gefällig zu sein, ohne ihr zu mißfallen.«

In politischer Hinsicht ist es für Frankreich wichtig, daß Madame Chrétienne weiß wie Schnee ist. Und wenn man Berge von Beweisen auftürmte, die höher wären als die Savoyer Alpen, sie ist weiß, und weiß wird sie bleiben.

Mazarin kann nicht umhin, seinen Victor-Amé zu bedauern, der so brav, so gutmütig ist. Wirklich der väterlichste der Hahnreis. Auf seine Weise vergöttert er Chrétienne und würde sein Leben hingeben, um sie glücklich zu machen. »Der arme Fürst«, schnaubt Servien, der diese verwickelten Dinge nicht begreift, »ist derart im Irrtum befangen, daß er verlangt, Philippe solle gut behandelt werden, damit Madame in guter Stimmung bleibt.« Und dann freut sich Victor-Amé noch mehr, als ein kleiner Erbe vom Himmel fällt. (14. September 1632) Ohne jede Scham, strahlend vor Freude empfiehlt Madame Chrétienne die gesamte Verwandtschaft d'Aglié dem Wohlwollen Mazarins, der sich in der Nähe des Papstes befindet, die direkte und die Seitenlinie, alles, was von nah oder fern zu ihrem Philippe gehört. »Ich brauche Ihnen nicht zu sagen, wie sehr ich diese Menschen liebe.«

In Turin macht Servien einem Gesandten Platz, von dem man hofft, er werde sich entgegenkommender zeigen; er heißt Plessis Praslin. Doch auch er kann nur feststellen, daß das fürstliche Paar unter Kuratel steht: »Pater Monod und Graf Philippe sind eins: der letztere beherrscht Madame, und der andere Monsieur de Savoie.«

Als Mazarin im Oktober 1634 auf der Durchreise in Savoyen ist, bemerkt er zu seinem Entsetzen, wie sehr sich die Stimmung geändert hat. Die Schlange Monod und alle Nattern d'Aglié spritzen Gift gegen ihn. Sie wissen, daß er mit ihrem mächtigsten Feind, dem Grafen Verrue, auf gutem Fuße steht. Sie schmieden eine ungeheure Intrige gegen ihn. Sie flüstern dem Herzog ein, Mazarin sei ein Doppelagent. Gedeckt durch den Purpurmantel seines »Patrons« Richelieu sei er das Werkzeug eines ebenfalls purpurtragenden »Padrone« der anderen Partei, des Kardinals Barberini. Hinter dem Rücken der Franzosen habe er sich mit den Spaniern ausgesöhnt, um die Nuntiatur in Paris zu erlangen, die er ohne sie nicht bekommen würde.

»Dieser niederträchtige Schlag« trifft Mazarin zutiefst. »Ich habe die ganze Nacht nicht schlafen können.« Er ist erschüttert, daß er bei dem Fürsten angeschwärzt wird, den er liebt und der ihm stets mit offenen Armen entgegengekommen ist. Es gelingt ihm, sich bei Victor-Amé zu rechtfertigen, doch sein Tätigkeitsfeld ist eingeengt. Mit einem Knebel im Mund balanciert er auf der Schneide eines Säbels und erstickt fast vor Wut, daß er nicht alles sagen kann. Er empfindet es als eine unerträgliche Qual, sich nur mit Andeutungen reinwaschen zu können; er muß seine Zunge im Zaum halten und die besten Argumente hinunterschlucken. Wohlwollende Freunde haben ihm zu verstehen gegeben, es sei besser, »sich bei Seiner Hoheit aus guten Gründen nicht über seine Minister zu beklagen«. Wie kann er gegen Graf Philippe angehen, wenn Victor-Amé das Dreiecksverhältnis hinnimmt, das augenscheinlich von Gott gesegnet ist: Jedes Jahr, ganz regelmäßig, ereignet sich das Wunder der Unbefleckten Empfängnis, die unberührte Madame Chrétienne, die ihrem Gatten nie zu nahe kommt, wird jedes Jahr von einem Kind entbunden. Das Trio führt ein angenehmes Leben im zauberhaften Schloß Valentino, das Chrétienne am Ufer des Po hat bauen lassen. Mazarin muß seinen Ärger verbeißen, er ist nur Lächeln und Entgegenkommen, er schickt Bilder, um das Liebesnest auszuschmükken: Jagdszenen und Stilleben, die von den drei Partnern in höchsten Tönen gelobt werden.

Der vollkommene Diplomat küßt die Hand des Mächtigen, dem er am liebsten den Hals umdrehen möchte.

Als Mazarin nach Frankreich zurückkommt, gilt er dort als »Savoyardissime«. In den Gesprächen mit Richelieu kehrt der Name Victor-Amé wie ein Refrain dauernd wieder. Das ungewöhnliche Entgegenkommen, das der Herzog von Savoyen und die Herzogin Mazarin bezeigen, kommt Richelieu merkwürdig vor; er hat den Verdacht, daß Mazarin ihm Sand in die Augen streuen will. Als dieser in Turin eintraf, führte ihn Victor-Amé »durch einen Geheimgang« selbst zu Madame. Sie lag im Bett, um sie herum der Schwarm ihrer liebreizenden Damen. Durch seinen sprühenden Geist und Witz wetteifert er mit der Schönheit dieser Sirenen. Sechs lange Stunden dauert die Audienz, während der Mazarin von seinen römischen Taten und Unternehmungen berichtet. Richelieu war also nicht der einzige, der ihn allein für sich haben wollte.

Der Kardinal hat den Eindruck, daß Mazarin in Savoyen des Guten zu viel tut. Er beschränkt sich nicht darauf, die Interessen Frankreichs zu vertreten. Er vertritt auch seine Herzensangelegenheiten. Das geht so weit, daß er auf Hirngespinste hereinfällt. Denn in Rom hat er ehrgeizige Bestrebungen Victor-Amés unterstützt, die einem Roman entnommen sein könnten: Um mehr als Herzog zu sein, wollte er sich zum König von Zypern krönen lassen! König ohne Land, König des Windes und der Wogen. König einer Trauminsel, die in den Wolken schwebt, wie die menschenleere Insel in

Shakespeares »Der Sturm« (1611–1612), auf die sich der Zauberer Prospero, der legitime Herzog von Mailand, zurückgezogen hat.

Und hat Mazarin in Rom am päpstlichen Hof nicht einem bei Richelieu in Ungnade Gefallenen, der aber ein Vertrauter der Landesfürsten von Savoyen geblieben ist, einen königlichen Empfang bereitet: dem unentwegten Marschall Toiras? Dem Geliebten der Marquise von San Germano, Ehrendame der Herzogin und vor allem Schwägerin von Philippe: daher unantastbar. Doch für Richelieu ist es eine Beleidigung, einen alten Soldaten, den er zum alten Eisen geworfen hat, als unverletzlich zu betrachten. Er macht sich also ein boshaftes Vergnügen daraus, alle Eingaben Mazarins, die sich auf die Savoyer beziehen, abzulehnen. Er will ihm beweisen, daß er, trotz der Gunst, mit der er ihn auszeichnet, nur ein Werkzeug ist. Mazarin darf nur für Richelieus Politik und Vergnügen arbeiten.

Mazarin hat einen Plan: Er schlägt Richelieu vor, den Befehlshaber der französischen Truppen in Italien, Marschall Créqui, der schlecht mit dem Herzog steht, abzuberufen. Und ihn durch wen zu ersetzen? Durch Marschall Toiras natürlich, der ausgezeichnet mit Seiner Hoheit steht. Abgelehnt! Aus blinder Eifersucht durchkreuzt Richelieu diesen Plan, der für Frankreich hätte nützlich sein können.

Doch Mazarin verfolgt auch eine persönliche Politik, womit er beweist, daß er sich nicht darauf beschränkt, Richelieus Schatten zu sein. Mit unendlich vielen und langen Briefen versucht er, den Herzog und seinen Minister, den Grafen Verrue, zu hypnotisieren. Durch dauernde Wiederholung, durch äußerste Bedachtsamkeit, wie Schlange oder Katze einen Vogel hypnotisieren. Sich nicht entmutigen lassen. Immer von neuem beginnen. Durch Eintönigkeit ermüden, bis der Vogel eingeschläfert ist und vom Ast fällt.

Vor allem liegt Mazarin daran, Victor-Amé und den Grafen Verrue in ihrer Treue und Standhaftigkeit zu festigen. Sie sind die Verbündeten Frankreichs, und nicht Richelieus. Daher sollen sie sich ruhig über den Kopf dieses Eigensinnigen hinwegsetzen! Sie sollen sich die Huld der Minister Ludwigs XIII. durch Geschenke verschaffen, durch »Galanterien«, die Mazarin geschickt der Persönlichkeit eines jeden gemäß auswählen (das Vergnügen ist dann ein doppeltes) und die er selbst eigenhändig überreichen wird. Das gereicht beiden zum Vorteil, dem Absender sowie dem Überbringer; beiden wird man dankbar sein. Mazarin hat sogar die Kühnheit, Victor-Amé und Verrue anzuraten, allzu übertriebenen Forderungen Richelieus furchtlos die Stirn zu bieten. Hier bezeigt der Diplomat Heldenmut; entdeckte man seine Machenschaften, würde er zerschmettert werden. Sein unumschränktes Vertrauen in seine Partner könnte ihm gefährlich werden; käme auch nur das Geringste heraus, würde er in einen Abgrund stürzen. Mazarin ist mithin nicht der Meisterbetrüger, der alle Welt in seinen Sack steckt, der Schwindler aus Sizilien, der niemanden verschont und dessen Gesicht hinter der falschen Pappnase niemand erkennt.

Durch den Vertrag von Rivoli (11. Juli 1635) scheint sich für Mazarin einer seiner Lieblingspläne zu verwirklichen: die Festlegung einer offensiven und defensiven Linie Frankreichs und Savoyens »zur Eroberung des Herzogtums Mailand«. Aber das Gespann zieht nicht am gleichen Strang. Die Franzosen schicken nur tropfenweise Verstärkungen. Sie trauen dem Feldzug nicht. Für sie ist es nur ein Krieg auf dem Papier, der über das Pergament der Verträge nicht hinausreichen darf. Für Mazarin hat dieses Projekt eine ungeheure Bedeutung, sowohl für ihn selbst, wie für Italien, denn der spanische Blutsauger muß um jeden Preis abgeschüttelt werden. Seine anfeuernden Briefe rühren Victor-Amés heroische Ader, und zugleich will er mit ihnen die drei Pferde der Troika, die jedes für sich in den Deichseln stampfen, in den gleichen Galopp bringen: den Herzog, den Marschall Créqui und den französischen Gesandten Hémery. Dieses martialische Allegretto trägt Früchte: im September 1637 vernichtet der sanfte Victor-Amé, der Löwenmut bekommen hat, im Gefecht von Monbaldone die Spanier. Er beweist sich »als umsichtiger und erfahrener Truppenführer«, muß sogar Créqui, der ihn nicht leiden kann, zugeben.

Unglücklicherweise kann der Kriegsheld sich der erworbenen Lorbeeren nicht lange erfreuen. Einen Monat darauf, nach einem vom französischen General veranstalteten Bankett, wird er, ebenso wie Graf Verrue, von unerklärlichen Schmerzen befallen. Nach wenigen Tagen sterben die beiden unter gräßlichen Qualen. In dem Pamphlet »Umgang am Hof von Savoyen« werden natürlich die beiden Liebenden beschuldigt, den Ehemann, weil sie Furcht vor der Entdeckung hatten, vergiftet zu haben. Was aber hatten sie zu befürchten? Zwar sind die Hahnreis häufig die letzten, die etwas erfahren, aber in diesem Fall muß doch angenommen werden, daß Victor-Amé alles gewußt hat. Die Kinder, die regelmäßig jedes Jahr auf die Welt kamen, mußten ihm die Augen geöffnet haben. Victor-Amé hatte seinen ruhigen Platz im »ménage à trois«. Warum sollten die beiden anderen den Giftschrank aufmachen?

Mazarins Trauer ist aufrichtig. Er verliert zwei seiner liebsten Freunde, vor allem den nicht zu ersetzenden Herzog. Unter Tränen erinnert er sich daran, wie der gute alte Herzog in seiner Betrübnis darüber, daß sein Giulio nicht schnell genug in der Karriere vorankam, ihm angeboten hatte, persönlich nach Rom zu reisen, er, ein regierender Fürst, um Mazarins Lob zu singen und den Papst auf seinem Thron wachzurütteln.

Mazarin fürchtet auch um das Bündnis zwischen Frankreich und Savoyen. Ihm steht noch vor Augen, wie wütend antifranzösisch sich Monod und Philippe bei seinem letzten Aufenthalt in Turin aufgeführt haben. »Monod und Philippe äußern sich in ihren Reden gegen Frankreich, töten häufig den König mit Worten und weissagen den bevorstehenden Zusammenbruch des Königreichs.«

Victor-Amés Erbe ist ein fünfjähriges Kind. Madame Chrétienne wird zur Regentin ernannt. Zu den üblichen Gefahren, die Regentschaften mit sich bringen, kommt hier die Tatsache hinzu, daß die Regentin eine heißblütige Frau ist, deren Alkovengeheimnisse allen Untertanen bekannt sind.

Und ein weiterer erschwerender Umstand: Victor-Amé hat zwei Brüder, zwei gierige Wölfe aus den Bergen, die sich den Knochen der Regentschaft von Madame Chrétienne streitig machen. Schon 1634 hat sich Fürst Thomas, der jüngere Bruder Victor-Amés, an die Seite Spaniens gestellt. Er hat dort sogar seine Frau und seine Kinder als Geiseln zurückgelassen. Er war gezwungen, Krieg zu führen, und er ist ein bemerkenswerter Krieger geworden.

Der zweite Savoyer Wolf, Kardinal Maurizio, verrät Frankreich im Jahre 1636. Er dreht seine Cappa magna um und vertauscht die »protection« Frankreichs in Rom mit der des Reichs. Er benützt heimtückischere Waffen als sein Bruder Thomas. Im Kampf gegen seine Schwägerin bedient er sich lieber des Giftes als des Degens. War er es nicht möglicherweise, der Victor-Amé die so schnell wirkende abendliche Bouillon verabreicht hat?

Victor-Amé hatte kaum die Augen geschlossen, da befördert Madame ihren Geliebten vom Bett auf den Thron. Sie ernennt ihn, mir nichts, dir nichts, zum Gouverneur von Turin. Und drei Jahre lang regiert er mit ihr – ein Herzog ohne Krone.

Mazarin tut so, als sähe er nichts. Liebenswürdig, respektvoll und unerschütterlich gibt er vor zu glauben, daß Madame Chrétienne der Vernunft noch zugänglich sei. Nicht der dürren Vernunft, die Frauen abschreckt, sondern der mazarinischen Vernunft, die duftet wie Toilettewasser, den Evastöchtern angemessen, und vertraulichen Mitteilungen gleicht, die den Beichtvätern und Friseuren zugeflüstert werden. Madame sollte sich vor den Piemontesen in acht nehmen. Madame wäre gut beraten, sie von der Macht fernzuhalten. Madame hat von Pater Monod, dem Beichtvater des verstorbenen Herzogs, nichts mehr zu befürchten. Da kein Beichtender mehr da ist, braucht man keinen Beichtvater mehr. Warum läßt Madame es dann zu, daß diese Schlange noch immer um den Thron herumzischt?

Manchmal schenkt Madame den salbungsvollen Ratschlägen ihres Mentors Gehör. Vor allem als er ihr mitteilt, daß Kardinal Maurizio Rom in Windeseile verlassen hat. So kann Madame die Grenze Savoyens vor der Nase der unerwünschten Eminenz sperren lassen.

Aber Madame versperrt auch ihre Ohren vor der Sirene der Vernunft, wenn diese immer wieder drängt, Pater Monod über Bord zu werfen. Mit allen Fangarmen klammert sich diese Qualle fest und lenkt Philippe auf den Weg einer Politik untätiger Neutralität. Davon träumen die Piemontesen vielleicht, aber ihre geographische Lage läßt es nicht zu. Schließlich gelingt es den Franzosen, Monod loszureißen. Madame schickt ihn fort. Damit er nicht nackt und bloß auf der Straße liegt, bittet sie den Papst, ihm eine Bischofsmitra aufs Haupt zu setzen. Seine Heiligkeit lehnt ab. Um zu verhindern, daß er weiterhin Schaden anrichtet, kommen die Franzosen auf eine Lösung, an die sie vor langem schon hätten denken sollen: eine hübsche Zelle auf der Festung Montmélian.

Das Verhalten der Spanier wird so bedrohlich, daß Madame und ihr Philippe Richelieu zu Hilfe rufen. Ein bißchen spät. Das spanische Schreckgespenst greift nach Vercelli. Und im Frühjahr 1639 fallen die Spanier unter dem Befehl des Fürsten Thomas in Savoyen ein. Mazarin, bereit, »sein Blut für Madame zu vergießen«, verwandelt sich wieder in einen Kriegsmann. Stets trägt er unter dem Gewand der Kirche den Hauptmannsdegen. Er bittet Ludwig XIII. inständig, seiner Schwester Hilfe zu leisten. Widerspenstig wie immer, außer im Bett, spielt sich Philippe großartig als Piemonteser Patriot auf. Hochmütig und verbissen weigert er sich, den Franzosen das Tor der Alpenfestungen zu öffnen. Ergebnis: Einnahme von Turin durch den Fürsten Thomas. (27. Juli 1639)

Es bleibt dem Geck nichts weiter übrig, als zum Degen zu greifen. An der Spitze waffenfunkelnder Reiter bahnt er der Karosse der Herzogin und ihrer Kinder einen blutigen Weg durch die Reihen der Spanier. Durch seine Dummheit sind sie bis dorthin gelangt. Diesem Esel dient nichts zur Lehre. Zwei Monate darauf, Ende September, trifft Ludwig XIII. in Grenoble mit seiner Schwester zusammen. Philippes Verblendung macht alle französischen Pläne zur Befreiung Piemonts zunichte. Aus Respekt vor der Schwester des Königs explodiert Richelieu nur auf dem Papier. Auf dem weißen Bogen wettert er gegen Madame, die Sklavin der Liebe, gegen »die Schwäche ihrer Sinne, den Mangel an Verstand«. Ihr törichtes Vertrauen »in einen jungen Piemontesen, der unverschämt, egoistisch ist und weder Herz, Ehre noch Erfahrung besitzt«, wünscht er zum Teufel. Er schäumt vor Zorn über die Besessenheit einer Närrin. Dieser zurückgehaltene Ingrimm äußert sich später in Taten: Richelieu vergißt nicht, sich zu rächen.

Schon haben die Franzosen dafür gesorgt, daß das Blatt sich wendet. Am 20. September 1640 holt Graf d'Harcourt Turin zurück. Und Richelieu denkt an einen listigen, teuflischen Racheakt. Mit dem ihm eigenen Sadismus überträgt er Mazarin eine Aufgabe, die weniger angenehm ist als damals die Beschaffung der besten gemalten »Profile« für Bernini. Ihn bestimmt er dazu, das geliebte Piemont zur Räson zu bringen. Er überträgt dem sanften »Colmardo« die Rolle, Terror in Piemont zu verbreiten. Mazarin soll den Befehl für Massenverhaftungen erlassen, für gestrenge Truppeneinquartierungen bei der Bevölkerung, und schließlich für eine Maßnahme, die Madame ins Herz trifft: Philippes Einkerkerung.

Richelieu redet ihm mit seinem zärtlichen Beinamen an, der hier ironisch bedrohlich klingt, denn er verlangt etwas von ihm, das für Mazarin die Hölle bedeutet: »Colmardo möge daran denken, daß die Mächte, die über ihm stehen [Richelieu selbst], nur auf die Vollstreckung der Befehle Wert legen und jene Geister gering schätzen, denen es leichter fällt, in der Luft schwebende Vorschläge zu machen und nichtige Reden zu halten, als heilsame Maßnahmen durchzuführen.«

Damit hat die Stunde der Wahrheit geschlagen. Richelieu wird Mazarin endgültig aufgrund der Taten beurteilen, die er in Piemont vollbringt. Daran ändern alle zärtlich ausgesprochenen »Colmardo, Colmarduccio und Nunzinicardo« nichts. Bei diesem furchteinflößenden Mann ist nie etwas ganz sicher. Immer wieder müssen die Karten neu gemischt werden.

Mazarin weiß, daß er in dieser Lage – verbissen auf den Fußspitzen sich reckend und streckend und verzweiflungsvoll mit der Hand nach dem Kardinalshut greifend – Gefahr läuft, zu Boden zu stürzen, wenn er auch nur um Haaresbreite von dem blutigen Weg abweicht, den Richelieu ihm vorschreibt.

Es ist die Stunde des Jüngsten Gerichts, nicht im Himmel, aber auf Erden. Richelieus Absicht ist es, Mazarin einer Reihe von Prüfungen zu unterwerfen; ihr Ergebnis wird sein vorläufig endgültiges Urteil über Mazarins Persönlichkeit bestimmen. Er will seine Treue erproben, nicht auf seidigen Pfühlen, sondern auf dem Leidensweg. Er will sein Wesen brechen, wie ein Reiter den Willen des Pferdes mit der Kandare bricht. In diesem Fall soll ein gar zu sanftes Temperament zur Wildheit angestachelt werden.

Richelieu will erkunden, ob solch ein zartbesaiteter Mensch ihn lieber mag oder eine Frau, eine Herrscherin, die Herzogin von Savoyen, deren Paladin er seit langem ist. Ob dieses Geschöpf aus Samt und Seide, wenn die Politik es verlangt, durch Gehorsam und Liebe zu seinem Herrn und Gebieter seine Abscheu überwindet und sich in einen Mann aus Eisen verwandeln läßt: Ob Mazarin schließlich seinem irdischen »Patron« zu Gefallen aus Staatsräson seine Seele zu verpfänden vermag; so wie Richelieu selbst es getan hat.

In größter Eile, im Geschwindschritt, stürmt Mazarin, wie es dieser Wundertäter so oft getan hat, nach Piemont, den bitteren Kelch vor Augen, den er trinken muß. Am 16. September bricht er von Paris auf, trifft am 22. Madame in Chambéry und bereitet am 29. September zusammen mit Harcourt die Rückkehr der Herzogin nach Turin vor. »So geheim«, den bildhaften Anweisungen Richelieus zufolge, »daß ihr eigenes Hemd davon nichts merkte.« Um die Stimmung der Bevölkerung zu erforschen, wartet man noch anderthalb Monate mit dieser heiklen Zeremonie. Der feierliche Einzug eines Herrschers in seine Hauptstadt – ein Popularitätstest, der damals viel direkter und deutlicher wirkt als unsere heutigen Meinungsforschungen. Vor allem, wenn diesem Einzug tragische Auszüge voraufgegangen sind. Madame zittert. Wie wird sich das Volk bei der Rückkehr seiner Herrscherin verhalten, wenn sie mit ihrem Geliebten im Troß ausländischer Soldaten in die Stadt einzieht? »Wird man mir zujubeln?« fragt sie mit ängstlicher Koketterie.

Der Zauberer Mazarin mag noch so sehr »den Gott der Lüfte« befragen, auch er kann nicht voraussagen, wie der Wind wehen wird. Er kann einzig und allein sagen, daß man den Rücken beugen muß, wie er es getan hat und wie er es meisterhaft weiterhin tun wird; es gilt, seinen Ärger hinunterzuschlucken und dem Himmel zu danken für alles, was geschieht.

»Ich weiß es nicht, Madame, aber wir müssen alles gut finden, was ihm [dem Volk] zu schreien in den Sinn kommt.«

Im Gefolge, an der Spitze der berittenen Garde, tänzelt Philippe auf seinem Roß. In seinem Koller aus besticktem Büffelleder gibt er sich den Anschein von Kraft und Stärke. Doch er ahnt, daß Richelieus Bannstrahl nahe ist. Mazarin versucht, ihn abzuwenden, aber vergebens! Mazarin selbst ist beauftragt, den Befehl auszuführen. Er wählt die prächtigste aller Nächte, die unter Gläserklirren und Umarmungen den Übergang von einem Jahr in das andere anzeigt. Am 31. Dezember nach Beendigung eines üppigen und weinseligen Mahls bei dem französischen Obristen de Montpezat erscheinen »zwanzig oder fünfundzwanzig Reiter zu Fuß und die gleiche Anzahl Carabins« (berittene Jäger mit Küraß und Karabiner), nehmen Philippe fest und bringen ihn in die Zitadelle von Turin, von wo aus er nach Pinerolo überführt wird.

Philippe fleht seine Mätresse um Hilfe an. Er kann es nicht glauben, daß sie ihn fallen läßt. Da sie nichts unternehmen kann, spricht Madame diesmal nicht als hingebungsvolle Geliebte, sondern als Herrscherin: »Graf Philippe, wir müssen der Gewalt weichen, die Sie von mir trennt ... Möge Ihr Mut Sie nicht verlassen ... Keiner hat größeres Mitleid mit Ihnen als ich ... Ich werde mich bemühen, Ihnen immer eine gute Herrin und Freundin zu sein.«

Nach diesen mit königlicher Würde ausgesprochenen Worten bricht die arme Frau zusammen. Mazarin mußte ihr die grausame Nachricht überbringen. Er kann Frauen nicht weinen sehen, darin so naiv wie viele Männer, die die erstaunliche Wandlungsfähigkeit des weiblichen Antlitzes anscheinend nicht begreifen. Selber in Tränen aufgelöst, schreibt er am 2. Januar 1641 an Chavigny: »Wenn Sie sehen könnten, wie zusammengefallen Madame ist, wie sich ihr Gesicht verändert hat, würden Sie voller Mitgefühl sein. Sie hat das Bett noch nicht verlassen, und obwohl sie sich große Mühe gibt, kann sie nicht umhin, unaufhörlich zu weinen.«

Solch eine alle Prüfungen überdauernde Liebe setzt Mazarin, den Opernkenner und -liebhaber, in Staunen und Bewunderung. Es gibt sie also nicht nur im Theater und in den Büchern. In seinem Brief an Chavigny schreibt er: »Ich für meine Person glaube nicht, daß es je Zeichen einer ähnlichen Zuneigung gegeben hat, von der auch die Herren de La Court und du Plessis überrascht sind. Denn sie haben seit einiger Zeit angenommen, daß das Wohlwollen, das Madame dem Grafen Philippe entgegengebracht, fast gänzlich geschwunden war und daß Madame es nur aufrechterhielt, um die

Zuneigung zu verbergen, die sie einem anderen von geringerem Stand entgegengebracht haben soll.«

Diese Tragödin der Liebe bittet Richelieu flehentlich, ihren Geliebten nicht ins Gefängnis zu werfen. Um ihrer Liebe willen und um ihres »Ruhmes«, das heißt ihres Rufes willen, eine Sorge, die sich recht spät einstellt. »Sie glaubt, daß wenn Philippe durch die Städte geführt wird, alle Welt sagt: ›Das ist der Favorit von Madame!‹ Setzt man ihn in der Bastille fest oder im Bois de Vincennes [das Schloß Vincennes war Staatsgefängnis], wird man meinen, es geschehe einer anderen Sache wegen, als ihn von den Staatsgeschäften fernzuhalten. Sie möchte, daß alle Vorkehrungen getroffen und ihr die Zusicherung gegeben wird, daß er in Frankreich und fern von diesem Land [Piemont] gehalten wird, ohne ins Gefängnis zu kommen.«

Mit anderen Worten möchte sie, daß er nur unter Überwachung gestellt wird. Wenn man ihrer Liebe dieses kleine Entgegenkommen gewährt, ist sie bereit, alle nur erdenklichen Bürgschaften zu geben und alle ihre Komplizen aufzugeben. »Sie, die hier die Stellung eines Königs einnimmt, gibt nicht nur ihr Wort, daß er [Graf Philippe] nie den Ort, der ihm vorgeschrieben wird, verläßt, sondern mehr noch, sie wird, wenn man es wünscht, als noch schwerwiegenderes Pfand das ganze Haus d'Aglié nach Frankreich schicken und auch zwei Kinder der verstorbenen Marquise von San-Germano, damit sie dort zur Schule gehen.«

Daß sie so viel Wasser in den Wein ihrer Liebe schüttet, ist letztlich nicht erstaunlich, denn sie befindet sich in einer verzweifelten Lage. »Wie ich an Monseigneur [Richelieu] berichtet habe, ist Madame in ein so großes Elend geraten, daß sie ohne den Beistand des Königs nicht leben kann. Aus Piemont kann sie keinen Sou herauspressen, der Truppeneinquartierungen wegen, und weil im vergangenen Jahr fast alles, was 41 aus Savoyen kommen soll, schon verbraucht ist. [Alle Einkünfte des Jahres 1641 sind bereits ein Jahr im voraus verzehrt.] Der Marquis d'Aglié [ein Onkel Philippes, Hauptverwalter der Finanzen des Herzogtums Savoyen] sagte mir, er arbeite mit den anderen Ministern daran, alle überflüssigen Ausgaben einzuschränken. Er habe mit Zustimmung Madames den Aufwand ihres Hauses um zweihundert Pfund vermindert. Aber das alles nützt nichts, da sie überhaupt nichts zum Leben hat.«

Mazarin unternimmt es, für Madame zu sammeln. Sie wird nur Geld bekommen, wenn sie Philippe fallenläßt. »In den Depeschen, die ich die Ehre habe, von Ihnen zu erhalten, teilen Sie mir mit, daß man, nach Erledigung der Angelegenheit des Grafen Philippe beschlossen habe, Madame eine Zuwendung zu machen. Wenn sie sich in dieser Angelegenheit gut verhält, wie sie es bis zur Stunde tut, werde ich ihr etwas Bargeld geben, ohne jedoch die Summe, die für die besagte Zuwendung festgelegt ist, zu überschreiten.«

Vom 4. Januar an läßt Richelieu der Drohung einige Liebenswürdigkeiten folgen. Was er wollte, ist erreicht: Philippes Festsetzung. Er gießt ein bißchen Balsam auf die Wunden des gepeinigten Mazarin. Ihm liegt daran, »Colmardo« zu beruhigen. »Colmardo« muß noch mehrere Monate in Savoyen bleiben, um alles zu überwachen: er hat die militärischen Operationen zu beaufsichtigen und seine eigenen Operationen voranzubringen, die Verhandlungen mit den beiden Wölfen. Es ist gut, daß Richelieu ihm Herz und Rücken stärkt. Sein Brief ist schmeichelhaft: »Ich gebe der Hoffnung Ausdruck, daß die Verhandlungen zu einem guten Ende kommen, doch sollte es nicht so sein, würde Colmardo nichtsdestoweniger von seinen Freunden geschätzt und geliebt werden. Er möge guten Muts sein und er möge Sorge tragen für seine Gesundheit und die Erhaltung seiner Persönlichkeit, die dem teurer ist als er glaubt, dem, der stets sein zugetaner Diener ist und sein wird.«

Gott ist mit Mazarin. Dieser Brief des verehrten und geliebten Mannes versetzt ihn in Begeisterung. »Seine Eminenz hat mir die Ehre angetan, mir einen Brief zu schreiben, der, wäre ich tot gewesen, mich wieder zum Leben erweckt hätte.« Außerdem bekommt er viertausend Taler von Chavigny, was eine andere Art der Wiedererweckung ist. Jetzt kann er sich die Hände reiben, und er bedankt sich mit scheinheiliger Zungenfertigkeit, als präsentiere er eine Spesenrechnung. Hier zeigt sich die Unterwürfigkeit eines Armen, die er auch später, auf seinem Goldhaufen sitzend, beibehalten wird. Er kann die Verbeugungen nicht vergessen, die er einst machen mußte, um seinen »Padroni« einige Taler zu entlocken. »Ich kann Ihnen frei heraus sagen, daß die Ausgaben in diesem Land groß sind. Da es notwendig ist, hier standesgemäß zu leben, kann man es in dieser Stadt nur mit viel Geld machen, in der die Lebensmittel so teuer sind, als wären wir belagert.« Das ist der Stil eines Geizigen und eines Heuchlers, und man begreift nicht, weshalb er ihn Chavigny gegenüber anwendet, dem Freund, mit dem er sonst nicht so distanziert ergeben und verschlagen verkehrt.

Doch abgesehen von dieser Kriecherei verschafft ihm das doppelte Stimulans neue Kraft. Er bringt mit dem Fürsten Thomas einen guten Vertrag zustande, mit dem dieser für Frankreich gewonnen wird. Die Verhandlungen mit dem Kardinal Maurizio werden erst am 14. Juli 1642 abgeschlossen. Er heiratet seine eigene Nichte Luisa-Maria. Maurizio legt den Purpur ab, während Mazarin ihn dann anlegt.

Das vereinte Flehen von Madame und von Mazarin scheitert am Felsen Richelieu. Graf Philippe wird ins Schloß Vincennes überführt. Natürlich schläft er nicht auf dem feuchten Stroh der Kerkerzellen. Richelieu möchte nur, daß dieser Geck hinter Schloß und Riegel bleibt, damit er keine Dummheiten mehr machen kann. Darüber hinaus wird er »mit großer Höflichkeit« behandelt, wie Staatsgefangene von hohem Rang. Richelieu weiß, daß auch Philippe ein leidenschaftlicher Theaterliebhaber ist, und gestattet ihm, an einem von Italienern veranstalteten Ballettabend teilzunehmen. Philippe verwandelt sich selber in einen Romanhelden. Hinter den dicken Mauern von Vincennes verfaßt er zu Ehren seiner Herzensdame eine rührselige Elegie: »Das Gefängnis von Filinde, dem Standhaften«.

Unablässig bemüht sich Mazarin bei Richelieu, eine Milderung seines Schicksals herbeizuführen. Der Kardinal bleibt eisern. Er glaubt, daß Dummheit die einzige menschliche Eigenschaft ist, die nicht geändert werden kann. Vor allem im politischen Bereich fürchtet er die Dummheiten Philippes und Madames. Erst beim Tod des unbeugsamen Kerkermeisters öffnet sich für Philippe dann die Kerkertür. »Mit dem Wenigen, das von mir abhing, habe ich dazu beigetragen, ihm die Freiheit wiederzugeben, und ich freue mich, daß ich bei dieser Gelegenheit habe deutlich machen können, wie sehr mir daran liegt, Ihnen zu Gefallen zu sein«, flüstert Mazarin Madame zu. Er errötet dabei wie ein unschuldiges Kind.

Trotz ihrer überströmenden Liebe hat Madame nur ein Jahr lang Geduld gehabt, auf »Filinde« zu warten. Nach dieser Ewigkeit ersetzt sie ihn durch einen sehr viel jüngeren Geliebten, den Grafen Tana, der frisch gebacken aus der Pagenschule kommt. Philippe ist verzweifelt, er denkt daran, sich Gott zu widmen und in Rom Prälat zu werden. Doch selbst als er wieder frei ist, kann er sich nicht entschließen, Paris zu verlassen. »Ich gestehe«, schreibt er im Juni 1643, »daß es mich kaum reizt, wenn ich an die vergangenen Dinge denke, mich wieder in die Gefahren und Unruhen unseres Hofes zu stürzen . . .«

Er tut es trotzdem, in der Hoffnung, Madame wiederzusehen. Die Flatterhafte verschließt ihm Bett und Herz, bietet ihm aber Berge von Gold und Ehren. Sie macht ihn zum Generalfeldmarschall und Befehlshaber der Armee, zum Hauptverwalter der Finanzen und zum Majordomus des Hofstaates des jungen Herzogs. Sie überschüttet ihn nun nicht mehr mit Küssen, sondern mit Ordensbändern und Leibrenten.

»Filinde der Standhafte« bleibt standhaft und verheiratet sich nicht. Die Herzogin bedenkt ihn, zusammen mit dem Grafen Tana, in ihrem Testament. Die Liebeshungrige hat sich für die ewige Ruhe zwei treffliche Grabstatuen ausgesucht.

Kardinalshut und Zubehör

Ohne sich die Finger zu verbrennen hat Mazarin die Kastanien aus dem Feuer des brodelnden Savoyen geholt. Im Juni 1641 kehrt er freudig nach Paris zurück, nach einer Abwesenheit von neun Monaten, die ihm bei Richelieu noch mehr genützt hat, als wäre er in seiner Nähe geblieben. Er ist mit Glückwünschen für das bestandene »Examen in Grausamkeit« wiederaufgenommen worden.

Sein oberster Richter weiß, daß es Mazarins größter Wunsch ist, abgesehen vom Kardinalshut, an der immer wieder in Zeit und Raum aufgeschobenen »Friedensversammlung« teilzunehmen. Sie soll jetzt endlich in Münster abgehalten werden. Sollte diese Versammlung, die noch eine Fata Morgana ist, nicht vielleicht der kürzeste Weg sein, zum Kardinalshut zu kommen? Sein Herz ist heftig bewegt. Am 24. September kann er, der in dieser Hinsicht so oft enttäuscht wurde, sich nicht enthalten, kindlich vor Freude zu hüpfen, als er seine Hoffnung einem seiner Freunde in Rom, dem Kardinal Sacchetti, in einem Brief zum Ausdruck bringt: »Die noch zu überwindenden Schwierigkeiten für den Zusammentritt der Bevollmächtigten in Münster sind nicht beträchtlich. Ich habe daher gute Gründe zu hoffen, daß ich mich am Ende des nächsten Monats dorthin auf den Weg machen kann. Ich würde mich schon jetzt für den Frieden verbürgen, wenn Seine Heiligkeit die Vermittlung Eurer Eminenz übertrüge, deren Klugheit und besonderes Geschick die Christenheit bald in den Genuß einer gesicherten Ruhe bringen würden.«

Ein Pariser Zeuge aus jener Zeit namens Henri Arnauld vermerkt am 20. Oktober: »Der Herr Kardinal arbeitet jeden Tag an den Instruktionen für die Friedensdelegation. Mazarin wird mehr als achtzig Personen mit auf die Reise nehmen.« Diesmal wird es Ernst. Der König von Frankreich und Richelieu stellen den Sohn eines kleinen Verwalters, der noch Stallgeruch an sich hat, an die Spitze einer Delegation von »mehr als achtzig Personen!« In Rom versteht man zu rechnen. Diese achtzig, dazu der Dienst, den Mazarin dem Papst geleistet hat, indem er ihm den Marschall d'Estrées vom Hals geschafft hat: das verdient Aufmerksamkeit.

Dennoch zögert der siebzigjährige Pontifex noch immer. Kardinal Bichi, Bischof von Carpentras, ein vertrauter Freund Mazarins, hat einen plausiblen Grund für diesen Starrsinn entdeckt. Es handelt sich um die senile Furcht vor dem Tod. Urban VIII. will die Kardinalsernennung wie einen Schild gegen den Knochenmann benutzen, er glaubt, »es würde seine letzte sein, und wenn sie ausgesprochen wäre, würde er nicht mehr sehr geachtet werden, selbst von seinen eigenen Neffen nicht«.

Der Papst spricht Bichi gegenüber »mit großem Lob« über Mazarin. Er beauftragt Bichi, ihm zu sagen, »daß er großes Vertrauen in seine Tätigkeit setze und daß er ihn stets geschätzt habe«. Vor allem aber hatte er ihm stets mißtraut; stets hatte er ihm mit einer Hand das fortgenommen, was er ihm mit der anderen gegeben hatte. Das greisenhafte Zaudern ärgert Bichi. Er ist untröstlich, daß er, um in seine Diözese zurückzukehren, Rom verlassen muß, ohne seinem Freund Mazarin die Ernennung zum Kardinal mitteilen zu können. Er geht noch einmal zu Barberini und sagt ihm, wenn Mazarin den Kardinalshut bekäme, würde es ihm genauso viel Freude machen, als erhielte er, Bichi, seinen Hut zum zweiten Mal. Er würde Tränen vergießen, wenn dies die Dinge voranbrächte. Doch für ein solches Getue ist er zu männlich. »Ich habe nicht geweint, weil mir das nicht leicht fällt«, beichtet er Mazarin, und es klingt, als entschuldige er sich für eine Verräterei, »aber ich habe mit so herzlichen und zärtlichen Gefühlen gesprochen, daß Kardinal Barberini mir sagte, er kenne seit langem meine Hingabe für meine Freunde«.

Barberini kennt auch den Starrsinn des alten Papstes und seine Neckereien. Kaum hat der aufrichtige Bichi den Rücken gekehrt, als es Urban VIII. gefällt, das zu gewähren, was er dem Mann verweigert hatte, der gern Tränen vergossen hätte, aber es nicht vermochte. Daß der kleine Mazarin, der aus dem Nichts kommt, eine Delegation von »mehr als achtzig Personen« anführen soll, scheint ihm der Überlegung würdig. In den Schub der dreizehn neuen Kardinäle schmuggelt der schalkhafte Papst, als spiele er jemandem einen Streich, Mazarin mit hinein.

Bichi erfährt unterwegs davon, in Siena. Er wirft sich vor einen Altar, er tanzt wie David vor der Bundeslade: »Ich jubiliere vor Freude, daß Eure Eminenz jetzt den Purpur trägt«, schreibt er an Mazarin und spricht ihn zum ersten Mal mit seinem Titel an. »Ich habe Gott von ganzem Herzen gedankt und danke ihm noch immer.«

Der französische Gesandte in Rom, Fontenay-Mareuil, bringt Richelieu die brandneue Nachricht am 15. Dezember 1641 zur Kenntnis. »Die Beachtung, die die Wünsche Eurer Eminenz überall finden, hat endlich obgesiegt über so viele Hindernisse, die sich auftürmten, um die Ernennung von Monsigneur Mazarin zu vereiteln. Sie sind es, der ihn heute eher zum Kardinal gemacht hat als der Papst selbst.«

Wirklich ist es im Grunde Richelieu, der Mazarin zum Kardinal gemacht hat. Der alternde Papst hat einem immer stärker werdenden Druck nachgegeben. Richelieu hat die schwache Hand des Pontifex so schmerzhaft gedrückt, daß dieser schließlich den Kardinalshut herausrücken mußte. Jetzt hat sich die Weissagung des Astrologen endlich erfüllt: Mazarin ist Kardinal, ehe er vierzig Jahre alt wird. Er verdankt es Frankreich.

Es wurde Zeit! Um nach hohen Ämtern zu streben, dafür besaß Mazarin nur eine dünne äußere Schale. Was war schon der unbedeutende Titel eines »Monsignore«, der in Rom an jeder Straßenecke zu treffen war und mit dem er seine Nacktheit zu verbergen suchte wie mit einer zu kurzen Decke! Ein das Französisch radebrechender Zugewanderter, der (alles kommt schließlich heraus) nicht einmal Priester war! Dieses Gewand in der blutarmen Farbe der Veilchen war ein gar zu kärglicher Schirm gegen einen arroganten Adel.

Der Purpur. Das ist eine härtere Schale, das gibt Gewicht und Farbe. Der Purpur ähnelt dem Feuer, dem Blut, dem Sieg. Der kleine Mazarin, der sich stets tief verbeugt, der stets Reden spinnt, klebrig wie Honigfäden, der stets von einer Wolke von Wohlgerüchen umgeben ist wie ein Friseur, stets lächelnd, stets geschäftig und beflissen, fast zu freundlich und zu sanft; der alles weiß und früher als die anderen alles versteht, der unerträglich ist und entwaffnend durch seine Präsenz, Tüchtigkeit, Aktivität, Unfehlbarkeit und Allgegenwart, der in seinem Überschwang unerhört komisch und unglaublich natürlich ist, einzigartig, unbezweifelbar, unwiederholbar, unausstehlich und unersetzlich wie eine Droge, wie ein Laster oder ein Zaubermittel, listig, wendig, parfümiert und süßlich wie Sirup, von dem man sich nur schwer lösen kann; dieser Giulio Mazarino, Mazarini, Jules Mazarin ist Kardinal!

Gemäß der Konstitution des großen reformatorischen Papstes Sixtus V. (3. Dezember 1586), der sich zu einem Hymnus steigert, wenn er von den Kardinälen spricht, wird Mazarin einer der »Ratgeber und Koadjutoren« des Pontifex maximus. Sie sind »wie die Augen, Ohren und edelsten Teile des gesalbten Haupts und die wichtigsten vom Heiligen Geist geschaffenen Glieder« ... »Pfeiler, hellste Lichter, Fundamente des Tempels Gottes, Bollwerke und Säulen der christlichen Republik«, »das Salz der Erde, die auf den Kandelaber gesteckte Fackel, um alle zu erleuchten, die das Haus des Herrn bewohnen, um der Gesamtheit der Christen zu dienen und an der Spitze der Provinzen die bedeutendsten Angelegenheiten zu behandeln, auch bei den Königen und Kaisern.« Sie wählen den Papst, sie sind »die Interpreten und die Internuntien des göttlichen Willens, deren Geist den universellen Leib der Kirche heiligt und regiert«. Das also ist der kleine Mazarin geworden!

Doch ist der Purpur nicht nur die höchste aller Ehren. In seinen Falten stecken Zwänge. Gemäß Sixtus V. »kann niemand zum Purpur erhoben werden, wenn er nicht schon klerikale Eigenschaften hat, wenn er nicht seit mindestens einem Jahr schon die Soutane und Tonsur getragen und die vier niederen Weihen empfangen hat«. Jeder der Kardinäle »muß wenigstens das Alter von einundzwanzig Jahren erreicht haben und im Jahr darauf die Diakonatsweihe empfangen«. Sonst bleibt er ein »eingeschränkter« Kardinal und hat kein Stimmrecht in den Kardinalskollegien und Konklaven. Schließlich muß jeder außerhalb von Rom ernannte Kardinal schwören, sich in dem Jahr, das auf die Eidesleistung folgt, »ad limina« (nach Rom) zu begeben, aus Achtung und Dankbarkeit dem Papst gegenüber. Um aus seinen Händen den Titel, den Hut und den Kardinalsring zu empfangen und »belehrt zu werden über die Gesetze, Sitten, Gebräuche und die gesamten Verhältnisse des Heiligen Stuhls, um neue Kräfte durch die heilbringenden Ratschläge zu erhalten, die der Pontifex in seiner Barmherzigkeit, Weisheit und väterlichen Fürsorge austeilt«. Um sich endlich den beiden gegensätzlichen Riten der »occlusio oris« (Verschließung des Mundes) und der »apertio oris« (Öffnung des Mundes) zu unterziehen. Indem der Papst dem neuen Purpurträger den Mund verschließt, erlegt er ihm Schweigen über die Geheimnisse der Kirche auf. Er erklärt ihm, daß das Wahlrecht dem Pontifex zugehört und daß ein Kardinal nur über eine »passive Stimme« verfügt. Indem er ihm den Mund öffnet, verleiht er ihm eine »aktive Stimme«, damit der Ratgeber des Heiligen Stuhls nicht stumm sei und in den Kollegien, Kongregationen und anderen Kardinalsämtern seine Meinung äußern könne.

Völlige Unvereinbarkeit besteht zwischen dem Purpur und der Ehe. Eine Frau oder Gott! Will ein nicht zum Priester geweihter Kardinal ins weltliche Leben zurückkehren und heiraten, muß er den Purpur ablegen und sein Amt niederlegen. So taten es zu Mazarins Zeiten die Kardinäle regierender Familien, Nicolaus-Franz von Lothringen, Maurizio von Savoyen und Kasimir von Polen, und sogar der Neffe des Papstes Innozenz X., Kardinal Pamphili, der den Purpur ablegte, um die Fürstin Rossano zu heiraten (10. Februar 1647).

Im Jahr 1644 lief in Rom das Gerücht um, Mazarin wolle »zweihunderttausend Taler Leibrente« heiraten, um seine Familie fortzupflanzen. Vom Papst bis zum letzten Straßenjungen zweifelt niemand daran, daß er auf seinen Hut verzichten wird.

Obwohl er lange Zeit auf seinen Hut hat warten müssen, will er sich seinen Pflichten dem Heiligen Vater gegenüber nicht entziehen. Er beschließt, im April 1642 nach Rom zu reisen. Doch »legitime Gründe« und sogar schicksalhafte hindern ihn daran: die Krankheit Richelieus, die Verschwörung des Cinq-Mars, der Tod Richelieus und sein eigener Aufstieg zur Macht mit der Last des Königreiches auf seinen Schultern. Urban VIII. sieht es ein; ohne Murren gewährt er dem Verhinderten eine Frist, ein »extra tempora«. Sein Nachfolger Innozenz X. ist ebenfalls einsichtig. Von einem aufgeschobenen »extra tempora« zum anderen findet Mazarin nie die Zeit, seinen »Ad-limina«-Besuch zu machen. Auf diese Weise erlebt er, der Feste und Gepränge liebt, nicht das prunkvolle Schauspiel seines öffentlichen Einzugs in Rom mit der vom ganzen Kardinalskollegium und dem römischen Hof gebildeten Kavalkade, die ihn vor den Toren der Ewigen Stadt erwartet. So wird er nie in ergebener Demut vor dem Thron des Heiligen Vaters knien und aus seiner Hand den großen flachen roten Hut mit der breiten Krempe entgegennehmen, den der Kardinal nur symbolisch, während einer Minute, an jenem Tag trägt und der später an einem Draht im Gewölbe der Kathedrale hängt, in der der Träger begraben wird. Der Hut hängt so lange dort, bis er zu Staub zerfällt. Der Papst wird den Mund, aus dem Ströme von Worten fließen, nicht verschließen und nicht öffnen. Er wird ihm keinen Rang und Titel im Schoß des Kardinalkollegiums verleihen, wie allen anderen Kardinälen, die Titulare von imaginären oder seit langem verschwundenen Diözesen sind, so als regierten diese Kirchenfürsten über Tote. Und schließlich wird Mazarin nie den Kardinalsring tragen, der sich an seiner schönen Hand so gut ausgemacht hätte. Noch 1657 fordert die Propaganda Fide für dieses Schmuckstück, das er nicht trägt, achthundertsiebzehn Taler von ihm.

Auch sein Vorgänger Richelieu ist ewig verhindert gewesen, den Besuch in Rom zu machen, auch er mußte wie ein treuer Hund stets an den Stufen des Throns wachen. Mazarin beweist ebenfalls, daß, wer das Königreich der Lilien regiert, nicht auf Rosen gebettet ist.

Was ihm entgeht, macht Mazarin wett, indem er den so heißersehnten Hut in seinen Wappenschild aufnimmt. Er umgürtet ihn mit einer Kordel von fünfzehn roten Quasten (der Papst hat fünfzehn Quasten aus Gold). Dieses Wappen, auf dem das römische Liktorenbündel, als Erinnerung an seine Geburt in der Stadt der Städte, und drei Sterne figurieren (vielleicht die Sterne des Spielers: Liebe, Reichtum, Macht), bringt Mazarin überall an: auf seinen Wandteppichen, auf dem Einband seiner Bücher, auf seiner Karosse und wenn er es könnte, würde er es auf seinen »Calessons«, den Unterhosen, anbringen. (Mazarins Wappen: Blauer Grund mit dem golden und silbern umwundenen Liktorenbündel, das Beil ebenfalls silbern, mit einem über den ganzen Schild gehenden roten Balkenstreif, auf dem drei goldene Sterne stehen.)

Eine Zeremonie, der sich Mazarin trotz seiner Überbeanspruchung nicht entziehen kann, ist die Zeremonie der Übergabe des Biretts. Diese steife Kappe, die aussieht wie ein Napfkuchen mit drei aufgesetzten Ohren, ist ein weiteres Symbol der Kardinalswürde. Wie die Cappa magna und wie der Hut ist sie von der Farbe ihres Bluts, das die Kardinäle im Notfall für die Kirche zu vergießen haben. Und das Mazarin für Richelieu vergießen würde! Residiert ein neuernannter Kardinal in Rom, überreicht ihm der Papst sein Birett nach einem genau vorgeschriebenen Zeremoniell. Sonst delegiert der Heilige Vater seine Rechte dem König, dem Fürsten, dem Legaten, auf jeden Fall der höchsten Persönlichkeit des Landes, in dem der Betreffende sich befindet. Durch ein »missio bireti« (Übergabe des Biretts) genanntes Breve gibt der Papst dem Kardinal den Namen eines seiner Kammerherrn kund, der den Auftrag hat, ihm das rote Birett zu bringen. Der neue Purpurträger muß diesen »päpstlichen Stellvertreter« in seinem Haus empfangen, als wäre er der Kaiser von China. Der Papst kündigt Mazarin am 15. Januar 1642 das Eintreffen eines gewissen Tomaso an. Mazarin wird ihm das übliche Geschenk überreichen. Der König wird ihm eine Pension von tausend Pfund aussetzen.

Der königliche Hof befindet sich auf dem Weg durch das Rhonetal nach Narbonne, um von dort aus die Belagerung von Perpignan zu beobachten. Am 26. Februar überreicht der König in Valence Kardinal Mazarin das Birett. Die »Gazette de France« berichtet über die Zeremonie folgendermaßen: »Am 25. Februar empfing Seine Majestät in Valence den Sieur Valemani, Kammerherrn des Papstes, in Audienz, bei welcher Gelegenheit nach dem Austausch der üblichen Komplimente dieser Kammerherr dem König sagte, er habe Seiner Majestät das Birett für Kardinal Mazarin überbracht. Der König setzte die Zeremonie für den nächsten Tag fest. An diesem Tag, um sieben Uhr morgens, bezogen die Gardisten Wache vor allen

Toren der großen Kirche Sankt Apollinaris in Valence, Graf Brulon fuhr in der Karosse des Königs zu dem Kammerherrn und von dort mit ihm zum Logis des Kardinals Mazarin, welcher, in Rot gekleidet, von ihnen zur Kirche geführt wurde. Dort legte der Kammerherr das rote Birett auf ein Silbertablett und übergab es den Geistlichen, die es feierlich auf dem Altar niedersetzten. Seine Majestät traf zur gleichen Zeit ein, die Messe begann, und am Ende derselben legten die Geistlichen das Birett in die Hände des Kammerherrn zurück, der es wiederum dem König übergab. Seine Majestät setzte es auf den Kopf des Kardinals, der sich so tief herunterbeugte, daß er zu knien schien. Die Messe hatte er kniend angehört, auf einem Kissen, das auf einen Zipfel des Fußteppichs des Königs gelegt worden war.«

»So tief heruntergebeugt, daß er zu knien schien«, »auf einem Kissen kniend, das auf einen Zipfel des Fußteppichs des Königs gelegt worden war«: stets und ständig die Demutsbezeigungen des Komödianten Mazarin, der alle Situationen bis zum äußersten ausspielt und, um seinen Herren zu zeigen und zu beweisen, daß er ganz ihnen gehört, in der Stunde des Glanzes wie in einen Abgrund des Nichts versinkt.

Etwas mehr als einen Monat später hat sich der Kniende zu voller Höhe aufgerichtet. Bei einer Feierlichkeit in Narbonne wagt er es, einem Prinzen von Geblüt, dem Herzog von Enghien, den Vortritt streitig zu machen, er duldet nicht, daß ein Großer seinen Purpur mißachtet. Der Purpur wird einst das bedeuten, was er aus ihm gemacht hat. Er soll ihn weit voranbringen. Deshalb muß er ihm Achtung verschaffen. Es genügt nicht, ihn nur zu besitzen. Er muß ihn arbeiten lassen, wie das Geld. Der Purpur darf kein Ruhekissen, sondern muß ein Sprungbrett sein. Es gibt Träger des Purpurs, die ihn ererbt haben und schlafen, und es gibt wagemutige Purpurträger, die wach sind. Es gibt zweitklassigen Purpur und farbechten. Mazarin ist, durch seinen Purpur, ein Sohn des Papstes, mehr noch ein Sohn Richelieus, und besser noch ein Sohn seiner Taten und Werke.

Der König gibt ihm recht. Er bezieht sich auf die Gepflogenheiten in Frankreich und im Ausland und erklärt, daß in Zukunft bei feierlichen Zeremonien, wie dem Tedeum, die Kardinäle den gleichen Rang haben, »den die Fürsten von Geblüt von jeher innehaben, und ohne daß Neuerungen eingeführt werden«. Am Schluß des Erlasses sagt der König deutlich: »Das oben Ausgeführte ist mein ausdrücklicher Wille.« Dann unterzeichnet er, und mit ihm die Staatssekretäre Phelypeaux, Sublet de Noyers und Bouthillier.

Diese Verfügung zeigt, daß hohe politische Ämter mehr und mehr mit Persönlichkeiten aus dem Kreis der Kardinäle besetzt werden, in Rom sowohl wie im Geburtsland oder der Wahlheimat des Betreffenden. Der Purpur ermöglicht den Zugang zur Macht. Er stellt den Sohn eines untergeordneten Verwalters auf dieselbe Ebene wie einen Prinzen von Geblüt, der desselben göttlichen Ursprungs ist wie der Monarch. Gott hebt die

Unterschiede auf. Gott ist ein Demokrat. Für seine Aristokratie setzt er die Söhne aus dem Volk und die Söhne aus dem Schenkel Jupiters gleich. Seine Kardinäle sind ebenfalls Prinzen von Geblüt und sogar erbberechtigte Prinzen. Vorausgesetzt, daß sie Italiener sind – und Mazarin ist es – können sie zu Päpsten gewählt werden, das heißt zu Herrschern. Die Kirche ist äußerst intelligent, sie mildert durch ihre nachgiebigen Indulte die Strenge der Beschlüsse des Trientiner Konzils und den Absolutismus der Päpste. Durch einsichtsvolle, abändernde Breven holt sie Elitepersonen in ihren Dienst, die dessen sicher sein können, in der Kirche unendlich viel schneller voranzukommen als in der Welt und sich im besten Mannesalter, wenn nicht im Himmel bei den Heiligen, so doch auf jeden Fall auf dem Olymp bei den Göttern zu sehen.

»Mein Vater hatte recht«, mochte Mazarin manchmal denken, denn dem redlichen Erzeuger hatte so viel daran gelegen, daß sein Sohn in den Dienst der Kirche trete. Doch der Widerspenstige hat das letzte Wort. Er folgte nur seinem Willen, und es ist ihm gelungen – nur eine Scheintonsur hat es ihn gekostet –, die Ruhmestitel der Kirche zu erlangen, ohne ihrem Dienst anzugehören.

Beim Lesen des königlichen Erlasses, der »die Rangordnung der Prinzen von Geblüt und der französischen sowie ausländischen Kardinäle regelt«, kann er ins Träumen geraten: Wäre er nach langer mühseliger Dienstzeit im Range eines Hauptmanns endlich zum Marschall geworden, wie stünde es dann um die Sitzordnung und den Vortritt an den Türen, zum Beispiel einem Herzog von Enghien gegenüber?

Der Kardinal zwischen Leben und Tod

In seinem übertriebenen Optimismus war Mazarin so weit gegangen, die Daten für die »Friedensversammlung in Münster« bereits festzusetzen. Seine Instruktionen empfing er im Januar 1642. Doch in der Politik will das nichts bedeuten. Im Monat zuvor, im zu Ende gegangenen Jahr, meinte er, sich auf dem Weg zum Frieden begeben zu müssen, um den Kardinalshut zu erlangen, aber der Weg führt nicht nach Münster. Mit dem König und dem Hof nimmt er die Abzweigung nach Perpignan. Ludwig XIII. denkt so wenig an den Frieden, daß er die eroberten Gebiete behalten will. Er bricht auf, um die Katalanen in ihrer Revolte gegen Spanien zu unterstützen. Münster fällt ins Wasser. Indes, mit oder ohne Münster, Richelieu »kennt niemanden, der in diesem Königreich fähig wäre, die verschiedenen Intrigen, die sich im Zusammenhang mit den Friedensverhandlungen anspinnen, zu entwirren, als diesen Kardinal« [Mazarin]. Richelieu, der sonst so schwer in Erstaunen zu setzen ist, steht verblüfft vor diesem Phänomen, das Eigenschaften aufweist, die ihm selber mangeln: »Seine Ruhe, seine Geduld und seine kluge Verstellungskunst, all das sind Fähigkeiten, die die Franzosen gemeinhin nicht haben.«

Richelieu wäre es lieb, wenn Mazarin hundert Füße, hundert Hände und hundert Augen hätte, damit er überall zur gleichen Zeit sein, alles erledigen und alles sehen könne.

Der Gesundheitszustand des Papstes wird so schnell schlechter und schlechter, daß man in Rom jeden Augenblick mit seinem Tod rechnet. Dann soll Mazarin in die Ewige Stadt reisen, um die französische Partei im Konklave zu stärken. Inzwischen bekommt er etwas anderes zu tun. Er schlichtet den Zwist zwischen den Barberini und dem Herzog von Parma. Der Herzog kann Richelieu nicht ausstehen. Aber er ist ein Verbündeter Frankreichs. Mazarin rühmt sich, daß er der rachsüchtigen Eminenz gegenüber von ihm gesprochen habe, »wie es einem guten Franzosen geziemt«. Es ist das erste Mal, daß er sich als Franzose bezeichnet. Er spricht das Wort mit seinem italienischen Akzent aus, es verwickelt sich in seinem Mund. Doch wichtiger ist es, Frankreich mit italienischem Akzent zu verteidigen, als das Land, wie es viele Große tun, mit französischem Akzent zu verraten.

Mazarin befindet sich mit dem Hof in der Nähe von Avignon. In Marseille liegt ein Schiff mit Missionsvätern an Bord, das nach Italien in See stechen soll. Soll er sich einschiffen? Die Versuchung, nach Rom zu gehen und dort seinen neuen Purpur bewundern zu lassen, ist groß. Er würde sich gern vor denen zeigen, die ihn als Kind gekannt haben, und im Vatikan alle die verhöhnen, die ihm den Weg versperren wollten. »Ich möchte, da ich zu Ehren gekommen bin, mein Vaterland und meine Eltern wiedersehen, den Beifall entgegennehmen, die öffentlichen Aufzüge genießen und am Hof von Rom einen der höchsten Posten besetzen.« So paradiert er mit reizender Naivität in einem Brief vor der Lieblingsnichte Richelieus, der Herzogin von Aiguillon. Im Grunde findet er diese preziöse Frau etwas steif, aber er paßt sich allen, Männern und Frauen, an. In seinem Briefstil schwingt ein Ton Heinrichs IV. mit, oder Richelieus oder Madame de Sévignés oder Voltaires. Kein eigener Ton Mazarins. Sein Ton richtet sich nach dem Empfänger.

Mit der Herzogin gibt er sich vornehm, behutsam, geziert. Er geht wie auf Eiern, aus Furcht, er könne diese höchst tugendhafte Frau schockieren, die mit neunzehn Jahren Witwe wurde, in den Karmel eintreten wollte und die großen Einfluß auf ihren Onkel hat. Er hütet sich, ihr zu erzählen, daß er, ehe er Kardinal wurde, eine Torheit begangen hat, die ihm allerdings helfen sollte, den roten Hut zu erlangen. Ein Kardinalskandidat mußte in der Ewigen Stadt ein Palais besitzen, vor dem das Volk bewundernd stehenbleiben und rufen konnte: »Ecco il Palazzo Mazarini!« Ein Aushängeschild, ein Maßstab, mit dem die Persönlichkeit gemessen werden konnte. Mit dem Kauf des Palazzo Bentivoglio verwirklicht er einen Kindheitstraum. Als er klein war, hatte er gesehen, wie auf einem Hügel dieser riesige Bau mit drei Stockwerken aufgeführt wurde, mit einer überheblichen Terrasse, einem Garten mit hochmütigen Treppen und einem Triumphbogen. Der Palazzo wurde für Scipione Borghese, den Neffen von Papst Paul V., erbaut. Scipione wollte sich in der Nähe der päpstlichen Residenz seines Onkels auf dem Monte Cavallo, wie damals der Quirinal hieß, festsetzen. Danach ging der Palazzo in den Besitz der Bentivoglio über, der Familie des Kardinals, der einer der ersten »Padroni« Mazarins war. Den Palast eines Gönners zu besitzen, damit zeigt ein Arrivist am besten, daß er arriviert ist.

Mazarin heftet sich an die Fersen der beiden Kardinäle Barberini, die kaum Zeit gehabt haben, ihm den Kauf anzuraten. Anfang 1641 gibt er, bebend vor Ungeduld, den Auftrag. Eine »follia«, eine Verrücktheit, die Herausforderung eines Spielers an die Zukunft. Zu diesem Zeitpunkt hat er die Mittel nicht, die Kaufsumme zu bezahlen. Morgen wird er sie haben. Er hofft es. Wozu wäre sonst sein Stern nütze? Ein Jahr später heftet er sogar drei auf den Balkenstreif seines Wappens. »Ich selber halte den Einfall, den Palazzo der Bentivoglio zu kaufen, für extravagant, da ich jedoch einem großen König diene und die Protektion Seiner Eminenz, des Kardinal-Herzogs [Richelieu] genieße, glaube ich, keine gewöhnlichen Dinge unternehmen zu dürfen. Zu diesem Grund kommt noch der närrische Wunsch, den ich schon immer gehabt habe, vor meinem Tod einen schönen Palazzo wie den der Bentivoglio zu besitzen.«

Seinem Bruder Michele, dem Provinzial der Dominikaner in Rom, schreibt er, etwas deutlicher, anderthalb Monate vor der Erhebung zum Kardinal, folgendes: »Ich zweifle nicht, daß ich in einiger Zeit über großen Wohlstand verfügen werde, da ich einem großen König diene und von einem großen Minister protegiert werde, dem es nicht recht wäre, daß mir an meinem Glück das Geringste fehlt.« Immer wieder taucht dieser Gedanke auf, der damals in allen Köpfen, auch nichtitalienischen, fest eingewurzelt war: in der Politik tätig zu sein heißt, seinem Land mit allen Kräften zu dienen und sich dabei die Taschen zu füllen. Ein Staatsmann, der seine eigenen Geschäfte nicht vorantreibt, ist nicht fähig, die des Staates zu leiten.

Der Verkaufsvertrag wird am 23. März 1641 bei Martinozzi, einem Schwager Mazarins, unterzeichnet: fünfundsiebzigtausend Taler, zwanzigtausend bar, zwanzigtausend zahlbar vor Jahresende. Acht Monate später, in seinem Brief an seinen Bruder Michele, schlägt sich Mazarin mit seinen Schulden herum. Sie sind vorauszusehen, wenn man über seine Verhältnisse lebt und sein Getreide aufzehrt, ehe es reif ist. Doch der Spieler liebt diese Hölle von Ängsten, Fristen, Wechseln, Drohungen, Versprechungen und Aufregungen; es ist die berauschendste Art und Weise, gefährlich zu leben.

Welche Wonne, das Messer an der Gurgel und den Degen im Rücken zu spüren! Dem Kardinal Antonio die Barzahlung von zwanzigtausend Talern nicht leisten zu können, dabei aber zehntausend Taler »in nächster Zeit« für die Hochzeit seiner Schwester Cleria zu versprechen, die die flatterhafte Eminenz mit einem adligen Florentiner Verwandten, Lorenzo Machiavelli, verkuppeln will, damit der Zugang zum roten Hut erleichtert wird. Fast trunken schwimmt Mazarin in den Zahlen herum, er wirft mit Ziffern um sich und läßt sie aufspritzen. Er ist im siebten Himmel, er hebt die Augen auf, er faltet die Hände, finanziell ist er »betrübt«.

»Nichts vermag mich mehr zu betrüben, als von einem ›Padrone‹, dem ich gern gehorchen möchte, in einer Angelegenheit gedrängt zu werden, die nicht von mir abhängt.« (Von wem sonst? Er brauchte den Palast ja nicht zu kaufen.) »In der Tat würde ich an Ansehen verlieren, wenn ich verspräche, auf der Stelle zwanzigtausend Taler zu zahlen, da ich doch gezwungen wäre, die Summe zu leihen, von der ich Ihnen schrieb . . . Um es offen zu sagen, im Augenblick bin ich in Verlegenheit nicht nur wegen des Palastkaufes, für den ich, wie Sie wissen, fünfzehntausend Taler verauslagen mußte, sondern auch weil ich für denselben Palast mehr als sechstausend Taler im Jahr an den Herzog Altemps [Gaudenzio Altemps, Herzog von Galese, besaß einen Anteil am Palazzo Bentivoglio] zahlen muß als Zinsen für die fünfundfünfzigtausend Taler, die er besitzt und die ich ihm für den Palast schulde. Meine sonstigen Ausgaben belaufen sich auf siebzehntausend Taler im Jahr, und ich habe keine anderen Einnahmen als die Einkünfte aus meiner Abtei, die gegenwärtig nicht mehr als zehntausend Pfund im Jahr abwirft, und was mir aus dem Apostolischen Sekretariat zufließt.«

Vom Wirbel der Zahlen und Ziffern mitgerissen, packt er alles aus: seine Einkünfte, seine Einnahmen, seine Ausgaben. Er rechtfertigt sich, er schlägt sich an die Brust. Man sieht förmlich, wie seine Wundertäterhände zittern. Denn es liegt wirklich ein Wunder vor, vergleichbar dem der Speisung der Fünftausend. Da der Taler drei Pfund wert ist, erreichen die Einkünfte aus seiner Abtei Saint-Médard in Soissons nicht ein Fünftel der »sonstigen Ausgaben« von Mazarin. Und was ihm aus dem »Apostolischen Sekretariat« zufließt, war anscheinend so wenig, daß er es nicht für nötig hält, es zu beziffern. Woher nimmt er bei so geringen Einnahmen alle diese Taler?

Der Ankauf des Palazzo Bentivoglio durch Giulio Mazarini hat in Rom Aufsehen erregt. Jeden Abend erscheint eine Menge von Römern im Hof seines Hauses zum Ballspielen. Mit Fußtritten wird Mazarin von der Bevölkerung der Ewigen Stadt in die Legende hineingestoßen.

Er wird also kommen und seinen Kardinalshut mit allem Pomp in Empfang nehmen. Die Nachbarn glauben es. Die Verwandten glauben es. Seine Mutter glaubt es. Sie ist jetzt alt. Sie leidet an Gicht und an Magenschmerzen. Schüchtern bittet sie ihren Sohn, der eine gute Stellung hat, um Geld. Oder um Baumwoll- oder Barchentstoff, damit sie Bettücher oder

Taschentücher nähen kann. Er schickt ihr jeden Monat eine kleine Pension, die sie aber sehr gering findet. In Andeutungen bittet sie ihn um Zulagen. Giulio läßt sich nötigen. Auch sie stürzt sich, wie ihr Sohn, in Schulden: sie läßt Messen lesen, damit er bald zurückkommt. Dafür hat sie vierzig Taler ausgegeben. Ob er sie ihr schicken könnte .. Ob er auch ihrem Arzt, dem Signor Giovanni, einen Gefallen tun könnte, der sie seit vier Jahren umsonst behandelt ...

Als Giulio zum Kardinal ernannt wird, glaubt sie wirklich, er werde kommen. Die Straße ist voll von Kutschen mit Prälaten und vornehmen Damen, die ihr Glückwünsche darbringen. Doch die größte Freude, die sie über die Verleihung des roten Huts empfindet, ist die Freude über die baldige Rückkehr ihres Sohnes.

Zu Beginn des Jahres 1642 bereitet die Familie Mazarini in Rom, geschäftig wie ein Bienenschwarm, Giulios schönen Palazzo für sein Kommen vor. Er wird gewaschen. Der Garten und die Wege werden geharkt. Es werden Statuen und Bilder gekauft, um das Haus zu beleben und damit Giulios Schritte nicht zu traurig in den leeren Räumen widerhallen. Vincenzo Martinozzi, der Schwiegervater von Laura-Margherita, der Schwester Mazarins, greift in seine Tasche, um beim Schneider die Dienerlivreen zu bezahlen, und beim Wagenbauer die beiden Kutschen für den feierlichen Einzug des Eminentissime Signor Cardinale Mazarini in Rom: eine Stadtkutsche mit vergoldeten Einfassungen und Spiegeln, in denen er sich in seinem jungen Ruhm erblicken kann, und eine einfache Landkutsche, die mit schwarzem Samt ausgeschlagen ist. Wann wird er das Geld zurückbekommen? Morgen, denn Richelieu bezahlt!

Doch Mazarin hat Wichtigeres zu tun, als an seine beiden Kutschen zu denken. Er muß an den Staatskarren denken, der gelenkt sein will. Was würde ihm ein mit so viel Mühe erworbener Purpur nützen, wenn er Richelieu nicht überlebte, wenn Mazarin nach dem Tod seines »Patrons« nicht so fest im Sattel säße, daß ihn niemand herunterholen kann. Die Schmach und Schande, die Rom seinem Bruder Michele zufügt, der für Giulios Aufstieg zahlen soll, zeigen, daß trotz der Kardinalswürde und sogar danach Rom weder einsichtig noch nachsichtig geworden ist. Michele wird vom Papst nicht auf den Posten berufen, den er erstrebt; im Januar 1642 hoffte er Majordomus im Papstpalast zu werden. Einige Monate später sorgt Mazarin dafür, daß Michele General des Dominikanerordens wird. Unter dem Vorwand, die Wahl sei regelwidrig durchgeführt worden, zwingt der Heilige Stuhl Michele, auf die Generalswürde zu verzichten. Mazarin hat mehr zu tun, als sich bequem in seine Kutschen zu setzen. Seine Zukunft hängt nicht ab von einer Kavalkade in Rom zwischen zwei Reihen von Gaffern, die ihre Hüte in die Luft werfen.

Richelieu erzählte, daß die vier Quadratfuß des königlichen Arbeitskabinetts schwieriger für ihn zu erobern waren als alle Schlachtfelder

Europas. Mazarin hat die Lektion begriffen. Einige Monate lang weicht er nicht aus den vier Quadratfuß des Schlafzimmers von Richelieu.

Richelieu ist schrecklich krank. Jeder andere wäre bereits gestorben. Tag und Nacht ist er der Folter seiner Leiden ausgesetzt, die schlimmer sind als die, die seine Henkersknechte bei anderen vornehmen. Die Krankheit durchpflügt ihn, beißt ihn, nagt an ihm, durchbohrt ihn, zerfetzt ihn, zermalmt ihn und durchschneidet ihn. Wie Hunde nach der Jagd sich auf ihren Beuteanteil stürzen, so verschlingt ihn die Meute der Fieberanfälle, Kopf- und Leibschmerzen, Furunkel, Geschwüre, Hämorrhoiden, Fisteln und Tumore.

1642 ist für Richelieu das Jahr der Apokalypse. »Die Kopfschmerzen, die höllischen Fieberanfälle, die einem keine Ruhe gönnen, Spritzen, Messer und Bäder machen einem bewußt, daß man nicht nur sterblich ist, sondern daß man das Leben nur zu höchst kostspieligen Bedingungen besitzt«, schrieb er einst an einen seiner ärgsten Feinde, an Mathieu de Morgues. Richelieu ist ein Pfuhl von Eiter und Fieber geworden. Wie kann sich der Gedanke noch einen Weg bahnen durch diese Kloake? Während der Belagerung von Perpignan bleibt Richelieu in Narbonne. Der Pesthauch der Sümpfe um Narbonne umwehte schon die römischen Konsuln, er schwebt jetzt über Richelieu wie ein Geier. Um das Unglück vollzumachen, ist Citois, sein verläßlichster medizinischer Helfer, krank geworden. Richelieu ist seinem Arzt so treu, wie seine Leiden ihm treu sind. Er weigert sich, einen anderen zuzulassen und lehnt sogar den hervorragenden Wundarzt ab, der für das Königshaus ausgewählt worden war. Schließlich kümmert sich, recht und schlecht, ein gewisser Le Fèvre um ihn, ein fanatischer Anhänger von Antimon und Pillen. Als er – von seinen eigenen Arzneimitteln umgebracht – später stirbt, widmet ihm der bissige Guy Patin folgenden Nachruf: »Le Fèvre hat sich selbst behandelt, wie er andere behandelte, und er hat in seinem Leben viele Menschen umgebracht mit seinen Kügelchen, die geputztes und verkleistertes Opium waren.«

Die Wunder-»Kügelchen« Le Fèvres senken das Fieber der Eminenz nicht, auch verhindern sie nicht, daß sich an seinem rechten Arm ein teuflischer Abszeß bildet. Das ist der Arm, mit dem er schreibt und der jetzt ausfällt. Aber Richelieu lebt nur noch, weil er einen Hagel von Anweisungen und Befehlen über die Welt ausschüttet. Von seinem Krankenlager aus inspiriert er mit seinen Ideen sogar die Truppen im Roussillon. La Motte-Houdancourt nimmt Collioure ein und macht sich damit den Weg nach Perpignan frei. Während Richelieu auf einem Ozean der Leiden schwimmt, kreuzen französische Schiffe auf dem Indischen Ozean und besetzen eine Insel, die auf den Namen »Ile Bourbon« getauft wird. Am anderen Ende der Welt wird Richelieus Nichte, die Herzogin von Aiguillon zu einem Glaubensgeneral. Sie fördert die Entsendung von Siedlern auf die Insel Montreal. Dort gründen sie, im schneereichen Norden, eine Stadt, die sie »Ville-Marie« nennen und deren katholische Mission einen Damm bildet gegen »die

Wilden«, die sich das Gesicht bemalen. Aus dieser Mission wird ein Handelskontor, das die federgeschmückten Eingeborenen anlockt. So rettet mit Eifer und Frömmigkeit die frühere Stütze der »Chambre Bleue d'Arthénice« die französische Kolonie Kanada, die in Gefahr war, verlorenzugehen.

Doch Richelieus strahlender Purpur ist mit Blut und Eiter befleckt. Die Ärzte lassen ihn bis zu achtmal hintereinander zur Ader, so daß er manchmal völlig ausgeblutet ist. Sie zwicken, zerschneiden, zersäbeln ihn. »Was unter heftigsten Schmerzen vor sich ging. Die Ausdauer und der Mut Seiner Eminenz machen ihn fast zum Heiligen, er ist wirklich unvergleichlich. Doch dieser Schnitt irritierte nur den Arm, ohne die Entzündung und den bösartigen Tumor zu beseitigen. Die Natur konnte auf keine Weise das Übel überwinden.«

Mazarin weiht seinen Purpurmantel als Tracht eines Krankenpflegers ein. Er ist stets unermüdlich, unerschütterlich, stets zu allen Handreichungen bereit, stets bemüht wie eine fromme Schwester. Durch seine sanfte unauffällige Gegenwart wirkt er beschwichtigend, mit seinen kühlen Händen tröstet er, wenn ein Anfall sich ankündigt, er entspannt die Atmosphäre, und läßt das Leben durch das Fenster herein mit Sonne und Lächeln, wenn der Anfall vorüber ist. Unvergleichlich ist er auch in der Mimik als Bedauernder, als Betender, als Leidensbruder der Kranken und Betrübten, doch ebenso als Frohlockender, der durch seine Späße Mut macht, wenn das Fieber zurückgeht. Kurzum, er erfindet drei Jahrhunderte, ehe das Wort auftaucht die psychomatische Medizin und schenkt einem Sterbenden mehr Lebenskraft, als all die Mörder mit ihren Universitätsdiplomen und ihren spitzen Hüten.

Sechs Monate lang, von März bis August, spielt Mazarin den Krankenpfleger, den Sekretär, den Minister, den Berichterstatter. Regelmäßig unterrichtet er die »Fürstin-Nichte« und seinen Freund den Kardinal Bichi über den Fortschritt oder den Stillstand des Leidens. Mit aller Aufmerksamkeit und Liebe verzeichnet er auch das geringste Zeichen einer Besserung. Am 14. April gibt er Bichi einen erschütternden Bericht: »Seine Eminenz war von den großen Schmerzen und der Schlaflosigkeit völlig erschöpft, sehr geschwächt und fast ohne Blut, nachdem die Adern achtmal geöffnet worden waren. Er begann mutlos zu werden, vor allem als er gestern sah, daß sein Arm noch immer geschwollen war, daß die Schmerzen nicht nachließen und daß die Rede davon war, einen neuen Schnitt zu machen. Man glaubte nicht, daß Seine Eminenz das überstehen könnte.«

Aber dann jubiliert Mazarin, spricht von einem Wunder. Wie die Wunder ereignet sich dies in einem Augenblick, da alles zusammenzubrechen schien. In einem ungewohnten Anflug von Frömmigkeit erinnert sich Mazarin daran, daß er Kardinal ist, daß er Franzose ist und daß Frankreich, die älteste Tochter der Kirche, Gott wohlgefällig ist. Überdies ist er, ehe er Franzose und Kardinal wurde, stets der Fachmann für Wunder gewesen.

»Aber Gott, der weiß, wie notwendig seine [Richelieus] Gesundheit zum Wohl der Christenheit ist, und der so sichtbar Frankreich schützt, hat ihm die Gesundheit wiedergegeben, während alle unsere Hoffnungen von der Furcht erstickt waren. So befreite er uns von jeder Besorgnis. Seine Eminenz hat mit der gleichen Ruhe geschlafen, als wenn er völlig bei Gesundheit wäre, und als heute morgen die Chirurgen ihn operieren wollten, sahen sie, daß die Natur von sich aus eine Öffnung geschaffen hatte, durch welche alle bösartigen Säfte des Körpers abgeflossen sind, die die Kunst der Ärzte, trotz vieler Schnitte, bislang nicht herausholen konnte.«

Drei Wochen später, am 4. Mai, ist in Mazarins Brief an die Herzogin von Aiguillon noch zu spüren, wie sehr ihn der Tiefpunkt am 14. April erschüttert hat, als er glaubte, sein »Patron« würde das Zeitliche segnen. Trotz der Ergüsse von Bewunderung und Ergebenheit wird seine Liebe zu dem illustren Kranken deutlich, sie ist so stark, daß er mehr wie ein Familienmitglied spricht, denn als Schützling. Wie die römischen Konsuln klagt er die dumpffeuchte Luft von Narbonne an: »Ich gehe nicht von hier fort, ehe ich gesehen habe, daß Seine Eminenz aus dieser Stadt heraus ist, wo die Luft seinem schlimmen Arm abträglich ist. Außerhalb würde er völlig genesen, wie Monsieur Juif und die anderen Chirurgen versichern. Bei dieser Gelegenheit habe ich erfahren, wie stark ein mitleidender Schmerz sein kann, und da der meine mir nicht das Leben genommen hat, will ich mich nicht darüber beklagen. Eines Tages werde ich die Ehre haben, Ihnen von all den Dingen, die während dieser Krankheit geschehen sind, ausführlich zu berichten und will mich inzwischen darauf beschränken, Ihnen zu sagen, daß Gott Seine Eminenz, meinen Herrn, wunderbarerweise hat retten wollen, um der Welt zu zeigen, wie offenkundig Ihm an seiner Erhaltung liegt und wie Er sein Verhalten anerkennt, denn Er will ihn zu großen Dingen verwenden, zum Wohl der Christenheit und Wohlergehen dieses Königreichs, zur größten Schande und Verwirrung der Niederträchtigen und Böswilligen.«

Diese »Niederträchtigen« tragen Namen. Sie sind für Richelieus Leiden mehr verantwortlich als die Luft von Narbonne. Es sind die Verschwörer, die Frankreich an Spanien ausliefern wollen. Unter ihnen vor allem ein Mann, den Richelieu selbst dem König an die Seite gestellt hatte, damit die unerträgliche Marie de Hautefort in Vergessenheit geriete: er heißt Cinq-Mars. Ein Grünschnabel von zweiundzwanzig Jahren, der erst achtzehn war, als Richelieu ihn bei Seiner Majestät einführte. Ein hübsches Frätzchen mit jugendlich begeistertem Blick, ebenso luftig in seiner Unbesonnenheit wie sein breiter Spitzenkragen duftig ist: es sah aus, als bringe er seinen Kopf auf einem Tablett dar. Er ist der Sohn eines alten Freundes von Richelieu; sein Vater Antoine Coeffier, genannt Ruzé, Marquis d'Effiat, erster Stallmeister des großen Marstalls, Marschall von Frankreich, starb 1632.

Alles beginnt mit einem Kirschkern. Und größeres Gewicht kann auch Cinq-Mars nicht beigemessen werden. Ende Juli 1639 necken sich in Mézières während eines Diners der Herzog von Nemours und Cinq-Mars wie dumme Jungen. Der Herzog wirft Cinq-Mars einen Kirschkern an die Nase. Cinq-Mars antwortet mit einem Kern ins Auge von Nemours. Der König spricht sich für den Kern von Cinq-Mars aus. Die Höflinge ebenfalls.

Cinq-Mars klettert auf der Leiter der Ehren empor. Er wird Gardehauptmann, ehe er achtzehn Jahre alt ist, Großmeister der Kleiderkammer, mit neunzehn Großstallmeister. Der König ist in seiner Leidenschaft so närrisch, daß er dieses Amt dem Herzog von Bellegarde fortnimmt und es dem frechen Kirschkernwerfer überträgt.

Richelieu ist es lieber, Cinq-Mars befindet sich in der Nähe des Königs als Marie de Hautefort. Marie gehört zum Clan der Königin, das heißt, sie ist gegen Richelieu. Cinq-Mars ist ein Jüngling, den er »mit unumschränkter Gewalt zurechtweisen« kann. Bei der geringsten Verfehlung »droht er ihn vom König zu entfernen, wie einen Gegenstand, über den er der Herr ist«.

Der König langweilt sich, und diese Langeweile ist bedrückender als das Gewicht aller seiner Schlösser. Wer ist imstande, diese Langeweile zu ertragen, die unheilbar ist wie die Pest und unausweichlich wie der Tod? Cinq-Mars, der zwanzig Jahre jünger als der König ist und sich wie ein verwöhntes Kind jeder Laune überläßt, erträgt sie noch weniger als irgend jemand. Er sieht, daß es keine Sinekure ist, der Günstling des Königs zu sein. Es ist das schrecklichste Amt im ganzen Königreich, ein Danaidenfaß; er soll einem Menschen die Langeweile vertreiben, dem sie nicht genommen werden kann. Cinq-Mars selber langweilt sich dermaßen, daß er nur noch gähnt in dem ewig gleichen Schloß Saint-Germain, »wo sich der Hof ständig aufhielt und wo die hauptsächlichsten Zerstreuungen darin bestanden, Füchse in den Erdlöchern aufzustöbern und im Schnee Amseln mit Falken zu jagen, in Gesellschaft eines Dutzends von Jägern, Leuten von äußerst schlechtem Umgang«. (Memoiren von Montglat)

Cinq-Mars hat weder den Anstand noch die Intelligenz, seine eigene Langeweile zu verbergen. Er sagt bei jeder Gelegenheit, daß er seine Freunde beneide, die freier sind als er. Er sagt es frei heraus, vor allem einer Schar von fröhlichen Gesellen gegenüber, die »Messieurs du Marais« genannt wurden und sich jeden Abend zu Madame de Rohan, an der Place Royale begaben und sich dort amüsierten.

Cinq-Mars führt ein anstrengendes Doppelleben. Tagsüber gähnt er in Gesellschaft des Königs, der ihn nicht einen Fußbreit von sich läßt. Sobald der König, zu früher Stunde, schlafen gegangen ist, springt er aufs Pferd und reitet entweder zu Madame de Rohan oder zu Marion de Lorme, einer gefeierten Kurtisane, in die er verliebt ist. Dann kehrt er, wieder im Galopp, im Morgengrauen nach Saint-Germain zurück, »bevor der König aufwacht, damit dieser nicht bemerkt, daß er fort war«. Während der vierundzwanzig Stunden eines Tages und einer Nacht findet er keine Minute Zeit zum Schlafen. Zu den Anstrengungen des Tages kommen die Anstrengungen der Liebe in der Nacht. Sein Gähnen in Gegenwart des Königs hat zweifachen Grund: er ist müde, und er langweilt sich.

Ludwig XIII. verabscheut drei Dinge: daß man offen zeigt, wie sehr man sich bei ihm langweilt, daß seine Günstlinge sich verheiraten oder das Gelübde der Keuschheit verletzten, das sie stillschweigend ablegen, wenn sie sich der Trappistenregel seiner Freundschaft unterwerfen, und schließlich, daß sie einen zu auffälligen Luxus treiben.

Cinq-Mars wirft alle drei Bedingungen über den Haufen. Nicht nur die zweite, indem er das Keuschheitsgelübde abwirft, sondern mehr noch dadurch, daß er daran denkt, sich zu verheiraten. Er hat sich in die Prinzessin Marie von Mantua verliebt. Seine nächtlichen Galoppaden gelten jetzt ihr. Er will sie heiraten. Nach Rang und Stand besteht eine Kluft zwischen ihnen beiden. Er muß ihr folglich vorspiegeln, er werde Herzog und Pair werden, Konnetabel von Frankreich und, anstelle von Richelieu, Premierminister. Die kleine Prinzessin glaubt alles, denn er gefällt ihr. Mit einer Handbewegung schiebt sie die gesellschaftlich viel passendere Bewerbung von Monsieur, dem Bruder des Königs, beiseite.

Auch über die Erlasse, den Luxus betreffend, setzt sich Cinq-Mars hinweg. Er kleidet sich, wie einst Buckingham, als Märchenprinz. Er besitzt fünfzig Paar Stiefel. Am 23. November 1639 gerät der König »in Zorn auf ihn, einer schönen Karosse wegen«. Cinq-Mars schmollt. Wie stets, wenn es Streit zwischen ihnen gibt, wird Richelieu als Schiedsrichter berufen. Er wäscht Cinq-Mars den Kopf. Dem König rät er zur Nachsicht: »Es ist unmöglich, jung und völlig vernünftig zu sein.« In die Hände des Schiedsrichters Richelieu legt der König ein von beiden Parteien, Ludwig XIII. und Cinq-Mars, unterzeichnetes Schriftstück. Es ist ein Pakt, wie ihn Kinder in ihrer Welt unter sich schließen und mit ihrem Blut unterzeichnen. Richelieu, der Pfeiler Europas, muß dieses kindliche Abkommen ins Staatsregister eintragen, als handle es sich um einen Vertrag zwischen Frankreich und Spanien.

»Wir, die Unterzeichneten, bescheinigen jedem, dem es zukommt, daß wir sehr froh und zufrieden miteinander sind und daß wir nie in so vollkommener Eintracht miteinander waren, wie wir es gegenwärtig sind. Urkundlich dessen haben wir das vorliegende Schriftstück unterzeichnet.

Gegeben zu Saint-Germain, am 26. November 1639.«

Um Richelieu aus dem Weg zu räumen, der ihn daran hindert, Premierminister zu werden, und um seine Phantasieheirat eingehen zu können, stürzt sich Cinq-Mars ins Komplott, und zwar ebenso jugendlich verrückt, wie er in Mézières den Kirschkern warf.

Diesmal besteht der Kern des Komplotts aus Monsieur, Gaston d'Orléans, dem Bruder des Königs, der Seele aller Wahnsinnstaten, die gegen den König und gegen Richelieu geschmiedet werden, aus dem Herzog von Bouillon, der über Sedan herrscht, aus Monsieur le Grand, wie Cinq-Mars sich nennt, aus einem ehrenwerten Beamten namens de Thou, einem in allen Fährnissen zu Monsieur le Grand haltenden Freund, und aus einem Buckligen namens Fontrailles, der untergeordnete Aufgaben erledigt. Dazu schließlich in den Provinzen verstreute Verschwörer, überall dort, wo man eher in Richelieus Stiefel beißen würde als sie zu lecken, vor allem in den Adelskreisen der Auvergne und bei den Protestanten der Cevennen, die von Josué de Chavagnac und seinem Sohn Gaspard gegen die Eminenz aufgehetzt werden.

Zu dieser Gruppe gesellt sich ein mächtiges und gefährliches Mitglied: die Königin. Der König liebt sie nicht. Immer wieder nahm er sich vor, sie zu verstoßen unter dem Vorwand, sie sei steril. Zudem beschuldigte er sie, durch ihre geheime Korrespondenz mit ihrem Bruder, dem König von Spanien, Verrat an Frankreich zu üben. Nach dreiundzwanzigjähriger Ehe bringt sie – es grenzt an ein Wunder – einen Dauphin zur Welt. (5. September 1638) Zwei Jahre später wird ihre Stellung dadurch befestigt, daß sie Frankreich einen zweiten Knaben schenkt, der, wenn dem ersten etwas zustoßen sollte, die Fortdauer der Dynastie gewährleistet. (21. September 1640)

Der König ist gezwungen, sie als Persönlichkeit zu respektieren. Sie selber schafft sich einen Schild durch ihre Kinder. Doch Ludwig XIII. ist eifersüchtig auf die Liebe, die die beiden Säuglinge ihrer Mutter entgegenbringen. Sobald der König auftaucht, schreit der Dauphin, »als erblicke er den Teufel«. Er ruft nach der Mama. Anscheinend langweilt Ludwig XIII. alle Welt. Ständig droht er der Königin, ihr die Kinder zu nehmen und sie Hauslehrern anzuvertrauen. Die sollen sie dazu bringen, nach Papa zu rufen. Was sollte aus ihr ohne ihren Schild werden? Was sollte aus ihr werden, wenn sie Witwe würde? Was von einem Tag auf den anderen geschehen kann: das Leben des Königs und das Leben Richelieus hängt an einem Faden. Die Königin schwebt über dem Komplott, bereit, sich im Falle der Gefahr davon loszusagen. Sie möchte die Früchte ernten, ohne sich an den Dornen zu stechen. Wie Katharina von Medici gehört die lässige und sinnenfreudige Anna zu den Frauen, die durch die Mutterschaft in Tigerinnen verwandelt werden. Und wenn es sein muß, in sanfte Tigerinnen. Sie steht in beiden Lagern. Mit Cinq-Mars schmiedet sie Ränke. Andererseits läßt sie kein gutes Haar an ihm, wenn sie mit Pater Carré über ihn spricht, der ein Vertrauter Richelieus ist. Sie geißelt die Undankbarkeit des jungen Mannes seinem Wohltäter gegenüber. »Ich mag ihn überhaupt nicht. Wenn ihm etwas zustoßen sollte, wird er von niemand bedauert werden.«

Das Komplott ist geschmiedet. Mit dem König von Spanien ist ein Vertrag abgeschlossen worden. Monsieur soll von Seiner Katholischen Majestät zwölfhundert Mann Fußvolk, sechstausend Reiter und die für ihren Unterhalt notwendigen Mittel bekommen, dazu vierhunderttausend Taler, damit Aushebungen in Frankreich vorgenommen werden können. Philipp IV. wird in Sedan eine Garnison unterhalten und an Monsieur, an den Herzog von Bouillon und an Cinq-Mars hohe Leibrenten zahlen. Frankreich von Richelieu zu befreien, ist ein Unternehmen, das nicht umsonst getan wird.

Als Gegenleistung verpflichtet sich Monsieur, einen »starken Frieden« zwischen Frankreich und Spanien zu schließen. »Stark« für Spanien. Beide Länder geben ihre Eroberungen heraus. Frankreich läßt seine Verbündeten fallen, und mit ihnen die Sicherheit und Ehre des Landes.

Die französischen Verräter behaupten heimtückisch, sie würden ihrem Land keinen Schaden zufügen. Wer gibt schon zu, daß er ein Verräter ist? »Man erklärt einmütig, daß man in dieser Hinsicht nichts gegen den Allerchristlichsten König unternimmt, auch nichts zum Nachteil seiner Staaten, und nichts gegen die Rechte und Autorität der Allerchristlichsten regierenden Königin.«

Dummerweise lassen die Verschwörer durchblicken, daß die Königin im Spiel ist. Sicherlich wäre sie bei einem solchen Vorgang nicht genannt worden, wenn sie mit den Verschwörern nicht unter einer Decke gesteckt hätte.

Cinq-Mars kann sich fast rühmen, des Königs Unterstützung zu haben. Ludwig XIII. ist von einer so manischen Nervosität befallen, daß ihm sehr häufig alle Menschen lästig sind. Auch Cinq-Mars, der ihm mit seiner Undankbarkeit, seiner Trägheit, seiner Arroganz und seinen Launen schwer zu schaffen macht. Zwischen den beiden kommt es ständig zu Szenen wie zwischen einem Liebhaber und seiner Mätresse, und sie spielen sich vor Zeugen ab, Schreie werden ausgestoßen, die das ganze Schloß in Aufruhr bringen, die Streitigkeiten enden oft mit zugeschlagenen Türen, mit eiskalter Entzweiung. Unter der Trennung leidet der König derart, daß er Magen- und Darmbeschwerden bekommt. Dann folgen scheinbare Aussöhnungen, mit unterzeichneten Schriftstücken und Schiedssprüchen von dritter Seite. Das Ganze ist eine närrische Tragikomödie, eine Kinderei, die die Gesundheit des Herrn über Frankreich untergräbt.

Auch Richelieu fällt dem König oft auf die Nerven. Er seufzt unter dem Joch, das ihm der vom Tod gehetzte Kardinal auferlegt, der alles in schwindelnder Eile erledigen will, in der Furcht, das Grab könne ihn verschlucken, ehe er sein Werk beendet hat. Ein Sterbender gegen einen Sterbenden, sie werden beide vom Tode gepeitscht, das Bild könnte mit »Danse macabre« betitelt werden. Mit der Grausamkeit der Jugend macht sich Cinq-Mars den Spaß, den Kardinal zu verteidigen, wenn der König ihn zum Teufel wünscht. Mit hervorquellenden Augen schreit ihn der König in einer der täglich sich wiederholenden Szenen, die ihm ein Ersatz für die Liebe geworden sind, wütend an: »Ich würde die Hälfte meines Königreichs darum geben, wenn Sie vom Kardinal loskämen! Er hat alle meine Freunde zugrunde gerichtet, er hat versucht, auch Sie zugrunde zu richten. Zudem hält er mich unter einem unerträglichen Zwang.«

Und dann etwas Furchtbares: »Mir wäre es lieb, es gäbe eine Partei gegen ihn in Frankreich, so wie es seinerzeit eine gegen den Marschall d'Ancre gab.«

Cinq-Mars durchfährt es wie ein Blitz.

1617, als er sechzehn Jahre alt war, hatte Ludwig XIII. Concini, Marschall d'Ancre, der an seiner Statt regierte, umbringen lassen. Als es geschehen war, hatte er der Menge, die ihm zujubelte, vom Fenster aus zugerufen: »Vielen Dank, vielen Dank euch allen! Jetzt bin ich König.« Wenn er jetzt, mit vierzig Jahren, Richelieu hinrichten ließe, würde er nicht in denselben Ruf ausbrechen wollen?

In seiner vorlauten Art will Cinq-Mars brutal eine Brücke zwischen Vergangenheit und Gegenwart schlagen. Er sagt: »Sire, Sie sind der Herr. Warum berufen Sie den Kardinal nicht ab?«

Der König erstarrt, er nimmt zurück, was er gerade gesagt hat: »Sachte, nicht so schnell! Der Kardinal ist der größte Diener, den Frankreich je gehabt hat. Sollte er sich eines Tages gegen Sie erklären, würde selbst ich Sie nicht halten können.«

Er sticht das Messer noch in die Wunde, indem er hinzufügt, »daß, selbst wenn der Herr Kardinal nicht mehr sein würde, er die Fähigkeit von Personen seines Alters [Cinq-Mars] nicht sehr hoch einschätze, und deshalb liefe er Gefahr, Schande auf sich zu laden, wenn er in der Führung der Geschäfte eine Entscheidung zu seinem Nachteil fällte.«

Diese verschlungene Redeweise zeigt, welche Umschweife er macht, um seinem Günstling zu verstehen zu geben, daß er ihn als ein Spielzeug betrachtet und ihn auf keinen Fall in den Staatsämtern sehen will.

Cinq-Mars verzeiht es dem König nicht. Er treibt das Komplott voran.

Mittlerweile entfaltet Mazarin eine emsige Tätigkeit. Das Krankenlager Richelieus verläßt er nur, um aufs Pferd zu steigen. Wie Noyers und Chavigny macht er den reitenden Boten zwischen dem Bett des Kardinals in Narbonne und dem Hauptquartier des Königs in Perpignan.

Mazarin hat die Fähigkeit, immer gerade dort zu sein, wo man ihn braucht, und zur richtigen Zeit. Wie durch Zufall ist er am 23. Mai allein mit Richelieu. Wie wichtig es war, geht aus dem Folgenden hervor.

Richelieu, der als Frankreichs Gebieter gilt, befindet sich in einer schwierigen Lage. Das Verhalten des Königs ihm gegenüber ist stets unergründlich. Als 1617 Vitry, der Kapitän der Leibwache, dem der König befohlen hatte, Concini festzunehmen, die Frage an ihn richtete: »Sire, wenn er sich verteidigt, was wünscht Seine Majestät, das ich tun soll?«, schwieg Ludwig XIII. Um sich zu vergewissern, fragte ein anderer Offizier: »Verlangt der König, daß er getötet werden soll?« Wiederum schwieg der König.

Darauf sagte Vitry: »Sire, ich werde Ihre Befehle ausführen.« Concini wurde getötet.

Bei Ludwig XIII. weiß man nie, woran man ist. Trotz aller Freundschaftsbeweise ist er durchaus fähig, in Schweigen zu verharren, wenn ein Verschwörer ihm antragen würde, Richelieu umzubringen. Und der es tut, würde wie seinerzeit Vitry daraus folgern, er handle auf Befehl des Königs. Bei den übermenschlichen Qualen, die der Kardinal auszuhalten hat, muß er sich die Frage stellen, ob nicht der Dolch eines Mörders wie das Messer der Chirurgen in sein krankes Fleisch eindringen könnte: »An meinem Arm hat sich eine neue Geschwulst gebildet, und das alte Loch, das Gott und die Natur geöffnet hatten, hat wieder eine Menge Eiter ausfließen lassen. Um mich zu trösten, sagt man jetzt wieder, man wolle die Messer nehmen, wozu ich mich nur schwer entschließen kann, da ich weder Kraft noch Mut dazu habe.«

Es verschafft ihm keine Beruhigung, als er hört, der König habe vor Zeugen über Cinq-Mars gesagt: »Seit sechs Monaten finde ich ihn zum Erbrechen.« Er kennt das Labyrinth dieser masochistischen Seele, die jede Vergewaltigung genießt. Der König findet Cinq-Mars zum Erbrechen, doch, wie die Bibel sagt, »kehrt der Hund zu seinem Erbrochenen zurück«.

In seinen schlaflosen Nächten hat Richelieu unaufhörlich Bilder des Komplotts, das er dunkel ahnt, vor Augen. Die Gunstbeweise der Königin ihm gegenüber findet er beängstigend. Er denkt an die tödliche Gefahr, die im Fall innerer Wirren eintreten würde, denn die beiden jungen Bürgen der Zukunft Frankreichs würden den Händen der Spanierin überlassen sein. Richelieu gibt dem König, der stets bereit ist, alles Schlechte über seine Frau zu glauben, zu verstehen, er solle der Königin einen geheimen Haftbefehl zustellen lassen, mit dem ihr Fontainebleau als bewachter Aufenthaltsort zugewiesen und ihr die Wegnahme der Kinder angedroht wird.

Der Kardinal schiebt seine Figuren auf dem Schachbrett vor. Er gewinnt den jungen Turenne, den Bruder des abtrünnigen Herzogs von Bouillon. Die Stadt Paris vertraut er Monsieur le Prince an, wie er glaubt, guten Händen. Trotzdem hat er Angst. Alle diese Menschen sterben vor Angst. Richelieu macht der Königin und Cinq-Mars Angst. Die Verschwörer machen Richelieu Angst. Er ist gewärtig, jeden Augenblick umgebracht zu werden. Wenn plötzlich statt eines Wundarztes ein Mörder an seinem Bett stünde! Seiner Meinung käme das ungefähr auf das gleiche hinaus.

Deshalb ist Mazarin am 23. Mai allein mit Richelieu. An jenem Tag diktiert die gepeinigte Eminenz, ihr zur Seite die Krankenpfleger-Eminenz, dem königlichen Notar Pierre Falconis ihr Testament. In den einzelnen Abschnitten des Testaments breitet sich vor den Augen des erstaunten Mazarin die Hinterlassenschaft eines Königreichs aus.

Am Ende seines Lebens will Richelieu vor dem höchsten Richter nicht erscheinen, ohne sich von einer Schmach reingewaschen zu haben. Er, der alle Qualen erleidet, kann nicht ertragen, daß man ihn der Undankbarkeit seiner Wohltäterin, der Königinmutter gegenüber zeiht: »Ich muß zur Beruhigung meines Gewissens sagen, daß ich, trotz meiner siechen Gesundheit, in schwierigen Zeiten dornige Geschäfte erfolgreich durchgeführt habe und gutes sowie böses Geschick erfahren habe, indem ich dem König das gab, wozu seine Güte und meine Geburt mich besonders verpflichteten, und daß ich es ebenfalls nie an dem habe fehlen lassen, was ich der Königin, seiner Mutter, schuldete, welche Beschuldigungen in dieser Hinsicht auch vorgebracht werden mögen.«

Einer Frau gegenüber, die einem Gutes getan hat, und wäre sie Königin, darf man es nie an Respekt fehlen lassen, mag Mazarin gedacht haben.

Mazarin ist das einzig erfrischende, erfreuliche Wesen in dieser Fieber-, Angst- und Eiterhölle. Die einzige Zuflucht in einem Universum von Unrat und Schmutz, wo hinter jedem Gesicht sich ein Verräter oder Totschläger verbirgt. Er ist buchstäblich der rechte Arm Richelieus. Denn dieser berühmte und berüchtigte Arm, der Schrecken der Welt, ist gelähmt, von Geschwüren zerfressen, so als verfaule er bereits im Grab. »Monseigneur l'éminentissime cardinal Mazarini« schreibt an seiner Statt das Testament.

Die Ärzte schätzen, daß Richelieu nur noch zwei Tage leben wird. Doch nach den zwei Tagen hat sich ein weiteres Wunder ereignet. Dieser Mann lebt siebenundfünfzig Jahre lang sein Leben von einem Wunder zum anderen. Der Sterbende ist dem Leben zurückgegeben und geht zum Gegenangriff über. Noyers soll Pater Sirmond, den Beichtvater des Königs dazu bringen, über den Beichtstuhl zu wirken. Richelieu stellt allen Stolz hintan und läßt den Prinzen von Oranien, Statthalter von Holland, bitten, er solle in einem Brief niederlegen, daß einzig das Vertrauen, das er in den Kardinal setzt, ihn dazu ermutigt hätte, den Einflüsterungen Spaniens zu widerstehen. Unterdessen bekommt seine Nichte, die Herzogin von Aiguillon, gerade im rechten Augenblick einen anonymen Brief: »Es besteht Anlaß, daß Sie Seiner Eminenz mitteilen, er müsse auf der Hut sein, denn aus guter Quelle ist bekannt, daß seine Feinde alles tun, den König dahin zu bringen, ihn, sobald es ihm besser geht, festnehmen zu lassen; alles ist dafür vorbereitet.« Das ist der übliche Ton, mit dem die Raben sagen: Jemand, der es gut mit Ihnen meint . . . Aber in diesem Fall hat der Rabe Purpur an den Flügeln.

Narbonne, Alpdruck, Mördergrube. Richelieu hat nicht mehr die Kraft, in Narbonne zu warten, bis die Luft der Sümpfe oder die Mörder ihn umbringen. Auf sein Geheiß hin bescheinigen die Ärzte, daß die Luft von Narbonne lebensgefährlich für ihn ist.

Ein mit dem Tod Ringender hat einen Vorteil, er kann Tag und Nacht arbeiten. Um die schlaflosen Nächte auszufüllen, den Tod zu vertreiben. Mazarin, der nicht mit dem Tod ringt, aber ebenfalls schlaflose Nächte hat, stürzt sich mit Begeisterung in diese Apotheose der Arbeit.

Für die Staatssekretäre hat Richelieu in Narbonne einen ganzen Berg von Instruktionen diktiert, die im Fall eines Komplotts zu befolgen sind. Alles, was gesagt oder getan werden soll, ist vorher festgelegt, alle Argumente sind berücksichtigt, alles ist im Redestil niedergeschrieben. In Aufzeichnungen für den König bricht er in rhetorische Ermahnungen und Beschwörungen aus. Von sich selber spricht er in der dritten Person. In der letzten Phase seines Lebens zeigt er, wie großartig er das Spiel eines Theatermannes als Autor, Regisseur und Schauspieler beherrscht, genau wie Mazarin: »Wenn Gott den Kardinal abberufen haben wird, wird Eure Majestät erfahren, was Sie verloren haben. Es wäre viel schlimmer noch, wenn Sie selbst ihn verlorengehen ließen, denn wenn Sie ihn auf diese Weise verlieren, würde Eure Majestät alle Glaubwürdigkeit, die man in Sie setzt, verlieren.«

Zusammen mit dem unentbehrlichen Mazarin, der ihm moralisch die Hand hält, verläßt Richelieu am 27. Mai 1642 Narbonne. Er will in der Provence, dessen Gouverneur als zuverlässig gilt, Unterschlupf suchen. In Tarascon, wo es ein leichtes ist, sich zu verteidigen, und, wenn nötig, im Gebiet von Avignon. Unterwegs, als seine große rote Sänfte wie die Bühne eines Theaters über die holprigen Wege schwankt, bekommt er einen freundschaftlich herzlichen Brief vom König. Eines der unzähligen lindernden Pflaster, die die beiden Geschundenen sich seit Jahren gegenseitig verabreichen, um sich Mut zu machen. Sie verhalten sich wie Raubtiere, die im Dschungel Gefahr wittern. Die letzten überlebenden feudalen Raubtiere wittern an der Schwelle der neuen Zeit Gefahr: »Was man auch an falschen Gerüchten in Umlauf bringen mag, ich liebe Sie mehr denn je... Wir sind seit langer Zeit zusammen und können uns nie voneinander trennen.«

So äußert sich der gefühlsbetonte Charakter der damaligen Politik. »Lieben Sie mich?« fragte Mozart als Kind, ehe er sich ans Spinett setzte. »Lieben Sie mich?« fragen unaufhörlich verzweiflungsvoll Richelieu und Ludwig XIII. Jeden Morgen liest Richelieu, der Tyrann Europas, von den Augen seines Herrn das Geschick ab, das ihm beschieden sein wird.

Richelieu befindet sich in Frontignan, als er am 6. Juni aus den Händen von Chavigny seine Dosis des königlichen Beruhigungsmittels erhält. Zur gleichen Zeit sitzt eine andere, lebendig Geschundene, Anna von Österreich, auf glühenden Kohlen. Bei ihr befindet sich Baron von Brassac, ein Vertrauensmann Richelieus, der ihr bei allen Göttern schwört, er würde für sie durchs Feuer gehen, und dabei röstet er sie langsam in Angst und Schrekken. Die Gequälte hält es nicht länger aus. Sie glaubt nicht mehr an den Erfolg des Komplotts. Perpignan schickt sich zur Übergabe an. Wieder einmal ist Richelieu dem Grab entgangen. Dieses »Ungeheuer« ist unsterblich. Anna bleibt nur noch eine einzige Hoffnung auf Rettung: sie muß die Leute verraten, die Verrat üben wollen.

Am 7. Juni beauftragt die Königin den vermeintlich treuen Brassac, Richelieu eine wichtige Nachricht mitzuteilen. Die Angelegenheit ist entschieden. Anna will um jeden Preis »auf der Seite Seiner Eminenz stehen, wissend, daß er auf der ihren steht und sie nie fallen lassen wird«.

In Brassacs Brief stolpert man über einen rätselhaften Stein: »Außer dem, was Ihre Majestät, durch Monsieur le Gras, Chavigny hat vermelden lassen.«

Was hat denn die Königin durch ihren Sekretär vermelden lassen? Manche Historiker glauben, es handelte sich nicht nur um die Aufdeckung des Komplotts, sondern um die Abschrift des Vertrages. Einen Beweis dafür gibt es nicht. Da es aber auch keinen Beweis dafür gibt, daß andere denunziert haben, kann die Königin zu den möglichen Denunzianten gerechnet werden. Es wäre nicht das einzige Beispiel für weibliches Doppelspiel. Was für die Raubtiere zutrifft, gilt auch für die Frau, die Tigerin auf den verschlungenen Wegen der Epochen.

Am 9. Juni trifft Richelieu in Arles ein. Ein Keulenschlag trifft ihn: Die Spanier haben in Honnecourt bei La Bassée einen Sieg errungen. Doch am 11. versetzt ihm ein geheimnisvoller Bote, der bis heute unbekannt geblieben ist, einen Gegenschlag, der ihn wieder aufrichtet.

Dieser namenlose Bote, der aus dem Dunkel kommt, bringt ihm ein Dokument, das wie ein Blitz auf Richelieu wirkt. Wieder einmal fühlt er sich dem Leben zurückgegeben. Nachdem er diesen vom Himmel gefallenen Meteor gelesen hat, verabschiedet er seine Umgebung, bis auf seinen ersten Sekretär Charpentier.

»Lassen Sie mir eine Bouillon bringen, ich bin ganz durcheinander.«

Bouillon, Riegel, verschlossene Tür. Charpentier ist Zeuge, wie der Kardinal die Arme zum Himmel streckt und einer unsichtbaren Gegenwart Worte zuruft: »O Gott, Du scheinst doch dem Königreich und meiner Person gewogen zu sein!« Dann fügt er in irdischerem Ton hinzu: »Lesen Sie dies und fertigen Sie Abschriften an.«

Mit dem ominösen »dies« ist die Kopie des Vertrages der Verschwörer mit Spanien gemeint.

Zwei Tage lang beschäftigt der dem Leben Zurückgegebene seine Sekretäre bis zur Erschöpfung, er diktiert ihnen Berge von rachsüchtigen, blutigen, geißelnden, unwiderlegbaren und triumphierenden Depeschen, die dem König die Augen öffnen und mit einem Schwertstreich die Hydra mit den hundert Köpfen erledigen. Und das geschieht alles, während er in seiner Sänfte nach Tarascon schaukelt. Erst hinter den sonnebeschienenen Mauern, deren Steine ihm so weich erscheinen wie dem Kind die Mutterbrust, kann er wieder aufatmen.

Er ist in Sicherheit, nun schickt er seinen fliegenden Boten Chavigny los, der ebensowenig Schlaf findet wie sein Herr. Er überbringt dem König die sensationelle Nachricht.

Von Hämorrhoiden geplagt, hat Seine Majestät Perpignan verlassen; auf den Rat seiner Ärzte hin will er eine Badekur unternehmen. Chavigny, der die ganze Nacht hindurch geritten ist, erreicht ihn in Narbonne. Er hat Noyers in Kenntnis gesetzt. Zusammen begeben sie sich zum Lever des Königs. Sie bitten den König, ihn vertraulich sprechen zu dürfen. Monsieur le Grand, das heißt Cinq-Mars, »ließ sie als guterzogener junger Mann allein«. (Tallemant des Réaux)

Obwohl der König gesagt hat, »er ist mir zum Erbrechen«, ist seine Leidenschaft für Cinq-Mars so stark, daß er an einen Verrat von seiner Seite nicht glauben kann. Er möchte eher glauben, Richelieu habe die Sache erfunden. Doch diese für ihn kränkende Reaktion hatte der Kardinal vorausgesehen: Vor die Wahl gestellt, ob er den Diensten eines Genies, das sich über alle menschlichen Kräfte hinaus Frankreich zur Verfügung gestellt hat, oder den Unverschämtheiten einer Null von zweiundzwanzig Jahren mehr Gewicht beimessen soll, entscheidet sich der König auf der Stelle für die Null.

Die Abwehr ist vorbereitet: »Zunächst wird Ihnen der König sagen, daß dies eine Fälschung ist, doch legen Sie ihm nahe, Monsieur le Grand festnehmen zu lassen. Denn wenn die Sache falsch ist, kann er unschwer wieder freigelassen werden, ist der Feind aber in die Champagne eingerückt, wird es nicht leicht sein, dagegen anzugehen.«

Diese Anspielung auf die Niederlage von Honnecourt läßt eine schmerzende Wunde wieder aufbrechen. In Ludwig XIII. stecken zwei Könige: ein Spielkartenkönig, der Luynes, Baradas, Saint-Simon, Marie de Hautefort und Cinq-Mars liebt, lauter Luftblasen. Und daneben der Enkel von Jeanne d'Albret, der Sohn Heinrichs IV., der König von Descartes, Corneille, Richelieu, der schöpferischsten Persönlichkeiten des Großen Jahrhunderts, der Monarch der Willenskraft, der sich am liebsten »à la soldade« kleidet, der am Rand des Abgrunds sich im letzten Moment an ein Büschel Energie klammert und seine Spielereien und Leidenschaften ohne ihn in den Schlund rutschen läßt. Damals, als angenommen wurde, Concinis Festnahme sei mißglückt, und als angekündigt wurde, der Abenteurer sei mit seinen Freunden auf dem Weg zum königlichen Schlafgemach, ließ sich der König seinen schweren Karabiner reichen. Nach der Ermordung des Emporkömmlings gab er einem Höfling, der ihn bedauerte, daß er von nun an durch die Sorge um die Geschäfte »in Verlegenheit komme« zur Antwort: »Nein, ich war viel mehr in Verlegenheit, das Kind spielen zu müssen, als ich es bei all diesen Affären bin. Sechs Jahre lang hat man mich in den Tuilerien unnütze Dinge tun lassen. Es ist hohe Zeit, daß ich meine Aufgabe erfülle.«

Der Mann, der mit sechzehn Jahren diese Antwort gab, kann mit einundvierzig nichts anderes wollen als »seine Aufgabe zu erfüllen«, wenn sein Königreich durch ein Komplott in Gefahr ist, an Spanien zu fallen.

Widerwillig, entrüstet, verzweifelt trifft Ludwig XIII. alle von Richelieu vorgeschlagenen Maßnahmen. Er läßt Cinq-Mars festnehmen, dazu de Thou, Chavagnac Père, und d'Assonville, einen Hofmann des Herzogs von Bouillon. Castelan wird nach Casale geschickt, um den Herzog von Bouillon, der bei der Italienarmee steht, festzunehmen. Und schließlich wird Monsieur an die Reihe kommen.

Nachdem diese dramatischen Entscheidungen gefallen sind, flammt die Leidenschaft ein letztes Mal auf: der König versucht, Cinq-Mars zu warnen. Der Geck saß fröhlich im Gasthof zu den »Drei Ammen« beim Nachtmahl. Er erhält die Nachricht, das Coucher Seiner Majestät sei um eine Stunde vorverlegt worden. Schnell bricht er auf. Unterwegs steckt ihm ein Unbekannter ein Billett zu: »Man trachtet Ihnen nach dem Leben.« Cinq-Mars flüchtet zu einer ehemaligen Mätresse, Madame de Siouzac, die in Narbonne zu Hause ist. Der Graf von Charost, der beauftragt ist, ihn festzunehmen, findet ihn nicht. Der König befiehlt, die Stadttore zu schließen und im Morgengrauen die Häuser zu durchsuchen. Er wußte wahrscheinlich, wo sein Günstling sich verborgen hatte. Um drei Uhr morgens »kam ein Diener, den er [Cinq-Mars] nicht kannte, in das Haus, um ihn von dem Befehl, den der König gegeben hatte, zu unterrichten«.

Cinq-Mars ist noch dümmer und leichtsinniger, als der König vermutet. Er ist nicht einmal imstande, nach dieser ausgestreckten Hand zu greifen. Seinem Diener Belet befiehlt er: »Sieh nach, ob nicht zufällig irgendein Stadttor offen ist.« Tatsächlich war eines offen geblieben, durch das der »Troß« des Marschalls La Meilleraie nächtlicherweile in die Stadt gelangen sollte. Der König wußte es. Er hoffte, auch sein törichter Freund wisse es. Doch Belet, ein Diener, wie ihn Molière hätte erfinden können, ist ebenso unbedarft wie sein Herr. Er führt seinen Auftrag nicht richtig aus und verkündet, es sei alles versperrt.

Als der Tag anbricht, wird überall in der Stadt ausgerufen, daß jeder Einwohner, der den Verräter beherbergt, seinen Kopf riskiere. Madame de Siouzac legt ihrem Ehegatten ein Geständnis ab. Der Narbonner Hahnrei läßt sich das nicht zweimal sagen. Es erscheinen Soldaten und holen den Leichtsinnigen aus dem Bett.

Von Béziers aus schreibt der König zwei Briefe an seinen Bruder. Im ersten teilt er ihm mit, daß Monsieur le Grand festgesetzt worden sei, verbirgt ihm aber den wahren Grund: »Die unüberbietbaren Frechheiten, die er sich mir gegenüber erlaubt hat, haben mich gezwungen, so zu verfahren. Im zweiten Brief ernennt er ihn zum Befehlshaber der Champagnearmee, die nach der Niederlage von Honnecourt in aller Eile wieder zusammengestellt worden ist, um den bevorstehenden Einfall aufzuhalten.

Warum beauftragt der König den Mann, der die Invasion der Champagne anzettelt, sie aufzuhalten? Um sich dumm zu stellen und um auf jeden Fall zu verhindern, daß der Verräterprinz sich nach Spanien absetzt, wo er sich an die Spitze einer Exilregierung stellen würde. Nur ein ungewöhnlich großer Vertrauensbeweis kann Monsieur daran hindern, mißtrauisch zu werden. Hier handelt es sich um eine der kolossalen, humoristisch-melodramatischen »Drahtziehereien« Richelieus, um einen der Theatereffekte, die stets ihre Wirkung haben. Dieser Theaterfanatiker weiß es genau, für ihn ist das Leben nur alltägliches Theater.

Monsieur schnappt nach dem Angelhaken. Er schimpft über Monsieur le Grand. Kriecherisch schreibt er an Richelieu: »Der König, mein Herr, hat mir die Ehre erwiesen, mir zu schreiben, welche Folgen das Benehmen dieses undankbaren Monsieur le Grand gehabt hat. Es gibt keinen Menschen auf der Welt, der Ihnen nach so viel Erkenntlichkeiten solch sträflichen Verdruß bereitet hat. Die Huld, die er von Seiner Majestät empfing, hat mich immer bewogen, mich vor ihm und seinen Ränken in acht zu nehmen.«

Monsieur ist vertrauensselig, er läßt sich Zeit. Richelieu macht sich die Zeit zunutze, seine Maßnahmen zu treffen. Selbst wenn Monsieur jetzt fliehen wollte, könnte er es nicht mehr.

Auf dem Weg zur Badekur in Montfrin macht der König in Tarascon halt. Noyers zeigt ihm einen Zusatz zu dem Vertrag mit den Namen der Verschwörer. Als der König »Cinq-Mars« liest, fragt er mit tonloser Stimme: »Ist hier nicht ein Name verwechselt worden?« Noyers zeigt ihm den Zusatz noch einmal. In Gedanken versunken seufzt der König ein paarmal: »Wie tief ist Monsieur le Grand gefallen!« Infolge des Kummers verschlimmern sich seine nervösen Leiden. Richelieu erfährt, daß der König nach der Festnahme von Cinq-Mars eine große Zahl von Briefen verbrannt hat. Er läßt ihm mitteilen, »es sei sehr wichtig, niemanden wissen zu lassen, daß er alle Papiere verbrannt hat«.

Für die Königin ist der Himmel heiter in Fontainebleau. Am 15. Juni schreibt ihr der König einen herzlichen Brief und bittet sie, die Kinder nicht allein zu lassen. Brassac, der Augen und Ohren stets offenhält, teilt dem Kardinal mit, wie fröhlich Anna jetzt ist: »Nichts auf der Welt vermag sie zu ändern.«

Frankreichs Staatsgeschäfte bessern sich. Die Flotte unter Brézé vernichtet das spanische Geschwader von Ciudad Real. Frankreich beherrscht das Mittelmeer. Von der See aus hat Perpignan nichts mehr zu erwarten.

Richelieu erfährt, daß der König ihm alle Vollmachten für das Gebiet südlich der Loire übertragen hat, mit dem herrlichen Titel eines Generalleutnants des Königreichs. Kurz gesagt heißt das: eines Vizekönigs.

Der König ist gänzlich erschöpft, außer sich vor Kummer, von einem undurchdringlichen Nebel umgeben. Man will ihm seine junge Sonne, seine Liebe nehmen. Er hat einen Minister, der alle Aufgaben in größter Vollkommenheit bewältigt. Dann soll dieser Besessene alles übernehmen! Der König legt die Last auf seine Schultern. Ihn selber soll man in Ruhe lassen, er möchte die kurze Zeit, die ihm verbleibt, so angenehm wie möglich verbringen. Er sehnt sich nach der Frische seiner heimatlichen Wälder, nach der Jagd, nach seinen Freunden, seinen Hunden, den Füchsen, den Wölfen, den Falken, nach Einsamkeit.

Endlich kann der Kardinal sich an allem und für alles rächen. Die letzten Monate seines Lebens scheint er nur einer unerbittlichen Vendetta zu widmen, die Gerechtigkeit tritt in den Hintergrund.

Eines vor allem ist wichtig: Monsieur muß das Original des Vertrages aushändigen. Eine Abschrift kann nicht als Beweisstück angesehen werden. Glücklicherweise ist Monsieur ein Feigling. Wenn man ihm Angst macht, kann man alles bekommen. Er fürchtet, festgenommen zu werden, und Schlimmeres noch, er flieht in die Auvergne.

Bei den Verhören leugnen Cinq-Mars und de Thou von A bis Z alles. Monsieur muß unbedingt ein Geständnis ablegen. Am 7. Juli verrät Seine Hoheit seine Freunde; alle Welt vernimmt es mit Abscheu. Er sagt kein Wort über die Königin. Er verteidigt de Thou. Er ist furchtbar wütend auf Cinq-Mars, von dem er meint, er habe ihn hintergangen. Jetzt ist auch der König ganz gegen Cinq-Mars eingestellt. Man hat ihm hinterbracht, daß Cinq-Mars eines Tages in Perpignan, als man ihn nach dem Befinden des kranken Königs gefragt hatte, mit gelangweilter Miene geantwortet habe: »Er schleppt sich immer noch hin.«

Ein bissiges Wort, das nach Vergeltung schreit. Nun reißt der König den aus seinem Herzen, der sein Ende erwartete. »Der Schuft, er wäre froh gewesen, wenn ich gestorben wäre«, sagt er immer wieder. Alle Illusionen schwinden dahin. So sehr er Cinq-Mars geliebt und angebetet hat, so sehr verurteilt er jetzt »den größten Schurken und Verräter, der je gelebt hat«. Chavigny schickt an den triumphierenden Richelieu eine Siegesmeldung: »Seine Majestät ist jetzt derart aufgebracht gegen den ›Treulosen‹, daß es mehr Mühe kosten würde, ihn zur Milde zu bewegen, als ihm Strenge anzuraten.«

Richelieu erfährt auch einiges über den König. Nach und nach kommt er hinter die Einzelheiten des gegen ihn geplanten und gescheiterten Attentats in Lyon. Als Cinq-Mars über seine bösartigen, sogar verbrecherischen Pläne gegen den Kardinal befragt wird, antwortet er, »keine gehabt zu haben, die der König nicht gebilligt habe«. Mithin hätte Ludwig XIII. es zugelassen oder gar befohlen, ihn, Richelieu, wie Concini umzubringen.

Jeder der beiden Beherrscher Frankreichs ist innerlich vernichtet. Der König hat seine Liebe verloren. Auch Richelieu hat die seine verloren. Er liebte diesen König, der, trotz Blut und Tränen, in seinem Herzen mit dem Bild verschmolz, das ihn auf seinem langen Leidensweg aufrechthielt: das ideale Freundespaar, das über dem Wohl des Königsreichs wacht; der beste der Gebieter, der beste der Diener. Hinter diesem Wunschbild war nur Neid und Haß. Trotz aller Achtungsbeweise hat Richelieu aus dem Kopf des

Königs nie die Idee ausmerzen können, er würde durch seinen Minister ausgeschaltet, neben dem großartigen Kardinal sähe er aus wie ein kleiner unmündiger Junge, »un enfant enfantissime«, wie Concini sagte, der noch hinzufügte: »Verdient die Rute!« Immer nur ein Kind, niemals ein Mann. Das ist das ganze Drama. Alles mußte besudelt werden, wie Richelieus Purpur mit Eiter und Blut besudelt war. Dieser Gebieter und dieser Diener, beide wie Galeerensklaven an die gleiche Bank des Schiffes Frankreich gekettet, sollten nach so viel Mühe und Elend nicht das Recht haben, in Ruhe zu sterben. Unter dem Himmel der Königslilien vollzieht sich das »Gib die Hoffnung auf und stirb!« von Shakespeare.

Hier tritt Mazarin ins Spiel. Wie in den Opern der Leidenschaften und Tränen, wenn nach dem Grausen die Harmonie sich einstellt. Sobald er erscheint, empfindet man Erleichterung. Endlich jemand, der Talent hat und nicht anstrengend ist! Eine souveräne Intelliganz, die einen weder zermalmt noch erschreckt! Man atmet auf. Das ist das Geheimnis seines Erfolges. Den Eindruck, den er heute, mit dem Abstand der Geschichte, auf uns macht, machte er schon auf seine Zeitgenossen, seine Feinde natürlich ausgenommen.

Das schaurige Konzert des Komplotts von Cinq-Mars und de Thou hört auf, zumindest scheint es so: Mazarin beginnt seinen Part zu spielen, mit dem einfühlsamen Strich eines Mozart interpretierenden Ersten Geigers. Ein Wundertäter im Bereich menschlicher Beziehungen, die mit spinnwebeartiger Feinheit gesponnen werden und mit seherischer Psychologie. Wie ein Hauch, wie treibender Blütenstaub, dringt Mazarin in die Labyrinthe der Seele, über das klare Bewußtsein Descartes' und Corneilles hinaus, in die Tiefen des »Unterbewußten« und des »Unbewußten«. Von der vitalen Kraft des Genies wird er in höchste Höhen getragen, die astronomisch weit entfernt sind vom Gestämmel der Diplomaten, er gehört zum Bereich der Poesie, des Tanzes, der Musik. Und der Bekenntnisse, im Zeitalter der Lenkung der Seele und des Gewissens.

»Töte! Töte!« scheinen jeder für sich, wie bei der Jagd, Richelieu und der König zu schreien. Denn dazu hat sich der König jetzt entschlossen. Seitdem er »weiß«, daß Richelieu »weiß«, wie gern er ihn von Stichen durchbohrt gesehen hätte wie einen Concini, ist Ludwig XIII. zur Unbeugsamkeit gezwungen. Um sich völlig von Cinq-Mars loszusagen, stellt er ihn als »den größten Lügner der Welt hin«. Er fordert, es müsse »ihm der Prozeß bis zum bitteren Ende gemacht werden«.

»Töte! Töte!« klingt es auch, vielleicht gedämpfter, in Richtung Monsieur. Der Fürst der Feiglinge hat sich jetzt nach Savoyen geflüchtet, wo er Madame Chrétienne in arge Verlegenheit bringt, denn sie kann diese Last auf den Schultern nicht brauchen. Von Lyon schreibt der König seinem Bruder einen wütenden Brief.

Wie wird sich Mazarin verhalten? Was wird er tun? Man muß wie in Zeitlupe die Vorführung dieses Virtuosen genießen, eines Zauberkünstlers, der, bevor er mit seiner Nummer beginnt, lächelnd und sich verbeugend dem Publikum klarmacht: nichts in den Händen, nichts in den Taschen!

Zunächst ist natürlich keine Rede mehr davon, nach Rom zu reisen, sich in seinen beiden schönen Kutschen bestaunen zu lassen und den roten Hut in Empfang zu nehmen. Er bekommt die Order, sein Gepäck von Marseille nach Paris bringen zu lassen. Den ganzen Sommer verbringt er zwischen Tarascon und Lyon, wo der Prozeß stattfinden soll. Und auch zwischen den Angeklagten und dem Ankläger. Stets und ständig »zwischen« den Extremen: das ist die Aufgabe dieses Vermittlers. Die Angeklagten bitten ihn inständig, Richelieus Wut zu mildern. Richelieu gibt ihm auf, die Angeklagten »auszuquetschen«, ihnen Geständnisse abzuringen, aufgrund deren das Todesurteil gesprochen werden kann.

Mazarin bringt es fertig – es ist fast ein Wunder –, weder im einen noch im anderen Lager als suspekt zu erscheinen. Die Angeklagten betrachten ihn nicht als Gehilfen des Henkers. Richelieu betrachtet ihn nicht als Komplizen der Angeklagten.

Es ist in Wahrheit so, daß Mazarin in dieser Affäre fast allein die Gerechtigkeit vertritt. Mit der Einsicht in die Notwendigkeit von Sühne und Strafe, aber auch mit dem Gefühl für Abstufungen, Abschwächungen, dem tiefen Verständnis der Fälle und der Menschlichkeit mildernder Umstände. In dieser Parodie eines Prozesses, der auf ein Abschlachten hinausläuft, ist er der Advokat der Verteidigung. Seinem Wesen nach, manchmal aus Eigennutz, aber auch aus Achtung vor dem Leben, die ihm aus reiner christlicher Überlieferung zufließt.

Am 6. Februar 1644, also zwei Jahre nach diesen Ereignissen, erläßt der Papst ein Breve für Mazarin, nach dem Muster, das für die Kardinäle der Consultà galt und seinerzeit auch für Richelieu maßgebend gewesen war. Der Papst gewährt Mazarin »das Recht, sich mit Untersuchungen und Kriminalprozessen zu befassen, die in den Räten und Parlamenten des Königreichs Frankreich verhandelt werden, unter Absolution aus früheren Vorgängen, wenn dieses nötig sein sollte, jedoch unter der Bedingung, daß der Urteilsspruch nicht von ihm selbst gefällt wird, sofern die Strafe Blutvergießen nach sich zieht«.

Dieser Dispens endet am 7. Februar 1647. Eine Erneuerung hat Mazarin nie beantragt. Er benötigt sie nicht. Während seines ganzen Lebens hat er niemanden zum Tode verurteilen lassen. »Ich weiß aus sicherer Quelle«, sagt sein Beichtvater Pater Angelo Bissaro, »daß manch einer das Leben verloren hätte, wenn man der Justiz freie Hand gelassen hätte, und viele haben von Seiner Eminenz den Vorteil des Aufschubs genossen, ohne daß irgendein Interesse im Spiel war, außer seinem angeborenen Mitleid, denn er konnte sogar seine persönlichen Feinde nicht hassen«.

Mazarin ist Kardinal, ohne zum Priester geweiht worden zu sein, er ist das Vorbild christlicher Barmherzigkeit. Aufgrund seiner Intelligenz und seines Lebensgefühls, nicht so sehr wahren Glaubens, verbindet er miteinander die Pflichten des Christen und des Priesters. Welch großer Gegensatz besteht zwischen den beiden Kardinälen, die des gleichen Breve teilhaftig geworden sind: Richelieu und sein wütender Haß, Mazarin und seine Unfähigkeit zu hassen!

Sowohl Monsieur wie allen anderen gegenüber handelt und spielt Mazarin nicht nur im Hinblick auf die Gegenwart, sondern im Hinblick auf die Zukunft. Und die Zukunft heißt weder Ludwig XIII. noch Richelieu, denn das sind zwei Todkranke. Ob man will oder nicht, die Zukunft heißt Anna von Österreich und Monsieur. Von der Mehrzahl der Menschen unterscheidet sich Mazarin dadurch, daß er sich den Gegebenheiten und Tatsachen beugt, selbst wenn sie ihm nicht genehm sind. »Man befiehlt der Natur nur, indem man ihr gehorcht.« – »Es ist besser das eigene Verlangen zu ändern als die Ordnung der Welt.« (Descartes)

Mit Anna von Österreich versteht sich Mazarin gut. Und Monsieur muß den Eindruck bekommen, er verdanke Mazarin sein Leben.

Dem vor Zorn schäumenden Richelieu zwingt Mazarin, der niemals zürnt, ein ungeheuerliches Zugeständnis ab. Er macht ihm klar, daß sie beide kein Interesse daran haben, Monsieur zur Verzweiflung zu bringen. Er hat die Urschrift des Vertrages verbrannt. In diesem Punkt sind sie von ihm abhängig. Also muß nachgegeben, List angewendet werden. Monsieur soll seine Apanage unter drei Bedingungen wieder erhalten. Erstens: Er unterzeichnet und bestätigt eine Vertragsabschrift, die auf diese Weise Rechtskraft erhält. Zweitens: Er gibt alle Einzelheiten des Komplotts preis. Drittens: Er belastet Thou, anstatt ihn zu entlasten, wie in seiner ersten Aussage. Richelieu haßt de Thou und verlangt seinen Kopf.

Sich selbst überlassen, hätte Mazarin die dritte Bedingung niemals gestellt, die ihm sicherlich rechtswidrig erschienen ist. Doch muß er Richelieu Zugeständnisse machen, damit Richelieu um so größere macht. Der Kopf Thous ist der Einsatz in diesem Handel von Leistung und Gegenleistung.

Nach der Hinrichtung der Schuldigen gibt Mazarin in einem Brief an den Marquis de Fontenay, den Gesandten Frankreichs in Rom, seinem Bedauern Ausdruck: »Eure Exzellenz hat hier voll und ganz Zustimmung gefunden, da Sie den Umgang mit dem Bailli de Valençay und dem Chevalier de Jars aufgegeben haben. [Zwei in Rom lebende Franzosen, Feinde Richelieus.] Der Brief, den der letztere an den armen Monsieur de Thou geschrieben hat, war zu einem großen Teil die Ursache seines Verderbens, zum tiefen Bedauern von Monsieur de Chavigny und mir selbst, die wir den besagten Seigneur schätzten und ihn gern vor diesem Unglück bewahrt hätten. Die Begnadigung, die wir vor zwei Jahren in Amiens erreicht haben, als sein Einvernehmen mit Madame de Chevreuse aufgedeckt wurde, hätte ihn vorsichtiger machen müssen und dem Kardinal-Herzog zugeneigter, denn dieser erwirkte bei Seiner Majestät die Vergebung mit großer Güte und bewies ihm damit seine Freundschaft.«

Richelieu beauftragt Mazarin, sich ganz besonders um den Herzog von Bouillon zu kümmern, ein zäheres Wild als Monsieur. In Casale, in Mazarins Casale, hat der Herzog eine Rolle in einer Bauernposse gespielt. Dieser mächtige Herzog, Befehlshaber der Italienarmee, wurde in einer Scheune im Heu verborgen aufgestöbert. Sein jüngerer Bruder, der Vicomte von Turenne, der spätere große Turenne, steht mit einunddreißig Jahren als Soldat vor Perpignan. Er verwendet sich zugunsten seines Bruders bei Mazarin und bittet ihn, eine unparteiische Haltung einzunehmen. Aus dem Feldlager schreibt er am 7. Juli 1642: »Ich bitte Sie höflichst, mir die Güte zu erweisen, in dieser Angelegenheit nicht gegen meinen Bruder zu sein, obschon ich weiß, daß Sie nicht für ihn sein können, wenn die Dinge sich so verhalten, wie es Ihnen beliebte sie mir dazustellen.«

Mazarin verhört Bouillon so geschickt, daß er alle »Geständnisse« bekommt, die Richelieu fordert. Er erklärt, wie die Eminenz wünscht, er habe am Zustandekommen des Vertrags nicht mitgewirkt. Die Tore Sedans hätte er Monsieur nur geöffnet »im Fall des Todes des Königs«. Er schiebt alle Schuld auf Monsieur le Grand.

Richelieu ist zufrieden, er wird blutige Genugtuung erlangen: »Herr Kardinal Mazarin ist so geschickt vorgegangen, daß Herr von Bouillon genügend ausgesagt hat, um unsere Beweise zu vervollständigen. Sein Einsatz in allen diesen Angelegenheiten ist so notwendig, daß ich ihn gebeten habe, morgen [nach Lyon] zurückzukehren, um auch bei Monsieur das Notwendige zu tun.«

Richelieu ist so aufgeräumt, daß er beim König Bouillons Begnadigung erwirkt. Der Herzog rettet seinen Kopf, verliert aber seine Stadt. So fällt Sedan an Frankreich. Und Mazarin spendet Beifall »als sehr voreingenommener Freund und Diener des Vicomte de Turenne«, der der Bruder des im Heu aufgestöberten Verräters ist.

Richelieu übt einen ungeheuren Druck auf das Gericht aus. Um den Richtern im Nacken zu sitzen, begibt er sich nach Lyon, wo der Prozeß, die Karikatur eines Prozesses, stattfinden soll. Dieser sterbenskranke Mann, der in der ständigen Furcht lebt, ein Degen oder eine Pistole könne auf seine Kehle gerichtet sein, entscheidet sich für das einzige Verkehrsmittel, das ihm Sicherheit vor Totschlägern verbürgt: den Wasserweg. Dieser geniale Regisseur hatte mit seiner üppig ausgestatteten Sänfte (Krankenraum, chirurgisches Kabinett, Arbeitsraum, Empfangssalon und Eßzimmer) die märchenhafteste »Maschine« erfunden, die er nicht als Gott, sondern als Teufel beherrschte. Nach der Erd-»Maschine« baut er jetzt die Fluß-»Maschine«. In zwei Wochen, vom 17. August an, fährt er von Tarascon nach Lyon die Rhone aufwärts. In einem riesigen schwimmenden Bett aus purpurrotem Taft, das in einem mit karminrotem, golddurchwirktem Taft ausgeschlagenen Schlafgemach steht. Ein Purpurbett, das langsam gegen den Strom schwimmt. Es ist symbolisch für den Mann, der stets gegen den Strom gesteuert hat und der mit seinem Purpur den wildesten der französischen Flüsse verstopft.

Vor dem Kardinalslager schwimmen zwei Kasernen her: eine Fregatte und ein weiteres mit Scharfschützen vollbeladenes Schiff. Hinter der Eminenz ein Gefängnisschiff, verriegelt, düster und als Insassen de Thou, zwölf Gardisten und ein Polizeibeamter. Ein bereits halbtoter und halbverfaulter Geier, der seine Beute hinter sich her schleppt, ehe er sie verschlingt. Dann folgt eine schwimmende Hofstatt: Barken, bis an den Rand gefüllt mit Bischöfen, Abbés und Edelleuten. Den Schluß bilden schwimmende Schatzkammern: Barken mit dem Silberzeug und einem Teil des Vermögens des alten Menschenfressers. Ein unvorstellbarer seltsamer Geleitzug, der an die Pharaonen Ägyptens auf dem Nil und die Kaiser von China auf dem Jangtsekiang erinnert.

Der Kanzler Séguier mag sich noch so sehr winden, es nützt nichts. Er schreibt dem Kardinal, »daß es sehr schwierig sein wird, ihn [Thou] zum Tode zu verurteilen, weil allem Anschein nach kein Beweis gegen ihn vorliegt«.

»Der Herr Kanzler mag sagen, was er will, de Thou muß sterben«, entscheidet Richelieu.

In Lyon trifft ein Brief ein, der beschämendste Brief, den je ein König an seinen Kanzler geschrieben hat. Es ist, als erscheine Ludwig XIII., neben Henri Coeffier de Ruzé, Marquis d'Effiat de Cinq-Mars und de Thou, vor Séguier, ebenfalls als Angeklagter, mit Eisenketten an den Händen, gesenktem Kopf und stammelnder Stimme. Alles ist darauf gerichtet, seinen ehemaligen Liebling zu belasten, er will sicher sein, daß Cinq-Mars hingerichtet wird, ehe dieser Dinge enthüllen kann, die ihn, den König, beflecken. Doch ist dies alles auch der Bodensatz seines Masochismus und der allerletzte Beweis für seine Liebe, die selbst der Henker nicht abtöten kann. Da sein Idol sterben muß, will ihn der König so weit wie möglich begleiten, auf der schimpflichen Seite seines Lebens. Der König von Frankreich, der oberste Gerichtsherr, der Nachkomme Ludwigs des Heiligen, erscheint also auf der Bank der Schande, neben dem angebeteten Verräter, so daß ihre Hände sich berühren. Die lästigen Erwachsenen mögen ihr Gerichtsschauspiel ruhig ablaufen lassen, was liegt daran, da Louis und Henri zusammen sind, umgeben vom Licht der Kindheit!

»Als er [Cinq-Mars] so weit ging, mir vorzuschlagen, ich solle mich meines Vetters [Richelieu] entledigen, und mir anbot, es zu tun, war ich entsetzt über seine schlimmen Gedanken, und ich habe sie verabscheut. Obwohl es genügt, es zu sagen, damit Sie mir glauben, gibt es niemand, der meint, daß es anders gewesen sein könnte, wenn er bedenkt, daß der besagte Sieur de Cinq-Mars, wenn er Gehör bei mir gefunden hätte, sich nicht mit dem König von Spanien verbündet haben würde ... Ich wünsche, daß Sie diesen Brief allen Mitgliedern des Gremiums, bei dem Sie den Vorsitz führen, zur Kenntnis geben, damit sie die Wahrheit erfahren.«

Dem Rivalen, dem Griesgram, dem Schreckgespenst, dem alten Kardinal Richelieu (mit siebenundfünfzig Jahren ist man damals alt) bleibt angesichts dieser neuen Beweise für die unausrottbare Leidenschaft der beiden Liebenden nichts weiter übrig, als seine Eifersucht zu verbeißen. Eine weitere Erklärung für die irrsinnige innere Erbitterung Richelieus gegen Cinq-Mars.

Hier tauchen, über den Hochverrat, über den Pakt mit Spanien hinaus, Fragen auf, die im Schoß der Menschen selbst ihren Ursprung haben. Richelieu litt an Ausbrüchen von Eifersucht, die man bei Frauen mit der Gebärmutter in Verbindung bringen würde, und es hat den Anschein, er sei jeden Monat Regeln unterworfen gewesen wie die Frauen.

»Der Herr Kanzler und ich haben zwei Tage vor dem Richtspruch über Monsieur le Grand beschlossen, er solle zur Folter verurteilt werden, sie soll ihm aber nur vorgeführt werden«, schrieb er später an den König. Sie (das heißt Richelieu allein) hatten auch »beschlossen«, daß er seinen Kopf dem Beil vorführen sollte. Beim Beil allerdings würde man sich nicht darauf beschränken, es ihm nur »vorzuführen«.

Und was ist mit de Thou? Es ist immer noch nicht gelungen, Beweise gegen ihn zusammenzutragen. Richelieu setzt eine Hyäne auf die Beute an, den Gerichtsrat Laubardemont. Am 10. September sagt dieser Schinder des Gerichts zu Cinq-Mars, de Thou habe geredet, er habe seinen Freund Cinq-Mars denunziert. Falls Cinq-Mars seinerseits seinen Freund de Thou denunziere und eine Erklärung unterschreibe – sie war offenkundig von Richelieu abgefaßt –, brauche er die Folter nicht zu fürchten und könne sein Leben retten. Im anderen Fall: Folter und Tod. Laubardemont gibt sein Wort, daß das, was er sagt, der Wahrheit entspreche. Cinq-Mars unterschreibt blindlings. Er hat seinen Freund verraten, für nichts. Was Laubardemont versprochen hatte, war falsch, und hinzu kam eine Lüge. Der unerschütterliche de Thou hatte nicht geredet. Richelieu hatte immer den Kopf von Cinq-Mars und den des anderen haben wollen.

Da der Kardinal nun sicher ist, daß ihm die beiden Opfer nicht mehr entgehen können, verläßt er Lyon und tritt in seiner riesigen Sänfte die Reise nach Paris an. Fast gleichzeitig erfährt er den Fall von Perpignan und das Todesurteil gegen Cinq-Mars und de Thou. »Der Kanzler hat mich von einer großen Last befreit«, ruft er aus. Und gleich darauf wird er blaß. »Aber, Picaut«, sagt er zu dem Polizeimann, »Sie haben gar keinen Henker!«

Ihm fällt ein, daß der Henker von Lyon sich das Bein gebrochen hat. Auf diese Henker in der Provinz ist wirklich kein Verlaß. Schon 1626, als

Chalais auf einem öffentlichen Platz in Nantes hingerichtet werden sollte, hatte Monsieur, der Bruder des Königs, den Henker verschwinden lassen. Mit der Aufgabe wurde ein Amateurhenker betraut (ein anderer Verurteilter), der dreißigmal zuschlagen mußte und beim dritten Schlag sein Schwert durch ein Böttcherbeil ersetzt hatte.

Amateurhenker wirken sich für die Justiz ungünstig aus. Ihre schlecht verrichtete Arbeit bringt die Menge auf den Gedanken, ob die Arbeit der Richter nicht vom gleichen Kaliber sei. Nichts ruft stärker den Vorwurf eines Justizirrtums wach als eine Schlächterei, bei der – wie bei einer Corrida der von einem erbärmlichen Torero zersäbelte Stier – der Verurteilte nicht sterben kann. Auf der Place des Terreaux in Lyon erregt der zum Henker beförderte Lastträger, der viele Male ansetzen muß, um Cinq-Mars und vor allem de Thou hinzumetzeln, Schrecken und Entsetzen.

Dankbarkeit für Richelieu kommt bei den Franzosen nicht auf, wiewohl er ihnen das Roussillon und Katalonien, den Zugang zum Meer, einbringt. Auf dem Platz in Lyon hören sie nur die Schreie der beiden jungen Männer, die sie für unschuldig halten und von denen einer es auch war. Dann, als die beiden Köpfe fallen, stöhnt die Menge auf. Sie ist empört über die erbarmungslose Rache des Kardinals, der die gesamte Familie Cinq-Mars niedermacht und das Andenken des Vaters, seines alten Freundes, des Marschalls d'Effiat mit Füßen tritt. Die Marschallin muß in die Verbannung gehen, der Abbé, ein Bruder des Enthaupteten, geht seiner Pfründen verlustig, und die Türme des Schlosses von Cinq-Mars werden bis »auf die Höhe der Schande« abgetragen.

Auf dem Weg nach Paris, in der Sänfte des Gottes Baal, für die Breschen in die Stadtmauern geschlagen und störende Häuser niedergerissen werden (vierundzwanzig Männer sind notwendig, um sie vorwärtszubewegen), liegt die Eminenz und kostet ihren Blutrausch aus. Wie ein alter Lehrer schlägt Richelieu mit dem Lineal auf Chavignys Finger, der sich in seinem Dienst aufreibt. Er will ihn eifersüchtig machen auf seinen Freund Mazarin, den Chavigny bisher ein bißchen von oben herab betrachtet hat und der ihm jetzt mit seinem makkaronischen Kauderwelsch über den Kopf wächst. »Die Anwesenheit des Kardinals von Richelieu und seines ›Colmardo‹ Mazarin ist nicht vergeblich gewesen. In der Erledigung der Geschäfte hängt alles von Sorgfalt und Fleiß ab, ich habe es Ihnen hundertmal gesagt, und Sie haben es mich mein ganzes Leben lang üben sehen.«

Mazarin ist es gelungen, dem verschlungenen Gewissen und Bewußtsein des Herzogs von Bouillon Geständnisse zu entlocken. Nun muß der Pakt verwirklicht werden: das Leben des Herzogs gegen die Stadt Sedan. Auf dem Papier ist es einfach, aber an Ort und Stelle? Alle Zugänge nach Sedan werden von den Spaniern überwacht. Wer könnte es fertigbringen, trotz ihrer Wachen in die Stadt einzudringen? Wer könnte sich unsichtbar machen, als besäße er Gyges' Ring? Allein der Wundertäter Mazarin, der im reifen Mannesalter für Richelieu und Ludwig XIII. tätig ist, wie er es in seiner Jugend für den Papst gewesen ist.

Der Kardinal »ex machina« für Opern mit großem Aufwand. Der Kardinal Proteus, der die Farbe wechselt, wie es das Chamäleon tut, und dessen Purpurmantel so durchsichtig wie Luft werden kann. Die Eminenz der Beichten und Verhandlungen, der sich die Städte und die Seelen zu öffnen vermag. Der Prälat, der in seinem wallenden Purpur, dieser Kaskade von Geständnissen und Versprechungen, sich angesichts der Stadttore daran erinnert, daß er Gardehauptmann gewesen ist.

Bouillon schreibt seiner Frau, sie solle »Schloß und Stadt Sedan in die Hände von Monseigneur Cardinal Mazarin legen«. (15. September 1642) Allerdings muß die Herzogin dazu imstande sein, und die Spanier müssen es dulden. Selbst für den diskreten Mazarin ist das ein schwieriges Problem. Er muß sich vorkommen wie ein Zauberkünstler, der eine Frau aus einem mit Seilen umschnürten Koffer holen soll.

Um seinen Ehrgeiz anzustacheln, wird er in dem »Memorandum für den Herrn Kardinal, der sich im Auftrag des Königs am 26. September 1642 nach Sedan begibt« mit Lobsprüchen überhäuft, so wie man vor einem Rennen den Hals eines Pferdes streichelt. Richelieu erinnert an seine früheren Erfolge, an Casale, Pinerolo, Turin, Siege, die seiner »Klugheit und Geschicklichkeit« zu verdanken waren. Sollten Schwierigkeiten auftauchen, Verhandlungen nötig werden, vertraut man blindlings »der Wendigkeit, Kraft und Fähigkeit seines Geistes, um die Herzogin von Bouillon dazu zu bringen, die Versprechungen ihres Gatten auszuführen«. Das ist kein Memorandum, sondern eine Wolke von Weihrauch. Und der Weihrauchkessel, der die sanfte Eminenz einnebelt, wird von der harten Eminenz geschwenkt.

Hat Mazarin bei Männern Erfolg, so vervielfachen sich seine Chancen bei Frauen. Ein Italiener steht gegen einen Spanier. Der Italiener gewinnt. Während eines Gesprächs mit der Herzogin von Bouillon, eine halbe Meile vor der Stadt, verhindert er es, daß sie Don Francisco de Mellos Gehör schenkt, der sie davon abbringen wollte, die Stadt dem König zu überlassen. Auf diese Finte einer Frau gegenüber folgt eine andere den Spaniern gegenüber. Er täuscht sie durch eine Katzenlist und gelangt in die Stadt, deren Verwaltung Marschall Fabert übernimmt. Marschall Fabert? Warum nicht Marschall Mazarin? Er ist mehr ein Kriegsmann als ein Kirchenmann und ebenso fähig, zu verhandeln, wie eine Stadt zu nehmen. Ein Kriegsmann? Auch ein Friedensmann. Ein ganzer Mann.

Mitte Oktober kehrt Mazarin nach Paris zurück und wird von seinem Herrn und Gebieter mit Lorbeer bekränzt. Richelieu kann nicht mehr ohne ihn auskommen. Er möchte am liebsten tausend Mazarins zur Verfügung haben, die er in die vier Himmelsrichtungen des Königreichs schicken könnte, um zu besänftigen, zu festigen, wiedergutzumachen, und zugleich möchte er den einzigen Mazarin behalten, nur er ist fähig, ihn zu besänftigen. Doch jetzt ist er so von Kräften, daß er sich für die zweite Möglichkeit entscheidet: ununterbrochen soll Mazarin an seinem Krankenbett bleiben. Er darf ihn ebensowenig verlassen wie jene Schattengestalt, zu der er selber bald werden wird. Richelieu läßt ihn nicht zu dem Friedenskongreß reisen, der zuerst in Köln, dann in Münster stattfinden sollte, zuerst zu Ostern, dann Trinitatis. Mazarin hatte sich von seinem Auftreten auf dem Kongreß manches erträumt und viel versprochen; er an der Spitze einer aus achtzig Mitgliedern bestehenden Delegation, des Gestirns der französischen Elite. Nun soll Graf d'Avaux sich dorthin begeben. Mazarin erklimmt eine weitere Sprosse auf der Leiter. Seine Rolle als erster Ausführender ist zu Ende, er wird Organisator, das heißt Vize-Richelieu. Und der Kardinal gewöhnt sich und gewöhnt ihn daran, daß Mazarin diese Rolle spielt. Als löse er sich vom Leben los und beginne, die Last von seinen Schultern auf andere zu legen.

Schon ehe Mazarin nach Paris zurückkehrt, beauftragt ihn Richelieu mit der Abfassung der Instruktionen »für den Friedensvertrag«, die Graf d'Avaux erhalten soll. Keine Leistung ohne Geld. Er läßt Mazarin die einträgliche Abtei Corbie überschreiben, »die in Friedenszeiten ungefähr achtzigtausend Pfund abwarf«. Eine gewaltige Summe. Mazarin beginnt reich zu werden.

Richelieu hat stets mit Mazarin allein konferiert. In Lyon waren es zwei Stunden am Tag. Früher geschah es, um ihm Anweisungen und Befehle zu erteilen. Jetzt weiht er ihn in die großen Staatsaffären ein. Vom Gipfel her gesehen, will er ihn auf die Aufgaben als Minister vorbereiten. »Liebe Nichte, ich unterrichtete einen Staatsminister, als Sie im Theater waren«, sagt er zur Herzogin von Aiguillon, als sie aus der Vorstellung des politischen Schauspiels »Europa« von Desmarets de Saint-Sorlin zurückkehrte, das am 18. November im Palais-Cardinal aufgeführt wurde.

Zu den mannigfachen Krankheiten, die ihn seit Jahren martern, hat sich »eine falsche Rippenfellentzündung« gesellt. An dieser »falschen« wird er zugrunde gehen. Er fühlt es. Er muß sich nun mit dem bittersten Gedanken befassen, den ein Mensch seiner Art aufschiebt, bis er am Rand des Grabes steht oder, bis es zu spät ist: mit der Nachfolge. Welch innerer Aufruhr für einen Richelieu, den Unersetzlichen, diesem Gedanken Raum geben zu müssen! Er muß daran denken, sich ersetzen zu lassen. Wer ist so einzigartig und zugleich so vertrauenerweckend und beruhigend, daß er Richelieu ersetzen könnte? Doch zu einzigartig darf er nicht sein, damit niemand jemals sagen kann, ein anderer sei Richelieu ebenbürtig gewesen. Und wiederum so vertrauenerweckend und beruhigend, daß es heißen wird: für Richelieu gibt es keinen wahren Nachfolger. Dieser Phönix unter den Phönixen, dieser Unauffindbare, das ist der Mann, den er auf den ersten Blick erkannt hat, damals, als er im Lyoner Nebel vor ihm stand, in respektvoller Verneigung als unbekannter junger Mann. Er allein hat es verstanden, diesen Felsblock mit seiner Gegenwart zu umgeben, in ihn einzudringen mit Hilfe seiner Zuvorkommenheit und Einfühlsamkeit, so wie Adern ein Gestein durchziehen. Er allein hat es verstanden, sich zu verflüchtigen wie Luft, wie die »esprits animaux« von Descartes. Nach der Hinrichtung der Giftmischerin Brinvilliers, deren Asche in den Wind gestreut wurde, schreibt Madame de Sévigné: »Dergestalt, daß wir sie [die Giftmischerin] einatmeten. Durch die Vermittlung der kleinen ›Geister‹ (esprits animaux) wird uns eine vergiftete Laune packen, worüber wir alle sehr erstaunt sein werden.« Richelieu atmete Mazarin ein, seine Wohlgerüche, sein Lachen, seine Listen, sein Wesen, und fast ohne es zu bemerken, nimmt er, von Tag zu Tag mehr, etwas von Mazarins Geistesverfassung an. Er hat sich »mazariniert«. Nach und nach hat er die Begabung seines Mitarbeiters anerkannt, der, weil er völlig andersartig ist als er, ihn nicht beunruhigt. Seine Intelligenz hat er stets wahrgenommen, doch manchmal ist er ihm infolge seiner zu starken Demutsbezeigungen, seines Akzents, seiner italienischen Mimik und Gestik, seines Friseurgehabes, dieser ganzen »Commedia dell'arte« wie ein Possenreißer vorgekommen. Richelieu ist zuweilen einem typisch französischen Irrtum erlegen: man spricht einem Witzbold die Intelligenz ab und billigt sie nur den Bösartigen und Trübsinnigen zu. Doch allmählich hat das Leben – die Beweise liegen auf der Hand – Richelieu mit der Nase auf die ungeheure Leistungsfähigkeit dieses Clowns gestoßen: Casale, Pinerolo, Turin und viele andere Triumphe! Ohne sich die Finger zu verbrennen, ist Mazarin aus der Savoyer Prüfung und aus der Prüfung des Gerichtsprozesses um Cinq-Mars und de Thou hervorgegangen. Möglicherweise hat ihm Richelieu diese zusätzliche Prüfung auferlegt, um sich ihm gegenüber einen noch größeren Sicherheitsspielraum zu verschaffen. Diesen umfassenden Sicherheitsspielraum, der nur in der Liebe existiert mit dem Wesen, welches man so sehr liebt, daß man mit ihm das Leben teilt.

Nun sind alle Beweise erbracht. Dieser so andersartige, so barock und fast komisch gegensätzliche Mann, ist der einzige, der ihm ... Tief im Innern seiner Brust gibt Richelieu dem grausamen Wort »ihm nachfolgen kann« Raum, das, stünde ein anderer vor ihm, das Herz zerreißen würde, das aber mit diesem Mann fast erträglich ist und flüsternd hineingleitet in diese eigenartige Betäubung, in die der Italiener seine Partner versetzt.

Eifersucht ihm gegenüber kommt nicht auf oder zumindest nur ganz wenig. Er ist nicht von derselben Art, stammt nicht von demselben Planeten. Die Tatsache, daß er aus Italien geholt werden mußte, zeigt, daß es unmöglich war, in Frankreich einen Nachfolger für Richelieu zu finden. »Ich kenne nur einen Mann, der mir nachfolgen könnte, obwohl er ein Ausländer ist«, hat in seinen letzten Lebenstagen die unbeugsame Eminenz vor sich hingemurmelt. »Ausländer«, ein Fremder, der keine Wurzeln in

Frankreich hat, keine Familie, keine Bindungen, keine Partei, keine Voreingenommenheit. Als wäre er vom Mond gekommen, ein reiner Mensch, ungefähr wie der gute Wilde, von dem das 18. Jahrhundert träumt, wie »Candide« von Voltaire. Ein neues, klares Auge, das die Politiker vergebens suchen, um gordische Knoten zu entwirren. Ein Mann nach Maß, von Richelieu für Frankreich entdeckt, geformt, geschaffen.

Trotz der »falschen Rippenfellentzündung«, die dennoch unbesiegbar bleibt, hält Richelieus Geist und Verstand unbesiegbar Wacht. Wenn der König nicht zu ihm kommt, schickt Richelieu seine Leute zu ihm, stets die gleichen, in der gleichen Abfolge, wie bei einem Schöpfrad: Mazarin, den Kanzler Séguier, die Staatssekretäre Chavigny und Noyers. Noch eine Stunde vor seinem Tod setzt sein Geist mit der immer gleichen durchdringenden Klarheit das Schöpfrad in Bewegung.

Aber der Augenblick ist gekommen, den Auftrag weiterzugeben. Die »falsche Rippenfellentzündung« wirft die Maske ab und verdoppelt am 29. November in Rueil ihre Attacken. Das Fieber, das diesen Märtyrer so oft gepeinigt hat, entzündet eine Lohe in dem siechen Körper und verläßt ihn nicht mehr. Auch »Colmardo« verläßt ihn nicht mehr. Er folgt ihm nach Paris ins Palais-Cardinal, wo am 4. Dezember mittags in seinem achtundfünfzigsten Lebensjahr »Armand-Jean du Plessis, cardinal-duc de Richelieu et de Fronsac, pair de France, commandeur du Saint-Esprit, premier ministre d'Etat, proviseur de la Sorbonne, protecteur de l'Académie française« stirbt.

Vier Tage lang zieht die Menge an dem aufgebahrten Leichnam vorüber. Richelieu ist in das weite Purpurgewand gekleidet, das die Phantasie, des vergossenen Bluts wegen, so stark beschäftigt hat. Die Vorüberziehenden haben den Eindruck, daß kein Kardinalspurpur jemals so purpurrot gewesen ist wie dieser. Zu seinen Füßen: Herzogskrone und Herzogsmantel.

Am 13. Dezember wird er feierlich in eine kleine Kapelle der Sorbonne überführt, wo er bleibt, bis der Bau der Kirche vollendet ist.

Den Franzosen entringt sich ein ungeheurer Seufzer der Erleichterung, vermischt mit dumpfer Furcht. Sie können den Tod des Tyrannen nicht fassen. Sie stehen überwältigt vor dem Abgrund, den sein Fall geschaffen hat. Mit Erstaunen nehmen sie wahr, daß Himmel und Erde, nachdem er verschwunden ist, sich noch am gleichen Platz befinden. Die Pamphletisten, die über nichts staunen, fallen über den Kadaver her und verspritzen wütend ihr Gift. Ehrfürchtig und fromm säubert Mazarin die Stirn des Toten: »Die Zeit wird diesen großen Mann von allen Beschimpfungen reinwaschen, und diejenigen, die ihn heute tadeln, werden in Zukunft vielleicht erkennen, wie notwendig sein Verhalten gewesen ist, um das Heil dieses Staates zu vollenden, für den er alle Grundlagen geschaffen hat.«.

Um dem Urteil der Geschichte zuvorzukommen, gibt Mazarin dem König den Gedanken ein, am 20. Januar 1643 in Notre-Dame zum Gedächtnis Richelieus eine nationale Feier zu veranstalten. Die hohen Behörden werden dazu eingeladen sowie alle souveränen Höfe, auch der Länder, mit denen Frankreich sich im Krieg befindet. Während des Gottesdienstes in der Kathedrale steht Mazarin links vor dem Hochaltar. Der König nimmt an der Zeremonie nicht teil.

Durch sein Testament vermacht Richelieu sein Palais-Cardinal der Krone. Dem König hinterläßt er seine kostbarsten Möbel, seine wertvollsten Edelsteine und eine Million fünfhunderttausend Pfund, dazu das Stadtpalais, das gegenüber dem Palais-Cardinal steht. Es wird später abgerissen und an der Stelle ein Platz geschaffen. Seinem Neffen und Patenkind Armand de Maillé vermacht er das mit der Pairswürde verbundene Herzogtum Fronsac, seiner Nichte, der Herzogin von Aiguillon, den Petit-Luxembourg und das Schloß Rueil, seinem Großneffen Armand de Vignerot das mit der Pairswürde verbundene Herzogtum Richelieu, den Namen du Plessis de Richelieu und seine Bibliothek (untergebracht im nahen Palais Richelieu), die für die Bevölkerung geöffnet sein soll. Richelieu hat, ehe er starb, einen zärtlichen Blick über die geliebten Bücher schweifen lassen und bestimmt, daß sie sorgfältig gepflegt werden sollen: »Zur Erhaltung des Raumes und der Bücher der genannten Bibliothek ist es nötig, sie des öfteren zu säubern.« Er hat einen Putzer ernannt, »der verpflichtet ist, einmal am Tag die besagte Bibliothek auszufegen sowie die Bücher und die Schränke, in denen sie sich befinden, zu reinigen«.

Unter all den Erben fehlt ein Name. Was vermacht Richelieu, der den Putzer nicht vergessen hat, Mazarin? Frankreich.

ZWEITER TEIL

Der Märtyrer der drei Fronden

Richelieu vermacht Mazarin Frankreich. Das ist kurz und treffend gesagt, aber es vereinfacht die Dinge etwas zu sehr. Von den Träumen zu den Taten und Handlungen ist ein weiter Weg. Hat Richelieu dem König in aller Form Mazarin als seinen Nachfolger empfohlen? Der Historiker Chéruel, der Mazarins Wirken in seinen Büchern gewürdigt hat, ist dieser Meinung. Als Beweis führt er die Kopie eines Briefes von Richelieu an Mazarin an, die er in der Bibliothèque nationale, im Fach Nummer 117 des Ordens vom Heiligen Geist aufgefunden hat; sie enthält Mazarins Ernennung zum Ritter dieses Ordens. Aber er gibt selbst zu, daß Avenel, der »kluge Herausgeber der Korrespondenz von Richelieu«, die Authentizität bestreitet und sich darauf beruft, »daß Richelieu seit einiger Zeit nicht mehr unterschreiben konnte«, und er beruft sich auch auf die Art der Unterschrift selbst: Armand, Cardinal-Duc de Richelieu.

In der Tat ist Richelieu nicht so weit gegangen. Er hat dem König geraten, seinen Schützling »zu verwenden«. Aber es gibt viele Möglichkeiten der Verwendung! Vielleicht hat er sogar seine drei »rechten Arme« gemeinsam empfohlen: Chavigny, de Noyers, Mazarin, in der Hoffnung, der König würde einen von ihnen wählen. Zwei von ihnen hatten bereits eine amtliche Funktion. Mazarin war nur ein halbamtlicher rechter Arm.

Montglat schreibt in seinen Memoiren, Ludwig XIII. sei »entzückt gewesen, von ihm [Richelieu] befreit zu sein, und er verbarg es vor seinen Vertrauten nicht«. Anderen Quellen zufolge habe er ein Rondo auf seinen Tod komponiert. Ein trauriges Rondo aber gibt es nicht.

Jedenfalls zeigt sich Ludwig XIII. noch einmal als Heldenfigur Corneilles, des größten dramatischen Dichters seiner Zeit. Er überwindet sich und macht sich Richelieus Gedanken zu eigen. Nachdem seine Haß- und Wutgefühle abgeklungen sind, denkt er nur noch daran, das Werk dieses überwältigenden Genies fortzusetzen. Am Tag, an dem Richelieu stirbt, sagt er, bevor er nach Saint-Germain zurückkehrt, mit lauter Stimme, damit das Echo weithin vernommen wird, »es gebe Leute, die glaubten, ihre Sache sei gewonnen, er aber wünsche, sie sollten wissen, daß man die Grundsätze nicht ändern und daß man, wenn nötig, mit noch größerer Festigkeit handeln werde als während der Lebenszeit des Herrn Kardinals«.

Um jede Vakanz in der obersten Gewalt zu vermeiden, richtet der König am 5. Dezember 1642, am Tag nach Richelieus Tod, Sendschreiben an die Parlamente, die Provinzstatthalter und die Gesandten, um ihnen den Tod des Kardinal-Herzogs von Richelieu zu verkünden und zugleich den Eintritt des Kardinals Mazarin in seine Conseils, seine Ratsgremien: »Dieses Schreiben soll Sie davon [von dem Tod Richelieus] in Kenntnis setzen und Ihnen sagen, daß wir, nachdem uns von unserem Vetter so viele Jahre lang Ratschläge und Dienste zuteil geworden sind, entschlossen sind, alle Einrichtungen zu bewahren und fortzuführen, die wir während seiner Amtszeit eingesetzt haben und alle Pläne weiter zu verfolgen, die wir mit ihm festgelegt haben: sowohl für die äußeren wie die inneren Angelegenheiten des Königreichs, so daß kein Wechsel eintreten wird. Da in unseren Räten dieselben Personen verbleiben, die uns so würdig dienen, haben wir unseren sehr lieben Vetter, den Kardinal Mazarin, hinzuberufen, dessen Fähigkeit und Hingabe in unseren Dienst wir bei den verschiedensten Aufgaben, die wir ihm auftrugen, erfahren haben und der uns so treue und bedeutende Dienste geleistet hat, daß wir ihm nicht weniger vertrauen, als wäre er als unser Untertan geboren.«

Da der König unter Richelieus Tyrannei gelitten hatte, will er, so scheint es, anfangs einen Hauch persönlicher Regierungsgewalt genießen. Er möchte einem einzigen Mann, der ihn erdrücken könnte, nicht alle Befugnisse übertragen und erprobt daher eine dreiköpfige Regierung: Chavigny, de Noyers, Mazarin. Unter den dreien ist ihm de Noyers der liebste, denn er schätzt seine Ergebenheit. Diese ihm so wichtige Tugend findet er merkwürdigerweise unter den dreien gerade nicht bei dem Kardinal.

Aber diese Gebilde mit drei Köpfen, Triumvirate genannt, sind nicht haltbar. Zwei Mitglieder kommen überein, den schwächsten zu erdrosseln. Dann erdrosselt der stärkere der beiden Überlebenden den kraftloseren. So enden Triumvirate.

Chavigny und Mazarin finden einen Vorwand, de Noyers zu erledigen. Sie flüstern dem König ein, sein Günstling schmiede hinter den Kulissen ein Komplott mit Anna von Österreich, damit sie die Regentschaft bekomme. Wenn in heiklen Fällen auch nur der Name der Königin fällt, sieht Ludwig XIII. rot. Er liebt seine Frau nicht. Er hat sich stets bezwingen müssen, sie nicht zu hassen. Doch ist sein Groll gegen sie so stark und umfassend, daß er beim geringsten Anlaß aufflammt, so wie ein Haufen brennendes Reisig den ganzen Wald in Flammen setzt. Vom Ergebenen zum Heuchler ist nur ein Schritt. Um den dritten Triumvirnder loszuwerden, drängen Mazarin und Chavigny den König, dieser Schritt sei zu tun. De Noyers wird des Doppelspiels beschuldigt und am 10. April 1643 aus dem Ministerrat entlassen.

Jetzt stehen sich Chavigny und Mazarin gegenüber. Dem Anschein nach zwei Freunde. In Wirklichkeit zwei Raubtiere, die einander belauern. Sie wissen, daß einer den anderen ausschalten muß. Jeder macht sich auf seine Art und Weise ans Werk. Dem Sog der Macht kann die Freundschaft nicht standhalten. Bei den Hitzegraden in diesen hohen Sphären sondern die Leidenschaften Gifte ab, und die Regungen des Herzens zerbröckeln. Wenn alles auf einen einzigen Gedanken gerichtet ist, wenn alle Berechnungen sich auf das gleiche Ziel konzentrieren, erhärtet die Seele, immer wieder von Listen und Lügen ausgeglüht, zu Stein.

Chavigny ist sechs Jahre jünger als Mazarin. Aber er hat dem kleinen Italiener gegenüber einen gewaltigen Vorsprung. In Richelieus Vertrauen stand er zeitlich, durch ein Erbteil sozusagen, an erster Stelle. Für den

Kardinal war Léon Bouthillier, Graf von Chavigny, ein Familienerbstück. Er hat es in seinem Haus vorgefunden. Das alles geht zurück auf La Porte, den Großvater Richelieus mütterlicherseits. In dessen Anwaltskanzlei war Denis Bouthillier, Lehnsherr von Fouilletourte, erster Schreiber. Als La Porte stirbt, vertraut er ihm seine Klientel und seine Enkelkinder an.

Richelieus Vater stirbt mit zweiunddreißig Jahren, als Armand, der spätere Kardinal, noch nicht fünf Jahre alt ist. (1590) Der Verstorbene ist so arm, daß für die Kosten seines Begräbnisses sein Orden vom Heiligen Geist verpfändet werden muß. In dem tristen Schloß im Poitou ist die Mutter allein, neben einer zänkischen Schwiegermutter; sie muß fünf Kinder aufziehen, das älteste ist zehn, das jüngste ist drei Jahre alt. Im hintersten Winkel der Provinz, mitten im Bürgerkrieg, herrscht das Elend. Nie hat Richelieu vergessen, was Denis Bouthillier, seinem Versprechen gemäß, damals für seine Mutter und ihre notleidende Brut getan hat. So beginnt in den Sümpfen des Poitou der Aufstieg der Familie Bouthillier. Der erste ist Claude, Denis' Sohn und Richelieus Freund aus der Kinderzeit. Er wird später zum Hauptverwalter der Finanzen ernannt. Dann folgt Claudes Sohn Léon, der dann Graf von Chavigny und vom König »Monsieur le Jeune« genannt wird.

Mit vierundzwanzig Jahren folgt Chavigny seinem Vater im Amt und wird Staatssekretär der Auswärtigen Angelegenheiten. (August 1632) Zu diesem Zeitpunkt strebt der dreißigjährige Mazarin noch die unscheinbaren Ehren des Kanonikats an. Im Oktober 1632 ernennt ihn der Papst nach langem Zögern zum Kanonikus von San Giovanni in Laterano.

Chavigny gehört zur Jeunesse dorée. Er ist scharfsinnig, ein Verstandesmensch, er verausgabt sich in allem, was er tut. Eine Arbeitsmaschine, eine Vergnügungsmaschine. Der »honnête homme«, das neue Persönlichkeitsideal des Jahrhunderts! »Der junge Mann entwickelt sich sehr gut, in zwei Jahren wird er imstande sein, Ihre Nachfolge anzutreten«, hatte Richelieu zum Vater gesagt. Und weiter: »Übrigens habe ich Ihren Sohn gesehen: er ist jetzt ein recht wagemutiger Mann; er antwortet ad rem [stichhaltig], und er ist noch weltgewandter als sein Vater«.

Schroff, herrisch mit Untergebenen, geschmeidig wie ein Handschuh mit den Herren, so beschreiben ihn die, welche ihn hassen. Seine leichte französische Art, die fast an Liederlichkeit grenzt, ärgert den englischen Gesandten Leicester: »Es ist ebenso schwierig, ihn zu treffen, wie eine Maus in einer Scheune zu fangen. Stets ist er auf dem Lande, mal hier, mal dort, und man kann sich nur darüber wundern, daß der große Apollo, der diesen Staat regiert, ihm so viele wichtige Geschäfte anvertraut.«

Richelieu gestattet ihm, sich, wie es üblich war, auf Kosten Frankreichs zu bereichern. Um so besser hat er ihn am Zügel. Als er ihm eines Tages grollt, schreibt er, alles würde besser gehen, wenn er dem Staat ebenso emsig diente wie seinem Vermögen. Wie alle Grandseigneurs macht Chavigny Schulden: bis zu einer Million achthunderttausend Pfund. Das ist bemerkenswert in einer Zeit, in der man die Statur eines Großen an der Höhe seiner Schulden mißt!

Doch letztlich hat Richelieu Vorbehalte. Er überträgt Chavigny keine Verantwortung. Er beläßt ihn in der Rolle eines Verbindungsmanns. Zwischen ihm und Monsieur, zwischen ihm und dem König. Bei Monsieur spielt Chavigny den Spion. Dem Monarchen entziffert er die komplizierte Seele der Eminenz. Eine unumgängliche tägliche Aufgabe bei diesem König, der in den Gräben und Höhlen des Unterbewußtseins regiert, in jenem Jahrhundert, in dem eine psychologische Erforschung des Individuums in den Salons und Theatern stattfindet.

Dem König gegenüber führt Richelieu, wie die Frauen es tun, seine Krankheiten ins Feld. Dieser gebieterische Mann benutzt als Mittel des Regierens weniger den Blitz als die Träne. Wenn irgendeine Schwierigkeit mit seiner Majestät auftaucht, bekommt Richelieu seine Wallungen. Und Chavigny muß vermitteln: »Lieber würde der Kardinal hundertmal sterben, als Eurer Majestät zu mißfallen.« Seine Majestät beugt sich. Der Sterbende wird wieder gesund.

Der kleine Mazarin, der von dort unten her, aus Italien kommt, ist hingerissen von dieser Lebensart. Mehr noch, als er es ist, gibt er vor, es zu sein. Und wenn er auf seinen heimatlichen römischen Boden zurückkehrt, überschwemmt er den eleganten Chavigny mit wohlriechenden Wässern, Pomaden und parfümierten Frangipane-Handschuhen. Herablassend nimmt Chavigny die Geschenke entgegen. Und dann beginnt ganz unmerklich der italienische Duftspender aufzusteigen und aufzusteigen. Man spürt es nicht viel deutlicher als die von Tag zu Tag wachsende Zuneigung einer Katze. Mazarin wird ohne Umstände in dem prächtigen Pariser Stadtpalais von »Bouthillier le Jeune« empfangen, aus dem bald darauf »Monsieur le comte de Chavigny« wird. Man beachtet nicht, daß Mazarin außerordentlicher Nuntius und Monsignore ist. Man begegnet ihm freundlich herablassend, man nennt ihn »Signor Giulio« oder »Signor Jule«, wie einen etwas komischen ausländischen Freund, dessen Hände stets voller Geschenke und sinnverwirrender Parfüms sind. Man geht zu Tisch, ohne auf ihn zu warten. Erscheint er während der Mahlzeit, wird ein Gedeck für ihn aufgelegt.

Mazarin steigt und steigt. Wie macht es sich bemerkbar? Äußerlich fast gar nicht. Alles vollzieht sich innerlich: im Geist Richelieus, des Herrn über Himmel und Erde. Für einen aufmerksamen Beobachter indes gibt es einige Anzeichen. Doch kann Chavigny, trotz seines scharfen Auges, dieser Beobachter sein? Er kennt Mazarin zu gut. Er hat ihn zu oft bei sich gesehen. Wie sollte man jemandem mißtrauen, der so bescheiden ist, der in tiefen Verbeugungen versinkt, der durch Selbstverleugnung in den Hintergrund tritt und auf den man nicht wartet, um sich zu Tisch zu setzen? Und dennoch wird im Jahr 1638 dieser unbedeutende Mazarin der offizielle Kandidat des Königs von Frankreich für den »Kardinalshut der Krone«. Chavigny schreckt auf. Er betrachtet die Angelegenheit mit den harten und enttäuschten Augen, die ihm der Maler Jollain auf seinem Porträt gegeben hat. Mit Erstaunen stellt er fest, welcher Unterschied besteht zwischen der Ebene, auf der er diesen Spender von Wohlgerüchen kennengelernt hat, und auf der er jetzt steht. Er stellt es nicht ohne Ironie fest und ist schnell wieder beruhigt. Nichts ist einfacher, als diesem Kletterkünstler den Weg zum Kardinalshut zu versperren. Ohne Hut ist er nackt und bloß. Im Dezember 1640 empfiehlt Chavigny in Rom den Abbé Paul de Fiesque für den Hut. Der päpstliche Hof ist nur zu froh, Mazarin schaden zu können, und man tut anfangs so, als glaube man, dieser Abbé sei der neue Kandidat für den »Hut der Krone«. Doch dann kommt alles in die Reihe, alles wird klar. Verwechslungen. Entschuldigungen. Chavigny beteuert seine Redlichkeit. Der Verweis in die Schranken, den er erteilen wollte, ist danebengegangen.

Ein Jahr später ist Mazarin Kardinal. Jetzt ist Chavigny wirklich beunruhigt. Mehr noch würde es ihn beunruhigen, wenn er wüßte, daß der neue Purpurträger, den er einst vertraulich »Signor Giulio« nannte, ihn Dritten gegenüber »Signor Leone« nennt. Der Purpur gleicht die Vornamen einander an. Der Purpur beweist vor allem, wie sehr Richelieu Mazarin schätzt. Ohne Richelieus fast manische Vorliebe hätte der Italiener den Hut nie erlangt. Jetzt führt sich Chavigny vor Augen, welche Anstrengungen es den Herrn über Frankreich gekostet hat, die Widerstände des Papstes zu brechen. Das alles ist das Ergebnis von Mazarins unentwegtem Ausharren an Richelieus Seite, seiner ständigen besessenen Anwesenheit an seinem Krankenlager. Mazarin hält Wache beim Kardinal, er hält ihn gefangen, umspinnt ihn mit seinen feinen, doch haftenden Fäden. Chavigny ist außer sich, daß er stets nur Mazarin allein sprechen möchte, und eines Tages, in Narbonne, äußert sich sein Zorn in den Worten: dieser Italiener »müßte einsehen, daß Frankreich es leid ist, ein Mönchlein zur Kardinalswürde erhoben zu haben«.

Eine menschenfreundliche Seele hinterbringt dieses Wort dem Betroffenen, und dieser schreibt es in sein Tagebuch, um es nie zu vergessen. Auch Richelieu grollt Chavigny, weil er einen kapitalen Fehler bei seinen amtlichen Aufgaben begangen hat. Er ist das Auge und Ohr Richelieus bei Monsieur. Dieses Auge und Ohr hat lächerlich versagt, denn weder hat Chavigny das Komplott von Cinq-Mars aufgedeckt, noch ist es ihm später, als das Geheimnis ruchbar wurde, gelungen, es abzuwenden. Richelieu kann nicht umhin, den Mißerfolg dieses wirbelnden Lebemanns zu vergleichen mit dem Fleiß, der Bescheidenheit und den Leistungen Mazarins. Er ist sich klar, daß eigentlich kein Vergleich möglich ist zwischen dem Amateurtalent des Franzosen und dem Genie des Italieners, einem kosmischen Phänomen, das in seiner Einzigartigkeit alle menschlichen Fähigkeiten mit pflanzenhafter Anpassungsfähigkeit und tierischem Ahnungsvermögen vereint und sich in der Politik und Diplomatie auf eine Ebene erhebt, auf der Shakespeare im Theater und Mozart in der Musik stehen. Um alles noch zu verschlimmern, ist Richelieu so grausam, ihn Chavigny als Vorbild hinzustellen, so wie ein Pädagoge den Faulpelzen einen Primus zur Nacheiferung anpreist.

Natürlich hat der »Erlaß des Königs vom 17. April 1642, der die Rangordnung der Prinzen von Geblüt und der französischen und ausländischen Kardinäle regelt«, Chavigny in höchste Wut versetzt. »Signor Giulio« hat jetzt in astronomischer Entfernung den Vortritt vor ihm, dem Grafen von Chavigny, denn der andere ist den Prinzen von Geblüt gleichgesetzt. Es gibt einen Beweis dafür, wie wütend er war. Als er sieht, wie nach Richelieus Tod der Eminenz gewordene Ex-»Signor Giulio« aufgrund des Erlasses vom 17. April den Prinzen von Geblüt den Vortritt streitig macht, überwältigt ihn der Zorn, und er kann sich nicht enthalten, ihm zu schreiben: »Ich würde mich nicht wundern, wenn nun ein anderer Kardinal ganz Frankreich an sich reißen würde, um dieselben Ansprüche zu erheben wie weiland Monseigneur le Cardinal.«

Einst hat er sich Richelieu zu Füßen geworfen: »Mein einziger Herr und mein einziger Führer« ... »Ich bin Ihre dankbare Kreatur.« Jetzt wagt er von Richelieus »Ansprüchen« zu sprechen! Bei allen Ausfällen gegen Richelieu bringt er »Frankreich« ins Spiel. Als verträte er Frankreichs Interessen, Frankreichs Wollen, er, der reinrassige Franzose, als spräche er in Frankreichs Namen mit diesem Zugewanderten.

Zwischen »Signor Giulio« und »Signor Leone« »ist die Liebe gestorben«. (Das schwermütige Wort von der gestorbenen Liebe stammt vom Troubadour Rutebeuf.) Doch zu Lebzeiten Ludwigs XIII. wahren die Kontrahenten noch den Schein.

Der Besessene von Saint-Germain

Es gibt ein Gedicht von Scarron, in dem Richelieu aus dem Grab heraus seine Landsleute auffordert, darüber zu urteilen, ob er ein Engel oder ein Dämon gewesen sei. Engel oder Dämon? Es wird niemand auf die abwegige Idee kommen, von einem »Engel Richelieu« zu sprechen. Bleibt also der Dämon!

Auch die Pamphletisten stimmen für Dämon und verspritzen ihr Gift.

»Warum, Ihr Herren von Notre-Dame,
Betet Ihr für diesen Niederträchtigen,
Der nur die Grausamkeit liebte?
Um Gottes Zorn zu besänftigen,
Hätte dieser Dämon verdient,
Ein Begräbnis wie Concini.«

»Concinis Begräbnis«: Er wurde aus seinem Grab in der Kirche Saint-Germain-l'Auxerrois geholt, mit Stockschlägen und Steinwürfen durch die Straßen geschleift und auf dem Pont Neuf an einen Galgen gehängt, mit dem Kopf nach unten. Man sticht ihm die Augen aus. Man schneidet ihm die Nase, die Ohren und alle Glieder ab. Seine Arme werden zerstückelt. Der Kopf abgetrennt. Jedes Pariser Viertel will sein Viertel von Concini.

Wenn man damals von dem »Dämon« Richelieu spricht, denkt man wirklich an den Teufel, der neben Pracht und Glanz über dem Großen Jahrhundert thront. Die Affäre der Besessenen von Loudun (1632–1640) ist gerade vorüber. Der Teufel springt über das Bollwerk der Vernunft, mit dem Descartes ihn durch den »Discours de la méthode« hat einkreisen wollen. Der Teufel liegt über dem Jahrhundert, selbst die Nonnen sind von ihm besessen und werden von Krämpfen geschüttelt.

Der »Dämon« Richelieu, Inkubus und Sukkubus, scheint den König, den er zu Lebzeiten geplagt hat, nun zu sich in die Hölle zu ziehen. Als habe der Vampir Richelieu ihn verhext, wird Ludwig XIII. zum Besessenen von Saint-Germain. Ohne seinen Tyrannen scheint er seine Substanz verloren zu haben. Während der fünf Monate, die Ludwig XIII. ohne Richelieu noch regiert, ist er nicht mehr er selbst. Aus der Unterwelt ruft der purpurtragende Teufel nach ihm. Der sogenannte Diener war der Herr, und der Herr der Sklave. Es hört sich widersinnig an, doch diese fünf Monate Regierung des legitimen, gekrönten und gesalbten Königs scheinen ein Interregnum zwischen zwei Türen zu sein, zwischen den beiden Ministerien der »Valets«, der Diener, Richelieu und Mazarin. Ein eisiger Lufthauch zwischen zwei Gräbern.

Fünf Monate lang ist der König von Saint-Germain nach Versailles, von Versailles nach Saint-Germain unterwegs, er schlägt die Zeit tot. Er spielt die Rolle eines Statisten, um alle Welt zu vertrösten bis zu dem wirklich königlichen Akt, den man von ihm erwartet: seinem Tod.

Der König hat nicht die Kraft, sich gegen die Tür zu stemmen. Er läßt die Flut der von Richelieu Verbannten wieder ins Land strömen: die Marschälle Vitry und Bassompierre, die Herzogin von Guise, die Herzöge von Vendôme, Mercœur und Beaufort. Diese ganze konspirierende Clique sammelt sich um den törichtsten aller Hohlköpfe und läßt sich bei ihm nieder, dem schlaffen Monsieur, der noch das Blut von Cinq-Mars und de Thou an sich hat. Monsieur, der die Verräter verrät und dabei ist, von neuem zu konspirieren, von neuem zu verraten.

Auch Mazarin läßt alles geschehen. Wie lange wird er noch da sein? Er kann sich wie ein Arzt ins Innere der Menschen versetzen, in den Pulsschlag ihrer Herzen, und er weiß wohl, daß der König nur noch ein Statist ist. Einige Monate lang kann Mazarin sich im Schatten des königlichen Interims verbergen. Doch was wird nachher aus ihm? Sein Purpurgewand ist dann nur ein schwacher Schild in einem Land, in dem er weder Familie noch Wurzeln hat. Er ist ganz zitterndes Abwarten, vollständige Ergebenheit, Wesenlosigkeit. Im Schatten eines Königs ohne Substanz hat auch er keine. Wie sollte er so kühn sein, Substanz zu haben, er, der Wurm, der Staub? Er will nichts sein. Er krümmt sich zusammen, entzieht sich den Blicken. Die Schläge gehen ins Leere. Um zu treffen, ist eine Zielscheibe vonnöten. Etwas Gestaltloses kann man schlecht angreifen. Mazarin löst sich in Luft auf. In arkadische Träume irgendeiner Gesandtschaft in fernen Ländern, in Gedanken an einen Ruhestand am römischen Hof. Dieser Refrain klingt in seinen Äußerungen, in seinen Briefen immer wieder an.

Man stellt sich unwillkürlich die Frage, ob er sich in dieses völlige Schattendasein nicht möglicherweise aus Frömmigkeit hat fallen lassen. Hätte er, der so viele Rollen spielt, nicht auch die Rolle des Frommen ausprobieren wollen? Immerhin ist er Kardinal. Wer vermöchte einen Kardinal daran zu hindern, fromm zu sein? Ist der Verzicht nicht der Gipfel des Glaubens?

Nein, die Rolle des Frömmlers hat Mazarin nie verlockt. Zumindest noch nicht. Sein Purpur ist kein religiöser, sondern ein politischer. Neben der Demut der Liebe, neben der christlichen Demut entdeckt er die politische Demut. Sinnbildlich ist jeder purpurtragende Kardinal mit seinem Blut bekleidet, das er zur Verteidigung der Kirche zu vergießen bereit ist. Mazarin vergießt sein Blut, um nichts zu sein.

»Auf den Stufen des Throns, von wo aus der herbe und strenge Kardinal Richelieu die Menschen eher zermalmt als regiert hat, erblickte man einen sanften und gütigen Nachfolger, der nichts wollte, der untröstlich war, daß seine Würde als Kardinal es ihm nicht erlaubte, sich so zu demütigen, wie er es vor aller Welt am liebsten getan hätte.« (Memoiren des Kardinals Retz)

Ein Heuchler wie Tartüff? Keineswegs, Tartüff ist übelriechend, trübsinnig, tückisch, voller schwelender Feuer, schwüler Kitzel, widerlicher Gelüste. Unter seinem Hemd trägt er ein Otterngezücht. Seine Hand ist feucht, fiebrig, schmeichlerisch, sein Atem kurz, sein Blick ist lasterhaft. Mit niedergeschlagenen Augen, scheinheiliger Stimme und zugeknöpft bis oben hin, spielt er nur eine Rolle. Mazarin dagegen spielt alle Rollen. Läßt er eine aus, so geschieht es, weil ihm nichts an ihr liegt. Obwohl er auch in ihr glänzen würde. Er ist frei, heiter, fröhlich, liebenswürdig, entgegenkommend, wohlduftend. Ein Tartüff, der lacht und gut riecht, der bestrickt, betört, entspannt, Anekdoten erzählt, die schwierigsten Probleme anpackt, den Tagesklatsch mimisch darstellt und der allein viel komischer ist als alle anderen Bühnenfiguren zusammen, dieser Mann ist wirklich kein Tartüff.

Was also? Ein Rätsel. Rätselhaft wie das Genie, wie etwas Niedagewesenes, wie etwas Niewiederkehrendes: Shakespeare, Raffael, Mozart, Mazarin . . .

Ludwig XIII. befaßt sich mit Nichtigkeiten. Anfangs rafft er seine letzten schwachen Kräfte zusammen und unternimmt einen Angriff gegen seine Umgebung, die Spitzenkragen, die Gold- und Silberlitzen.

Er ist von Unruhe geplagt. In England schreitet die Revolution fort, der Friedensvertrag mit Spanien ist noch nicht unterzeichnet. Er fühlt, daß alle Welt auf seinen Tod wartet. Die Trotzigen, die Unbeugsamen, die Herzogin von Chevreuse und Marie de Hautefort, können ihre Ungeduld, fern von Paris, in der Verbannung auf dem Lande, kaum noch zügeln.

Sein kranker Körper ist einerseits von der Tuberkulose, andererseits von Aderlässen und Arzneien ausgehöhlt. Nur wenn er keine Mittel nimmt, geht es ihm ein bißchen weniger schlecht. Man muß sie ihm mit Gewalt einflößen. Die teuflischen Ärzte entrüsten sich darüber, als wäre es eine Beleidigung ihrer Kunst. Sie brennen darauf, ihr Opfer dem Teufel Richelieu auszuliefern. Am 27. März befragt der König den schrecklichen Bouvard, den leitenden medizinischen Folterknecht und sagt dann zu ihm: »Ihrem Schweigen entnehme ich, daß ich sterben muß.«

Er verlangt einen Beichtvater. Der Jesuitenpater Dinet tritt an die Stelle des zu alten Paters Sirmond. Am 2. April ist der König zu schwach, um die Fußwaschung der Armen vorzunehmen. Der Dauphin löst ihn ab. Durchs Fenster erblickt Ludwig XIII. den Kirchturm der Kathedrale von Saint-Denis: »Meine Freunde, da sehe ich meine letzte Ruhestatt.«

Am 3. April hat er nicht mehr die Kraft, seinen »Rundgang durch die Galerie« zu machen. Im Kabinett der Königin muß er sich hinsetzen, dann hinlegen, und er verläßt es nicht mehr.

Am 4. leichte Besserung. Die Ärzte nehmen die Gelegenheit wahr, um heimtückisch einen Einlauf vorzuschlagen. Trotz flehentlicher Bitten der Königin und der Prinzen weigert sich der König. Er will wenigstens über sein Leiden Herr und Gebieter sein. Auf die langen, grämlichen Gesichter der Quacksalber weisend, sagt er einen Satz, der von Molière stammen könnte: »Sie ärgern sich gräßlich, daß es mir etwas besser geht.«

Läßt ihm die Krankheit etwas Ruhe, macht er Zukunftspläne und sagt zu Pater Dinet: »Ich werde, mit Gottes Hilfe, etwas gegen die Liederlichkeit unternehmen, ich werde die Duelle abschaffen und einmal in der Woche zur Kommunion gehen. Und sobald ich sehe, daß mein Dauphin zu Pferde sitzt und er großjährig ist, werde ich ihn an meine Stelle setzen, mich nach Saint-Germain zurückziehen und mich mit vier von Ihren Patres über göttliche Fragen unterhalten. Ich werde nur noch an das Heil meiner Seele denken, mit Ausnahme des Jagdvergnügens, das ich stets beibehalten möchte, jedoch mit größerer Mäßigung als bisher.«

Am Sonntag, dem 19., geht es ihm sehr schlecht. Solange er noch klar denken kann, muß er durch einen letzten königlichen Akt die Zukunft sichern. Der Augenblick ist gekommen. Am 20. April versammeln sich um zwei Uhr nachmittags in seinem Schlafgemach im Château Neuf die Königin, die Söhne Frankreichs, die Prinzen von Geblüt, die Herzöge und Pairs, die Minister und die höchsten Beamten des Königreichs. Diese Zeugen und Bürgen vernehmen die Erklärung Seiner Majestät über die Regierung seiner Staaten, die von Staatssekretär La Vrillière verlesen wird. An diesem Text hat Mazarin mehr mitgearbeitet, als er zugibt. Ihn vorzubereiten war er der Fähigste. Er hatte ein hohes Interesse daran.

Nach dem Tod des Königs soll die Königin Regentin sein. Monsieur wird Generalleutnant des minderjährigen Königs und Ratsvorsitzender unter der Befehlsgewalt der Regentin. Der König stellt der Königin ein unveränderliches, unabsetzbares Ratsgremium zur Seite, das mit Stimmenmehrheit über die wichtigsten Angelegenheiten beschließen soll. Dieser »Rat« ist zusammengesetzt aus dem Prinzen von Condé (Monsieur le Prince), dem Kardinal Mazarin, dem Kanzler Séguier, dem Hauptverwalter der Finanzen, Staatssekretär Bouthillier de Chavigny. In Abwesenheit von Monsieur sind der Prinz von Condé und Kardinal Mazarin Ratsvorsitzende.

Dann betritt eine Delegation des Parlaments das Schlafgemach; sie umfaßt den Ersten Präsidenten, Parlaments- und Gerichtspräsidenten und zwei Räte aus jeder Kammer. Der König verkündet der Delegation, daß die eben verlesene Erklärung von ihm selbst aufgesetzt worden ist. Er beauftragt Monsieur, den Prinzen von Condé und den Kanzler, sie in die Staatsakten aufnehmen zu lassen. Das Parlament nimmt am nächsten Tag, dem 21. April 1643, die Erklärung zu Protokoll.

In der Darlegung der Motive für seine Erklärung dankt der König seinem Gott für den Schutz, den er ihm in den größten Gefahren gewährt hat: unter der Regentschaft Marias von Medici, bei der Belagerung von La Rochelle, bei der Einnahme von Corbie, und schließlich für das Wunder »der Geburt zweier Kinder, als wir es nicht mehr erhofften«. Dann stellt er einen Grundsatz auf, den Frankreich als Devise nehmen und auf seine Denkmäler meißeln könnte: »Frankreich hat deutlich gezeigt, daß es unbesiegbar ist, wenn es einig ist, und daß von seiner Einigkeit seine Größe abhängt, wie sein Untergang von seiner Uneinigkeit.«

Eine Anspielung auf die frevlerischen Komplotte seiner Frau und seines Bruders, deren Nachwehen noch alle Herzen bedrücken. Es ist erst einige Monate her, daß Anna von Österreich und Monsieur, die im Sterbezimmer die feierliche Erklärung Seiner Majestät gehorsam anhören, sein Königreich dem Feind ausliefern wollten. Jetzt bei vollem Bewußtsein schenkt der König ihnen Vertrauen. Vielleicht aber setzt er vor allem Vertrauen in Gott und in Mazarin, der Frankreich aus schlimmer Lage gerettet hat. In dieser Welt und in der anderen geschieht alles durch Gottes Willen, selbst Mazarins Listen und Finten.

Nachdem Ludwig XIII. die Einheit und den Fortbestand Frankreichs sichergestellt hat, will er seinen Nachfolger, der später das Werk weiter schmieden soll, fester in Gottes Hand geben. Bei der Geburt des Dauphins ist nur eine Nottaufe vollzogen worden. Es war Brauch, die feierliche Taufe erst in einem Alter, in dem die Vernunft sich entwickelt, mit sieben Jahren, vorzunehmen. Der Dauphin ist noch nicht fünf Jahre alt, kaum viereinhalb. Doch die Zeit drängt. Für einen Christen ist die Taufe eine Art Weihe. Zur Patin bestimmt ihm der König die Fee, die letzte Liebe Heinrichs IV., für die er manche Tollheit unternommen und fast Europa in Brand gesetzt hat: Charlotte de Montmorency. Sie war vierzehneinhalb Jahre alt (1609), als der König sie bei einer Ballettprobe erblickte; sie war als Nymphe gekleidet und hob ihren Pfeil, als wolle sie ihn durchbohren. Der Vert-Galant, der Schürzenjäger, war ins Herz getroffen und meinte, ohnmächtig zu werden. Er verheiratete sie mit dem grämlichen Prinzen von Condé, der, wie Madame de Brienne sagt, »die Damen nicht liebte«. Condé war jedoch empfindlich und tat so, als liebe er seine Dame, um den König daran zu hindern, sie ihm wegzunehmen. Entführungen, Verkleidungen, Flucht nach Brüssel, königliche Verzweiflung und schließlich Kriegsvorbereitungen, um die Schöne zurückzuholen. Verliebte Briefe, in denen Charlotte den schnauzbärtigen König mit »Mein Alles ... mein Herz ... mein Ritter« anredete. Schmerz, Klagen, Hoffnungen und Trauer. Der Dolch des Mörders Ravaillac, grausamer als der Pfeil der Nymphe, machte der Liebschaft ein Ende. Jetzt ist die noch immer bezaubernde Nymphe fast fünfzig Jahre alt.

Zum Paten bestimmt Ludwig XIII. dem Dauphin ... »Ich werde Ihnen jetzt die erstaunlichste Sache berichten, die überraschendste, die wunderbarste, die seltsamste, die glorreichste, die berauschendste, die unglaublichste, die sonderbarste, die außerordentlichste, die unerhörteste, die unerwartetste ...« Hier muß tatsächlich die Schriftstellerin Madame de Sévigné mit ihren Übertreibungen aus dem Jahr 1670 zu Hilfe gerufen werden.

Zum Paten bestimmt Ludwig XIII. dem Dauphin ... »Sie werden es nie und nimmer erraten ...« Mazarin, Jules Mazarin, den Kardinal Mazarin, den Sohn des Verwalters des Hauses Colonna, welcher beim Gottesdienst die Kerzenstümpfe einsammelte. Den Signor Giulio, Colmardo, Colmarduccio, Nunzinicardo, Mazzarino, Mazarini, Mazarin.

Ludwig XIII. hatte gehofft, Urban VIII. würde Taufzeuge sein. Vier Jahre schleppt der Papst die Sache hin. Jetzt untersagt Gott dem König, noch länger zu warten. Er mißt ihm die Tage zu. Ludwig XIII. entscheidet sich für Mazarin. Um diesen Italiener noch fester durch Bande der Patenschaft, die vor Gott verkündet werden, an Frankreich und an dieses Kind zu binden. Diese Bande werden die vom Parlament zu Protokoll genommenen politischen Bande verstärken. Der unsicheren Zukunft wegen, um einen Wall zu schaffen gegen die Versuchungen, denen die Königin und Monsieur durch Verrat und Dummheit ausgesetzt sind, wählt der König das ständige Wunder: das Genie. Ist es erstaunlich, daß das Kind des Wunders, das auf die Welt kam, als es nicht mehr erwartet wurde, damit es in allen Gefahren geschützt sei, dem Wunder anvertraut wird?

Und schließlich ist Mazarin Kardinal. Sieht er in seinem Purpurgewand bei der Taufe nicht aus wie ein Vertreter des Papstes? So stellt es sich in der Phantasie eines sterbenden Königs dar. Kein Mensch kommt auf diese Idee.

Am 21. April, zwischen vier und halb fünf Uhr am Nachmittag, hält der Dauphin, angetan mit einer Robe aus silbrigem Taft, seinen Einzug in die Kapelle des Alten Schlosses von Saint-Germain. Hinter ihm die Königin und die Prinzen. Der Bischof von Meaux, Erster Almosenier, der ihm am Tag seiner Geburt die vorläufige Taufe gespendet hat, hält den Gottesdienst ab. Der Dauphin sitzt auf dem Deckel des Taufbeckens, der mit einem weißen Tuch bespannt ist. Zur Rechten Mazarin in seinem roten Gewand, zur Linken die Prinzessin, deren Nymphenpfeil einst das Herz Heinrichs IV. durchbohrte, und die jetzt dem Kind beistehen soll, den Dämon zu besiegen. Taufpate und Taufpatin haben dem Dauphin nicht nur den Namen Louis, wie ihn seine Vorfahren führten, gegeben, sondern den Namen Louis-Dieudonné, Ludwig, der von Gott geschenkt ist, um zu dokumentieren, daß seine Geburt Gebeten zu verdanken ist.

»Ludovice, abrenuntias Satanae, pompis et operibus ejus?« – »Ludwig, entsagst du dem Satan, seiner Pracht und seinen Werken?« fragt ihn der Bischof von Meaux.

»Abrenuntio.« – »Ich entsage«, antwortet der Dauphin. Er sagt es »mit bewunderungswürdiger Sicherheit«.

Nach der Zeremonie erzählt Mazarin dem König, wie sich alles abgespielt hat. Man kann sich vorstellen, mit welcher Ausführlichkeit, mit welchen Gebärden er es tut. Und wie vernünftig der Dauphin gewesen ist, und mit welcher Sicherheit er sein »abrenuntio« ausgesprochen und den Satan, seine Pracht und seine Werke zurückgewiesen hat.

»Mein Sohn, welchen Namen führst du jetzt?« fragt der König den Jungen. Er erwartete, den Namen Louis zu hören.

»Louis Quatorze«, antwortet der Junge, ohne zu zaudern.

»Noch nicht, noch nicht, mein Sohn«, entgegnet der König. »Aber vielleicht wirst du es bald sein, wenn es Gottes Wille ist.«

Und der Taufpate? Zwei Tage nach diesem herrlichen Höhepunkt schreibt er, atemlos und verwirrt vor Freude, in einem italienisch-französischen Kauderwelsch einen Brief an den Marschall von Guiche: »Auch ist Seine Majestät so zufrieden, und ich bin von Beweisen seiner Freundschaft und Achtung derart erfüllt, daß ich Ihnen nicht verhehlen möchte, wie tief ich die mir erwiesene Ehre empfinde, indem er es für gut befand, daß ich für meinen Teil Monseigneur, den Dauphin, bei der Taufe halte. Um durch ihn groß zu sein und ohnegleichen, wünschte ich mir nur mehrere Leben, um sie in seinem Dienst verwenden zu können.«

»Mehrere Leben« lebt er dann im Ablauf eines einzigen in den Stürmen der kommenden Zeit.

Die Kräfte des Königs nehmen ab. Erstickender Husten, akute Bauchfellentzündung, Magen und Darm funktionieren nicht mehr. Das alles wird verschlimmert durch die gnadenlosen Einläufe. Nur Musik entspannt ihn noch. Er läßt sich Psalmen vorsingen. Er komponiert ein »De profundis«.

Am 9. Mai findet er Schlaf. Die Ärzte halten das für ein schlechtes Omen. Sie vollführen einen höllischen Lärm, um ihn aufzuwecken. Der König ist außer sich vor Wut. Was er dem teuflischen Bouvard vorwirft, ist fast eine Mordanklage. Er zeigt auf seine skelettartig abgemagerten Glieder und behauptet, »die vielen Arzneien haben meinen Körper zugrunde gerichtet«.

Abgesehen von diesen Zornausbrüchen gegen die Ärzte ist der König von engelhafter Sanftmut und Geduld. Vincenz von Paul kommt zweimal zu ihm und geht jedesmal gestärkt von dannen: »Seit ich auf der Welt bin, habe ich niemanden christlicher sterben sehen.«

Am 12. Mai beichtet und kommuniziert der König. Er nimmt die Hände der Königin und legt sie in die Hände von Monsieur. Er bittet die beiden, sich um seine Kinder zu kümmern. Sie versprechen alles. Eine pflichtschuldige Höflichkeit Sterbenden gegenüber.

Am Morgen des 13. liegt der König mit geschlossenen Augen da. Leise tritt jemand ins Gemach. Der König erkennt den Prinzen von Condé und murmelt: »Monsieur, ich weiß, daß der Feind mit einer großen und starken Macht auf unsere Grenze vorgestoßen ist.« In Paris ahnt noch niemand etwas davon. Der König geht in seinen Prophezeiungen noch weiter: »Aber Ihr Sohn wird ihn mit Schande zurückjagen und ihn besiegen.« Acht Tage im voraus verkündet er den Sieg von Rocroi, den der spätere Große Condé erringt. Der Vater des Siegers kann es nicht begreifen. Er empfiehlt dem Beichtiger, auf den König achtzugeben, der, »wenn ich mich nicht täusche, sehr schnell schwächer wird: sein Gehirn verwirrt sich«.

Der König fragt seinen Beichtvater, ob er an diesem Tag sterben müsse. Wann »findet mein Jüngstes Gericht statt?« – »Wir werden im Augenblick der Trennung von Körper und Seele gerichtet«, antwortet Pater Dinet.

Eine nicht enden wollende Nacht, während der der König unablässig wissen will, wie spät es ist. Am 14. Mai nach der Messe befragt er die Ärzte, die ihm nicht verschweigen, daß seine Stunden gezählt sind. Er sagt ein paar Worte zur Königin, er erteilt seinen Kindern den Segen. Der Raum ist voller Menschen, die zusehen, wie er stirbt, so wie sie zugesehen haben, als er geboren wurde, wie sie zugesehen haben, als er Kinder zeugte. Ein König von Frankreich gehört seinen Untertanen. Öffentlich kommt er zur Welt, öffentlich lebt, liebt, leidet und stirbt er.

Der König sagt die Fürbitten her. Er fürchtet die Verdammung »in extremis«. Nur mit Mühe beherrscht er sich. »Lieber Herrgot, ich bitte Dich, mich barmherzig in Dein Reich aufzunehmen.« Er ersucht den Bischof von Meaux, gemeinsam mit ihm die Sterbegebete zu sprechen. Der Bischof von Lisieux spricht ihm Mut zu. Das letzte Wort des Königs ist »Jesus«. Dann macht er sich nur noch durch Zeichen verständlich. Er macht Pater Dinet auf eine Vision am Fußende seines Bettes aufmerksam. Der Beichtvater begreift, worum es sich handelt. Der König sieht ihn lächelnd an und stirbt, er hat einen Finger auf den Mund gelegt. Die letzte Geste, die der König des Schweigens auf dieser Erde vollführt.

»Sie werden vom Tod des Königs erfahren haben, der im gleichen Monat und fast zur gleichen Stunde eingetreten ist wie der Tod des Königs, seines Vaters«, schreibt Mazarin am 16. Mai an Herrn von Aiguebonne. »Obwohl sein Leben reich an erhabenen Ereignissen gewesen ist, kann man sagen, daß seine Krankheit einer der schönsten und bemerkenswertesten Abschnitte war: er hat zwei Monate lang dem Tod mit unglaublichem Gleichmut ins Auge gesehen und mit einer dem göttlichen Willen wohlgefälligen Gelassenheit. Er hat als König gelebt und gehandelt, fast bis er seine Seele aufgab, und er hat die Staatsgeschäfte sowie seine persönlichen mit so großem Verstand und so außergewöhnlicher Voraussicht geordnet, daß wir hoffen, in dieser Ordnung wird alles im Inneren ruhig bleiben und die äußeren Unternehmungen werden mit derselben Kraft und Entschlossenheit fortgeführt, wie es in der Vergangenheit geschehen ist.

Was mich angeht, so habe ich im Verlauf seiner Krankheit vom verstorbenen König so große Beweise der Güte und des Vertrauens erhalten, außer den Wohltaten, mit denen er mich zuvor geehrt hat, daß ich kein Gedächtnis haben müßte, wollte ich mich daran nicht erinnern, oder daß ich der niedrigste und undankbarste aller Menschen wäre, wenn ich nicht mein ganzes Können, meine ganze Arbeitskraft und sogar mein Leben mit äußerstem Eifer, sofern es mir gestattet wird, im Dienst des Königs, seines Sohnes, einsetzte. Es ist daher mein unwandelbarer und fester Entschluß . . .«

Für den unsteten Mazarin bleibt es bei diesem »Entschluß«, so wie er ihn hier ausdrückt. Wie aber kann er am 16. Mai 1642, zwei Tage nach dem Tod des Königs, wissen, ob es ihm »gestattet sein wird«, so »unwandelbar und fest« zu bleiben?

Drei Wochen, in denen jede Minute den Wert eines Königreichs hat

Einem Spieler bietet sich das Leben stets wie ein Spiel dar. In jedem Augenblick stellt es bei Mazarin alles in Frage. Beängstigende, das Herz beklemmende Probleme. Aber unter der samtenen Oberfläche befindet sich ein Herz aus Stahl. Er jammert, doch er liebt die Aufregungen, die Gefühlsregungen. Ohne sie würden seine Selbstbeherrschung, seine Fähigkeit, in den Herzen und Köpfen anderer zu lesen, alle diese Gaben, die auf einem exakten Ineinandergreifen aller Funktionen beruhen, ihn in eine Maschine verwandeln. Die Freuden und Ängste des Spiels vermenschlichen ihn und geben ihm den Sinn fürs Leben.

Vom 20. April bis zum 18. Mai 1643 sind die Umstände so, daß Mazarin zu jeder Stunde jeden Tages Grund hat zu zittern. Jede Minute dieser drei Wochen hat den Wert eines Königreichs.

Die Franzosen hassen Richelieu. Sie wissen ihm keinen Dank für seine Errungenschaften. Er schuf ihre Grandeur gegen ihren Willen. Wenn sie einen Blick auf die Landkarten würfen, würden sie sehen, daß das Frankreich von 1643 sehr viel ausgedehnter ist als das des Jahres 1610. Der Vergleich könnte ihnen erleichtert werden, wenn sie den Tod des Sohnes in seinem Bett, durch die Arzneien der Ärzte, und den Tod des Vaters, durch den Dolch Ravaillacs, am gleichen Tag, zur gleichen Stunde in Beziehung setzen würden.

Das Frankreich von 1643 greift weit über das Tal der Somme hinaus auf die Hochflächen des Artois, zu dem es die Schlüssel in der Hand hält. Frankreich beherrscht das Elsaß und Lothringen, Colmar, Metz, Nancy und die Brücken des Oberrheins. Es dringt in Italien vor. Es besetzt das Roussillon und streckt seine Hand nach Katalonien aus. Als Verbündeter Portugals dringt es wie eine Pfeilspitze in Spanien ein.

Als Heinrich IV. 1610 in der Rue de la Ferronnerie vor dem Laden mit dem Schild »Gekröntes, von einem Pfeil durchbohrtes Herz« blutüberströmt in seiner Karosse zusammensinkt, hat Frankreich keine Marine mehr. Es ist auf die holländische, spanische und englische Handelsflotte angewiesen. 1643 ist die Marine wiedererstanden. Sie treibt Handel im Mittelmeer, im Atlantik, in den Meeren des Nordens. Frankreich hat Kolonien in Kanada und auf den Antillen, deren Einwohner »von Franzosen abstammen; selbst die zum christlichen Glauben übergetretenen und ihn bekennenden Wilden werden als französische Inländer angesehen und anerkannt; sie sind fähig zu allen Ämtern, Ehren und Erbschaften sowie Schenkungen, ohne Naturalisierungsurkunden nötig zu haben«. Frankreich richtet Handelskontore an der Küste Senegals und in Madagaskar ein.

Richelieu mit seiner vielseitigen Begabung, mit seinem Genie, war zum Nationalökonomen und zum Finanzier geworden. Er sah voraus, daß Frankreich durch seine Bevölkerung, sein Territorium, seine Armee, seine Disziplin, seinen Gehorsam dem König gegenüber groß sein wird, aber auch durch eine klügere Verwertung seiner natürlichen Reichtümer und deren geschicktere und ausgedehntere Verteilung in der Welt. Mit seinen fieberhaft tätigen Händen hat er das landwirtschaftliche und feudale Frankreich in den kommerziellen Kapitalismus überführt, der Spanien, Holland und dann auch England die Vormachtstellung eingetragen hat.

Doch die Franzosen haben nur ihre Felder, ihre Schlösser, ihre Läden vor Augen. Ihnen offenbaren sich die auf lange Sicht geplanten Neuerungen im gegenwärtigen Augenblick in den Trümmern, die der Krieg schafft, in Steuererhöhungen und im königlichen Absolutismus. Überdies in der schamlosen Bereicherung der Reichen, vor allem der »Steuerpächter«, die sich noch mehr aufblähen, weil sie ihre Gelder in Abenteuer stecken können.

Wenn die Franzosen Geduld und Ausdauer hätten, würden sie begreifen, daß ihr Land in Europa Unterpfänder besitzt, die ihm eine große Zukunft sichern. Einst eine gehetzte Beute, ist Frankreich jetzt zu einer beherrschenden Nation geworden. Der eiserne Kardinal zermalmt Bündel von privaten und Sonder-Freiheiten. Sie kamen vor allem Zusammenschlüssen kleiner Lehnswesen zugute, laizistischen oder kirchlichen Lehnsherren, Parlamentsangehörigen, Finanzbeamten, Händlern und Reedern. Sie wucherten miteinander in einem schlaffen, reglosen Königreich, das raubgierige Nachbarn zerstückeln wollten. Richelieu zertritt viele dieser persönlichen Freiheiten unter seinen Stiefeln, indem er an Frankreichs Fenster geht und sie für den Ausblick in die Welt öffnet. Durch das alte französische Schloß weht ein wundersamer Wind, der alle Franzosen in einen Wirbel reißt und sie dem König zutreibt, dem Abbild Gottes auf Erden, dem Sinnbild eines starken, gefürchteten und geachteten Frankreich, in dem jeder von einem Leben mit unbegrenzten Horizonten träumen kann. Richelieus belebender Luftzug erweckt die gleichen Energien wie später Napoleons Sturm in der romantischen Jugend, von Stendhal bis zu Victor Hugo. Stendhals Fabricio del Dongo ist der junge Italiener Mazarin, der sich dem überwältigenden Richelieu aus Eigennützigkeit anschließt, wohlverstanden aus einer Eigennützigkeit, die von Begeisterung getragen ist. Auch Mazarin hat »Zukunft im Kopf« und hat erkannt, daß Frankreichs Reichtum von morgen nicht so sehr in seinen materiellen, wenn auch unerschöpflichen Quellen beruht, wie in seinem menschlichen Kapital: den Eliten in allen Bereichen, im intellektuellen, religiösen, politischen, militärischen, diplomatischen und wirtschaftlichen Bereich, was ihn, wenn er den Vergleich mit dem schläfrigen Italien anstellt, zu Bewunderung hinreißt.

Doch all das ist für morgen. Heute sieht man nur Zerrüttung, Elend, Neid der einen auf die anderen, die alte gallische Anarchie, in der jeder seinen Nachbarn einen Fetzen seiner Rechte streitig macht. Endlich, und im Grunde zuvörderst, herrscht ein allseitiger Widerwille gegen den Krieg, dem alles persönliche Unglück und die allgemeine Verbitterung angelastet werden.

Richelieu und Ludwig XIII. sind tot, sie haben sich gegenseitig ins Grab hinabgezogen. Endlich kann man aufeinander losgehen, sich in Zusammenhanglosigkeit, in Vereinzelung wälzen, zum eigenen Fleckchen Erde zurückkehren, zum Eigennutz, zum Blick, der nicht weiter reicht als bis zur Grenze des eigenen Feldes, Ranges, Schlosses, der eigenen Nase. Insbesondere die Frauen, die ihrem Wesen nach Intrigantinnen sind, wie die Herzogin von Chevreuse und Marie de Hautefort, und »tutti quanti«, die Mann-Weiber und die Weib-Männer in der Umgebung von Monsieur, alle Impotenten, die Nervösen, die in der Leere und in ihren Vorrechten Verkrampften können von neuem im idealen Humus aller Giftstoffe herumschwirren, nämlich auf dem Boden einer Regentschaft. Vor allem, da es sich um die Regentschaft einer Ausländerin, einer Spanierin handelt, die lange Zeit Verbindung mit dem Feind gehalten hat, das heißt mit ihren Brüdern, dem König Philipp IV. und dem Kardinal-Infanten, dem Statthalter der Niederlande. Eine Spanierin, die von den beiden Herren Frankreichs, König Ludwig XIII. und seinem Premierminister Richelieu, gequält worden ist, von denen der eine sich als der kühlste und finsterste aller Ehemänner erwies, außerdem männlichen Freundschaften zugetan, und der andere sich bald als der niederträchtigste Kerkermeister, bald als der beleidigendste aller Freier aufführte.

Wenn jemand beim Tod seiner beiden Folterknechte vor Freude aufjubelt, ist es die Frau, die wie das ganze Königreich jetzt ihre Freiheit wiedererlangt: die Regentin Anna von Österreich.

Aber ebendiese großen Herren und großen Damen begehen einen Fehler, sie irren sich in der Person. Anna von Österreich, an die sie ihre Hoffnungen heften, ist nun nicht mehr die Frau, die sie einst gekannt haben. Sie ist jetzt die Regentin. Die Bedeutung dieser Stellung, dieses Ranges wird von ihnen nicht richtig erkannt. Anna ist von den beiden Männern, die sie erdrückten, befreit, sie atmet auf, es ist, als würfe sie die Panzer und Polster ihrer Roben hinter sich. So wie Katharina von Medici aufgeatmet hatte, als sie während der Minderjährigkeit ihres Sohnes Karl IX. Regentin wurde – sie aber hatte ihren Mann geliebt. So wie viele Ehefrauen aufatmen, die durch die Witwenschaft fraulicher werden und, vom Despotismus des Mannes befreit, eine unerwartete Weiblichkeit entfalten.

Für Anna hatte die Befreiung mit einem Ereignis begonnen, das häufig den Abstieg der Frauen einleitet, mit der Mutterschaft. Ohne Kinder war sie nichts, stets in Gefahr, jeden Augenblick auf die Straße oder ins Kloster geworfen zu werden. Neben den beiden Todkranken Richelieu und Ludwig XIII. verkörperte sie mit ihren beiden spätgeborenen Kindern die Zukunft.

Triumph des Lebens und der Frau, Fruchtbarkeit, Mutterschaft.

In den Vierzigern zu sein, ist, wie Madame de Motteville sagt, »ein schreckliches Alter für unser Geschlecht«, aber der Regentin steht es gut an. Mit zweiundvierzig Jahren ist sie schöner denn je. Ihre Blondheit und milchige Sanftheit blühen auf wie Rosen. Ihre grünen, goldgefleckten Augen sind größer und ausdrucksvoller als früher. Ihre etwas starke Nase, ihre prächtig aufgeworfenen Lippen üben einen sinnlichen Reiz aus. Sie gehört zu den sinnenfreudigen Frauen, die durch die Trauer verschönt werden. Sie gewinnt dadurch, daß sie kein Rouge mehr auflegt. Dieses Fehlen von Schminke »erhöht die Weiße und Reinheit ihres Teints«. Unter den mit Tünche beschmierten Französinnen glänzt sie vor Frische. Wenn sie aufsteht, wirkt sie wie eine Rubensgestalt in Bewegung. Sie entfaltet den

Glanz Spaniens und Österreichs. Und nicht vergessen werden dürfen ihre Hände, ihre größte Attraktion, die Wonne der Maler; mit ihnen fängt sie alle Herzen ein.

Endlich kann Anna von Österreich ihren Zauber spielen lassen. Als Regentin Frankreichs und ihrer persönlichen Reize. Jetzt erscheint ihr alles leicht. Obwohl Frankreich auf ihren Schultern lastet und sie erdrücken könnte, schreitet sie wie ein weiblicher Atlas mit der Leichtigkeit einer Tänzerin einher. Madame de Motteville sagt in ihren Memoiren: »Die Regentschaft verlieh der Königin großartigeres und würdevolleres Gehabe als zur Zeit, da sie unglücklich war; aber sie schien mir liebenswürdiger zu sein, als sie es früher war.«

Anna erlebt eine berauschende Witwenschaft.

Als die beiden Bischöfe Monsieur de Lisieux und Monsieur de Meaux Ludwig XIII. die Augen geschlossen haben, wird mit viereinhalb Jahren Ludwig XIV. König. Sogleich erwacht die lässige Spanierin, die bisher nur bedächtig ihren Fächer bewegt hat, zu unerwarteter Aktivität. Schon am Tag nach dem Tod ihres Gemahls erfüllt sie pünktlich den ersten Paragraphen ihrer Vorschrift als Regentin: sie führt ihrem Volk den neuen König vor. (15. Mai 1643)

In eine von sechs Schimmeln gezogene Karosse, die aus einem Märchen stammen könnte, werden Berge von Kissen gestopft und oben darauf das königliche Kind gesetzt. Vor, hinter und um die Karosse herum tänzeln die Pferde der Leibwachen und der Musketiere. Auf nach Paris! Die Pariser sind vor Tagesanbruch aufgestanden. Viele haben die zwölf Kilometer zwischen der Hauptstadt und Nanterre zu Fuß hinter sich gebracht. Dieser kleine König, auf dessen Geburt sie zwanzig Jahre gewartet haben und der ihnen viereinhalb Jahre vorenthalten wurde, ist jetzt ihr Gott. Sie haben nicht die Geduld, auch nur noch eine Minute länger zu warten. Sie wollen ihn so schnell wie möglich im Dorf Nanterre sehen, in dem die heilige Genoveva, die Schutzheilige von Paris, zur Welt kam. Sie wird das Kind beschützen.

Dann erfolgt der Einzug in die Hauptstadt, die sich stärker als jede andere Stadt begeistert, wenn ihr Herz dabei ist. Die Straßen sind beflaggt, die Glocken lassen ihr Feiertagsgeläut ertönen. Ein ganzes Volk ist an den Fenstern und auf den Dächern versammelt und schreit bis zur Atemlosigkeit: »Vive le Roi! ... Vive le Roi!« Es lebe der König! Die Leute unten, längs der Straßen, versuchen, den Saum des Gewandes des kleinen Abgotts zu erhaschen und zu küssen. Er thront, ganz gerade sitzend, auf seinen Kissen und blickt mit Staunen und Verwunderung um sich, er bemüht sich bereits mit allen Kräften, sein Metier als König möglichst gut auszuüben. Und Paris ist selig, es möchte den Knabenkönig volkstümlich verhätscheln, in der genau abgemessenen Mischung von Vertraulichkeit und Respekt.

Alle sind entzückt von dem reizenden und würdigen kleinen Gesicht mit den runden Wangen, über die hellbraune Locken fallen. Morgenröte einer Herrschaft, die Welt scheint wie neu geboren.

Ludwig XIII. gehört der Vergangenheit an. Seine sterbliche Hülle fällt den prunkvollen Begräbniszeremonien anheim. Am 19. Mai wird sie auf einem von sechs Rappen gezogenen Wagen von Saint-Germain nach Saint-Denis überführt. Der Sarg ist mit einem bis zum Boden reichenden, schwarzsamtenen Bahrtuch bedeckt, auf das ein Kreuz aus weißer Seide geheftet ist. Am 22. finden die Bestattungsfeierlichkeiten in der Basilika statt, vor der Gruft, in der die französischen Könige ruhen. Das schaurige und grandiose Ritual wird vollzogen. Die Wappenherolde werfen ihre Kappen und Waffenröcke in die Gruft. Auf dem Sarg werden alle »Ehrenzeichen« aufgereiht: das Feldzeichen der Hundert Schweizer und der Garde, das Feldzeichen der Hundert Gardearkebusiere, die Sporen des Königs, seine Handschuhe, sein Wappenschild, sein Waffenrock, sein Helm mit dem königlichen Abzeichen, sein Panier, sein Degen, das Banner Frankreichs, der Gerichtsstab, das Zepter, die Krone. Die sechzehn Haushofmeister werfen ihre umflorten Stäbe in die Gruft. Macht und Ruhm.

Der Herzog von La Trémouille ruft: »Der König ist tot!« Dann, zum Volk gewandt, wiederholt er dreimal: »Der König ist tot! ... Beten wir für seine Seelenruhe.«

Kniend wird das Gebet gesprochen, dann erheben sich alle. Am Rand der Gruft, wo aus dem Tod, wie in der Natur, das Leben hervorbricht, stößt der Herzog von La Trémouille, soeben noch von Trauer gebeugt, einen Jubelruf aus: »Es lebe der König! ... Es lebe der König! ... Es lebe der König! ... Es lebe König Ludwig, der Vierzehnte seines Namens, von Gottes Gnaden Allerchristlichster König von Frankreich und Navarra, unser Allerhöchster und Allermächtigster, Erhabenster Gebieter und Herr, dem Gott ein langes und glückliches Leben verleihen möge! Rufen wir alle: Es lebe der König! Es lebe der König, es lebe der König!«

In der Krypta ertönen die Rufe der Menge, dann im Kirchenschiff. Erster schmetternder Jubeltusch der Trompeten, Dudelsäcke, Oboen, Pfeifen und Trommeln, mit dem der Anbruch einer neuen Regierungszeit begrüßt wird.

In der Zwischenzeit hat die Mutter und Regentin die beiden Schätze Frankreichs, die kostbarer sind als der Staatsschatz, in Sicherheit gebracht: Louis-Dieudonné, den minderjährigen König, und seinen Bruder Philippe, zwei Jahre alt. Sie vertraut sie Paris an, das wie ein Wachhund vor Liebe knurrt, und sie vertraut sie ebenso den Schutzgräben und Türmen des Louvre an. In dieser rauhen Festung glaubt sie sie sicher vor den Großen.

Ehe noch die sterbliche Hülle des Königs nach Saint-Denis gebracht wird, läßt Anna sein Testament vom Parlament aufheben. Zusammen mit seiner Mutter überquert der kleine König die Seine und begibt sich in den Justizpalast. Die Parlamentsräte in scharlachroten Roben und die Präsidenten in hermelinbesetzten Mänteln erwarten, mit den viereckigen Baretten in der Hand, den Kind-König.

Der kleine Abgott im violetten Trauergewand trippelt würdevoll in den Saal, ihm vorauf gehen zwei Wappenherolde, die das Zepter und den Zeremonienstab tragen. In Abwesenheit des Großstallmeisters hebt Dumont, der Zweite Stallmeister, den reizenden kleinen Götzen auf den Thron, der merkwürdigerweise in einer Ecke des Raums unter einem Baldachin steht. Unendlich hoch über allen Sterblichen schwebend, über seiner Trauer tragenden Mutter, über den zweihundertzwanzig Parlamentsangehörigen, die fast alle weißhaarig sind: Das Abbild Gottes in der Monstranz.

Der Knabe erhebt sich und sagt mit seiner hellen, doch festen Stimme fehlerlos die eingelernten Worte: »Meine Herren, ich bin zu Ihnen gekommen, um meinem Parlament meine Zuneigung und meine Gutwilligkeit zu bezeugen. Mein Kanzler wird Ihnen das übrige sagen.«

»Das übrige« hat sich seine Mutter ausgedacht. Die Regentin möchte die gesamte Gewalt, die Ludwig XIII. ihr genommen und testamentarisch dem Rat übertragen hatte, wiedererlangen. Zuvor hatte sie die Regentschaftsräte gebeten, auf ihre Rechte zu verzichten. Jeder hatte ja gesagt, weil er im stillen hoffte, er könne die betörende Regentin durch seinen Charme beherrschen. Das Parlament rechnet Anna von Österreich seinem Lager zugehörig: dem Lager der Opfer Richelieus. Man hofft, die gebürtige Spanierin werde sofort den Krieg gegen Spanien beenden. Das Parlament hebt mit einem Federstrich den Regentschaftsrat auf mit der Erklärung, »die königliche Macht müsse eins und ungeteilt bleiben«. In feierlichen Schlußreden läßt man den König durch den Mund des Kanzlers sagen, er sei glücklich, seiner Mutter »die volle und ungeteilte Macht in der Verwaltung des Königreichs während seiner Minderjährigkeit« zu übertragen. Als eine an der Leine gehaltene ausländische Prinzessin war die Regentin ins Parlament eingezogen, als vorläufige, aber absolute Königin von Frankreich verließ sie es wieder. Am gleichen Abend wird bekanntgegeben, daß Kardinal Mazarin zum Ersten Minister ernannt worden ist.

Um sich vorzustellen, wie starr vor Staunen seine Zeitgenossen waren, braucht man den Abstand von drei Jahrhunderten.

Die Geschichte verwendet oft dieselben abgegriffenen Schlagworte wieder. Die Spanierin ist wie selbstverständlich in das Fach »ausländische Regentin« eingeordnet worden, zur Italienerin Maria von Medici.

Maria von Medici stand auf Hauen und Stechen mit ihrem Sohn Ludwig XIII., auch mit Richelieu, den sie anfangs gefördert hatte. Bei Anna von Österreich war es mit denselben Männern das gleiche. Maria von Medici ist träge, Anna von Österreich lässig. Man wirft die Italienerin und die Spanierin in denselben Topf des südlichen Dolcefarniente.

Und das eben ist falsch! Maria von Medici, die dicke, lebende Gliederpuppe, bleibt ihr ganzes Leben in schreiendem Infantilismus befangen. Sie ist das Opfer ihrer Jugendfreundin, der hysterischen Leonora Galigai, die sie nach ihrer Niederlage, in der Stunde der Wahrheit, als »Tölpelin« bezeichnet. Den unseligen Concini überhäuft sie mit Gold und ernennt ihn zum Marschall, und dabei ist er nur ein parfümierter italienischer Pulcinell, der sich um mehr als acht Millionen Pfund bereichert und sich mit »Monseigneur« anreden läßt, der, ohne dazu berechtigt zu sein, an den Ratssitzungen teilnimmt, sich in den Sessel des Königs wirft und die Staatssekretäre wie Hunde behandelt.

Die »dicke Bankherrin« Europas, die Witwe Heinrichs IV., die Mutter Ludwigs XIII., der Königin von Spanien, der Königin von England, der Herzogin von Savoyen, die Papstnichte gerät, infolge ihres Unverstandes, immer tiefer ins Elend und stirbt wie eine Schlampe in Köln (3. Juli 1642), ohne Prunkgewänder, ohne einen Pfennig.

All das will Anna von Österreich gerade nicht sein. Für sie ist Maria von Medici ein abschreckendes Beispiel, ein betrunkener Helot, wie die Spartaner ihn ihren Söhnen vorhielten, um ihnen das Trinken zu verleiden. Außerdem, welche Schwiegertochter hätte sich je ein Beispiel an ihrer Schwiegermutter genommen?

Anna von Österreich wird falsch beurteilt, weil man, das ist der erste Irrtum, vergißt, daß sie Spanierin ist, das heißt, das Gegenteil von einer Italienerin. Doch leichtfertig, wie die Franzosen sind, machen sie keinen Unterschied zwischen den beiden. Wenn die Herzogin von Chevreuse in bezug auf Anna von einer »Koketterie im höchsten Grade« spricht, vergißt sie, daß es sich um spanische Koketterie handelt. Der verstohlene Blick einer Spanierin ist nichts weiter als eine wirkungsvolle, äußerliche Bewegung des Augapfels, in einem Land, wo die Frauen unerhört sprechende Augen haben, weil sie während der jahrhundertelangen arabischen Besetzung verschleiert gingen. Der Große Condé begeht den gleichen Fehler wie die Chevreuse, wenn er behauptet, »daß eine spanische Frau, auch wenn sie fromm ist, sich stets mit einiger Hoffnung an jemanden heranwagen kann«. Reines Augenblinzeln und Getue. Reines Theater. Es sind zwar Herausforderungen, doch die Spanierin bleibt unzugänglich wie hinter den Gittern ihres Patios.

Eine weitere Quelle des Irrtums: Anna hat »einen galanten Sinn«. Sie meint, »daß die Männer, ohne gleich Frevler zu sein, zärtliche Gefühle für die Frauen haben könnten«. Das sind Gedanken, wie sie damals junge Mädchen hatten, die Romane verschlangen und keusch blieben, weil sie auf den Märchenprinzen warteten. Anna liest eine Unmenge von Heldenromanen, in denen es von Rittern, schön wie Liebesgötter, tapfer wie Löwen, wimmelt. Romantisches Feuer glüht als Erbe in ihren Adern, das ihre Tante, die Infantin Clara-Eugenie, Tochter Philipps II., am Brüsseler Hof noch geschürt hat.

Anna wird für sinnlich gehalten, weil sie träge ist und dem Essen gern zuspricht. Bis zehn oder elf Uhr bleibt sie im Bett, was für Spanier, die Nachtmenschen sind, nicht ungewöhnlich ist. Nach ihrem zweiten Gebet nimmt sie ein Frühstück zu sich: Bouillon, Koteletts, Würstchen und einen Brotbrei. Was sie nicht hindert, um zwei Uhr mit einem Wolfshunger zu Mittag zu essen. Nach der Messe kleidet sie sich an, frisiert sich selber, damit ihre Hände bewundert werden können und einiges andere dazu: eine junge dänische Freundin lüpfte eines Tages ihr Brusttuch und entdeckte zauberhafte Brüste, die zu verbergen eine Sünde wäre. Während der Trauerzeit entfernt sie alles Gold und Silber von ihrer Kleidung, aber sie bleibt eine elegante Frau. Ihre Roben sind stets äußerst geschmackvoll und gepflegt.

Sie liebt die Jagd und die schlüpfrigen Geschichten der Chevreuse. Wäre sie Französin, hätte etwas Frivoles in ihr sein können. Bei ihr aber ist die Frivolität gezügelt, gemildert durch ihren monarchischen Stolz: sie ist die Tochter Philipps III. von Spanien, Enkelin Philipps II. und Urenkelin Karls V. Sie ist in einem Land geboren, wo die Bürger die Vorhänge ihrer Karossen zuziehen müssen, damit ihr Krämerblick den König nicht beschmutzt. Im übrigen ist Anna in ihrem Wesen voll und ganz Königin, auch außerhalb des Protokolls. Ohne Dünkel und Laune, zugänglich, liebenswürdig, ungezwungen.

Gezügelt ist sie auch durch ihren natürlichen Frauenstolz: den Körper beflecken, heißt die Seele beflecken. Gewappnet ist sie überdies auch durch ihre spanische Frömmigkeit, die ihre im Geruch der Heiligkeit gestorbene Mutter, Margarethe von Österreich, ihr anerzogen hat. Eine weder hoffärtige noch grämliche Frömmigkeit, sondern eine heitere, ursprüngliche; sie tritt vor Gott in der Haltung eines prächtigen Geschöpfes, jedoch mit einer solchen Strenge, daß es den Anschein hat, sie wolle sich kasteien. Jeden Tag eine Messe. Am Nachmittag, nach dem »Diner«, »schenkte sie Gott oft eine Stunde, indem sie sich in ihrem Betzimmer irgendwelcher Lektüre hingab«. Dann folgen Besuche in Kirchen, Klöstern, Hospitälern und bei den Armen. Sie leidet beim Anblick der Armen und Kranken. Als junge Königin verkauft sie, um ihnen helfen zu können, ihre Schmuckstücke, ohne daß ihr geiziger Gemahl etwas davon erfährt. Und ihre Hofdame Motteville schreibt: »Sie fastete an allen vorgeschriebenen Tagen und, trotz ihres Appetits, auch während der ganzen Fastenzeit. Regelmäßig ging sie sonntags und an den Festen zur Kommunion. Vor den großen Festtagen ging sie ins Kloster Val-de-Grâce zum Schlafen. Sie blieb dort einige Tage, von aller Welt zurückgezogen.«

Am Karfreitag beginnen ihre Exerzitien um fünf Uhr in der Frühe. Sie pflegt die Kranken mit solchem Eifer, ohne Ekel vor ihren eitrigen Wunden, daß sie Vincenz von Paul, den Krankenpfleger der Allerelendsten, in Staunen versetzt. Diesen ärmlichen und demütigen Priester wählt sie zu ihrem Beichtvater. Sie beruft ihn, dem ein Geruch von Galeere und Gefängnis anhaftet, in den »Conseil de conscience«, der über die kirchlichen Pfründen bestimmt. Auf einem Kupferstich aus der Zeit sieht man ihn mit seinem Heiligenschein zwischen dem Purpurgewand Mazarins, den Seidenroben der Bischöfe von Lisieux und Beauvais, dem Spitzenjabot des Prinzen von Condé und dem Reifrock Annas von Österreich. Der Bauer aus den Landes, Gottes Werkzeug im Reich der Armen, streift mit seiner verschlissenen, vom Schweiß der Sträflinge geheiligten Soutane all die prächtigen Gewänder.

Mazarin fürchtet diese Schäbigkeit mehr als die Goldverbrämung der Großen. Er fürchtet das Licht, das von diesem Mann in die Seele der Büßerin gepflanzt wird. Er läßt sich zu Späßen hinreißen. Eines Tages packt er den Botschafter der Elenden am Leibriemen und sagt ironisch: »Sehen Sie, meine Herren, in welcher Kleidung Herr Vincenz am Hof erscheint, und den schönen Gürtel, den er trägt!« Er braucht zehn Jahre, bis er diese Kutte aus dem Conseil entfernen kann. Und dabei hatte Vincenz von Paul selbst keinen anderen Wunsch, als dem Ratskollegium zu entkommen.

In ihrer immer stärker werdenden Verdummung brach Maria von Medici mit ihrem Sohn, mit Frankreich und endete in Armut. Anna von Österreich will genau das Gegenteil tun. Solange Ludwig XIII. und Richelieu sie an der Entfaltung ihres Lebens hinderten und ihr ständig ihre spanische Heimat vorwarfen, zog sie sich in sich zurück und kultivierte in ihrem Innern, mitten in Frankreich, aus Trotz ein imaginäres Spanien. Da ihr französischer Gemahl sie nicht liebt, hängt sie sich, wie Spanierinnen so oft, an ihre beiden Brüder. Eher gefühlsmäßig als aus politischen Erwägungen. Auf diese Weise wird sie eine Rebellin, die im Briefwechsel steht mit dem Feind von jenseits der Berge: dem König von Spanien und dem Kardinal-Infanten.

Durch die Geburt des Dauphin (1638) wird ihre Abkapselung ein wenig gelockert. An der Verschwörung von Cinq-Mars, 1642, nimmt sie nur ganz unentschlossen teil. Sie konspiriert ausweichend. So bald es ihr möglich ist, zieht sie sich geschickt aus der Affäre. Der Tod des Königs und seines Premierministers, ihrer beiden Quälgeister, macht sie endgültig frei. Als der Stein über dem Grab der beiden sich schließt, ist die Bahn für sie offen.

Jetzt ist sie die Regentin von Frankreich, sie muß das Land im Namen ihres Sohnes fest zusammenhalten. Wie Mazarin durch den Kardinalshut ist sie durch Mutterschaft und Regentschaft französisch »kanonisiert«. Ihr persönliches Anliegen, ihre Liebe, ihre Größe fallen zusammen mit den Interessen Frankreichs. Das Wachstum des Königreichs fällt zusammen mit dem des kleinen Königs. Die Schönheit und das Glück Annas gehorchen demselben Impuls.

Die ewig Unbeweglichen, die »nichts vergessen und nichts hinzugelernt« haben, die in ihrem Egoismus und ihrer Leere eingemauert sind, bemerken nichts. Sie sehen nicht, daß Anna von Österreich intelligent geworden ist. Nach Art der Frauen, die nicht gleichzusetzen ist mit der Art der Männer. Wie in einem Winterschlaf lebte Anna seit den Tagen, da man sie aus Spanien geholt hatte, um sie mit dem kleinen weiberfeindlichen französischen Jüngling zu verheiraten. Plötzlich blüht sie auf, wie eine der tropischen Blumen, die mit der Gewalt eines Flintenschusses aufbrechen. Innerhalb von drei Wochen geht diese Entfaltung vor sich, die sich monatelang vorbereitet, seit das Ende der beiden Todgeweihten sich ankündigt. Hinter dem Prunk der königlichen Beisetzungsfeierlichkeiten sieht sie, die wie viele junge Witwen in der Trauer noch begehrenswerter ist, daß die Bäume Blüten tragen. Unter dem Glockengeläut und dem Wirbel der trauerumflorten Trommeln erlebt sie im Monat Mai des Jahres 1643 mit zweiundvierzig Jahren, mit ihrem durch langes Fasten geschärften Appetit ihren ersten Frühling.

»Wie der Verstand zu den Mädchen kommt.« Wenn sie sich »liebenswert« fühlen, wie man im Großen Jahrhundert sagt: bereit, geliebt zu werden.

Wie die von ihrem Schöpfer Pygmalion angebetete Statue wird Anna langsam lebendig. Sie probiert die Wirkung ihrer Augen aus, ihrer Lippen, die Bewegungen ihrer Arme, ihrer Beine, ihrer berühmten Hände. Sie geht, sie lächelt, sie setzt das Getriebe ihres Geistes in Gang. Sie denkt. (»Ich denke, also bin ich«, sagt ihr Untertan Descartes.) Sie überlegt, berechnet, schmiedet Pläne, alles auf die Regentschaft bezogen. Sie läßt ihre Augen umherschweifen und ihren erwachten Verstand, die Regentin verschafft sich einen Überblick, und sie beginnt mit einem Blick auf sich selbst. Sie ist Regentin. Sie will es sein. Was aber weiß sie von der Führung einer Regentschaft? Nichts. Sie weiß, daß sie gutwillig ist, überströmend von ganz frischer Glut, und von Gott unterstützt, aber sie fühlt, wie sehr sie Frau ist, vor allem, da sie frei ist, das heißt unter einem schweren Gewand von Grundsätzen und Willenskraft, grenzenlos, köstlich, gefährlich schwach. Und natürlich völlig unerfahren und unwissend im politischen Geschäft, denn ihre beiden Kerkermeister hatten sich gehütet, sie einzuweihen.

Sie braucht folglich jemand, der ihr das Abc des Metiers beibringt. Politik muß, wie das Essenkochen, mehr noch als Liebe, jeden Tag gemacht werden. Anna sucht jemanden, der ihr die Dinge erklärt, ohne höfische Kriecherei, ohne Schulmeisterei, ohne Fadheit, ohne Langeweile. Einen Mentor, der einen Schuß Pikanterie in die Politik bringt. Ist nicht gerade ein neuer Menschentyp, der »honnête homme«, entstanden, der etwas Pikantes überall hineinbringt? Politisch ist Anna eine Jungfrau und sucht einen »honnête homme«, einen Pygmalion, der sie einweiht. Mit ihm zusammen, dessen ist sie sicher, wird sie alles begreifen. Die Männer machen ein Gebirge aus der Politik, um die Frauen von ihr fernzuhalten. Doch eine gutwillige Frau, von einem Mann fest geführt, muß das Gebirge besteigen können und sich in ihm zurechtfinden.

Wer wird dieser Pygmalion sein? Monsieur, des Königs Bruder, fünfunddreißig Jahre alt. Er müßte es, wäre das Leben gut geregelt. Doch Monsieur ist unmöglich. Eine Wetterfahne, die sich auf jedes Komplott einstellt. Ein Feigling, der seine Komplizen aufs Schafott schickt. Ein Willenloser, der, wie seine Frau sagt, mehr Zeit braucht, um eine Entscheidung zu treffen, als sie, um ein Kind zur Welt zu bringen. Ein Hanswurst, der die meiste Zeit damit verbringt, eines seiner hundert Trinklieder vor sich hinzupfeifen.

Der Prinz von Condé? Ein auf Titel und Vorrechte Versessener. Schmutzig wie ein Ferkel. Er verbringt seine Tage damit, die Rechnungen seines Kochs nachzuprüfen.

Der Herzog von Vendôme, der uneheliche Sohn Heinrichs IV.? Ein Trottel.

Sollte sie ihren Pymalion im niederen Adel suchen, der häufig aktiver, kräftiger, sauberer als der hohe Adel ist, und der Realität des Lebens nähersteht? Unmöglich! Die Herzöge würden schnauben vor Wut. Der Kanzler Séguier? Ein kleinlicher Jurist, ein vom Recht Besessener. Äußerlich hart, innerlich weich.

Und Kardinal Mazarin? Anna kennt ihn seit elf Jahren. Seine Fächer, wohlriechenden Handschuhe, Öle, Pomaden, Schminken, seine nach Orangenblüten duftenden Toilettewässer, die ihr Boudoir mit italienischem Wohlgeruch erfüllten – das war Mazarin. Solange sie eine Gefangene war, erlebte sie diesen Mann von jenseits der Alpen durch Parfüms, durch »Bagatellen«, die ihr von Chavigny und dem netten Monsieur Charles gebracht wurden. Ein vortreffliches Mittel, um Frauenherzen zu gewinnen.

Mazarin ist der Mann Richelieus gewesen, aber nur in gewisser Weise und bis zu einem gewissen Punkt. Anna ist jetzt so intelligent, daß sie Richelieu aus der Sicht der Geschichte zu beurteilen vermag: furchtbare Kleinlichkeit, Niedrigkeit neben erhabener Größe. In seinen Memoiren berichtet der junge Arnaud, daß die Regentin in Ruel, als sie vor einem Porträt der Eminenz stand, ausgerufen habe: »Wenn dieser Mann bis zu dieser Stunde gelebt hätte, wäre er mächtiger denn je.«

Anna sieht in Mazarin den Diener der Größe Richelieus, nicht seiner Kleinlichkeit.

Im Verlauf von elf Jahren hat sie sich ein Bild von ihm machen können. Mit ihrer Intuition als Frau, die seit einigen Tagen durch die gebotene Eile und die gewonnene Freiheit geschärft worden ist. Doch bevor sie sich entscheidet, berät sie sich mit ihren Freunden. Was halten sie von Mazarin, was denken sie über ihn? Intelligenz in hohem Maße. Verdient Vertrauen, vor allem, wenn es sich um das Wohl Frankreichs handelt, dem er in Treue zugetan ist. So lautet die Antwort des Marquis de Liancourt und des Marquis de Mortemart.

Dann spricht die Spanierin über diesen Italiener, der Frankreich regieren soll, mit einem Engländer.

Walter Montagu ist der Mann, in den die Regentin das größte Vertrauen setzt. Mehr als in Mazarin. Politisch verdient Mazarin ihr Vertrauen. Er verdient es jedoch nicht in allen Bereichen. Montagu hingegen verdient es uneingeschränkt. Er gehört zu den ritterlichsten Gestalten des heroischen Jahrhundertbeginns. Anna kennt ihn von jeher. Alle Geheimnisse ihres Herzens hat sie mit ihm geteilt. Er war Buckinghams Vertrauter. Er ist der Geliebte der Herzogin von Chevreuse gewesen. Lange Zeit war er der Günstling von Henriette, der beklagenswerten Französin, die zu ihrem Unglück berufen wurde, über England zu regieren. Möglicherweise war er irgendwie in das Komplott von Cinq-Mars verwickelt. Ein anonymer Informant Richelieus steckte in dieser Hinsicht alle in einen Sack: Anna von Österreich, die Königin Henriette, die Chevreuse, Montagu »und andere Papisten der abgefeimten englischen Partei, die meinten, ihnen könne nur durch einen Frieden zwischen Frankreich und dem Haus Österreich geholfen werden«. In Wahrheit wollte Montagu in Frankreich überhaupt keinen Umsturz, ganz im Gegenteil.

Später, 1660, wird Montagu Priester. 1661, nach Mazarins Tod, wird er der Beichtvater Annas von Österreich. Während ihrer letzten furchtbaren Krankheit weicht er nicht von ihrer Seite. In ihrer Todesstunde findet sie Zuflucht bei dem Freund der düsteren und hellen Tage: »Herr von Montagu hier weiß, was ich Gott schulde, die Gnaden, die Er mir erwiesen hat und die große Barmherzigkeit, die ich Ihm verdanke.«

Gleich nach Ludwigs XIII. Tod erbittet Anna – berauscht und erschreckt zugleich von der Leere, die dieses Grab vor ihr auftut – die Ratschläge Montagus. Er sagt: »Ich bin vielleicht der einzige uneigennützige Mensch, auf den Sie sich verlassen können.« Das ist wahr. Er faßt ein Memorandum für sie ab, das sie sich ständig vor Augen halten und an dem sie sich immer wieder orientieren kann. Vor allen Dingen muß sie sich der Bedeutung ihrer Aufgabe in Frankreich, in Europa bewußt sein: »Gegenwärtig scheint Gott Sie dafür ausersehen zu haben, der Christenheit den Frieden zu schenken.«

Dann soll sie auf jeden Fall an ihrem Hof »einen Hauszwist« vermeiden. »Es gibt nur ein Mittel, ihn zu verhindern, das ist Ihr Einvernehmen mit dem vom König eingesetzten Ministerrat.«

Folglich muß sie sich an den Kanzler Séguier, an Chavigny und Mazarin halten. Chavigny und Mazarin sind persönliche Freunde Montagus. Der Kanzler ist ein Bruder der Oberin der Karmeliterinnen von Pontoise, die der Regentin sehr zugetan ist und bei der Montagu zurückgezogen lebt.

Im Mai und Juni schickt Montagu seinem lieben Mazarin kleine mit

Humor gewürzte Briefe. Zwischen den Zeilen errät man, was der realistische Engländer für den schlauen Italiener tut: »Sie wissen, daß der Heilige Geist zu jenen herniederkommt, die ausdauernd im Gebet waren. Deshalb wäre es gut, ihn hier in Pontoise für Pfingsten zu erwarten ... Ich arbeite mit noch größerem Eifer für Sie als in Paris. Ich habe der Mutter Jeanne [Séguier] offen gesagt, daß es notwendig wäre Freundschaft zwischen Ihnen und Ihrem Bruder zu knüpfen. Er ist zu allem bereit, was Sie von ihm erwarten könnten ... Ich bin sicher, daß es Ihnen zu großer Zufriedenheit gereichen wird, denn zweifellos ist er ein sehr frommer Mann, was für diese Welt hienieden eine untrügliche Bürgschaft ist.«

Ja, aber wie denkt Montagu wirklich über Mazarin? Mazarin, sagt er, »war in allen Dingen das Gegenteil von Richelieu«. Das Gegenteil mit derselben Politik: genau das, was vonnöten war. Ebenso sanft, gütig, zugänglich, einschmeichelnd, verbindlich, friedlich, verständnisvoll und menschlich wie der andere hochmütig, schroff, unmenschlich, unzugänglich, grausam und aufbrausend war.

Diese Parallele à la Plutarch ist bestimmend für Annas Entscheidung. Die Frauen sind, wie die Völker, empfänglicher für den Ton als für die Realitäten, mehr für die Musik als für die Worte. Zudem macht ihr Montagu, der englische, das heißt realistische Kavalier klar, daß Mazarin unter seinem Purpur nackt ist. Er ist nirgends verwurzelt, hat keine Verbindung zu den Großen, zu den Adligen, zum Parlament. Auch sein Purpur ist nicht glaubwürdig: es ist ein Leihgewand, ausgeliehen bei der Theatergarderobe, für einen Opern-Kardinal auf einer Tournee mit einer italienischen Truppe. Mazarin würde Anna alles verdanken, wie er Richelieu bisher alles verdankte. Sie könnte ihn emporheben oder ihn ins Nichts zurückfallen lassen.

Zur gleichen Zeit ist Mazarin, aus der anderen Richtung kommend, auf dem Weg zu Anna. Und im Grunde auf dem Weg zu allen anderen. Zumindest zu denen, für die es sich verlohnt. Seine Taktik, die er der Bewegungslehre der Flüssigkeiten abgesehen hat, ist folgende. Sich so lange wie möglich im Gleichgewicht halten mit allen Verfechtern und Anhängern der hauptsächlichsten Richtungen. Ist die eine im Aufsteigen, sich ihr zuwenden, um ihren Erfolg zu beschleunigen. Dabei aber alle Möglichkeiten bei den anderen offenhalten, für den Fall, daß das Schicksal sich wendet. Niemals einen Weg versperren, niemals eine Tür schließen. Dauernd in Verbindung bleiben mit allen, die möglicherweise in Frage kommen, und jedem den Eindruck vermitteln, auf seiner Seite zu stehen. Jeder meint, Mazarin befinde sich in seinem Lager. Und dort ist er auch, wie in allen anderen. Doch dieses Manöver geschieht nicht im letzten Augenblick, mit verdächtiger Eile. Alles wird sorgfältig, unmerklich, von langer Hand vorbereitet, mit jener langen Hand, die auf den Porträts lässig auf der Sessellehne liegt und die sich später harmonisch in Annas göttliche Hände schmiegt.

Mazarin spielt Annas Karte, doch spielt er auch weiterhin Monsieurs Karte. Einst hatte er, im Namen des Papstes, dessen verrückte Eheschließung mit der Prinzessin von Lothringen für gültig erklärt. Er hatte Richelieu die Freilassung einiger Untergebener abgerungen, die durch Monsieur kompromittiert worden waren. Vorgestellt hatte Chavigny ihn dem Prinzen, und dieser vernarrte sich in »Seigneur Julio« und verlangte unaufhörlich nach ihm. Dann folgte der Austausch kleiner Geschenke zwischen der törichten Hoheit und dem betörenden Monsignore: antike Münzen, emaillierte Taschenuhren. Lauthals forderte Monsieur die Rückkehr des sympathischen Prälaten nach Frankreich: »Es gibt nichts auf der Welt, das zu Ihrem Ansehen beitragen und Ihnen zu völliger Zufriedenheit gereichen könnte, was ich Ihnen nicht von ganzem Herzen wünsche.«

Mitten im Cinq-Mars-Prozeß, in Lyon, setzt sich Mazarin mit Abbé de la Rivière, dem Almosenier der auf Abwege geratenen Hoheit, in Verbindung. In den orakelhaften, geheimen Gesprächen werden Pläne für die Zukunft geschmiedet. Nach dem Tod Richelieus, während des Interregnums des todkranken Ludwig XIII. überredet Mazarin den König, seinen Bruder, den er aus seinem Gedächtnis hatte streichen wollen, bei Hof zu empfangen, und sogar seine Schwägerin Margarethe von Lothringen. Richelieu hatte gemeint, ihre Gegenwart würde Frankreich beflecken.

Als es unzweifelhaft mit Ludwig XIII. zu Ende geht, neigt Mazarin um einiges mehr Anna zu als Monsieur. Er tritt über den Nuntius an sie heran und, was noch geschickter ist, über einen rechtschaffenen, heiligmäßigen Mann, dessen schlichter Glaube Anna, die noch immer das kleine Mädchen vor der Weihnachtskrippe geblieben ist, in Erstaunen setzt: den Bischof von Beauvais namens Pothier. Durch diese beiden Sendboten gibt Mazarin ihr zu verstehen, daß er ihr voll und ganz zur Verfügung steht. Sie hatte es geahnt. Als Richelieu und Ludwig XIII. ihr damals drohten, man würde ihr die Kinder wegnehmen, war es Mazarin, der sie beruhigt und getröstet hatte. Bewundernswert richtig wählt er den Augenblick, sie daran zu erinnern, daß der einzig wendige Mann, auf den man sich trotzdem stützen kann, ihr zu Diensten sein wird: »Ich bin überzeugt, daß Kardinal Mazarin mein Gefolgsmann ist«, sagt sie. »Ich bin sehr froh, jemanden zu haben, der mich über die Willensäußerungen des Königs vor seinem Tod unterrichten kann, damit ich sie befolge. Ich möchte mich dazu einer Person bedienen, die weder in der Abhängigkeit von Monsieur noch vom Prinzen von Condé steht.«

Sie meint damit »Personen«, die gänzlich in dieser Abhängigkeit stehen: die Familie Bouthillier. Diese Männer, die sich zum verstorbenen Richelieu in einem erblich sklavenhaften Verhältnis befanden, haben Dummheit auf Dummheit begangen. Dünkelhaft und unbeweglich glaubten sie, man würde ihnen die Erde Frankreichs, die sie an den Sohlen haben, auf immer überlassen, und hielten deshalb jede Wendigkeit für überflüssig. Steif und starr wie die Gemarkungssteine ihrer Felder haben sie nicht bemerkt, woher der Wind weht. Bei dem jungen Chavigny ist das am stärksten ausgeprägt. Sein Vater beschränkt sich darauf, ein mürrischer Hauptverwalter der Finanzen zu sein. Der Sohn, der schillernde, mondäne, hochfahrende Mann, bildet sich ein, ihm komme alles zu. Er glaubt, er könne Monsieur noch immer wie einen Kreisel tanzen lassen, wie zur Zeit Richelieus, als er dessen Kanzler und Spion bei Monsieur war. Doch Richelieu ist unter der Erde, und Monsieur fängt an, sich zu sträuben.

Chavigny gibt sich als Anhänger der Condés zu erkennen. Voreilig und unbedacht unterstützt er sie, als sie beanspruchen, als Prinzen von Geblüt den Vortritt vor den Kardinälen zu haben. Kardinal Mazarin ist darüber aufgebracht, daß sein ehemaliger Freund ihn hintergeht, und beharrt, vom König ermuntert, auf seinen Rechten.

Wenn er es könnte, würde Chavigny Anna die Regentschaft aus der Hand nehmen. Daran hindert ihn jedoch die Überlieferung. Folglich beschwatzt er den sterbenden Ludwig XIII., der immer leicht gegen seine Frau einzunehmen war. Er bringt ihn dazu, der künftigen Regentin einen Dämpfer aufzusetzen: den Regentschaftsrat, der an ihrer Statt die Regierung ausüben soll. Anna macht die Bouthilliers verantwortlich für diese schon aus dem Grab kommende Niedertracht. Sie beschließt, den Rat vom Bouthillier-Gezücht zu reinigen, sobald Ludwig XIII. seine letzte Ruhestatt gefunden hat.

Mazarin spielt ein nicht wahrnehmbares doppeltes Spiel. Er scheint mit zwei verschiedenen Tinten zu schreiben: Der gewöhnlichen Tinte für die »Möglichen«, die wahrscheinlich etwas werden würden, und der unsichtbaren Tinte für die »Möglichen«, bei denen es zweifelhaft ist. Er steckt nur einen behandschuhten Finger in das Räderwerk der königlichen Deklaration vom 21. April 1643. Er ist mehr an ihr beteiligt, als er zugibt. Was aber sollte er anderes tun, solange der König noch atmet? Und sichert diese Deklaration Mazarin nicht einen Sessel im Regentschaftsrat? Einen Sessel, der nicht wegzuschieben ist, außer bei einer Pflichtverletzung.

Zugleich aber denkt er nach. Wenn die Königin die Regentschaft um jeden Preis für sich allein, ohne Rat, erringen will, wie kann er seinen Sessel im Rat gegen die Regentin behalten? Er, Mazarin, hat rechtzeitig seinen Finger aus dem Räderwerk gezogen und nur ein Stück von seinem Handschuh stecken lassen. Und wie würde es ihm anstehen, wenn er sich jetzt aufspielte und sozusagen den dienenden Ritter des Regentschaftsrats markierte! Die Augen einer Frau sind schöner als die eines Regentschaftsrats. Vor allem, wenn diese Frau alle Macht an sich reißen kann.

Mazarin läßt also die Regentin wissen, daß er mit der Deklaration vom 21. April nichts zu tun hat. Chavigny hat alles gemacht. Der Beweis: Chavigny hat im Namen der Minister unterschrieben. Ein Beweis wohl, doch hat Mazarin den Einfältigen unterzeichnen lassen, hat ihn vielleicht dazu überredet zu unterzeichnen, um seiner Ruhmsucht zu schmeicheln und ihn zu kompromittieren. Indes er, wie eine Katze, im Hintergrund bleibt, im geeigneten Moment aber die Kastanien aus dem Feuer holt.

Der junge Brienne sagt in seinen Memoiren, Mazarin habe mehr getan. Warum sollte er sich an diesen Ratssessel klammern, den die Regentin ihm wieder entziehen könnte? Warum sollte er nicht von sich aus auf ihn verzichten? Was riskiert er? Doch nicht, ihn zu verlieren: er hätte ihn auf jeden Fall verloren. Was gewinnt er? Daß er ihn vielleicht wirklich aus den Händen der Königin bekommt, die ihn sich auf diese Weise verpflichtet. Sind so schöne Hände nicht dazu geschaffen, etwas zu geben, zu schenken?

Mazarin, der die Deklaration des sterbenden Königs nicht unterzeichnet hatte, unterzeichnet hingegen mit Namen, Rang und Vornamen ein artiges Billet, das er der Regentin überbringen läßt: »Ich werde nie etwas anderes wollen, als die Königin will. Ich verzichte von nun an freiwillig auf die Vorrechte, die mir die Deklaration verheißt, und überlasse sie rückhaltlos mit allen anderen Vorteilen der grenzenlosen Güte Ihrer Majestät. Geschrieben und eigenhändig unterzeichnet. Ihrer Majestät demütigster, gehorsamster, treuester Untertan und dankbarstes Geschöpf, Jules, Cardinal Mazarini.«

Se non è vero ... wenn es nicht wahr ist, so ist es hervorragend imitiert. Das ist die Art und Weise, wie Kinder romantische Pakte abschließen und wie es auch große Kinder der heroischen Epoche – zum Beispiel Ludwig XIII. und Cinq-Mars – gern tun. Und welche Wonne für eine Frau, aus Pygmalion ihr »Geschöpf« machen zu können!

Dieses Billet erhält die Regentin zu einem Zeitpunkt, der nicht besser hätte gewählt sein können, am 18. Mai 1643, vor dem »Lit de justice«, der Parlamentssitzung, in der das Testament Ludwigs XIII. aufgehoben wird. Noch andere Einzelheiten sind an diesem entscheidenden Tag in Mazarins Verhalten erwähnenswert: Er tut so, als überließe er sich mit geschlossenen Augen »der grenzenlosen Güte« der Regentin, läßt aber trotzdem unter den Lidern einen scharfen Blick hervorschießen, um wie ein Notar festzustellen, ob diese »Güte« den Kontrakt seiner Wiedereinsetzung in gültiger Form aufgesetzt und unterschrieben hat.

Der scheinheilige Mazarin nimmt an der feierlichen Sitzung des Parlaments nicht teil, bei der auf den hohen Bänken links die weltlichen Pairs und rechts die kirchlichen Pairs sitzen, der Kanzler stehend seine Ansprache hält und im Hintergrund des Saals die Parlamentspräsidenten im Talar aufgereiht sind. Und über allem schwebend, auf dem Olymp, auf seinem Puppenthron, der kleine König, zu seinen Füßen seine tief ergriffene Mutter, deren weiße Haut unter den Trauerschleiern noch bleicher wirkt.

Als im Verlauf des Abends die Regentin Mazarin in den Rat beruft, beeilt er sich ... dem Ruf nicht Folge zu leisten. Er will zuerst wissen, in welcher Eigenschaft er dorthin beordert wird. Zwar erweckt er den Anschein, nichts zu wollen und sich ständig zu entschuldigen, fordert aber für seinen Purpur zumindest die Gleichsetzung mit den Prinzen von Geblüt. Desgleichen will er, trotz seiner völligen Zurückhaltung, keinesfalls im Rat wieder erscheinen, wenn er nur einen geringwertigen Sitz erhält. Er erklärt, »nachdem er in dem Rang, den der König ihm verliehen habe, dabeigewesen sei, könne er jetzt nicht mehr ohne Titel daran teilnehmen«. Unverzüglich schickt ihm die Regentin eine »neue Bestallung als Minister, jedoch nach Gutdünken entlassungsfähig«.

Um die Dinge zu beschleunigen, hatte Mazarin sogar die Rolle des italienischen Prälaten gespielt, der seine Koffer packt, von dem einzigen Wunsch beseelt, in seine Heimatstadt Rom zu reisen, seine kranke alte Mutter zu umarmen und sich auf den Kissen seiner Karosse auf der Fahrt zur Entgegennahme des Roten Hutes von der Menschenmenge feiern zu lassen. Die Regentin bittet ihn, seine Koffer gegen ein Ministerportefeuille auszutauschen.

Selbst jetzt noch will Mazarin den Eindruck erwecken, daß man ihn gewaltsam zurückhält. (Das ist ein Spiel, das die Italiener ebensogut beherrschen wie die Marseiller: »Haltet mich zurück!«) Dann rückt er mit einem »Pari«, einer Vereinbarung, heraus, wie sie Staatsmänner zuweilen vorschlagen, und wie sie der Psychologie eines Spielers entspricht. Eine kurze, gedrängte Abmachung, die gestatten soll, ihn und was er tut zu beurteilen und ihn, je nach den Ergebnissen, wieder zu entlassen oder ihn zu behalten. So handelt auch der Straßenhändler: »Ich überlasse Ihnen diesen Gegenstand. Sollten Sie innerhalb von drei Monaten nicht damit zufrieden sein, nehme ich ihn wieder zurück.«

»Eure Majestät möge mir drei Monate lang Vertrauen schenken und dann mit mir machen, was Sie will.«

Drei Monate uneingeschränkten Vertrauens, mit geschlossenen Augen. Drei Monate Ruhe. Nicht die Ruhe, die Politiker zwischen Weihnachten und Neujahr einhalten (von den Franzosen »trêve des confiseurs«, Konditor-Pause genannt), sondern die Ruhezeit des Magiers, dessen Umhang mehr nach Parfüm als nach Weihrauch duftet.

Gott ist mit dem Magier. Am Tag nach der feierlichen Parlamentssitzung erfolgt ein Donnerschlag: der Sieg von Rocroi. (19. Mai 1643) Im Alter von zweiundzwanzig Jahren vernichtet der Herzog von Enghien »die furchtbare Infanterie der spanischen Armee«, wie Bossuet später lobpreisend verkündet, die unbesiegbaren »Tercios«. Diese feuerspeienden menschlichen Türme. Dank Bossuet, dem »Adler von Meaux«, ist diese Schlacht der Jugend, dieser Ausbruch des kriegerischen Frühlings in Frankreich in die Legende eingegangen. Mit den Gegenüberstellungen, wie sie Corneille benutzt hat: der junge Held, der wie Alexander der Große am Morgen der Schlacht von Arbela aus tiefstem Schlaf geweckt werden mußte; und auf der Seite der Spanier der alte Heerführer, Graf von Fontaines, von Rheumatismus geplagt, »der in seiner Sänfte getragen wurde und trotz seiner Gebrechen bewies, daß eine kriegerische Seele Herrin über den Körper ist und ihn belebt«. Er zählt zu den achttausend Toten, die nach vierstündiger fürchterlicher Schlacht den Boden bedecken.

Der Herzog von Enghien stellt einen strahlenden, opernhaften Heroismus zur Schau. Mit der Sicherheit, die die Jugend verleiht, weigert er sich, einen Helm aufzusetzen. Er wollte keine »andere Kopfbedeckung als seinen gewöhnlichen, mit großen weißen Federn besetzten Hut«. Eine lebendige Fahne, die von jedermann, Freund wie Feind, zu erkennen ist, die seine Männer anspornt und ihn als Zielscheibe für alle Geschosse darbietet. Der Herzog von Enghien, volkstümlich geworden durch Maler und Bildhauer, dieser Blitz gewordene Mann, Kriegsgott einer französischen Mythologie, ist unter dem Himmel Frankreichs genauso lebendig wie Mars oder Ares unter der Sonne Roms oder Athens.

Rocroi steigt aus dem Grab Ludwigs XIII. empor. Der wortkarge König war gestorben mit der Prophezeiung des Sieges von Rocroi auf den Lippen, und der Vater des Siegers glaubte, der König rede wirres Zeug. Doch Rocroi bestreut auch den Kindkönig in seinem Bett mit Lorbeeren sowie die schöne Regentin und ihren wohlduftenden Kardinal. Die ganze schöne neue Welt, die die Frühlingsluft der Regentschaft atmet.

Jugend, Elan, Seelengröße: der Herzog von Enghien rettet vielen Spaniern das Leben, die die Franzosen in ihrem ungestümen Vorwärtsdrängen abschlachten wollten. In seiner »Grabrede« (1686) verkündet Bossuet sogar, der junge Kriegsheld hätte gern den tapferen Grafen von Fontaines gerettet, wenn er ihn nicht tot in seiner Sänfte aufgefunden hätte.

Der Sieg von Rocroi wird mit Großherzigkeit noch gesteigert. Durch einen seiner brillantesten Offiziere schickt der Herzog von Enghien einen auf dem Schlachtfeld geschriebenen, nach Pulver und Blut riechenden Brief an Mazarin. Im Unterschied zu Mazarin, der früher in seinen Briefen seine Heldentaten herausstrich, erwähnt der Herzog die seinen mit keiner Silbe. Er überschüttet Gassion mit Ruhm, dem seiner Meinung nach der Sieg zu verdanken ist. Er fordert, ihm den Marschallstab zu verleihen.

Mazarin ist von dieser schönen Geste nicht sonderlich beeindruckt. Noch zu gut erinnert er sich an das System der »Patrons« und »Padroni«; er sieht, daß es in Frankreich noch lebendig ist, in den letzten Zuckungen des Lehnswesens, aus denen bald die Fronde hervorgehen wird. Er erkennt, daß der Herzog von Enghien angestrengt darum bemüht ist, sich Anhänger zu schaffen.

Mazarin findet es beunruhigend, daß sich diese Anhängerschaft über ganz Frankreich ausdehnt. Die Legende von Rocroi wird allmählich bedrohlich. Dieser Trubel und dieses Getue könnte dem jungen Helden zu Kopf steigen. Besonders die Überführung der hundertsechsundsechzig »Wimpel, Standarten und Fahnen, die dem Feind in der Schlacht von Rocroi abgenommen wurden« durch die Hundert Schweizer in die Kathedrale Notre-Dame. Der Jubel der Menge ist fast beängstigend. Wenn das Volk zu fröhlich ist, kann sich das gegen irgend jemand richten. Die »Gazette« schreibt: »Die Kanonen der Stadt, der Bastille und des Arsenals dienten als Baß für die Musik des Tedeums.«

Eine Musik, die Mazarins Ohren weh tut. Wie auch, spät in der Nacht, die Ausgelassenheit der Menschen und die Feuer vor den Häusern. Das einzig Erfreuliche sind die Rufe »Es lebe der König!«

Ein Kupferstich von Nicolas Picart, der in Umlauf kommt, betitelt »Der Sieg«, hat einige beruhigende Merkmale, denn er schanzt dem Herzog von Enghien nicht den ganzen Ruhm zu. Er verteilt ihn auf den Marschall L'Hopital und auf Gassion, die mit dem Herzog eine Gruppe bilden. Und am Goldregen des Ruhmes haben auch die anderen Teil: die Königin, unter einem Baldachin sitzend, der kleine König, der sich erhebt, um die Sieger zu empfangen, wie es sich für ein guterzogenes Kind gehört. Und schließlich die Mitglieder des Regentschaftsrats, die die Szene mit Rührung betrachten: Monsieur, der Prinz von Condé und der scheinheilige Mazarin.

Mazarin wird erst wieder aufatmen können, wenn er seinen eigenen Sieg oder zumindest den der Regentschaft unter Dach und Fach hat. Und man braucht ihn auch, um den Sieg der Regentschaft zu erringen. Kein Sieg ohne Sieger. Kein Sieger ohne Stolz.

Drei Pläne legt Enghien nach Rocroi vor: entweder Dünkirchen und die benachbarten Häfen erstürmen oder Belgien ein Stück abnehmen oder Diedenhofen besetzen, das Tor nach Deutschland. Enghien neigt zur dritten Lösung. Mazarin auch; er denkt immer öfter daran, daß er einst Hauptmann war, und sieht sich zuweilen schon als Marschall.

Es sind politische Gründe, die zu den militärischen hinzukommen und Mazarin, entgegen der Auffassung des Rats, bestimmen, sich für das Projekt Diedenhofen auszusprechen: »Alle waren gegen diese Unternehmung. Doch die Königin hat sich meiner Meinung angeschlossen. Meine stärksten Argumente waren, daß der in Rocroi errungene Sieg den Befehlen des verstorbenen Königs und dem Eifer eines jungen und ruhmsüchtigen Prinzen zugeschrieben wird, daß aber, nutze man diesen großen Erfolg nicht aus, man dies der Schwäche der Regentschaft anlasten und sagen würde, daß mit dem König jegliche Entschlußkraft begraben worden sei.«

Bei Rocroi war der Herzog von Enghien der Soldat der Jugend, der romantischen Militärs und eines Toten. Bei Diedenhofen, das am 10. August 1643 eingenommen wird, ist der Herzog der Soldat der Regentin und Mazarins. Er erringt den Sieg der Zivilisten, der Seßhaften, der Leute, die denken. Den Sieg der Vernunft, der den Sieg der Eingebung und Begeisterung untermauert.

Nach der Einnahme von Diedenhofen eilt Montagu zu Anna, um sich mit ihr über den Sieg zu freuen. Dann schreibt er an Mazarin: »Die Gelegenheit, über Sie zu sprechen, war günstig. Ich habe sie darauf aufmerksam gemacht, daß man den Sieg Ihnen allein verdankt, und Sie können sich vorstellen, wie wir darüber gesprochen haben.«

Die Regentin hat weniger Zeit gebraucht, die Bouthilliers fortzujagen, als Mazarin, mit Hilfe von Enghien, Diedenhofen zu nehmen. Nichts wirkt sich rascher aus als der Haß einer Frau, ausgenommen ihre Liebe. In der ersten Juniwoche entläßt Anna den Vater. Der Sohn versucht, sich mit aller Gewalt zu halten. Mazarin tritt für ihn ein. »Signor Giulio« möchte nicht der Undankbarkeit gegen »Signor Leone« bezichtigt werden. »Signor Giulio« möchte fleckenlos dastehen. Er weiß, daß Sünden stets auf den Kopf des Sünders zurückfallen. Überdies, wenn er schon menschliche Regungen zeigen soll, warum dann nicht Dankbarkeit? Eine durchaus relative Dankbarkeit: er weiß genau, daß Chavignys Sympathie für ihn auf der Sympathie beruhte, die Richelieu dem »Signor Giulio« entgegenbrachte. Hätte Richelieu um einen Zentimeter nachgelassen, würde Chavigny tausend Meilen zurückgewichen sein. Wie dem auch sei, Legenden haben einen breiten Rücken. Es möge also bei Dankbarkeit bleiben!

Mazarin beläßt Chavigny im Regentschaftsrat, aber er hat keinen Sessel mehr inne. Diese mindere Stellung mißfällt dem hochfahrenden Mann. Mazarin tut erstaunt: »Gegen die Absichten der Königin habe ich ihn in der Regierung gelassen. Ich wollte ihm damit einen Gunstbeweis gewähren. Er ist aber nicht imstande gewesen, ihn von mir mit der gleichen Botmäßigkeit entgegenzunehmen, wie ich früher seine Gunstbeweise entgegennahm.«

Philippe von Aglié, der schöne Geliebte von Madame Chrétienne schreibt am 18. Juni 1643 aus Paris: »Herr von Chavigny ist gefallen, aber so sanft, daß sein Fall gewollt erscheint ... Herr Kardinal Mazarin hat sich bemüht, ihn zu halten, zumindest dem Anschein nach.«

Mazarin beobachtet den langsamen Sturz Chavignys. Hat er wirklich die Absicht, ihn nach Münster zu den Friedensverhandlungen zu schicken? Kardinal Bichi scheint es anzunehmen, er schreibt am 2. August an Chavigny: »Ihre Verdienste und die Bemühungen von Kardinal Mazarin, der Ihnen sehr zugetan ist, werden Ihnen während Ihrer Abwesenheit die Achtung erhalten, die Ihnen zukommt.« Auch die Historikerin Laurain-Portemer nimmt es an; sie hat eine Aufzeichnung Mazarins gefunden, die die Worte enthält: »Chavigny für den Frieden«, das heißt für die Friedensverhandlung in Münster. Können diese Worte aber nicht auch bedeuten, daß Chavigny allgemein für den Frieden ist?

Chavigny nimmt die Chance, die ihm Mazarin lässig bietet, nicht wahr. Er klammert sich an seinen Sitz im Rat und hofft, sich wieder in den Sessel schwingen zu können. Doch die Regentin kann ihre »Abneigung« nicht überwinden. Und gegen die eingefleischte Abneigung einer Frau ist schwerlich etwas auszurichten. Anna setzt ihm derart zu, daß er seinen Sitz aufgibt. Unverzüglich überträgt sie sein Staatssekretär-Portefeuille einem wohlgesinnten Unbedeutenden: Henri-Auguste de Brienne.

Mazarin schlägt sich heldenhaft an der Front der Dankbarkeit. Zwar ist er gezwungen, die Schanze Chavigny aufzugeben, aber er hält die Bastion Richelieu. Er bewahrt die Familie der Eminenz vor allen Angriffen.

Herzensangelegenheiten

Tristan und Isolde, Romeo und Julia gelten als reine Liebende, Anna von Österreich und Mazarin als zweideutige. Oder vielmehr als anrüchige Ehegatten.

Alles rührt von phantasievollen, aber mißgünstigen Schilderungen her. Unsere Kenntnis von der Regierungszeit Ludwigs XIV. wird von Saint-Simon zwar erhellt, aber auch vergiftet. Über die Beziehungen zwischen Anna von Österreich und Mazarin hat sich – leider! – die »Palatine«, Liselotte von der Pfalz, ausgelassen. Diese wenig taktvolle Frau hat gesagt: »Die Witwe Ludwigs XIII. hat noch Schlimmeres getan, als den Kardinal Mazarin zu lieben, sie hat ihn geheiratet.« Diesen Fußtritt versetzt sie dem Paar vierundsiebzig Jahre nach den Geschehnissen 1717 in einem Brief. Nach so langer Zeit könnte man von Verjährung sprechen, vor allem bei einer Schreiberin mit so blühender Phantasie. Es soll nicht vergessen werden, daß die gleiche Person Madame de Maintenon als Brandstifterin und Giftmischerin bezeichnet hat.

Sicher ist, daß zwischen Anna und Mazarin »etwas« war. Es ist völlig unwahrscheinlich, daß sich ihre Beziehungen nur auf den Umgang einer Regentin mit ihrem Leitenden Minister beschränkten. Aber dieses »etwas« kann, je nach Mentalität des Geschichtskenners, sehr verschieden aufgefaßt werden. Es kann von der heimlichen Eheschließung bis zur Seelenverwandtschaft gehen oder sich um mehr oder weniger romantisch zärtliche Beziehungen handeln.

Sie waren beide schrecklich einsam. Sie, nach dem Tod ihrer beiden Peiniger, ihren falschen früheren Freunden ausgeliefert, die sie nur ausnutzen wollten. Er, der Einsamkeit des Emporkömmlings und des Ausländers ausgesetzt, von Eifersucht und Abneigung umgeben, isoliert durch seinen schnellen Aufstieg, der seine früheren Freunde, wie Chavigny, in unversöhnliche Feinde verwandelt hatte.

Zwei Ausländer, die über eine gemeinsame Sprache verfügen, das Spanische. Für Anna die Sprache der Kindheitserinnerungen, für Giulio die Sprache der Jünglings- und Liebeserinnerungen. Für ihn war es vielleicht der einzige Abschnitt im Leben, da er völlig frei und ungebunden, außer Rand und Band und liebenswert war, ehe er zur unfehlbaren Verhandlungs- und Überredungs-Maschine wurde.

Er versinkt immer stärker ins Alleinsein. Vermutlich ist er von Gewissensbissen geplagt, daß er seine Mutter in Rom hat sterben lassen, ohne sie ein letztes Mal umarmt zu haben. Aber nicht eine Minute kann er den höllischen Kessel der Politik unbewacht lassen, in dem so viele Gifte brodeln. Im August 1643, zu der Zeit, als ihr Sohn, dank dem Einsatz des Herzogs von Enghien, den Sieg bei Diedenhofen erringt, ist die arme Mutter auf ihrem Schmerzenslager von Altersleiden geplagt. Giulios Schwester, Margarita Martinozzi, schreibt an ihn: »Seit zwei Monaten ist sie krank, und jetzt hat sie fast den ganzen Tag über Gicht, mit Fieber und tiefer Schwermut. Sie kann sich über nichts freuen. Ihr einziger Wunsch wäre, daß Euer Eminenz ihr zwei Zeilen eigenhändig schrieben. Tun Sie es bitte, trösten Sie sie öfters. Sie verdient es, da sie so viel für uns getan hat. Sie möchte gern wissen, ob Sie nach Rom kommen, ehe sie stirbt. Glauben Sie mir, sie ist sehr krank.«

Sie lebt nur noch von einem Brief ihres Sohnes bis zum nächsten. In den Antworten, die sie diktiert, oder in den unleserlichen Zeilen, die sie mit ihren gichtigen Fingern hinzufügt, redet sie ihn feierlich »Euer Eminenz« an. In ihrem Innern bleibt er stets ihr kleiner Giulio, der im Kolleg seine Aufgaben so gut lernte. Wie damals legt sie ihm ans Herz, »der Madonna ergeben« zu bleiben. Sie wartet so sehnsüchtig auf ihn, daß sie eines Tages, als ihr mitgeteilt wurde, er würde kommen, bevor sie aus dieser Welt scheidet, vom Bett aufstand; es war ein kleines Wunder.

Barmherzige Komödie. Am 11. April 1644 stirbt sie, ohne ihn wiedergesehen zu haben. Mazarin empfindet unendlichen Kummer und unendliche Reue. Im Wirbel der Geschäfte findet er gerade noch Zeit, an Madame Chrétienne zu schreiben. Dieser Tod ist »einer der größten Verluste, die ich je erlitten habe«. Jetzt zieht ihn überhaupt nichts mehr nach Rom. Dadurch wird die Einsamkeit, die er mit Anna von Österreich teilt, noch tiefer.

Die Enkelin und Urenkelin aus der Monarchie mit dem ungeheuerlichsten Stolz und »der Schurke aus Sizilien« brauchen einander. Das Schicksal hat um sie herum eine solche Kargheit und Kahlheit geschaffen, daß sie sich, inmitten von Prunk und Putz, in dramatischer Vereinfachung gegenüberstehen wie zwei Wesen in einer der kalkweißen Zellen des Escorials oder irgendeines spanischen Klosters. Sie hat nur ihn; er hat nur sie.

Trotz aller Kniefälle und Verbeugungen, Goldverbrämungen und Baldachine kann Anna von Österreich sich nur auf Montagu verlassen, ein lauteres Herz, aber ohne Höhenflug; außerdem gehört er jetzt bereits mehr dem Himmel als der Erde an. Und für die Erde bleibt allein Mazarin: der Wundertäter. Eine solche Gabe war auch nötig, um die vielen Verwicklungen zu entwirren, die an dem unerträglichen Hof und bei dem unlenkbaren Volk von Frankreich herrschen. Das einzige Land, in dem man nur mit Wundertaten regieren kann und wo dies als natürlich hingenommen wird.

Anna von Österreich wird plötzlich klug. Weil die Lage es erfordert, weil die Steinplatten, die sie erdrückten, Richelieu und Ludwig XIII., zur Seite geglitten sind, so daß sie endlich atmen kann. Vor allem, weil ein Mann ihr den Geist aufschließt. Aber Klugheit muß jeden Tag erobert werden. Wie kein anderer Mensch ist Anna das Beispiel dafür. Sie weiß, daß sie in dem Augenblick, da dieser Mann sie nicht mehr stützt, in stumpfsinnige Dummheit gleiten und eine zweite Maria von Medici werden kann. Das Schreckensbild dieser Jezabel ist so abstoßend, daß sie nicht anders kann, als sich Mazarin zuzuwenden.

In Frankreich mehr als anderswo, und in dieser Periode seiner Geschichte mehr als in anderen, bei diesem Volk, das sich für das klügste der Erde hält, ist die Politik ein Durcheinander von Verpestung, gesellschaftlicher Verdummung und sträflicher Ahnungslosigkeit. »Dieser gordische Knoten, der nicht zu entwirren ist, und den das Genie durchschlägt« (Balzac). Alexander der Große hat das Problem des Knotens durch einen Ausweg gelöst, durch einen Schwertstreich. Mazarin ist das einzige politische Genie, das den gordischen Knoten nicht durchschlägt, sondern ihn entwirrt: »Ich tue so als ob, ich laviere, ich besänftige und schlichte alles, soweit es möglich ist.« Anna, deren schöne Hände man rühmt, ist von Mazarins Händen fasziniert, schlanken weißen Zauberstäben gleich, die alle »Imbroglios« beschwören, wie andere Schlangen beschwören. Sie hat Freude daran, der Vorführung des Magiers zu folgen und dann als gelehrige Schülerin die Gesten nachzuahmen, die ihr ihre unfehlbare Menschenkenntnis eingibt. Die Urenkelin Karls V. verwandelt sich in eine Studentin, eine Héloïse, deren Abélard weniger gefährlich und dem ein weniger bitteres Geschick beschieden ist als dem Philosophen von der Montagne Sainte-Geneviève.

Wie sollte bei den Zusammenkünften unter vier Augen, die die Staatsgeheimnisse erfordern, eine hübsche, sinnliche, frustrierte Frau nicht auch auf etwas anderes zu sprechen kommen? Zumindest auf etwas anderes als die strikte Bewunderung für den Virtuosen in politischen Wissenschaften? Alles ist dazu angetan, zwischen ihnen eine romantische Atmosphäre zu schaffen. Der Zeitgeist, gespeist von Romanen, Dramen, Märchenopern. Das Geheimnis, unter dem die Verantwortlichen des Königreichs wie unter einem Gesetz stehen. Ihrer beider Charme! Einzigartig, sonderbar, vom französischen Charme unterschieden, dazu ausersehen, einander gut zu verstehen. Ihre grünen, goldgefleckten Augen, ihre beweglichen Hände, die ein ständiges Ballett aufführen. Ihre Haut von Milch und Blut. Seine Augen, die nicht schwarz sind, wie man es bei einem Italiener erwarten würde, sondern von dem grenzenlosen Graublau des Meeres, Augen, die bannen können und eher an bewegte Tiefen erinnern als an die Gluten der Sonne. Diese feuchte Tiefe ist zudem seine Lieblingsfarbe: »Mazarin-Blau«. Die Farbe seines Wesens, die vor dem Purpur rangiert, der Farbe seines Ehrgeizes.

Nicht zu vergessen sein kastanienbraunes Haar, das bei ihm als Italiener ebenso überraschend ist, das aber mit dem Haar der Königin harmoniert. Dazu sein gelockter Bart und seine ewigen wohlriechenden Wässer, mit denen er die Welt besprengt, selbst seinen Lieblingsaffen; es ist, als wolle er gegen den allseits herrschenden Gestank der Dummheit und des Hasses ankämpfen.

Ein zwingender, unerklärlicher Charme. Man kann sich die Stimme, den Tonfall, die Gebärden Mazarins vorstellen, nicht aber sein Gesicht. Die Sphinx scheint ihr Geheimnis für sich behalten zu wollen. Vielleicht liegt es daran, daß er nie von einem Maler, der die Seele auslotet, gemalt worden ist. Aber vielleicht rührt das Geheimnis eher daher, daß Mazarin, der Fürst der Diplomaten, es sich angewöhnt hat – und es würde seiner Natur entsprechen –, sich undurchschaubar zu machen. Wie die großen Schauspieler ist er die Gestalt, die im Augenblick gerade gefordert wird. Er macht aus seinem Gesicht ein weißes Blatt Papier, auf dem die jeweiligen Rollen geschrieben stehen und wieder ausgelöscht werden. Ein beweglicher, wechselnder Charme, der schwer zu erfassen ist, und vermutlich nur durch seine Zeitgenossen und in erster Linie von der Frau, die er liebt, erfaßt werden kann.

Ein Jahr jünger als die Königin ist der Kardinal, was damals hieß, unendlich viel jünger als sie, denn meistens hätten die Ehemänner die Väter ihrer Frauen sein können. Ein weiterer Trumpf in seinem Spiel: er sieht Buckingham ähnlich. Richelieu hatte der Königin mit der Perfidie eines Jago diese Verlockung schon ins Ohr geflüstert. In elf Jahren hatte dieser Vergleich seinen Weg gemacht. Ungehindert kann er jetzt reifen. Ein Buckingham, der jünger ist als sie und nicht, wie der wahre, neun Jahre älter. Ein verschwiegener, genialer, nützlicher Buckingham, kein großtuerischer, dummer, unnützer. Ein Buckingham, der ihr »Geschöpf« sein würde, während sie das »Geschöpf« des anderen gewesen wäre.

Und auch Mazarin hat nur Anna von Österreich auf der Welt. Er braucht sie nötiger, als man denken sollte. Vielleicht mehr, als er selber denkt. Angesichts seiner erstaunlichen Anpassungskunst stellt man sich vor, dieser Kardinal Proteus habe sich dem Charakter der Franzosen völlig angeglichen. Die Franzosen selber nehmen seine südländische Gestik und sein Kauderwelsch nicht mehr wahr. Es ist, als hätten sie mit einem Zauberstab aus diesem eingewurzelten Italiener einen dieser Ausländer gemacht, die sich ganz und gar angepaßt haben und deren Herkunft man schließlich vergißt.

Mazarin hat jedoch von Frankreich und den Franzosen nur eine zahlenmäßig ganz geringe Elite gekannt, die er bewunderte und mit der er sich gern umgeben hätte, als er für den Friedenskongreß die hervorragendsten Vertreter und Begleiter zusammenstellte. Von den Hervorbringungen des geistigen, physischen und moralischen französischen Bodens kennt er nur

Muster, so wie ein Handelsreisender seinen Kunden nur die Probestücke vorzeigt, die er im Koffer hat. Was Mazarin kennt und weiß, beruht auf den außergewöhnlichen Erfolgen seiner Politik des Tête-à-tête. Einer Politik des Fauteuils, des Boudoirs, des Alkovens, die ihren Höhepunkt im Tête-à-tête mit Anna findet. Irgendwann, früher oder später, laufen die Beziehungen zwischen einem Mann und einer Frau stets auf den Wahrheitsbeweis hinaus: das Bett.

Die Masse der Franzosen kommt Mazarin bald wie eine vielköpfige, grimassierende und schreiende Hydra vor. Auch Richelieu beurteilte sie streng. Doch dieses Urteil über die Franzosen kam von einem Franzosen, der mit allem, was er konnte und tat, in Frankreich eingewurzelt war. Während Mazarin ein Ausländer ist, der die Franzosen mit einem Urteil belegt, das wie eine Strafandrohung ständig über ihrem Kopf schwebt: er werde Frankreich verlassen. Nachdem der Emigrant längst seinen Koffer des Emigranten mit dem Portefeuille des Ministers vertauscht hat, droht er immer wieder, den Koffer zu nehmen.

In der Zeit zwischen den Siegen von Rocroi und Diedenhofen, die als die glorreiche Morgenröte der Regentschaft bezeichnet werden kann, schreibt er am 30. Juni 1643 an Kardinal Bichi, einen der wenigen Menschen, denen er sich ganz öffnet: »Jeder sieht, daß ich keine Mühe scheue und daß die Krone keinen eifrigeren, treueren und uneigennützigeren Diener hat, und dennoch denke ich stets daran, in mein Heimatland zurückzukehren, wenn ich es tun könnte, ohne mich an mir selber, an meinen Pflichten und an Frankreich zu versündigen. Denn obwohl alle meine Ziele gut sind, obwohl ich mir selber das Zeugnis ausstelle, daß ich kein Ziel habe, das nicht den Ruhm Ihrer Majestät zum Gegenstand hätte, begegne ich tausend Gegensätzlichkeiten, und ich sehe in der Zukunft noch größere voraus. Die Franzosen haben keine ernsthafte Bindung an das Staatsinteresse und fassen eine Abneigung gegen alle, die es über ihre persönlichen Interessen stellen. Daher, ich vertraue es Eurer Eminenz an, führe ich das unglücklichste Leben, und ohne die Güte der Königin, die mir tausend Beweise der Zuneigung gibt, würde ich nicht bleiben können.« (Anne-Marie Cabrini, »Mazarin, aventures et politiques«)

Wie einst Richelieu ist er jetzt in Frankreich von einem einzigen »Patron« abhängig: von der Regentin. Sie ist seine Stütze, sein Fundament, sein Himmel, sein Stern. Da sie aber eine »Patronne« ist, hält es alle Welt für unmöglich, daß ihre Beziehungen zu Mazarin an einem bestimmten Punkt nicht eine leidenschaftliche Form angenommen hätte. Die Frauen lassen sich von einer Arbeit oder von einer Idee nur fesseln, wenn sie sie in einem Menschen, den sie lieben, verkörpern können. Sollte Anna allein diesem geheimnisvollen Vorgang entgangen sein? Gründliche Kenner der weiblichen Seele sagen: Anna ist so fromm, daß sie unfähig ist, eine Liaison zu unterhalten, das heißt eine »fortgesetzte Todsünde« zu begehen.

Nur unter den Augen Gottes, in den geheiligten Banden der Ehe kann sie die Liebe erleben.

Sind Anna von Österreich und Mazarin verheiratet gewesen? Lange hat man es geglaubt; rückblickend übertrug man auf sie das Beispiel der morganatischen Ehe Ludwigs XIV. mit Madame de Maintenon. Die Ehe des »Schurken aus Sizilien« und der Urenkelin Karls V. war nicht unwahrscheinlicher als die des Sonnenkönigs mit Françoise, der Enkelin des Protestanten Agrippa d'Aubigné, die im Gefängnis von Bordeaux zur Welt kam, wo ihr Vater seine Strafe für ein Komplott absaß und währenddessen die Tochter des Gouverneurs geheiratet hatte. Françoise wurde von ihrer Tante aufgezogen, mußte Holzpantinen tragen und die Truthühner hüten. Sie trat zum Katholizismus über und wurde mit sechzehn Jahren, aus Mitleid, von einem verkrüppelten Spaßmacher, dem Dichter Scarron, geheiratet, der sechsundzwanzig Jahre älter war als sie. Als Freundin der Kurtisane Ninon de Lenclos, der Erzieherin der königlichen Bastarde aus der Verbindung mit Madame de Montespan, war sie als Pendlerin zwischen den Ammen tätig und trug Packen von Wäsche und Lebensmitteln hin und her.

In einer Nacht des Jahres 1683 oder 84 heiratet diese Frau, die der Maler Chardin als »Zuträgerin« in der Verkleidung einer Nonne verewigt hat und die den königlichen Bastarden ihre schwarze Milch brachte, in der Kapelle von Versailles morganatisch Seine Majestät König Ludwig XIV., die Sonne der Welt. Bontemps, erster Kammerdiener des Königs, richtet den Altar für diese Maskerade her. Pater La Chaise, der Beichtvater, zelebriert die Messe. Der Erzbischof von Paris, Harley de Champvallon, spendet den Segen. Trauzeugen: Kriegsminister Louvois und Marquis de Montchevreuil, ein langjähriger Freund der Braut.

Weder Heiratsvertrag noch Eintragung in ein Kirchenregister. Diese Heirat »zur linken Hand« wird auch nur als solche gefeiert, weil sie unbedingt geheim bleiben soll. Und sie bleibt es. Keiner von den fünftausend Höflingen kann dafür seine Hand ins Feuer legen. Auch die Schwägerin des Königs, Prinzessin Liselotte von der Pfalz, die ihre Nase überall hineinsteckt, hat dieses Geheimnis nicht lüften können. 1686 beendet sie durch einen Brief an die Herzogin von Hannover das Rätselraten: »Viele sagen, daß sie [Madame de Maintenon] seine Frau ist und daß der Erzbischof von Paris sie in Gegenwart des Beichtigers des Königs und des Bruders von Madame de Maintenon vermählt hat. Andere bestreiten es, und es ist unmöglich zu erfahren, wer recht hat. Sicher aber ist, daß der König für keine seiner Mätressen die Leidenschaft gehabt hat, die er für sie empfindet. Es ist sehr merkwürdig, sie zusammen zu sehen.«

Ein größeres Geheimnis umgibt die »Heirat« Annas von Österreich mit Kardinal Mazarin. Für die von Ludwig XIV. mit Madame de Maintenon ermittelte man ein ungefähres Datum, einen Ort und die Namen von vier Zeugen. Hier nicht, niemand. Dunkelheit.

Im übrigen türmen sich unüberwindliche Hindernisse vor dieser »Heirat« auf. Ludwig XIV. war verwitwet, Madame de Maintenon ebenfalls. Anna von Österreich ist Witwe, aber Mazarin ist Kardinal, und ein Kardinal, selbst wenn er nicht Priester ist, hat nicht das Recht, sich zu verehelichen. Und sechs Monate vor seinem Tod äußert Mazarin den Wunsch, zum Priester geweiht zu werden. Sein Gesundheitszustand verschlechtert sich, er geht in sich. Er will Gott danken für empfangene Gnaden und mehr Zeit finden, »um als Kardinal-Priester in seiner Bemühung um die Vereinigung der christlichen Fürsten die Göttliche Majestät zu bitten, ihnen einen heiligen Eifer zur Unterhaltung und Verbreitung der Religion einzuflößen«. Papst Alexander VII. will durch sein »extra tempora« vom 23. September 1660 Mazarins kirchenrechtliche Situation regeln. Doch der Tod kommt den priesterlichen Anwandlungen Mazarins zuvor. (9. März 1661) Wie dem auch sei, sein Streben nach den Altären zu Lebzeiten Annas beweist, daß er nicht verheiratet war. Es bleibt also alles der Phantasie überlassen.

Und was sagen die Zeitgenossen? Viele sind beunruhigt über das Verhalten der Regentin und ihres Ersten Ministers. Sie schnuppern, schnüffeln, wittern. Die Frommen vor allem sind besorgt. An der Spitze Augustin Potier, Bischof von Beauvais, ein heiligmäßiger, aufrechter Mann, doch ein Esel in politischen Dingen. Er ist der Almosenier der Regentin, die von seiner naiven Frömmigkeit gerührt ist. Durch eine gemeinsame Freundin läßt er ihr sagen, sie solle »über ihren guten Ruf wachen«. Der Bischof von Limoges und der Bischof von Lisieux, eine ganze Synode, tun das gleiche. Marie de Hautefort, die Freundin aus früherer Zeit, die Ludwig XIII. gegenüber so schroff und bissig war, empfiehlt der Regentin in einem Brief, vorsichtig und auf der Hut zu sein.

Schließlich beginnt auch der Wachhund zu bellen, La Porte, eine wandlungsfähige Gestalt. Nacheinander ist er Gendarm, Kammerdiener und Gefangener in der Bastille. Er kommt aus dem Gefängnis und wird wieder Kammerdiener, die Regentin zeichnet ihn mit überwältigender Liebenswürdigkeit aus: »Hier ist der arme Bursche, der so viel für mich hat aushalten müssen und dem ich alles verdanke, was ich gegenwärtig bin.« Mit tiefen achtungsvollen Verbeugungen teilt La Porte ihr mit, daß alle Welt über sie und den Kardinal redet, und dies in einem Ton, der sie »nachdenklich stimmen« müßte.

Der Kammerdiener La Porte mit dem bezeichnenden Namen hat eine seltsame Entgegnung der Regentin überliefert. Marie de Hautefort machte ihr Vorwürfe über das ewig gleiche, leidige Thema. Anna errötete und fing an zu lachen. Und weiter schreibt La Porte: »Als Madame de Hautefort ihr eines Tages sagte, der Kardinal sei noch so jung, daß er sich aus den bösen Reden über sie und ihn nichts mache, antwortete Ihre Majestät, er liebe die Frauen nicht, er wäre aus einem Land, wo es Neigungen anderer Art gäbe.«

Eine törichte Antwort, die eigentlich beweist, daß zwischen ihnen doch »etwas« ist. Warum errötet Anna, da Mazarin die Frauen nicht liebt? In diesem Fall wäre sie über jeden Verdacht erhaben. Und zeigt ihr Lachen nicht auch, daß sie Komödie spielt? Wer vorgibt, ganz sicher zu sein, ist es im Grunde nicht. Letztlich wird aus der gegen Mazarin vorgebrachten ungeheuer schweren Anschuldigung ersichtlich, wie groß die Gefahr ist, so groß, daß ihr nur durch Übertreibung begegnet werden kann. Wäre Annas Anschuldigung wahr, hätte sie sich gehütet, sie auszusprechen, aus Furcht, ihren Ersten Minister um seine Ehre zu bringen.

Folglich kann man »ja« sagen. Doch in dem Augenblick, da die Dinge so sicher sind, als hätte man an den Liebeleien teilgenommen, lassen andere Zeugnisse die Waage nach der anderen Seite ausschlagen. In erster Linie ist wieder die bösartigste Viper am Werk, der penetranteste Bohrer, der Dämon in Röcken, der nur darauf aus ist, auch den kleinsten wunden Punkt zu finden: die Herzogin von Chevreuse. Diese Meisterin im Bereich des Bösen, stets voll von Haß gegen Mazarin, hat indessen dem Kardinal Retz – ebenfalls gegen den Italiener eingestellt – merkwürdig nuancierte Eindrücke anvertraut. Sie gesteht, »daß sie an der Regentin ein Benehmen bemerkt habe, das dem sehr ähnlich sei, das sie damals Buckingham gegenüber an den Tag legte. Außerdem habe sie Anzeichen bemerkt, aus denen sie schließen könnte, daß es zwischen ihnen nur eine enge geistige Verbindung gebe. Eines der bemerkenswertesten Anzeichen sei die wenig galante, sogar schroffe Art und Weise, in der der Kardinal mit ihr umgehe . . . Und wie ich die Gemütsverfassung der Königin kenne, kann das zwei Gründe haben. Deshalb kann ich darüber nicht urteilen.«

Dieses »wenig galante, sogar schroffe« Benehmen Mazarins ist ebenso zweifelhaft wie Annas Anschuldigung, er sei Päderast. Ausgerechnet Mazarin, die menschgewordene Sanftmut, sollte der Frau gegenüber schroff sein, der er alles verdankt, der Regentin von Frankreich, er, der auf Titel und Ehren so bedacht ist? Ist das nicht auch die Übertreibung eines Komödianten, der zu dick aufträgt, um »etwas« zu verbergen, und der seine Kaltblütigkeit bei einem zu heißen Eisen verliert? Gleichwohl, die Schlußdiagnose der Meisterin der Verleumdung, der Chevreuse, das Ergebnis der Beobachtung von Gesichtern, Stimmungen und Tatsachen ist: »Ich kann darüber nicht urteilen.«

Gleich neigt sich die Waage wieder auf die andere Seite. Aus den Memoiren von Brienne spricht eine Stimme des Vertrauens, eine unvergeßliche reine Stimme, die sich nur flüsternd, in den wenigen Augenblicken des Alleinseins der Regentin mit einer Hofdame erheben kann. »Worte voll Poesie und Sehnsucht, Stimme eines vergessenen Traums, Betrübnis eines Gedankens.« Eines Tages seufzt die Regentin beim Rosenkranzgebet. Madame de Brienne, die Mutter des Memoirenschreibers, macht sich die Gelegenheit zunutze, ihr die abträglichen Gerüchte zu hinterbringen: »Ihre

Majestät errötete bis ins Weiß ihrer Augen. Dann sagte sie tränenüberströmt: ›Warum, meine Liebe, hast du mir das nicht früher gesagt? Ich gebe zu, daß ich ihn gern habe, und ich kann sogar sagen, herzlich gern. Aber die Zuneigung, die ich ihm entgegenbringe, geht nicht bis zur Liebe, oder wenn sie, ohne daß ich es weiß, so weit geht, haben meine Sinne keinen Anteil daran. Einzig mein Geist ist von der Schönheit des seinen bezaubert. Aber sollte sogar über dieser Liebe der Schatten einer Sünde liegen, verzichte ich von jetzt an vor Gott und den Heiligen auf sie. Von nun an werde ich mit ihm nur noch über Staatsgeschäfte sprechen und das Gespräch unterbrechen, sobald er mir von etwas anderem erzählt‹.«

Immer wieder dieses Rotwerden, das beweist, daß die Regentin eine Pfirsichhaut hat, oder daß die Affäre Mazarin ihr besonders ans Herz greift. Zudem kann man sagen, daß sie die Sinne allzu rasch abtut, diesen schwindelerregenden Abgrund. Auch beschließt sie allzu plötzlich, diese platonische Liebe zu beenden. Ist ein so plötzlicher, wie vom Heiligen Geist eingegebener Bruch glaubhaft? Und schließlich gibt sie auch zu, daß Mazarin ihr »von etwas anderem« erzählt. Mithin hat sie ihn bis zu jenem Augenblick sprechen lassen. Ist es bei Worten geblieben?

Bemüht Anna »Gott und die Heiligen« für nichts? Dieser eilige, plötzliche Abbruch und der Eifer erinnern an die Reaktion eines Heiligen, der über diese Affäre urteilen konnte, ohne vom Himmel herabsteigen zu müssen. Ein lebender Heiliger mit bäurischer Sprache und schweren Stiefeln: Monsieur Vincent, Vincenz von Paul. Als ihm das Geschwätz über die Regentin und ihren Kardinal zu Ohren kommt, ruft er entsetzt aus: »Das ist so falsch wie der Teufel!« Dieser heilige, südländisch gefärbte Zorn, die aus dem Kopf quellenden Augen könnten vielleicht das Zeichen dafür sein, daß er, der alles weiß, nichts sehen will. Er ist kein Frömmler wie so manche Prälaten, sondern ein Heiliger und ein Lenker der Gewissen, der die Dinge der Erde schon vom Himmel herab betrachtet und der es vorzieht, die Regentin ihrem Glück zu überlassen, dem Unterpfand für das Glück des Königreichs und Tausender von Armen, denen die Regentin das Leben erleichtert. »Wehe dem, durch den das Ärgernis in die Welt kommt!« Wäre es in diesem Fall nicht ein Ärgernis, eine liebenswerte, bisher gequälte Frau aus ihrem inneren Gleichgewicht zu bringen, eine Frau, die niemandem etwas Böses antut, wenn sie sich selber etwas Gutes tut?

Vincenz beweist ebenso viel politischen Verstand wie Heiligkeit. Er, der niemals nach etwas gestrebt hat, und doch Großalmosenier der Galeeren geworden ist, Beschützer der Gefangenen, Begründer einer Menge von frommen Werken, zeigt den gleichen politischen Scharfsinn wie Mazarin, allein durch den Schrei, den er unterdrückt, wie jedesmal, wenn die Dummheit der Welt ihm wie ein Knebel im Mund sitzt: »Das ist falsch wie der Teufel!«

Es liegen auch die vierzehn handgeschriebenen Briefe Annas von Österreich an Mazarin vor. In sehr herzlichem Ton gehalten. Doch zur damaligen Zeit will der Ton nicht viel besagen. Die Geziertheit verleiht dem Wortschatz fieberhafte Glut. Es sind immer nur »Leidenschaften, Lieben, zu Ihren Füßen geworfene Leben, Schwüre, eher zu sterben als . . ., demütigste, gehorsamste Diener, demütigste und gehorsamste Dienerinnen« selbst unter Gleichgestellten, ein Ausstreuen von Hingabe bis zum Tod, durchbohrte Herzen, Himmel und Höllen. Als die eiskalte Marie de Hautefort den Hof verlassen muß, nimmt sie folgendermaßen Abschied von der Regentin: »Zum letzten Male Adieu, Madame. Ich werde Sie wahrscheinlich nie wiedersehen, und wenn diese schreckliche Vorstellung mich auch keinen Augenblick verläßt, wird mein Leben nicht ausreichen, um Ihnen zu sagen, wie sehr ich bin, Madame, Eurer Majestät demütigste und gehorsamste Dienerin.« Heute würde sich diese Frau lieber umbringen, als so etwas zu sagen.

An manchen Stellen in ihren Briefen benutzt Anna Zeichen und Zahlen, deren Sinn nie völlig geklärt worden ist. Hatte sie etwas zu verheimlichen? Augenscheinlich ihre Liebe zu Mazarin. Sicher ist es nicht. Damals hatten Zeichen nicht denselben Sinn wie heute. Es sind verabredete Signale zwischen Verschwörern, wie sie zum Beispiel während der deutschen Besatzung in Frankreich gang und gäbe waren. »Vetter Henri wird bald da sein«, konnte bedeuten: »die Amerikaner werden landen«.

Unter Richelieu konspirierten die meisten der Höflinge. Um der Polizei der Eminenz ein Schnippchen zu schlagen, chiffrierten sie ihre Briefe. Anna behält diese Gewohnheit bei, sie kommt ihrem Hunger nach Romantik entgegen, der ebenso groß ist wie ihr Hunger auf Wildbret. Wie ein Kind bezeichnet sie Mazarin mit der Zahl 16 oder durch das rätselhafte Zeichen ⩛ das einem Köcher mit drei Pfeilen ähnelt, oder der Wünschelrute des Diplomaten. Anna ist die Zahl 15 oder 22 oder ein Kreuz mit drei Querbalken ⧧.

Manchmal reiht Anna zwei oder drei Dreifachkreuze aneinander. Dreifache Kinderei einer Kindfrau oder einer eingesperrt lebenden Spanierin. Vererbte Haremsgewohnheiten ihres Heimatlandes aus der Zeit der arabischen Besetzung. Die Dechiffreure entschlüsseln folgendermaßen: ein einzelnes Dreifachkreuz bedeutet Anna oder »ganz die Ihre«. Drei Dreifachkreuze: »Anna ist die Ihre«. Was mögen nun zwei Dreifachkreuze bedeuten?

Später, als der König großjährig ist, nennt ihn die Regentin in ihren Briefen »den Vertrauten«. Ist er ein politischer »Vertrauter«? Gewiß, da er über alles ins Bild gesetzt werden muß. Ein »Vertrauter«, der von der Liebe seiner Mutter zu Mazarin etwas weiß? Das ist nicht so gewiß. Wahrscheinlich ist, daß er der »Vertraute« ihres intellektuellen und politischen Einverständnisses ist, ihrer Gemeinschaft, die das Ziel hat, ihn zu schützen und ihm sein Königreich zu bewahren. »Vertrauter«, Zeuge, Unterpfand ihrer vereinten Bemühungen in allen Stürmen, einer an den anderen gelehnt, um widerstehen zu können: dabei sieht man mehr auf die Gefahr als aufs Protokoll.

Am 3. August 1653 schreibt Anna an Mazarin: »Der Vertraute schreibt Ihnen nicht, doch bittet er mich, Ihnen zu sagen, daß er niemandem nachgeben würde, wer es auch sei, da ǂ ǂ ǂ. Möge dieser Brief Sie bei so wenig Schmerzen antreffen, wie ich hoffe: damit ist alles gesagt, und ich ende, indem ich sage ǂ ǂ ǂ.«

Hier wäre »Anna ist die Ihre« die einleuchtende Schlußformel des Briefes.

Ein flammender Brief wurde zu Beginn des Jahres geschrieben; er ist im Grunde zu schön, um wahr zu sein, aber die Wirklichkeit übersteigt zuweilen die Phantasie. Wieder einmal hatte der König unter dem Druck der Fronde Mazarins Abberufung zustimmen müssen. (12. August 1652) Der Verbannte zieht sich in die Champagne und nach Bouillon zurück. Bei dieser Gelegenheit kann er die Operationen in der Champagne beobachten und Château-Porcien zurückerobern. Als die Regentin ihm ihr Brandschreiben schickt, ist noch unbekannt, daß er eine Woche später zurückkehren wird.

»Am 26. Januar 1653. – Ich weiß nicht mehr, wann ich Ihre Rückkehr erwarten soll, da sich jeden Tag neue Hindernisse auftürmen. Alles, was ich Ihnen sagen kann, ist, daß ich mich sehr danach sehne und daß ich diese Verzögerung höchst ungeduldig ertrage. Und wenn 16 [Mazarin] wüßte, wie sehr 15 [die Regentin] in dieser Hinsicht leidet, bin ich sicher, er würde darüber sehr gerührt sein. Ich bin es im Augenblick so stark, daß ich nicht die Kraft habe, ausführlich zu schreiben, und ich weiß nicht recht, was ich sage. Ich habe fast jeden Tag Briefe von Ihnen erhalten, und wäre dem nicht so, ich wüßte nicht, was geschehen würde. Schreiben Sie mir weiterhin ebenso oft, da Sie mir in dem Zustand, in dem ich mich befinde, Linderung verschaffen. Ich habe getan, was Sie mir hinsichtlich [folgt ein nicht entzifferbares Wort] aufgetragen haben. Schlimmstenfalls brauchen Sie die Schuld für die Verzögerung nur auf 15 abzuwälzen, die [unleserliches Wort] ist. ǂ Ѱ [Anna gehört Mazarin] bis zum letzten Atemzug. Das Kind wird Ihnen alles mitteilen. Adieu, ich kann nicht mehr. Ѱ weiß wohl warum.«

In diesem Brief allerdings ist der heiße Atem der »fortgesetzten Todsünde«, der schlimmste Schrecken der Frömmler zu spüren. Gerade die Kürze verleiht ihm einen schrecklich unverbrämten Ton. Hier ist nichts von dem gezierten Kauderwelsch vorhanden, das sonst das königliche und intellektuelle Protokoll beherrscht. »Das ist Venus, gänzlich an ihr Opfer gekettet.« Das schonungslose Gesicht des Begehrens der Frau, von dem die Schichten der Schminke und Posen abfallen und das Fleisch schreiend sichtbar machen. Der Geist verwirrt sich, kann die Gedanken nicht mehr formen. Anna ist erschöpft, sie keucht und gesteht: »Ich weiß nicht recht, was ich sage.« Die mehr als sechs Monate dauernde Trennung hat sie in diesen Zustand versetzt. Sie schreit ihre Entbehrung heraus, die sie grausam trifft, weil die »fortgesetzte Sünde« anscheinend häufig war. Einzige Linderung: Mazarins tägliche Briefe. Hilfe in größter Not. Das einzige Heilmittel gegen die Abwesenheit. Der einzige Ersatz für die Anwesenheit.

Unter anderen Umständen würden Worte wie »⋕ ⩛ [Anna gehört Mazarin] bis zum letzten Atemzug« die üblichen stilistischen Verrenkungen der schöngeistigen Salons nicht übersteigen, aber hier, in diesem Schirokko, hat jedes Wort Gewicht. Selbst die Seufzer, die Atemzüge hauchen Sinnlichkeit.

Und der Schluß, der herrlich wollüstige Schluß, ebenso unumwunden wie das Liebesgeständnis einer Frau aus dem Volk. Und ihr komplizenhaftes Beben, wenn sie dem Mann ins Ohr flüstert: »Adieu, ich kann nicht mehr. ⩛ [Mazarin] weiß wohl warum.«

Mürrische Gemüter versuchen, diese lodernde Fackel in einen Eiszapfen zu verwandeln. Sie deuten alles politisch. Anna habe nicht die Kraft gehabt, ausführlich zu schreiben, weil sie erschöpft ist von der Auseinandersetzung mit der Fronde. Sie weiß nicht recht, was sie schreibt, wegen des von den Aufrührern in ihrem Kopf angerichteten Wirrwarrs. Sie kann nicht mehr, weil sie einen unendlich langen Ministerrat hinter sich hat. Mazarin »weiß wohl warum«: besser als jeder andere kennt er die Anstrengungen solcher Sitzung.

Abgesehen von der Lächerlichkeit dieser Deutungen, bleibt die »Sehnsucht« Annas zu erklären, ihre »Ungeduld«, Mazarin wiederzusehen, die »Linderung«, die ihr seine fast täglichen Briefe bringen, ihr Verlangen, weitere in derselben Folge zu bekommen.

Ein anderer Beweis für die Leidenschaft ihrer Liebe: manchmal schreibt die Regentin zweimal am gleichen Tag an Mazarin. Die Verfechter der These, daß Liebe nicht im Spiel war, weisen darauf hin, daß man zu jener Zeit zuweilen mehrere Briefe am selben Tag an denselben Empfänger schrieb, um sicher zu sein, daß wenigstens einer ankommt. Hatte Mazarin einst sogar neun Briefe an den barschen Kardinal Barberini geschrieben, in den er nicht verliebt war?

Mag sein, aber es darf nicht vergessen werden, daß Anna eine träge Spanierin war. Um an einem und demselben Tag zwei lange Briefe in französischer Sprache an denselben Empfänger zu schreiben, um sich aus ihren weichen Kissen herauszureißen, müssen sehr gewichtige Gründe vorliegen, die mit Politik nicht zu erklären sind. Als der junge Mazarin zwischen Sonnenauf- und -untergang dem rauhen Barberini seine neun Episteln hinschmetterte, geschah es aus dem Delirium eines Jünglings heraus, der sich die Hörner diplomatischer Begeisterung abstieß. In Anna brennt ein anderes Feuer. Ein Beweis dafür ist die Veränderung, die im Verlauf der Jahre in ihr vorgegangen ist. Einst betrachtete sie Mazarin vor allem als ihren Lieferanten für Parfümerieartikel und hatte es mit dem Dank nicht eilig. »Sie hat sich vorgenommen, Ihnen zu antworten«, schrieb Chavigny an Mazarin, »aber ich glaube, sie wird ein bißchen Zeit benötigen.« Viel Zeit! Oder überhaupt keine Antwort!

Welche Schlußfolgerung ist zu ziehen? Daß man in solchen Angelegenheiten, wenn das Geheimnis wohl gehütet ist, »im« Bett (darunter würde nicht genügen) versteckt sein muß, um genau zu erfahren, was vor sich geht.

Diejenigen, die steif und fest leugnen, daß es zwischen den beiden hochgestellten Partnern ein Liebesverhältnis gegeben habe, haben sich für den Schluß eine Bombe aufgespart, die ihrer Meinung nach den Gegner zunichte macht: die Regentin ist nie allein. Wenn man behauptet, sie sei es, so bedeutet das, allein mit ihren Frauen, von denen mehrere in ihrem Schlafgemach die Nacht verbringen. Und ihre Tête-à-têtes mit Mazarin? Und die Staatsgeheimnisse? Ihre Frauen sind nicht da, um sie aufzuschnappen. Gewiß nicht, aber die Türen stehen offen. Die beiden in Liebe Verschworenen sind vielleicht allein miteinander, aber hinten, am Ende einer Flucht von Gemächern. Man kann nicht hören, was sie sagen, aber man kann sehen, was sie tun. Die meisten Frauen würden, allein bei dieser Vorstellung, eiskalt werden. Sie brauchen für die Hingabe, wie verfolgte Rehe, das völlige Alleinsein, geschlossene und verriegelte Türen, gelöschtes Licht.

In den königlichen Palästen herrscht eine Jahrmarktsstimmung, die uns in Erstaunen versetzt, da wir uns ein ganz anderes Bild von der Monarchie machen. Beeindruckt von den Verbeugungen, den Titeln »Sire, Eure Majestät, Eure Hoheit, Eure Eminenz« und den dauernden »demütigen und gehorsamen Dienern« stellt man sich nur Untertanen vor, die vor Respekt vergehen. In Wirklichkeit verhielt es sich anders: Vorausgesetzt, daß man seine Äußerungen mit einer genügenden Zahl von »Sire« und »Eure Majestät« spickte und einige Verbeugungen an der richtigen Stelle anbrachte, konnte man einem damaligen Herrscher mehr Wahrheiten sagen, als einem heutigen Minister. Es ist heute unendlich viel schwieriger, in den Elysée-Palast, den Amtssitz des Präsidenten der Republik, einzudringen, als einst in den Louvre, in die Schlösser von Saint-Germain oder von Versailles. Das Königreich gehörte dem König, der König gehörte dem Volk. Er war Gott auf Erden, aber er war auch der Staat, das Vaterland, das Monument, das Hab und Gut aller. Seine Untertanen besaßen ihn in Gemeinbesitz, wie die Franzosen heute den Bois de Boulogne oder den Wald von Fontainebleau besitzen. Man machte ihm einen Besuch, um zu sehen, wie er lebt, so wie man heute den Tag am Eiffelturm oder auf dem Flugplatz von Orly verbringt. Es hätte also die Möglichkeit bestanden, daß die Liebschaft Annas von Österreich und Mazarins ebenso viele Beschauer gehabt hätte, wie heute im Louvre-Museum an einem Sonntag die »Mona Lisa«.

Dieses Bomben-Argument möchte man ausräumen und folgendes sagen: Trotz des vergitterten Harems, trotz der Peitschen der Eunuchen und der Ledersäcke, in die die Schuldigen zusammen mit einer Wildkatze geschnürt und in den Bosporus geworfen wurden, hat die Frauen nichts davon abhalten können, heimlich den zu lieben, der ihnen gefiel. Sicherlich hat Anna von Österreich, aus Spanien kommend, einem alten Land, das lange von den Arabern besetzt war, viele Haremsschliche gekannt, wie alle Spanierinnen. Und ist schließlich während der Fronde, als der Hof von Stadt zu Stadt zog wie ein reisender Zirkus, das Protokoll nicht häufig gelockert worden?

Daß das Geheimnis gut gehütet wurde, ist nicht erstaunlich. Denn es bestand zwischen einer Spanierin und Mazarin. Wie sollte er, der alle anderen Geheimnisse in sich verschloß wie in einem Grab, nicht dieses allerwichtigste für sich bewahrt haben?

Man nehme einmal an, das Geheimnis sei gelöst. Dann muß versucht werden herauszubekommen, welches die Ursachen gewesen sind. Im 17. Jahrhundert klafft ein tieferer Abgrund zwischen einem simplen Sterblichen, so groß er auch sein mag, und einem König oder einer Königin, als heutzutage zwischen den Bürgern und einem Staatschef. Dennoch haben in der ersten Hälfte des 17. Jahrhunderts verschiedene dieser gottgleichen Königinnen ihre Huld Sterblichen gewährt, oder zumindest ist darüber geredet worden.

Henriette, die Königin von England und dritte Tochter Heinrichs IV., wird von Walter Montagu geliebt, doch sie beschränkt sich wohl nur auf Zärtlichkeiten, wie sie im Empyreum, dem Ort der Seligen, ausgetauscht werden. Eine Göttin, die sich nicht darauf beschränkt, ist ihre eigene Schwester, Madame Chrétienne, Herzogin von Savoyen. Sie schwebt von einem Geliebten zum anderen. Ganz Europa spricht von ihr und dem schönen Philippe d'Aglié, von dem sie eine ganze Schar von Kindern hat, die vom Herzog, ihrem Mann, dankbar angenommen werden. An den Höfen Europas sagt man »Graf Philippe spielen«, wenn eine Herrscherin einem ihrer Untertanen Gunstbeweise gewährt.

Mazarin war Zeuge dieser sich in oberen Bereichen abspielenden Liebschaften. Dasselbe Gerede trifft nun auch ihn. Es wird behauptet – allerdings würde ihn das abstoßend erscheinen lassen –, er habe auf höheren Befehl gehandelt, auf Richelieus Geheiß. »Manche haben geglaubt«, erzählt Tallemant des Réaux, »der Kardinal [Richelieu] habe die Absicht gehabt, die Königin über den Kardinal Mazarin zu lenken ..., da er schon bei ihrem ersten Zusammentreffen bemerkt hatte, daß die Königin schon lange Zeit eine Neigung zu ihm gefaßt hatte, oder daß seine Ähnlichkeit [mit Buckingham] ihm Anlaß gab, es zu hoffen«.

Victor Hugo hat die Atmosphäre, die am Ende des 17. Jahrhunderts am spanischen Hof herrschte, in seinen Wechselgesprächen zwischen Don Sallust, dem bösen Grandseigneur, und seinem Diener Ruy Blas wiedergegeben:

> Ruy Blas (bestürzt, zu Don Sallust):
> »Und was befehlen Sie mir jetzt, Seigneur?«
> Don Sallust (auf die Königin weisend, die langsam durch die Galerie schreitet):
> »Dieser Frau zu gefallen und ihr Geliebter zu werden.«

Lautet so ein Befehl Richelieus an Mazarin, seine »Kreatur«?

Sollte aber Tallemants Andeutung richtig sein, wäre Mazarin zu einem Teil von diesem schrecklichen Verdacht reinzuwaschen, denn was geschah, gehörte zum Geist der Zeit. Romane, Balletts, Opern ermutigten den jungen Italiener, die Rolle des »Erdenwurms, der in einen Stern verliebt ist«, zu spielen. Alle diese echten oder unechten Liebhaber der monarchischen, auf dem Olymp thronenden Venusse stehen nur mit einem Fuß auf der Erde. Den anderen haben sie im Himmel des Theaters, oder tun so, um mit der Zeit und der damaligen Mode zu gehen. Die Königinnen erholen sich im Theater vor der Bühne vom Theater des höfischen Protokolls mit den immer gleichen Zuschauern, den ewigen Höflingen, Sklaven und Spionen, die jeden ihrer Schritte belauern, jedes Mienenspiel, jedes Seufzen, das aus ihrem Mund kommt. Es gibt für sie nur eine einzige Befreiung von diesen beiden Theatern: die Liebe.

Sieht man die Dinge von der schlimmen Seite an, hätte Mazarin also als Geheimagent begonnen, der die Befehle seines Chefs ausführt. Achtsam in allem, vom gekräuselten Bart bis zu den gewundenen Wegen der Diplomatie, bemühte er sich, seiner Aufgabe gerecht zu werden: der Königin zu gefallen. Doch selbst für einen Geheimagenten gibt es Aufgaben, die angenehm sind und andere, die weniger angenehm sind. Mazarin zu Ehren soll angenommen werden, daß er diese Aufgabe herrlich fand.

Dann wäre er nach Richelieus Tod aus Ergebenheit für den König und aus Pflichtgefühl den Weg weitergegangen. Ludwig XIII. hat ihn zum Paten des königlichen Kindes bestimmt. Eine göttergleiche Ehre, die allein genügen konnte, den Sohn des Verwalters der Colonna zu berauschen. Dies ist aber eine Ehre, die den Mummenschanz des Protokolls weit hinter sich läßt und in eine zweifache, eine religiöse und eine politische Aufgabe und Pflicht einmündet. Für einen Katholiken, mehr noch für einen Kardinal, ist der Pate, Vertreter des Vaters, zweiter Vater, verantwortlich für das Seelenheil seines Patenkindes. Ludwig XIII. hat diese Haftung durch mehrere Eidesleistungen untermauert, mit denen Mazarin sich verpflichtete, sich mit Leib und Seele dem jungen Ludwig XIV. zu widmen.

Ludwig XIII. stirbt. Der »in einen Stern verliebte Erdenwurm« hängt völlig von seinem Gestirn ab. Manche Männer, vor allem virile, würden dieses Joch nur schwer ertragen. Mazarins Charakter unterwirft sich ihm leichter als andere. Es gehört auch zum Charakter des Landes, aus dem er stammt, wo der Mann sich oft der »Mamma« unterordnet und es nicht ablehnt, sich auch finanziell von den Frauen verhätscheln zu lassen. Es ist durchaus möglich, daß Mazarin, dessen Geschmeidigkeit, wie man weiß, nicht immer bedingungslos ist, sich manchmal gesträubt hat, was die »wenig galante, sogar schroffe« Art und Weise erklären würde, in der der Kardinal zuweilen mit der Regentin umging, wie die Chevreuse berichtet. Das sind Ausbrüche, wie sie bei einem Prinzgemahl oder bei den Favoriten dieser Damen häufig sind.

Jedenfalls erfordert schon das praktische Interesse von Mazarin, daß er sich an seinen »Stern« bindet. Er existiert nur unter dem Funkeln dieses Gestirns. Wenn es aufhört für ihn zu flimmern, fällt der Kardinal in die Finsternis zurück.

Praktisches Interesse, geheiligtes Interesse. Die wiederholten Eide, seine Aufgabe als Pate ketten den »Erdenwurm« fast ehelich an seinen »Stern«. An der Wiege des Kind-Königs schaffen Politik und Patenschaft ein Paar, vergleichbar etwa jenen Paaren im Theater, die das Publikum gern auch im Leben vereint sehen möchte.

Mazarin soll noch ein paar Pluspunkte bekommen. Ihm, dem Spieler, sollen einige gute Karten unter dem Tisch zugeschoben werden. Damit er sympathisch dasteht. Er soll nicht für einen »Homme-machine« gehalten werden. Man könnte sich vorstellen, daß Mazarin Gefallen an dem Spiel gefunden hat, daß er mit der Zeit die üppige Regentin liebgewonnen hat. Das war das Beste, was er tun konnte. Er ist schrecklich allein. Und mit ihr zusammen wird er es immer mehr, so sehr, daß er, der alles sieht, die Zusammenballung der Wolken über ihren Köpfen nicht wahrnimmt. Das läßt auf eine verliebte Isolierung schließen. Und da er sie nicht betrügt, ist er um so mehr allein. Eine andere Liaison ist nicht bekanntgeworden. Treue? Klugheit? Gleichgültigkeit? Es wird ein Rätsel bleiben.

Die wichtigste Mätresse dieser Sphinx ist der Ehrgeiz. Er beseelt ihn und setzt alle Kräfte seines Geistes und Körpers in Bewegung. Ein ausgefüllter Mensch, so wie ein randvolles Glas, in das kein einziger Tropfen mehr geschüttet werden kann. Ehrgeiz, Überanstrengung, Gefahren, Spannung, alles hat stets mit dem einen Ziel zu tun: immer höher zu steigen, zu beherrschen, zu schaffen, reich zu werden, mächtiger und immer unerreichbarer, bis von ganz oben der winzige Ausgangspunkt dort unten im Staub nicht mehr auszumachen ist.

Wenn man so ruhelos lebt, unablässig zum Gipfel eines Gebirges von Gold, Diamanten, Schätzen, Palästen und Würden emporklimmt, sich auf der Schneide einer unendlich langen Reihe von Säbeln im Gleichgewicht hält und umgeben ist von Tigern und Flammen, was bleibt da für die Liebe übrig? Denkt der Akrobat auf dem Seil, der Spieler am Spieltisch daran? Und sind die Schrecken oder Wonnen eines solchen Höllenspiels, die Atemlosigkeit, der Schweiß, das Herzklopfen nicht vielleicht köstlicher als die Aufregungen der Liebe?

Sofern noch ein bißchen Menschlichkeit in Mazarin vorhanden war, mag man nicht glauben, daß er sich nie in diese Oase geflüchtet haben soll, in die Gärten der Semiramis, die zwischen den Gefahren hängen. Die Liebe kam seinen Interessen entgegen, aber sie ergötzte auch sein Herz. Er bewahrte sich diese Zuflucht der Zärtlichkeit und des Erbarmens, ohne die jeder Mensch, vor allem, wenn er unter dem fürchterlichen Druck fürstlicher Höfe steht, vertrocknet und abstirbt.

Möglicherweise hat Mazarin der Regentin weder eine morganatische Ehe vorgeschlagen – wie sie zwischen Ludwig XIV. und Madame de Maintenon geschlossen wurde – noch eine Verbindung zur linken Hand, sondern eine Verbindung der Seele, eine »Gewissensehe«, die nur vor Gott besteht. Man benutzte diesen Ausweg zum Himmel hin vor allem in Spanien und in Italien, wo die Frau viel stärker unter Überwachung stand als in Frankreich und wo romantischer Überschwang viel mehr dazu verleitete, die Zwänge der Gesellschaft zu fliehen. Vielleicht hat eine solche Roman- und Theaterheirat Anna und Giulio vereint und sie in Heldenfiguren der Phantasie verwandelt. Das ist ihre Weihe. Kein Gemälde, kein Kupferstich, kein Bildwerk stellt sie dar. Sie aber wissen, daß sie in der Verborgenheit ihrer Herzen stattgefunden hat. Sie haben sich zum Wohl des Königreichs einer dem anderen hingegeben, tiefer und stärker gebunden, als es bei den prunkvollen königlichen Heiraten zur rechten Hand, jedoch ohne den Geist und die Seele, geschieht. Anna bringt Mazarin ihre Krone dar, ihre Göttlichkeit, ihre Treue, ihr Gottes-Kind. Mazarin bietet der Regentin das Reich seiner Gedanken, das er rückhaltlos jeden Tag vor ihr ausbreitet. Welcher Gemahl, königlich oder nicht, hat seiner Frau je ein schöneres Geschenk gemacht?

Es soll nicht untersucht werden, ob sie zu Beginn, in der Mitte oder am Ende aufrichtiger war als er, ob diese Frau mit dem großen Hunger nach Liebe nicht die Vergangenheit und die Gegenwart zugleich genossen hat, England und Italien, zwei Männer in einem einzigen: Buckingham und Mazarin. Vermutlich findet sie Gefallen an dem Gedanken, daß sie eine Heldin des größten Dramatikers der Zeit ist: Corneilles. Der aus der Normandie stammende geniale Dichter trifft zweimal ins Schwarze, indem er ihr (1643) seine anspruchsvolle Tragödie »Polyeucte« widmet. Er stellt sie sozusagen neben seine Heldin Pauline, die bei der Nachricht, ihr Gemahl, der Christ Polyeucte, werde das Martyrium erleiden, ihrem Vater Felix, dem Gouverneur von Armenien, ins Gesicht schreit: »Felix, ich bin Christin.« Chateaubriand nennt das: »Eine Liebeserklärung im Himmel.«

Als Liebende und als Christin, die sich durch eine Gewissensehe, durch ihre »Liebeserklärung« an Mazarin dem Himmel anvertraut, ist Anna des Sonetts würdig, das der Dichter seiner Tragödie voranstellt. Corneille preist die »Königin Regentin« für ihre »ungewöhnliche und bewundernswerte Frömmigkeit«, für ihre »Klugheit« und ihre »Sorgfalt«, für die »guten Ratschläge, die sie angenommen hat« (von Mazarin kommend), für den »großen Mut, den sie bezeigt hat, um sie auszuführen« (durch den Herzog von Enghien). Mit seinem Sonett legt er der Regentin einen Lorbeerkranz um die Stirn, den sie ihres zweifachen Heldentums wegen verdient, des öffentlichen und des verborgenen.

Die Kabale der Ohnmächtigen

Mazarin bleibt seiner Taktik treu: seine Rückendeckung auszubauen und das Gelände zu sondieren, seine Feinde herauszulocken, um sie mit Umarmungen zu empfangen. Kaum sitzt er auf dem Sessel des Leitenden Ministers, entwaffnet er die alten Freunde der Regentin durch eine Fülle von Gunstbeweisen.

In kürzester Zeit entledigt er sich des Bischofs von Beauvais Augustin Potier. Doch hat dieser Blender der Regentin so viele Dienste erwiesen, daß Mazarins Feinde sich um diese dünne Gestalt scharen und versuchen, ihn zum Premierminister zu machen. Er ist Annas Almosenier, er hat die Parlamentssitzung von 18. Mai 1643 vorbereitet und fromm dabei geholfen, dem Testament Ludwigs XIII. den Garaus zu machen. Doch zerschlägt »der Dümmste der Dummen«, wie der Kardinal Retz ihn nennt, so viel Porzellan, daß er sich selbst aus der politischen Welt herausmanövriert.

Andere Störenfriede machen Mazarin weit mehr zu schaffen: die »Importants«, die Wichtigen, und ihre Kabale. Die unersättlichen Wölfe mit ihren großen Ansprüchen, die nach dem Tod Ludwigs XIII. und Richelieus zurückkehrten und meinten, sie könnten sich jetzt gütlich tun, treffen auf eine merkwürdige, großartige, strahlende, höfliche, glatte Regentin. Auf eine Mauer aus Smaragd, so smaragden wie ihre Augen, deren Strahlen blenden, gegen die man aber nichts ausrichten kann.

Sie ist anders als zuvor.

Man versteht sie nicht. Man kann sich ihr Verhalten nicht erklären. Diese »Kabale« – das Wort ist der Kabbala des Okkultismus entliehen – vermag diese Gemme nicht zu entziffern. Alles wird klar, als man in der Nähe dieser aufgeblühten Regentin den in Purpur gehüllten, mit duftenden Paketen aus Italien gekommenen Mann entdeckt. Gestern noch auf den Namen »Mazarini« hörend, ist er gerade eben zu »Mazarin« geworden, ohne sein Kauderwelsch abgelegt zu haben. Anfangs erscheinen die Beziehungen der Regentin zu dem Fremden so unwahrscheinlich, daß man nicht an sie glauben will. Ein gesunder, an monarchische Hierarchien gewöhnter Geist kann sie nicht begreifen. Und dann, als man näher hinsieht, muß man erkennen, daß es zwischen diesen beiden Menschen Bande von

Ursache und Wirkung gibt und daß dieser unbegreifliche vertrauliche Umgang mehr als möglich ist: er ist wahr.

Die Meute hat ihre Beute gefunden: diesen Fremden, dem das Rückgrat gebrochen werden muß. Zunächst meint man, es werde nicht schwierig sein. Die »Importants« sind eigensinnige Wölfe, die ihre Tatzen an den Sesseln der Salons geschliffen haben. Komplizierte Intellektuelle, die es verstehen, mit Worten umzugehen. Haarspalter, die Gründe und Beweggründe auf feinsten Goldwaagen wiegen. In ihrer Verstiegenheit lehnen sie das Leben hochmütig ab, anstelle des Lebens aus Fleisch und Blut setzen sie ein künstliches. Sie verlassen sich auf ihr Gehirn, unterdrücken die Sinne und ziehen sich auf den höchsten Turm der Verachtung zurück. Sie scheinen von einer bösartigen Blutarmut befallen, sie leugnen die Bindungen des wahren Lebens zugunsten einer sich in den Wolken spiegelnden Welt. In ihren Wachträumen sind diese Intellektsüchtigen der Meinung, sie könnten die Regentin, eine einfache Frau ohne Krone, und Mazarin, ein Staubkorn unter ihren Füßen, ohne weiteres bezwingen.

Vor allem verachten sie das an der Macht befindliche Paar, weil Anna und Mazarin den absoluten Gegensatz zu ihrer verstiegenen Vorstellung bilden: hier sind zwei normale Menschen, die in der Wirklichkeit stehen, deren Vernunft aber die Wirklichkeit nach oben in einen rettenden Traum projiziert, womit sie die Kraft finden, den Prüfungen hier unten die Stirn zu bieten. Die »Importants« entziehen sich den Pflichten des Lebens aus Schwäche. Sie kehren aus der Verbannung, in die Richelieu sie geschickt hatte, zurück und verbannen sich ins Unmögliche. Diesen Fürsten des Nichts stehen die Regenten des Möglichen gegenüber: Anna und Mazarin, eine Frau und ein Mann, die die Wirklichkeit mit den Feuern des Fleisches und des Geistes erleuchten, damit sie erfüllen können, was ihnen aufgetragen ist.

Einer der wichtigsten »Importants«, jedenfalls der groteskeste, ist Franz VI., erst Fürst von Marcillac, dann nach dem Tod seines Vaters, Herzog von La Rochefoucauld. Kardinal Retz hat in seinen Memoiren ein treffendes Porträt von ihm gezeichnet: »Es hat in Herrn von La Rochefoucauld stets etwas Unfaßliches gegeben. Seit seiner Jugend hat er sich mit Intrigen befaßt, in einer Zeit, da er die kleinen Belange, für die er nie etwas übrig hatte, nicht sah und die großen nicht kannte, die andererseits nie seine Stärke gewesen sind. Er ist nie imstande gewesen, etwas zu unternehmen, und ich weiß nicht warum. Denn er hatte Fähigkeiten, die bei jedem anderen das, was ihm fehlte, ersetzt hätten. Sein Blick reichte nicht weit, und er sah nicht einmal das, was in seinem Blickfeld lag ... Er ist stets unentschlossen gewesen ... Er war nie ein Krieger, obwohl er ein guter Soldat war. Er war auch kein guter Hofmann, obwohl er stets die gute Absicht hatte, es zu sein. Er war nie der Mann einer Partei, obwohl er sein Leben lang engagiert war.«

Dieser Herzog des Unfaßlichen ist der Galan der Damen, er hofiert Marie de Hautefort, Anna von Österreich und, zur Zeit als sie verfolgt wurde, die Herzogin von Chevreuse, der er hilft, nach Spanien zu gelangen. Die Herzogin von Longueville verdreht ihm das bißchen Kopf, das ihm verbleibt. Durch sie wird er in die »Kabale der Importants« verwickelt, dann in die »Fronde«, in Situationen, bei denen er durchlöchert wird wie ein Schaumlöffel. Drei Musketenschüsse treffen ihn bei der Belagerung von Mardick, als er in Condés Armee steht, weitere Wunden und Beulen empfängt er zusammen mit den »Importants« und eine Musketenladung ins Gesicht beim Barrikadenkampf in Paris. Er fürchtet, blind zu werden. Er geht ins Exil, den Kopf mit Brillen und Kappen ausstaffiert. Seine Augen werden gerettet, aber es ist nicht verwunderlich, daß er keinen Blick mehr hat für das, »was in seinem Blickfeld lag«.

Und dazu vertraut der Kriegsverletzte, der Galan der Damen, Segrais an, daß er nie verliebt gewesen sei und die Liebe nur aus Romanen kenne. Eindeutiger kann die Ohnmacht nicht eingestanden werden, und eine bessere Deutung gibt es nicht für die Zusammenstellung seiner »Maximes«, dieser Giftkörner des Pessimismus. Das Gegengift dazu: die Herkules-Pillen des Optimismus von Anna und Mazarin: Honig, Frangipane, Jasmin.

Die Kabale der »Importants« gärt. Der Herd, wo der Haß geschürt wird, ist die Familie Vendôme. Es sind Bastarde Heinrichs IV., die wie alle königlichen Bastarde »die Pariser Schwierigkeiten« in der Politik noch schlimmer machen. Der Ingrimm der Familie Vendôme wütete zunächst wie eine chronische Krankheit gegen die Familie Condé. Die Condés ließen bei jeder Gelegenheit erkennen, daß sie die erste Familie des Reichs zur rechten Hand seien. Und daß eine Kluft bestehe zwischen der rechten Hand und der linken, den Bastarden. Als gehörten die beiden Hände nicht zum gleichen Körper. Doch der Ingrimm der Vendômes wird zur Wut, als ein Condé, der junge Herzog von Enghien, durch seinen Sieg bei Rocroi zum nationalen Helden aufsteigt. Die Condés geben sich nicht mit ihrer Legitimität zufrieden, sie werden durch allgemeine Zustimmung zu Pfeilern des Throns. Die Verbannten, die hungrig zurückkehrten und in der ersten Zeit der Regentschaft meinten, sich den Magen vollschlagen zu können, sind ernüchtert und enttäuscht. Sie erblicken neben Anna von Österreich und dem Königskind diesen Abschaum von Mazarin, der in Purpur gewickelt ist und ihnen den Weg zu ihrem Beuteanteil verstellt, wie es auch die Familie Condé tut, die ihre Siegestrophäen schwenkt.

Der Wütigste ist Cäsar von Vendôme. Richelieu hatte ihm die Stadthalterschaft in der Bretagne und die Admiralität abgenommen. Bei der Rückkehr aus dem Exil glaubte er, man würde ihm alles wieder zu Füßen legen. Die Siege von Rocroi und Diedenhofen sind Ohrfeigen in Cäsars Gesicht.

Der Anführer der Kabale der »Importants« ist ein anderes Mitglied der

Familie Vendôme, François, Herzog von Beaufort, ein gutaussehender Recke mit kühnen blonden Locken. Sein Vokabular ist derb. Er begibt sich auf die Ebene des niederen Volkes. Die Fischverkäuferinnen schwärmen für ihn. Er wird »der König der Markthallen« genannt. Wer die Hallen für sich hat, hat Paris auf seiner Seite. Wie sein Großvater Heinrich IV. hat er keine Angst vor dem Volk. Er fühlt sich wohl inmitten von Flüchen, Gestank und Schweiß. Und das ist »important« in einer Zeit, in der das Volk von Paris sein Wort zu sagen hat und es sagen wird.

Beaufort ist ebenso mutig wie Heinrich IV. Er hat die Einnahme von Arras geleitet und den Fluß Scarpe schwimmend durchquert. Er hat gute Augen und Nerven, er ist der beste Pistolenschütze von Frankreich.

Und wie Heinrich IV. liebt auch Beaufort die Frauen. Hier aber hört der Vergleich auf. Dieser in Paris geborene falsche Heinrich IV. ist unbegabt, aufgeplustert vor Überheblichkeit wie ein Gockel. Er ist siebenundzwanzig Jahre alt. Die Regentin zweiundvierzig. Er hätte bei ihr Erfolg haben können. Vielleicht hat ihr spanisches Augenspiel es ihm verraten. Jedenfalls bildet der junge Beaufort es sich in seiner Großmäuligkeit ein. Als er sieht, daß der Platz von Mazarin besetzt ist, schäumt er vor Zorn. Daß die bissigste Beschreibung Beauforts von Mazarin stammt, ist nicht verwunderlich: »Herr von Beaufort ist davon überzeugt, ein Mars und ein Adonis zu sein, und er meint, wenn er auftritt, ist es um die Ruhe der schönsten Damen geschehen. Er spielt stets den Geschäftigen; er glaubt, daß er die treibende Kraft ist für alles, was sich bewegt, und möchte, daß man ihn bedauert der vielen Unternehmungen wegen, die er auf den Schultern hat. Meiner Meinung nach ist er nicht sehr klug, dafür sehr eitel, sehr eigennützig, übelwollend und ein großer Schwindler; er hat nur sein Volk im Kopf und bildet sich ein, Aufgaben zu haben, die er überhaupt nicht hat. Im übrigen, wenn er zu reden verstünde, würde er schöne Dinge sagen.«

Die »Importants« wären nichts ohne die »Importantes«. Die Frauen gießen Öl aufs Feuer, fachen die Glut an. Sie begnügen sich nicht damit, die Krieger ins Feld zu schicken und in den Ruhepausen für ihre Erholung da zu sein. Sie verwandeln sich in Kriegerinnen. Kabale der Amazonen.

Selten, selbst in heutiger Zeit nicht, haben sich die Frauen mit solchem Eifer in die Szene gestürzt. Die im Mittelalter aufgekommene, aus der höfischen Liebe stammende weibliche Überlegenheit überschwemmt von Zeit zu Zeit wie eine Springflut den Fluß der Geschichte und wird in den Jahren der Regentschaft zu einer hochgehenden Woge. Die »Préciosité«, diese Vorspiegelung eingebildeter Erlesenheit, vertieft, verfeinert und schürt den Drang der Frau nach Vergeltung. Die Monarchie geht daran zugrunde, daß sie sich in Versailles abgeschlossen und den Geist nach Paris hat abwandern lassen, in die Salons, in denen die Philosophen die Revolution vorbereiten. Auch der Mann geht zugrunde, weil er die Frau sich hat absondern lassen; in

Hochburgen der Emanzipation wie dem Hôtel de Rambouillet. Aus Abscheu vor dem Mann der Zeit Heinrichs IV., einem schwitzenden, von Sperma, Blut und Wein befleckten Zentauren, hat sich die erhabene Marquise von Rambouillet, eine in Rom geborene Halbitalienerin, in ihr Stadtpalais geflüchtet. Dort, in der Rue Saint-Thomas-du-Louvre, will die Frau ihren Heiligenschein als Frau nur der Frau verdanken. Der Mann wird nicht mehr als Potentat wie einst im Haus bedient, er ist nur als Bewunderer geduldet.

Mit der »Préciosité« stellt sich die Frau an die Spitze der geistigen Bewegung. Der Ritter wird beim Gedanken an eine Dame nicht mehr zu Heldentaten angespornt. Die Dame selbst, und sie allein, ist das Wesen, das denkt. »Ich denke, daher bin ich Frau«, könnte es im »Discours de la méthode« der Preziösen heißen.

Die Preziöse ist eine engagiertere Frauenrechtlerin als ihre Schwestern im Atomzeitalter; sie haßt den Mann, seinen Despotismus, seinen Anspruch auf das Monopol der Intelligenz, und sie haßt die Ehe, durch die er sie unterdrückt. Abbé de Pure schreibt, die Frau spreche, wenn sie ihren Mann erwähnt, »nur vom Sonderbaren, vom Eifersüchtigen, vom Elenden«. Die unverheiratete Preziöse lehnt die Vereinigung mit dem Mann zur Fortpflanzung des Lebens ab. Sie lehnt es sogar ab, zuzugeben, daß sie aus einer solchen Vereinigung stammt. Sie nimmt für sich das Mysterium der Unbefleckten Empfängnis in Anspruch. So ist Jesus zur Welt gekommen. Warum nicht auch die Sibylle des Reichs des reinen Geistes? 1656 geißelt Abbé de Pure in seiner Schrift »Die Preziöse oder das Mysterium der Alkoven« diese Verrücktheit: »Die Preziöse ist weder die Tochter ihres Vaters noch ihrer Mutter; sie hat weder den einen noch die andere, ebensowenig wie der Hohepriester des alten Gesetzes. Sie ist auch nicht das Werk der sinnlichen und materiellen Natur: sie ist ein Ausfluß des Geistes, ein Aufriß der Vernunft. Dieser Geist und diese Vernunft sind das Geschlecht, das sie erzeugt, doch wie die Perle aus dem Orient kommt und sich in der Muschel bildet, so bildet sich die Preziöse im Alkoven durch die Pflege der höchsten Gaben, die der Himmel in ihre Seele gepflanzt hat. Es gibt bemerkenswerte, die nicht sehr schön, aber trotzdem feinsinnig sind und es verstehen, Augen in Staunen zu setzen, welche ebenso gebildet sind wie die anderen.«

Nicht alle diese Amazonen sind Tugenddrachen. Einige sind Hurendrachen. Für den Mann kommt es ungefähr auf dasselbe hinaus. Auch in diesem Fall wird er ihr Opfer. Sie wählen ihn, nehmen ihn, verwerfen ihn. Sie sind es, die gegen Mazarin entscheiden, urteilen, toben. Der Mann folgt mit Helmbusch und Degengeklirr.

In diesem Bataillon kämpft die Herzogin von Longueville, die Schwester des Großen Condé. Eine zarte, durchsichtige, von schmachtendem Sehnen getriebene Gestalt. Türkisblaue Augen, nicht eben groß, »aber schön, sanft und leuchtend«, schreibt Madame de Motteville in ihren Memoiren. Silberblondes Haar, wie eine Wolke über ihrem Kopf. Die Grazie einer Weide, bebend und zitternd. Sie bezwingt die Menschen durch heimliche Seufzer, durch die Sprache ihrer Augen. Ihre Schwächlichkeit verlangt Schutz. Diese kindliche Frau scheint sich, selbst über Entfernungen hinweg, in die Arme der anderen zu schmiegen. In die ihres alten Gatten, in die ihres Bruders, des mit Staub und Ruhm bedeckten Großen Condé, in die des wackeren Marcillac und die des ehrbaren Turenne. In die Arme der verfassungsmäßigen Körperschaften, des Parlaments und der Schöffen der Hauptstadt, die ihr für ihre Entbindungen den großen Saal des Rathauses zur Verfügung stellen. Sie bezaubert sogar die Stadt, die glaubt, ihr ein Kind gemacht zu haben, das »Paris« getauft wird.

Die Herzogin von Montbazon ist von anderer Art. Wie alle diese Dirnen heiratet sie einen unglaublich viel älteren Mann, Hercule de Rohan, Herzog von Montbazon, der ihr Großvater hätte sein können. Sie ist ein Koloß von lüsterner Schönheit. Eine Riesin mit blühendem Fleisch. Sie verblüfft durch ihre Gestalt, durch ihre milchweiße Haut, durch das tiefe Schwarz ihrer Haare: das alles wirkte besonders im Glanz der Lichter. Der Geschichtenerzähler Tallemant staunt über die Üppigkeit ihrer Brüste, die ungewöhnlich groß waren. »Sie waren wirklich sehr weiß und sehr fest, aber sie ließen sich nur schwer verbergen.«

Die Montbazon ist selbst so überwältigt von ihrer Großartigkeit, daß sie sagt, »man sei mit dreißig Jahren zu nichts mehr gut, und sie wolle, daß man sie in einen Fluß wirft, wenn sie so alt ist«. Glücklicherweise tat man nichts dergleichen.

Der Herzog von Chevreuse, ihr Schwiegersohn, hat sie einmal halbnackt in ihrem Schlafzimmer überrascht und sie danach achtzehn Monate zur Mätresse gehabt. Das Erbe tritt Gaston d'Orléans an. Der Graf von Soissons und der Marquis de la Ferté teilen sich die Riesin. Und das Defilee wird fortgesetzt mit den Herzögen von Beaufort, von Longueville, von Guise, einigen Grafen und dem Marschall von Hocquincourt, der anfänglich nicht zugelassen wurde und sagte: »Ich weiß nicht, was ich tun soll, um Frau von Montbazon zu gewinnen. Soll ich sie ein bißchen schlagen?« Sie wird käuflich. Sie verkauft sich, vermietet sich. »Fünfhundert bürgerliche Taler – und du hebst dein Hemd«, heißt es in einem Pamphlet; man kannte die Tarife.

Als der Herzog von Weimar in den Louvre kam, erzählte er der Königin, er überlasse alle Beute seinen Offizieren und Soldaten. »Aber«, sagte die Königin zu ihm, »wenn Sie eine schöne Dame wie Frau von Montbazon nähmen?« – »Ho! Ho! Madame«, antwortete der Herzog mit seinem deutschen Akzent, »das wäre eine gute Beute für den General.«

Sie ist eine Professionelle geworden, ein Nationaldenkmal, zu dem ganz Europa pilgert. Sie hat drei Kinder zur Welt gebracht, von denen keines von ihrem Ehemann ist. Danach ist sie öfters schwanger; wenn sie in diesem Zustand ist, wendet sie eine Roßkur an: in scharfem Trab holpert sie in ihrer Kutsche über die Pariser Straßen. Zu Hause verkündet das Ungetüm triumphierend: »Ich habe einem Kind das Genick gebrochen.«

Unter diesen wilden Frauenzimmern darf die Prinzessin Palatine nicht vergessen werden. Es ist Anna von Gonzaga von Cleve, die ihren Titel ihrem Mann verdankt, der nur eine Marionette in ihren Händen ist. Obwohl sie bettelarm ist, hat sie sich einen Armen, noch dazu einen Protestanten ausgesucht: den Pfalzgraf Eduard von Bayern. Er ist acht Jahre jünger als sie. »Ganz gebeugt, ganz schüchtern, er war ein armer Mann«, sagt Tallemant. »Er ist die Frau, sie ist der Mann«, fügt La Rochefoucauld hinzu. Sie bekehrt ihn zum Katholizismus und zur Willfährigkeit. Für diese beiden Armseligen, ewig auf der Jagd nach dem Pfennig, ist das einzige Mittel, sich über Wasser zu halten, die Reize der Frau zu Geld zu machen. Mazarin fürchtet die Kurprinzessin: »Drei Frauen sind imstande, ein Königreich zu regieren oder umzustürzen: die Herzogin von Longueville, die Herzogin von Chevreuse und die Prinzessin Palatine.«

Aber das Haupt dieser rasenden Frauen und die bei weitem Gefährlichste ist die Herzogin von Chevreuse. Ein Ungeheuer mit einem Engelsgesicht, dichten Wimpern und seidigem Haar. Sie windet ihren Schlangenleib in das Bett des Herrn von Luynes, des Günstlings von Ludwig XIII. und heiratet ihn. Sie ist sechzehn Jahre alt, er vierzig. Mit neunzehn wird sie Hauptverwalterin des Hofstaats der Königin. Durch ihre witzigen Kapriolen, ihre gepfefferten Reden und ihre närrischen Einfälle setzt sie Anna, die naiv ist wie eine Klosterfrau, in Erstaunen. Ihre ungezügelte Lebensart schockiert die rosenkranzbetende Spanierin, sie verdreht ihr den Kopf und bringt ihr ungeahnte Dinge bei. Die spätere Herzogin von Chevreuse gibt ihr das »Satyrische Kabinett« zur Lektüre und unterhält sie mit Schlüpfrigkeiten. Sie umgibt sie mit einer prickelnden erotischen Atmosphäre. Um dieser Verworfenheit ein Ende zu machen, bemüht der Nuntius vergeblich Annas Beichtvater; der altersschwache Montbazon alarmiert nutzloserweise den König. Die Herzogin schickt Liebesanwärter gegen die Festung Anna; die Herrn Bellegarde, Montmorency, Buckingham.

Vier Monate nach Luynes' Tod heiratet sie den Herzog von Chevreuse, der, wie ihr erster Gatte, dreiundzwanzig Jahre älter ist als sie. Das war das einzige Mittel für sie, an den Hof zurückzukommen, nachdem sie in Ungnade gefallen war, und wieder Ehrendame bei der Königin zu werden. Die Stellung der Hauptverwalterin hat der König abgeschafft.

An allen Rebellionen gegen Richelieu nimmt sie teil. Männern jeglichen Alters verdreht sie den Kopf: Chalais, einen harmlosen Achtzehnjährigen, bringt sie dazu, ein Attentat auf die Eminenz zu verüben, wofür er enthauptet wird; Karl IV. von Lothringen bringt sie dazu, in Frankreich einzumarschieren; vom Erzbischof von Tours, einem einäugigen Achtzigjährigen, erpreßt sie Geld (»Sie werden sehen, er wird alles tun, was ich will; ich brauche ihn bei Tisch nur meinen Schenkel berühren zu lassen.«); vom

Siegelbewahrer Châteauneuf, der in seiner Jugend schon alt war, erpreßt sie Staatsgeheimnisse und verspricht ihm dafür die Stellung des Kardinals: Châteauneuf wird in Angoulême ins Gefängnis geworfen.

Sie versteht es, die Männer zu täuschen, und so verkleidet sie sich als Knabe, um dem Polizeioffizier zu entkommen, der sie einkerkern wollte. Sie flieht nach Spanien, wo der König sie mit Geschenken überhäuft, und später geht sie nach England.

Nach Richelieus Tod weigert sich Ludwig XIII. hartnäckig, die Chevreuse aus der Verbannung zurückkehren zu lassen. Er fühlt sich von dieser teuflischen Frau verfolgt. Mazarin und Chavigny gegenüber sagt er des öfteren, daß »überall, wo die besagte Dame auftrete, Zwist, Unordnung und Unglück unabwendbar seien, und daß sie überall, wo sie sich aufgehalten habe, verhängnisvoll gewirkt hätte«. Man müsse sich vor ihr hüten wie vor der »Pest«. Am 21. April 1643, drei Wochen vor seinem Tod, läßt er noch einmal laut verkünden, das das Aufenthaltsverbot für diese Plage der Menschheit im Königreich für immer gelten solle. Als während der Verlesung des Schriftstücks der Name der Chevreuse fällt, zuckt er in seinem Bett zusammen, als hätte sie ihn mit ihrem Teufelsfuß berührt: »Das ist der Teufel, das ist der Taufel!« In sanfterem Ton antwortet Mazarin wie ein Echo: »Frankreich ist nur ruhig gewesen, wenn sie nicht da war.«

Trotzdem versucht Mazarin, gemäß seiner Art, immer auszugleichen, nach dem Tod Ludwigs XIII. die Unverbesserliche für sich zu gewinnen. Er erliegt dem Irrtum des Optimisten, der nicht sehen will, daß die Menschen sich letztlich in Gute und Böse teilen, und daß es für einen Bösen leichter ist, böse zu bleiben, als für einen Guten, böse zu werden. Vielleicht sagt er sich, daß die Chevreuse Anna von neuem umgarnen und ihn bei ihr schlechtmachen könnte. Er steht auch im klassischen und Corneilleschen Spiel der Antithesen: Richelieu – Mazarin, die harte Eminenz – die sanfte Eminenz. Richelieu wollte die Chevreuse vernichten. Mazarin muß ihr schmeicheln.

Die Rückkehr dieser Teufelin ist nicht zu verhindern. Folglich muß sie mit Blumen empfangen werden. In Belgien erhält sie einen freundschaftlichen Gruß von ihm in Gestalt einer Geldsumme, die Boispillé überbringt, dazu besänftigende Ratschläge von dem jungen Campion, was einer Abenteuerin von dreiundvierzig Herbsten durchaus gefallen konnte. Recht vergnügt bricht die Chevreuse am 6. Juni 1643 von Brüssel auf. An der Grenze wird sie von Hocquincourt empfangen, in Péronne von Les Chaulnes, in Roye von La Rochefoucauld und Montagu, die ihr alle höchst Angenehmes über Mazarin erzählen. Das sind Stationen wie bei der Reise einer Königin, aufgrund deren sie sich die Wiederaufnahme ihrer Hexereien erhoffen kann. Am 14. Ankunft in Paris. Sie hatte die Stadt das letztemal vor zehn Jahren betreten.

Kaum hat sie den Fuß in ihr Stadthaus in der Rue Saint-Thomas-du-

Louvre gesetzt, stürzt ganz Paris zu ihr hin. Die Magierin kann daran ermessen, welche Macht sie noch immer hat. Denn selbst Mazarin, der die Wirkung der Presse auf die Massen und auf die Frauen kennt, verwandelt sich für sie in einen Berichterstatter über gesellschaftliche Ereignisse. In den Spalten von Renaudots »Gazette« läßt er eine Prise Weihrauch verströmen: »Das große Gefolge, das sich unablässig bei der Herzogin von Chevreuse einfindet und die weiten Räumlichkeiten ihres Hauses zu klein erscheinen läßt, setzt den Beobachter nicht so sehr in Bewunderung wie die Feststellung, daß die Anstrengungen dieser langen Reise und die Mühen dieses schweren Schicksals ihrer natürlichen Großherzigkeit keinen Abbruch getan haben und, was noch erstaunlicher ist, auch ihrer Schönheit nicht.«

Der Empfang seitens der Regentin vollzieht sich völlig anders als der seitens der Lobhudler. Majestätisch freundlich schenkt sie der Chevreuse ein Lächeln und hält dadurch zugleich auf achtungsvolle Distanz. Diese Begrüßung der Königin, die ihren Platz oben auf den Stufen des Throns wahrt und erwartet, daß eine Untertanin den ihren wahrt, ist sehr verschieden von den tränenreichen Ausbrüchen des jungen Mädchens, derselben Anna, die einst, als die Übeltäterin des Hofs verwiesen wurde, ausrief: »Lieber möchte ich keine Kinder haben, als von der Herzogin von Chevreuse getrennt leben zu müssen.«

Die erfahrene Frau ahnt, daß ein Mann dahintersteckt: dieser honigsüße Mazarin. Um ihm nicht selbst auf den Leim zu kriechen, nimmt sie ihn unter Beschuß. Doch im Gegensatz zum direkten, männlichen Artilleriefeuer greift sie zur Methode des Wassertropfens: der Aushöhlung, des Zerstörungswerks der Natur und der Frau. Tag um Tag, Stunde um Stunde bemüht sich die Chevreuse, Mazarin bei der Regentin schlechtzumachen, sie wendet alle Mittel der Ätzung, Auflösung und Spaltung an. La Rochefoucauld sagt in seinen Memoiren: »Oft gab sie der Königin gegenüber ihrer Unzufriedenheit Ausdruck, und in ihre Klagen mischte sie stets etwas Bissiges und Spöttisches über die persönlichen Mängel des Kardinals Mazarin.«

Mit der Beharrlichkeit eines Spürhunds kratzt sie immer wieder die nie geschlossene Wunde in Annas Fleisch und Sinn auf: die Erinnerung an Richelieu. Sie versucht Montagus Werk zu unterwühlen, der die Regentin davon überzeugt hatte, daß Mazarin »in allen Dingen das Gegenteil des Kardinals von Richelieu sei«. Sie will ihr beweisen, daß, entgegen dem Anschein, Richelieu und Mazarin sich gleichen, daß es immer dieselbe Leier sei. Alle beide, der Harte und der Weiche, seien blutdürstige Männer. Ganz Frankreich, Volk und Adel, wolle den Frieden. Wie seinerzeit Richelieu, so stehe heute allein Mazarin dem entgegen.

Mazarin paßt auf. In seinen »Carnets«, den täglichen Aufzeichnungen, notiert Mazarin, was die Wühlmaus unternimmt: »Frau von Chevreuse läßt der Königin von allen Seiten mitteilen, daß ich den Frieden nicht will, daß ich denselben Grundsätzen folge wie der Kardinal von Richelieu, daß es notwendig und leicht ist, einen Sonderfrieden zu schließen.« – »Frau von Chevreuse stachelt alle auf. Wenn man nicht den Entschluß faßt, sich von mir loszumachen, sagt sie, werden die Geschäfte nicht gutgehen, die Grandseigneurs werden genauso unterdrückt werden wie zuvor, mein Einfluß bei der Königin wird immer mehr wachsen.«

Am meisten fürchtet Mazarin die Gedanken und Äußerungen, die die Chevreuse als Meisterin der Verleumdung, der Einflüsterung, der Lüge und aller Methoden, Falsches auszustreuen, der Regentin in den Mund legt. Sie verkündet, als wäre es schon abgemacht, daß Châteauneuf, der Graubart, Mazarin entthront. »Frau von Chevreuse und ihre Freunde erklären öffentlich, daß die Königin in Bälde Châteauneuf berufen wird ... Als Entschuldigung für die Verzögerung, mit der sie ihn an meine Stelle setzt, gibt sie an, sie brauche mich noch während einiger Zeit.«

Das ist vielleicht die teuflischste Art und Weise, Anna und Mazarin trennen zu wollen. Als guter Psychologe kennt der Italiener die Gefahren der »Intoxication«, der Vergiftung, der Irreführung, wie man heute sagt, der selbst gefestigte Gemüter ausgesetzt sind. Obwohl er weiß, daß die von der Chevreuse in die Welt gesetzte Nachricht falsch ist, fühlt er sich vor diesen Giftschwaden nicht sicher. Ein Schüler Machiavellis muß alle Möglichkeiten voraussehen, selbst den Verrat der Regentin. Am gleichen Abend schreibt er auf spanisch, wie immer, wenn er an die Königin denkt, einige wilde, unleserliche Worte in sein »Carnet«, dem er seine Sorgen, wie im Beichtstuhl, anvertraut: »Wenn ich glauben müßte, daß Ihre Majestät sich meiner nur aus Notwendigkeit bedient, ohne für mich selbst Zuneigung zu empfinden, würde ich keine drei Tage mehr hierbleiben.«

Das Gefühl ist das Bindemittel seiner Politik. Seine Politik ist nur auf das Gefühl gegründet, stärker als auf einen brüchigen Patriotismus. Er bezeichnet Frankreich durch ein geringschätziges »hier«, durch einen abstrakten geometrischen Ort. Er gehört zu denen, die das Vaterland »an ihren Schuhen« tragen: er hat kein Vaterland.

Obwohl er weiß, daß es eine Lüge ist, führt er eine Leidenskomödie auf, um den Schmerz zu zeigen, der ebenso brennend ist wie die Wahrheit: den Schmerz eines Mannes, den man ausnutzt, ehe man ihn wegwirft wie eine Sache. Eine Schmach, die um so bitterer ist, als sie von einer Frau kommt. Ein Jahrhundert danach wird Voltaire von dem gleichen, diesmal berechtigten Schmerz in Wut versetzt, als La Mettrie ihm die Äußerung Friedrichs II. hinterbringt: »Ich brauche ihn noch höchstens ein Jahr; man preßt die Orange aus und wirft die Schale fort.«

Trotz allem versucht Mazarin, List anzuwenden. Er glaubt fest an die Macht des Geldes. Er bringt die Regentin dazu, der Chevreuse die Taschen mit Geld zu füllen: zuerst fünfzigtausend Pfund, eine ungeheure Summe. Die Chevreuse steckt es ein, gibt aber nicht nach. Sie will mehr. Mazarin fährt nach Dampierre, um zu erfahren, was sie eigentlich will. Alles! Für Vendôme die Statthalterschaft und die Admiralität, für Marcillac das Gouvernement über Le Havre. Und für Châteauneuf, damit sein Körper trocken wird von der Kerkerfeuchtigkeit, den Posten des Kanzlers oder des Hauptverwalters der Finanzen oder den von Mazarin. Außenpolitisch: sofortigen Frieden mit Spanien, Aussöhnung mit dem Haus Österreich. Eine völlige Umkehrung der Politik Richelieus, der dann erst wirklich begraben sein würde. Bisher war er es nicht: er lebte in Mazarin weiter.

Mazarin stellt fest, wie tief der Krebsschaden ist, an dem Frankreich leidet und den diese Schlange verschlimmert. Er sieht die Zusammenballung des Hasses, der sich gegen ihn richtet. La Rochefoucauld in seinen Memoiren: »Es bildete sich eine Kabale derjenigen, die während der Lebenszeit des verstorbenen Königs der Königin zugetan waren, der Importants. Obwohl sich die Kabale aus Personen verschiedenster Interessen, Fähigkeiten und Berufe zusammensetzte, stimmten alle darin überein, Feinde des Kardinals Mazarin zu sein, die vermeintlichen Tugenden des Grafen von Beaufort zu verkünden und eine falsche Ehre zur Schau zu tragen, wofür Saint-Ibal, Montrésor, der Graf von Béthune und einige andere sich zur Verfügung stellten.«

Mit noch bittereren Worten geißelt Mazarin diese Umkehrung von Falsch in Wahr, von Schwarz in Weiß, diese gemeine Lüge, die offensichtliche Tatsachen vergewaltigt und die meisten Franzosen so beschämt, daß sie mit gesenktem Kopf einhergehen. Der Ausländer, der immer auf dem Sprung ist, seine Koffer zu packen, holt aus französischer Erde das Wort »Vaterland«, das damals ebenso selten gebraucht wurde wie heute, und wirft es denen ins Gesicht, die es verraten. Der Unterwürfige richtet sich auf, schwingt sich auf zu nationalem Stolz, ihn packt heilige Wut: »Die Böswilligen, die gegen den König und das Vaterland handeln, werden edelmütig genannt, die Undankbaren vortreffliche Leute, die durch nichts abzulenken seien von ihrer Hingabe ans öffentliche Wohl; die Wortbrüchigen werden für wendige Leute gehalten, die jene prellen, die sie nicht lieben; die Anführer von Verrätereien und Revolten für Staatserneuerer; die Diebe für gute Geschäftsleute; und schließlich wird alles, was schädlich und böse ist, nicht mehr mit dem richtigen Namen bezeichnet. Montrésor, Saint-Ibal, Béthune, Fontrailles, die Anführer der Republik, die sie nach ihrer Vorstellung entworfen haben und deren Gesetze nur die Gesetzgeber selber kennen, führen sich wie göttliche Wesen auf ... Der Mann muß noch geboren werden, der in irgendeiner Weise ihre Billigung findet, auf jeden Fall muß er sich ihre Grundsätze zu eigen machen und ihr Verhalten bewundern.«

Noch verstellt sich Mazarin. Nach außen tut er so, als sei er dem alten Châteauneuf freundschaftlich gesinnt. Ihm liege nichts an der Macht. Wenn die Regentin Châteauneuf lieber will, soll sie ihn nehmen! Es ist an ihr, den

Besseren zu wählen. Doch hintenherum stellt er Fußangeln auf, in denen sich der Graubart fangen soll. Er warnt die Gesandten der protestantischen Verbündeten, Schweden und die Vereinigten Provinzen der Niederlande, die mit Frankreich gegen das Haus Österreich kämpfen: Châteauneuf werde sich mit dem Feind verständigen. Die aufgeschreckten Gesandten werden bei der Regentin vorstellig. Gleichzeitig flüstern ihr Mazarins Geheimagenten ein, dieser Umschwung in der Politik würde den Premierminister zwingen abzureisen. Anna bekommt Angst und lehnt es ab, den alten Liebhaber der Chevreuse in den Rat aufzunehmen.

Nachdem die Chevreuse auf dem Schlachtfeld der Politik gescheitert ist, begibt sie sich auf das Feld des Gewissens. Sie schickt zwei fromme Sendboten zur Regentin. Der Bischof von Lisieux und der Bischof von Limoges halten der Sünderin vor, daß ganz Frankreich ihren Namen im Zusammenhang mit Mazarin flüstere. Gott wird ärgerlich werden. Mazarin klärt die Regentin auf und sagt, diese Verteidiger der Tugend sprächen nicht im Namen Gottes, sondern im Namen der Chevreuse. Anna von Österreich hängt so sehr an ihrem Premierminister, daß sie den Prälaten, selbst wenn sie im Namen Gottes gesprochen hätten, kein Gehör geschenkt hätte.

Die Affäre der »fallengelassenen Briefe« verschlimmert alles. Bei Frau von Montbazon werden zwei auf dem Teppich liegende Briefe gefunden. Später kommt heraus, daß sie aus der Tasche des Grafen de Maulévrier gefallen sind und aus der Feder von Frau von Fouquerolles stammen. Man liest sie und bricht in Lachen aus. In den Motteville-Memoiren steht: »Aus der Heiterkeit wurde Neugier, aus der Neugier ein Verdacht, und vom Verdacht ging es bis zur Gewißheit, daß sie aus Colignys Tasche gefallen waren.« Wer schafft die Gewißheit? Frau von Montbazon mit ihrer Donnerstimme. Und sie stellt außerdem fest, daß als Urheberin die Herzogin von Longueville, Colignys Göttin anzusehen sei.

Der eine der Liebesbriefe, im Stil »preziös« von Anfang bis Ende und nach dem Hôtel de Rambouillet riechend, lautet folgendermaßen: »Ich würde die Veränderung in Ihrem Verhalten viel mehr bedauern, wenn ich glaubte, den Fortbestand Ihrer Zuneigung weniger zu verdienen. Ich gestehe Ihnen, daß die meine, solange ich die Ihre für echt und heftig gehalten habe, Ihnen alle Vorteile gewährt hat, die Sie sich wünschen konnten. Jetzt erhoffen Sie nichts anderes mehr von mir als die Achtung, die ich Ihrer Verschwiegenheit schulde. Ich rechne es mir zu großer Ehre an, daß ich die Leidenschaft, die Sie mir so oft geschworen haben, teile, und ich will Ihnen keine andere Strafe für die Nachlässigkeit Ihrer Besuche zumessen als die, sie Ihnen gänzlich zu untersagen. Ich bitte Sie, nicht mehr zu mir zu kommen, da ich nicht mehr die Macht habe, es Ihnen zu befehlen.«

Die Mutter der Herzogin von Longueville geht zur Regentin und erhebt ein großes Geschrei. Der Hof zerfällt in zwei Lager. Die mondäne Gesellschaft betätigt sich als Schaumschläger. Die gleichen Leute bilden 1649 bis

1650 im Hôtel de Rambouillet zwei Lager zweier Sonette wegen. Es ging um »Das Sonett an Urania« von Voiture und das Sonett »Hiob« von Benserade. Die Herzogin von Longueville stellt sich an die Spitze der »Uranisten«, ihr Bruder, der Große Condé, an die Spitze der »Hiobisten«.

1643 sind die Männer für die Montbazon. »Bis zu vierzehn Prinzen wurden gezählt, die zu ihr kamen.« Und vor allem ihr derzeitiger Geliebter, der Herzog von Beaufort. Die Frauen sind für die Herzogin von Longueville, ebenso die »Importants« und der Herzog von Enghien, der sich für seine Schwester einsetzt und seinen Degen in die Waagschale wirft. Das macht die Regentin nachdenklich. Sie spricht sich für die Herzogin von Longueville aus; die Montbazon muß sich öffentlich bei ihr entschuldigen.

Eine unwahrscheinliche Posse. Die Herzogin von Montbazon in großer Aufmachung erscheint im Kabinett der Königin, wo Anna von Österreich, die Prinzessin von Condé und ihre Tochter, die Herzogin von Longueville versammelt sind. Die Montbazon muß Abbitte tun und eine an ihren Fächer geheftete Ehrenerklärung verlesen. Den Fächer hält sie in Höhe ihrer ausladenden Brüste. Zuvor aber mußte der Text erstellt werden. Hier kommt der erfahrene Unterhändler Mazarin ins Spiel. Zwischen den Siegen von Rocroi und Diedenhofen bringt der Premierminister, der genau vier Tage vor Diedenhofen andere Sorgen hat, einen ganzen Sommernachmittag mit diesen Torheiten zu. »Über jedes Wort wurde eine Stunde verhandelt. Der Kardinal ging geschäftig von einer Seite zur anderen, um ihre Meinungsverschiedenheiten auszugleichen, so als wäre dieser Frieden notwendig für das Glück Frankreichs und für das seine im besonderen.« (Motteville-Memoiren)

Nun liest also die Herzogin von Montbazon den Text, und zwar mit einer Dreistigkeit, die jedes Wort in eine Ohrfeige verwandelt: »Madame, ich möchte Ihnen zum Ausdruck bringen, daß ich völlig unschuldig bin an den bösen Bemerkungen, deren ich beschuldigt werde. Keine Person von Ehre könnte eine solche Verleumdung aussprechen. Hätte ich einen Fehler solcher Art gemacht, würde ich die Strafe, die die Königin mir auferlegt, erdulden. Ich hätte mich nicht mehr in der Gesellschaft gezeigt und würde sie um Vergebung gebeten haben. Ich bitte Sie inständigst zu glauben, daß ich es nie an dem Respekt habe mangeln lassen, den ich Ihnen schulde, und an der hohen Meinung, die ich von Ihrer Tugend und Ihrer Würde habe.«

Die Herzogin von Longueville nimmt es kühl zur Kenntnis und antwortet: »Madame, ich will sehr gern an die mir gegebene Versicherung glauben, daß Sie keinen Anteil haben an den bösen Bemerkungen, die man öffentlich getan hat. Ich beuge mich achtungsvoll dem Gebot, das die Königin mir auferlegt hat.«

Einige Tage später lädt die Herzogin von Chevreuse zu einem Frühstück bei Renard ein, dem Confiseur im Tuilerien-Garten, wo die gute Gesellschaft nach der Promenade auf dem Cours-la-Reine gern etwas zu sich nimmt. »Und Frau von Montbazon?« fragt ängstlich die Prinzessin von Condé, die vermutet, daß die Chevreuse ihre statiöse Schwiegermutter eingeladen hat. »Sie kann nicht kommen, sie hat ein Abführmittel genommen«, antwortet die Regentin naiv listig. Die Montbazon hat nichts eingenommen. Sie ist da, in voller Kriegsbemalung. Die Prinzessin von Condé und die Herzogin von Longueville versuchen, unbemerkt zu verschwinden. Die Regentin hält sie zurück. Harmlos wie ein junges Mädchen läßt sie die Montbazon bitten, ihr möge ein bißchen »schlecht werden«, um die unangenehme Situation zu retten. Doch dieser Turm aus Fleisch und Blut ist bei bester Gesundheit. Und bleibt. Hingegen bricht die Regentin auf. Doch auf Befehl des Königs muß das Frauenzimmer sich auf ihre Ländereien zurückziehen, um sich dort zu »reinigen«.

Aus dem, was geschehen war, von den »fallengelassenen Briefen« bis zu den befohlenen Abführmitteln, braut die Montbazon eine rächende Vergeltung zusammen, an der sie Beaufort teilhaben läßt. Schuld an allem ist Mazarin: an den erlittenen Demütigungen, den Mißerfolgen der »Importants«. Ohne Mazarin wäre die Regentin nur ein Fetzen, mit dem man machen könnte, was man wollte. Mazarin muß also getötet werden, wie man einst versucht hatte, Richelieu zu töten. Um ihn auf das Schlimmste vorzubereiten, bekommt Mazarin unzählige anonyme Briefe, etwa der Art: »Jemand, der es gut mit Ihnen meint, möchte Sie warnen, daß man Böses mit Ihnen vorhat.« Sogar in ihrem Bett findet die Regentin solche Drohungen.

Beaufort ruft seine Leute zusammen und läßt den Kardinal ständig beobachten und verfolgen. Wie einst Richelieu wird Mazarin zum gejagten Tier. Aber er hat Richelieus politisches Vorgehen und dessen Polizei geerbt. Von der kleinsten Unternehmung der Jäger ist das Wild unterrichtet. Wahrscheinlich von einem der Jäger, Henri de Campion. In seinen Memoiren überrascht dieser Verschwörer durch seine Fähigkeit, alles zum Scheitern zu bringen.

Einmal wird Mazarin durch den einfältigen Gaston d'Orléans gerettet. Als die Eminenz in die Kutsche steigt, um zum Diner nach Maisons zu fahren, verspürt die Hoheit Lust, am Fest teilzunehmen und steigt mit in den Wagen.

Geduld ist Beauforts hervorragendste Tugend nicht. Er hält es nicht aus, auf windigen Straßen Wache zu stehen und darauf zu warten, ob der Kardinal vorüberkommt oder nicht. Er denkt: Wenn man an einem bestimmten Ort getötet werden soll, geht man dorthin. Der »Schurke aus Sizilien« besitzt keine Umgangsformen. Man wollte ihn heimlich umbringen. Da er diesen Takt nicht zu schätzen weiß, wird man ihn öffentlich umbringen, wie Concini, den anderen Italiener, und am gleichen Ort im Louvre.

Endlich bohrt sich durch Beauforts stumpfes Hirn der Gedanke, daß Mazarin alles weiß. Er hält ihn für zu feige, als daß er gegen den »König der

Hallen« etwas unternehmen könnte. Drei Tage nach dem mißlungenen Versuch im Louvre erscheint er in Vincennes und im Louvre und hält großspurige Reden. Das Maß ist voll, es muß gehandelt werden. Für Mazarin wäre es ebenso unangenehm, durch seine Späher unterrichtet und gewarnt zu sterben, wie für einen Kranken, der von seinen Ärzten zu gut gepflegt wird, geheilt zu sterben.

Am 2. September entfaltet die Regentin für Beaufort ihr Lächeln wie eine große Fahne. »Vom verstorbenen König, ihrem Gemahl, hatte sie es gelernt, etwas gut zu verbergen.« Die einzige, allerdings bittere Lektion, die er ihr erteilt hat. Dann begibt sie sich mit Mazarin zum Conseil, es ist der Auftritt einer Göttin. Beaufort ist bewegt, er folgt ihr mit den Augen. Da tritt Guitaut, der Gardekapitän auf ihn zu und verkündet ihm, er sei im Namen des Königs verhaftet. Beaufort ist wie versteinert vor Verblüffung, er kann weder ein Wort sagen noch einen Finger rühren.

Am nächsten Morgen wird er wie eine Siegestrophäe ins Schloß Vincennes gebracht. Das ist Mazarins polizeiliches Rocroi. Der Gefangene wird von zwei Kompanien Schweizern geleitet, die die Trommel rühren und ihre Standarten im Wind wehen lassen. Hinter der Kutsche mit dem Gefangenen reiten zwei französische Gardekompanien. Nur Blinde und Taube können an der Tatsache vorübergehen, daß man es schwer bezahlen muß, wenn man der Eminenz auch nur ein Haar krümmen wollte.

Es mutet fast komisch an, daß Mazarin, der diesen ganzen Aufwand der Gefangennahme angezettelt hat, die Möglichkeit findet, auf dem »Königlichen Haftbefehl« nicht zu figurieren, den Ludwig XIV. an das Parlament von Paris richtet; er ist unterzeichnet von Seiner Majestät und gegengezeichnet von Guénégaud. Von dem Anstifter dieser Unternehmung keine Spur. Mazarin bringt es stets fertig, auf Dokumenten, die Zwang oder Unterdrückung bewirken, nicht zu erscheinen. Im Gegensatz zu Richelieus von Blut triefendem Purpur ist der seine weißer als Schnee.

Kardinal Retz schreibt, er sei verblüfft gewesen. Nach diesem Donnerschlag »wurden alle Menschen von achtungsvollem Staunen erfaßt . . . Man muß anerkennen, daß Mazarin sein Schicksal äußerst geschickt in die Hand genommen hat. Er schien noch gemäßigter geworden zu sein am Tag nach dem Ereignis, noch freundlicher, noch aufgeschlossener . . . Er machte es so gut, daß er über allen stand, als alle Welt meinte, er stünde noch neben ihnen.«

Die »Importants« waren weniger important, als sie glaubten. Ihre Kabale schmilzt wie Schnee unter der Sonne. Châteauneuf muß Paris verlassen. Die Angehörigen der Familie Vendôme werden in ihre Provinz geschickt. Der älteste Vendôme stellt sich krank, um die Regentin zu rühren. Sie schickt ihm ihre Sänfte, damit er dem Rumpeln des Wagens nicht ausgesetzt ist. In ihrem Stadthaus fragt sich die Chevreuse besorgt, welches Schicksal ihr wohl bevorsteht. Fünf Wochen später bekommt sie zweihunderttausend

Pfund vom Kardinal, eine Order, die sie auf ihre Ländereien von Couzières verbannt, und einen Brief, in dem die Regentin ihr wie ein Beichtvater rät, »in Frankreich zu leben, ohne sich in irgendwelche Intrigen zu mischen, es sich in der Zurückgezogenheit gut sein zu lassen und ihr Leben in Gedanken an die andere Welt auszurichten«.

Doch die unverbesserliche Intrigantin hört auch in Couzières nicht auf, ihre Schlingen zu knüpfen. Mazarin beschließt, sie zu zertreten. Er schickt ihr den Polizeioffizier Riquetti, der sie im Schloß Angoulême festsetzen soll. Aber Mazarins Polizisten werden von ihr ebenso überspielt wie seinerzeit die von Richelieu. Unter dem Vorwand, nach ihrem Gepäck schauen zu müssen, schlüpft sie Riquetti durch die Finger. Sie erreicht den Hafen Saint-Malo. Als Matrose verkleidet geht sie mit ihrer Tochter an Bord eines nach Darmouth segelnden englischen Schiffes. Doch die Seemannskleidung hat sie nicht seefest gemacht. Hundeelend kommt sie in England an und gerät mitten hinein in die englische Revolution. Das britische Parlament läßt sie festnehmen. Sie sitzt sechs Monate auf der Insel Wight, ehe sie die Genehmigung erhält, nach Brüssel reisen zu dürfen.

Der Gewaltstreich gegen Beaufort bedeutete für die Regentin eine völlige Umwälzung ihrer Ideen, ihrer Natur, ihres Organismus. Notgedrungen ist die leichtsinnige und fromme Spanierin eine politische Frau geworden. Mazarin hat ihr klargemacht, wie notwendig es ist, nicht immer mit offenen Karten zu spielen, sondern manche Absichten zu verschleiern. Getreulich führt sie aus, was sie gelernt hat, auch wenn es ihr schwerfällt. Zum erstenmal schwingen ihre schmalen, schönen Hände, die zum Streicheln und Blumenpflücken geschaffen sind, die Peitsche des Staates. Widerwillig, gezwungenermaßen hat sie dem »König der Hallen« Komödie vorgespielt.

Widerwillig, gezwungenermaßen muß sie ihre treue Marie de Hautefort wegschicken. Sie war der Anna von Österreich unter der Herrschaft Ludwigs XIII. treu, nicht der Anna unter Mazarins Herrschaft. Unaufhörlich geißelt die bissige Marie nicht den Premierminister, sondern den Mann, auf den sie eifersüchtig ist, der schuld daran ist, daß sie die Königin nicht allein für sich hat. Sie rügt die Einkerkerung Beauforts. Mit einem Märtyrergesicht seufzt sie: »Dieser unglückselige Mann!« Die Regentin denkt fast genau wie sie, muß aber aus Staatsräson diesen Gedanken unterdrücken, sie leidet. Marie de Hautefort ist zu stolz, um sich den Gegebenheiten anzupassen. Es ist besser, sie geht.

Diese übermenschlichen Anstrengungen zerrütten die Nerven der Regentin. Im Ausland bewundert man ihren Mut. Der venezianische Gesandte Giustiniani schwärmt: »Dieser energische und unerwartete Schlag gegen einen jungen Prinzen [Beaufort], der vor einigen Tagen noch sich der Gunst und Zuvorkommenheit der Königin erfreute, hat bei vielen Bewunderung hervorgerufen, Schrecken bei den Großen und Staunen bei allen.«

Unterdessen weint die mutige Königin, den Kopf ins Kissen gepreßt, wie die Erste Kammerfrau Filandre berichtet. Sie liegt krank im Bett, ihr Mut hat sie überwältigt. Nachdem sie die Großen in Schrecken versetzte, hat sie die Gelbsucht bekommen, die Krankheit von Leuten, die Kummer haben. Außerdem ist ihr der Louvre zuwider. Zu Anfang der Regentschaft hatte sie sich hier vergraben, um den kleinen König hinter den Wällen und Türmen in Sicherheit zu bringen. Doch da sie gezwungen ist, der Schrecken der Großen zu sein, das Erstaunen aller, möchte sie doch etwas anderes aus diesem Schrecken ernten als eine Gelbsucht!

Der ersten Kühnheit läßt sie eine zweite folgen. Sie unternimmt etwas Aufsehenerregendes, das zu jener Zeit von einer Frau, einer Regentin mehr Mut erfordert, als Beaufort mit Trommelwirbel und Standartenflattern in die Festung Vincennes zu bringen. Sie schafft sich den Louvre vom Hals und sämtliche Ahnen der Monarchie. Sie läßt die düstere mittelalterliche Umgebung mit den Spitztürmen und Pechnasen hinter sich. Sie zieht mit Mazarin zusammen. Das heißt: beinahe. Sie richtet sich im Palais-Cardinal ein, das später zum Palais-Royal wird, dem prächtigen Wohnsitz, den Richelieu testamentarisch Ludwig XIII. vermachte und der nun merkwürdigerweise der Rahmen für das Liebesglück seiner Witwe wird. Über das Grab hinaus wird Richelieu zum Wohltäter seines früheren Opfers, der posthume Zeuge ihrer Seligkeit.

Zu genau derselben Zeit, ausgelöst durch ein Phänomen der Gleichschaltung, wie bei den Schwarzwälder Uhren, wo der Kuckuck in der kleinen Tür erscheint, um die Stunden zu verkünden, richtet sich Mazarin gegenüber ein, im Palais Chevry-Tubeuf. Eine Gartentür des Palais-Cardinal führt auf die Rue Croix-des-Petits-Champs, gerade vor dem Palais des Ministers. Die Sache ist perfekt. Die Eminenz braucht nur die Straße zu überqueren, um sich zur Regentin zu begeben. Nie hat ein Premierminister eine kürzere Strecke zurückzulegen brauchen, um den Staatsdienst zu verrichten.

Doch um diese wenigen Meter zu durchmessen, trifft Mazarin Vorsichtsmaßregeln. Er vermeidet Richelieus Übertreibungen. Was soll eine zahlenmäßig große königliche Wache, die doch nur redet und klatscht! Besser ist eine verschwiegene Wache, die wirklich wacht: ein paar junge Italiener, sorgfältig ausgewählt; einige frühere Offiziere, alle ihm unerschütterlich ergeben, bis an die Zähne bewaffnet: seine »Bravi«.

Doch niemand gibt sich falschen Hoffnungen hin. Zwar ist die Wache bescheidener als die des Verstorbenen, doch Mazarin entwickelt sich zu einem zweiten Richelieu. Und die Kabale der »Importants« hinterläßt keine weitere Spur als im Gedächnis einer verliebten Frau eine geheilte Gelbsucht und, fünfunddreißig Jahre später, die literarische Umsetzung der Episode der »fallengelassenen Briefe«: die Szene vom verlorengegangenen und von Hand zu Hand weitergereichten Brief des Domverwesers von Chartres in dem Roman von Madame de La Fayette »Die Prinzessin von Cleve« (1678).

Mehr als jeder andere hängt der Italiener an seinem Haus. Und da er Freude an der Schaustellung hat, soll das Haus seinem Ansehen entsprechen. Es soll ihn weniger gegen die äußeren Unbilden schützen als seinen Rang erhöhen.

Lange hat Mazarin unter den provisorischen Unterkünften in Paris gelitten. Während seines ersten Aufenthalts in der Hauptstadt (1628) steigt er beim Grafen von Chavigny im Marais, Rue du Roi-de-Sicile, ab. Als Vizelegat von Avignon und als außerordentlicher Nuntius von Papst Urban VIII. bezieht er den offiziellen Wohnsitz der Nuntien, das Hôtel de Cluny (1634–1636). Als Kardinal wohnt er im Hôtel de Clèves. Als Premierminister steht ihm eine Wohnung im Louvre zur Verfügung, in der zweiten Etage des Pavillon du Roi. Er behält sie bis zu seinem Tod. Das hört sich großartig an, ist aber für ihn nur ein Notbehelf. Einige wenige Kunstwerke: die von Errard 1653 und 1655 gemalten Decken des Schlafgemachs und des Billardzimmers. Zwei holländische Reisende, die Brüder Villier, wundern sich darüber, außer ein paar »wundervollen Gemälden nur zwei kleine Vitrinen im Schlafzimmer und eine wertvolle Marmorschale, reich in Gold gefaßt und sehr künstlerisch gearbeitet« zu sehen. Das ist nicht viel für einen Kardinal, einen Premierminister, einen Kunstkenner, dessen Stolz es war, unter den Kunstwerken seines römischen Palastes eine Loggia mit Fresken von Guido Reni zu haben. Es wird Zeit, daß Seine Eminenz Kardinal Mazarin sich in Paris ein seiner Stellung gemäßes Palais schafft.

Mazarin schlägt zwei Fliegen mit einer Klappe. Er bestimmt die Regentin, ihren Wohnsitz im Palais-Cardinal zu nehmen. Indem er sich gegenüber, auf der anderen Seite der Straße, einrichtet, erhöht er sein eigenes Ansehen und kommt zugleich den Regungen seines Herzens und den damit zusammenhängenden Interessen seiner Stellung entgegen.

Im Bereich des Städtebaus wie in allen anderen Bereichen tritt Mazarin in die Fußstapfen Richelieus. Der Schüler setzt das Werk des Meisters fort.

Richelieu zu Gefallen, dessen Palais in der Nähe des Louvre und der Rue Saint-Honoré lag, ließen sich Bankiers, »Parteigänger« und Juristen Stadthäuser auf Sümpfen (Marais) oder auf kleinen Feldern (Petits champs), früheren Gemüsegärten, bauen. Diese nach Porree und Karotten duftenden Bezeichnungen leben heute noch fort. Unter den prunkliebenden Bauherren finden sich die Namen der Particelli d'Emery, ihres Schwiegersohns Phelypeaux de la Vrillière, der Bautu, der Nicolas Rambouillet.

Einer der prächtigsten Wohnsitze war der von Charles Duret, Seigneur von Chevry, Präsident der Rechnungskammer, Generalkontrolleur der Finanzen. Dieses Gebäude ist der Kern des ungeheuer weitläufigen Palais Mazarin, das im 18. Jahrhundert aufgeteilt wird und im 19. unter den aufeinanderfolgenden Namen: Königliche, Kaiserliche und National-Bibliothek in seinen riesigen Dimensionen wiederersteht.

Im April 1635 übergibt Präsident von Chevry den Bauvertrag für sein Palais dem Architekten Jean Thiriot. Das neue Gebäude umfaßt, zur Gartenseite hin, drei kleine Pavillons, deren mittlerer vorspringt. Die Fassade zum Hof hin wird von einem großen Wohntrakt gebildet, der über die im Souterrain befindlichen Wirtschaftsräume hinausragt. Das Ganze aus übereinandergestaffelten Quadersteinen.

Präsident von Chevry stirbt unerwartet. Sein Sohn verkauft das Palais an Jacques Tubeuf, den Präsidenten der Rechnungskammer und Generalkontrolleur der Finanzen (1641); er wird später Verwalter der Finanzen Annas von Österreich und Kontrolleur ihrer Baulichkeiten (1645). Vom Baufieber gepackt kauft Tubeuf ein Terrain an der Ecke der Rue Neuve-des-Petits-Champs und der Rue de Richelieu und läßt hier vom Architekten Le Muet drei zusammenhängende Wohnhäuser erstellen, die er zu vermieten beabsichtigt. Und als Mieter präsentiert sich der gebieterische, allmächtige Mazarin, der 1649 der Eigentümer wird.

1644 beginnt man mit gewaltigen Arbeiten: Umbauten, Vergrößerungen. Unter dem Deckmantel, es geschehe für den Präsidenten Tubeuf. Damit die Pariser nicht zetern über das Geld, das der »Schurke aus Sizilien« für seine Bauten verschwendet. Alle Abmachungen, Voranschläge, Kaufverträge für neues Gelände gehen auf den Namen von Tubeuf. Wenn Neugierige Fragen stellen, heißt es stets: das alles macht Tubeuf, alles ist für Tubeuf. Unter der schwarzen Robe von Tubeuf verbirgt sich der Purpur Mazarins, der zahlt oder zahlen müßte.

Mazarin träumte davon, aus Rom den berühmten Bernini kommen zu lassen. Doch der Papst läßt ihn nicht fort, er braucht ihn für seinen eigenen Ruhm. Mazarin greift auf François Mansart zurück, der mit den Arbeiten beginnt, sie jedoch nicht zu Ende führt. Vielleicht ist die Freundschaft des Architekten mit Tubeuf beim Bau der Kirche Val-de-Grâce auseinandergegangen.

Die erste große, römisch beeinflußte Arbeit – Mazarin selbst hat Tubeuf die Idee dazu eingegeben – ist der Bau zweier übereinanderliegender Galerien entlang der Rue Vivienne, die in einem quadratischen Pavillon münden. Noch heute sind diese Galerien der Stolz der Nationalbibliothek. Am 6. Juni 1645 unterzeichnen Tubeuf und Mansart den Bauvertrag.

Alle Galerien Frankreichs haben ihren Ursprung in der Galerie Franz' I. im Schloß Fontainebleau, die ein Werk Primaticcios ist. Diese Bauweise hat ihre Rückwirkung auf Rom, im Palazzo Ruspoli (1570) und in der Galerie der Brüder Carracci im Palazzo Farnese. Sie kommt über die Alpen zurück und blüht, von der Sonne Italiens bestrahlt, noch schöner in Frankreich wieder auf.

Die Galerie dient keinem Zweck. Man schläft nicht in der Galerie, man ißt dort nicht, ruht sich dort nicht aus, arbeitet dort nicht. Man stellt sich hier zur Schau, man wandelt auf und ab, man ist stolz auf seine eigene

Größe. Die Galerie ist die Bühne ihres Eigentümers, sein Olymp, sein Thronsaal. Um der Galerie einen Anschein von Nützlichkeit zu geben, stellt man Kunstwerke in ihr auf. Ein Museum im eigenen Haus zu haben, ist für den Sammler der höchste Beweis von Pracht und Herrlichkeit. In den Galerien der königlichen Schlösser werden Gesandte empfangen und Verträge unterzeichnet. In der Galerie der Privatpalais unterzeichnen die Eigentümer den am schwierigsten auszuhandelnden Vertrag, den Bündnisvertrag mit sich selbst.

In Frankreich und besonders in Paris erfreut sich die Galerie allergrößter Beliebtheit: In der Rue de Seine die Galerie der Königin Margarethe; die beiden Galerien des Palais-Cardinal; die von Simon Vouet und Philippe de Champaigne ausgeschmückte Galerie der Kunstwerke und die Galerie der Berühmten Männer; die Apollo-Galerie im Louvre; die Spiegel-Galerie in Versailles und die Galerie von Saint-Cloud. Von einem der Vorbilder zum anderen wird die Galerie weitläufiger, wächst und gedeiht sie. Wie ein lebender Organismus pflanzt sie sich durch Teilung fort. Zwei Galerien zu besitzen, eine über der anderen, anstatt nur einer, heißt, daß man einen zweifachen Platz in der Gesellschaft einnimmt. Beispiele dafür sind das Palais Bullion in der Rue Plastrière, wo Simon Vouet in der oberen Galerie und Jacques Blanchard in der unteren mit ihren Pinseln Meisterwerke schaffen; ferner das Hôtel Séguier.

Im Grunde seines Wesens ist Mazarin weder Architekt, noch Innenausstatter, noch Mäzen. Er ist in erster Linie Sammler, ein »Neugieriger«, ein Aufspürer. Er häuft Kunstwerke an und stellt sie wahllos nebeneinander. Weil er sie schön findet und sie gern betrachtet. Weil sie für ihn als Zugewanderten ein leicht umzusetzendes Kapital darstellen. Weil sie aller Welt praktisch beweisen, was aus dem Sohn des Verwalters der Colonna geworden ist, und daß er heute imstande ist, mehr Statuen und Gemälde aufzustellen als seine früheren Herren.

Politisch ist Mazarin »als Franzose kanonisiert«; auf dem Gebiet der Kunst hat er nicht den Ehrgeiz, sich kanonisieren zu lassen. Schwergefallen wäre es ihm nicht, denn seine beiden Galerien gaben ihm Gelegenheit, französische Künstler zu beauftragen. Doch er kam gar nicht auf die Idee. Vielleicht betrachtete er in diesem Bereich die Franzosen im Vergleich zu den Italienern als Barbaren. Hier übt Italien durch ihn Vergeltung. In der Kunst bleibt er Italiener bis ins Mark. Ist es Ungeschicklichkeit oder gar Taktlosigkeit den Franzosen gegenüber? Billigt man ihm menschliche Gefühle zu, gäbe es eine Entschuldigung: das Heimweh nach seinem Heimatland. Da Frankreich und die turbulenten Ereignisse ihn daran hindern, sein wahres Vaterland wiederzusehen, baut er es sich in Paris auf. Auf den »kleinen Feldern«, wo die Pariser Gemüsegärtner einst ihren Kohl pflanzten, baut er sich ein Italien, dessen Fürst er ist.

Er bittet Kardinal Antonio, ihm Giovanni Francesco Romanelli, einen

Schüler von Pietro de Cortona, zu schicken. In den Jahren 1646–47 malt dieser Künstler die Fresken in der oberen Galerie (Galerie Mazarine). Um an die Geburt des Kardinals in der Ewigen Stadt zu erinnern, schlägt er Szenen aus der Römischen Geschichte vor. Mazarin dämpft seine epischen Ambitionen; er denkt an Ovids »Metamorphosen«, die, wie Romanelli selber sagt, »fröhlicher und mehr im Geist des Landes« sind.

Romanelli hält sich nicht genau an das Geheiß des Kardinals. Er ist ein Eklektiker, was er zustande bringt, ist ein Mischmasch aus Mythologie, Heldenkult und Geschichte, gewürzt mit Berühmtheiten, mit gemalten Personen, mit Stuckarbeiten und einfarbigen Medaillons. »Jupiter, die Riesen zerschmetternd«, »Apollo und Daphne«, »Apollo und die Musen«, »Das Urteil des Paris«, »Die Entführung Helenas«, »Der Brand Trojas«, »Romulus und Remus«.

Grimaldi malt die Fresken in der unteren Galerie, damals das Museum der Statuen, heute die Galerie Mansart. Erhalten geblieben ist nur das Mittelstück, eine Kolonnade im italienischen Stil, und vier Medaillons in Grau. Die gewölbte Decke dieser Galerie zeigt jene Mischung von Malerei und Stuckarbeiten, wie sie Carracci zuerst mit großem Erfolg im Palazzo Farnese in Rom verwandte und aus der Pietro de Cortona im Palazzo Pitti in Florenz ein Feuerwerk von Formen und Farben schuf. An der Wölbung der unteren Galerie toben sich die italienischen Stukkateure in riesigen Akanthusranken aus, die einst mit Gold unterlegt waren und an zwei Stellen ein großes M mit dem Kardinalshut darüber trugen.

Obwohl Tubeuf als Strohmann vorgeschoben war, lassen sich von 1644 an die Pariser nicht davon abbringen, das sogenannte Hôtel Chevry-Tubeuf »Palais Mazarin« zu nennen.

Am 25. Februar 1645 unterzeichnet Präsident Tubeuf unbeirrt mit François Mansart einen Vertrag über den Bau einer großen Treppe, die die alte, zu unscheinbare ersetzen soll. Für die Füße des Premierministers wird eine großzügige Treppe geschaffen, die Treppenabsätze sind mit weißem und schwarzem Caën-Stein ausgelegt, die vier Treppenstücke zwischen den Absätzen aus Mauerwerk haben »Geländer mit Flechtwerk wie im Hôtel de la Vrillière«. In diesem prachtvollen Treppenhaus oder an anderer Stelle hat Mazarin zur Schonung seiner Beine eine seltsame Maschinerie konstruieren lassen, die zur Zielscheibe des Spotts der Mazarinaden wird. Vor Haß verhaspelt sich die Zunge des Pamphletisten, er sagt in geschraubten Worten: Es ist ein »Stuhl, in dem derjenige, der sich hineinsetzt, durch unbekannte Triebfedern, die mit einem Seil verbunden sind, je nach Wunsch hinauf oder hinab steigen kann; zu welchem Zweck die Decken durchbohrt sind«.

Die große Treppe strahlte, mit oder ohne diesen sagenhaften Fahrstuhl, noch 1754. Sie verschwindet wie in einer Bühnenversenkung, man weiß nicht wann, jedenfalls vor 1847.

Wie waren die Räume im Palais Mazarin angeordnet? Es ist nicht bekannt, denn der Lageplan von Louis Le Vau, der zweitausend Pfund gekostet hatte, ist verlorengegangen. Es ist aber zu vermuten, daß die wichtigsten Räume sich im Erdgeschoß des Hauptwohntrakts befunden haben. Man muß sich einen großen, durch fünf Pfeiler unterteilten Saal vorstellen, »ausgemalt und mit Einlegearbeiten geschmückt, sowohl an den Pfeilern, Deckenbalken, Kaminen und Fenstern«, einen weniger großen Raum, ein Kabinett, »durch das man früher in den Garten gelangte«, und mehrere weitere Zimmer, unter denen »eines für Audienzen bestimmt war, und das Schlafgemach Seiner Eminenz«.

Die Decken einiger Zimmer sind mit Gemälden belebt, die aus Mazarins Sammlung stammten. Noch heute sind zwei dieser Decken erhalten, die eine in der ersten Etage, in der Abteilung Karten und Pläne, die andere im Kupferstichkabinett.

Mazarin hat sich an Frankreich versündigt, indem er französische Künstler von der Gestaltung seiner Galerien ausschloß Durch seine Bibliothek macht er alles wieder gut. Er greift ein Projekt auf, das Richelieu für das Palais-Cardinal vorgesehen hatte, aber nicht zu Ende führen konnte. Er sammelt nicht egoistisch Bücher zu seinem eigenen Ergötzen, er macht sie einem ausgewählten Publikum zugänglich. Im August 1643, als die »Importants« beginnen, ihre Kabale zu schmieden, beweist Mazarin Vorurteilslosigkeit, indem er die Bibliothek von Jean de Corces, einem Domherrn aus Limoges, erwirbt. Am 30. Januar 1644, wenige Monate nach dem Einzug in sein Palais, lobt die »Gazette de France« »seinen uneigennützigen Geist« und das gute Werk, »mit dem er alle Welt dadurch verpflichtet hat, daß er sein Hôtel als Akademie für alle Gelehrten und alle Neugierigen zur Verfügung stellt, die jeden Donnerstag von morgens bis abends in großer Zahl kommen, um in seiner schönen Bibliothek zu blättern. Sie umfaßt ungefähr neuntausend Bände aus allen Wissensgebieten, und sie wird noch Tag für Tag vermehrt durch die Mühe, die sich Seine Eminenz macht, um in dieser Hinsicht alle Gens de Lettres zufriedenzustellen wie auch alle anderen«.

Die Bibliothek ist weiträumig untergebracht in einem der drei kleineren, von Tubeuf gebauten Palais, die neben dem Palais Chevry-Tubeuf liegen. Mazarin hatte den guten und lobenswerten Gedanken, zum Bibliothekar den Mann zu bestellen, der diesen Posten schon bei Richelieu innegehabt hatte: Gabriel Naudé, den französischen Meister der Bibliotheken. Naudés unfehlbarer Spürsinn holt die Bücher aus ihren Schlupfwinkeln in Holland, Deutschland und Italien. Unter seinen Augen vermehren sie sich wie Pilze und bringen fast die Wände zum Einstürzen. Um die Menge der großen Bände unterzubringen und dazu das Personal der »Maison du Cardinal«, das äußere Zeichen seiner Macht und seines Ansehens, muß Mazarin unaufhörlich anbauen.

Weiterhin deckt der nützliche Tubeuf die rege Bautätigkeit. Nachdem er sich mit Mansart völlig entzweit hat, verpflichtet er den wohlbekannten Pierre de Muet. Der neue Vertrag (3. Mai 1646) gibt eine Beschreibung des gewaltigen Bauwerks, das längs der Rue de Richelieu fertiggestellt werden muß: vierundsiebzig Klafter lang, nahezu einhundertvierundvierzig Meter. Im Erdgeschoß Ställe, im ersten Stock Bibliothek und Wohnzimmer.

Pferde und Bücher werden wie Freunde gleichmäßig gut behandelt. Für die Pferde: Stützpfeiler, Tröge und Futterkrippen aus gedrechseltem Eichenholz. Hinter ihnen, damit sie unbeschadet ausschlagen können, »eine Art Gasse, so breit, daß fünf oder sechs Personen auf ihr bequem promenieren konnten«.

Die Bibliothek ist ein wahrer Bücherpalast. Achtundfünfzig Meter lang, viereinhalb Meter breit. Acht Fenster. Fünfzig korinthische Säulen aus Holz, »sehr hoch und mit äußerster Sorgfalt gearbeitet«. Eine Abteilung für die Quart- und Folio-Bände, eine andere für die Oktav-Bände. Ein großes Stehpult und oben eine Galerie, die mit einem eisernen Geländer versehen ist; zu ihr führen »vier in den vier Ecken der unteren Regale angebrachte, versteckte Treppen« hinauf.

Mazarin erweist sich als würdiger Nachkomme eines Volkes von Maurern; unter dem Himmel von Paris gibt er sich seinem unstillbaren Bauhunger hin. Er baut und baut, nicht symmetrisch, logisch, nach französischer Art, sondern mit dem vitalen Überschwang der Italiener, die ihren Bauten das Gewimmel der Zellen eines Organismus geben. Das Palais Mazarin vermehrt sich, knospt, verzweigt sich mit dem Überschwang eines Waldes, es möchte die vier Straßenseiten sprengen. Es ist mehr eine Stadt als ein Palais, mehr ein Staat im Staat als eine Stadt. Im Herzen von Paris entsteht eine italienische Enklave, deren Fürst die Geschäfte Frankreichs mit der Regentin der spanischen Enklave von der anderen Straßenseite lenkt.

Das im Juni 1658 vollendete »Appartement neuf« begeistert den Pariser Historiker Sauval. »Wundervoll in allen Teilen«: Saal, Audienzzimmer, Schlafgemach und Kabinett »Seiner Eminenz«, großer »Italienischer Salon«. Im Stockwerk darüber der Waffensaal der Pagen, das Zimmer ihres Gouverneurs, der Schlafraum der Pagen. Die Wände des »Appartement neuf« sind derart mit Gemälden behängt, daß sie »bemalt« zu sein scheinen. Die Sammelwut Mazarins, seine Sucht etwas zu besitzen, es zur Schau zu stellen, äußert sich hier in der überbetonten italienischen Vorliebe für Malerei. Ein wenig erinnert das Ganze an die Rumpelkammer eines Geizigen, wo der Wahn, alles aufzustapeln, den Geschmack erstickt.

Das Gemeinwesen Mazarin vermehrt sich durch Anbauten und Anhängsel. Der Wohnblock des Hôtel de Chevry-Tubeuf wird verbunden mit dem Gebäude, das entlang der Rue de Richelieu entstanden ist. In der ersten Etage dieses »Querbaus« befindet sich eine »kleine Galerie« mit Deckengemälden; hier wird der Kardinal, ehe er stirbt, einen letzten Blick auf seine Sammlungen werfen.

Jedes Appartement ist ein Universum für sich, bestehend aus »einem Vorzimmer, einem Schlafzimmer, einem weiteren Schlafzimmer, prunkvollen Alkoven, deren in gerader Linie hintereinanderliegende Türen den Blick hindurchschweifen lassen in Salons, in Zimmer nach italienischer Art, auf die Felder und auf den Himmel«.

Diese Hauptappartements, sozusagen die Aristokratie der Prunkräume, sind umgeben von einer Schar von Nebenräumen, die den Bedürfnissen des täglichen Lebens dienen. Nachdem die Galaräume ihre Theaterfunktion erfüllt und die Blicke »auf den Himmel« gelenkt hatten, sorgten »Kabinette, Ankleide- und Toilette-Zimmer« für die Befriedigung irdischer Bedürfnisse. Das Gemeinwesen Mazarin umschließt in seinem Labyrinth sieben Innenhöfe, »höchst gepflegte« Blumenbeete, einen »recht weitläufigen« unvollendeten Garten, einen Wirtschaftshof, eine große offene Reitbahn und »eine Menge von Wagenremisen«.

Diese ungeheure Karawanserei, die sich mitten in Paris niederläßt, ist alles in einem: Museum, Bibliothek, Festsaal, Kaserne und dazu eine Heiratsagentur. Denn im Harem des Onkels ist das Völkchen der Nichten versammelt, die von den wohlmeinenden Parisern »die Mazarinetten« genannt werden, und von den anderen »die Fischweiber«. Diese Karawanserei ist auch eine Zufluchtsstätte, wohin Mazarin sich »zuweilen gern zurückzog, um sich inmitten der Kostbarkeiten, die er dort zusammentrug, zu erholen«. Alles ist fast zu schön, zu neu, alles glänzt. Jeder Gegenstand, jedes Möbelstück, jedes Gemälde, jede Statue, jeder Wandteppich trägt sozusagen noch das Etikett, um zu zeigen, daß es teuer bezahlt worden ist. Alles zeugt zu eindeutig von frisch erworbenem Reichtum, der anderen entrissen und von den Händen eines Spielers zusammengetragen wurde.

Im letzten Augenblick wird eiligst eine winzig kleine Kapelle ins Appartement neuf eingebaut. Über dem Altar schweben zwei Stuckengel von Michel Anguier und strahlt eine »Himmelfahrt Mariens« von Romanelli. Beinahe hätte der Kardinal den Herrgott vergessen

Der Pädagoge

Wenn von den Prälaten gesprochen wird, die als Hofmeister der Prinzen tätig waren, werden Bossuet, Fénelon und die Kardinäle Fleury und Dubois genannt. Die Schüler der beiden letzteren machten, als sie die Herrschaft übernahmen, ihren früheren Lehrer zum Premierminister. Bei dieser Aufzählung wird Mazarin stets ausgelassen. Vielleicht weil die anderen sich ausschließlich dem Unterricht widmeten. Mazarin hingegen ist Minister, ehe er Pädagoge wird. Er beschäftigt sich vor allem mit der Politik. Er gleicht Bossuet in keinerlei Hinsicht. Dieser opfert zehn Jahre seines Lebens (1670–1680) für die Erziehung des Dauphins; er hält sich ganz in der

Schule der Klassiker; er tritt, um seine Bildung in Geschichte, Rechtswissenschaft, Politik, Physik und Physiologie zu bereichern, mit Wissenschaftlern, Juristen und Gelehrten in Verbindung. Mazarin hat nicht, wie Bossuet, die meisten der Bücher, die sein Schüler braucht, mit eigener Hand geschrieben: Ausgaben antiker Autoren, Grammatiken, Abhandlungen über Rhetorik, Versdichtung, Rechtswissenschaft, Moral, Logik und dazu drei überragende Werke: »Diskurs über die Weltgeschichte«, »Politik gemäß den Worten der Heiligen Schrift« und »Traktat über die Erkenntnis Gottes und seiner selbst«.

Mazarin soll bei dem Vergleich mit Bossuet und Fénelon als Pädagoge nicht erdrückt werden. Er ist kein wahrer Pädagoge. Er hat dazu weder den Anspruch noch das Amt. Die Begabung hätte er, wenn er sich Mühe gäbe. Aber die Pädagogik erfordert den ganzen Menschen, sie ist Beruf. Der Erzieher wirft alles, was er kann und weiß, in diese bodenlose Aufgabe hinein. Er ist alles in einem: Beichtvater, Schauspieler, Arzt, Diplomat, Philosoph, Moralist, Richter, Austeiler von Belobigungen und Strafen, Polizist, Erzähler, Redner. Er verscheucht die Langeweile, er haucht Leben in das Lehrprogramm, macht alles deutlich, begehrenswert, bunt, in den Farben der Phantasie und der Sinne. Mazarin könnte auf dem Theater der Pädagogik brillieren. Er braucht das Stück, das er vor den Erwachsenen spielt, nur für ein Kind zurechtzumachen. Aber er wird von der Politik verschlungen. Minute für Minute verteidigt er sein politisches Leben und sein Leben überhaupt gegen die Meute, die sich an seine Fersen geheftet hat. Ein gejagter Mann ist nicht imstande, sich mit erzieherischen Aufgaben zu befassen. Dennoch tut Mazarin alles, was man tun kann, wenn man kein Pägagoge ist und nicht die Zeit hat, es zu sein. Es ist die Pädagogik des Paten, das heißt des Beinahe-Vaters. Eine männliche Präsenz als Gegengewicht gegen die Zärtlichkeit der Mutter, und in heiklen Fällen ein Oberster Gerichtshof, vor dem das Kind in einer Berufungsverhandlung erscheint. Mazarin stellt dem jungen Ludwig XIV. Beispiele vor Augen: Gebrauchsanweisungen für das Leben, Handgriffe, die einen niemand lehrt und die so wichtig sind, um das Leben zu meistern. Er erteilt ihm einen Unterricht »zwischen den Zeilen«, eine Lehre, die in keinem Programm, keinem Plan steht, bei der die Erfahrung, der Tonfall, die Geste, der Blick von Bedeutung sind. Dieser nicht faßbaren Weisheit fügt Mazarin Streiflichter aus seinem Spezialgebiet hinzu, das die Grundlage und den Hintergrund des Berufs eines Königs bildet: Politik, Diplomatie, Kenntnis der Menschen und der Staatsressorts, Angleichung der Lehren aus der Geschichte an die gegenwärtigen Erfordernisse des Landes.

Dieser Pädagogik gibt Mazarin eine persönliche samtige Weichheit. Er macht eine Katzen-Pädagogik daraus. Unsichtbare Gegenwart, heimliche Ausstrahlung, Anrühren von Gedanken und Träumen. Diese okkulte Sanftheit entspricht seinem Charakter und verbürgt ihm Sicherheit.

Der junge Ludwig XIV. ist von Feinden Mazarins umgeben. Die Kammerfrauen bringen ihm Lieder bei, in denen der Kardinal zerfetzt wird. Am gefährlichsten ist der Kammerdiener La Porte. Er ist der Regentin mit Leib und Seele ergeben und kann es nicht mit ansehen, daß sie sich einem Mann unterwirft, den er für einen Abenteurer hält. Er übt abends, in den Stunden des Alleinseins, einen ungeheuren Einfluß auf den kleinen König aus. Er ist der erste Mann, der im Gemach Seiner Majestät schläft. Bis zu seinem siebenten Lebensjahr war das Königskind, der Sitte gemäß, in den Händen von Frauen geblieben. Zum Einschlafen lasen sie ihm die Märchen von Perrault vor, vor allem »Eselshaut«, das er immer wieder hören wollte. La Porte liest ihm jeden Abend »im Märchenton« die »Geschichte Frankreichs« von Mézeray vor. In seinen Memoiren erzählt er beglückt, welchen Gefallen der König daran hatte. Ludwig »versprach, den Edelsten seiner Vorfahren gleichen zu wollen«, und geriet in Zorn, wenn ihm gesagt wurde, er würde ein zweiter Ludwig Fainéant (der Faule) werden.

La Porte nimmt jede Gelegenheit wahr, um Mazarin bei Ludwig schlechtzumachen. Er »versetzt ihm kleine Schläge«, wie zum Beispiel bei der Erwähnung der Schattenkönige, der »rois fainéants« Er geißelt die schlechten Haushofmeister, die dem König die Macht stahlen. Mit niederträchtigen Anspielungen flüstert er ihm ein, daß solcher Art Leute noch immer existieren, daß er einen von ihnen jeden Tag sehen kann. Kleine Jungen, die unbewußt ihre Mutter lieben, sind immer eifersüchtig auf einen Fremden, der ihr Idol beherrscht. Hinterlistig verschlimmert La Porte dieses Gefühl: »Ich ließ nicht nach, in geschicktester Weise seinen Sinn in der Einstellung zu bestärken, in der ich ihn in bezug auf Seine Eminenz sah.«

Das Resultat dieser Zerstörungsarbeit wird manchmal recht offenkundig. Der kleine Ludwig XIV. läßt Überlegungen laut werden, durch welche die Kinder die Wühlarbeit ihrer Umgebung verraten. »Dort geht der Großtürke spazieren!« sagt er eines Tages, als er Mazarin, umgeben von einer großen Schar von Menschen, auf der Terrasse des Schlosses von Compiègne erblickt. Die Regentin wird bleich; sie fragt ihn, wer ihm das gesagt habe. Ludwig verrät es nicht. In Saint-Germain wird er rückfällig. Angesichts der Menge, die den Kardinal umringt, murmelt er: »Wo er erscheint, wirbelt er Staub auf; ich glaube, mehr als fünfhundert Personen sind in seinem Gefolge.«

Als er später wirklich König ist, untersagt Ludwig XIV., selbst für die Prinzen, diese sehr italienischen Aufzüge, deren Ursprung in der Antike zu suchen ist: den Schwarm von »Klienten«, der den »Padrone« umgibt und zeigt, wie mächtig jener ist.

Mazarin muß sich gegen die Böswilligkeit der Umgebung schützen. Er umspannt den jungen König mit einem Netz von Spionen, dessen Fäden so hauchdünn sind wie die Marienfäden in den Wäldern. Ludwig XIV., der sich schon in seiner Jugend sehr umsichtig zeigt, bemerkt diese unsichtbaren

Präsenzen, diese fast pflanzen- oder tierhaften Kämpfe um Einflußnahme, die sich um ihn herum abspielen. Immer stärker schließt er sich in seine Zitadelle des Schweigens ein, die mächtiger ist als die Festungen, mit denen Vauban sein Königreich umgürtet. So hilft ihm Mazarin indirekt, König zu werden. Tag um Tag erlernt der Knabe mehr vom Mechanismus der Macht: abgemessene Gesten, gewählte Sprache, undurchdringliches Gesicht, in die Ferne schweifender Blick.

Schenkt man Saint-Simon Glauben, so war Ludwigs XIV. Erziehung ein Fiasko. Anders gesagt: Er hat überhaupt keine Erziehung genossen. Man hat ihn bewußt im Zustand der Unbildung gelassen: »Des Königs Geist war unter dem Durchschnitt, aber durchaus fähig, sich zu bilden. Er liebte den Ruhm, er wollte Ordnung und Gesetz. Er war von Natur aus vernünftig, gemäßigt, verschwiegen, Herr seiner Gesten und seiner Zunge. Sollte man es glauben? Er war von Natur aus gut und gerecht, und Gott hatte ihm genug gegeben, um ein guter König zu sein, vielleicht sogar ein recht großer König. Alles Schlechte drang von außen in ihn ein. Seine früheste Erziehung wurde derart vernachlässigt, daß niemand wagte, sich seinen Gemächern zu nähern. Oft hat man ihn von dieser Zeit mit Bitterkeit sprechen hören; er erzählte sogar, daß man ihn eines Abends aufgefunden hatte, als er in den Garten des Palais-Royal in Paris gestürzt war, wo damals der Hof residierte. – Er war sehr ungebildet. Man brachte ihm kaum Lesen und Schreiben bei, und er war so unwissend, daß er von den wichtigsten Vorgängen der Geschichte, vom Zusammenhang zwischen Schicksal, persönlichem Verhalten, Geburt und Gesetzen nie ein Wort gehört hatte. Dieses Mangels wegen verfiel er, manchmal in der Öffentlichkeit, in die größten Ungereimtheiten.«

Für Saint-Simon ist der Verantwortliche natürlich Mazarin. Um die Macht länger in seinen Händen zu halten, beläßt er den König im Zustand der Kindheit. Er vergiftet ihn mit »verpesteten« Maximen. »Man hat guten Grund, tränenvoll den Greuel einer Erziehung zu beklagen, die einzig darauf gerichtet war, den Geist und das Herz dieses Prinzen zu ersticken, und das scheußliche Gift einer außerordentlichen Schmeichelei, die ihn im Schoß des Christentums vergöttlichte.«

Was ist wahr an diesen Schmähungen? Eins steht fest: man hat den Kind-König vergöttlicht. Im Parlament kniet Generaladvokat Omer Talon vor dem viereinhalbjährigen Kind und spricht ein Gebet, das der Erhebung der Hostie in der Messe vergleichbar ist: »Sire, der Stuhl Eurer Majestät stellt für uns den Thron des lebenden Gottes dar. Die Stände des Königreichs entbieten Ihnen Ehre und Achtung wie einer sichtbaren Gottheit.«

Ludwig ist ein scharfer Beobachter, er sieht die gekrümmten Rücken, die verängstigten Hundeblicke, er hört das »Ja«, das aus dem Mund seines Erziehers kommt, ehe eine Frage gestellt ist.

Fest steht auch, daß der Lebende Gott völliger Vernachlässigung anheimfällt – eine heute unbegreifliche Tatsache. Die Kniefälle, der Weihrauch gehören zu den offiziellen Zeremonien. Sobald die Kerzen des Schauspiels ausgeblasen sind, herrscht in der Kulisse, wie im Theater, Fahrlässigkeit und Sorglosigkeit. Nach den langen Jahren der Unterdrückung sehnt sich die Regentin nur danach, wie eine späte Herbstrose aufblühen zu können. Solche Frauen sind mit ihrer Schönheit so beschäftigt, daß sie ihre Kinder den Bediensteten überlassen. Sobald man dem kleinen Ludwig nach den Zeremonien das hellblaue Band des Ordens vom Heiligen Geist abgenommen hat, ist er, inmitten der Küchenmädchen, sich allein überlassen. Er spielt mit der Tochter einer Kammerfrau; es macht ihm Spaß, ihr Lakai zu sein. Er tollt in einem mottenzerfressenen Wams herum und mit Strümpfen, die wie ein Sieb durchlöchert sind. Sein Morgenrock ist so alt, und er selber ist so schnell gewachsen, daß er ihm nur noch bis zum Knie reicht.

Eines Tages, als er wieder allein gelassen war, ist Ludwig in den Garten des Palais-Royal hinuntergestürzt. Aber es ist noch schlimmer, als Saint-Simon es überliefert: er ist in ein Wasserbecken gefallen und hätte ertrinken können.

Indessen: ohne Liebe ist er nicht. Seine Mutter ist zärtlich zu ihm. Sein Vater Ludwig XIII. wurde als Kind stets hart angefaßt; er mußte sich an Sonntagen bei Maria von Medici mit einem Bruchteil der Zärtlichkeit begnügen, die Anna von Österreich ihrem Sohn erweist. Allein wenn Ludwig Gott schmäht oder über Mazarin Böses redet, ist die Regentin strenge mit ihm. Einmal sperrt sie ihn zwei Tage lang in sein Zimmer ein, weil er geflucht hat. Bis zu seinem neunten Jahr schlägt sie ihn mit der Peitsche, wenn er nicht folgsam ist.

Als Sohn eines Soldaten, berauscht von den Siegen von Rocroi und Diedenhofen, schwärmt der kleine Ludwig für die Soldaten. Stolz zieht er trommelschlagend durch das Palais-Royal. Man hält sich die Ohren zu, wenn er vorüberkommt. Als guter Patenonkel fördert Mazarin seinen Heldensinn. Zu seinem neunten Geburtstag läßt er ihm im Garten eine Miniaturfestung erbauen mit Wällen, Außenwerken und unterirdischen Gängen. Auch kleine Modellkanonen, mit denen man nichtexplosive Kugeln abschießen kann, sind vorhanden. Mit seinen Spielgefährten, dem Grafen von Brienne und dem Sohn des Marquis de Villeroy, belagert Ludwig diese Festung. Eines Tages explodieren diese Kugeln doch, wie die richtigen großen. Mazarin ist entsetzt und macht der Spielerei ein Ende.

In seinem neunten Lebensjahr, in dem so viel Aufregendes geschieht, bekommt Ludwig die Windpocken. Nur knapp entgeht er dem Tod. Als er auf dem Weg der Genesung ist, verlangt er nach seinem weißen Fohlen, einem Geschenk Mazarins; es wird an sein Bett geführt.

Die Regentin findet, daß Titel und Rang als Pate und Premierminister Mazarin noch nicht genug an den jungen König binden. Am 15. März 1646 ernennt sie ihn zum »Surintendant au gouvernement et à la conduite du

Roi«. Etwa: höchste Aufsichtsinstanz für die Erziehung und Anleitung des Königs. Sturm unter den Adligen! Der Schurke aus Sizilien legt seine krummen Finger auf die Zukunft Frankreichs. Er beschmutzt diese schon im voraus durch die Sudelei in der Erziehung Ludwigs.

Nach seinen Studien bei den Jesuiten hat Mazarin sich selbst weitergebracht, im Schmiedefeuer, im direkten Kontakt mit den Dingen und Ereignissen. Er ist das Gegenteil von einem Mandarin. Ihm liegt nichts an Titeln, die nur ein pompöses Nichtstun bemänteln. Bis 1643, als er einundvierzig Jahre alt ist, tut er stets mehr, als seine offizielle Funktion es verlangt. Er bleibt lieber der Offiziöse, der alles erledigt, als der Offizielle, der die Daumen dreht. Mit seiner Bibliothek verhält es sich wie mit den Büchern der Neureichen, die sie meterweise kaufen, um sich damit einen kulturellen Ausweis zu verschaffen. Politisch gesehen, will er sich damit zum Protektor der intellektuellen Partei machen. Zuerst hat er die gesamte Bibliothek von Jean de Cordes gekauft, danach hat sich sein Wunder-Bibliothekar Naudé um alles gekümmert. Unter Büchern wird Mazarin mithin Ludwig XIV. nicht ersticken. Diese Absicht hat auch die Regentin nicht; ihre Lektüre geht über die anderer hübscher Frauen nicht hinaus.

Unter Mazarins Aufsicht bildet sich die pädagogische Hierarchie im Dienst Seiner Majestät. Hofmeister ist der Marschall-Marquis de Villeroy, der, nach Saint-Simons Worten, sich rühmte, »den Ministern stets das Nachtgeschirr zu halten, solange sie standen, und es ihnen über den Kopf zu schütten, wenn ihr Fuß ins Gleiten kam«. Die Handhabung dieses Geschirrs verschafft dem Edelmann eine Geschmeidigkeit, die das Gegenteil einer kraftvollen Pädagogik ist. Doch von der Kriecherei abgesehen, verfügt er über Qualitäten, für die der König ihn liebt.

Bis zum Jahr 1652 ist Hardouin de Péréfixe, späterer Erzbischof von Paris, der Hauptlehrer. Das Gehalt der Lehrer staffelt sich nach der Rangfolge der Lehrstoffe. Péréfixe ist Historiker, Geschichte ist ein edler Stoff. Er bekommt also am meisten: sechstausend Pfund. Im Jahrhundert, in dem die Mathematik, vor allem die Geometrie, die Königin der Wissenschaften ist, erhält der Mathematiklehrer viertausendfünfhundert Pfund. Der Tanzmeister (dreitausend Pfund) hat eine wichtige Rolle: der König muß tanzen können, damit er in der Öffentlichkeit an Balletten teilnehmen kann: Gott, Staatsoberhaupt, Schauspieler, Tänzer.

Dann folgen der Zeichenlehrer, der Leselehrer und der Reitlehrer. Zwei Lehrer für Musik; der eine für Laute, der andere für Zither.

Péréfixe tut etwas für seinen königlichen Schüler, ohne sich jedoch abzurackern wie Bossuet. Er verfaßt für ihn eine Abhandlung »Institutio Principis«, Erziehung eines Königs (1647), und eine Biographie Heinrichs IV. Jeden Tag liest er ihm einige Seiten daraus vor. Er unterstreicht die Liebe des großen Königs zu seinem Volk, seine Treue gegenüber dem gegebenen Wort, seinen Mut, sein Leben unter dem Harnisch vom fünfzehnten bis fünfundvierzigsten Lebensjahr, währenddem er durch Schweiß und Blut sein Königreich zusammengeschmiedet hat, seine Verdienste als Bauherr, seine Sorge um das Staatsbudget. Heinrich IV. ist in allem das Vorbild der Könige: außer in der Liebe. Seine Liebschaften haben rebellische Bastarde hervorgebracht: Vendôme und Beaufort.

Wie im Kartenspiel gibt es gute und schlechte Könige. Die Königinnen werden in vier Kategorien eingeteilt: die mutigen, die klugen, die ausschweifenden und die heiligmäßigen; zu den letzteren gehört Anna von Österreich.

An den Wänden des Studiensaals hängt eine Karte: »Das französische Europa«, die Ludwigs Stolz anstachelt. Er blickt auf die Länder und Städte, wo Mitglieder der königlichen Familie regiert haben oder noch regieren: Frankreich, Navarra, Portugal, im Deutschen Reich, Polen, Neapel, Sizilien, Konstantinopel, Jerusalem. In seiner kindlichen Phantasie mag Ludwig glauben, daß dieses bis zum Orient reichende Europa ihm zugehört.

Gemäß dem Handbuch der Selbstvergötterung, das Péréfixe für ihn verfaßt hat, soll Ludwig sich schon beim Aufwachen bewußt machen, daß er sich den ganzen Tag über wie ein Gott verhalten muß. Am Abend soll er sich fragen: Ist es mir gelungen? Sein Schreibmeister namens Le Bê läßt ihn Texte abschreiben wie: »Den Königen wird Ehrerbietung geschuldet; sie tun, was ihnen beliebt.«

Von 1652 bis 1660 bekommt Ludwig XIV. durch Mazarin einen neuen Hauptlehrer, einen kühnen Geist; er heißt La Mothe Le Vayer. Ein Skeptiker, ein Neuerer, der sich nicht scheut, die vorgefaßten Meinungen von Grund auf zu widerlegen. Richelieu hatte ihn zu einem Buch über »Die Tugenden der Heiden« (1641) angeregt, durch das der Jansenismus im Keim erstickt werden sollte. Mit seinen »Betrachtungen über die französische Redekunst dieser Zeit« (1637) geht La Mothe Vaugelas und den Puristen an die Kehle, die die Sprache verwässern. Er wird sogar den Libertins oder Freidenkern zugerechnet. Wie manche Erzieher, die in der Schule eine starre Neutralität wahren, draußen aber fortschrittliche Ideen verkünden, hat La Mothe möglicherweise seine atheistische Einstellung seinem königlichen Schüler gegenüber verschleiert und ihn nur von der Kraft seines Denkens profitieren lassen.

Dieser ungewöhnliche Lehrer hat seinen Aufstieg wohlvorbereitet. Lange hat er von der hohen Stellung geträumt. Zwei Jahre nach des Königs Geburt ist in seinem Kopf bereits ein Erziehungsprogramm fertig, und er entwickelt es in einer Abhandlung. (1640) 1649 vertraut ihm Mazarin, vielleicht um ihn auszuprobieren, die Erziehung des Herzogs von Orléans an, des Bruders Seiner Majestät. Vermutlich war Mazarin mit ihm zufrieden, denn 1652 wird er befördert, seine Wünsche sind erfüllt.

La Mothe Le Vayer gehört zu den Geistern des 17. Jahrhunderts, die die Erziehung des Prinzen als höchste Ehre und als ihr Hauptwerk betrachten.

Den künftigen König formen heißt, die Zukunft Frankreichs zu gestalten. Das Schicksal von neunzehn Millionen Menschen hängt von den Gedanken ab, die der Präzeptor in den jungen Kopf einpflanzt. Aber ist es nicht noch berauschender, einen Gott zu formen, als der zu sein, der die Menschen schafft? In seinem »Traktat über die Erziehung eines Prinzen« äußert sich der große Erzieher Nicole folgendermaßen über Pascal: »Ein Thema, das dem verstorbenen Pascal besonders am Herzen lag, war die Unterrichtung eines Prinzen, den man so erziehen müsse, daß er dem Stand am besten entspricht, zu dem Gott ihn berufen hat, und der am meisten dazu geeignet ist, ihn zu befähigen, alle damit zusammenhängenden Pflichten zu erfüllen und die Gefahren zu vermeiden. Man hat ihn oft sagen hören, daß es nichts gebe, woran er lieber mitarbeiten würde, wenn man ihn dazu aufriefe, und daß er sein Leben für eine so wichtige Sache hingeben würde.«

La Mothe hat die gleiche Auffassung von seinem Erzieheramt. Er will die Welt, in die der junge Ludwig hineingestellt ist, umfassend für ihn gestalten. Von 1652 bis 1657 schafft er eine neue geistige Landschaft und schreibt für ihn, nach Maß, sieben Werke, die den Hauptthemen des Programms entsprechen: »Die Geographie des Prinzen«, »Die Rhetorik«, »Die Moral«, »Die Wirtschaft«, »Die Logik«, »Die Physik des Prinzen«.

Die Siege des Herzogs von Enghien bringen Mazarin um den Schlaf. Durch diese Siege wird Frankreich gerettet, sie erhöhen aber den Sieger zu sehr. Dieser selbstbewußte Kriegsmann gehört der vornehmsten Familie des Königreichs an. Mit einem Satz könnte er von seinem Pferd auf den Thron springen. Ihm gegenüber muß die Königsfigur aufgebaut werden. Hier kommt die Pädagogik der Monstranz ins Spiel. Der Priester erhebt dieses goldene Sonnengespinst, das in sich die Hostie birgt, um diese den Gläubigen zu weisen. Der Priester des Gottes Ludwig ist der Kardinal Mazarin. Er zeigt den Kind-König seinem Volk. Bei der Messe heißt es im Augenblick der Erhebung der Hostie: »Heilig, heilig, heilig ist der Herr, der Gott der Heerscharen. Himmel und Erde sind erfüllt von Seiner Herrlichkeit . . .«

Ähnlich tritt der achtjährige Ludwig XIV. in Erscheinung, wenn er in Paris oder in der Nähe der Schlachtfelder des Nordens seine Truppen besichtigt: auf einem Schimmel, in einem leuchtenden, mit Goldstickerei besetzten Gewand. Eine Diamantbrosche funkelt an seinem Hut, über ihm wippen Straußenfedern. Jetzt wird nicht mehr mit der kleinen Armbrust, die sein Vater Ludwig XIII. für ihn gefertigt hat, in den Tuilerien auf Spatzen geschossen. Richtige Pistolen hängen am Sattelknauf. Glanz und Blitz.

In diesem Jahrhundert des Theaters bringt Mazarin die königliche Monstranz auf die Bühne. Der Tanz ist damals ein religiöser Ritus, ein Teil der Messe der Monarchie. Er versetzt den König und seine Höflinge, wie Überwinder der Schwerkraft, in einen schwerelosen Olymp. Er besiegt die Schüchternheit, die Ungeschicklichkeit, das Stottern der Worte, er verleiht ihren Schritten das Gleiten eines Flugs. Er läßt ihren Körper verklärt erscheinen, wie den der Seligen nach der Wiederauferstehung. In diese Illumination stellt Mazarin, der große Opern- und Ballett-Regisseur, den König, tanzend wie David vor der Bundeslade. So sieht ihn, als er acht Jahre alt ist, Madame de Motteville in einem Ballett: »Der König trug einen Anzug aus schwarzem Satin mit Gold- und Silberstickereien, und das Schwarz schien die Stickerei nur noch stärker zu betonen. Hochrote Federn und Bänder von derselben Farbe vervollständigten seinen Aufputz. Aber die schönen Züge seines Gesichts, die Sanftheit seiner Augen im Verein mit ihrer Ernsthaftigkeit, die Helle und Frische seines Teints zusammen mit seinem damals sehr blonden Haar waren ein noch größerer Schmuck als sein Gewand.«

Ludwig lehnt sich auf gegen die Vernachlässigung, die er bisher erduldet hat. Er will nicht mehr der komische Janus sein, dieses mit Gold eingefaßte Idol bei den Zeremonien und der zerlumpte Junge in den Kulissen. Er ist der Herr und Gebieter. Er will immer schön sein. Es ist ein Befehl, der ausgeführt werden soll. Der Kammerdiener Dubois berichtet von dieser Meinungsänderung: »Bei der Hirschjagd trug Herr von Jarzé ein Wams aus ganz einfachem weißem Tuch, ohne Futter, mit Spitzen verziert. Dem König gefiel es, und er ließ mit größter Eile eines für sich anfertigen: ›Ich möchte gleich so eines‹, sagte er. ›Hundert Dukaten mehr; es kümmert mich nicht. Hauptsache, ich habe es in zwei Stunden!‹ Das Wams wurde rechtzeitig gemacht.«

Die Erziehung Ludwigs XIV. offenbart alle Rätsel der Pädagogik, der Kunst des Unvorhersehbaren. Der Erzieher schießt mit einem Gewehr nach Norden und erlebt es, daß der Pfeil in der südlichen Zielscheibe steckt. Manche seiner Worte, die er für wesentlich hält, treffen auf taube Ohren. Dreißig Jahre später erscheint sein früherer Schüler, den er als einen Faulpelz angesehen hatte, und dankt ihm für ein unbedeutendes, absichtslos ausgesprochenes Wort, das seinem Leben die Richtung gewiesen hat.

Die von Mazarin geleitete Erziehung Ludwigs XIV. scheint ein Durcheinander zu sein. Sie ist ebenso löchrig wie seine Strümpfe. Sie zerfasert sich. Weniger aus Nachlässigkeit des »Surintendant« als aus Mangel an Überzeugung. Mazarin glaubt an das Theater, an die Politik, an die Diplomatie, an das Spiel des Vorteils. An die Pädagogik glaubt er nicht. Jeder läßt seinen Kindern die Erziehung zuteil werden, die er selber gern genossen hätte. Mazarin war nicht so sehr der Jesuitenschüler als sein eigener Meister. Er lernte mehr in der Schule des täglichen Lebens als im Kolleg. Unermüdliche Arbeit, Sinn für Verantwortlichkeit sind die Geheimnisse seines Erfolgs. Diplome, Titel, Ehren – das sind Flausen. Was zählt — das sind die Taten, die in die Wirklichkeit hineinwirken. Es geht darum, sich unentbehrlich zu machen und die Intrigen sowie den Wirbel der Erscheinungen durch die Leistungen zu überflügeln. Den Schwierigkeiten des Lebens, dem Neid, der Eifersucht, dem Haß durch die Tat zu begegnen; stets durch die Tat. Das Genie antwortet auf den Lärm der Mittelmäßigkeit durch sein Werk. Das war die Lehre, die Mazarin in einem Brief vom 3. Oktober 1636 aus Avignon einem Anfänger erteilte, Zongo Ondedei; er stellt sich selber als Beispiel hin.

»Was die Art und Weise angeht, mit der Sie von einigen Leuten aus der Begleitung des Kardinal-Legaten behandelt werden, erlauben Sie mir Ihnen zu sagen, daß man Sie nicht danach beurteilen wird, sondern nach dem Vertrauen, das Sie durch Ihre Geschicklichkeit, Ihre Umgangsformen und Ihren Geist erwerben. Es wird schnell ersichtlich werden, und indem Sie sich unentbehrlich machen, werden Sie bald einen ganz anderen Platz am Tisch des Legaten einnehmen, der Sie allmählich seine Güte gewiß spüren lassen wird ... Zusammenfassend: Versuchen Sie alle nur möglichen Ehren zu erlangen, damit Sie nicht in eine Stellung geraten, die den anderen beim Kardinal-Legaten untergeordnet ist. Aber wenn Sie auf beträchtliche Schwierigkeiten stoßen, halten Sie sich nicht zu lange mit deren Überwindung auf. Versuchen Sie dann mit Geschick und Geist, sich anderen gegenüber Vorteile zu verschaffen, indem Sie Meinungsverschiedenheiten, die in Geschäften auftreten können, schlichten. Da ich gewiß bin, daß Ihnen dies nicht schwerfallen wird, glaube ich, daß Sie Ihre Stellung bedeutend verbessern werden, worin der wahre Erfolg liegt.«

Mit ruhigem Gewissen kann Mazarin Ludwig XIV. das lehren, was er selber weiß, was seinen märchenhaften Aufstieg bewirkt hat: die Politik, die Diplomatie, die Kunst des Umgangs mit Menschen. In diesen Fächern kann niemand ein besserer Lehrer sein als er.

Warum sollte Mazarin seinen Schüler besser behandeln als sich selbst? Es ist verständlich, daß er den nichtigen abstrakten Reden über sogenanntes Wesentliches die Realität, die seinen Erfolg begründet hat, vorzieht. Er kam aus dem Nichts und stieg auf durch Arbeit und Schweiß. Der Stern, nach dem er sich richtet, ist Fleiß. Ludwig XIV. braucht nicht aufzusteigen. Er ist von Geburt aus, und schon ehe er den beeindruckenden Namen bekommt, der Sonnenkönig. Aber um seinen Thron zu behalten, muß er kämpfen, genau wie Mazarin es getan hat, um sich bis zu den Stufen des Throns hinaufzuarbeiten. Dann werden Ludwig XIV. die sachlichen Lektionen seines Paten und die Pädagogik des Durcheinanders nützlich sein. Selbst aus den Lücken wird er Nutzen ziehen. Sie zwingen ihn, sie durch persönliche Beobachtung, durch eigene Überlegungen zu schließen. Durch diese zum Glück vorhandenen Lücken wird die Kindheit dieses lebenden Gottes, vor dem alle Welt auf dem Bauch liegt, zu einer Kindheit von jedermann; wie ein Kind des Volkes wird er ein Autodidakt. Da Mazarin kein Vertrauen in die Pädagogik hat, zwingt er seinen Schüler, selbst etwas aus sich zu machen auf seinem Sonnenthron, so wie es Mazarin im Staub gelungen ist. Indem er den Knaben mit Spionen umgibt, nötigt er ihn, jede seiner

Gesten, jedes seiner Worte zu überprüfen und damit ein Kind zu werden, das nie lacht, sondern das Räderwerk des königlichen Maschinen-Menschen in sich in Gang setzt.

Später, als Ludwig XIV. lange genug regiert hat und meint, er verdanke alles sich selbst, wird er der Mazarinschen Pädagogik gegenüber undankbar, vergißt er die ungewollten Segnungen und denkt nur an die Irrtümer. Er beklagt die Lücken, die ihn stark gemacht haben, die dann aber den in Versailles zum Kartesianer Gewordenen schockieren. Seinem Sohn und seinem Enkel gibt er die Lehrer, die er selber gern gehabt hätte: Bossuet für den Dauphin, Fénelon für den Herzog von Burgund. Aber der Dauphin ist ein fauler Kopf, der nichts weiter als seine Haushaltsrechnungen aufschreibt und in der »Gazette de France« nichts anderes liest als die Heirats- und Sterberubrik. Einmal zumindest hat die Prinzessin Palatine recht, wenn sie schreibt, er verbringt »ganze Tage auf seinem Bett liegend, einen Stock in der Hand und mit ihm gegen seine Schuhe schlagend«, oder aber in Marly »in der Ecke eines Salons, vor sich hin pfeifend, auf seine Tabaksdose klopfend mit aufgerissenen Augen die Anwesenden anschauend«. Er stirbt 1711, fünfzig Jahre alt. Den Herzog von Burgund hingegen verwandelt Fénelon durch ein pädagogisches Wunder. Saint-Simon berichtet über diese märchenhafte Metamorphose: »Dieser Prinz war fürchterlich, als er geboren wurde, und seine frühe Jugend ließ Schreckliches ahnen; Härte und Zorn bis zu stärksten Ausbrüchen, Ungestüm, gepaart mit Wut; unfähig, den geringsten Widerstand zu ertragen, selbst den der Zeit und der Elemente ... und allen Leidenschaften sowie Aufwallungen aller Gelüste ausgeliefert ... Aus diesem Abgrund erhob sich ein leutseliger Prinz, sanft, menschlich, gemäßigt, geduldig, bescheiden, reuig und manchmal demütig und streng sich selbst gegenüber, zuweilen mehr als sein Stand es erlaubte.« Dieses menschliche Meisterwerk stirbt mit dreißig Jahren. Ludwig XIV. war das Glück nicht beschieden, die pädagogischen Irrtümer Mazarins an seinen Nachkommen berichtigen zu können.

Wie man einen widerspenstigen Papst zähmt

Am 29. Juli 1644 geht Urban VIII. ein in eine Welt, in der die Neffen der Päpste nicht an ihrer Statt regieren. Rom seufzt erleichtert auf. Der Verstorbene hatte seinen Neffen gestattet, den Staat auszuplündern. Mit allen benachbarten Fürsten stand er auf Hauen und Stechen. Und er hatte zwanzig Jahre regiert, eine Ewigkeit für sein Volk und für die Ehrgeizigen, die darauf warteten, die Tiara tragen zu können. So viel zusammengeballte Ungeduld schafft sich Luft. Der Pöbel macht Anstalten sich zu erheben. Arkebusen, Dolche und Pistolen sind an der Tagesordnung. Mörder und Falschmünzer treiben ihr Spiel. Das Kapitol ist mit Kanonen bestückt.

An der Wahl des neuen Papstes nimmt Mazarin, der Römer und Kardinal, leidenschaftlich Anteil. Für den Herrn über Frankreich haben alle diese theatralischen Ausbrüche und Intrigen den Hauch heimatlicher Luft.

Sechs Monate bevor der Papst den letzten Atemzug tat, hatte Mazarin, wissend, daß es mit ihm zu Ende ging, dem französischen Gesandten in Rom ausdrückliche Instruktionen erteilt. Die Kandidaten Frankreichs für den Thron des heiligen Petrus sollten im nächsten Konklave folgende Persönlichkeiten sein: in erster Linie Kardinal Bentivoglio, ein untadeliger Greis, ehemals ein in Frankreich geschätzter Nuntius, einer der ersten »Padroni« Mazarins; in zweiter Linie Kardinal Sacchetti, siebenundfünfzig Jahre, ebenfalls ein früherer »Padrone« Mazarins, der ihm den diplomatischen Steigbügel hielt.

Gar nicht in Betracht kommt für Mazarin ein ehemaliger Nuntius in Madrid. »Keinesfalls kann Seine Majestät sich damit einverstanden erklären, daß sich seine Gesandten für den Kardinal Pamfili einsetzen, und er befiehlt ihnen, sich mit allen ihnen zur Verfügung stehenden Mitteln gegen ihn auszusprechen, zuerst im geheimen, offen jedoch, wenn es notwendig werden sollte. Das ist eine Persönlichkeit, die stets alle ihre Neigungen Spanien geschenkt hat und keine Gelegenheit vorübergehen ließ, diesem Land Beweise dafür zu geben, so wie sie Frankreich Ablehnung zuteil werden ließ.«

Als Mazarin vom Tod Urbans VIII. erfährt, bringt er das Gespann der beiden Kardinäle Barberini in Trab. In einem Brief an Kardinal Antonio bedauert er, daß der Verstorbene nicht die acht Kardinäle ernannt hat, wie er eigentlich wollte. Das hätte »un bel gioco«, ein schönes Spiel, gegeben. Doch einerlei. »Mit kühlem Blut und Entschlossenheit wird es gelingen, eine Frankreich und den Barberini genehme Persönlichkeit zu wählen.«

Er schickt Alexandre Fabri, einen seiner Sekretäre, nach Rom; er soll dafür sorgen, daß Kardinal Pamfili ausgeschlossen bleibt, da er, Mazarin, »noch neue Beweise habe, die ihn absolut dazu zwingen, sich seiner Wahl zu widersetzen«.

Wer sind in Rom die Vollstrecker von Mazarins Wünschen?

Französischer Gesandter ist der Marquis von Saint-Chamond, der keine Kratzfüße machen kann, weil er in dreifacher Hinsicht gelähmt ist: seine Gesundheit ist angegriffen, er ist beim Heiligen Stuhl erst seit drei Jahren im Amt, diplomatisch mithin ohnmächtig, und schließlich ist er ein Laie, was bedeutet, daß er außerhalb dieses klerikalen, von Purpur und List schillernden Bienenkorbs, des Konklaves, steht.

Frankreich hat drei Kardinäle, aber diese Trias hinkt. Der erste, François de La Rochefoucauld, ist durch seine sechsundachtzig Jahre an seinen Fauteuil gefesselt. Der zweite, Achille d'Etampes de Valençay, hat den Hof Ludwigs XIII. dummen Geschwätzes wegen verlassen müssen. Urban VIII. hat ihm den Befehl über die gegen den Herzog von Parma marschierenden Truppen anvertraut. 1643 hat er ihn, trotz des Einspruchs der Regentin, zum Kardinal gemacht. Um dem Schwätzer den Schnabel zu stopfen, hat ihm Mazarin jährlich dreißigtausend Pfund zukommen lassen. Zum Schweigen bringen konnte ihn das Geld. Konnte es ihn bewegen, richtig zu handeln?

Der dritte französische Kardinal ist sicherer. Es ist Alphonse Louis du Plessis de Richelieu, Erzbischof von Lyon, der Bruder des großen Kardinals. Einige Monate zuvor ist er nach Rom gegangen, um den französischen Gesandten zu unterstützen.

Im Grunde sollte der Kern der französischen Partei durch die beiden Brüder Barberini, die beiden Neffen Urbans VIII., gebildet werden: durch Francesco, den ehemals strengen »Padrone« Mazarins, und den flatterhaften Antonio, den Protektor der französischen Angelegenheiten am Hof von Rom, wofür er zweiunddreißigtausend Taler Leibrente bekam.

Hinzu kommt Kardinal Bichi, Bischof von Carpentras, wendig und aufrichtig, feinsinnig und sicher, eine Stütze Mazarins, »der Mann, den er auf der Welt am meisten verehrte und liebte«. Ferner zwei weitere Kardinäle, der Genueser Grimaldi und der Römer Theodoli, denen Mazarin so hohe Bestechungsgelder hatte zukommen lassen, daß er hoffen konnte, sie würden sich für einen französischen Kandidaten entscheiden.

Mazarin rechnet auch auf zwei seiner Verwandten. Sein Bruder, der Dominikanerpater Michele Mazarini, ist der Geistliche der »päpstlichen Familie« und der »zuständige Richter der Drucker, Graveure und Buchhändler, die ohne seine Erlaubnis weder einen Preis für ein Werk ansetzen noch es ausliefern können«. Leider verärgert der Ehrgeizling alle Welt durch sein taktloses Gerede.

Vincenzo Martinozzi, der Schwiegervater der ältesten Schwester Mazarins, tut als Haushofmeister des Kardinals Barberini was in seinen Kräften steht, aber wirksam werden kann er nur auf Umwegen.

Der große Nachteil all dieser Vollstrecker der Wünsche Mazarins: der eine sagt Hü, der andere Hott. Anstatt sich gegenseitig zu helfen, kommen sie sich ins Gehege. Die Kardinäle behandeln den Gesandten von oben herab. Die Franzosen sehen die Italiener scheel an. Die einflußreichen Persönlichkeiten behandeln Mazarins Verwandte mit Geringschätzung. Ärger und Schikanen. Unentwegt steckt man sich Stöcke in die Speichen.

Unter den siebenundfünfzig Kardinälen, die am Konklave teilnehmen, bilden die Italiener eine erdrückende Mehrheit. Einundfünfzig gegenüber drei Spaniern, zwei Franzosen und einem Deutschen.

Das Konklave ist von verschiedenen Strömungen bewegt, man ist unschlüssig. Die Teilnehmer sammeln sich nicht in deutlich abgegrenzten »Parteien«: Franzosen, Spanier, Römer, Barberini-Anhänger. Die Leidenschaften platzen wie Blasen an der Oberfläche. Und um die großen Blasen gruppieren sich Ketten kleinerer, die aufeinanderprallen: Anhänger Urbans VIII. gegen Mitglieder des »alten Kollegiums«, Kardinäle, die von den Vorgängern Urbans ernannt worden waren; Franzosen gegen Spanier, Römer gegen Florentiner.

Man schließt sich mehr gegen einen Kandidaten zusammen als für seinen Gegner. Die höheren Interessen der Kirche und auch politische Argumente spielen nur eine untergeordnete Rolle. Der Kaiser und der König von Polen als katholische Herrscher haben keine »Partei«. Eine »Partei« haben allein der König von Spanien und der König von Frankreich, weil sie mit einem Fuß im italienischen Stiefel stehen: der Spanier in Neapel und im Mailänder Gebiet, der Franzose in Mazarins Interessengebiet.

Die Stimmberechtigten lassen sich von privaten Überlegungen beeinflussen, die zuweilen Hausmeister-Niveau haben: ein Kandidat ist zu jung, er könnte sich ewig auf dem Thron halten; einen Kandidaten sieht man zu häufig bei einem anderen, den man haßt; einer hat eine unersättliche Schwägerin oder zweifelhafte Vettern oder gierige Neffen.

Wie kann man auf eine so hin und her treibende Versammlung einwirken? Bei nichts und niemandem bekommt man Grund unter die Füße. Ein Argument, das heute gut ist, ist morgen schlecht. Jeder einzelne Kardinal muß wie eine autonome Festung belagert werden, deren Eingang man nicht kennt und deren Besatzung durch einen unterirdischen Gang entfliehen kann, wenn man offen angreift.

Gegen diese amphibienhafte Runde, die unbeständig ist wie Wechseltierchen, verfügt Mazarin nur über drei Waffen: die Ausschließung, die Drohung, die Bestechung.

»Die Ausschließung« ist nur ein Damoklesschwert aus Holz. Sie ist im Konklave des Jahres 1644 nicht das, wofür man sie gewöhnlich hält: das Veto eines katholischen Herrschers, der eine Kandidatur, die ihm mißfällt, ohne Berufung zunichte machen kann. Sie muß wenigstens von einem Drittel der Stimmen unterstützt werden. Die Wahl des Papstes erfolgt mit Zweidrittelmehrheit. Wenn Mazarin den Kardinal Pamfili ausschließt, ist diese »Ausschließung« nur ein Schlag ins Wasser, sofern nicht wenigstens neunzehn Kardinäle ihr zustimmen.

Bleiben Drohung und Bestechung.

Die Drohung wirkt sich aus als Angst vor dem Stock, oder vielmehr vor der Kanone. Die Eminenzen würden einem Herrscher nicht zu widersprechen wagen, der mit einer dröhnenden Bronze-Stimme spricht. Sie beten für die Seele der Gläubigen, ohne die Feuerspeier zu vergessen. Mazarin weist daher den Admiral-Herzog von Brézé an, sich bereit zu halten, um nach Civitavecchia auszulaufen. Er läßt in Rom die Nachricht vom Sieg von Freiburg laut verkünden, der am 3. und 5. August von den französischen Kriegsgöttern, dem Herzog von Enghien und von Turenne, errungen wurde.

Aber der Klang des Geldes übertönt zuweilen den Donner der Kanonen. Mazarin stattet den Erzbischof von Lyon mit einer Sammlung von Briefen aus, vom König unterzeichnet, die er den Kardinälen überbringt, die am besten den Sinn und Stil des Anliegens begreifen.

»Lieber Vetter, ich bin ganz besonders von der Zuneigung unterrichtet worden, die Sie dem Wohl und Nutzen dieser Krone entgegenbringen, so daß ich nicht umhin kann, Ihnen meine wärmsten Gefühle zu bezeigen. Wenn Sie irgendwelche mildtätigen Wünsche haben, dürfen Sie sich in aller Freiheit darüber äußern.«

Um diese »mildtätigen Wünsche« erfüllen zu können, erhält der Gesandte durch einen Kurier am 9. August »sechstausend spanische Goldpistolen«. Vor dem Eintritt ins Konklave hatte Kardinal Bichi für denselben Zweck fünfzehn- bis sechzehntausend Taler ausgeteilt.

Aber mit Geld ist nicht alles zu erreichen. Einige Eminenzen verweisen auf später und sagen verschämt errötend: »Nach der Wahl!« Diejenigen, die es gleich annehmen, tun dennoch, was sie wollen, um sich den Anschein zu geben, nicht käuflich zu sein. Und die Spanier befriedigen ebenfalls »mildtätige Wünsche«.

Es herrscht ein allgemeines Rätselraten und Kopfzerbrechen, das Kardinal du Plessis de Richelieu mit den Worten zum Ausdruck bringt: »Die Astrologen und Physiognomisten sind jetzt sehr beschäftigt . . . Tatsächlich, wäre ich nicht überzeugt, daß die Papstwahl eine Sache des Heiligen Geistes ist, würde ich jetzt wohl glauben, daß der Zufall großen Anteil daran hat.«

Am Abend des 9. August gehen die Kardinäle ins Konklave. Am 15. September vormittags kommen sie wieder heraus. Im Grunde dürfte aus diesem Gefängnis nichts nach außen dringen. In Wirklichkeit verschaffen sich die Gesandten und auch andere Personen Komplizen unter den Konklavisten und Kardinälen.

Abgestimmt wird morgens und abends. Ständig wechselt die Landschaft auf diesem Meer, es tauchen immerfort neue Klippen auf. Die Anführer jeder Gruppe müssen unablässig auf der Lauer sein und jeden Augenblick ihre Taktik ändern, ihr Segel jeder Brise anpassen.

In den ersten Tagen: allgemeines Durcheinander. Man sucht zu erfahren, wie »der Wind des Kollegiums« weht; manchmal nicht ohne Phantasie. Eines Morgens, wahrscheinlich nach Verjüngungsträumen der illustren Versammlung, bekommt Rondamini, der Benjamin, dreißig Stimmen. Wären es acht mehr gewesen, hätte man einen sechsundzwanzigjährigen Papst gehabt!

Die Barberini halten den Augenblick für gekommen, ihren Kandidaten aufs Tapet zu bringen: Sacchetti. Es wird abgestimmt. Spanier, Römer und »altes Kollegium« tun sich zusammen, um ihn auszuschließen. Das ist keine endgültige Schranke. Ein paar Stimmen mehr, die ihm zufallen, können den Ausgeschlossenen zum Gewählten machen. Doch die Barberini machen einen Schnitzer nach dem anderen. Sie spielen sich als Juristen auf.

Hier wird der pedantische und irrealistische Charakter von Kardinal Francesco Barberini sichtbar, der Mazarin in seinen Anfängen arg gequält hatte. Die Barberini verlangen beharrlich, daß ein rechtlicher Punkt geklärt wird, der besser im Dunkel geblieben wäre. Sie fragen den Jesuitenpater Velentini, den Beichtvater des Konklave: »Ist es erlaubt, ›den Wahlgang‹ eines von einem katholischen Herrscher ausgeschlossenen Kardinals fortzusetzen?« – »Nein!« antwortet der Jesuit. Die Spanier klatschen Beifall.

Mit fast mazarinischer Geschicklichkeit schlägt Bichi vor, Sacchetti vorübergehend aufzugeben und zehn aussichtslose Kandidaten ins Spiel zu bringen. Später, wenn das Konklave müde geworden ist, sollte man wieder auf Sacchetti zurückgreifen. Die Barberini, insbesondere der starrköpfige Francesco, erklären laut, sie würden Sacchetti »vor der Nase der Spanier« zum Papst wählen lassen, und wenn sie in ihren Zellen sterben müßten.

Mehrere Tage lang nichts weiter als Durcheinander und Gerede. Alles verläuft im Sande. Plötzlich taucht der Name Pamfili auf. Antonio Barberini ist außer sich, denn Pamfili ist sein Todfeind. In seinen Memoiren gibt Nicolas Goulas, irgendein Edelmann aus dem Gefolge des Herzogs von Orléans, als Grund für diesen Haß einen intimen Vorfall an. Ein gewisser Gualtieri, Neffe der Kardinals Pamfili, gehörte zur Dienerschaft des Kardinals Antonio. »Als Gualtieri eines Tages, während er gerade spielt, von seinem Herrn gerufen wird, gibt er unflätig zur Antwort: ›Ich habe ihn die ganze Nacht im . . . gehabt, er soll mich tagsüber in Ruhe lassen!‹ Urban VIII. wird die Äußerung hinterbracht, er schwankt, ob er die beiden Männer fallenlassen soll. Antonio wird geschont, doch Gualtieri geht nach Deutschland, wo er in einem Gefecht fällt; ermordet, so heißt es von einem Beauftragten des Kardinals.«

Kardinal Antonio hatte geschworen, er würde erst für Pamfili stimmen, »wenn er die Fußsohlen an der Mauer hätte«. Doch ist es schon soweit? Vom 24. bis 27. August neigt er zum Verrat. Auf den Zetteln, die er dem Marquis von Saint-Chamond schickt, seufzt er über die »schlechten Füße«, auf denen seine Angelegenheiten stehen. (Stets redet diese Eminenz in Bildern, die mit Füßen zu tun haben.) Die Kandidaten Frankreichs haben überhaupt keine Chance. Wie schade, daß man nicht für Pamfili stimmen kann! Man stelle sich vor, er werde mit Hilfe der Barberini und mit Zustimmung des Königs von Frankreich gewählt, dann würde eine unauflösliche Verbindung zwischen dem Haus Barberini und dem Haus Pamfili besiegelt werden. Übrigens macht Pamfili bereits einen Schritt nach vorn. Er stimmt der heimlichen Heirat zwischen seinem Neffen Camillo und einer Tochter des Fürsten Taddeo zu. Um diese Vereinigung zu feiern, würden die Barberini die Wappen des Königs von Frankreich auf ihren Palästen hissen. Seine Majestät hätte den Papst und fast das ganze Heilige Kollegium in der Tasche!

Saint-Chamond antwortet gelassen, es sei ihm »unmöglich, gegen den Willen des Königs zu handeln«.

Antonio kommt auf seinen früheren Kandidaten zurück. Er und sein Bruder Francesco entschließen sich, zu einem großen Schlag auszuholen. In der Nacht des 27. August fordern sie ihre Anhänger auf, am nächsten Tag geschlossen für Sacchetti zu stimmen. Um einen Druck auf das Konklave auszuüben, lassen sie draußen das Gerücht verbreiten, eine Entscheidung stünde bevor. Don Taddeo, der Stadtpräfekt, wird nach Sankt-Peter gerufen, um die Klausur aufzuheben.

Katastrophe: Sacchetti bekommt im ersten Wahlgang fünf Stimmen, im zweiten zwölf. Nach vierundzwanzig Tagen unnützen Geredes und vierundvierzig Abstimmungen dreht sich das Konklave auf der Stelle. Die Hitze ist so groß, daß sie das Konklave in einen Friedhof verwandeln könnte. Am 27. August fühlen sich zwei Kardinäle und fünf Konklavisten »unpäßlich«. Am 29. ist Kardinal Bentivoglio dem Tod nahe. Am 2. September wird Francesco Barberini von der Cholera befallen. Diese Krankheit, die »Schrecken verbreitet« wie die Pest, ist jetzt Mazarins schlimmster Feind.

Der Zucht seines Bruders Francesco entronnen, treibt Antonio jetzt Verrat. Seine Billette an Saint-Chamond beweisen es. Jetzt ist er ganz für Pamfili. In den Memoiren von Fontenay-Mareuil ist nachzulesen, daß die Kardinäle Spada und Pancirolo ihn durch ein »ziemlich plumpes Kunststück« bekehrt haben. Die beiden ehrenwerten Herren locken Antonio in eine Zelle, die neben der von Pamfili liegt. Wie ein Schauspieler, mit einer Donnerstimme, die durch die Wände dringt, gibt Pamfili überschwengliche Lobreden auf die Familie des verstorbenen Papstes Urban VIII. von sich. Die Szene könnte der Commedia dell'arte entnommen sein. Der leichtgläubige, naive Antonio ist wie gebannt, er schmilzt dahin wie Wachs. Von nun an tritt er für Pamfili ein; er will glauben machen, daß er Frankreich trotzdem nicht in den Rücken fällt. Um das Spiel zu verschleiern, tritt er einige Tage lang für die possenhafte Kandidatur des Dominikaners Fiorenzola ein, den Mazarins Bruder, Pater Mazarini, ausschließen läßt.

Am 4. September schreibt Antonio an Saint-Chamond, Sacchetti habe alle Chancen eingebüßt, und Bentivoglio liege im Sterben. Nur Pamfili sei noch vorhanden. Um Mazarins Zorn zu besänftigen, läßt er dem französischen Gesandten durch den Marquis de San-Vito mündlich alle möglichen Vorteile vor Augen führen: Camillo, der Neffe des künftigen Papstes würde eine Tochter von Don Taddeo heiraten. Alle Barberini hissen die Wappen des Königs von Frankreich auf ihren Palästen. Pater Michele Mazarini würde den Purpur, »ohne vom König vorgeschlagen zu werden«, bekommen. Seine Majestät könne einen weiteren Kandidaten für einen zweiten Kardinalshut bestimmen. Monsignore Mancini, ein anderer Verwandter Mazarins, würde ein Amt erhalten, in dem er hoch aufsteigen könne. »Drei bedeutende Ämter in Rom« würden an gutgesinnte Persönlichkeiten vergeben werden. Kardinal Bichi würde das Erzbistum Avignon erhalten und sein Bruder den Kardinalshut.

Bichi ist ein Felsen und antwortet, er werde seine Pflicht tun, auch wenn er »das Leben verlieren« müsse. Der Gesandte ist weicher, er verlangt eine Frist von etwa zwanzig Tagen, um sich mit seiner Regierung zu beraten.

Vom 5. bis 9. September bombardiert Antonio den Gesandten mit flehentlichen Billetten.

In Paris wägt Mazarin das Für und das Wider ab. Mit seinem unfehlbaren Ahnungsvermögen entscheidet er sich für das Wider. Was sind diese prächtigen Versprechungen? Nichts als Wind! Es muß mit aller Kraft verhindert werden, daß Pamfili Papst wird.

Mazarin schickt zwei Memoranden. In dem an den Gesandten lehnt er es ab, »den sonderbaren Zielen« des Kardinals Antonio zu folgen. Er soll »Frankreich im Hinblick auf die wirklichen Interessen Seiner Majestät dienen«. In dem Memorandum an Kardinal Bichi teilt Mazarin mit, er würde bis zu acht- oder zehntausend Taler für Renten oder andere Nutznießungen ausgeben, um neue Anhänger für die französische Partei zu gewinnen, besonders Mattei. Er verpflichtet Bichi, »voll und ganz bis zum Schluß auf der Ausschließung zu bestehen«.

Die beiden Memoranden tragen das Datum des 19. September. Seit vier Tagen sitzt der Ausgeschlossene auf dem Thron des heiligen Petrus unter dem Namen Innozenz X.

Wie ist es dazu gekommen? Die Hundstagshitze hat aus dem Konklave ein Krankenhaus gemacht. Bentivoglio stirbt am 7. September. Mattei und Gabrieli sind krank und verlassen die Klausur. Die Kardinäle sind nur noch Nervenbündel. Sie streiten sich unaufhörlich. Sie sind zu lange schon von der Außenwelt abgeschlossen, sie ersticken, sie sind am Ende ihrer Kräfte und wissen nicht mehr, welche Fallen sie stellen sollen. Sie sind soweit, daß sie ihre Seele dem Teufel geben würden. Eines Morgens hat Cennino aus dem »alten Kollegium« sechsundzwanzig Stimmen erhalten. Manche sagen sogar vierunddreißig. Die Barberini sind außer sich.

Kardinal Antonio will die Dinge vorantreiben. Er will Mazarins Antwort nicht abwarten. Dann sieht es nicht so aus, als sei er ungehorsam gewesen, wenn Mazarin mit Nein antwortet. Und ihm kommt das Verdienst zu, Pamfili zum Sieg verholfen zu haben, wenn Mazarin mit Ja antwortet.

Um alles noch verwickelter zu machen, begeht der französische Gesandte Unklugheiten. Er bespricht sich mit den Angehörigen der Familie Pamfili und mit den Spaniern. Man könnte meinen, er habe das Lager gewechselt.

Am Morgen des 14. September macht Kardinal Antonio den Anführern der »Spanier« den Vorschlag, er wolle ihren Kandidaten unterstützen. Den ganzen Tag über ergeht er sich in Lug und Trug. Er wiegt Bichi und Du Plessis de Richelieu in Sicherheit. Er verbreitet im Konklave das Gerücht, Seine Majestät habe ihm, dem Protektor der französischen Angelegenheiten, neue Instruktionen zukommen lassen, denen zufolge Pamfili zu unterstützen sei.

In der darauffolgenden Nacht findet niemand Schlaf. Man zählt Stimmen zusammen, man mutmaßt, man forscht die anderen aus. Antonio mißbraucht sein Amt als päpstlicher Kämmerling und verkürzt die unruhigen Nachtstunden noch. Ehe der Tag anbricht, läßt er zur ersten Abstimmung läuten.

Im Morgengrauen des 15. September werden aus dem Kelch, in den man die Zettel wirft, achtundvierzig Stimmen für Pamfili herausgeholt. Sechs Gegenstimmen: der Gewählte, die beiden Franzosen Valençay und Richelieu und die drei Italiener Bichi, Grimaldi, Fiorenzola. Drei Kardinäle haben nicht abgestimmt: Bentivoglio, der gestorben ist, Mattei und Gabrieli, die krank sind.

Kanonenschüsse von der Engelsburg. Glockengeläut von allen Kirchen Roms. Innozenz X. wird zum Papst ausgerufen.

Für Mazarin ist es Grabesgeläut. Er brauchte einen Papst, der ihm die Tiara verdankt hätte. Der Erste Minister Frankreichs hat nur das Herz der Regentin gewinnen können. Trotz des Purpurgewandes ist er ein Zugewanderter, den jeder Wind davontragen kann. Wohin sollte er sich in einem solchen Fall zurückziehen, wenn nicht nach Rom?

Der venezianische Gesandte Nani durchschaut seine Lage mit bewunderungswürdigem Scharfblick: »Er hätte sich einen Papst gewünscht, der Frankreich geneigt gewesen wäre, aber auch einen Papst, der zu seinen persönlichen Freunden zählte, wie Bentivoglio, Sacchetti oder Altieri; ihm war klar, wie sehr ein solcher Pontifex zu seinem Ansehen hätte beitragen können, indem er seine Geltung beim Klerus des Königreichs festigte und alle diejenigen mit heiligen Gewittern bedrohte, die wagen sollten, etwas gegen seine Person zu unternehmen, und der ihn schließlich ehrenhaft aufnehmen würde, wenn er die Regierung verlassen müßte.«

Alle diese schönen Pläne sind zunichte geworden, zerstört von denen, die ihnen zum Gelingen hätten verhelfen müssen. Zu der Niederlage gesellen sich die Bitterkeit über den Verrat, die Angst vor der Zukunft.

Die Nachricht von der Wahl Innozenz' X. trifft am 27. September in Fontainebleau ein. Unter dem Vorwand, den jungen Ludwig XIV. zu zerstreuen, vergnügt sich der Hof: Theateraufführungen, Pantomimen, Spiele, Jagden, Promenaden. Die Kabale der »Importants« ist gezähmt, aber einige Leute in der Umgebung von Gaston d'Orléans, dem Bruder Ludwigs XIII., und vom Prinzen von Condé fletschen noch unter dem Maulkorb mit den Zähnen. Sie könnten eine Niederlage Mazarins bei der Papstwahl dazu benutzen, laut und deutlich das zu sagen, was sie hinter vorgehaltener Hand bereits murmeln: daß Mazarin »nach italienischer Art die Dinge nur übertünchte, anstatt feste Beschlüsse zu fassen«. Sie hatten sich allerdings nicht hindern lassen, »feste Beschlüsse« zu bekämpfen, als Richelieu ihr Urheber war. Weiter sagen sie, daß es Mazarins Schuld sei, wenn »die Königin binnen kurzem keine Autorität mehr habe«.

Aus Rom treffen fast zur gleichen Zeit mehrere Kuriere ein, deren Meldungen unterschiedlichen Glockenschlag wiedergeben. Die unbekümmerte Glocke von Antonio, dem Verräter. Die eherne Glocke von Kardinal Francesco. Die ärgerliche Glocke von Saint-Chamond. Die scheinheilige Glocke von Pater Michele Mazarini. Die ironische Glocke von Bichi: »Ich fürchtete Regen, nicht aber die Sintflut.«

Manche behaupten, Mazarin sei nach diesem Desaster krank geworden. Das ist falsch. In einer Depesche vom 27. September berichtet der scharfsinnige venezianische Gesandte Nani, er komme aus Fontainebleau, wo er Seine Eminenz an einem »Kopfschmerz« leidend vorgefunden habe. In einer zweiten Depesche des gleichen Tages erzählt er vom Eintreffen der verschiedenen Glockenklänge. Es gibt Pessimisten, die meinen, Mazarin sei von Gaston d'Orléans vergiftet worden.

Auf jeden Fall haben die römischen Kuriere nicht dazu beigetragen, Seiner Eminenz Heilung zu verschaffen. Der »Kopfschmerz« verschlimmert sich. Böswillige sagen, es sei eine diplomatische Verschlimmerung, die es Mazarin erlaube, sich zwischen Fieberanfällen und Aderlässen zu besinnen und seine Gedanken zu ordnen.

Der Besiegte des Konklave versucht, mit seinem Ärger fertigzuwerden. Er überlegt, ob er den Papst anerkennen soll oder nicht. Pater Rapin schreibt in seinen Memoiren, der Prinz von Condé habe sich auf den Rat seines Freundes Vincenz von Paul hin gegen einen Vergeltungsakt ausgesprochen. Man beschließt abzuwarten, den neuen Papst nach seinen Taten zu beurteilen, sich damit zu begnügen, seine Wahl zur Kenntnis zu nehmen. Als Mitte Oktober der Nuntius nach Fontainebleau kommt, um das Schreiben vorzulegen, mit dem Innozenz' X. Thronbesteigung verkündet wird, geben sich der kleine König, die Regentin und Mazarin einer kälter als der andere, sie wirken wie Eiszapfen. In der Botschaft, die nach Rom geschickt wird, ist unter dem protokollarischen Gesumm die Insolenz zu spüren. Man läßt den Kind-König folgendes schreiben: »Allerheiligster Vater, da wir nicht daran zweifeln können, daß Eure Heiligkeit durch die Stimme des Heiligen Geistes zur Papstwürde erhoben worden ist, wollen wir glauben, daß Sie auch die Eingebungen und alle Regungen der Gnade und Weisheit empfangen werden, die notwendig sind, die Kirche zu regieren, und daß unsere Krone alle Zeichen von Zuneigung und Wohlwollen erhalten wird, die wir von einem heiligen und gütigen Vater erhoffen können.«

Der zweiundsiebzigjährige Innozenz X. will nichts von seinem Alter wissen. Er stammt aus kleinem umbrischem Adel. Früh schon haben ihn zwei Onkel Kardinäle in brillante Ämter gebracht: er ist Apostolischer Nuntius in Neapel geworden, Datarius des Legaten Francesco Barberini in Frankreich, Nuntius in Madrid, wo er bis zum Käppchen im »Spaniertum« versinkt. Den Kardinalshut bekommt er mit siebenundfünfzig Jahren. (1626) Urban VIII. schätzt seine »Gelehrsamkeit« und beruft ihn in Rom in die Kongregationen des Konzils von Trient, des Heiligen Offiziums, der Riten, der Propaganda Fide, der kirchlichen Immunität und noch anderer.

Velasquez malt ihn (das Gemälde befindet sich in Rom in der Galerie Doria) mit einem schwarzen Bart, einem knorrigen Kinn, einem stacheligen Schnurrbart, einer grobgeformten Nase und unfreundlichen Augen. Dieses kantige Gesicht strömt Mittelmäßigkeit und Grobheit aus. In den Höhlungen sitzt das Mißtrauen. Dem griesgrämigen Mann wird Häßlichkeit nachgesagt, »viele Leute meinen, es sei lächerlich, einen universalen Vater zu wählen, derartig häßlich und mißgestalt, daß seine Kinder nie wagen würden, sich ihm zu nähern, so schrecklich war er anzusehen«.

Dieser grobschlächtige Mensch leidet an Gicht und Harnverhaltung, was seine Stimmung nicht hebt. In Frankreich hatte man ihm den Beinamen »Monseigneur On ne peut pas«, Monsignore, der nicht kann, gegeben. Der venezianische Gesandte Contarini, ein guter Psychologe, hält ihn für »schwach und leichtgläubig seinen Ministern gegenüber«, »zu Mißtrauen neigend«, »Unbequemlichkeiten aus dem Weg gehend«, »kleinmütig«, »schwer von Begriff, unfähig zu großen Entwürfen und unschlüssig«. Er schließt sich ab, schweigt, verbringt ganze Tage beim Boccia-Spiel in seinem Garten. Durch seine Furcht vor jeder Tätigkeit wird er völlig schlaff. Eigenartig geht er mit den Gesandten um: »Wer mit Seiner Heiligkeit zu tun hat, glaubt nach der ersten Audienz, die Angelegenheit wäre geregelt, nach der zweiten, daß sie völlig anders gemacht werden muß, nach der dritten, daß sie gänzlich gescheitert ist.«

Mit Innozenz X. steigt, wie es der südländische Familiensinn erheischt, eine ganze Sippe auf den Thron. Der schwerfällige Mann ist Wachs in den machtgierigen Händen seiner Schwägerin, Donna Olimpia Maldachini. Dieses Mannweib fühlt sich nur wohl unter Männern, sie geht mit ihnen auf die Jagd und treibt Politik. Ihre natürliche Intelligenz und ihre Willenskraft stechen deutlich ab von der Zaghaftigkeit des Papstes.

Die Römer, die Skandalgeschichten genießen, behaupten, diese Amazone habe ihren Mann vergiftet, um mit ihrem Schwager leichtes Spiel zu haben. Ein Wortspiel mit ihrem Vornamen macht die Runde: »Olim pia, nunc impia«: einst fromm, jetzt ruchlos. Sie terrorisiert den Papst, der unter diesem Sturmwind den Kopf verliert. Im Konklave hatte Bichi geweissagt: »Signori, faremo una papessa!« – »Meine Herren, wir werden eine Päpstin schaffen!«

Olimpia hat drei Kinder, einen zweiundzwanzigjährigen Sohn, den sanften Camillo, dumm und faul wie eine Schnecke. Und zwei Töchter, von denen die ältere den wohlhabenden Marchese Giustiniani heiratet: vierzigtausend Taler Leibrente.

Anfangs zurückhaltend, erweisen sich in der Folgezeit andere Verwandte des Papstes als noch gieriger. Zuweilen gelingt es drei Kardinälen, Olimpias Möwengekreisch zu übertönen: Spada, Palotta und vor allem Pancirolo, der seinem Amt als Staatssekretär Bedeutung verschafft.

Durch seine zahlreichen Agenten, seien es offizielle oder geheime, verfolgt Mazarin das Tun und Treiben des Pontifex und seiner Familie. Er legt nicht nur ein Verzeichnis der im Amt befindlichen Persönlichkeiten an, sondern auch derer, die ihre Nachfolger sein könnten: mit Notizen über ihren Charakter, ihren Gemütszustand, ihre Lebensumstände. Und er vermerkt sogar die jeweiligen Reibungspunkte: Streitigkeiten und Vendetten.

Der Zwist, in dem sich der Papst und die Seinen mit der Familie Barberini befinden, verschlimmert sich ständig. Um noch ein bißchen Prestige zu bewahren, klammern sich die Neffen Urbans VIII. an den Plan einer Heirat Camillos mit einer Tochter Don Taddeos. Um Olimpia zu gewinnen, statten sie das junge Mädchen mit einer prächtigen Mitgift aus; sie soll das wundervolle Besitztum von Montelibretto, das vier Millionen wert ist, bekommen und eine Leibrente von hunderttausend Talern. Doch diese Hoffnung geht in die Brüche. Die Heirat findet nicht statt. Der Papst behauptet, er schulde den Barberini nichts. Gott allein hat seine Wahl »wunderbarerweise« bewirkt. Er ernennt den jungen Camillo, eine Null von zweiundzwanzig Jahren, zum Kardinal.

Genaustens beobachtet Mazarin die ersten Amtshandlungen Innozenz' X. Sind sie günstig oder ungünstig für Frankreich? Es geht das Gerücht, der Nuntius in Paris solle ausgewechselt werden. Mazarin ist mit dem gegenwärtigen sehr zufrieden. Es ist Bagni, ein behäbiger Witwer, der erst spät in einen Orden eingetreten ist. Erst kürzlich ist er in Paris eingetroffen. Vor dem Tod Urbans VIII. hat er nicht mehr die Zeit gehabt, sein Gepäck aufzumachen und dem König sein Beglaubigungsschreiben zu überreichen. Keinen von den Kandidaten, deren Namen genannt werden, möchte Mazarin in Paris haben: Spada ist ein eingewurzelter »Spanier«, Scotti, »ein ungewöhnlicher Wirrkopf«, der schon einmal Nuntius in Paris gewesen ist und den Richelieu hat abberufen lassen. (1639) Mazarin, der wie immer geschickt und vorsichtig vorgeht, erringt einen ersten kleinen Sieg. Bagni kann bleiben und sich behäbig in Paris einrichten.

Jetzt wartet Mazarin auf die erste Ernennung von Kardinälen. Werden Franzosen oder franzosenfreundliche darunter sein? Leider nein. Nur zwei erhalten am 13. November 1644 den Hut: der junge Camillo und Giovanni Carlo de' Medici, der jüngere Bruder des Großherzogs von Toskana, ein Feind Frankreichs.

Auch andere Unternehmungen des Papstes zeigen seine feindselige Einstellung. Zwei rebellische französische Prinzen suchen Unterschlupf in den päpstlichen Staaten. Nur mit größter Mühe gelingt es Mazarin, Innozenz X. dazu zu bewegen, ihnen das Aufenthaltsrecht zu verweigern. Der eine, der Herzog von Bouillon, kann zwar in Rom bleiben, aber nicht als Hoheit. Der andere, der Herzog von Vendôme, kommt nicht über Loretto hinaus, er geht nach Florenz.

Was der Papst mit der einen Hand gibt, nimmt er mit der anderen wieder, und im Dezember versetzt er Frankreich einen Schlag. Er verheiratet Olimpias Tochter mit dem Fürsten Ludovisi, einem ausgesprochenen Freund Spaniens. Mazarin vermerkt, vergleicht, protestiert leise oder schweigt. »Die Zeit und ich«, sagt er; diese Devise übernimmt er von seinen spanischen Feinden.

Den bitteren Kelch der Niederlage im Konklave hat Mazarin noch nicht verdaut. In einer Depesche vom 22. November 1644 beschreibt Nani das Verhalten der Eminenz bei einer Audienz, in der das Gespräch auf die Papstwahl kam: »Man kann die Erregung, mit der er sprach, kaum wiedergeben; er spie Feuer und Flammen, er war so gereizt, daß ich um seine Gesundheit fürchtete. Und er war noch zu schwach, um einen so leidenschaftlich heftigen Angriff zu führen; er hätte schweren Schaden erleiden können.«

Da Mazarin den Papst nicht vom Thron stoßen kann, will er diejenigen zunichte machen, die ihn gewählt haben oder ihn haben wählen lassen. In erster Linie den Kardinal Antonio Barberini. Er und sein Bruder sind dem Gelächter Roms ausgesetzt. Auf dem Theater erscheint als Interpret der neuesten Ereignisse der Diener Pasquino, eine feststehende Bühnenfigur; einmal ist er gestiefelt und gespornt und sagt: »Ich bringe Sporen und Stiefel zu den Barberini, die sich heute nacht heimlich davonmachen müssen«, ein andermal ist er ganz nackt und erklärt, »daß er keinen Schneider hat finden können, weil sie alle damit beschäftigt sind, Landkleidung für die Barberini anzufertigen«.

Die Römer sind gespannt darauf, welche Behandlung Frankreich den Verrätern, vor allem Antonio, zugedacht hat. Allgemein wird angenommen, daß Mazarin ihm sanft die Peitsche geben wird, um ihn nicht Spanien in die Arme zu treiben oder den Papst zu erschrecken. Die Römer täuschen sich. Am 12. Oktober begibt sich ein Kurier mit einer im Namen des Königs abgefaßten Botschaft für den französischen Gesandten nach Rom: »Ich wünsche, daß Sie sofort nach Erhalt dieses Schreibens zu dem besagten Kardinal [Antonio] gehen und ihm die Urkunde abverlangen, durch die ich ihn, um ihn zu ehren, mit dem Schutz der Angelegenheiten meines Reiches beauftragt habe. Er soll die Wappen über dem Tor seines Palastes entfernen, denn ich möchte nicht, daß eine meiner Huld so unwürdige Persönlichkeit in der Öffentlichkeit den Anschein erweckt, diese noch zu besitzen.«

Eine eindeutige Verdammung, die Mazarin mit theatralischen Verzierungen schmückt. Es muß schnell gehandelt werden, damit Antonio nicht die Zeit findet, von sich aus sein Amt als Protektor der französischen Angelegenheiten niederzulegen. Dazu gibt Mazarin wie ein Regisseur die Anweisung, der Gesandte solle so vorgehen, daß die Strafe wie eine Ohrfeige wirkt: »Ich denke, es wird keine Schwierigkeiten machen, ihn in seinem Haus zu überraschen und ohne weiteres, ohne um Audienz zu bitten, zu ihm zu gehen. Wenn man es Ihnen verwehrt und vorausgesetzt, daß Sie begleitet sind, verschaffen Sie sich, halb im Scherz, halb im Ernst, Einlaß. Sollte die Gicht Sie ans Bett fesseln, gibt es, so meine ich, keinen anderen Ausweg, als ihn zu bitten, wichtiger und angenehmer Angelegenheiten wegen zu Ihnen zu kommen.«

Man spürt förmlich, wie sehr Mazarin es bedauert, diese Szene nicht selbst spielen zu können. Wie gern würde er sich bei Kardinal Antonio, »halb im Scherz, halb im Ernst« Einlaß verschaffen. Er sieht sich in dieser Rolle. Und seine Furcht, die Aufführung könne mißraten, ist so groß, daß er Hugues de Lionne drängt, Kardinal Bichi zu schreiben: »Ich sterbe vor Angst, daß der Herr Gesandte den Befehl, den er Kardinal Antonio betreffend bekommen hat, nicht richtig ausführt. Eure Eminenz sollte ihm mit Ratschlägen beistehen und sein Verhalten dirigieren.«

Der Regisseur überträgt seine Befugnisse einem Assistenten, seinem besten Freund, der auch ein Italiener ist. Man muß Italiener, man muß im Land der Komödie geboren sein, um diese Posse richtig deuten zu können. Mazarin ist der Auffassung, daß die Dinge sich auf diese Weise »mit Würde« abspielen werden. Mit der »Würde« eines Possenreißers.

Wie es Mazarin, Arzt und Seher zugleich, vorausgesagt hatte, liegt der Gesandte Saint-Chamond mit Gicht zu Bett. Er schickt seinen Sohn mit einem Brief zu Kardinal Antonio; dieser soll die Urkunde, die ihm zum Protektor gemacht hat, herausgeben.

Antonio ist mißtrauisch, er will den Boten nicht empfangen. Der aber hat den Auftrag, »beharrlich zu sein«. Er schiebt den Hausmeister des Kardinals zur Seite und dringt ins Haus ein. Antonio nimmt den Umschlag entgegen, den ihm ein Sekretär reicht. In der Anschrift ist sein Titel als Protektor ausgelassen. Er wird blaß, stottert, »er wisse nicht, wo die besagte Urkunde sei; sie müsse unter seinen Papieren sein, er würde suchen.« Er verschwindet.

Abends erscheint Martinozzi beim gichtkranken Gesandten und stammelt, man habe überall gesucht, ohne die Urkunde zu finden. Am nächsten Tag ist das Wappen von Frankreich am Giebeldach des Kardinals nicht mehr zu sehen. Die Römer, der Papst an der Spitze, frohlocken über diese »exemplarische Gerichtsbarkeit«. Kläglich schreibt der Bestrafte an den strafenden Mazarin, er nehme Gottes Willen an, er habe nie die Absicht gehabt, der Krone von Frankreich zu schaden, der er unvergänglich verbunden bleibe, später werde man die Reinheit seines Herzens erkennen.

Jetzt sind noch die beiden Theodoli und der französische Gesandte zu bestrafen. Um sich dafür zu rächen, daß er die Schande Roms ist, denunziert sie Kardinal Antonio. Er behauptet, Briefe in seinem Besitz zu haben, die während des Konklaves zwischen Kardinal Theodoli und seinem Bruder, dem Marquis de San-Vito, gewechselt worden sind und die Saint-Chamond belasten. Dem Inhalt dieser drei Briefe zufolge habe der Gesandte eingewilligt, die über Pamfili verhängte Ausschließung aufzuheben, sofern wesentliche Vorteile für Frankreich und ihn selber dabei heraussprängen. Frankreich sollte das »Konkordat« für die Provence, die Bretagne und die drei Bistümer (Metz, Toul und Verdun) sowie für das übrige Territorium bekommen. Der König sollte, außer dem Kandidaten der Krone, über einen zusätzlichen Kardinalshut verfügen dürfen. Der Gesandte sollte eine beträchtliche Geldsumme einstecken können. Und ein Verwandter von ihm, der Abbé Caderousse, sollte Bischof von Avignon werden.

Die Briefe bezeugen, daß Saint-Chamond mit zehntausend Dublonen nicht zufrieden ist, er will zwanzigtausend. Kurzum, das Konklave scheint eine Auktion zu sein, der französische Botschafter käuflich und der Papst ein Händler mit geistlichen Ämtern.

In dem Buch »Mazarin und seine Auseinandersetzungen mit Papst Innozenz X.« stellt Henry Coville die Argumente gegenüber, die den Gesandten belasten und die, die ihn reinwaschen.

Gegen den Gesandten: seine seit siebenundzwanzig Jahren währende Sympathie für Pamfili, die ständige Verbindung, die er während des Konklaves mit Kardinal Theodoli, durch Vermittlung seines Bruders San-Vito, gehabt hat, seine Geldverlegenheit.

Ein Brief, den der Gesandte am 5. September an Hugues de Lionne geschrieben hat, ist beunruhigend: »Morgen werde ich mein goldenes Geschirr verpfänden, ich muß es verkaufen, wenn ich kann, um mit dem Geld hier dem König dienen zu können. Aber danach werde ich gezwungen sein, [nach Frankreich] zurückzukehren, weil ich nicht mehr in der Lage bin, die Ausgaben, die ich machen muß, zu bestreiten. Sie wissen, daß ich immer nur mit ruinösen Ämtern beauftragt war, weder ein Geschäft noch eine Pfründe habe und überall viel schuldig bin. Außerdem muß ich mehrere Kinder unterhalten, die Gott mir geschenkt hat, auch bekomme ich nie meine Besoldung.«

Für den Gesandten spricht: Er verteidigt sich gegen die Anschuldigungen mit Eifer und einer Unschuld, die echt ist. Seine ganze Laufbahn spricht gegen diese Anhäufung von Lügen. Er »habe alle Aufgaben im Krieg und bei Verhandlungen, mit denen er beauftragt war, stets zum Nutzen Frankreichs ausgeführt«. San-Vito widerruft. Er und sein Bruder haben die Betrügerei mit dem Gesandten ins Werk gesetzt, um das Konklave zu verzögern.

Zum Zeitpunkt, da die Theodoli die gefälschten Briefe austauschten, schrieb der Gesandte in einem völlig anderen Ton an Kardinal Antonio, er wies erneut auf die Ausschließung Pamfilis hin und schlug Altieri oder einen anderen »bei Hofe in Gunst stehenden« Kandidaten vor. Im übrigen sind die mehrmaligen Kontakte mit den beiden Theodoli während des Konklaves durchaus begreiflich, denn im Grunde waren sie Freunde Frankreichs und wurden dafür bezahlt.

Der einzige Fehler, den der Gesandte begangen hat, ist folgender: Anfang September schreibt er an Mazarin und fragt, ob die von ihm erlassenen Instruktionen nicht zugunsten Pamfilis geändert werden könnten. In diesem Augenblick locken ihn die beiden Theodoli in eine Falle. Sie bitten ihn, sich für ein Scheinmanöver zur Verfügung zu stellen, das einzig dazu dienen soll, das Konklave hinzuhalten, bis Mazarins Antwort eingetroffen ist. Zu den mit dem Gesandten abgesprochenen Punkten fügen sie weitere hinzu, von denen er nichts weiß, insbesondere den Punkt, die »zwanzigtausend Dublonen« betreffend.

Mit dem manipulierten Beweis in der Hand, daß der französische Gesandte käuflich sei, erzwingt Antonio im Konklave die Wahlentscheidung. Diese unechten Briefe, die er in Besitz hat, sind eine nicht zu unterschätzende Waffe, die er sowohl gegen Mazarin wie gegen den Papst einsetzen kann. Den einen macht er lächerlich, indem er beweist, daß sein Gesandter ihn verraten hat. Über dem Kopf des anderen läßt er die Drohung mit der Simonie schweben.

Zunächst verhält sich Antonio still. Als er dann sieht, daß er von Mazarin und vom Papst zugleich verworfen wird, daß er in die Enge getrieben ist, zieht er vom Leder, mit der kalten Wut eines Menschen, der nichts mehr zu verlieren hat.

Der Gesandte begeht weitere Dummheiten. Dieses Unschuldslamm versucht beharrlich, als wäre er schuldig, die Briefe an sich zu bringen. Sogar an den Papst wendet er sich flehentlich. Anläßlich einer Auseinandersetzung zwischen Franzosen und Spaniern erlaubt er seinen Bediensteten, bewaffnet durch die Straßen Roms zu ziehen und sich in Händel mit den päpstlichen Gardisten einzulassen. Die Römer amüsieren sich über das Schauspiel. Ihre Spöttereien nehmen Antonio, Theodoli und den Gesandten gemeinsam aufs Korn.

Gegen Mitte Dezember erhält der Gesandte, als Weihnachtsgeschenk, zwei Sendschreiben. Das erste, vom König unterzeichnet, jedoch von Mazarin aufgesetzt, ist so gut wie eine Hinrichtung: »Herr Marquis von Saint-Chamond, da ich nicht zufrieden bin mit dem Verhalten, das Sie während des Konklaves bezeigt haben, und obwohl die Erklärungen, die

Unser Heiliger Vater, der Papst, hinsichtlich seiner Zuneigung für unsere Krone abgegeben hat, mich sehr beeindrucken, schreibe ich Ihnen diesen Brief, um Ihnen zu sagen, daß ich mich Ihrer in der römischen Gesandtschaft nicht länger bedienen will und wünsche, daß Sie drei Tage nach Erhalt dieses Schreibens abreisen, um nach Frankreich zurückzukehren, ohne die Abschiedszeremonien, die bei der Abreise von Gesandten üblich sind, und daß Sie in Ihr Haus nach Saint-Chamond gehen, wo Sie die Befehle erhalten werden für das, was Sie weiterhin zu unternehmen haben.«

Wenig später schreibt ihm Mazarin, dem es stets widersteht, sich Feinde zu schaffen und selbst einen Schuldigen zu brüskieren, einen eigenhändig unterschriebenen listenreichen Brief. Er gibt vor, bei der Königin für ihn eingetreten zu sein, doch nichts erreicht zu haben. Er bedient sich eines Lieblingsausdrucks, der in seinem Wortschatz aber schon abgewertet ist, und sagt, »er hätte es sich sein Blut kosten lassen«, um zu verhindern, daß man die Briefe von San-Vito fand.

Durch denselben Kurier erhalten die Theodoli einen Schlag. Sie büßen das Wappen Frankreichs an ihrer Hausfassade ein, und in ihren Taschen die Leibrenten. Durch die Bestrafung der drei Schuldigen, des Naiven und der beiden Gerissenen, beabsichtigt Mazarin, auch den Papst zu treffen. Der Verdacht der Simonie soll über dem Pontifex schweben und seine Tiara auf das Niveau einer wohlfeilen Ware hinabdrücken.

Nach Ablauf von zwei Monaten meint Mazarin, er habe Innozenz X. lange genug auf ein Wort warten lassen. Um die Beziehungen wieder aufzunehmen, macht er sich die Angelegenheit der möglichen Ernennung seines Bruders zum Kardinal zunutze. So wendig und vorsichtig Mazarin ist, so ungeschickt und aufgeregt ist Pater Michele Mazarini. Dieser Tolpatsch sägt an den Nerven der anderen wie eine Steinsäge am Fels. Er verdirbt sich alle Chancen.

Am 31. Oktober schreibt nun dieser Querkopf frohlockend an seinen Bruder, die Kardinäle Pancirolo und Spada hätten ihm angeboten, ihm behilflich zu sein, beim nächsten Konsistorium einen Kardinalshut zu erlangen, wenn Mazarin Antonio seinen Titel als Protektor der französischen Angelegenheiten wieder zurückgäbe. Mazarin klopft seinem Bruder auf die Finger:

»Die Kardinäle Spada und Pancirolo, die Seiner Heiligkeit haben beweisen sollen, daß er verpflichtet sei, die Barberini mit dem König von Frankreich wieder auszusöhnen, müssen geglaubt haben, Seine Majestät sei nur ein Strohkönig, der seinen Launen nachgebe und die gefaßten Beschlüsse nicht ernsthaft prüfe, wenn sie sich einbilden, Seine Majestät könne sich nach einer so gerechten und für richtig befundenen Erklärung, wie die gegen Kardinal Antonio, zum Schaden seiner eigenen Würde und Ehre widerrufen.«

Der Aufgeregte möge sich ruhig verhalten und seinen älteren Bruder machen lassen. Ende Dezember nimmt Mazarin die Angelegenheit offiziell wieder auf. Als Nachfolger für den französischen Gesandten ernennt er einen außerordentlichen Geschäftsträger beim Heiligen Stuhl, den Seigneur von Grémonville. Er soll, nachdem er den Papst seitens des Königs von Frankreich geziemend gegrüßt habe, den Stier bei den Hörnern packen und aus dem Hut für Pater Michele Mazarini nicht eine dem Kardinal Mazarin gewährte Gunst machen, sondern eine Staatsangelegenheit: das Unterpfand für die Übereinstimmung zwischen Frankreich und dem Heiligen Stuhl. Seine Majestät »wünscht« mit großer Anteilnahme die Beförderung des Paters Mazarini wegen der »bedeutenden Dienste, die Herr Kardinal Mazarin mit so viel Beflissenheit und Uneigennützigkeit dieser Krone leistet« ... »Man meint sogar, daß, wenn Seine Heiligkeit gut beraten sei, er glühender als wir selbst wünschen müsse, Gelegenheit zu bekommen, dieses Königreich beschenken zu können, um vor allem den ganzen Hof, die Parlamente und hochgestellten Persönlichkeiten, die der Meinung sind, wir hätten jetzt einen spanischen Papst, eines Besseren zu belehren.«

Um den Heiligen Vater wohlwollend zu stimmen, schreibt die Königin ihm einen liebenswürdigen Brief, und Mazarin überträgt dem jungen Kardinal Camillo Pamfili die zweitgrößte Abtei Frankreichs, Corbie, die zwölftausend Taler Einkünfte abwirft.

Der französische Geschäftsträger macht aus seinem Einzug in Rom ein so prächtiges Schauspiel, daß jedermann daraus folgert, er wolle »auf großem Fuß leben«.

Der Papst und mit ihm seine Umgebung betrachten seinen Aufzug nicht ohne Besorgnis. Es geht das Gerücht, Grémonville sei gekommen, um den Zusammentritt eines Konzils zu fordern, auf dem die Gültigkeit der Papstwahl geprüft werden solle. Der Papst fürchtet, der Donner könne sich schon bei der ersten Audienz entladen. Anstelle des Donners eitel Sonnenschein. Donna Olimpia lädt den Diplomaten zu ihren »Damengesprächen« ein. Der dümmliche kleine Kardinal Camillo ist selig darüber, daß ihm die fette Abtei Corbie geschenkt wird.

Nach dem Zittern nun das große Aufatmen. Man kommt wieder zu sich. Auch dieser Mazarin, dieser Prahlhans, hat den Pantoffel des Papst küssen müssen, wie alle anderen. Die Frömmigkeit der Regentin und von Monsieur le Prince hat ihn zum Schweigen gebracht. Möglicherweise beginnt er an Boden zu verlieren.

Gleich wird der Papst wieder uneinsichtig und taub. Trotz der Abtei von Corbie und obwohl der alte Kardinal von La Rochefoucauld gestorben und damit ein Hut für Frankreich frei geworden ist, will Seine Heiligkeit von Pater Michele Mazarini nichts mehr hören. Dieser unsympathische Mensch verprellt sogar seine Parteigänger. Grémonville fühlt sich von ihm »belästigt und verfolgt«.

Am 6. März ernennt der Papst acht Kardinäle, alles Spanienfreunde. Mazarins Entgegenkommen hat ihm nur Verachtung eingebracht. »Sei mit einem Flegel mild, so wird er grob.«

Als Mazarin von dieser Schmach erfährt, gerät er in Wut. Kein sanftes Säuseln mehr, sondern die schneidende Stimme der stürmischen Tage. Die Regentin stößt Drohungen aus: »Wenn der Papst glaubt, es genüge, uns gute Worte zu geben und sich mit seinen Taten über uns lustig zu machen, täuscht er sich sehr. Große Könige lassen sich nicht so behandeln wie kleine Prälaten am Hof von Rom.« Es wird von Schisma gesprochen, von einem Zustand wie in England. Brienne teilt dem entsetzten Nuntius mit, der Ministerrat habe das Vorgehen Heinrichs VIII. studiert: »Deshalb müssen sich die Päpste hüten, freie und mächtige Fürsten, wie der König von Frankreich einer ist, vor den Kopf zu stoßen.«

Um sich zu rächen, ruft Mazarin Grémonville aus Rom ab und schickt ihn nach Venedig zurück, wo er zuvor schon im Dienst war. Er unterhält nur noch lose diplomatische Beziehungen zwischen Frankreich und dem Heiligen Stuhl und läßt die Möglichkeit eines Bruchs bei jeder Gelegenheit durchblicken. Er zeigt, daß jemand, der in Rom nicht genehm ist, auf einen der ersten Bischofssitze in Frankreich gehoben werden kann. Die Brüder Mazarin, der geniale und der dumme, machen nur im Königreich der Lilien Karriere. Mazarin ernennt den unbedarften Pater Michele zum Erzbischof von Aix und kommt damit dem jüngsten Sohn des Prinzen von Condé, Armand de Conti, in die Quere, der auf diesen Posten hoffte.

Gegenwärtig kann Mazarin in Italien nichts ausrichten, in Frankreich jedoch benutzt er jeden Anlaß, dem Papst am Zeuge zu flicken. Er beruft sich auf die öffentliche Meinung und auf die Stimmung in den staatlichen Körperschaften. Bei einer Besprechung mit dem venezianischen Gesandten und in einem Brief an seinen Freund Grimaldi weist er darauf hin, daß in Frankreich viele »sehr ungewöhnliche« Äußerungen über die Wahl Innozenz' X. umlaufen. Aus Achtung vor dem Papst und vor der Religion habe er bisher die bösen Zungen zum Schweigen gebracht. Er könne aber nicht versprechen, es weiterhin zu tun.

Er macht sich die Affäre Beaupuis zunutze. Beaupuis ist Offizier bei der berittenen Garde gewesen und hat im September 1643 an der Kabale der »Importants« teilgenommen. Man beschuldigt ihn, er habe Seine Eminenz töten wollen. Er ist nach Italien geflohen, zu einem anderen hochgeborenen Rebellen, dem Herzog von Vendôme. Der Papst wird aufgefordert, ihn festzusetzen, was auch geschieht. Doch nach dem Mißerfolg mit dem Kardinalshut für seinen Bruder will Mazarin mehr. Geschickt zieht er das Parlament in dieses Wespennest hinein. Er ersucht den Papst, Beaupuis auszuliefern, damit das französische Parlament ihm nach Recht und Gesetz den Prozeß machen kann. Endloses unnützes Palaver über die Zuständigkeit der königlichen oder der päpstlichen Rechtszuständigkeit. Beaupuis ist ein Untertan des Königs von Frankreich. Der Tötungsversuch hat in Frankreich stattgefunden. Er muß in Frankreich abgeurteilt werden, sagen die einen. Beaupuis hat sich in die päpstlichen Staaten geflüchtet. Er hat einen Fürsten der römischen Kirche töten wollen. Folglich kann der Papst, wenn er nicht Unehre auf sich laden will, ihn nicht ausliefern, sagen die anderen. Dem halten die ersteren entgegen, er könne es, ohne einen Zoll seiner kostbaren Ehre zu verlieren. Er liefert ja auch neapolitanische Banditen aus. Auch wollte Beaupuis einen Fürsten der römischen Kirche töten, der jedoch ein weltliches Amt innehat, er ist Leitender Minister des Königs von Frankreich. Unter dem Purpur hatte er es auf den Minister abgesehen.

Der Papst möchte Beaupuis behalten. Es sieht sogar so aus, als habe er ihn entfliehen lassen wollen. Mazarin ist außer sich, er wendet sich an das Parlament, das in puncto der Nationalehre sehr empfindlich ist. »Der Vater der Christen«, der Heilige Vater, entzieht der Rechtsprechung des Königs einen Verbrecher, der einen seiner Söhne hat umbringen wollen. Er vergreift sich am heiligen Recht der Könige: über den Rechtshandel ihrer Untertanen zu befinden.

Das Parlament ist empört. Die aufgeregtesten Mitglieder legen dem Ministerrat nahe, Rom die Einkünfte aus den Pfründen zu sperren und Zwietracht in die avignonesischen Angelegenheiten zu bringen. Innerlich jubelnd, äußerlich scheinheilig beschwichtigt sie Mazarin.

Nachdem er den nationalen Nerv des Parlaments angerührt hat, versucht er das gleiche beim Klerus. Bisher war er mit der Haltung der Kirche nicht zufrieden, weder in Frankreich noch in Rom. Auf beiden Seiten der Alpen betrachtet ihn die Kirche nicht als Priester, der er ja auch nicht ist. Für sie ist sein Purpurgewand nur ein Theaterkostüm. Eine »heilige Liga« tut sich mit der Kabale der »Importants« zusammen. Einige Mitglieder der Liga, die Bischöfe von Beauvais und Lisieux, verschaffen sich Einfluß im »Conseil de conscience«, der hinter seiner Bastion von Akten mit Bewerbungen um Bischofssitze und Abteien über den Klerus herrscht. Der Bischof von Beauvais ist besonders gefährlich für Mazarin, weil er der Großalmosenier Annas von Österreich ist. Es gelingt dem Kardinal, ihn in seine Diözese zurückberufen zu lassen. Aber noch andere fromme Hindernisse säumen den Weg zu Annas Gewissen und Herz. Mehrere Klöster, in die sie sich nach spanischer Sitte zum Gebet zurückzieht, sind Stätten, in denen es von Feinden Mazarins wimmelt: das Kloster Val-de-Grâce, das Haus der Töchter Mariens, das Kloster der Karmeliterinnen in Pontoise. Mazarin weiß, daß die Festnahme von Beaufort diesen Wespenschwarm nicht wie durch Zauberei zerstreut hat. Noch immer fürchtet er, daß die frommen Schwestern, unterstützt von ihren frommen Brüdern, der Spanierin erneut ins Gewissen rufen, daß sie eine Seele und Mazarins Purpur die Farbe der Hölle habe. Wenn die Beziehungen Mazarins zum Papst sich verschlimmern, könnte die »heilige Liga« wieder auferstehen.

Im Mai 1645, wie alle vier Jahre, versammelt sich der Klerus von Frankreich. Der Papst und Mazarin wollen, jeder auf seine Weise, dieses Konglomerat von Prälaten gegeneinander ausspielen. Aber Mazarins Spiel übertrifft an Geschicklichkeit und Scharfsinn bei weitem das Spiel des schwerfälligen Innozenz. Nachtigall gegen Nilpferd.

Oft wird vom »Gallizismus« Mazarins gesprochen: »Er hat nichts unterlassen, um eine völlig gallikanische Kirche, die ganz der französischen Monarchie verhaftet war, wiedererstehen zu lassen« Der Italiener Mazarin ist nicht grundsätzlich gallikanisch gesinnt. Er ist es, wenn die Tatsachen es erfordern. Er paßt sich den Gegebenheiten an, er gallikanisiert sich wenn nötig. Er setzt sich über Doktrinen hinweg. Sowohl den Klerus wie alle anderen sucht er durch Vorspiegelung von Interessen, nicht von Ideen, zu verlocken. Einige Prälaten jansenistischer Färbung hatten ein nationales Konzil gefordert. Mazarin hat immer nein gesagt.

Schon im September 1644 beginnt Mazarin mit den Vorbereitungen für die Wahlen zur Klerusversammlung, die erst am 20. Mai 1645 stattfinden soll. Er wählt die Wohlmeinenden, die Mazarinisten aus: den Bischof von Uzès, den Erzbischof von Lyon, den Bischof von Châlons. Um seine Wähler besser in der Hand zu haben, übernimmt er »sehr geehrt und gern« eine Art Ehrenvorsitz über die Versammlung. Zum Präsidenten läßt er den alten zittrigen Erzbischof von Lyon ernennen, und zu Vizepräsidenten seine Anhänger, die Erzbischöfe von Narbonne, Tours und Toulouse. Im Juni erscheint Kardinal Bichi, der Bischof von Carpentras, dessen Purpur und fast mazarinische Geschicklichkeit Wunder wirken. Einige rechnen es ihm zum Nachteil an, daß er Italiener ist, weshalb er sich im August 1645 als Franzose naturalisieren läßt.

Den Teilnehmern an dieser »erhabenen Versammlung« begegnet Mazarin mit Verbeugungen, Entgegenkommen und Versprechungen. Von der vorhergegangenen Versammlung, 1641, hatte Richelieu sechs der bedeutendsten Prälaten ausgeschlossen. Als Akt der Wiedergutmachung lädt die Versammlung von 1645 sie zur Teilnahme ein, wenn auch ohne Abgeordnetenmandat. Mazarin läßt es zu, um zu zeigen, wie sehr er sich von Richelieu unterscheidet.

Ein kleiner Zwischenfall unterstreicht noch den Unterschied zwischen den beiden Herren über Frankreich. Am 13. Juli soll in Notre-Dame, anläßlich der Beisetzung des Erzbischofs von Bordeaux, ein Trauergottesdienst stattfinden. In der Kathedrale ist, vermutlich auf Anregung des Regisseurs Mazarin, eine »kleine Bühne« aufgebaut worden, auf der die Sessel der drei eingeladenen Kardinäle stehen. Ein Verstoß gegen das französische kirchliche Protokoll. Bis dahin hat in Frankreich bei einem Gottesdienst ein Kardinal noch nie auch nur einen Zentimeter über dem bescheidensten Abbé gethront. Es wird im letzten Augenblick bemerkt. Boten werden ausgeschickt, die Mazarin und Bichi auf dem Pont-Neuf antreffen. Die Eminenzen lassen ihren Wagen halten, hören sich verwirrte Berichte an und machen auf der Stelle kehrt. Die Zeremonie wird auf den darauffolgenden Tag verlegt. Die Versammlung zittert vor Furcht, Mazarin gekränkt zu haben. Eine zweite Abordnung wird ausgeschickt, die seichte Entschuldigungen vorbringt. Mazarin empfängt sie lachend. Einst, im April 1642, hatte er, in seinen nagelneuen Purpur gehüllt, bei einer Zeremonie in Narbonne es gewagt, einem Prinzen von Geblüt, dem Herzog von Enghien, den Vortritt streitig zu machen. Um von Anfang an klarzustellen, daß er nicht mehr derselbe ist und daß mit ihm gerechnet werden müsse. Drei Jahre danach mißt dieser Realist von hohen Graden der Willfährigkeit des Klerus mehr Bedeutung zu als einem Sessel, der in Notre-Dame auf einer »kleinen Bühne« steht. Er sagt, »niemand sei mit größerer Hingabe dem Klerus zu Diensten als er, und er warte nicht, bis sich eine Gelegenheit böte, sondern er würde ihr stets zuvorkommen«.

Während der Sitzungsperiode nimmt Mazarin die Verteilung der frei gewordenen Lehen vor. Auf diese Weise läßt er als Fachmann in Wohlgerüchen die Versammelten einen Hauch des »Buketts riechen«. Vor allem das Bukett der zahlreichen Pfründen des verstorbenen Monsieur de Bordeaux, die nach Wein duften. Durch die Verfügung über die Lehen schafft sich Mazarin unter den Gallikanern eine Anhängerschaft, die er den Romergebenen entgegenstellt.

Insgeheim schürt er zwei Affären, die die Versammlung gegen den Heiligen Stuhl aufbringen sollen. Die Bischöfe wünschen, daß den Ordensgeistlichen untersagt wird, in den Pfarrkirchen ihrer Diözesen oder in Kapellen ohne ihre Erlaubnis die Sakramente zu spenden. Zum anderen verlangen sie, daß die römische Kanzlei keine Bulle mehr expediert, ohne den Generalvikar der Diözese zu unterrichten. Damit soll vermieden werden, daß Rom Lehen an »skandalöse oder nicht geeignete Personen« vergibt. Dieser beiden Punkte wegen schickt die Versammlung ein Ultimatum an den Papst, der sich windet und dreht. Mazarin genießt diese kleinen Streitigkeiten. Der französische Klerus wird besser verstehen, daß auch Seine Eminenz mit dem Papst Streit haben kann.

Nachdem Mazarin das Parlament und die Kirche von Frankreich gegen den Heiligen Vater aufgebracht hat, sucht er Händel mit ihm in Rom. Manchmal scheint dieser Schlangenmensch nicht nur keine Knochen zu haben, sondern auch keine Galle und kein Gedächtnis. Wenn es der Augenblick erfordert, vergißt er jegliche Eigenliebe, es ist, als sei sie ihm durch eine Operation genommen worden. Er hat eine geniale Idee, die den Gesetzen der Logik und der Schwerkraft widerspricht und die keinem geradlinig denkenden Geist kommen würde: er will sich mit den Barberini, die er zerstampft hat, wieder aussöhnen.

Für die Unterredung mit ihnen gräbt er Valençay, den geschwätzigen Kardinal aus; er findet ihn in Aigre-Ville, wo er eine Kur gegen Rheumatismus macht. Valençay kommt nicht zum Ziel, der großen Ansprüche der Barberini wegen. Immerhin hat er den Barberini einen Floh ins Ohr gesetzt. Sie sehen, daß sich vor einem rosigen Horizont die mit Scherben gespickte Mauer der Vendetta ein wenig auftut.

Mazarin hat den Papst nicht zu Boden geworfen. Daher glaubt der Papst, Mazarin sei schwach. Er will ihn langsam kleinkriegen. Zunächst schickt er Rinuccini, Erzbischof von Ferno und Nuntius in Irland, nach Paris. Offizielle Mission: der Regentin die goldene Rose zu überbringen, die die Päpste katholischen Fürstinnen als Anerkennung ihrer Tugenden verleihen. Geheime Mission: sich an den Platz von Bagni, den Nuntius in Paris, zu schlängeln, der in Rom in schlechtem Ruf steht, weil er Frankreich liebt.

Mazarin ahnt, was hinter Rinuccinis geweihter Rose gespielt wird. »Den Spaniern Tatsachen und Früchte, uns Worte und Blumen«, vermerkt er sarkastisch in seinem »Carnet«.

Der päpstliche Blumenbote braucht drei Monate, um seine Rose zu überreichen. Er horcht überall herum und setzt sich mit dem Prinzen von Condé sowie mit einem Doktor der Sorbonne namens Haller, einem Feind Mazarins, in Verbindung. Der Kardinal und die Regentin empfangen ihn höchst unfreundlich. Anna stellt ihm so scharfe und unangenehme Fragen, daß Rinuccini nicht weiß, wohin er seine Tugendrose legen soll. So schnell er kann, reist er nach Irland zurück.

Eine zweite Schattengestalt stellt sich dem Papst zur Verfügung, um Mazarin Abbruch zu tun: Hersent, ein Oratorianer von vulkanischer Beredsamkeit. Er bekannte sich zum Jansenismus und wäre wegen einer Schrift gegen Richelieu, »Optatus Gallus«, die ihm zugeschrieben wurde, fast in die Bastille gekommen. 1644 verbannt ihn Gondi, Koadjutor von Paris, wegen einer Predigt in der Kirche Saint-Gervais aus der Stadt, in der er so kühne Thesen über die Gnade vertrat, daß »das Volk aufgewiegelt« wurde. Hersent geht nach Rom und wird vom Papst empfangen. Er stellt seine Feder und sein feuriges Wort in den Dienst Seiner Heiligkeit, »um den Papst gegen die offenen Feinde, die er in Frankreich hat, zu verteidigen und gegen diejenigen, die heimlich versuchen, den Geist der Völker seiner Obrigkeit zu entziehen«. Der Papst sagt ihm, »wenn Monseigneur, der Herzog von Orléans, die Königin durch den Abbé de la Rivière dahin brächte, Frieden zu machen, könne der besagte Abbé von ihm alles erhoffen, was er nur wünsche«, insbesondere einen Kardinalshut. Wer von Frieden spricht, denkt an einen Frieden ohne Mazarin, gegen Mazarin. 1635 sagte man: »Richelieu-la-guerre«, »Mazarin-la-paix«. Unter dem ehrenwerten Deckmantel des Wortes »Frieden« hatte Maria von Medici versucht, Mazarin, als er außerordentlicher Nuntius in Frankreich war, gegen Richelieu einzunehmen. Jetzt dreht sich die Wetterfahne und kreischt:

»Mazarin-la-guerre«. Ein bequemes Etikett, das zu allen Zeiten denen angeheftet wird, die man vernichten will.

Ein dritter heimlicher Sendbote aus Rom schleicht sich nach Frankreich: Abbé de Sillery, ein Neffe des Kardinals von Valençay. Stets ist das Ziel das gleiche: die Kamarilla von Monsieur soll an die Macht kommen, Mazarin soll gestürzt und durch den Abbé de la Rivière ersetzt werden. Der geheime Reisende, ebenso geschwätzig wie sein Onkel, läßt verlauten, er sei der Auffassung, der Hof befinde sich in »Zwistigkeiten«, und eine »Dame von Rang und Stand« müsse der Regentin mitteilen, daß der Papst »die Persönlichkeit zum Kardinal ernennen würde, der sie die Leitung der Geschäfte anvertrauen wolle, nachdem sie dem Kardinal Mazarin abgenommen worden seien«. Klarer kann sich ein Bote, der aus dem Dunkel kommt, nicht ausdrücken.

Mazarin reagiert mit wütender Entschlossenheit. Abbé de Sillery wird überwacht; er flüchtet Hals über Kopf nach Italien. Der König, das heißt Mazarin, untersagt dem Kardinal von Valençay die Rückkehr nach Frankreich, »solange Sie fürchten müssen, mir zu mißfallen und mir ungehorsam zu sein«. Er bittet ihn, seinen Rheumatismus andernorts zu pflegen.

Mazarins ganzer Zorn entlädt sich auf Hersent, der ziemlich wehrlos ist. Er wird gezwungen, einen kompromittierenden Brief an den Papst zu schreiben. Dieser Brief wird abgefangen und Hersent in die Bastille geworfen.

Aus den Papieren des Gefangenen gewinnt Mazarin die Überzeugung, daß der Papst nicht davor zurückschrecken würde, ihn umbringen zu lassen. In Flandern geben die Spanier öffentlich bekannt, daß »derjenige, der etwas gegen sein Leben unternähme«, die Absolution Seiner Heiligkeit erhalten würde. Bisher hat sich Mazarin darauf beschränkt, die Schläge abzuwehren, jetzt will er zurückschlagen.

Im Sommer 1645 meint der Papst sicher zu sein, daß die Barberini und Mazarin sich nie wieder aussöhnen können. Seinem bornierten Geist stellt sich die Kluft, die sie trennt, als unüberbrückbar dar. Ihm scheint es unmöglich, daß jemals wieder eine Verbindung geschaffen werden kann. Doch er selbst baut durch seine Unklugheiten eine Brücke.

Innozenz X. weiß, wie schutzlos die Barberini gegenwärtig sind, wie ein Geier kreist er über ihnen. Er läßt ihren Hafen und ihr Schloß Santa Marinella schleifen. Er beruft die Gouverneure Segni und de Valmontone ab, die zu ihnen halten. Mehrere ihrer Bediensteten läßt er in Rom, Florenz und in Mailand ins Gefängnis werfen.

Zu Recht wird den Barberini vorgeworfen, den Kirchenschatz geplündert zu haben. Antonio hat eine Reihe von Vertrauensbrüchen begangen. Unter anderen Lappalien wird er beschuldigt, am Verschwinden von zwei »schönen« Nonnen aus Bologna beteiligt gewesen zu sein.

Antonio, zartbesaitet wie ein verwöhntes Kind, bekommt einen Schreck, als zwei seiner Bediensteten in seinem Haus festgenommen werden. Er muß daran denken, daß nach dem Tod von Papst Paul IV. (1561) seine Neffen, Kardinal Carlo Carafa und der Herzog von Palliano, der schwärzesten Missetaten bezichtigt und zum Tode verurteilt wurden. In der Nacht vom 28. zum 29. September flieht Antonio. Er geht nach Fiumincino und segelt von dort nach Genua. Da seine Brüder sich in Rom nicht mehr sicher fühlen, hissen sie auf ihrem Palazzo das Wappen des Königs von Frankreich und benachrichtigen Pietro Mazarini, den Vater des Kardinals.

Innozenz X. wird sich des Fehlers bewußt, den er begangen hat. Er hat die Barberini in die Arme Frankreichs geworfen. Er schreibt in seiner Aufregung drei Briefe: an den König, an die Regentin, an Mazarin, und bittet sie inständig, diese Verbrecher, die die Gesetze des Heiligen Stuhls mit Füßen getreten haben, nicht zu unterstützen.

Mazarin reibt sich die Hände. Er verspricht den Barberini den Beistand der Krone. Kardinal Antonio rät er, nach Piemont zu gehen, einem mit Frankreich befreundeten Land. Sarkastisch schreibt er dem Papst, er solle froh sein über diesen Ausgang. Als er am 1. November erfährt, daß die Barberini sich spontan unter das Lilienbanner geflüchtet haben, ist er außer sich vor Freude. »Nie habe ich ihn, auch bei den größten Siegen nicht, so strahlend gesehen«, sagt der venezianische Gesandte Nani. Bedingungslos werden die Barberini seine Kreaturen. Welche Genugtuung für den Verwalterssohn, der viele Jahre lang ihre Kreatur war! Um ihr Leben zu retten, ziehen die Barberini, so hat es den Anschein, auf ihrem Palazzo eher Mazarins Fahne auf als die des Königs von Frankreich.

Am 16. November befriedigt Mazarin noch ein Rachegelüst. Monsignore Bagni, der Apostolische Nuntius, wird vor den Rat zitiert. In Anwesenheit der Regentin, der Prinzen und der Minister macht ihm der Kanzler Séguier, eine Viertelstunde lang, im Namen des Königs die heftigsten Vorwürfe. Er beschuldigt den Papst, stets die Feinde Frankreichs unterstützt zu haben. Die Spanier »benehmen sich in Rom, als seien sie in ihrem eigenen Land«. Ihre Parteigänger werden auf das Piedestal gehoben, die Diener Frankreichs hingegen mit Schmach überhäuft. Ganz deutlich trat das zutage, als dem Erzbischof von Aix der Kardinalshut verweigert wurde. Der Affären Beaupuis und Hersent wegen prangert der Kanzler Seine Heiligkeit mit folgenden Worten an: »Mit Erstaunen sieht die Christenheit, daß in Rom, wo das Kardinalskollegium residiert, der Papst, der dessen eigentlicher Protektor ist, einen der Hauptmitwisser des dunklen Plans zur Ermordung eines Kardinals der Strafe entzieht, eines Ministers Seiner Majestät, der dem Staat nützliche Dienste leistet.«

Séguier endet mit einer Drohung. Man hoffe, Vorsicht und Klugheit werden Seine Heiligkeit einsichtig machen; sein Interesse erfordere es, »daß aus einer geringen Affäre keine große gemacht wird, und daß Ihre

Majestäten, deren Ehre auf dem Spiel steht, wie es jedem offensichtlich ist, nicht gezwungen sind, Mittel zu ergreifen, um ihr Ansehen zu schützen«.

Nach dem Kanzler sagen der Herzog von Orléans und der Prinz von Condé im gleichen Sinn und mit scharfen Worten ihre Meinung. Mazarin macht den Schluß. Nicht mit seiner samtenen Stimme. Mit der harten Stimme der Gewitter. Wenn den Barberini etwas geschieht, wird Seine Majestät sie rächen.

Mazarin hat eine fast unglaublich moderne Auffassung von der Rolle der öffentlichen Meinung, und er versteht sie zu manipulieren. Diese Abkanzelung soll nicht in den vier Wänden des Rats verhallen. Er bringt sie nach draußen. Das ganze Königreich soll als Resonanzboden dienen. Auf zwei Ebenen entwickelt er diese akustische Operation.

Als erstes eine Kampagne mit Gerüchten. Mazarin ist ein Meister in der Kunst, sie zirkulieren zu lassen. »Lasciando correr voci«, wie er in seinem »Carnet« schreibt. Er genießt sie und orchestriert sie wie ein großer Opernkomponist, so wie später sein Landsmann Rossini das Couplet von Basilio über die Verleumdung im »Barbier von Sevilla« in Musik setzt. Auch versteht es Mazarin vorzüglich, »zuerst ein leichtes, wie eine Schwalbe vor dem Gewitter, über den Boden streichendes Gerücht, pianissimo« auszusäen und dann andere folgen zu lassen, mit allen Angaben über den Rhythmus, »piano, rinforzando«, um schließlich zu enden mit einem »öffentlichen Crescendo, einem allgemeinen Chor von Haß und Hohn. Wer sollte dem wohl widerstehen?« Gewiß nicht der Papst.

Zunächst bringt Mazarin das Gerücht in Umlauf, der Rat habe drei Entscheidungen getroffen. Erstens. Alle Beziehungen zum Vertreter des Papstes abzubrechen. Zweitens. Jede Geldsendung nach Rom, Lehen und Pfründen betreffend, einzustellen. Drittens. Fünf- bis sechstausend Mann zu mobilisieren, um Avignon zu besetzen.

Dann läßt Mazarin Séguiers Rede drucken, wie einen Werbeprospekt. Der Text wird nach Rom geschickt, wo die Franzosen und ihre Freunde ihn in zahlreichen Exemplaren verbreiten. In Frankreich selbst sind viele Kopien im Umlauf. Mazarin fügt einen Aufruf an die Öffentlichkeit hinzu. Ein Plaidoyer pro domo, in der Form eines Diptychons. Weiß und Schwarz. Licht und Schatten. Im Licht der gute Kardinal Mazarin, integer, uneigennützig, sich für das Wohl des Staates aufreibend, für sich und die Seinen nur einen mageren Profit einstreichend. Im Dunkel der schlechte Papst, der in Rom die Agenten des Königs mit Schmähungen überhäuft, der versucht, Zwietracht in die königliche Familie zu säen, der eine abscheuliche Parteilichkeit zugunsten der Spanier an den Tag legt, der die Franzosen mit Verachtung straft.

Wenn der »Vater der Gläubigen« gegenüber einigen seiner Kinder so ungerecht ist, sind diese dann nicht von der Achtung entbunden, die man einem wahren Vater schuldet?

Ende 1645 haben diese Propagandabroschüren die öffentliche Meinung so stark beeinflußt, daß Pamphlete in beiderlei Richtung auftauchen, für und gegen. Der Ton wird immer herausfordernder und stärker. Einige behaupten, es sähe so aus, als hinge das Schicksal der Christenheit von der Art und Weise ab, wie die Barberini in Frankreich aufgenommen würden, als könne ein Schisma die Kirche spalten, weil Kardinal Antonio, diese Eminenz des Vergnügens und des Lachens, mit seinen schwachen Nerven in Rom Angst bekommen hat.

Mazarin freut sich. Er hat sein Ziel erreicht. Die Geister sind aufgerüttelt, die Gerüchte gegen den Papst, die normalerweise in den Schubfächern der Kanzleien erstickt worden wären, verbreiten sich über Straßen und Plätze. Dem gedämpften Gemurmel der Diplomaten hat sich die gewaltige Stimme des Volkes zugesellt: »Ein allgemeines Crescendo, ein allgemeiner Chor ... Wer sollte dem wohl widerstehen?«

Auf dem Rücken der Barberini wird die Schlacht ausgetragen, die Mazarin und der Papst sich liefern. Der eine hält sein Purpurgewand wie einen Schild vor sie, der andere will sie verschlingen.

Innozenz X. zerstückelt den Besitz der leidgeprüften Familie Barberini. Sforza wird anstelle Antonios zum Pro-Kämmerling ernannt. Am 20. November werden die drei Brüder Barberini vor eine von Sforza geleitete »Kongregation« zitiert, die aus fünf frankreichfeindlichen Schreibern der Apostolischen Kammer zusammengesetzt ist. Die Barberini geben zur Antwort, sie seien keine Buchhalter, sie führten keine Listen. Die Hetze beginnt. Antonio soll binnen zwei Monaten nach Rom zurückkehren, widrigenfalls er mit Exkommunikation und Konfiszierung seiner Besitztümer zu rechnen habe. Durch geschickte Winkelzüge werden Francesco und Taddeo unter Sequester gestellt: Es ist ihnen untersagt, irgend etwas aus ihren Palästen und Villen zu entfernen und von ihren Ämtern zurückzutreten.

Als die beiden älteren Brüder ihre Rechnungsbücher vorlegen, sind die päpstlichen Kommissare entrüstet angesichts des abgrundtiefen Durcheinanders: Dem Barbier einen Taler als Entgelt für eine Rasur, das geht zu weit! Das Geld, das die Barberini bei römischen Banken deponiert haben, wird beschlagnahmt. Ihre Bediensteten werden größtenteils festgenommen. In allen Alleen, die zu ihren Palästen führen, werden Wachen aufgestellt. Die Kutschen, die hinein- oder herausfahren, werden durchsucht.

Der Papst erlaubt sich diese Übergriffe, weil er schlecht über Frankreich unterrichtet ist. Er ist der Meinung, die Franzosen, vom höchsten Prinzen des Königshauses bis hinunter zum letzten Bauern, haßten Mazarin, diesen Ausländer, der ihr Land regiert, als wäre in Frankreich kein Staatsmann aufzutreiben. Überall in Rom erzählt man sich schadenfroh, »der Prinz von Condé habe im Rat gesagt, es dürfe der Barberini wegen nicht zum Bruch mit dem Heiligen Stuhl kommen, und die Königin habe tränenüberströmt zur Herzogin von Guise gesagt, sie sei die unglücklichste Frau der Welt, sie lebe wie eine Sklavin des Kardinals Mazarin und müsse zusehen, wie Spanien, wohin ihr Herz sie ziehe, zugrunde gerichtet werde«. In der Ewigen Stadt wird Mazarin, dem man Unbeliebtheit und Wassersucht anhängt, bereits begraben.

Der Papst hat sich überlegt, daß er die Unbeliebtheit Mazarins schüren kann, wenn er die Barberini völlig ruiniert und umbringt. Der scharfsinnige Politiker will zwei Fliegen mit einer Klappe schlagen!

Mazarin antwortet mit einem wirksamen Gegenschlag. Er will die Gequälten auf Kosten des Papstes und der Spanier entschädigen. Antonio soll eine Unterhaltsbeihilfe aus den Annaten bekommen, der von Rom in Frankreich eingezogenen Steuer auf vakante Lehen. Aufgrund dieser List zahlt somit der Papst selbst Antonio eine Rente. Für Kardinal Francesco soll ein Stück des kürzlich den Spaniern im Artois abgenommenen Territoriums erhalten: die prächtige Domäne von La Mothe-aux-Bois. Hunderttausend Pfund im Jahr, dazu die Einkünfte aus der Grafschaft Béthune. Und dem törichten kleinen Kardinal Camillo soll ein Streich gespielt werden: rauhe Soldaten werden seine Abtei Corbie als Quartier benutzen und, wenn sie abziehen, nur die nackten Mauern stehen lassen.

Um den Papst fühlbar zu treffen, muß Mazarin sich mit dessen Nachbarn gutstellen. Er gewinnt die Zuneigung des Hauses Modena, indem er den Titel des Protektors der französischen Angelegenheiten in Rom Kardinal Rinaldo d'Este überträgt, dem Bruder des Herzogs von Modena, der mit den Spaniern Streit hat. Die Herrscher von Florenz und Parma verhalten sich neutral; das genügt Mazarin. Ihre Neutralität beweist dem Papst, daß diejenigen seiner Nachbarn, die ihn nicht hassen, ihm nur Lauheit entgegenbringen.

Mazarin verstärkt den Angriff. Er spielt die Rolle des heiligen Martin, er deckt mit seinem halben Mantel »die armen Verfolgten«. Durch ein Schreiben vom 22. Dezember bietet er ihnen Asyl in Frankreich. Wenn sie es wünschen, schickt er ihnen sogar ein Schiff. Um seinen Machiavellismus mit Barmherzigkeit zu verbrämen, läßt er Kardinal Francesco schreiben, der König sei außer sich darüber, daß der Papst ihm, dem Kardinal, die Reichtümer, mit denen er so viel Gutes getan habe, wegnehmen und »ihm seine Tugend absprechen« wolle.

Als erster trifft Antonio in Paris ein, er hat sich merkwürdigerweise Zeit gelassen. Der Nuntius hätte es lieber gesehen, die Ankunft wäre still erfolgt, um den Papst nicht zu verärgern. Mazarin veranstaltet einen Einzug mit großem Pomp, das Getöse soll bis an die Ohren des Papstes dringen. Er fährt dem Verfolgten bis Villejuif entgegen, mit »ungefähr fünfzig sechsspännigen Karossen und zahlreichen prächtigen Edelleuten zu Pferde«. Er begleitet ihn bis zu seinem Palais und gibt ihm »ein großartiges Souper«.

Er überhäuft ihn mit Liebenswürdigkeiten und geleitet ihn zur Audienz beim König.

In der Nacht vom 15. auf den 16. Januar fliehen Kardinal Francesco, Don Taddeo und seine vier Kinder, drei Jungen und eine als Knabe verkleidete siebzehnjährige Tochter aus ihrem römischen Palazzo. Zu Fuß, zu Pferde, in der Kutsche verlassen sie durch drei verschiedene Tore die Stadt, um die päpstliche Polizei, die keine Luchsaugen zu haben scheint, hinters Licht zu führen. Am Morgen des 17. treffen sie in Ostia ein. Romantische Gemüter behaupten, eine französische Flotte habe die Flüchtlinge aufgenommen, eine »wohlbestückte« Brigantine, die den Kurier aus Toulon gebracht habe, und fünf oder sechs vor der Küste kreuzende Kriegsschiffe. Abenteuerliche Gemüter behaupten sogar, ein französisches Landungskorps sei, vor der Nase des Papstes, bis auf zwei Meilen an die Heilige Stadt herangerückt.

In Wirklichkeit begegnen die der päpstlichen Hölle Entronnenen vor allem Fischhändlern, die ihre Ware in der Stadt verkaufen wollen. Aus Angst erkannt zu werden, besteigen sie eine kümmerliche Genueser Barke, die sie nach viertägiger fürchterlicher Seefahrt in der Nähe von Cannes, im Reich der Freiheit, völlig erschöpft an Land setzt. Kardinal Francesco trifft am 1. März in Paris ein. Mazarin und der Erzbischof von Lyon fahren ihm, in Begleitung aller Prinzen und Großen bis Charenton entgegen. Die Kavalkade besteht aus mehr als hundert Karossen. Im Palais-Royal schmeichelhafter Empfang durch Ihre Majestäten. Ausdrücklich wird Francesco mit mehr Sympathie bedacht als Antonio. Denn er hat im Konklave keinen Verrat begangen. Wozu zu bemerken ist, daß er im Bett gelegen hatte. Die älteren Leute haben noch eine lebhafte Erinnerung an seinen Aufenthalt am Hof, zwanzig Jahre zuvor. Die Frauen erbeben, wenn sie an seine beschwerliche Reise denken. Ein Schiffbrüchiger, in einem kleinen Schiff, auf hochgehenden Wogen, ist er nicht ein Held?

Mazarin genießt seinen Triumph. Ist es nicht, als tränke er den Nektar der Götter, wenn er den gestrengen Kleinigkeitskrämer, der ihn einst terrorisierte, zu seinen Füßen sieht, wenn er dem Papst, dem Heiligen Kollegium und den Römern zeigen kann, daß er, ein Kind aus Rom, der Sohn eines Verwalters, der eigentliche König von Frankreich ist? Der nach seinem Belieben Kardinäle, Neffen eines Papstes, die einst über die Ewige Stadt herrschten, ins Nichts stürzen oder ins Licht heben kann? Er kostet diese Wonnen aus. Er verweist Unbeliebtheit und Wassersucht ins Reich der Fabeln.

Doch die Vendetta geht auf italienische Manier weiter. Die gesamte Christenheit sitzt sozusagen auf dem Balkon und verfolgt sie, man setzt entweder auf den Papst oder auf Mazarin. Der Zorn des Heiligen Vaters steigert sich zur Weißglut. Manche schildern ihn, wie er »bebend vor Zorn« in seinem Palazzo wie ein Wilder hin und her läuft. Für einen Papst, der

Innozenz, »der Unschuldige«, heißt, ist es unangenehm, mit Herodes verglichen zu werden, der die Unschuldigen umbringen ließ.

Nachdem er den letzten Besitz der Barberini zusammengerafft hat, Möbel, Silber, selbst die geringsten Kleinigkeiten, und nachdem er die gesamte Dienerschaft bis zum kleinsten Küchenjungen ins Gefängnis gesteckt hat, brütet der Papst eine noch schrecklichere Rache aus. Am 19. Februar schleudert er den Blitz gegen die Kardinäle, die den Kirchenstaat verlassen haben. Er erläßt eine Bulle, die fünf Donnerschlägen gleicht:

Erstens. Kardinäle dürfen das päpstliche Territorium ohne die ausdrückliche Genehmigung Seiner Heiligkeit nicht verlassen.

Zweitens. Wer sich in Zukunft ohne ordnungsgemäßen Urlaub entfernt, geht seiner Einkünfte verlustig.

Drittens. Wer nicht binnen sechs Monaten zurückkehrt, wird mit Konfiszierung bestraft.

Viertens. Dauert die Abwesenheit länger, werden ihnen alle Lehen, Ämter und Renten, mit denen sie ausgestattet sind, entzogen.

Fünftens. Sollten sie sich schließlich unbelehrbar zeigen, verlieren sie auch die Kardinalswürde; und diese Würde kann ihnen vom Heiligen Kollegium auch während der Vakanz des Apostolischen Stuhls nicht wieder verliehen werden.

Der Urteilsspruch trifft alle Schuldigen »ungeachtet jeden Amtes und jeden Auftrages, die sie von weltlichen Fürsten erhalten haben«. Er findet ohne Verzug Anwendung auf »alle, die sich ohne Genehmigung außerhalb des Kirchenstaates befinden«.

Der päpstliche Blitzstrahl soll die Barberini treffen, zielt aber letztlich auf einen anderen »ohne Genehmigung« Abwesenden, der unendlich viel ferner, viel höher steht, »ungeachtet des einflußreichen Amtes und Auftrages«, die er von Seiner Majestät, dem Allerchristlichsten König, erhalten hat: auf Kardinal Mazarin.

Doch hinter allem Aufwand spielt sich in Italien auch stets eine Posse ab. Der Papst verkündet seine Bulle in der Karnevalszeit. Donna Olimpia gibt ein Fest, bei dem, sei es um die Bulle oder um Fastnacht zu feiern, eine Rüpelszene aufgeführt wird: ein völlig betrunkener Mann (Kardinal Francesco Barberini) fällt bei jedem Schritt nieder; sein Gefährte in einem halb italienischen, halb französischen Kostüm (Mazarin) stützt ihn, hebt ihn auf und staubt ihn nach jedem Fall ab.

Die Bulle wird druckfrisch auf den Plätzen Roms angeschlagen. In Frankreich unterdrückt Mazarin sie natürlich. Doch nichts kann in Frankreich ganz unterdrückt werden, auch eine Bulle nicht. Von Ende März an wird sie heimlich von Hand zu Hand weitergegeben. Harmlos wird der Nuntius gefragt, »ob es wahr sei, daß der Papst alle Kardinäle zurückberufe«.

Wie wird Mazarin in dieser wilden Rauferei den Schlag parieren? Die Gegner gehen aufeinander zu, gebückt, mit verhaltenem Atem, sich mit den Falten ihrer »Cappa« schützend und lange und aufmerksam beim anderen die Augen, das Kinn, die Lebergegend anvisierend, oder unter der Gürtellinie sogar die verbotenen Partien.

Mazarin schwankt kaum unter diesem Schlag, der einen Ochsen niederstrecken könnte. Es ist ein Vergnügen zu sehen, wie er sich zusammenreißt, seinen Atem sammelt und eine Parade vorbereitet. Alle Zuschauer setzen auf ihn, sie wissen, ihm wird etwas einfallen. Aber was und wie?

Mazarin entdeckt die Möglichkeit zum Gegenschlag im Gestrüpp des Rechtsverfahrens. Er läßt die Bulle Silbe für Silbe von einer Gruppe von Juristen untersuchen. Sie stellen eine Liste der schwachen Punkte auf und dazu die guten oder weniger guten Argumente, die dagegen vorgebracht werden können.

Der Papst ruft die Kardinäle zurück. Zu welchem Behuf? Einst waren die Kardinäle die Geistlichen der römischen Pfarrgemeinden. Aber diese Tatsache ist im Dunkel der Zeiten untergegangen. Sie lebt nur noch in pittoresken Titeln fort.

Die Kardinäle sind die Ratgeber des Papstes. Doch in Rom wimmelt es von Freiwilligen, die sich zu diesem Zweck anbieten, und die Päpste machen sich ein boshaftes Vergnügen daraus, ihre Vertrauten außerhalb des Heiligen Kollegiums zu suchen.

Folglich ist die Bulle gegenstandslos.

Die Strafen, die die Bulle androht, sind übermäßig hart, sie stehen in keinem Verhältnis zur Geringfügigkeit der Anschuldigung. Die Kardinäle ihres Besitzes, ihrer Ämter und ihrer Titel zu berauben, das ist eine schwerwiegende Angelegenheit. Es darf nicht vergessen werden, daß die Kardinäle den Papst wählen. Wenn er einige von ihnen ausschließt, wird mithin schon jetzt das Resultat späterer Papstwahlen verfälscht. Diese Bulle ist eine Arglist.

Und schließlich erläßt der Papst seine Bulle »ex cathedra«, eigenmächtig, ohne vorher das Heilige Kollegium oder das »Römische Konzil« konsultiert zu haben. Er stellt sich stolz über alle Kirchengesetze, über Menschengesetze, über »Kaiser, Könige und Republiken«, bei denen die Kardinäle »äußerst wichtige Minister für die Sicherheit ihrer Untertanen und die Ruhe ihrer Staaten« sein könnten. In einem Anflug kindlicher Laune läßt dieser Greis seinem Zorn freien Lauf und bekundet eine groteske Geringschätzung der königlichen Würde sowie eine verbrecherische Gleichgültigkeit den Wirren gegenüber, die er in der Kirche heraufbeschwört.

Mazarin hätte sich damit zufriedengeben können, seine Argumente in einer Gegen-Bulle herauszuschleudern. Aber er besitzt die Fertigkeit, stets Höhe und Weite zu gewinnen. Das Wesen, der Kern seiner Kunst ist das Umhüllen, das Umkleiden. Um seiner Gegen-Bulle Gewicht zu verleihen, umhüllt er sie mit den Mänteln des Klerus und des Parlaments. Dieser Kardinal, der nicht seinesgleichen hat, wird dem Papst nur mit der Genehmigung dieser großen Körperschaften, oder auf ihren Befehl hin, ungehorsam sein. Er wird nicht zum Rebellen, der es an Stolz aufnimmt mit seinem Herrn und Gebieter, sondern zum gefügigen Vollstrecker des Willens der beiden höchsten Versammlungen seines neuen Vaterlandes.

Das Parlament macht sich seine Auffassungen so schnell zu eigen, daß er es zügeln muß. Allerdings hat Mazarin diesem ungestümen Rennpferd eine doppelte Metze Hafer hingeschüttet, in Gestalt von einträglichen Abteien und saftigen Schenkungen.

In einem vertraulichen Gespräch mit dem Kanzler Séguier, dem forschesten von allen, schlägt der Generaladvokat Omer Talon vor, die wahnwitzige Bulle rundweg durch eine offene Urkunde Seiner Majestät zu annullieren. Mazarin möchte den König und seine schwere Artillerie für andere Zwecke aufsparen. Gegenwärtig genügt kleines Musketenfeuer. Die Generaladvokaten sollen sich damit bescheiden, Berufung einzulegen. Sie werden in der Grand'Chambre zusammentreten. Talon wird nicht einmal den Zusammentritt aller Gerichtshöfe verlangen. Alles soll sich geringschätzig, objektiv, kühl abspielen. Erwiderung der französischen Vernunft auf den Wahnwitz eines italienischen Greises.

Am 20. April wickelt sich alles gemäß dem vorgesehenen Plan ab. Talon spricht Worte aus, die großen Widerhall finden. Er erkennt an, daß der Papst »der Souverän in seinen Staaten und aller Vater in der Christenheit« ist. Er gibt zu, daß er »die geistliche Macht über alle besitzt«. Aber »wenn die Bestimmung des alten Kirchenrechts verletzt wird und die souveräne Oberhoheit unserer Könige irgendeine Einbuße erleidet, haben wir stets Einspruch eingelegt und, indem wir einen Unterschied machen zwischen der Herrschaft der Oberhäupter, der Genehmigung zu binden und zu entbinden und der Macht, die die weltlichen Dinge betrifft, leisten wir nachdrücklich Widerstand gegen die Durchführung der aus der römischen Kanzlei herrührenden Verfügungen, um die Rechte der Könige und die Freiheiten der gallikanischen Kirche zu wahren.«

Talon schließt mit orakelhaften Sätzen. Er prophezeit, daß wenn »der Papst sich die Freiheit nähme, die Kardinäle zu exkommunizieren und sie nach seinem Belieben zu degradieren«, beim nächsten Konklave ein Schisma eintreten und die Kirche zerstückelt werden würde. Die Richter haben die Pflicht, sich gegen diese Gefahr zu wenden, »bis der König geruht, mit allen geeignet erscheinenden Maßnahmen etwas dagegen zu unternehmen«.

Die Berufung wird durch die Grand'Chambre in die Staatsakten eingetragen. Am Tag darauf: ein Erlaß, der allen Untertanen Seiner Allerchristlichsten Majestät untersagt, die Bulle des Papstes zu lesen, zu veröffentlichen, zu verteilen, und der denjenigen, die Exemplare in ihrem Besitz haben, befiehlt, sie der Kanzlei des Königlichen Gerichts zu schicken. Mazarin treibt das Raffinement folgerichtig so weit, daß er die parlamentarische Lösung dieser Bullen-Affäre, die er ja offiziell unterdrückt hat, geheimhält. Der Erlaß, der seinen Sieg bestätigt, wird offiziell nicht bekanntgegeben. Nuntius Bagni hat alle Mühe, ihn zu Gesicht zu bekommen. Mit dem gleichen Eifer wie das Parlament dient die Klerusversammlung Mazarin als Schild gegen ihr Oberhaupt, den Papst.

An dieser Stelle muß die bewundernswerte Methode, mit der Mazarin vorgeht, hervorgehoben werden; sie ist einzigartig in der Geschichte der verschiedenen Möglichkeiten, eine Regierung auszuüben. Sie heißt Theater und Faszination. Dieser Regisseur, der alle Welt in Bann schlägt, verteilt im voraus die Rollen, zusammen mit dem Text, er schreibt die Stimmlage vor und sogar die Stellung der Figuren. So wie heutzutage ein Spielleiter den Schauspielern die Standorte mit Kreide auf den Brettern der Bühne oder eines Filmstudios angibt, von denen sie sich nicht um einen Zollbreit entfernen dürfen. Von den verschiedenen Mitspielern läßt sich Mazarin die Stichworte geben, oder er läßt sie von den Akteuren sich selber zurufen.

Niemand hat den nahezu mechanischen Ablauf von Debatten in Versammlungen, bei denen alles minuziös vorgeplant und zeitlich festgelegt ist, weitergetrieben als er, und doch wird der Eindruck der Spontaneität hervorgerufen, wie bei Schauspielern, trotz ihrer Schminke. In der Nachfolge von Machiavelli und Descartes erweist sich Mazarin durch äußerste Genauigkeit als Vorfahr des Maschinenmenschen von La Mettrie, der Automaten von Vaucanson, der heutigen Roboter und Gehirnwäscher, nur daß er die trockene Vernunft mit den Federbüschen des Barock und den Luftsprüngen der italienischen Posse ausschmückt.

Zunächst läßt er von einigen klugen Köpfen, die er unter seinen Anhängern in der Klerusversammlung ausgewählt hat, die verblüffenden Erklärungen, deren Inhalt hier kurz zusammengefaßt wird, vortragen.

Zum Nutzen »nicht nur der gallikanischen, sondern der universellen Kirche« geben die Bischöfe der Regentin den Rat, den Erzbischof von Toulouse und den Abbé de la Feuillade, den Vizepräsidenten oder Promotor der Gesellschaft, einzuberufen. Sie soll ihnen durch den Kanzler sagen lassen, »was hier aufgezeichnet ist oder was dem entspricht«. Es ist der Entwurf einer Rede. Die Sitzung ist genau geplant, ebenso die möglichen Einwände, die Erwiderungen auf die Einwände.

Zuerst wird Abbé de la Feuillade einen Bericht erstatten. Dann wird der zweite Promotor »die Sache schüren und fordern, daß Ausschüsse ernannt werden«. Doch daraufhin wird Monsieur de Toulouse das Wort nehmen. Angesichts der Wichtigkeit der Debatte »wird er aufzeigen, mit welcher Klugheit und welcher Überlegung man vorgehen muß, er wird darauf hinweisen, daß man sehr achtgeben muß bei einem solchen Verfahren, um den Feinden der Kirche nicht zu viel Handhabe zu bieten«. Als Schlußfolgerung wird er sagen, »daß man anstelle von Ausschüssen sich begnügen sollte, die Bulle und den Erlaß zu verlesen und danach zu entscheiden, was dazu gesagt werden kann«.

Die beiden Dokumente sollen also gelesen werden. Danach »werden die Prälaten reden, vor allem diejenigen, die Doktoren der Universität von Paris sind, und zwar ohne Tagesordnung, in Art einer Diskussion, wie es sonst geschieht«.

Um der Debatte einen natürlichen Anstrich zu geben, läßt Mazarin zu Anfang Unordnung aufkommen, es soll aussehen wie eine Versammlung, die »ohne Tagesordnung« diskutiert. In diesem Durcheinander wird Monsieur de Toulouse noch einmal das Wort ergreifen. Nach dieser leichten Erhitzung der Geister und »nach einer ersten so gemäßigten und weisen Rede« wird er als der Vertreter der Vernunft erscheinen und daher um so größere Wirkung haben, wenn er das Schriftstück des Papstes angreift. »Er wird die Unzuträglichkeiten aufzeigen, die aus der Materie dieser Bulle entstehen können.« Da Mazarin die Neigung zur Vereinfachung kennt, die sich bei Versammlungen bemerkbar macht, will er, anstatt das Feuer auf eine Menge von »Unzuträglichkeiten« zu lenken, die seine Juristen ihm in der Bulle aufgezeigt haben, es durch den Mund von Monsieur de Toulouse auf zwei Punkte konzentrieren: »den einen, der das Schisma betrifft, und den anderen, der ganz besonders die gallikanische Kirche angeht.«

Der Erzbischof von Toulouse wird zum Schluß sagen, »er glaube, man könne nicht genügend Wasser, und auch nicht schnell genug, herbeischaffen, um das aufflackernde Feuer zu löschen, das die ganze Kirche in Brand setzen könnte«, er schlage deshalb vor, »eine Abordnung zu Seiner Majestät zu schicken, um zu danken für die Verlesung sowohl der Bulle sowie des Erlasses« und die Genehmigung zu erbitten für ein Schreiben an Seine Heiligkeit, in dem mit »Achtung« und »Nachdruck« dargelegt werden soll, welche »unvermeidlichen Mißhelligkeiten diese Bulle zur Folge haben wird« als da sind die Gefahren eines Schismas und so weiter.

Beratung der Versammlung über diesen Vorschlag, Ernennung der Ausschußmitglieder zur Abfassung des Briefes an den Papst, alles hat Mazarin vorausgeplant. Selbst diese Einzelheit: Der besagte Brief »wird nicht unterzeichnet, ehe er nicht dem König vorgelegt worden ist«, das heißt Mazarin, damit er ihn abändern kann, falls er ihn nicht nach seinem Geschmack findet. Obwohl er alles, was der Brief enthalten soll, genau festgelegt hat.

Mazarin geht in seiner Pedanterie so weit, daß er sogar eine Liste mit den Namen der Prälaten aufstellt, die in dieser Beratung das Wort nehmen sollen, damit sie nicht unvorbereitet sind, und er gibt sogar den Rhythmus, den Tenor ihrer Äußerungen an, man könnte sagen, sogar den Tonfall ihrer Stimme.

Und endlich als Krönung des politischen Schauspiels: Mazarin stellt seine Macht und Stärke zur Schau, um sich ihrer nicht bedienen zu müssen. Nach all dieser minuziösen Kleinarbeit dispensiert er im letzten Augenblick die Prälaten von der Abfassung des Briefes. Doch bewahrt er sorgfältig die Entwürfe auf. Wenn der Papst seine Bulle zur Ausführung bringt, wird ihm die Epistel an den Kopf geworfen.

Um seine Umgebung psychologisch zu festigen, läßt Mazarin neben der Versammlung eine geschickte Kampagne, bestehend aus falschen Parolen und Geldzuwendungen, einherlaufen. Er ist wirklich der Ahnherr und Meister dessen, was man heute »Intoxication«, Irreführung oder auch psychologische Kriegführung nennt.

In diesem Bereich muß immer wieder das gleiche gesagt werden, muß unablässig auf denselben Nagel geschlagen werden. Doch wechselt Mazarin, der große Künstler, den Hammer. Zum zehntenmal wird wiederholt, daß kein Pfennig mehr nach Rom geschickt wird, daß Avignon besetzt wird. Mazarin treibt die Posse so weit, daß er den Eindruck erweckt, dieser im Rat formulierte Vorschlag stamme vom Prinzen von Condé, einem fanatischen Rom-Anhänger. Eine List, die um so erstaunlicher wirkt, als Mazarin in seinem »Carnet« am selben Tag über dieselbe Person folgendes schreibt: »Monsieur le Prince spricht in allem zugunsten Roms und hat häufige und lange Unterredungen mit den Jesuiten.« Mit den Jesuiten, den Soldaten des Papstes.

Die falschen Parolen werden vom Klimpern der Taler begleitet. Mazarin ist ein echter Schüler Machiavellis, er unterhält in seinem Kopf eine Börse, an der der Preis für jedes Gewissen gehandelt wird. Seiner Meinung nach ist oder wird jeder Mensch käuflich. Die Summe richtet sich jeweils nach der Persönlichkeit, seinem Begehren, seinem Ehrgeiz, nach der Vorstellung, die jeder von sich hat und nach den Umständen. Aber diese Summe steht fest. Man muß sie kennen und das Auf und Nieder der Notierung genau verfolgen, wenn man in einem bestimmten Augenblick den Schlüssel zu der Persönlichkeit haben will.

Der Kardinal von Valençay ist jährlich fünfzigtausend Pfund wert. Wenn er seine Launen bekommt, heißt das, er hat sein Geld nicht bekommen. Die Kardinäle, die in Rom das Wappen Frankreichs an ihren Palästen aufziehen, sind dreitausend Taler Rente wert. Die Furchtsamen, die davor zittern, Innozenz X. könne ihnen auf die Schliche kommen, sind nur zweitausend wert. Jedoch können die Furchtsamen in die Kategorie der Kühnen hinüberwechseln und dann dreitausend bekommen. Der Zahlungsmodus ist der Person angepaßt. Die Furchtsamen bekommen Renten, die unsichtbar sind; die Kühnen bekommen Pfründen, die sichtbar, dafür aber fetter sind.

Mazarin hat seinen Agenten den Rat gegeben: großzügige Versprechungen zu machen, wenn es darum geht, neue Parteigänger anzulocken, und die alten, die schon »angepaßten Diener«, auf Heller und Pfennig bar zu bezahlen.

Um die regelmäßige Zahlung, Unterpfand der Loyalität, zu gewährleisten, deponiert Mazarin vom Februar 1646 an bei seinen römischen

Bankiers, den Signori Cenami, die Summe von fünfzigtausend Talern, die bald auf hunderttausend erhöht wird. Das ist Frankreichs Wachtposten, der »Seiner Majestät zu Diensten dort bleibt«. »Dies wird auf alle Diener des Königs einen sehr guten Eindruck machen«, schreibt Mazarin an Grimaldi und reibt sich die Hände.

Trotz aller Kunststücke des Zauberers gibt der Papst nicht nach. Mazarin hört viele Berichte von Reisenden, die aus Italien kommen, sie klingen ihm in den Ohren wie eine Aufforderung zu Gewaltanwendung. Dazu ein Geschwätz von einfältigen Phantasten, die Italien schildern wie eine Frucht, die reif zum Pflücken ist. Einer rühmt sich, Porto-Longone mit zwei Kriegsschiffen nehmen zu können.

Mazarin hört solche Stimmen nicht ungern, in ihm ist der frühere Hauptmann erwacht, er vernimmt das Klirren der Sporen. Einst hatte er Richelieu einen Feldzug gegen Mittelitalien nahegelegt. Er weiß am besten, daß seine Landsleute Feuerwaffen wenig Widerstand entgegensetzen.

Anfang 1646 wird er von seinem Vertrauten Grimaldi derart gedrängt, daß er eine Entscheidung trifft. Während der ersten drei Monate hallt die Küste der Provence vom Lärm der Hämmer wider; er ist so stark, daß der Seewind ihn bis hinüber nach Italien tragen könnte. Die Franzosen hatten bisher ihre Mittelmeerflotte kläglich vernachlässigt, für den Kurierdienst mußten Schiffe aus Genua entliehen werden. Plötzlich wird ausgebessert und kalfatert, Takelage und Segel werden geprüft, Verpflegung und Munition zusammengetragen und Mannschaften angeheuert. Michele Mazarini, Erzbischof von Aix, der hinter dem Gepolter seinen Kardinalshut winken sieht, spielt sich diesmal als Seefahrer auf.

Mazarins Marine-Oper wird in zwei Tonlagen gespielt. Für die kriegerischen Vorbereitungen: »fortissimo«. Für Zweck und Ziel: »silenzio«. Angst erregen und undurchsichtig bleiben. Italien erschrickt. Der Papst auf seinem Thron zittert. Durch die ganze Halbinsel geht der Ruf: Mazarin rüstet, um die Barberini zu rächen. Manche behaupten, Kardinal Antonio habe um einen Posten in der Armee nachgesucht, die den Papst in die Knie zwingen soll. Andere versichern, die französischen Truppen würden den Kardinälen, die gegen den Papst sind, Mut machen, öffentlich zu erklären, er betreibe Simonie. Wieder andere sagen, eine Liga italienischer Fürsten, an ihrer Spitze Innozenz X., werde geschaffen, um der Invasion Einhalt zu gebieten.

Um die Panik in Italien zu verstärken, spielt Mazarin die Sphinx. Er schweigt. Oder macht vage Andeutungen. Er streut rätselhafte Bemerkungen aus, doppeldeutige Worte, tiefgründiges Schweigen. Dem venezianischen Gesandten Nani gegenüber läßt er bewußt eine vertrauliche Äußerung fallen: »Die Angelegenheiten mit dem Papst werden immer schlimmer. Ich bedaure es. Aber schon seit langem betrachte ich mich vor Gott und meinem

Gewissen als gerechtfertigt. Seit einem Jahr haben wir Schmach auf Schmach einstecken müssen. Am Ende könnte aus Geduld Feigheit werden ...«

Nani spielt den Harmlosen. Er fragt, ob die Grenzen des päpstlichen Staates verletzt werden würden. Mit einer eleganten Handbewegung antwortet Mazarin: »Die Generale nehmen sich manchmal Freiheiten heraus ...«

Der schlaue Nani läßt sich nichts vormachen. Mehrmals schreibt er seiner Regierung, daß Mazarin den Papst nur in Schrecken versetzen will. In seine Staaten einmarschieren würde er nie. Genauso denkt Mazarin. Den Papst angreifen, einen Greis, der sich nur mit seinen Gebeten verteidigen kann, hieße ihm Größe verschaffen. Er würde als Opfer eines Tyrannen gelten.

Was Mazarin vorhat, ist das Spiel der Katze mit der Maus; den Papst in Angst und Schrecken versetzen, ohne ihm etwas zu leide zu tun. Die Waffen nicht auf seine heilige Person richten, sondern auf wunde Punkte, die seinen Staat umgeben: auf die »Präsidien«, einen Kranz von Häfen an der toskanischen Küste im Besitz der Spanier. Der Papst betrachtet diesen eisernen Kranz seiner Günstlinge mit Wohlgefallen. Und diese Häfen will Mazarin bedrohen. So trifft er den Papst, ohne ihn selbst anzurühren, in seinen spanischen und toskanischen Gevattern sowie in seinem Neffen Ludovisio, der die Festung Piombino in Besitz hat und ein Vasall des Königs von Spanien ist.

Eher als geplant wird durch einen kleinen Zwischenfall am 29. April die Lunte an das Pulverfaß gelegt. Der Kardinal d'Este, der neue Protektor der französischen Angelegenheiten in Rom, beweist eine Kühnheit, die günstig absticht von der Schlaffheit Antonios. Im März schickt Spanien einen neuen Geschäftsträger namens Cabrera, Großadmiral von Kastilien, in die Ewige Stadt. Hochmütig erklärt er, er werde dem Kardinal d'Este keinen Besuch abstatten, er werde nicht einmal zur Begrüßung seine Kutsche anhalten lassen, wenn er ihm auf der Straße begegne. Kardinal d'Este erwidert, daß er, wenn die Gelegenheit sich böte, den Spanier zwingen würde, anzuhalten.

Der Großadmiral holt viertausend Mann nach Rom, Neapolitaner oder Soldaten aus den Besitzungen der Colonna, mit denen er verwandt ist. Der Kardinal hebt zweitausend Mann aus. Mehrere römische Edelleute stellen ihm ihr Kontingent zur Verfügung. So bringt er nahezu fünftausend Mann zusammen. Wird es zu einem richtigen Krieg zwischen Franzosen und Spaniern in den Straßen Roms kommen?

Am 29. April begibt sich der hochmütige Cabrera mit großem Gepränge für eine Gratulationscour zu Kardinal Lanti, dem Dekan des Heiligen Kollegiums. Der Papst bittet Kardinal d'Este inständig an jenem Tag zu Hause zu bleiben. Der Kardinal aber wird sein Haus verlassen.

Während des Empfangs bei Seiner Eminenz dem Dekan wird berichtet, daß Kardinal d'Este, in Begleitung seiner Freunde Grimaldi, Valençay,

Theodoli und sechs bis unters Dach vollgestopften Kutschen, sich auf der Straße befände. Die Kaufleute schließen ihre Läden. Die Matronen bekreuzigen sich mit zitternder Hand. Rom wartet auf den Moment, einen »wundervollen Schrecken« zu erleben.

Umgeben von seinen Sbirren verläßt Cabrera das Haus des Dekans. Auf der kleinen Piazza del Gesù kommt es zum Zusammenstoß. Schreie ertönen, Schüsse fallen. Eine Pistolensalve mäht ein halbes Dutzend Leute nieder. Die Spanier sind des Glaubens, die gesamte Armee des Kardinals falle über sie her. Sie laufen spornstreichs auseinander, während der stolze Großadmiral sich kläglich mit einer Handvoll neapolitanischer Edelleute in die Kirche Il-Gesù flüchtet.

Alles löst sich in einem heroisch-burlesken Schwank auf. Der Spanier hat seinen Dünkel fahrenlassen und stimmt der Vermittlung des Fürsten von Gallicano und Mazarins Vater zu. Am 3. Mai treffen sich Kardinal d'Este und Großdamiral Cabrera wie zufällig bei einer Audienz des Papstes. Der Spanier murmelt ein paar entschuldigende Worte, die der Italiener zu verstehen geruht. Beide fahren in derselben Kutsche zurück.

Die Franzosen in Rom stimmen einen Triumphgesang an. »Nie hat sich etwas Ruhmreicheres für Frankreich abgespielt«, schreibt Abbé de Saint-Nicolas. Ganz Frankreich jubelt. Mazarin läßt sich vom Schwung der Begeisterung tragen. Er erhebt die Sieger des Gefechts von Il Gesù, Grimaldi und den Kardinal d'Este, auf die Ebene der größten Helden der Geschichte ... »Niemand hat sich in wenigen Tagen einen solchen Ruf an Mut, Entschlossenheit, Festigkeit, Vorsicht und Geschicklichkeit erworben.« Bemerkenswert ist die mazarinsche Rangordnung der Tugenden: bei einem Helden schätzt er Vorsicht und Geschicklichkeit am meisten neben Mut.

Am 10. Mai landen die von Fürst Thomas von Savoyen befehligten französischen Truppen bei Monte-Argentario. Sie überrennen die Befestigungsanlagen von Telamone und San Stefano. Der Admiral-Herzog von Brézé erscheint mit seinen Galeeren wie ein Sturmwind vor Civitavecchia.

Der Papst gibt sich sehr sanft. Alle Franzosen, deren er ansichtig wird, überhäuft er mit »überschwenglicher Freundlichkeit«. Er sagt ihnen »alle erdenklichen Dinge, um den Anschein zu erwecken, er empfinde Zärtlichkeit und Zuneigung für Frankreich«. Im Konsistorium wendet er sich mit dem ihm eigenen Takt an Kardinal d'Este: »Hält man mich für so tölpelhaft, daß ich nicht weiß, wer der König ist, in welcher Lage er sich heute befindet, und wie wichtig es ist, gut mit ihm zu stehen?«

Im Juni: Umschwung der Dinge. Am 14. wird der Admiral-Herzog von Brézé in einer Seeschlacht mit den Spaniern getötet. Die französische Flotte ist zwar siegreich, aber so betroffen über den Tod ihres Befehlshabers, daß sie an die provençalische Küste zurückkehrt. Vor Orbetello unterliegt die

Armee des Fürsten Thomas dem Fieber, dem Munitionsmangel, der Unerfahrenheit der Offiziere und der Disziplinlosigkeit.

Der Papst wird wieder anmaßend. In einem Gespräch mit Abbé de Saint-Nicolas zieht er über die Barberini und ihre zweihundertfünfzigtausend Taler Einkünfte her, über die »merkwürdige« Vielzahl von Pfründen, über ihren »enormen« Silberschatz. Innozenz X. paßt sein Verhalten den Vorgängen an, die sich bei der Belagerung von Orbetello abspielen. Für die Franzosen steht es dort schlecht. Am 16. Juni muß Thomas von Savoyen das Feld räumen. Er überläßt den Spaniern den größten Teil seiner Kanonen und seines Trosses.

Der Papst frohlockt. »Alle Papisten freuen sich mit dem Papst«, schreibt Abbé de Saint-Nicolas an Mazarin. Und Marquis de Sillery berichtet am 15. Juli aus Rom: »Es kommt mir vor, als hätte ich eine Reise nach Spanien gemacht. Der Hof hier ist so spanisch, daß ich glaube, in Madrid kann er nicht spanischer sein.«

Die öffentliche Meinung in Frankreich betrachtet das »Mißgeschick« von Orbetello als persönliches Mißgeschick Mazarins. In seinem Tagebuch vermerkt Olivier d'Ormesson: »Obwohl dies eine schlimme Nachricht für Frankreich ist, betrifft sie in der Hauptsache doch den Herrn Kardinal, weil es sein Krieg ist. Sein Streit mit dem Papst der Barberini wegen ist eine Sache, die gegen die Meinung von Monsieur le Prince unternommen wurde. So waren die Feinde des Herrn Kardinals sehr froh, ihm vorwerfen zu können, daß der Plan dieses Krieges nicht richtig war. Man ist der Meinung, daß diese Unternehmung früher oder später den Kardinal zu Fall bringen wird.«

Gegen Mazarin tobt draußen ein Gewitter, im Innern ein Sturm. Durch den Tod des Admiral-Herzogs wird eines der einträglichsten Ämter frei: die Admiralität mit der Statthalterschaft von Brouage und der Inseln (Ré und Oléron). Der Gefallene hat keine Kinder. Seine Schwester, mit dem Herzog von Enghien verheiratet, stellt Ansprüche. Mazarin rät der Regentin, ihr nicht nachzugeben. Vater und Sohn Condé zeigen die Zähne. Monsieur und der junge Condé (Herzog von Enghien), die früher wie Hund und Katze miteinander standen, begegnen sich jetzt mit solcher Liebenswürdigkeit und Freundschaft, daß d'Ormesson meint, sie »schliefen zusammen«. Auch Bouillon und Vendôme in ihrem Exil spüren den günstigen Wind und beginnen, wieder tätig zu werden. Mazarin muß sich zwei Fronten stellen. Besitzt er Geschmeidigkeit genug, die Devise vom Schilfrohr zu befolgen: »Ich beuge mich, aber ich breche nicht?«

Zuerst die Prinzen. Mazarin schaufelt ihnen Geld in den Rachen wie in ein Loch. Dem Herzog von Enghien vierhunderttausend Taler und das Palais Nevers. Dem Marschall von Brézé, einem Verwandten des gefallenen Admirals, eine jährliche Pension von fünfhunderttausend Pfund. Gleichzeitig beauftragt Mazarin den Abbé de la Rivière, alte, schon vernarbte

Wunden wieder aufzureißen und den ewigen Haß zwischen den Häusern Orléans und Condé wieder anzufachen.

Überstürzt macht Mazarin der Klerusversammlung ein Ende. Nach der Abstimmung über die »freiwillige Abgabe« des Klerus an den Staat, vier Millionen, schließt er die Sitzungsperiode.

Am 17. August stellt Mazarin, der schwindelfreie Akrobat, das Gleichgewicht wieder her. Als Balancierstange auf dem Seil benutzt er die lange Reihe der Schmähungen, die Frankreich vom Heiligen Vater zugefügt worden sind. Er erleichtert sich seinen Auftritt als Seiltänzer insofern, als er diese Ratssitzung für die anderen zu einer Wiederholungslektion gestaltet. Während sie empört die einzelnen Punkte erörtern, schwebt er, munterer als die anderen, zwischen Himmel und Erde seinem Ziel zu. Der von einer Badekur aus Bourbon zurückgekehrte Prinz von Condé schimpft am meisten. Als schließlich der Beschluß gefaßt wird, ein neues Geschwader auszurüsten und den Krieg in Italien fortzuführen, spürt er seinen Rheumatismus nicht mehr. Kriegerischer Wind belebt ihn; er erklärt sich sogar bereit, den Feldzug aus eigener Tasche zu bezahlen.

Nachdem Mazarin unter dem Beifall der Anwesenden von seinem Seil heruntergestiegen ist, kann er am 18. September an Paolo Macarani schreiben, das Königreich sei eine Oase der Ruhe, der Hof ein Garten Eden der Harmonie. Die Großen halten Ruhe, und er kann sich so fest und so lange auf seinem Ministersessel einrichten, daß er seine Feinde überleben wird.

Die französische Partei in Rom wird weiterhin von Mazarin gestärkt. Kardinal Valençay ist gestorben, ein Verlust, der unverzüglich ausgeglichen wird. Mazarin hat die gute Idee gehabt, den König von Polen mit einer französischen Prinzessin zu verheiraten. Er kann also Prinz Casimir, der den Kardinalshut im Konsistorium am 28. Mai erhält, als einen französischen Kardinal ansehen. Entgegen einer nagelneuen Bulle des Papstes verleiht er ihm den Titel Hoheit. Er stattet ihn mit einer Rente von hunderttausend Pfund aus und fordert die anderen »französischen« Kardinäle auf, diese neue Eminenz, die zugleich eine Hoheit ist, besonders entgegenkommend zu behandeln.

Selbstverständlich erhält auch Kardinal d'Este, der Held von der Piazza Gesù, seine Belohnung: einen Diamanten im Wert von zehntausend Talern, den die Regentin von einem Finger ihrer schönen Hand zieht, was den Wert verhundertfacht, dazu die prächtige Abtei Valaisant.

Der Papst ist ein wahrer Seismograph, der die feinsten Wellenbewegungen im Bereich der mazarinschen Niederlagen oder Siege aufzeichnet. Nachdem er fast einen Freudentanz über die französische Niederlage bei Orbetello aufgeführt und geschworen hat, »er würde sich eher die Hand abschneiden lassen«, als mit den Barberini Frieden zu schließen, verlängert er plötzlich und unerwarter die Frist, zu der diese »Diebe« nach Rom zurückkehren sollen, um drei Monate. Er möchte die Sache bis zum Winter hinziehen und die Franzosen in eine Falle locken. Diese Verlängerung annehmen hieße, seine Bulle stillschweigend anerkennen und deren Verwerfung durch das Parlament aufheben.

Mit einem Satz überspringt Mazarin die Fallgrube. Um sicher zu sein, daß die Barberini nicht hineinfallen, beruft er sie unter seine Fuchtel an den Hof. »In einigen Tagen werden wir einen der armen unschuldigen Verfolgten hier haben«, seufzt lächelnd die Regentin, als sie dem venezianischen Botschafter die Ankunft von Don Taddeo ankündigt.

Zwei Monate nach dem Desaster von Orbetello ist ein neuer Aufschwung zu verzeichnen. Die Schiffe sind ausgebessert, die Regimenter wieder aufgefüllt und hier und dort Galeeren angekauft worden. Den Oberbefehl bekommen die beiden bedeutenden Marschälle de la Meilleraie und du Plessis-Praslin. Anfang Oktober gelingt auf der Insel Elba eine Landung. Eine Zeitlang wird sogar von einer Landung in Santa-Marinella, an der Küste der päpstlichen Staaten gesprochen. »Entweder ich irre mich sehr«, schreibt Mazarin an Grimaldi, »oder der Papst wird unserer Krone in Bälde Genugtuung geben.«

Innozenz X. ist wie vom Schlag gerührt. Was für ein merkwürdiges Land ist dieses Frankreich! Man glaubt, es liege röchelnd am Boden, und schon steht es, wenige Wochen später, wieder auf den Füßen, mit einer neuen Armee und einem neuen Geschwader. Und dazu dieser Mazarin, dessen politischen oder physischen Tod man von einem Augenblick zum anderen erwartet und der plötzlich wieder dasteht wie ein Teufel in seinem roten Gewand! Und was soll man zum Prinzen von Condé sagen, dem Todfeind Mazarins, der letztlich doch immer tut, was jener will? Und zu den Franzosen, die trunken vor Wut auf Mazarin sein sollen und die beim geringsten Wink seiner Hand für »seinen Krieg« fröhlich in den Tod gehen? Wirklich, alle Berichte über Frankreich sind falsch, diese Leute sind einfach nicht zu verstehen!

Der Papst sieht, daß sich eine Niederlage für ihn abzeichnet. Mitte September, noch ehe der erste französische Soldat den Fuß auf italienischen Boden gesetzt hat, ruft er die Kardinäle d'Este und Grimaldi zu sich und verkündet ihnen eine Nachricht, bei der sie ebenso sprachlos sind, als hätten sie erfahren, die Kuppel von Sankt Peter wäre eingestürzt: Der Papst akzeptiert alles, was Frankreich in bezug auf die Barberini fordert. Die drei Brüder, die er gestern noch als »Diebe und Scheusale« bezeichnet hatte, die er der »schmutzigsten und schwärzesten« Taten für fähig hielt, können nach Avignon gehen, als wären sie dort zu Hause. Vom 17. September an kommen sie wieder in den Genuß aller ihrer Lehen, Pensionen und Renten. Ihre Verwalter können auf ihren Ländereien die Ernte einbringen. Der Papst nimmt es auf sich, das Gesicht zu verlieren, sich zu widerrufen, sich zu demütigen, er beugt die Stirn in den Staub.

Die französischen Truppen eilen von Sieg zu Sieg. Binnen fünf Tagen fällt Piombino, Porto-Longone binnen zwölf. In Frankreich ergibt sich Dünkirchen. Der Gott der Heere beschützt Frankreich, ebenso die Jungfrau. In Italien geht das Gerücht von »einer phantastischen Vision« um. »Unsere Liebe Frau von Loretto, sagte man, sei unzufrieden mit dem Papst, weil er sie den Türken anheimgegeben und die Wachsamkeit vernachlässigt habe, denn er richte sein Augenmerk nur auf seine Schätze. Nun habe sie Italien auf die gleiche Weise verlassen, wie sie einst von Nazareth nach Loretto gekommen sei.«

Gott und die Jungfrau sind mit Mazarin. Innozenz X. streut Asche auf sein Haupt. Von dem französischen Premierminister spricht er nur noch in »achtungsvollen und freundlichen Ausdrücken«. Mit einem gütigen, väterlichen Lächeln sagt er, »es sei ein sehr ungewöhnlicher Vorgang, daß der Vater dem Kind habe nachgeben müssen«. Der gesamte vatikanische Hof ergeht sich in Platitüden. Alle Schuld wird auf die Berichterstatter und Informanten geschoben. Monglat in seinen Memoiren: »Nun wurden die Franzosen nicht mehr verhöhnt und lächerlich gemacht, sie waren gefürchtet und wurden geachtet, und der Name Frankreich erhielt in Rom neuen Glanz.«

Das Gewitter hatte Mazarin mürrisch und verdrießlich gemacht, durch die Aufheiterung ist er jetzt wie verwandelt. Er entfaltet seine ganze Liebenswürdigkeit, er hat stets ein munteres Lied auf den Lippen. Fröhliche Briefe an Kardinal Francesco Barberini. An Kardinal d'Este einen Brief, in den Glückwünsche geflochten sind für »die Festigung einer guten und herzlichen Freundschaft zwischem dem Papst und Seiner Majestät, die ich immer ersehnt und mit allem Eifer gefördert habe«. (12. Oktober) Ausgelassene Briefe vor allem an »Signor Paolo«, einen seiner Vertrauten in Rom, dem er sein Herz ausschüttet. Mazarin ist überschwenglich, er dankt der »göttlichen Güte« des Papstes, wie ein Jüngling sprudelt er Meinungen und Ansichten über den universellen Frieden heraus, über den unsterblichen Ruhm Innozenz' X. Dem venezianischen Gesandten gegenüber äußert er, die Einnahme von Piombino und Porto-Longone »sei die schönste Eroberung, die Frankreich je gemacht habe«. Eine gezielte Übertreibung, um all die Bitterkeiten der letztvergangenen Zeit gegen den Papst auszugleichen, seine Drohungen, seine laute Stimme. Italienische Überspitzung, mit der das Wirkliche theatralisch drapiert wird. Aber auch Begeisterung ist dabei, sie beweist die Jugendlichkeit seines Herzens, seine Liebe zum Leben, seinen Abscheu vor dem Haß. Haß ermüdet und langweilt Mazarin. Bei anmaßenden Posen bekommt er schnell einen steifen Hals. Er hat nur einen Wunsch: schnell zur Verbindlichkeit, zur Geschmeidigkeit zurückkehren zu können. Er lacht vor Freude, wenn er die Ungezwungenheit der Regungen wiedergewonnen hat. Und wie herrlich ist es, daß er seinen Krieg gewonnen hat, in seinem Italien, bei sich zu Hause, so herrlich, daß er seinen Gegner an seinem Glück teilhaben lassen will.

In Avignon triumphaler Empfang der Barberini durch den Vize-Legaten. Paraden, Tedeum, Salutschüsse.

Mazarin verdoppelt seine Zuvorkommenheit dem Heiligen Vater gegenüber. Versöhnung zweier Verliebter. Fürst Ludovisio, ein Neffe des Papstes, hat Piombino unter der Oberherrschaft Spaniens verwaltet. Piombino ist französisch geworden. Die Franzosen hätten ihm seine Ämter und Einkünfte wegnehmen können. Ganz diplomatisch gottesfürchtig erklärt Mazarin, daß die Franzosen aus Ehrfurcht vor Seiner Heiligkeit Ludovisio in Amt und Würden belassen wollen.

Und schließlich verspricht Mazarin, einen honigsüßen Gesandten nach Rom zu schicken, einen höchst angenehmen, nicht einen von jenen stachligen Diplomaten, die dem Heiligen Vater das Leben schwermachen.

Auf diese Fülle von Zuvorkommenheiten antwortet der Papst mit tausend Freundlichkeiten. Rom und Frankreich verleben glückliche Flitterwochen. Als wolle er das Fest verschönen, ist der Prinz von Condé so taktvoll, am Tag nach Weihnachten 1646 zu sterben. Er war zum fanatischen Störenfried geworden, auf den der Papst alle Hoffnungen setzte, der frenetische Römling, römischer als der ganze »papistische« Hof, der Retter, der die Kirche und Frankreich in Bälde von Mazarin befreien würde, diesen Abenteurer, der Italien entehrte, dazu seinen Kardinalspurpur, seine römische Abkunft, und der mit jedem Wort den Vater der Gläubigen erdolchte. Dem Papst bleibt nichts anderes übrig, als sich in die Hände Gottes zu geben, das heißt in die Hände Mazarins. Aber ist denn dieser Sieger, aus der Nähe gesehen, so hassenswert? An seiner Stelle hätten viele andere den Triumph ausgekostet. Mazarin hingegen entschuldigt sich dafür, daß er gesiegt hat. Er steigt hinunter auf die Ebene des Besiegten. Sein Kniefall ist tiefer als der des Besiegten.

Zwischen Rom und Frankreich dauern die Wonnen an. Als Gesandten schickt Mazarin den Marquis de Fontenay-Mareuil in die Ewige Stadt, einen loyalen Soldaten, einen rechtschaffenen Diplomaten mit großem Vermögen. Seine Reise wird durch die Heirat des Kardinals Camillo Pamfili verzögert. Dieser verbringt sein Leben in völliger Lethargie. Um seiner »Mamma«, der furchterregenden Olimpia zu gehorchen, hatte er sich zum Kardinal machen lassen. Er ist dumm wie Bohnenstroh. Wenn er einen Schnitzer gemacht hat und der Papst ärgerlich wird, legt er sich ins Bett und spielt den Kranken. Er schläft mit offenen Augen von morgens bis abends, seine Purpurrobe in ein Nachthemd verwandelnd.

Die junge Witwe des Fürsten Paolo Borghese, die entzückende Donna Olimpia Aldobrandini, hat es ihm angetan. Dreiundzwanzig Jahre ist sie und schön wie der Tag, sie hat Anmut, Geist, einen vortrefflichen Charakter und ein ungeheures Vermögen; kurzum, dieser Diamant unter allen Frauen hat alle Eigenschaften, einen Mann zu bezaubern. Und eine Überraschung, wie sie nur die Liebe bietet: die Zauberin und der Tölpel schwärmen füreinander.

Anfänglich runzelt Mazarin die Stirn. Der verstorbene Ehemann war ein Anhänger der Spanier, die berückende Witwe ebenfalls. Die gebieterische »Mamma« Olimpia ist gegen diese Heirat, sie fürchtet, daß die junge Schöne beim Papst ihren eigenen, stark verwelkten Charme überdecken könne. Zum erstenmal in seinem Leben ist der törichte Camillo an etwas interessiert. Er will seine Fee. Er stampft mit den Füßen, weil man sie ihm nicht geben will. Er droht, er werde »sich zu einem tollkühnen Entschluß hinreißen lassen«. Innozenz X. weiß nicht, was er tun soll. Die Spanier schmieden Ränke. Die Römer warten mit Spannung auf eine Schlacht zwischen den beiden Damen: die junge Olimpia gegen die alte Olimpia. »Das Haus Innozenz' X. steht in Flammen. Man sieht deutlich, daß eine Strafe Gottes bevorsteht, die sich in der Zwietracht dieser beiden Damen äußert«, schreibt Mazarini an Mazarin. (21. Januar 1647)

Nach reiflicher Überlegung ist Mazarin zu der Ansicht gekommen, daß diese Heirat vielleicht kein solches Unglück ist, wie er anfänglich meinte. Die kleine Aldobrandini ist vielleicht gar nicht so »spanisch«, wie man sagt. Und ihr kleiner harmloser Gatte wird nie gefährlich werden. Wenn er heiratet, könnte man ihm die Abtei Corbie wieder abnehmen. Außerdem ist eine Schlacht zwischen den Damen »das Haus Innozenz' X. in Flammen«, eine Aussicht, die ihm recht gut gefällt. Alles, was seinen guten Freund Innozenz schwächt, ist für Frankreich ein Geschenk.

Am 21. Januar legt Camillo seinen Purpur ab. Am 10. Februar heiratet er seine Auserwählte in Torrenueva, einem Besitztum der Aldobrandini. Der Papst und Olimpia sind nicht zugegen. Die Turteltauben sind in Ungnade gefallen und ziehen sich nach Frascati zurück.

Dem Papst gegenüber beweist Mazarin eine wahre Engelsgeduld. Es gäbe eine Fülle von Streitpunkten mit dem Heiligen Stuhl, wenn Mazarin sie nicht mit einem raschen »Hokuspokus!« zum Verschwinden brächte. Die Barberini haben sich sofort mit dem Vizelegaten von Avignon entzweit. Der Papst läßt sich drei Monate Zeit, bevor er ihnen erlaubt, die Grafschaft wieder zu verlassen. Mazarin hat genug von den Barberini, von ihrem ewigen Gezänk. Sie hindern ihn daran, sich mit seinen früheren Gegnern völlig auszusöhnen.

Der französische Gesandte, Marquis de Fontenay-Mareuil, trifft Ende Mai in Rom ein. Ihm wird ein grandioser Empfang zuteil, was den Franzosen schmeichelt.

Großes Entgegenkommen beweist Mazarin dem Heiligen Stuhl in einer hochwichtigen Angelegenheit. Seit einigen Jahren verbreitet sich in Frankreich eine neue Lehre, der »Jansenismus«. Ihr Begründer war der 1638 verstorbene Bischof von Ypern, Jansenius, dessen Werk »Augustinus« 1640 erschien. Die Jansenisten gehen auf die Lehre des heiligen Augustins zurück, sie glauben an die Prädestination: Von der Geburt an ist der Mensch gerettet oder verdammt, je nachdem, ob er die Gnade hat oder nicht. Die Jansenisten stehen im Gegensatz zu den Jesuiten, welche die Lehre des Spaniers Molina, den »Molinismus«, vertreten: Bei der Geburt empfängt der Mensch eine »hinreichende« Gnade, die er »wirksam« werden lassen kann oder nicht. Die Jansenisten sagen, der Wille kann den Menschen nicht retten. Den Jesuiten zufolge kann er es.

Merkwürdigerweise predigen die Jansenisten, die dem Willen jegliche Macht absprechen, wie einst die Stoiker, eine strenge Moral. Die Jesuiten, die an die Macht des Willens glauben, hüten sich, eine zu strenge Moral zu fordern. Um möglichst viele Anhänger zu gewinnen, lockern sie die Schrauben, sie schieben »Kissen unter die Ellbogen der Sünder«. Durch die Spitzfindigkeit ihrer Kasuistik glätten sie die scharfen Kanten der christlichen Moral. Sie feilen jede störende Rauheit ab und wickeln den Sünder in weiche weltliche Kompromisse. Ihre wesentlichen Prinzipien sind: »Die Bejahung der Doppeldeutigkeit, die Lenkung der Willensfreiheit, der geistige Vorbehalt.«

Der Jansenismus faßt Fuß in der französischen Elite, die abgestoßen ist von der Lässigkeit der Römischen Kirche im allgemeinen und der Jesuiten im besonderen. Der Abbé de Saint-Cyran, ein Freund von Jansenius, führt dessen Lehre im Kloster Port-Royal ein. Dieser Ort in einem stillen Tal der Ile de France, wo sich auch eine Gruppe von lernbegierigen und nach Reinheit strebenden Laien zusammenfindet, wird zum Mekka des Jansenismus. Zu den gläubigen Gemütern gesellen sich Snobs, Sektierer, Abenteurer, Leute, die im Bereich der Religion Kabalen schmieden wollen, wie die »Importants« in der Politik. Der Jesuitenpater Rapin schreibt in seinen Memorien: »Die angeborene nationale Neugier, die alles liebt, was neu ist, der Anschein von Tugend und Reform, der diese Lehre umgab, der Rang der Leute, die sie verbreiten, und die heimliche Intrige einer mächtigen Clique, die sie unterstützte, hatten sie in der großen Welt bereits so angesehen gemacht, daß es zur Mode gehörte, sich zu dieser Partei zu zählen.«

Durch das Buch von Antoine Arnauld »Über die häufige Kommunion« wird Ende 1634 der Klerus gespalten: die Mehrheit verwirft die Lehrsätze, einige Prälaten und Gelehrte billigen sie. Die Spaltung reicht bis ins Parlament. Zu den »Anhängern« zählen der erste Präsident Mathieu Molé und der Generaladvokat Jérôme Bignon.

Vor allem die Frauen, stets begierig nach allem Neuen, sind vom Jansenismus eingenommen. In den Salons wird er zum Hauptthema, über das alle sprechen, zum neuen Klischee. »In den Boudoirs sprach man nur noch über den heiligen Augustinus. Es gab keine Frau von Geist, die nicht ihren Stolz dareinsetzte, ihre Ansichten über die Gnade und über die Prädestination zu äußern.« Einer großen Dame hat Arnauld auch sein Buch gewidmet: Anne de Rohan, Fürstin von Guéméné.

Durch einen unterirdischen Krieg an den Universitäten verschärfen sich die Gegensätze. Die den Jansenisten gewogene Universität von Paris will die Jesuitenschüler von akademischen Würden ausschließen. Die Jesuiten fordern, ihr Kolleg in Clermont solle als Universitätseinrichtung anerkannt werden.

Die Jesuiten geben sich die größte Mühe, die Verurteilung der Schrift »Über die häufige Kommunion« zu erreichen. Vor allem wettern sie über einen Satz im Vorwort: »Der heilige Petrus und der heilige Paulus sind die beiden Oberhäupter der Kirche, die zu einem geworden sind.« Die Kirche, eine doppelköpfige Monarchie! Zwei Schlüssel, zwei Päpste, zwei Tiaren!

Die Jesuiten schicken Pater Bricacier zum Papst, die Jansenisten zwei Doktoren der theologischen Fakultät, Spezialisten »der Lehre von der Bußfertigkeit«, mit Namen Duchesne und Bourgeois. Alle drei kämpfen erbittert, ohne zum Ziel zu kommen. Schon Urban VIII. hatte unter Androhung der Exkommunikation verboten, den »Augustinus« von Jansenius zu lesen und über dieses Thema zu disputieren. (1642) Doch eine Bulle in diesem Sinne hat er nie erlassen. Und auch Innozenz X. wahrt kluges Schweigen.

Die Versammlung des Klerus verlangt Aufklärung. Der Papst gibt sie nicht. Im Oktober 1645 schreibt er einen liebenswürdigen Brief an den Erzbischof von Sens, einen der eifrigsten »Anhänger« der Schrift »Über die häufige Kommunion«. Doch gleichzeitig schreibt er einen ebenso liebenswürdigen Brief an den Bischof von Lavaur, der sich selber als »Bändiger der Ketzereien« bezeichnet.

Der Nuntius läuft von einem Lager ins andere: »Pazienza! Pazienza!« In einer so heiklen Sache muß der Papst Zeit haben zum Überlegen. Als die Versammlung des Klerus die Türen schließt, überlegt er noch immer.

1646 wirft Pater Vincenz von Paul seinen (künftigen) Heiligenschein in die Waagschale. Er sendet Grimaldi Schriften gegen Antoine Arnauld und betont, daß der Klerus von Frankreich diese »schädliche Lehre« verwirft.

Im Dezember gerät die Sorbonne in Zorn, als bekannt wird (es war eine falsche Nachricht), daß Bourgeois und Duchesne sich in Rom als Delegierte der Theologischen Fakultät ausgäben und behaupteten, an der Sorbonne werde die Lehre von den Doppelpäpsten Petrus und Paulus offiziell gelehrt. Vor dem Syndikus der Fakultät stellt die Sorbonne »diese vorgebliche Abordnung zum Heiligen Stuhl« in Abrede.

Diesen Zeitpunkt wählt der Papst, um das Wort zu ergreifen. Er hatte gewartet, bis seine Beziehungen zu Mazarin sich etwas gebessert hatten und er sich über dessen »Glauben« Klarheit verschafft hatte. Seit einiger Zeit verhält sich Mazarin völlig ruhig. Er ist ein äußerst sanftmütiger Sieger. Er hätte sich als Löwe aufspielen können und zeigt sich als Lamm. Zum anderen hat Kardinal Mazarin, wie Pater Rapin vermerkt, keinen »Glauben«: »So wie er weder Haß noch Freundschaft kannte, wenn es sich um seinen Vorteil handelte, kannte er Inbrunst oder Gleichgültigkeit in Glaubensangelegenheiten nur, wenn es um sein Vermögen ging.«

Das ist ein zutreffendes Urteil, wenn man berücksichtigt, daß Mazarins »Vorteil« oft mit dem Frankreichs zusammenfällt. Auch darf nicht vergessen werden, mit welcher geschmeidigen Hartnäckigkeit, wie das Rohr im Wind, Mazarin es stets abgelehnt hat, Priester zu werden, trotz der »Vorteile«, die ihm dieser Stand eingebracht hätte. Es ist unschwer zu erraten, mit welch kritischen Blicken er diese Streitereien unter Priestern, diese theologischen Dispute, diesen Wirbel von Staub und Haß verfolgt hat. Für Nichtigkeiten hat er nur Gleichgültigkeit übrig; mit seinem Scharfsinn, mit seiner souveränen Intelligenz wischt er Staub und Haß, die nur Durcheinander schaffen und die Dinge verzögern, beiseite. Er wartet, bis sich der Wirbel gelegt hat; dann pflückt er die Früchte oder was von ihnen übriggeblieben ist.

Durch ein Breve vom 25. Januar 1647 rügt der Papst einen aus dem Vorwort der Schrift »Über die häufige Kommunion« stammenden Satz als ketzerisch: »Der heilige Petrus und der heilige Paulus sind zwei Kirchenfürsten, die nur einer sind, oder sie sind zwei Koryphäen oder souveräne, sehr eng miteinander verbundene Oberhäupter der katholischen Kirche, oder zwei Oberhäupter der universellen Kirche, die durch göttliches Tun zu einem geworden sind, oder zwei souveräne Hirten und Vorsitzer, die nur ein Oberhaupt sind.«

Mazarin nimmt das päpstliche Breve mit Wohlwollen auf. Auf seine Weisung hin gibt der Kanzler Séguier dem Drucker Sébastien Cramoisy die Erlaubnis, es zu drucken. Die Jesuiten geben ihrer Freude über den Sieg in unziemlicher Art und Weise Ausdruck. Die Jansenisten antworten mit einem anonymen Pamphlet: »Bemerkungen über ein Dekret der Römischen Inquisition, betreffend die Autorität der Apostelfürsten Petrus und Paulus.« Auf gelinden Druck Mazarins hin erklärt der Zivilrichter von Paris die Streitschrift als »verleumderisch« und bestimmt, daß sie vom Scharfrichter auf der Place de Grève in Stücke gerissen und verbrannt wird.

Am 8. Mai schaltet sich das Parlament ein. Der Gerichtsrat bei der Großen Kammer, Broussel, protestiert gegen das Breve des Papstes, gegen den Urteilsspruch des Oberrichters und gegen einen »Hirtenbrief«, den der Nuntius ohne Genehmigung dem Breve beigefügt hatte. Er beschuldigt den Nuntius, sich in Frankreich eine »Judikatur« anzumaßen, »die die Autorität des Königs, die Rechte und die Freiheiten der gallikanischen Kirche verletze«. Stets die gleiche Melodie.

Am selben Tag, um zwei Uhr nachmittags, begibt sich eine Delegation des Parlaments ins Palais-Royal, um Ihre Majestäten zu verabschieden, die in die Picardie reisen. Zwischen dem ersten Präsidenten und dem Kanzler kommt es zu einer Auseinandersetzung über die Beratung am Vormittag. Mazarin hält sich abseits und spielt den Unwissenden. Er erkundigt sich beim Generaladvokaten Omer Talon, worum es sich handele. Der Nuntius hatte in seinem »Hirtenbrief« geschrieben, er sei »zum König und ins Königreich« gesandt worden. »Das kann man nicht in Frankreich sagen, wohl aber in Polen, wo der König und das Königreich etwas Verschiedenes sind.« Mazarin »macht sich dies zu eigen und sagt, in Frankreich müsse man anders sprechen«. Er stimmt allem zu. »Zum König und ins Königreich« oder »zum König allein«, diese ganzen nutzlosen Streitigkeiten betreffen ihn nicht. Er will den Frieden; man soll ihn bei der Arbeit für den Frieden nicht stören.

So sieht das Parlament die Angelegenheit nicht an. Am 10. Mai kommt die Große Kammer noch einmal darauf zurück. Omer Talon führt drei heftige Angriffe gegen den Nuntius:

Erstens. In Frankreich wird der Papst als »Oberhaupt der Kirche und Vater aller Gläubigen« geachtet, aber »man erkenne nicht die Autorität der Kongregationen an, die in Rom ihre Sitzungen abhalten und die der Papst nach seinem Willen einsetzt ... Wenn man im Königreich solche Dekrete entgegennehme und sie autorisiere, führe man unausweichlich die Inquisition ein, diesen unerträglichen Zwang, diese Hölle, die unserem Wesen so zuwider ist«.

Zweitens. Der Nuntius sagt, er sei »Nuntius bei der Person des Königs und im ganzen Königreich Frankreich«. Aber »sein Amt ist beschränkt auf den Hof und auf die Person des Königs; nirgendwoanders hat sein Amt Geltung. Jedenfalls hätte er, wenn er vom Königreich spricht, sagen müssen, ›das Königreich von Frankreich und Navarra‹ und nicht nur ›von Frankreich‹. Diese Auslassung des Gebräuchlichen ist unnatürlich und demzufolge herabsetzend für die Rechte Seiner Majestät«.

Drittens. Monsignore Bagni hat gefordert, das päpstliche Breve müsse an alle Erzbischöfe und Bischöfe geschickt werden, »als gebe ihm seine Eigenschaft als Nuntius die Hoheit über ein Gebiet und eine gewisse Judikatur«; dazu stellt er fest, daß das Original »in den Archiven der Nuntiatur« aufbewahrt werde. Doch die Nuntiatur darf keine Archive haben, ebensowenig wie die Gesandtschaften der anderen Souveräne in Paris oder die Gesandtschaft Seiner Majestät in Rom.

Das Parlament muß einen Deich gegen alle diese Übergriffe errichten, sonst wäre man bald nicht mehr Herr im eigenen Haus.

Wie verhält sich Mazarin gegenüber diesem nationalen und gallikanischen Fieberausbruch, den er selber zehn Monate zuvor gegen den Heiligen Vater hervorgerufen hatte? Bei anderen duldet Mazarin ein solches Fieber nur, wenn es ihm nützlich ist. Zu diesem Zeitpunkt nun ist es ihm hinderlich. Er ruft den Generaladvokaten Talon zu sich. Er hält ihm vor Augen, daß Nuntius Bagni nur lautere Absichten hege. Er liebe Frankreich so sehr, daß der Papst darüber ärgerlich sei und einen Vorwand suche, ihn zu »entautorisieren«. Das Parlament soll ihm diesen Vorwand nicht liefern.

Talon wehrt sich mit Händen und Füßen, bringt seine Argumente immer wieder vor. Da er bei aller Härte auch geschmeidig ist, schlägt er vor, einen Mittelweg einzuschlagen. Das Parlament soll seinen Urteilsspruch fällen, Mazarin die Veröffentlichung untersagen. Mazarin findet Talon noch immer zu hart. Er tut so, als stimme er zu, doch im Grunde irritieren ihn diese Rechtsverdreher mit ihren überheblichen Mienen. Sie halten sich für die einzig guten Franzosen. Als hüteten sie allein im Tabernakel ihrer Großen Kammer die Hostie des Vaterlandes.

Mazarin schickt den Kanzler zum Nuntius, er soll in Erfahrung bringen, was dieser zu seiner Verteidigung vorzubringen hat. Bagni zeigt ihm Druckschriften seiner fünf Vorgänger im Amt. Nicht einer von ihnen hat dem König von Frankreich den Titel »König von Navarra« gegeben. Alle nannten sich stets »Nuntien über ganz Frankreich«. Und schließlich, warum regt man sich über das Wort »Archive« auf? Wie soll man den Ort, an dem die Dokumente eines Staates oder eines einzelnen aufbewahrt werden, anders nennen?

Mit stichhaltigen Argumenten versehen geht Mazarin daran, dem Parlament den Mund zu stopfen. Am 13. Mai schreibt der König auf seinen Rat hin aus Compiègne an die zornigen Gerichtsherren, der Nuntius habe keineswegs die Absicht, »sich irgendein neues Recht oder eine neue Judikatur anzumaßen«.

Das Parlament hat nichts Eiligeres zu tun, als Ungehorsam zu zeigen. Es beschließt:

Erstens. »Daß niemand das Recht hat, ohne eine bei diesem Gerichtshof eingetragene königliche Erlaubnis Breven, Dekrete oder Bullen aus Rom zu drucken, zu veröffentlichen und zu verteilen.«

Zweitens. »Daß alle Exemplare des Breves vom 25. Januar und des Hirtenbriefs vom 13. März beschlagnahmt und vernichtet werden sollen.«

Die Juristen verwahren sich dagegen, unter Mazarins Händen zu einem wetterwendischen Parlament zu werden, das er innerhalb von zehn Monaten einmal gegen den Papst und einmal für den Papst benutzt. Sie wollen ihm und auch dem Heiligen Vater eine Lektion erteilen.

Mazarin kommt auf Talons früheren Vorschlag zurück: er untersagt die Veröffentlichung des Parlamentsspruchs. Talon hat ihn mit seinem juristischen Gerede aufgebracht. Mazarin hätte ihm früher Gehör schenken sollen, sagt man. Aber man freut sich darüber, daß er einen Fehler gemacht hat. Immerhin, wenn er außer sich geraten, sich in einem Anfall schlechter Laune irren kann, dann aber seinen Irrtum einsieht, beweist er damit, daß er keine Maschine ist.

Was in dieser Auseinandersetzung kennzeichnend für ihn ist, ist das Bizarre, das Possenhafte, womit er zum Meister der Politik des Barockzeitalters wird. Offiziell billigt der König den Tadel des Papstes an der Schrift von Arnauld »Über die häufige Kommunion«. Offizös verwirft das

Parlament den Tadel. Woran sollen sich die Franzosen halten? An das Breve des Papstes oder an den Spruch des Parlaments? Das Breve ist durch den Spruch annulliert, doch nicht gänzlich, da er vom König nicht bestätigt ist. Wie sollen sich die Franzosen zurechtfinden? Mazarin verläßt sich auf einen Charakterzug der Franzosen, dem er sich völlig angepaßt hat. Daß er als »kanonisierter Franzose« gelten kann, hat unter anderem folgenden Grund: Er hat begriffen, daß das Land Descartes' neben der heiligen Genoveva sich eine zweite Schutzpatronin erwählt hat, die heilige Unordnung, die mit ihrem Durcheinander den Überschuß an französischer Vernunft ausgleicht.

Der Papst ist Mazarin unendlich dankbar, denn er hat ihn aus den Klauen des Parlaments gerettet. Am 20. Mai sagt er bei einer Audienz zum Abbé de la Feuillade, »es sei ein wahrer Segen für den Heiligen Stuhl, einen so wachsamen Kardinal als Ersten Minister in Frankreich zu haben«. In einem salbungsvollen Breve lobt er den Eifer, den Mazarin für den katholischen Glauben und den Apostelthron bezeigt, und seine »Tugend«, die dazu beitragen wird, die Kirche von »jenen geistig korrumpierten Männern, die der Wahrheit im Wege stehen«, zu reinigen. Mazarin muß sich diese Gesinnung des Papstes schnell zunutze machen, ehe sie wieder verfliegt. Seine Heiligkeit blickt suchend um sich, sie möchte wissen, womit sie Seiner Eminenz angenehm sein könnte. Es ist ganz einfach. Der Papst braucht nur auf den höchsten Zweig der Vatikanischen Gärten zu schauen; dort hängt eine rote Frucht in Gestalt eines Hutes. Der Kardinalshut für Pater Michele Mazarini, der noch immer in der Luft schwebt.

Der Spieler Mazarin glaubt an das Gesetz der Serie, des Widerhalls, der ewigen Wiederkehr. Das Schicksal verfügt nur über eine bestimmte Anzahl von Rollen, wie im Theater, und über eine bestimmte Anzahl von Themen, wie in der Oper.

Daß der Kardinal zum Gesandten in Rom den Marquis de Fontenay-Mareuil ausgewählt hat, geschah aufgrund seines Spielerinstinkts. Dieser redliche Soldat hatte es im Dezember 1641 fertiggebracht, auf Geheiß Richelieus Urban VIII. den Kardinalshut für Mazarin zu entreißen; an dieser Aufgabe hatte sich sein Vorgänger, der tölpelhafte Marschall d'Estrées, die Zähne ausgebissen. Jetzt setzt der Nachfolger Richelieus, Mazarin, denselben Fontenay-Mareuil wieder in Tätigkeit: er soll Innozenz X. den Hut für Michele entreißen, da sein Vorgänger Grémonville daran gescheitert ist.

Im Abstand von sechs Jahren stellt sich für den jüngeren Michele dasselbe Problem wie für den älteren Giulio. Drei Wege führen zum Kardinalshut. Der erste: Man muß ein Neffe des Papstes sein (wie die Kardinäle Barberini und Pamfili), oder das Mitglied einer Herrscherfamilie (wie die Kardinäle von Medici und von Polen). Der zweite: Man muß ein persönlicher Freund des Papstes sein oder ihm fast täglich zu Diensten gewesen sein, als Beamter im Apostolischen Palast, als Mitglied einer oder mehrerer römischer Kongregationen, oder man muß Nuntius oder Legat gewesen sein. Der dritte: Man muß von einem Souverän als Kandidat »für den Hut der Krone« nominiert werden, wie einst Mazarin.

Die beiden ersten Wege sind für Michele nicht gangbar, bleibt nur der dritte. Er ist steinig. Übt Mazarin Druck auf den König aus, um die Ernennung seines Bruders zum »Hut der Krone« Frankreichs zu erlangen, zieht er sich die Feindschaft der französischen Prälaten zu, die der Meinung sind, diese Italiener können nie genug kriegen. Auch den Zorn der beiden größten Fürstenhäuser Frankreichs würde er sich zuziehen, der Orléans und der Condé. Die beiden Anwärter auf den Purpur, die ihn auf dem Weg des »Huts der Krone« erlangen wollen, sind der Abbé de la Rivière, Günstling des Herzogs von Orléans, und Armand de Conti, Sohn des verstorbenen Prinzen von Condé.

Und nun spielt Mazarin den Bescheidenen. Er kaschiert seinen Purpur oder spielt ihn herunter. Er tut so, als kümmere er sich nicht um seine Familie im fernen Rom. Immer wieder sagt er, sein Vater, seine Schwestern, seine Neffen und seine Nichten hätten keinen Vorteil von seiner Stellung und lebten kümmerlich dort unten im Schatten dahin. Für sie verlangt er nichts. Ihm verschaffe es Genugtuung, sich im Dienst Seiner Majestät, für das Wohl Frankreichs aufzuopfern. Als einzige Belohnung genüge ihm das Bewußtsein, seine Pflicht getan zu haben.

Alle Möglichkeiten überdenkend, kommt Mazarin, wie einst, als es um seinen Hut ging, auf Polen zurück. Im November 1645 hat Mazarin eine Heirat zwischen dem König dieses östlichen Landes und einer ungeheuer reichen französischen Prinzessin zustande gebracht: Maria von Gonzaga-Nevers. Aus Dankbarkeit will König Wladislaw den Bruder des Ehestifters zum Anwärter auf den »Hut der Krone« Polens nominieren.

Man fragt sich: Warum gibt sich Mazarin so viel Mühe für seinen Bruder? Denn alle, die ihn kennen, sind sich einig: er ist dumm und zänkisch und schafft überall Mißhelligkeiten. Mazarin betont, »er empfinde viel Zuneigung für ihn«. Aus den Briefen, die er ihm schreibt, geht das nicht hervor, denn meistens schurigelt er ihn. Außerdem tut Mazarin nichts aus bloßem Gefühl.

Es gibt Leute, wie Montglat, die behaupten, Mazarin habe Angst vor diesem taktlosen Aufschneider, er fürchte, er könne Geheimnisse ausplaudern. Michele hatte bereits überall verbreitet, »sein Bruder sei ein Feigling, von dem man nur etwas erlangen könne, wenn man ihm Angst macht und ihn mit dem italienischen Wort Coglione [Kujon] beschimpft«. Doch ein so großer »Coglione« ist Mazarin nicht, er weiß, daß er diesen Kläffer nicht zum Schweigen bringen kann, indem er ihm einen Maulkorb umhängt.

Henry Coville meint, Mazarin habe seinem jüngeren Bruder den Purpur weniger seiner schönen Augen wegen umhängen wollen, sondern um die Stellung seiner Familie zu heben. Michele ist auf dem Schachbrett der Familie die Figur, mit der er einen für ihn wichtigen Zug ausführen kann: sein Plan ist es, sich ein »Haus« zu schaffen wie ein Fürst. Die Gesellschaft, der Staat hatten damals breite Risse in ihrem Gebäude, durch die gefährliche Winde eindringen können. Ein mächtiges, ein einiges »Haus« ist die sicherste Bastion gegen die Wechselfälle des Schicksals.

Richelieu ist das beste Beispiel dafür. Er stammte aus niederem Adel und hat märchenhafte Reichtümer zusammengetragen. Er hat die Seinen überreichlich mit Einkünften ausgestattet. Aus seinem Bruder, dem Kapuziner, der nicht ganz zurechnungsfähig war, hat er einen Kardinal gemacht. Warum soll Mazarin aus seinem Bruder, dem Dominikaner, der ein Dummkopf ist, keinen Kardinal machen? Ruhm und Ehre haben im reifen Alter besonderen Wert, wenn sie so beschaffen sind, wie man sie in der Jugend, bei seinen Vorbildern bewundert hat. Mazarin ahmt Richelieu Schritt für Schritt auch darin nach.

Schließlich darf bei all diesen Überlegungen nicht das mediterrane Element vergessen werden. Ein Franzose hat nur eine Nabelschnur, die ihn mit seiner Mutter verbindet; sie wird bei seiner Geburt durchtrennt. Ein mediterraner Mensch, ein Italiener, ein Mazarin, hat eine Unzahl von Nabelschnüren, die niemals durchtrennt werden; sie verbinden ihn mit seinem Vater, seiner »Mamma«, seinen Brüdern, seinen Schwestern, seinen Neffen und seinen Nichten. In Frankreich unternehmen es nur wenige Auserwählte, die ganz nach oben gelangt sind, sich ein »Haus« zu schaffen. Hingegen versuchen alle Italiener, seien es Maurer, Erdarbeiter, Mortadella- oder Pizza-Verkäufer, jeder in seinem sozialen Bereich, sich ein »Haus«, eine »Casa« zu schaffen. Ist einer auf den Gipfel gelangt, wie Mazarin, schafft er sich ein »Haus« mit Kardinälen und Fürstinnen. (Oder, wie der Korse Napoleon, eine Dynastie mit Königen und Königinnen.)

Mazarins Bescheidenheit hinsichtlich seiner Familie ist nicht von langer Dauer. In ein und demselben Jahr, 1647, unternimmt er zwei nebeneinanderherlaufende Vorstöße: der eine ist auf den Kardinalshut für seinen Bruder gerichtet, der andere auf das Erscheinen seines ersten Expeditionskorps von Neffen und Nichten in Frankreich. Drei Mädchen, Anna-Maria Martinozzi sowie Laura und Olimpia Mancini, und ein Junge, Alfonso Mancini, gehen Mitte Juni in der Provence an Land und treffen Mitte September in Fontainebleau ein.

Der Papst kann Pater Michele Mazarini nicht leiden. Nur mit Abscheu spricht er von ihm. Und wenn er ihm den Kardinalshut überlassen soll, muß auch für ihn Gewinn dabei herausspringen. Im Abstand von einigen Monaten schickt er zwei sichere Agenten nach Frankreich; sie sollen feststellen, wie die Stimmung Mazarin gegenüber wirklich ist, ob Mazarin fest im Sattel sitzt. Der eine, ein Franzose, Bailli de Valençay, ein Neffe Richelieus, stimmt einen Hymnus an:

»Seine [Mazarins] Machtbefugnis hat sich derart entwickelt, daß hier nichts geschieht, was er nicht sagt, rät und dann befiehlt. Die Königin ist aufgrund der Beweise, die er vier Jahre lang von seiner Klugheit und Geschicklichkeit gegeben hat, jetzt so zufriedengestellt, daß sie ihm die Leitung des Staates ohne die geringste Einschränkung überlassen hat. Und was bei dem zarten Alter des Königs besonders wichtig ist: die Prinzen von Geblüt – es handelt sich im wesentlichen um die beiden Häupter, den Herzog von Orléans und den Prinzen von Condé – sind mit dem Kardinal durch Zuneigung und gemeinsame Interessen verbunden, und aufgrund seiner Entschlossenheit, Weisheit und Intelligenz sind sie auch an den Willen der Königin gebunden. Wenn unter ihnen manchmal, in bezug auf die Wünsche Ihrer Majestät, Uneinigkeit und Zwist herrschen, so nur deswegen, weil jeder der erste sein möchte, der ihr Begehren ausführt, der dem Kardinal das größte Entgegenkommen bezeigen und der von ihm am meisten geschätzt sein will ... Man sagt allgemein, die Machtbefugnis des verstorbenen Kardinals von Richelieu sei nichts gewesen im Vergleich zu der des gegenwärtigen Ministers ... Solange unsere Monarchie besteht, hat im Staat und am Hof nie ein so tiefer Frieden geherrscht.«

Dieser Überschwang kommt dem Papst unwahrscheinlich vor. Er schickt einen zweiten Sendboten nach Frankreich, den General der Kapuziner, Pater Innocenzo a Caltagirone. Einen Mann, der für einen Heiligen gehalten wird, dem man Wunder zuschreibt. Er kommt gerade aus Deutschland zurück, wo er den Kaiser und ganze Scharen von Prinzen und Fürsten besucht hat. Er versteht es, mit den Großen zu sprechen. Er wirft sich der Regentin zu Füßen, fleht sie an, Frieden mit Spanien zu machen. Anna bleibt unbeugsam. Frieden ... Sollen die Spanier damit beginnen! Sie schickt den heiligen Mann zu Mazarin.

Zwei Stunden lang versucht der Diener Gottes, die vermeintliche Kriegslust der Eminenz zu brechen. Er entwirft ein apokalyptisches Fresko, er malt ihm die Schrecken des Krieges in Europa aus. Und er prophezeit ihm einen Volksaufstand in Frankreich und seinen eigenen Sturz. Mazarin begegnet diesen düsteren Voraussagen mit einer Mauer aus Samt. Er führt nicht Krieg, weil er blutdürstig ist, sondern zum Wohl des Königreichs. Seine Feinde mögen noch so viel Gift speien, er gehorcht seinem Gewissen.

Der Kapuziner berichtet dem Papst seine Eindrücke, die denen des romantischen Bailli entsprechen. Mazarin sei ein Fels aus Samt, unendlich viel härter und fester als ein Fels aus Granit. Aber dem unsympathischen Pater Michele Mazarini den Kardinalshut geben! ... Ein schwieriger Entschluß. Innozenz schwankt noch.

Jeder der aus Frankreich kommt, vom geringsten Reisenden bis zum Gesandten, vom Abenteurer bis zum Fürsten, vom bärtigen Mönch bis zum eleganten Abbé, jeder, der imstande ist, sich auf seinen Beinen zu halten und zwei Sätze zu formulieren, bestürmt vom Monat Mai an wegen dieses Kardinalshutes Seine Heiligkeit, die Ohrenschmerzen davon bekommt. Der Marquis de Fontenay-Mareuil kann nur noch stottern, er läßt ein Wort fallen über den »Hut der Krone« von Polen. »Ja«, erwidert der Papst, »doch hat der König von Polen das Recht, jemanden zu nominieren? Es bestehen Zweifel; in jedem Fall könnte er nur einen Polen benennen.«

Der Betroffene selbst bringt beinahe die ganze Angelegenheit zum Scheitern. Am 10. Juni begibt er sich, trotz der Warnungen Mazarins, überstürzt nach Rom. Er bringt alles durcheinander, er verdirbt alles. Er wirft mit Geld um sich; wie Goulas sagt, gibt er Donna Olimpia dreißigtausend Taler, Nani sagt, es seien hunderttausend gewesen. Mit diesen Talern kann er seine Dummheiten einigermaßen zudecken. Doch gleich darauf begeht er neue ...

Der Gesandte Fontenay-Mareuil versucht, den Papst zu betören. Der brave Soldat hat sich in eine Sirene verwandelt. Alle Augenblicke erscheint er unerwartet beim Heiligen Vater. Er fürchtet, ihn allmählich zu langweilen. »Aber wie sollte man sich mit einem Freund langweilen?« gibt der Papst liebenswürdig zur Antwort. Natürlich kommt das Gespräch auf Umwegen jedesmal auf den Kardinalshut zurück. Anfang Juli ringt der Gesandte in einem Moment sommerlicher Lethargie dem Heiligen Vater das Versprechen ab, der gräßliche Michele würde Kardinal werden. Wann? Es ist schon viel, daß er es eines Tages überhaupt sein wird.

Michele verfängt sich in allen Netzen. Er stößt alle Welt ab durch seine »Ungeduld und Übereiltheit«. Er wirft mit phantastischen Verheißungen um sich, die Mazarin in große Verlegenheit bringen können: Nuntius Bagni solle abberufen werden, der Papst solle Piombino und Porto Longone zurückbekommen und seine Umgebung würde Leibrenten und Pfründen bekommen. Um seinen Bruder aus Rom wegzulocken, verleiht ihm Mazarin das ansehnliche Vizekönigtum von Katalonien, das durch Condés Abgang freigeworden ist. Selbst diese großartige Gabe bewegt Michele nicht. Er klammert sich in Rom fest.

Die Spanier stellen auf dem Weg zum Kardinalshut tausend Fußangeln auf. Nationale Empfindlichkeiten kommen ins Spiel. Jeder Zwischenfall verursacht ein gewaltiges Echo. Franzosen und Spanier gehen Wetten ein, wer gewinnen wird. Die Einnahme von Armentières, die Aufhebung der Belagerung von Lerida geben Anlaß zu Jubel sowohl wie zu Flüchen. Dem König von Frankreich einen Hut zu geben, hieße den König von Spanien zu beleidigen. Zwei Hüte müssen es sein, für jeden einen. Über den Namen des spanischen Kandidaten zieht man Erkundigungen in Madrid ein. Der Papst wünscht sich den Grafen von Ognate, den spanischen Gesandten in Rom. Weil er Donna Olimpia hunderttausend Taler geschenkt hat, flüstern die Römer, diese schwatzhaften Leute.

Die Spanier lassen sich Zeit. Wegen der Stürme im Mittelmeer fordern sie, den Sendboten nach Kastilien durch Frankreich reisen zu lassen. Mazarin, der sich nahe am Ziel sieht, macht Schwierigkeiten. Einen Kardinalshut, ja, aber nicht um jeden Preis. Einen »Hut der Krone« von Polen, und nicht, wie der Papst behauptet, einen Hut auf Verlangen der Regentin.

Haarspaltereien, könnte man sagen. Auf welchem Weg ist unwichtig, Hauptsache, man bekommt den Hut. Doch der Weg ist wichtig. Wenn der Papst Michele Mazarini den »Hut der Krone« von Polen gewährt, bekommt Frankreich zwei Hüte: den Micheles durch den König von Polen und den Armand de Contis oder eines anderen Kandidaten auf Empfehlung des Königs von Frankreich. Dankbarkeit wäre Mazarin nur für den zweiten Hut schuldig. Er hätte die Ellbogen frei, um in Rom wegen anderer Dinge Forderungen zu stellen. Würde Michele dagegen den Hut auf Empfehlung der Regentin bekommen, stünde Mazarin in der Schuld des Papstes, die er irgendwie begleichen müßte. Er würde sich den König von Polen verärgern, weil er dessen Hut nicht gewürdigt hat. Frankreich würde nur einen Kardinal, einen Italiener, bekommen, was den französischen Klerus gegen Mazarin aufbringen könnte.

Diese Zusammenhänge machen klar, wie sehr man sich in der Beurteilung des Verhaltens von Mazarin irrt. In plumper Weise beschuldigt Fontenay-Mareuil in seinen Memoiren den Kardinal, er habe nur eine Sorge: »daß das Geld, welches er dem König von Polen für die Nominierung seines Bruders gegeben habe, verloren sein könne«. Möglicherweise ist dies einer der Gründe Mazarins gewesen, doch nur einer unter anderen. Sein Facettenauge sieht in viele Richtungen, die den Maulwurfsaugen von Fontenay-Mareuil versperrt sind. Mazarin scheint den Unterschied in der Sicht zu spüren, denn er schreibt am 25. Juli an seinen Gesandten: »Ich gestehe Ihnen, daß diese Affäre mich äußerst beunruhigt und daß ich sie aus einem anderen Blickwinkel betrachte als Sie. Denn die Zuneigung, die Sie vielleicht für meinen Bruder und für mich haben, gestattet Ihnen nicht, alle Folgen, die diese Angelegenheit haben kann, zu prüfen oder zu erkennen, wie ich es tue.«

In Rom kursieren die tollsten Gerüchte. Das Haus Orsini »habe eine Schwenkung vollzogen und sei jetzt für Frankreich«, der Herzog von Vendôme habe Florenz verlassen und sei nach Deutschland gegangen, die Franzosen hätten die Belagerung von Lerida aufgegeben und »der Herr Kardinal [Mazarin] habe nur mit größter Mühe aus Frankreich entkommen können; er halte sich in Rom versteckt«.

Mitten durch dieses Kreuzfeuer von Gerüchten begibt sich der Marquis de Fontenay-Mareuil mit großem Gefolge zum Papst: drei sechsspännige Karossen, zwölf Pagen, fünfzehn Meldereiter, fünfzehn Lakaien, neun Kutscher und Vorreiter, drei Stallknechte, sie alle in Livreen mit seinem Wappen und mit Gold- und Silberstickereien verziert. Am 13. September, als er sich zu seiner ersten offiziellen Audienz begibt, sind die Straßen von vierhundert Karossen verstopft.

Aber noch immer kein Kardinalshut!

Ende September gibt Mazarin plötzlich nach. Zum zweitenmal hat er den Prinzen von Conti bestimmen können, hinter seinem Bruder zurückzutreten. Am 27. teilt er dem Papst mit, daß er für Michele den Hut entgegennehmen würde, den ihm Seine Heiligkeit zu geben beliebe. Den polnischen oder den französischen Hut. Und andererseits, für den Feind, ein spanischer Hut.

Vor soviel Großmut sind die Spanier starr. Der Sendbote kehrt unverrichteter Dinge aus Kastilien zurück. Seine Katholische Majestät hat nicht geruht, die Lippen zu öffnen und den Namen seines Kandidaten auszusprechen. Alles, was aus seinem Mund kommt, ist nicht ein Name, sondern ein Nein: absolute Ausschließung von Michele. Der Papst kann sich Gedanken machen über den Unterschied zwischen der Sanftmut Frankreichs und der Arroganz Spaniens.

Im letzten Augenblick bringt eine törichte Geschichte die ganze Angelegenheit fast zum Scheitern. Ein päpstlicher Scherge will in der Nähe des Palastes des französischen Gesandten irgendeinen armen Teufel umbringen. Die Diener des Diplomaten versuchen, ihn daran zu hindern. Trotz der diplomatischen Unverletzlichkeit nimmt die päpstliche Polizei zwei Tage danach einen der Diener in Gewahrsam. Ungerechterweise rüffelt Mazarin den Gesandten. Alles kommt wieder in Ordnung.

Am 4. Oktober, am Jahrestag der Krönung des Papstes, immer noch kein Hut. Endlich am 7. Oktober der außerordentliche, der unglaubliche Sieg: zusammen mit fünf anderen bekommt Michele den Hut. Für die Spanier nichts. Nur ein Hut »in petto«, einen von den heimlichen Hüten, die der Papst sich für die Zukunft aufspart.

Unter den sechs neuen Purpurträgern sind nur zwei spanienfreundliche. Mazarin müßte eigentlich vor Freude jubeln.

Nichts dergleichen. Er läßt sechs Wochen verstreichen, ehe er nach Rom schreibt. Der Papst ist verbittert. Schließlich schickt Mazarin ein bläßliches »Danke«. Auf Betreiben des neuen Kardinals gelingt es dem Gesandten, aus Mazarin ein Geschenk für Donna Olimpia herauszupressen. Die knauserige Eminenz sammelt »allen alten Tand, der in den Truhen der Königin aufzufinden und der, weil aus der Mode geraten, für sie nicht mehr nützlich war. Alles zusammen war nicht mehr als viertausend Taler wert«.

Vielleicht schildert Fontenay-Mareuil die Dinge so höhnisch, weil er höchst verärgert ist. Unerklärlicherweise zeigt sich Mazarin dem Mann gegenüber, der den Hut beschafft hat, ausgesprochen undankbar. Als er ihn nach Rom schickte, hatte er ihm versprochen, ihn später zum Erzieher des kleinen Herzogs von Anjou zu ernennen. Jetzt aber bekommt der Marschall du Plessis-Praslin dieses Amt. Vielleicht weil er im Milanais nutzlos »eine der schönsten Armeen, die der König nach Italien geschickt hat, hatte aufreiben lassen«. Fontenay-Mareuil macht die bittere Erfahrung, die vor ihm schon andere unter Heinrich IV. gemacht haben, der sich ähnlich verhielt: »Wozu man nichts anderes sagen kann, als daß es die Angewohnheit des Kardinals Mazarin war, eher denen etwas zu geben, die erfolglos waren, als den anderen; anscheinend um sie sich stärker zu verpflichten.«

Abgesehen von den Äußerungen des unglücklichen Gesandten bezeugen alle anderen, daß Mazarin sehr erfreut war. In einer Depesche des venezianischen Gesandten heißt es, Seine Eminenz »genieße im höchsten Maß« sein Glück; und de Lionne schreibt in fröhlichster Stimmung an Fontenay-Mareuil: »Nie habe ich größere Freude empfunden als bei der Ernennung des Kardinals von Aix ... Ich gestehe Ihnen auch, daß der Papst, nachdem er diese Geste gemacht hat, Frankreich viel Böses antun müßte, ehe ich ihm gram sein könnte. Wenn ich Ihnen nicht schon sehr zugetan wäre, ich gehe noch weiter, wenn Sie bisher so sehr mein Feind gewesen wären, wie Sie mich mit Ihrem Wohlwollen ausgezeichnet haben könnten Sie, da Sie zu dieser Ernennung so viel beigetragen haben, sicher sein, auf der Welt keinen ergebeneren und beflisseneren Diener als mich zu haben.«

Dieser beflissene Diener, der sein Verhalten dem seines Herrn und Meisters angleicht, würde nicht überströmen vor Freude, wenn Mazarin selber nicht jubelte.

In einem Brief an den Gesandten äußert Mazarin seinen Wunsch, Donna Olimpia zu Gefallen zu sein: »Ich bitte Sie herauszufinden, was ihr mehr Freude machen könnte, Silbergeschirr, Edelsteine oder schöne Wandteppiche, und ob sie wünscht, daß die Königin oder ich dieses Geschenk machen solle, ob sie es lieber sehen würde, daß es an ihren Neffen oder an sie ginge, ob die Sache öffentlich oder ganz geheim sein solle, kurzum, man möge sich genau darüber besprechen, sowohl was die Art und Weise als auch die Sache betrifft.«

»Silbergeschirr« ... »Edelsteine« ... »schöne Wandteppiche«; von »altem Tand« ist hier nicht die Rede.

Zu diesen Geschenken legt Mazarin noch andere. Unter den sechs neuen Kardinälen befindet sich ein Neffe von Donna Olimpia, Abbé Maldachini, sechzehn Jahre alt. Mazarin überredete den König, ihm eine Abtei mit zehn- bis zwölftausend Pfund Rente zu überschreiben, »an einem günstigen Ort des Königreichs, wo die Einkünfte mühelos und rechtzeitig abgeführt werden«. Seine Majestät wird Donna Olimpia oder einen Bruder der unmündigen Eminenz mit Piombino belehnen.

Mazarin blickt noch weiter. Er beginnt, seine Heiratsagentur in Betrieb zu setzen. Seine Familie mit der Familie des Papstes durch Heirat zu verbinden, wäre das Ziel seiner Wünsche. Zum Beispiel könnte man den unbedarften Maldachini, der, »wenn er im Alter weitergediehen ist«, Piombino bekommt, mit einer seiner, Mazarins, Nichten verheiraten. Sie werden in Rom sozusagen von der Familie in Reserve gehalten: der Tochter seiner Schwester Martinozzi, oder einer der Töchter Mancini.

Eine andere Möglichkeit, mit der man zugleich das Drama der Familie Barberini beenden könnte: »eine andere seiner Nichten mit dem ältesten Sohn des Fürst-Präfekten Taddeo« zu verheiraten.

»Auf diese Weise«, schreibt er an Fontenay-Mareuil, »würden alle Meinungen sich vereinigen und die besagte Dame [Olimpia] könnte es nicht nur als Erfolg verzeichnen, eine Angelegenheit geordnet zu haben, die eines Tages sie oder die Ihren beunruhigen könnte, sondern auch die Gebieterin über zwei Parteien geworden zu sein, die zusammen über das nächste Konklave bestimmen und imstande sein werden, lange Zeit künftigen Päpsten die Stirn zu bieten.«

Mazarin unterzeichnet, obwohl er zum Franzosen »kanonisiert« und als solcher naturalisiert ist, weiterhin mit »Mazarini«. Ihm, der immer ein Zweifacher, ein Dreifacher und noch mehr ist, könnte seine zweifache Staatsangehörigkeit einmal nützlich werden. Wer weiß, vielleicht um Papst zu werden? Wenn man stets bemüht ist, nach oben zu steigen, auf ein Ziel zu, das die anderen nicht sehen, begegnet man über sich kaum noch jemandem. Inzwischen zeigt Mazarin, daß er Italiener geblieben ist. Aus diesem römischen »Imbroglio«, aus diesen römischen Vendetten, in die er sich stärker als in andere Angelegenheiten eingelassen hat, schöpft er eine Genugtuung, die köstlicher ist als alle Reichtümer: der Papst beugt sich vor dem Sohn eines Verwalters der Colonna. Der stolze Pontifex, dem man den Pantoffel küßt, schließt Frieden mit Mazarin. Auch die Tigerin Olimpia schnurrt friedlich. Und die Barberini? Vor denen Giulio Mazarini auf den Knien lag, zu der Zeit, als er täglich neun Briefe an Kardinal Francesco schrieb: selbst diese Unzähmbaren sind seinem Willen untertan.

Der liebe reiche Onkel Mazarin möchte alles durch Heiraten zum guten Abschluß bringen. Für diesen Sieger endet, kurz ehe der Fronde-Aufstand ausbricht, »schließlich alles mit Gesang« wie später, kurz ehe die Revolution ausbricht, für Figaro, der auch aus dem Nichts kam. Hinter und über diesem Singsang – der Hut für seinen Bruder Michele hat Millionen gekostet, und in Frankreich leben Bauern und Soldaten im Elend – sieht dieser Späher, der nie schläfrig wird, in der Ferne vielleicht eine Tiara funkeln.

»Blutige Tränen«

Manche Dinge tragen den Namen von Persönlichkeiten: die »Guillotine« nach Doktor Guillotin, die »Poubelle« (Mülleimer) nach Monsieur Poubelle, dem Präfekten des Département Seine. Mazarin ist der einzige Staatsmann, aus dessen Namen ein Schimpfwort gebildet wurde, die »Mazarinade«. Das sind Pamphlete, Gedichte oder Lieder, die zur Zeit der Fronde gegen Mazarin im Umlauf waren. Fünftausend Mazarinaden speien Gift und Galle über Mazarin aus, prügeln ihn, ohrfeigen ihn. Das Ganze: ein Monument des Hasses aus fünftausendfachem Schleim. Die dauernde Wiederholung von Schmähungen ähnelt der Art und Weise, wie mit Clowns umgegangen wird: ein Fußtritt ins Gesäß, zwei, drei, vier, hundert, tausend, die der Hanswurst, ohne mit der Wimper zu zucken, hinnimmt. Seine Unempfindlichkeit entmutigt den Folterknecht, die Gemeinheit verwandelt sich in Komik, und schließlich hat der Getretene die Lacher auf seiner Seite. Der Henker wird zum Opfer. Er fleht den Clown an, wenigstens ein bißchen zu leiden, in irgendeiner Form zu reagieren. Der Clown bleibt starr wie eine Marmorstatue. Am Ende bricht der Henker besiegt zusammen.

Mazarin, eine Figur aus der italienischen Komödie, läßt diese Behandlung über sich ergehen. Spürt er die Schläge? Ist er an der richtigen Stelle gut ausgepolstert? Man weiß es nicht. Jedenfalls bleibt von solchen Schmähungen, wie bei der Verleumdung, stets etwas hängen.

Noch heute bedarf es einer gewissen Anstrengung, um zu erkennen, daß Mazarin ebenso groß ist wie Richelieu. Für die Franzosen geht Größe stets einher mit Hoheit. Auf dem Gemälde von Champaigne, gebieterisch, bitter und drohend in seinem Purpurgewand, ist Richelieu groß. Mazarin, einem Hanswurst, der öffentlich Fußtritte bekommen hat, wird Größe weniger leicht zugestanden.

Größe kann aber auch durch das Gegenteil erlangt werden. Zumal das 17. Jahrhundert in seiner Liebe zum Dekorativen und Theatralischen gern Wirkung durch Kontraste erzielt. Die Antithese ist nicht nur eine aus Rom übernommene rhetorische Redewendung von Corneille. Sie gehört auch zum schöpferischen Stil seiner Zeit, in der sich die Vitalität vornehmlich in Kontrasten äußert: Richelieu – Mazarin, Corneille – Racine, Condé – Turenne, Bossuet – Fénelon.

Untersucht man Mazarins Gefühlswelt, stößt man auf seine aufrichtige Bewunderung für Richelieu. Gewiß, Mazarin hatte das größte persönliche Interesse, sich an Richelieu zu halten. In zwei Abschnitten seiner Karriere hing sein ganzes Leben von einem einzigen Menschen ab: zuerst von Richelieu, dann von Anna von Österreich. Seine Bewunderung für Richelieu ist leichter zu beweisen als seine Liebe zu Anna.

Für Mazarin ist Richelieu der Patron, der Chef, der Lehnsherr, der für das materielle Wohl sorgt und dem der Schutzbefohlene, der Vasall, mit Leib und Seele ergeben ist. Doch er ist noch etwas mehr. In seiner Jugend hat Mazarin auf beiden Seiten der Alpen sehnlichst »Patrons« oder »Padroni« gesucht, die ihm den Lebensunterhalt ermöglichten. Doch er ähnelt den Frauen, die von ihrem Gatten nicht nur unterhalten sein wollen, sie möchten ihn auch bewundern und lieben können. Mazarin sucht einen

Vater, den er bewundern kann, einen politischen Lehrmeister. Er vermag weder seinen leiblichen Vater Pietro Mazarini zu bewundern, der unentwegt hinter einem Taler herschreien muß, noch seinen diplomatischen Vorgesetzten, den Kardinal Barberini, den tölpelhaften Pedanten. Unter ihm hat Mazarin die schlimmste Demütigung erleiden müssen: sein aufkeimendes Genie wurde von einem mittelmäßigen Herrn und Gebieter zermalmt. Mit zurückgehaltener Wut gegenüber der Ungerechtigkeit, mit Empörung, sich aus Disziplin vor Irrtümern beugen zu müssen, hat der junge Mazarini unter Francesco Barberini die schmerzlichsten Erfahrungen gemacht.

Endlich begegnet er Richelieu! Einem schwierigen »Patron«, der schlimmen Launen unterworfen ist, der sich wandelt wie eine Welle, der unberechenbar ist und als Gegengewicht zu seinen Niederträchtigkeiten, zu seinen Abscheulichkeiten eine Welt erhabener Gedanken, grandioser Visionen und unermeßlicher Zukunftsträchtigkeit in die Waagschale wirft. In diesem grausamen Tyrannen, in diesem Wahnsinnigen, der sich mit Schaum vor dem Mund auf dem Boden wälzt, findet Mazarin einen Vater. Richelieu lehrt ihn, den Blick auf das Große, die Gedanken in die Höhe zu richten, über die Grenzen Frankreichs hinaus zu planen, um Europa zu gestalten, Energien freizulegen und sich der Arbeit hinzugeben wie einem Kult. Nicht den kleinlichen Barberinaden, sondern der schöpferischen Tätigkeit, die gegründet ist auf der profunden Kenntnis der Interessen und der Menschen, auf den Motiven und Antrieben ihres Tuns, und die, über Undank und Schmähung hinweg, dem Leben Ruhm und Ehre verleiht.

Mit kindlicher Liebe tritt Mazarin in die Fußstapfen Richelieus. Zu Lebzeiten seines Gebieters war er dazu gezwungen. Nach dessen Tod eifert er dem Vorbild nach. Als Mazarin an die Macht gelangt war, hätte er ein anderes Spiel spielen können. Er hätte einen leichteren Weg einschlagen können. Als Italiener oder, besser gesagt, Staatenloser hatte er nur sein Vermögen als Vaterland. Wäre es ihm nur darum gegangen, es zu vermehren, wie Concini, hätte er bloß für das Haus Österreich und für Spanien zu optieren brauchen. Die Regentin war Spanierin und verehrte ihn. Sie ließ sich von ihm führen, wohin er wollte. Auch für sie wäre es leichter gewesen, in Richtung Österreich-Spanien zu blicken. Dort war ihr Heimatland, dorthin gingen ihre Erinnerungen an die Kindheit, an die Familie, an den heimlichen Briefwechsel, den sie mit ihrem Bruder geführt hatte.

Mazarin wählt den steilsten Weg, den Weg Richelieus: Frankreich zur herrschenden Macht in Europa zu machen, gegen das Haus Österreich, gegen den fest an Spanien geketteten Adel und gegen das Bürgertum sowie gegen das Volk, das die Schwere dieser Größe zu spüren bekommt, ohne die in der Ferne sich abzeichnenden Erfolge zu sehen. Gegen die ganze Welt. Zur Seite als einzigen Verbündeten das Herz und die Hand einer Frau, die eines Tages schwach werden könnte. Zwei Gefangene schaffen

Frankreichs Grandeur, ob das Land es will oder nicht: die Regentin und ihr Minister. Sie residieren, wie unter einem Zauberbann von Politik und Liebe in ihrem Palais-Royal, so abgeschlossen von der Außenwelt, daß sie das Murren der Menge nicht hören. Als Richelieu stirbt, hat Frankreich das Roussillon und fast ganz Katalonien, Lothringen, das Elsaß, die Alpenpässe und Turin besetzt. Im Süden und im Osten ist Frankreich also gut abgesichert. Man unternimmt Vorstöße in benachbarte Länder, um sie davon abzuhalten, in französisches Gebiet einzudringen. Im Norden sind weniger große Fortschritte zu verzeichnen. Erobert wurde nur Arras, Hesdin und Bapaume im Artois sowie im Hennegau Landrecies.

Die heikelste Stelle ist das Tal der Oise, durch das der Weg nach Paris führt. Richelieu hat die Wache an diesem Loch einem jungen Mann anvertraut, der heutzutage gerade seinen Wehrdienst ableisten würde, dem Herzog von Enghien, zweiundzwanzig Jahre alt. Seiner Jugend wegen stellt man ihm einen alten Marschall mit dem symbolischen Namen L'Hôpital zur Seite. Und panzert ihn mit strikten Anweisungen: »Sich auf nichts einzulassen, was nach menschlichem Ermessen nicht ruhmreich für die Waffen Seiner Majestät ausgeht.« Eine Niederlage an dieser Bresche wäre eine Katastrophe.

Eben damit rechnet Don Francisco Melo de Braganza, der Statthalter der Niederlande. Er weiß, daß Ludwig XIII. im Sterben liegt. Sobald er den letzten Atemzug getan hat, wird in Frankreich Anarchie herrschen. Diese Gelegenheit muß ausgenützt werden. Er entwirft einen vernichtenden Plan. Er will durch eine gewaltige Zangenbewegung Rocroi nehmen, zwischen Sambre und Maas sich nach Osten wenden und hier die Städte an der Oise, Guise, La Capelle und La Fère nehmen und durch die Täler der Aisne und Marne nach Paris marschieren.

Man spricht häufig von der unbewußten Meisterschaft des Herzogs von Enghien, des späteren Großen Condé, und im Vergleich dazu, von der bewußten Meisterschaft Turennes. Es sind bequeme Vergleiche, nach dem Muster La Bruyères: »Corneille schildert die Menschen so, wie sie sein sollten, Racine schildert sie so, wie sie sind.« Hätte der Herzog von Enghien in Rocroi nur aufgrund unbewußter Meisterschaft gehandelt, er würde, nachdem er die Front der spanischen Kavallerie durchbrochen hatte, ihre Verfolgung aufgenommen haben. Doch er zügelt diesen kindlichen Instinkt. Er gehorcht einem Plan, der sich in seinem Kopf mit unheimlicher Schnelligkeit entwickelt, er umgeht das Mittelfeld der Spanier, greift im Rücken ihre linke Flanke an, die erfolgreich gewesen war, einen weiteren Angriff nicht erwartet und entsetzt die Flucht ergreift. Dann fällt er über das Mittelfeld her, den Kern »dieser furchterregenden Infanterie der spanischen Armee«. Mit seinen Reitern stößt er zu den französischen Artilleristen und Infanteristen, und gemeinsam schlagen sie auf diesen Block ein. Unter den zusammengefaßten Schlägen bricht dieses als heroisch bekannte

Bollwerk im Feuersturm zusammen und muß sich schließlich ergeben. (19. Mai 1643)

Rocroi ist ein Sieg der Jugend und der mitreißenden Kraft. Dem zweiundzwanzigjährigen Herzog von Enghien steht der Befehlshaber der spanischen Armee, der alte Graf von Fontaines, gegenüber, ein gebrechlicher Mann, der in einer Sänfte getragen wird und im Kampf fällt. Im Gegensatz zu diesem Unbeweglichen entfaltet Enghien seine Allgegenwart. Rocroi wird zum Symbol französischer Vitalität, die damals in allen Bereichen zum Durchbruch kommt.

Später schildert Bossuet in seiner Totenrede auf den Prinzen von Condé mit der Phantasie eines Dichters diese Allgegenwart: »Nachdem er das Feuer, das ihn beseelte, von Glied zu Glied getragen hatte, sah man ihn fast gleichzeitig den rechten Flügel der Feinde bedrängen und unseren erschütterten stützen, die halbbesiegten Franzosen wieder sammeln und die siegreichen Spanier in die Flucht schlagen, überall Schrecken säen und diejenigen mit seinen funkelnden Blicken treffen, die seinen Schlägen entgehen.«

Spanien ist in Rocroi geschlagen worden wie von einer magischen Macht. Der vorwärtsstürmende Schwung ist gebrochen. Die sagenhafte Armee ist zerstört. »Diese furchterregende Infanterie der Spanier«, wie Bossuet sagt, war ein Hort der Ehre. Unter der Führung adliger Offiziere bewiesen die Spanier in diesem Heer höchste Tapferkeit. Die in ihre Reihen gebrochenen Breschen lassen sich nicht mehr schließen. Der spanische Adel ist erschöpft und wendet sich vom Waffenhandwerk ab. Auch die Rekrutierung der Soldaten stößt auf Schwierigkeiten, da viele Spanier auswandern.

Die Familie Condé, ein letztes Überbleibsel der Feudalherrschaft, hat Fälle geistiger Erkrankungen aufzuweisen, die durch Heiraten noch vermehrt werden. Richelieus Schwester war geisteskrank. Der Kardinal zwingt Enghien, als er zwanzig Jahre alt ist, die dreizehnjährige Tochter dieser Verwirrten zu ehelichen. Noch zwei Jahre später spielt die Jungverheiratete mit Puppen. Der Feldherr kümmert sich nicht um sie; als sie dreiundvierzig Jahre alt ist, wird sie verrückt. An einer Stelle auf ihrer Hand verspürt sie immerfort Kälte, und um sie zu erwärmen, tröpfelt sie den ganzen Tag über Harz darauf. Sie will sich nicht hinsetzen, sie fürchtet, ein Teil ihres Körpers, von dem sie meint, er sei aus Glas, könne zerbrechen. Ihr Sohn Henri-Jules de Bourbon endet ebenfalls im Wahnsinn. Saint-Simon schrieb, »er wollte nichts essen, er sagte, die Toten essen nichts«. Und der Herzog von Bourbon, der Enkel Condés und Schüler La Bruyères, leidet an Epilepsie und stirbt in jungen Jahren.

In der Umgebung Richelieus, der zu dieser unheimlichen Verkettung beigetragen hat, gibt es viele Genies dieser Generation von Giganten, die ganz oder halb geisteskrank sind. Das moderne Frankreich ist von Verrückten geschaffen worden. Die Vorläufer der französischen Klassik sind Verrückte. Sie entgehen der Irrenanstalt nur durch schöpferische Tätigkeit und Regsamkeit. Sie sind Dichter der Tat. Durch einen schwarzen Regenbogen sind sie mit den verrückten Schriftstellern am Ende des 19. Jahrhunderts verbunden, und ebenso mit den verrückten Schülern des verrückten Philosophen und Volkswirtschaftlers Saint-Simon, die das Fundament für das Frankreich des industriellen Zeitalters legen.

Enghiens Wahnsinn äußert sich in militärischer Inspiration, der Frühreife von Musikern und Dichtern vergleichbar. Er ist ein Mozart und ein Rimbaud der Kriegskunst. Er entdeckt deren Gesetze instinktiv, wie sein Zeitgenosse Pascal ganz allein im Alter von zwölf Jahren die Gesetze der Geometrie entdeckt, als er mit einem Kohlestift, auf der Erde hockend, Kreise zeichnet, die er »Ronds«, Ringe, nennt, und Linien, die er »Barres«, Stangen, nennt.

La Bruyère sagt in »Les Caractères«: »Emile [Condé] war schon so geboren, wie große Leute erst durch Lernen, Nachdenken und Übung werden. Er brauchte in seinen ersten Jahren nur seine angeborenen Talente zu nutzen und sich seinem Ingenium zu überlassen. Er war tätig, er hat gehandelt, bevor er wußte, oder besser, er hat gewußt, was er nie gelernt hatte. Man könnte sagen, daß die Spiele seiner Kindheit eine Reihe von Siegen waren.«

Ludwig XIII. hat, als er schon im Sterben lag, den Sieg von Rocroi vorausgesagt; fünf Tage nach seinem Tod wurde er errungen, Rocroi ist sozusagen der Sieg eines Toten. Oder anders gesagt, Tod und Leben, unentwirrbar miteinander verknüpft, der Tod Ludwigs XIII. und die Nachfolge des jungen Ludwig XIV., haben diesen Sieg aus trächtigem Boden erstehen lassen.

»Sich auf nichts einlassen, was nach menschlichem Ermessen nicht ruhmreich für die Waffen Seiner Majestät ausgeht.« Mit den Worten »nach menschlichem Ermessen« wird angedeutet, daß überirdische Mächte vorhanden sind. Rocroi ist ein mystischer Sieg, wie die Geburt Ludwigs XIV. nach zwanzigjährigem Warten, Zeichen für Gottes Schutz. Doch Mystizismus ist Mazarins starke Seite nicht. Nach diesem Sieg will er Enghien zum Nutzen Frankreichs und zu seinem eigenen einsetzen; er läßt ihn in Richtung Mosel und Rhein marschieren. Das junge Genie nimmt Diedenhofen und Sierck, dann wird die Verbindung mit der französisch-weimarischen Armee des Marschalls Guébriant hergestellt. Der Prinz und der Marschall fallen in Deutschland ein, sie nehmen Rottweil. Der Marschall findet dabei den Tod. Der Krieg frißt damals viele Heerführer.

Mazarin will zwar Ruhm, möchte ihn aber nicht bezahlen. Guébriants Truppen haben keinen Führer und keinen Sold mehr. Das übersteht eine Armee nicht; sie löst sich auf.

Als Nachfolger für Guébriant schafft Mazarin einen zweiten Enghien, der ein Mann seines Vertrauens und sein Schüler sein soll. Er heißt Turenne.

Mazarin betrachtet ihn als Gegengewicht gegen Enghien, der aus königlichem Haus stammt. Er macht aus den beiden ein unbesiegbares Paar.

Henri de La Tour d'Auvergne, Vicomte de Turenne, ist der zweite Sohn des hitzigen Herzogs von Bouillon, der unter Heinrich IV. und Ludwig XIII. ständig in Komplotte verwickelt war. Seine Mutter ist Elisabeth von Oranien, Tochter Wilhelms I. Wie Enghien findet auch er früh zum Kriegshandwerk. Mit dreizehn Jahren erhält er in Holland die Feuertaufe. In der Folgezeit zeichnet er sich in Italien aus, in Lothringen, am Rhein und wiederum in Italien, wo er mit zweiunddreißig Jahren den Marschallstab bekommt. (November 1643) Unter den damals üblichen Perücken ist nicht zu erkennen, daß die Generale jung waren, ebenso jung wie die Generation der Revolution.

Turenne hat das Wasser holländischer Kanäle in seinen Adern. Wenn er und Enghien nicht gleicher Meinung sind, treffen Wasser und Feuer aufeinander. Er ist kühl, überlegt, genau, besonnen, er stützt sich auf Berechnungen und Beweise. Was nicht heißen soll, daß er starr, langsam und unbeweglich war. Im Gegenteil. Bei Enghien ist die erste Regung stets Kühnheit, die sich zu Klugheit läutert. Turennes erste Regung ist vorsichtige Klugheit, die sich zu Kühnheit entwickelt.

Den besiegten Truppen am Rhein flößt Turenne Siegesbewußtsein ein. Die Gegenwart dieses Kriegers bedeutet Ordnung und Frieden. Unterdessen nimmt der bayerische General Mercy Freiburg im Breisgau (Juni 1644), von wo aus er das Elsaß bedroht. Enghien und Turenne, der Schwung und die Vernunft, verbinden sich, um Mercy entgegenzutreten. Am 3. und 5. August greift Enghien ihn an. Stets ist er in der vordersten Linie, er feuert seine Leute an, stürmt die Barrikaden, zeigt ihnen, wie man über sie hinwegsetzt. Der Ausgang des Kampfes ist ungewiß. Um eine Entscheidung zu erzwingen, umgeht er den Feind, greift ihn von hinten an. Als Mercy sich zum Rückzug entschließt, versetzt ihm Enghien den Schlag, der zum Sieg führt. (10. August)

Enghien wiederholt die Taktik von Rocroi. Er läßt sich nicht hinreißen, Mercy zu verfolgen, er läßt ihn abziehen. Er will einen Plan Guébriants befolgen. Auf beiden Ufern des Rheins marschiert er flußabwärts. Seine Artillerie hat er auf Schiffe geladen. Die Städte, die an seinem Weg liegen, erobert er: Philippsburg, Speyer, Worms, Mainz und Landau (September). Durch den breiten Strom und den Wall der Städte schützt er Elsaß und Lothringen.

Neben der militärischen Politik verfolgt Mazarin eine diplomatische. Er setzt Richelieus Werk fort: Um das Haus Österreich zu schwächen, genügt es nicht, es in Spanien und im Reich abzukapseln, es müssen im Norden und Osten Feinde erstehen, die zu einer Teilung der Kräfte zwingen.

In der Kette dieser Feinde ist Schweden das stärkste Glied. Es macht Mazarin zu schaffen. Durch dauernde Übergriffe versetzt es Dänemark in

Aufregung und Verwirrung. Dänemark sucht Unterstützung bei Rußland und Polen. Der Kaiser unterstützt die Gegner Schwedens. Er möchte die in Mähren überwinternde schwedische Armee unter Torstenson vernichten. Im Dezember 1643 sprengt Torstenson den Ring, der ihn umklammern will. Er zieht aus Mähren ab und verwüstet die reichsten Provinzen Dänemarks: Holstein, Schleswig und Jütland.

Mazarin spielt den Vermittler, zeigt dabei aber die Zähne. Auf der einen Seite sperrt er die Auszahlung der Subsidien an die Schweden. Er hatte sie ihnen nur bewilligt unter der Bedingung, daß sie Krieg gegen Deutschland führen. Andererseits bietet er den beiden Gegnern seine Vermittlung an. Mit Erfolg: Der Friede von Brömsebro (August 1645) spricht Schweden die Inseln Ösel und Gotland zu, und für den Zeitraum von dreißig Jahren die Provinz Åland.

Im Osten bringt Mazarin etwas Großartiges zustande. Er verheiratet eine enorm reiche französische Fürstin, Maria von Gonzaga-Nevers, mit dem mittellosen König Wladislaw IV. Gegen eine beträchtliche jährliche Zahlung bringt er Georg Rakoczy, Fürst von Siebenbürgen, dazu, sich mit dem Schweden Torstenson zu verbinden und dann gemeinsam mit ihm Mähren zu verwüsten. Glied um Glied wird die Kette, die Österreich niederhalten soll, zusammengeschweißt.

Im März 1645 stellt Turenne eine Armee im Elsaß zusammen. Er überschreitet den Rhein bei Speyer und marschiert in Richtung auf Bayern. Aber General Mercy stellt sich nicht, er greift Turennes ausgedehnte Standquartiere an und schlägt ihn im Mai 1645 bei Marienthal. Enghien kommt ihm zu Hilfe. Die verzweiflungsvolle Lage und die Rolle eines Retters in der Not beflügeln ihn. Enghien und Turenne greifen Mercy an, der sich im Dorf Allerheim bei Nördlingen verschanzt hat. Enghien führt mit seiner Infanterie einen Frontalangriff, wird zurückgeschlagen, rückt erneut vor und erzwingt den Zugang zum Dorf, während Turenne den Feind im Rücken packt. Der Sieg von Nördlingen ist ein doppelter Erfolg: die bayerische Armee löst sich auf, Mercy ist gefallen. Aber die Franzosen sind zahlenmäßig nicht sehr stark. Sie fühlen sich nicht sicher und ziehen sich nach Philippsburg zurück.

Zu diesem Zeitpunkt begeht Frankreich einen Fehler. Frankreich, nicht Mazarin. Die tapfere kleine Armee in Deutschland hätte verstärkt werden müssen, um Bayern erobern zu können. Dieses reiche und bevölkerte Land half Österreich und schützte es durch seine geographische Lage. Mit einem Sieg über Bayern wäre Österreich in die Knie gezwungen worden. Mazarin weiß es, aber er weiß auch, daß die Franzosen es nicht wissen. Es gelüstet sie nach anderen, neuen Dingen. Vor allem die Prinzen und Großen verlangen, wie verzogene Kinder, stets nach einem neuen Spielzeug.

Ganz unausstehlich ist Monsieur. Er ist eifersüchtig auf Enghien, er strebt nach Ruhm, nach einem Ruhm, den er mit der Hand greifen kann, ohne sich bücken zu müssen. Mazarin muß seine erfolgversprechende Aktivität unterbrechen. Mit einer Hand dirigierte er seine Armeen, mit der anderen seine Diplomaten und Agenten, die in allen Kanzleien Europas ihre Fäden spannen. Um dem eingebildeten Monsieur zu Gefallen zu sein, muß er dieses gut funktionierende Uhrwerk anhalten. Wie auf einem Tablett bietet er ihm einen Feldzug in Flandern an, mit schönen bequemen Belagerungen von friedlichen Städten, die mit ihren Befestigungen aussehen, als seien sie aus Zuckerwerk aufgebaut. So hatte man 1644 Gravelines genommen, 1645 Mardick und Cassel, und wieder verloren. 1646 führt Monsieur seinen Spitzenkragen in den flandrischen Ebenen spazieren. Unter seinem Befehl steht Enghien, der alles tun muß. Im Juni wird Kortryk und im August Mardick wiedererobert. Dann kehrt Monsieur an den Hof zurück, um sich bewundern zu lassen. Ohne seinen Befehlshaber kommt Enghien rascher voran, er erobert im Oktober Veurne und Dünkirchen.

Dieser Monsieur zuliebe unternommene Feldzug, der Mazarin davon abhält, Bayern zu erobern, verängstigt die Holländer. Von den Spaniern haben sie nichts mehr zu befürchten. Vom Vormarsch der Franzosen in Flandern aber haben sie alles zu befürchten. Sie graben ein altes Sprichwort aus: »Gallus amicus, sed non vicinus«, den Gallier als Freund, aber nicht als Nachbarn. Sie fürchten, daß die Franzosen in Dünkirchen zu nahe Nachbarn sind. Das ist einer der besten Häfen an der flandrischen Küste, eine Zuflucht für Seeräuber. Falls Frankreich diesem Hafen Handelsvorrechte einräumt, kann er zu einem gefährlichen Konkurrenten werden.

Obenan stellt Mazarin die Eroberung der Spanischen Niederlande. Am 20. Januar schreibt er wie in einem Wachtraum, das »würde für die Stadt Paris ein unbezwingliches Bollwerk sein, und Paris könnte man dann wirklich das Herz von Frankreich nennen, es läge an der sichersten Stelle des Königreichs«.

Ein Frankreich, das seine Flanken im Norden bis an die Niederlande ausdehnen würde, im Osten bis ans Elsaß und Lothringen, bis an den Rhein. Dieses kriegerische Frankreich hätte dann um sein Herz herum ebenso viel kühles, graues, aber aktives Land im Norden wie sonniges und geschwätziges Land im Süden. Was der Italiener Mazarin in Frankreich am meisten bewundert, sind nicht die südlichen Provinzen, die mit ihren Fehlern Italien zu sehr ähneln, sondern die Provinzen nördlich der Loire, die ganz anders geartet sind. Ihm gefällt in Frankreich die Aktivität, die Energie, die Tüchtigkeit. Diese Tugenden sind im Norden und Osten verbreitet. Kämen die Niederlande ebenso wie Elsaß und Lothringen hinzu, würden die tüchtigen Franzosen die Oberhand über die Schwätzer bekommen. Das französische Temperament wäre dadurch verändert worden, die französische Geschichte hätte einen anderen Verlauf genommen. Damals wäre Frankreich, und für lange Zeit, an die erste Stelle in Europa getreten.

Spanien gibt sein Letztes her, um die Niederlande zu verteidigen, diese in der Ferne liegende Besitzung, von der es durch ein immer stärker werdendes Frankreich getrennt ist. Mazarin, der sich gut in die Lage anderer versetzen kann, würde nicht eine Minute zögern, wenn er der spanische Regierungschef wäre, diese kostspieligen Niederlande am Ende der Welt Frankreich zum Tausch gegen das nahe Katalonien anzubieten; für Frankreich wäre das so günstig, daß Mazarin das Roussillon als Prämie noch dazugeben würde. Um seinen Vorschlag schmackhafter zu machen, gibt er andeutend zu verstehen, der König von Frankreich könnte die älteste der spanischen Infantinnen ehelichen. Die Niederlande wären dann die Mitgift der Prinzessin und nicht eine durch Eroberung gemachte Beute. Die Spanier verhalten sich so, als hätten sie nichts gehört. Sie geben den Holländern Kenntnis von diesen Vorschlägen. Die Bitterkeit den Franzosen gegenüber wird nur noch größer. Der »Gallier« ist in der Tat ein schlimmer Nachbar.

Die Spanier sind verärgert, sie rufen Mazarin das Sprichwort ins Gedächtnis: »Man soll das Fell des Bären nicht verkaufen, ehe man ihn nicht erlegt hat.« Ist er wirklich so sicher, Katalonien, über das er so munter verfügt, fest in der Hand zu haben? Die Spanier klammern sich an die wenigen festen Plätze, die ihnen verbleiben. Es ist schwierig, ihnen diesen letzten Boden zu entreißen. Auch Napoleon wird später diese Erfahrung machen. Mazarin tobt über die untauglichen französischen Generale und bekommt daraufhin etwa die Antwort: »Wenn Sie wollen, daß wir etwas taugen, schicken Sie uns Soldaten, Geld und Munition.« Aber Mazarin ist geizig, er will für wenig Geld gutes Essen.

Um die Unverschämten zum Schweigen zu bringen, gibt er Condé den Auftrag, die Stadt Lerida zu belagern. (Seit dem Tod seines Vaters im Dezember 1646 trägt der Herzog von Enghien den Titel Prinz von Condé.) Böse Zungen behaupten, er schicke den Helden bewußt in eine Niederlage, um seinen Stolz zu dämpfen. Condé ist, wenn er sein Ungestüm nicht im Kampf austoben kann, tatsächlich ein Ausbund von Überheblichkeit. »Ein wahrer Mann, einfach und großmütig, dem nur geringe Tugenden mangeln.« (La Bruyère) »Man könnte sagen, es ist noch ein anderer Mensch in ihm.« (Bossuet) Als Boileau dem Prinzen von Condé eines Tages widersprach, warf ihm dieser einen so vernichtenden Blick zu, daß der Spötter ausrief: »Oh, Monsieur le Prince, von nun an werde ich immer Ihrer Meinung sein, vor allem, wenn Sie unrecht haben!«

Lerida liegt auf einem Felsen und ist schon deshalb gut zu verteidigen. Wie ein Ofen strahlt er drückende Hitze aus. Der Boden ist so hart, daß man keine Gräben ausheben kann, und der Abhang so steil, daß man ihn nicht stürmen kann. Außerdem ist Lerida durch eine äußerst wachsame Garnison geschützt, die den Franzosen durch häufige Ausfälle empfindliche Verluste zufügt. Und der Statthalter von Lerida, Dom Antonio Britto, ist ein Hidalgo alten Stils. Er ist stolz darauf, vom großen Condé belagert zu werden, und schickt ihm jeden Tag zur Erfrischung einen großen Krug mit Limonade, Eis und Zimtwasser. Allerdings geht seine Ähnlichkeit mit den Helden der Ritterromane nicht so weit, daß er den ausgehungerten französischen Soldaten Lebensmittel anbietet. Das Fußvolk, das von der Limonade des Statthalters nichts abbekommt, desertiert. Vor diesem unüberwindbaren Felsen schrumpfen die französischen Truppen zusammen. Nach einem Monat verzichtet Condé auf das Getränk von Dom Antonio. Er bricht die Belagerung ab. (17. Juni 1647) Eher verbittert als besiegt, steht der Halbgott vor seinem ersten Mißerfolg. Mazarin ist nicht betrübt darüber, daß Condé sein Standbild auf diesem Felsen nicht aufrichten konnte.

Die Pamphletisten machen sich lustig über dieses Mißgeschick und blähen es zu einer Katastrophe auf. Sie versuchen, Mazarin unter dem Felsen von Lerida zu zermalmen. Sie spitzen ihre Federn für grausame Mazarinaden. Mazarin tröstet sich darüber hinweg, indem er sich kopfüber in die italienischen Angelegenheiten stürzt. Er setzt die Macht Frankreichs zum Nutzen seiner Familienpolitik ein. Monatelang sieht er am Horizont nur noch den Kardinalshut, den er dem Papst für seinen Bruder Michele zu entreißen sucht. Abgesehen von dem Hut erweckt der Eifer, mit dem Mazarin sich in die vatikanischen »Combinazioni« einläßt, Befremden. Seine Ausrede, es liege ein politischer Grund vor, es müsse ein neuer Schlag gegen Spaniens Presidios in Italien geführt werden, ist fadenscheinig, wenn man bedenkt, mit welcher Leichtfertigkeit die Expedition zur See unternommen wird und wie mager der Erfolg für Frankreich ist. Vor allem, wenn man sieht, wie nachlässig die neapolitanische Affäre behandelt wird.

Um einen Druck auf Innozenz X. auszuüben, beschließt Mazarin, eine Flotte nach Neapel zu entsenden. Auf dem Weg dorthin soll sie die spanischen Presidios an der toskanischen Küste, die den päpstlichen Staaten benachbart sind, besetzen.

Die Neapolitaner werden von einem spanischen Vizekönig regiert, dem Herzog von Arcos. Sie sind unzufrieden mit ihm. Mit wem wären sie es nicht? Die Bevölkerung ist träge, leicht entflammbar, sangesfreudig und wetterwendisch; sie träumt von einem Garten Eden, in dem keine Steuern gezahlt werden müssen. Die Neapolitaner glauben und hoffen, daß bei einem Wechsel der Herrschaft ein Zeitalter anbricht, in dem kein Fiskus mehr existiert. Seit langem schon weiß Mazarin durch seine Agenten, daß ein Aufruhr bevorsteht. Am 7. Juli bricht er aus. Wie die Vögel nähren sich die Neapolitaner hauptsächlich von Früchten. Die spanische Regierung hat die Unklugheit begangen, Pfirsiche und Weintrauben mit einer Steuer zu belegen, die von den Bauern entrichtet werden muß, wenn sie auf den Markt kommen, um ihre Ware zu verkaufen. Die Bauern erheben großes Geschrei. Die Bevölkerung bringt die Steuereinnehmer um und zwingt den Herzog von Arcos, ins Castelnuovo zu flüchten.

Zum Anführer wählt man den ersten besten: einen hübschen, zweiundzwanzigjährigen Fischer; er ist ein schwärmerischer Geist mit Gold in der Kehle. Er heißt Tommaso Aniello, woraus im neapolitanischen Dialekt Massaniello wird. Er ernennt sich selbst zum Generalkapitän. Anfangs sah es so aus, als handele es sich um einen nationalen Aufstand, Volk und Adel vereint gegen die Spanier. Dann stellt sich heraus, daß es eine Rebellion der Armen gegen die Reichen ist, der Irregulären, der »Lazzaroni«, die sich im Hafen herumtreiben, gegen alle Repräsentanten der Ordnung, seien es Spanier oder Neapolitaner.

Massaniello ist ein Verrückter, den ein mysteriöser achtzigjähriger Greis namens Guenino aus dem Hintergrund lenkt. Massaniello fürchtet, umgebracht zu werden. Seine Abwehr ist Terror: Brand, Plünderung, Hinrichtungen. Die abgeschlagenen Köpfe werden auf Stangen gesteckt und auf der Piazza del Mercato aufgepflanzt.

Die Dinge verschlimmern sich derart, daß der spanische Vizekönig sich bereit erklärt, den Fischer zu empfangen. Dieser erscheint in einer silbernen Tunika. Um ihn zu besänftigen, wird ihm eine Urkunde zugestanden. Dieses prächtige Dokument gewährt den Neapolitanern alles, was sie wollen, sogar den Mond. Doch das genügt ihnen nicht. Sie träumen von Frankreich, weil Frankreich weiter entfernt ist als ihr spanischer Herr, der ihre Pfirsiche und Weintrauben besteuert. Räumlich und zeitlich weiter entfernt. Die Neapolitaner träumen von den Anjou, die einst über Neapel herrschten. Dieses sagenumwobene Frankreich allein kann ihnen, so meinen sie, ihre Früchte und ihre Lieder wiedergeben.

Der alte Guenino drängt Massaniello, einen Boten zu Fontenay-Mareuil, dem französischen Gesandten in Rom, zu schicken, um Frankreich das Königreich Neapel anzubieten. Dieses Geschenk setzt Mazarin in Verlegenheit; er hat kein Vertrauen zu den Neapolitanern, er weiß, daß sie keine Herrschaft ertragen können. Außerdem ist Massaniello ein Geisteskranker. Wie kann man einem Burschen trauen, der in den Kirchen herumschreit, zu Pferde über Märkte und Plätze sprengt und mit dem Degen herumfuchtelt? Nach zehn Tagen haben die Neapolitaner Massaniello satt. Anfangs hielten sie ihn für den Engel von Neapel, der vom Himmel herabstieg, nun ist er der Teufel. Spanische Arkebusiere schießen auf ihn, als er aus einem Kloster tritt. Man schneidet ihm, wie es gerade Brauch ist, den Kopf ab und bringt ihn respektvoll zum Vizekönig. Sein Leichnam wird unter Geschrei durch die Straßen geschleift. Am folgenden Tag: Kehrtwendung. Dieselben Leichenschänder reinigen den Körper und veranstalten ein Begräbnis wie für einen Heiligen.

Unterdessen ruft Guenino, der Greis im Hintergrund, Frankreich noch einmal um Hilfe an. Seit dem Monat Juni kreuzt die vom jungen Herzog von Richelieu befehligte Flotte vor der italienischen Küste. Die spanische Flotte traut sich aus dem Hafen von Savona nicht heraus. Die Gelegenheit, Neapel zu nehmen, scheint günstig. Mazarin streckt schon die Hand aus, zieht sie dann aber wieder zurück. Welcher Anwärter auf den Thron von Neapel wäre imstande, mit dem dortigen Adel fertigzuwerden? Er denkt an den jungen Fürsten Thomas von Savoyen, allerdings unter zwei Bedingungen: er müßte Frankreich Gaeta abtreten und einen Hafen an der Adria. Sollte er eines Tages Herzog von Savoyen werden, müßte er Frankreich Savoyen und die Grafschaft Nizza überlassen. Dann verfällt Mazarin auf den Prinzen von Condé, den er in alle Wespennester zu stecken sucht, sei es das Vizekönigtum von Katalonien, die Belagerung von Lerida oder das Königreich von Neapel. Wiederum umgeht Condé die Falle. Bei seinem Charakter würde er die launischen Neapolitaner nicht acht Tage lang ertragen.

In Frankreich werden zahlreiche Stimmen laut, die Mazarin zum Handeln drängen. Doch er wehrt ab. Die Ereignisse, die sich in Neapel abspielen, bestärken ihn in seinem Mißtrauen. Der alte Guenino ist verschwunden, die Spanier haben ihn festgenommen. Mazarin glaubt, daß es gerade in bezug auf Neapel richtig und wichtig ist, sich zögernd zu verhalten. Ihm schwebt ein Frieden mit Spanien vor, der durch eine französische Intervention in Neapel unmöglich werden würde.

In der Stadt hören die Gewalttätigkeiten nicht auf. Die Bevölkerung hat sich einen neuen Anführer mit dem klingenden Namen Dom Francisco Toraldo d'Aragon gewählt. Sie stellen ihm als Vertreter des Volkes reine Galgenvögel an die Seite: die Crème der Lazzaroni und Banditen.

Spanien begreift allmählich, daß diese Geschichte, die mit Pfirsichen und Weintrauben begonnen hat, eine üble Wendung nehmen kann. Um dem noch immer in Angst und Ungewißheit schwebenden Vizekönig zu Hilfe zu kommen, wird eine starke, von Don Juan d'Austria befehligte Flotte ausgesandt. Am 1. Oktober erscheint sie vor Neapel. Es werden Verhandlungen eingeleitet, die sich schnell als unnütz erweisen. Fünf Tage danach beginnt Don Juan, die Stadt zu beschießen. Die Neapolitaner sind außer sich vor Wut. Die im Spital liegenden kranken Spanier werden umgebracht. Fontenay-Mareuil berichtet, daß Ausgehungerte, vor allem Frauen, Brot in ihr Blut getaucht hätten. Dom Francisco Toraldo versucht, dem Wüten Einhalt zu gebieten. Er wird des Verrats bezichtigt und getötet.

Die Menge wählt sich einen dritten Anführer, den Waffenschmied Gennari Anese. Am 24. Oktober wird die Republik ausgerufen. Wiederum schickt Neapel einen Boten zu Fontenay-Mareuil nach Rom, um Frankreich um Unterstützung zu bitten.

Es hat den Anschein, als wolle Mazarin sich endlich entscheiden. Am 7. Oktober hat sein Bruder den Kardinalshut bekommen. Jetzt hat Mazarin die Hände frei. Er wird nun handeln können. Er gibt vor, er habe willentlich so lange gewartet: diese Frucht mußte reif werden. »Die Dinge«, schreibt er, »sind endlich bis zu einem Punkt gekommen, zu dem sie nach reiflicher Überlegung kommen mußten, vorausgesetzt, daß wir uns nicht unzeitgemäß hineinstürzten, das heißt bevor wir durch die Bevölkerung selbst gerufen wurden, und unter der Bedingung, daß diese die Angelegenheiten nicht bis zum äußersten triebe und damit eine Versöhnung mit den Spaniern unwahrscheinlich machte.«

Aber die Abgesandten der jungen Republik von Neapel haben genug von Mazarins Verzögerungstaktik. Sie schauen nicht wie die Eminenz auf das europäische Schachbrett. Sie denken nur an ihre Pfirsiche und Trauben. In Rom haben sie sich gut mit einem fürstlichen Abenteurer verstanden, mit Heinrich, dem fünften Herzog von Guise, dreiunddreißig Jahre alt. Ein prächtiger junger Mann, ein großer Liebhaber, ein ausgemachter Raufbold, mit eindrucksvollen Gebärden und Worten, ebenso kühn zu Pferde wie im Bett, aber ein völliger Phantast. Mütterlicherseits stammt er aus dem Haus Anjou, das über Neapel herrschte. Mehr braucht es nicht, um die Neapolitaner zu verlocken.

Das ganze Leben dieses Galans ist abenteuerlich. Als jüngerer von zwei Brüdern widmet er sich zunächst der Kirche. Mit fünfzehn Jahren ist er Erzbischof von Reims. Nach dem Tod seines älteren Bruders verläßt er den geistlichen Stand, er hungert nach Politik und Liebe. Er konspiriert gegen Richelieu, taucht in Brüssel unter, verheiratet sich dort. Als Ludwig XIII. stirbt, kommt er nach Frankreich zurück und verliebt sich in eine junge Ehrendame der Königin. Er macht sich nach Rom auf, um seine Ehe annullieren zu lassen; er möchte die junge Französin heiraten. Dort machen ihn die Neapolitaner ausfindig. Er ist berauscht von der Idee, seiner Angebeteten ein Königreich zu Füßen legen zu können, obwohl es Republik geworden ist. Er sagt ja und unterrichtet Mazarin nur oberflächlich. Mazarin ist wütend auf diesen Wirrkopf, der sich auf den Rat von Astrologen in das Getümmel stürzt. Werden die Astrologen ihm Truppen, Munition und Geld geben? Unglücklicherweise trägt dieser Tor einen großen Namen. Mit seiner Dummheit wird er Frankreich Unannehmlichkeiten bereiten. Mazarin gibt Heinrich von Guise den Befehl, das Angebot zurückzuweisen und in Rom zu bleiben. Trotzdem bricht er am 13. November nach Süden auf. Er spielt Versteck mit der spanischen Flotte und landet am 15. unter dem begeisterten Jubel der Bevölkerung in Neapel. Mazarin weiß, was von diesen Hochrufen zu halten ist. Doch jetzt, da dieser Unbesonnene sich in den Hexenkessel begeben hat, ist Frankreich verpflichtet, ihn zu unterstützen, ihn herauszuholen. Ende November läuft die französische Flotte aus Toulon aus, in Richtung Neapel.

Inzwischen unternimmt der zum Generalkapitän ernannte Herzog von Guise alles, um sich bei den Neapolitanern beliebt zu machen. In feierlicher Prozession begibt er sich in die Karmeliterkirche, um sich unter den Schutz der Jungfrau zu stellen. Dann macht er dem Volksführer Gennari Anese seine Aufwartung. Obwohl er sich am liebsten die Nase zugehalten hätte, bleibt er zu einer Mahlzeit und nimmt sogar, als Zeichen der Freundschaft, die Einladung zum Übernachten an. Schließlich besinnt sich der Hohlkopf auf einige reale Dinge, er streift durch die Stadt, um die allgemeine Lage zu erkunden. Es war ihm gesagt worden, gewaltige Vorräte seien vorhanden: was er an Lebensmitteln entdeckt, reicht für zwölf Tage. Eine Armee von hunderttausend Mann sollte zur Verfügung stehen: er läßt sie zählen, und es sind viertausend.

Doch die Neapolitaner sind glücklich, daß sie Heinrich von Guise haben. Sie können abgeschlagene Köpfe nicht mehr vertragen. Sie sehnen sich nach Tanz, Gesang und Festen. Nach zwölf Tagen wird Hungersnot ausbrechen. Doch für dieses Volk, das sich von Liebe und Liedern nährt, sind zwölf Tage eine Ewigkeit. Ein nicht enden wollendes Fest hebt an. Teppiche und buntfarbige Tücher werden in die Fenster gelegt, auf Straßen und Plätzen wird Weihrauch entzündet. Anstatt den Unrat zu entfernen, der sich auf den Gehwegen ansammelt, wird er mit Blumen zugedeckt.

Der Herzog von Guise ist des Glaubens, die französische Flotte komme, um ihm zu helfen. Sie trifft am 17. Dezember ein, um ihn abzuholen. Gut informierte Kreise wollen wissen, daß es noch einen besonderen Grund für Mazarins Ärger gibt: Die Eminenz grollt dem schönen jungen Herzog, weil er sich nicht unter die Freier um eine der mazarinischen Nichten gemischt hat.

Auf jeden Fall begeht Mazarin hier einen weiteren Fehler. Er hätte die Gelegenheit benutzen können, die spanische Flotte überraschend anzugreifen. Dagegen wird durch Verhandlungen mit Guise viel Zeit verschwendet. Die Spanier machen sich diesen Umstand zunutze und gehen im Schutz der Hafenbefestigungen vor Anker. Guise fürchtet, festgenommen zu werden und wagt nicht, an Bord eines der französischen Schiffe zu gehen. Der Herzog von Richelieu und der Bailli von Valençay, die die Flotte befehligen, sehen ein, daß ein weiteres Verbleiben sinnlos ist. Der Anwärter auf den Thron von Neapel weigert sich, mit ihnen zusammenzutreffen, und die spanische Flotte verhält sich so, als sei die französische nicht vorhanden. Nachdem dieser Zustand zwei Wochen angedauert hat, kehren die Franzosen gemächlich zu ihrem Heimathafen in der Provence zurück. Was soll der Herzog von Guise allein, von den Seinen aufgegeben, an der Spitze eines Haufens von Phantasten unternehmen? Ihm ist klargeworden, daß er etwas tun muß, um aus der hoffnungslosen Lage herauszukommen. Drei Monate lang trifft er Vorbereitungen und greift dann auf einen Schlag alle befestigten Stützpunkte der Spanier an. Er wird besiegt und gefangengenommen, dann nach Spanien gebracht, wo er Zeit hat, über die Gefährlichkeit von Luftschlössern nachzudenken.

Die öffentliche Meinung in Frankreich ist aufgebracht gegen Mazarin. Man hat den Eindruck, er habe Frankreich um einen fetten Bissen gebracht. Und man ist wütend, daß er eine so gute Gelegenheit nicht genutzt hat. Natürlich kann Mazarin mit tausend Spitzfindigkeiten nachweisen, daß er recht hat. Den Neapolitanern kann man nicht trauen. Sie können sich nicht unterordnen. Ich kenne sie, denn ich bin Italiener. Jeder Anwärter, den die Franzosen vorgeschlagen hätten, wäre von ihnen über kurz oder lang ins Meer geworfen worden. Überdies war der Herzog von Guise der ungeeignetste. Solch einen lockeren Vogel darf man nicht unterstützen. Durch ewiges Palavern ist viel Zeit verschwendet worden. Die Spanier haben das ausgenutzt, um sich in Sicherheit zu bringen. Sollte ein Gefecht herausgefordert werden? Dabei hätte Frankreich nur Federn gelassen. War es nicht am klügsten, mit unbeschädigten Schiffen nach Hause zurückzukehren? Außerdem bin ich dabei, einen günstigen Frieden mit Spanien in die Wege zu leiten, der durch einen Erfolg in Neapel gefährdet worden wäre.

Auf jedes dieser Argumente kann man etwas erwidern. Was jedoch am meisten auffällt, ist der Kontrast zwischen Mazarins emsiger Tätigkeit in der Angelegenheit des Kardinalshutes für seinen Bruder und seiner Nachgiebigkeit in Neapel. Er erweckt den Eindruck, daß die unbedeutende Unternehmung gegen die spanischen Presidios in der Toskana sein eigener Krieg ist, weil die päpstlichen Staaten in der Nähe liegen und der Papst damit eingeschüchtert werden soll. Hingegen ist der Krieg um Neapel nur eine Angelegenheit Frankreichs.

In Neapel hat Mazarin nicht die ganze Spannkraft seines Willens eingesetzt. Er hat die Dinge treiben lassen, er hat gezaudert. Man könnte fast meinen, er sei zum Neapolitaner geworden. Er, der sonst voller Ideen und »Combinazioni« ist, scheint am Ende seines Lateins zu sein. Er tut so, als suche er überall Kandidaten für den Thron von Neapel, doch seine Mimik verrät, daß er schwindelt. Und er findet keinen, er, der Zauberkünstler, der sonst Kaninchen aus einem Hut springen läßt! Ihm liegt an einem Erfolg dieser Affäre überhaupt nichts. Hingegen lag ihm, einige Wochen zuvor, sehr viel am Erfolg einer anderen, obskur-familiären Affäre, bei der er Frankreichs Prestige für einen Dummkopf eingesetzt hat.

Das Heil kommt nicht aus Italien. Italien ist für Mazarin ein zu leichter Boden. Dort kann er seine Fähigkeit als Spieler und Spielleiter zu mühelos anwenden. In Italien läuft er Gefahr, wieder eine Gestalt der Commedia dell'arte zu werden, die im hellen Tageslicht Fußtritte austeilt und empfängt.

Um seine Willenskraft zu spannen, benötigt Mazarin etwas, das seinem Wesen entgegengesetzt ist: die kühle Luft Deutschlands, die Nebel des Ostens und Nordens. In dieser stringierenden Atmosphäre vermag er sich zu konzentrieren, hier bekommt sein Wille die abgewogene Dosis von Härte und Geschmeidigkeit, hier kann er sich selbst beaufsichtigen, um Irrtümer zu vermeiden und seinen Ruf, er sei unfehlbar, zu festigen.

In Übereinstimmung mit den Schweden ist Mazarin der Auffassung, daß in Deutschland Kurfürst Maximilian von Bayern unbedingt bekämpft werden muß. Er ist dem Kaiser treu ergeben und daher ein lästiger Gegner. Im Herbst 1646 rücken Turenne und Wrangel, der Nachfolger Torstensons, gemeinsam in Bayern ein. Sie verwüsten das reiche Land, eines der Gebiete, das der Krieg in dem seit achtundzwanzig Jahren gemarterten Deutschland bis dahin verschont hat. Maximilian bittet inständig darum, die drei Bezirke Franken, Schwaben, Bayern und das Kurfürstentum Köln als neutral zu betrachten. Er schwört, dem Kaiser nie mehr Hilfe zu leisten. (März 1647)

Turenne, der stets Vorsichtige, ist ein kühner Taktiker geworden, er will die kaiserliche Armee in Böhmen angreifen. Sie umfaßt nur zehntausend Mann. Er würde sie leicht bezwingen können. Mazarin verwehrt es ihm, wie er ihm bereits 1645 verwehrt hatte, nach Bayern zu marschieren. Zwei verlorene Jahre! Und 1645 hatte Mazarin noch gute Gründe: die französische Armee mußte notwendig aufgefüllt werden. Damals erwies sich Monsieur als Störenfried und verlangte unverzüglich seinen Anteil am Ruhm in den Ebenen Flanderns.

1647 verschanzt sich Mazarin hinter dem diplomatischen Beichtgeheimnis, zu dem die Generale, diese großen Kinder, keinen Zugang haben.

Turenne meint, eine leichte Beute vor sich zu haben. Als Maximilian unter dem Schlag, den er bekommen hat, wankt, ist die Gelegenheit günstig, in Böhmen einzudringen, wo die dürftige kaiserliche Armee allein auf sich gestellt ist. Unmöglich! Verboten! Diplomatisches Geheimnis! So ungefähr antwortet ihm Mazarin, mit dem Zeigefinger auf den Lippen. Man weiß, welche Katastrophen im Lauf der Jahrhunderte solche Meinungsverschiedenheiten zwischen Soldaten und Diplomaten mit sich gebracht haben, und daß Blutvergießen, Zerstörung von Hab und Gut sowie bittere Tränen durch die Kleinlichkeit von Unterhändlern ausgelöst werden.

Und gerade auf solche ewig dauernden Verhandlungen weist Mazarin hin. Auf dieses endlose Hin- und Hergerede, dem die Generale verständnislos gegenüberstehen. Sie befinden sich im Felde, durch ihre Taten verändern sie das Bild der Nationen. Für Turenne ist der Sieg greifbar. Er liegt vor ihm, auf böhmischem Boden, er braucht nur das richtige Manöver auszuführen, um ihn zu erringen. Mazarin hält ihn davon ab und gibt undurchsichtige Gründe an: Geheimverhandlungen mit Kaiser Ferdinand III., erfolgversprechende Friedenspläne, ohne daß ein Mann geopfert, ohne daß ein Heller ausgegeben werden müßte. Sobald man Geld von Mazarin verlangt, schreit er auf wie ein Verwundeter. Mehr und mehr wird er zu einem Geizhals: »Zum Teufel, immer Geld! Sie haben anscheinend nichts anderes zu sagen als Geld, Geld, Geld. Ach, sie haben nur dieses Wort im Mund: Geld!« Es klänge glaubwürdig, wäre er der redliche Minister, der sich selbst Askese und Bescheidenheit auferlegt. Doch während er den Soldaten die Mittel verweigert, bereichert er sich in unvorstellbarer Weise.

Mazarin stellt mit Genugtuung fest, daß die Friedensverhandlungen in

Westfalen so verlaufen, wie er es sich seit langem erhofft. Es ist besser, »den Kaiser nicht zu sehr zu drängen; er hat Frankreich und seinen Verbündeten alles, was sie verlangten, zugebilligt oder war drauf und dran, es zu tun«.

Mazarin läßt also Turenne eine Kehrtwendung machen, er soll in Richtung Niederlande marschieren. Doch im Juni 1647 weigern sich die weimarischen Truppen, über Zabern hinaus vorzurücken. Ihr Vertrag gilt für Deutschland, daran halten sie sich. Sie gehen über den Rhein zurück. Mit Geduld und Überredungskunst gelingt es Turenne, einen Teil dieser Truppen zu halten. Er setzt seinen Marsch nach Luxemburg fort. Kaum ist er dort, kommt der Befehl, sich wieder nach Deutschland in Bewegung zu setzen. Befehl, Gegenbefehl: eine militärische Komödie. Diesmal wird sie nicht von einem Soldaten aufgeführt, sondern von einem Diplomaten, von Mazarin.

Turenne hatte recht gehabt, im Frühling hätte man über Böhmen herfallen müssen. Er hatte sogar doppelt recht gehabt, denn jetzt rührt sich Kurfürst Maximilian wieder, der damals am Boden lag. Er macht sich das Zögern und Schwanken der Franzosen zunutze und greift wieder zu den Waffen.

Der Beginn des Jahres 1648 scheint unter einem schlechten Stern zu stehen. Die Spanier unterzeichnen einen Separatfrieden mit Holland. Sie haben nun die Hände frei, um sich ganz gegen Frankreich zu wenden. In Frankreich selbst zieht sich ein Gewitter zusammen. Am 15. Januar richtet der Generaladvokat Omer Talon eine Anklagerede von unglaublicher Heftigkeit an den König, der zu seinem »Lit de justice«, seinem großen Gerichtstag, ins Parlament gekommen war.

Vom 26. Juni bis 8. Juli tagt die Versammlung der souveränen Gerichtshöfe zur Abfassung einer Charta mit siebenundzwanzig Paragraphen, die der König annehmen muß. Die Holländer machen sich die innere Zerrissenheit der Franzosen zunutze. Unter ihrem neuen Statthalter, dem Erzherzog Leopold, einem Bruder des Kaisers, greifen sie an. Mazarin entsendet Condé, um sie aufzuhalten. Er nimmt Ypern, doch Schlag auf Schlag nimmt Leopold Kortryk und Veurne und greift Lens an. Condé kommt zu spät, er kann die Stadt nicht retten und zieht sich zurück. Dieser Rückzug jedoch ist eine Falle, in die die Spanier stolpern. Um Condé zu verfolgen, strömen sie von den Höhen um Lens herunter. Condé macht kehrt und vernichtet sie. Er erbeutet hundertzwanzig Kanonen und einen ganzen Wald von Standarten. Was an spanischer Infanterie Rocroi überlebt hat, wird getötet oder gefangengenommen. Lens (20. August 1648) ist ein ebenso glänzender Sieg wie Rocroi. Jetzt ist »die furchterregende Infanterie der spanischen Armee«, die Königin der Schlachten, nur noch eine Erinnerung.

In Deutschland vollbringt Turenne Erstaunliches. Gemeinsam mit Wrangel rückt er in Bayern ein, endgültig, wie er meint. Nach dem Sieg von

Zusmarshausen (Mai 1648) stoßen beide in Richtung Wien vor. Doch ihr Schwung wird gebrochen, weil es an Lebensmitteln fehlt. Mit leerem Magen stehen sie an der Isar und ziehen sich dann nach Schwaben zurück. Sie fassen den Entschluß, nach Prag zu ziehen, das von dem Schweden Königsmarck belagert wird. Sie wollen ihre Proviantwagen füllen und dann den Marsch auf Wien fortsetzen. Diese kühnen Pläne werden von einer grandiosen Nachricht durchkreuzt: es ist Frieden. Am 24. Oktober 1648 ist in Münster der Westfälische Friede unterzeichnet worden.

Man darf sich die Verhandlungen von Münster und Osnabrück nicht so vorstellen wie die Verhandlungen des Versailler Vertrages. Bei Beendigung eines Krieges setzen sich die Bevollmächtigten der verschiedenen Staaten um einen großen Tisch und diskutieren tage- oder wochenlang, bis sie sich schließlich über einen Vertrag einigen. Diese kartesianische und juristische Auffassung stellt die diplomatischen Verhandlungen auf die Ebene von Diskussionen um Klauseln eines Vertrages. Der Krieg ist zu Ende. Es herrscht Frieden. Dieser Zustand braucht nur noch durch einen Vertragstext sanktioniert zu werden. Die Besiegten treten einige ihrer Besitzungen ab. Die Sieger streichen sie ein. Man macht Konzessionen. Gebiete werden abgerundet. Ist ein Ausgleich zwischen den Forderungen der Sieger und dem Widerstand der Besiegten erreicht, wird der Vertrag unterzeichnet.

Anders im Zeitalter des Barocks. Die Verhandlungen in Westfalen schweben im Ungewissen. Sie ziehen sich über eine unendlich lange Zeitdauer hin, ungefähr sieben Jahre. Sie sind wie ein Stück Eigenleben mit den Gesetzen und Sitten jener Zeit. Sie laufen neben dem Krieg her und werden von Zeit zu Zeit durch ferne Musketensalven und Kanonendonner unterstrichen. Sie kneten und formen an einer historischen Substanz, die, amphibienhaft, weder Krieg noch Frieden ist.

1641 kommen Frankreich, Schweden und das Reich überein, in zwei westfälischen Städten zu verhandeln, die etwa fünfzig Kilometer auseinanderliegen: die protestantischen Länder in Osnabrück, die katholischen in Münster. Die Verhandlungen sollen hier wie dort im gleichen Rhythmus verlaufen. Die Stafetten zwischen Münster und Osnabrück nehmen viel Zeit in Anspruch. Durch diese langen Fristen wird die Wichtigkeit, die sich die Diplomaten zuschreiben, noch erhöht.

Die deutschen Fürsten und die Reichsstädte sind vertreten. Alle christlichen Staaten Europas haben Gesandte geschickt. Doch handelt es sich bei den Versammlungen von Münster und Osnabrück nicht um einen Kongreß im eigentlichen Sinn, wie zum Beispiel den Wiener Kongreß 1814–1815. Sondern um ein ganzes System von Annäherung und Zurückziehen, von Berührung und Abwehr, dem Verhalten von Katzen ähnlich. Nicht verwunderlich, daß Mazarin in seinem Element ist.

Nur drei Mächte stehen einander selbständig gegenüber: Frankreich, Schweden, der Kaiser. Sie dienen den anderen als Vermittler. Sie treiben die Rücksicht sogar so weit, daß sie nicht direkt miteinander verhandeln. In Münster haben der päpstliche Nuntius und ein Venezianer die Rolle der Vermittler übernommen. In Osnabrück hat Dänemark anfangs dieses Amt inne, gibt es aber ab, als es die Klinge mit Schweden kreuzen muß. Kein anderes Land tritt an die Stelle. Daß die Verhandlungen sieben Jahre dauern, ist mithin nicht erstaunlich. Erstaunlich ist vielmehr, daß sie nicht noch länger dauern.

Zeremonien, Verbeugungen, Ansprachen, Besuche, Bankette und mancher Streit um den Vorrang nehmen viel Zeit in Anspruch. Der Gang der Verhandlungen wird schwerfällig durch Festessen und Trinkgelage.

In dem Bericht über die feierliche Eröffnung der Versammlung in Münster (10. April 1644) stehen an hervorragender Stelle die beiden französischen Vertreter, Graf von Avaux und Abel Servien. Bemerkenswert ist, welche protokollarische Wichtigkeit dem »Vortritt an den Türen« beigemessen wird, gefährlichen Engpässen der Rangordnung.

»Sonntag, den 10., fand die große Prozession statt. Der Herr Nuntius trug das Allerheiligste von der großen Kirche bis zur benachbarten, dann legte er seine geistlichen Gewänder ab, und nachdem er das Allerheiligste in die Hände des Suffraganbischofs übergeben hatte, schritt er in seiner Eigenschaft als Nuntius zwischen den Grafen von Nassau und Avaux einher.« Servien folgte ihnen, im gleichen Glied wie Volmar. »Beim Überschreiten der Türschwellen ging Herr von Avaux stets mit Herrn von Nassau zugleich in den nächsten Raum ... Die spanischen Gesandten waren nicht zur Prozession gekommen, um Frankreich nicht den Vortritt lassen zu müssen ...«

Die Franzosen haben als gute Regisseure, und vermutlich auf Mazarins Ratschlag hin, für den Aufzug ein hübsches Detail beigesteuert: »Das Auftreten der französischen Gesandten bei dieser Prozession wurde besonders bemerkt, sie schritten zu zweit einher, von dreiundzwanzig Pagen begleitet, die alle eine weiße Kerze in der Hand trugen. Es wären vierundzwanzig gewesen, hätte der Tod nicht Herrn Servien in Den Haag einen geraubt.«

Mit dem Trinken guter Weine aller Wachstümer Europas und dem Verzehren schlemmerhafter Braten allein ist es nicht getan. Es muß auch verhandelt werden. Doch das ist äußerst schwierig. Ehe die Unterhändler verhandeln, müssen sie eine Vielzahl von Formalitäten erledigen und eine Fülle von diplomatischen Prüfungen über sich ergehen lassen. Fallgruben verbergen sich hinter jedem Wort, jede Silbe muß gewogen und umgedreht werden, um zu sehen, was hinter ihr steckt. Um ein Beispiel anzuführen: Was gibt es dem Anschein nach Harmloseres als das Rundschreiben, das Mazarin den Fürsten und Städten Deutschlands schickt und mit dem er sie im Namen des Königs einlädt, am Kongreß teilzunehmen, um dort ihre Freiheiten zu verteidigen? In Wirklichkeit liegt Mazarin daran, die Reichsstädte vom Haus Österreich zu lösen. So jedenfalls versteht es der Kaiser, und er nimmt es schlecht auf.

»Seine Eminenz hatte einen Rundbrief an alle Kurfürsten, Fürsten, Staaten und Städte des Reichs geschrieben, um sie zu der Versammlung einzuladen. Der Kaiser nahm Anstoß daran, als wäre es ein Schrei nach Freiheit, mit dem sie aus der Knechtschaft erlöst werden sollten. Er gab daher eine Gegenerklärung ab. Trotzdem antworteten mehrere Fürsten und Republiken und dankten dem König für die Einladung, mit der Zusage, ihre Abgeordneten zu schicken, darunter die Hansestädte Lübeck, Hamburg sowie Straßburg.« (Tagebuch des Kongresses zu Münster von François Ogier, Almosenier des Grafen von Avaux 1643–1647.)

Eine Menge von Streitigkeiten wird hinter den Kulissen ausgetragen. Es bedeutet schon einen Sieg, das Ergebnis unendlich langer Bemühungen, wenn ein Unterhändler als solcher anerkannt wird. Andererseits geschieht es, daß vorläufige Unterhändler durch die Umstände zu endgültigen werden.

Der Papst hatte zu seiner Vertretung in Münster Kardinal Rosetti ernannt. Mazarin lehnt ihn ab. Einstweilen schickt der Papst, bis zur Ankunft des Kardinals Ginetti, Fabio Chigi. Chigi, der spätere Papst Alexander VII., bleibt aber als Vermittler bis zum Schluß in Münster, zusammen mit dem Venezianer Contarini.

Dieser Kongreß von Menschenfressern weiß sehr wohl zu unterscheiden zwischen schlaffem Fleisch und gehaltvollem Mark. Die Gesellschaft vergnügt sich bis zum Juli 1645. Dann treffen Trautmannsdorff, der Vertreter des Kaisers, und Peñaranda, der Vertreter Spaniens ein. Jetzt erst beginnt das eigentliche Spiel. Allmählich durchschaut man den Charakter dieser beiden Hauptpersonen. Trautmannsdorff, ein rauher, tüchtiger Mann, will bald zu einem Ende kommen. Peñaranda, eine Mischung aus Honig und Galle, zieht die Dinge hin. Warum soll man sich die Mühe machen, die Franzosen in einer Schlacht zu schlagen oder einen Frieden mit ihnen zu unterzeichnen? Es genügt zu warten. Sie werden bald so entzweit untereinander sein, daß sie sich gegenseitig schlagen. Sie werden Spanien von Mazarin befreien, sei es, daß sie ihn wegschicken, sei es, daß sie ihn umbringen. Man braucht nur zu warten. Mañana, Mañana!

Mazarin stemmt sich gegen alles, was vom Kern wegführt. Schweden muß daran gehindert werden, durch übertriebene Ansprüche aus der Allianz auszubrechen. Bayern soll hinzukommen, es war ein befreundetes Land, das, nachdem die Schweden eingefallen waren, aus Verdruß auf die Seite des Kaisers hinübergewechselt ist.

Peñaranda hat recht. Es ist gar nicht nötig, den Franzosen eine Schlacht zu liefern. Sie liefern sie sich selbst. Die beiden französischen Vertreter geben ein Beispiel dafür ab. Der Graf von Avaux und Servien stehen wie

Hund und Katze miteinander. Anfangs heimlich, dann offen. Was die Verhandlungen keineswegs begünstigt. Sie reden nicht mehr miteinander. Möglicherweise ist Mazarin verantwortlich für diesen Zwist. Er kennt Servien seit seiner Tätigkeit in Piemont und mag ihn lieber als Avaux. »Servien schneidet und Avaux blutet.« Vielleicht hat er seine Vorliebe zu deutlich werden lassen.

Avaux ist verärgert, er kündigt an, er werde Münster verlassen. Dann überlegt er es sich anders. Er beißt die Zähne zusammen und arbeitet weiter mit Servien. Am 16. Juni 1645 befiehlt ihm der König, in Münster zu bleiben und freundschaftlich mit seinem Kollegen zu verkehren. Mit derselben Post schreibt ihm Mazarin ausführlich und bittet ihn, mit Servien eine »aufrichtige Versöhnung und die notwendige Einigkeit« herzustellen, die einen erfolgreichen Ausgang der Verhandlung verbürgt.

Mazarin glaubt ein Mittel gefunden zu haben, um die französische Delegation wieder zusammenzuschweißen. Er schickt den Herzog von Longueville nach Münster, der die beiden feindlichen Brüder bei den Ohren nehmen und sie zwingen soll, sich zu vertragen. Leider ist der Herzog von Longueville ungeschickt. Kardinal Retz sagt: »Seine Gedanken waren sehr viel stärker als seine Fähigkeiten.« Er verbringt seine Zeit mit der Überlegung, wer den Vortritt an den Türen habe, er oder der Herzog von Peñaranda. Mazarin mit seiner ewigen Geheimnistuerei verärgert den unbrauchbaren Grandseigneur. Vor Dummköpfen nimmt er sich nicht genug in acht. Heimlich schickt er Befehle an Servien, was der Herzog von Longueville entdeckt. Er ist so verbittert darüber, als überflüssig behandelt zu werden, daß er Münster verläßt. Später geht auch der Graf von Avaux. Dann bleibt zur großen Erleichterung Mazarins Servien allein übrig. Servien unterzeichnet den Vertrag.

Diese Rang- und Protokollfragen vergiften die Atmosphäre des Kongresses. Sie machen auch Schweden und Franzosen zu Gegnern, Schweden und Kaiserliche sind es ohnehin. Die Unterhändler hätten mehr Zeit zum Verhandeln gehabt, wenn alle Türen abgeschafft worden wären. In Münster und Osnabrück ist unter jedem Sessel eine Fußangel zu erwarten. Jeder Diplomat benutzt jede Gelegenheit, alles zu verzögern, so lange bis er sich nach allen Seiten vergewissert hat. Um einen ersten Schritt zu tun, wartet ein Verbündeter, bis er seines Verbündeten ganz sicher ist, denn er mißtraut ihm mehr als seinem Gegner. Ehe man die kleinen Mächte überhaupt anrührt, schreien sie schon, die großen wollten sie vergewaltigen. Jeder verdeckt seine Karten, versucht aber, einen Blick in die Karten des Nachbarn zu werfen.

Mazarin ist mit Servien jeden Tag durch ein Fließband von Aufzeichnungen, Instruktionen, Briefen und Depeschen verbunden. Er hat ihn an der Leine – heutzutage würde er unaufhörlich mit ihm telefonieren. Diese Schwerarbeit ist von Hohngelächter begleitet. Mazarin erträgt die politischen Schmähungen und Beschmutzungen wie ein Märtyrer; dafür allein muß ihm viel vergeben werden.

Seine Feinde im Innern werfen ihm sogar vor, er stecke mit Servien unter einer Decke: sie legten alles darauf an, den Krieg zu verlängern. Servien sei nur zum Schein Unterhändler, er tue alles, um den Frieden zu verzögern. Seine Arbeit in Münster und Mazarins Arbeit in Paris seien nur eine Komödie. Stets kommt es auf die Commedia dell'arte hinaus: Pappnase und Fußtritte!

So schwierig es ist, Mazarin bei einer Aufrichtigkeit zu ertappen – denn er verhält sich so machiavellistisch-ausweichend, daß man sich stets fragt, wer und was er eigentlich ist –, einmal schüttet er Servien gegenüber sein Herz aus. Es sind erschütternde Geständnisse, die keinesfalls nur als Komödie angesehen werden können:

»Das Unglück will es, und diese Demütigung müssen wir auf uns nehmen, daß die Angelegenheit, für die wir am meisten Lob verdienen, jene ist, bei der die Verleumdung uns beide am härtesten trifft. Wir können uns gegenwärtig nur damit trösten, daß wir ein reines Gewissen haben, müssen aber zugleich alle Anstrengungen machen, um die Welt eines Besseren zu belehren und den Frieden zu schließen . . . Aber es wäre trotzdem kein gutes Mittel, wenn wir hingingen und ihn selber anböten. Wir würden uns vom Ziel entfernen, anstatt ihm näherzukommen.«

Ende 1646 zeichnen sich in Münster die Grundzüge eines Übereinkommens ab. Man beginnt, die »Satisfaktionen« gegeneinander abzuwägen, die Frankreich und Schweden zustehen für die Hilfe, welche sie den Protestanten des Reichs geleistet haben. Einem Vertragsentwurf zufolge soll Frankreich das Elsaß und die lothringischen Bistümer Metz, Toul und Verdun behalten, hingegen die Städte und festen Plätze, die Frankreich in Deutschland besetzt hält, herausgeben. Es ist gelungen, den Gebietshunger der Schweden zu mäßigen. Schweden soll auf der südlichen Ostseeküste Fuß fassen können und eine beträchtliche Kriegsentschädigung erhalten.

Doch dann kommt leider das Jahr 1647. Ein unheilvolles Jahr, wie es die Astrologen und auch Mazarin vorausgesagt haben. Unter der Einwirkung einer ungünstigen Konstellation der Gestirne ruft der Kaiser zu einem Zeitpunkt, da sich alles gut anläßt, Trautmannsdorff plötzlich nach Wien zurück. Hier ist mehr die Hand Spaniens im Spiel als die Gestirne. Spanien genügt es nicht, der allgemeinen Friedensverhandlung in die Speichen zu greifen. Es bringt Holland dazu, einen Separatfrieden abzuschließen.

Wieder einmal hat Mazarin aus Optimismus gesündigt. Seine Intuition verleitet ihn, zu weit in die Zukunft hinein zu planen. Manchmal tritt er geduldig auf der Stelle, ein anderes Mal reißt ihn die Leidenschaft des Spiels fort. Der Einsatz ist hoch, aber die Gewinne sind gewaltig. Er kann sich nicht vorstellen, daß seine Partner nicht ebenso von der glänzenden

»Combinazione« begeistert sind wie er selbst. Man müßte ein Dummkopf sein, eine reife Frucht nicht zu pflücken. Die verschlossenen Spanier nutzen seine weltoffenen Ideen für ihre Zwecke aus. Sie unterrichten die Holländer von Mazarins Vorschlag, Katalonien gegen die spanischen Niederlande auszutauschen. In wenigen Augenblicken zerstört er den Deich des Bündnisses zwischen Frankreich und Holland, an dem seit fünfundzwanzig Jahren gebaut worden ist. Der Prinz von Oranien, der wie Mazarin weit in die Zukunft blickte, war im Grunde dem Plan des Kardinals nicht abgeneigt. Doch die reichen holländischen Bürger sind gegen diesen Plan; er fällt ins Wasser. Sie befürchten, Antwerpen könne Amsterdam überflügeln. Statt »ein unüberwindliches Bollwerk« für Paris zu werden, wollen sie lieber Spaniens Angebot annehmen: die Schelde abriegeln und den belgischen Provinzen zugunsten Hollands die Atemluft nehmen.

Trotz großer Anstrengungen gelingt es Mazarin und Servien nicht, den Abschluß des Separatfriedens zwischen den Vereinigten Niederlanden und Spanien zu verhindern. (30. Januar 1648) Durch diesen Vertrag wird die völlige Unabhängigkeit der protestantischen Niederlande anerkannt. Die Feierlichkeit, mit welcher der Vertrag unterzeichnet wird, wurmt die französischen Unterhändler, ebenso die Arroganz, mit der die spanischen Delegierten Münster verlassen, nachdem sie ihre Paraphen unter die Dokumente gesetzt haben. Sie haben dort nichts mehr zu tun. Frieden mit Frankreich? Warum? Die Pariser revoltieren gegen ihre Regierung und weigern sich, Steuern zu zahlen. Frankreich wird unter den Schlägen seiner schlimmsten Feinde zusammenbrechen: der Franzosen. Wenn Frankreich sich selbst besiegt hat, wird es um Frieden betteln.

Madrids Beispiel macht Schule in Wien. Die Bereitwilligkeit des Kaisers hat abgenommen. Monatelang muß Servien sich bemühen, die Wunden zu heilen, die die Franzosen ihrer eigenen Sache zugefügt haben. Glücklicherweise sind die Deutschen kriegsmüde. Mit seinen erfolgreichen Feldzügen gibt Turenne dem Kaiser zu verstehen, daß Frankreich mit zwei Stimmen spricht: mit der seiner Kanonen und der seiner Aufrührer. Der Kaiser ist so freundlich, der ersteren Gehör zu schenken. Er schickt seinen guten Geist Trautmannsdorff nach Münster zurück.

Leider ist die Außenpolitik weniger als die geringste Sorge der Franzosen. Sie ist ihr Aschenputtel. Condé mag noch so viele Fahnen und Lorbeerkränze nach Paris bringen, die Franzosen sind nicht sehr beeindruckt davon. Kurz nach der Schlacht von Lens schreibt Condé, noch von Pulverdampf geschwärzt, einen Bericht. Er zählt auf, was er dem Feind alles abgenommen hat: Kanonen, Munition, Pontonbrücken, Kriegsausrüstung, hundertzwanzig Fahnen und Banner, fünfhundert gefangene Offiziere. In seiner Harmlosigkeit ist er sicher, daß der Leser bei dieser langen Erzählung sich nicht langweilen wird, denn sie enthält »alle Einzelheiten des größten und umfassendsten Sieges, den die Armeen des Königs bisher errungen haben. Dieser Sieg verspricht so großartige Erfolge, daß zu hoffen steht, er werde der ganzen Christenheit Ruhe und Sorglosigkeit bringen durch einen so festen und starken Frieden, daß die Feinde dieses Staates lange Jahre hindurch nicht daran denken können, ihn zu behelligen«.

Der Sieg von Lens wird am 20. August 1648 erfochten. Sechs Tage danach werden in Paris Barrikaden gebaut. Kurz vor der Schlacht von Lens schreibt Mazarin, der die heraufkommenden Gefahren sieht, folgenden bitteren Satz: »Es ist nicht möglich, daß ich, weder gegenwärtig noch irgendwann in der Zukunft, mehr Leidenschaft für den Frieden aufbringen kann, als ich immer gehabt habe; aber es kann geschehen, daß dieser Staat ihn mehr benötigt, als er ihn bisher benötigt hat.«

Hinter der barocken, italienischen, schwellenden Fülle, hinter den Wohlgerüchen und Liebenswürdigkeiten zucken bei Mazarin manchmal schwere Blitze auf. Die plötzlich sich äußernde Ernsthaftigkeit und Schwere der Südländer. Ein alter Kern unerwarteter männlicher Zärtlichkeit für das Land, das ihm so viel gegeben hat, das nicht das seine ist, das aber das Vaterland seines Geistes, seines Schweißes und seiner Tränen geworden ist. Denn dahin ist es gekommen. Zwölf Tage später bricht in Paris die Fronde aus. Am 14. August schickt Mazarin eine lange chiffrierte Botschaft an Servien, einen Notschrei. Man weiß nicht, wann Mazarin sie abgefaßt hat. Da er oft bis spät in die Nacht hinein arbeitet, kann man sich eine »Nacht von Mazarin« vorstellen, so wie es »die Nacht von Pascal« gibt. Eine Vision von »Feuer«, wie bei dem Philosophen, aber nicht das Feuer der göttlichen Gegenwart, sondern der Leidenschaften der Menschen. Nicht der Jubelruf »Freude, Freude, Freude, Freudentränen«, sondern »blutige Tränen«. Die Tränen des Spielers, der sieht, wie eine prächtige Kartenpartie verdorben wird, des Landmanns, der sieht, wie sein Feld verwüstet wird. Die Tränen des Mannes, der glaubte, daß mit etwas gutem Willen und Verstand in dieser Welt ein erträgliches Leben zu schaffen sei, und der sieht, daß seine Mühen zunichte gemacht werden durch die, für die er sich aufopfert.

»Nie kann die Einigkeit stärker und fester sein, als sie es, mit der Hilfe Gottes, im ganzen königlichen Haus ist. Nie befanden sich unsere Geschäfte in einem günstigeren Zustand ... Doch ich sehe, und ich weine darüber blutige Tränen, daß, während das Äußere uns erfreulich erscheint, das Innere ungewöhnlich verderbt ist, und daß wir durch ein beklagenswertes Verhängnis dabei sind, uns selbst das Böse anzutun, das unsere Feinde uns nicht haben antun können ... Die Parlamente des Königreichs glauben, es dem Parlament von Paris gleichtun zu müssen, auch die untergeordneten Versammlungen wagen es, die anderen nachzuäffen ... Ich arbeite mich tot, unaufhörlich Tag und Nacht, für das Wohlergehen eines jeden Franzosen ... Es geschieht übrigens aus Bosheit, daß sie mich verteufeln bei der Bevölkerung, die sich verführen läßt, weil sie nicht weiter vordringt als bis zur Rinde; und vor allem greifen sie mich an, weil ich Ausländer bin. Wolle Gott, daß alle Franzosen die gleiche Leidenschaft wie ich für das Wohl des Staates bezeigten! Jeglicher Kredit ist dahin, die Geldquellen sind versiegt, alle Börsen sind geschlossen ... Der Zweck dieser Rede ist es, Ihnen vor Augen zu führen, wie notwendig es ist, daß wir bald Frieden bekommen, vorausgesetzt, daß die wichtigen und wesentlichen Dinge gut geregelt sind ...«

Mazarin, der nicht leicht zu rühren ist, legt hier sein Innerstes bloß. Manchmal fragt man sich, ob er die Schläge spürt. Daran ist nicht zu zweifeln. Wie der Schriftsteller Bussy-Rabutin schreibt, war er mit fünfundvierzig Jahren noch »ein sehr gut aussehender Mann; er war schön, er hatte ein angenehmes Wesen ...« Ein anderer Zeitgenosse sagt: »Er war von schönem Wuchs, etwas größer als der Durchschnitt; seine Gesichtsfarbe war frisch, die Augen waren voller Feuer, die Nase stark, die Stirn hoch und würdevoll, das Haar braun und leicht gekräuselt, der Bart etwas dunkler und stets mit dem Brenneisen hochgezwirbelt, was sehr elegant aussah; er pflegte mit besonderer Sorgfalt seine Hände, die schön waren ...«

Seit einigen Monaten stimmt das alles nicht mehr. Unter dem Druck der Sorgen ist der schöne Kardinal gealtert. »Er ist blaß geworden, und sein Haar wird weiß«, berichtet im August 1647 der venezianische Gesandte in Paris. Die schöne und listenreiche Arbeitsmaschine beginnt zu knirschen. Gicht und Rheumatismus befallen sie. Lange Jahre hindurch hat er zu viel lügen, verschleiern und herunterschlucken müssen. Sein ehrgeiziges Streben hat er verstecken müssen. Er mußte so tun, als beuge er sich, während er aufstieg. Seine Nerven waren zu sehr angespannt, weil er nach außen den Eindruck erwecken wollte, er sei entspannt. Sand gerät ins Getriebe. Kurzum, es muß Frieden gemacht werden. Servien tut, als habe er viel Zeit, wiewohl er weiß, daß höchste Eile geboten ist. Behutsam räumt er zu Beginn des Herbstes die letzten Hindernisse aus dem Weg. Die beiden Verträge, der eine von Münster, der andere von Osnabrück, die Verträge des Westfälischen Friedens werden am 24. Oktober 1648 unterzeichnet.

Der Westfälische Friede, Mazarins diplomatische Kathedrale

Zum Ruhm Gottes hat Kardinal Mazarin keine Kathedrale erbaut. Durch die Westfälischen Verträge hat er Frankreich eine diplomatische Kathedrale errichtet.

Die Westfälischen Friedensverträge sind die Angeln, in denen sich die Torflügel Europas drehen: der Übergang vom Mittelalter zur Neuzeit. Vor 1648 hat das Christentum einen einheitlichen Glauben, es umfaßt Republiken, Freie Städte und Königreiche unter dem Segen des Papstes und dem Zepter des Kaisers, die beide in den Mantelfalten Gottes knien.

Im 16. Jahrhundert spaltet der Protestantismus das Christenvolk in zwei Hälften und teilt den Tempelvorhang.

Durch den Dreißigjährigen Krieg will Deutschland die einzelnen Stücke wieder zusammenfügen. Doch die Habsburger haben zwei Gedanken im Kopf. Der eine steht ihnen sichtbar auf der Stirn geschrieben: den Katholizismus in Deutschland wiederherzustellen. Der andere ist ein Hintergedanke: die Vielzahl der deutschen Staaten in einer erblichen zentralisierten Monarchie zusammenzufassen. Karl V. stand kurz davor, diesen Traum einer »universellen Monarchie« zu verwirklichen und damit Europa in einer Hand zu vereinigen. Habsburger in Österreich, Habsburger in Spanien, Habsburger in Italien, Habsburger in den Niederlanden; man brauchte nicht an Verfolgungswahn zu leiden, um die Habsburger überall zu sehen und zu fürchten, daß sie Frankreich einkreisten. Man begreift Richelieus Todesängste, die er auf Mazarin überträgt.

Richelieu hat eine große Sünde begehen müssen. Als Kirchenfürst, als Diener des Allerchristlichsten, das heißt Allerkatholischsten Königs ist er gezwungen, um ein Gegengewicht gegen das katholische Haus Österreich zu schaffen, alle Protestanten in Europa zu unterstützen. Aber er weist die deutschen Katholiken, die ihm helfen wollen, nicht zurück. Durch verwickelte Abmachungen verbündet er sich mit den Fürsten am Rhein. Er verhält sich wie die Fledermaus in La Fontaines Fabel; je nachdem, welchen Gesprächspartner er vor sich hat, sagt er: »Ich bin ein Vogel, seht meine Flügel an«, oder: »Ich bin eine Maus; es lebe die Familie der Ratten!« Auf der einen Seite fördert er Maximilian von Bayern, den Führer der katholischen Liga, auf der anderen unterstützt er Gustav Adolf, die Lanzenspitze der Protestanten.

Mit dem Frieden zu Prag (1635) wird der religiöse Teil des Krieges abgeschlossen. Frankreich tritt in die Auseinandersetzung ein, zuerst gegen Spanien allein, drei Jahre später gegen den Kaiser. Bei jeder sich bietenden Gelegenheit setzt Mazarin, in der Nachfolge Richelieus, die Punkte auf die »i«. Es sind politische Punkte: »Der Krieg in Deutschland ist kein Religionskrieg, sondern nur ein Krieg, um die großen Ansprüche des Hauses Österreich abzuwehren.«

Der Westfälische Friede stellt in Europa den Triumph eines einzigen Gottes dar, in den drei Wesenheiten des Juristen, Diplomaten und Soldaten: Mazarin. Am liebsten hätte er selber jahrelang in Münster verhandelt, nach seiner Methode der unmerklichen Annäherung und der Faszination durch Gelassenheit. Da er Richelieus Nachfolger wurde, muß er sich in Münster vertreten lassen. Seine Macht offenbart sich in noch größerer Wirksamkeit. Er agiert aus der Ferne durch eine seiner Kreaturen, die keinen Schritt tut, kein Auge aufmacht, nicht weicht, nicht laviert, sich nicht totstellt oder lebendig wird, wenn Mazarin es nicht will. Für diese Rolle ist Graf von Avaux zu steif, der Herzog von Longueville zu dumm. Servien ist der vorbildliche Maschinenmensch. Um ihm die Geschmeidigkeit des Lebens einzuhauchen, vertraut ihm der Zauberkünstler Mazarin viele Dinge an, Dinge, die den Automaten erschüttern und alle Hebel in ihm in Bewegung setzen.

In den Verträgen von Münster und Osnabrück entfaltet Mazarin als Jurist, Diplomat und Soldat die drei Wesenheiten seiner Trinität, an deren Vervollkommnung er seit seiner Jugendzeit arbeitet.

Als Jurist, Diplomat und Soldat vereinigt Mazarin in seiner Person die drei Figuren, die Europa gestalten. Der Jurist, Erbe des Römischen Rechts, spricht Recht und paßt es den Strömungen und Schwankungen des Lebens an. Der Diplomat überzeugt, der Soldat zwingt. Die Reihenfolge wechselt, bald hat der eine den Vortritt, bald der andere. Manchmal ist es der Diplomat, der eine neue Gestaltung des Kontinents entwirft, die der Soldat mit seinem Degen in den Boden zeichnet. Manchmal ist der Soldat schneller und macht Eroberungen. Dann konsolidiert der Diplomat. Abwechselnd wird durch Drohung oder Milde versucht, den Opfern die Veränderungen schmackhaft zu machen, es wird ihnen eingeredet, daß sie morgen die Nutznießer sein werden.

Um ein Höchstmaß seiner Pläne und Vorstellungen zu verwirklichen, benutzt Mazarin zunächst die Gaben, die ihm in die Wiege gelegt wurden. Er ist ein Römer, und das Rechtsbewußtsein des alten Rom ist unbewußt in ihn eingeflossen, er brauchte nicht über Pandekten zu schwitzen. Als Diplomat hat er sich mit dem Honig und Weihrauch der päpstlichen Diplomatie vollgesogen, aber er übertrifft sie in so großartiger Weise, daß gesagt werden kann, der beste Diplomat der Kirche ist Kardinal Mazarin, der nie Priester war.

Mazarin weiß als großer Schauspieler, daß man auf dem Theater Erfolge oft durch Übertreibungen erringt. Als Jurist nimmt er, wenn es sein muß, zu Spitzfindigkeiten Zuflucht. Als Diplomat versetzt er seinen Partner manchmal in eine Art hypnotischen Schlaf, aus dem der andere erwacht und oft nicht mehr weiß, wer er ist und welches sein Land ist.

Die größte Genugtuung bereitet es Mazarin, zu beweisen, daß man keinen Titel zu besitzen braucht, um ein Amt auszuüben. Eine starke Persönlichkeit ersetzt alles andere. Obwohl seine Eltern und seine Lehrer, seine »Padroni« und der Papst ihn gedrängt haben, wollte er nicht Priester werden, und jetzt ist er Kardinal. Und da er Kardinal ist, wird er Erster Minister des mächtigsten Königreichs der Welt.

In der merkwürdigen kleinen Armee des Papstes ist Mazarin über den Rang eines Hauptmanns nicht hinausgekommen. Und jetzt läßt er die beiden größten Heerführer Europas wie Marionetten auf seinem Theater manövrieren. Der eine, Condé, ist ein Prinz von Geblüt und ein Ausbund an Stolz. Den anderen, Turenne, hat Mazarin geschaffen, sozusagen als Gegengewicht gegen den ersteren, oder um sie beide miteinander zu koppeln und je nach Erfordernis das richtige Maß an Feuer oder Wasser, an Blitz oder Vernunft einsetzen zu können.

Der Westfälische Friede stellt die Beziehungen Europas zur Kirche und zu Gott wieder her. Diese Seite interessiert den Kardinal am wenigsten. Durch den Religionsfrieden von Augsburg existieren die Lutherischen auf dem Papier. In der Wirklichkeit bleiben sie Aussätzige. Der erste Kanonenschuß im Dreißigjährigen Krieg wurde wegen des calvinistischen Kurfürsten von der Pfalz abgefeuert, der sich gegen den Kaiser erhoben hatte. Der Rebell verlor sein Kurfürstentum, es fiel unter die Oberhoheit des katholischen Herzogs von Bayern. Aber schließlich und endlich mußte der Kaiser das Knie beugen. In seiner Person war der Katholizismus besiegt worden. Der Westfälische Friede unterstreicht also die Unterschriften des Religionsfriedens von Augsburg. Die Calvinisten erlangen im Reich endgültig eine legale Daseinsberechtigung.

Doch die Verträge von Münster und Osnabrück bleiben kaltes Gesetz. Sie berücksichtigen die Gewissensfreiheit nicht. Die Freiheit wird nicht verkündet. Die Verträge schaffen den religiösen Absolutismus mit der ehernen Formel: »Cujus regio, ejus religio«, wie der Herrscher, so die Religion; die Religion des Fürsten ist ausschlaggebend für die Religion der Untertanen. Er allein hat eine Seele. Die Herde schart sich um ihn. Duldsamkeit dringt weder in die Köpfe noch in die Herzen. Sie wird notgedrungen im Reich hergestellt, indem sich Katholiken, Calvinisten und Lutheraner schließlich nach manchen Auseinandersetzungen an das Mit- und Nebeneinander gewöhnen.

Der wichtigste Punkt der Friedensverhandlung ist dieser: Deutschland, das riesige, waldbedeckte Gebiet soll eine Gestalt bekommen. Welche Macht soll dem Kaiser belassen werden? Wieviel Unabhängigkeit soll den Fürsten und Reichsstädten zugestanden werden, die das Joch ihres Herrn abgeworfen haben?

Schweden und Frankreich haben sich in Deutschland festgebissen. Sie erheben Anspruch auf bestimmte Gebiete, nicht aufgrund des Rechts des Stärkeren, sondern als »Lohn« für ihre Rolle als Vorkämpfer für die »teutsche Libertät«. Frankreich ist in Italien vorgestoßen, hat Lothringen besetzt und dazu Landstriche, die Spanien gehören. Was soll mit diesen Stücken geschehen? Überdies ist jede große Macht die »Beschützerin« einer Vielzahl von Schutzbefohlenen. Frankreich zum Beispiel ist der Anwalt der Unabhängigkeit Hollands und Portugals. Viele dieser zweitrangigen Probleme kreisen um die Hauptprobleme.

Die holländische Angelegenheit ist seit dem 30. Januar 1648 durch den Separatfrieden mit Spanien geregelt.

Neun Monate später entschließt sich der Kaiser, die Westfälischen Verträge zu unterzeichnen, nicht weil er die Stimme der Vernunft vernommen hat, sondern die Stimme der Kanonen. Turenne und Wrangel marschieren auf Wien. Er fühlt sich allein gelassen. Wer würde den kleinen Finger für ihn rühren?

Der Kaiser tritt die Oberhoheit über die Bistümer Metz, Toul und Verdun an Frankreich ab, das sie seit nahezu einem Jahrhundert, allerdings unberechtigt, in der Hand hatte. Auch die Oberhoheit über Pinerolo tritt er an Frankreich ab. Er gesteht Frankreich das Recht zu, Philippsburg bis ans Ende der Zeiten zu besetzen. Die für ihn bitterste, für Frankreich jedoch erfreulichste Abtretung ist das Elsaß.

Dieses Territorium ist ein Gestrüpp von geographisch-historischen Verflechtungen, in denen Mazarin sich vorzüglich zurechtfand. Das Wort »Elsaß« bezeichnet ein fast vegetatives Geflecht von Lehnsherrschaften, Reichsstädten und Ämtern, die zwischen Vogesen und Rhein zum Reich gehörige Ländereien besitzen. Zehn Reichsstädte von Norden nach Süden: Landau, Weißenburg, Hagenau, Rosheim, Obernai, Schlettstadt, Kolmar, Kaysersberg, Türckheim und Münster-im-Tal unterstehen einem Landvogt oder Präfekten, der vom Kaiser ernannt wird. Das übrige Elsaß wird von zwei österreichischen Erzherzögen mit dem Titel Landgraf verwaltet: der eine herrscht im Oberelsaß, der andere im Unterelsaß und ist zugleich Bischof von Straßburg.

Durch den Artikel 75 des Friedensvertrags tritt der Kaiser »dem Allerchristlichsten König und dem Königreich Frankreich« seine Rechte an diesen vielen kleinen Besitzungen im Elsaß ab. Gemäß Artikel 76 tritt er sie ab »ohne jeden Vorbehalt, mit voller Jurisdiktion, allen Vorrechten und der Oberhoheit auf immer . . . so daß kein Kaiser noch Fürst des Hauses Österreich jemals irgendein Recht beanspruchen oder in den besagten Ländereien sich Macht aneignen kann noch darf«.

Der Artikel 79 geht noch weiter. Der Kaiser, das Reich und Erzherzog Ferdinand Karl entbinden alle Stände und Beamten der abgetretenen Gebiete von dem ihnen geleisteten Treueid. Deutlicher kann nicht ausgedrückt werden, daß das Elsaß an Frankreich gegeben wird. Jedenfalls fassen es die wenigen Franzosen, die vom Haß auf Mazarin nicht geblendet sind, so auf. So faßt es auch Mazarin auf, der seiner Freude darüber Ausdruck gibt, daß Frankreich »die Abtretung einer großen Provinz« erreicht hat.

Aber durch Artikel 89 wird alles wieder verwirrt. Er nimmt im Elsaß die vom Reich abhängigen Stände aus: den Bischof und die Stadt Straßburg, den im Artikel 75 nicht genannten Bischof von Basel, »Klöster, Lehnsherrschaften, die Reichsstädte und dazu den Adel des gesamten Unterelsaß«. Der König von Frankreich muß diese Stände belassen »in der Freiheit und zugleich in der Unmittelbarkeit gegenüber dem Reich, die sie bisher genossen haben, so daß er keinen Anspruch erheben kann auf königliche Vorrechte, sondern sich zufriedengibt mit dem Gesamt der Rechte, die dem Haus Österreich gehörten und durch diesen Friedensvertrag an die Krone Frankreichs abgetreten werden«.

Somit nimmt der Kaiser durch den Artikel 89 mit der linken Hand das wieder zurück, was er durch den Artikel 75 mit der rechten gibt. Doch beachtet werden muß der Schlußsatz des Artikel 89: »... dergestalt jedoch, daß die vorstehende Deklaration nicht dahingehend verstanden wird, daß von dem oben zugestandenen Recht souveräner Gewalt irgend etwas genommen wird«. So daß man letztlich überhaupt nichts mehr begreift.

Versuchen wir, Klarheit zu schaffen. Der Kaiser könnte das Elsaß auf zweierlei Weise an Frankreich abtreten. Entweder trennt er es vom Reich ab und macht eine französische Provinz daraus, wie die Normandie oder das Anjou. Oder das Elsaß bleibt Reichsland, und der König von Frankreich übt seine Gewalt als Landgraf und Präfekt der zehn Städte aus. Der König von Frankreich würde Mitglied des Reichs werden, mit dem Stimmrecht im Reichstag, so wie der König von Dänemark in seiner Eigenschaft als Herzog von Holstein.

In einer Depesche vom Juli 1646 stellen die französischen Bevollmächtigten Mazarin die Vorteile und Nachteile dieser letzteren Lösung dar.

Vorteile: »Das würde uns größere Vertrautheit mit den Deutschen verschaffen, die uns in der Zukunft als ihre Landsleute betrachten würden ... diese Eigenschaft könnte unseren Königen eines Tages als Stufe dienen, um ins Reich einzusteigen ...«

Nachteile: Der König von Frankreich würde im Reichstag nur einen Platz als elsässischer Landgraf haben, sich also in einer niederen Stellung befinden. Der König von Dänemark als Herzog von Holstein weiß noch nicht, ob er seine Vertreter in den Reichstag schicken soll, er fürchtet, sie könnten als Subalterne behandelt werden. Und schließlich könnte der Kaiser den König von Frankreich als Rivalen im Reich betrachten.

Aus allen diesen Gründen und aus tausend anderen hat der Kongreß das Elsaß nicht endgültig vom Reich abgetrennt. Frankreich drängte nicht darauf. Die Bevöllmächtigten schreiben an Mazarin, daß, selbst wenn Frankreich diese Provinzen mit voller Souveränität bekommen hätte, sie stets »als Teil des Reichs angesehen würden im Hinblick darauf, daß in den abgetretenen Ländereien Reichsstädte und souveräne Fürsten verbleiben würden«.

Diese verwickelten Zustände hängen noch mit der lehnsherrschaftlichen Mentalität zusammen. Zu jener Zeit sind die Länder noch nicht so scharf voneinander abgetrennt wie heute. Frankreich selbst bleibt ein Bündel von Feudalherrschaften. Die Franzosen sind derart an Schranken zwischen ihren Provinzen gewöhnt, daß sie die Schranken, die sie vom Ausland trennen, nicht sonderlich bemerkenswert finden. Die damaligen Grenzen sind keine Mauern wie manche mit Stacheldraht und Wachtürmen gespickten Grenzen heute. Es sind durchlässige Wände, durch die hindurch das Leben in beiden Richtungen pulsiert. Zuweilen ergeben sich recht paradoxe Zustände. So liegt Frankreich, das zum Herrn über das Elsaß geworden ist, nicht daran, es dem Reich gegenüber zu isolieren. Im Gegenteil, im Zollverkehr wird das Elsaß wie ein »effektiv fremdes Land« angesehen, das »nach Frankreich hin geschlossen und nach Deutschland hin offen ist«.

Die Friedensverträge von Münster und Osnabrück, ein Meisterwerk der barocken Diplomatie und ihres Meisters Mazarin, schwelgen in Konfusion. Für kartesianische Diplomaten könnten sie eine Sünde wider den Geist sein, das heißt wider die Klarheit. Undurchsichtigkeiten in einem Vertrag wirken wie vergessene Sprengkörper, die später explodieren. Bei Mazarin ist stets Vorsicht geboten. Dieser amphibienhafte Aspekt, weder Fisch noch Fleisch, wird den Verträgen von ihm gegeben. Das ist die Atmosphäre, in der er sich wohlfühlt.

Später hält sich der Staatsminister Pomponne als Kartesianer für sehr scharfsinnig, als er entdeckt, daß »einige Artikel des Westfälischen Friedensvertrags nicht immer deutlich ausgedrückt sind; vielleicht haben die vertragschließenden Parteien die Absicht gehabt, sich die Gegensätzlichkeiten, die sie hineingebracht haben, bei Gelegenheit zunutze zu machen«.

Mazarin würde über diese Naivität lachen. Diese »Gegensätzlichkeiten«, die damals »Widersprüche« heißen, sind dem gedämpften Licht vergleichbar, bei dem die Falten im Gesicht der Frauen nicht so sichtbar werden. Dank dieser hilfreichen Dunkelheiten, dieses trügerischen Scheins haben die Parteien sich verständigen können. Zu große Klarheit hätte die zwischen ihnen bestehenden Differenzen zu deutlich werden lassen. Sie können sich nur über etwas Unbestimmtes einigen, die Zukunft nur auf Mehrdeutigkeit gründen. Immer wieder barockes Theater: Wandelbarkeit, Wechselspiel, Überraschung, Traumbilder, verdunkelte Spiegel und alles, wodurch die unbarmherzige Sonne gemildert wird.

Das Elsaß muß als Reichsland, das mit Frankreich verbunden worden ist, warten; erst die Zukunft wird erweisen, zu wem es gehört. Mazarins Nachfolger in Frankreich und in Deutschland sind nicht so weise wie er, sie wollen deutlich ausdrücken und bestimmen, was nur durch Gewalt geschehen kann. Sie begnügen sich nicht mit hilfreichen »Gegensätzlichkeiten«, in deren Schatten das Leben gedeihen kann.

Schweden erhält ein enormes Entgelt für den vergossenen Schweiß: Vorpommern; das heißt das Stück, das links der Oder liegt, dazu einen Streifen auf dem rechten Ufer, um die Mündung des Flusses einzukapseln. Überdies die Inseln Usedom und Wollin, Stadt und Hafen Wismar in Mecklenburg, das Erzbistum Bremen ohne die Stadt und das Bistum Verden. Damit ist Schweden Beherrscher der Mündungen der drei großen Ströme geworden: Elbe, Weser, Oder, Herrscher über den See- und Flußverkehr in Deutschland. Ideell und lehnsherrlich bleiben diese Gebiete Teile des Reichs. Die Königin von Schweden vertritt den Kaiser.

Indem Schweden den Fuß nach Pommern setzt, nimmt es dem Kurfürsten von Brandenburg, dem Erben dieser Ländereien, den Atem. Friedrich

Wilhelm klammert sich mit aller Kraft an dieses langhingestreckte Bollwerk an der Ostsee und an die Mündung der Oder, seines Flusses, aber er ist nicht stark genug, um seine Stimme vernehmlich zu machen. Er muß sich mit einem kleinen Stück Hinterpommerns begnügen. Doch er ist klug, hartnäckig und geschickt. Er hat sich Ansehen bei den Großen, Frankreich, Schweden und Österreich, erworben. Er bekommt einigen Ersatz im Innern: das Bistum Halberstadt und die Anwartschaft auf das Erzbistum Magdeburg. Durch diesen Gebietszuwachs hat Brandenburg Zugang zur Elbe. Nach und nach wird der Kurfürst von Brandenburg »der mächtigste und größte Grundbesitzer aller Kurfürsten«. Indem er ein Stück Boden nach dem anderen schluckt, formt er das künftige Preußen, den Kern der deutschen Einheit.

Jeder bemüht sich, Bayern zu kräftigen. Der Kaiser will sich dankbar erweisen für Bayerns Hilfe. Frankreich möchte Bayern als katholisches Gegengewicht gegen die protestantischen Staaten des Reichs und gegen Österreich benutzen. Mit der Oberpfalz bekommt Bayern die Kurwürde, die dem calvinistischen Pfälzer Kurfürsten Friedrich V. weggenommen wird, weil er gegen Österreich revoltiert hatte. Doch wird dem Sohn des Rebellen Karl Ludwig, die Kurwürde mit der rheinischen Pfalz verliehen. Damit hat das Reich nicht mehr sieben, sondern acht Kurfürsten.

Der Erzbischof von Trier, den die Spanier entführt hatten, wird wieder in sein Amt eingesetzt. Die Angelegenheit Trier ist übrigens der Grund für die französische Intervention in Deutschland gewesen. Entschädigt werden die Herzöge von Mecklenburg und Braunschweig-Lüneburg sowie der Landgraf von Hessen-Kassel, protestantische Fürsten, die gemeinsame Sache mit Frankreich gegen Österreich gemacht hatten.

Doch mit der Unterzeichnung des Westfälischen Friedens ist nicht alles getan, die Verträge müssen auch durchgeführt werden. Zunächst muß der Kaiser, dieser starre, blinde und taube Riese, gelähmt werden. Mazarin stachelt die dreihundertfünfzig Staaten des Reiches gegen ihn auf. Er läßt ihnen »die Ausübung der Landeshoheit sowohl in den kirchlichen wie in den politischen Angelegenheiten« zuerkennen. Diese Duodezfürsten teilen sich im Reichstag auf in die »Kollegien« der Kurfürsten, Fürsten und Städte. Sie beraten über alles, was das Reich betrifft. Alle vertragschließenden Mächte sind gleichermaßen Garanten des Friedens. Und zu den vertragschließenden Mächten gehören Frankreich und Schweden, die zu jeder Zeit, unter dem Vorwand der gegenseitigen Verantwortlichkeit und Verteidigung der »teutschen Libertät«, ihre Nase in alle Reichsangelegenheiten stecken können.

Richelieu ist es zuzuschreiben und dann Mazarin, der den Gnadenstoß ausführt, daß das Reich und vor allem Deutschland ein Chaos geworden ist. Es scheint in die Epoche der herzynischen Wälder zurückzusinken, durch die der Kaiser wie ein schlaffer Riese wankt; er ist dem Schwarm der

Zwerge ausgesetzt. Diese dreihundertfünfzig kleinen Fürsten zupfen am Bart des Nachkommen Karls V., klettern auf seinen Bauch und mischen sich in alles.

So endet, von Kardinal Mazarin gedemütigt, die Gestalt, die eine der beiden Säulen der Christenheit war. Und die andere Säule, der Papst, wird von Mazarin ebenfalls untergraben. Der Nuntius, der in Münster eine große Vermittlerrolle gespielt hat, weigert sich, diesen gottlosen Vertrag zu unterzeichnen, durch den die Calvinisten Lebensrecht erhalten. Der Papst protestiert gegen die Aufspaltung Europas in zwei religiöse Blöcke, gegen den Schlag, welcher der universellen Monarchie des Nachfolgers des heiligen Petrus zugefügt wird.

Mazarin, der Wundertäter, hat damit ein weiteres gewaltiges Wunder vollbracht. Doch in Frankreich begegnet er gleichgültigen Gesichtern und Haßausbrüchen. Für die militärischen Siege bedanken sich die Franzosen bei Condé und Turenne. Die diplomatischen Siege aber interessieren sie nicht. Sie denken nur an die Summen, die sie kosten und an die sagenhafte Bereicherung des »Schurken aus Sizilien«. Hinter den Glückwünschen der Diplomaten sehen sie den aufgesperrten Rachen des Fiskus.

Die ablehnende Haltung gegen Mazarin geht so weit, daß die wenigen Franzosen, die sich mit den Westfälischen Verträgen beschäftigen, ihm den Vorwurf machen, er habe einen hinkenden Frieden unterzeichnet, da Spanien nicht beteiligt ist. Sie beschuldigen ihn sogar, die Spanier willentlich ausgeschaltet zu haben, um den Krieg weiterführen und sich mit Blut vollsaugen zu können.

Mit einer Engelsgeduld oder, wie seine Feinde sagen, mit dem Phlegma eines Clowns, der unermüdlich die verschiedensten Gegenstände, mit denen man ihn bombardiert, zurückwirft, widerlegt Mazarin nacheinander die Argumente, die man auf ihn abschießt.

Mit Spanien hat er nicht verhandelt, weil nie jemand hat »erfahren können, unter welchen Bedingungen die Spanier dazu bereit waren«. Zum Verhandeln gehören zwei Partner. Wenn der andere ausweicht, wie soll da verhandelt werden?

Mazarin hat sich nicht nur bemüht, die Verbündeten Frankreichs bei der Stange zu halten, er hat viele neue hinzugewonnen. Er hat »die Vorteile, die der König über seine Feinde erworben hatte, nicht verlorengehen lassen«. Er hat sie »fester verankert«. Ihm ist es zu verdanken, daß viele Völkerschaften die Freundschaft Frankreichs suchen. Frankreich hat den Papst und die italienischen Fürsten miteinander ausgesöhnt, Schweden mit Dänemark.

Man wirft Mazarin vor, er habe Deutschland zu viele Konzessionen gemacht: »Die Erwerbung einer so schönen, großen und reichen Provinz, wie das Elsaß eine ist«, erwidert er, »wird als eine Nichtigkeit angesehen; ebenso die Erwerbung zweier fester Plätze am Rhein wie Breisach und

Philippsburg und auch die Tatsache, daß die drei Bistümer Metz, Toul und Verdun mit ihren Dependenzen mit der Krone vereinigt wurden.«

Schließlich bittet er seine Kritiker zu beachten, zu welchem Zeitpunkt er die Macht übernommen hat: »Nach dem Tod eines der beflissensten, wachsamsten und klügsten Minister, den es je gegeben hat, und eines großen und weisen, ruhmreichen und angesehenen Königs, der seinem vier Jahre alten Nachfolger, zusammen mit einem überall lodernden Krieg, zerrüttete Finanzen hinterließ und dazu mächtige Feinde, welche glaubten, die Zeit sei gekommen, rächende Vergeltung zu üben und bestimmen zu können«.

Wer hört dem Gerechten zu, der seine Sache verteidigt? Die Menge beschimpft und steinigt ihn. »Er war in der Welt, und die Welt war durch ihn geschaffen, und die Welt hat ihn nicht erkannt. Er ist zu sich in sein Heim gekommen, und die Seinen haben ihn nicht empfangen.« (Johannes-Evangelium)

Mazarin ist nicht »zu sich in sein Heim« gekommen, sondern in ein fremdes Land, dessen Belange er gegen die eigenen Landeskinder verteidigt hat. Er hat gegen sich nur die Wut der Blinden und Tauben entfesselt, die ihm diesen »sacro egoismo« vorwerfen, der wahrscheinlich ein Erbe Machiavellis ist, der aber für Frankreich lebensnotwendig war. Aufgrund dieses strengen Realismus hat sich eine vom Tod bedrohte katholische Monarchie einen Schild geschaffen aus all den Häretikern und den deutschen, ungarischen, flämischen und neapolitanischen Rebellen, die sie in Europa hat um sich scharen können. Mit Unterstützung dieser Verdammten hat sie überleben, wachsen und die Beherrscherin Europas unter dem Sonnenkönig werden können.

Zum Lohn dafür wird Mazarin zu dem Staatsmann von Frankreich, der am meisten mit Schmutz beworfen wird. Die geifernden Worte des Abbé Brousse, Pfarrers von Saint-Roch (1649), können noch als mildeste Schmach angesehen werden: »Wer immer in Zukunft den Vertrag lesen wird, der mit Beistand Frankreichs und zum Nachteil der Kirche zugunsten Schwedens und der deutschen Protestanten geschlossen wurde, wird sich nie überzeugen lassen, daß es sich um einen anderen Geist und Ratschluß handelt als um den eines Türken oder Sarazenen, der sich unter dem Mantel eines Kardinals versteckt.«

Die Fronde und der Finanzapparat

Von allen Revolutionen, die Frankreich durchgemacht hat, ist die Fronde die unwahrscheinlichste, die nutzloseste und die verrückteste. Sie ist zu rechtfertigen, doch kann sie auch als ungerechtfertigt angesehen werden; sie hätte viel Gutes schaffen können, und doch hat sie das Schlimmste gebracht. Ihren Ursprung hat sie in den jahrhundertealten Fehlern der Monarchie, und sie konnte nirgendwoanders als in Paris ausbrechen. Sie hat so viel Unglück verursacht, daß die Franzosen sie im Abstand der Jahre mit innerer Wut betrachten.

Die anderen Pariser Revolutionen, die von 1789, 1830, 1848 und 1871 tragen nur die Jahreszahl als Kennzeichen. Für die Fronde hat Paris die Sprache bemüht und einen Namen hervorgebracht, der dem Bereich der Pariser Straßenjungen entlehnt ist; Victor Hugo hat ihnen mit Gavroche ein Denkmal gesetzt. Die »Fronde«, die Schleuder: es ist ein Spielzeug, eine kindliche Waffe, deren Benutzung die Polizei verbietet. Kardinal Retz schreibt in seinen Memoiren: »Eines Tages bemerkte Bachaumont scherzend, das Parlament verhalte sich wie Schuljungen, die in den Festungsgräben von Paris mit ihrer Schleuder hantieren, die auseinanderlaufen, sobald sie den Gendarmen kommen sehen und wieder zusammenkommen, sobald er außer Sichtweite ist. Dieser Vergleich wurde als sehr lustig empfunden und in Liedern besungen.«

Die Fronde beruht auf einer weit zurückliegenden Tatsache: Frankreich ist zu jener Zeit noch schwerer zu regieren als zu anderen Zeiten. Die Könige haben im Innern die Schattenkönige besiegt. Sie haben nicht die Zeit gehabt, eine Maschine zu schaffen, die Disziplin fabriziert und die Franzosen in den gleichen Tritt bringt. Sie haben aufs Geratewohl Teile eines Verwaltungsapparats zusammengefügt, dessen Verkeilungen sich lokkern. Zur Überwachung der Funktionsfähigkeit dieses Apparates gibt es so gut wie keine staatliche Macht. Jedesmal wenn eine Regierung zu Ende ging, die den Zügel gestrafft hielt, wie unter Philipp dem Schönen, Ludwig XI. und Heinrich IV., unternahmen die Franzosen einen kleinen Galopp, um ihre Glieder wieder zu lockern und ihre Unzufriedenheit loszuwerden. Auch nach dem Tod Richelieus und Ludwigs XIII. bleiben sie bei dieser Gewohnheit.

Die Könige wissen nicht, was sie mit dem Adel machen sollen. Sie haben den Thron über die Köpfe der Lehnsherren hinweg bestiegen. Sie trauen den Nachkommen jener Raubtiere nicht, deren Klauen sie gestutzt haben. Um zu verhindern, daß sie knurren, stopfen sie sie mit Vorrechten voll und belassen sie im Müßiggang. Wie Tiere im Käfig drehen sie ihre Runden.

Ein Krieg setzt den König in den Stand, die Adligen zu beschäftigen. Im Frühjahr besteht ihre einzige Tätigkeit darin, sich töten zu lassen. Kuriere bringen die Nachricht der Siege und das Verzeichnis der Gefallenen an den Hof. Im Winter kehren die Herren zurück und widmen den Damen die Kräfte, die ihnen der Feind belassen hat. Zwischen den Kämpfen verbringen die Adligen ihre Zeit in diesem höfischen Harem mit der Liebe und mit Reverenzen. Anfangs schien die Zeit der Regentschaft ein Paradies zu sein: »Es gab«, sagt La Feuillade, »nur noch vier kurze Worte in der französischen Sprache: ›Die Königin ist gütig!‹«

Dann kam Mazarin und fing mit seinen Wohlgerüchen die Regentin ein.

Die Adligen tobten sich in der »Kabale der Importants« aus. Aber nicht völlig. Sie haben ihren Vorrat an Unverfrorenheit nicht aufgebraucht. Sie brennen darauf, sich in Streitigkeiten um irgendeinen Vorrang zu stürzen: einen Vortritt an den Türen, einen Platz bei Umzügen, die Ehre, in Anwesenheit der Majestäten auf einem Tabouret sitzen zu dürfen. Aus einem Sandkorn machen sie einen Berg, einer Nichtigkeit wegen ziehen sie blank.

Diese Ungebärdigkeit, die sich in Haarspaltereien äußert, steigert sich bis zum Irrsinn. Wie eingesperrte Löwen werden diese aufs Protokoll bedachten Menschen zu Tollhäuslern, und mit einemmal haben sie für ihre Schrullen eine gemeinsame Zielscheibe: Mazarin. Sie haben ihren Prügelknaben gefunden. Alles an ihm regt sie auf. Er ist ein Fremdling, ein Italiener, er stammt aus dem Land jenes Concini, von dem man glaubte, sein Körper würde Gold ausspucken, als die Menge ihm den Bauch aufschlitzte. Mazarin umgarnt die Regentin. Er entzieht sie den großen Herren, die sie zu ihrer Puppe machen wollten. Es muß irgendeine Zauberei dahinterstecken. Warum sollte nicht ein Aphrodisiakum unter diesen Salben, Crèmes und Parfüms sein?

Mazarin ist allmächtig, viel mächtiger noch als Richelieu. Er hat weniger Mühe mit der Königin als Richelieu mit dem König, dessen Kabinett schwieriger zu erobern war als alle Schlachtfelder Europas. Um eine Leibrente oder sonst eine Vergünstigung zu erbitten, müssen die größten Namen Frankreichs vor diesem »Schurken aus Sizilien« kriechen, den sie am liebsten von ihren Lakaien durchprügeln lassen würden. Zudem ist Mazarin ungeheuer reich. Er mästet sich also an dem Schweiß des Volkes und an der Demütigung der Adligen.

Schließlich besteht zwischen ihnen und Mazarin eine instinktive, fast körperliche Abneigung. Sie sind Franzosen bis in die Fingerspitzen. Sie sind ungebärdig, impulsiv, leichtsinnig, für ein Wort setzen sie ihr Leben aufs Spiel, sie sind temperamentvoll, großzügig, furchtlos, nicht nachtragend, frivol, sie sitzen stets auf hohem Roß. Sie hassen Mazarin, weil er an seinem Reichtum klebt, sich den Anschein der Demut gibt und trotz seines Parfüms nach Verstellung und Verschlagenheit riecht. Je mehr er sich in sein Purpurgewand verkriecht, desto mehr juckt es sie, dieses Ungeziefer zu zertreten.

Aber die Adligen sind nicht nur gierig, besessen, unverschämt, empfindsam und eifersüchtig. Sie haben auch eine blühende Phantasie. Sie schweben in einer unwirklichen Welt. Ihrer Privilegien und ihres Einflusses beraubt, werden sie zu Rittern des Unmöglichen. Sie stürzen sich in die Literatur und schwelgen in Romanen. Sie sind Don Quichottes auf französische Art, das heißt, der Schmutz ist durch Brokatstoff, Spitzen und Diamanten ersetzt. Doch der Kopf ist genauso weltfremd.

Diese Paladine der Chimären sind nicht mit einer Degenklinge zum Ritter geschlagen worden, sondern mit der Lawine von fünf- bis zwölfbändigen Romanen, von denen einer mehr als fünfzehntausend Seiten umfaßt. In diesen Romanen kreist das ganze Leben der Helden um die Liebe. Alexander, der Herr der Welt, gurrt zu Füßen der gefangenen Statira, der Tochter des König Darius, den er besiegt hat: »Der Sieger über Ihre Landsleute läßt sich nur von Ihnen allein besiegen, und Sie allein vermögen das zu tun, was ganz Asien vergeblich versucht hat. Ich strecke die Waffen, schöne Prinzessin, und betrachte meine Niederlage als einen größeren Ruhm als alle meine Siege ...« (Aus »Cassandre« von La Calprenède)

Für diese überspannten Ritter, für die »Arthénices Blaues Zimmer« die Kriegsschule gewesen ist, fließt nicht die Seine durch Paris, sondern der Fluß Lignon aus dem Roman »Astrée«, in den der Hirte Céladon springt, weil seine Schäferin ihn beargwöhnt.

Durch den Müßiggang werden die Damen anspruchsvoll. Seit der Zeit der höfischen Romane des Mittelalters stacheln sie ihren Auserwählten zu Heldentaten an, und die Romane des 17. Jahrhundert sowie die Dramen von Corneille bestärken sie noch darin. Sie wollen Helden lieben. Ihre Leidenschaft für die Männer steigert sich mit den »Leistungen ihrer gefürchteten Degen«, wie Madame de Sévigné sich galant ausdrückt. Blut ruft Liebe hervor. Die Baronessen, Vicomtessen, Comtessen, Marquisen brauchen Duelle, die Herzoginnen und Prinzessinen Komplotte. Die ersten geben sich mit der Verwundung oder dem Tod des Rivalen ihres Geliebten zufrieden, die anderen fordern Mazarins Kopf.

Man könnte die Großen nach der Rangordnung in die Galerie der Feinde des Kardinals einreihen.

An der Spitze Gaston d'Orléans, Monsieur, Bruder Ludwigs XIII., der Prinz der Feiglinge. Bei Verschwörungen verrät er seine Komplizen und wird zum Zulieferer des Henkers. Er verläßt sich auf die Straffreiheit seiner Person, streut unablässig Gerüchte und Verdächtigungen aus, und beim Herannahen der geringsten Gefahr löst er sich in Rauch auf. Anfänglich hat er gemeint, Mazarin sei ein bequemer Teppich für seine Füße. Dann merkt er, daß dieser scheinbar glatte Italiener ein zweiter Richelieu ist. Hinter seiner öligen Geschmeidigkeit verbirgt sich ebenso viel Entschlossenheit wie bei seinem eisernen Vorgänger.

Monsieur war eifersüchtig auf seinen Bruder Ludwig XIII., er warf ihm vor, ihm die Krone gestohlen zu haben. Auf seinen Neffen, den kleinen König Ludwig XIV., ist er noch viel eifersüchtiger. Ihm macht er zum Vorwurf, daß er ein Knabe ist, der auf den Thron steigen kann, während er, Monsieur, nur eine Tochter gezeugt hat, die spätere Grande Mademoiselle. Er lebt in ständiger Wut gegen sich selbst, er kann es nicht verwinden, daß er nur der Zweitgeborene ist, jetzt nur der Onkel, daß er niemals König sein wird. Ewiger Zweiter, dazu verurteilt, nur der erste Untertan zu sein.

Um diesen Wirrkopf summt ein Schwarm von Fliegen. Der bissige und griesgrämige Herzog von Nemours; Herr von Tréville, der sein Exil während Richelieus Herrschaft wie ein Ordensband trägt; der verschrobene Marquis von Fontrailles, der nur im Untergrund lebt; Vineuil, der aus allen Löchern Pfeile und Epigramme abschießt; der Marquis von Rouillac, ein satirischer und beißender Duellant.

Diese Verschwörerrunde wird von einer Amazone aufgeputscht: »Mademoiselle; die Grande Mademoiselle; Mademoiselle, Tochter von Monsieur; Mademoiselle, Enkelin von Heinrich IV.; Mademoiselle von Eu; Mademoiselle von Dombes; Mademoiselle von Montpensier [unter diesem Namen schreibt sie ihre Memoiren], Mademoiselle von Orléans«, singt Madame de Sévigné die Tonleiter herauf und herunter, als sie die Nachricht von der Heirat dieser Dame mit Lauzun verkündet. (1670)

Zu Beginn der Fronde ist Mademoiselle, die Häßliche, einundzwanzig Jahre alt. Dieser Dragonerin würde ein Schnurrbart gut stehen. Auf einem Gemälde im Museum von Versailles hat ihr der Maler Bourguignon einen Helm mit einem Federbusch, groß wie eine Salatschüssel, auf den Kopf gesetzt. Er verleiht ihr die Nase eines Tabakschnupfers, den Mund und die Wangen eines Tabakkauers. Es war ein Fehlgriff der Natur, daß sie als Mädchen geboren wurde, denn sie hat alle männlichen Tugenden, die ihrem Vater abgehen. Sie träumt nur von Wunden und Beulen. Sie ist die Ahnherrin weiblicher Soldatenbataillone. Gern hätte sie einen Krieger zum Vater, und deshalb bläht sie den Feldzug in Flandern auf, den Monsieur schlaff und energielos führt. Alle Arbeit wird von seinen Offizieren getan. In ihren Memoiren schildert sie die Einnahme von Gravelines und preist ihren Vater unverdientermaßen: »Monsieur belagerte Gravelines, das sich tapfer verteidigte. Durch den langen und harten Widerstand wurde die Einnahme noch ruhmreicher für Seine Königliche Hoheit, zu dessen Ehre man noch einmal sagen muß, daß ein Gelingen dieser Unternehmung stets als schwierig gegolten hat . . .«

Die Grande Mademoiselle ist von Ruhmsucht, von der Romanlektüre und den Göttersagen so geschwellt, daß sie ihre Jungfräulichkeit in den Rang der Gestirne erhebt. Nur einem König oder einem Gott kann das Verdienst zufallen, sie zu erobern. Die Prinzen und Fürsten Europas, die um sie freien, weist sie ab und schenkt ihre Gunst schließlich einem Kadetten aus der Gascogne, in den sie sich närrisch verliebt. Saint-Simon sagt, er ist »aus seiner Provinz unter dem Namen Marquis von Puyguilham gekommen«. Da sie ihn nicht öffentlich heiraten kann, verbindet sie sich heimlich mit ihm. Er verachtet sie, er schlägt sie. Sie jagt ihn davon. Er wird Herzog von Lauzun. »Ein ebenso unverschämter wie spöttischer Höfling, niedrig bis zur Unterwürfigkeit und dazu voller Geschicklichkeit, Intrigen und Gemeinheiten, um seine Ziele zu erreichen, deswegen gefährlich für die Minister, am Hof von allen gefürchtet, wegen seiner grausamen, giftigen Pfeile, die niemanden verschonten.«

Die Grande Mademoiselle ist gegen Mazarin, wie aus einer biologischen Abwehr heraus: das Abstoßen eines Fremdkörpers. Sie ist stolz darauf, Enkelin Heinrichs IV. zu sein, nicht »das Gift der Medici« zu haben, sondern das rote Blut der Bourbonen. In der Person Mazarins will sie Italien treffen, das Land, das durch Katharina von Medici, der Hexe, und Maria von Medici, dem Marktweib, das königliche Blut Frankreichs verdorben hat. Sie möchte diese Verpestung ausmerzen und sie durch ritterliches Heldentum ersetzen. Leider wird sie ihrer bestürzenden Einfalt wegen stets nur die große Prahlerin zu Pferde sein. Sogar bei ihrem Tod bleibt die Grande Mademoiselle eine große Lächerliche. Während der Beisetzungsfeierlichkeiten platzte die Urne, die ihre Eingeweide enthält; es war, als hätte das Gefäß den Druck ihres Heldentums nicht ausgehalten. Saint-Simon schreibt: »... mit einem schrecklichen Knall und einem sofort auftretenden, unerträglichen Gestank. Einige Damen fielen vor Schreck in Ohnmacht, andere ergriffen die Flucht. Die Wappenherolde, die respondierenden Feuillantinermönche erstickten fast inmitten der Menge, die zum Ausgang drängte. Die Verwirrung war ungeheuer. Die meisten liefen in die Gärten und Höfe. Die schlecht einbalsamierten Eingeweide hatten durch Gärung dieses Zerplatzen verursacht. Alles wurde parfümiert und wieder instand gesetzt, und aus dem Schreck wurde Gelächter.«

Später stellen sich gegen Mazarin auch der Prinz von Condé und sein Sohn, der Herzog von Enghien, der nach dem Tod seines Vaters Prinz von Condé wird und den Beinamen »der Große Condé« erhält. Der Große Condé ist unausstehlich. Die Besessenheit von Feuer und Blut, die ihn von Sieg zu Sieg treibt, macht ihn im täglichen Leben zu einer Geißel. Er verwandelt das Dasein in ein Schlachtfeld. Am Hof und in der Stadt verbrennt, zerschmettert und durchbohrt er alles, mit Worten, Anmaßung und Grausamkeit, mit unvorstellbarem Hochmut, erschreckenden Forderungen und bestürzenden Gewalttaten. Zu allen politischen und psychologischen Gründen, aus denen heraus er Mazarin haßt, kommt eine körperliche Abneigung. Allein beim Anblick des Italieners aus der Ferne, bei der Nennung seines Namens sträubt sich sein ganzes Wesen. Bei der geringsten Berührung überkommt ihn der Drang, ihn zu zermalmen.

Schon sein Vater hatte sich haßerfüllt gegen Mazarin betätigt. Er wollte seinem Sohn, damals Herzog von Enghien, als Lohn für seine Siege Stadt und Zitadelle Charleville geben. Da der Herzog von Enghien bereits Herr über die Champagne war, hätte er sich eine unbezwingliche Zufluchtsstätte schaffen können. Mazarin beeinflußt die Königin, sie ihm zu verweigern. Daher rührt der unauslöschliche Groll. Er muß sehr tief sitzen, sonst hätten sich die Condés mit den Orléans, das heißt mit Monsieur, nicht gegen Mazarin verbündet. Im allgemeinen begeifern sich die Bourbonen, also die Condés, und die Orléans gegenseitig. Der Hof hallt wider von dem Getöse, wenn sie sich wie Raubvögel aufeinander stürzen.

Am 7. Dezember 1644 beginnt die Totenmesse zu Ehren der Königin von Spanien schon um zwei Uhr. Um nicht teilnehmen zu müssen, hat Madame la Princesse (de Condé) an sich einen Aderlaß vornehmen lassen. Die Grande Mademoiselle will ebenfalls nicht hingehen und nimmt, »um eine Entschuldigung zu haben«, ein Abführmittel. Monsieur, ihr Vater, droht, er werde sie mit Gewalt hinbringen lassen, obwohl sie ihre Medizin im Leib habe. »Am Freitag, dem 16. Dezember, gab es eine große Auseinandersetzung zwischen dem Herrn Herzog von Orléans und dem Herrn Herzog von Enghien der Tatsache wegen, daß Mademoiselle, die im Dienst der Königin von Spanien stand, zwei Edelleute als Schleppenträger hatte. Nun wollte der Herr Herzog von Enghien, daß seine Frau und Madame de Longueville beide ebenfalls zwei Schleppenträger bekämen: was dann auch geschah.« (Olivier d'Ormesson)

In ihren Memoiren berichtet Madame de Motteville, daß die Regentin ihrer Nichte, der Grande Mademoiselle zornig befohlen hatte, dem Trauergottesdienst in Notre-Dame beizuwohnen. Wütend über diesen Befehl machte Ihre Königliche Hoheit »großen Krach«, weinte und sagte, daß Madame la Princesse, die bei jeder Gelegenheit »ihr den Vortritt lassen müsse, sich das Recht anmaße, im Hause des Königs einen Baldachin zu haben, eine mit goldenen Nägeln beschlagene Karosse, Lakaien mit umgestülpten Stiefeln, und in ihrem Hause den Prinzessinnen von Geblüt nur einen Stuhl gebe, während sie in einem Sessel sitze«. Welterschütternde Wichtigkeiten!

Diese Schikanen und Nadelstiche interessierten nicht nur die Adelsforscher. Die Öffentlichkeit greift sie begeistert auf. In den Salons des Marais, wo die öffentliche Meinung gebraut wird, spricht man nur von solchen Dingen, und sogar im Parlament reden die Gerichtsherren unter ihren Baretts darüber. Es werden fast Wetten abgeschlossen, sei es für Madame la Princesse, sei es für die Grande Mademoiselle, wie heute bei Pferderennen oder Boxkämpfen.

Zu einem der gefährlichsten Feinde Mazarins wird Paul von Gondi, der spätere Kardinal Retz. Bei den Gondi ist man sozusagen Kardinal vom Vater auf den Sohn; die Familie stammt aus Florenz und ist durch ein Bankunternehmen reich geworden. Der erste Gondi kommt zu Beginn des 16. Jahrhunderts nach Frankreich, bleibt dort und verheiratet sich bürgerlich. Ein Gondi wird Bischof von Paris und Kardinal, sein Bruder Marschall von Frankreich. Der Marschall hat drei Söhne: der älteste wird Bischof von Paris und Kardinal, der zweitgeborene Koadjutor seines älteren Bruders, dann wird für ihn das Bistum von Paris in ein Erzbistum umgewandelt. Der dritte, wütend darüber, daß er nicht wie seine beiden Brüder Erzbischof von Paris werden kann, beschließt, sein Sohn solle es sein.

Paul von Gondi wird also 1614 mit der Erzbischofsmitra in der Wiege geboren. Da er keine Berufung in sich fühlt, stürzt er sich in Duelle und in Liebschaften, um der Kirche zu entgehen. Doch mit eiserner Hand zwingt ihn sein Vater auf den Weg zu den Altären. Mit vierzehn Jahren hat Paul bereits zwei Abteien bekommen und ist Domherr von Notre-Dame. Mit einunddreißig Jahren wird er Koadjutor des Erzbischofs von Paris. Er träumt davon, sich als König der Hauptstadt in zwei Bereichen zu sehen, dem geistlichen und dem politischen.

Als er siebzehn Jahre alt ist, geht er bei dem Italiener Mascardi als Verschwörer in die Lehre, indem er dessen kleines Werk »Die Verschwörung des Grafen Johann-Ludwig von Fiesco« übersetzt. Erst dreißig Jahre später wird die Übersetzung veröffentlicht, doch Boisrobert gibt Richelieu eine Abschrift zu lesen, und dieser bezeichnet den Autor als »gefährlich«.

Von seinem siebenundfünfzigsten Lebensjahr an (1671), inzwischen Kardinal von Retz geworden, schreibt er seine ausführlichen Memoiren, die aber erst 1717 erscheinen. In der französischen Literatur gehören sie zu den mit Sprengstoff geladenen Werken. Die Memoiren sind der Niederschlag wahrer Ereignisse und eines Kindheitstraums. An Plutarch, Sallust, Tacitus und Machiavelli geschult, ist Kardinal von Retz eher ein Gräko-Lateiner und Florentiner als ein Franzose. Seine Herkunft, sein Temperament und seine Lektüre machen einen geborenen Verschwörer aus ihm, der dem Ruhm nachjagt.

Diese Ruhmsucht liegt über seinem Werk wie ein romanhafter Hauch. Retz hat wie ein Held Plutarchs leben wollen, gefährlich. Als Italiener vermag er Politik und Liebe nicht zu scheiden. Er ist den Chimären eines Stendhal nahe, der sich als »Milanese« bezeichnete und in einem Traum-Italien lebte. Aber weit entfernt von einem anderen Schüler Machiavellis, von Mazarin, der von seinem Meister nur das übernimmt, was Wirkung erzielt, und der, zuweilen ebenfalls romanhaft lebend, den Roman von der Tat scheidet.

Um sich anzuspornen, beginnt Kardinal Retz seine Memoiren so abzufassen, als schriebe er an eine Frau. Wie Mazarin vermag er am besten die Frauen anzusprechen, jedoch ohne den gleichen Erfolg zu erzielen. »Ich empfinde eine spürbare Genugtuung, indem ich Ihnen Rechenschaft ablege über alle Falten und Winkel meiner Seele und meines Herzens.« Hier öffnet er sich ganz. Er ist klein von Gestalt, geschmacklos gekleidet, hat eine kurze, breite Nase, Haare wie ein Pudel, ist häßlich wie Mirabeau und ebenso sinnlich wie dieser. Seine Hautfarbe ist ganz dunkel, was damals auffiel. Er bekommt den Beinamen »Dom Moricaud de Corinth«, Dom Mohr von Korinth: mit einunddreißig Jahren ist er Erzbischof von Korinth »in partibus«.

Wie alle Kleinen und Häßlichen ist er ungeduldig. Um zu imponieren, muß er Geist und Kühnheit demonstrieren. Nur durch Übertreibung verschafft er sich innere Sicherheit. Um seinen Drang nach Anerkennung zu stillen, muß er verblüffen. Stets hat er wenigstens zwei Mätressen zur gleichen Zeit, auf die er sich mit Leib und Seele stürzt.

Als gebürtiger Italiener sieht er das Leben als eine Commedia dell'arte an, in der Mazarin den Pantalone spielt. Die Fronde stellt sich ihm dar wie eine Szene aus dem Roman »Astrée« von Honoré d'Urfé: ein Potpourri von Kürassen, Schärpen, Federbüschen, Degen und Geigen im Zimmer der Damen. Den Gesetzen und der Moral entzieht er sich durch Arroganz oder Geschicklichkeit. Wenn er die Nacht bei einer seiner Mätressen verbracht hat, bewundert er sich selbst als Lüstling, der am nächsten Morgen bischöflich predigen oder firmen geht.

Doch beschäftigt sich der Kardinal nicht nur mit der Liebe. Er genießt es zutiefst, das Idol von Paris zu sein; er, ein Franzose neueren Datums von italienischem Geblüt, genau wie Mazarin, der aber deswegen geschmäht wird. Wollüstig nimmt er die Liebkosungen der Menge wie die der Frauen entgegen, oder auch deren plötzlichen Grimm. Er brennt darauf, hinterlistig einen Aufruhr anzuzetteln und ihn dann zu beschwichtigen, er hat es gern, wenn er mit seiner Schleppe, die ein Page trägt, gestoßen wird und versehentlich Püffe bekommt; auch freut es ihn, wenn irrtümlich seine Kutsche umgeworfen und er von den Marktweibern des Marché-Neuf »heulend und schreiend« auf einer Fleischbank, aus der sie eine Trage machen, nach Hause gebracht wird. Aus den Seiten seiner Memoiren hört man förmlich, wie Paris mit seinen Bürgern, seinen Krämern in den alten Straßen summt und brummt, wie die kleinen Leute Lieder gegen Mazarin trällern, man riecht die Wasser der Seine. Er schreibt wie er spricht, mit lauter militärischer Stimme, begleitet von Trommelwirbel und manchmal dem hohen Triller einer Pfeife.

Aber hinter seiner würdevollen Ausgelassenheit und unter seiner schiefsitzenden Cappa magna stellt der Kardinal Retz eine andere Persönlichkeit dar: den politischen Theoretiker, den Sohn Machiavellis und den Ahn Montesquieus.

Mit dem Abstand einer Generation durchläuft dieser Politiker denselben Weg wie Mazarin: italienische Herkunft, Kardinalshut als Steigbügel zur Macht. Italiener gegen Italiener, Eminenz gegen Eminenz, rasende Wut gegen den Usurpator: Warum ist ein Abenteurer aus Sizilien, von einfachen Leuten abstammend, der erst kürzlich nach Frankreich gekommen ist und ein Kauderwelsch spricht, Erster Minister von Frankreich, und nicht er, der Abkömmling einer Familie von Kardinälen und Erzbischöfen, der in der Wiege das Erzbistum von Paris bekommen hat und dessen Vorfahren seit hundertfünfzig Jahren in Frankreich ansässig sind?

Retz ist der Meinung, er sei Mazarin himmelhoch überlegen, er stellt ihn auf die gleiche Ebene wie einen Quacksalber auf dem Jahrmarkt. Retz ist einer der wenigen, die in jener Zeit die Risse wahrnehmen, welche die Monarchie durchziehen. Mit seiner Intelligenz und seinem Gespür begreift er das Geheimnis der großen sozialen oder politischen Bewegungen, die sich den Gesetzen der Vernunft entziehen. Er sagt kluge Worte über den

Mythos der Monarchie, »über das fromme und heilige Schweigen, mit dem man die königliche Macht und ihre Grenzen umgibt«. Wie Mirabeau, dieser andere sinnenfreudige Mann italienischen Ursprungs, ist er fähig, das Volk in seinen weiblichen Regungen, seinem gerechtfertigten Streben und seinen wilden Ausbrüchen zu erkennen und zu verstehen. Während die politisch Tätigen jener Zeit nur an Beziehungen und Berechnungen, an Marionettendrähte, glauben, ist er sich der großen Volksbewegungen bewußt, die nach Glück trachten und alles hinwegfegen.

Warum ist Retz trotz allem ein Gescheiterter? Weil er in der menschlichen Konzeption eines Kardinal-Staatsmannes nur die Karikatur von Mazarin ist.

Mazarin ist der Künstler der Politik. Wie alle großen Spezialisten, treibt er seine Spezialität so weit, daß eine Kunst daraus wird. Im Gegensatz zu ihm ist Retz ein Künstler, der Politik macht. Wie alle großen Schriftsteller, die sich aufs Forum begeben haben – Chateaubriand, Lamartine, Hugo –, kann er nur kläglich scheitern. Ihm genügen die Gebärden, die Farben, die psychologischen Analysen seiner Memoiren. Die Realität der Macht läßt er vorübergleiten.

Der Geifer der Großen wäre am Panzer des Staates abgeflossen, wenn der Staat gesunde Finanzen gehabt hätte. Er steht aber vor dem Ruin. Nur in Friedenszeiten ist die Monarchie in der Lage gewesen, die Finanzen auszugleichen, dank sparsamer Minister. Sully hatte einen Kriegsschatz in der Bastille versteckt, das war der Sparstrumpf des Staates.

Jetzt ist der Krieg zu einem Dauerzustand geworden. Die Regierung betrachtet ihn starrsinnig als außergewöhnliche Plage, er ist aber das tägliche Brot geworden. Sie stopft die Löcher durch ungebräuchliche Maßnahmen, »außerordentliche Mittel« genannt, durch welche die Zukunft mit Schulden belastet wird. Beim Tod Ludwigs XIII. hat Frankreich die Einkünfte der Jahre 1643, 1644, 1645 und 1646 bereits verzehrt.

Um dem Staat Geld zuzuführen, werden unablässig neue Ämter geschaffen und teuer verkauft. Es sind verschleierte Anleihen. »Man verkaufte Posten aller Art, Stellungen von Advokaten beim Conseil du Roi, von Kontrolleuren, von Leuten, die in allen Postämtern und Fuhrbetrieben Fracht und Briefe taxieren und abwiegen, von königlichen Boten in Städten und Orten, wo keine vorhanden waren, von Intendanten und Kontrolleuren der Vergnügungsstätten, von Intendanten der Falknereien und des Weidwerks, von Direktoren der königlichen Gärten, von Kontrolleuren der königlichen Bauten, von vereidigten Kohlenträgern, von vereidigten Gießern, von vereidigten Zählern, von Kommissaren der Häfen, von Kontrolleuren der Gewichte und Maße, von vereidigten Heu- und Weinverkäufern und so weiter.« Verschiedene Ämter unterteilt man, bis zu vier Teilen, und vergibt sie an Titulare, die ihre Funktion abwechselnd ausüben. Die Einsetzung solcher Beamter treibt die Lebenskosten in die Höhe. Die Beamten halten sich bei der Bevölkerung schadlos, denn der König bezahlt sie höchst unregelmäßig.

Unentwegt werden die Steuern erhöht. 1644 betragen sie fünf Millionen. 1647 legt der König die Hand auf die Stadtzölle; sie waren die hauptsächlichste Einnahmequelle der Städte. Er leiht sich Geld, wo er kann. Die Finanzbeamten zerbrechen sich den Kopf, um neue Steuern zu erfinden. Sie graben eine alte Verfügung Heinrichs II. aus, durch die in einer Zeit, als Paris mit Befestigungen umgeben werden mußte, untersagt wurde, in einer bestimmten Zone um die Stadt herum zu bauen, unter Androhung von Abbruch und Geldstrafe. Diese vergilbte Verordnung war in Vergessenheit geraten: in der verbotenen Zone waren die volkreichen Vorstädte Saint-Antoine und Saint-Germain entstanden. Durch das »Toisé«-Edikt wird 1644 die alte Verordnung wieder in Kraft gesetzt. Das Edikt setzt die Strafe auf fünfzig Sous für den Klafter bebauter Fläche fest. [Toise = Klafter, altes französisches Längenmaß, etwa zwei Meter.]

Diese Notbehelfe erweisen sich als ungenügend. Der Staat in dieser verzweifelten Lage setzt die Zahlung der Gehälter aus und behält große Teile der Leibrenten ein; er liefert sich völlig den Finanzleuten aus. Den größten Teil der Steuern nimmt nicht der König ein: eine Todsünde der Monarchie. Er verpachtet die Zusatzsteuern an eine Gesellschaft, die den Betrag an das »königliche Schatzamt« zahlt und die Steuer durch eigene Agenten erheben läßt, die den Steuerzahler auspreßt, um Gewinne zu erzielen.

Die Finanziers sind die Geier der Monarchie. Sie decken die Anleihen und strecken dem Staat Geld vor, der auf einen Schlag die Einkünfte mehrerer Jahre schluckt.

Zur Zeit Mazarins, der mit ihnen unter einer Decke steckt und mit beiden Händen nimmt, gerät der gesamte Finanzapparat in die Abhängigkeit der Finanziers. Bisher hatte sich der König das Recht vorbehalten, die »Tailles«, die Steuern der nichtadligen und nichtgeistlichen Bevölkerung einzunehmen. Doch der Staat lebt nur noch von den Vorschüssen der Finanziers und das heißt auf einem Vulkan. Der Vulkan fordert immer neue Garantien. Man wirft ihm diese Steuern in den Schlund. Die Finanzpächter saugen die Steuerzahler aus. Sie verleihen das Geld zu Zinsen eines Shylock. Um die schreckliche Wahrheit vor der Rechnungskammer zu verbergen, unterzeichnet der Hauptverwalter der Finanzen unentwegt Barzahlungsanweisungen. Ein Gaukelspiel, mit dem der Hauptteil der öffentlichen Ausgaben zu Geheimausgaben wird und dadurch der unsichtbare Abgrund immer tiefer.

Im Bereich der Finanzen sündigt Mazarin durch Bestechlichkeit und durch Optimismus. Er unterstützt die Finanzpächter, deren Komplize er ist; mit einem Auge schaut er auf sein Vermögen, mit dem anderen auf seinen Stern. Er meint, daß sich eines Tages alles einrenken wird. Andererseits ist

Politik für ihn im wesentlichen Außenpolitik. Er ist ein Ausländer und Europäer, kein Franzose. Was aber ist für ein Volk lebensnotwendiger, innenpolitisch wichtiger, als seine Finanzen? Mazarins Kopf mit seiner ungeheuren Begabung für »Combinazioni«, seine ganze Aufmerksamkeit, alle seine Antriebe sind von den Verhandlungen in Münster und Osnabrück in Anspruch genommen. Was ihm an Atem bleibt, man könnte sagen an Herz, wird von der Regentin beansprucht. Ein viel zu beschäftigter Mann, um sich um Anleihen zu kümmern! Richelieu hatte eine Lösung gefunden. Er vermengte in seiner Tasche sein persönliches Vermögen und das Staatsbudget. Um in Katastrophenfällen den Staat zu retten, hatte er sein Vermögen durch riesige Mittel aufgestockt. Aber Richelieu war Franzose. Und das mußte man sein, um sich der Steuern wegen Gedanken zu machen. Mazarin beschäftigt sich zwar viel mit Zahlen, doch nur um sein Vermögen zu vergrößern, ohne sich um das Staatsvermögen zu sorgen.

»Die Franzosen mögen sich, wenn sie wollen«, sagt er, »an meine Handlungsweise gewöhnen, denn ich will mich nicht an ihre gewöhnen. Wenn ich den König und die Königin auf meiner Seite habe, werden alle Franzosen meine Freunde sein; wenn ich aber in Ungnade fiele, würde ich mit den Franzosen nichts mehr zu tun haben, denn ich würde nicht in Frankreich bleiben.« (Philippe Erlanger, »Louis XIV.«)

Stets bleibt er der Emigrant, der jederzeit seine Koffer packen kann. Es ist nicht erstaunlich, daß Mazarin der öffentlichen Meinung wenig Aufmerksamkeit geschenkt hat. Der Alkoven der Regentin ist nicht der Ort, wo das Murren der Menge zu vernehmen ist. In den Armen einer Frau hört man nur ihr Herz schlagen.

Mazarin befreit sich von der Last der Finanzen, indem er sie in die Hände eines Fachmanns namens Particelli d'Emery legt. Diesen hervorragenden Techniker hat er von Richelieu übernommen, und er fördert ihn wegen seiner Begabung als Akrobat. Ein Finanzmann kann Mazarin nur imponieren, wenn er auf dem Seil tanzen kann. Particelli ist zunächst Finanzintendant, dann von 1643 bis 1647 Generalkontrolleur und von 1647 bis 1648 Oberintendant. Mazarin hebt ihn auf den höchsten Gipfel.

Eine andere von Mazarins »Kreaturen«, die rühmlichste, Colbert, hat nichts von einem Seiltänzer an sich. Er urteilt über Particelli folgendermaßen: »Dieser Zustand, der einen Mann, der Vorsorge hätte treffen wollen, in fünf oder sechs Jahren zu einem sicheren Ruin geführt hätte, zwang ihn, Zuflucht zu außerordentlichen Mitteln zu nehmen, die nur in Veräußerungen von gewöhnlichen Einkünften bestanden, in der Schaffung neuer Ämter, in Erhöhungen von Steuern, Gebühren und anderen Mitteln dieser Art. Die ungeheuren Vermögen, welche die Geschäftsleute anhäuften durch große Rabatte, Zinsen und auf anderen Wegen, sowie ihre gewaltigen Ausgaben verbitterten die Körperschaften, verdrehten der Bevölkerung den Kopf und gaben ihnen Anlaß zu Aufruhr und Empörung.«

Die Bauern, die nur noch Wurzeln zu essen haben, finden niemand, der sie verteidigt und beschützt. Die Inhaber von Leibrenten und Besitzer von Ämtern oder die Beamten wenden sich ans Parlament.

Die Fronde und die »Herren des Parlaments«

Das Parlament ist ein merkwürdiges, schwarz-, rot- und hermelingekleidetes Wesen, das sich von Realitäten und Chimären nährt. Ursprünglich ist das Parlament ein Gerichtshof, der das Recht stiftet. Nach und nach hat es die Gewohnheit angenommen, und man hat es auch zugelassen, die Verfügungen und die Edikte, die Heiratsverträge der Könige und Prinzen, die königlichen Testamente und die Friedensverträge zu registrieren, zu diskutieren und »sehr bescheiden Einwände zu erheben«. Auf diese Weise hat das Parlament nicht nur den Finger, sondern den ganzen Arm in die Politik gesteckt. Diese Ehre ist ihm zu Kopf gestiegen. Wegen seiner schwarzen oder roten Roben, die an Togen erinnern, und weil seine Mitglieder Latein beherrschten, hat sich das Parlament manchmal für den römischen Senat, für die »Cour le Roi« der guten alten Zeit, für die Generalstände oder für das englische Parlament gehalten.

Unbezweifelbar gibt es unter dem Barett und der mörserförmigen Kappe, wie sie noch heute von Gerichtspräsidenten getragen wird, höchst ehrenwerte Leute. Sie setzen sich für das Volk ein. Sie wehren sich gegen den Despotismus. Sie lesen Horaz im Original. Madame de Motteville muß diesen »wenigen Männern unseres Jahrhunderts« widerwillig ein Lob spenden, die »es für großherzig halten, nur die Elenden zu lieben« und die »sich ständig für die Parteien einsetzen, die gegen den Hof sind«. Unglücklicherweise verstricken sie sich in Schulerinnerungen. Im Stil ihrer früheren Latein-Übersetzungen brandmarken diese altgewordenen Schüler die neuen Cäsaren. Wenn für die Preziösen nicht die Seine durch Paris fließt, sondern der Lignon aus dem Roman »Astrée«, so ist es für die Herren des Parlaments der Rubikon.

Neben den Catos sitzen im Parlament auch Spitzbuben, die sich an die Fronde verkaufen oder an den Hof. Übrigens darf man nicht meinen, wenn man vom »Parlament« spricht, es handele sich um eine bedeutende Körperschaft, die Frankreich ein Beispiel schönster Einigkeit gibt. Wer »Frankreich« sagt, sagt Zerstückelung und Zwietracht. Man müßte von »den Parlamenten« sprechen. An der Spitze thront die »Grand'Chambre« [Große Kammer], die geringschätzig herabsieht auf die »Requêtes« [Kammern für privilegierte Prozesse], welche wiederum die »Enquêtes« [Kammern zur Untersuchung und schriftlichen Behandlung von normalen Prozessen] mit Füßen treten.

Die große Aufgabe, die sich das Parlament stellt, ist die Kontrolle der

Macht des Königs. Wie aber sollte das Parlament diese Kontrollfunktion ausüben, da es aus »Beamten« besteht, die ihr Amt dem König abgekauft haben?

Wer andererseits hätte die Aufhebung des Testaments Ludwigs XIII. vornehmen sollen? Nachdem ein solch bedeutendes Dokument verworfen worden war, fühlt sich das Parlament sehr stark. Es ist naiv zu meinen, man könne es wieder in sein Loch verweisen. Es hat Appetit bekommen, es hat Lust, auch andere Dinge aufzuheben, zu zerschlagen, ja alles zu zerschlagen.

Mit den Gedanken und Vorstellungen der Kontrollaufgaben befindet sich das Parlament im übrigen mehr in Übereinstimmung mit der Öffentlichkeit, als man annehmen könnte. Als Abkömmlinge der Gallier haben die Franzosen stets einen starken Freiheitssinn besessen, den sie bis zur Anarchie treiben. Sie stimmen im 17. Jahrhundert einer absoluten, aber nichtdespotischen königlichen Gewalt zu. »Absolut« heißt: Es gilt kein anderer Vorbehalt als die Zustimmung des Volkes. Der Despot setzt sich darüber hinweg.

Omer Talon, der energische Generaladvokat des Parlaments gibt diesen Gedanken und Vorstellungen Ausdruck: »Sie sind, Sire, unser souveräner Herr. Die Macht Eurer Majestät kommt von oben, und Sie brauchen nach Ihrem Gewissen nur Gott Rechenschaft über Ihr Tun und Handeln abzulegen.« Ein gegen den König sich sträubendes Parlament wäre »die Axt, die sich gegen den Arm erhebt, der sie bewegt«. Doch muß der König die Gesetze achten, »das Fundament der Monarchien, die Grundsteine der Königreiche, die Kennzeichen der staatlichen Allianz«. Frankreichs Erde, sein Himmel und sein Klima lassen keinen Despotismus zu. Die Natur verweist ihn »in die Wüsten oder von der Sonnenglut ausgebrannte Länder«, oder aber »zu den Lappen oder anderen nordischen Inselbewohnern, die vom Menschenwesen nur das Gesicht haben«.

Im Stil des quacksalbernden Arztes, wie ihn Molière im »Eingebildeten Kranken« auf die Bühne gestellt hat, erklärt Omer Talon dem jungen König, daß Frankreichs Klima in der Politik wie in der Geographie nur gemäßigt sein kann: »Stellen Sie, Sire, einige Überlegungen an über die Stellung der Gestirne, über die Oppositionen, über die gegensätzlichen Aspekte und die gegnerischen Eigenschaften der Planeten ... Die Sonne [im Französischen ist Sonne maskulin A. d. Ü.] ist der Vater und Erzeuger der Wolkengebilde, er stellt sie in die mittlere Region und verleiht ihnen das Wesen seiner Gegenwart durch den Meteor, den wir Nebensonne nennen, beschuldigt sie aber nicht des Widerstands, auch nicht der Rebellion, obwohl sie die Kraft seiner Strahlen hemmen ...«

Dann steigt Talon von der Nebensonne wieder auf die Erde herunter. Er sagt deutlich, daß eine »zweite Macht« notwendig ist, die die Glut der königlichen Sonne mildert. Das ist das Parlament. Der König erkennt diese

»zweite Macht« an, ohne sie beim Namen zu nennen. Sein kindlicher Mund gibt durch Vermittlung erwachsener Personen dem hitzigen Talon Antwort; er läßt sagen, daß seine Vorfahren das Parlament und die anderen souveränen Körperschaften geschaffen haben, »um den Willen des Königs zu genehmigen und ihn mit der Gerechtigkeit und Verehrung, die ihm geschuldet wird, zur Kenntnis zu nehmen«.

Wie alle Franzosen hat das Parlament schnell gemerkt, daß Mazarin ein Spitzbube war, der sich die Taschen füllt und den man deswegen beschimpfen kann. Und er ist Schmähungen gegenüber immun in einem Grade, der dem französischen Wesen unbekannt ist; er ist eine Gestalt der italienischen Komödie, die von vielen Theatertruppen in Frankreich aufgeführt und hier beklatscht worden ist. Der Schauspieler Mazarin ist gekommen, um die Macht an sich zu reißen und dafür ausgepfiffen zu werden.

Das Parlament macht sich die inneren Schwierigkeiten zunutze. Der Krieg kommt ihm wie gerufen. Er erfordert immer neue Kredite, immer neue Edikte. Die Regierung ist abhängig vom Parlament, denn Kredite und Edikte müssen von ihm registriert werden. Von 1643 bis 1648 begibt sich das Parlament unentwegt und aufs Geratewohl in Opposition. Es wehrt sich gegen das »Toisé«-Edikt, durch das die Pariser Vorstädte nach dem Klafter bebauter Fläche besteuert werden sollen. Die Präsidenten untersagen den Feldmessern, die Wohnstätten der Armen in der verbotenen Zone auszuklaftern. Der königliche Rat befiehlt den Feldmessern, mit der Arbeit fortzufahren, zu ihrem Schutz wird die Truppe eingesetzt. Die Betroffenen rotten sich zusammen und versuchen, das Stadthaus von Particelli d'Emery in Brand zu stecken. Die Fronde beginnt mit einer Meßlatte.

Mazarin ist derart mit den Friedensverhandlungen von Münster und Osnabrück beschäftigt, daß er nicht wahrnimmt, was im Land vorgeht. In Valence werden die Steuereinnehmer verprügelt und ein Finanzrat ermordet. Im Dauphiné wartet man nur auf ein Zeichen, um den Aufstand zu beginnen; Montpellier befindet sich in Erregung, im Languedoc gärt es, die Armee muß eingreifen, und überall werden viele Steuerpflichtige getötet.

Emery nimmt seine Meßlatte auf die andere Schulter. Er sieht vorübergehend davon ab, die Armen zu schröpfen. Durch die »Taxe des Aisés«, die Besteuerung der Wohlhabenden, will er jetzt die Bürger innerhalb des Stadtbezirks treffen; zugleich schmeichelt er den armen Schluckern, die sich nicht haben unterkriegen lassen. Er bezeichnet die neue Steuer als eine »gerechte Hilfeleistung«: die Bürger lebten ruhig und vor den Schrecken des Krieges bewahrt in ihren Mauern, während die armen »Grundsteuerpflichtigen unter vielen Lasten gelitten haben, so daß es nicht vernünftig wäre, von ihnen größere Beiträge zu verlangen«.

Das Parlament stimmt der neuen Steuer zu, jedoch unter der Bedingung, daß seine Mitglieder sie nicht zu zahlen brauchen. Die Parlamentarier lieben die Karotten und Pfirsiche ihrer Gärten zu sehr, sie wollen nicht »gezwungen sein, die Früchte ihres eigenen Gartens zu bezahlen«. Von der schwarzen Liste der »Wohlhabenden« streichen sie die Gerichtsbeamten, Advokaten, Staatsanwälte, Notare, Universitätsprofessoren und die Handwerker. Übrigbleiben als »Wohlhabende« nur noch die Finanzleute und die Händler. Die Finanzleute rächen sich mit der Drohung, nichts mehr zu finanzieren. Sie wollen streiken und die Steuereinnahme einstellen.

Wiederum wechselt Emery seine Meinung und wendet sich erneut den Armen zu. Neues Jammern der Betroffenen. Neue Appelle ans Parlament, das nur zu froh ist, seine Wichtigkeit zu beweisen.

Vier Räte werden verbannt, Präsident Barillon stirbt in Pinerolo. Am 7. September 1645 begeben sich die Regentin und der kleine König ins Parlament, das zu einem »Lit de justice« [großer Gerichtstag, das Wort bezeichnet den Thron des Königs im Parlament, A. d. Ü.] zusammengetreten ist. Die Majestäten geben den Befehl, die Verordnungen zu registrieren und keine Bemerkungen dazu zu machen. Das Parlament ist nur halb besiegt. Emery verzichtet auf die »Toisé«- und »Aisés«-Steuern. Dafür läßt er einen wahren Hagel von Steuern auf alte Ämter und Stellungen niedergehen und schafft eine Menge neuer Ämter. Es wird protestiert, es wird gefeilscht. Schließlich müssen die Bürger zahlen. Die einen zeigen die Zähne, die anderen schlucken ihren Ärger hinunter.

Das Parlament wirft sich zum Beschützer jener Gruppe auf, von der es selber am meisten Schutz erwarten kann: des Volkes von Paris. Wenn es die Erhöhung alter und den Erlaß neuer Steuern ablehnt, wird das Volk sicherlich zufrieden schnurren.

Mazarin beschwört pathetisch das nationale Interesse: »Die Schweden müssen eine fällige Zahlung bekommen, die Armee des Landgrafen von Hessen, die von Katalonien und was sich auf dem Meer befindet, muß seinen Lohn erhalten.« Die Parlamentarier sorgen sich wenig um den Landgrafen von Hessen und die Schweden. Was sie interessiert, sind die Zahlungen, die sie selber erhalten sollen, und der Ertrag ihrer Gärten, wofür sie nicht bezahlen wollen. Mazarins Stimme wird melodramatisch. Er hält ihnen die große Gefahr einer Invasion vor Augen. »Die Armee von Monsieur le Prince, die sich in den Niederlanden befindet, muß Brot bekommen. Denn wenn sie kein Brot hat, wird sie zusammenbrechen, und der Spanier fällt in die Picardie ein.« Schließlich wird er noch deutlicher: »Die Spanier haben nur eine Hoffnung: daß wir in Durcheinander und Zwietracht geraten.«

Die Parlamentarier bleiben ungerührt. Vergeblich predigt dieser Italiener ihnen Patriotismus, ein Gefühl, das sie nicht kennen. Ihr Horizont reicht nur bis zu ihren Renten, ihren Steuern, den persönlichen Interessen eines jeden, sie verteidigen das alles, um sich eine Anhängerschaft zu sichern. Einer der Präsidenten sagt eines Tages zum Generaladvokaten Talon: »Der Geist der Herren ist so vergiftet, daß sie lieber einen Aufruhr in Paris und Verwüstungen auf dem Lande sehen, als etwas aufzugeben, das sie unternommen haben.«

Der junge König geht weder mit geschlossenen Augen noch mit verstopften Ohren durch die Welt. Im Alter von zehn Jahren sagte er, als die Nachricht von dem Sieg eintrifft, den Condé bei Lens errungen hat, und als ganze Wagenladungen von Fahnen anrollen: »Die Herren vom Parlament werden sehr ungehalten sein.« Keine schlechte politische Bemerkung!

Verstellung und Heuchelei spielen eine demagogische Rolle im Parlament. Die Parlamentarier haben ein Publikum. Sie reden für die Galerie. Sie stellen sich wie Schauspieler in Positur. Die Diskussion wird durch das Gejohle oder die Bravorufe von etwa sechzig Schreiern bis zur Weißglut geschürt; es sind die jungen Räte der Untersuchungskammern. Um die Aufmerksamkeit auf sich zu lenken, halten sie bissige Reden, die weniger für ihre Kollegen bestimmt sind, als für die Zuhörer oder die schönen Zuhörerinnen, die in kleinen Logen sitzen. Aus diesen Schlupflöchern wandern Zettel, Briefchen oder Gerüchte hinein in den Großen Saal, auf die Galerien, die Treppen hinunter, über den Hof, in die Gassen ringsum, wo an Tagen großer Sitzungen eine aufgeregte Menschenmenge wimmelt. Man wartet auf das Erscheinen der berühmtesten Parlamentarier, so wie heute am Ausgang der Comédie-Française auf beliebte Schauspieler gewartet wird. Die Parlamentarier werden »Reformatoren des Staates« genannt, die »Väter des Vaterlands«. Abordnungen knien vor ihnen nieder. Darin wird ein Bedürfnis, ein Anliegen des Volkes spürbar. Es hätte sich der Keim einer parlamentarischen Monarchie bilden können, die, ohne die Machtbefugnis des Königs anzutasten, alle Freiheiten gesichert hätte, wodurch möglicherweise 1789 die Revolution unterblieben wäre. Aber der Appell des Volkes hat nur tönende Worte und wilde Gesten dieser unechten Römer zur Folge. Hinter ihrem prahlerischen Gerede bricht dann die Fronde aus.

1647 denken sich Mazarin und Emery eine neue Steuer, den »Tarif«, aus: die Schraube der Abgaben auf Waren, die nach Paris eingeführt werden, wird noch fester angezogen. Der »Tarif« trifft alle Verbraucher, je nach ihren Ausgaben. Das ist mithin wahre Gerechtigkeit. Das Parlament will davon nichts wissen, es will überhaupt nichts zahlen; es verschanzt sich im Gestrüpp der Paragraphen. Mazarin zieht es an den Ohren heraus. Er breitet das Panorama ihrer Verantwortlichkeiten vor den Parlamentariern aus. Wie können sie nicht sehen, »daß der Widerstand und die Schwierigkeiten, die sie machen, den Feinden des Staates Auftrieb geben. Diese meinen, die Zwietracht werde sich im Königreich einnisten, und der Einspruch, den das Parlament gegen die notwendigen Steuern erhebt, werde die Saat dazu sein!«

Der »Tarif« schleppt sich ein Jahr lang hin und stirbt dann an Auszehrung. Der Akrobat Emery hält nach einer neuen Kapriole Ausschau. Er gaukelt der Kirche ein Traumbild vor: Wenn alle Inhaber von kirchlichen

Pfründen dem König zwei Jahreseinkünfte überließen, würden sie danach Eigentümer dieser Pfründen werden, wie von einem Familienvermögen, das sie als Erbe weitergeben könnten. Der Heilige Stuhl gebietet den Einflüsterungen des Verführers Einhalt: er untergrabe die Säulen der Kirche.

Mit einem Salto springt Emery wieder auf Grundstücke und Häuser. Eine neue Steuer: Alle Eigentümer von Gebäuden auf königlichem Grund und Boden sollen während zweier Jahre eine Summe zahlen, die einem Jahr ihrer Einkünfte entspricht. Damit würden sie sich von jedem künftigen Grundzins loskaufen. Stets wird das Getreide geschnitten, ehe es reif ist. Frisches Geld ist nötig, und zwar sofort! Wegen morgen keine Sorgen! Morgen ereignet sich vielleicht ein Wunder, denkt Mazarin, der Wundertäter.

Geschrei, Zusammenrottungen. Der Sohn des Oberintendanten wird verprügelt. Mathieu Molé, der Erste Präsident des Parlaments, versucht, die Menge zu beruhigen. Man hätte ihn in Stücke gerissen, wenn er nicht in die Sainte-Chapelle geflüchtet wäre. Das »Tagebuch eines Pariser Bürgers« gibt den allgemein herrschenden Groll wieder: »Die Geister waren verbittert und voller Grimm und Wut, nicht nur wegen dieser neuen Steuer, sondern schon, und mehr noch, durch viele voraufgehende, deretwegen eine Vielzahl von Leuten ins Gefängnis gekommen waren.«

Die Händler aus der Rue Saint-Denis steigen auf die Kirchtürme, sie haben den Finger am Abzug der Muskete und berauschen sich am Pulverdampf wie Sonntagsjäger. Wenn das Pulver den Parisern in die Nase steigt, ist Vorsicht geboten, denkt Mazarin. Er verabscheut jegliches Töten. Ihm sind Revolutionen verhaßt, ihr Lärm und ihr Gestank. Er läßt die Eingekerkerten frei. Die Händler kommen von ihren Nestern herunter, behalten aber die Flinte im Anschlag.

Um das Parlament zu zwingen, die Verordnungen zu registrieren, greift Mazarin auf die schwere königliche Artillerie zurück: es wird ein »Lit de justice« einberufen. (15. Januar 1648) Der König macht von seinem göttlichen Wesen Gebrauch. Er steigt vom Himmel herab und verkündet seine Gesetze. Das Parlament geht murrend in die Knie und gehorcht. Doch diese Demonstration des Absolutismus ist ein Eingeständnis der Ohnmacht. Der König setzt sich über das Einverständnis seines Volkes hinweg, was einem Despotismus gleichkommt.

Das Parlament nimmt Rache. Nachdem es sich gebeugt hat, bäumt es sich auf. Omer Talon richtet an den zehnjährigen König, an die Regentin und an Mazarin eine fast unglaubliche kritische Rede: »Seit zehn Jahren, Sire, liegt die Landwirtschaft am Boden, die Bauern müssen auf Stroh schlafen, ihre Möbel verkaufen, um die Steuern zu bezahlen, denen sie nicht nachkommen können, und um das Wohlleben in Paris zu ermöglichen, sind Millionen Unschuldiger gezwungen, von Brot aus Kleie und Hafer zu leben ... Ihren Untertanen, Sire, bleiben nur noch die Seelen, die, wären sie verkäuflich, schon seit langem versteigert worden wären! ... Früher war es dem Parlament gestattet, den Königen zu widersprechen und in aller Freiheit zu sagen: ›Sire, das ist nicht gerecht!‹ Doch heute werden, aufgrund moralischer Unordnung und illusionistischer Politik, völlig fertige Edikte vorgelegt, deren Verwirklichung mit Sicherheit folgen soll. Bitte, Madame, stellen Sie im Innern Ihres Herzens einmal Überlegungen über dieses öffentliche Elend an. Bedenken Sie heute abend in der Stille Ihres Betzimmers, wie groß der Schmerz sein muß, die Bitterkeit und die Bestürzung aller Beamten des Königreichs, die heute der Beschlagnahme ihrer Habe zusehen müssen, ohne irgendein Verbrechen begangen zu haben. Denken Sie auch, Madame, an die Not der Provinzen, in denen die Hoffnung auf Frieden, die Ehre gewonnener Schlachten, der Ruhm eroberter Provinzen diejenigen nicht zu erwähnen vermögen, die kein Brot haben und die die Palmen und den Lorbeer von den gewöhnlichen Früchten des Feldes nicht unterscheiden können.«

Omer Talon macht den Anfang einer Reihe von Unglückspropheten, die in der französischen Wüste dem König die Wahrheit ins Gesicht schreien. Der zehnjährige Monarch ist vermutlich bestürzt über das, was er als eine Majestätsbeleidigung ansieht. Anstatt mit seinen Ohren und seinem Herzen zuzuhören, verschließt er sich den Mahnungen. Auch später hört er nicht zu, wenn etwa der Arzt Gui Patin 1661 sagt: »Man plant neue Steuern, und die armen Leute sterben in ganz Frankreich hin an Krankheit, Elend, Unterdrückung, Armut und Verzweiflung.« Auch dem Präsidenten Lamoigon hört er nicht zu, als dieser zum gleichen Zeitpunkt in der Rede zur Eröffnung der Gerichtskammer erklärt: »Die Bevölkerung stöhnte in allen Provinzen unter den Händen der Geldeintreiber, und es war, als genüge ihr Mark und ihr Blut nicht, um den brennenden Durst der Steuerpächter zu stillen. Das Elend dieser armen Leute hat fast die äußerste Grenze erreicht, sowohl durch das Andauern der Übel, die sie schon so lange ertragen, als auch durch die fast unglaubliche Teuerung und Not der beiden letzten Jahre.«

Auch das erschreckende Bild, das La Bruyère (1689) vom Elend der Bauern entwirft, nimmt Ludwig XIV. nicht zur Kenntnis: »Auf den Feldern sieht man Wesen, die wie wilde Tiere anzuschauen sind, männliche und weibliche, dunkel, fahl und von der Sonne ausgedörrt, über den Boden gebückt, den sie mit unbezwinglicher Ausdauer durchwühlen und umgraben: sie wirken wie ein Gestalt gewordener Vorwurf, nur wenn sie sich auf ihre Füße stellen, zeigen sie ein menschliches Gesicht. In der Tat, es sind Menschen. Des Nachts verkriechen sie sich in ihren Höhlen, wo sie von schwarzem Brot, Wasser und Wurzeln leben. Sie ersparen den anderen Menschen die Mühe, für ihren Lebensunterhalt zu säen, das Feld zu bestellen und zu ernten; so müßten sie das Brot, das sie säen, wenigstens selber essen können.«

Mit der gleichen olympischen Blindheit und Taubheit begegnet Ludwig XIV. dem Memorandum Racines, durch das der Dichter in Ungnade fällt, dem Brief Fénelons vom 4. Mai 1693, den Arbeiten des Volkswirtschaftlers Bois-Guillebert, der deswegen in die Auvergne verbannt wird, und dem Werk des Festungsbaumeisters Vauban »Der königliche Zehent« (1707), gegen das der König sich verschanzt. Es kann sein, daß Ludwig XIV. während seiner langen Regierungszeit die Augen und Ohren vor der Wahrheit verschlossen hielt, weil er am 15. Januar 1648, damals noch ein Kind, von den rednerischen Blitzstrahlen Talons tief getroffen wurde.

Mit einer Handbewegung, mit schnöder Ironie fegt Talon Mazarins ganzen Stolz, seine vornehmlichste Arbeit beiseite: seine Außenpolitik. Genug des Lorbeers, Brot ist nötig! Zehn Monate ehe die westfälischen Verträge unterzeichnet werden (24. Oktober 1648), läßt Talon seine Worte wie Hagel auf die Knospen des Friedens fallen. Durch seine bürgerliche Geringschätzung bringt er Mazarin um den höchsten Rang, um seine größte Bedeutung.

Mazarin schätzt die Zurschaustellung der Stärke nicht. Die Realität der Macht ist ihm wichtiger als alle äußerlichen Auftritte. Jedoch wird er sich nach Talons Rede darüber klar, daß er sich bewachen lassen muß. Die beiden kleinen Lakaien, die hinter seiner Kutsche hertraben, genügen nicht mehr. Ein königlicher Erlaß will ihn belohnen für »seine Hingabe, Treue und Energie, womit er die Interessen des Staates und Seiner Majestät vertreten hat«. Es wird hervorgehoben, daß unbedingt »einer Persönlichkeit, die der König in so hohem Ansehen und Vertrauen hält, völlige Sicherheit zuerkannt werden muß«. Mazarin bekommt das Recht, eine Kompanie von hundert berittenen Soldaten auszurüsten, »mit der Befugnis für diese Kompanie, Feuerwaffen tragen zu dürfen, seien es Musketen, Pistolen, Karabiner oder andere Waffen, die zum Schutz, zur Erhaltung, Sicherheit und Verteidigung des Herrn Kardinals nötig sind«.

Im allgemeinen schweigt das Parlament, wenn die Edikte, die Verfügungen durch einen Großen Gerichtstag registriert worden sind. Wenn der König gesprochen hat, gibt es keine Widerrede. Diesmal ist die Wut so groß, daß das Parlament, selbst nach der Registrierung der Edikte, weiter zu diskutieren wagt. Dieser Frevel greift auf die Provinz über. Die Parlamente von Toulouse und der Bretagne weigern sich, die Anordnungen des Königs auszuführen. Emery will diese Ruchlosen bestrafen. Er macht sich die Erneuerung der »Paulette«, der Amtsvererbungssteuer, zunutze. Sie wurde 1604 während der Regierungszeit Heinrichs IV. von Charles Paulet, dem Vater einer üppigen »Preziösen«, »der rothaarigen Löwin«, geschaffen. Vor Paulet und seiner »Paulette« mußten die Inhaber von Ämtern mindestens vierzig Tage vor ihrem Tod ihren Nachfolger bestimmen, widrigenfalls ihr Amt an den König zurückfiel. Die Beamten mußten es also möglichst so einrichten, daß sie nicht plötzlich oder durch einen Unfall starben, oder wenn sie krank wurden, galt es, einen kühlen Kopf zu bewahren.

Die »Paulette« hebt diese Verpflichtung auf. Sie sichert die Erblichkeit der Ämter unter der Bedingung, daß die Beamten jedes Jahr zwischen dem 1. Januar und dem 15. Februar eine Summe zahlen, die dem Sechzigstel des Wertes ihres Amtes entspricht. Wenn die »Paulette« in einem Jahr nicht bezahlt worden ist, fällt das Amt an den König zurück. Die Posten eines Ersten Präsidenten, eines Staatsanwalts oder Generaladvokaten hängen allerdings von der Ernennung durch den König ab. Die »Paulette«-Verfügung muß alle neun Jahre erneuert werden. Bis zur Revolution bleibt sie eine der schwankenden Säulen des Finanzapparats der Monarchie. Durch die Erblichkeit der Ämter bekommt die königliche Gewalt zwar Geldmittel in die Hand, wird aber zugleich untergraben.

Im April 1648 macht sich der König zum Bettler. Mit dem Aufhalten der Hand nimmt er einen »in der Vergangenheit geübten« Brauch wieder auf, der darin besteht, im Augenblick der Erneuerung der »Paulette« »einige Unterstützung von seinen Beamten« zu holen. Diesmal greift er auf die Beamten der Provinzkörperschaften zurück, des Großen Rats, der Rechnungskammern, des Obersteueramts und behält vier ihrer Jahresgehälter ein. Dafür befreit er sie neun Jahre lang von der jährlichen Zahlung. Das Parlament von Paris verschont der König, einmal, um seine Gegner zu spalten, und zum anderen, weil das Parlament geringeren Lohn erhält.

Mit ihm hätte der König also ein schlechtes Geschäft gemacht.

Die List des Königs wird durchschaut. Das Parlament hüllt sich in Solidarität und macht gemeinsame Sache mit den Opfern. Am 13. Mai 1648 unterzeichnen alle Gerichtshöfe einen Pakt, der »Arrêt d'Union« genannt wird, Einigkeitsbeschluß. Die Aufsässigen beschließen, daß die vier souveränen Körperschaften Abgeordnete wählen sollen. Über den Fragenkomplex der »Paulette« hinaus wollen sie sich in der Chambre Saint-Louis versammeln, um über die Staatsreform zu beraten.

Die Regentin zeigt Entgegenkommen. Sie zieht die Erneuerungsverordnung der »Paulette« zurück. Aber die Herren des Parlaments sind schon weit über die arme »Paulette« hinaus, die noch in den Frühlingswehen des Jahres 1648 steckt. Sie sind bereits im Jahr 1789. Sie haben Appetit auf eine Revolution. Die Regentin wird von einem Zornausbruch geschüttelt, der sie bei jedem Versuch einer Einschränkung der Monarchie befällt. Die Einberufung »einer Versammlung« und der Versuch, »aus den vier souveränen Körperschaften ohne Geheiß des Königs eine fünfte zu machen, ist ein Vorgang ohne Beispiel und ohne Vernunft, eine Art Republik in der Monarchie«.

Ihr monarchisches Blut gerät in Wallung, es ist, als müsse sie zusehen, wie die Herren des Parlaments Hostien zertrampeln. Sie denkt nur an Vergeltung, Bestrafung, Donnerschläge. Diese Entweiher des königlichen Tabernakels müßten ins Gefängnis geworfen, die Angehörigen der Kammern entlassen, oder die Kammern gar geschlossen, der Große Rat in die tiefste Provinz verbannt werden. Mazarin weiß, daß bei zu hastigem Vorgehen diese Gärung in eine Revolution umschlagen könnte. Und wenn eine Revolution ausbricht, weiß man nie, wie sie ausgehen wird. Mit verhaltenem Atem versucht er, das brüchige Gebäude zu retten. »Ich verschleiere, ich laviere, ich besänftige und ich schlichte, soweit es mir möglich ist.« Der geringste falsche Schritt, und alles bricht zusammen. Nie war es so wichtig und dringend, sich als Gleichgewichtskünstler zu betätigen, als Jongleur, der auf eine Leiter steigt, von dort auf einen Stuhl, dann auf ein Brett, das auf der Spitze eines Säbels ruht, das alles auf einem Seil, und der dort oben, mit dem Kopf nach unten, aufeinandergestapelte Teller in die Luft wirft und mit den Füßen wieder auffängt, während seine Arme Kreise schlagen, um das Gleichgewicht zu halten.

Mazarin kann nicht alles sagen, und deshalb ist auch alles so heikel. Er ist vollauf mit den Verhandlungen in Westfalen beschäftigt, die schon Jahre dauern und sich dem Ende nähern. Auch dort steht alles auf Degenspitzen. Frankreich hat den entscheidenden Sieg nicht davongetragen, der die Waagschale zu seinen Gunsten gesenkt hätte. Mazarin muß auf dem Schachbrett Armeen hin und her schieben, die er weder ernähren, besolden noch ausrüsten kann. Wie soll er ohne Brot, ohne Geld und ohne Pulver die Lorbeeren pflücken, die zwar die Franzosen nicht satt machen, von denen aber ihre Freiheit abhängt?

Er gewinnt Zeit, indem er sich eine unerbittliche Politik der Selbstbeherrschung auferlegt. Er empfängt die aufgeregten »Herren des Parlaments« und führt mit ihnen endlose Gespräche. Er versucht, sie zu chloroformieren, sie unter sich zu spalten. Er stellt sich auf Wesen und Temperament eines jeden ein. Er besticht den Käuflichen, rührt den Rechtschaffenen, überredet den Schwätzer, erschüttert den Unentschlossenen, demaskiert den Hinterlistigen, beruhigt den Zaghaften und ermutigt den Feigling. Seine Gesprächspartner bleiben engstirnig. Er schlägt pathetische Töne an. Er bittet und fleht im Namen des Staates. Er möchte unter der Parlamentarierrobe ihren patriotischen Nerv treffen, der aber nicht vorhanden ist. Er bettelt um eine Waffenruhe. Sie wird ihm verweigert. Wie eine Parze an ihrem Spinnrocken spinnt Mazarin, den Blick nach Münster gewendet, am Faden der Zeit.

Diesmal kann er nicht auf die Königin zählen. Zunächst einmal muß er das Geschöpf, das ihn liebt, beruhigen. In Erinnerung an die spanische Hinrichtungsart durch die Garotte spricht sie nur davon, die Parlamentarier mit ihren schönen junonischen Händen zu erwürgen. Sie einzukerkern, sie zu verbannen, ein für allemal die Türen zuzuschlagen. Mazarin kann sie nicht zum Schweigen bringen. Er muß auch zulassen, daß sie verkündet, sie werde die Versammlung in der Chambre Saint-Louis mit »allen Mitteln und Wegen« verhindern. Das Parlament beachtet diese Drohung nicht. Es beschließt, daß die Abgeordneten sich am 26. Juni zusammenfinden. Die Regentin ist außer sich. Sie beruft das Parlament ins Palais-Royal, sie tobt und droht mit schrecklichen Strafen. Dann auf einmal fällt sie, wie ein Soufflé, in sich zusammen. Aus Liebe zu Mazarin beruhigt sie sich und wartet mit ihm auf Nachrichten aus den Niederlanden, wo Condé den Spaniern eine Schlacht liefert. Der »vom Spiel besessene« Kardinal weiß, daß in der Politik auch mit eisernen Würfeln gespielt wird. Mit rührender weiblicher Anpassungsgabe spricht die Regentin jetzt im Ton des Mannes, den sie liebt. Sie bittet die Herren des Parlaments, sich zu beeilen, denn »die Armee des Königs steht an der Grenze den Feinden gegenüber«.

Vom 26. Juni bis zum 8. Juli verfaßt die Chambre Saint-Louis, ohne jeglichen Auftrag und alles auf die eigene Kappe nehmend, eine Charta für das Königreich. Dieses Schriftstück enthält siebenundzwanzig Artikel, die sich gegenseitig zum Teil wieder aufheben. Gleich zu Anfang wird in Artikel 1 etwas Ungeheuerliches ausgesprochen. Durch diesen Artikel werden die Intendanten abgesetzt. Mit einem Federstrich wird eine vierhundertjährige Entwicklung ausgelöscht.

Vom 13. Jahrhundert an hat der König der Herrschaft der Feudalherren seine Autorität in Gestalt von ihm ernannter Beamter eingeimpft. Doch bildeten diese Beamten, dadurch daß sie Eigentümer ihrer Ämter wurden, eine zweite Feudalherrschaft. Hier mußte der König neue wendige Vertreter einschleusen. Der wichtigste war der Intendant. Im Namen des Königs beschneidet er Stückchen für Stückchen die Rechte der alten Feudalherren mit ihren Wehrtürmen, die Freiheiten der Provinzen und Gemeinden sowie auch die jetzt sehr zähe zweite Feudalherrschaft, die der Finanz- und Gerichtsbeamten. Diese Schicht vertritt das Parlament. Durch die Absetzung der Intendanten werden die schwarzen Schafe ausgemerzt. Retz sagt: »Das Parlament traf die Königin mitten ins Auge.«

Unter dem Vorwand, dem allgemeinen Wohl zu dienen, behält das Parlament die Machtbefugnisse einer in sich ganz geschlossenen Kaste vor. Die Chambre Saint-Louis untersagt die Schaffung neuer Ämter. Sie beseitigt die allgemein gehaßten »Traitants«, die Steuerpächter.

Zwei weitere Artikel, sie allein schon sind revolutionär. Der eine verbietet den Erlaß irgendeiner neuen Gebühr oder Steuer ohne Bestätigung der souveränen Gerichtshöfe. Überdies: »Bei Todesstrafe ist es allen Personen verboten, irgendwelche Gelder und Steuern einzuziehen, außer aufgrund von Verfügungen und Deklarationen, die von den besagten Gerichtshöfen in aller Form bestätigt worden sind.«

Der andere mit Sprengstoff geladene Artikel besagt: »Kein Untertan des Königs, welchen Standes und Ranges er auch sei, darf länger als vierundzwanzig Stunden ohne Verhör gefangengehalten werden . . .«

Diese Artikel sind ebenso bedeutsam wie später die Erstürmung der Bastille. Das Parlament maßt sich, mir nichts dir nichts, Rechte der Exekutivgewalt an. Mit einem Faustschlag auf den Tisch stellt es den Grundsatz auf, daß eine Steuer vom Volk genehmigt werden muß, oder anders ausgedrückt, von den Vertretern des Volkes, die in diesem Fall sich nur selber vertreten.

Zweiter Grundsatz: Freiheit der Person. Frankreich ist dem englischen Nachbarn, der die »Habeas-corpus-Akte« erst 1679 erhält, mit diesem Entwurf um einunddreißig Jahre voraus. Und dreihundert Jahre ist dieser Entwurf den siebziger Jahren des 20. Jahrhunderts in Frankreich voraus, wo noch immer der Krebsschaden der Vorbeugehaft herrscht.

Einige der siebenundzwanzig Artikel wollen den Augiasstall der Finanzen säubern: »Es möge Seiner Majestät belieben, die Barzahlungen völlig einzustellen oder sich ihrer nur bei solchen Ausgaben zu bedienen, die notwendigerweise geheim bleiben müssen.« Die Parlamentarier untersuchen die schwärende Wunde der Barzahlungen, die von zwei Millionen neunhunderttausend Pfund im Jahr 1609 auf zweiundfünfzig Millionen im Jahr 1644 angestiegen waren. Sie tadeln die Verschwendung. »Wären die Finanzen ordnungsgemäß ohne Unterschlagung verwaltet worden, würden die Einkünfte des Königs genügen, um alle normalen Ausgaben zu decken.«

Diese siebenundzwanzig Artikel sind eine Mischung aus Kühnheit und Vernunft, ein Pflaster für die eigentlichen Wunden des Königreichs, aber auch ein zu starkes Mittel, von fahrlässigen Ärzten aufs Geratewohl verordnet, ohne sich darum zu kümmern, ob der Organismus des Landes ihre Behandlung verträgt.

Vorsichtig leisten die Königin und Mazarin drei Wochen lang Widerstand. In Wirklichkeit geben sie Stück für Stück nach, bis auf den Artikel über die Freiheit der Person, der ihnen gar zu übertrieben erscheint. Ein neuer Großer Gerichtstag registriert die Deklaration vom 31. Juli 1648, mit der der Sieg des Parlaments bestätigt wird. Diese Erklärung verkündet sogar die Einberufung eines Rates, der aus den Prinzen von Geblüt, den Herzögen und Pairs, den Beamten der Krone und den wichtigsten Mitgliedern der souveränen Körperschaften von Paris gebildet werden soll, um die Staatsreform auszuarbeiten. »Mazarin gab dem Sturzbach nach«, sagt Retz naiverweise in seinen Memoiren. Er gibt nichts und niemandem nach. Er tut so, als ob. Er gewinnt Zeit. Er redet und redet. Ihm sind nicht die siebenundzwanzig Artikel der Chambre Saint-Louis wichtig, sondern die etwa zehn unendlich viel verwickelteren Artikel, die in den Verträgen von Münster und Osnabrück stehen werden. An dieses Geflecht von Adern und Äderchen, von Fleisch und Säften eines diplomatisch kodifizierten Europa denkt Mazarin, und er bemüht sich, es vor dem leisesten Stoß zu schützen, als er sein unendlich langes, mit »blutigen Tränen« chiffriertes Memorandum am 14. August 1648 an Servien schickt: ein nächtlicher Schrei. Unter größter Geheimhaltung gemäß den Gesetzen einer Alchemie von Eingeweihten, ist Mazarin für das Wohl Frankreichs tätig, ob das Land es will oder nicht. Nicht aus Patriotismus, sondern aus der Leidenschaft eines Spielers für ein schönes Spiel, das nicht aufgedeckt werden darf. Aus der Besorgtheit eines genialen Pläneschmieds heraus, der, italienisch abergläubisch, es für wahnwitzig halten würde, die Pläne und Kombinationen zunichte werden zu lassen. Um eine Sünde wider den Geist, gegen den tätigen Gedanken, zu verhindern, der eng verbunden ist mit der Realität.

Endlich ereignet sich das, worauf Mazarin gewartet hat! Am 20. August siegt Condé bei Lens. Madame de Motteville berichtet, daß Paris von dem Sieg am 22. August morgens um acht Uhr durch einen aus Arras gekommenen Boten erfährt. Retz sagt, der Hof habe die Nachricht am 24. durch Châtillon erhalten. Noch verbirgt Mazarin seine Freude. Um seine Pläne zu verschleiern, läßt er nur gemäßigte Zufriedenheit erkennen. Dem Boten Châtillon gegenüber »hatte der Herr Kardinal nicht so sehr Freude über den Sieg bezeigt, als vielmehr Kummer darüber, daß ein Teil der spanischen Kavallerie entkommen war«. Retz findet das schockierend. Doch handelt es sich um eine Kriegslist. Châtillon ist ein enger Vertrauter von Condé. Einem Zeugen gegenüber, der später seinem Herrn und Gebieter alles genau berichten wird, möchte Mazarin Condés Stolz nicht noch mehr Nahrung geben. Hingegen läßt er am 22. August in einem schwadronierenden Brief an den Marschall du Plessis-Praslin seiner Freude freien Lauf. Sogar auf den Himmel beruft er sich, womit er eigentlich meint »meinen Stern«.

»Endlich hat sich der Himmel zu unseren Gunsten entschieden, in den Niederlanden sowohl wie an allen anderen Plätzen, wo Krieg ist ... Nur in Flandern war der Erfolg der Waffen ungewiß ... Doch durch Gottes Gnade ist der entscheidende Schlag durch eine große Schlacht geführt worden, die Monsieur le Prince gegen die vereinten Streitkräfte des Erzherzogs gewonnen hat ... Die Schlacht hat am 20. dieses Monats stattgefunden ... Das geschah in einer großen Ebene, die aber auf flandrischer Seite nur aus Sümpfen besteht, die man notwendigerweise nur in langer Reihe durchqueren kann, was für uns sehr günstig gewesen ist, weil so die Niederlage des Feindes in jeder Hinsicht vollständig war ... Kein Mann der feindlichen Infanterie hat sich retten können, und sie haben auch ungefähr zweitausend Pferde verloren. Dreitausend Mann wurden auf dem Schlachtfeld getötet und fünftausend gefangengenommen ... Man sagt, wir hätten vierhundert Mann verloren ... Monsieur le Prince hat wie gewöhnlich Wunder vollbracht, sowohl mit dem Kopf wie mit der Hand, er hat sich oft unter die Feinde gemischt und seine Befehle so dem Ort und der Zeit angemessen, daß es keine Truppe gab, die nicht ihr Bestes im Kampf gegeben hätte ... So sieht die Sache in großen Zügen aus, und um alles in einem Wort zu sagen, die Niederlage der Feinde von Rocroi ist nicht vergleichbar mit dieser hier, weder an sich, noch hinsichtlich der Folgen.«

Diesem Freudenausbruch steht der Notschrei gegenüber, den er zur gleichen Zeit an Turenne richtet. Es ist allerdings die Antwort auf eine Bitte um Geld. Mazarin antwortet stets, er habe keines. Dieses eine Mal sagt er die Wahrheit. Der Staatssäckel ist leer, Mazarins Taschen sind voll.

»Wenn ich mich anschickte, Ihnen zu sagen, in welchen Schwierigkeiten wir seit drei oder vier Jahren wegen des Streits mit dem Parlament sind, weshalb plötzlich alle Börsen geschlossen wurden und unser ganzer Kredit verlorenging, wäre es möglich, Sie könnten glauben, daß ich die Dinge über die Wahrheit hinaus übertreibe, um damit die Anstrengungen, die wir unternommen haben, stärker herauszustellen .. Ich möchte Ihnen nur sagen, daß mit Hervart und Cantarini des öfteren Verträge geschlossen wurden, um Geld für Sie zu beschaffen, daß sie aber wieder gelöst wurden, weil die Anweisung, die heute gut war, am nächsten Tag nichts mehr galt, kurzum es ist dahin gekommen, daß ich, um behilflich zu sein, die achtzigtausend Goldpistolen, die Ihnen geschickt wurden, zusammenzubringen, mein ganzes Silbergeschirr, Wandteppiche und Edelsteine hingegeben habe.«

Chavigny, der seinen Mazarin genau kennt, ›fragte mich‹, berichtet Retz, »ob ich nicht eine Wette eingehen wollte, daß der Kardinal so einfältig wäre, sich dieser Gelegenheit nicht zu bedienen, um sich aufs hohe Roß zu setzen«.

»Diese Gelegenheit«: der Sieg von Lens. Nachdem die Spanier durch Condé vernichtend geschlagen worden waren, besteigt Mazarin das hohe Roß und galoppiert auf das Parlament zu.

Ein Pariser Artikel: die Barrikade

Mazarin will einen neuen Theatercoup veranstalten, ähnlich wie die Festnahme Beauforts fünf Jahre zuvor (1643), durch die der »Kabale der Importants« das Haupt genommen wurde. Er wendet die gleiche Verschleierungstaktik an, er gibt Schwäche vor. Dann fährt unvermutet der Blitz aus den Wolken. Eine italienische Opernszene, wo beim Gewitter der Regen plötzlich die Bäche anschwellen läßt und die Sonne gleich danach auf Ruinen niederscheint. Eine Oper, in der die wichtigste Theatermaschine die Kutsche mit den Polizisten ist, die einen Gefangenen abtransportieren.

Mazarin hat die Intrige mit Seidenfäden gesponnen. Er hat alles hergegeben, er hat in allem nachgegeben und sogar der Absetzung Particelli d'Emerys zugestimmt. Auch sein Portefeuille als Erster Minister und sein Scheitelkäppchen hätte er hergegeben. Nachgiebig, gutmütig, platter als alle Fußabtreter hat er, wie die Regentin sagt, den Parlamentierern »Rosen an den Kopf geworfen«. Jetzt folgen die Dornen.

Er beschließt, drei Wortführer des Parlaments festzunehmen: Charton,

Blancmesnil, den Präsidenten der Untersuchungskammer, und Broussel, Rat bei der Grand'Chambre. Er wartet auf den günstigsten Zeitpunkt, als großer Regisseur und italienischer Kardinal der triumphierenden römischen Kirche. Er wählt den 26. August, gleich nach dem Tedeum, das in Gegenwart des Königs zu Ehren des Sieges von Lens in Notre-Dame gesungen wird. Mazarin nimmt an, daß im Siegesrausch diese drei kleinen Festnahmen nicht auffallen und für gerechtfertigt gehalten werden.

Mazarin möchte sozusagen in einer kirchlich-polizeilichen Ballettnummer das Tedeum und die Festnahmen vor sich gehen lassen: Die zwei Flügel eines Altarbildes oder, besser gesagt, zwei übereinanderliegende Ebenen wie auf einigen Gemälden Fra Angelicos: die Szene im Himmel, das Tedeum, und die Szene auf der Erde, die Festnahmen.

Retz hat Sinn für solche Spektakel: »Wie gewöhnlich standen beidseits der Straßen, die vom Palais-Royal nach Notre-Dame führen, Soldaten des Garderegiments Spalier. Sobald der König ins Palais-Royal zurückgekehrt war, wurden aus diesen Soldaten drei Bataillone gebildet, die auf dem Pont-Neuf und auf der Place Dauphine verblieben.«

Leider begeht Mazarin zwei Fehler, weil er Italiener ist. Er hält die Franzosen für logischer, als sie sind. Er macht sie zu Kartesianern, wie sie es sein müßten, um der Bilderbogenvorstellung der Ausländer zu entsprechen. Der Sieg von Lens läßt die Pariser völlig gleichgültig. Was sie interessiert, sind die Steuern. Und das Tedeum ist weniger vergnüglich als die Spiele mit Pflastersteinen.

Zweiter Fehler: Mazarin hat seine Opfer schlecht gewählt. Die Festnahme Chartons wäre vielleicht noch hingenommen worden; er kann übrigens entkommen; auch Blancmesnil wird ohne Zwischenfall ins Gefängnis von Vincennes gebracht. Aber Broussel! Was nützen Mazarin alle seine Späher, wenn sie ihm nicht klargemacht haben, wer Broussel ist. Broussel ist, wie Notre-Dame oder der Pont-Neuf, ein Monument. Ein Mann von dreiundsiebzig Jahren. Er sieht aus, als habe er schon unter Heinrich IV. einen Sitz in der Grand' Chambre gehabt, als sei er ein Anhänger der Liga aus der guten alten Zeit, mit dem Gesicht eines mageren, langhaarigen Spaniels und seiner freimütigen Sprache, die er mit lateinischen Brocken spickt. Er liebt es, Zitate mit Andeutungen zu bringen: »Dum Roma deliberat, Saguntum oppugnatur.« Während Rom berät, wird Sagunt belagert. Nach einem Zornausbruch der Königin gibt er eine mythologische Artigkeit von sich: »Junonem iratam habemus.« Wir haben den Zorn der Juno gegen uns.

Die Sitzungen in der Chambre Saint-Louis eröffnet der Erste Präsident mit der lateinischen Redewendung »Quid agendum de Republica?«, was Broussel so übersetzt: »Was gibt es für die Republik zu tun?« Doch unter allen Regimen bedeutet »Res publica« »Staat«. Man beschuldigt ihn, ein Republikaner, ein Römer zu sein. Ein alter Pariser Römer möchte er wohl sein, aber gegen die Bezeichnung »Republikaner« protestiert er und bekräftigt seine Treue zu Seiner Majestät. »Ich habe weder etwas gesagt noch getan, das gegen den König wäre. Meine Anträge erfolgen gemäß den Verfügungen und den bewährten Grundsätzen ... Man tut der Autorität der Könige keinen Abbruch, wenn man sie in ihren Auswüchsen bekämpft, im Gegenteil, man stützt sie, indem man Widerstand leistet, wie in einem Gebäude die Strebepfeiler den Baukörper stützen, obwohl es so aussieht, als ob sie ihm widerstrebten ... Ja, meine Herren, es gibt Umstände, wo Ungehorsam das beste Mittel ist, den Fürsten zu dienen.« Mit seiner Politik der »Strebepfeiler« begründet der biedere Broussel die berühmte »konstruktive Opposition«, die in Frankreich, selbst in seinen Republiken, nie verwirklicht worden ist.

Broussel ist ein bißchen hochtrabend und salbadernd. Da er zu den Doyens gehört, spricht er als einer der ersten. Oftmals wird er heftig, und er ist nicht immer bequem. Er versteht es, sich Gehör zu verschaffen und zeigt seine republikanischen Zähne. Eines Tages unterbrechen ihn Monsieur und Condé unbedacht in seiner Rede. »Ich glaubte, das Recht zu haben, meine Meinung zu sagen«, erwidert Broussel und blickt sie kühl an. Die beiden Prinzen entschuldigen sich.

Broussel ist arm und rechtschaffen. Einige Tage vor seiner Festnahme hat er wie ein Stoiker Wohltaten, mit denen Monsieur ihn zu bestechen versuchte, zurückgewiesen. Monsieurs Worte: »Es ist nicht vernünftig, daß ein Mann wie Sie stirbt, ohne sein Haus erhalten und seine Kinder versorgen zu können.«

Broussel besitzt ein kleines Haus, das bei der Brücke Saint-Landry liegt, gegenüber der schrecklichen Place de Grève, wo die zu Tode Verurteilten hingerichtet werden. Als Dienstboten hat er nur eine alte Frau und einen jungen Lakai. In einem Gemisch aus Latein und Französisch predigt er gegen das Wohlleben der Steuerpächter, dieser Raben, die die Leichname fleddern, »corvi qui lacerant«. Das Volk von Paris verehrt Broussel. Man glaubt, es würde Broussel zu verdanken sein, wenn die Steuern abgeschafft und auf der Place de Grève die mit dem Blut der Steuerzahler vollgesogenen Steuerpächter gerädert würden.

Broussel war zu Hause geblieben, er wollte am Tedeum nicht teilnehmen und brachte als Alibi vor, er habe sich einen Einlauf machen lassen, was damals als »diplomatische Krankheit« galt. Comminges, Leutnant der Garden der Königin, erscheint, als die Familie Broussel beim Mittagessen sitzt. Als Broussel den königlichen Haftbefehl liest, ist ihm, als stürze seine Theorie der »Strebepfeiler« zusammen. Wie der »eingebildete Kranke« von Molière weist er auf seine »Medizin« hin. Man kann doch einen alten Römer, der einen Einlauf im Leib hat, nicht festnehmen. Comminges kümmert sich nicht um die hygienischen Argumente, nicht um das Gejammer der Familie und das Geschrei der alten Bedienerin, die ans Fenster läuft und die Menge in Aufruhr bringt. Er nimmt Broussel beim Kragen und führt ihn ohne Mantel und in Pantoffeln ab.

»Monsieur Broussel ist verhaftet!« Der Schrei der Alten bringt ganz Paris in Bewegung. Damals ist die Hauptstadt viel schneller zu entflammen als heute. In den engen wimmelnden Gassen, wo die Häuser mit ihren Mansarden und seltsam gestalteten Schornsteinen manche Schlupfwinkel bieten, verbreiten sich Nachrichten wie ein Feuer, an das die Lunte gelegt worden ist. Es ist eine erregte, aufgewühlte, grimmige Stadt, in der gestohlen, vergewaltigt wird, wo in jeder Nacht und in jedem Stadtviertel fünfzehn bis achtzehn Personen umgebracht werden. Zwei Bevölkerungen gibt es in Paris: das Volk des Lichtes, die wirklichen Arbeiter, und das Volk der Nacht. Von fünfzigtausend Herumtreibern spricht der Historiker Emile Magne, von einer Armee des Verbrechens, die nach der Sperrstunde den Nachtwachen zu schaffen macht. »Es gab die Bande der Rötlinge oder Roten Mäntel, die Bande der Grautiere, in grauer Kleidung, die Bande der Gefiederten, die große Federhüte trugen. Und weiter gab es die Mörder des Faubourg Saint-Germain, die Strauchdiebe der Faubourgs du Temple und Saint-Marcel.« Auf dem Pont-Neuf wüteten die »Brüder der Samaritaine« und die »Ritter vom kurzen Schwert«. Viele von diesen Totschlägern sind Deserteure der spanischen Armee. Sie stolzieren in riesigen Stiefeln umher, mit Sporen so groß wie Untertassen.

Die Nachricht von der Festnahme Broussels eilt der Kutsche, in der er sitzt, voraus. Auf dem holprigen Pflaster brechen die Achsen. Zweimal muß der Wagen gewechselt werden. Comminges hält Broussel mit der Pistole in Schach. Schließlich ist man an der Porte Saint-Honoré. Mit einer Gendarmeneskorte geht es in Richtung Saint-Germain, nicht in Richtung Sedan, wie ursprünglich vorgesehen.

Unterdessen verbreiten sich Gerüchte in Paris. In dieser Stadt, die so schnell in Aufruhr gerät, nehmen Gerüchte leicht phantastische Ausmaße an. Wer Paris kennt, nimmt sich vor der Stadt in acht: »Dieser Kopf des Königreichs war zu groß; er war voller Säfte, die der Ruhe seiner Gliedmaßen schadeten, so daß von Zeit zu Zeit ein Aderlaß nötig war.« (Heinrich III.) »Weckt diese Bestie nicht auf.« (Richelieu) »Paris ist eine Arche Noah, in die alle Arten von Tieren, gute und böse, eingeschifft sind.« (Gui Patin)

Der Italiener Mazarin ist noch nicht lange genug in Frankreich, als daß er sich mit all diesen Tieren auf dieser »Arche« oder dieser Galeere hätte richtig einschiffen können. Und auch Anna, die verliebte Spanierin, wird ihn hier nicht »einschiffen«. Alle beide begehen, was ihre Einschätzung von Paris betrifft, einen monumentalen Fehler. Nie haben sie mehr offenbart, daß sie Ausländer sind, als während der drei Tage zwischen dem 26. und 28. August 1648. Sie »erfühlen« Paris nicht. Sie sind völlig abgekapselt von den Regungen und Reaktionen dieser rätselhaften Stadt, über die

Balzac, ihr größter Dichter, zwischen Liebe und Schrecken schwankend, gesagt hat: »Paris ist eine Kreatur ... Paris ist ein ungeheuerliches Wunder ... Paris, dieses große Krebsgeschwür.« Noch einmal könnte gefragt werden, wozu Mazarins Spione gut sind, wenn sie ihm nicht helfen, Paris zu verstehen. Möglicherweise sagen die Spione ihrem Auftraggeber nur das, was er hören will. Wie kommt es, daß Mazarin, der im Umgang mit Frauen so bewandert ist, nicht gespürt hat, daß Paris eine heißblütige, bebende, schnell aufbrausende und schnell wieder beruhigte Frau ist, die mit Liebe geleitet werden muß?

Mehr als eine Steuerrevolte, mehr als ein Freiheitsgelüst ist die Fronde ein Pariser Spiel gegen einen Fremden, der Paris nicht verstanden hat. Der tolle Streich einer koketten, unverstandenen Frau, wie ihn alle Frauen begehen, wenn ihr Mann ihnen fremd wird.

Nach der Melodie »Es lebe Heinrich IV.« singt man überall:

Un vent de Fronde
S'est levé ce matin.
Je crois qu'il gronde
Contre le Mazarin.

Ein Fronde-Wind / Hat sich heute morgen erhoben. / Ich glaube, er bläst / Gegen den Mazarin.

Wenn die Pariser einen tollen Streich ausführen wollen, fangen sie an zu bauen, sie spielen ein Spiel, das zutiefst aus dem Mark der Stadt, aus seinem innersten Wesen zu kommen scheint: sie bauen Barrikaden. Was sind Pariser Artikel? Spielwaren, Schmuckwaren, Barrikaden. Paris, die Stadt aus Stein, ohne Grün, vergnügt sich mit den Pflastersteinen, so wie Kinder am Strand Sandburgen errichten. Wie von selbst bewegen sich die Pflastersteine von Paris, fügen sich zusammen und häufen sich zu Barrikaden. Man lasse Pariser zusammenkommen, sie werden eine Barrikade bauen. Die Barrikade ist ein natürliches Bauwerk in Paris, wie Stalagmiten und Stalaktiten Bauwerke der Höhlen sind. Im Freiheitsfieber bedeckt sich die Haut von Paris mit Barrikaden, eine reine Reaktion des Organismus, die von Verzauberung begleitet ist. Auf den Barrikaden findet das sarkastische Paris seine kindliche Anmut wieder, seine spielerische Naivität, seine Solidarität. Die Barrikade ist das »Blaue Zimmer der Arthénice« und die Ferienreise für die Bevölkerung von Paris, ihr Meer, ihr Gebirge, ihr Schlaraffenland, in dem die Gesetze der Schwerkraft aufgehoben sind.

Wie Pilze nach dem Gewitter, so schießen am 26. und 27. August eintausendzweihundertsechzig Barrikaden aus dem Boden der Stadt. Und fast zur gleichen Zeit entsteht ein neues literarisches Genre, man könnte auch sagen, es erreicht auf den Barrikaden seinen Höhepunkt und findet dort seinen sprachlichen Ausdruck: die Burleske. Kleine achtsilbige Verse hüpfen umher und flattern durch die Luft. Mit ihnen wird, nach Art des alten gallischen Witzes, die Hoffart der Großen verspottet. In Wirklichkeit kommt die Burleske aus dem Italien des 16. Jahrhunderts. Wie ein Bumerang trifft dieses italienische Genre zur Zeit der Fronde den Italiener Mazarin. Mit seinem Gedicht »Die Maus« führt Sarrasin es in Frankreich ein. Doch der König der Burleske ist der Krüppel Scarron, der die »Aeneis« in seinem »Vermummten Vergil« (1648) in sieben Stücke zerschneidet. Ein weiterer Hohn des Schicksals: dieser Krummbeinige, der die bissigsten Mazarinaden von sich gibt, heiratet die spätere Madame de Maintenon, die heimliche Gemahlin Ludwigs XIV., Mazarins Schüler. Die Kehrseite des Großen Jahrhunderts: es ist eine burleske Parodie, daß die Maintenon von der Kiste des Krüppels auf den Thron Frankreichs gerät.

Die Mazarinaden gelangen von Paris in die entferntesten Provinzen. Ihr hüpfender, einfältiger Rhythmus löst einen wilden Wirbel aus. Ganz Frankreich, selbst die Lakaien und Zimmermädchen, wird von einem Veitstanz burlesker Achtsilber erfaßt. Zwanzig Parodien zerstückeln in burlesken Versen die antiken Meisterwerke. Die Flut der Possen und Schwänke überschwemmt das Land mit burlesken Briefen, burlesken Gazetten, burlesken Pamphleten. 1649, als die Fronde auf dem Höhepunkt ist, wird »Die Passion Unseres Heilands in burlesken Versen« veröffentlicht. Ein komisch-dramatisches Geschick will es, daß Mazarin im Grunde verantwortlich ist für diese Tollheiten. Das ist sein Leidensweg, seine »Passion«. Das Schicksal, das auf der Bühne der Welt die Rollen verteilt, hat es gewollt, daß er das Burleske anzieht, wie der Magnet die Eisenspäne anzieht, so wie Pantalone den Fußtritt auf sich zieht.

Eine Mazarinade aus dem Jahr 1648 schildert den Freudenausbruch der Pariser, die sich hinter ihren Barrikaden unter sich, bei sich zu Hause fühlen. Sie beschreibt das Gewimmel in den Straßen des alten Paris, die Verschiedenartigkeit, die Buntheit seiner Bevölkerung, auch die Seine, mit ihren Hausbooten, auf denen man wohnt, die mit Häusern gesäumten Brücken, die kleinsten Gäßchen, in denen man sich von einem Fenster zum anderen umarmen kann, und das alles gemischt mit dem Geruch von menschlichen Exkrementen, Pferdeäpfeln, Ölküchen. Und dazu die pariserische Fröhlichkeit, zuweilen ätzend wie Säure, dann wieder schnell aufblühend zur blauen Blume der Chansons. Die meisten Mazarinaden werden gesungen. Die Fronde: eine gesungene Revolution in der Hauptstadt des Chansons. Hunderte und Tausende von Versen, die alle Schichten, alle Lebensbereiche besingen.

Von allen Gerüchten, die durch Paris schwirren, wird eines immer lauter: Mazarin hat befohlen, Broussel zu hängen. Der Henker ist nach Saint-Germain beordert worden. Mit dem Strick in der Hand wartet er auf den armen Kerl. Es sei ganz sicher, alle legen ihre Hand dafür ins Feuer. Retz erzählt in seinen Memoiren, das Volk von Paris habe sich in seiner Raserei mit allen möglichen Waffen ausgerüstet. Er habe Mütter gesehen, die ihren sechsjährigen Kindern Dolche gaben. In der Rue Neuve-Notre-Dame habe ein Junge von acht oder zehn Jahren eine Lanze aus dem Hundertjährigen Krieg hinter sich hergezogen wie eine Ameise einen Strohhalm. Zu den beiden Inseln in der Seine, Cité und Saint-Louis, kommen zwölfhundertundsechzig hinzu: die Barrikaden. Innerhalb dieser Inselgruppen brodelt die Volksseele; Straßenverkehr ist nicht mehr möglich.

Mazarin hat die Absicht, den Gerichtspalast besetzen zu lassen, damit das Parlament dort nicht tagen kann. Marschall de La Meilleraie, der Nachfolger Emerys im Finanzressort, übernimmt die Aufgabe. Er ist unbeliebt wie alle Finanzminister, und dazu leicht erregbar. Er wird mit Steinen beworfen. Die Kinder, gute Steinwerfer, machen mit. Der Marschall befiehlt seinen Leuten, zu schießen. Er kommt über den Quai des Orfèvres nicht hinaus, er muß umkehren.

Jetzt taucht der Mann auf, der den »Deus ex machina« hat spielen wollen, dessen Rolle aber wohl nicht so groß gewesen ist, wie er es in seinen Memoiren darstelllt: Paul von Gondi, Koadjutor des Erzbischofs von Paris, der spätere Kardinal Retz. Dieser Romanerzähler gibt sich den Nimbus eines großen Politikers, der alles ausgeklügelt hat, der alle Fäden in der Hand hält. Drei Tage lang sieht er in seiner Phantasie, allerdings gestützt von einem Stückchen Wirklichkeit, eine ruhmvolle Laufbahn vor sich, von der er weiter träumt, bis er ins Grab sinkt. Er meint, er habe alles berechnet, alles vorausgesehen, sechs Monate vor allen anderen. Er spielt sich auf wie ein Held aus Corneilles Dramen. Er verdankt sein Koadjutor-Amt der Königin. Sollte er sich undankbar erweisen, indem er sich gegen sie stellt? Nein, Dankbarkeit steht allem voran! Er geht auf kein Angebot ein, sich »an den Cliquen von Monsieur« zu beteiligen. Andererseits wirft er mit Gold um sich, um »die Freundschaft der Bevölkerung« zu erringen oder sie sich zu bewahren: »Vom 28. März bis zum 25. August habe ich sechsunddreißigtausend Taler als Almosen oder Spenden verteilt.«

Dieser kleine Mann in seinem Bischofsmäntelchen sieht in den Barrikaden das Sprungbrett, mit dem er an die Regierung in Paris gelangt, was der Hof ihm verwehrte. Er will Mazarin in einen Krieg verwickeln, Italiener gegen Italiener, in eine Auseinandersetzung auf der Ebene großer politischer Kunst. Er berichtet dem Kardinal alles, was er in Paris sieht und hört. Aber der Kardinal dreht die Dinge so, als benutze er die Auskünfte eines in seinem Sold stehenden Spions, er will ihn in den Augen der Bevölkerung herabsetzen. Retz ist verärgert und sagt ihm nicht mehr als er auch bei Tisch erzählt, wenn er von seinen Stadtgängen zu sich nach Hause zurückkehrt.

Prahlerisch gibt sich Retz für den einzig brauchbaren Vermittler zwischen dem Volk von Paris und dem Hof aus, zwischen den Hunderten von feuerspeienden Inselchen und dem Hof in Samt und Seide, der mit Diamanten behängten Königin und dem listigen Mazarin. In Bischofsmantel und Chorhemd ist Retz unermüdlich unterwegs. Er spielt sich als alleiniger Retter auf, er ist der einzige fähige Maestro, der als Dirigent mit seinem Taktstock das aufgeregte Volk durch seine Segnungen beruhigen kann. Auch ich bin ein Italiener, doch schon lange in Frankreich ansässig, ich verstehe dieses rätselhafte Volk! Er kann es nicht unterlassen, dem anderen Italiener immer wieder Lektionen zu erteilen, ihm vorzuhalten, er sei zu kurze Zeit hier und in Paris ebenso fremd, als käme er vom Mond.

Der Koadjutor stürzt sich in die Menge wie der Schwimmer ins Meer. Auf dem Marché-Neuf tritt er vor die tobenden Menschen und sagt, als wisse er es, »daß die Königin Gerechtigkeit walten lassen werde«. Auf dem Pont-Neuf, auf dem, so scheint es, stets geschichtliche Begegnungen stattfinden, trifft er auf den Marschall de La Meilleraie und seine Gardisten, die sich vor den mit Steinen werfenden Kindern schützen müssen. Der Marschall ist froh, den Koadjutor zu treffen und ermahnt ihn, der Königin die Wahrheit zu berichten. Er in seiner soldatischen Geradheit wird bezeugen, was hier geschieht. Sie begeben sich unverzüglich ins Palais-Royal, »ihnen folgen unzählige Leute, die ›Broussel! Broussel!‹ schreien«.

Höchst kunstvoll beschreibt Retz in seinen Memoiren diese Szenen einer tragisch-volkstümlichen Oper, er sieht sie auf dem Papier deutlicher als in Wirklichkeit, er weitet sie aus, vertieft, beleuchtet sie und fügt eine immense Statisterie hinzu. Die Handlung vollzieht sich bald im Palais-Royal, bald auf der Straße, auch in Kopf und Herz eines jeden Darstellers, und vor allem natürlich in Kopf und Herz dessen, der im Zentrum steht: Retz. Spannung wird durch die zwei Lager erzeugt: hier das Palais-Royal mit seinen parfümierten Listen und Ränken, seinen schmeichlerischen Verbeugungen und seiner vornehmen Verblendung, dort, auf der Straße, die aufgewühlten Wogen der Volkswut. Die groben Instinkte des Volkes, das in seiner tierhaften Blindheit alles zerstört und in seiner Liebe die Hand des Magiers küßt, der es bezwingt. In der Mitte als Sonne der Herr Koadjutor, der sein Boot (das Schiff im Wappen von Paris) durch die tückische Verblendung des Hofs, der Königin und Mazarins und durch die noble Verblendung des Volks hindurchsteuert.

Im Palais-Royal nimmt die Königin den Bericht von Retz ungnädig auf, sie ist erregt und zornig: »Mit ihrer hohen und spitzen Falsettstimme stieß sie die folgenden Worte heraus: ›Es gibt eine Revolte, wenn man sich einbildet, daß man revoltieren könne. Das sind lächerliche Berichte von denen, die es so wollen. Die Autorität des Königs wird wieder Ordnung schaffen.‹ Der Kardinal sah an meinem Gesicht, daß ich von dieser Ansprache sehr berührt war, er nahm das Wort und erwiderte der Königin in sanftem Ton: ›Wolle Gott, Madame, daß jeder mit der gleichen Aufrichtigkeit spräche wie der Herr Koadjutor. Er ist besorgt um seine Herde; er ist besorgt um die Stadt, er ist besorgt um die Autorität Eurer Majestät. Ich bin überzeugt, daß die Gefahr nicht so groß ist, wie er sie ausmalt; aber Besorgnisse in diesem Bereich sind etwas Lobenswertes.‹ Als die Königin das Kauderwelsch des Kardinals vernommen hatte, veränderte sie sich plötzlich: sie sagte mir Liebenswürdigkeiten. Ich antwortete darauf mit einer tiefen Verbeugung und mit einer so harmlosen Miene, daß La Rivière sich Bautru zuwandte und ihm etwas ins Ohr flüsterte; ich habe es erst vier Tage später von ihm erfahren: ›Da sehen Sie, wie es ist, wenn man nicht Tag und Nacht hier anwesend ist. Der Koadjutor ist ein Mann von Welt, er hat Geist; er nimmt für ernst, was die Königin ihm eben gesagt hat.‹«

Die Königin schwankt in ihrem Verhalten hin und her, es ist abhängig von den Nachrichten, die ständig von draußen hereingebracht werden. Retz gibt den Rat, Broussel nicht »tot oder lebendig« freizulassen, wie Guitaut vorschlug, sondern »lebendig«. Neuer Zornausbruch der Königin, hochrot im Gesicht schreit sie: »›Ich begreife, Herr Koadjutor, Sie möchten, daß ich Broussel in Freiheit setze. Eher würde ich ihn mit diesen beiden Händen erwürgen.‹ Und als sie die letzte Silbe aussprach, hielt sie mir ihre Hände fast vors Gesicht und fügte noch hinzu: ›Und die Leute, die . . .‹« Mazarin flüstert ihr etwas ins Ohr. Sie beruhigt sich. Er hat mehr Einfluß auf sie, als Retz vorgibt, Einfluß auf das Volk zu haben. »Nach längerem, sich widersprechendem Hin- und Hergerede« sagt der Kardinal, man müsse Zeit gewinnen bis zum nächsten Tag. Inzwischen werde man »dem Volk bekanntgeben, daß die Königin ihm Broussels Freilassung gewähre, vorausgesetzt, daß die Menge sie nicht weiterhin fordere«.

Wer wird diese Bekanntmachung ausführen? Ein einziger Mensch auf der Welt ist dazu imstande, und es ist der, der in die Falle gegangen ist, in die Mazarin ihn diabolisch gelockt hat: Retz, Retz selbst. Auch Marschall La Meilleraie in seiner ungestümen, einfältigen Art, drängt ihn. Sie wollen zusammen losgehen. Gemeinsam werden sie ein Wunder vollbringen. Retz bittet stotternd um einen Brief der Königin, als Beweis für den Auftrag. Er sagt, er besitze nicht Ansehen genug, um sich »ohne dies Glauben zu verschaffen«.

Vergebens! Man schneidet ihm das Wort ab. Die Königin zieht sich plötzlich zurück. »Monsieur schob mich, aber sanft, mit beiden Händen hinaus und sagte zu mir: ›Geben Sie dem Staat die Ruhe zurück.‹ Der Marschall zog mich fort, und alle Leibgardisten trugen mich liebevoll auf ihren Armen und riefen mir zu: ›Nur Sie allein können dem Übel abhelfen.‹ So ging ich in meinem Chorhemd und Schultermantel hinaus und spendete den Segen nach rechts und links.«

Retz wird es allmählich klar, in welches Wespennest er sich begeben hat. La Meilleraie beginnt, ganz gefährlich zu schwadronieren. Anstatt in Retz' Nähe zu bleiben, setzt er sich an die Spitze der berittenen Gardisten. Mit gezogenem Degen rückt er vor und schreit aus Leibeskräften: »›Es lebe der König! Freiheit für Broussel!‹ Da er von viel mehr Leuten gesehen als gehört wurde, brachte er mit seinem Degen viel mehr Leute in Harnisch, als er mit seinen Worten beruhigen konnte.« Die Menge schreit nach Waffen. »Gegenüber dem Blindenspital« nimmt ein Lastenträger einen Säbel in die Hand. Der Marschall streckt ihn mit einem Pistolenschuß nieder. Retz »nahm ihm im Rinnstein die letzte Beichte ab, was nicht wenig dazu beitrug, das Volk zu rühren und es versöhnlich zu stimmen ... Ich habe sagen hören, er habe es mit Vorbedacht getan«. (Memoiren von Guy Joly)

Auf dem Platz Croix-du-Tiroir wirft sich Retz zwischen die Menge und La Meilleraie mit seinen wild um sich schießenden Reitern, um sie zu trennen. Einer der Pagen, der Retz' Schleppe trägt, wird verletzt. Retz selbst wird von einem Stein unterhalb des Ohrs getroffen und zu Boden geschleudert. Als er sich wieder erhebt, hält ihm ein Apothekergehilfe seine Muskete an den Kopf. Retz kommt ein rettender Gedanke. Obwohl er den Burschen nicht kennt, ruft er: »Du Unglücklicher, wenn dein Vater dich sähe!« Der Bursche meint, Retz sei der beste Freund seines Vaters, er blickt ihn neugierig an. »Mein Gewand fiel ihm auf. Er fragte mich, ob ich der Herr Koadjutor sei, und sobald ich es gesagt hatte, schrie er: ›Es lebe der Koadjutor!‹ Alle anderen fielen in den Ruf ein und liefen auf mich zu.«

Der auf Popularität versessene Retz hält sich für den Retter der Welt ... »Ich sah, daß dieser Ameisenhaufen von Lumpengesindel schwer bewaffnet war. Ich redete auf sie ein, ich schmeichelte ihnen. Sie legten die Waffen nieder, was für Paris die Rettung war, denn hätten sie sie noch bei Einbruch der Nacht in Händen gehabt, wäre die Stadt unausbleiblich geplündert worden.«

Als sie ins Palais-Royal zurückgekehrt sind, weist La Meilleraie auf Retz und sagt: »Dies ist der Mann, Madame, dem ich das Leben verdanke und dem Eure Majestät die Rettung ihrer Garde verdankt und vielleicht die Rettung des Palais-Royal.« Die Königin antwortet nur mit zweideutigem Lächeln und mit Spöttereien. »Gehen Sie und ruhen Sie sich aus, Monsieur. Sie haben gut gearbeitet«, sagt sie zum Koadjutor und verabschiedet ihn. Die Worte »gut gearbeitet« haben einen doppelten Sinn: sie glaubt, Retz habe das Volk aufgewiegelt, anstatt es zu beruhigen.

Retz geht wütend ab. Saint-Evremont schreibt: »Niemand war zuvorkommender mit seinesgleichen und unter ihm stehenden Menschen, doch wenn er sich gekränkt fühlte durch das Verhalten von Leuten, die über ihm standen, vermag keine Erwägung seinem Stolz und seinem Groll Einhalt zu gebieten oder zu mäßigen.« Mazarin hingegen paßt seine Reaktionen seinen Interessen an. Er setzt sich so sehr über seine wahren Gefühle hinweg, daß man sich fragt, ob er überhaupt andere als politische Gefühle und Interessen hat.

Von nun an facht Retz das Feuer in Paris an, anstatt es zu löschen.

Der Blitz, den die Königin schleudern könnte, erweist sich als eine feucht gewordene Petarde. Sie verfügt über so gut wie keine Polizei in Paris, über unendlich viel weniger als heute die Fünfte Republik. Auf die spärlichen Truppen der »Maison du Roi« ist kein Verlaß und, was die Disziplin keineswegs fördert, sie sind bei den Einwohnern untergebracht, denn die Kasernen waren noch nicht erfunden. Manche Soldaten der Französischen Garden lassen verlauten, sie würden auf das Volk nicht schießen. Selbst im Palais-Royal flüstern die Diener auf den Gängen den Parlamentariern zu: »Bleiben Sie standhaft, Sie werden Ihre Räte zurückbekommen.«

Am 27. August erlebt die Königin eine große Enttäuschung. Sie gibt der Stadtmiliz den Befehl, zu den Waffen zu greifen. Sie baut auf die konservativen Bürger, die einen Bauch haben und ihre Renten. Doch gerade weil ihr Bauch nach Ordnung strebt, werden sie durch die »Verminderung« der Renten verärgert und sind unzufrieden mit dem Hof. Diese Bürger setzen ihre Hoffnung auf das Parlament. Das Parlament steht im besten Einvernehmen mit der Pariser Stadtverwaltung; es übt die Kontrolle über die Finanzen aus, hält die Hand über die Lebensmittelversorgung, denn sonst würde in Paris eine Hungersnot ausbrechen, überwacht die Straßenreinigung, die Gesundheitsfürsorge und die Spitäler, ohne die Epidemien ausbrechen würden. Vor allem aber werden die meisten Milizkompanien von Mitgliedern des Parlaments befehligt. Es ist also nicht verwunderlich, daß die von der Königin leichtgläubig aufgerufene Miliz wie aus einem Munde ruft: »Es lebe Broussel!«

Am 27. August kann man sich nicht auf die Straße wagen, wenn man nicht Broussel selbst oder für Broussel ist. Der Kanzler Seguier wäre fast zerfleischt worden, denn er wird für die Verhaftung Broussels verantwortlich gemacht. Er flüchtet sich in ein Haus in der Nähe der Brücke Saint-Michel, das von der Menge gestürmt und geplündert wird, ohne daß die kleine Kammer entdeckt wird, in der er sich verbirgt und wo sein Bruder, der Bischof von Meaux, ihm zitternd die Beichte abnimmt.

Die Lage wird so bedrohlich, daß die Grandseigneurs mit weichem Rückgrat beginnen, zum Volk hinüberzuschielen. Mazarin bemerkt, wohin ihr Blick sich richtet: »Der Herzog von Longueville« schreibt er, »läßt es sich angelegen sein, durch Paris zu spazieren und alle Welt zu grüßen ... Die Kinder der Frau von Guise sind freundlich zu jedem, sie zeigen sich und sind entzückt, daß das Volk die Barrikaden auseinanderriß, um sie hindurchzulassen ...« Monsieur spielt den Geheimnisvollen. Fragt man ihn nach seiner Meinung über die Barrikaden, hüllt er sich in Schweigen und pfeift lauter denn je vor sich hin. Er meint, es wäre günstig, sich pfeifend auf die Seite des Volkes zu schlagen. Das Parlament erscheint in großer Aufmachung im Palais-Royal, um von der Königin die Freilassung Broussels zu fordern. Monsieur unterstützt die Petition. Mazarin ist sich bewußt, daß er nachgeben muß, doch versucht er, dafür etwas anderes einzuhandeln. Er läßt durch die Königin antworten, sie werde Broussel und Blancmesnil unter der Bedingung freigeben, daß das Parlament aufhört, sich in die Politik zu mischen, und sich darauf beschränkt, seine gerichtlichen Befugnisse wahrzunehmen.

Die Herren des Parlaments wollen nicht im Palais-Royal beraten. Sie würden sich dadurch der Beschuldigung aussetzen, unter Zwang gehandelt zu haben. In langem Zug begeben sie sich in den Gerichtspalast, um, gemäß alter Überlieferung, »nur auf ihren Sitzen« zu beraten. Doch müssen sie erst zu ihren Sitzen gelangen! Von einer Barrikade zur anderen müssen sie, um passieren zu können, Angaben über Broussels Freilassung machen. An der Barrikade Croix-du-Tiroir »wollte man sich mit dem wenigen nicht zufriedengeben; ein junger Garkoch rückte mit zweihundert Mann vor, setzte die Hellebarde auf den Bauch des Ersten Präsidenten (Mathieu Molé) und sagte zu ihm: ›Kehr um, Verräter. Und wenn du nicht selbst massakriert werden willst, dann bring uns Broussel, oder den Mazarin und den Kanzler als Geiseln.‹«

Mathieu Molé ist ein heroischer Gerichtsherr alter Prägung, eifrig im Dienst des Königs und des Parlaments, groß und aufrecht von Gestalt und Gesinnung. »Er ändert nie sein Herz oder sein Gesicht«, heißt es in einer Beschreibung. Mit seinem langen altmodischen Bart verkörpert er die Würde des Gerichts.

Angesichts der Gefahr, die von den Hellebarden droht, verflüchtigen sich fünf Präsidenten mit ihren mörserförmigen Kappen und mehr als zwanzig Räte wie die Kaninchen und tauchen in der Menge unter. »Einzig der Erste Präsident, nach meiner Meinung der unerschrockenste Mann seines Jahrhunderts, blieb standfest und unerschüttert. Er scharte um sich, was von der Versammlung noch übrig war, er bewahrte die Würde der Magistratur sowohl in seinen Worten wie in seinem Gehabe und schritt langsam zum Palais-Royal zurück, unter dem Feuer von Verwünschungen, Drohungen, Flüchen und Lästerungen. Dieser Mann hatte eine Redeweise, die nur ihm zu eigen war: er verwandte keine Ausrufe, manchmal sogar falsche Worte, aber er redete mit einer Kraft, die das alles wettmachte, er war von Natur aus so kühn, daß er nie so gut sprach wie angesichts einer Gefahr.« (Retz)

Nach seiner erzwungenen Rückkehr ins Palais-Royal sind alle Anwesenden erschüttert von dem, was er berichtet, außer der Königin, die sich hinter ihrer Barrikade verschanzt, ihrer Starrköpfigkeit. Alle werfen sich ihr zu Füßen, vor allem vier oder fünf vor Furcht zitternde Prinzessinnen;

doch auch Monsieur macht Anstalten, niederzuknien. Sie gibt erst nach, als Mazarin sich den anderen anschließt. (Er lenkt sie durch einen Wink oder einen Blick. Welches Wunder, außer der Liebe, könnte bei einer Frau eine solche Gefügigkeit bewirken?) Was Mazarin jedoch zu dem halben Kniefall bewogen hat, ist nicht nur seine Kenntnis der Lage, sondern die witzige Bemerkung eines der jungen Räte der Untersuchungskammer; dieser »hatte ihm spöttisch gesagt, es wäre ganz nützlich, wenn er selber auf die Straße ginge, um sich ein Bild von der Lage zu verschaffen«.

Was von der Königin zu erlangen ist, sind keineswegs die Worte »Freilassung Broussels«, denn sie würden ihr den Mund verbrennen, sondern ein bitteres: »Nun, Messieurs vom Parlament, sehen Sie zu, was jetzt zu machen ist.« Die Beratung findet in der Großen Galerie statt. Man faßt einen Beschluß, durch welchen »verfügt wurde, daß der Königin für die den Gefangenen gewährte Freiheit gedankt werden sollte«. Niemals ist die hinkende Justitia schneller galoppiert. Im Handumdrehen sind die königlichen Befehle ausgefertigt. Der Erste Präsident, der am eigenen Leibe erfahren hat, daß das Volk sich nicht mit Wind zufriedengibt, weist »die Abschriften, die er von beiden Papieren hat machen lassen«, vor. Doch das Volk war so oft getäuscht worden, daß es »die Waffen nicht niederlegen wollte«, solange es seinen Broussel nicht in Fleisch und Blut zurückhatte. Während der Nacht vom 27. auf den 28. August werden unaufhörlich Musketenschüsse in die Luft gefeuert, auf das Straßenpflaster, auf den Mond. Mazarin hört im Palais-Royal diese Schüsse, und er weiß, daß sie ihm gelten. Er trifft Vorbereitungen zur Flucht. Ein gesatteltes Pferd wartet auf ihn. Es kann lange warten; gegen das Palais-Royal wird kein Angriff unternommen. Mazarin verschiebt seine Abreise auf später.

Kuriere jagen den Fahrzeugen nach, mit denen Broussel bereits auf dem Weg nach Sedan ist. Am 28. August, morgens um zehn Uhr, wird der Messias zurückgebracht. Im Triumph trägt man ihn nach Notre-Dame. Im Gewimmel der Menge ist er größerer Gefahr ausgesetzt als vor der Pistole des Gardistenleutnants und dem Strick des Henkers, der allerdings nur in der Phantasie existiert hat. Das Volk stimmt sein Tedeum an, es hört sich anders an als das des Hofs am 26. August, wie auch die Mazarinaden sich anders anhören als die gezierten Verse der Großen. Dann begibt sich Broussel ins Parlament, »er wurde vielmehr über die Köpfe des Volkes hinweg dorthin getragen, unter kaum zu beschreibenden Beifallsäußerungen«. (Retz) »Kein Triumph eines Königs oder eines römischen Kaisers ist größer gewesen als der dieses armen kleinen Mannes, der nichts anderes vorweisen konnte, als daß er sich das öffentliche Wohl und den Haß auf die Steuern in den Kopf gesetzt hatte.« (Madame de Motteville)

Auf einmal werden, wie durch einen Zauber im Märchen, »die Barrikaden niedergerissen, die Läden geöffnet, und in kaum zwei Stunden war Paris ruhiger, als ich es je an einem Karfreitag erlebt habe«. (Retz)

»Die Zeit und ich«, sagt Mazarin öfters, sich eines spanischen Sprichworts bedienend. Wieder einmal nimmt er Zuflucht zur Zeit. Vom 29. August an schreibt er alles, was er erlebt und erfahren hat, in sein »Carnet«, in sein geheimes Tagebuch. Es dient ihm als Taschenbeichtstuhl, in dem er jeden Abend seine Gewissenserforschung vornimmt. Auf Französisch, Spanisch, Italienisch, in einem komischen orthographischen Mischmasch und mit Abkürzungen, damit seine Hand dem schnellen Gedanken folgen kann. Er entwirft weltumspannende Pläne, und er bringt die Ernte in die Scheuer, für sich und die Königin.

Am 29. August gibt er sich Rechenschaft über die Folgen des Wirbelwinds der drei voraufgegangenen Tage. Bei einem Unfall fällt man in ein tiefes Loch. Beim Aufwachen im Krankenhaus fragt man sich: »Wo bin ich?« Dann setzt man sozusagen mit der Zeitlupe alles Geschehene wieder zusammen. Das tut Mazarin: »Das Parlament hat die Tätigkeiten des Königs übernommen, und das Volk hat dem völlig zugestimmt. Es hat dem König Broussel als Teilhaber zur Seite gestellt. Es hat zu den Waffen gegriffen, damit es Broussel wiederbekam, und es hat sie erst niedergelegt, nachdem er durch Parlamentsbeschluß wieder zurückgekehrt war. Es hat Barrikaden gegen das Palais-Royal errichtet, hat respektlos von der Königin und mir geredet, es hat viele Tage lang unverschämte und unerhörte Anträge eingebracht, sei es, um sich des Königs zu versichern, sei es, um ihn zu verjagen und die Königin in ein Kloster zu sperren. Verschiedene Mitglieder des Parlaments haben Monsieur die Regentschaft angetragen und haben dem Abbé de La Rivière mit meiner Stellung gewinkt. Öffentlich sind verleumderische Schriften gegen mich verkauft worden . . .«

Die Obstruktion des Parlaments verursacht eine finanzielle Embolie. Alle Erfolge der Außenpolitik werden dadurch gefährdet. Turenne fürchtet, daß seine Soldaten meutern, wenn er sie nicht bezahlen kann. Mazarin wälzt die ganze Verantwortung auf das Parlament ab. Und das Parlament wälzt sie auf Mazarin ab. »An dem allem ist allein das Parlament schuld.« Schlußfolgerung: »Vorübergehend muß dissimuliert werden, es muß aussehen, als würde alles mit dem Parlament abgestimmt, und das muß man seinen besten Freunden beibringen, damit, wenn sie überzeugt sind, sie die anderen überzeugen . . . Es muß verbreitet werden, wir hätten die Absicht, Paris zu verlassen. Das müßte Monsieur verkünden . . . Der König wird draußen stärker sein als in Paris, und ich müßte mich sehr täuschen, wenn das Parlament und das Volk nicht fürchteten, wenn sie den König draußen wissen und imstande, Entschlüsse zu fassen . . . Wenn wir draußen sind, muß unser Groll noch mehr verheimlicht werden, um Zeit zu gewinnen, die notwendig ist, unsere äußeren Affären nicht zu verderben. Und wenn Monsieur le Prince kommt, müssen unsere letzten Maßnahmen getroffen werden, die er energisch stützen wird, wenn sie einmal getroffen sind, aus Freundschaft zur Königin und zu mir, und in seinem eigenen Interesse ... Das alles muß man im Kopf haben ... und hinhalten.«

Die Schlüsselwörter dieser Überlegungen: »die Zeit«, »hinhalten« und vor allem »draußen«. »Draußen«: Mazarins fixe Idee. »Draußen« in zweierlei Bedeutung: »unsere äußeren Affären«, die auswärtigen Angelegenheiten, die einzigen, die ihn leidenschaftlich interessieren, und »draußen«: außerhalb von Paris, dieser Stadt, die er verwünscht. Mazarin, der unter Richelieu zum »Franzosen kanonisiert« wurde, ist innerhalb von drei Tagen von der Stadt Paris in den Rang eines radebrechenden Fremdlings verwiesen worden, der unbarmherzig mit sarkastischen Witzen durchlöchert wird. Die einzige Rettung: nach »draußen« fliehen, in die frische Luft.

Die gesamte Zukunft der französischen Monarchie steht in diesen drei Tagen, in denen sich Mazarin Paris gegenüber wehrlos gefühlt hat, auf dem Spiel. Er überträgt seine Verbitterung später auf den König. Er verankert in ihm das Entsetzen, das der kleine, alles beobachtende und aufnehmende Ludwig XIV. in jenen drei Tagen der ungeheuerlichen Hauptstadt gegenüber empfunden haben muß. Der groß gewordene Ludwig XIV. verlegt, sobald er kann, die Hauptstadt nach »draußen«, außerhalb von Paris, nach Versailles, wo die Monarchie sich vom Königreich und seinen Untertanen absondert. Sie lebt träumerisch wie in einem orientalischen Märchen dahin und errichtet ihren Sonnenkult, der dem zoroastrischen Ormazd näher ist als dem französischen Wesen und Charakter. Ludwig XV. ist so in seine Liebschaften versponnen, daß er sich noch stärker in Versailles einkapselt. Dadurch entgeht ihm völlig, was die Öffentlichkeit denkt und meint. Die öffentliche Meinung wird in Paris in den Salons und Cafés gemacht, wo die Philosophen und die Frauen die Revolution vorbereiten. Als sie unter Ludwig XVI. ausbricht, nimmt Paris Rache und holt von »draußen« den entthronten König, die Königin und den Dauphin, »den Bäcker, die Bäckerin und den kleinen Bäckerjungen«, in seine Mauern zurück. Es fordert von ihnen das Brot, das anstelle der Lorbeeren schon Omer Talon verlangt hatte. »Die große Bestie«, vor der Richelieu sich bereits fürchtete, holt ihren König zurück, um ihn zu töten.

Die drei wilden Barrikaden-Tage haben gezeigt, wie wehrlos die Monarchie ist. Wo sind Kräfte vorhanden außer bei Condé? Er allein ist der Arm des Königs. Ein lästiger Arm, denn Condé ist bereits Großmeister von Frankreich, Statthalter von Burgund, des Berry, der Champagne, und jeder Sieg macht ihn noch bedeutender. Neider sind dabei, seine Wichtigkeit herunterzuschrauben. Obwohl Mazarin ihn nötig hat, zügelt er unaufhörlich Condés Stolz. Zuerst hofft er, ohne ihn auskommen zu können. Als die Barrikaden verschwunden sind, wiegt er sich zu schnell in Sicherheit: »Jetzt ist alles so ruhig, als wäre nie etwas geschehen.« Condé bittet um

Urlaub, Mazarin lehnt ihn ab. Der Kardinal hat viel Erfahrung mit »Patrons« und »Padroni« und weiß, wie wichtig es ist, Untergebene in Abhängigkeit zu halten. Er liefert Condé einen Kleinkrieg mit ewigen Plänkeleien, um ihn daran zu hindern, mit seinen Kampfgefährten eine lorbeergeschmückte Gruppe zu bilden. Condé hatte Châtillon zum Gouverneur von Ypern ernannt. Mazarin schickt Palluau dorthin. An die Spitze seiner Kavallerie stellt Condé Noirmoutiers. Mazarin ersetzt ihn durch Beaujeu. Hartnäckig verweigert er ihm für den scharfzüngigen Bussy-Rabutin das Patent als Maréchal de camp (Brigadegeneral). Nach jedem Sieg und den Wagenladungen voller Trophäen fordert Condé für seine Offiziere Belohnungen, die als selbstverständlich gelten. Strikt verweigert Mazarin sie jedesmal. Condé beklagt sich beim Kardinal mit einer Zurückhaltung, die erstaunlich ist bei diesem Mann, der sonst alles zertrümmert:

»Ich sehe wohl, daß ich für alle Feldzüge einige kleine Kränkungen hinnehmen muß, und es ist wirklich recht hart, den Dienst mit der Hingabe zu versehen, wie ich es tue, und sich außerstande zu sehen, für sich und seine Freunde etwas zu erreichen. Von nun an werde ich sehr wenig Leute sehen, die sich mit irgendeiner Bitte an mich wenden, und ich werde sehr bedachtsam etwas verlangen, aus Furcht, mich völlig unbeliebt zu machen.«

Bei jedem Sieg, den Condé erringt, ist Monsieur krank vor Neid. Am Abend des Sieges von Lens bringt Châtillon mehr als hundert erbeutete Fahnen nach Paris. Sie sollen am Tag darauf das Kirchenschiff von Notre-Dame schmücken, wo das feierliche Tedeum in Gegenwart des Königs abgehalten wird. Monsieur läßt sie ins Palais-Royal tragen, um sie aus der Nähe anschauen zu können. Er betrachtet sie so lange, daß sie zur Feierlichkeit zu spät kommen. Seine Tochter, die Grande Mademoiselle, hat einen solchen Haß auf Condé, daß sie in Schluchzen ausbricht, als sie die Nachricht von dem Sieg erhält. Als Herzogin von Montpensier schreibt sie in ihren Memoiren: »Ich fühlte mich weniger als gute Französin, denn als Feindin. Ich lief davon und verbarg meine Tränen hinter Trauerklagen über einige mir bekannte Offiziere, die gefallen waren.«

Trotz aller Bemühungen, Condé die Flügel zu beschneiden, steht man ständig vor einer Gegebenheit: man braucht ihn. Im Getümmel der Barrikadentage hat Beaufort aus Vincennes entfliehen können. Wieder ein Grund, auf Condé zurückzugreifen. In einem Billet sagt ihm die Königin Liebenswürdigkeiten: »Ein Ausruhen am Hof kann ebenso nützlich sein wie Ihre Arbeit im Felde. Ich flehe Sie an, zurückzukommen.«

Der Hof übernimmt die Hinhaltetaktik Mazarins. Die Gesundheit des jungen Königs, die eine Luftveränderung erfordert, wird als Anlaß für einen Umzug genommen. Ganz abwegig ist das nicht. Eine psychologische Luftveränderung ist vonnöten. Am 13. September zieht der Hof nach Rueil um. Dort wartet man auf das Eintreffen Condés, der mit seinen Truppen Paris einschließen soll. Das Parlament tagt ununterbrochen. Es läßt verlauten, es wolle »die Hoffnungen des Volkes nicht enttäuschen«. Es fürchtet, das ganze Gewicht »der souveränen Macht des Königs« erdulden zu müssen, wenn wieder Ordnung herrscht.

Von dem Augenblick an, da der König sich in Rueil befindet, stöhnen die Pariser, diese ewigen Schreihälse, sie jammern, durch seine Abwesenheit verschlechterten sich die Geschäfte. Sie sind auf eine Belagerung gefaßt. In Rueil ist der Hof nicht auf Rosen gebettet. Man fürchtet den Starrsinn des Parlaments, einen Aufstand der Provinzen und die Vorstellung, die Franzosen könnten keine Steuern mehr zahlen. Schlaff wie immer und wie immer vor sich hinpfeifend kommt auch Monsieur nach Rueil.

Condé hat es nicht eilig, der Aufforderung der Königin zu folgen. Er empfindet einen Widerwillen gegen den Bürgerkrieg, den er den »Krieg der Nachtgeschirre« nennt, weil sie damals über die Soldaten ausgeleert wurden. Er liebt nur den Krieg gegen den äußeren Feind. Er verachtet Parlamentarier und Frondeure, dieses »Gesindel«. Wenn Mazarin in seinen »Carnets« sich beruft auf »die Freundschaft, die er [Condé] für die Königin und für mich hat«, täuscht er sich, oder er gibt, was ihn selber betrifft, etwas Falsches an: Condé findet Mazarin und seine Wohlgerüche zum Speien.

Condé läßt wissen, daß er zunächst nach Chantilly gehen werde, um sich von seinen Feldzügen auszuruhen, dann würde er eine Kur in Bourbon-l'Archambault machen. Doch kaum hat er den Fuß nach Chantilly gesetzt, bekommt er den ausdrücklichen Befehl des Königs, am Hof zu erscheinen. Mürrisch begibt er sich nach Rueil. Noch ärgerlicher wird er, als er bei seiner Ankunft erfährt, daß Châteauneuf in Ungnade und Chavigny, der Gouverneur von Vincennes, einer seiner Leute, festgenommen worden ist.

Mazarin sieht bald ein, daß es mit der »Freundschaft«, die Condé angeblich für ihn empfand, nicht weit her war. Wie konnte er so töricht sein, an sie zu glauben nach all der Schmach, die er dem Kriegsgott angetan hat? Immer wieder zeigt sich die Kurzsichtigkeit, die mit seinem Optimismus zusammenhängt, die aber glücklicherweise diesen alles berechnenden Mann vermenschlicht. Außerdem ist er der Überzeugung, daß die Menschen von ihren Interessen geleitet werden, während es letztlich die Leidenschaften sind.

Mazarin fürchtet, Condé könne sich auf die Seite der Fronde schlagen. Retz hofft darauf. Condé als Führer der Frondeure, das wäre unendlich viel eindrucksvoller als Beaufort, der König der Markthallen und Kohlstrünke! Condé läßt sich von Retz nicht verlocken. »Der Mazarin weiß nicht, was er tut, und er würde den Staat ruinieren, wenn man nicht achtgäbe. Das Parlament geht zu schnell vor: Sie hatten es mir gesagt, und ich sehe es. Ich trage den Namen Ludwig von Bourbon, und ich will die Krone nicht erschüttern. Sind diese Teufel von Parlamentariern denn so wahnwitzig, daß sie mich zum Bürgerkrieg treiben wollen oder dazu, ihnen selbst den Bauch aufzuschlitzen und ihnen sowohl wie mir einen Schurken aus Sizilien vorzusetzen, der uns alle zusammen ins Unglück bringt!«

Condé will der Degen des Königs bleiben. Er will seine Pflicht als Erster Prinz von Geblüt tun, als Oberbefehlshaber, als Großmeister von Frankreich. Zusammen mit der Regentin und Monsieur empfängt er in Rueil die Vertreter des Parlaments. Als es an ihm ist, das Wort zu ergreifen, ruft er ihnen zu, »er werde weder ihren Ungehorsam noch ihre Unternehmungen dulden, er werde für den König auch seinen letzten Blutstropfen vergießen«. Um zu versuchen, eine gemeinsame Front gegen die Rebellen zu bilden, sagt er sogar etwas, das ihm wahrscheinlich schwer über die Lippen gekommen ist, daß er »von der Freundschaft, die er dem Kardinal versprochen habe, nicht abrücken werde«.

Sein schneidender Ton verärgert das Parlament. Eines Tages zischen ihn die jungen streitbaren Räte aus. Mit seiner Kommandostimme fährt er dazwischen: »Meine Herren, Sie schulden Monsieur und mir Respekt, ebenso Ihrer Versammlung. An diesem Ort ist Hohn und Spott nicht angebracht.«

Doch hat dieser Mars einen solchen Widerwillen davor, sein Ansehen durch einen »Krieg der Nachtgeschirre« zu beschmutzen, daß er dem König zum Einlenken rät. Man glaubt Mazarin zu vernehmen, denn er übernimmt sogar Worte aus dessen Sprachschatz: »Milde . . . Umwege . . .« Der Adler verkleidet sich als Katze und legt Seiner Majestät nahe, »die Dinge möglichst mit Milde zu führen und auf allen denkbaren Umwegen zu versuchen, die verirrten Geister wieder auf den richtigen Weg zu bringen und erst so spät wie möglich zu äußersten Mitteln zu greifen.«

Es fällt Condé nicht leicht, sich zu zügeln und so wie Mazarin zu reden. Jeden Augenblick möchte er in Wut ausbrechen, er würde Mazarin am liebsten die Troddeln von seinem Mantel reißen. Er weiß, daß der Italiener nach Chavignys Verhaftung durch seine Sbirren seine, Condés, Papiere hat durchschnüffeln lassen in der Hoffnung, Spuren von der Vorbereitung eines Komplotts zu entdecken.

Diese willkürlichen Festnahmen rufen ärgerliche Familienerinnerungen in ihm wach. Sein Vater wurde von einem anderen italienischen Abenteurer in die Bastille geworfen, von Concini, der so endete, wie Mazarin enden müßte. Mazarin selber stellt sich unablässig die Frage: Wenn man in einem Augenblick nationaler Lebensgefahr Condé auffordert, seinen Degen in die eine Schale der Waage zu werfen, was müßte in die andere gelegt werden, um das Gewicht seiner Verdienste auszugleichen? Er weiß, daß Condé dem »Schurken aus Sizilien« nicht verzeiht, daß er märchenhaft reich ist und die Schlüssel zur Macht und zum Herzen der Königin in der Hand hält. In seinen »Carnets« entwirft er eine Posse, die die Königin aufführen soll: »Die Königin müßte sich über mich, insbesondere bei Monsieur le Prince, beklagen . . . daß sie einen anderen Minister gebrauchen könnte, der sich mehr um die sie betreffenden Kränkungen kümmert, als ich es getan habe . . .« Auf diese Weise könnte Condé von Anna angelockt werden, sie könnte durchblicken lassen, daß sie mit ihrem Mazarin keineswegs so zufrieden ist, wie man gemeinhin denkt. Sie könnte den Wunsch äußern, bei einem anderen Premierminister mehr Verständnis zu finden: zum Beispiel bei einem von Condés Leuten.

Die Versucher umschwirren den Helden. Einer, Vineuil, verheißt ihm einen Garten Eden, dessen Früchte Statthalterposten sind. »Ich besitze genug Vermögen und Niederlassungen, um meinen Lebensunterhalt durch meine Dienste und meine Treue zu bestreiten. Hätte ich mehr, könnte ich dem König zu Recht verdächtig werden«, antwortet Condé. Wird dieser stoische Gleichmut von Dauer sein?

Vorläufig bleibt Condé bei seinem Wort. Er unterstützt die Königin bei ihren Verhandlungen mit dem Parlament. Allerdings greift dieser gestiefelte Unterhändler die Parlamentarier an wie die Spanier bei Rocroi. Zwar kann er sie nicht mit Kanonenkugeln bombardieren, durchlöchert sie aber mit Hohn und Spott, was unheilbare Wunden hinterläßt.

Mazarin ist von Condé enttäuscht, dessen Angriffslust sich für den innenpolitischen Gebrauch nur auf »Worte« beschränkt, wie Verseschmiede und Bänkelsänger sie verwenden. Es wird gesagt, Condé selbst habe einen Refrain verfaßt, mit dem er seinen Mißerfolg vor Lerida persiflierte: ». . . und sein Steckenpferd / Blieb in Lerida stecken.« Mazarin versteift sich nie. Ihm wird es nicht schwer, die Flinte von einer Schulter auf die andere zu nehmen, denn er besitzt ein ganzes Lager solcher diplomatischer Waffen. Condé ist für einen Gewaltstreich nicht zu gebrauchen. An der inneren Front zieht dieser Krieger seine Stiefel aus und schlüpft in Pantoffeln. Soll es mithin bei den Pantoffeln und den Verhandlungen bleiben! Der Hof begibt sich zurück nach Paris.

Am 22. Oktober unterzeichnet der König die Deklaration von Saint-Germain, die vom Parlament am 24. registriert wird, am Tag der Unterzeichnung der Verträge von Münster und Osnabrück. Eine Niederlage Mazarins im Innern, ein Triumph draußen. Hätte man die Franzosen gefragt, welches von den beiden Ereignissen, die am gleichen Tag stattfinden, sie für das wichtigere halten, sie würden, verwundert über die Frage, fast einstimmig geantwortet haben: die Deklaration von Saint-Germain! Die Westfälischen Verträge, durch die das Gesicht Europas verändert wird und von denen zweihundertfünfzig Jahre später, am 14. November 1906, der Fürst Bülow im Reichstag sagt: »Der Westfälische Friede, der Frankreich gemacht und Deutschland aufgelöst hat«, diese Verträge werden in Frankreich wenig beachtet. Und wenn die Franzosen geruht hätten, sie zu beachten, würden sie sie aus Haß auf Mazarin und die Steuern bespuckt haben.

Mit der Deklaration von Saint-Germain – in den Augen Mazarins ein heuchlerisches und völlig provisorisches Gebilde – erkennt der König alle Forderungen der Chambre Saint-Louis an. Sogar die Abschaffung der »Lettres de cachet«, der königlichen Haftbefehle, was er bisher strikt verweigert hatte. Mazarin hat alles getan, um diesen Punkt nicht durchgehen zu lassen. Er sieht voraus, daß durch diesen Artikel ähnliche Gefahren entstehen können, wie sie gerade zu diesem Zeitpunkt Karl I. von England drohen, der von Cromwell verhöhnt und drei Monate später enthauptet wird.

Doch Mazarin hat nachgeben müssen. In ihren Memoiren schnaubt die Grande Mademoiselle, sie hält die Deklaration für das Ende der Monarchie: »Damit wurde die Machtbefugnis des Königs erschreckend eingeschränkt; ein Artikel wurde beschlossen, obwohl nur eine Minderheit dafür war. Zwar muß jedermann Gerechtigkeit zuteil werden, doch gibt es Verbrechen, die nicht die Todesstrafe verdienen, die jedoch den König zwingen, Leute im Gefängnis zu halten, ohne Rechenschaft zu geben über die Gründe, derentwegen sie hineinkommen. Da er über seine Taten allein Gott Rechenschaft schuldig ist, war es äußerst rücksichtslos, ihn durch diese Deklaration zwingen zu wollen, sich dem Parlament auszuliefern.«

Schreckliche Anklagen gegen Mazarin

Der Haß auf Mazarin ist so heftig, daß auch die Deklaration von Saint-Germain ihn nicht abschwächt. Durch keine Konzession ist er aus der Welt zu schaffen. Nur die Entfernung des Objekts des Hasses würde den Brand ersticken. Die französische Bourgeoisie ist von einem abgrundtiefen Ingrimm gegen solch einen Zugewanderten befallen. Mit allen Kräften und Mitteln möchten sie diesen Fremdkörper ausstoßen.

Nicht nur die berufsmäßigen Pamphletisten wie Scarron, Sarrasin und Loret lassen ihrem Hohn in Versen und Liedern freien Lauf, auch besonnene Leute wie Retz oder Patru versetzen dem Italiener wütende Schläge. Der Arzt Gui Patin zeigt durch seine gehässige Streitschrift, bis zu welcher Weißglut sich die Pariser Bourgeoisie steigert: ». . . Ein Italiener, der zu weiter nichts gut ist, als weggejagt zu werden. Man sagt, daß, wenn er gezwungen würde, Frankreich zu verlassen, was, wie ich hoffe, in Kürze geschieht, er nicht nach Rom gehe, wo er sofort den Papst als Feind und als Richter haben würde, weil er früher einen der Neffen des Kardinals Pamfili, der heute Messer Papa Innocentio X. ist, hat sterben, das heißt töten und massakrieren lassen; sondern daß er, um dieses Gewitter zu vermeiden, eher nach Venedig gehe, wo er Geld und Kleidung hat . . . Man sagt jedoch, daß, wenn er in Venedig wäre, der Papst ihn auch dort übel behandeln, daß er ihm die Kardinalswürde nehmen und ihn totschlagen lassen würde. Und diejenigen, die diesen Kerl kennen, sagen, daß er deshalb den Entschluß fassen wird, lieber in die Türkei zu gehen und daß er sich dort beschneiden läßt, um ein ebenso schlechter Türke zu werden, wie er zuvor ein schlechter Christ und unseliger Politiker gewesen ist ... Ob er nun hierhin oder dorthin geht, er würde wenigstens bei allen Teufeln sein!«

Doch eine Mazarinade in Prosa ist schlimmer als alle anderen. Hier wird nicht Gift und Galle gespien, noch possenhaft übertrieben, sondern in einem unversöhnlichen Ton eine Anklage erhoben, die nichts ausläßt, alles bis auf die Haut bloßlegt. Eine Anklageerhebung vor einem obersten Gerichtshof, die dem Angeklagten keine mildernden Umstände zubilligt, die mit unbeugsamer Hartnäckigkeit seine Bosheit anprangert, die seine Karten aufdeckt, um zu zeigen, daß sie alle gefälscht sind, und die ihn verdammt, als wäre er der Repräsentant des Bösen. Man ist verwirrt, denn die Ernsthaftigkeit des Textes scheint auf dem Bestreben, die Wahrheit zu finden, gegründet zu sein. Man glaubt schließlich, daß Mazarin so war, wie er hier geschildert wird, ein teuflischer Betrüger, der alle Welt hinters Licht geführt hat. Man muß sich einen Ruck geben, um wieder zu sich zu kommen, um zu erkennen, daß ein so unheimlich schwarzes Bild nicht wahr sein kann, und sich die Dienste vor Augen führen, die Mazarin Frankreich geleistet hat, ohne daß es ihm gelang, Zuneigung dafür zu ernten.

»Gesuch der drei Stände, den Herren des Parlaments vorgelegt (1648) ... Es hat sich ereignet, daß ein Fremder namens Julle Mazarin sich in der souveränen Regierung niedergelassen hat, in die er weder durch seine Geburt noch durch einen bemerkenswerten diesem Staat geleisteten Dienst, noch durch irgendeinen Verdienst erhoben worden ist. Man weiß, daß er von Herkommen Sizilianer und natürlicher Untertan des Königs von Spanien ist, von äußerst gemeiner Geburt, daß er Lakai an verschiedenen Stellen in Rom gewesen ist, nachdem er in den abscheulichsten Lasterhöhlen gedient hat. Durch seine Gerissenheit, Gefälligkeiten und Intrigen ist er nach Frankreich gekommen, wo er sich mit den gleichen Mitteln bei denen, die regierten, eingeführt hat. Diese haben ihn als Spion und Helfer für ihre eigenen Intrigen benutzt, und mit der Zeit hat er mächtigen Einfluß auf den Geist und Rat der Königin gewonnen, ebenso hat er alle Großen des Königreichs beeinflußt, und es gab während dieser Zeit keine andere Autorität am Hof und in allen inneren und äußeren Angelegenheiten als die seine, zum großen Ärger des ganzen königlichen Hauses und ganz Frankreichs, zum Hohn selbst der ausländischen Nationen. So hat er sechs Jahre lang mehr Böses, Schaden und Verwüstung angerichtet, als die schlimmsten Feinde es gekonnt hätten, wenn sie mit bewaffnetem Arm und als Sieger gekommen wären. Er hat ohne Grund und Rechtsvorgang Fürsten, Beamte der Krone, des Parlaments, Grandseigneurs und die eifrigsten Diener der Könige und der Prinzen entlassen, verbannt und eingekerkert, einige derselben durch Gift zum Tode befördert, darunter den Präsidenten Barillon;

er machte es zum Verbrechen, wenn jemand zu eifrig im Dienst des Königs war. Er hat in seiner Umgebung nur sehr bösartige Leute, ohne Ehre und Glauben, Verräter, Betrüger, Ruchlose und Gottlose. Er hat sich das Amt des Erziehers des Königs angemaßt, um ihn nach seiner Denkweise zu formen und ihn von der Kenntnis der zum guten Regieren notwendigen Dinge abzuhalten, damit er stets sein Lehrer bleiben und ihm ablehnende Gefühle gegen alle gutgesinnten Leute einflößen kann, gegen seine Parlamente und gegen seine Städte, aus Furcht, sie könnten eines Tages kommen und ihm die Wahrheit über den unseligen Zustand, in den sie gezwungen werden sollen, zur Kenntnis bringen. Durch Ränke, Schurkereien und Tücke hat er verdorben, was am Hof an Reinheit, Glauben und guten Sitten vorhanden war; hat durch sein Beispiel Unkeuschheit und Verführung um sich greifen lassen, wovon man seitdem mehr Exempel erlebt hat als sonst in hundert Jahren nicht. Er hat verdienstvollen Personen ohne Kenntnis der Sachlage Ämter genommen, um sie anderen zu geben, damit sie seine Kreaturen wurden. Er hat die Justiz vergewaltigt und auf den Kopf gestellt und verhindert, daß Justiz gegen Leute geübt wurde, die zu ihm gehören, hat gerechtfertigte Verfolgungen von gräßlichen Verbrechen unterbunden und ständig Urteile der souveränen Gerichtshöfe aufgehoben. Am schlimmsten ist, daß er die gesamten Finanzen des Königs geplündert und ausgeraubt und Seine Majestät in äußerste Armut gestürzt hat, wie alle seine Untertanen in ein Elend, das schlimmer ist als der Tod; denn er hat nicht nur alles genommen, was an flüssigem Geld durch Barzahlung vorhanden war und sich im Jahr auf fünfzig oder sechzig Millionen beläuft, sondern hat auch im voraus drei Jahreseinkünfte des Königs verbraucht, um für immer die Ordnung der Finanzen durcheinanderzubringen; er hat diesem verfluchten Gelichter von Steuerpächtern Vollmachten gegeben und sie gefördert, es sind meistens Lakaien und Roßknechte, die ganz Frankreich mit Pferderiemen züchtigen; sie haben die Tailles [Grundsteuern für alle nichtadligen und nichtgeistlichen Personen] aufgeteilt und lassen sie erheben durch bewaffnete Kompanien, die entfesselten Dämonen gleichen, sie haben eine große Zahl von Ämtern aller Art geschaffen und Tag um Tag unerträgliche Abgaben gefordert, zu deren Eintreibung sie Grausamkeiten und Foltern anwenden, die den unglücklichen Franzosen das Mark aus den Knochen saugen, so daß sie ihr ganzes Hab und Gut hergeben und wie armselige Tiere Gras fressen. Dreiundzwanzigtausend Verhaftete haben wegen der Tailles und anderer Steuern zur gleichen Zeit in den Provinzen des Königreichs in Gefängnissen gesessen, von denen fünftausend aus Erschlaffung im Jahr 1646 gestorben sind, wie die Register der Kerkermeister ausweisen. Obwohl er in jedem Jahr mehr als hundert oder hundertzwanzig Millionen verbraucht hat, wie durch den Rechnungshof leicht festzustellen ist, Summen, die aus den Pachtgütern, aus Pfändern und Abgaben stammen, hat er weder die Soldaten bezahlt, noch die Renten, deren er sich jedoch bedient, um seine Plündereien zu decken; auch hat er die Grenzposten weder mit Menschen noch mit Munition verstärkt, oder die Budgets der Marine und Artillerie, die mehr als vier Jahre überfällig sind, befriedigt. Er hat weder den rechtschaffenen und verdienstvollen Menschen Gutes getan, noch denen irgendeinen Lohn zukommen lassen, die ihr Gut und Blut im Dienst des Königs hingegeben haben; im Gegenteil, er hat fast alle Armeen des Königs in Hunger und Bedürfnis sitzen lassen; sie haben seit fünf Jahren nur jährlich zwei Soldzahlungen erhalten; mehr als hundertzwanzigtausend Soldaten sind in Elend und Armut gestorben. Es ist sicher und kann durch mehrere unbescholtene Zeugen bestätigt werden, daß er große Summen mit denen geteilt hat, denen er Vollmachten gegeben hat, und daß er den größten Teil selber eingesteckt hat, den er, sei es in Wechseln, sei es in barem Geld oder Edelsteinen, und unter dem Vorwand, Krieg in Italien zu führen und einige Plätze wie Piombino und Portolongone zu erobern, dorthin gebracht hat. Von diesen Plätzen weiß man auch, daß er die Garnisonen hat Hungers sterben lassen, noch heute werden ihnen acht Soldzahlungen geschuldet, und nie hat er die notwendigen Instandsetzungsarbeiten ausführen lassen, so daß sie selbst den schwächsten Angriffen des Feindes nicht widerstehen können. Überdies hat er, um den Krieg und dadurch seine Tyrannei und seine Diebereien fortführen zu können, den Frieden ausgeschlagen, als Frankreich ihn sehr vorteilhaft haben konnte. Die siegreichen Armeen waren gerade dabei, große Fortschritte zu machen, er aber hat sie durch heimliche Machenschaften daran gehindert und sie gewissenlos umkommen oder sich auflösen lassen; selbst die Prinzen, die sie befehligten, hat er Gefahren ausgesetzt, wie man es in Katalonien zweimal bei der Belagerung von Lerida erlebt hat, bei der Überrumplung von Cortryk und bei den Vorgängen in Neapel, das er dahinsiechen ließ, wobei sichtbar wurde, daß er mit den Staatsfeinden gemeinsame Sache machte, um bei ihnen Unterschlupf zu finden, wenn Frankreich seiner Tyrannei überdrüssig werden und ihn verjagen sollte.« (Lerida wurde 1646 vom Grafen von Harcourt belagert und 1647 vom Prinzen von Condé; Cortryk wurde 1646 von den Spaniern besetzt, während der Prinz von Condé Ypern belagerte; in Neapel hatte sich der Herzog von Guise aufgehalten.)

Während der Schmutz über Mazarin rieselt, marschieren die Truppen Condés von Norden und Osten auf Paris. Zwei Pläne, der eine von Mazarin, der andere von Condé, stehen gegeneinander. Mazarin klammert sich an die für ihn wesentliche Politik des »Draußen«. Wie jemand, der lebendig begraben wird, der spürt, wie die Erde unerbittlich um ihn herum höher wird, ihm Mund, Augen und Scheitel bedeckt, so hat Mazarin nur den einen verzweiflungsvollen Gedanken, nach »draußen« zu fliehen, um seine Lungen mit Luft zu füllen und seine »Combinazioni« weiterspinnen zu können. Der König soll Paris verlassen. Die Hauptstadt soll blockiert und dem Hunger anheimgegeben werden: Parlament, Rathaus und der Wespenschwarm der Bevölkerung. Wenn dieser Plan ausgeführt ist, kann Mazarin seine Hände vorzeigen, die dann ebenso weiß und wohlriechend sind wie vorher, ohne irgendeinen Tropfen Blut.

Condés Plan ist blutig. Er will den »Krieg der Nachtgeschirre«, der stinkt, in einen Krieg umwandeln, der zur Ader läßt. Der König soll in Paris bleiben. Unter dem Vorwand, auf die Jagd zu gehen, soll er sich ins Arsenal begeben. Eine uneinnehmbare Zufluchtsstätte, die geschützt ist durch die Bastille, durch die Porte Saint-Antoine und durch den Wehrturm von Vincennes. Es müßte ein Kinderspiel sein, von dieser starken Festung aus über den Quai Saint-Paul und die Rue Saint-Antoine den Aufstand zu zerschlagen und das Rathaus und den Gerichtspalast in Schutt und Asche zu legen.

Manchmal hat Monsieur lichte Momente, er ist entsetzt über diesen Plan, der Paris in ein Schlachtfeld verwandelt, auf dem Condé richtig Krieg führen kann wie in Rocroi. Monsieur sieht unerbittliche Straßenschlachten und Ströme von Blut vor sich. Das ist ein »türkischer Plan«, sagt er, er meint damit einen grausamen. Er setzt sich für Mäßigung ein.

Mazarins Plan wird der Vorzug gegeben. Abgesehen von den Gefahren, die Monsieur an die Wand gemalt hat, fragt sich die Eminenz, was dieser »türkische Plan« für ihn persönlich bedeuten würde.

Jetzt darf nicht mehr gewartet werden. Die Wogen des Krieges der Pamphlete, der obszönen Chansons mit der Aufforderung, ihn umzubringen, werden von Tag zu Tag bedrohlicher für Mazarin. Alles wird hineingezogen, das Fieber ergreift alle. Selbst die Geschichte eines Kardinalshutes schwimmt auf diesem Ozean von Schmutz. Condé hat einen bösartigen, kleinen, buckligen Bruder, der den Titel Prinz von Conti führt. Nicht eine Krume des väterlichen Erbes will Condé ihm geben. Er sieht ihn lieber auf dem Weg zu den Altären. Leider ist der Kardinalshut bereits dem Abbé de La Rivière versprochen. Ein Hut für zwei ist zu wenig! Außerdem ist der Bucklige in seine Schwester verliebt, die Herzogin von Longueville. »Ich liebe junge unschuldige Männer nicht«, sagt sie lässig. Ihr ist die Fronde lieber als die honigsüßen Plaudereien des »Blauen Zimmers der Arthénice«. Sie mobilisiert Conti und seinen Buckel für die Fronde.

Retz schürt das Feuer in seiner Gruppe von Frondeuren, zu der Conti, Bouillon, Longueville, La Rochefoucauld gehören. Diese Müßiggänger werfen sich wie trunken in den Wind der Raserei, der allen die Köpfe verdreht. Diese Snobs wollen die Mode mitmachen, und die Mode ist ganz auf die Fronde eingestellt. Die Frondeure, aber auch viele, die nicht beteiligt sind, umschlingen ihre Hüte mit Schnüren in Form einer Fronde, einer Schleuder. Schleudern werden auch auf die Handschuhe, Taschentücher und Fächer gestickt. Die Bäcker backen Brot, das wie eine Schleuder geformt ist. Durch die Mode gelangt die Fronde aus den Köpfen in die Sitten und Gebräuche. Für Mazarin ist es Zeit, sich durch das Fenster davonzumachen.

Bei der Ausführung des Fluchtplans beweist die Königin virtuose Geschicklichkeit, theaterhafte List einer Spanierin. Sie spielt das Spiel einer koketten Frau, das durch die Liebe noch gesteigert wird. Eine heroische Liebe zu dem allgemein gehaßten, verachteten und gehetzten Paria, den sie leicht hätte fallenlassen können und der dann von der Meute, wie einst Concini, auf der Stelle zerfleischt worden wäre. Doch folgt die Königin auch dem Gefühl ihrer Mutterliebe. Die Gefahr ist derart drohend geworden, daß es nicht mehr allein darum geht, Mazarin zu retten, die Einschließung von Paris vorzubereiten, sondern auch, wie später der Kardinal sagt, »die Person des Königs in Sicherheit zu bringen«.

Am 5. Januar 1649 unterhält sich der junge König abends im kleinen Kabinett seiner Mutter mit einem Glücksspiel. Er beginnt früh mit seiner Spielerlaufbahn! Lässig stützt sich die Königin auf den Rand des Spieltisches und sieht ihm zu; als gute Schauspielerin zeigt sie ein heiteres Gesicht. Die Herzogin von La Trémoille flüstert Frau von Motteville die Worte ins Ohr: »In Paris geht das Gerücht um, die Königin reise heute nacht ab.« Nur die von Mazarin gehüteten Geheimnisse werden nicht bekannt! Man kann eine Memoirenschreiberin und dabei einfältig sein. »Ich war überrascht von diesen Worten«, schreibt Frau von Motteville. »Als Erwiderung zeigte ich nur auf die Königin und machte auf ihre Gelassenheit aufmerksam. Ich zuckte die Schultern, ich war verwundert über die Idee, die mir ein bißchen phantastisch vorkam. Die Königin verbrachte den Rest des Abends mit jenem Gleichmut, mit dem sie alles Tun in ihrem Leben begleitete.« (Außer damals, als sie drohte, Broussel zu erwürgen, oder als sie gegen das Parlament in Zorn ausbrach.) Frau von Motteville schließt ihre falsche Diagnose mit dem Satz: »Sie erschien uns fröhlicher als gewöhnlich.« Mazarin kann stolz auf seine Schülerin sein.

Dann hält die Königin mit derselben lächelnden Ausgeglichenheit Hof. Nachdem alle anderen aufgebrochen sind, wird, da der Dreikönigstag zu feiern ist, zu fünft der Bohnenkuchen gegessen: Anna von Österreich, Ludwig XIV., die Damen von Bréguy und von Motteville und deren Schwester. Die Bohne steckt in dem Stück, das der Königin angeboten wird. Sie läßt eine Flasche Gewürzwein kommen, ein vor allem im Winter geschätztes, stärkendes Getränk, dem Zucker beigegeben wird und Zutaten, wie die Spanier sie lieben: Zimt, Nelken und Vanille. Angeregt durch diesen belebenden Trank rufen alle, und der kleine Ludwig am lautesten: »Die Königin trinkt!« Eine friedliche Familienrunde. Dann geht man zu Bett.

Morgens um drei Uhr weckt Villeroy den König und kleidet ihn an. Zusammen mit seinem Bruder, dem Herzog von Anjou, wird er über eine Geheimtreppe in den Garten des Palais-Royal gebracht. Er steigt in eine der Kutschen, die in einer Reihe längs des Gitters stehen. Dann erscheint die

Königin mit einigen Würdenträgern. Man fährt bis zum Cours-la-Reine, außerhalb der Stadtmauern, wohin auch Mazarin kommt. Es ist der allgemeine Sammelpunkt. Inzwischen laufen Boten durch Paris und holen die übrigen verblüfften Höflinge aus den Betten. Alle folgen der Aufforderung, mit schlaftrunkenen Mienen, nur die Herzogin von Longueville nicht; sie verschanzt sich hinter ihrer Schwangerschaft, doch vor allem geht sie schwanger mit dem heißen Wunsch, die Königin der Fronde zu werden.

Zwei Stunden später hat die rasselnde Kavalkade das nächtliche Paris verlassen und ist unterwegs nach Saint-Germain.

Ein kleiner König liegt auf Stroh in Saint-Germain

Was Ludwig XIV. während dieser grotesken Tage erlebt hat, vergißt er nie: den Auszug des Hofes nach Saint-Germain in einer schrecklichen Winternacht. Die Höflinge mit schiefsitzenden Perücken, schlecht angezogen, nur halb zugeknöpft, aus dem Schlaf gerissen wie er. Die unordentlich geschminkten Damen; das Rouge ist verschmiert, der Mund auf die Wange gezeichnet, und die Schönheitspflästerchen auf den bleichen Gesichtern sind verrutscht.

Der Übergang aus der einhüllenden Wärme des Palais-Royal ins eisige Schloß von Saint-Germain läßt das Mark des kleinen Königs erstarren und gräbt für immer Spuren des Hasses in sein Gedächtnis. Immer wieder sagen ihm seine Lehrer, seine Almoseniere und seine Hofbeamten mit Wolken von Weihrauch: »Eure Majestät ist der Stellvertreter Gottes auf Erden.« Und dieser menschgewordene Gott wird mitten in einer winterlichen Nacht von seinem Volk verjagt. Er gelangt in ein Schloß, das armseliger ist als der Stall von Bethlehem, wo das Gotteskind im Stroh wenigstens Esel und Ochsen hatte, um sich zu wärmen.

Im Winter wurden die königlichen Schlösser geleert, alle Möbel entfernt. Der gesamte Hofstaat fällt mitten in der Nacht in das leere, riesig große Schloß Saint-Germain ein. Es gibt keine Betten, keine Sessel, keine Möbel, kein Feuer, keine Fensterscheiben, die Fensterflügel schlagen, von heftigen Windstößen geschüttelt, hin und her. Um nicht Aufmerksamkeit und Verdacht zu erregen, hatte Mazarin nur vier schmale, höchst unbequeme Betten aufstellen lassen. Sie sind bestimmt für den König, die Königin, Monsieur und den Kardinal. Alle anderen schlafen auf Stroh, und das Stroh kann nur zu allerhöchsten Preisen beschafft werden.

Die Königin beweist bewundernswürdige Haltung und Humor, sie ist glücklich als Frau, und das Abenteuer reizt sie. Sie ist voller Lebenskraft und ganz Königin: »Die Königin hatte kaum ein Bett, doch nie habe ich ein Geschöpf gesehen, das so fröhlich war wie sie an diesem Tag«, schreibt die Herzogin von Montpensier.

Drei Wochen lang führt der Hof ein zigeunerhaftes Leben. Schmutz, Kälte, keine Wäsche zum Wechseln, keine Bettücher zum Schlafen. Mazarin bemüht sich, dem Mangel abzuhelfen. Er ist Intendant, Faktotum, Küchenchef, Haushofmeister und Minister in einem; er sorgt dafür, daß Scheiben in die Fenster kommen und Strohsäcke beschafft werden, aber er versucht auch, die Stimmung der Ausquartierten zu heben. Zudem beobachtet er die Grandseigneurs, die nur auf Verrat sinnen, hält Turenne am Zügel und gibt dem Herzog von Longueville nicht nach, der den Aufruhr in die Normandie trägt. Er organisiert die Blockade von Paris.

Sein ganzes Leben lang mußte er alles allein machen. Schwierigkeiten rufen masochistische Gefühle in ihm hervor. Doch nie hat ihn das Schicksal in einen solchen Engpaß getrieben wie in Saint-Germain, wo er wieder lebhaft an sein Emigrantendasein erinnert wird.

Die Pariser sind aufgebracht und wütend, sie lassen die Wagen nicht aus der Stadt heraus, die dem Hof das Notwendigste bringen sollen. Die Bevölkerung zwingt die Kutscher, die »das Gepäck des Königs« transportieren, ins Palais-Royal zurückzukehren. Alle Fuhrwerke, die in Richtung Saint-Germain fahren, werden geplündert. Drei Wagenladungen mit Möbeln, Betten, Teppichen, Wäsche, Kleidungsstücken und Silbergeschirr werden im Fauborg Saint-Antoine von der Menge mit den Rufen »Plündert, plündert!« angegriffen.

Die Grande Mademoiselle schläft im Neuen Schloß »in einem großen, schön ausgemalten und vergoldeten Gemach, aber ohne Feuer und ohne Fenster, was im Monat Januar nicht angenehm ist. Meine Matratzen lagen auf dem Boden, und meine Schwester, die kein Bett hatte, schlief neben mir. Um sie einzuschläfern, mußte ich singen, aber ihr Schlaf hielt nicht lange vor; sie störte den meinen sehr. Sie wälzte sich herum, wachte auf und schrie, sie habe ein Ungeheuer gesehen. Also mußte ich wieder singen, um sie einzuschläfern, und so ging es die ganze Nacht. Urteilen Sie selbst, ob es angenehm war für mich, die in der Nacht zuvor wenig geschlafen hatte; ich war den ganzen Winter über krank gewesen, hatte Halsschmerzen und eine heftige Erkältung. Und dennoch wurde ich durch diese Anstrengung gesund ... Ich hatte keine Wäsche zum Wechseln, mein Nachthemd wurde am Tage gewaschen, und mein Taghemd in der Nacht; ich hatte meine Zofen nicht bei mir, die mich hätten frisieren und ankleiden können, was sehr unbequem war. Ich aß zusammen mit Monsieur, der eine ganz schlechte Tafel hält. Trotzdem war ich fröhlich, und Monsieur staunte, daß ich mich über nichts beklagte ...« (Memoiren der Herzogin von Montpensier)

Der Hof muß weiterhin in dieser Kärglichkeit leben. Die Pariser halten noch immer die für den König und die Königin bestimmten Wagenladungen an, sie wollen verhindern, daß Mazarin gehörende Dinge mitgenommen werden. Eine Ausnahme machen sie für die Grande Mademoiselle. Die

Enkelin Heinrichs IV. ist ihr Idol. Sie stellen den Leuten, die für sie unterwegs sind, Passierscheine aus, und diese können aus den Tuilerien holen, was sie wollen. Die Pariser begleiten ihre Beauftragten mit tausend Verbeugungen.

Die Grande Mademoiselle freut sich schadenfroh, als die Königin sich an sie wenden muß, um ihre Garderobe aus Paris holen zu lassen. »Die Königin bat mich, ein Fuhrwerk zu schicken, um ihre Siebensachen zu holen. Ich schickte es mit Freuden; es bereitet Genugtuung, daß man bei gewissen Leuten in Achtung steht. Unter dem Zeug, das die Königin kommen ließ, befand sich ein Koffer mit spanischen Handschuhen. Als sie von den Bürgern, die damit beauftragt waren, durchsucht wurden, mußten diese unaufhörlich niesen, denn sie waren an so starke Gerüche nicht gewöhnt ...«

Doch ist in Saint-Germain die bizarre Grande Mademoiselle wohl die einzige, die sich amüsiert. Der Hof organisiert die Blockade von Paris, muß aber die Blockade des Elends selber erleiden. Die Diamanten des Kronschatzes werden verpfändet, die Pagen werden entlassen, »weil man sie nicht verpflegen konnte«. In diesem Durcheinander ist die Monarchie an einem Tiefpunkt angelangt. Mazarin spürt, daß seine ganze Umgebung ihn für diesen Verfall verantwortlich macht. Richelieu wendete Gewalt an, man haßt die Gewalt, aber man bewundert den Mann. Doch niemand bewundert Mazarin. Man hält ihn für einen Hampelmann, der lispelt, der das französische »ü« wie »u« ausspricht. Dieser Hampelmann ist tückisch, verschlagen. Man will so viel wie möglich aus ihm herausholen. Fürchten tut man ihn nicht. Man hält ihn für zu feige, um bösartig zu sein. Wenn man meint, von der anderen Seite mehr bekommen zu können, läßt man ihn im Stich. In dieser grauenvollen Einsamkeit ist sein einziger Rettungsanker, mit Leib und Seele, die Königin.

Der Brot-Krieg: die schreckliche Belagerung von Paris

Mazarin führt den Brot-Krieg gegen Paris. Das Brot ist damals das Hauptnahrungsmittel der Bevölkerung. Es wurde zumeist aus vollem Weizen gebacken und hatte unendlich viel mehr Nährwert als das heutige blutarme Weißbrot. Mazarin will die Zufuhr von Weizen nach Paris unterbinden, und natürlich auch aller anderen Nahrungsmittel.

Wie er es immer tut, beginnt er mit dem Ausstreuen von Gerüchten. »Es muß unter den Truppen das Gerede verbreitet und den Offizieren gut eingeschärft werden, daß Paris entweder der Plünderung überlassen oder gezwungen wird, der Armee viel Geld zu zahlen.« (Mazarin in seinen »Carnets«)

Dann zieht er die Blockadeschraube an. Er verfügt nur über ein dünnes Aufgebot von Truppen: den achttausend Soldaten Condés stehen hunderttausend bewaffnete Bürger gegenüber. Aber er verteilt seine Leute sehr geschickt, über jede nach Paris führende Straße legt er einen Riegel. Nur bei Charenton und Bourg-la-Reine bleiben Löcher in der Umgürtung, durch die nachts kärgliche Mengen von Lebensmitteln eingeschleust werden, ohne die Paris verhungert wäre.

Anfangs führen sich die Pariser großspurig auf. Die hunderttausend bewaffneten Bürger werfen sich in die Brust und marschieren in ihren mit Bändern geschmückten Uniformen bei Trommelklang durch die Straßen. Sie exerzieren täglich zum Vergnügen der Gaffer. Sie stürmen auf die Wälle und fuchteln mit antiken Hellebarden und verrosteten Musketen in der Luft herum. Nach solchen Heldentaten ertränkt man den Heroismus in Wein und singt im Chor die schmutzigen Chansons über die Regentin (Madame Anne) und den Mazarin. Durch ganz Paris gellt ein Ruf: »Keinen Frieden! Nieder mit Mazarin! Wir müssen nach Saint-Germain und unseren guten König holen.« Dieses Gelübde steht lateinisch auch auf den Fahnen der Fronde: »Quaerimus regem nostrum«. Wir holen unseren König.

Auf diesem Pariser Boden sind die Hetzer wild am Werk. Gondi, der spätere Kardinal Retz, verwandelt seine Kanzel in eine Propagandatribüne. Er holt alle Geistlichen, Domherren, Theologen und Ordensbrüder seiner Diözese und hämmert ihnen ein, der Kardinal sei »der überzeugteste Jude Europas«. In einer feuerroten Uniform sitzt er im Parlament, ein Dolch ragt aus seiner Tasche heraus. »Das ist das Brevier unseres Erzbischofs!« flüstern die Parlamentarier. Sie fühlen sich gut bewacht.

Im Hôtel de Ville, dem Rathaus, haben sich die Damen Longueville und Bouillon eingerichtet, um die aufrechte Gesinnung ihrer Ehemänner als Frondeure unter Beweis zu stellen. Madame de Longueville, die schwangere Zauberin, versetzt den Gemeinderat in Entzücken. Bei Geigenklang entfaltet sie ihre ganze Anmut und Liebenswürdigkeit.

Doch nicht alle Welt in Paris wird von den türkisgrünen Augen der Sirene betört. Die Hefe des Volks kommt aus den Schlupflöchern hervor und vergnügt sich mit Brennen, Stehlen, Vergewaltigen und Plündern. Frau von Motteville und ihre Schwester versuchen, aus Paris herauszukommen. Sie werden erkannt und verprügelt. Fast hätte man sie umgebracht. Der Pfarrer von Saint-Roch und einige Offiziere können sie retten. »Alles steht in Waffen und Feuer«, klagt ein Bischof. Das haben die Herren des Parlaments nicht gewollt. Ihre Milizsoldaten möchten ihre Uniformen in der Berührung mit dem Gesindel nicht schmutzig machen, und doch sitzen Gesindel und bürgerliche Miliz im gleichen Boot. Das Parlament hat Angst vor dem Durcheinander, vor allem, als Hungersnot um sich greift. Es werden Abgeordnete nach Saint-Germain geschickt, um Verhandlungen anzuknüpfen. Mazarin hält sich die Ohren zu, er will warten, bis kapituliert wird. Seinem Rat folgend, lehnt es die Königin ab, die Delegation zu empfangen. Das Parlament fühlt sich gedemütigt und erklärt am 9. Januar 1649, trotz des beschwichtigenden Zuredens der Präsidenten Molé und Mesmes, durch einen Erlaß Mazarin zum »Störenfried der öffentlichen Ruhe« und befiehlt jedem Franzosen, »nach ihm zu fahnden«. Diese Versammlung von »Beamten« des Königs, die ihr Amt durch Kauf vom König erworben haben, fordert die Gerichtsuntertanen auf, den Premierminister des Königs zu ermorden.

Die Fürsten, die sich auf die Seite der Fronde geschlagen haben, schwören auf die »heiligen Evangelien«, »alles zu tun, was zur Durchführung des Parlamentserlasses nötig ist und keinem Vorschlag der Versöhnung zuzustimmen, solange der Kardinal das Königreich nicht verlassen hat, um nie wieder zurückzukommen«. Es folgen die Unterschriften der wichtigsten fürstlichen Totschläger: Henry de Durfort de Duras – Charles de Lorraine (Herzog von Elbeuf) – Marschall de La Mothe – Armand de Bourbon (Prinzen von Conti) – François de Vendôme (Herzog von Beaufort) – J. F. B. de Gondi (der Koadjutor) – die Marschälle L'Hôpital und Vitry – Chevalier von Sévigné (Schwager der Marquise) – François-Maurice de La Tour d'Auvergne (Herzog von Bouillon) – François de La Rochefoucauld (Autor der »Maximen«) und so weiter.

Anstatt auf die Hirschjagd zu gehen, wollen diese Jäger Mazarin jagen; die meisten gehören zu der Gruppe, die dem Kardinal anfangs nach Saint-Germain gefolgt war. Jetzt stellen sie ihren Degen in den Dienst des Parlaments und des Volkes von Paris. Sie sind Generale ohne Soldaten, denn als solche kann man die Bürgermilizen kaum ansehen, die mit ihren dikken Bäuchen und altertümlichen Musketen umherstolzieren.

Mazarin weiß, was er von der Gesinnung dieser Fürsten zu halten hat: »Ich habe die Genugtuung, daß sie alle keinen anderen Vorwand für ihr Verbrechen angeben können, als die Entschlossenheit, mit der ich dem König geraten habe, sich von seiner Machtbefugnis und seinen Städten nichts nehmen zu lassen. Herr von Bouillon möchte Sedan, Herr von Elbeuf möchte Montreuil, Herr von Longueville möchte Pont-de-l'Arche, und der Koadjutor möchte in Paris die weltliche Macht mit der geistlichen vereinen.«

Mazarin spießt den späteren Kardinal Retz spöttisch auf, im Ton und in der Art jenes Gesellschaftsspiels, das »Contre-vérités«, Anti-Wahrheiten, heißt: »Er ist fromm, dankbar, gemäßigt, gütig, bescheiden, aufrichtig, er liebt die Ruhe des Staates, die er mit Leichtigkeit und Erfolg herstellen wird, er weiß, wie mit den Spaniern verhandelt werden muß, er ist ein Feind der Intrige und eifrig tätig für das Ansehen des Staates und die Wiederherstellung der königlichen Autorität.« Man denke sich jeweils das Gegenteil, und man hat ein Porträt von Retz.

Jeden Tag entstehen neue Mazarinaden in Paris. Sie werden an die Mauern und Bäume geklebt, sie werden mündlich oder von Hand zu Hand weitergegeben, und sie werden auf dem Pont-Neuf verkauft, wo unter freiem Himmel alles verkauft wird, wo ständig Vorführungen von Spaßmachern und Possenreißern stattfinden; hier brechen Aufruhr und Prügeleien aus, hier ist das Nervenzentrum von Paris, halbwegs zwischen dem Palais-Royal und dem Rathaus sowie neben dem Parlament liegend. Hier halten sich »diese Broschürenverteiler«, alle Kolporteure und Zeitungsschreiber »der üblen Nachrede und der Verleumdung« auf, wie Mazarins Bibliothekar Naudé voller Verzweiflung schreibt.

Mazarinaden hat es schon lange vor der Fronde gegeben. Immer finden sich Schreiberlinge, die in zweideutigen und schmutzigen Versen den Kardinal und seine »Dame Anne« aufs Korn nehmen. Während der Barrikadenzeit werden die Spottlieder immer bissiger und beleidigender. Die Grandseigneurs haben ihre besoldeten Pamphletisten. Täglich veröffentlichen die Drucker frische Mazarinaden, wie heutzutage Zeitungen erscheinen.

Jeden Morgen nimmt Mazarin, ohne mit der Wimper zu zucken, die neuentstandenen Verse zur Kenntnis. »Sie singen, also werden sie zahlen!« sagt er in weiser Vorausschau. Eines Tages befiehlt er, als habe ihn überschäumender Zorn gepackt, seinen Sekretären: »Bringt mir alle diese abscheulichen Couplets, ich will sie verschwinden lassen.« Obszöne Chansons stapeln sich in seinem Kabinett. Wird er ein Freudenfeuer machen oder wird er sie aus Wut verbrennen? Heimlich beruft er die Buchhändler zu sich und verramscht ihnen den Packen für tausend Taler. »Das ist im Augenblick sehr gefragt. Wenn Sie es richtig anstellen, können Sie dreimal so viel dafür erlösen.«

Die Flucht des Hofs nach Saint-Germain ist ein Thema, an dem sich die Mazarinaden besonders stark entzünden, und während der Belagerung von Paris wird aus der Obszönität Empörung, aus dem Lachen Zorn. Die Mazarinaden werden eine revolutionäre Waffe. Hier nur ein Beispiel:

»Unser Frankreich ist im Stürzen.
Man muß dieser Eminenz
Ihre Lebensjahre kürzen.
Sie ist schuld an der Pestilenz.

Die Feuerglocke muß klingen: din, din,
Wir müssen fangen den Mazarin.«

In einer der politisch-klerikalen Mazarinaden in Prosa, nicht in Versen, die sich mit seiner Kardinalswürde befaßt, glaubt Mazarin die Klaue von Retz zu erkennen.

»Heiratsvertrag des Parlaments mit der Stadt Paris«. (8. Januar 1649)

»Besagter Herr Parlament nimmt besagte Dame Stadt Paris zur Frau und legitimen Gattin; gleicherweise nimmt besagte Dame besagten Herrn Parlament von Paris zum Mann und legitimen Gatten.«

Eine Liebesheirat, die ganz offensichtlich gegen Mazarin geschlossen wird, der »unverzüglich verfolgt werden soll, bis er in die Hände der Justiz überführt wird, um öffentlich und exemplarisch hingerichtet zu werden«.

»Der Papst, die Republiken Venedig und Genua, Lucca und andere Fürstentümer Italiens sollen ersucht und gebeten werden, Nachforschungen und Beschlagnahmen von Möbeln, Edelsteinen und Geld in ihren Ländern durchzuführen, Dingen, die von besagtem Mazarin dorthin geschickt worden sind. Sie sollen der Krone und dem Königreich, denen sie gestohlen wurden, zurückerstattet werden. – Es soll eine rechtsgültige Deklaration erlassen werden, daß kein Ausländer im Königreich Amt und Pfründen besitzen darf, außer Kriegstiteln für diejenigen, die sich ihrer würdig erwiesen haben. Die französischen Kardinäle, die es heute sind und später sein werden, sollen gehalten sein, ihren ordentlichen Wohnsitz in Rom zu nehmen und ihre Sitze im Heiligen Kollegium einzunehmen, außer den Prinzen von Geblüt, denen gestattet werden soll, in Frankreich zu residieren.«

Eine Maßnahme, die all denen den Schwung nehmen soll, die wie die Kardinäle Richelieu und Mazarin mit Hilfe ihres Kardinalshuts an die Macht gelangen wollen.

Eine der Mazarinaden, sie könnte von Savonarola stammen, beschäftigt sich mit den Schätzen, die Mazarin angesammelt hat; sie sollen der Hölle anheimgegeben werden. Es wird ein »Inventar der Weltwunder, die im Palais des Kardinals Mazarin zu finden sind«, aufgestellt. Entsetzt hält man sich die Augen zu angesichts der »schamlosen Nacktheit der Standbilder«. Im Saal der Altertümer wird »eine Statue, die allein zweitausend Taler gekostet haben soll«, zum Stein des Anstoßes. In tugendhaftem Ton wird über eine »Marmorstatue, die die Barmherzigkeit darstellt«, berichtet. »Der dunkle Platz, an dem dieses Kunstwerk aufgestellt ist, zeigt jedem, daß hier die Barmherzigkeit zu Ketten und Kerker verdammt ist; und die Gefühllosigkeit des Marmors zeigt, daß in diesem Haus nur Gefühlloses seinen Platz hat und daß, sofern es hier Barmherzigkeit gibt, sie aus Stein ist.«

Auf jede nur mögliche Art und Weise hebt Paris Truppen aus. Ein Erlaß des Parlaments bestimmt, daß jeder, der ein Hoftor hat, einen Mann und ein Pferd stellen muß. »Die Kavallerie der Hoftore«, spotten die Pariser.

Retz, der über eine Goldquelle zu verfügen scheint, finanziert aus seiner Tasche ein weiteres Kavallerieregiment, das den Beinamen »Regiment von Korinth« erhält. Denn der Mäzen ist Erzbischof von Korinth »in partibus«. Der Herzog von Beaufort, der schöne blonde aus Vincennes Entwichene, der Schwarm aller Marktfrauen, befehligt fünf- oder sechstausend dieser »Korinther«. Von ihnen erwartet man Wunderdinge. Ein Loblied besingt ihn als einen »König David«, den die Fischweiber blindlings feiern, ohne zu wissen, wer König David ist. Er soll die Blockade in der Nähe von Corbeil brechen. Doch kommen leider er und seine »Korinther« nicht über Juvisy hinaus und bringen nur einen Schnupfen mit nach Hause. Der bissige Condé denkt an den Ersten Brief des Apostels Paulus an die Korinther und tauft den ersten Ausfall der Verschnupften »der Erste an die Korinther«. Dasselbe Fiasko erleiden sie beim zweiten Ausfall in der Nähe von Bourg-la-Reine.

Um ihnen zu zeigen, wie so etwas gemacht wird, führt Condé den Parisern, die stets gute Zuschauer sind, eines seiner Meisterstücke vor. Er schlägt die Garnison von Charenton vor ihren Augen vollständig zusammen. Der Hungergürtel um den Leib von Paris ist jetzt nahtlos geschlossen.

Der Mangel an Brot macht den Parisern zu schaffen. Sie träumen von Brot, wie Kriegsgefangene zu allen Zeiten von einem Braten träumen. Das Brot ist die geheiligte Nahrung, die Hostie der Franzosen. Ihre Hauptstadt liegt zwischen den getreidespendenden Landschaften Beauce und Brie, sie ragt auf aus einem wahren Meer von Getreide. Die Bäcker entscheiden über Tod und Leben in der Stadt. Die Erzählung »Der schreckliche Tod eines Bäckers dieser Stadt« berichtet von der Bestrafung eines hartherzigen Bäckers, der einer armen Frau, Mutter von fünf Kindern, kein Brot geben wollte. Wie immer in Kriegszeiten und bei Belagerungen gibt es lachende und weinende Kaufleute. Die Zufriedenen sind Waffenschmiede, Lebensmittelhändler, Trödler und Drucker; die Unzufriedenen, die früher viel bedeutender und mächtiger als die anderen waren, sind jetzt Bau- und Kunsthandwerker, Buchhändler, Buchbinder, Schneider, Garköche und Marktfrauen.

Um die Zange der Blockade ein bißchen zu lockern, machen sich die Bauern der umliegenden Dörfer nachts auf, und versuchen unter Lebensgefahr, Eßbares in die Stadt zu schmuggeln. Was sie haben, verbergen sie in ihren Tragkörben unter Heu. So wollen sie den Truppen des Königs entgehen. Faßt man einen Bauern, wird er aufgehängt. Lionne schreibt an Abel Servien: »Heute sind dreihundert Brotträger aufgegriffen worden, die an den großen Straßen aufgehängt wurden, mit Inschriften um den Hals.« Zum Bild der Fronde gehören auch diese Gehenkten an den Straßen, die nach Paris führen, und die Scharen von Raben, die um sie kreisen, die abgesägten Bäume, die geplünderten Bauernhöfe. Viele Landleute flüchten in die Abtei Port-Royal-des-Champs. Die Superiorin schreibt: die Kirche war voll »von Getreide, Hafer, Erbsen, Bohnen, Kochkesseln und allerlei Lumpen; die Scheunen voller Krüppel. Es ist schrecklich mitleiderregend, dieses arme Land zu sehen«.

Mit äußerster Wendigkeit begegnet Mazarin allen Vorgängen und Erscheinungen. Er tut so, als glitten die Mazarinaden an ihm wie an einem Panzer herab. Möglicherweise kitzeln sie in ihm ein Gefühl, das die anderen »Eigenliebe« nennen. Vielleicht reagiert er auf die Mazarinaden auch aus politischem Interesse, nachdem er überlegt hat, was das Vorteilhafteste ist. Er entschließt sich, etwas zu unternehmen.

»Anschlag in Saint-Germaine-en-Laye auf Befehl des Kardinals Mazarin am 3. Februar 1649 als Antwort auf die Vorhaltungen des Parlaments.« Es ist so etwas wie ein Flugblatt, das an vielen Stellen angeschlagen wird, »um dem Volk die Augen zu öffnen, damit es sich unter dem Vorwand, es geschehe etwas zum öffentlichen Wohl, nicht ins Verderben führen läßt«, denn es gehe doch nur um das »Sonderinteresse der Urheber des Übels«. Mazarin deckt die Interessen der Parlamentarier, des Koadjutors und der Prinzen auf, indem er eines jeden Habgier anprangert. Während er selber, der Kardinal, »ein bisher in diesem Staat nicht gekanntes Beispiel der Mäßigung gibt, daß ein Erster Minister nach sechs Jahren glücklicher Amtszeit keinen Rang bei der Krone, noch die Statthalterschaft einer Provinz und auch keinen anderen Besitz hat als einige Abteien, um seine Würde zu behaupten«. Er vergißt seine Millionen, seine Kunstwerke und seine Edelsteine, was zusammen eines der gewaltigsten Vermögen darstellt, das je ein aus dem Nichts gekommener Staatsmann zusammengetragen hat. Allerdings fängt er im Jahr 1649 erst richtig an, sich zu bereichern.

Nach dem 12. Februar spitzen sich die Ereignisse zu. Die wenigen Parlamentarier, die einen kühlen Kopf behalten haben, sehen, daß es auf einen Abgrund zugeht. Bald wird es keine Krume Brot mehr in Paris geben. Die Soldaten haben die Häuser der Parlamentarier, die diese wie ihren Augapfel gehütet hatten, geplündert. Durch die Straßen von Paris zieht »in großem Aufgebot der Pöbel, bewaffnet mit Knüppeln, Äxten und Gegenständen ähnlicher Art; auf den Gesichtern der Menschen steht das Zeichen des Aufruhrs«. Die Bürger haben in dieser Gesellschaft nichts zu gewinnen, ebensowenig wie in der Großen, von denen sie herablassend behandelt werden. Flehentlich blicken sie nach Saint-Germain und warten auf das kleinste Zeichen, um in Verhandlungen eintreten zu können.

Retz und der Herzog von Bouillon stürzen sich in ein heilloses Unternehmen. Sie wollen versuchen, Turenne zum Abfall zu bewegen, was Mazarin seit langem schon fürchtet. Will Turenne Sedan wiederhaben, die Stadt, die Richelieu seinem Vater weggenommen hatte? Oder will er für seinen Verrat nur Geld? Nach dem ersten Fronde-Krieg fordert er als Belohnung den Titel eines Generalissimus und die Statthalterschaft des Elsaß. Vor allem aber will Turenne das Herz der Herzogin von Longueville erobern, dieses Dämons mit dem Engelsgesicht. Wie alle gehemmten Männer ist er eine leichte Beute für die Circe.

Mazarin hatte alles vorausgesehen. Seit Monaten hatte er den stolzen Krieger mit Schmeicheleien und Versprechungen überhäuft. Zugleich unterhielt er einen Briefwechsel mit allen Führern der deutschen Armeekorps, über die Turenne den Oberbefehl hatte. Diese Berufskrieger verkauften ihre Dienste dem Meistbietenden. Und es ist Mazarin, der auf ihre rauhen, aber berechnenden Köpfe das Manna von dreihunderttausend Pfund niederregnen läßt. Turenne hat auf einmal seine Substanz verloren, ein innerlich hohler Panzer ist übriggeblieben. Als er zum Marsch auf Paris »Vorwärts!« befiehlt und sich umwendet, steht er allein. Seine Truppen haben sich verflüchtigt, sie sind zu einem anderen übergegangen. Ihm bleibt nichts anderes übrig, als nach Holland zu fliehen.

Die Pariser setzen alle Hoffnung auf Turenne und warten auf den Erfolg des Aufstands in der Normandie, wo der Herzog von Longueville am Werk ist. Doch Turenne versteckt sich zwischen den holländischen Kanälen. Und Mazarin kommt Longueville zuvor, der mit seinen normannischen Apfelbauern Saint-Germain von hinten zu nehmen hoffte. Der Kardinal schickt den Grafen von Harcourt nach Pont-de-l'Arche. Die Straße nach Saint-Germain ist abgeschnitten.

In Paris beginnen die Bürger zu begreifen, daß der Pöbel kein Gefährte für sie ist. Sie haben gegen die Steuern des Königs revoltiert und werden jetzt von den Steuern des Volkes bedrückt. Wenn sie ihrem Mißfallen Ausdruck geben, werden sie beschuldigt, »Mazariner« zu sein. Man nimmt ihnen ihr Hab und Gut ab, wie man einem Kaninchen die Haut abzieht.

Die Bürger sind auch beunruhigt über Blicke, die ihre großen Herren dem Ausland zuwerfen. Retz und der Herzog von Bouillon schicken ermunternde Aufforderungen an die Spanier. Das Parlament empfängt einen Vertreter des Erzherzogs, läßt aber einen Wappenherold des Königs nicht herein. Es verschanzt sich hinter juristischen Spitzfindigkeiten. Der König könne einen Wappenherold nur zu einem Herrscher oder zu einem Feind schicken. Das Parlament ist weder das eine noch das andere. Aus Respekt weigere es sich, den Herold zu empfangen. Es nimmt die Gelegenheit wahr und läßt dem König eine versteckte Liebeserklärung zukommen: es habe sich nie gegen Seine Majestät empört, sondern gegen Mazarin, der dem Parlament den ihm zukommenden Anteil an königlicher Liebe geraubt habe. »Es gereicht dem Fürsten zur Schande und den Untertanen zum Schaden, wenn ein einzelner zu großen Anteil an seiner Zuneigung und Autorität gewinnt, denn die eine müsse allen zukommen und die andere ihm allein gehören.«

Den ausgehungerten Parisern bleibt nur noch die Nahrung, mit der sie sich auch später, 1870, begnügen mußten: Hunde, Katzen und die Vögel im Käfig. In einem Chanson zieht man über einen Staatsanwalt her, der einen seiner »Verwandten« gegessen hat, einen Esel.

Und später erinnert sich Blot, einer der schlüpfrigen Verseschmiede, mit Bedauern an die schöne Zeit der Hungersnot, als sich die hübschesten Frauen für einen Bissen Brot hingaben. Aber Paris kann von seinen Spottliedern und seinen Kanarienvögeln nicht existieren. Über den Kopf der

Frondeur-Generale hinweg treten die Präsidenten Molé und Mesmes in Verhandlungen mit der Königin ein. Molé verspricht, das Parlament werde ihr »zu jeder Zeit Beweise der schuldigen Treue geben«. Er fleht den König an, einen Weg durch die Blockade zu öffnen, auf dem die für die Stadt Paris notwendigen Dinge ungehindert passieren könnten.

Am 4. März 1649 beginnen die Verhandlungen. Die Gegenwart Mazarins am Verhandlungstisch wird von vielen als Hindernis empfunden, doch wird der Frieden von Rueil am 11. März unterzeichnet. Beide Parteien haben etwas Wasser in ihren Wein geschüttet. Das Parlament hebt seine letzten Erlasse auf, insbesondere den vom 9. Januar 1649, mit dem Mazarin zum »Störenfried der öffentlichen Ruhe« erklärt wurde. Das Parlament wird sich nach Saint-Germain begeben, zu einem »Lit de justice«, einer Parlamentssitzung, an der der König teilnimmt. Vor Ablauf eines Jahres wird er keine allgemeine Versammlung mehr einberufen.

Der König bestätigt die von ihm im Juli und Oktober 1648 erlassenen Deklarationen. Die Rebellen werden begnadigt. Er akzeptiert die unmäßigen Forderungen der Großen, fast alle. Mazarin genießt das bittere Vergnügen, sie noch stärker verachten zu können. »Alle wollten dem Kardinal am Zeuge flicken, aber alle wollten auch, daß er bliebe, um noch mehr aus ihm herauszuholen; sie machten es sich zunutze, daß er bereit war, seinen Feinden zu vergeben ... Sie glaubten hoffen zu können, sich stets mit ihm auszusöhnen und, indem sie seine Gegenwart ertrugen, Vergünstigungen und Vergebung zugleich zu erlangen ... Am meisten zu bedauern waren die rechtschaffenen Leute, sie bekamen die Belohnungen nicht, die sie für ihre Treue verdient zu haben glaubten. Sie sahen, daß Gunstbeweise jenen zukamen, die sich des Majestätsverbrechens schuldig gemacht hatten.«

Der hinkende Frieden von Rueil

Die Briefe des Arztes Gui Patin an seinen Kollegen Belin zeigen, wie wetterwendisch damals die Bürger von Paris waren. Dieser Jünger Äskulaps tobt vor Wut, als sich die Vertreter seiner Klasse, die Abgesandten des Parlaments, an den Konferenztisch in Rueil setzen.

»Hier wird ganz laut und gereizt geschrien, unsere Generale dürften nicht mehr zaudern, wir hätten nur noch Hilfe von außen zu erwarten, man müsse direkt und mit gesenktem Kopf nach Saint-Germain gehen und das Schloß belagern, in dem der unselige und verdammte Spitzbube eingeschlossen ist. Der König und die Königin müßten nach Paris geholt und dieser Kardinal in die Conciergerie [Gefängnis] geworfen werden, dahin, wo einst Ravaillac [der Mörder Heinrichs IV.] saß. Von dort aus müsse er auf den Grève-Platz [Hinrichtungsstätte] geführt werden, um der Nachwelt ein Beispiel zu geben und die Italiener zu lehren, nicht mehr hierherzukommen und sich so mir nichts, dir nichts an den Hof zu drängen, zur Verzweiflung und gänzlichen Verderbnis eines so blühenden Königreichs; ähnlich wie es einst der Marquis d'Ancre [Concini] machen wollte, dem, zusammen mit seiner Frau und seinem Gefolge, das Geschäft schlecht gelang. Wolle Gott, daß es Mazarin ebenso ergeht! Daß wir endlich glücklich sein können!«

Nur wenige Tage später, nach der Übereinkunft von Rueil, dreht die Wetterfahne Patin in den Wind des Königs. Dieser Hetzer ist auf einmal für den Frieden: »Der Frieden ist günstig und nützlich für uns, und gut für Paris. Er war auch notwendig, in dem schlechten Zustand, in dem wir uns befanden. Sonst wäre uns nichts weiter übriggeblieben, als Hilfe von fern herbeizurufen, aber hier wäre alles geplündert und verwüstet worden, es wäre auch das noch zerstört worden, was die Deutschen, Polen und Franzosen von Monsieur le Prince durch ihre Räubereien noch nicht ruiniert hatten.« (14. März 1649)

Der aus den Großen und den Bürgern bestehende Block bekommt allmählich Risse. Die Frondeur-Generale verhindern vorerst die Registrierung des Friedens von Rueil. Sie versuchen, dieses hinkende Gebilde zu ersticken. Der Bürger Patin läßt seinem Kummer in einem Brief an den Bürger Belin freien Lauf: »Sie kennen das Naturell der Prinzen, die den Krieg mehr lieben als den Frieden, während es für uns das Gegenteil ist. Wir können noch dürfen keinen Krieg machen, der Frieden ist für uns nicht nur nützlich, sondern auch notwendig.«

Dreizehn Tage danach ist der schwache Frieden von Rueil vom Parlament immer noch nicht registriert. Gui Patin beginnt, seine Wut gegen Mazarin zu zügeln. So wie Patins Meinung änderte sich allmählich die Meinung der Bourgeoisie gegenüber dem Unhold: »Ich hoffe, daß Gott das Herz der Königin rühren wird, damit sie uns bald den Frieden gibt... Wir möchten auch den König und die Königin hier haben, allerdings hassen das Volk und die Bürger den Mazarin abgrundtief, und ich glaube, er kann niemals in Sicherheit hierher zurückkommen. Mir persönlich ist es gleichgültig, dieser oder ein anderer, denn möglicherweise kommt nach ihm ein anderer, der noch schlimmer und ein noch größerer Spitzbube ist.« (27. März 1649)

Der Präsident Molé, ein Fels an staatsbürgerlicher Gesinnung, befreit das Parlament von den störrischen Generalen und verunglimpft sie in den Augen des Volkes. Die Königin verzichtet auf ihr stolzes »Lit de justice«. Am 1. April 1649 wird endlich der Frieden von Rueil vom Parlament registriert. Paris bricht in einen Freudentaumel aus: Feuerwerk und Tedeum, stets der Gipfel der Feierlichkeiten.

In seinem Brief vom 17. April an den Arzt Belin freut sich insbesondere der Bauch von Doktor Patin: »Trotz Mazarin haben wir drei Monate lang gute Tafel gehabt und während der ganzen Fastenzeit Fleisch gegessen, ohne uns an Gott zu versündigen.« Patin ist wieder etwas munterer und will es allein den Prinzen, nicht dem Volk, den Bürgern und dem Adel überlassen, Mazarin zu bestrafen: »Aber, werden Sie sagen, der Mazarin hat das Königreich gar nicht verlassen, wie Sie gefordert haben. Das ist wahr, aber wir brauchen Geduld und ein bißchen Zeit ... Die Prinzen haben ihn nicht gehen lassen wollen, damit sie ihn eines Tages selber fressen können.«

Bei allen Besudelungen und Beschimpfungen verliert Mazarin seine Kaltblütigkeit nicht, er schöpft aus unergründlichen Reserven, und er braucht sie, um dem Ausland gegenüber das Gesicht nicht zu verlieren. Kaiser Ferdinand III. macht sich den Aufruhr der Fronde zunutze und weigert sich, die Artikel des Westfälischen Vertrags zu erfüllen. Er wird von Spanien unterstützt; die Spanier fallen in Flandern ein und bleiben im Elsaß, das sie hätten freigeben müssen. Von den Franzosen bespien, spricht Mazarin mit dem Ausland im Namen Frankreichs. Der Geist triumphiert: Mazarin baut seine Mauer aus Plänen und Projekten weiter aus, dem Unstern von heute stellt er die Herrlichkeit der Zukunft gegenüber. Als erfahrener Spieler setzt Mazarin die Partie fort mit Geld, das nicht vorhanden ist, das er aus künftigen Gewinnen zu ziehen hofft. Und als Akrobat kann er sich auch auf den schwächsten Punkt stützen: den hinkenden Frieden von Rueil. Auf dieser Basis bereitet er einen militärischen Gewaltstreich vor, mit dem er Spanien zur Verhandlung zwingen will. Am 24. Juni 1649 beschließt er die Belagerung von Cambrai. Er begibt sich mit dem Hof nach Amiens, weniger, um die Operationen zu bewachen als die Zeit totzuschlagen. Der König hat keine große Sehnsucht, gleich nach Paris zurückzukehren.

Doch leider muß Graf Harcourt am 3. Juli die Belagerung aufgeben. Seine deutschen Soldaten sind dem Feind in eine Falle gegangen. Mazarin sorgt dafür, daß die »Gazette« ihren Fehler nicht herausstellt, er will die Soldaten nicht kränken. Doch gibt er in einem Brief an Le Tellier seiner tiefen Enttäuschung Ausdruck: »Nun hat uns das Unglück getroffen. Man mag noch so viel Klugheit anwenden, um die Dinge erfolgreich zu gestalten, es gelingt einem nicht.«

In Paris macht sich ein Pamphlet lustig über das »Mißgeschick des Kardinals Mazarin hinsichtlich des Abbruchs der Belagerung von Cambrai mit der Beschreibung der Triumphbögen, die er dort errichten lassen wollte für den Einzug in jene Stadt«. Die Streitschrift behauptet sogar, die kriegerische Eminenz habe die Belagerung nur angeordnet, um sich dann zum Gouverneur von Cambrai zu ernennen.

Bald darauf gibt ihm ein Erfolg das Vertrauen in seinen Stern zurück. Um die Gestirne günstig zu stimmen, verläßt sich Mazarin noch einmal auf die Armee: Graf Harcourt erobert die von den Spaniern besetzte Stadt Condé. Der Kardinal kann aufatmen. »Eine angenehmere Nachricht«, schreibt er an den Sieger, »als die von der Einnahme von Condé hätte ich nicht erhalten können. Wir erkennen die große Bedeutung an den Wirkungen, die sie zeitigt, indem sie endgültig Schrecken und Verwirrung unter den Feinden gestiftet hat.«

Mazarin ist dankbar für diese Atempause. Die Bürger von der Sorte Gui Patins vergessen vorübergehend, daß sie ihn zerfleischen wollten, und das Volk wird stets dem Stärkeren nachlaufen. Wenn die Adligen eine Zeitlang Ruhe geben und ihn arbeiten lassen würden, könnte Mazarin damit beginnen, alle Schäden zu beheben. Er bereitet die Rückkehr des Königs nach Paris vor. Er verhandelt mit den Häuptern der Fronde, doch werden durch einen Zwischenfall alle Bemühungen zunichte gemacht. Der Drucker Morlot war zum Tod verurteilt worden, weil er ein Pamphlet gegen Anna von Österreich veröffentlicht hat; es trug den Titel »Der Bettvorhang der Königin, der alles erzählt«. Unflätigkeiten gegen seine Person nimmt Mazarin hin, nicht aber die gegen die Königin gerichteten. Am 20. Juli stürzt sich das Volk auf die Häscher und den Henker, die Morlot zum Galgen führen, und befreien ihn.

Am 18. August erfolgt der sehnlichst erwartete Einzug des Königs in Paris. Die Hauptstadt birst vor Begeisterung. Sie empfängt ihn jubelnd, ihn, der sie acht Monate zuvor in einer eisigen Winternacht heimlich verlassen hatte. Die Plaine Saint-Denis ist »mit Triumphbogen geschmückt«. Stundenlang stehen die Pariser im Staub der Straße und schreien sich heiser: »Vive le Roi!« Es lebe der König!

Es gibt ein Dokument, mit dem nachgewiesen werden kann, daß nicht bis zum Höhepunkt der Herrschaft Ludwigs XIV. gewartet wurde, um das Thema »Sonnenkönig« zu erörtern; es war bereits unter früheren Königen angeschnitten worden, und während Ludwigs Minderjährigkeit wird offensichtlich, daß dieses Prädikat auf ihn hervorragend zutreffen würde. Eine Schrift ist betitelt: »Der königliche Triumph und die Freude der guten Franzosen über die Rückkehr des Königs, der Königin und der Prinzen; mit der Ansprache, die bei ihrem Einzug in Paris am 18. dieses Monats gehalten wurde.« Dieser zähe rednerische Brei beschäftigt sich mit der Rückkehr »dieses strahlenden Gestirns, dieser glänzenden Sonne, diesem Tag ohne Nacht, diesem Mittelpunkt, um den alle Linien kreisen, mit einem Wort, dieser obersten französischen Triebkraft, die alle anderen Gestirne in Bewegung setzt«. Es darf nicht vergessen werden, daß die Franzosen, selbst während der Fronde, nie von der Verehrung ihres Königs abgelassen haben, immer riefen sie »Vive le Roi tout seul!« – Es lebe der König ganz allein. Das ganze Übel kam ihrer Ansicht nach nur von den schlechten Ratgebern, vor allem von diesem Italiener.

Und was ist mit diesem Mazarin, den man durch die Straßen schleifen wollte, wie damals Concini? In der Ansprache wird er mit keiner Silbe erwähnt. In einem Brief an Belin (27. August 1649) muß Gui Patin zugeben, daß niemand auch nur den kleinen Finger gegen ihn erhoben hat, obwohl er wenige Wochen zuvor noch der Prügelknabe des Königreichs war. Vorsichtshalber wird Mazarin in der riesigen, über und über vergoldeten königlichen Karosse neben Condé gesetzt, den Nationalhelden, der in jüngster Zeit allerdings zum Aushungerer von Paris geworden war. »Am 18. dieses Monats ist der König unter recht mittelmäßigem Aufwand eingetroffen. In seiner Karosse saßen die Königin, der Herzog von Anjou, der Bruder des Königs, und seine Frau, der Prinz von Condé und einige andere mit Mazarin, gegen den das Volk nichts gesagt hat, so erfreut war es, den König zu sehen ... Niemals hat man in Paris größere Begeisterung erlebt.«

Madame de Motteville, die Mazarin stets einige Sympathien entgegenbringt, geht in ihren Memoiren weiter als Patin. Sie berichtet, das Volk habe sich nicht darauf beschränkt, dem Kardinal »nichts zu sagen«, es habe ihm zugelächelt und tausend Hände entgegengestreckt. Diese Zeichen von Zuneigung erklärt das schlaue Frauenzimmer »mit Geldsummen, die Mazarin heimlich hatte verteilen lassen: darum beteuerten die Pariser so lautstark, daß er ein guter Kerl sei«.

Am 25. August stellt Mazarin die öffentliche Meinung noch mehr auf die Probe. Am Namenstag des heiligen Ludwig begibt sich der König zu Pferde zur Jesuitenkirche in der Rue Saint-Antoine. Der ganze Adel begleitet ihn in einem einzigen Funkeln und Schimmern von Brokat und Edelsteinen. In ihren Memoiren bemerkt die Grande Mademoiselle, sie habe sich über den Mut des Kardinals gewundert. Sie glaubt an die falsche Legende, Mazarin sei feige gewesen. Der Reiter von Casale ist nie ein Feigling gewesen. Doch Mut zeigt er nur, wenn er sich auszahlt. »Der Kardinal unternahm etwas, das ziemliches Staunen hervorrief. Er, von dem gesagt wird, er sei nicht wagemutig, fuhr zum König in die Jesuitenkirche, durchquerte, kaum bewacht, die ganze Stadt in seiner Kutsche, und niemand sagte ihm ein einziges Wort.«

Andere Zeugen behaupten sogar, das Volk habe ihm in der von Menschen wimmelnden Rue Saint-Antoine, dem Pulverfaß aller Revolten, Freundschaft bezeigt und ihm dafür gedankt, daß er den König zurückgebracht habe.

Während der folgenden Tage veranstalteten die Seinefischer Turniere zu Ehren dessen, den sie kurz zuvor noch ertränken wollten. Diese Aussöhnung zwischen dem Volk und dem verhaßten Mann läßt die Adligen aufmerken, sie suchen nach einer Gelegenheit, von neuem Unheil säen zu können.

Irgendwann muß das Gewitter ausbrechen, das zwischen Mazarin und Condé schwelt. Condés Hochmut grenzt an Wahnsinn. Mit einer Schar von Gefolgsleuten – es sind junge Leute mit hochgezwirbelten Schnurrbärten – beunruhigt er den Hof durch einen Wirbel von Anmaßung und Unverfrorenheit. Er kann nur leben, wenn der Wind des Krieges weht. Im Gewimmel der Schlachten behält er den Überblick, entscheidet, handelt und ist überall zugleich. Ist das Feuer der Aktion erloschen, meint er zu ersticken. Durch sprachliche Aggressionen will er die Atmosphäre der Schlachten schaffen. Pfeile und Stiche sind seine Kanonen. Zum friedlichen Leben untauglich, reibt er sich auf.

Mazarin weiß, daß Condé isoliert werden muß, damit er keinen Schaden anrichtet. Die beiden verhalten sich zueinander wie Feuer zu Wasser. Er versucht, um den Wüterich herum eine Leere zu schaffen. Er lehnt alles ab, was Condé für seine Waffengefährten fordert, und diese erkennen bald, daß sie von ihm nichts erhoffen können. Mit Condé ist weder Karriere noch Vermögen zu machen, als Sprungbrett ist er nicht mehr zu gebrauchen.

Mazarin verwendet den Sieggewohnten gegen den äußeren Feind. Er schmeichelt ihm, wie man einem Pferd den Hals streichelt. Doch wenn Condé mit einer Wagenladung Fahnen zurückkehrt und seinen Lohn verlangt, verflüchtigt sich Mazarin. Auch unter den Großen verschafft er sich Beistand gegen den Krieger. Er söhnt sich mit der Herzogin von Chevreuse aus, die einst seinen Tod wünschte. Er läßt sich die bittere Huld dieser Circe einen Batzen Gold kosten.

Gegen Condé verwendet Mazarin eine andere arglistige Waffe: er wird zum Heiratsvermittler. Dank der Schar seiner drei Neffen, aber vor allem seiner sieben Nichten verfügt er in diesem Spiel über eine große Auswahl an Karten. Er wird, wie Ludwig XI., ein gewiegter Ehestifter. Durch Heirat wird damals ein Bündnis zwischen Parteien und Cliquen besiegelt; eine Politik der Teilung des Vermögens sowie des Hasses nach italienischem Brauch. Die Liebe hat hier ebenso wenig Raum wie in den unmenschlichen Ehen unter Königskindern. In Frankreich hat Mazarin ein Beispiel für seine Pläne und Berechnungen erlebt: sein Lehrer Richelieu drängte dem Herzog von Enghien seine Nichte, die Tochter einer Geisteskranken und später selber geisteskrank, als Ehegattin auf.

Im Wettbewerb auf diesem Gebiet versuchen Condé und Mazarin einander zuvorzukommen. Mazarin wünscht sich für eine seiner Nichten den Herzog von Joyeuse aus dem Hause Guise als Ehemann. Condé ist schneller: er verheiratet Joyeuse mit seiner Kusine, Mademoiselle d'Alais. Mazarin hat ein Auge auf den jungen Herzog von Richelieu, den Erben und Großneffen des illustren Kardinals und Gouverneur von Le Harvre, geworfen. Condé beeilt sich und verheiratet den Herzog fast heimlich mit Mademoiselle de Pons, der älteren Schwester von Marthe du Vigean. Die mächtige Zitadelle von Le Havre, Schlüssel zur Normandie, gerät in die Fänge der Familie Condé.

Der Kardinal ersinnt einen vernichtenden Gegenschlag: er versucht, seine dreizehnjährige Nichte Laura Mancini – in Frankreich ist eine Laure aus ihr geworden – mit dem Herzog von Mercoeur aus dem Hause Vendôme zu verheiraten, einem Enkel Heinrichs IV. und Gabrielle d'Estrées. Diese Heirat würde eine Fülle von Vorteilen mit sich bringen. Es ist der erste tastende Versuch Mazarins, eine Verbindung mit der königlichen Familie herzustellen. Er beginnt mit der außerehelichen Linie. Ein weiterer Nutzen wäre: der unverbesserliche blonde Herzog von Beaufort, »der König der Markthallen«, ein Vendôme, würde vielleicht auf seine Seite treten. Und der dritte Gewinn: dem Großen Condé würde vor der Nase das Amt der Admiralität weggerafft werden können, das er beim Tod seines Schwagers, des Herzogs von Brézé, als Familienerbstück verlangte. Die Königin hatte sich die Verfügung über die Admiralität vorbehalten. Jetzt könnte sie sie, mit dem Recht der Vererbung und zusammen mit Katalonien, dem Herzog von Mercoeur übertragen.

Condé ist gefaßt auf einen Streich des »geborenen Betrügers«, des Königs der Betrüger. Um ihn zu überlisten, versucht er, vom Kardinal das Versprechen zu bekommen, daß dieser seine Nichten Mancini und Martinozzi nur Freiern geben würde, die er, Condé, ausgesucht hat. Mazarin weist diese ungeheuerliche Forderung zurück, vor allem, weil in aller Stille seine Verhandlungen vorankommen, und sogar tanzenderweise. Beim Ball im Stadthaus zu Ehren des elften Geburtstags von Ludwig XIV. sieht Condé zu seinem allergrößten Schrecken, wie sich eine der »Mazarinetten« mit einem jener von ihm verabscheuten Bastarde im Kreise dreht, einem dieser Vendômes, die es wagen, den Condés, authentischen Prinzen von Geblüt, den Vortritt streitig zu machen. Vor seinen Augen tanzt der Herzog von Mercoeur mit der kleinen Laure Mancini!

Ein anonymer Brief, der im Archiv des Ministeriums für Auswärtige Angelegenheiten aufbewahrt wird, gibt Aufschluß über den daraufhin ausbrechenden Skandal. Am 13. September sind die Stoffe für das Brautkleid, »zusammen mit anderen notwendigen Dingen«, gekauft worden. Die Verlobung soll am Vormittag des 19. September stattfinden. Am Abend »wird der Herr Kardinal dem gesamten Hof ein prächtiges Souper geben, auf das eine Theateraufführung und ein Ball bis Mitternacht folgen sollen. Dann könnte man die Messe besuchen und die Trauung vollziehen. Doch der Zwischenfall, der sich am nächsten Tag [14. September] ereignete, verursachte einige Störung«.

Der »Zwischenfall« hat sich so abgespielt: Mazarin bittet Condé, seine Unterschrift unter den Heiratsvertrag zu setzen. Condé erwidert, das ginge ihn nichts an, er sei mit den Brautleuten nicht verwandt. Hingegen sei er der Schwager des Herzogs von Longueville. Er fordere für ihn die Landvogtei von Pont-de-l'Arche, die ihm durch den Vertrag von Rueil versprochen worden war, und dazu vierhunderttausend Pfund. Diese Forderung kommt wie ein Ultimatum aus seinem Mund. Mit dem Lächeln eines Märtyrers gewährt der Kardinal das Geld. Pont-de-l'Arche verweigert er. Wer Pont-de-l'Arche in der Hand hat, hat die Normandie in der Hand. Mit Bezug auf den besagten Artikel des Vertrages von Rueil sagt Mazarin zynisch: »Das sind Verpflichtungen, die man mit der Absicht eingeht, sie nicht zu halten.«

Condé ist außer sich, er tobt und schreit, es sei aus zwischen ihnen, von nun an sei er nicht mehr sein Freund. Er werde ihn nicht mehr aufsuchen; wenn er ihn im Palais Royal oder anderswo treffen sollte, werde er ihn nicht mehr grüßen. Bevor er ihn türenschlagend verläßt, wirft er Mazarin, den er für einen Feigling hält, eins seiner bissigen Worte zu: »Adieu, Mars!« Um das Maß der Beleidigungen vollzumachen, schickt er ihm einen Brief mit der Anschrift »All'illustrissimo Signor Facchino« – An den hochverehrten Herrn Dienstmann.

Die Königin und der Kardinal sind entsetzt über diesen Bruch. Am 15. September schicken sie Le Tellier ins Palais Luxembourg. Er soll Abbé de La Rivière bitten, sich bei Monsieur zu verwenden, damit dieser eine Aussöhnung zwischen Condé und Mazarin zustande bringt. Drei lange Tage verhandeln Condé, Conti und Monsieur im Luxembourg. Am 17. September unterzeichnen Monsieur und die Prinzen im Palais-Royal die Übereinkunft. Mazarin gibt Pont-de-l'Arche an den Herzog von Longueville. Die Admiralität bleibt in der Schwebe, zur Verfügung der Königin. Die Heirat von Laure Mancini und Mercoeur wird auf den Sankt Nimmerleinstag verschoben.

Um die Versöhnung zu besiegeln, lädt Condé Monsieur und Mazarin an seine Tafel. Doch er vermag seine üblichen Taktlosigkeiten nicht zu unterdrücken. Selbst wenn man ihn zerhackte, würde aus jedem Stück von ihm ein Sarkasmus gegen Mazarin herausspringen. »Während der Mahlzeit kam aus dem Mund des Prinzen kein Wort, das nicht in irgendeiner Weise eine Stichelei gegen den Kardinal war, dessen melancholische Miene allen Anwesenden zeigte, daß er sie lebhaft empfand«, sagte Pierre Lenet, einer der Vertrauten Condés, in seinen Memoiren.

Aus dem Griechischen übersetzt heißt Melancholie »schwarze Galle«, und damals wird mit Melancholie die düstere Gemütsverfassung bezeichnet, eine Niedergeschlagenheit, die zu unheilvollen Entschlüssen führen kann. Ein grauer Schleier verhüllt Mazarins Lächeln. Sein Stern ist am Verlöschen. Sein prächtiges Purpurgewand verwandelt sich in einen Fetzen. Nichts weiter als ein Fußabtreter ist er, ein armer Emigrant aus Sizilien.

Eines Tages wird Condé vom Zorn übermannt. Er begegnet Mazarin im Palais-Royal. Außer sich vor Wut und Stolz stürzt der Prinz auf den

Italiener zu, packt ihn im Beisein mehrerer Zeugen am Kragen seines Kardinalsmantels und schreit: »Deine schwarzbraune Bastardin willst du mit einem Sohn Frankreichs vereinen! Du hältst dich wohl für sehr stark, Schurke aus Sizilien!« Er hebt ihn hoch, »packt ihn am Kinn«, wie schamhaft die Berichte aus jener Zeit sagen. Eine ungewöhnliche Stelle, um jemand zu packen. Deutlicher gesagt, er hat ihn geohrfeigt. Auch was er hinzugefügt hat, deutet nicht darauf hin, daß er ihn nur »am Kinn« gepackt hat: »Da hast du den Segen eines Kavaliers!«

Jeder Mann, der einen Tropfen Blut in den Adern hat, vor allem in einer Zeit, da eines Ja oder Nein wegen der Degen aus der Scheide springt, jeder normale Mann hätte sich in seinen eigenen Augen und in den Augen der Welt für verloren gehalten, wenn er auf diesen Angriff nicht augenblicklich ebenfalls mit Gewalt geantwortet hätte. Mazarin jedoch, der, es sei wiederholt, kein Feigling ist, Mut aber nur schätzt, wenn er etwas einbringt, schluckt seinen Zorn und Ärger herunter. Zu jenem Zeitpunkt hat er nicht die Kraft, gegen Condé anzutreten, vor allen nicht im Horst des Adlers. Abwarten! Sich nichts anmerken lassen! Mazarin tut noch mehr, er verflüchtigt sich. Wieder einmal gleichen bei ihm solche Überlegungen den tiefsten Tiefen der Demütigung eines Heiligen. Wie der heilige Franziskus Beleidigungen vergab, so überläßt er die Macht den Händen des Beleidigers.

Doch trotz aller Überlegungen und Berechnungen ist diese geniale Erniedrigung nicht, wie seine Feinde behaupten, der Ausdruck einer niedrigen Gesinnung. Sie verlangt ihm eine ungeheure Überwindung ab. In seinen »Carnets« übt sich Mazarin sozusagen in Entwürdigung. Er trichtert sie sich ein, er treibt sie bis zum Übermaß und läßt sich ins Nichts sinken: »Für meine besten Freunde halte ich diejenigen, die die Freunde von Monsieur le Prince sind. Ich werde mich von den meinen trennen, wenn sie ihm mißfallen, und ich will ihm in allem und überall mit beispiellosem Verzicht dienen, das alles, um zu zeigen, daß er keinen besseren, festeren und sichereren Diener hat als mich.«

Doch um aus dem Nebel dieser Überlegungen und Entschlüsse herauszukommen und sie grausame Wirklichkeit werden zu lassen, braucht er ein ausdrückliches Gebot der Königin. (1. Oktober 1649) Seine verliebte Schülerin übernimmt, als Mazarin dazu den Mut nicht mehr hat, seine Art und Weise vorzugehen und zu handeln. Sie macht ihm klar, daß jetzt mehr denn je »Mazarinismus« anzuwenden sei, daß heißt, es muß so getan werden, als sei man nicht mehr vorhanden, um der Gewalt keinen Zugriff mehr zu bieten und um bald wieder aufzutauchen.

Zutiefst bekümmert richtet Mazarin am 2. Oktober 1649 die folgende Deklaration an den Prinzen von Condé, »seine Mitwirkung bei den Staatsgeschäften betreffend«: »Da die Königin ständig an alles denkt, was dem Dienst des Königs während der Regentschaftszeit nützen kann, und da sie aus vielen Gründen glaubt, daß nichts wichtiger sein kann als Herstellung eines umfassenden Einverständnisses zwischen Monsieur le Prince und mir, hat Ihre Majestät es für richtig befunden, daß ich in ihrem Namen und auf ihr Geheiß folgendes verspreche: Daß keine Statthalterschaft oder Landvogtei, kein Amt der Krone, kein wichtiges Amt im königlichen Hofstaat noch bei den Gesandtschaften besetzt werden soll, daß niemand vom Hof entfernt und kein Entschluß über eine wichtige Staatsangelegenheit gefaßt werden soll, ohne zuvor die Zustimmung von Monsieur le Prince eingeholt zu haben, und daß, wenn Monsieur le Prince Persönlichkeiten vorschlagen sollte, die er der besagten Ämter für fähig hält, Ihre Majestät dem besondere Beachtung schenken wird. – Daß bei Gelegenheit vakanter Pfründen Ihre Majestät den Freunden von Monsieur le Prince den Vorzug geben wird, wenn er sie empfehlen sollte ...«

Mazarin macht den Vorschlag, »umfassendes Einverständnis« mit Condé zu pflegen. Doch es geht noch weiter, und das ist der Gipfel: »Um ihm gleich einen Beweis zu geben, verspreche ich Monsieur le Prince, weder meinen Neffen noch irgendeine meiner Nichten, die hier sind, zu verheiraten, ohne zuvor mit ihm gesprochen zu haben.«

Als Gegenwert für diesen völligen Verzicht begnügt sich Mazarin mit einem Fetzen Papier, mit dem Condé »ihn seiner Freundschaft versichert, verspricht, umfassendes Einverständnis mit ihm zu pflegen, und ihn in allen Angelegenheiten des Staates und seinen eigenen dienlich zu sein, mit allen und gegen alle. Ludwig von Bourbon«.

Aus diesem Papier schmiedet Mazarin eine tödliche Waffe. Er zeigt sie allen Freunden des Prinzen, um sie gegen ihn aufzubringen.

Um die Tatsache hinzunehmen, derart eingeschränkt und herabgesetzt zu werden, muß Mazarin sich auf seine Intelligenz, seine Willenskraft stützen und vielleicht auf die Kasuistik der Jesuiten, die sieben Jahre später von Pascal in seinen »Provinciales« erschüttert wird. Doppeldeutigkeit, Willenslenkung, geistiger Vorbehalt – diese Begriffe entsprechen dem Wesen Mazarins so sehr, daß er sie erfunden haben könnte. Er, der die Jesuiten, seine Lehrer, enttäuschte, weil er nicht Priester wurde, besitzt die perfekte Wendigkeit, die schwindelerregende Fähigkeit, sich dem Realen anzupassen, vielleicht, weil er in seinen Taten und Werken – aus dem Schüler ist ein Meister geworden – ein Ultra-Jesuit wurde.

Im November 1649 begeht Condé einen ungeheuren Irrtum. Er weiß, daß Mazarins Existenz ohne die Königin nicht denkbar ist. Um ihn aus der Liste der Lebenden zu streichen, meint Condé, er müsse im Herzen der Herrscherin durch einen anderen Favoriten ersetzt werden. Das ist ein schwerwiegender psychologischer Fehler: eine liebende Frau ist unbezwinglich. Doch in seiner Raserei kümmert sich Condé nicht um Psychologie.

Condé setzt einen seiner Offiziere auf die Königin an, es ist der Marquis von Jarzé, Kornett bei den Chevaulegers. Um den Angriff zu parieren, entwirft Mazarin in seinen »Carnets« eine Szene, die sogar die Worte der Königin und den Tonfall, in dem sie mit Jarzé vor den Statisten spricht, vorwegnimmt: »Die Königin könnte lächelnd in Anwesenheit einiger Prinzessinnen und anderer hochgestellter Persönlichkeiten sagen: ›Nun, Herr von Jarzé, gefalle ich Ihnen? Ich glaubte nicht, so viel Glück zu haben. Das muß Ihnen aus der Familie kommen, denn der gute Lavardin [Marschall Lavardin, ein Vorfahr mütterlicherseits von Jarzé, war in Maria von Medici verliebt; der ganze Hof Heinrichs IV. machte sich darüber lustig] war ebenfalls der Galan der Königinmutter, und zwar zur Freude des ganzen Hofs, die er auch gegenwärtig Ihrer Liebe gegenüber bezeigt.«

Die Königin führt die Anweisungen ihres Regisseurs mit der Gefügigkeit einer Hypnotisierten aus. Ihr macht es Spaß, die von dem geliebten Mann diktierten Worte auszusprechen. Sie übernimmt die Attitüden, die er ihr vorschreibt. Wiederum Pygmalion und seine Statue. Diesmal mit der erregenden Beigabe der Verspottung eines Tölpels, über den die Verliebten im Alkoven dann lachen können.

Dubuisson-Aubenay beschreibt in seinem Tagebuch den Hergang der Szene: »Als die Königin am Freitag (26. November 1649) aus der Großen Galerie und der Kapelle des Königs kam, wo sie der Messe beigewohnt hatte, steht der Marquis von Jarzé, frisiert, gepudert und festlich gekleidet, auf der Terrasse, die den Innenhof abschließt und den Blick auf den Garten des Palais-Royal freigibt; er geht vor der Königin her, wendet sich einige Male zu ihr um und wartet dann auf sie ... Im Großen Kabinett stellt er sich ins Spalier, um, wenn sie vorüberschreitet, von ihr besser wahrgenommen zu werden; dann tritt er mit Ihrer Majestät ins Schlafzimmer und weiter ins Spiegelzimmer, wo die Königin sich gewöhnlich frisieren läßt. Er stellt sich Ihrer Majestät vor, und sie macht ihm ein Zeichen, näherzukommen. Nun, als er stillsteht, sagt sie ganz laut zu ihm: ›Man erzählt in der Stadt die vergnügliche Geschichte, daß Sie, Jarzé, mein Galan seien. Sie sind, wie ich sehe, sehr stolz darauf. Diese Verrücktheit ist Ihnen von Ihrem Großvater überkommen. Aber geben Sie acht, Sie könnten für impertinent und lächerlich gehalten werden. Sie tun mir leid. Sie müßten in die Petites-Maisons [damals das Irrenhaus von Paris] gebracht werden.‹ Jarzé war so niedergeschmettert, daß er nicht wagte, etwas zu seiner Rechtfertigung vorzubringen. Er ging stotternd, verwirrt, bleich und aufgelöst hinaus. Der ganze Hof erfuhr sofort von diesem Ereignis, und in den Alkoven der Damen wurde lange darüber gesprochen.«

Condé nimmt sich des verhöhnten Liebhabers an. Er beherbergt ihn zwei Tage lang in seinem Schloß Saint-Maur. Er spricht von ihm als seinem Freund. Er zeigt sich mit ihm in Paris: beim Korso, beim Konditor Renard. Mehrmals sagt er, »der alte Galan habe den neuen verjagt«. Die Königin ist außer sich und läßt Condé ihren Ärger spüren. Der flegelhafte Prinz wagt ihr vorzuwerfen, sie habe Jarzé ohne seine Zustimmung abgewiesen. Er fordert, die Regentin solle Jarzé noch einmal empfangen, denn »sonst gäbe es Krach im Beritt«. Mazarin rät der Königin, wiederum nachzugeben. Doch unsichtbar zieht er Tag für Tag das Netz des Hasses fester um den Adler. An seiner Isolierung ist Condé selber schuld. Er weist die Angebote von Retz zurück, der aus ihm einen Herzog von Guise machen wollte: »Ich stamme aus einem Haus, dem das Verhalten der Balafrés nicht zusagt.« [Verschiedene Herzöge von Guise trugen den Beinamen »Balafré«, d. h. sie hatten eine Hiebwunde im Gesicht.]

Retz spinnt weiter seine Fäden. Mazarin hat einen Teil der Renten aufgehoben, und die Rentner wählen drei Anwälte zu ihrer Verteidigung: den Rat Guy Joly, Des Coutures und Charton. Guy Joly ist Gerichtsrat im Châtelet und zugleich Sekretär von Retz. Im Einverständnis mit dem Koadjutor denkt er sich einen Plan aus, um das Parlament aufzuwiegeln. Eines Tages fährt er in der Kutsche über den Pont-Neuf, kratzt sich selber am Arm eine Wunde, während einer seiner Leute einen Musketenschuß auf den Wagen abgibt, allerdings darauf bedacht, ihn zu verfehlen. Guten Glaubens laufen die beiden anderen Anwälte in den Justizpalast und verbreiten unter großem Geschrei, daß Mazarin einen der Verteidiger der Rentner habe umbringen wollen. Doch die Bevölkerung von Paris, die keine Renten hat, kümmert sich wenig um die Belange der Rentner, um ihren Anwalt und dessen Wunde. Das Volk meint, die Polizei stecke dahinter und rührt sich nicht.

Am selben Abend stiftet Mazarin Verwirrung. La Boulaye, einer seiner Spione, aber auch ein halber Frondeur, zieht mit einer Handvoll Totschläger auf die Straße und schießt auf Condés Karosse. Freundlicherweise hatte der Kardinal den Prinzen gewarnt, und dieser hatte sich gehütet, den Attentätern als Zielscheibe zu dienen. Einer seiner Lakaien, mit dem man kein Mitleid hatte, wird getötet. Dieses gestellte Attentat, das den Prinzen zu Racheakten anstacheln sollte, ist das Werk von Retz, der vorübergehend, weil er Geld bekommen hatte, Mazarins Verbündeter geworden war. In seinen Memoiren besitzt er die Kühnheit sich bloßzustellen: »Monsieur le Prince ging ins Garn; später sah er klar.«

Condé ist des Glaubens, die Frondeure hätten es auf ihn abgesehen. Mazarin heuchelt Empörung. Es kommt zu einem Prozeß, durch den der Prinz jedoch belastet wird; man wirft ihm vor, er sei in polizeiliche Machenschaften verwickelt. Er verbeißt sich immer mehr in seine Wut, es sieht aus, als würde er sich zum Äußersten hinreißen lassen und sogar nach der Krone greifen. Mazarin schreibt in seinen »Carnets«: »Von verschiedenen Seiten wird mir berichtet, daß Monsieur le Prince viele Edelleute und Offiziere seiner Truppen herbeigerufen hat und daß die Prinzen Conti und Longueville das gleiche getan haben. Untergebene, die sein Vertrauen besitzen, sagen, er brüte irgendeine große Sache aus.« Er muß sie allein ausbrüten, denn Mazarin hat eine Leere um ihn geschaffen, in der Condé wie in einer Taucherglocke sitzt. Indem Mazarin zuließ, daß Condé allmählich die ganze Macht in Händen hielt, hat er ihn mit den Adligen entzweit, die von fern unwillig zusehen, wie er sich mehr und mehr aufbläht. Der Schuß gegen Condés Karosse tötete nicht nur einen seiner Lakaien, sondern jegliche Aussicht auf eine Übereinkunft zwischen dem Prinzen und den Frondeuren, gegen die er sogar einen Prozeß anstrengt. Mazarin ist es auch nicht schwergefallen, Monsieur gegen Condé aufzubringen, denn dieser neidet dem Krieger seine Lorbeeren. Und schließlich hat der Kardinal Tag für Tag, mit der Stetigkeit des Wassertropfens, der den Stein höhlt, der Königin, die sich als Frau und Geliebte bereits geschmäht fühlt, eingeredet, Condé wolle sie in ihrer Mutterliebe treffen, indem er ihr den Sohn entführt.

Mazarin teilt sich niemandem mit, nicht einmal der Frau, die er liebt. Auch ihr spielt er Theater vor. Mit äußerster Vorsicht, ohne sich irgendeine Blöße zu geben, bringt er sie dazu, die Festnahme von Condé, Conti und Longueville zu fordern. Er selber tut so, als wäre er nicht für diesen Schritt. Er weist auf die Gefahren hin, die damit verbunden sind. Er handelt nur auf einen ausdrücklichen Befehl der Königin, durch den er im Fall einer Vergeltung gedeckt wäre. Dieser Befehl wird in einem an ihn gerichteten Brief ausgesprochen, der ganz offensichtlich zu diesem Zweck geschrieben ist. Er diktiert ihn ihr oder hat ihr zumindest den Inhalt und die Worte eingeflüstert:

»Lieber Vetter, nachdem ich die ganze Nacht und den heutigen Tag über die Unerquicklichkeiten nachgedacht habe, die Sie mir gestern abend vortrugen und von denen Sie meinen, sie könnten aus dem von mir stammenden Antrag, die Prinzen von Condé und von Conti festnehmen zu lassen, entstehen, habe ich mich endlich entschlossen, Ihrer Ansicht in dieser Angelegenheit nicht zu folgen, auch nicht der Ansicht irgendeiner anderen Person, die mich davon überzeugen will, noch länger die Anschläge zu verschleiern, die diese Prinzen gegen die Autorität des Königs, die schon ganz am Boden liegt, unternehmen. Ich erkläre Ihnen mithin, daß es mein letzter und endgültiger Wille ist, mich der Person dieser Prinzen ohne weiteren Aufschub zu bemächtigen, denn ich glaube, es gibt keinen anderen Weg als diesen, die Krone des Königs, meines Herrn Sohns, zu retten. Ich schreibe Ihnen diesen Brief hauptsächlich, um Ihnen zu sagen, daß es nicht nur vergeblich wäre, noch weiter in mich zu dringen, um mich von diesem Entschluß abzubringen, sondern daß Sie mich auch empfindlich kränken und damit veranlassen würden, einigen Zweifel an Ihrer Treue zu hegen.«

Nach außen widerwillig, doch innerlich vor Freude jubelnd, führt Mazarin den Befehl unverzüglich aus. Am 18. Januar 1650 ruft die Königin die drei Prinzen zu einer außerordentlichen Sitzung des Rats ins Palais-Royal. Condé wird gewarnt, er solle sich in acht nehmen. Doch er prahlt: »Ich! ... Mich anrühren! Das wird man nicht wagen.« Zudem haben ihn die Königin und Mazarin in den letztvergangenen Tagen ausnehmend höflich behandelt.

Als die Sitzung beendet ist, tritt Guitaut, Kapitän der Gardisten, auf Condé zu und verkündet ihm den Befehl. »Mich! Guitaut, mich wollen Sie festnehmen?« ruft Condé starr vor Staunen aus.

Am Ausgang erblickt Condé einen Offizier und neun mit Karabinern bewaffnete Soldaten. Das Schlimmste befürchtend sagt er zu Comminges, Guitauts Leutnant: »Sie sind ein Edelmann. Was soll das heißen?« – »Bei meiner Ehre, Monsieur, es handelt sich nur um den Wald von Vincennes.« Im Schein der Fackeln erkennt er Soldaten, die in seiner Armee gekämpft haben. »Das ist hier nicht die Schlacht von Lens«, sagt er bitter.

Als die Kutsche durch die Dunkelheit und den Schlamm fährt, sagt Condé zum Anführer der Eskorte: »Miossens, Sie könnten mir einen großen Dienst erweisen, wenn Sie wollten.« – »Es tut mir leid, daß meine Pflicht es mir nicht erlaubt«, erwidert Miossens.

Um Condé zu kränken, oder aus Nachlässigkeit, hat Mazarin im Wehrturm von Vincennes für die Unterbringung der prinzlichen Gefangenen keine Vorkehrungen getroffen. Sie werden ohne Abendessen in einen Raum ohne Möbel, ohne Bett eingeschlossen. Um seinen Hunger zu betäuben, spielt Condé eine Partie Karten mit Comminges. »Begreifen Sie, warum ich festgenommen worden bin?« fragt er ihn. Comminges gibt zur Antwort: »Nun, Monsieur, denken Sie daran, weshalb Tiberius Germanicus nicht ausstehen konnte.« Die Gefangenen verbringen die erste Nacht mit knurrendem Magen auf dem Fußboden hingestreckt.

Naiverweise meint Condé, »Tiberius« sei Monsieur. In der Tat freut sich Monsieur, der sich stets auf die Seite des Stärkeren schlägt: »Das ist ein schöner Fang! Wir haben einen Löwen, einen Affen und einen Fuchs im Netz!«

Doch der »Tiberius«, an den Comminges denkt ist eher Mazarin. Er hat alles angezettelt. Er findet, Vincennes sei zu nahe bei Paris, und läßt deshalb den Löwen, den Affen und den Fuchs in die Festung Marcoussis, in der Nähe von Montlhéry überführen, dann, noch größerer Sicherheit wegen, in die Zitadelle von Le Havre.

Als die Pariser von der Festnahme der Prinzen erfahren, entzünden sie Freudenfeuer. Diese brennen anstelle der Feuersbrunst, die Condé sonst entfacht hätte.

Die Fronde der Prinzen oder die Anarchie der Blaublütigen

War es richtig, daß Mazarin Condé festnehmen ließ? Die wenigen Freunde des Kardinals oder vielmehr seine bezahlten Agenten, wie der Italiener Zongo Ondedei, sind begeistert: »Zu dem Zeitpunkt, als seine Feinde ihn für unfähig zum Handeln hielten, haben sie mitansehen müssen, wie er den reichen, mächtigen und stolzen Prinzen von Condé eingesperrt hat, der davon träumte, das Königreich mit dem König teilen zu können. In dieser Angelegenheit hat der Kardinal mehr Entschlossenheit, Tapferkeit, Geschicklichkeit und Scharfsinn bewiesen, er hat mehr Erfolg gehabt als alle Staatsminister, die vor ihm waren oder nach ihm kommen werden.«

Um das Übel wirklich auszurotten, hätte Mazarin etwa hundert der Großen einkerkern und die schädlichsten enthaupten müssen. Richelieu hätte seine Henker auf diese hochmütigen Köpfe losgelassen. Der Hohlheit ihres Lebens entspricht ein unersättlicher Drang nach Gold und Ansehen.

Am wenigsten gefährlich ist Condé. Er hat das Königreich bei Rocroi, Freiburg, Nördlingen, Lens und bei der Belagerung von Paris gerettet. Trotz der Verlockungen seiner Schwester, der Versuchungen seines Bruders, der Aufforderungen von Retz, trotz des Beispiels von Verrat, das Beaufort und Turenne geliefert haben, ist er lange der wachsame Kettenhund an den Grenzen gewesen. Man macht ihm seinen Stolz, seine Gier zum Vorwurf. Sie beruhen auf seiner Überspanntheit, einer Mitgift des Genies. Dieser »Sieger« ist mit gewöhnlichem Maß nicht zu messen, wie viele schöpferische Menschen, Schriftsteller oder Künstler, oder wie schwangere Frauen. Condé wollte möglicherweise die Krone an sich reißen, nicht aber die Monarchie. Die anderen Köpfe der Hydra der Fronde haben andere Gelüste. Die einfältige Herde der Großen träumt von der Wiedererlangung ihrer lehnsherrlichen Rechte aus der Zeit der Burgen und Wehrtürme. Die Herren des Parlaments »in den langen Talaren« streben einen unklaren, verworrenen Parlamentarismus an. Und das Volk weiß nicht, was es will. Mazarin bleibt der Prügelknabe aller Schichten. Jeder Franzose macht ihn verantwortlich für sein persönliches Mißgeschick.

Von Januar 1650 bis Februar 1651 bricht alles zusammen. In der emporsteigenden Staubwolke wimmelt es von Schreiberlingen; sie durchlöchern Mazarin mit ihren Mazarinaden. Man kann diesem Pantalone noch so viele Fußtritte versetzen, er spürt sie nicht, heißt es. In Wirklichkeit lächelt Mazarin gequält. In seinen »Carnets« erwähnt er die Mazarinaden, deren Stacheln ihn am grausamsten getroffen haben: »Es ist ein lateinisches Buch gegen mich im Umlauf, in dem behauptet wird, daß ich mit dem Türken unter einer Decke stecke und daß ich ihm wahrscheinlich Europa ausliefern würde, wenn man mich machen ließe.« – »Ein Kaufmann, der heute morgen mit Lionnes Frau sprach, sagte zu ihr, es sei eine Schande, daß ich bei der Geldverlegenheit, in der die Finanzen des Königs sich befänden, nur daran dächte, Geld ins Ausland zu schaffen; in Venedig hätte ich neunundzwanzig Millionen, das Parlament habe es entdeckt und habe dafür Beweise.«

Nachdem die Prinzen nach Marcoussis gebracht worden sind, wird der Donjon von Vincennes zu einem Wallfahrtsort. Mademoiselle de Scudéry berichtet in abgöttischer Verehrung davon. Sie hat unter dem Namen

Artamène aus Condé den Helden ihres Romans »Der große Cyrus« gemacht. »Mit meinen eigenen Augen sah ich gestern in Vincennes mehr als zweihundert Personen von Rang, denen man die Stelle zeigte, wo er geschlafen, wo er gegessen, den Ort, wo er Nelken gepflanzt hatte, die er jeden Tag begoß. Dazu ein Kabinett, in dem er manchmal sinnend saß und wo er oft las. Man besucht das wie in Rom die Stätten, an denen damals Cäsar im Triumph vorüberzog.«

Wie einst Heinrich IV. muß Mazarin, aber aus anderen Gründen, Frankreich zurückgewinnen. Dieses in Gedanken bestehende, niemals verwirklichte Land muß öfters zusammengeschweißt werden. Der Holländer Grotius schreibt 1625 an Ludwig XIII. und reiht Frankreich in die Nationen mit den Worten ein: »Wenn Gott dich in Sein Königreich ruft, das allein das deine übertrifft ...« Was so gedeutet worden ist: »Frankreich ist das schönste Königreich nach dem des Himmels.«

Kein Pfennig ist vorhanden, um die Schweizer zu besolden. Um die Helvetier zu halten, werden Schmuckstücke der Königin bei Wucherern verpfändet. Inzwischen setzt Mazarin den Krieg gegen Spanien fort, er versucht überall, zu Geld zu kommen und galoppiert durch die Lande, um die Provinzen zurückzuholen. Er beginnt mit der Normandie. Er erinnert sich der militärischen Kenntnisse seiner Anfänge und übernimmt den Befehl über die Truppen; und mit sich führt er die ihn liebende Regentin, aber vor allem seinen Schutzheiligen, den jungen König. Überall wo das »Enfant-Dieu«, das göttliche Kind, sich zeigt, sind die Untertanen wie gebannt, so tief verwurzelt in ihnen ist der Kult um die Person des Königs.

Der Herzog von Longueville hat fast alle Schlüsselstellungen der Normandie besetzt: Dieppe, Saint-Malo, Cherbourg, das Schloß von Caen, das alte Palais von Rouen und Pont-de-l'Arche, von wo aus der gesamte Schiffsverkehr auf der Seine in Richtung auf das ausgehungerte Paris kontrolliert werden kann. Ohne einen Tropfen Blut zu vergießen, mit dem Brio eines Zauberkünstlers, nimmt Graf Harcourt Pont-de-l'Arche ein.

Die Herzogin von Longueville, die ewige Verführerin, versucht vergeblich, die Stadt Dieppe für ihre Partei zu gewinnen. Eiskalt bitten die Einwohner von Dieppe den König um Truppen zum Schutz gegen die Sirene. Unverzüglich werden unter dem Befehl von Plessis-Bellière, zusammen mit dem in Dieppe geborenen unbezwinglichen Duquesne, Soldaten in Marsch gesetzt. Die Burg, in der sich die Herzogin verschanzt hat, wird im Nu von der Land- und Meerseite aus eingeschlossen. Soldaten versperren die Straße. Die schöne Herzogin bleibt starrköpfig, sie will sich nicht ergeben. Ihr Versuch, in einem Boot zu entkommen, schlägt fehl. Nachts gelangt sie schließlich zu Pferde in das Dorf Pourville; von dort aus hofft sie mit einer Schaluppe ihr Schiff zu erreichen. Sturm. Die rauhen Gesellen, die sie an Bord tragen, werden von einer Woge umgerissen. Sie selber fällt ins Wasser und wird ohnmächtig. Im Pfarrhaus von Pourville kommt sie wieder zu sich. Ohne einen Augenblick zu verlieren, setzt sie sich, einer aufziehbaren Puppe gleich, wiederum in Bewegung. Mehrere Tage lang streift sie an der Küste umher, in Sprühregen und Wind. Endlich findet sie ein Schiff und segelt nach Rotterdam.

Le Havre geht in die Knie. Die hohen Beamten, aus Rouen stammend und verdächtig, der Fronde anzugehören, werden abgesetzt. Ein ebenfalls aus Rouen kommender Mann wird als Verwalter eingesetzt: es ist der berühmte Dramatiker Pierre Corneille. Die Normandie muß für ihre Rebellion schwere Buße leisten und neunhunderttausend Taler zahlen. Mit achthunderttausend werden die allerschlimmsten Löcher gestopft. Die Regentin bestimmt, daß die restlichen hunderttausend in Mazarins Tasche fließen, damit er sein von der Fronde geplündertes Mobiliar ersetzen kann. Mit dieser enormen Summe hätte ein ganzes Kardinalskollegium ausgestattet werden können.

Nach Abschluß des normannischen Abenteuers führt Mazarin den Hof nach Paris zurück. Die Provinzen Berry, Champagne und Lothringen machen es wie das Land des Ziders und unterwerfen sich. Um auch Burgund zu gewinnen, läßt Mazarin den König auftreten. Politik der Monstranz. Der Priester zeigt den Gläubigen das Allerheiligste. So zeigt Mazarin, der den monarchischen Kult zelebriert, den Franzosen ihren lebendigen Gott. Mit dieser Politik sind zwar die Wolken über den Provinzen verjagt worden, Paris aber bleibt den Leuten überlassen, die im trüben fischen. Jeden Tag, wie ein Verliebter, schreibt Mazarin an die Herzogin von Chevreuse, an Beaufort und an seinen Vertrauten Le Tellier. Die Ex-Frondeure aber lassen sich durch seine Schmeicheleien nicht beeindrucken. Sie wissen, daß er sich lange wird nötigen lassen, um ihnen das zu gewähren, was sie fordern: den Oberbefehl in Flandern für Beaufort, den Kardinalshut für Retz.

Spanien macht sich die französische Zwietracht zunutze, um einen Schlag gegen die Besitzungen Frankreichs in Italien zu führen. Spanien möchte die von Richelieu aus der Panzerung herausgerissenen Stücke in den Alpen und in der Schweiz wieder zusammenfügen und die Verbindung mit Österreich wieder herstellen.

Die aufsässigen Burgunder haben sich in Bellegarde eingeriegelt. Mazarin belagert sie. Er führt den König vor und begeistert die Truppen. »Wenn der König es ihnen befiehlt, würden die Soldaten die Festung mit ihren Zähnen nehmen!« Selbst die Rebellen machen diese Vergötterung mit. Um Seine Majestät zu begrüßen, stellen sie einen ganzen Tag lang das Feuer ein. Und um ihren guten Willen noch besser unter Beweis zu stellen, kapitulieren sie.

Mazarin kann nicht überall zugleich sein. Er hätte zur gleichen Zeit in Guyenne sein müssen, wo Bouillon rebelliert, und an der Nordgrenze, wo eine Bresche klafft. Er entscheidet sich für den Norden: in Stenay verhandeln Turenne und La Moussaie mit den Spaniern. Die Herzogin von

Prinz von Condé (1621–1686)

Marschall Turenne (1611–1675)

Longueville stößt zu ihnen. Sie bringt die Rebellen in Glut, sie wird von ihnen als auserlesene Beute des Siegers betrachtet. Turenne schwärmt mehr denn je für die Herzogin. Er ist wie besessen und scheut sich nicht, seinen Namen neben den ihren unter einen schandbaren Vertrag zu setzen, der mit Gabriel von Toledo, dem Vertreter des Königs von Spanien, am 30. April 1650 geschlossen wird. Diese schimpfliche Urkunde soll vorgeblich dem Ziel dienen, den Frieden herbeizuführen und die Prinzen zu befreien. Sie spricht von »der hartnäckigen Abneigung« des Kardinals Mazarin gegen den Frieden, »die so groß ist, daß sie ihn zu dem maßlosen Entschluß gebracht hat, sich der Prinzen zu bemächtigen, weil er ahnte und fürchtete, sie könnten ihn daran hindern, seine unglaubliche Absicht auszuführen, die ganze Christenheit in Feuer und Blut zu stürzen, einzig und allein seiner persönlichen Interessen wegen«.

Der Vertrag legt die Geldsummen fest, die der König von Spanien zum Unterhalt der von der Herzogin und ihrem einfältigen Liebhaber ausgehobenen Truppen zahlen soll; die spanischen Armeen sollen diesen Truppen Beistand leisten. Die in Frankreich eroberten festen Plätze verbleiben dem König von Spanien bis zur Unterzeichnung des Friedensvertrags. Er verpflichtet sich, Garnisonen nur in den Grenzfestungen zu unterhalten. Turenne und die Herzogin sollen im Innern des Landes Garnisonen schaffen.

Auf Betreiben Mazarins läßt die Regentin als Strafmaßnahme durch das Parlament ein Edikt registrieren, durch das die Herzogin von Longueville, Turenne, Bouillon und Marcillac, der spätere Herzog von La Rochefoucauld, »zu Staatsfeinden und Majestätsverbrechern« erklärt werden. Man nimmt ihnen ihre Würden und ihr Vermögen. Was aber nützt ein Urteilsspruch, der nicht ausgeführt werden kann?

Man begreift es heute kaum, daß der Adel damals auch nicht einen Funken von Nationalgefühl hatte. Nur auf persönlichen Vorteil bedacht, zerstückelt er willig das Königreich, bietet Spanien Teile davon an und nimmt sich selbst einige Brocken.

Mazarin muß doch überall zugleich sein. Anscheinend hat er sich Condé mit seiner Allgegenwart zum Vorbild genommen. Er bringt den Hof nach Compiègne in Sicherheit. Er kann nicht verhindern, daß die Spanier den Ort Catelet nehmen, der von sechzig Mann verteidigt wird; er konnte sie weder in sechshundert noch in sechstausend verwandeln. Aber die Stimmung der Truppen kann er heben, sie bieten dem Erzherzog Leopold Einhalt vor Guise. Dieser kleine Erfolg hebt auch seine Stimmung, das ist wichtig, denn er muß stets darauf bedacht sein, den Mut der anderen zu stärken.

Er überlegt, was jetzt zu tun ist. In Paris bleiben? Das müßte er eigentlich, damit das Parlament nicht in Gärung gerät. Sich im Norden festsetzen? Das müßte er auch, denn der Spanier liegt auf der Lauer. Doch er muß dorthin, wo er am dringendsten gebraucht wird: nach Guyenne, wo Condés Frau die Stadt Bordeaux in Aufruhr versetzt hat. In ihrer Begleitung sind die Herzöge von Bouillon und von La Rochefoucauld sowie ein Schwarm adliger Frondeure. Bordeaux liegt nicht weit von Spanien entfernt. Kämen die Spanier durch dieses Tor herein, würde der gesamte Südwesten aufflammen. Tatsächlich schickt Vateville am 31. Mai 1650 aus San Sebastian den Bordelaiser Frondeuren eine Depesche mit dem Versprechen spanischen Beistands zu den gleichen Bedingungen, wie sie die Herzogin von Longueville und Turenne erhalten haben.

Mazarin begibt sich nur ungern nach Bordeaux, weil er auch Monsieur in Paris zurücklassen muß, diesen ewig Unentschlossenen, diesen Schlaffen, der Verrat begeht, sobald man den Rücken kehrt. Monsieur kann nicht zur Rechenschaft gezogen werden, Monsieur darf nicht angerührt werden, er kann ruhig seine Verbrechen begehen, denn gegen seine geheiligte Person kann niemand etwas unternehmen. Monsieur allein in Paris zu lassen mit dem heiklen Auftrag, die Geschäfte zu leiten, bedeutet so viel wie eine Fackel neben ein Pulverfaß zu stellen mit dem Auftrag, eine Explosion zu verhindern.

Auf Mazarins Rat hin hat die Regentin, bevor sie Paris verließ, Monsieur ein dürftiges Papier unterschreiben lassen, mit dem er sich verpflichtet, die Prinzen nicht freizulassen. Darin heißt es weiter: »Da es sehr wichtig für den Staat ist, daß die Prinzen nicht in Freiheit gesetzt werden, bis der König in dem Alter ist, seine Geschäfte selber zu übernehmen, sind die Königin und Monsieur übereingekommen, sich, wenn der König großjährig geworden ist, bei Seiner Majestät dafür einzusetzen, daß die besagten Prinzen weiterhin in Haft gehalten werden, wenigstens während der ersten vier Jahre seiner Volljährigkeit.«

Das sieht sehr gut aus, will aber in Wirklichkeit nichts heißen. Monsieur ist bereit, alle Papiere zu unterzeichnen, die man ihm vorlegt. Respektieren wird er keines. Monsieur ist wie der Wind, der sich dreht.

Der König, die Königin und Mazarin verlassen Paris am 4. Juli 1650. Der Hof braucht einen Monat, um die Provinz Guyenne zu erreichen. Währenddessen befindet sich Mazarin ständig im Alarmzustand. Denn Monsieur liebäugelt hinter seinem Rücken selbstverständlich mit den Abgeordneten von Bordeaux.

Mazarin fürchtet, die Spanier könnten den Bordelaisern die versprochene Hilfe schicken. Glücklicherweise tun sie es nicht. Und die Bordelaiser selber richten ihren Heldenmut nach dem Wachstum ihrer Reben. Die Zeit der Weinlese rückt heran. Die Bordelaiser können es nicht dulden, daß fremde Hände ihre Trauben ernten und ihre Weinstöcke verderben. Zudem ist der Gouverneur der Burg von Vayres, der den Truppen Seiner Majestät getrotzt hatte, aufgehängt worden, und Mazarin ruft den unbeliebten Gouverneur, den Herzog von Epernon ab. Die Bordelaiser verlieren keine Zeit mehr und kapitulieren. Auch sehnen sie sich danach, den Einzug des Königs feiern zu können. Sie haben seit langem keine Feste mehr gefeiert. Die Prinzessin von Condé flieht aus Bordeaux und verbirgt sich in der Provinz Berry.

Mazarin zeigt sich gnädig, er erläßt eine allgemeine Amnestie. Zur Strafe für die Rebellion aber werden die Befestigungen geschleift. Doch auch Mazarin muß einen Preis zahlen. Viele lüsterne Hände strecken sich ihm entgegen. Er sieht bei den Frondeuren, bei der Herzogin von Chevreuse und allenthalben nur Habgier. Monsieur ist gallertartiger denn je. Und der Koadjutor hinterlistiger denn je. Da der Boden, auf dem Mazarin steht, höchst unsicher ist, entschließt er sich, dem Herzog von Bouillon und Turenne gewaltige Vergünstigungen anzubieten, um sie von der Fronde abzubringen. Er weiß, was ihn die Triumphsalven kosten und die Begeisterung, mit der der Einzug des Königs in Bordeaux gefeiert wird (5. Oktober), ein Beweis mehr für die Wankelmütigkeit des Volkes. Dem Regisseur der Aufführung bleibt nichts weiter übrig, als das Schauspiel mit schönen Worten zu beschreiben. An die Kosten darf er nicht denken. »Man kann sich nichts Prächtigeres und Schöneres vorstellen als die Einfahrt Ihrer Majestäten in den Hafen. Der ganze Fluß war mit Segeln bedeckt ... Als Ihre Majestäten näherkamen, war die Luft erfüllt vom Feuer der Artillerie, die sich auf den Schiffen und Galeeren sowie auf den Mauern der Stadt befand. Die Musik der Kanonen, die so lange anhielt, bis Ihre Majestäten von der Galeere gestiegen waren, wurde abgelöst von den Rufen ›Vive le Roi!‹, die das Volk mit solcher Zuneigung und Wärme ausstieß, daß man gesprochene Worte noch weniger verstand als beim Donnern der Kanonen.«

Dieses pyrotechnische Schauspiel schürt in Paris den Haß der Feinde Mazarins. Der Kardinal bekommt Informationen von zwei Spitzeln, die heimlich für ihn in der Hauptstadt tätig sind. Der eine ist ein Karmeliter, Pater Léon, und der andere der Marquis de Piennes, ein Vertrauter des Koadjutors, den er heimtückisch hintergeht. »Die Kabalen kommen immer wieder auf ... Sie werden nicht eher enden, als bis sie ausgerottet sind ... Man nimmt den Frieden zum Vorwand, um die Abneigung gegen Eure Eminenz zu steigern«, schreibt unheilverkündend der Karmeliter. Der Marquis de Piennes übermittelt einen bösartigen Ausspruch des Koadjutors, Mazarin betreffend: »Wie! Weiß er nicht, was ein Mann meiner Herkunft, der in der Lage ist, ihm Böses zuzufügen, erstreben kann?«

Mazarin müßte in der Seele seiner Feinde lesen können, um ihre Wünsche zu erraten und ihnen, wenn möglich, zuvorzukommen. In der Seele des Koadjutors müßte Mazarin einen Kardinalshut erblicken und alles tun, um diesen zu beschaffen. Aus Dankbarkeit würde der Koadjutor, sobald er den Hut auf dem Kopf hat, versuchen, Mazarin aus seiner Stellung zu drängen.

Die in der Provinz tätigen Frondeure zwingen Mazarin, hierhin und dorthin zu eilen. Im August, als der Kardinal sich mit den Bordelaiser Weinbauern abmüht, nimmt Turenne die Städte Rethel und Château-Procien. Die Pariser sind außerordentlich empfindlich, wenn an der Nord- oder Ostgrenze etwas geschieht, sie bekommen Angst. Deswegen bringt Mazarin die Prinzen von Vincennes, wo Condés Nelken verwelken, nach Marcoussis und dann weiter nach Le Havre. Wiederum galoppiert Mazarin durch Frankreich. Während er fieberhaft das neue Unternehmen vorbereitet, um die Stimmung in Paris zu besänftigen, treibt Beaufort wiederum sein Unwesen. Auf einem seiner nächtlichen Streifzüge wird der Frauenheld von üblen Gesellen, von denen es in Paris in der Dunkelheit wimmelt, angegriffen. Wen beschuldigt er des Mordanschlags? Mazarin! Wer ist schuld am Regen, an der Kälte, an der Hitze, wenn nicht Mazarin? Wütend darüber, daß man es gewagt hat, dem »König der Markthallen« ein Haar zu krümmen, hängt das Volk, hängen vielmehr die Demagogen der »Irreführung« Mazarin sinnbildlich, das heißt Bildnisse von ihm, an den Straßenkreuzungen auf.

»Fünfzig Kavaliere«, schreibt Joly in seinen Memoiren, »durchstreifen mit Fackeln das nächtliche Paris; an den belebtesten Plätzen hängten sie Mazarin in seiner Kardinalsrobe auf. Die Porträts in natürlicher Größe waren in Öl gemalt und hatten jedes mindestens zwei Goldpistolen gekostet. In den Hals hatte man zwei Löcher gebohrt und einen Strick hindurchgezogen. Auf ein Schild hatte man die verschiedenen Verbrechen geschrieben, derentwegen er für todeswürdig erklärt wurde. Ein großes Bild hing an der Croix-du-Tiroir, ein weiteres am Ende des Pont-Neuf, gegenüber der Rue Dauphine.

Abergläubisch wie alle Italiener spürt Mazarin an seinem Hals das Kratzen eines Stricks, er fürchtet tatsächlich Behexung und Hängen. Im November 1650 schreibt er aus Fontainebleau an Le Tellier über diese »Bosheit«: »Was, bitte, äußerst sorgfältig getan werden müßte, wäre dies: mit den hohen Beamten der Polizei in Paris sprechen und sie auffordern, alles nur mögliche zu tun, um dieser Affäre auf den Grund zu kommen.«

Seine Ankunft in Fontainebleau ging unter dramatischen Umständen vor sich. Kaum ist er, von Sorgen bedrückt, im Hof des Schlosses aus der Karosse gestiegen, erscheint Monsieur und beschimpft ihn. Er wirft ihm vor, Condé ohne seine Genehmigung nach Le Havre überführen zu wollen. Träge, wetterwendisch, gefährlich, aber keineswegs dumm, hat Monsieur Mazarins Absicht durchschaut, Condé in der Hand zu haben, um ihn nach seinem Gutdünken im Gefängnis zu halten oder ihn freizulassen. Um, je nachdem wie der Wind weht, Condé gegen Monsieur oder Monsieur gegen Condé auszuspielen. Um vor allem aber unaufhörlich die Zwietracht zwischen den Familien Condé und Orléans zu schüren, damit er, Mazarin, seine Politik weiterverfolgen kann. Trotz der Vermittlungsversuche der Grande Mademoiselle verläßt Monsieur Fontainebleau, nachdem er es zu einem lautstarken, doch wahrscheinlich vorübergehenden Bruch mit Mazarin hat kommen lassen.

Der bildlich gehenkte, von der Gicht geplagte Mazarin muß sich schleunigst zur Armee begeben, um diejenigen, die ihn hängen wollen, vor einem feindlichen Einfall zu schützen. Vor der Stadt Rethel trifft er mit Marschall Plessis-Praslin zusammen. Glücklicherweise wird der Ort von einem Italiener namens Degli Ponti befehligt. Ihm gegenüber wendet Mazarin eine doppelte Taktik an. Einerseits durchlöchert er die Stadtmauern mit Kanonenschüssen, andererseits versucht er, mit Hilfe von Geld das Gewissen seines Landsmanns zu durchlöchern. Die Übergabe von Rethel war teuer, aber es mußte schnell gehandelt werden, denn Turenne ist im Anmarsch.

Wieder einmal handelt Mazarin, den seine Feinde für »feige« halten, wie ein geborener Krieger. Es ist erstaunlich, wieviel Waffentaten er vollbringt und wie oft er sich an die Spitze der Truppen stellt, während er bequem im Warmen in der Etappe hätte bleiben können; vor allem im Dezember 1650 in Rethel, von der Gicht geplagt. Dennoch wird auch heute noch über seine »Feigheit« gelästert, während man das Geschnatter von Mademoiselle, dieser Gans, wiederholt: »Der Kardinal begab sich zur Belagerung von Bordeaux, bei der es sich nur um eine vermeintliche Belagerung handelte. Eine Vorstadt wurde erobert; es gab kaum Widerstand, und doch wurde ein Geschrei daraus gemacht, als wäre es eine bewunderungswürdige Tat. Der Kardinal stand oben auf dem Turm von Saint-Surin und sah zu, was unten geschah . . .« Kann es in einer Stadt einen besseren Beobachtungspunkt geben als einen Kirchturm? Gewiß, ein Kardinal auf einem Kirchturm regt eher zum Lachen an. Doch wer zuletzt lacht, lacht am besten.

In Rethel stellt sich der gichtige Held an die Spitze des Gardistenregiments, um es ins Feuer zu führen. Turenne laviert bis zum 15. Dezember. Nun macht sich Plessis-Praslin einen Fehler Turennes zunutze und zwingt ihn zum Gefecht. Turenne verliert fast seine ganze Truppe und entgeht nur knapp der Gefangenschaft.

Zu Ehren dieses Sieges wird eine Silbermedaille geprägt: »Victoria Retellensis«. Jean Vallier sagt in seinem Tagebuch: »Das höchste Lob für die Wiedereinnahme von Rethel gebührt der Umsicht und Entschlossenheit des Kardinals Mazarin, ohne dessen Gegenwart und Befehle zwei so große und für die Befriedung und Erhaltung der Champagne so wichtige Unternehmungen nicht hätten gewagt werden können.«

Mazarin, von aller Welt beschimpft, muß sich, als er Ende des Jahres das Vergangene überblickt, selber Beifall spenden. Er tut es in einem Brief, den er nach Italien schickt, wahrscheinlich, um sich selber Mut zu machen: »Das Jahr 1650 könnte für sich allein der Gegenstand einer ganzen Geschichte sein. Zu Anfang die Gefangennahme der Prinzen. Dann die Feldzüge in der Normandie, in Burgund und schließlich der, den ich in der Champagne geführt habe. Ich habe im stärksten Winter die Feinde vertrieben, nachdem Rethel und viele andere wichtige Festungen eingenommen worden waren. Am Ende habe ich einen Sieg errungen, der die feindliche Armee völlig vernichtete. Das sind Dinge, die der Überlegung wert sind, sie können den, der sie aufmerksam betrachtet, nur mit Bewunderung erfüllen.«

In Paris wird Mazarin von niemandem bewundert, selbst wenn er die Welt auf seinen Schultern trüge und sie der Sonne näherbrächte. Es ist beschlossene Sache, ihn zu bespeien. »Die Eroberung von Rethel«, schreibt Servien, »hat die Leute verärgert und erstaunt; aber sie hat ihre Feindseligkeit keineswegs verringert. Im Gegenteil, mir scheint, sie nimmt genau so zu wie ihre Furcht.«

Der Sieg von Rethel hätte Mazarin auf die Idee bringen können, die Pariser Frondeure mit Gewalt zu vernichten, wie er es mit den Frondeuren in der Provinz getan hat. Doch er tut es nicht. Die Königin ist krank geworden. Dadurch ist Mazarin gelähmt, er kann Paris nicht verlassen, hat dadurch seine Bewegungsfreiheit verloren; er sitzt in der Hauptstadt wie in einer Reuse.

Der Flüchtling im roten Mantel

Mazarins Stern hat nicht mehr Kraft genug, ihn zu leiten. Alle Gegner, die er bisher auseinanderzuhalten suchte, verbünden sich. Die Krankheit der Königin beraubt ihn seiner stärksten Stütze. Seine Existenz ist ohne die liebende Frau nicht denkbar. Ohne sie stürzt er zurück ins Nichts.

Das Parlament legt der Regentin eine furchtbare Anklageschrift gegen Mazarin vor. Die leere Staatskasse, das Elend der Bevölkerung, die in Wüsteneien verwandelten Landstriche und die Epidemien – alles wird ihm angelastet.

Gestern wurden die Prinzen noch beschuldigt, die Anstifter eines neuen Bürgerkrieges zu sein, jetzt sind sie die beklagenswerten Gefangenen eines Tyrannen. Von einem Tag auf den anderen dreht sich Frankreich nach dem Wind und wird ebenso weibisch und launisch wie Monsieur.

Schon seit langem versuchte Anna von Gonzaga, die Frau des Pfalzgrafen Heinrich von Bayern, die Mazarin neben der Herzogin von Chevreuse für eine der stärksten politischen Persönlichkeiten der Zeit hielt, die verschiedenen Cliquen der Fronde zu einem Bündel zusammenzufassen. Endlich gelingt es ihr; sie hat die alte zwischen Monsieur und Condé bestehende Eifersucht überbrückt. Am 30. Januar 1651 wird ein Vertrag geschlossen und von Gaston d'Orléans, Anna von Gonzaga und den Vertretern der Prinzen unterzeichnet, dem Marschall von La Mothe-Houdancourt, dem Präsidenten Viole, dem Herzog von Nemours und dem General Arnauld.

Der erste Teil dieses Abkommens ist gegen Mazarin gerichtet, er wird aus dem Amt gejagt. »Seine Königliche Hoheit hat beschlossen, den Kardinal Mazarin aus den Ratsgremien Seiner Majestät zu entfernen, da er die eigentliche Ursache der Zerrüttung des Staates und der Zwietracht des königlichen Hauses ist, und die Herrn Prinzen stimmen diesem Entschluß zu.«

Monsieur ordnet die Freilassung der Prinzen an. Die Prinzen geloben, Monsieur Gehorsam zu leisten.

Ein weiterer Artikel des Vertrages: der Koadjutor erhält die Versicherung, daß der Prinz von Conti auf den Kardinalshut verzichtet und sich verpflichtet, Fräulein von Chevreuse zu heiraten.

Als Mazarin von diesem Abkommen erfährt, macht er Monsieur heftige Vorwürfe. Weil das Maß voll ist und er seine Gefühle nicht mehr meistern kann? Oder weil er meint, daß ein Wutanfall diesen Schwächling zu beeindrucken vermag? Jedenfalls beantwortet Monsieur, der weiß, daß Mazarin verloren ist und er ihn daher nicht mehr zu schonen braucht, Gewalt mit Gewalt. Er wird den Fuß weder in die Conseils noch in das Palais-Royal setzen, solange Mazarin dort ist. Ein völliger Bruch!

In seiner Wut und Empörung hat Mazarin die Frondeure mit den englischen Revolutionären verglichen, die König Karl I. enthaupten ließen. (9. Februar 1649) Eilends überbringt Monsieur diese Anschuldigung dem Parlament. Riesiges Geschrei. Das Parlament beantragt, allen Ausländern zu untersagen, ihre Nase in französische Regierungsangelegenheiten zu stecken. Man spricht davon, Mazarin unter Anklage zu stellen.

Aus allen Teilen des Landes kommen die von den Frondeuren zum Halali zusammengerufenen Adligen nach Paris. In den Händen des Koadjutors ist Monsieur weich wie Wachs. Auf seinen Rat hin beauftragt Monsieur die Bürgermilizen, die Stadttore von Paris zu bewachen. In seinen »Carnets« berichtet Mazarin angstvoll über Reitergetrappel in der Nacht. Schon am 12. Dezember schreibt er: »Heute nacht sind viele Leute zu Pferde in der Stadt unterwegs gewesen. Um sechs Uhr zogen vor dem Palais-Royal zwei Gruppen von jeweils dreißig oder vierzig Pferden vorüber, dazu einige Füsiliere zu Fuß, die sich bei der Croix-de-France gesammelt haben. Burgunder und Lothringer sind bei der Croix-de-Fer untergebracht, in der Rue Saint-Martin, mit denen der Stallmeister von Herrn von Beaufort jeden Tag lange Palaver abhält.«

Wenn Mazarin lebend aus dieser Mausefalle herauskommen will, darf er keine Stunde mehr verlieren. In der Nacht vom 6. auf den 7. Februar 1651 gegen elf Uhr abends zieht er einen roten Mantel an, setzt einen Federhut auf, verläßt mit fünf Dienern zu Fuß das Palais-Royal und begibt sich zur Porte Richelieu. Wenn man dem venezianischen Gesandten Morosini Glauben schenken will, soll Mazarin ein Täuschungsmanöver unternommen haben. An jedes der fünf Pariser Stadttore schickt er einen rotgekleideten und federhuttragenden Mann, der etwa seine Statur hat: fünf Mazarins also.

Mit zwei- oder dreihundert Reitern erreicht Mazarin Saint-Germain; hier will er sich zunächst von den Aufregungen erholen. Mitten in einer Winternacht kommt er wieder in das riesige, eiskalte Schloß, in dem der Hof zwei Jahre zuvor mit dem kleinen König auf Stroh geschlafen hatte. Diesmal ist Mazarins Lage viel schlimmer. Das Parlament hat beschlossen, ihn aus dem Königreich auszuweisen. Er ist zu dem geworden, was er ohne seinen schützenden Stern und die Liebe der Regentin immer gewesen wäre: ein gehetzter Emigrant.

Es kommt das Gerücht auf, die Königin wolle mit dem König Paris verlassen, zu Mazarin stoßen und mit der in Deutschland stehenden Armee zurückkommen. Tatenlos läßt sich eine Frau nicht von dem geliebten Mann trennen. Doch Monsieur ist auf der Hut. Er stellt längs der Straßen, die zum Palais-Royal führen, Kavallerieposten auf. Jede Nacht schickt er Des Ouches, den Kapitän der Schweizer Garde, zur Königin, um ihr »guten Abend zu wünschen« und um nachzuschauen, ob der junge König wirklich in seinem Bett liegt. In manchen Nächten erscheint dieser Störenfried zweimal mit seinen schweren Stiefeln und weckt Seine Majestät auf, wenn er den Vorhang zurückzieht.

Einmal will auch das Volk oder eine Abordnung mit dem Kapitän ins Palais eindringen. »Macht die Türen auf! Alle Türen!« befiehlt die Königin, die angesichts der Gefahr ganz Königin und Würde ist. Und was geschieht, könnte eine Generalprobe der Szene sein, wie sie sich während der Revolution 1789 abspielt. Aber Anna von Österreich ist aus anderem Holz geschnitzt als Ludwig XVI. und Marie-Antoinette, eine wahre Königin, die an die Monarchie glaubt, eine blühende, von der Liebe beflügelte Frau. Drei Stunden lang spielt Anna glänzend ihre improvisierte Rolle als Hausherrin. Als stecke sie mit den Eindringlingen unter einer Decke, flüstert sie »Pst!« und zeigt auf ihren in dem großen Bett liegenden Sohn, der so tut, als schlafe er. Sie kann umgehen mit den Bürgern. Vor allem mit einem, der sich großspurig aufführt, den sie anscheinend kennt oder der sich vorgestellt hat. Übertrieben höflich redet sie ihn mit »Mein lieber Herr du Laurier« oder »Mein guter Herr du Laurier« an. Und er, hochrot vor Stolz, läuft hinaus und mahnt die Menge zur Ruhe. Die Königin gewinnt das Herz des Volks endgültig, als sie, wie ein Museumsführer, die Leute durch das Palais führt, ihnen die Kapelle und die diamantenbesetzten Reliquienkästchen zeigt.

Krank vor Schmerz und Einsamkeit muß Anna einen Monat mit dem König im Palais-Royal bleiben, »in libera custodia«, in einem freien Gefängnis, wie Omer Talon artig sagt. Aber trotz des Lateins ein Gefängnis.

Unter der Drohung, ihr die Regentschaft zu nehmen, nötigt sie der Koadjutor, die »Artikel und Bedingungen« zu unterschreiben, die auch von

Monsieur unterzeichnet und von Phelypaux gegengezeichnet worden sind, »durch die der König auf den Rat seiner Mutter, der Königin Regentin, und Monsieurs, des Herzogs von Orléans, wünscht und verlangt, daß die Herren Prinzen von Condé und Conti und der Herzog von Longueville aus der Zitadelle Le Havre inFreiheit gesetzt werden«. (10. Februar 1651)

Die Prinzen müssen sich verpflichten, den Ort Stenay herauszugeben, ihre Statthalterschaften erst zwei Jahre nach der Großjährigkeit des Königs wieder zu übernehmen und »ihre Autorität geltend zu machen, damit die Herzogin von Longueville und Marschall von Turenne wieder in die Pflicht zurückfinden. Schließlich – hier wird das Gebiet der Unerforschlichkeit der Seelen betreten, sollen die Prinzen »allen Verdruß vergessen, den sie gegen irgend jemand haben könnten«, ihrer Gefangenschaft wegen, selbst gegen Mazarin.

Die Königin verpflichtet sich, ihre Bezüge, Renten und Schulden in fünf gleichen Zahlungen von 1651 an zu regeln und sie wieder in ihre Ehren, Hoheiten und Rechte, die mit ihren Ämtern und ihren Statthalterschaften zusammenhängen, einzusetzen. Die Königin übergibt Herrn von Bar einen eigenhändig abgefaßten und unterzeichneten offiziellen Brief: »Herr von Bar, ich schreibe Ihnen dieses, um Ihnen meinen Wunsch auszudrücken, daß Sie meine Vettern, die Prinzen von Condé, von Conti und den Herzog von Longueville in Freiheit setzen, sobald Ihnen Herr von La Vrillière die Befehle des Königs, meines Herrn Sohns, übergibt ...« (10. Februar 1651)

Einen ebenfalls handgeschriebenen Brief desselben Inhalts und des gleichen Datums bekommt Herr von Bar auch von Monsieur; das alles nur zum Schein. Einem Zeugen zufolge erhält Bar die geheime Botschaft, nur Mazarins Befehlen Folge zu leisten: Unerschütterliche Treue der liebenden Königin.

Wie ein Wild, das in der Furt von einem Stein auf den anderen springt, flieht Mazarin von einem sicheren Ort zum anderen: Pont-de-l'Arche (10. Februar), Cailly (12. Feburar), Lillebonne (13. Februar). Der Spieler möchte noch seine letzte Karte wagen: Als er von der durch die Königin beschlossenen Freilassung der Prinzen erfährt, will er derjenige sein, der sie vornimmt. Er flieht einerseits, um sich zu retten, andererseits um die Maßnahmen der Haftentlassung anzuordnen. Selbst die Flucht will er zu seinen Gunsten nutzen. Der unverbesserliche Optimist glaubt, sich mit den Prinzen aussöhnen zu können, wenn er als erster die Riegel ihres Gefängnisses öffnet. Aus Le Havre schreibt er am 13. Februar an Le Tellier (wie hat er nur bei all diesen Aufregungen die Zeit gefunden, einen Brief zu schreiben?): »Ich habe hier die Dinge so gut geordnet vorgefunden und Monsieur le Prince in so großer Begeisterung, der Königin zu dienen, daß ich glaubte, nach meiner Ankunft nicht einen Augenblick zögern zu dürfen, um mich der Vollmacht, die Seine Majestät mir gegeben hat, zu bedienen und die drei Herren in Freiheit zu setzen.« Die Nachschrift klingt bescheidener: »Die Prinzen haben mich in gehöriger Weise ihrer Freundschaft versichert. Ich bitte Sie, mich zu unterrichten, ob sie weiterhin dazu stehen.«

Nachdem die Festungstore aufgegangen sind, vereint ein gemeinsames Essen die befreiten Gefangenen und den Premierminister, der drauf und dran ist, ihre Plätze einzunehmen: Umkehrung des Schicksals in dieser turbulenten Zeit. Condé hat sich gewiß über das Mahl gefreut, denn in Vincennes war das Essen kärglich gewesen. Die Mahlzeit verläuft unter Lächeln und Freundschaftsbezeigungen. Dann begleitet Mazarin die Prinzen mit unaufhörlichen Verbeugungen zu ihren Wagen. Die Grande Mademoiselle behauptet, Condé habe zu ihr gesagt: »Er hat mir den Stiefel geküßt!« Jedenfalls ist Condé, als der Wagen sich in Bewegung setzte, in ein siegesgewisses Lachen ausgebrochen.

In Paris werden die drei Rückkehrer mit Jubel empfangen, und die Königin muß sich im Palais-Royal der Qual des Protokolls unterziehen, sich ihre Komplimente und ihre Spötteleien anhören. Wie die Grande Mademoiselle schreibt, sei die Königin »wütend gewesen über die Menge, die sich in ihren Gemächern aufhielt, um ihn [Condé] eintreffen zu sehen. Sie beklagte sich dauernd über die Hitze, aber die Sache war ärger für sie zu ertragen als die Hitze. Trotzdem gab sie sich Mühe, fröhlich zu erscheinen, doch niemand glaubte es, man ließ sich durch den äußeren Schein nicht täuschen«.

Am 17. Februar registriert das Parlament eine Deklaration, durch die die Prinzen von jeder Schuld freigesprochen werden, und verfügt, daß »weder ein Ausländer, auch wenn er naturalisiert ist, noch natürliche Untertanen, die anderen Fürsten als dem König einen Eid abgelegt haben, nicht teilhaben können an den Ratsgremien.

Diese fremdenfeindliche Erklärung wird durch eine Präambel abgeschwächt, welche, um die scharfen Kanten abzuschleifen, die unter der Regentschaft errungenen Erfolge nicht leugnet. Ein Meisterwerk der Heuchelei, das durch Anpassung fast den Stil dessen kopiert, der jetzt das Opfer ist, Mazarin: »Obwohl die Grenzen des Staates erweitert worden und die Armeen bis nach Flandern, Deutschland und Italien vorgestoßen sind, hat der Niedergang des öffentlichen Wohlstands seit zwei Jahren nichtsdestoweniger große Unruhe in der Bevölkerung hervorgerufen ... Es ist den Leuten bewußt geworden, daß es hinsichtlich des Werts der Regierung etwas zu tadeln gibt, des Vertrauens wegen, das wir in die Ratschläge des Kardinals Mazarin gelegt, den wir bei dieser Gelegenheit aus unserer Umgebung entfernt haben ...«

Mazarin leidet unsagbar, daß er an den Conseils nicht mehr teilnehmen darf. Die Zeit ist fern, da er sich, unter Richelieu, stolz als »kanonisierter Franzose« bezeichnete. Trotz aller Dienste, die er geleistet hat, will Frankreich ihn nicht mehr. Er fühlt sich grausam ausgestoßen, nackt und bloß, zitternd im Wind der Feindseligkeit, ein heimatloser Emigrant, dazu verdammt, »als Zigeuner« zu leben und von allen als »Verräter« angesehen zu werden.

Am 18. Februar 1651 schreibt er aus Doullens an Le Tellier: »Ich gestehe Ihnen, daß das empfindlichste Mißgeschick, das mir in meinem Leben widerfahren, dieses gewesen ist. Denn nach allem, was ich geleistet habe, wird es allen Ländern so vorkommen, ich sei ein Treuloser, da die gerechteste aller Königinnen erklärt, sie verjage mich ohne Hoffnung auf Rückkehr . . . Hundert Parlamentsverfügungen hätten mir in den Augen der Welt nichts anhaben können, aber eine Deklaration wie diese wirft mich zu Boden.«

In Le Havre beginnt Mazarins unstetes Umherirren. Er geht nach Dieppe, wo er gut aufgenommen wird, dann nach Abbeville. Große Schwierigkeiten hat er beim Übergang über die Somme. Von ihnen berichtet in seinen Memoiren Millet de Jeure, der bereits bei Richelieu im Dienst stand und den Mazarin mit vertraulichen Aufträgen an der flandrischen, deutschen und italienischen Grenze betraut. Er begleitet den Kardinal nach Le Havre, dann bis nach Bouillon. Er hält die Verbindung zwischen der Königin und dem Verbannten aufrecht; Mazarins einziger Trost sind die Briefe seiner Herrscherin. Oft werden die schlechten Nachrichten, die in ihren Zeilen enthalten sind, wie etwa das Geheiß, Frankreich zu verlassen, durch mündliche, von dem Boten überbrachte Erläuterungen gemildert. Sie beweisen Mazarin Annas Liebe und Treue.

Jenseits der Politik werden die beiden ehelich Verliebten zu Romanfiguren, die unter der Trennung entsetzlich leiden und in diesem Jahrhundert großer Briefschreiber nur durch diese Briefe leben, die Raum und Zeit siegreich überwinden.

Weitere Etappen Mazarins: Doullens, Péronne, mit dem Versuch, in der dortigen Provinz Fuß zu fassen; La Fère während einiger Tage; Rethel, Bar-le-Duc, Clermont-en-Argonne. Noch scheint er zu zögern, Frankreich zu verlassen, das Land, das er sich erwählt hatte, um seine Fähigkeiten zu entfalten, und an das ihn die Liebe einer Königin fesselt, die selber keine Französin ist, die aber durch ihr Amt für ihn den Boden seines neuen Vaterlandes repräsentiert. Bis zum letzten Augenblick wartet der unverbesserliche Spieler darauf, daß sein Stern wieder zu steigen beginnt.

Doch der Himmel ist dunkel. Es bleibt ihm nichts übrig, als das Land zu verlassen. Er bittet den Fürst-Erzbischof von Lüttich um Asyl; dieser nimmt ihn vom 14. bis 27. März in der Burg von Bouillon auf. »Jetzt bin ich«, schreibt er an Lionne, »in einem Raum der Burg von Bouillon in den Ardennen eingesperrt. Das ist ohne Übertreibung ein ganz scheußliches Gefängnis, denn es ist mir nicht nur verwehrt, mich außerhalb des Orts zu bewegen, sondern jeden Tag sind Spanier sowie Truppen aus Lothringen und von Herrn von Turenne in der Umgebung.«

Wie groß die Gefahr ist, zeigt ein Aufruf der feindlichen Truppen: »Die

Bewohner des Gebiets von Lüttich und insbesondere der Ländereien um Bouillon werden davon unterrichtet, daß sie von unseren Truppen geplündert und gebrandschatzt werden, wenn sie den Kardinal Mazarin auf ihrem Boden dulden. Gegeben am 20. März 1651.«

Schließlich findet Mazarin endgültig Asyl im Schloß Brühl in der Nähe von Köln, das dem Kurfürsten Erzbischof Maximilian von Bayern gehört. Erzherzog Leopold Wilhelm, Statthalter der Niederlande, gewährt ihm einen Paß, der ihm sowohl die Durchreise für sich und seine Familie gestattet, als auch das Recht, sich zu Lande und zu Wasser in der Umgebung von Brühl zu bewegen. So bleibt er nicht »in einen Raum eingesperrt« wie in Bouillon.

Jetzt ist auch Mazarins gesamte Sippe, Neffen und Nichten, zu ihm gestoßen. Um ihre Sicherheit zu gewährleisten, schickt Erzherzog Leopold Wilhelm ihm ein Geleit unter dem Befehl von Pimentel. Doch der Erzherzog möchte gern eine Gegenleistung für den ausgestellten Paß. Er benutzt die Umstände, um ihm ein verlockendes Angebot zu machen: Mazarin könnte sein Schicksal zum Besseren wenden, wenn er in Spaniens Dienste träte.

»Nicht ohne die Höflichkeit zu verletzen«, schreibt Mazarin an Lionne, »habe ich geantwortet, was ich antworten mußte und abschließend gesagt, daß ich meine Tage im Dienst Frankreichs beenden würde, in Gedanken und durch meine Wünsche, wenn es nicht anders möglich wäre.«

Eine würdige Antwort, die von der Hoffnung des Spielers zeugt, wieder in den Sattel zu kommen. Ideal und Interessen fallen zusammen. Wo könnte er auch einen besseren Platz finden als im Herzen der Königin?

In Brühl wird Mazarin wie ein Souverän empfangen: Kanonenschüsse, Ehrenbezeigungen durch die Truppen. Das gibt ihm wieder Mut. Vom Schloß aus blickt er über eine herrliche Landschaft. Der Wohnsitz ist prächtig eingerichtet. Der Kurfürst hat die Freundlichkeit, einen Verwalter zu schicken, der dafür sorgen soll, daß es Seiner Eminenz an nichts mangelt. In dieser fürstlichen Residenz bleibt Mazarin von April bis Ende Oktober. Jeden Tag schreibt er an die Königin und an seine Anhänger. Von Deutschland aus lenkt der Verbannte weiterhin die Geschicke Frankreichs.

Das Exil zwingt Mazarin zu Entscheidungen. Bisher hat er, wie und wo immer es sich ergab, Geld zusammengetragen. Sein Vermögen befindet sich in einem großen Durcheinander. In seinem Kopf herrscht Verwirrung, er unterscheidet Soll und Haben nicht mehr. Er muß Ordnung schaffen, das Exil und seine finanziellen Schwierigkeiten erfordern es. Mazarin ist fähig, Geld zusammenzubringen, aber unfähig, es zu verwalten. Er ist zu sehr Künstler, um sich mit Zahlen zu befassen, er hat die Gier des Spielers, nicht aber die Genauigkeit des Buchhalters. Diesen Buchhalter findet er endlich, und ihm lädt er die ganze Last auf. Es ist Colbert. 1651 ist Colbert zweiunddreißig Jahre alt, der Sohn eines Tuchhändlers aus Reims, der zunächst im Handel und im Bankgeschäft tätig war. Dann trat er in die Dienste Le Telliers, des Staatssekretärs für das Kriegswesen.

Colbert ist ein Kartesianer, seine Methode besteht darin, Schritt für Schritt vorzugehen. Er nimmt das Angebot der Eminenz nicht sofort und mit Begeisterung an. Ihm ist bewußt, daß der Kardinal im Exil, ein gehetztes Tier, verständlicherweise allem und allen mißtraut und daß er einen Menschen braucht, auf den er sich verlassen kann. Das kann nur er sein. Mazarin hat Colberts Festigkeit kennengelernt, als er seinen Herrn und Gebieter Le Tellier hartnäckig verteidigte, sogar gegen Seine Eminenz selbst. Anfänglich war Mazarin wütend darüber, dann hat er, der Menschenkenner, diese Härte schätzen gelernt.

Als Mazarin Colbert anbietet, sein Vermögensverwalter zu werden, versinkt dieser zwar in respektvoller Ergebenheit, heftet jedoch höfliche Bedingungen daran. Er bringt es fertig, mit diesem Meister aller Unterhändler eine Verhandlung lange hinzuziehen, und sie ist noch nicht abgeschlossen, als Mazarin ins Ausland geht, das heißt, als er ihn noch mehr benötigt als zuvor. In Brühl sitzt Mazarin wie auf Kohlen. Er fürchtet, sein Vermögen könnte zerrinnen. Er sieht sich auf Stroh schlafen, nur in seinen Purpur gewickelt, die einzige Bedeckung des Emigranten. Colbert geht behutsam und geschickt vor, unter vielen Verbeugungen stellt er sein Ultimatum: »Nur ein einziger Mann, für den Eure Eminenz sich entscheidet, darf die Leitung aller Angelegenheiten haben, er muß Redlichkeit, Erfahrung und Hingabe im Dienst Eurer Eminenz besitzen und darf nicht zu den niedrigen Seelen gehören, die sich gern in ein Loch verkriechen, weil sie nur von Eurer Eminenz gekannt sein wollen; er muß mit erhobenem Kopf überall seinen Auftrag bekunden, er muß darüber hinaus der Ehre teilhaftig sein, das völlige Vertrauen Eurer Eminenz zu besitzen und ihm darf keiner der ärgerlichen Vorfälle angelastet werden, die ganz oder zum Teil irgendeine der diskreten Angelegenheiten verzögern oder zunichte machen können; er muß offen sprechen und auch genug Urteilsvermögen haben, um die Königin nur mit wichtigen Angelegenheiten zu befassen.«

Colbert stammt aus der Champagne, er ist kein fröhlicher Mensch. Ein Griesgram mit zusammengewachsenen Augenbrauen, wie Turenne. »Ein Nordländer«, wie Madame de Sévigné sagt, der nur an seinem Arbeitstisch warm wird, an den er sich händereibend setzt. Seine einzige Ausschweifung: ein Übermaß an Arbeit. Seine Lebensweise: »Viel arbeiten und sein Leben im Hinblick auf die Arbeit einrichten ... Leichte Bewegung, große Nüchternheit, wenig Essen, frische Luft und sich innerlich reinigen, wenn man ein oder zwei Stunden Zeit hat.« Sein Ideal: »Arbeiten vom frühen Morgen bis zum späten Abend.« Seine Spezialität: Schwierigkeiten. »Ich wäre Ihnen verbunden«, schreibt er an Mazarin, »wenn Sie mir schwierige Aufträge gäben, die meinen Geist beschäftigen, denn eine Schwierigkeit erhöht das Vergnügen, die Angelegenheiten voranzubringen.«

Mit Mazarins Angelegenheiten kommen Schwierigkeiten genug auf Colbert zu. Diesem Descartes der Buchführung macht es Freude, den Dingen auf den Grund zu gehen und Verfahren zu entdecken, die der Vernunft entsprechen. Vernunft in Mazarins Vermögensangelegenheiten zu bringen, heißt eine Nadel in einem Heuhaufen zu finden. Colbert beginnt damit, eine Aufstellung von all dem zu machen, was vorhanden ist. Er ordnet das zerrüttete Vermögen in drei Rubriken: »Besitz, Lehen und Pfründe, Schulden.«

Colbert gibt sich der Einteilung dieses Durcheinanders mit Begeisterung hin. Wenn er Unordnung in Ordnung verwandelt hat, ist er genauso glücklich wie ein Heiliger, der dem Teufel eine Seele abgerungen hat. Doch hat Colbert auch ein persönliches Interesse daran, dieses Sammelsurium zum Gedeihen zu bringen. Er bekommt kein Gehalt. Er begnügt sich mit Provisionen. Und er schafft sie sich so reichlich, daß er ungeheuer vermögend wird.

Zunächst arbeitet Colbert ganz unauffällig, er bleibt im Hintergrund. Er steht weit unter Persönlichkeiten wie Le Tellier und Lionne und ist nur der »Bedienstete des Herrn Kardinals«. Doch versteht es dieser Bedienstete, sich unentbehrlich zu machen, auf lebenswichtige Art und Weise, der Methode seines Herrn und Gebieters. Er ist das rechnerische Gewissen Mazarins, und ohne ihn hätte sich, vor allem während des Exils des Kardinals, dieses riesige, ungeordnete Vermögen in alle Winde zerstreut.

Wie Mazarin ist Colbert ebenfalls Jesuitenschüler und daher eher ein Mann der Realitäten als der Bücher; doch was die Finanzen angeht ein Anhänger von Descartes und Corneille. Colbert verkörpert als Verwalter des Mazarinischen Besitzes die klassische französische Vernunft im Gegensatz zum italienischen Barock. Ein weiterer Vorteil erwächst Colbert aus seiner bescheidenen Verwalterrolle: Mazarin hat ihn dem König empfohlen. Da der »Bedienstete des Herrn Kardinals« so unbedeutend ist, hat er freieren Zugang zu allem. Mit seiner kleinen schwarzen Samttasche unter dem Arm wird sein Kommen und Gehen kaum bemerkt. Eines Tages wird sich der Schlüssel zu den Finanzen Frankreichs in dieser kleinen Tasche befinden.

Die Eskalade des Unflats

Die Fronde der Prinzen hat ein ungeheures Anschwellen von unflätigen Versen und Liedern gegen Mazarin und die Königin im Gefolge. Die Mazarinaden übersteigen an Gemeinheit alles, was man sich vorzustellen vermag. Dieses Wiederaufleben des gallischen Geistes unter diesem kläglichen Aspekt beweist die Vitalität eines Volks, das zu ein und derselben Zeit fähig ist, sich an zwei äußerste Grenzen zu begeben: sich in viehischer

Roheit zu äußern und andererseits, durch die »Preziösen« des Hôtel de Rambouillet, in reiner Geistigkeit.

Noch wilder als früher wird das unselige Paar aufs Korn genommen. Zum Beispiel in Versen wie diesen:

Ce qui cause la guerre en France
A ce que dit Sa Sainteté,
C'est la lam' de Son Eminence,
Le fourreau de Sa Majesté.

Was den Krieg in Frankreich bewirkt / Wie Seine Heiligkeit sagt / Ist die Klinge Seiner Eminenz / Die Scheide Ihrer Majestät.

Andere Mazarinaden gehen noch weiter in ihrer Deutlichkeit, und ihre Zahl ist Legion. Gegen Ende des Jahres 1650 hatte Mazarin zwei frondierende Mannweiber in die Verbannung geschickt: die Gräfinnen Fiesco und Piennes. Der früher schon genannte Blot ist wiederum der zotigste von allen »Dichtern«; er benutzt dieses Ereignis, um eine der übelsten Mazarinaden zu verbreiten. Da er von Monsieur geschützt wird, geschieht ihm nichts, aber sein Verleger, über den Monsieur seine Fittiche nicht breitet, wird aufgehängt. Der Refrain dieses Spottlieder lautet etwa:

Ich persönlich will nichts Schlechtes / Dem Herrn Kardinal / Das ist ein Ausländer / Der sich rächen will / Ich verzeih ihm diesen Haß / Aber am liebsten möcht' ich erwürgen / Unsere Königin, die Hure / Lon la / Unsere Königin, die Hure.

Natürlich werden auch die Nichten nicht verschont. Bezeichnungen wie »stinkende Nattern« und »kotige Prinzessinnen« sind noch die galantesten. Doch gegen Mazarin selbst kennt der Haß keine Grenzen, er wird in der Art von Bänkelsängern, unter freiem Himmel, mit Trommelwirbel auf dem Pont-Neuf dem Tod anheimgegeben:

»Tarif der Preise, die in einer Versammlung von Notabeln in Anwesenheit der Herren Prinzen festgesetzt worden sind, um diejenigen zu belohnen, die Frankreich von Mazarin befreien, der durch einen Parlamentsbeschluß gerechterweise verurteilt worden ist. (20. Juli 1652)

Derjenige, der ihn umgebracht hat, ihm den Kopf abschneidet und ihn als Friedenszeichen durch die Straßen von Paris trägt, erhält die Summe von hunderttausend Talern, dazu die Erlaubnis, ihn allein oder mit denen, die ihn von ihm bekommen haben, durch alle Städte und Dörfer des Königreichs zu tragen, um den Gewinn einzustreichen, der üblicherweise denen gewährt wird, die den Kopf des Wolfs bringen ...

Der Soldat, der ihn an der Spitze seines Bataillons erblickt und ihn, anstatt ihn zu grüßen, mit der Muskete erschießt, erhält fünftausend Taler; er und seine Nachkommenschaft sollen geadelt werden, und in dem Fall, daß der Soldat entdeckt wird, was jedoch nicht einfach ist, wenn ein ganzes Regiment eine Salve abfeuert, soll der Offizier, der ihn rettet, zehntausend Taler bekommen ...

Derjenige, der eine Armbrust benutzt, um ihn als Wahnsinnigen zu töten, ohne daß ein Geräusch zu hören ist, erhält zehntausend Taler . . .

Derjenige, der ein Haus neben dem seinen hat oder eines mietet, um eine Mine in seinen Keller zu legen und sie explodieren zu lassen, erhält sechzigtausend Taler . . .

Die Kammerdiener, die ihn zwischen zwei Federbetten ersticken, oder die ihn mit Kleie-, Sand- oder Knochenmehlsäcken erschlagen, oder die, um ihn zu ersticken, Stricke, Servietten oder Gürtel benutzen, oder die beim Rasieren das Messer fest eindrücken, oder, wenn sie ihm das Hemd reichen, ihn darin verwickeln und mit vergifteten Dolchen oder Bajonetten erstechen, bekommen siebzigtausend Taler . . .

Die Kutscher oder Postillone, die ihn an einen Abgrund fahren und ihn hineinwerfen, erhalten für den Fall, daß er sich den Hals bricht, vierzigtausend Taler; für den Fall, daß er sich nur einen Arm bricht, nur zweitausend; für die Beine viertausend, für die Beine und Arme achttausend; für das Rückgrat zehntausend . . . Der Apotheker, der in seine Arznei Arsen mischt oder es auflöst, Quecksilber, Opium, Saft von Eisenhut, Eibe, Nieswurz, Tabakessenz, Krötensaft, Schweiß von einem Fuchs, Diamantenstaub, ein Ätzmittel, zerstampftes Glas und andere Säfte von Gräsern, bekommt die Summe von fünfzigtausend Talern, ungerechnet die Unkosten, die ihm entstanden sind . . . Desgleichen bekommt der Apotheker, der ihm bei Verabreichung eines Klistiers die Röhre vergiftet, zwanzigtausend Taler . . .«

Briefroman der Politik

In Brühl ist Mazarin kein völlig unbemittelter Verbannter. Aus dem Haufen von Gold, Schmuckstücken, Möbeln und Kunstgegenständen, der das Vermögen dieses Bettlers bildet, fischt Colbert mit seiner Angel allerlei heraus. Im Palais-Royal haben sich viele Schätze angesammelt, und die Königin spielt die Hehlerin. Mit Hilfe einer Kette von Zwischenträgern läßt Colbert über Marseille und den Rhein Möbelstücke, kostbares Geschirr, Edelsteine und Silber nach Brühl gelangen. Eines Tages bringt er die ungeheure Summe von sechzigtausend Pfund auf den Weg.

Der Flüchtling im roten Mantel hat die Kronjuwelen mit sich genommen. Er schwärmt für Diamanten, ihr inneres Feuer, ihre stolze Pracht. Sie stellen für ihn das faszinierendste Schauspiel dar. Sie sprechen schweigend alle Sprachen. Mazarin als geborener Flüchtling und als Spieler, der unheilbar den Ziffern verfallen ist, bewundert den unvergleichlichen Wert der Diamanten, der in einem Minimum von Masse konzentriert ist. Als Wegzehrung der Verbannten vereinigen die Diamanten in sich alle Güter der Welt für Menschen, die ihr Vaterland an ihren Schuhen mit sich nehmen.

Fern von dem Mann, den sie liebt, führt Anna von Österreich ein Leben wie die »Portugiesische Nonne«. Achtzehn Jahre vor der Veröffentlichung der Briefe der Mariana Alcoforada (1679) verwirklicht die Spanierin Anna mit ihrem italienischen Kardinal den Briefroman, den als Genre später »Die Neue Heloise« und »Die gefährlichen Liebschaften« krönen. Doch wird sie nicht im Stich gelassen wie die Nonne. Der Mann, den sie liebt, ist gezwungenermaßen von ihr gegangen. Er ist der Odysseus, mit den tausend Listen, der Zauberer Merlin mit den tausend Kunststücken, der Parfümeur mit den tausend Wohlgerüchen, der Argus mit den tausend Augen, der Proteus mit den tausend Gestalten, der Verbannte, ohne den sie selber, in ewiger Verbannung, dahinstirbt. Wie alle liebenden Frauen verwandelt sich diese starke Esserin, diese träge Frömmlerin in einen mystischen Stern: »Ich möchte, daß es ewig Nacht wäre!« In dieser endlosen Düsternis flicht sie die Kette jener mit kabbalistischen Zeichen und verabredeten Namen angefüllten Briefe, in denen unter dem harmlosen Firnis von Worten etwas brodelt, das die Historiker gern zu Politik erkalten lassen wollen, das aber nichts anderes sein kann als Liebe.

Die beiden müssen sich in ihren Briefen auf das Wesentliche beschränken, es stehen sich nicht mehr eine Regentin und ein Erster Minister gegenüber, sondern ein Mann und eine Frau, die voneinander getrennt sind, die unter den Qualen des Alleinseins leiden, und sie lassen ihrer Phantasie freien Lauf, Begehren und Träume schmücken die Botschaften, die sie austauschen. Der Bote Zongo Ondedei, der den Raum überbrückt und ständig auf den Straßen zwischen Brühl und Paris unterwegs ist, wird zur wichtigsten Person in Frankreich: er hebt die Trennung auf und baut mit diesen Briefen wieder ein Königreich, einen Himmel, ein Vaterland zusammen. Er beschränkt sich nicht auf das Wunder, die Botschaften zu übermitteln, er erläutert sie auch. Er verleiht ihnen ihre eigentümliche Spannung: die Blicke, den Tonfall, die Gegenwart.

Trotz aller dieser Tröstungen läßt Mazarin manchmal Eifersucht erkennen: »Ich erfahre, daß sie Lionne mehrmals gefragt haben, warum er nicht meine Gemächer nehme, und Sie bezeigen ihm eine Freundlichkeit, mit der er sich am Hof brüstet. Das hat mich zwei Nächte hintereinander um den Schlaf gebracht, und ähnliche Vorkommnisse könnten mir den Tod bringen.«

Doch die Königin bleibt ihm unerschütterlich treu. Sie läßt an dem Block nicht rütteln, den sie und Mazarin zusammen mit dem König bilden, der in den Briefen »der Vertraute« genannt wird. Sie sorgt dafür, daß der Junge die abscheulichen Mazarinaden nicht zu sehen und zu hören bekommt, die die Ehre seiner Mutter beschmutzen:

Aber was soll mit ihm [Mazarin] geschehen, wenn er zurückkommt?
Man muß ihm die Genitalien abschneiden.
Der König antwortet ihnen: »Schneidet sie ihm nicht ab,
Denn Mama braucht sie noch . . .«

Sie redet mit Ludwig XIV. nur über die Dankbarkeit, die sie beide Mazarin schuldig sind. Sie macht ihm klar, daß er ihm seinen Thron verdankt. Und ihr ewig wiederkehrender Refrain: »Werden Sie, lieber Sohn, wenn Sie großjährig sind, den Herrn Kardinal nicht zurückrufen, der uns so große Dienste geleistet hat?«

Die dritte Fronde scheint gefährlicher zu werden als die beiden anderen, die sozusagen Vorgeplänkel waren. Der Adel will offensichtlich mit mehr Methode vorgehen. Die Provinzjunker haben Abgesandte nach Paris geschickt, die die Freilassung der Prinzen fordern. Diese Vertreter bleiben in der Hauptstadt.

Die großen Familien schicken sich an, eine Koalition zu bilden. Um endlich die Häuser Condé und Orléans miteinander zu versöhnen, soll der achtjährige Herzog von Enghien eine der Töchter von Monsieur heiraten. Der Prinz von Conti soll die Ehe mit Fräulein von Chevreuse eingehen. Ihre Mutter, die bösartige Herzogin von Chevreuse, schafft mit ihren Hexenkünsten aus den Familien Luynes, Guise und Rohan einen Wall. Der mit Laure Mancini, einer der Nichten Mazarins, verlobte Herzog von Mercoeur muß, ob er will oder nicht, Fräulein von Guise heiraten.

Der Adel und der Klerus hegen Ideen, die den Ereignissen um ein Jahrhundert vorauseilen. Jetzt wollen sie Anna von Österreich die Regentschaft entreißen, die Großjährigkeit des Königs von dreizehn auf achtzehn Jahre heraufsetzen, ihm einen Regentschaftsrat zur Seite stellen, dessen Mitglieder die drei Orléans ernennen und zwar jeder sechs. Die Generalstände sollen einberufen werden.

Servien und Lionne errichten eine Art »Pferde-Brücke« zwischen Paris und Brühl. Die Regentin unterrichtet Mazarin laufend über den Gang der Ereignisse. Und Mazarin leitet sie, Schritt für Schritt, wie eine verzückte Blinde. Eine Glückseligkeit, für die die »Portugiesische Nonne« ihr Leben gegeben hätte. Der Liebesroman in Briefen wird zur Politik in Briefen. Mazarin, der Schwierigkeiten liebt, ist ebenfalls beglückt. Er kann über große Entfernungen hinweg, ohne direkten Kontakt, ein Zauberkunststück ausführen, das an Telepathie grenzt; es ist jenen Auftritten gleich, die im Zirkus mit Trommelwirbel als »einzigartig, außergewöhnlich, auf der Welt noch nicht dagewesen« angekündigt werden.

In Briefen, aus der Ferne, auf sich allein gestellt, entwirft er, Punkt für Punkt, einen Gegenplan gegen die Absichten der Frondeure. Er hat ihren Wall abgetastet und dabei Risse entdeckt.

Der König: Seine Person muß sorgfältig bewacht werden. Die Frondeure sind zu allem fähig, sie könnten ihn sogar entführen. »Marschall d'Aumont muß sehr wachsam sein, und auch die anderen Kapitäne müssen sich stets im Garten aufhalten, wenn Seine Majestät dort ist . . . Wenn die Prinzen ihr Vorhaben ausführen wollen und eines Tages viele Leute ins Palais bringen, könnten sie es im Garten mit Leichtigkeit tun.« Dieser Garten verursacht ihm Besorgnis. In seiner Vorstellung erscheint er ihm gefährlich, er warnt vor ihm, wie eine Wahrsagerin vor einem unheilvollen Ort.

Das Parlament: Diese hoffärtige Versammlung kann über die Einberufung der Generalstände nur beunruhigt sein. Diese Tatsache muß benutzt werden, um den Adel und das ganze Parlament, oder zumindest möglichst viele Parlamentarier, zu entzweien.

Der Koadjutor: Er ist durch den Kardinalshut zu bändigen. Es muß so getan werden, als sollte Châteauneuf ihn bekommen. Muß der Koadjutor fürchten, den Hut, den er begehrt, nicht zu erhalten, wird er sich unverzüglich dem Geheiß der Königin gegen das Parlament unterwerfen.

Die Allianz der Häuser Condé und Orléans: Sie muß um jeden Preis verhindert werden. »Das Wohl des Staates und das Glück Ihrer Majestäten hängt ab von der Zwietracht dieser Prinzen.« Bei Monsieur etwas zu unternehmen, ist hoffnungslos; auf diesem schwankenden Boden kann nichts gebaut werden. Mithin müssen Annäherungsversuche an Condé gemacht werden. Um die Heirat zwischen Conti und Fräulein von Chevreuse zu verhindern, genügt es, eine Verleumdung auszustreuen: »Personen, die den Prinzen von Conti von dieser Heirat abbringen wollen, müssen wissen, daß der Koadjutor fast jeden Abend Fräulein von Chevreuse unter vier Augen sieht und daß er mit ihr in so gutem Einvernehmen ist, daß derjenige, der sie heiraten will, dieses nicht dulden kann ...« Darüber aufgeklärt wird Conti eiskalt und gibt seinen Heiratsplan auf. Er bekommt die Statthalterschaft der Guyenne und sein Bruder die Statthalterschaft der Provence. Daraufhin stellt sich Condé wieder an die Seite der Königin. Monsieur tobt vor Wut.

Der Regentin gelingen mehrere Schläge. Sie treibt einen Keil zwischen die Prinzen und Monsieur und die Fronde andererseits. Sie bewerkstelligt auch die Trennung zwischen der Herzogin von Chevreuse und dem Hause Condé, das von der geplanten Heirat zurückgetreten ist. Die ältliche Circe versucht ihre Verführungskünste bei Mazarin, ohne zu ahnen, daß er es war, der diese Hochzeit vereitelt hat. »Lassen Sie den Herrn Kardinal schleunigst wissen«, schreibt sie an ihren Vertrauten, den Marquis von Noirmoutiers, »daß, wie die Dinge am Hof jetzt liegen, es angebracht ist, ihm aufrichtig zu helfen; er möge der Königin schreiben, sie solle Vertrauen zu mir fassen und Stillschweigen darüber bewahren.«

Als die Regentin sieht, daß die Waagschale sich wieder zu ihren Gunsten senkt, wird sie mutig. Sie will sich nicht mehr in die »liberia custodia«, das freie Gefängnis des Palais-Royal, wie Omer Talon es galant auf lateinisch genannt hatte, einsperren lassen. Am 1. April sprengt sie das Gehäuse. Sie begibt sich unter großem Aufwand nach Notre-Dame. Ihre Kerkermeister wagen nichts dagegen zu unternehmen. Sie benimmt sich anders als Ludwig XVI., der sich während der Revolution von den Aufrührern in die Tuilerien sperren läßt. Anna hat Gefallen an der Freizügigkeit gefunden und ändert, ohne mit Monsieur darüber zu sprechen, am 3. April die Ministerliste.

Wenn Condé es richtig anstellte, könnte er der König von Paris sein. Wie würde ein Mazarin seine Trümpfe einsetzen! Doch Condé ist wie der Salamander, der, einem alten Glauben zufolge, im Feuer lebt. In den Flammen des Krieges blitzt und funkelt er. Fern vom Schlachtfeld führt er sich wie ein Narr auf. Anstatt zu verhandeln, zu dämpfen, ein bißchen nachzugeben, um viel zu erreichen, kurz, anstatt geschickt zu Werke zu gehen, um sich Freunde zu verschaffen, verdirbt er alles. Durch seine Unverschämtheiten und Wutanfälle schlägt er die Franzosen in Stücke, wie er es bei Rocroi und Lens mit den Spaniern getan hat. Hochmütig und verächtlich behandelt er die Parlamentarier und die Adligen, er demütigt den König. Unterschiedslos zertritt er alles unter seinen Stiefeln. Man braucht ihn nur seinem Irrsinn zu überlassen, um ihn bei allen unmöglich zu machen und bei allen den Wunsch entstehen zu lassen, so bald wie möglich von dieser Geißel befreit zu werden.

Um Condé hinwegzufegen, läßt Mazarin den Koadjutor auf ihn los. Dieser ist durch die Verheißung eines Kardinalshuts leicht zu lenken. Diesen begehrten Hut, den Mazarin bald diesem, bald jenem verspricht, diesen Köder, nach dem der Koadjutor lechzt, müßte man ihm jetzt geben. Dadurch würde man ihn von Condé trennen. »Machen Sie ihn zum Kardinal«, schreibt Mazarin an die Königin. »Geben Sie ihm meine Stellung, setzen Sie ihn in meine Gemächer.« Er geht nicht soweit zu sagen »und in Ihr Bett«. Vom Koadjutor hat er nichts zu befürchten. Dieser untersetzte Mann mit den Maulwurfsaugen gefällt der Königin nicht.

Anna, die sich ein wenig lustig macht über ihn, gewährt ihm ein nächtliches Rendezvous. Sie schließen einen Pakt: Anna verspricht ihm den Hut, den großen Hut, unter dem dieser Gnom verschwindet. Dafür will der Koadjutor, unter Zuhilfenahme der Redegewandtheit seiner italienischen Vorfahren, Condé innerhalb von acht Tagen aus Paris vertreiben. Er setzt die Artillerie der Pamphletisten gegen ihn an, die er zuvor gegen Mazarin mobilisiert hatte. Sie machen aus Monsieur le Prince den neuen Sündenbock. Eine Gruppe fordert die Festnahme dieses neuentdeckten Staatsfeindes. Der leicht erregbare Marschall von Hocquincourt sieht rot, er bietet sich an, ihn zu erdolchen. Mazarin läßt die Königin eiligst wissen, daß man so weit nicht gehen dürfe. Dieser Dolchstoß würde ihm für ewig und immer den Weg zurück nach Frankreich versperren.

Die Gerüchte über Festnahme oder Erdolchung kommen Condé zu Ohren. In der Nacht vom 5. auf den 6. Juli 1651 vermeint er Pferdegetrappel zu vernehmen. Er glaubt, er werde von Reitern gejagt. Er schwingt sich auf sein Roß und flieht querfeldein. Doch waren die nächtlichen Störenfriede nur Bauern, die auf ihren Eseln in die Stadt ritten, um Hühner und Kaninchen auf dem Markt zu verkaufen. Was Cervantes in »Don Quichotte« schildert, scheint er nicht erfunden zu haben.

Die Situation ist sehr verwickelt, sie übertrifft noch die schlimmsten italienischen »Imbroglios«. Selbst Mazarin findet nicht mehr durch: Condé, die Umgebung der Königin, Chavigny, Châteauneuf, der Koadjutor, jeder webt seinen Faden, und zusammen ergibt das einen höchst verwirrenden Gobelin.

»Die Vielzahl derer, die verhandeln, macht mich ganz irre«, schreibt Mazarin am 11. Juli 1651 an Le Tellier. »Ich hoffe zu Gott, daß sich nicht jemand findet, der so tut, als wünsche er meine Rückkehr, der aber geschickt versucht mich zu entfernen ... Ich bin auf alles vorbereitet, aber ich glaube, es wäre ein schwacher Trost, aufgrund eines Plans zu sterben.« Diese Wendung »aufgrund eines Plans zu sterben« könnte eine Replik aus dem »Eingebildeten Kranken« sein, der erst 1673 aufgeführt wird. Mazarin, der Theatermensch, nimmt Molière vorweg.

Condé hat sich mit seinen Anhängern in sein Schloß Saint-Maur bei Paris zurückgezogen und stößt schreckliche Drohungen aus. Er sagt, er wolle die Provinz Guyenne Spanien überlassen und gegen den König in den Krieg ziehen. Am 3. August kommt es zum Bruch mit der Königin: er setzt den Fuß nicht mehr ins Palais-Royal. Im Parlament warnt der unvermeidliche Talon vor den Strömen von Blut, den dieser Bruch zur Folge haben kann. Diesmal will die Regentin nicht Öl, sondern Wasser ins Feuer gießen und bietet Monsieur le Prince wieder einmal eine Versöhnung an, sie verspricht ihm alles und noch tausend Dinge dazu. Sie will Mazarin sogar auf Lebenszeit in seinem Exil in Brühl belassen. Zur selben Stunde schreibt sie jedoch an ihn, sie erwarte bebend nur seine Rückkehr, »sie würde eher alles umstürzen, als dieses Ziel nicht erreichen«.

Condés Hochmut kennt keine Grenzen mehr. Mazarin hatte recht, als er unwillig sagte: »Monsieur le Prince braucht nur noch nach Reims zu gehen und sich krönen zu lassen.« Begegnet Condé dem König auf der Promenade, grüßt er ihn nicht mehr. Trotzdem geruht er dem Ministerrat einen Schritt entgegenzukommen, unter der Bedingung, daß drei Mazarin ergebene Minister entlassen würden: Le Tellier, Servien und Lionne. Doch selbst dieses Opfer genügt dem Minotaurus nicht. Er verlangt, daß jeder, der an Mazarin schreibt oder Briefe von ihm bekommt, wegen Majestätsverbrechens verfolgt wird. Er droht damit, die Regentin unter Anklage zu stellen.

Die Königin von dem Mann zu trennen, den sie liebt, ist das eigentliche Majestätsverbrechen. Condé läßt die Regungen des Herzens außer acht. Je mehr er auf diesem gefährlichen Weg beharrt, desto leidenschaftlicher folgt die Königin dem Rat Mazarins, sich dem Koadjutor zu nähern. Zusätzlich würde sie auf diese Weise den Beistand von Monsieur erlangen. »Das wäre ein hervorragender Grund, Seine Königliche Hoheit [Monsieur] zu bewegen, sich vom Prinzen von Condé abzuwenden und sich ganz in die Arme der Königin zu werfen ... Wenn er erkennt, daß die Partei der Königin mit Unterstützung des Koadjutors, von dem Seine Königliche Hoheit viel hält, die stärkste ist, wird er Angst bekommen und sich eng mit der Königin verbünden, vor allem wenn er sieht, daß er es ohne Gefahr tun kann.«

Mazarin hat den feigen Monsieur richtig eingeschätzt. Um den winzigen Koadjutor im Urteil der Königin aufzuwerten und einen politischen Riesen aus ihm zu machen, setzt Mazarin hinzu: »Der Koadjutor hat viele Freunde im Parlament und großen Kredit beim Volk. Außerdem sind alle Armeen und die wichtigsten festen Plätze des Königreichs Ihren Majestäten ganz und gar ergeben. Es wäre ein unfaßbares Unglück, wenn der Koadjutor mit all dem, was zur Verfügung steht, im Kampf unterläge.«

Zu gern wäre Mazarin an der Stelle dieses Gnoms. Was würde er fertigbringen, wenn er dessen Karten in der Hand hätte! Nicht selten kann man ihn dabei überraschen, daß er in Gedanken das Spiel der anderen spielt, so, als wolle er verschiedene Partien zugleich bestreiten. Die Partie des Koadjutors interessiert ihn in zweifacher Hinsicht, einmal, weil er seinen Beistand benötigt, zum anderen, weil dieser aus Italien stammende, hochintelligente Prälat, der nach seiner Stellung trachtet, einen ähnlichen Schicksalsweg hat wie er. Der Koadjutor ist ein mißglückter Mazarin, der zu dem Zeitpunkt, als der wahre Mazarin im Exil ist, ein gelungener Retz hätte werden können, wenn er mehr politische Begabung und weniger literarisches Talent gehabt hätte. Allerdings wäre er dann nicht Kardinal Retz geworden.

Die Königin gibt vor, den Mann ihres Lebens im Exil belassen zu wollen und führt zugleich einen harten Schlag gegen Condé. Am 17. August 1651 lassen sie und der König »in Anwesenheit von Monseigneur dem Herzog von Orléans, der Prinzen, Herzöge und Pairs, Beamten der Krone und Großen des Königreichs, vor den Deputierten des Parlaments, der Rechnungskammer, des Finanzhofs und der Körperschaft der Stadt Paris« eine Deklaration verlesen »betreffend den Beschluß über die dauernde Entfernung Kardinal Mazarins aus dem Königreich und über das gegenwärtige Verhalten des Herrn Prinzen von Condé«.

Über »die Entfernung« des Kardinals geht die Königin schnell hinweg. Sie beschäftigt sich vor allem mit Vorwürfen gegen den Prinzen und erhebt heftige Anklage gegen ihn in mehreren Punkten: Er hat sich zwei Monate lang von den Ratsgremien ferngehalten und hat seine Anhänger zum Aufstand aufgerufen; er hat sein Schloß Montrond für seine Frau und seine Schwester in eine Festung verwandelt, und er hat seinen Truppen erlaubt, die Champagne und die Picardie zu verwüsten. »Die Kenntnis dieser Dinge«, sagt die Königin zum Schluß, »gestattet es uns nicht, noch länger die Augen zu verschließen, ohne das Steuer des Staates aus den Händen zu geben.«

Am nächsten Tag eilt Condé ins Parlament, um sich von diesen Anwürfen reinzuwaschen. Beratungen und Palaver ziehen sich tagelang hin. Condé und der Koadjutor stehen sich Aug in Auge im Parlament gegenüber und beschimpfen sich wie Helden Homers. Beide sind von ihren Sbirren begleitet, die sich mit den Blicken abschätzen. Am 21. August hätten sie sich beinahe auf andere Art und Weise abgeschätzt. Die Parlamentarier in ihren wehenden Talaren versuchen, die Raufbolde zu beruhigen. La Rochefoucauld tut es im Lager von Condé. Der Koadjutor geht in die Wandelhalle, um seine Draufgänger zu beschwichtigen. Er befiehlt ihnen, den Degen in der Scheide zu lassen. Als Ruhe eingetreten ist, will er in den Sitzungssaal zurück. La Rochefoucauld versperrt ihm den Weg. Mit einem Haken blokkiert er die Tür, der arme kleine Prälat ist zwischen den beiden Türflügeln eingeklemmt und schnappt nach Luft. Die Hälfte seines Körpers befindet sich im Sitzungssaal, sein Hinterteil ist der Wandelhalle zugekehrt. Von dort her kommt die Gefahr. Glücklicherweise kann ihn Champlâtreux, der Sohn Molés, in dem Augenblick befreien, da ein Parteigänger Condés ihn mit einem Dolchstoß in die Lenden in den Himmel befördern wollte.

Nach dieser Tür-Affäre bekommt La Rochefoucauld einen Wutanfall, der bei dem sonst so gleichmütigen Autor der »Maximes« ungewöhnlich ist. Dem Herzog von Brissac, der sich für seinen Verwandten, den Koadjutor, einsetzt, ruft er zu: »Wären wir draußen, würde ich Sie alle beide erwürgen!« Worauf der Koadjutor, der sich wieder gefangen hat, lachend antwortet: »Mein Feund La Franchise [»Freimut«, der Beiname La Rochefoucaulds], Sie sind ein Feigling und ich bin ein Priester, wir werden uns nicht viel zuleide tun!« In seinen Memoiren nimmt er das Wort »Feigling« zurück und schreibt: »Ich log, denn er ist sehr tapfer.«

Stets sind in damaliger Zeit Schreckensszenen wie diese von Heiterkeit begleitet gewesen. Äußerungen einer überströmenden Vitalität, die eine der kraftvollsten Epochen der französischen Geschichte beseelte.

Einige Tage später kommt es zu einer weiteren komödienhaften Szene. Condé in seiner Kutsche begegnet einer vom Koadjutor geleiteten Prozession. Seine Leute beschimpfen den Prälaten. Condé befiehlt ihnen zu schweigen, steigt aus dem Wagen und kniet mit seinen Gefährten auf dem Pflaster nieder. Der Koadjutor bedenkt ihn mit schwungvoller Segenspendung, nimmt aber in seiner Eigenschaft als Bischof seine Kopfbedeckung nicht ab. Dann, als Edelmann, entblößt er seinen Kopf und grüßt Monsieur le Prince mit einer Verbeugung bis auf den Boden.

»Fernsein ist das schlimmste Übel.« Dieses Wort, das die Taube in der Fabel von La Fontaine ausspricht, würde Mazarin unterschreiben. Trotz der Briefe mit ihren kabbalistischen Zeichen, trotz der mündlichen Berichte der Boten, trotz des ständigen Gedenkens ist ferne Liebe nicht stark genug, es mit der Gegenwart aufzunehmen. Die Königin hat die besten Vorsätze, doch läßt sie sich manchmal zu kleinen Abweichungen verleiten. Heimtückische Ratgeber lenken sie von ihrer geraden Linie ab. In seiner unbeugsamen Redlichkeit unterrichtet Colbert Mazarin, wobei er aber nie den Stern des Meisters aus den Augen verliert. »Ich fühle mich verpflichtet, Sie wissen zu lassen, daß man mehr und mehr der Überzeugung ist, das Verhalten Châteauneufs und des Koadjutors sei weder der Königin noch Ihnen gegenüber aufrichtig ... Sie schmeicheln sich in den Sinn der Königin, indem sie ihr zum Munde reden ... Um sich in den Sinn der Bevölkerung einzuschmeicheln, gibt es nichts, das sie nicht gegen Sie unternehmen, und um sich in den Sinn der Königin einzuschmeicheln, gibt es nichts, das sie nicht für Sie unternehmen und sagen, aber in allem sind sie gleichermaßen unwahrhaftig.« (2. September 1651)

Zwei Monate zuvor hatte Mazarin den Plan gefaßt, nach Italien zu gehen. Er hatte Kaiser Ferdinand III. schon um einen Paß gebeten und ihn am 24. Juni 1651 erhalten. Doch je näher der Tag der Großjährigkeit des Königs rückt (6. September), desto schwankender wird er in seinem Entschluß. Die Großjährigkeit, die an seinem dreizehnten Geburtstag proklamiert wird, soll alles ändern. Wenn Mazarin zurückkehren kann, wird er nicht mehr der begünstigte Minister einer Regentin sein, die ihrer Laune, ihrer Liebe unterworfen ist, die von den Verfassern der Mazarinaden mit Schmutz beworfen wird. Er wird der unbestrittene Minister eines souveränen Königs sein und den Willen des lebenden Gottes ausführen.

In einem Brief vom 11. Juli berichtet er Le Tellier, daß er auf seine Reise nach Italien verzichte und jetzt daran denke, Gouverneur von Breisach zu werden, um die Gastfreundschaft in Brühl nicht länger in Anspruch zu nehmen und um sich bis zum Tag der Großjährigkeit des Königs eine neue Zufluchtsstätte zu schaffen.

Unter dem Einfluß ihrer lügenhaften Ratgeber beauftragt die Königin Mazarin, sich nach Rom zu begeben, »um Seiner Majestät bei der Wahl eines neuen Papstes dienlich zu sein«. (Innozenz X. ist krank.) In einem Brief an Colbert (Brühl, den 5. September 1651) erhebt Mazarin heftig Einspruch gegen diesen Auftrag. Er ist empört über die Demütigung, die man ihm zumutet und gekränkt bei dem Gedanken, daß ihm die Königin, trotz so großer Liebe, entgleitet. Die Macht des Hypnotiseurs von Brühl scheint über die Entfernung hinweg keine Wirkung mehr zu haben. Sonst könnte die Frau, die ihn liebt, ihn nicht so behandeln. Sein größter und stolzester Wunsch war es, triumphal in sein heimatliches Rom einzuziehen, angetan mit seinem Kardinalspurpur und im Glanz eines Premierministers von Frankreich, und nun schickt sie ihn nackt und bloß dorthin, als einen Verbannten, einen zu Nichts Gewordenen. Nicht nur ein Verbrechen gegen die Liebe, sondern auch ein gewaltiger politischer Irrtum. Welches Gewicht sollte in einem Konklave jemand haben, der nichts mehr ist, wie sollte er die Meinung Seiner Majestät geltend machen? Man könnte meinen, daß diese Frau weder etwas vom Schicksal dieses Mannes begriffen hat, noch von der Politik, die er ihr eingeimpft hat.

»Ich bin außer mir ... Es ist, nach all den Verfolgungen, denen ich ausgesetzt bin, zu viel von mir verlangt, auch noch diese Schmach zu ertragen, daß ich an den Ort meiner Geburt gehen und dort um Almosen bitten soll, beladen mit niederträchtigen Erklärungen gegen meine Person und der Böswilligkeit des Papstes ausgesetzt, die ich mir im Dienst des Königs zugezogen habe ... Ich wäre sehr froh, wenn Sie Gelegenheit nehmen könnten, in meinem Namen mit der Königin zu sprechen, ohne daß jemand davon erfährt, um Ihrer Majestät bewußt zu machen, daß diese Behandlung unerhört ist, daß man ihre Güte mißbraucht haben muß, da sie ihre Hand dazu geliehen hat, mir mitzuteilen, ich solle wie ein Schurke nach Rom gehen ...«

DRITTER TEIL

Von der Großjährigkeit des Sonnenkönigs bis zum Triumph des Königs Kardinals

Ludwig XIV. ist am 5. September 1638 geboren. Die Könige von Frankreich werden an ihrem dreizehnten Geburtstag für großjährig erklärt. Allerdings erwirbt Ludwig XIV. am Tag des Eintritts in sein vierzehntes Lebensjahr nicht plötzlich, wie durch Einwirkung des Heiligen Geistes, alle Fähigkeiten eines Souveräns. Er ist noch immer ein Kind. Doch in einem tieferen Bereich, dem der Rechtsmystik, hat dieses Ereignis eine wesentliche Bedeutung. Für den König ist die Großjährigkeit die zivilrechtliche Krönung. Von diesem Tage an wird er der wahre Souverän, er tritt in die Fülle seiner Rechte ein. Die Erreichung des Mannesalters stellt ihn über alle anderen und verweist den Herzog von Orléans und den Prinzen von Condé in den Rang seiner vornehmsten Untertanen. Sie verlieren das Recht, an der Regierung des Königreichs teilzunehmen, das ihnen die Regentschaft gewährt hatte. Sie stehen jetzt an den Stufen des Throns.

Der Tag der Großjährigkeit ist der 6. September. Doch erst am folgenden Tag, nach der Proklamation im Parlament, wird die Großjährigkeit wirksam. Um diesen Akt nicht hinauszuzögern, muß die Regentin die beiden letzten und schmerzlichsten Konzessionen ihrer Regentschaft machen: Sie muß zustimmen, daß der König, am 6., als er noch minderjährig ist, die gegen Condé am 17. August erhobenen Beschuldigungen zurücknimmt und die Verbannung des Kardinals Mazarin sowie »seiner ausländischen Verwandten, angeheirateten Verwandten und Bediensteten« bestätigt. Jedes Wort dieser grausamen Deklaration ist ein Dolchstoß in das Herz der Liebenden und eine Schmach für Mazarin. Der König muß »das Versagen des ausländischen Kardinals Mazarin in den Staatsaffären« sowie die fatalen Folgen seiner schlechten Ratgebung und Vergeudung anerkennen, und er verbietet allen, den Kardinal und die Seinen aufzunehmen.

Zur selben Stunde, da das Parlament dieses Monument des Hohnes beurkundet, lindert die Königin mit ihren Traumhänden die Wunde, die dem Verbannten zugefügt wird. Sie schwört ihm, daß der König, wenn er am nächsten Tag großjährig geworden ist, diese Verunglimpfung nicht bestätigen wird.

Durch eine Flut von Briefen, die Mazarin an die Königin und unzählige Korrespondenten schreibt, versucht er, diesen Schimpf von sich abzuwaschen. Er muß Tag und Nacht unermüdlich und grimmig geschrieben haben, um in ganz Europa diese Beleidigung auszulöschen, die an seinem Namen haftet, wie das Blut an den Händen von Lady Macbeth. »Der König und die Königin haben mich durch einen urkundlichen Akt zu einem Verräter erklärt, einem Dieb an der Allgemeinheit, einem Versager und zum Feind der Ruhe der Christenheit, nachdem ich ihnen mit solcher Treue gedient habe, uneigennützig und mit großem Erfolg! Diese Erklärung kursiert bereits in ganz Europa, und der beflissenste aller bisher bekannten Minister gilt gegenwärtig als niederträchtiger Schurke.«

Wer hätte geglaubt, daß Pantalone so empfindlich in bezug auf die Ehre ist? Er führt nur noch dieses Wort im Mund. »Ich verzichte auf alles«, schreibt er an den Herzog von Mercoeur, »und verlange mit blutigen Tränen von der Königin nur meine Ehre. Ich habe sowohl dem König wie dem Staat gut gedient und kann mit erhobenem Kopf darum ersuchen.« Diese »blutigen Tränen« beeindrucken, wenn man sie zum erstenmal liest. Ihre Wirkung läßt nach, wenn man sieht, daß er den Ausdruck unentwegt anwendet.

An anderer Stelle sagt Mazarin, er sei entschlossen, »sogleich Mittel zu benutzen, die ebensolches Aufsehen erregen wie die Deklaration«. Der Schlag, der ihm am stärksten auf der Wange gebrannt hat, ist der törichte Vorwurf des »Versagens«. Er, das politische Genie, soll »ein Versager« sein! Darüber kann man nur lachen.

Kaum ist der König großjährig, schreibt er eigenhändig an Mazarin, um ihn zu trösten, um ihm Mut zu machen. Doch der Kardinal, der so viel hat herunterschlucken müssen, braucht einige Zeit, um das alles zu verdauen.

Am 7. September, dem Tag der »Erlauchten Sitzung des Königs im Parlament zur Erklärung Seiner Großjährigkeit«, gestaltet die Königin den Ablauf der Dinge in hervorragender Weise, wie Mazarin es sich gewünscht, wenn er die Inszenierung übernommen hätte. An diesem großen Tag bekommt die Feierlichkeit jeder Geste, das Wehen eines jeden Federbuschs, das Feuer jedes Diamanten und das Funkeln jeder Goldverschnürung eine politische Bedeutung.

Am Morgen, vor der Parlamentssitzung, nimmt der neue König die Huldigung seines Hofstaates entgegen: seiner Mutter; seines Bruders, des Herzogs von Anjou; Monsieurs, des Herzogs von Orléans; der Herzöge und Prinzen; der Herzöge und Pairs; der Marschälle und der Beamten der Krone. Ein einziger Großer ist in unerhörter Unverfrorenheit dieser Huldigung ferngeblieben: ein Prinz von Geblüt, Condé. Der Prinz von Conti übergibt dem König einen Brief, in dem sein Bruder sich in schroffen Entschuldigungen ergeht. Mit einer Geste souveräner Gelassenheit reicht Seine Majestät die Epistel, ohne sie zu öffnen, dem Haushofmeister weiter.

Um neun Uhr verläßt der Zug das Palais-Royal und begibt sich ins Parlament. Die gesamte Bevölkerung von Paris ist auf den Beinen, hängt aus den Fenstern, steht auf den Dächern, auf Gesimsen, auf Tribünen, die bis in die Höhe des zweiten Stockwerks reichen. Man hat Öffnungen in die Fassaden gehauen, um mehr Ausblick zu haben. An diesem Tag will das begeisterte Paris nichts als sehen, nur Auge sein.

Unendlich lang ist der Zug, der aus der Tiefe der Zeiten zu kommen scheint: voran die fünfzig »Guides«, die königlichen Reiseführer, in ihrer Livree; dann achthundert Edelleute auf tänzelnden Pferden; die Chevaulegers der Königin, »hundert Herren«, angeführt vom Marquis de Saint-

Mégrin, der in Gold und Silber auf einem mit Gold und Silber geschirrten Schimmel sitzt; die Chevaulegers des Königs, »zweihundert Herren in gold- und silberbetreßten Trachten«, angeführt vom Grafen von Olonne, dessen schneeweißes, scharlachgedecktes Pferd nickende weiße und farbige Straußenfedern auf der Stirn trägt. Es folgt der Großprofoß mit seiner Kompanie zu Fuß. Die »Hundert Schweizer« im Gleichschritt, mit ihren schwarzsamtenen Baretten und riesigen Federn nach deutscher Art. Nun die Generalleutnants, die Statthalter der Provinzen und die Statthalter der Festungen auf Pferden, mit so großen und breiten Schabracken bedeckt, daß sie kaum zu sehen sind.

Schmetternde Trompeten. Die Ritter des Heiligen-Geist-Ordens, die hohen Beamten der Krone. Wiederum Trompeten. Sechs Wappenherolde in scharlachroten mit goldenen Lilien übersäten Leibröcken, Stäbe in den Händen. Der Zeremonienmeister Saintot läuft aufgeregt hin und her, um für die Ordnung des Zuges zu sorgen. Die Marschälle von Frankreich. Der Großstallmeister Graf von Harcourt trägt das Schwert des Königs. Pagen, Bediente und geringe Hofbeamte.

Nun der König selbst in einem mit Goldstickereien so überladenen Gewand, daß sein Wams nicht zu sehen ist. Er reitet auf einem isabellenfarbenen Berber, der sich bäumt und nervös tänzelt. Der König lächelt, er zügelt das Pferd, stachelt es wieder an, grüßt und grüßt immer wieder. Er ist schön. Trotz der Pocken hat er eine frische Gesichtshaut. Volle Wangen, die königliche Nase, rote Lippen. Und bereits viel Würde. Paris gerät in Verzückung, es jubelt und schmilzt vor Liebe dahin. Als der König vorüber ist, läßt das Volk bewegt die lange Reihe seines Gefolges vorüberziehen: seine Hofhaltung und seine Diener, seine Stallmeister, seine Schottischen Garden, seine Kammerherren, seinen Haushofmeister, seinen Präzeptor, Prinzen, Herzöge und Pairs.

Und endlich die Karossen. Vorauf, umgeben von Schweizern und königlichen Gendarmen, die Karosse der Königin, in der sie halb verdeckt ist von acht oder neun Personen, unter ihnen Monsieur, der aussieht wie ein gelocktes Schaf. Dann die lange Reihe der Wagen voller Schönheiten: der Harem der Ehrendamen und -mädchen, lächelnd und Blicke werfend. Und immer mehr Karossen und Wagen, die irgend jemand, man weiß nicht mehr wen, befördern und diesen Märchenzug zur Freude der Pariser nicht enden lassen.

Messe in der Sainte-Chapelle. Dann zieht Seine Majestät in die Große Kammer des Parlaments ein und nimmt Platz, zusammen mit der Königin, den Pairs und mit Monsieur, dem Herzog von Orléans. Von den Lippen des Königs kommen die wenigen Worte: »Meine Herren, ich bin in mein Parlament gekommen, um Ihnen zu sagen, daß ich, gemäß dem Gesetz meines Staates, die Regierung selbst übernehmen will, und ich erhoffe von Gottes Güte, daß es fromm und gerecht geschehen wird. Mein Kanzler wird Ihnen meine Absichten im einzelnen mitteilen.«

Göttliche Kürze kommt allein dem König zu. Dann folgen die Reden der Sterblichen, die, um auszudrücken, was sie sagen wollen, Mäander der Sprache vollführen müssen: zuerst der Kanzler und der Erste Präsident, der Condé nicht einmal erwähnt, dann die Königin in der letzten Stunde der Regentschaft. Die Antwort des Königs ist wieder olympisch kurz. Er umarmt seine Mutter, die ihm die Machtbefugnisse übergibt, und sagt zu ihr: »Madame, ich danke Ihnen für die Sorgfalt, mit der Sie meine Erziehung und die Verwaltung meines Königreichs durchgeführt haben. Ich bitte Sie, mir weiterhin mit Ihrem Rat zur Seite zu stehen, und ich wünsche, das Sie das Haupt meines Rates bleiben.«

Allgemeine Bewunderung angesichts des Ernstes, der Ausgeglichenheit und der Würde dieses dreizehnjährigen Knaben. »Sein Tun und seine Worte sind die eines fünfundzwanzigjährigen Mannes«, schreibt Marschall Clérembault. »In ihm ist der Stoff für mehrere Könige und für einen intelligenten Mann«, hatte Mazarin vorausschauend schon früher gesagt.

Die letzte der vielen Reden hält Omer Talon, »er langweilte die ganze Versammlung« mit seinen Ausführungen.

Am folgenden Tag bildet der König sein Ministerium um, aus eigener Machtbefugnis, scheint es, und gegen die Wünsche von Monsieur. Matthieu Molé erhält wieder die Siegel; La Vieuville wird wieder aufgenommen. Und Châteauneuf bekommt die Stellung, nach der er seit zwanzig Jahren trachtet. Die Königin hatte sie dem Koadjutor versprochen. Mazarin mag es bedauern, sie kann zufrieden sein, denn Châteauneuf erweist sich als ein perfekter Staatsmann.

Für Condé gibt es nur eine Lösung: dem König den Krieg zu erklären. Nicht einen Krieg der »Nachtgeschirre«, sondern einen Krieg des Blutes und der Tränen. Ehe er den Krieg beginnt, unterbreitet er dem Kronrat einen Friedensplan, in dem noch Vernunft obwaltet. Doch die Gestirne mischen sich ein. Condé erwartet die Antwort auf seinen Plan in Angerville-en-Gâtinais. Der Bote trägt das rettende »Ja« nach Angerville-en-Beauce.

Wird Condé dem Grimm, der sich seit der Haft im Schloß von Vincennes in ihm angesammelt hat, freien Lauf lassen? »Unschuldig bin ich ins Gefängnis gegangen, als der schuldigste der Menschen bin ich herausgekommen.« Philosophie der Strafgefangenen. Er schiebt seine Entscheidung hinaus. Dieser stolze Adler bringt es fertig, den König auf der Promenade nicht zu grüßen oder ihm am Tag seiner Großjährigkeit die Huldigung zu verweigern, doch das Herz und die Gesinnung eines Verräters hat er noch nicht. Er schwankt, ob er die kaltblütig ausgedachten Pläne ausführen soll. In den Abgrund getrieben wird er, als er im Schloß Montrod auf Conti, Nemours und La Rochefoucauld trifft. Und auf seine Schwester, die Herzogin von Longueville. Sie drängt ihn am stärksten, und dabei seufzt sie: »Was wollen Sie, ich liebe unschuldige Spiele nicht.« Die Motteville schreibt in ihren Memoiren: »Um zu sagen, wie die Dinge sich abspielten: es war eine Frau, die bei dieser Beratung für den Krieg eintrat und ihre Meinung gegen den größten Heerführer, den wir in unserer Zeit gehabt haben, durchsetzte.«

»Da Sie den Krieg wollen, muß er stattfinden. Denken Sie aber zumindest daran, daß ich den Degen nur unwillig ziehe und daß ich vielleicht der Letzte sein werde, der ihn wieder in die Scheide steckt.« Mit diesen hochtrabenden Worten will der Held sein schlechtes Gewissen beschwichtigen.

Die Fronde des Volks: spielerische Raserei, wie von Kindern, die ihre Spielsachen zerschlagen. Die Fronde des Parlaments: gallige Wut der dickbäuchigen Rentiers und der Leute, die nur an »soundsoviel Prozent« denken. Die Fronde der Prinzen: hysterische weibliche Launen, überspannte Phantasie und unstillbarer Durst nach Geltung.

Die Marquise von Rambouillet hatte sich seinerzeit in ihr Stadtpalais zurückgezogen, um der männlichen Derbheit am Hof Heinrichs IV. zu entgehen, wo es nach Knoblauch und Wein stank. In ihrem Salon hatte sie die Rasse der »Preziösen« gezüchtet, männerfeindliche Wesen, die danach trachteten, den Mann zu zähmen. Jetzt läßt sie diesen Hochgezüchteten freien Lauf. Um den Durst ihrer Schimären zu stillen, geben sie ihnen Blut zu trinken. Die überspannten, soldatspielenden, verrückten Frauen der Fronde schleppen ihre Geliebten an der Leine durch die Ruinen. Don Quichotte hatte in jener Zeit der Ritterromane keinen schlechten Einfluß ausgeübt, die Leserinnen der Romane von Honoré d'Urfé und Mademoiselle de Scudéry verwüsten Frankreich. »Das Blaue Zimmer der Arthénice« öffnet Fenster und Türen auf lange Reihen von Gehängten und Haufen von Toten.

Das Duell Condé–Turenne

Nur mit Schaudern kann man von den Siegen und Niederlagen der Franzosen gegen Franzosen sprechen. Die Fronde der Prinzen, der letzte Minnehof des Mittelalters, versinkt in Blut. Federgeschmückte Frauenköpfe, Geigenklänge, Küsse und Verneigungen verschleiern kaum den narzißtischen Irrsinn des Geschlechts der Frauen, dessen Einfluß in der Politik oftmals unheilvoll gewesen ist. Man muß schon abwegige Vorstellungen haben, um diese manierierten Ungeheuer von Schuld freizusprechen, die mit einem Wink des kleinen Fingers Menschen ins Gemetzel schicken.

Mit seinem Siegeslorbeer blendet Condé die Welt. Letztlich ist er ein Geisteskranker, genau wie seine Frau, die es von Geburt an gewesen ist. Ein Geisteskranker, der mit Fahnentüchern gebändigt werden mußte, damit er keinen Schaden anrichtet. Jetzt begreift man vielleicht besser Mazarins scheinbare Undankbarkeit dieser »Siegesmaschine« gegenüber. Der Krieg war die Gummizelle, in die er gesperrt wurde. Mazarin schickte ihn immer wieder in den Krieg, denn nur dort war er zu etwas nütze. Sonst war er ein regelrechtes Pulverfaß, stets explodierend oder kurz davor zu explodieren. Man braucht nur seinen Kopf anzuschauen: die niedere Vogelstirn, die vorspringende Nase, die stets einen Angriffspunkt sucht. Gewalttätigkeit, Auflehnung sind sogar an seinem schmalen, wie ein Säbelhieb wirkenden Mund abzulesen, der zum Schreien geschaffen ist, und auch an den lederbraunen Augen, in die sich einige blaue Flecken verirrt haben.

Ohne selber dabei zu sein, sprengt das Pulverfaß Condé alles in die Luft: die Provinzen Guyenne, Saintonge, Aunis, Poitou, Anjou und Berry. Aber es ist mühsam, denn er hat weder genug Geld noch genug Männer. Um den Brand zwischen Charente und Garonne zu entflammen, begibt er sich nach Bordeaux. Sein Traum: er möchte den König und die Königin ein zweites Mal in Paris einschließen. In der Fronde fängt alles stets von neuem an; alles wiederholt sich. Um die Mausefalle Paris zuschnappen zu lassen, marschiert Condé nach Süden in die Provinz Guyenne. In den Norden schickt er die schwache Armee des Grafen von Tavannes. Gegen dieses kärgliche Aufgebot setzt der König den Marschall Aumont ein, mit hervorragenden und so gut ausgerüsteten Truppen, daß sie die Spanier aufhalten können. Tavannes muß sich in den Niederlanden verkriechen. Froh über diesen Erfolg, der den Würgegriff um Paris lockert, beschließen der junge König und die Königin, die Hauptstadt zu verlassen und sich in den Süden zu begeben. Bei ihrem Eintreffen in Bourges (8. Oktober 1651) trägt die »Politik der Monstranz« wieder Früchte: Wenn der König vorgezeigt wird, schmilzt das Volk vor Liebe dahin. Bourges geht in die Knie. Der König nimmt die günstige Gelegenheit wahr und erläßt eine »Deklaration gegen die Prinzen von Condé und Conti, die Herzogin von Longueville, die Herzöge von Nemours und La Rochefoucauld und andere ihrer Anhänger, die ihnen gefolgt sind«. Er erklärt sie des Majestätsverbrechens für schuldig.

Molé, Erster Präsident und Siegelbewahrer, stets auf Staats- und Bürgersinn bedacht, unternimmt den Versuch, im Parlament die Registrierung dieser Deklaration zu erreichen. Doch der unbelehrbare Monsieur bremst das Parlament. Mazarin macht die Königin dafür verantwortlich, wahrscheinlich weil er schlecht unterrichtet ist. Am 28. Oktober 1651 schreibt er: »Die Königin ist sehr schlecht beraten gewesen, daß sie die Deklaration gegen Monsieur le Prince beim Parlament nicht gleich vorgelegt hat.« Offenkundig »ist das Fernsein das schlimmste Übel«, in der Politik wie in der Liebe.

Der redliche Molé kann schließlich doch über Monsieur obsiegen. Am 5. Dezember registriert das Parlament die Deklaration.

Condé sieht ein, daß er nur mit ausländischer Hilfe Erfolg haben kann. Mit dem König von Spanien verhandelt er bereits seit Mai 1651. Das ist noch nicht ausreichend. Er muß sich bis zum Hals in Verrat stürzen. Er schickt den Marquis von Sillery, einen Schwager von La Rochefoucauld, nach Brüssel und seinen Intendanten Pierre Lenet nach Madrid. Durch seine Spitzel ist Mazarin über Condés Verhandlungen besser unterrichtet als über die Winkelzüge der Königin. Im Oktober 1651 schreibt er: »Condé hat zwei Leute in Brüssel und ebenso viel in Spanien, um die Ausführung dessen, was mit dem spanischen König vereinbart worden ist, zu verlangen und den Aufbruch der Truppen und Schiffe zu beschleunigen, die in den Fluß von Bordeaux eindringen sollen.«

Am 23. November ratifiziert Condé in Saintes den am 6. November mit dem König von Spanien geschlossenen und von seinem Vertreter Pierre Lenet ausgehandelten Vertrag. Die Spanier sind nur zu froh, daß sie den Sieger von Rocroi und Lens in ihr Lager locken können und versprechen ihm den Himmel auf Erden: zwei Millionen, dazu jährliche Zahlungen von vier Millionen, zweitausend Mann Fußvolk, dreitausend Reiter und Kanonen in den Niederlanden, des weiteren dreißig Kriegsschiffe auf der Garonne. Die Gebiete, die Condé im Norden Frankreichs erobert, sollen sein Besitz bleiben. Der König von Spanien wird keinen Friedensvertrag mit Frankreich ohne Condés Zustimmung schließen.

Der Verräter beschränkt sich nicht darauf, seine Hand in die des Königs von Spanien zu legen. Er, der Prinz eines monarchischen Staates, legt sie auch bedenkenlos in die Hand der Bordelaiser Revolutionäre. Sie fordern die Errichtung einer Republik mit einer aufgrund des allgemeinen Wahlrechts gewählten Versammlung. Auf den Kirchtürmen von Bordeaux ziehen sie die rote Fahne auf. Mit Beihilfe der englischen Republikaner unter Cromwell haben sie 1650 ihre Partei, die »Ormée« gegründet. Sie arbeiten einen Verfassungsentwurf aus und ein Manifest, eine Brandschrift, die wie ein Brandschiff gegen die Monarchie auf der Garonne vom Stapel gelassen wird: »Die Könige halten ihre Versprechen nur solange, bis sie eine günstige Gelegenheit finden und stark genug sind, um sie zu ihren Gunsten zu brechen. Dürfen diese Raubtiere von den Freunden der Gerechtigkeit und Freiheit unterstützt, erhalten und geliebt werden?«

Mazarin hat sich eine Abschrift dieses Dokuments beschafft und schreibt eigenhändig, indem er den Verrat hervorhebt, an den Rand: »Deklaration, um die Stadt Bordeaux zur Republik zu machen. Von Bordeaux nach England geschickt.«

Aber der romantische Hang zur Intrige, die Leidenschaft für das Theaterspielen sind in jener Zeit, da das Leben erdichtet wird, so stark, daß selbst das Unwahrscheinlichste geschieht. Der Majestätsverbrecher Condé, der Mazarin geohrfeigt, der die Brücken zu Frankreich abgebrochen hat, spinnt einen dünnen, heimlichen Faden zu dem von ihm Geohrfeigten. Als Vermittlerin dient Frau von Puisieux, eine der typischen Intrigantinnen jener Zeit, halb Kupplerin, halb Putzmacherin, die sich in alle Heimlichkeiten mischen. Condé und Mazarin schwören sich ewige Freundschaft, grenzenlose Zuneigung, hören dabei aber nicht auf, ihr altes Spiel weiterzutreiben, der eine zu verraten, der andere Truppen auszuheben, um den Verräter zu vernichten. Wozu also dieses Gerede und Getue? Weil man gern Theater spielt, weil man sich an großen Gesten erfreut und, indem man mit Straußenfedern den Staub wegfegt, den Regenbogen aller Möglichkeiten erblickt.

Jetzt merkt Mazarin, daß er eine bisher noch unbekannte Seite seines Wesens hervorkehren muß. Jene Seite, auf die die Prinzen, die Preziösen und die Intellektuellen von Paris nicht gefaßt sind. Alle diese oberflächlichen Menschen sehen in Mazarin nur den Schlangenmenschen, der kein Rückgrat hat und alle Stellungen einzunehmen vermag, vor allem kriechende. »Ich verschleiere, ich laviere, ich besänftige, ich schlichte alles, soweit es mir möglich ist«, hatte Mazarin einst an den Herzog von Longueville geschrieben, um ihm sein Verhalten Condé gegenüber klarzumachen. Man darf nicht vergessen, daß er hinzufügte: »Aber wenn es dringend nötig ist, werde ich zeigen, wozu ich fähig bin.« Jetzt muß er, wie in seinen Anfängen, den Hauptmann spielen, oder besser gesagt, den General. Was für ein Aufsehen würde es erregen, wenn unter den großen Heerführern jener Epoche neben Condé und Turenne auch Mazarin genannt würde!

Aus Brandenburg, seinem Truppenreservoir, bekommt Mazarin viertausend rauhe und gut ausgerüstete Leute. Seine Spione unterrichten ihn über jeden Schritt, den die Reiter des Herzogs von Württemberg und das Fußvolk von Don Esteban de Gamarre machen, um sich mit Tavannes zu vereinigen und um gemeinsam nach Burgund zu marschieren. Dieses Unternehmen ersticken die Truppen des Königs im Keim.

Im Süden sieht der Himmel bedrohlicher aus. Marsin, der Statthalter in Katalonien, überläßt seine Provinz den Spaniern. Alles hängt von Turenne ab. Wenn er und sein Bruder, der Herzog von Bouillon, sich mit Condé vereinigen, dann ist es um Mazarin geschehen. Aber Turenne ist nicht so genial, nicht so wahnsinnig wie Condé. Oder anders gesagt, er hat das Genie der Vernunft, das ihn auf den rechten Weg zurückführt. Abgewichen von ihm war er nur aus Liebestollheit. Jetzt wird ihm klar, was vor sich geht. Die Herzogin von Longueville mag ihn nicht mehr und wendet sich dem Herzog von Nemours zu. Turenne ist ernüchtert und wägt das Für und Wider ab. In die Waagschale des Wider legt er die Rasereien Condés, seine Überheblichkeit, die jedem anderen nur einen unbedeutenden Platz läßt. Sollte Condé siegen, würde er die legitime, geheiligte, relativ gemäßigte Monarchie durch eine hysterische Tyrannei ersetzen. Mit Condé ist die Zukunft verbaut. Mit dem König, der Königin und Mazarin ist sie offen. In die Waagschale des Für legt Turenne alle Vorteile, die ihm auf der Seite der Legitimität zukommen und die ihm, auf Mazarins Rat hin, Anna vor Augen führen läßt. Er würde wieder der treue Diener werden, der er auch seinem Gesicht, seiner Sprache nach ist, nicht zu vergessen, daß auch Eigennutz ihn treibt.

Ohne den geringsten Widerstand zu finden, zieht Condé in die Saintonge ein. Saintes, Taillebourg und andere Orte öffnen ihm ihre Tore, ohne daß ein Schuß fällt. In La Rochelle errichtet er eine Schweizer Garnison. Aufgrund dieser Nachrichten muß der Hof Bourges und Poitiers verlassen. Die Königin ist tief bekümmert. Jede Umdrehung des Wagenrades nach Süden zu entfernt sie weiter von dem Verbannten in Brühl. Ein alter treuer Kriegsmann, der Marschall Du Plessis-Praslin, schreibt an Mazarin: »Kommen Sie, dann wird sich alles ändern! Wenn Sie nicht kommen, kann ich nichts Gutes hoffen für das Wohl der Angelegenheiten des Königs. Ich bin sicher, daß es in der Anfangszeit nach Ihrer Rückkehr viel Geschrei geben wird, aber es wird auch das Ende unserer Leiden sein ... Im Zeitraum eines Monats wird sich das erweisen.«

Gleich nach ihrer Ankunft in Poitiers am 31. Dezember 1651 schreiben der König und die Königin den seit langem erwarteten Brief. Sie bitten Mazarin, zu ihnen zu stoßen. Der brave Plessis-Praslin drückt die Ungeduld der Königin mit den Worten aus: »Kommen Sie zu uns, alle Ihre Freunde werden eher zugrunde gehen als Sie im Stich lassen!« Und unschuldig fügt er hinzu: »Die Königin ist fest entschlossen und wünscht, daß es bald sei.« Ohne es zu ahnen, übermittelt er eine Liebesbotschaft: »Wir zählen die Stunden, und ich versichere Ihnen, daß sie mir so lang scheinen wie einem Liebenden, der auf die Möglichkeit wartet, seine Geliebte zu sehen.«

Der Emigrant in Brühl macht sein Reisegepäck fertig. Aber er will nicht mit leeren Händen zurückkehren, nur als starker Mann. Er betätigt sich als Werbeoffizier wie seinerzeit in Loretto, als der Hauptmann Mazarini einen Urlaub erbat, um in Rom für die Auffüllung seiner Kompanie werben zu können. Er ist ein Fachmann auf dem Gebiet der Truppenstärke und »macht«, beim Marsch auf die Grenzen zu, Männer, wie ein Bauer Heu »macht«, oder Getreide. Er spricht darüber ungeschminkt und offen: »Ich beschäftige mich damit, Truppen zu machen ... Ich mache Aushebungen, um mit einem beträchtlichen Korps nach Frankreich kommen zu können.« Romeo wäre schneller zu Julia geeilt, aber er war nicht Erster Minister.

Unterdessen tobt der Krieg der Feldbinden, der Schärpen, wie im Zeitalter der Turniere, als die Ritter die Farben ihrer Dame trugen. Weiße Schärpe: der König. Grüne Schärpe: Mazarin. Isabellenfarbene Schärpe: Condé.

Weiße und isabellenfarbene Schärpen flattern im Südostwind im Geschwindmarsch auf die Häfen zu. La Rochelle, dem Meer am nächsten gelegen und weniger aufsässig als Bordeaux, ist ein begehrtes Kleinod. Condé schickt den Grafen von Daugnon dorthin. Doch die Einwohner von La Rochelle halten nichts von der isabellenfarbenen Schärpe, sie sind für die weiße. Auf Befehl der Königin bringt Baron von Estissac (weiße Schärpe), ein Onkel des Herzogs von La Rochefoucauld (isabellenfarbene Schärpe), der Stadt Hilfe. Graf von Harcourt unterstützt ihn und holt aus La Rochelle die Schweizer Söldner, die Condé hineingestopft hatte. Er nimmt auch die Stadt Cognac ein und metzelt dabei viele isabellenfarbene Schärpen nieder. Monsieur le Prince muß nach Süden ausweichen. Ein Berichterstatter Mazarins behauptet, Monsieur le Prince sei unentwegt »wütend oder betrunken«. Monsieur le Prince trinkt wie ein Loch. Aber außerdem ist er unentwegt »trunken« vor Wut, vor Stolz, er ist nicht imstande, sich der Wirklichkeit anzupassen. Er bleibt ewig ein Kind des Krieges, macht sich Erfahrungen nicht zur Lehre und stemmt sich gegen alles, besonders dagegen, sich zu bescheiden, Wasser in seinen Wein zu mischen. In diesem Sinne ist Monsieur le Prince unentwegt »trunken«.

Fieberhaft sucht er neue Verbündete. Jedesmal kommt ihm Mazarin zuvor. Die Eminenz scheint mit ihm auf dem Pferd zu sitzen. Condé schreibt an den Herzog von Lothringen. Mazarin ebenfalls. Als Cromwell die Abgesandten der Bordelaiser Republikaner und die Abgesandten Condés empfängt, ist ein Spitzel Mazarins dabei. Auch Condé hat Spitzel, aber sie tun sich stets mit denen von Mazarin zusammen, sofern es nicht dieselben sind.

Die Ausländer, Cromwell und der Herzog von Lothringen, stoßen sich nicht, wie die Franzosen, an der »cappa magna« des Italieners, auch toben sie nicht vor Fremdenfeindlichkeit gegen diesen »Nachfolger von Concini«. Sie betrachten das Geschehen und die Lage distanziert. Sie haben begriffen, daß bei diesem Wettlauf, wie lange er auch dauern mag, der Italiener der Gewinner sein wird.

In Frankreich sitzen überall noch Feinde von Mazarin. An dem kleinen Hof von Poitiers werden die Haßgefühle noch verschlimmert durch das enge Beieinandersein und Durcheinander, wie es bei herumreisenden Regierungen nicht anders zu erwarten ist. Im Kronrat kommt es zu zwei Ausbrüchen: seitens Châteauneufs, der der neue Mazarin sein möchte, und seitens Chavignys, der nicht darüber hinwegkommt, daß er dem »Signor Giulio« in den Sattel geholfen hat. Dazu ein schwelender Haß: seitens de Briennes, des Staatssekretärs. Demgegenüber drei treue Männer: der Marschall Du Plessis-Praslin, der Herzog von Mercoeur, ein angeheirateter Neffe Mazarins, und der Prinz Thomas von Savoyen, der eine Prinzessin von Geblüt geheiratet hat.

In Paris gärt es noch immer gegen Mazarin. »Die guten Bürger waren kriegsmüde«, gesteht der Frondeur Guy Joly. Später gründet Mazarin mit den müden Dickbäuchen die Partei der Ordnung und des Friedens. Noch aber hören sie nicht auf die Stimme der Wahrheit, sie lassen sich verlocken von den Hirngespinsten, die Monsieur, der Koadjutor und das Parlament allen vorgaukeln. Die Versammlung wittert, daß Mazarin zurückkehren könnte und bekommt Angst. Man sucht unter den unzähligen »Deklarationen« jene heraus, durch die Mazarin zum »Verräter, Dieb an der Allgemeinheit und Feind der Ruhe der Christenheit« dekretiert wurde. Die Räte überbieten sich in Blutrünstigkeit. Nicolas Camus schlägt vor, einen Preis auf seinen Kopf auszusetzen; ein Durand ist für Festnahme und Aufhängen. In Poitiers werden solche Gerüchte aufgebläht, um die Königin in Schrecken zu versetzen und sie daran zu hindern, einen für den Galgen bestimmten Mann zurückzuholen. Aber man kennt Anna schlecht, die Spanierin, eine Heldin Corneillescher Prägung, königlichen, göttlichen Wesens. Und eine durch die Liebe verklärte Frau.

Allmählich bricht für die Partei des Königs die Sonne wieder durch das Gewölk. Condé ist in die Dordogne zurückgejagt worden. In der Saintonge, in Burgund und im Bourbonnais sind die Truppen Seiner Majestät siegreich. Paris bleibt abweisend. Monsieur weiß nicht, was er tun soll. Ludwig XIV. befiehlt dem Staatsrat, dem Hauptverwalter der Finanzen und Mathieu-Molé, dem Siegelbewahrer und Ersten Präsidenten des Parlaments, zu ihm zu kommen. Poitiers ist die Hauptstadt Frankreichs.

Mazarin begnügt sich nicht mit brieflichen Freundlichkeiten. Er will nur auf ausdrückliches Geheiß des Königs zurückkehren. Das ist die juristische Seite Mazarins: er benötigt das unbezweifelbare Zeugnis durch ein Schriftstück. Er erhält diese Order am 12. Dezember 1651, zugleich mit dem Befehl, seine Armee an die Loire zu führen. Er ist kein weggejagter Minister, der nach eigenem Gutdünken zurückkehrt. Er ist ein Untertan, der im Auftrag handelt, der dem König gehorcht.

Ehe Mazarin den Sprung nach Frankreich tut, veröffentlicht er von Bouillon aus ein weithin tönendes Manifest. Hier spricht der frühere Hauptmann, dessen Redeweise Richelieu bei ihrer ersten Begegnung so beeindruckt hatte: dieser Wechsel von Festigkeit zu katzenhafter Wendigkeit. Es ist ein soldatisches Manifest, von dem Mann verkündet, den die rebellischen Prinzen als Feigling behandeln, weil er sein Leben nicht unnütz aufs Spiel setzen will. Mit großen Gesten macht Mazarin Toilette, er will sich sehen lassen können, bevor er den Fuß nach Frankreich setzt. Er wäscht allen Schmutz ab, der ihm vor allem durch die Mazarinaden angehängt wurde. Er rechtfertigt sich, nicht wie ein Advokat, sondern wie ein Soldat. Er schließt mit heroischen Worten, die Hand am Degen: »Mein ganzes Trachten, Sire, geht nur dahin, mein Leben für das Wohl und die Wiederherstellung der Ruhe in Frankreich einzusetzen.« Im Brief an die Königin wird aus dem Gleichmütigen ein Ungestümer. Er legt die Hand aufs Herz. Seine Worte sind eindeutig: »Entweder geht alles zugrunde, oder ich sehe Sie in zwei Wochen. Bei diesen Worten gerate ich außer mir.«

Der Kardinal überschreitet mit seinen Truppen die Grenze. Der erste Kontakt mit Frankreich findet in Sedan statt. Was dort geschieht, soll als Test für den weiteren Verlauf gelten. Glanzvoller Empfang. Begeisterung, Ergebenheitsbezeigungen. Da »der Schurke aus Sizilien« nicht umzubringen ist, verbeugt man sich tief und vergißt, daß man ihn hatte hängen wollen.

Um Fabert, den Kommandanten von Sedan, schart sich eine Gruppe von Kommandanten anderer Festungen. Mazarin macht seine ersten Schritte in Frankreich. Je nachdem, welche Wendung die Ereignisse nehmen, können ihre Verbeugungen vor dem Verbannten ihre Laufbahn ruinieren, es kann sogar Schlimmeres passieren. In der Nähe der Grenze begrüßen sie als Spieler diesen Spieler. So versteht es Mazarin. Später bedenkt er diese Avantgarde seiner Getreuen mit Gunstbeweisen, denn sie sind nach Sedan gekommen, um seinen Stern wieder am Himmel zu befestigen.

Den Lehren Turennes folgend geht der Soldatenkardinal nicht in barocker Manier, sondern als Kartesianer vor. Anstatt draufloszustürmen, prüft er die Verteidigungsanlagen in der Champagne und verstärkt sie. Er läßt einen Teil seiner Truppen, Infanteristen und Kavalleristen, zurück. Dann erfolgt eine zweifache Offensive: eine briefliche und eine militärische. Er verschafft sich Deckung mit Artillerievorbereitung durch Briefe. Er überschwemmt Frankreich mit Sendschreiben, er richtet sie an die Provinzparlamente, an die Bischöfe, an die großen Persönlichkeiten des Hofs und verkündet seine Rückkehr. Dann setzt er sich in Marsch, er schreibt während des Marsches und auch während der Rast, das heißt nachts. Der Emigrant, der verkleidet im roten Mantel geflohen war, kehrt nicht allein zurück, wie ein abgeschnittener Gehängter, wie ein »Spitzbube«, ohne Recht und Glauben. Er kommt mit siebentausend Mann, die seine grüne Schärpe tragen, die Farbe des Frühlings und der Hoffnung. Befehligt werden sie, zusammen mit ihm selbst, vom Marschall Hocquincourt. Überall wird er gut aufgenommen. Von den dickbäuchigen Notabeln und von der mageren Bevölkerung.

Das Parlament von Paris gibt den unwiderlegbaren Beweis seiner Dummheit. Es spürt den Wind der Geschichte nicht, es verhärtet sich in seiner Unbeweglichkeit. Diese Versammlung, das höchste Gremium der Hauptstadt der Intuition, verwandelt sich in einen Steinklotz. Einen Klotz der Barbarei und des Vandalentums. Am 29. Dezember 1651 setzt das Gift und Galle speiende Parlament fünfzigtausend Taler auf den Kopf des Kardinals aus. Es befiehlt allen, sich ihm in den Weg zu stellen. Um dem Totschläger die versprochene Belohnung zahlen zu können, erläßt es eine Verfügung, wie man sie nur Wilden zutrauen würde. Hohe Pariser Beamte, kultiviert, gesittet, zivilisiert, die Elite einer Stadt, die man als Schmuckstück der Welt ansieht, beweisen, wieweit der Haß der blinden Klasse, der

Bourgeoisie, gehen kann. Um den Blutzoll bezahlen zu können, beschließen sie, Mazarins Bibliothek zu verkaufen. Eine selbstmörderische Tat, die sich gegen Frankreichs Intelligenz richtete und die, alles in allem, Mazarin recht gibt. Was ist von einer Versammlung zu erwarten, die ein solches Verbrechen wider den Geist begehen konnte?

Der Verkauf ist eine Posse, eine Plünderung, ein Verteilen der Beute. Zu Schleuderpreisen werden diese Schätze aus ihren Regalen gerissen. Ganze Kutschen voll werden abgefahren. Königin Christine von Schweden ist unter den Abnehmern. Vergebens versucht der Wächter der Bibliothek, der großartige Naudé, mit seinem Leib eine Schranke zu bilden. Er müht sich ab, den Dieben ihre Beute wieder abzunehmen, um »das achte Weltwunder« zu retten. Es zerreißt ihm das Herz, daß er mitansehen muß, wie die vierzigtausend Bände verschleudert werden. Er ruft ihre Titel in alle Himmelsrichtungen: »Zweihundert in alle möglichen Sprachen übersetzte Bibeln ... dreitausendfünfhundert Bände, die nur Mathematik enthalten ... Manuskripte in allen Sprachen und allen Wissenschaften.« Die Gelehrten hatten bereits Zugang gehabt zu diesen Wunderwerken. Welche Absicht hatte den Kardinal geleitet? »Eine öffentliche Bibliothek gründen, mitten in Frankreich, unter der Leitung und dem Schutz der Ersten Präsidenten der drei souveränen Gerichtshöfe dieser Stadt und des Herrn Staatsanwalts.« Unter dem Schutz seiner Henkersknechte!

Unter Tränen teilt Naudé Mazarin die Katastrophe mit. Der Kardinal tut, als wäre sein Herz aus Stein. »Ich habe«, sagt er, »alle Liebe verloren für eine Sache, die mich so viel Geld und Mühe gekostet hat, sie zusammenzubringen.« Zurückhaltung eines mediterranen Menschen, der unter Superlativen verbirgt, was er nicht empfindet, und unter Schweigen, was er empfindet. Doch andernorts gibt Mazarin seinem Schmerz Ausdruck: »Eine Bibliothek, die man mit einer Million in Gold in fünfzig Jahren nicht zusammenbringen würde! In der ganzen Welt hat man herumgesucht, um die seltensten Bücher zu bekommen. Ich habe hunderttausend Taler ausgegeben, um einen geeigneten Ort für ihre Unterbringung zu schaffen, mit einer schönen Wohnung, für die, die sich um sie kümmern. Das alles, um Paris ein Geschenk zu machen, und man sieht, was die Nachwelt kaum glauben wird, daß das Parlament sie spottbillig verkaufen läßt, um das Geld dazu zu verwenden, denjenigen ermorden zu lassen, der so viel getan hat, sie zu vervollkommnen und sie dann Frankreich zu schenken.« (Auguste Bailly »Mazarin«)

Der Meuchelmord an Mazarins Bibliothek empört sogar manche seiner Gegner. »Der Mazarin hat alle Flüsse überquert; er braucht nur noch den Rubikon zu überschreiten und kann dann sagen: Jacta est alea. Wenn der Kidron-Fluß ihn verschlingen könnte, wäre es für uns ein großes Glück«, grollt der ewige Griesgram Gui Patin. (30. Januar 1652) Doch er fügt hinzu: »Noch immer wird hier die Bibliothek dieses großen Tyrannen verkauft. Ganz Paris geht hin, wie zur Messe ... Ich kann diese Verschleuderung und Zerstörung nicht mitansehen.«

Das Parlament schickt Abgesandte in ganz Frankreich herum, um die Bevölkerung gegen Mazarin aufzuhetzen. Niemand rührt sich. Den Provinzen, den Städten, den Einzelpersonen wird befohlen, ihm den Weg zu versperren. Alle lassen ihn passieren.

Die Anti-Mazarinaden verwandeln sich in Pro-Mazarinaden. Jetzt trällert man: »Wer früher sagte: ›Schlagt ihn tot!‹ / Sagt jetzt: ›Er ist ein guter Mann!‹ / Wer reimte: ›Der Mascarin!‹ [bedeutet soviel wie Fratzengesicht] / Redet jetzt mit Reverenz / Nur von ›Seiner Eminenz‹!«

Das Parlament unternimmt einen äußersten Schritt, mit dem bewiesen wird, daß solche Versammlungen, genau wie Einzelwesen, die Zwangsjacke verdienen. Mit dem Präsidenten Bellièvre an der Spitze wird eine Abordnung zum König nach Poitiers geschickt. Während Mazarin auf Geheiß des Herrschers zurückkehrt, und im Triumph zurückkehrt, verlangt das Parlament von Seiner Majestät, die Verbannungserlasse gegen den verhaßten Mann zu bestätigen. Der König zeigt, daß er keine Wetterfahne ist und bekräftigt am 11. Januar 1652, daß Mazarin auf sein Geheiß zurückkehrt. Er befiehlt allen, Beamten, Vögten, Untertanen, dem Kardinal und seinen Truppen Unterkunft und freien Durchzug zu gewähren.

Ludwig XIV. hat in Poitiers das Parlament in die Enge getrieben. Die von Haß erfüllte Versammlung kann nicht mehr behaupten, sie habe nur etwas gegen Mazarin und küsse die Hände des Königs. Der König hat für Mazarin gesprochen. Alle Bürger, die an ihr eigenes Interesse denken, stellen folgende Überlegung an: »Früher sagte man, ein einziges Hindernis stehe der Glückseligkeit Frankreichs im Wege: Mazarin. Wenn Mazarin geht, haben wir das Paradies auf Erden. Mazarin ging fort. Alles geht schlechter als zuvor. Da der König will, daß er zurückkommt, lassen wir ihn zurückkommen. Mazarin gehorcht seinem König. Warum sollten wir Franzosen weniger getreue Untertanen sein als dieser Italiener?«

Nach reiflicher Überlegung stellt sich der Klerus an die Spitze des Kreuzzugs für Mazarin. Er erinnert sich daran, daß Mazarin Kardinal ist. Ist es sehr respektvoll der Heiligen Kirche gegenüber, eine Prämie auf den Kopf einer Eminenz auszusetzen? Die Kirche muß Wiedergutmachung fordern. Einer von Mazarins Informanten, Bluet, jubiliert: »Die gegenwärtige Verfassung der Geister ist ausgezeichnet.«

Jetzt beweist Monsieur deutlich, wie dumm ein Mann von Geist sein kann, wenn er einen schwammigen Charakter hat. Er hatte erklärt, lieber wolle er ein Türke werden, als Mazarins Wiedereinsetzung hinnehmen. Der Triumphzug des Kardinals durch die Provinzen vereitelt Monsieurs Absicht, eine dritte Partei zu gründen, an die sich vor allem der Koadjutor klammert. Dann tut er etwas Heilloses: der Prinz des Wirrwarrs wirft sich in die Arme des Prinzen des Irrsinns. Am 24. Januar 1652 unterzeichnet er mit Condé einen Bündnisvertrag: das Abkommen zwischen den beiden größten politischen Nullen Frankreichs. »Obwohl Monsieur die Beteuerung hinzufügt, er stimme der Vereinigung mit den Spaniern nicht zu, ist er nichtsdestotrotz an den Vertrag gebunden«, bemerkt sehr richtig Etienne d'Aligre in einem Brief an Le Tellier. Monsieur mag den Kopf in den Sand stecken und sagen: »Ich verrate Frankreich nicht zugunsten Spaniens«, verhängnisvollerweise ist er zum Verräter geworden. Dieser Vertrag der beiden Verräter treibt dem König und Mazarin alle jene zu, die in Frankreich noch einen Funken von Verstand im Kopf haben.

Wie auf Wolken marschiert der Kardinal von Arcis-sur-Aube nach Loches. Der König und der gesamte Hof gehen ihm bis zwei Meilen vor Poitiers entgegen. Der Empfang, der ihm zuteil wird, kann verglichen werden mit dem Einzug, der Jesus von seinen Jüngern am Palmsonntag in Jerusalem bereitet wurde. Alle die dem Mazarin-Kult huldigen, sogar der König, tragen Lorbeerzweige in den Händen, sie sollen ihn über die erlittenen Qualen hinwegtrösten. Und die Königin? Trotz des höfischen Protokolls läßt sie so große Freude erkennen, eine solche Seligkeit, daß es schwierig erscheint, diese Gefühle dem Glück einer Herrscherin zuzuschreiben, die ihren Ersten Minister wiederbekommt. Niemand gibt sich einer Täuschung hin. Selbst der äußerst vorsichtige Le Tellier schreibt: »Entweder ist sie vom Kardinal behext, oder sie ist mit ihm verheiratet.«

Die Eminenz steht so fest in ihren Lederstiefeln und spielt ihre Rolle als Soldat so hervorragend, daß die Höflinge, die so oft von einem Feigling gesprochen haben, ganz verblüfft sind. Ein unverbesserlicher Schauspieler! Diesmal weder Selbsterniedrigung noch Verbeugungen; martialische Kühle, eisige Zurückhaltung, nach Turennes Vorbild. Die Höflinge wedeln verkrampft mit ihren Lorbeerzweigen, sie stehen einem neuen Mazarin gegenüber. »Mir scheint«, schreibt einer von ihnen starr vor Staunen, »der Herr Kardinal hat jetzt eine bessere Meinung von sich als früher.«

Am 28. Januar 1652 zieht der Kardinal und Beinahe-Marschall Mazarin – er ahmt auch hierin seinen Lehrer Richelieu nach, der gern Soldat spielte – an der Spitze von »fünfzehnhundert mit Musketen bewaffneten Reitern und zweitausend Infanteristen« in Poitiers ein. Mazarin versteht es, den Helm so gut wie den Kardinalshut zu tragen.

Die Königin, ihre beiden Söhne und Mazarin setzen sich über alle Protokollfragen hinweg. Sie bleiben am Abend unter sich. Der Hof wird beurlaubt. Ob sie verheiratet sind oder nicht, ein innigeres Familienbild kann man sich nicht vorstellen.

Mazarin bleibt nur sechs Tage in Poiters, vom 28. Januar bis zum 8. Februar 1652. In dieser kurzen Woche nimmt er mit ungeheurer Energie die Macht wieder in die Hand. Um zu zeigen, daß er der alles bewegende Motor ist, das Gehirn, das Herz, die Lunge Frankreichs. Freundlich lächelnd bootet er Châteauneuf aus. Den Marschall Hocquincourt schickt er nach Angers, um die Stadt zu belagern. Bis ins einzelne konzipiert er die Versöhnung mit dem Herzog von Bouillon und Turenne. Den letzteren ernennt er zum Oberbefehlshaber der königlichen Armee.

Schließlich entwirft er, nicht wie ein Zimmerstratege, sondern wie ein Feldherr, einen Kriegsplan. Im Gelände und am Konferenztisch setzt der Spieler seine Figuren ein. Der Hof ist in Gefahr, von Condé, der die Provinz Guyenne verwüstet, und Rohan, der das Anjou aufwiegelt, in die Zange genommen zu werden. Graf von Harcourt und Marquis von Saint-Luc stellen Condé in der Nähe von Bordeaux und halten ihn dort fest. Mazarin marschiert nach Norden an die Loire, um zu verhindern, daß die Prinzen die Klammer schließen.

Angers gibt nach, ehe noch die von Condé herbeigerufenen Spanier einen Schritt getan haben. Im Norden gelingt es Tavannes, mit seinen achttausend Mann, bis nach Mantes zu gelangen. Der Herzog von Nemours hätte sich mit ihm vereinigen sollen. Doch er geht lieber zum Tanz nach Paris. So etwas tun hohe Herren gern. Sie feiern mit den schönen Damen der Fronde, sie lechzen nach Liebe und Wein. Indessen müssen ihre Offiziere sehen, wie sie durchkommen, und ihre Soldaten brandschatzen und plündern, um leben zu können. Das ist die romanhafte Fronde der Prinzen. Irgend jemand muß immer den Preis für Romane bezahlen.

Die neue Jungfrau von Orléans

Unaufhaltsam säubert Mazarin das Gebiet um die Loire: Tours, Amboise, Blois. Er verhandelt mit den Ratsbeamten von Orléans, damit sie ihm die Tore öffnen. Er tut es mit großer Schadenfreude, denn hier befindet er sich im ureigensten Bereich von Monsieur. Dieser schickt den Grafen von Fiesco nach Orléans, er soll die Bürger bitten, die Schranke vor den Herren von Nemours und von Beaufort aufzumachen. Die braven Bürger von Orléans sind gebrannte Kinder, denn sie haben das von Hocquincourts Armee verwüstete Gebiet um Blois vor Augen. Orléans ist zu einer Vorratskammer und zu einem Möbelspeicher geworden, Getreide und Einrichtungsgegenstände aus der Umgebung sind überall in der Stadt gelagert worden. Die Bürger wollen daher niemanden aufnehmen. Sie haben keinen Sinn für Waffenruhm!

Der Graf von Fiesco geht unverrichteter Dinge nach Paris zurück. Er bittet Monsieur inständig, sich selbst nach Orléans zu begeben. Orléans verlieren wäre ein tödlicher Schlag für die Versorgung der Fronde, auch die Verbindungswege zu Condé würden unterbrochen werden. Die Anführer der Fronde in Paris stimmen dem Grafen von Fiesco zu. Ihr Flehen ist vergeblich. Aus diesem Sumpf von Nichtigkeit und Willenlosigkeit ist nichts herauszuholen. Monsieur gibt eine seiner üblichen Clownerien zum besten. Heute beschließt er, »Ostersamstag« aufzubrechen. Morgen ist nicht mehr die Rede davon. Er vergeht vor Angst.

Hoffnung hingegen erfüllt die Grande Mademoiselle. Die Feigheit ihres Vaters gibt ihr endlich die Möglichkeit, die Rolle der Heldin zu spielen. Beaufort, Fiesco und Tavannes flüstern ihr zu: »Wenn Monsieur nicht gehen will, müssen Sie es tun.« Bar jeden Schamgefühls schickt Monsieur seine Tochter in ein Abenteuer, das er für ein Gemetzel hält. Am 25. März 1652 morgens um sieben Uhr geht die Grande Mademoiselle in die Kirche; sie ist als Amazone gekleidet, »in einem grauen, ganz mit Gold besetzten Anzug«. Um drei Uhr nachmittags steigt sie in die Karosse, in ihrer Begleitung sind die Damen Fiesco und Frontenac. »Dieses Ritterschauspiel wäre höchst lächerlich, wenn der gesunde Menschenverstand der Damen von Fiesco und von Frontenac nicht dabei wäre«, seufzt Monsieur.

Man übernachtet in Châtres (heute Arpajon). Am nächsten Tag wird in Etampes diniert. Zwei Meilen vor der Stadt erwartet eine Eskorte von fünfhundert Reitern unter dem Kommando von Herrn von Valon Ihre Hoheit. »Sie waren gefechtsmäßig ausgerüstet und begrüßten mich«, erzählt sie. »Dann setzten sich die Chevaulegers vor meine Karosse und die Schweren Reiter, die Gardisten und die übrigen in Schwadronen vor, hinter und daneben.«

Die kriegerische Aufmachung versetzt Ihre Hoheit in Begeisterung. Wenn sie Orléans befreit, ist sie eine Jeanne d'Arc. Sie ist fünfundzwanzig Jahre alt und noch nicht verheiratet. Sie will nur Könige. Warum nicht den von Frankreich? Sie ist ja nur elf Jahre älter als er. Was allein zählt, ist der Adel des Bluts und der Seele.

Als die Ebenen der Beauce erreicht sind, steigt sie aufs Pferd. Ein Führer muß sich seinen Truppen zeigen. In Toury, wo sie mit dem Herzog von Nemours zusammentrifft, nimmt sie an einem Kriegsrat teil. Es wird beschlossen, nach Jargeau zu marschieren und im Faubourg Saint-Denis Quartier zu beziehen. Wenn Orléans angegriffen werden kann, wird es angegriffen werden.

Am nächsten Tag Vormarsch auf Orléans. In Artenay in einem Gasthaus berät sich Mademoiselle mit dem Marquis von Flamarens. Er teilt ihr mit, daß die Schöffen von Orléans weder ihr noch dem König ihre Tore öffnen werden. Wenn die königliche Armee abzieht, wird Ihre Hoheit mit allen Ehren empfangen werden.

Diese Weigerung stachelt Mademoiselles Ehrgeiz an. Sie will versuchen, in die Stadt hineinzukommen. »Wenn man mich festnimmt«, sagt sie, »falle ich in die Hände von Leuten, die die gleiche Sprache sprechen wie ich, die mich kennen und die mir in der Gefangenschaft den Respekt erweisen werden, der mir durch meine Geburt zukommt ...« Im übrigen stehen die Gestirne gut: »Alles, was Sie am Mittwoch, dem 27. März von Mittag an bis zum Freitag unternehmen, wird erfolgreich sein; Sie werden während dieser Zeit sogar außergewöhnliche Dinge vollbringen«, hat ihr ein Astrologe prophezeit.

Ihre Karosse hält vor dem Stadttor Bannière. Die Wache läßt nicht mit sich reden. Drei Stunden lang wartet die Kriegerin in ihrem Wagen. Dann verliert sie die Geduld und begibt sich in das nahegelegene Gasthaus mit dem symbolischen Namen »Tor des Heils«. Dort findet sie Kurierbriefe aus Bordeaux vor und Süßigkeiten, ein Geschenk des Statthalters von Orléans. Trotz der Vorhaltungen ihres Gefolges geht sie längs der Mauern im Stadtgraben spazieren. Die Wälle sind dicht besetzt mit Bürgern von Orléans, sie rufen ihr zu: »Es lebe der König, die Prinzen! Nieder mit Mazarin!« Sie schreit zurück: »Geht ins Stadthaus und laßt mir das Tor öffnen!« Die Orléaner lächeln ihr zu, lassen sie hochleben, aber das Tor geht nicht auf.

Da sie wie ein Eichhörnchen um die Stadt herumkreist, gelangt sie auch an die Loire. Eine Schar von Schiffern will ihr behilflich sein. Sie beeindruckt sie mit goldenen Worten und bedenkt sie mit klingender Münze. Durch ein altes, aufgegebenes Tor wollen sie sie in die Stadt bringen. Mit Äxten und Sägen, von drinnen unterstützt von Bürgern, die zur Fronde halten, brechen sie zwei Mittelbalken heraus. Dann werden zwei Schiffe zusammengebunden, auf das eine wird eine Leiter gestellt. Unter großer Anstrengung klettert die Prinzessin hinauf. Zwei dicke Eisenstangen verwehren noch den Zugang. Einer ihrer Diener packt die Kriegerin und »schiebt sie durch dieses Loch hindurch«. Die Heldin fällt auf der anderen Seite in den Schmutz. Trommelwirbel. Spalier von Soldaten, die die Waffen präsentieren. Hochrufe auf den König, die Prinzen, aber nicht auf Mazarin. Zwei Männer tragen die schmutzbedeckte Mademoiselle auf einem Stuhl: »Ich weiß nicht, ob ich darauf saß oder auf dem Arm. Die Freude, die mich befiel, brachte mich fast von Sinnen: alle küßten mir die Hände, und ich mußte lachen, weil ich mich in einem so derangierten Zustand befand. Nachdem ich im Triumph durch einige Straßen getragen worden war, sagte ich ihnen, ich könnte gehen und ich bäte sie, mich auf den Boden zu setzen; was sie taten.«

Am nächsten Tag, dem 28. März, thront Mademoiselle im Stadthaus auf einem goldenen Sessel und hält eine kurze, geschickte Rede. Sie macht sich die These des Parlaments von Paris nach ihrer Art zurecht: zwar ist der König seit sieben Monaten offiziell großjährig, bleibt aber seines jugendlichen Alters wegen offiziös minderjährig. Er braucht unbedingt den Rat von Monsieur und Monsieur le Prince: »Denn niemand hat mehr Interesse am Staat und an seiner Erhaltung als sie. So bedarf es nur des gesunden Menschenverstands, um zu erkennen, daß man sich ihrer Partei anschließen muß, die die Partei des Königs ist.«

Mademoiselle ist aber nicht nur eine mutige Frau, die über Leitern klettert, hier ist sie auch einmal Diplomatin. Im Einvernehmen mit ihrem Vater hat sie beschlossen, ihre Armee und die von Monsieur le Prince von Orléans fernzuhalten, um die Stadt nicht zu »inkommodieren«. Sie läßt die Herzöge von Nemours und Beaufort herbeirufen, »um mit ihnen über dieses Thema zu sprechen«. In einem alten Haus des Faubourg Saint-Vincent sitzt die neue Jungfrau von Orléans auf einer Holztruhe und verhandelt mit den beiden feindlichen Schwägern. Wieder einmal gehen sich diese Atriden der Fronde an die Gurgel. Nemours beschuldigt Beaufort, er verrate Condé, weil er seine Armee bis nach Montargis zurücknehmen will. Mademoiselle muß jetzt König Salomo spielen. Nur mit großer Mühe gelingt es ihr, den beiden Rasenden ihre Degen abzunehmen.

Mademoiselle wird belohnt durch ein Glückwunschschreiben von Condé: »Das ist ein Schlag, den nur Sie führen konnten ...«, durch ein schriftliches Lob von Monsieur: »Sie haben mir Orléans gerettet und Paris gesichert. Es herrscht allgemeine Freude, und alle sagen, daß Ihre Tat einer Enkelin Heinrichs des Großen würdig ist ...« und durch eine weitere Botschaft von Monsieur, der mehr Geist als Charakter hatte, an die Gräfinnen von Fiesco und von Frontenac: »An die Damen Gräfinnen, Generalinnen in der Armee meiner Tochter gegen Mazarin.«

Und schließlich wird sie auch von der Stadt Paris gefeiert, Beifall des Volks und der Großen. Lieder werden gesungen:

»Man wollte ihr das Tor verschließen:
Doch sie schob sich durch ein Loch,
Und sie ließ sich nicht verdrießen:
›Mir ist's gleich, ich schaff' es doch.‹«

Die neue Jungfrau von Orléans wäre höchst mißvergnügt gewesen, hätte sie gewußt, daß den hilfreichen Schiffern bereits Geld zugesteckt worden war, ehe sie ihnen noch mehr zusteckte. Auch der Schwarm der Beifallrufer bei ihrer Rede im Stadthaus von Orléans war bezahlt worden.

Der neugewählte Papst Innozenz X. haßt Mazarin, weil dieser verhindern wollte, daß er die Tiara bekam. Er spricht von ihm als »dem Stein des Anstoßes zwischen dem Heiligen Stuhl und Frankreich«. Der höchste Frondeur von Rom wäre froh, wenn Mazarin im Exil bliebe. Im Sommer 1651 rät er ihm durch ein Breve, nicht nach Frankreich zurückzukehren. Obwohl der Erste Minister dann doch im Triumph zurückkommt, glaubt der Papst nicht, daß er an der Macht bleiben wird. Eisern hält er daran fest, daß die Zukunft beim Koadjutor liegt. Am 19. Februar 1652 setzt er den heißbegehrten Kardinalshut dem Mann aufs Haupt, den er für den Herrn des Frankreich von morgen hält. Der neue Hutträger nimmt den Namen »Kardinal von Retz« an. Der Hut ist zu groß für ihn, er fällt ihm bis auf die Füße herunter. »Der Kardinal von Retz«, ein gutes literarisches Pseudonym, doch ein politischer Kerzenlöscher.

Die prinzlichen Frondeure, die nur aufs Tanzen versessen sind, wissen nicht mehr, auf welchem Fuß sie tanzen sollen. Im Felde werden sie überall geschlagen. Sie haben weder Truppen noch Geld. Ihre einzige Hoffnung ist Paris. In diesem Häusermeer kann es nur zum »Krieg der Nachtgeschirre« kommen, den Condé so verabscheut. Doch gerade zu diesem Krieg fordert Monsieur auf. Der Angsthase fühlt sich, allein auf sich gestellt, in Paris nicht sicher. Gestützt auf Monsieur le Prince will er eine aufständische Regierung bilden. Manche Frondeure denken gar an eine Republik, in der Condé die Rolle Cromwells zufallen soll.

Die Pariser haben wieder Angst vor den beiden schlimmsten Gefahren für ihre Stadt: Hungersnot und Pest. Die Preise für Fleisch und Brot steigen schwindelerregend in die Höhe. Die Soldaten plündern alles. Aus einer Wüste kann man keine Nahrung holen. »Die Armen erkennen, daß sie Hungers sterben müssen, wenn der König nicht der Herr ist. Man sieht bereits große Abmagerung an diesen armen Leibern, sie scheinen zusehends zu verkümmern«, schreibt einer seiner Informanten an Mazarin. Die von ihren verwüsteten Feldern und aus ihren niedergebrannten Hütten verjagten Bauern der Brie, Beauce und Normandie strömen nach Paris. Aus dieser Ansammlung wandelnder Skelette wollen die hohen Herren ihre Truppen ausheben.

Condé verläßt die Guyenne auf theaterhafte Art und Weise. Er, La Rochefoucauld, Guitaut und Gourville, alle als Lakaien verkleidet, tun so, als begleiteten sie als Wachen einen Herrn von Lévis, der mit einem ordnungsgemäßen Geleitbrief in die Auvergne reist. (Verkleidung spielt eine große Rolle in der Fronde: eine Theaterrevolution, die im Zeitalter des Theaters unternommen wird. Gibt es keine Verkleidung mehr, gibt es keine Fronde mehr!) Die Flüchtlinge reiten Tag und Nacht. Nie machen sie länger als zwei Stunden Rast. Am Ufer des Flusses Loing, nach manchen Finten und manchem Hakenschlagen, wodurch sie den Gendarmen des Kardinals entgangen sind, stößt Condé auf seine Truppen. Er schickt Boten nach Paris, sie sollen sein Eintreffen ankündigen. In der Stadt herrscht größte Erregung. Die Bürger wollen einen Rebellen, der nur Blutvergießen veranstaltet, nicht aufnehmen. Condés Komplize, Monsieur, zeigt, wie grausam ein Feigling sein kann. Er droht, den Pöbel aufzuwiegeln und aus Paris einen Trümmerhaufen zu machen. Vor Angst und Schrecken geben die Bürger zur Hälfte nach: sie wollen Condé aufnehmen, aber nicht länger als vier Stunden.

Die Hefe des Volks, von den Prinzen aufgeputscht, kommt aus ihren Höhlen und Spelunken, hält die Kutschen an und beleidigt die Frauen. Die Bürger schicken ihre bewaffnete Miliz aus, um den Auswüchsen zu begegnen. Kardinal von Retz und die Herzogin von Chevreuse wenden sich von neuem Mazarin zu.

Während das Unheil über Paris hängt, steht an der Loire alles auf des

Messers Schneide. Die beiden Führer der Armee des Königs springen sich zwar nicht an die Gurgel, aber insgeheim warten sie nur auf den Augenblick, es ebenso zu tun. Hocquincourts Truppen liegen zerstreut um Bléneau. Turenne hält die seinen in einem festen Lager bei Briare, zwei Meilen von Gien entfernt, wo der Hof sich befindet. In der Nacht vom 6. auf den 7. April fällt Condé über Hocquincourt her und bringt ihn in größte Schwierigkeiten.

Von fern erblickt Turenne die Brände, er ahnt, woher der Schlag kommt. »Ah, Monsieur le Prince ist da! Er befehligt seine Armee.« Aufregung in Gien. Condé hat zwölftausend Mann, Turenne viertausend. Die Königin bricht in Tränen aus. Mazarin bekommt es mit der Angst und spricht davon, der Hof solle sich nach Bourges zurückziehen. Ludwig XIV. würde, wie einst der junge Karl VII., der kleine König von Bourges werden. Aber solche Wiederholungen der Geschichte müssen vermieden werden. Turenne ist dagegen. Hart wie Granit erklärt er, der König müsse Widerstand leisten oder aufhören, König zu sein.

Das Wohl und Wehe der Monarchie entscheidet sich auf einer kleinen Chaussee. Zwischen einem Wald und einer Ebene, einem Sumpfgebiet, durch das eine schmale Straße führt. Um nach Gien zu gelangen, muß Condé diesen Weg nehmen. Turenne stellt seine Artillerie so auf, daß sie die Chaussee beherrscht.

Condé greift an, bringt Turennes Schwadronen am Waldrand zum Wanken, er sieht sich bereits als König von Frankreich. Doch auf der Chaussee wird er von den Kanonen seines unerschütterlichen Gegners aufgehalten. Er kommt nicht durch. Als die Nacht einfällt, steht sein Mißerfolg fest. Er zieht sich nach Châtillon zurück, Turenne nach Gien.

In Bléneau, auf dieser kleinen Straße, liefert die kleine Armee eine kleine Schlacht. Doch dieses Sandkorn im Getriebe hätte die ganze Maschine sprengen können.

Am 11. April 1652 trifft Condé in Paris ein. Nur der Pöbel jubelt ihm zu. Die Bourgeoisie hält sich zurück, und das Parlament ist geteilter Meinung. Der Präsident des Finanzhofs Amelot schilt den Friedensstörer; der Parlamentspräsident von Bailleul wagt sogar zu sagen, die Versammlung »könne nur mit Bedauern sehen, daß er das Schwert gegen den König gezogen habe«. Ein Teil des Parlaments ist entschlossen, Anschluß an Seine Majestät zu suchen. Um das zu verhindern, schicken die Prinzen das Gesindel auf die Straße. Zusammenrottungen, Plünderungen, Angriffe gegen Parlamentsangehörige und Beamte. Colbert, als notorischer »Mazariner« bekannt, erhält Hiebe.

Nachdem die Prinzen sich vergeblich bemüht haben, die Brücken zwischen dem Parlament und dem Hof abzubrechen, feilschen sie mit Mazarin für eigene Rechnung. Unablässig senden Monsieur und Condé geheime

Boten zum Kardinal, er schickt sie mit überschwenglichen, für ihre Herren bestimmte Reverenzen zurück – das ist aber auch alles.

Frau von Châtillon, Condés Mätresse, bringt ihn dazu, von seinen Forderungen herunterzugehen, sozusagen seine Tarife zu ermäßigen. Er soll sich damit zufriedengeben, die Regierungsgewalt für sich zu beanspruchen und riesige Summen für seine Gefolgsleute.

Mit dreizehneinhalb Jahren bekundet der König eine Autorität, die viel erhoffen läßt. Eine Abordnung des Parlaments kommt zu ihm und überbringt ihm Beschwerdeschriften. Er zerreißt sie, ohne sie gelesen zu haben. Am 28. April erscheinen der Herzog von Rohan, Chavigny und Goulas als Abgesandte der Prinzen. Der König bittet sie, sich an Mazarin zu wenden. Sie schreien auf, als hätten sie den Namen eines Aussätzigen gehört. Ohne darauf einzugehen, führt sie der König zum Kardinal; sie sollen sich mit ihm herumschlagen. Mazarin gesteht ihnen überhaupt nichts zu. Er zieht die Besprechungen in die Länge, um Turenne Zeit zu lassen, seine Truppen aufzufüllen.

In Orléans langweilt sich inzwischen die Grande Mademoiselle, sie mag nicht länger nur Süßigkeiten essen. Sie fühlt sich als Kriegerin und will sich als solche betätigen. Da Condé in Paris ist, möchte auch sie dort auftreten. Vor den Mauern von Etampes wird ihr zu Ehren eine Parade abgehalten. Sie sitzt zu Pferde, umgeben von gutaussehenden Offizieren. Der Feind ist in Sicht. Die Herren Tavannes, Clinchamp und Valon warten ab, sie tun so, als überließen sie der martialischen Jungfrau die Entscheidung: Schlacht oder keine Schlacht! Turenne ist Äußerlichkeiten abhold, er ist der Buchhalter des Krieges, wie Colbert der Buchhalter der Taler ist. Jeden Tag kann er ein paar Gewinne verzeichnen, er zählt die Toten auf seiten der Frondeure zusammen: an jenem Tag sind es zwölfhundert. Ungefähr alle, die an der Parade vor der Grande Mademoiselle teilgenommen und »Schlacht, Schlacht!« geschrien hatten, um sich vor einer Frau als starke Männer aufzuführen. Turenne hat gewartet, bis das Defilee vorüber war, damit nicht eine verirrte Kugel den Federhut der Hoheit zerfetzte. Sobald sie wieder in der Karosse saß, ist er über die Paradesoldaten hergefallen und hat sie umgelegt, wie sie da aufgereiht standen.

Condé braucht die Spanier immer nötiger. Sie haben Gravelines am 18. Mai genommen. Sie haben den lebenslustigen Herzog von Lothringen, Karl IV. gekauft, einen Berufskrieger, der sich dem Meistbietenden überläßt. Dieser Schwadroneur stolziert wie ein Hahn vor Paris auf und ab. Die Prinzen haben ihn dafür bezahlt, daß er ihre eingeschlossene Garnison Etampes entsetzt. Aber Mazarin hat ihm noch mehr dafür bezahlt, daß er nichts unternimmt. Der Plan sieht folgendermaßen aus: Turenne, der Etampes belagert, wird sich zurückziehen, wenn der Herzog von Lothringen mit seinen Söldnern das Land verläßt. Wie gesagt, so getan: der Herzog, sein Troß und seine plündernden Soldaten verschwinden. Wohin sind sie gezogen? Wahrscheinlich in die Champagne, wo die Spuren ihrer Verwüstungen festzustellen sind.

Die Truppen der Fronde geben Etampes auf, zumindest das, was einmal Etampes war und jetzt ein Haufen von Ruinen ist. Sie marschieren in Richtung Paris und setzen sich auf den Höhen von Suresnes, Meudon und Saint-Cloud fest.

In Paris wird die Not immer größer. Am 20. Juni berät das Parlament über »die Mittel, das Elend der Armen zu erleichtern, von denen mehr als sechzigtausend in der Stadt waren und allein fünfzehntausend in der Pfarrgemeinde von Saint-Nicolas«. Einige Räte würden es lieber sehen, »wenn die auf den Kopf des Kardinals ausgesetzten fünfzigtausend Taler aufgefüllt würden ...« Doch man entscheidet sich für die Armen. »Jeder Rat stufte sich mit hundert Pfund ein, die Präsidenten der Kammern mit zweihundert und die anderen Präsidenten mit vierhundert Pfund, alles zusammen belief sich das auf fünfzigtausend.« Die anderen souveränen Versammlungen müssen ebenfalls Geld herausrücken. Am Ende der Sitzung »gab es zehn oder zwölf Personen, die ›Frieden‹ in den Saal des Justizpalastes schrien, und andere ›Frieden und nieder mit Mazarin!‹«

Am 25. Juni sind die Straßen von Paris mit Flugblättern bedeckt, die Stimmung für den Frieden machen. Sie sollen von Pater Faure stammen, dessen scharfe Augen und Ohren schon seit langem für Mazarin tätig sind. Der Text ist so abgefaßt, als spräche ein unpolitischer Franzose, einer aus der schweigenden Mehrheit der rechtschaffenen Leute, die ständig unterdrückt wird, aber immer wieder aufersteht: »Ich bin weder Prinz noch Mazarin, ich gehöre zu keiner Partei und zu keiner Kabale. Ich will den Frieden, und ich hasse den Krieg. Ich bin ein guter Franzose und nehme nur Anteil am Geschick meines Vaterlandes ... Leute, laßt euch nicht in einen Streit hineinziehen, in dem ihr nur umkommen werdet ... Die Prinzen werden auch ohne euch handeln.«

Dieses geschickt abgefaßte Flugblatt fordert die Bevölkerung von Paris auf zu einer Massendemonstration am Palais Luxemburg, der Residenz von Monsieur, der über solchen Besuch nicht erfreut sein wird. »Geht in Massen zum Palais d'Orléans, zu Seiner Königlichen Hoheit, und sagt, daß ihr genug habt von all dem Elend, daß ihr euren König und den Frieden wünscht. Er möge in seine gute Stadt Paris kommen und hier bedingungslos den Gehorsam und die Liebe seines Volkes entgegennehmen.«

In einiger Entfernung folgt der Hof der Armee Turennes. Am 29. Juni richtet man sich vorübergehend in Saint-Denis ein. Verwunderlich ist es nicht, daß die Zeit der Fronde unauslöschliche Furchen in das Gedächtnis Ludwigs XIV. gegraben hat. Man stelle sich vor, was für ein Zigeunerleben dieser Schwarm von Höflingen der Rebellen wegen hat führen müssen, dauernd im Wagen unterwegs von Stadt zu Stadt, in zerknitterten Kleidern und schiefsitzenden Perücken, mit einem nicht mehr intakten

Protokoll. Gewiß hat dieses Durcheinander die Liebschaft zwischen der Königin und Mazarin begünstigt. Liebschaften von Schauspielern auf Tournee. Bei Mazarin geht es nicht ohne Theater!

Der Kardinal will auf Condé mit seinen beiden Hämmern einschlagen, mit den Marschällen La Ferté und Turenne. Turenne bleibt Condé wie ein Schatten auf den Fersen. Er schlägt sein Lager auf dem anderen Seine-Ufer auf. In der Nacht vom 1. auf den 2. Juli versucht Condé, ihn abzuschütteln und Charenton zu erreichen. Er muß sich beeilen, denn der Ruf »Frieden und König!« wird bald zur Devise der Mehrheit der Bourgeoisie und des Klerus. Mazarins Informant Bluet berichtet hoffnungsvoll: »Nichts war je nötiger als das Kommen des Königs ... Seine Eminenz wird sehen, daß das Gesicht von Paris sich sehr verändert hat. Wir haben fast alle Kaufleute für den Frieden gewonnen; und was uns sehr nützt, ist die leere Börse der Prinzen. Zur Stunde, da ich zu Ihnen spreche, treten die meisten Führer der Parteien zu uns über.«

Um beim Volk einen doppelten Reflex von Speichelfluß und Liebe hervorzurufen, richtet Mazarin es so ein, daß zum Zeitpunkt der Ankunft des Königs in Saint-Denis Wagenladungen mit Lebensmitteln in Paris eintreffen.

Die Bürger untersagen Condé den Durchmarsch durch die Stadt. Wie ein Aussätziger muß Mars an den Mauern entlangschleichen. Darüber wird Mazarin von Nicolas Fouquet unterrichtet. Mazarin alarmiert Turenne, aber es ist zu spät, Condé zum Gefecht zu stellen, doch früh genug, um über seine Nachhut herzufallen.

Zwischen der Porte Saint-Antoine, die hartnäckig geschlossen bleibt, und Turennes Armee ist Condé eingezwängt, er ist verloren. Er schlägt sich wie ein Teufel, blitzend, wütend. Er sammelt seine Leute in der langen Straße des Faubourg Saint-Antoine und in den Nebenstraßen von Charenton und Charonne, hinter den Barrikaden, die die Bürger gegen den Herzog von Lothringen errichtet hatten. Er war die ganze Nacht mit seinen Soldaten marschiert. Jetzt bei sommerlicher Hitze, von neun Uhr morgens bis zwei Uhr nachmittags, spornt er sie an, reißt er sie mit, eilt von einer Barrikade zur anderen, wild aussehend, schwitzend, abgerissen. Ein genialer Dirigent der Symphonie des Wirrwarrs.

Auf den Höhen von Charonne stehen Ludwig XIV. und Mazarin und sehen dem schmerzlichsten Schauspiel des Jahrhunderts zu: Frankreich schlägt sich mit Frankreich, die feindlichen Brüder einer Generation von Hünen zerfleischen sich gegenseitig. Ein Kampf von Raubtieren. Condé gegen Turenne. Der Wahnsinn gegen die Vernunft. Turenne drängt Condé gegen Paris, wie man Früchte gegen eine Mauer wirft.

Das Pflaster ist übersät mit Verwundeten und Toten. Turenne dirigiert das Abschlachten mit unbeugsamer Härte. Nie war die Rivalität zweier Männer sichtbarer, sie wird offenkundig zu einem Duell, bei dem jeder auf die Kehle des Gegners zielt. Die Feudalherren spielen unter den Mauern der Hauptstadt, hinter denen die Bourgeoisie sich verschanzt, die spätere Nutznießerin des Regimes, ihre letzte Karte aus und vergeuden ihr Blut im Kampf gegen die absolute Monarchie; er spielt sich vor ihrem letzten Donjon ab – und der gehört den Bürgern.

Turenne bestreicht mit dem Feuer seiner sechs Kanonen die lange Rue du Faubourg Saint-Antoine. La Ferté mit seinen Regimentern greift die erschöpften Rebellen an. Wie soll Condé da herauskommen? Nur ein Wunder ... Und es ereignet sich. Ein Theatercoup in diesem Jahrhundert des Theaters. Wie in Casale, als der Hauptmann Mazarini auf seinem Pferd lossprengte und »Frieden!« rief. Doch hier kündigen die Dämonen des Kampfes den »Krieg« und seinen Fortgang an. Plötzlich und unerwartet dreht sich das bis dahin fest verriegelte Tor Saint-Antoine in seinen Angeln. Condés Truppen strömen nach Paris hinein.

Wenig später sehen von ihrem Aussichtspunkt in Charonne der König und Mazarin, wie die schwarze Bastille sich in dicke weiße Wolken hüllt. Zunächst meinen sie, es würden Salven abgeschossen, um die Grande Mademoiselle zu begrüßen, die sich dorthin begeben hat. Doch dann müssen sie einsehen, daß sie sich getäuscht haben. Es sind Kanonenkugeln, die auf die Truppen des Königs niederregnen und das vorderste Glied niedermähen. Turenne und La Ferté ist der Weg durch die toten Pferde versperrt. Sie müssen ihren Angriff einstellen. »Durch diese Kanone wird ihr der Ehemann getötet«, sagt Mazarin und meint damit, daß die Grande Mademoiselle den Traum, Ludwig XIV. heiraten zu können, begraben muß. Doch hat die Kanone auch die Hoffnung zuschanden gemacht, an jenem Tag die Fronde endgültig zu vernichten.

Wie war es möglich, daß Mademoiselle diese Wende zustande brachte? Seit ihrer Heldentat in Orléans gärt es in der überhitzten Phantasie der neuen Jungfrau von Orléans. Jetzt vernimmt sie Stimmen, wie Johanna. Am Vorabend des 2. Juli sagt sie zu ihrem getreuen Préfontaine: »Morgen werde ich keine Medizin einnehmen, denn ich habe es im Kopf, daß ich morgen etwas so Unverhofftes machen werde wie in Orléans.« Während der ganzen Nacht lauscht sie gespannt auf die Geräusche, die das Gewimmel der Soldaten vor den Mauern der Stadt verursacht. Um sechs Uhr weckt sie der staubbedeckte Graf von Fiesco. Condé hat ihn zu Monsieur geschickt, um ihn über die Lage zu unterrichten. Im Morgengrauen war Condé zwischen Montmartre und La Chapelle angegriffen worden und hatte um die Erlaubnis gebeten, durch das Tor von Saint-Denis nach Paris hineinreiten zu können. Sie ist ihm verweigert worden. Als Monsieur zur Entscheidung gedrängt wird, legt er sich mit einer Kolik ins Bett, seiner berühmten Kolik, die ihn je nach Bedarf befällt oder nachläßt. Rohan und Chavigny zwingen den eingebildeten Kranken, seine Tochter mit einem Brief ins Stadthaus zu schicken. Der Gouverneur von Paris und der Vorsteher der Kaufmannschaft zeigen ihr zunächst eine abweisende Miene. Sie fährt sie so rauh an, daß sie sich fügen. Das Tor Saint-Antoine wird für Condé aufgemacht.

Die Karosse der Grande Mademoiselle setzt ihre Fahrt durch Paris fort. In der Rue de la Tixeranderie, nördlich vom Stadthaus, wird sie Zeuge des »schrecklichsten Schauspiels, das man sich vorstellen kann«. In ihren Memoiren wird das kriegerische Fräulein durch den Schrecken zu einer großen Schriftstellerin. Ihre Schilderung ist so grauenerregend, daß man nur Abscheu vor der Fronde empfinden kann.

»Der Herzog von La Rochefoucauld war von einer Musketenkugel getroffen worden, die bei einem Augenwinkel eingedrungen und auf der anderen Seite zwischen Nase und Auge wieder ausgetreten war, so daß die beiden Augen verletzt waren. Es hatte den Anschein, daß sie ihm aus dem Kopf fielen, so viel Blut floß heraus. Sein ganzes Gesicht war davon bedeckt, und er schnaubte unaufhörlich, als hätte er Angst, das Blut, das ihm in den Mund floß, könne ihn ersticken. Sein Sohn hielt ihn an der einen Hand und Gourville an der anderen, denn er konnte überhaupt nicht sehen. Er saß zu Pferde und trug ein weißes Koller, es war mit Blut bedeckt wie auch das der beiden, die ihn führten. Sie brachen in Tränen aus ... Ich hielt an, um mit ihm zu sprechen, aber er antwortete mir nicht; er konnte nur zuhören.«

Am Anfang der Rue Saint-Antoine erlebt sie ein ebenso grausiges Schauspiel: »Guitaut zu Pferde, ohne Hut, mit offenem Rock; ein Mann half ihm, weil er sich sonst nicht hätte aufrechthalten können. Er war bleich wie der Tod. Ich rief ihm zu: ›Mußt du sterben?‹ Er schüttelte verneinend den Kopf, doch er hatte einen großen Musketenschuß im Leib.«

Von ihrer Karosse aus sieht sie den Zug der in die Stadt strömenden verwundeten Soldaten: »Bei jedem Schritt, den ich in der Rue Saint-Antoine vorankam, traf ich auf Verwundete, die einen waren am Kopf, die anderen am Leib, an den Armen und an den Beinen getroffen; auf Pferden, zu Fuß, auf Leitern, Brettern, Bahren lagen die Körper von Toten. Ein Reiter war getötet und blieb auf seinem Pferd, das dem Zug mit seinem bedauernswerten Herrn folgte; das war zum Erbarmen ... Der Marquis von La Roche-Giffard war am Kopf verwundet und hatte das Bewußtsein verloren, er wurde auf einer Leiter vorübergetragen und lag da wie ein Toter; es war ein gutgewachsener und schöner Mann ... Da waren auch arme Deutsche, die nicht wußten, was sie tun sollten, und nicht einmal klagen konnten, weil sie unsere Sprache nicht redeten. Ich schickte sie in die Krankenhäuser, zu den Wundärzten, je nach ihrem Dienstgrad. An diesem ganzen Tag war nichts anderes zu sehen als Tote und Verwundete.«

Mademoiselle flüchtet sich in das Haus eines Rechnungsrats, nahe der Bastille, dort sucht Condé sie auf. »Er war in einem mitleiderregenden Zustand, zwei Finger dick Staub hatte er auf dem Gesicht, seine Haare waren wirr, sein Kragen und sein Hemd mit Blut befleckt, obwohl er nicht verwundet war. Sein Küraß war von Hieben verbeult, und er hielt seinen Degen in der Hand, da er die Scheide verloren hatte. Er gab ihn meinem Stallmeister. Er sagte: ›Sie sehen einen verzweifelten Mann vor sich. Ich habe alle meine Freunde verloren: Nemours, La Rochefoucauld und Clinchamp sind tödlich verwundet ...‹ Er läßt sich weinend auf einen Stuhl fallen: ›Verzeihen Sie meinem Schmerz.‹«

Fünf Stunden lang hat er sich wie ein »Übermensch« geschlagen, sagen seine Soldaten, seine Feinde sagen wie ein »Dämon«. Einmal war er »so von Schweiß durchnäßt und in seiner Rüstung fast erstickt, daß er sich ganz nackt im Gras einer Wiese wälzte, wie die Pferde es tun, wenn sie sich erfrischen wollen«. Dann zog er sich wieder an und stürzte sich erneut ins Getümmel.

Condé bittet Mademoiselle, im Haus zu bleiben. In ihr brodelt es vor Ungeduld. Sie will nicht nur die Marketenderin und Krankenschwester spielen. Das sind Weiberarbeiten! Ihr gebührt eine Männerrolle. Sie begibt sich zur Bastille, sie hat Monsieur einen Befehl für den Gefängniskommandanten abgetrotzt: er soll für die Armee der Prinzen tun, was ihm befohlen wird.

»Ich stieg lange auf den Wällen und Türmen umher und ließ die Kanonen, die auf die Stadt gerichtet waren, herumschwenken: ich ließ sie auf das Wasser und den Faubourg richten, um die Bastion zu verteidigen ...« Nachdem Mademoiselle sich als Artillerist betätigt hat, verläßt sie die Bastille. Nicht sie hat die Kanonen abgefeuert, wie die Bilderbogen es darstellen, aber sie hat den Befehl hinterlassen, es zu tun. Die Kugeln hageln auf die Truppen des Königs herunter. Die Freude, »eine so ungewöhnliche Sache gemacht zu haben, die vielleicht einer Person meines Geschlechts nie passiert ist«, versperrt Mademoiselle den Blick für die Folgen ihres Handelns: »Ich hatte diese Armee gerettet, ich gestehe, daß ich große Genugtuung empfand und zugleich großes Erstaunen bei dem Gedanken, daß ich auch die Kanonen des Königs von Spanien nach Paris hatte hineinrollen und die roten Fahnen mit dem Andreas-Kreuz vorüberziehen lassen.«

Einen Toten beweint Mademoiselle allerdings nicht: Michele Paolo Mancini, den Neffen Mazarins. Der Kardinal hatte aus dem fünfzehnjährigen Jungen den Spiel- und Jagdgefährten des Königs gemacht. Vielleicht wollte er zu einem Zeitpunkt, da die Sexualität der Jugendlichen sich ihren Weg sucht, ihn zum Favoriten Seiner Majestät machen. Auch diese Möglichkeiten hatte Mazarin, der stets alle Möglichkeiten ins Auge faßte, nicht ausgelassen. Die Schar seiner Neffen und Nichten liefert ihm Material für alle Zwecke.

Die italienische Manipulation scheint Erfolg zu haben. Ludwig XIV. schließt sich an Paolo Mancini, den fremd wirkenden Jüngling, enger an als an seine rein französischen Freunde, zu denen insbesondere Du Plessis-Praslin, Villequier, Brienne und Vivonne gehören.

Ein dramatisches Ereignis veranlaßt in Melun die Entlassung von La Porte, dem Kammerdiener Seiner Majestät. Der Mitwisser so vieler Geheimnisse schreibt, um sich zu rechtfertigen, einen Brief an die Königin. Keine Antwort. 1664, drei Jahre nach dem Tod Mazarins, als die Königin bereits von ihrem Krebsleiden gezeichnet ist, schickt La Porte ihr einen zweiten verzweifelten Brief:

»Eure Majestät würde die Wahrheit erfahren, wenn Sie sich der Mühe unterzöge, die Sache gründlich zu prüfen: denn hier liegt der Grund für meine Entlassung. Ich berichtete Eurer Majestät 1652 in Melun, daß am Sankt-Johannis-Tag der König, der beim Herrn Kardinal speiste, mich bat, ihm sein Bad um sechs Uhr im Fluß zu richten. Was ich tat. Als der König kam, schien er mir trauriger und bekümmerter als sonst, und als wir ihn entkleideten, war das Vergehen, daß man an seiner Person begangen hatte, so sichtbar, daß Bontemps und Moreau es bemerkten wie ich selbst. Aber sie waren bessere Höflinge als ich; mein Eifer und meine Treue ließen mich alle Überlegungen, besser zu schweigen, hintanstellen. Ich glaubte es meinem Gewissen schuldig zu sein, Eure Majestät zu unterrichten. Ich tat es, und Sie schienen mit meinem Vorgehen zufrieden zu sein und sagten, daß alle Dienste, die ich Ihnen geleistet hätte, nichts wären im Vergleich zu diesem. Eure Majestät wird sich, bitte, erinnern, daß ich gesagt habe, der König sei sehr traurig und bekümmert, was ein sicheres Zeichen war, daß er dem, was geschehen war, nicht zugestimmt hatte, und daß er den Urheber nicht liebte. Ich möchte, Madame, niemanden beschuldigen, weil ich fürchten muß, mich möglicherweise zu täuschen; sicher aber ist, daß, hätte ich Eure Majestät nicht unterrichtet, ich heute noch beim König wäre. Doch ich hätte es an Treue fehlen lassen, die ich Ihnen schuldete . . .«

La Porte sagt auch, man habe ihn selbst des »Verbrechens« beschuldigt, das er aufgedeckt hatte. Er ist so kühn, den Verleumder zu nennen, der jetzt vor Gottes Gericht erschienen ist.

»Wann soll ich dieses Verbrechen begangen haben? Ich habe zu der Zeit nicht im Gemach des Königs geschlafen. Kann man auf den Gedanken kommen, daß ein Mann, über den man sich nicht beklagt, den man behandelt wie jemanden, mit dem man äußerst zufrieden ist, hingeht und die Sache aufdeckt, um einen anderen zu beschuldigen? Ich wurde erst neun Monate danach verdächtigt, als der Herr Kardinal aus Bouillon zurückkam. Ich hatte ihm, meiner Krankheit wegen, nicht geschrieben wie die anderen; er zeigte sich jedoch zufrieden mit mir, als ich mich von ihm verabschiedete. Das hinderte ihn aber nicht, als er wieder in Bouillon war, mein Amt Talon zu versprechen, während Eure Majestät ihn für meine Kinder bestimmte. Und als er zum König gekommen und ich bereit war, den Dienst aufzunehmen, hat er Eurer Majestät eingegeben, ich sei der Urheber des Übels, das ich nicht getan hatte, das ich aber gesehen und von dem ich Ihnen gesprochen hatte. Man hat mich deswegen nie angeklagt ...« (Memoiren von La Porte)

Ohne einen Namen zu nennen, läßt La Porte Verdächtigungen in der Luft schweben. Betreffen sie Mazarin selbst? In den Mazarinaden wird er oft des »italienischen Lasters« mit dem Kardinal Antonio bezichtigt. Aber einen Beweis hat man nie dafür beigebracht. Mazarin ist zu berechnend, er beherrscht seine Sinne zu sehr, zu undurchdringlich verbirgt er alles, was mit den Sinnen zusammenhängt, um mit fünfzig Jahren, auf dem Gipfel der Macht, eine Tat zu begehen, die ihn für immer der Königin entfremdet hätte.

Und Paolo Mancini? Es wäre häßlich, ihn grundlos zu beschuldigen. Wie auch immer, Paolo Mancini beweist sich neun Tage später als Held. Zweimal reißt er seine Männer mit zum Angriff auf eine Barrikade, und fällt, von Kugeln durchbohrt. Könnte man sagen, daß mit ihm eine machiavellistische »Combinazione« seines Onkels zusammenbrach, der in ihm vielleicht seinen Nachfolger sah?

Feuer und Blut

Was an der Porte Saint-Antoine und durch die Kanonen der Bastille geschah, liegt über der Zukunft wie eine Schicht von Feuer und Blut. Schuld daran ist die Grande Mademoiselle mit ihrer romanhaften Heldenphantasie.

Der stolze Condé bedient sich der niedrigsten, tückischsten Mittel: als Bauern und Arbeiter verkleidet ziehen seine Soldaten durch Paris. Als Lockspitzel gehen sie von Gruppe zu Gruppe, laden zum Trinken ein und stacheln den Pöbel gegen die Bürger auf. In diesen glühendheißen Julitagen wird der Wein zum Verbündeten von Condé, bald wird er zu Blut.

Condé möchte der von ihm errungenen Macht einen Anschein von Legalität verleihen. Er beruft für den 4. Juli das Parlament, die Führer der Miliz, die Schöffen und einige hundert Notabeln als Vertreter der Bourgeoisie ins Rathaus.

Beim Kampf um das Stadttor Saint-Antoine hatte Monsieur le Prince seinen Soldaten befohlen, sich Strohbüschel anzustecken, damit sie sich im Handgemenge gegenseitig erkennen. Am 4. Juli soll das Stroh als Erkennungszeichen für seine Anhänger dienen. Stroh für die Mönche, Stroh für die Pferde, Stroh für alle. »Die Kapuziner sollten es an ihre Kapuze stecken und alle anderen Klosterbrüder an ihre Scheitelkäppchen ... Das Stroh ist nicht mehr Stroh, es ist die Blume der Anti-Mazariner.« Mademoiselle hat ein Sträußchen mit einem blauen Band, der Farbe des Hauses Orléans, an ihrem Fächer befestigt. Wer nicht Stroh ansteckt, ist ein Mazariner und ist in Lebensgefahr.

Vor dem Rathaus sind Weinfässer wie ein Wall aufgefahren worden, und der Pöbel spricht ihm reichlich zu, so daß es bald wie auf einer Kirmes zugeht. Den ganzen Nachmittag trinken die Leute unter brennender Sonne und sind erregt. Um sechs Uhr treffen die Prinzen ein. Sie sind von der Versammlung enttäuscht. Es wird nur von Aussöhnung mit dem König gesprochen. Monsieur erklärt, er werde erst die Waffen niederlegen (die er nur im Bett bei seinen vorgeblichen Koliken genommen hatte), wenn Seine Majestät Mazarin weggejagt habe. Condé schlägt in dieselbe Kerbe und bekräftigt seine Liebe zu Paris.

Die Angehörigen des Parlaments hüllen sich völlig in Schweigen. Nicht ein Wort zugunsten der Liga, die geschlossen werden sollte und derentwegen die Prinzen gekommen waren. Die Hoheiten rücken wütend ab und wedeln mit ihren Strohbüscheln. Conrart schreibt in seinen Erinnerungen, Condé habe von den Stufen herab der Menge zugerufen: »Diese Leute wollen nichts für uns tun, es sind lauter Mazariner. Macht mit ihnen, was ihr wollt.«

Als habe man nur auf dieses Zeichen gewartet, wird im Innern des Gebäudes eine Pistole abgefeuert, möglicherweise von einem Helfershelfer der Prinzen. Unmittelbar darauf kommt es draußen zu einer wilden Schießerei. Doch die Schüsse von unten nach oben gehen nur in die Decken der Räume und treffen nicht die Parlamentarier, die man wie Kegel umlegen will. Die unter den Aufrührern verstreuten Soldaten dringen in die Häuser ein, die um den Platz herumstehen. Durch die Fenster, durch Schießscharten, die sie durch die Wände brechen, beschießen sie das Rathaus von oben nach unten. Auch ausräuchern will man all diese »Mazariner«. Lastträger schleppen Stroh- und Reisigbündel und Pech herbei, stapeln alles vor den Toren des Gebäudes auf und legen Feuer. Im Innern entsteht Panik, die Notabeln fürchten, lebendig zu verbrennen.

Der Gouverneur von Paris, Marschall Hôpital, läßt im Treppenhaus Barrikaden aus Tischen, Stühlen, Balken und anderen Möbelstücken auftürmen. Hinter diesen Schutzwällen liegen seine Musketiere und feuern auf die Brandstifter. Hundertfünfzig Opfer mit wenigen Salven. Als die Nacht hereinbricht, ist die Munition ausgegangen. Die Meute triumphiert. Grauenvolles Gemetzel. Haufen von Toten.

Im Palais Luxembourg wird Monsieur aus dem Bett geholt, im Nachthemd verhandelt er mit dem grimmigen Condé. Gegen Mitternacht macht sich Mademoiselle zum Rathaus auf. In den Straßen begegnet sie nur Karren voller bluttriefender Leichen. Ihr wird übel bei dem Anblick, unverzüglich kehrt sie ins Palais zurück. Ihr Vater schickt sie noch einmal zum Rathaus, das zu einem Leichenhaus geworden ist. Sie sieht die Verwüstungen: zerschmetterte Türen, schwelende Balken, geschwärzte Decken, blutbefleckte Treppenstufen. »Ich hatte genug, es war vier Uhr morgens; ich ging schlafen«, sagt die müde gewordene Kriegerin.

Anstatt den Prinzen zu nützen, trägt der Brand des Rathauses zu ihrem Ruin bei. Selbst Mademoiselle, die sonst keinen viel klareren Blick als ein Maulwurf hat, empfindet es so: »Diese Angelegenheit war ein Keulenschlag für die Partei.« Die Rebellen bringen einige Angehörige des Parlaments, die sich zur Fronde bekennen, zusammen. Dieses Zerrbild eines Parlaments beschließt neue Steuern, die von den Bürgern jedoch abgelehnt werden. Da die Söldner keine Löhnung bekommen, plündern sie die Häuser. Die Bewohner empfangen sie mit Musketenschüssen.

Die Prinzen entzweiten sich wegen Nichtigkeiten: Vorrangstellungen, Familienzwistigkeiten. Der ewige Streit zwischen den beiden Schwägern Beaufort und Nemours nimmt ein schlimmes Ende. Auf dem Pferdemarkt duellieren sie sich mit Degen und Pistole, um sicher zu sein, daß sie sich nicht verfehlen. Beaufort tötet Nemours. Ihre acht Zeugen schlagen sich, dem Brauch gemäß, ebenfalls. Drei von ihnen werden schwer verwundet, zwei sterben kurz danach.

Condé ohrfeigt den Grafen von Rieux. Sie fallen grimmig übereinander her. Kein Tag vergeht ohne Ohrfeigen, Handgemenge, Degenstiche.

Das Parlament und die Bürgerschaft sehnen die Rückkehr des Königs herbei. Das einzige, was das Volk verlangt, ist Brot. Die Prinzen können es nicht beschaffen. Aber es ist noch ein Hindernis vorhanden: Mazarin. Mazarin ist derart mit Schmutz beworfen worden, daß er sich nicht reinwaschen kann. Er verfällt auf einen Geniestreich: Die Prinzen behaupten, sie griffen den König nicht an. Sie schwören bei allen Heiligen, daß sie die Waffen niederlegen, sobald Mazarin gegangen ist. Wenn es so ist, wird er gehen. Doch diesmal flieht er nicht. Eine königliche, im Parlament beurkundete Deklaration nimmt nicht mehr Bezug auf »das Versagen des Kardinals Mazarin in den Staatsaffären«. Er geht im Einverständnis mit dem König. Ein gefälschter Abgang, ein Theaterabgang.

Um sich selbst verschwinden zu lassen, wählt der Zauberkünstler genau die Stunde: den Moment der Zerstückelung des Parlaments. Um das Parlament endgültig von den Prinzen zu lösen, ist es in zwei Teile zerlegt worden, wie ein Geflügel.

Der Teil, der den Rebellen noch treu ist, windet sich in letzten Krämpfen. Auf Antrag des unermüdlichen Broussel wird der König für »abhängig vom Kardinal Mazarin und seinen Anhängern« erklärt. Man ernennt Monsieur zum »Generalleutnant des Staates und der Krone von Frankreich«, das heißt zum Generalstatthalter, der verfügen soll »über alle Ämter, bis der Kardinal entfernt ist und der König wieder frei entscheiden kann«. Monsieur le Prince wird »Generalissimus der Armeen«.

Der Teil des Parlaments, der sich zum König bekennt, wird nach Pontoise verlegt (7. August), wo er unter dem Vorsitz des Ersten Präsidenten Molé und in Anwesenheit des Generalstaatsanwalts Nicolas Fouquet tagt. Eine Schmähschrift gegen »das lächerliche Parlament von Pontoise« brandmarkt die »Renegaten«: die Präsidenten Novion und Le Coigneux, die Räte Molé, Champlâtreux, Menardeau, Le Féron ... Die Provinzparlamente schließen sich den »Renegaten« an, ihre Liste wird immer länger.

Mazarin sorgt dafür, daß auch dieses getreue Parlament seinen Abgang verlangt. Dreifacher Vorteil: Erstens. Dieses Parlament erweckt nicht den Anschein, auf Mazarins Seite zu stehen, der in Paris vom rebellischen Parlament begeifert wird. Zweitens. Der König ist nicht für den Fortgang Mazarins verantwortlich. Drittens. Mazarin scheint nicht aus eigenem Antrieb fortzugehen. Dieser selbstmörderische Verzicht würde unglaubwürdig erscheinen.

Dieses Mal also keine schimpfliche Flucht, nachts, im roten Mantel. Ein glorreicher Abgang, begleitet vom Trompetenklang der wohlmeinenden Fama. Am 12. August 1652 nimmt Mazarin eine mit dem Parlament von Pontoise abgestimmte feierliche Erklärung des Königs entgegen, die ihn von der Schande des Edikts vom 5. September 1651 reinwäscht. Eine Ruhmeskantate, an deren Abfassung der Kardinal sicherlich mitgewirkt hat. Der König bezeichnet die Anschuldigungen des infamen Edikts vom Jahr zuvor als finstere Lügen. Wie bei einer Preisverteilung werden alle Leistungen des Laureaten aufgezählt, seine Uneigennützigkeit, seine Liebe zu Frankreich, seine ritterliche Großmut. Der König bedauert die Verfolgungen, denen dieser Gerechte ausgesetzt ist, »bei denen man weder seinen Besitz noch sein Leben und seinen Ruf geschont hat«. Nur vorübergehend verzichtet der König auf die Dienste eines so beflissenen und treuen Ministers, er will dieses mit allen Sünden der Welt beladene Lamm Gottes seinen Henkern entreißen.

»Seine Majestät ist von all diesen Anwürfen beeindruckt und sieht sich aufgrund seines Ehrgefühls und seines Gewissens verpflichtet, die Verunglimpfung eines Unschuldigen nicht länger zu dulden, denn das ist die oberste Pflicht der Gerechtigkeit, für die die Könige Gott gegenüber verantwortlich sind. Seine Majestät hat beschlossen, dem Sieur Cardinal, der ihm von dem verstorbenen König, seinem Vater, anempfohlen wurde, der sein Pate und sein Erster Minister ist, die Gerechtigkeit zuteil werden zu lassen, die dem geringsten der Untertanen nicht verweigert werden kann.«

Mazarin unternimmt diesmal einen strategischen und glorreichen Rückzug, bereitet aber schon eine glanzvolle Rückkehr vor. Er regiert Frankreich durch Briefe, aber nicht mehr unter dem Zwang und den Nöten des Emigranten von Brühl, sondern mit der Erhabenheit eines vorübergehend abwesenden olympischen Gottes. Im Ministerrat bewegen sich seine beiden Marionetten Servien und Le Tellier nur, wenn er an den Fäden zieht.

Auf dem Weg nach Bouillon begibt sich Mazarin in die Champagne, um den unersättlichen Herzog von Lothringen mit Geld zu versehen und um aus der Ferne der bedrohten Stadt Barcelona zu helfen: »Man darf den Kranken nicht aufgeben, solange er atmet«, schreibt er am 27. August aus

Reims an Le Tellier. Was für ein guter Arzt wäre dieser Wundertäter gewesen!

Währenddessen stolziert der Kardinal von Retz auf seinen Bühnenbrettern auf und ab. Unter dem Vorwand, vom König das Kardinalsbirett zu erhalten, kommt er nach Compiègne, wo sich im September der Hof aufhält. Um seine Macht und Pracht zu zeigen, erscheint dieser Pfau mit einem gewaltigen Gefolge, das halb aus Laien, halb aus Geistlichen besteht: Edelleuten, Domherren, Pfarrern und Bruderschaften aus Paris. In Wirklichkeit kommt er, um seine und Monsieurs Versöhnung anzubieten und dafür belohnt zu werden. Ein eisiger Empfang wird ihm zuteil. Mazarin ergötzt sich an den Briefen Le Telliers, der von den Possen des kleinen Kardinals berichtet. Dieser ist wütend darüber, daß laut verkündet wurde, er wolle sich in Mazarins Sessel setzen. Um die politische Nichtigkeit des Kardinals Retz zu unterstreichen, sagt Le Tellier: »Ich kann Ihnen mitteilen, daß er wirklich keine Kenntnis von politischen Dingen hat. Auf alles, was wir gesagt haben, um uns gegen seine Anträge zu wappnen, hat er keine Antwort gewußt, er spricht nur von Intrigen . . .« Der Störenfried verschwindet dann wieder in der Staubwolke, die er mit seinen Leuten aufwirbelt: »Gestern mittag ist er mit einem riesigen Gefolge von Edelleuten abgezogen, die er mitgebracht hatte, um seiner Vorliebe für Prachtentfaltung Genüge zu tun.«

Die Prinzen können sich keine Maske mehr aufsetzen. Mazarin ist fort. Aber sie haben die Waffen nicht niedergelegt. Sie kämpfen folglich gegen den König und werden dabei vom Ausland unterstützt. Die Spanier haben monatelang den Marschall Estrades in Dünkirchen belagert und nehmen die Festung am 14. September, dank der Unterstützung durch ein englisches Geschwader, das ohne Kriegserklärung französische Schiffe mit Lebensmitteln für die Stadt überfällt.

Mazarin ist tief bekümmert. Dieser Italiener, der französischer als ein Franzose sein muß, der sich seit vielen Jahren abmüht, Frankreichs Größe gegen den Willen der Franzosen zu schaffen, stellt einen Lehrsatz auf, der für die ganze französische Geschichte gültig ist: »Es war schwierig, die Stadt für Frankreich zu halten, da die Spanier im Einvernehmen mit den Franzosen und den Engländern standen, um sie uns zu nehmen. Und um es offen zu sagen: ebenso wie ich es für möglich hielt, allmählich Vorteile über die Spanier zu erringen, wenn die Franzosen ihre Pflicht taten (was ganz den Anschein hatte), für so unmöglich halte ich es, auf die Dauer unser Unglück zu verhindern, wenn die Franzosen weiterhin genauso gegen Frankreich sind wie die Spanier.« Gegen drei Feinde – Franzosen, Spanier, Engländer – zugleich zu kämpfen, das ist zu viel! Auch Wunder haben ihre Grenzen.

Der Herzog von Lothringen mit seinen württembergischen Haudegen bleibt nicht ruhig. Er marschiert wieder auf Paris zu. Condé freut sich darüber, die Pariser sind entsetzt. Ihr Abscheu gegen die Prinzen wird immer stärker. Die Pariser erkennen endlich deren abgrundtiefe Frivolität, die Grausamkeit dieser fleischfressenden Schmetterlinge. Mademoiselle hat nur einen Wunsch: die Rebellen sollen die Provinzen derart verwüsten, daß der König um Frieden bitten muß, »damit wir alle mit größtem Vergnügen den Karneval in Paris begehen können!« Für Condé besteht das schlimmste Malheur darin, daß er das Kostüm, das er bei seinem Schneider für die festlichen Tage bestellt hatte, nicht vorführen kann, »mit einer kleinen feuerfarbenen Gans, mit Gold, Silber und Schwarz auf Grau und einer blauen Schärpe unter dem Leibrock«.

Ein glaubwürdiger Zeuge, Pater Berthod, beschreibt in seinen Memoiren das Elend von Paris: »Die Prinzen bedachten nicht, daß Paris um ein Drittel entvölkert war, daß viele Familien, aus Furcht umzukommen, weil sie dem König ergeben waren, die Stadt verlassen hatten, daß das Elend und die Armut in sechs Monaten eine Unzahl von Menschen dahingerafft hatte, daß die Stadt keine Zahlungen mehr leistete, daß die Hälfte der Häuser leerstand, daß der Handel ruhte, die Kaufleute nicht bestehen konnten, daß die Handwerker und Arbeiter keine Arbeit mehr hatten, daß die Lager für Getreide, Wein, Holz und andere für das Leben der Stadt notwendige Dinge leer waren, daß die Felder im Umkreis von acht bis zehn Meilen um Paris weder beackert noch besät waren.«

Mazarin rät dem König, eine Generalamnestie für die Pariser, die unter der Leichtfertigkeit der Prinzen gelitten haben, zu erlassen. Auf diese Weise bringt er alle diejenigen auf seine Seite, die nur aus Angst vor königlicher Strafe im Fahrwasser der Frondeure geblieben waren. Paris reagiert in der Weise, daß es den Truppen Condés und des Herzogs von Lothringen keinen Bissen Brot mehr gibt. Da die Armeen des Umsturzes nichts mehr zu essen haben, rücken sie ab.

Die Royalisten erlauben sich dem Stroh der Fronde gegenüber immer mehr Kühnheiten. Am 24. September halten viertausend Bürger im Palais-Royal eine Versammlung ab und beschließen, als ihr Sammelzeichen Papier zu verwenden. Mademoiselle, die immer geschwind zur Stelle ist, spricht sich dafür aus, die Anführer der »Papier-Meuterei« aufzuhängen. Sie fährt am Palais-Royal vorüber und schreit aus dem Wagenfenster: »Es lebe das Stroh! Nieder mit dem Papier!« Die Schöffen legen Papierkokarden an. Sie senden Abgeordnete zum König, dazu Vertreter der Handwerksinnungen, die ihn inständigst bitten sollen, nach Paris zurückzukehren. Auch Mazarin ist dieser Meinung. Er schreibt an Servien: »Sie haben gesehen, für wie wichtig ich es halte, die Bewegungen in Paris zu unterstützen, dem Volk die Hand hinzustrecken, das sich anscheinend wieder völlig dem König zuwendet.«

»Die Zeit und ich«, dieses spanische Sprichwort benutzt der Magier häufig. Aufgrund seiner inneren Erkenntnis und aufgrund der Gestirne dort oben wußte er, daß die Zeit Paris wieder seinem König zuführen würde. Er weiß auch, daß er selber, der Italiener, dieses Wiederzusammenfinden einer Familie nicht stören dürfe. Es wäre ein großer Fehler, wenn er sich überstürzt aufmachte, um mit dem König zurückzukehren. Er muß sich bitten lassen, man muß ihn herbeisehnen, ihn erwarten. Er darf nur dringenden Aufforderungen, ausdrücklichen Befehlen folgen. Er muß dem König heute durch sein Fernbleiben helfen, wie gestern durch seine Anwesenheit. »Solange mein Fernbleiben dem König nützt, darf ich an eine Rückkehr nicht denken«, schreibt er an Ondedei.

Eins der letzten Hindernisse, das der Rückkehr des Königs nach Paris im Wege steht, ist der schwammige Monsieur. Seine Majestät kann nicht in die Hauptstadt einziehen, solange dieses gallertartige Wesen sich in ihr aufhält. Monsieur hat so viel Gift verspritzt, daß der junge Souverän ihn nicht in seine Arme nehmen kann. Andererseits ist dieses Wesen sein Onkel, aus dem göttlichen Blut der Könige. Zertreten kann man ihn nicht, aber hinwegfegen. Schade! Wäre er nicht vorhanden, könnte Frankreich besser atmen.

Mazarins Boten versuchen, Monsieur begreiflich zu machen, daß es eleganter wäre, wenn er aus freiem Entschluß fortginge. Monsieur stellt sich taub. Der König spricht deutlicher mit ihm. Er läßt ihn fragen, ob er Paris freiwillig verlassen will, oder ob es ihm lieber ist, daß man ihn hinausdrängt. Zur gleichen Zeit, am 20. Oktober, befiehlt Seine Majestät Mademoiselle, am nächsten Tag bis zwölf Uhr aus den Tuilerien auszuziehen. An ihrer Statt will der Herrscher dort seinen jungen Bruder, den Herzog von Anjou, unterbringen. Mademoiselle ist untröstlich, aber sie muß gehorchen, und ihr Kummer wird noch vermehrt durch die Schmach, die ihr Vater ihr antut. Monsieur wagt es, seiner Tochter die Schuld an allem, was geschehen ist, zuzuschieben. Sie habe in Orléans, an der Porte Saint-Antoine und bei der Bastille »die Heldin spielen« wollen. »Wohin soll ich gehen?« fragt sie ihn bestürzt. »Wohin Sie wollen«, ist die herzlose Antwort. Monsieur verläßt Paris; er hat dem König einen unterwürfigen Brief geschickt und ihn »seines leidenschaftlichen Gehorsams« versichert. Wie stets wird er, der schon unter Richelieu einer der Hauptzulieferer für das Schafott gewesen ist, seine bisherigen Komplizen verraten. Mademoiselle bezieht im Schein von brennenden Strohwischen ihr finsteres Schloß Saint-Fargeau, wo es weder Türen noch Fenster gibt und das Gras im Hof kniehoch steht.

Der junge Gott zieht in Paris ein

Am 21. Oktober kehrt der König im Licht von Tausenden von Fackeln nach Paris zurück. Er ist zu Pferde, ihm zur Seite reiten Karl II., der im Exil lebende König von England, und dessen Bruder, der Herzog von York, der spätere Jakob II., der tapfer unter Turenne gestritten hat. Paris jubelt Ludwig XIV. in fanatischer Liebe zu. Alle Fenster, Dächer, Regenrinnen hängen voller Menschen. Die Häuser sind festlich beleuchtet. Die Marktweiber, die stets anzeigen, wie die Stimmung in Paris ist, kriechen, sich der Gefahr aussetzend, zertreten zu werden, zwischen die Hufe der Pferde, um die Stiefel des Gottes wie eine Reliquie zu küssen oder zu berühren.

Der Einzug wurde in begeisterten Reimen besungen, doch Servien schreibt als kühler Beobachter an Mazarin: »Der Leib dieser großen Stadt, in der wir glücklich eingetroffen sind, ist am Kopf und an den Füßen noch ein bißchen krank, das heißt, unter den Parlamentsmitgliedern und dem Gesindel herrscht noch einige Unordnung. Das übrige ist recht gesund ... Die Dinge liegen jetzt so, daß man das Volk dem Parlament gegenüber ausspielen kann, um den Willen des Königs durchzusetzen.«

Punkt für Punkt folgt die Geschichte dem Plan, den Mazarin aufgestellt hat. Die Prinzen sollen sich selbst zugrunde richten. Die dickbäuchigen Bürger, die mehr auf Ordnung und Einkünfte als auf Umsturz bedacht sind, müssen dem Parlament entfremdet werden. Wiedergewonnen werden muß die Liebe des Volks von Paris, stets der Arm der Revolution, ohne den die Federhüte und die Bäuche niemanden haben, der ihre Befehle ausführt.

Der König nimmt sich die Lehren der Vergangenheit zu Herzen. Er richtet sich im Louvre ein, »weil er im Palais-Royal ärgerliche Abenteuer erlebt hat und weil andere Palais ohne Gräben und Befestigungen nicht günstig für ihn waren«. (Memoiren der Motteville)

Die Fackeln bei seinem Einzug in Paris sind kaum erloschen, da beruft er für den nächsten Tag bereits ein »Lit de justice« in den Louvre ein. Diese »Gerichtstage« unterscheiden sich von den früheren. Einst waren sie vom Wankelmut des hoffärtigen Parlaments bestimmt, jetzt ist ein Wille bestimmend. Die Trommeln der Hundert Schweizer, die vor dem Eintreffen der Majestät im Saal Aufstellung genommen haben, geben den Ton an.

Alle Verfügungen, die seit Februar 1651 erlassen wurden, werden annulliert. Amnestie für alle diejenigen, die innerhalb von drei Tagen darum ersuchen. Ausgenommen von dieser Gnade sind Beaufort, La Rochefoucauld, Rohan, Broussel, Madame de Chatillon. Dem Kardinal von Retz kommt sie zugute. Dem Parlament wird untersagt, »mit den Prinzen und den Großen des Staates« zu verkehren und sich in Staats- und Finanzaffären zu mischen, »weil sie durch ihren Beruf zu wenig Kenntnis davon haben«.

Das Parlament wird nach Paris zurückverlegt, aber es ist nur noch ein Rumpf. Für sechzig Jahre beschneidet ihm der König die politischen und finanziellen Flügel. Übrig bleibt ein Rest, der sich nur noch mit gerichtlichen und rechtlichen Fragen befaßt. Die konstitutionelle Monarchie ist von Geisteskranken geprobt worden, in einem solchen Blutvergießen, daß Frankreich davon angewidert ist. Der Weg zur absoluten Monarchie göttlichen Rechts ist offen, das Standbild des Idols reicht bis in den Himmel.

Le Tellier begibt sich nach Limours, wo Monsieur residiert. Er veranlaßt ihn, die feierliche Verpflichtung zu unterschreiben, niemals die Waffen gegen den König zu erheben, »aus welchem Grund und Anlaß es auch sei, und nie, weder direkt noch indirekt, sich an Unternehmungen zu beteiligen, die gegen die Absichten Seiner Majestät gerichtet sein könnten«. (25. Oktober) Monsieur soll seine Truppen, die in der Armee von Condé dienen, zurückrufen. Er unterschreibt alles, was man von ihm verlangt.

Um die Wartezeit zu überbrücken und um zu bewirken, daß er noch sehnlicher zurückgewünscht wird, läßt sich Mazarin einen Brief vom König schicken, der nach seinem Diktat geschrieben zu sein scheint. (26. Oktober) In diesem Brief stellt er sich als geschmähter Christus dar, als verfolgtes Lamm, das die lauteren Herzen rührt. Zugleich leistet er sich den Genuß des Könners, der seinem königlichen Schüler eine Lektion in Politik erteilt, es ist eine Vorführung der Kunst der Hohen Schule, ein wirkungsvoller Lehrgang durch Fernunterricht. Das Thema der Unterweisung: Wie ein von allen beschimpfter Erster Minister die Böswilligkeit seiner Gegner beweist, indem er sie beim Wort nimmt, und wie er es erreichen kann, sich als Retter von denen zurückrufen zu lassen, die ihn weggejagt hatten. Der Brief ist mehr als eine Einzellektion, es ist ein öffentlicher Unterricht, der dem ganzen Land gilt (der Text wird überall im Königreich verbreitet), es ist der Solovortrag eines einzigartigen Künstlers, der die Schwierigkeiten der Politik in die Musik reiner Vernunft umsetzt (Mazarin als Vorläufer der Staatsmänner des 20. Jahrhunderts, die die öffentliche Meinung durch das Fernsehen beeinflussen).

»Lieber Vetter, es ist Zeit, den Qualen ein Ende zu machen, die Sie aus Liebe zu mir auf sich genommen haben . . . Sie haben sich von mir zurückgezogen, um denjenigen entgegenzukommen, die gemeint hatten, Ihre Entfernung käme der Ruhe meines Staates zugute und könnte die Wirren glätten, von denen er geschüttelt ist. Damit haben Sie, und zwar durch einen ganz ungewöhnlichen und lobenswerten Eifer, bewiesen, daß Ihnen der Dienst für mich wichtiger war als Ihr eigener Nutzen, und in dieser Hoffnung hatte ich meine Einwilligung dazu gegeben, obgleich schon damals jeder wußte, daß Ihre Abwesenheit diese günstige Wirkung nicht haben würde. Seitdem ist es jedermann klargeworden, daß die Urheber der gegenwärtigen Wirren Sie nur deshalb in ihre Klagen einbezogen haben, um durch diesen Vorwand die Absicht zu verdecken, die sie zuvor schon mit den Spaniern entwickelt hatten, die Waffen zu ihren Gunsten zu ergreifen und den Bürgerkrieg in meinem Königreich zu entfesseln. Es gibt niemanden mehr, der daran zweifeln kann, da man gesehen hat, daß sie alle öffentlich abgegebenen Erklärungen und Versprechen, die Waffen niederzulegen und in den schuldigen Gehorsam zurückzukehren, sobald Sie entfernt sein würden, nicht eingehalten haben. Denn anstatt zu ihrem Wort zu stehen, haben sie neue Streitkräfte aus Flandern kommen lassen; sie haben mit allen Mitteln versucht, meine gute Stadt Paris zu bezwingen; sie haben das ganze Land verwüstet ... Nach dem allem wäre es nicht vernünftig, wenn ich, um denen zu gefallen, die starr an der Absicht festhalten, den Krieg zu verlängern und die sich auf diese Weise offen als Feinde ihres Vaterlandes erwiesen haben, mich länger Ihrer guten Ratschläge begebe und des Beistands, den ich von Ihnen in allen wichtigen, täglich auftretenden Gelegenheiten erhalten kann, zumal Ihre lange Erfahrung in der Leitung der großen Angelegenheiten und der Eifer, den Sie stets für die Größe und das Wohlergehen dieser Krone bewiesen haben, mir sehr nützlich sein können ... Obwohl ich Sie für meine Geschäfte äußerst nötig brauche und ungeduldig darauf warte, Sie eintreffen zu sehen, möchte ich vor allen Dingen, daß Sie bei Ihrer Reise auf Ihre Sicherheit bedacht sind. Wenn Sie aber bei mir sind, werden Sie erkennen, daß Ihre Abwesenheit weder der Zuneigung, die ich stets für Sie gehabt habe, Abbruch getan hat, noch der Erinnerung, die mir an die großen und bedeutenden Dienste, die Sie mir geleistet haben, geblieben ist ...«

Immer wieder meint der König, die rebellischen Prinzen verurteilen, sie mit seinen Blitzen durchbohren zu müssen. Am 12. November eine weitere »Deklaration Ludwigs XIV. gegen die Prinzen von Condé und Conti, die Herzogin von Longueville, den Herzog von La Rochefoucauld, den Prinzen von Talmont und ihre Anhänger«. Von neuem erklärt er sie des Majestätsverbrechens für schuldig. Er zieht ihren Besitz ein.

Mazarin hält sich länger in der Champagne auf. Er verrichtet die Arbeit eines Bibers, er verstopft die kleinen Löcher, die Condé hier schlägt. Diese geringen Erfolge werden in Paris von Kardinal Retz genutzt. Servien warnt Mazarin vor diesem Brandstifter. »Er verschleiert, aber nicht so gut, daß man seine Absicht nicht erkennt.« Servien und Le Tellier raten an, ihn festzunehmen. Mazarin ist der gleichen Meinung. »Ruhe und Kardinal Retz sind unvereinbar an einem und demselben Ort.« Er will nicht zurückkommen, solange Retz in Freiheit ist. Zwei Kardinäle in Paris, das ist zu viel! Vor allem, wenn beide italienischer Herkunft sind und der eine großen Aufwand treibt, sich im Erzbischöflichen Palais wie in einem Familienbesitz einrichtet und behauptet, ebenso viel Recht zu haben, Erster Minister zu sein wie der Emigrant Mazarin.

Retz zieht sich ins Kloster von Notre-Dame zurück. Der Neugekürte betrachtet seinen Purpur als einen Schutzschild: »Er war von seinem Scharlach so geblendet, daß er sich vor jedem Unglück gefeit fühlte.« Plötzlich entwickelt dieser Abenteurer die Mentalität eines Pensionierten. Er begreift nicht, daß es nirgends Schutz gibt, daß keine weltliche Größe beständig ist, daß man in keinem Sessel, unter keinem Purpur ruhig sein kann. Davon weiß Mazarin ein Lied zu singen.

Der bedrohliche Zeitpunkt rückt näher. »Wenn er mit Monsieur le Prince noch keine Übereinkunft getroffen hat, so ist er drauf und dran, es zu tun«, verkündet Mazarin; er scheint in das Spiel seiner Gegner wie durch Telepathie hineinzuschauen. Wie manche Spieler es können. Doch scheint er dazu die Fähigkeit einer ungewöhnlich klarsichtigen Wahrsagerin zu besitzen. Durch seine Intuition erhält er die gleichen Aufschlüsse wie durch die Berichte seiner Agenten, die oft nur seine Visionen bestätigen. Was Retz angeht, suggeriert Mazarin die Festnahme, ohne das Wort je auszusprechen. »Mir schien«, sagte er, »daß die Schicklichkeit es mir nicht gestattete.«

Am Morgen des 19. Dezember kommt Retz aus seinem Versteck heraus. Er begibt sich in den Louvre, um zu sehen, wie die Dinge stehen. Bei dieser Gelegenheit erweist sich der König als würdiger Schüler Mazarins und ebenso würdiger Sohn Ludwigs XIII., der, als er fünfzehn Jahre alt war, Concini hinrichten ließ. Er besteht eine der schwierigsten Prüfungen seines Examens als König: seine erste Festnahme.

Man meldet ihm, daß Retz eingetroffen sei. »Ich muß sofort den König herauskehren«, murmelte er, ohne eine Miene zu verziehen. Er empfängt den purpurtragenden Frondeur so ausnehmend liebenswürdig, daß sein Beichtvater, der Jesuit Paulin, verblüfft ist. Er gibt sich kindlich aufgeschlossen, spricht leichthin über ein Theaterstück, geht von einem zum anderen. Als er neben Pradelle, dem Kapitän der Garden, steht, flüstert er ihm den Befehl zu, den Kardinal festzunehmen, »lebendig oder tot, falls er sich wehren sollte«. Dann schlendert er fröhlich hinaus, als habe er etwas Lustiges im Sinn, und gibt das verabredete Signal: »Daß vor allen Dingen niemand auf der Bühne ist!« Unverzüglich wird Retz gefaßt und nach Vincennes befördert. »Ich habe Kardinal Retz hier drinnen festnehmen lassen«, sagt der König später in feierlichem Ton zu seinem Beichtvater. Die Anwesenden sind von der Verstellungskunst des Knaben überwältigt; dieser Vorgang verspricht einige Überraschungen für die Zukunft.

Das Kapitel von Notre-Dame erhebt Protest, doch nur platonisch, verbunden mit Gebeten und Ausstellung des Allerheiligsten. Der Papst schickt einen Gesandten, da er aber an der Grenze festgenommen wird, vernimmt niemand seine Beschwerde. Retz bleibt, wo er ist, in Vincennes.

Noch immer kommt Mazarin nicht nach Paris zurück. Er riegelt die Champagne gegen Condé ab. Der Wahnsinnige muß in Schach gehalten werden. Vielleicht empfindet er auch einen gewissen Stolz bei dem Gedanken, daß es diesmal nicht Turenne ist, der Condé gegenübertritt, sondern er selbst, Mazarin, den der Feldherr so oft als Feigling bezeichnet hat. Vielleicht braucht er für das großartige Schlußbild den Waffenruhm. Vielleicht drängt es ihn auch, sich vor seinem eigenen Gericht von der Beschuldigung, feige zu sein, reinzuwaschen, zumal diese Beschuldigung von einem ganzen Volk vorgebracht wurde. Jeder andere hätte diese Pause dazu benutzt, sich

Ferien zu gönnen, der unermüdliche Mazarin spielt den Cäsar. Von der Notwendigkeit seines Feldzugs will er Le Tellier um jeden Preis überzeugen: »Entweder habe ich völlig den Verstand verloren, oder aber es gibt nichts so Wichtiges und Notwendiges im Dienst des Königs, als was ich tue ... Was ich Ihnen sage, ist das Evangelium ... Wenn die Sache, die wir mit Monsieur le Prince ausfechten, gutgeht, wird alles andere gut ausgehen.« (13. Januar 1653)

Mazarin erobert Bar-le-Duc, Void, Commercy und Château-Procien. Einen ganzen Rosenkranz von festen Plätzen. Während er seine militärischen Übungen macht, wird die Königin von Ungeduld verzehrt. Die Verliebte erträgt nur schwer all diese »Hindernisse«, die sich ihrem Wiedersehen entgegenstellen und die er mit seiner männlichen Kaltblütigkeit ungerührt erduldet. Und deshalb schickt sie diese Unzahl von Briefen, die gespickt sind mit seltsamen Zeichen, mit dringenden Zurufen. Am 26. Januar 1653 schreibt Anna von Österreich an Mazarin: »Ich weiß nicht mehr, wann ich Ihre Rückkehr erwarten soll, denn jeden Tag stellen sich Hindernisse ein, die sie hinausschieben. Alles was ich Ihnen sagen kann, ist, daß ich mich sehr sehne und die Verzögerung mit viel Ungeduld ertrage. Wenn 16 (Mazarin) wüßte, was 15 (die Königin) in dieser Hinsicht leidet, ich bin sicher, daß er gerührt sein würde. Ich bin es in diesem Augenblick so sehr, daß ich nicht die Kraft habe, länger zu schreiben, und ich weiß nicht mehr genau, was ich sage. Ich habe fast jeden Tag Briefe von Ihnen bekommen, und ohne sie wüßte ich nicht, was geschehen würde. Schreiben Sie mir weiterhin so oft, da Sie mir Erleichterung verschaffen in dem Zustand, in dem ich bin ... Adieu, ich kann nicht mehr. ✡ (Mazarin) weiß sehr wohl warum.«

Man kann wirklich nicht behaupten, daß diese Unruhe nur politische Ursachen hat, daß dies die normalen Regungen einer Königin sind, die ihren Ersten Minister erwartet, um mit ihm die Staatsgeschäfte zu besprechen. Der Schriftsteller La Varende meint, »die Königin ist vielleicht nur erschöpft von einem zu langen Kronrat, von einer fortwährenden Intrige«. Diese Erschöpfung nach einem Kronrat hat seltsame Ähnlichkeit mit einer anderen. Die Staatsgeschäfte müssen die Königin über Gebühr beschäftigen, da sie nicht mehr »die Kraft hat, länger zu schreiben« und nicht mehr genau weiß, was sie sagt. Den Ratschlägen ihres Ministers muß sie eine lebenswichtige Bedeutung zumessen, da sie sie jeden Tag benötigt und stammelt, »ohne dies wüßte ich nicht, was geschehen würde«. »Erleichterung« ist ein seltsames Wort, um die Wirkung zu beschreiben, die diese Ratschläge auf sie haben. Außerdem sagt sie nicht »in dem Zustand des Königreichs«, sondern »in dem Zustand, in dem ich bin«. Das Königreich ist in einem weniger schlechten »Zustand« als in den voraufgegangenen Jahren. Die Fronde ist fast gänzlich auseinandergefallen. Und ist es schließlich nicht merkwürdig, daß zu einem Zeitpunkt, da alles sich zum Besseren fügt, ihr die Klage entfährt »ich kann nicht mehr«? Und wenn es sich einzig um die politische Situation handelte, über die jeder auf dem laufenden ist, weshalb dann diese Geheimnistuerei, dieser Seufzer verräterischer Mitwisserschaft: »Mazarin weiß sehr wohl warum«?

Am 3. Februar 1653 trifft Mazarin endlich in Paris ein. Einhellige Begeisterung. Montglat schreibt in seinen Erinnerungen: »Am nächsten Tag begaben sich alle Beamten der Krone und die hochstehenden Persönlichkeiten, die in Paris waren, nach Dammartin, um ihm die Reverenz zu erweisen und ihrer Freude über sein Eintreffen Ausdruck zu geben. Der König fuhr ihm bis Le Bourget entgegen, ließ ihn in seiner Karosse Platz nehmen und führte ihn zur Begrüßung der Königin in den Louvre. Sie war in einem Freudenrausch, der nicht beschrieben werden kann. Mazarin wurde im Louvre untergebracht, wohin die Körperschaften der Stadt kamen, um ihn zu bewillkommnen. Und um ihm zu beweisen, daß es in Paris keinen Groll mehr gegen ihn gäbe, baten der Vorstand der Kaufleute und die Schöffen ihn zum Diner ins Stadthaus, wohin er sich ohne Garden begab. Seine Nichten trafen zur gleichen Zeit ein, sie bekamen Gemächer im Louvre.«

Noch immer mürrisch, selbst in seinem Latein, schreibt der Arzt Gui Patin am 4. Februar an Charles Spon: »Gestern, Montag, ist Mazarin um zwei Uhr nachmittags in der Karosse des Königs, der ihm drei Meilen entgegengefahren war, in Paris eingezogen. Danach große Festlichkeit, saftiges Fleisch, um den großen Feldherrn, der abgemattet aus dem Krieg kommt, wieder kräftig zu machen, und der wieder ins Kabinett eintritt, wo er noch viele Eroberungen zu machen hat. Der König ist Mazarin entgegengegangen, und Mazarin wird, wie die Höflinge sagen, der Königin entgegengehen. Sic vivitur pessimis istis temporibus, ad quae nos reservavit Dominus. (So lebt man in diesen sehr schlimmen Zeiten, die uns der Herr beschert hat.)«

Auch Jean Vallier spricht in seinem Tagebuch von dem ungeheuren Wandel, der stattgefunden hat. Wie mit einem Zauberstab sind die Beschimpfungen, Ächtungen, die Berge von Haß, die Meere von Schmutz ausgelöscht. Man könnte meinen, es sei ein anderes Volk, ein anderer Mensch entstanden und es sei während vieler Jahre überhaupt nichts geschehen. »Dieser Geächtete, dieser öffentliche Störenfried, auf dessen Kopf fünfzigtausend Taler ausgesetzt waren, kam in diese große Stadt zurück, nicht nur ohne Lärm und ohne Murren, sondern wie im Triumph und ganz mit Ruhm bedeckt.«

Der Kammerdiener des Königs, La Porte, der Mazarin haßt, vermag nur festzustellen: »Ich wundere mich über den Wankelmut der Franzosen hinsichtlich des Kardinals Mazarin, für den sie sich, nachdem sie früher zetermordio geschrien hatten, bei seiner Rückkehr fast umbrachten, um ihn zu begrüßen. Und diejenigen, die seine größten Feinde gewesen waren, hatten es am eiligsten, sich hervorzutun und ihm ihre Reverenz zu erweisen. Ich sah eine Menge hochstehender Leute, die bei dieser Begegnung sich so schändlich erniedrigten, daß ich nicht an ihrer Stelle hätte sein wollen, um das gleiche zu tun. Alle sagten dem König und der Königin frei heraus, daß ganz Frankreich mazarinisch sei und daß es niemanden gebe, der sich nicht etwas darauf zugute hielte, es zu sein. Ich war im Kabinett der Königin, als Seine Eminenz hereinkam. Hier sah ich unter den vielen Menschen, die darauf brannten, sich ihm als erste zu Füßen zu werfen, hier sah ich, sage ich, einen Ordensbruder, der sich vor ihm mit solcher Inbrunst niederwarf, daß ich glaubte, er würde nie wieder aufstehen.«

Am 29. März großartiger Empfang im Stadthaus, einst Zentrum des Hasses. Unaufhörlich werden Trinksprüche ausgebracht auf den König, die Königin, den Herzog von Anjou, auf Mazarin und auf »alle Mazariner«. Jedesmal wenn der Gott des Tages am Fenster erscheint, verstärkt sich der Jubel der Menge. Unglaublich, wie man diesen Mazarin verehrt, wie man ihn stets bewundert hat, dieses Geschenk der Natur, diesen Edelstein Frankreichs!

»Was für Schmeicheleien und Unterwürfigkeiten wurden von den bedeutendsten Frondeuren angewendet, um die Erinnerung an vergangene Dinge auszulöschen und um diese Gottheit, die sie einst so geschmäht hatten, günstig für sich zu stimmen. Überfluß und Übermaß breitete sich aus, als hätte es sich darum gehandelt, den König bei der Rückkehr von der Eroberung einer großen Provinz zu feiern.« (Jean Vallier, Tagebuch)

Kniefälle und letztes Aufflackern

Richelieu hätte nach der Niederlage der Fronde alles zermalmt. Mazarin vergießt nie einen Tropfen Blut. Er ist nachsichtig, wie alle Skeptiker. Jeder Mensch hat, so meint er, seinen Preis, der an irgendeiner Börse notiert ist. Warum denen den Kopf abschneiden, die man hätte kaufen können? »Alles verstehen, heißt alles verzeihen«, hat ein Philosoph gesagt. Mazarin versteht alles, er denkt zu geringschätzig von den Menschen, als daß er sie vernichten würde. Er umgibt sie mit mitleidigem Lächeln. Er umhüllt sie mit dem Goldstaub der »Commedia dell'arte«, wo die Schläge sich mit den Bravorufen vermischen. Der Alte, die Naive, die Kokette spielen ihre Rolle und treten dann ab. Auch der Verräter. Warum sollte man ihm mehr vorwerfen als den anderen?

Blut schreit nach Blut. Es ist einfältig zu glauben, daß ein Racheakt weniger Sühne verlangt als ein Verbrechen. Jeder Rächer unterliegt der Rache der Freunde seiner Opfer. Es lohnt sich nicht, aus der Erde eine Hölle zu machen. Alles ist Schauspiel, ewige Wiederkehr, Illusion.

In Shakespeares »Sturm« flüchtet sich Prospero, der aus seinem Land vertriebene Magier und Herzog von Mailand, auf eine menschenleere Insel.

Die Stürme der Fronde fliehend, läßt Mazarin, der Prospero der barocken Politik, eine Medaille prägen, auf der ein von Wogen gepeitschter Fels zu sehen ist, und die die Aufschrift trägt »Quam frustra, et murmure quanto!« (Wie vergeblich, und mit welchem Getöse!) Bei seinen Siegen wie bei seinen Niederlagen ist ihm stets das Gesetz des Theaters gegenwärtig: »Das Leben ein Traum«.

Bei seiner Rückkehr ist Mazarin, wie Gui Patin es ausdrückt, »ebenso mächtig wie Gottvater bei der Erschaffung der Welt«. Richelieu, der Ludwig XIII. alles entreißen mußte, hatte keine solche Machtvollkommenheit. Mazarin begibt sich mit Heißhunger wieder an die Arbeit. Tätig sein können, ist für ihn köstlicher als Rache nehmen. Ihm ist das wimmelnde Leben lieber als das tödliche Wiederkäuen der Vergangenheit. Der Form halber verbannt er ein paar Frondeure und entläßt den Kammerdiener La Porte, der wie ein verleumderischer Wurm im Mobiliar des Königs bohrte.

Um das letzte Aufflackern der Fronde zu ersticken, schaufelt Mazarin der Hydra Gold in den Rachen. Gegen fünfhundertdreißigtausend Pfund, den Herzogs- und Pairs-Titel sowie völlige Straffreiheit für ihn und seine »Anhänger« löst er den Grafen du Daugnon aus seinen Ämtern, der Statthalterschaft über Brouage, La Rochelle, die Inseln Ré und Oléron. Auf diese Weise werden die Truppen frei, die tatenlos in der Saintonge lagen, und er erobert diesen Küstenstreifen zurück.

In Bordeaux will es mit der Fronde kein Ende nehmen. Schuld daran sind die zähen Republikaner der »Ormée« [sie nennen sich so nach dem mit Ulmen (ormes) bepflanzten Platz, auf dem sie sich versammeln]. Sie stützen sich auf Seeleute ohne Schiff, auf Weinbauern ohne Reben, auf alle Verbitterten, die zu Raub und Plünderung bereit sind. Die Katholiken rufen Spanien zu Hilfe, die Protestanten verhandeln mit England, das früher schon die Guyenne besetzt hielt. Über diesem Durcheinander thront der Prinz von Conti.

Aus der Ferne, als streue er Schimmelpilze in ihren Wein, zersetzt Mazarin das Gehirn der Bordelaiser Fronde. Diese mit dem bloßen Auge unsichtbaren Mikroben sind ein Franziskaner, Pater Berthod, und Bourgon, ein Geschäftsmann, Schwiegersohn des Vorstehers der Kaufleute von Paris.

Als Conti merkt, daß der Wind sich dreht, verhandelt er im geheimen mit Mazarin. Er verrät die holzköpfigen »Ormisten« und läßt sie allein unter ihren Ulmen stehen. Er zieht es vor, in die Sonne seines Schlosses La Grange, in der Nähe von Pézenas, zu gehen; von dort aus schreibt er hündisch unterwürfige Briefe an Mazarin. Er hofft, den legendären Rang eines Konnetabels zu erhalten, der Erinnerungen an die Ritterzeit heraufruft, den Richelieu aber abschaffte, weil Ludwig XIII. diese hohe Stellung mit Mißtrauen und Eifersucht betrachtete. Auch möchte Conti Statthalter von Brouage werden. Doch muß sich der gefräßige Prinz schließlich mit der Führung der Katalonien-Armee begnügen. Dann aber, nachdem er demütig darum angehalten hatte, erlangt er etwas Kostbares: die Hand von Anna-Maria Martinozzi, einer der Nichten dieses Mazarin, den er einst »den Schuft« genannt hatte.

Und die leichtfertige Herzogin von Longueville, die »die unschuldigen Spiele« nicht mag und die viele Tote auf dem Gewissen hat, geht als ordentliche junge Frau zu ihrer Tante und zu ihrem Ehemann zurück.

Wenn aber schon die Frondeure riesige Forderungen dafür stellen, daß sie sich nicht mehr aufständisch betätigen, was werden erst die Treugebliebenen fordern, die gegen die Frondeure gekämpft haben? Auf dem Markt der Eitelkeiten überbietet man sich in Ansprüchen. Graf von Harcourt, der »General für alles«, der viel geleistet hat im Kampf gegen die Fronde, hält sich für ungenügend bezahlt. Nachträglich wird er zum Frondeur. Grollend verbarrikadiert er sich in Breisach, der Schlüsselfestung des Elsaß. Er verhandelt mit dem Kaiser, er möchte ein unabhängiger Fürst werden, und wenn die Westfälischen Verträge dabei verletzt werden. Länger als ein Jahr gehen Verhandlungen mit ihm hin und her, werden diesem braven Diener, der sich in einen Rasenden verwandelt hat, Schriftstücke wie beruhigende Kompressen auf die Stirn gelegt. Mazarin wendet bei ihm seine übliche Therapie an: er isoliert ihn und zieht ihm den Boden unter den Füßen weg. Er besticht Offiziere der Garnison von Philippsburg. Wie man auf dem Viehmarkt Kälber kauft, so schickt er seinen Kapitän der Garden Besmaux aus, um die Söldner von Breisach zu kaufen. Als Mazarin alle seine Leute aufgekauft hat, steht der Graf von Harcourt allein da. Er verspricht, die Festung dem König zu übergeben. (12. März 1654) Ludwig XIV. ist gnädig wie Augustus, gnädig wie Mazarin, möchte man sagen, und vergißt das Geschehene. Er versetzt »alle Dinge in den Zustand, in dem sie zuvor waren, gab ihm alle Ämter und Statthalterposten zurück, einbegriffen die Statthalterschaft des Ober- und Unterelsaß, und die besondere Statthalterschaft von Philippsburg«.

Mazarin, Kardinal von Retz und die Jansenisten, oder die Kunst, eine Wunde zu verschlimmern, um eine andere zu heilen

Mit dem Kardinal von Retz lassen sich die Dinge nicht so leicht regeln. Er ist die Waffe Innozenz' X. gegen Mazarin. Der Papst ist von der Zungenfertigkeit seines Schützlings beeindruckt, er hofft noch immer, daß er an der Spitze Frankreichs den Mann ersetzen wird, den er als den Antichrist betrachtet.

Als Retz festgenommen wird, legt der Papst Protest ein. Der französische Gesandte, der Bailli von Valençay, weist ihn darauf hin, daß er nicht protestiert habe, als Mazarin aus Frankreich vertrieben und ein Kopfpreis auf ihn ausgesetzt wurde. Und auch er war Kardinal.

Der Papst geht zum Angriff über. Unterstützt von Freunden von Retz, wie dem Herzog von Noirmoutier, fordert er die Freilassung des Gefangenen. Wie sehr Mazarin den neuen Gast im Wehrturm von Vincennes fürchtet, geht aus seinem Verhalten hervor. Er unterstellt ihm eine Wichtigkeit, die ihm nicht zukommt. Die Nachwelt vermag seine politische Nichtigkeit im Vergleich zu Mazarin zu ermessen. Was er gesagt und geschrieben hat, funkelt von schriftstellerischem Können. Seine Memoiren sind ein Meisterwerk; doch wäre er unfähig gewesen, das Gesagte und Geschriebene in Taten umzuwandeln. Heute weiß man, wie die Dinge gelaufen sind, Mazarin wußte es noch nicht. Er tut dem Kardinal von Retz die unverdiente Ehre an, ihn als einen gefährlichen Gegner zu betrachten. Er möchte den König und die Königin, die Spaß an seiner Redegabe haben, nicht in die Versuchung bringen, Frankreich einem anderen Kardinal anzuvertrauen. (Seit Richelieu ist die Kardinalswürde ein Vivarium für Premierminister.) Und vielleicht fühlt sich der Sohn des Verwalters der Colonna insgeheim, mit verborgener Eifersucht und der noch vorhandenen Verbitterung des Unterwürfigen, in den Schatten gestellt von dem Abkömmling einer langen Reihe von Bischöfen von Paris, einem Kardinal von Geburt, während er es nur durch Arbeit und Schweiß geworden ist. Jahrelang bemüht er sich, seinen purpurtragenden Rivalen von der Bühne herunterzuholen. Er wendet seltsame Mittel an, die Pater Jansen 1967 in seinem Werk »Der Kardinal Mazarin und die französische jansenistische Bewegung (1653–1659)« aufdeckt.

Lange Zeit ist Mazarin für seine Milde den Jansenisten gegenüber gelobt worden. Aus ihm einen Vorkämpfer der Toleranz zu machen, war um so leichter, als er sich mit religiösen Fragen und ihrer Einwirkung auf die Seelen überhaupt nicht beschäftigte. Er ist eine denkbar areligiöse Natur. Religiöse Vorgänge interessieren ihn nur in ihrem Bezug zur Politik. Und Pater Jansen hat dargestellt, wie Mazarin aus dem Jansenismus einen Hebel macht, um Retz aus den Angeln zu heben. Diese Handhabe verschafft ihm der Bailli von Valençay. Der Kardinal versteht es vorzüglich, sich die Ideen anderer zunutze zu machen.

Retz mag die Jesuiten nicht. Er hat ihnen gedroht, »sie in einen niederen Rang als die Franziskaner zu versetzen, wenn er je Einfluß auf die Leitung der Diözese von Paris bekommen sollte«. Aufgrund dieser Erklärung hoffen die Jansenisten, Retz werde sie gegen die Jesuiten in Schutz nehmen. Nach und nach schafft der Bailli von Valençay in seinem Denkgebäude eine Verbindung zwischen Retz und den Jansenisten. Diese Idee impft er Mazarin ein, der sogleich erkennt, welchen Gebrauch er davon machen kann.

Am 31. Mai 1653 verurteilt Innozenz X. durch die Bulle »Cum occasione« fünf Sätze, die in dem Buch »Augustinus« (1640) von Jansenius, Bischof von Ypern, dem früheren Professor der Theologie in Löwen, dem Vater des Jansenismus, enthalten sind.

Was sich hier ereignet, ist der verwickeltste religiöse Streit des Jahrhunderts. Jahrelang schlagen sich Jesuiten und Jansenisten wegen der Fragen, ob die Bulle nur das Buch »Augustinus« oder auch Jansenius oder sogar den heiligen Augustinus verurteilt hat, ob die fünf Sätze im »Augustinus« enthalten, ob sie ihm entnommen waren. Die Jesuiten sagen, die fünf Sätze seien im »Augustinus« enthalten. Die Jansenisten erwidern, die fünf Sätze hätten verschiedene Bedeutung: eine häretische Bedeutung, die der Papst verurteilt habe; und eine wahrhafte Bedeutung, die des heiligen Augustinus und der Jansenisten.

Trotz der Verurteilung ist der Papst »äußerst liebenswürdig« mit den jansenistischen Doktoren, die sich in Rom aufhalten. Er sagt ihnen, »er habe weder die Lehre des heiligen Augustinus und des heiligen Thomas, noch die Lehre von der Gnade verdammt; diesen Punkt und diese Kontroverse beließe er in dem Zustand, den Clemens VIII. und Paul V. hergestellt haben«.

In einem Brief an Brienne gibt Valençay den Rat, Mazarin solle einen Theatereffekt inszenieren, er solle die Bulle des Papstes in Paris mit Freuden aufnehmen, »seine Mühen, seinen Eifer, sein Wissen und seine Frömmigkeit« loben, kurzum, ihm überschwenglich schmeicheln. »Darüber könnte er vielleicht für immer oder zumindest für einige Zeit sowohl die Schwierigkeiten mit dem Kardinal von Retz wie mit den Nuntien vergessen. Der Klang der Trompeten und Trommeln solle verhindern, daß er den Lärm der Unzufriedenheit vernimmt . . .« Das Ganze ist eine Komödie. Von nun an schürt Mazarin ausdrücklich den Streit mit den Jansenisten, um dem Papst zu gefallen und seine Aufmerksamkeit von der Retz-Affäre abzulenken.

Mazarin nützt die günstige Gelegenheit – Innozenz X. ist durch die Lobhudelei milde gestimmt – und macht den Vorschlag, er werde den Kardinal von Retz freilassen unter der Bedingung, daß dieser auf das Amt des Koadjutors von Paris verzichte und sich in Rom niederlasse. Der König werde ihn aus den Einkünften des Erzbistums entschädigen.

Die Spanier sorgen dafür, daß dem Papst die Augen geöffnet werden. Sie sagen ihm immer wieder, »Frankreich mache sich über ihn lustig, behandele ihn geringschätzig, wie ein Kind, dem man süße Pillen gibt und den Rand des Glases, in dem die Medizin ist, mit etwas wohlschmeckendem Sirup bestreicht« . . . Mazarin nimmt nach außen hin die Bulle mit Freuden auf, um »Seine Heiligkeit einzulullen, während seine Nuntien festgenommen und die Kardinäle behandelt werden, als seien sie die gewöhnlichsten und geringsten weltlichen Akkreditierten« . . . Der Papst ist wach geworden, er lehnt es ab, daß Retz »sein Amt als Koadjutor niederlegt«.

In Paris entfesselt Mazarin einen Kampf gegen die Jansenisten. Port-Royal wird beschuldigt, ein Verschwörernest zu sein. Die Jansenisten werden als Feinde der Religion hingestellt, die sich mit den Protestanten einlassen, und als Feinde des Staates, die den Kardinal von Retz unterstützen und geheime Beziehungen zu Condé, den Spaniern und Cromwell anknüpfen.

Unterdessen lebten die Jansenisten in Port-Royal still für sich. Zehn »Herren« hatten mit acht Schülern eine ihrer »Kleinen Schulen« errichtet, Akademien hochgeistiger Pädagogik. Arnauld hatte sechs Monate lang nichts geschrieben.

Hält Mazarin die Jansenisten wirklich für schuldig? Hält er sie für Helfershelfer von Condé? Sicherlich nicht. Schon im Februar 1653 hat ihm der Bailli von Valençay von dieser Verdächtigung Mitteilung gemacht. Mazarin aber, der sonst begierig ist, Einzelheiten zu erfahren, hat keine weiteren Erklärungen verlangt. Hält er sie für Parteigänger des Kardinals von Retz? Nur insofern, als es in seinem Interesse liegt, dies zu glauben. Um Retz loszuwerden, läßt er in Rom das Gerücht verbreiten, dieser sei Jansenist. Beweise dafür hat er nicht. Wenn er die Jansenisten überhaupt für schuldig hält, so nur einer leichten Verfehlung, die er aber ausbeutet.

Hinterlistig, aber ganz sanft spinnt Mazarin seine Fäden um die Jansenisten; sie wiegen sich in Sicherheit. Auf diese Weise kann er mit ihnen in Verbindung treten und sie überwachen. Mit der Herzogin von Chevreuse spricht er in mildesten Tönen über sie, vor allem über Arnauld d'Andilly. Arnauld geht ihm ins Garn und schreibt ihm einen ausführlichen Brief. Er erzählt ihm von dem idyllischen, frommen Leben in Port-Royal, und schwört ihm, daß die Jansenisten der Kirche, dem Papst und dem König treu seien, er dankt Mazarin für seinen Gerechtigkeitssinn und bittet ihn, Port-Royal zu schützen.

Für den 9. März beruft Mazarin eine Versammlung von Prälaten unter seinem Vorsitz in den Louvre ein. Nach sechs Sitzungen stellen die Kommissare einstimmig fest, daß die fünf Sätze im »Augustinus« von Jansenius stehen und daß sie vom Papst als Meinung des Jansenius verdammt worden sind.

Im Namen der Jansenisten begibt sich ihr Freund, der Abbé de Bourzeis zu Pierre de Marca, dem Erzbischof von Toulouse, dem Vertrauensmann Mazarins in allen Fragen, die den Klerus betreffen, und unterbreitet ihm folgendes Anliegen: die fünf Sätze und die jansenistischen Prinzipien sollten verurteilt werden, der Name Jansenius aber verschont bleiben. Diesen Vorschlag weist Pierre de Marca zurück, er will, Mazarins Wünschen entsprechend, die Affäre übertreiben und vergröbern.

Am 21. März stirbt um vier Uhr morgens Jean-François de Gondi, Erzbischof von Paris, der Onkel des Kardinals von Retz, nach langer Krankheit. Unverzüglich ruft der Generalvikar des Kardinals von Retz das Kapitel zu früher Stunde zusammen. Ein Vertreter des Koadjutors ersucht das Kapitel, ihm das Erzbistum zu übertragen. Als Michel Le Tellier, der Verwalter der königlichen Ordenszeichen, erscheint, ist man bereits fertig. Die Kerzen sind gelöscht. Le Tellier gibt zu bedenken, daß Seine Majestät diese Eile kaum schätzen werde. Und Mazarin ist wütend, daß sein Gefangener in Vincennes der neue Erzbischof von Paris sein soll. Um dem entgegenzuwirken, geht er in der Angelegenheit der Jansenisten weit über die Wünsche des Papstes hinaus. Am 26. und 28. März präsidiert Mazarin einer neuen Versammlung von Prälaten. Er lädt sie zu einem köstlichen Festmahl ein. Ironisch sagt der Bischof von Conserans: »Der Leichenschmaus für Jansenius.« Als Dessert: Fortsetzung der Beratung und Beschlußfassung. Die Versammlung erklärt, der Papst habe die fünf Sätze »als von Jansenius stammend und im Sinn von Jansenius« verdammt. Das ist viel mehr, als der Papst gewollt hatte.

Mazarin verhandelt erneut mit seinem ungeduldigen Häftling. Retz könnte sich nach Rom zurückziehen und würde, in Gestalt von Benefizien, einen finanziellen Ausgleich erhalten, wenn er das Erzbistum Paris aufgäbe. Retz lehnt ab. Dann blickt er auf die Mauern seines Kerkers und schätzt deren Dicke und Höhe ab. Nie würde er entfliehen können. Jetzt stimmt er zu, unter der Bedingung, daß er in ein anderes Gefängnis überführt wird und daß der Papst seinen Rücktritt akzeptiert. Am 31. März kommt er aus der Festung Vincennes ins Schloß von Nantes.

Mazarin schreibt an den Bischof von Lovède, seinen Abgesandten in Rom, er möge den Papst hinsichtlich zweier Punkte beruhigen: die Angelegenheiten der Jansenisten und die Freilassung von Retz. Er bittet ihn, die beiden Angelegenheiten beim Pontifex so vorzutragen, daß sie eine Einheit bilden. Was die Jansenisten anbetrifft, hat der Bischof Erfolg, doch in der Frage Retz leistet der Papst Widerstand.

Am 8. August entflieht Retz um fünf Uhr abends aus dem Schloß von Nantes. Seine Helfershelfer machen die Wachsoldaten betrunken und drapieren mitten auf der Terrasse sein Purpurgewand um einen Pfahl, so daß der Eindruck entsteht, der Kardinal sitze dort, in Grübeleien versunken. Währenddessen hüpft die kleine Eminenz mit einem Stock zwischen den Beinen wie ein spielender Junge den zehn Meter hohen Wall hinunter. Mazarin hatte dem Gouverneur La Meilleraie eingeschärft, ein wachsames Auge auf den Gefangenen zu haben. Er hat sich überlisten lassen, denn Retz hatte sein Ehrenwort gegeben, nicht auszubrechen. Das Wort eines Kardinals! . . . La Meilleraie hatte erlaubt, daß seine Freunde ihn besuchen.

Der Ausbrecher flieht auf die Insel Belle-Ile, um die Mazarin eine Blokkade legt. Auf einem Fischerboot gelingt es Retz, nach San Sebastian zu segeln. Mazarin macht sich lustig darüber: »Das ist ein Zeichen von Nächstenliebe, daß dieses große Licht der Kirche, nachdem es Frankreich erleuchtet hat, seine Strahlen auch über Spanien breiten will, von wo aus ihm immer geraten worden war, nach Rom zu gehen, als der größten und glanzvollsten Bühne, auf der er erscheinen könne.« Mazarin ist ausgezeichnet unterrichtet: Retz begibt sich nach Rom. Von der Ewigen Stadt aus wirft er sich dem König zu Füßen. Durch einen Brief. Er stellt sich als Sündenbock dar, der von seinen Verfolgern gehetzt wird. »Die Sorgfalt, mit der sie bei Eurer Majestät alle Beweise meiner Hingabe und Achtung für Sie unterdrückt haben, ist mir schwerer zu ertragen als die Qualen der Gefangenschaft, die ich schon seit so langer Zeit erleiden muß.«

Gleich darauf wirft er sich wieder in die Brust. Das Opfer wird zum Ankläger. In einem Rundschreiben an die Bischöfe von Frankreich zählt er alle Anschläge auf, die gegen seine geheiligte Person unternommen wurden. Er bittet sie, nachdrücklich beim König dafür einzutreten, daß man den rechtmäßigen Erzbischof von Paris wieder auf seinen Stuhl setzt.

In Rom hält der Papst seine Fittiche über den Geächteten. Er überreicht ihm seinen Kardinalshut. Er erkennt seinen Rücktritt als Erzbischof nicht an, er setzt ihm eine Pension aus, er ermuntert, streichelt und tröstet ihn. Für den Rivalen des diabolischen Mazarin ist nichts liebevoll genug.

Krönung des Königs, Triumph Mazarins

Das Jahr 1654 bringt Tröstungen für Mazarin. Zunächst die Krönung des Königs. Solange der Monarch nicht gekrönt ist, scheint er nur die Einwilligung der Menschen zu besitzen. Ihm fehlt die Zustimmung Gottes. Durch den Krönungsakt wird er auch der Herr über die Seelen seiner Untertanen. Die Krönung ist keine einfache Formsache, sondern eine mystische Verherrlichung. Bischöfliche Weihe der Verbindung des Königs mit seinem Königreich unter der Zeugenschaft des Schöpfers. Jede Geste dieser legendären Zeremonie, die den König mit den ältesten Zeiten verbindet, ist ein Schauspiel und Symbol.

Die Krönung ist zugleich ein politischer Akt. In ihren Lichtfluten werden die letzten Überbleibsel der Fronde ertränkt. Der Himmel tut sich auf. Gott erscheint. Er berührt mit seiner Hand den siegreichen König und läßt unter seinen Strahlen die Dämonen des Aufruhrs dahinschmelzen. Das himmlische Licht fällt auch auf den knienden Kardinal nieder. Auf Mazarin, den Minister, Lehrer und Paten des Königs, den Retter seiner Krone, der hier figuriert wie Jeanne d'Arc bei der Krönung Karls VII., doch mit größerem diplomatischem Geschick als die Jungfrau.

Lange hat man geschwankt, welcher Zeitpunkt für die Krönung gewählt werden sollte, denn der Tag an sich hat politische Bedeutung und ist ein Stein auf dem Schachbrett der Geschichte. Erst mußten alle Wolken verschwunden sein. Wenn auch das Wetter noch nicht ganz strahlend geworden war (wann ist es ganz strahlend in der Politik?), durfte zumindest kein schweres Gewitter drohen. Sonntag, der 7. Juni 1654, scheint alle guten Vorbedingungen zu erfüllen.

Am Morgen erscheint der Abbé von Saint-Rémi, dessen Amt es ist, die

Insignien der Monarchie aus der Kathedrale von Saint-Denis zu holen. Er begibt sich zur Kathedrale von Reims, er durchquert die Stadt auf einem Teppich von Blumen und Blättern. Hier erwarten ihn die Königin und ihr Gefolge; alle sind seit Sonnenaufgang im Gebet versunken. Durch eine gedeckte Galerie, die von der Kathedrale zum Erzbischöflichen Palais führt, schreiten die Pairs-Bischöfe von Châlons und Beauvais in vollem bischöflichem Ornat, um den König zu holen. Mit einem silbernen Stab schlägt der Großkantor an die Pforte des Erzbischöflichen Palais, in dem der König wohnt. Es entspinnt sich ein Dialog zwischen dem Bischof von Beauvais und dem Großkämmerer, Herzog von Joyeuse: »Wen sucht Ihr?« – »Wir suchen den König.« – »Der König schläft.« Ein zweites Mal wird gefragt, und beim dritten Mal heißt es: »Wir suchen Ludwig XIV., den Sohn des großen Königs Ludwig XIII., den Gott uns zum König gegeben hat.«

Die Pforte öffnet sich. Der König wird sichtbar, wie Dornröschen liegt er auf einem Ruhebett. Er ist bekleidet mit einer rotseidenen goldbestickten Tunika und einem silbernen Überwurf. Auf dem Kopf trägt er eine schwarze Samtkappe, an der Diamanten schimmern und ein Busch weißer Reiherfedern befestigt ist. Das Licht Gottes weckt ihn auf. Der Bischof von Beauvais reicht ihm das Weihwasser, das den heiligen Tag kennzeichnet. Dann richten ihn die beiden geistlichen Pairs auf und geleiten ihn, ihn an den Armen haltend, zur Kathedrale.

Die Weihe beginnt. Der Zelebrant, der Bischof von Soissons, bittet den König, den Eid zu leisten, daß er die Rechte der Kirche verteidigen werde. Er fragt die Pairs, ob sie Ludwig XIV. als König annehmen. Er segnet das Schwert, die Handschuhe, den Ring, dann übergibt er sie dem König, der sie dem Konnetabel weiterreicht. Der Herrscher legt den silbernen Überwurf ab. Kniend empfängt er die sieben Salbungen mit dem heiligen Salböl, das mit einer goldenen Nadel der heiligen Ampulle entnommen wird: auf dem Kopf, auf der Brust, zwischen den Schultern, auf der rechten Schulter, auf der linken Schulter, auf den Gelenken des rechten und des linken Arms.

Nach der Salbung wird der König mit einem Bischofsgewand bekleidet: Tunika und Dalmatika, darüber der Königsmantel aus violettem Samt, mit Hermelin gesäumt und mit goldenen Lilien bestickt. Er empfängt die letzten Salbungen auf den Handflächen. Auf den vierten Finger der rechten Hand wird ihm der Ring gesteckt, wodurch er mit Frankreich verheiratet ist. Dann gibt man ihm das Zepter, das Zeichen der souveränen Macht, in die Rechte, und in die Linke den Gerichtsstab, der an der Spitze die elfenbeinerne Hand trägt.

Nun folgt der erhabenste Augenblick der Krönung. Die zwölf Pairs von Frankreich stellen sich um den König. Der Bischof nimmt die Krone Karls des Großen vom Altar. Er hebt sie mit beiden Händen über den Kopf des Königs, ohne sie ihm aufzusetzen. Die Pairs heben die Arme, als hielten sie die Krone. Der Bischof nimmt die Krone in die linke Hand, segnet sie und setzt sie allein dem König aufs Haupt. Die Pairs berühren sie mit der Hand. So geleiten sie den König zum Thron, der auf dem Lettner errichtet ist wie auf einem Schild. Nun erscheint der Herrscher in aller Würde, er trägt das Zepter und den Gerichtsstab in der Hand, die Krone auf dem Kopf, er ist ausgestattet mit der Fülle seiner Gewalten. Der Bischof nimmt die Mitra ab, verneigt sich, umarmt und küßt ihn und ruft: »Es lebe der König! Es lebe der König! Es lebe der König!«

In gleicher Weise huldigen ihm die zwölf Pairs. Die Kathedrale wird für das Volk geöffnet. Es erschallt der Ruf: »Es lebe der König! Heil!« Clairons, Oboen, Trommeln und Trompeten erfüllen mit freudigem Klang den weiten Raum. Draußen donnern die Kanonen. Man läßt Tauben fliegen, fünfzigmal je ein Dutzend, sie sollen die frohe Botschaft in den Himmel tragen. Die Wappenherolde werfen goldene und silberne Münzen, auf die das Bild des gekrönten Königs und die heilige Ampulle geprägt sind, in die Menge. Dann folgt das Hochamt. Der König empfängt das Abendmahl in beiderlei Gestalt, aus dem Kelch von Saint-Rémi.

Nach der Zeremonie, die fünf Stunden gedauert hat, kehrt Seine Majestät, vom ganzen Gefolge begleitet, ins Erzbischöfliche Palais zurück. Hier wird das Krönungsmahl aufgetragen, bei dem alle an der Krönung Beteiligten weiterhin ihre rituellen Gewänder tragen. Mystisches Bankett, feierliches Abendmahl: der König kommuniziert mit seinem Königreich.

Am übernächsten Tag offenbart der Herrscher die wundertätige Macht, die an seine priesterliche Funktion geknüpft ist. Seit Jahrhunderten besteht der Glaube, daß er die Gabe besitze, die Skrofeln zu heilen. Auf dem Platz vor der Kathedrale berührt er dreitausend Skrofulöse und wiederholt dreitausendmal: »Der König berührt dich, Gott möge dich heilen!« Er begnadigt mehr als sechstausend Gefangene. Zu Beginn dieser neuen Herrschaft hätte man sich wünschen können – und das wäre Mazarins Ideal von Nachsicht und Milde gewesen –, daß der König alle Dämonen der Zwietracht hätte begnadigen und mit dem Weihwasser der Krönung alle Haßgefühle der Fronde hätte abwaschen können.

Weitere Sticheleien des Kardinals von Retz

Mühsam, aber unverzagt und sicher reißt Mazarin Stück für Stück den Sieg an sich. Der Vertrag von Basel bestätigt, daß das Elsaß, Philippsburg und Breisach bei Frankreich verbleiben. Er garantiert die Errungenschaften der Westfälischen Verträge, deren Paragraphen unablässig erneuert werden müssen.

Es sind kleine Siege über einen Alpdruck, der noch nicht ganz verweht ist. Staub wirbelt im Wind der Geschichte. Stenay ergibt sich am 5. August. Durch die Befreiung von Arras am 25. August läßt Cromwell sich bewegen, seinen Plan eines Bruchs mit Frankreich aufzugeben. Nur unter Gleichstarken versteht man sich. Mazarin hoffte, sich mit Cromwell verbünden zu können. Nur an der Seite Englands ist es möglich, Condé endgültig niederzuringen. Da Bündnisse nicht möglich sind, muß Mazarin sich mit diesem »Nicht-Bruch« zufriedengeben. Quesnoy wird am 6. September eingenommen. Turenne rückt auf der Straße nach Brüssel vor und bemächtigt sich des Orts Binch. Clermont-en-Argonne ergibt sich am 22. November dem Marschall de La Ferté. Diese kleinen Siege entmutigen die Frondeure, die den Brand in Paris noch einmal entfachen wollen.

Mazarin ist Sieger in Frankreich, aber noch immer der Besiegte in Rom. Um seiner Verbitterung Ausdruck zu geben, weigert er sich, den französischen Gesandten, den Bailli von Valençay, den er abberufen hatte, zu ersetzen. Um trotzdem nicht ohne Vertreter zu sein, bedient er sich einer diplomatischen Fiktion, er schickt einen »außerordentlichen Gesandten, Geschäftsträger Seiner Majestät am Römischen Hof«, zu den Fürsten Italiens. Es ist Hugues de Lionne, der seit zwanzig Jahren sein Vertrauen hat.

Am 7. Januar 1655 stirbt Innozenz X. Das Konklave zur Wahl seines Nachfolgers dauert vom 18. Januar bis zum 7. April. Anfangs ist Mazarin gegen den später gewählten Kardinal Chigi. Er macht ihm zum Vorwurf, während der Verhandlungen des Westfälischen Friedens, an denen Chigi als Nuntius von Innozenz X. teilnahm, gegen Frankreich gewesen zu sein. Als Mazarin dann sieht, daß jeder Widerstand vergeblich ist, weist er Hugues de Lionne an, die Kardinäle der französischen Partei dazu zu bringen, für Chigi zu stimmen. Dieser wird Papst Alexander VII.

In Paris ereignet sich ein bedauerlicher Zwischenfall. Abbé Picoté, Priester an Saint-Sulpice, verweigert dem Herzog von Liancourt die Absolution (1. Februar 1655): Weil er ein Freund der »Solitaires«, der Einsiedler von Port-Royal ist, vor allem von Arnauld d'Andilly. Weil er unter seinem Dach eine jansenistische Schlange, den Abbé de Bourzeis, beherbergt. Weil er die Erziehung seiner Enkelin den jansenistischen Nonnen von Port-Royal anvertraut. Das erregt großes Aufsehen in der Hauptstadt. Der Doktor Antoine Arnauld schreibt eine Erwiderung, einen »Brief von Monsieur Arnauld an eine Persönlichkeit von Rang über das, was kürzlich in einer Kirchengemeinde von Paris geschehen ist«.

Mazarin benutzt die Gelegenheit, um dem neuen Papst klarzumachen, daß Kardinal von Retz ein Komplize der Jansenisten ist. Alexander VII. umgibt sich mit Jesuiten; folglich versucht Lionne, ihn durch die Vermittlung eines Jesuiten, des Paters François Duneau, zu beeinflussen. Um den Papst und Kardinal von Retz einander zu entfremden, treibt Mazarin mit aller Macht die Frage der Leitung der Diözese von Paris voran.

Retz hat für die Zeit seiner Abwesenheit zwei Großvikare zur Verwaltung der Diözese eingesetzt. Durch ein geschicktes Manöver ersetzt Mazarin die beiden Großvikare durch die Domherren von Notre-Dame. Kardinal von Retz enthebt die Domherren ihres Amtes. Aus seinem Birett zieht er zwei neue Großvikare hervor: den Pfarrer von Saint-Séverin, Hodencq, und den Pfarrer der Madeleine, Chassebras. Mazarin schickt den neubestallten Großvikaren einen königlichen Befehl, mit dem sie an den Hof beordert werden. Es ist ein tückischer Streich, den er nur ausführt, um sie aus Paris zu entfernen und sie in herumziehende Schafe zu verwandeln, die mit heraushängender Zunge dem Hof auf seinen für lange Monate vorgesehenen Wanderungen folgen. Monsieur de Hodencq fügt sich, Monsieur Chassebras, bekannt für seinen jansenistischen Anstrich, versteckt sich, spielt den Märtyrer und versucht, seine Funktionen auszuüben.

Hugues de Lionne unterrichtet eiligst den Papst. Pater Duneau hat vom Beichtvater des Königs, Pater Annat, Beweise für das Einverständnis von Retz mit den Jansenisten erhalten. Er verfaßt darüber einen scharfen Bericht und gibt ihn, mit dem Brief Pater Annats, dem Pater Sforza Pallavicini; er soll ihn dem Papst übermitteln. Einige Tage später gibt der Pontifex Hugues de Lionne gegenüber seiner Empörung Ausdruck, daß der Kardinal Retz, »einen allgemein bekannten und höchst eifrigen Jansenisten« zum Großvikar ernannt hat. Wird er gegen Retz wettern? Keineswegs! Er weiß aus sicherer Quelle, daß Retz kein Jansenist ist. Er beruft sich auf eine Untersuchung, die Innozenz X. in Paris hat durchführen lassen, derzufolge der Koadjutor Unterstützung angenommen, aber »die Jansenius entgegengesetzte Lehre studiert, diskutiert und gepredigt« hat.

Mazarin beißt sich mithin am Felsen von Sankt Peter die Zähne aus. Seit zwei Jahren versucht er, Kardinal Retz als Jansenisten hinzustellen. Hartnäckig erwidern ihm zwei Päpste: Er ist es nicht! Mit sanfter Beharrlichkeit versucht Mazarin, dem Heiligen Stuhl mit gefalteten Händen die Angelegenheit des Kardinals Retz und die Angelegenheit der Jansenisten als miteinander zusammenhängend zu präsentieren. Starrköpfig lösen die beiden Päpste die Hände des Zauberkünstlers und zwingen ihn, die beiden Affären getrennt zu präsentieren. Der Zauberkünstler läßt sich durch die beiden Widerspenstigen, die sein Kunststück vereitelt haben, nicht entmutigen, er beginnt von neuem.

Um den Feldzug in Flandern endgültig siegreich zu gestalten, müssen die Seestädte Gravelines, Mardick und Dünkirchen genommen werden. Das kann nur mit Unterstützung einer Seemacht gelingen, den Vereinigten Niederlanden oder England. Zu Beginn seiner Ministertätigkeit hatte es Mazarin dank des Bündnisses mit den Vereinigten Niederlanden geschafft. Doch Spanien hat sich den Aufruhr der Fronde zunutze gemacht und diese Städte wieder besetzt. 1650 will Mazarin sich wieder mit den Vereinigten Niederlanden zusammentun. Vergebens. Nun wendet er sich an England. Er läßt sich weder durch harte Worte noch durch Ausflüchte oder Demütigungen seitens Cromwells abweisen. Er trinkt den Kelch bis zur Neige, läßt ihn wieder füllen und leert ihn erneut. Er erreicht sein Ziel zur Hälfte. Am 3. November 1655 wird in Westminster ein Handelsvertrag unterzeichnet. Zwar ist das nicht viel, aber es ist mehr als nichts. Die englischen Korsaren werden die französischen Küsten nicht mehr behelligen.

Wie soll dieser Vertrag, wenngleich es nur ein Handelsvertrag ist, dem Papst schmackhaft gemacht werden? Abgeschlossen wird er von einem Kardinal der Heiligen Römischen Kirche, dem Ersten Minister eines Königs auf der einen Seite und dem Ketzer, Usurpator, Königsmörder und Lordprotektor einer Republik auf der anderen. Wegen dieser Umstände kommt Mazarin die Jansenisten-Affäre sehr gelegen: Wie sollte der Heilige Vater den Kardinal als schlechten Sohn behandeln, der in der Jansenisten-Affäre die katholische Religion so eifrig verteidigt, daß er päpstlicher als der Papst erscheint? Deshalb drückt und kratzt Mazarin an dem jansenistischen Abszeß und verschlimmert ihn.

Die schlangengleiche Eminenz beweist eine ungewöhnliche Duplizität, die seine Politik erfordert, die zugleich aber sein ideales Lebensklima ist und in der er sich unendlich wohl fühlt. Am 14. Juli bittet der Kardinal den Bischof von Coutances in einem Brief, Arnauld d'Andilly, den Bruder von Antoine Arnauld, seine »achtungsvollsten und freundschaftlichsten« Gefühle zu übermitteln, die er »bei allen Gelegenheiten beweisen wird«. Antoine Arnauld fühlt sich durch diese Worte ermutigt und macht sich an die Widerlegung der gegen ihn erschienenen Schriften. Er veröffentlicht einen »Zweiten Brief an einen Herzog und Pair von Frankreich«.

Die Jansenisten meinen, sie könnten weiterhin auf den Beistand des Gütigen (oder Scheinheiligen) zählen und lassen die Bombe platzen, die sie unter ihren schwarzen Rockschößen ausgebrütet haben: den ersten Brief der »Provinciales« von Pascal, der ohne Verfassernamen erscheint. »Brief, geschrieben an einen Provinzial, von einem seiner Freunde über das Thema der gegenwärtigen Dispute an der Sorbonne.« (27. Januar 1656) Innerhalb von vierzehn Monaten explodieren achtzehn solcher Bomben.

Wie viele Schriften, die aus Port-Royal stammen, sind die »Provinciales« ein kollektives Werk. Zumindest, was bei einem literarischen Werk kollektiv erarbeitet werden kann: die Dokumentation, die von Antoine Arnauld und Pierre Nicole beschafft wird. Inspiration, Stil und Essenz können nur individuell sein; die Feder kann nicht von mehreren gehalten werden. Der die Bombe wirft, ist einer der größten Geister Frankreichs, einer der ätzendsten französischen Pamphletisten. Aus den bläßlichen Unterlagen, die ihm geliefert werden, schafft er ein Meisterwerk, von dem ganz Europa begeistert ist. Mazarin, als Protektor der Künste und Literatur, hat es wider seinen Willen veranlaßt und gefördert.

Meisterwerke schießen meist über ihr Ziel hinaus. Sie haben die Zukunft im Auge, zerstören aber weite Flächen der Gegenwart, sofern sie nicht ihren Autor vernichten. Die »Provinciales« erschüttern das politische Gebäude Mazarins. Er selbst ist sich dessen nicht bewußt. Er begreift die Tiefe der geistigen Fragen nicht. Er meint, beim Menschen zähle nur das Aufeinanderprallen der Interessen, er kennt die Regungen der Seele nicht. Nachdem er Antoine Arnauld und seine jansenistischen Freunde wie ein Magnetiseur bestrichen und betäubt hat, läßt er ihn am 31. Januar 1656 in der Sorbonne verurteilen. Weil er ein schlechtes Gewissen hat oder weil er ahnungslos ist, bagatellisiert er die Wunde, die er ihm beigebracht hat. Saint-Gilles zufolge ist er der Auffassung, daß die »censure«, der Tadel der Sorbonne, »ihm nicht viel mehr Leid verursachen würde als er, Kardinal Mazarin, durch die Erlasse des Parlaments während der Wirren von Paris erlitten habe«. Ein merkwürdiger psychologischer Fehler bei einem Mann, der so klarsichtig in Dingen des Fleisches ist, aber blind in Dingen der Seele.

Man ist bestürzt über die Heimtücke, die Mazarin bei diesen Vorgängen an den Tag legt. Er verleiht seinen Machenschaften einen solchen Anstrich von Aufrichtigkeit, daß er China, dem Mond, einer anderen Rasse zuzugehören scheint. Er ist für seine Mäßigung, seine Menschlichkeit und seine Feinfühligkeit sogar gelobt worden, bis das Werk von Pater Jansen (1967) die Dinge ins rechte Licht rückte.

Am 16. März gibt Mazarin die Anweisung, die Mönche aus Port-Royal zu vertreiben. Um Arnauld d'Andilly eine Demütigung zu ersparen, lassen die Königin und er ihn auf direktem Wege unterrichten. Arnauld ist gerührt und bedankt sich bei ihnen durch den Bischof von Coutances. Durch den gleichen Prälaten läßt Mazarin am 23. März Arnauld d'Andilly mitteilen: »Er möge fortgehen, es werde ihm nichts geschehen.« Er spielt weiterhin die Komödie des Beschützers, mit der einen Hand schlägt er zu, mit der anderen verbindet er die Wunden. Einen Monat später darf Arnauld d'Andilly mit Genehmigung des Hofes nach Port-Royal-des-Champs zurückkehren. Er ist voller Dankbarkeit für die Königin und Mazarin. Das Spiel ist gelungen: Mazarin hat Arnauld d'Andilly von Port-Royal entfernt und nimmt, nachdem er ihn hat verurteilen lassen, die Beziehungen zu ihm wieder auf. Und noch immer gilt er als der Wohltäter seines Opfers.

Zu eben dieser Zeit versetzt der Papst dem Kardinal eine der heftigsten Ohrfeigen seiner Karriere. Am 20. März schickt er ein Breve direkt an den Klerus von Frankreich. »Er bittet seine verehrungswürdigen Brüder, die Erzbischöfe, Bischöfe und andere Körperschaften in Paris, den Allerchristlichsten König zu ermahnen, dem Frieden zuzustimmen.«

Über den Kopf des Königs und Mazarins hinweg hat der Papst die Kühnheit, einen Appell an den Klerus zu richten. Er mischt sich in die Politik des Landes ein. Er wagt es, den Klerus, die zutiefst fromme Königin und den König zu beeinflussen. Er versucht, das feine Netz des Gleichgewichts, an dem Mazarin seit Jahren mit viel Fleiß und Mühe arbeitet, zu zerstören.

Der Papst hat diesen Anschlag zusammen mit Kardinal Retz ausgeheckt, der am 13. März als Vorläufer »einen Hirtenbrief über ein Ablaßjahr für den allgemeinen Frieden« an seinen Generalvikar geschickt hat. Wie Innozenz X. hält Alexander VII. Mazarin für einen Hochstapler, einen Scharlatan und Quacksalber, der den König und die Königin behext hat. Eines Tages werden den Franzosen die Augen aufgehen. Sie werden eine neue Fronde bilden. Sie werden diesen Fremdling, der sie mit seinen wohlriechenden Salben geprellt hat, verjagen. Sie werden ihn durch die Straßen schleifen wie Concini. Sie werden dem Kardinal Retz die Macht überlassen. Bis dahin muß verhindert werden, daß Frankreich den Sieg über Spanien erringt, einen Sieg, den Mazarin nur mit seinen Teufeleien erringen kann.

Mazarin ist wütend über die ungeheure Taktlosigkeit dieses Breve und beauftragt den Kanzler Séguier, »im Namen des Königs« eine scharfe Warnung an den Klerus zu richten: »Der König hat mich beauftragt, Ihnen für Ihren Gehorsam zu danken und Ihnen zu sagen, Sie sollen dieses Breve nicht beachten, das Ihnen ohne Zustimmung Seiner Majestät geschickt worden ist. Ist es Sitte, daß Seine Heiligkeit sich an den Herrscher wendet und nicht an seine Untertanen? Dieses Breve scheint von den Feinden des Staates zugunsten der Interessen Spaniens abgefaßt zu sein; deshalb will Seine Majestät von diesem Breve nichts wissen.«

Der Papst ist verblüfft; er ermißt, wie stark Mazarin in Frankreich ist, welche Macht er über den König und den Klerus hat, von dem er meinte, er liege Retz zu Füßen. Mazarin beruft Hugues de Lionne aus Rom ab und denkt nicht daran, einen Nachfolger für ihn zu bestimmen. Der Papst ist ernüchtert, er erkennt, wie schwach der Abenteurer Retz ist, der ihm etwas vorgespiegelt hat und jetzt nackt und bloß unter seinem Purpur dasteht. Er protegiert den Kardinal Retz nicht länger. Er beschließt, mit ihm zu brechen. Mazarin hat sein Ziel erreicht.

In den darauffolgenden Jahren nähert sich der Papst Mazarin an oder weicht ihm aus, je nachdem Frankreich Siege erringt oder Niederlagen erleidet. 1659, als der Heilige Vater sieht, daß Frankreich in der Lage ist, Flandern zu erobern, daß Spanien nach diesem unendlich langen Krieg am Ende seiner Kräfte ist, daß es leidenschaftlich den Frieden ersehnt, jetzt beweist er überströmende väterliche Zuneigung zur französischen Königsfamilie, insbesondere für Ludwig XIV. Er versteht, er bewundert, er liebt Mazarin, die Leuchte der Politik, die Säule des Glaubens, »der mehr als jeder andere den Heiligen Stuhl, die Kirche und die Religion achtet«. Mazarin hat es geschafft, den Felsen der Kirche zu zermürben und den Fluch zu verscheuchen, den Rom seit je über seinem Haupt hatte schweben lassen.

Die Befriedung ist noch immer nicht beendet. Es braucht Zeit, damit Frankreich alle Gifte ausscheiden kann. Condé klammert sich an seinen einfältigen Schwur: der Letzte sein zu wollen, der seinen Degen in die Scheide steckt. Nach seinen Niederlagen im September 1652 und Januar 1653, hofft er auf Siege in der Zukunft, die aber in immer weitere Ferne rücken.

Mazarin als Meister der Spionage verfolgt durch seine Agenten die Pläne des Feindes, als läse er dessen Gedanken. Am Morgen des 25. Juni teilt er Turenne unter größter Geheimhaltung mit, er habe »aus sehr guter Quelle Nachrichten bekommen«. Der Feind hat seinen Schwerpunkt geändert. Er zieht seine Truppen an drei Stellen zusammen: in Luxemburg, Philippeville und Lille. Es macht Mazarin Freude, den Strategen zu spielen, in die Gedankengänge der gegnerischen Generale einzudringen, genauso wie er es bei den Diplomaten tut. Wie sein Lehrer und Vorbild Richelieu, der Stiefel und Helm trug, ist er der totale Staatsmann. Der Endsieg auf allen Ebenen wird ihm zu verdanken sein. Zugleich zeigt er, daß die Gesetze des Geistes in allen Bereichen anwendbar sind. Der gesunde Menschenverstand und die Intuition gestatten dem »honnête homme«, dem intelligenten, gebildeten Mann, sich allem anzupassen, sich alles anzueignen, selbst die Waffentechnik. Vor allem, wenn dieser »honnête homme« früher Hauptmann war. Er ist begeistert, daß er diese Zeit wiederauferstehen lassen kann, er stürzt sich in ein Bad der Männlichkeit. Könnte ein Staatsmann im Zeitalter des Heldentums, des Ehrgefühls, lärmender Lebenskraft Zustimmung und Anhängerschaft finden, wenn er nicht bewiese, daß er ein Mann ist? Indem er Krieg führt, bietet Mazarin dieses Schauspiel der Königin, die ihn liebt, die diesen zusätzlichen Beweis nicht benötigt, dem König, seinem Schüler, der wie alle jungen Leute von körperlicher Kraft beeindruckt ist, und allen jenen Franzosen, die ihr Blut vergeuden und nur Helden bewundern.

Aber hat dieser kriegerische Eifer nicht noch einen anderen Grund? Mazarin, der scheinbar Unempfindliche, leidet wirklich unter den Schmähungen. In seinem Innern, tief unter der Komödianten-Oberfläche, nagen sie an ihm. Auf die Dauer sieht man es ihm an. Vielleicht will der parfümierte italienische Kardinal im Küraß durch Feldzüge, Strapazen und Feuerproben sich selbst beweisen, daß er kein Feigling ist. Auch er könnte wie jeder andere im Krieg fallen. Vorausgesetzt, daß sein Tod etwas einbringt.

Mit Leidenschaft und nicht mit der Lächerlichkeit eines Zimmerstrategen entwirft Mazarin Schlachtenpläne in seinem Brief an Turenne (Saint-Germain-en-Laye, 25. Juni 1653): »Ich glaube, das hauptsächliche Ziel der Feinde, die sich an mehreren Stellen sammeln, besteht darin, uns irrezumachen. Sie wollen uns zwingen, unsere Kräfte aufzuspalten, sie wollen sehen, ob es ihnen gelingen könnte, einen Teil ihrer Truppen in einen unserer festen Plätze eindringen zu lassen, sich dort zu verschanzen und weitere Truppen herbeizuholen, noch ehe wir Zeit haben, zu Hilfe zu eilen ...« Mazarin zeigt mehrere Möglichkeiten auf. Eigenhändig schreibt er neben die letzte Zeile: »Stets muß das Augenmerk auf Verdun gerichtet sein.«

Turenne bedient sich dieses Hinweises. Er benutzt die Zersplitterung des Feindes und nimmt Rethel in einem Überraschungsangriff. (8. Juli) Doch verfügt Condé zu diesem Zeitpunkt im Operationsgebiet über besser ausgerüstete Truppen als Turenne. Dieser fürchtet einen Gegenschlag von Condé. Mazarin bittet die Königin, ihm ihren Sohn anzuvertrauen. Auf diese Weise bekommt er Verstärkung durch die Garden des Königs. Auch macht die Gegenwart des Königs den Kriegern Mut, denn sein Erscheinen wirkt wie das Allerheiligste auf die Gläubigen und wie ein Glas Schnaps auf die Soldaten. Schließlich kann Mazarin bei diesem ersten wirklichen Feldzug seinem Schüler sachliche Lektionen erteilen. Er holt ihn heraus aus dem abgeschirmten Kabinett, aus den abstrakten Studien, bei denen die Bataillone auf dem Papier durch kleine Rechtecke dargestellt sind. Er bringt ihn mit der Wirklichkeit in Berührung, wo Kanonen und Musketen wirkliche Kugeln abschießen, wo man in wirklichem Schlamm stampft, wo man mit wirklichem Staub bedeckt wird, mit wirklichem Blut bespritzt, wo wirkliche Soldaten fallen, die nicht, wie im Theater, am Schluß wieder aufstehen. Und außerdem kann Mazarin den fünfzehnjährigen König, indem er ihn eine Weile von seiner Mutter entfernt, stärker an sich binden, eine männliche Komplizenschaft herstellen. Die Regentschaft ist zu Ende. Der König ist der Herr, heute noch im Prinzip, morgen tatsächlich. Jetzt ist es wichtiger, ihn zu umgarnen als die verliebte Frau, die Mazarin schon vor langer Zeit erobert hat und mit der er jetzt umgeht wie ein alter Ehemann.

Am 20. Juli ziehen der König und der Kardinal in La Fère ein. Im Herbst lernt Ludwig XIV. die Schwierigkeiten der Kriegführung im Regen kennen. Seine Soldaten erobern am 27. September Sainte-Menehould für ihn.

Abbé René de Ceriziers schildert in seinem Buch »L'Année Française«, Das Französische Jahr, in allen Einzelheiten die Feldzüge Ludwigs XIV. Im Vorwort des »vierten Feldzugs« spricht der Autor von den Strapazen Mazarins mit überschwenglicher Bewunderung, die aber auch viel Wahres enthält. »Diese Ehrerbietung bin ich Eurer Eminenz schuldig, und ganz Frankreich schuldet sie Ihnen, da man von meinem Fürsten nicht sprechen kann, ohne sich an seinen Minister zu erinnern ... Sollte ich besser sagen, daß alle Ihre Taten derart vermischt und verschmolzen mit denen Unseres Erlauchten sind, daß es unmöglich ist, sie getrennt zu betrachten, und einen von ihnen ohne den anderen zu sehen. – Man hat Sie auf schwierigen Märschen erlebt, als wären Sie jung und robust. Man hat sie in Gefahren bewundert, als wären Sie Soldat oder Freiwilliger. Und das alles hat man erlebt und bewundert, weil sie der sichtbare Engel meines Königs sind und der geheime Genius, der ihm große Dinge eingibt.«

Der Prinz von Conti ist ein wahrer kleiner Heiliger geworden. Er, der einst Bordeaux, die Hauptstadt der Guyenne, aufgewiegelt hat, empfiehlt jetzt Marschall Estrades, darüber zu wachen, daß »die Wahl der Ratsherren von Bordeaux Leute erbringt, die dem König ergeben sind«. Er kann Erfolge in Katalonien aufweisen, wohin sich die königliche Armee mutig vorwagt. Er nimmt die Städte Roses, Villefranche, Corflant und Urgel ein. Mazarin spricht ihm für sein gutes Verhalten Anerkennung aus; in seinem Brief kann man zwischen den Zeilen lesen: Fühlt man sich nicht besser, wenn man dem König dient, als wenn man ihn bekämpft? »Diese großen Erfolge gereichen nicht nur Ihnen zu eigenem Ruhm, sondern sie dienen auch dem Wohl der Angelegenheiten des Königs und dem guten Ruf seiner Armeen.«

Zwei Monate nach der Krönung will Mazarin einen bedeutungsvollen, symbolischen Schlag führen, er will Stenay einnehmen, wo Condé Gouverneur war und wohin sich seinerzeit die Herzogin vom Longueville und ihr Freier Turenne geflüchtet hatten. Die Ehre, die Stadt zu belagern, fällt einem der treuesten Generale zu, einem der Meister der Belagerungstechnik: Abraham Fabert. Die Operationen vom 19. Juni bis 5. August sind ein Schaustück, ein Musterbeispiel der Belagerungskunst. Unter Faberts Schülern befindet sich ein einundzwanzigjähriger Militäringenieur, der später zum Abgott dieser Technik wird: Vauban. Diese Künstler ersinnen raffinierte Mittel und Wege, die Kenner staunen darüber, und Mazarin schreibt begeistert: »Die letzte Mine hatte die Front einer Bastion weggerissen, so daß man zu Pferde in die Bresche reiten konnte.«

Das Krönungsjahr ist, wie man beim Wein sagen würde, ein guter Jahrgang von Siegen. Während die königlichen Truppen Stenay angreifen, marschiert der Feind am 3. Juli auf Arras und belagert die Stadt; es ist ein Ablenkungsmanöver. Mazarin meint, die Feinde stürzten sich aus Prahlerei in ein »sehr gewagtes und ihre Kräfte übersteigendes« Abenteuer. Diesen Optimismus teilt Turenne nicht. Er belagert die Belagerer, dadurch erfährt er, wie es um die Belagerten steht. An der Anzahl und Stärke ihrer Feuersalven erkennt er, wenn sie Ausfälle unternehmen, daß ihr Pulvervorrat zur Neige geht. Nachdem Stenay gefallen ist, treffen frei gewordene Verstärkungen bei ihm ein, ein Segen für ihn. Mit ihrer Unterstützung greift er in der Nacht vom 24. auf den 25. August, um den Namenstag des Königs zu feiern, das feindliche Lager an, schlägt Lothringer und Spanier zusammen und zwingt Condé, die Belagerung aufzugeben.

Die Befreiung von Arras bringt einen dreifachen Vorteil mit sich: sie festigt die innere Befriedung; als indirekte Folge fällt der Ort Le Quesnoy am 6. September in die Hände Turennes, und Clermont-en-Argonne am 22. November in die Hände La Fertés; Cromwell, der jeden Erfolg oder

Mißerfolg genau beobachtet, gibt den Gedanken an einen Bruch mit Frankreich auf.

Im Juni und Juli 1655 nimmt Turenne Landrecies. Der König ordnet an, daß die Vorsteher der Kaufmannschaft und die Schöffen von Paris einem Tedeum beiwohnen, daß Freudenfeuer entzündet und Kanonenschüsse abgefeuert werden. Mazarin beglückwünscht Turenne begeistert, fügt aber, da er Turennes Bescheidenheit kennt, hinzu: »Ich möchte mich darüber nicht weiter verbreiten, da ich weiß, daß Sie Lobreden nicht mögen, obwohl Sie oft Anlaß dazu geben.« Auch Fabert bekommt sein Lob, und dabei zeigt Mazarin, welcher Tätigkeitsdrang ihn selber beseelt: »Ihre Truppe wird an einer weiteren Belagerung teilnehmen, denn man darf nicht mit verschränkten Armen stehenbleiben, wenn es gilt, die Zeit und die Umstände zu nutzen.«

Damals liegen die Städte Condé und Saint-Guillain an der Grenze, sie fallen in die Hand der königlichen Truppen. Man ist im Schwung und kocht vor Ungeduld, bis nach Brüssel vorzustoßen, zumal man Gleiches mit Gleichem vergelten will, denn der Erzherzog Leopold war mit Vorhuten sehr nahe an Paris herangekommen. Mazarin ist dagegen. Er befindet sich in ausgezeichneter Stimmung und scherzt brieflich mit der Königin. »Sie werden mir sicherlich zugestehen, daß ein Kleriker gemäßigter ist als die anderen.« Glücklicherweise, denkt die Königin, ist er kein »Kleriker«, hat es niemals sein wollen. »Gemäßigter«, außer in der Liebe, mag sie vielleicht meinen. Manch Augenblinzeln begleitet diesen fröhlichen Hintersinn. Ähnliche Neckereien im weiteren Brieftext. Mazarin hofft auf einen großen Erfolg, »um dadurch den Friedensschluß schneller herbeizuführen, wohl wissend, daß die Herzen des Königs und der Königin danach trachten, während dieser böse Kardinal sich darin gefällt, Menschenblut zu vergießen; er kann nur in Revolutionen und im Krieg existieren, wird aber schließlich gezwungen sein, sich dem Willen Ihrer Majestäten zu beugen«.

Doch wird ihm wieder ein Bein gestellt, wie es sich häufig ereignet in dieser Zeit individualistischer Anarchie, da die Feudalherrschaft in den letzten Zügen liegt. Die Herzogin von Châtillon, Condés Egeria, seine Ratgeberin, überredet den Marschall Hocquincourt, dem Feind die festen Plätze Péronne und Ham, deren Gouverneur er ist, auszuliefern. Mazarin läßt die Herzogin festnehmen. »Was jeder lustig fand«, plappert Madame de Sévigné, »ist der Umstand, daß er – es ist wie eine politische Posse – zum Aufseher Abbé Fouquet ausersieht, der wie alle wissen, in seine Gefangene verliebt ist.« Nie trifft Mazarin so genau das Richtige, als wenn er sich zu amüsieren scheint. Die schöne Herzogin fügt sich den Bitten des Abbés und schreibt an Hocquincourt und Condé, sie sollten die beiden Städte den Spaniern besser nicht ausliefern. »Außer der Freiheit der Madame de Châtillon« bekommt der Marschall sechshunderttausend Pfund für seine käufliche Treue. Da Abbé Fouquet die Torheiten der Herzogin zu kennen scheint, bittet Mazarin ihn, darauf zu achten, »daß die Dame in Zukunft vernünftig ist und erkennt, welche Verpflichtungen sie den Majestäten gegenüber hat, die gütig zu ihr sind«.

Im Jahr 1656 ist Mazarin kaum noch zu Scherzen aufgelegt. Im Auf und Ab der sich dahinschleppenden Befriedung ist er bei einem Tief angelangt. Er hoffte, einen gewaltigen Sieg zu erringen, der Spanien in die Knie gezwungen hätte. Statt dessen geschieht »das Unglück von Valenciennes«. Condé kommt der Stadt mit zwanzigtausend Mann zu Hilfe. Mit seinem Adlerauge, das durch die Niederlagen nicht geschwächt ist, entdeckt er einen wunden Punkt bei den Belagerern. In der Nacht vom 15. auf den 16. Juli vernichtet er die Truppen des Marschalls La Ferté und nimmt ihn gefangen. Ein Unglück kommt selten allein. Der Fall von Valenciennes zieht den Fall der Stadt Condé nach sich und läßt in Madrid die Verhandlungen, die Hugues de Lionne im Sommer aufgenommen hatte, einfrieren.

Diese Niederlagen bringen Mazarin dazu, sich erneut England zuzuwenden. Der magere Handelsvertrag von 1655 hat ihn nicht befriedigt. Er braucht ein Bündnis, um jeden Preis. Cromwell schickt Oberst Lockart nach Frankreich, die Verhandlungen mit ihm sind langwierig und weitschweifig. Und viele Leute am Hof ringen die Hände angesichts dieser nicht enden wollenden Palaver. Auch ist die alte Melodie wieder zu hören: Schmach und Frevel, Hölle und Verdammnis! Ein Kardinal der Heiligen Römischen Kirche, Erster Minister des Allerchristlichsten Königs, legt seine Hand in die blutige Hand eines Ketzers, eines Usurpators, eines Königsmörders!

Unerschütterlich geht die Eminenz ihren Weg. Am 3. März 1657 wird der Vertrag von Paris unterzeichnet. In französischer und lateinischer Sprache verpflichten sich Frankreich und England, Arm in Arm die Häfen von Gravelines und Dünkirchen zu erobern. Frankreich soll den ersteren behalten, England den zweiten bekommen, es verpflichtet sich außerdem, die Freiheit der Ausübung der katholischen Religion zu gewährleisten.

Nicht in Erz ist der Friede von Paris eingeritzt, sondern eher von Cromwell mit argwöhnischem Finger in den Sand der Küste des Nordens geschrieben. Er soll nur für ein Jahr Gültigkeit haben. Daher zeigt Mazarin keine Eile, die beiden Häfen anzugreifen. Er hält dem Lordprotektor einen Köder vor: Verlängert den Vertrag, und ich greife an! Am 28. März 1658 wird der Vertrag erneuert; Frankreich und England beschließen, Dünkirchen gemeinsam anzugreifen.

Mazarin wirft sich mit Leib und Seele in den Feldzug. Sein Geist ist noch immer bei aller Beweglichkeit unbeugsam, sein Körper seit zwei Monaten von der Gicht geplagt. Wie sein Lehrer Richelieu wird Mazarin in den Stürmen der Politik und des Krieges von tausend Leiden gequält.

Das Unternehmen Dünkirchen beginnt nicht gut. Durch Verrat fällt Hesdin an den Feind. Marschall Aumont wird mit einem Teil seiner Truppen gefangengenommen. Im Mai läßt Mazarin den König nach Calais kommen, um der Armee Schwung zu verleihen. Sie braucht die zwanzigjährige königliche Sonne, denn sie watet durch Schlamm und Regen. Turenne mit seinem halbholländischen Blut macht das Wetter nichts aus. Trotz der Sintflut geht er mit kartesianischer Genauigkeit vor. Zunächst greift er nach dem Fort La Colme, dessen Gouverneur sich nach Dünkirchen zurückzieht. Turenne überschreitet den Fluß. Kaltblütig, bedächtig marschiert er auf die Dünen zu, er folgt dem Deich des Kanals, der Bergues mit Dünkirchen verbindet.

Überall tauchen gewaltige Schwierigkeiten auf. Die Straße, die nach Mardick führt, muß erneuert werden, Brücken müssen geschlagen werden, damit die verschiedenen Abteilungen des Lagers miteinander in Verbindung bleiben. Solche Arbeiten sind gefährlich bei dem ständigen Sturm.

Der König in seinem jugendlichen Eifer brennt darauf, an der Belagerung Dünkirchens teilzunehmen. Er weiß, daß Mazarin zeigen will, wie sehr ihm an der Einhaltung des Vertrags von Paris gelegen ist. Bis Anfang Juni bleiben der König und der Kardinal in Mardick, das von den Engländern gehalten wird. Das Klima ist kalt und feucht. Dann kehren sie nach Calais zurück.

Auch für die Spanier ist die Belagerung von Calais, in dem sie sitzen, eine ungeheure Belastung. Um die Stadt zu entsetzen, rücken Don Juan d'Austria und seine Flandern-Armee bis nach Veurne vor. (10. Juni 1658) Die spanischen Generale begehen eine Unvorsichtigkeit: sie meinen, Turenne wird sein Lager nicht verlassen, um sie anzugreifen. Doch er tut es, von den Engländern unterstützt. »In einer halben Stunde werden Sie sehen, wie wir eine Schlacht verlieren«, brummt Condé und erweist sich als Prophet. Turenne siegt am 14. Juni in der Schlacht an den Dünen. Über Veurne hinaus verfolgt er den Feind nicht. Unermüdlich wie ein Schmied schlägt er weiterhin auf den Amboß Dünkirchen ein. Neun Tage darauf nimmt er, gemeinsam mit den Engländern, die Stadt. (23. Juni 1658)

Leuchtend wie ein Stern zieht der Sieg an den Dünen die Einnahme von Bergues-Saint-Vinos, Veurne und Dixmuiden nach sich.

Das Schicksal läßt sich von Mazarin diesen Sieg teuer bezahlen. Dieser Spieler, der dem Anschein nach von den Göttern gesegnet ist, muß sich alles zu hohem Preis erkaufen. Sechs Tage nach der Einnahme von Dünkirchen wird der König schwerkrank. Eben zu dem Zeitpunkt, da die Franzosen, um ihrem Wort und dem Vertrag treu zu sein, die Stadt den Engländern übergeben. Die ewigen Ränkeschmiede nehmen die Übergabe der Stadt und die Krankheit des Königs zum Anlaß, ihre Wut herauszuschreien. Sie denken bereits an eine Nachfolge und beschuldigen Mazarin, er habe ein Stück vaterländischen Bodens ans Ausland abgetreten.

Pater Duneau teilt Mazarin in einem Brief mit, in Rom grolle das Gewitter gegen ihn, und die Parteigänger der Spanier schürten es. Der Kardinal gibt ihm sowohl wie dem Papst zur Antwort: »Da die Spanier uns gezwungen haben, uns mit England zu verbünden, damit sie sich nicht mit ihnen verbünden, ist es nur gerecht, daß die Engländer an der Ernte unserer Siege teilhaben, da sie viel dazu beigetragen haben. Es ist besser für uns, daß wir ihnen geholfen haben, Dünkirchen und einige andere Plätze zu nehmen, als daß sie Calais und Bordeaux besetzt hätten, was die Spanier ihnen versprochen hatten.«

Mit der Verteidigung seiner Person innerhalb Frankreichs beauftragt Mazarin Servien. Der Diplomat verfaßt ein Plädoyer: »Untertänigste und wichtigste Darstellung für den König, die Übergabe der Hafenplätze Flanderns in die Hände der Engländer betreffend.« Er weist auf die Tradition der französischen Diplomatie seit Heinrich IV. hin und auf die zwischen Ludwig XIII. und den Niederlanden geschlossenen Vereinbarungen; damit wurde die Teilung Flanderns vorbereitet: »Der größte Teil der großen Städte sollte den Holländern verbleiben.«

Der Sonnenkönig hat einen Sonnenstich bekommen

Um ein Bild zu gebrauchen, könnte man sagen, daß Mazarin einen steilen Berg erklimmt, indem er sich an Büschen und Sträuchern festhält und hochzieht. Er ist kurz vor dem Gipfel. Böse Geister ziehen ihn wieder in den Abgrund hinab. Nachdem er Hunderte von Metern zurückgerutscht ist, beginnt er von neuem zu klettern. Und so geht es weiter.

Sechs Tage nach der Einnahme von Dünkirchen wird der König in Mardick krank. (29. Juni 1658) Es beginnt nach dem Zeugnis der Ärzte »mit häufigen und unerklärlichen Schwächeanfällen, Angstzuständen, Schlaflosigkeit, Schweißausbrüchen, Kopfschmerzen, Appetitlosigkeit, Erbrechen und einer Schwere in allen Gliedern«. Überanstrengung, Hitze, ungesundes Klima. Während der langen und peinigenden Wartezeit bei der Belagerung hat der Sonnenkönig wohl einen Sonnenstich bekommen. Am Meerufer ist die Rückstrahlung der Sonne besonders stark. Und es ist nicht ungefährlich, mit Metaphern zu spielen.

In der Nacht vom 6. auf den 7. Juli besteht größte Besorgnis. Der Herrscher empfängt die Letzte Ölung. Er spricht mit Mazarin in Worten, die keinen Zweifel an seiner Zuneigung aufkommen lassen. Wer würde, ob er zwanzig oder achtzig Jahre alt ist, angesichts des Todes heucheln können? »Sie sind ein entschlossener Mann und der beste Freund, den ich habe. Deshalb bitte ich Sie, mir zu sagen, wenn es mit mir zu Ende geht.

Mazarin mißtraut den Ärzten jener Zeit. Er denkt an ihre kriminelle Unfähigkeit am Krankenbett Richelieus und Ludwigs XIII. Vor allem fürchtet er die Ärzte eines Herrschers, diesen lärmenden Haufen, wo jeder recht haben will, wo jeder seine Arznei vorschreibt und sich hartnäckig bemüht, auf seine Art und Weise zu töten. »Es ist die Fülle der Ärzte, die den Imperator zugrunde gerichtet hat«, schreibt er. Er gibt seiner Verachtung aller Rangordnungen Ausdruck, aller Konformismen, seiner Wahrheitsliebe, seinem gesunden Menschenverstand. Um Ordnung in das Gelärme der Männer mit den spitzen Hüten zu bringen, verlangt er, daß dem König keine Arznei ohne Zustimmung aller anderen verabfolgt wird. Weg mit dem Protokoll, das die Diagnose verschleiert und die Behandlung verzögert! Die Ärzte sollen den König wie einen einfachen Edelmann behandeln, denn »es wäre nicht richtig, den König sterben zu lassen, um dem Königtum Ehrerbietung zu erweisen«. Auf dem Krankenbett hat der König das Recht, die Wahrheit zu erfahren, genauso wie sein letzter Untertan. Hier muß sie ihm gesagt werden, wenn man sie ihm auch sonst vorenthält.

Die Besorgnis wächst. Werden, wenn der König stirbt, Condé und Retz die Fronde wieder anfachen? Retz ist in der Nähe von Rom gesehen worden. Es wird gesagt, er wolle dort, wenn die Sommerhitze vorüber ist, eine Verschwörung zustande bringen. Und schon bilden sich Kabalen um den Herzog von Anjou, den Bruder und mutmaßlichen Nachfolger Ludwigs XIV.

Mazarin trifft Vorbereitungen für den äußersten Fall. Er beauftragt Colbert, die Bastille und das Schloß Vincennes so herzurichten, daß sie nicht erstürmt werden können. Bei äußerster Gefahr sollen diese beiden Festungen der innerste Hort der Verteidigung sein. Der Kardinal läßt Verwandte von Retz, Parteigänger von Condé und Angehörige aus dem Hofstaat des Herzogs von Anjou entfernen. Am 8. Juli, zum Zeitpunkt, als es mit dem König zu Ende zu gehen scheint, teilt er Turenne vertraulich mit, daß der Tod Seiner Majestät an der Regierung nichts ändern werde. Das ist freilich leichter gesagt als getan. Wenn der König stirbt, wird an allen Ecken und Enden der Brand ausbrechen.

Die gute körperliche Verfassung des Königs, die Vorsorge des Kardinals und die Liebe der Königin, die vom Krankenbett ihres Sohnes nicht weicht (»sie gönnte sich selbst keine Ruhe, um zur Genesung beizutragen, die von Gott mit so viel Schluchzen und Tränen erbeten wurde«, schreibt die »Gazette«), dies zusammen bewirkt, daß das Fieber fällt (10. und 11. Juli). Doch vor allem die Ausstrahlung von Notre-Dame-de-la-Paix, deren Statue sich im Besitz der Kapuziner in der Rue Saint-Honoré befindet. »Man kann ohne Übertreibung sagen, daß der König wiederauferstanden ist.« (Mazarin) Louis-Dieudonné: Ludwig, den Gott gegeben hat, ist durch ein Wunder geboren und wird durch ein Wunder wiedergeboren. Ein von den Kapuzinern stammendes Exvoto stellt Ludwig XIV. dar, im Bett liegend, von mehreren Personen umgeben, unter denen Anna von Österreich und Mazarin zu erkennen sind. Links ist Notre-Dame-de-la-Paix, die ihn geheilt hat, dargestellt, in der Mitte eine Allegorie Frankreichs.

Am 22. Juli kann der König Calais verlassen. In kurzen Etappen, in sechs Tagen, wird er nach Compiègne gebracht, wo die Luft so viel reiner ist.

Mazarin wird beschuldigt, die Erziehung Ludwigs XIV. vernachlässigt zu haben. Er soll den Pflichten seines Amts als oberste Aufsichtsperson, als Pate des Königs und als Freund der Königin nicht nachgekommen sein; er habe dem sterbenden Ludwig XIII. geschworen, sich um seinen Sohn zu kümmern, und er habe diesen Schwur mit Füßen getreten. Seine schlimmste Absicht sei gewesen, den Herrscher in ständiger Kindheit zu belassen wie einen Schattenkönig, damit er selber sein ganzes Leben lang der Gebieter im allmächtigen Palast bleiben könne.

Diese Legende gründet sich auf drei Zeugnisse. Auf die Memoiren des Kammerdieners La Porte, auf Madame de Maintenons »Unterhaltungen über die Erziehung von Mädchen« und die Memoiren Saint-Simons. Es fällt nicht schwer, diese drei falschen Zeugen zu widerlegen. La Porte haßt Mazarin, weil er die Liebe Annas von Österreich errungen hat, der dieser Kammerdiener eine hündische Ergebenheit entgegenbringt. Er gibt sich alle Mühe, den kleinen König gegen den Minister einzunehmen. Er will sich an Mazarin rächen, der ihn abgesetzt hat, um seine Verleumdungen zu unterbinden.

Madame de Maintenon ist eine Pädagogin, die darauf abzielt, jede freiheitliche Denkweise zu unterdrücken. Ihr Erziehungsprogramm in dem Haus für junge Mädchen, das sie in Saint-Cyr eingerichtet hat, ist gespickt mit Vergnügungen und Zerstreuungen, um ihre wahren Absichten zu verbergen. »Eure Bürgerinnen müssen als Bürgerinnen erzogen werden«, sagt sie. »Es handelt sich nicht darum, ihren Geist zu bereichern, gepredigt werden muß ihnen Familiensinn, Gehorsam gegenüber dem Ehemann, Sorge um die Kinder . . . Die Lektüre kann jungen Mädchen eher schaden als nützen . . .« Die freizügige Erziehung, die Ludwig XIV. erhalten hat, ist ihr zuwider; sie hätte gern einen Mucker und einen Frömmler aus ihm gemacht. Und der Herzog von Saint-Simon ist wütend auf Ludwig XIV., weil er Ministerportefeuilles gemeinen Bürgern anvertraut und die Herzöge dem Müßiggang überantwortet. Seine Memoiren hat er geschrieben, um den König herabzusetzen. Wie könnte dieser glänzende, aber starrköpfige Schriftsteller glaubwürdig sein?

Später bedauert der König selbst zuweilen seine Unwissenheit, doch mehr aus Koketterie und vor allem, wenn er Lateinisch sprach, was er gern besser beherrscht hätte. Für seinen Sohn, den Dauphin, und seinen Enkel, den Herzog von Burgund, bestellt er zwei hervorragende Lehrer: Bossuet und Fénelon; viele Eltern möchten, daß ihre Kinder besser unterrichtet werden als sie selbst.

Unterschieden werden muß die allgemeine Bildung Ludwigs XIV. und seine politische Schulung.

Es ist schon gesagt worden, daß seine allgemeine Bildung offensichtlich zu wünschen übrigläßt. Welche Bildung ließe nichts zu wünschen übrig, wenn nicht Lehrer wie Bossuet und Fénelon am Werk sind? Auch muß zugestanden werden, daß Mazarin, der sich selbst gebildet und dabei Konformismen und Lehrgebäude übersprungen hat, Büchern mißtraut, was höchst merkwürdig ist bei einem Mann, der die schönste und umfassendste Bibliothek seiner Zeit zusammengestellt hat. Doch diese Bücher sind für die Gelehrten. Er hat wohl nicht oft in ihnen gelesen. Und er will aus Ludwig XIV. keinen größeren Gelehrten machen, als er selbst einer ist. Das leichte Gepäck hat ihm gestattet, schneller voranzukommen.

Zum anderen hat Mazarin Entschuldigungen für die Lücken in der Allgemeinbildung des Königs. Durch die Fronde ist der Hof gezwungen gewesen, ein Zigeunerleben zu führen. Es sieht aus, als sei ein reisender Zirkus unterwegs, wenn die Hofkarossen Frankreich in allen Richtungen durchqueren. Dem kleinen König ergeht es nicht anders als den Zigeunerkindern, die sechsunddreißigmal im Jahr die Schule wechseln. Daß er Privatstunden haben konnte, ohne in einer wirklichen Schule eingeschrieben zu sein, ändert daran nichts. Nichts lenkt die Aufmerksamkeit eines Kindes stärker ab als Reisen, vor allem, wenn Gefahren sie umgeben.

Aber zu irgend etwas ist auch das Unglück gut. Ludwig XIV. hat Habsburger Blut. Er ähnelt weniger dem munteren, lebhaften Heinrich IV. oder seinem Urgroßvater Anton von Bourbon, der auch nicht träge war, als seinem Großvater mütterlicherseits Philipp II. und seinem Urgroßvater Karl V. Er ist ernst, schwerfällig, massiv. Zu viel Bildung hätte ihm möglicherweise geschadet. Er hat gerade so viel, wie er verdauen kann, obwohl er selber bedauert, nicht mehr zu sich genommen zu haben. Grundsatz der Gesundheitspflege: von Tisch aufstehen, ehe man satt ist. Es ist besser, der Gott ist nicht pedantisch. Durch die Lücken seiner allgemeinen Bildung weht ein Hauch von Freiheit. Daher stammt die Anmut, die seine Würde mildert.

Wie steht es mit seiner politischen Schulung? Kann Mazarin beschuldigt werden, ihr den Vorzug vor der Kultur gegeben zu haben? Der Schüler Machiavellis, für den nur Tätigkeit und Leistung gilt, vergißt nie, daß er ein politisches Wesen erziehen muß. Diese Aufgabe erfüllt er geradezu bewundernswert. Außer Ludwig dem Heiligen und Franz I. sind wenige französische Könige so gut auf ihr Amt vorbereitet worden. Mazarin wappnet und panzert ihn für seinen königlichen Beruf. Obschon es ihm ein leichtes gewesen wäre, ihn in diesem Bereich kleinzuhalten und seinen Kopf mit anderen Kenntnissen vollzustopfen, einen willensschwachen Intellektuellen aus ihm zu machen.

Zuerst wird Ludwig XIV. also gewappnet. Ein bißchen zu viel, wie manche meinen. Im Grunde haben die Franzosen es Mazarin nie verziehen, daß er ein Italiener ist. Sie machen ihm den Vorwurf, alle Angelegenheiten, selbst die inneren, in »auswärtige Angelegenheiten« umzuwandeln. Es sind »auswärtige« Angelegenheiten für diesen »Ausländer«. Mazarin lehrt

Ludwig XIV. deshalb die goldene Regel der Diplomatie: Mißtrauen. Gegenüber allen, wie er es selber handhabt. Dem königlichen Kind bringt er eine Maxime bei, die der Historiker Lavisse »schändlich« findet: »Es ist wichtig für Seine Majestät, sich klarzumachen, daß sie sich auf keinen Franzosen verlassen kann.« Einem englischen König hätte er geraten, sich auf keinen Engländer zu verlassen und so weiter: Universelles Mißtrauen. Ein erschreckender Ratschlag, doch die Erfahrung mit der Fronde gab ihm recht. »Meine rebellischen Untertanen«, schreibt Ludwig XIV. in seinen Memoiren, »haben mir, als sie die Waffen gegen mich erhoben, vielleicht weniger Unwillen eingeflößt als diejenigen, die sich damals in meiner Nähe befanden und mir mehr Eifer und Beflissenheit erwiesen als alle anderen, obwohl ich darüber unterrichtet war, daß sie mich verrieten.«

Um seinem Lehrer zu gehorchen und der schreckenerregenden Wirklichkeit, schafft sich Ludwig XIV. ein Herz aus Stein. Als er im Alter von vierzehn Jahren den Kardinal Retz im Louvre festnehmen läßt, ist sein Beichtvater, der Jesuit Paulin, starr vor Staunen. »Oh, wie überrascht ich war!« schreibt der Pater an Mazarin. Bis zu diesem Theatercoup hielt er den König für »die treuherzigste und aufrichtigste Seele, die es in seinem Staat gibt . . . für einen wahren Dieudonné, an dem alles von Gott gegeben ist«. Allerdings hatte der Berufspsychologe bereits bemerkt, daß der Junge »gescheit und selbstbewußt war«. Nach dem Akt der Festnahme ist er von diesem Charakterzug gebannt: »Er ist sich stets seiner selbst bewußt, ebenso der Dinge, die sich um ihn herum abspielen, obwohl dies häufig nicht in Erscheinung tritt« . . . »Die Weisheit des Königs wird größer, aber auch seine Verstellungskunst.« Der Jesuit rät Mazarin, sich in acht zu nehmen. Dieser gelehrige Schüler könnte seinen Lehrer mit dessen eigenen Waffen schlagen: »Eure Eminenz möge es Ihrem Diener gestatten zu sagen, daß Sie nur vertrauenswürdige Menschen in die Nähe Seiner Majestät kommen lassen sollte.«

Unter dem Eindruck der Lehre Mazarins, die durch die Erfahrung bekräftigt wird, sammelt sich ein Gutteil Menschenverachtung beim König an. Er übernimmt von seinem Lehrer die ständige Begier, alles wissen zu wollen, er ist ein Argus mit tausend Augen und Ohren, zu denen noch die seiner Späher zu zählen sind. Im Mittelpunkt der Welt steht der König, das Idol, das alles weiß, alles sieht.

»Alles, was zu dieser Aufgabe notwendig ist, ist zugleich angenehm«, erklärt er später dem Dauphin; »denn mit einem Wort gesagt, mein Sohn, man muß die Augen über die ganze Erde offen halten, unaufhörlich Nachrichten aus allen Provinzen, aus allen Nationen zu erfahren trachten, das Geheimnis aller Höfe, die Geistesverfassung und die Schwäche aller Fürsten und aller ausländischen Minister, über eine Unzahl von Dingen unterrichtet sein, von denen man glaubt, wir wüßten sie nicht, um uns herum sehen, was man uns sorgfältig verbirgt, die abwegigsten Meinungen unserer eigenen Höflinge ergründen. Ich weiß wirklich nicht, welches andere Vergnügen wir aufgeben würden für das, was uns allein die Neugier verschafft.«

Er paßt Mazarins Methoden seinem Naturell an. Nach dem Muster der Commedia dell'arte stellt sich Mazarin »fröhlich, wenn die Dinge schlecht gingen, und traurig, wenn sie gut gingen«. (Madame de Motteville) Ein barocker Wesenszug: in der Lüge sprudelt Spontaneität auf, und im Geheimnis gibt man sich der Lust am Spiel hin. Die Kunst, das Leben von der lächelnden Seite zu nehmen. Man empfindet es als Amüsement, sich als Persönlichkeit aufzubauen, die anderen zu nasführen, indem man sich selbst als ein Instrument des Vergnügens behandelt. Bei Ludwig XIV. hingegen kündigt sich Mechanisierung an. Er wahrt das Geheimnis durch gleichbleibende Reglosigkeit. Er verwirrt den Gegner durch Undurchsichtigkeit. Im Glück wie im Unglück verhält er sich wie ein gefühlloser Block. Er beherrscht die anderen, indem er keine menschlichen Gefühle zeigt.

Mazarin lehrt den König, sich von einem Gegner nicht einschüchtern oder unterbrechen zu lassen, der ihn beeindrucken oder ihm unangenehme Dinge sagen will. Er selber erreicht das durch Zungenfertigkeit, durch Mimik und durch Geistesblitze, ein Schauspiel, das den anderen verwirrt und jegliche Unterbrechung verhindert.

Ludwig XIV. kommt durch Langsamkeit und Bedächtigkeit zu dem gleichen Ziel. Durch eine unbeirrbare ruhigbleibende Redeweise. Zu Beginn seiner Herrschaft, berichtet Colbert, empfing er eines Tages den spanischen Gesandten. Der Diplomat wollte ihm Vorwürfe seines Souveräns vortragen. Doch Ludwig XIV. hielt ihm »eine Rede, die aus den Klagen bestand, die er gegen Spanien vorzubringen hatte«. Der Gesandte ließ sich von der Bedächtigkeit des Redners täuschen und versuchte, »alle Pausen zu nützen, die durch die maßvolle Art, wie der König sprach, entstanden«. Doch das waren unechte Pausen, in denen Seine Majestät, unter der Perücke, die nächsten Sätze, die aus seinem Mund kommen sollten, präparierte. Der Gesandte war verblüfft. Während seiner vierzigjährigen Dienstzeit hatte er noch nie einen »Fürsten erlebt, der so einsilbig sprach«.

Mazarin pflanzt seinem Schüler die Weltanschauung Machiavellis ein. Das Rüstzeug, das er diesem Ritter der Neuen Zeiten an die Hand gibt, ist Unterordnung unter die Staatsräson, Ablegung aller Skrupel, Geringschätzung der Ehre, die nichts einträgt, Bestechung.

Er bringt ihn dazu, seinen Abscheu zu überwinden und seine Hand als Allerchristlichster König, die bei der Krönung die Salbung empfangen hat, in die Hand des Ketzers und Königsmörders Cromwell zu legen. Er weiht ihn ein in die Geheimnisse der Börse, an der die Gewissen gehandelt werden. Er sagt ihm den Preis des Gewissens eines Ministers, eines Prinzen, eines Kardinals. Er zeigt ihm, daß die Wahl der beiden Säulen der Christenheit, des Papstes und des Kaisers, nur ein Handel ist. Hinter aller

Pracht und hinter den großartigen Verkündigungen wimmelt es von Unehrlichkeit und Unredlichkeit. Alles ist zu kaufen. Alles ist zu verkaufen. »Es gab kaum noch Treue unter meinen Untertanen, die nicht mit Geld oder durch Verleihung von Würden zu kaufen war.« (Memoiren Ludwigs XIV.)

Mazarin stellt den Stundenplan seines Schülers zusammen. Zwischen dem Erwachen und der feierlichen Zeremonie des Lever nutzt der König die ersten Stunden des Tages, da der Geist noch frisch ist, zum Studium mit seinen Präzeptoren. Nach dem Lever körperliche Übungen: Reiten, Fechten, Handhabung der Pike.

Dann Einübung in die Kunst der Politik. Der König begibt sich in das Zimmer des Kardinals, das über dem seinen liegt. Entgegen dem Protokoll geht der Herrscher zu seinem Untertan. Eigentlich würde man das Gegenteil erwarten. Mazarin arbeitet mit einem Staatssekretär. Anstatt abstrakte Grundsätze und Rezepte zu bekommen, nimmt Ludwig XIV. am Kochen teil. Er sieht, aus welchen Substanzen die Politik gemacht wird, aus welchen Einzelheiten, aus welchem Schmutz, aus welchen Dornen. Geheime Dinge werden ihm anvertraut. Wie es sich gerade ergibt, streut der Lehrer Bemerkungen ein, Maximen, welche die Landschaft erhellen. Der Schüler stellt Fragen.

Öfters nimmt der König am Ministerrat teil. Anfangs langweilte es ihn, nach und nach wird sein Interesse wach. Mazarin macht ihm die Dinge mundgerecht. Er stellt ihn nicht unvorbereitet vor schwierigste Angelegenheiten. Er leitet ihn mit sanfter Hand und stellt eine Rangordnung der Probleme auf.

Am Nachmittag: Persönliche Aufgaben und Übungen. Der König schreibt nieder, was er während der morgendlichen Lektionen gelernt hat und gibt seine Anmerkungen dazu. Eines Tages schreibt Mazarin unter seine Niederschrift: »Ich möchte Ihnen ohne Übertreibung sagen, daß ich Ihren Brief mit größter Freude gelesen habe, denn er ist sehr gut abgefaßt. Sie zeigen auf diese Weise, daß Sie in die Staatsgeschäfte eindringen und nicht vergessen wollen, was Sie für notwendig halten, um ein großer König zu werden. Ich werde ruhig und zufrieden in dem Augenblick sterben, da ich Sie imstande sehe, selbst zu regieren.«

Natürlich lehrt Mazarin ihn die Kriegskunst. Das ist wohl einer der Gründe, weshalb er selber in den Krieg zieht. Man kann nur das gut lehren, was man selber erlebt hat. Der König nimmt an den Kriegsberatungen teil. Sein bester Lehrer ist Turenne. Aber der Kardinal will nicht am Rande bleiben.

Der König ist der Befehlshaber der Armeen. Darin ist Ludwig XIV. mehr Bourbone als Habsburger. Er macht es nicht wie der König von Spanien, der wie ein Götterbild sich abseits der Kämpfe hält. Er ist der echte Enkel Heinrichs IV., der sich mit seinem weißen Helmbusch in den Kampf stürzte, der wahre Sohn Ludwigs XIII., der sein Leben aufs Spiel setzte wie ein Soldat.

Allerdings liebt Ludwig XIV. mehr das Kriegsschauspiel als das Handgemenge. Er ist von seiner Göttlichkeit zu sehr durchdrungen, als daß er sie auf das Niveau eines Nahkampfs Mann gegen Mann herunterziehen ließe. Er würde einen Frevel begehen, wenn er seine geheiligte Person in Gefahr brächte. Der Vertreter Gottes auf Erden ist vor Gott dem Herrn verantwortlich für sich selbst. In diesen Grenzen ist Ludwig XIV. ein ebenso großer Regisseur wie Mazarin, schon früh findet er Geschmack am Theater des Krieges. In Friedenszeiten beschäftigt er sich gern mit der Vorbereitung von Schlachten. Er liebt es, seine Soldaten manövrieren und paradieren zu lassen, von seinem Pferd herab diese gefügigen Ballette zu lenken: das sind Bilder, die ihm für die Gesamtheit seiner Untertanen vorschweben. Er weiß, wie eine Armee beschaffen ist und wie sie funktioniert, wie ein Feldzug geführt wird. Er besitzt die für einen König wichtige und wesentliche Tugend, die auch dem Volk gefällt, er geht auf Einzelheiten ein, er fragt. Er schreibt kurze, freundliche Briefe an die Generale.

Doch das genügt Mazarin nicht. Hinzukommen muß die Kenntnis des Krieges im Gelände. Der König unterwirft sich dieser Einweisung mit größtem Eifer, denn sie nützt der kultischen Verehrung, die ihm entgegengebracht wird. Er ist die Hostie in der Monstranz. Sobald er erscheint, beschwichtigt er alle Wirren, reißt er die Soldaten mit. »Man sagte, die Königin könnte alle Königreiche des Erdenrunds erobern, wenn sie wollte, sie brauchte nur mit dem König herumzureisen, ihn nur einen Augenblick zu zeigen.«

Ludwig XIV. zeigt sich also und läßt sich bei Belagerungen sehen, jenen Episoden des Krieges, die am meisten Theaterstücken ähneln, wo jeder Teil sich vom voraufgehenden herleitet, mit kartesianischer Logik. Ihm macht es solche Freude, vor den Befestigungen zu erscheinen, die wie Theaterdekorationen wirken, unter den Kanonenschüssen, deren Pulverdampf wie Wolken sind, daß er fünfzehn Stunden zu Pferde sitzt sowie Entbehrungen und kleine Gefahren auf sich nimmt. Herrlich ist es, dem Protokoll entronnen zu sein! Trotz der Mahnungen seitens der Königin und Mazarins besteht er darauf, an der Belagerung Dünkirchens (Mai 1658) teilzunehmen. Die Gegend ist fürchterlich ungesund, die Luft voll vom Gestank der Leichen aus früheren Jahren, die nur nachlässig im Sand vergraben wurden. Einen Monat danach, bei der Belagerung von Saint-Vinox, verhehlt er, daß er krank ist; erst als er nicht mehr weiter kann, gesteht er es dem Kardinal. Fast muß man ihn dort losreißen, um ihn nach Calais zu bringen.

Die schlimmste Lücke in der politischen Bildung Ludwigs XIV. ist seine Unkenntnis in Finanzdingen. Dafür ist Mazarin ungewollt verantwortlich: er selber versteht nichts davon. Das Durcheinander seines Privatvermögens beweist es. Seine Konzeption vom Finanzwesen ist die eines Spielers.

Finanzen sind für ihn die wundersame Quelle, die er sprudeln läßt, um seine Politik zu stützen, das heißt vor allem, um Seelen zu kaufen und um seinen Aufwand zu bestreiten.

Für den erstklassigen Virtuosen Mazarin ist die Politik, wie die Küche und die Liebe, eine ausführende Kunst. Der König kann von ihm die erstaunlichsten Rezepte erwarten, die unwahrscheinlichsten Taschenspieler- und Kartenkunststücke, doch weder zusammenfassende Ansichten, noch abstrakte Überblicke oder abgründige Philosophie. Mit seinen letzten Ratschlägen, mit einem Fuß schon im Grabe, vermittelt er dem König nur Binsenweisheiten: »Dem Volk Erleichterung verschaffen, sofern es die unvermeidlichen Ausgaben gestatten«, »die Kirche in ihren Rechten, Unverletztlichkeiten und Privilegien belassen, da er ihr ältester Sohn ist«, »Wert legen auf den Adel, den rechten Arm«.

Der König scheint Mazarin für die Lücken in seiner Erziehung nie verantwortlich gemacht zu haben. Wenn er hinsichtlich der Lücken in Geschichte klagte: »Man empfindet peinigenden Kummer, wenn man Dinge nicht weiß, die alle anderen wissen«, so klagte er seinen Geschichtslehrer an oder vielmehr die Fronde, die ihn von Stadt zu Stadt trieb, von Schlössern ohne Türen in Schlösser ohne Fenster, die ihn auf die Straße jagte wie einen Landstreicher und ihn auf ihre Art Geschichte lehrte.

Für Mazarin empfindet Ludwig XIV. nur Dankbarkeit und Freundschaft. Im Jahr 1660 erforscht der venezianische Gesandte mit dem Scharfsinn fast aller Repräsentanten der Lagunenstadt die Gefühle des Königs gegenüber der Königinmutter, der jungen Königin und Monsieur. Abschließend stellt er fest: »Die ganze Kraft seiner Zuneigung scheint sich auf den Kardinal zu richten.« Er benutzt große Worte wie »okkulte Sympathie«, »Unterordnung der Seele und des Verstandes« des Königs gegenüber seinem Lehrer, Paten und Minister. Mazarin scheint den Sohn genauso behext zu haben wie die Mutter. Verwunderlich ist es nicht, daß seine Gegner meinen, es sei Magie im Spiel.

In ihren Briefen an Mazarin nennt Anna von Österreich ihren Sohn, um ihn noch fester an den Mann zu binden, den sie liebt, »den Vertrauten«. Nicht einen »Vertrauten« der wahren Natur ihrer Liebe, sondern der Festigkeit ihrer Bande, von denen Mazarin in einem seiner Briefe sagt, »sie könnten weder durch die Zeit noch durch irgendwelche Gewalt zerrissen werden«.

König, Königin, Kardinal – Kardinal, Königin, König – Königin, Kardinal, König – König, Kardinal, Königin, wie man sie auch zusammenstellen mag, sie bilden eine unangreifbare Einheit, eine Liebesmacht, die hart ist wie ein Diamant, an der sich alle Teufel der Fronde und Europas die Zähne ausgebissen haben. Im August 1658 schreibt Anna an Mazarin etwas, das sie ihm jeden Tag sagen könnte und das die unbezwingliche Macht der Eminenz beweist: »Der Vertraute schreibt Ihnen nicht, da Sie den Unterschied unserer Handschriften nicht kennen und auch den Unterschied unserer Gefühle nicht, denn wir sind für Sie ein und dieselbe Sache, und obwohl es nur eine Hand ist, die Ihnen schreibt, sind die Herzen in Freundschaft zu Ihnen vereint.«

Der geizige, raffgierige Kardinal

Mazarin führt die Geschäfte des Königs und vergißt sich selber dabei nicht. Das ist damals Brauch und Regel. Ein Mann an der Macht beweist seine Fähigkeit, die Staatsgeschäfte zu führen, indem er die seinen florieren läßt. Bliebe er arm, würde er nur Geringschätzung ernten. »Was für General Motors gut ist, ist gut für die USA«, sagen heute die Amerikaner. Im 17. Jahrhundert sind die Franzosen – ein junges unternehmendes, von Talenten wimmelndes Volk – die Amerikaner Europas. Dieses muntere Volk macht Mazarin nur zum Vorwurf, daß er Italiener ist. Der Schatten Concinis hängt über ihm. Richelieu wirft man sein ungeheures Vermögen nicht vor. Die Franzosen der damaligen Zeit waren stolz auf das französische Gold, vor allem, wenn es von »Grandeur« begleitet war. Den reichen, glatten Mazarin, der das Rückgrat beugt und sich ewig zu entschuldigen scheint, verspotten sie. Später, als er sich nicht mehr so oft entschuldigt, mögen sie ihn lieber. Zum Zeitpunkt, als er den Gipfel der Macht erreicht.

Im Oktober 1643 bezieht Mazarin das Stadtpalais Duret de Chévy, aus dem das Palais Tubeuf geworden ist. Aber er wohnt selten darin. Es dient ihm eher als Festsaal oder Ort der Ruhe, wenn er sich vom Getöse am Hof erholen will, als Harem seiner Nichten und vor allem als Museum. Im Januar 1644 läßt er die neuntausend Bände seiner Bibliothek dorthin bringen. Nichts ist raumfüllender als Bücher, ihretwegen muß das Haus erweitert werden. Mansart erstellt zwei neue Bauwerke, das eine parallel zur Rue Vivienne, das andere längs der Rue de Richelieu. Unter der Leitung von Naudé wächst die Bibliothek auf vierzigtausend Bände an und überflügelt die des Königs. Das Palais wird zu einer Ali-Baba-Höhle, in der sich Gemälde, Statuen, seltene Möbel, Teppiche, Wandteppiche, Medaillen, Münzen und Diamanten anhäufen.

1649 bevölkern hundertelf Bedienstete die Karawanserei. Sie bekommen siebentausend Pfund Lohn im Trimester. Die Garde besteht aus hundert Leuten. Außer diesem Pariser Palais besitzt Mazarin das römische, es ist sozusagen sein Abstellraum, wo er die Verwandten unterbringt, die ihm in Paris lästig sind.

Wie zur Zeit, als er Student und Hauptmann war, ist Mazarin dem Spiel verfallen. Jeden Abend werden drei- bis viertausend Goldpistolen auf den grünen Tisch geworfen, das ist die Ration, die ihm das nötige Herzklopfen verschafft. Er betätigt sich als Mäzen und arrangiert Opernaufführungen:

die Ausstattung und Theatermaschinerie für »Orpheus und Eurydike« von Rossi kosten ihn vierhunderttausend Pfund. Die Empfänge, die er gibt, setzen den Hof in Erstaunen und steigern sein Ansehen als Zauberer, sie zehren aber auch an seinem Goldschatz.

Als Kardinal und Erster Minister teilt er Geld aus an die Armen, die Schriftsteller und seine Spione. Die ersteren bekommen ihre Almosen durch die etwa vierzig Klöster, an die er die Zahlungen leistet; die Schriftsteller Chaplain, Voiture, Guez de Balzac, Corneille und Descartes bekommen weniger als die Spione. Die Armen helfen dem Kardinal nur, in den Himmel zu kommen, woran er noch nicht denkt, die Schriftsteller sichern ihm den Nachruhm, der allerdings erst für morgen ist. Nur die Spione verhelfen ihm dazu, die Gegenwart zu meistern, indem sie ihm die geheimen Gedanken des Hofs und der ganzen Welt zutragen.

Welche Einnahmen hat Mazarin, um alle diese Ausgaben bestreiten zu können? Zunächst sein Einkommen als »Prinzipalminister«: zwanzigtausend Pfund; als Vorsitzender des Königlichen Rats: sechstausend Pfund; sein Gehalt als Kardinal: achtzehntausend Pfund. Ferner eine persönliche Zulage von hunderttausend Pfund. Und dazu regelmäßige Zuwendungen, wie die zwanzigtausend Pfund, die ihm die Versammlung des Klerus alle fünf Jahre zahlt.

Die Königin ist in ihrer Liebe unklugerweise so weit gegangen, ihn zum Verwalter ihrer Hofhaltung zu ernennen. Sie hat sich ihm in die Hand gegeben. Er kann ihr, sowie der königlichen Familie die Luft abdrücken. Und er tut es. Was er seiner Geliebten abnimmt, steckt er in die eigene Tasche. Die Motteville sagt in ihren Memoiren: »In dieser Stellung bewies er äußerste Knausrigkeit, er sparte an allem und gab der Königin nur tausend Taler im Monat; die Jahresgaben wurden durch ihn von sechsunddreißigtausendfünfhundert auf zehntausend Pfund herabgesetzt.« Hingegen ist nicht bekannt, was ihm diese Stellung einbrachte; die königlichen Budgets schweigen darüber.

1646 schafft die Königin für ihn, wie nach Maß, das Amt der Oberaufsicht über die Erziehung der königlichen Kinder, das unter zeitlicher Vorwegnahme die Oberaufsicht über die Hofhaltung von Monsieur einschließt, des jüngeren Bruders Ludwigs XIV., des Herzogs von Anjou, sobald dessen eigene Hofhaltung eingerichtet ist. Mazarin hat das Recht, solche Ämter zu verkaufen. Das erstere nimmt ihn nicht sehr in Anspruch, denn der Gouverneur und der Präzeptor des Königs, Marschall Villeroy und Abbé Péréfixe, leisten die ganze Arbeit. Seine einzige Tätigkeit in diesem Bereich besteht darin, daß er Seiner Majestät im Ministerrat Lektionen in Politik erteilt und daß er mit einem Staatssekretär arbeitet. Ungewöhnlich teure Lektionen: sechzigtausend Pfund sind das Gehalt für diesen Aufsichtsposten.

Dieser Goldregen wird zuweilen durch Gaben der Königin verstärkt, die süß sind wie Küsse. Im Mai 1646 ernennt sie ihn zum Intendanten der Baulichkeiten Seiner Majestät und zum Schloßvogt von Fontainebleau. Diese Stellung bringt ihm tausendundzehn Pfund aus dem Holzschlag und der Aufsicht über die Wasserläufe und Wälder von Melun. Sie bereichert seine Tafel mit Wild und Pilzen aller Art und verschafft ihm Brennholz; zweihundertsechzig Ster Holz, die Hälfte dessen, was der Park hergibt. Außerdem bekommt dieser rechtschaffene »Hausmeister« vierzig Pfennig Trinkgeld pro Tag, wenn der König sich im Schloß aufhält. Pecunia non olet.

Die Königin ernennt ihn außerdem zum Oberintendanten der Bauwerke, Gobelins und Manufakturen Frankreichs. Nur zwölftausend Pfund festes Gehalt, dafür aber zusätzliche Vorteile, die seinem Museum zugute kommen: das Recht, jedes Jahr durch die Pariser Zollbehörden hundertfünfzig Wandteppiche aus Flandern einzuführen, die jedoch den Preis von hunderttausend Pfund nicht überschreiten dürfen. Dazu das Recht, ausländische Wandteppiche in Besitz zu nehmen, die, weil geschmuggelt, beschlagnahmt wurden, dazu die Geldbußen, die den Schmugglern auferlegt wurden.

Als Maître du Conseil de Conscience, wörtlich übersetzt: Vorsteher des Gewissensrats, hat Mazarin alle kirchlichen Pfründen Frankreichs in der Hand. Er sucht sich selbst nicht die schlechtesten aus. Er schafft sich eine ganze Sammlung von Abteien. Zu denen, die er bereits besaß, kommt von 1647 an etwa ein Dutzend hinzu, es sind die fettesten, und sie bringen ihm ungefähr zweihundertfünfundvierzigtausend Pfund ein.

Aus der Zeit, als er Hauptmann war, hat er sich den Geschmack am Befehlen bewahrt. 1647 reißt er zwei Regimenter, Kavallerie und Infanterie des Marschalls Guebriant, an sich. Er läßt sich zum Hauptmann einer Kompanie ernennen. 1650 wird er Oberstleutnant des Marineregiments der Levante. Allerdings nicht, weil er Vergnügen am Soldatenspielen hat, sondern weil er Goldpistolen damit gewinnen will, die ihm lieber sind als Pistolen zum Schießen. Auch betätigt er sich als Wucherer, er leiht seinen Offizieren Geld und nimmt ihre Uhren dafür als Pfand.

Abrechnungen braucht er nicht vorzunehmen und nicht vorzulegen, er hat sich selber davon befreit. Wie sollte jemand wagen, so etwas von einem Ersten Minister zu verlangen? Böswillige Zungen behaupten, er habe von den Summen, die für den Sold und die Versorgung der Soldaten bestimmt sind, seinen Offizieren nur einen Teil gegeben. Was fehlt, sollen sie sich bei den Bewohnern des Landes holen. Behauptet wird auch, er habe Gelder der Marine in seine Tasche gesteckt, indem er Matrosen in die Register eintragen ließ, die gar nicht existierten. Mazarin ist sehr stolz auf sein italienisches Regiment. Colbert rechnet später aus, daß es ihm im Lauf von acht Jahren vierhundertfünfzigtausend Pfund eingebracht hat. Jetzt versteht man, warum der Kardinal die Armee so liebte.

Er behauptet, 1645 habe ihm die Königin ein Drittel der Kriegsbeute aus den Prisen, die dem König zustehen, zugesichert, ein prächtiges Geschenk in einer Zeit der Seekriege. Aber der Erste Minister ist nicht der Staat. Er kann Staatseinnahmen nur seinem Konto einverleiben, wenn dieses außergewöhnliche Privileg vom Parlament registriert worden ist. Die Herren in den Talaren mögen Mazarin so wenig, daß sie es mit der Registrierung nicht eilig haben. Doch Mazarin hat einen langen Arm und greift über den Kopf der Parlamentsherren direkt nach der Beute an den Küsten. Ein Sekretär des Kardinals gesteht später, er habe jährlich neunhunderttausend Pfund aus dem Meer gefischt.

Man darf sich nicht vorstellen, daß solche Beträge regelmäßig in den Geldbeutel der Eminenz fließen, wie etwa die Bezüge heutiger Beamter. 1646 jammert Mazarin, weil er sein Gehalt für 1645 noch nicht bekommen hat. Seine Abteien liegen größtenteils in den vom Krieg heimgesuchten Provinzen des Nordens und Ostens; man kann sie nur zu einem Drittel ihres Wertes verpachten, und von diesem ärmlichen Drittel gehen dann noch ab die Taxe für den Papst, der Zehnte, der in Frankreich gezahlt werden muß, die Gelder für die Mönche, die auch leben müssen, und für sonstige Personen. Auch bringen nicht alle Prisen etwas ein, sie müssen vorher als »gut« beurteilt worden sein. Und die Marineverwaltung ist so durcheinander wie das Meer, wenn hoher Seegang ist. Zwar kann die gütige Königin sagen: Ich gebe dir dies und das, aber diese Gaben müssen den Nutznießer auch erreichen. So ging einmal eine Summe von zweihunderttausend Talern in eine unbekannte Tasche, auf jeden Fall nicht in die Mazarins.

Der listige Kardinal sucht nach Ausgleichen. Da er nicht Priester ist und weder das Gelübde der Keuschheit noch das der Armut, überhaupt kein Gelübde abgelegt hat, kann er sich bereichern. Das ist das einzige Gelübde, das er vor seinem Gewissen abgelegt hat. In Venedig hat er Waffen und Pferde gekauft. (Wie hat er Pferde in der Stadt der Gondeln auftreiben können? Nicht umsonst ist er ein Zauberkünstler.) Für die Ausrüstung eines Reiters bezahlt er acht bis zwölf Goldpistolen und verkauft sie an den Staat mit zwanzig weiter.

Nichts ist in jener Zeit, da man sich nur unter größter Gefahr aufs Meer begibt, eher mit dem Spiel zu vergleichen als der Seehandel. Mazarin kauft sechs Schiffe: Die »Anna« (Anspielung auf Anna von Österreich?), »Schäfer«, »Schäferin« (dem Roman »Astrée« entnommen), »Samson« und so weiter. Einige läßt er in die königliche Marine einschreiben, die anderen rüstet er als Kaperschiffe aus. Zu den Anteilen, die er an den Prisen des Königs hat, kommen die hinzu, die der Kardinal als Seeräuber erbeutet. 1644 unterstützt er die Gründung der Compagnie du Nord, einer Flotte für den Walfang. Er ehrt die Gattung der Wale, indem er die Würde ihres Hauptverwalters annimmt. Und die Walfischfänger bezahlen diese Ehre mit hundertachtzigtausend Pfund, die innerhalb von drei Jahren zu zahlen sind.

Im Krieg fließt Blut, aber auch das Getreide, aus dem das Brot der Soldaten gebacken wird. Mazarin spekuliert in Getreide. Er unterbindet die Ausfuhr des Getreides. Der Kurs fällt. Er benutzt den Tiefstand und läßt zu niedrigem Preis Getreide durch den Erzbischof von Narbonne aufkaufen. Der Gewinn ist für ihn, der Verlust für den König. Einmal hat sich der Fuchs verrechnet. Noch gerissenere Händler als er weigern sich, seine harten Preise zu zahlen. Er muß das Getreide mit Verlust abstoßen, auf Kosten Seiner Majestät.

Während des neapolitanischen Abenteuers unterschlägt er hunderttausend Pfund aus den Marinegeldern, das war der Kaufpreis für achtzehntausend Sester Getreide, aus dem Zwieback hergestellt werden sollte. Er vergißt, die vom Staat verkauften Zwiebäcke in das Register der Einnahmen einzutragen. Er gibt vor, das Getreide sei nach Italien zur Versorgung Piombinos geschickt worden und die Zwiebäcke habe man mit Mehl, das aus einer Kriegsbeute stamme, gebacken. In Wirklichkeit hat er das Getreide dem Bankier Faverly in Neapel verkaufen lassen. Er hat den Wiederverkaufspreis für das Getreide eingesteckt, das er mit Staatsgeldern hatte kaufen lassen.

Er handelt schamlos mit Stellungen. Für jede Ernennung bekommt er Provisionen. Ihm erscheint dieser von ihm aus Italien eingeführte Brauch so selbstverständlich, daß er in seinen Briefen manchmal offen darüber spricht. »Es lag mir gar nichts daran, daß die Statthalterschaft von Toulon in die Hände des Herrn von Vendôme kam, denn über kurz oder lang wäre es nicht schwierig gewesen, dasselbe Geld aus einem einfachen Edelmann herauszuziehen. Das erste Angebot des Herrn von Nuchèze belief sich auf sechzigtausend Francs.«

»Das erste Angebot«, das ist das Wort eines Taxators: er versteigert die Stellungen. Um den Wechsel zu aktivieren, drängt er seine Freunde, ein Priorat gegen eine Abtei auszutauschen, eine Abtei gegen einen Bischofssitz. Auf diese Weise bekommt er öfters etwas, und er bekommt mehr. Die Käufer, die nicht bar zahlen können, setzen ihm eine Rente aus.

Eine unerschöpfliche Quelle sind die Zahlungsanweisungen. Dieses hochstaplerische System erlaubt es den Überbringern, sich ohne Quittung und Unterlagen Geld aus dem Schatzamt zu beschaffen. Auf diese Weise kommen die Minister zu den Geheimfonds für vielfältige verschleierte Aktivitäten. Auch Mazarin besorgt sich so Geld, das er angeblich für Unternehmungen in Übersee und für Geschenke an ausländische Gesandte benötigt. Er zweigt diesen dunklen Fluß in seine Tasche ab. Für eine Reise, die dreitausend Pfund Spesen erfordert, gibt er dem Kurier großherzig sechshundert Pfund und behält den Rest. Meistens läßt er sich Stöße von Blankoanweisungen ausstellen. Seine Bankiers, zwei italienische Gevattern namens Cantarini und Cerantoni, lassen von ihren Gehilfen dann ungeheure Summen einsetzen. Durch diesen Kanal bekommt er die Summen aus der

Seekriegsbeute, die der Rechnungskammer entgehen. Er soll auf diese Weise viele Millionen zusammengerafft haben.

Mazarin bereichert sich von beiden Enden her: indem er seine Einnahmen vermehrt und seine Ausgaben vermindert. Er macht es wie viele Südländer, er läßt sich von einer Frau aushalten. Er bewohnt nicht sein Palais, sondern das Gebäude gegenüber, das Palais-Royal, wo er auf Kosten der Königin lebt. Die verliebte Frau überläßt ihm ihr Silber und ihre Bettücher.

Er weist Gaben in natura nicht ab. Er fährt in einer zweispännigen Karosse, die Montade ihm im Austausch gegen den Oberbefehl über die Seestreitkräfte gegeben hat.

Sein berühmtes Palais hat ihn nicht einen Heller gekostet. Er hat es nicht beim Spiel gewonnen, wie die Pariser fälschlich behaupten. Er ist nur der Mieter mit einem Kaufversprechen. Tubeuf nimmt es auf sich, in seinem Namen Gelände für weitere Gebäude zu kaufen und die Bauunternehmer zu bezahlen. Es ist aber keine einfache Angelegenheit, der Strohmann Mazarins zu sein. Der Kardinal soll alles zurückerstatten. Er tut es nicht, weder für den Ankauf des Geländes, noch für die Arbeiten. Er zahlt nicht einmal die Miete und das Honorar für den Maler Romanelli. Alles fällt auf Tubeuf zurück.

Die Bibliothek, für die ihm Ruhmeskränze gewunden werden, hat ihn nicht viel gekostet. Sein Bibliothekar Naudé gesteht freimütig, daß seine eigenen Anstrenungen »gering sind im Vergleich zu den Bemühungen, die sich viele gekrönte Häupter gemacht haben, um den Absichten des Kardinals entgegenzukommen«. Um ihm zu Gefallen zu sein, schenken ihm Bittsteller, seien sie gekrönt oder nicht, gebundene und mit seinem Wappen versehene Werke. Er legt den Marschällen Turenne und Guébriant ans Herz, feindliche Bibliotheken für ihn auszuräumen. Wenn er den Verweser des Königs in Breisach oder den Intendanten von Tracy bittet, Bücher für ihn zu kaufen, oder wenn er d'Argenson ersucht, ihm das Geld vorzustrecken, um den »Flos Mundi« zu erwerben, werden solche Beamte, da sie auf Beförderung aus sind, sich diese Summen nicht zurückzahlen lassen.

Ein Rätsel ist, wie er die dreihundertfünfzig Manuskripte an sich gebracht hat, die Richelieu unter Zwang von Brienne für sechsunddreißigtausend Pfund gekauft hatte; es war gesagt worden, sie enthielten Staatspapiere. Wenn Richelieu sie für sich gekauft hätte, hätten sie an seine Erben übergehen müssen. Hätte er sie für den König gekauft, hätten sie in der königlichen Bibliothek erscheinen müssen. Sie sind aber in Mazarins Bibliothek gelandet. »Die Königin hat sie mir geschenkt.« Das ist die ewig wiederkehrende Melodie. »Die Königin ist so gütig!« hieß es zu Beginn der Regentschaftszeit.

Der tüchtige Naudé selbst macht es beim Bücherkauf so wie ein Neureicher: er kauft ganze Regale von gebundenen oder nichtgebundenen Bänden, meterweise wie Wurst, klafterweise wie Holz, oder en gros, nach endlosem Feilschen. In der Bibliothek sichtet und ordnet er das Durcheinander und verkauft die Doppel weiter. Tut er es aus Knausrigkeit? Für einen Bücherliebhaber ist der Vorgang so barbarisch, daß eher anzunehmen ist, Mazrin steht mit seinen Anweisungen dahinter. Der Stil des wucherischen Kardinals ist zu offensichtlich.

Mazarins Geiz ist überall festzustellen. Er läßt seine Abteien verkommen. Die Mönche lassen ihn durch die Gerichte zwingen, sie instand zu setzen. Er schraubt die Löhne für seine Bediensteten auf ein Mindestmaß herunter. Geschenke, die er macht, sind oft kärglich bemessen und schon mit Mitteln eines Geizhalses erworben worden. Einmal schenkt er dem König einen Zelter, den er in Italien »zum bestmöglichen Preis« gekauft hat. Um seine treuesten Gefolgsleute zu belohnen, gibt er ihnen Abteien, Bistümer, Vogteien, die ihn nichts kosten. Seine in Italien gebliebenen Verwandten müssen sich mit monatlichen Zahlungen von fünfhundert Talern begnügen. Daß er Neffen und Nichten nach Paris holt, geschieht nicht, weil aus dem geizigen Onkel ein freigebiger Onkel geworden ist. Sie werden sozusagen dienstlich beordert, sie sollen reich heiraten und eine Dynastie Mazarin gründen. Sie wissen es und sind ihm kaum dankbar dafür.

Geld verauslagen ist für ihn gleichbedeutend mit einer chirurgischen Operation, die unerträgliche Schmerzen bereitet und nur durch langes Feilschen gemildert wird. Um die Kunstgegenstände seiner Sammlung, die er heiß liebt, hat er bis zur Erschöpfung gefeilscht.

Von allen Mitarbeitern verlangt er Abrechnungen und genaueste Aufstellungen. Inquisitorisch fragt er unaufhörlich: »Warum?« Vor allem seine Offiziere zu Lande und zu Wasser. Warum gibt es so viele Deserteure? Warum kostet diese Kompanie genausoviel, als wenn sie aus zweimal soviel Soldaten bestünde? Warum ist die Fracht eines gekaperten Schiffes zuerst auf siebzigtausend Pfund beziffert worden, während es jetzt nur zwanzigtausend sind? Warum? . . . Warum? . . .

Doch ist bei Mazarin stets Komik mit im Spiel. Er kann nicht alles durchzählen, abmessen, abwiegen. Während er kleinlich um einen Pfennig bei der Soldaufstellung irgendeines Regiments knausert, bringen hinter dem Rücken von Signor Pantalone seine Vertrauensleute Euzenat, Jobart und Le Normand alles durcheinander. Verwicklungen stören Mazarin nicht, im Gegenteil, er fühlt sich wohl im »Imbroglio«. Am verwickeltsten sind seine Vermögensangelegenheiten. Alle Anstrengungen, sich in ihnen zurechtzufinden, bringen ihn nur stärker ins Gedränge. Man könnte ihn mit einer Figur aus einer Posse vergleichen, die in einen Leimtopf gefallen ist und bei dem Versuch sich zu befreien, immer klebriger wird. Pantalone, noch ganz klebrig, zeigt seine Hände vor, er glaubt, sie seien sauber, und beteuert seine Uneigennützigkeit. »Ich bin in dieses Ministerium mit dem festen und unerschütterlichen Entschluß eingetreten, niemals meine eigenen Interessen zu verfolgen, niemandem zu mißfallen und zu tun, was ich nur kann.« Dem

Marschall de La Meilleraie versichert er »die Uneigennützigkeit seines Verhaltens und die Lauterkeit seiner Absichten, mit denen er das Wohl des Staates im Auge hat«.

Dieser Cato-Pantalone lügt nur halbwegs. Seine Angelegenheiten sind derart in Unordnung, sie wachsen ihm derart über den Kopf, sie überschwemmen ihn mit so viel Trümmern und Fetzen, daß das Durcheinander bei diesem Schiffbrüchigen schon fast wie Uneigennützigkeit aussieht. Er treibt die barocke Widersprüchlichkeit so weit, daß er mit einer Hand das Staatschiff zum Sinken bringt und es mit der anderen wieder flottmacht.

Nach dem Sieg von Rocroi im Jahre 1643 verkündet er, er wolle sechzigtausend Pfund für die Vorbereitung der Belagerung von Diedenhofen vorstrecken. Die Königin gibt ihm zu diesem Zweck hunderttausend Pfund aus ihrer Schatulle. »Benutzen Sie dieses mein Geld, als wenn es Ihnen gehört«, sagt er zum Herzog von Enghien, für den Fall, daß die königliche Freigebigkeit nicht ausreichen sollte. Im November des gleichen Jahres verspricht er sechzigtausend Pfund, um die aufgeriebenen Regimenter in Bayern wieder aufzufüllen. 1644 gibt er fünfzigtausend Goldpistolen, um Gravelines zu belagern. Im Juli 1645 macht er eine Anleihe von fünfzigtausend Reichstalern, um dem Herzog von Enghien zu helfen. Sechs Monate später leiht er dem Kurfürsten von Trier zwanzigtausend. Wiederum einige Monate später beteiligt er sich mit zweihunderttausend Talern an der Mitgift der Königin von Polen. Er verspricht, mit hunderttausend Pfund die Versorgung der Marine zu unterstützen. Unaufhörlich gibt er Geld her, um die schweizerischen und deutschen Söldner zu bezahlen sowie Portolongone und Piombino wieder aufzubauen, um Breisach und Philippsburg (zehntausend Goldpistolen) zu befestigen, um den Unterhändlern von Münster und Osnabrück Geschenke zu machen (hunderttausend Pfund), um der bedürftigen Königin von England zu helfen (zweihunderttausend Pfund).

Wenn seine Mittel erschöpft sind, verpfändet er seine Möbel. Dieser Kardinal hat nichts von einem besonnenen Bürger, der seine Ausgaben und Einnahmen ausgleicht, der sein Soll und Haben in Ordnung bringt. Er lebt wie ein Bohemien, wie ein Künstler, er ist ein vertrauter Kunde des Leihhauses.

Um seine Schweizer zu entlohnen, trennt er sich von seinen Diamanten. Der Traum nährt die Wirklichkeit. Achtzigtausend Goldpistolen hat er Turenne versprochen. Er hält sein Wort, sonst wären die Truppen davongelaufen: er macht Silbergeschirr, Wandteppiche und Edelsteine zu Geld.

Manchmal leiht er sich Summen und beauftragt seine Bankiers, die Rückzahlung an seiner Statt vorzunehmen. Cantarini muß zwanzigtausend Pfund auswerfen, mit dem der König den Chevalier de Valebelle bedenkt. Auch hat er den Auftrag, den größten Teil der dem Großherzog von Toskana abgekauften Galeeren zu bezahlen. Den Rest zahlt Valenti in Italien.

Oft wird Cenami, der Bankier in Lyon, zu Hilfe gerufen. Solche Aderlässe bringen die Bankiers an den Rand des Ruins. Wenn es ganz schlimm kommt, wendet sich Mazarin auch an irgendwelche Privatpersonen.

Aus Gaben, Darlehen und Hilfeleistungen bestehen die Vorschüsse, die Mazarin zurückzubekommen hofft. Er verirrt sich in ihnen, er geht unter, wie in jenen amphibischen Regionen, wo man nicht mehr weiß, wo der feste Boden ist und wo das Meer. Was gehört ihm? Was gehört dem König? Manchmal sieht es so aus, als bringe er dem öffentlichen Wohl ein wirkliches Opfer. Er verkauft sein Amt als Hauptverwalter der Baulichkeiten, um zweihunderttausend Pfund in die Kriegskasse zu schütten. Um eine Verhandlung mit dem Neffen des Papstes flüssiger und reibungsloser zu gestalten, gibt er Corbie, die Perle seiner Abteien, hin. Doch damit jeder es weiß, trompetet er seine Wohltaten in alle Himmelsrichtungen.

Sein Vermögen gehört zur Kategorie der flüssigen oder gasförmigen Körper. Alles, was dieser Zauberkünstler erwirbt, scheint aus Wolken zu bestehen, die sich gleich wieder auflösen. Ehe er sich in den Sessel eines »Prinzipalministers« setzt, ist er noch imstande, eine oberflächliche Bilanz seines Besitzes aufzustellen: fünfhunderttausend Pfund in Möbeln und Geld in Frankreich, hunderttausend Taler in Rom. Fünf Jahre später, 1648, wittert er, daß er möglicherweise eines Tages heimlich aus Frankreich verschwinden müsse. »Wenn ich das Königreich verlassen müßte, hätte ich nicht so viel, um die Reise zu bezahlen«, seufzt er. Eine Übertreibung, die seinem Charakter entspricht und dem südländischen Hang zum Wehklagen. Als er drei Jahre danach, 1651, wirklich fliehen muß, hebt dieser Vagabund ohne Heim und Herd, bevor er zurückkommt, Truppen auf seine Kosten aus. Zu diesem Zeitpunkt hat er noch einen Rest von Schamgefühl und unterscheidet zwischen dem, was des Königs und dem, was sein eigen ist. Die Motteville sagt in ihren Memoiren: »Seine Bescheidenheit war noch von engen Grenzen umschlossen.« Später hält sich der erfolgreiche Kardinal nicht mehr zurück.

Der Kartesianer Colbert beweist den Herren, denen er dient, eine Vasallentreue, die noch aus der Feudalzeit stammt. Er verschreibt sich mit Leib und Seele dem Mann, für den er tätig ist: Le Tellier, Mazarin, Ludwig XIV. Dieser kühle Mensch gibt sich mit Leidenschaft hin. Völlige Hingabe, völlige Verschmelzung, stärker als es in der Liebe eine Frau oder ein Hund tun. Colbert treibt seine Passion für die Buchhalterei bis zur Schwärmerei, das Bemühen um Genauigkeit bis zur Wollust. Er empfindet physische Lust, den Genuß eines Feinschmeckers an seinen unendlich schwierigen Aufgaben, seine Freude ist es, Unentwirrbares zu entwirren. Mazarins Angelegenheiten verschaffen ihm Abgründe von Glück: »Da ich ebensowohl zu meiner Freude wie zu Ihrem Nutzen arbeite«, schreibt er an den Kardinal, »begegne ich vollkommener Genugtuung, wenn ich den Zustand, in dem ich Ihre Geschäfte angetroffen habe, mit dem vergleiche, in den ich sie bringen werde.«

Wie berichtet, hatte Colbert sich lange bitten lassen, bevor er in Mazarins Dienst trat, aus wohlberechnetem Interesse gewiß, aber auch weil er sich selbst sehr gut kannte. Ehe dieser Besessene sich hingibt, will er sicher sein, daß die Ehe, die er schließt, auf soliden Füßen steht.

Mazarin ist mit den ersten von Colbert erzielten Ergebnissen so zufrieden, daß er, als er sich in Brühl im Exil befindet, ihn bittet, »nächstens einmal zu ihm zu kommen«. Noch kennt er den Mann, dem Madame de Sévigné den Beinamen »der Norden« gibt, nicht sehr gut. Er glaubt, er könne ihn mit seiner üblichen Methode an sich fesseln, durch eine Zuwendung von tausend Talern. Doch Colberts Streben geht über diese, einem Lakaien gewährte Gratifikation hinaus. Er handelt wie Mazarin selbst, der zu Anfang seiner Laufbahn die Versuche Ludwigs XIII., ihm Bestechungsgelder zu geben, zurückgewiesen hat. Colbert schreibt: »Ich bin gerührt, daß Eure Eminenz mir die Ehre macht, mir zu schreiben, ich solle tausend Taler annehmen ... Doch erlauben Sie mir, Ihnen zu sagen, daß Sie eine bessere Meinung von mir haben müßten, als zu glauben, daß ich Ihnen in dieser Weise zu Diensten bin ... Ich habe Gott sei Dank Mittel, um leben zu können wie ein Mensch meines Standes, und wenig Neigung, mehr zu besitzen. Da ich seit drei Jahren, ohne jemanden zu belästigen und ohne mich zu beklagen, dem König auf meine Kosten gedient habe, kann Eure Eminenz mir glauben, daß ich nicht die Absicht habe, das Wenige anzugreifen, das Sie für den Lebensunterhalt benötigen ...«

Mazarin hat gemerkt, woher der Wind weht, und antwortet freundlich verschwommen. »Ich bin recht verstimmt, daß Sie das Wenige, das ich Ihnen angeboten habe, nicht haben nehmen wollen. Ich weiß wohl, daß es keine Interessenvermischung gibt bei den Bemühungen, die Sie auf sich nehmen, doch wenn Sie auch froh sind, Ihre Großmut zu zeigen, ich kann es nicht sein, wenn ich Dienste von einer Person annehme, ohne ihr ein Zeichen meiner Dankbarkeit zukommen zu lassen.« Er belohnt Colbert für seine taktvolle Uneigennützigkeit; er bittet ihn, ihm eine Generalvollmacht über die Führung seiner Geschäfte auszufertigen, die er unterzeichnen wird.

Colbert liegt mehr daran, sich eine nicht zu erschütternde Position zu schaffen, als ein Gehalt zu bekommen. Er behält seinen Posten bei Le Tellier im Staatssekretariat für den Krieg und läßt sich zu Mazarin »abstellen«. Für Geschäfte, die er für Mazarin regelt, bekommt er Provisionen von den Leuten, mit denen er verhandelt, aber nichts vom Kardinal.

Das Gespenst der »Generalvollmacht« verfolgt und erschreckt Mazarins Mitarbeiter. Jobart, einer der eifersüchtigsten, möchte Colbert Fesseln anlegen, indem er ihm fünf oder sechs Spione als Ratgeber zur Seite stellt. Von dieser Inquisition will Colbert nichts wissen, er will die Hände frei haben, sein eigener Herr sein, um besser arbeiten zu können. Er verlangt

Zutritt zu Anna von Österreich, ohne die Minister Le Tellier oder Lionne, »um freien Zugang zu Ihrer Majestät zu haben und mit Ihr persönlich jedesmal sprechen zu können, wenn es nötig ist, Ihre Autorität für den Fortgang der Geschäfte Seiner Eminenz einzusetzen, um Ihr selber, ohne die Vermittlung anderer, vortragen zu können«.

Mazarin ist gezwungen, von Brühl aus dem galligen Jobart auf die Finger zu klopfen, damit er Colbert in Ruhe läßt: »Sie müssen bemüht sein, alle Papiere in die Hände von Herrn Colbert zu legen, und ihm Kenntnis geben von allem, was Sie erfahren.«

Unerbittlich verscheucht Colbert die Fliegen, die um Mazarins Kuchen schwirren: Jobart und Euzenat. Einige hohe Persönlichkeiten wie der Minister de Lionne sind ihm gram. Der Hauptverwalter der Finanzen Vieuville läßt es zum Bruch mit ihm kommen. Colbert bleibt unbeirrbar. Bald schenkt ihm Mazarin uneingeschränktes Vertrauen. Colbert trägt in seiner Tasche den Brief, mit dem der Kardinal die Königin »inständig bittet, allem, was er Ihnen in meinem Namen vorträgt, voll und ganz zu glauben«.

Erste Geschäfte. Colbert unternimmt es, ein beträchtliches Kupferlager zu verkaufen, das Mazarin in Le Havre unterhält und das Frau von Aiguillon aufgrund einer Schuldforderung über vierzigtausend Pfund zurückhält. Auch versucht er – es kostet ihn große Mühe –, die vom Parlament ausgesprochene Beschlagnahme des gesamten Besitzes Seiner Eminenz aufheben zu lassen.

Abwechselnd läßt Mazarin das Gejammer, er sei ein ruinierter Mann, und die Freude, einen Retter gefunden zu haben, vernehmen: »Ich glaube, mein Unglück ist bald derart, daß ich Hungers sterben werde, und niemand wird es glauben; indes, ich stehe kurz davor.« Und dann ein Brief an die Kurprinzessin von der Pfalz (30. Oktober 1651): »Meine Angelegenheiten wären rettungslos verloren, wenn sie aus Colberts Händen genommen würden, denn er hat eine umfassende Kenntnis von ihnen, er ist äußerst fähig und ein Mann von Ehre.«

Doch die alten Hummeln ertragen es nur schwer, daß sie nicht mehr an Mazarins Honig saugen können. Einer von ihnen, Bartet, der die Post zwischen Paris und Brühl befördert, weist den Kardinal auf Reibereien hin, die zwischen Vieuville und Colbert entstanden sind. Er gibt zu verstehen, daß der Eindringling, der Le Tellier noch immer treu ergeben ist, dem Hauptverwalter der Finanzen »nachteilig« sein könnte. Mazarin antwortet dem Neidischen mit bitteren Worten: »Ich erwidere, daß Colbert zu mir gehört und daß er alle Personen, auch die er liebt, meinetwegen fallenlassen würde, ohne Le Tellier davon auszunehmen. Er ist ein Mann von Ehre, er steht in meinem Sold und trachtet, seine Geschäfte zu machen, indem er die meinen voranbringt. Ich weiß daher nicht, wie man argwöhnen kann, er könne, um sich Le Tellier zu verpflichten, für Vieuville nachteilig sein, da er es nicht tun kann, ohne meine Interessen zu gefährden.«

Als Entschädigung für seine Bemühungen beginnt Colbert für sich und die Seinen die Jagd nach Pfründen. Zwei Monate nachdem er die tausend Taler so nobel zurückgewiesen hat, bittet er Mazarin, für ihn ein Amt bei dem jungen Herzog von Anjou zu schaffen; die Besoldung würde vom Schatzamt vorgenommen werden. Von September 1651 an sammelt er für seinen Bruder, den Abbé Nicolas, den späteren Bischof von Auxerre, nacheinander die Pfründe von Rugny, die Abtei von Notre-Dame-la-Grande von Poitiers und das Lehen von Saint-Ligeaire.

Die alten Mitarbeiter Mazarins wie Bartet und Abbé Fouquet legen ihm tausend Hindernisse in den Weg. Sie »verdunkeln seinen Geist eher, als daß sie ihn erhellen, doch er durchschaut die Absichten« . . . »Was mir Gott an Erleuchtung gegeben hat, benutze ich dazu, um sozusagen Ihre Angelegenheiten zu erforschen, und das ohne jeglichen Beistand von irgend jemand.« Mit seinem Wolfsblick, unter dichten Augenbrauen hervor, durchdringt Colbert die Düsternis, die man absichtlich um ihn herum schafft. (Die Säulen Frankreichs sind kaltblütige Männer mit buschigen Augenbrauen: Turenne, Colbert und der Philosoph Descartes.)

Nur Colbert wagt Mazarin zu tadeln, wie ein Baby, das seinen Brei verschüttet hat: »Ich gestehe Ihnen freimütig, hätten Sie mich zu Beginn oder im Verlauf Ihrer Ministertätigkeit mit Ihren Geschäften beauftragt, hätten Sie mich nicht so lange zu bitten brauchen, mich damit zu befassen; auch wäre es mir nicht möglich gewesen, die schreckliche Verschwendung mitanzusehen, die Sie mit Ihrem Vermögen getrieben haben, sei es, daß Sie Ihre besten Lehen hingegeben haben, sei es durch die Schaffung von großen Leibrenten oder dadurch, daß Sie überall für den König Geld ausgeliehen haben, so daß Sie zu dem Punkt gekommen sind, an dem Sie sich gegenwärtig befinden . . .« Kein anderer seiner Untergebenen hätte Mazarin die Wahrheit zu sagen gewagt. Colbert wagt es, doch nur, wenn er allein über die Angelegenheiten des Kardinals entscheiden kann. Er beschwichtigt ihn ständig mit der Anrede »Eure Eminenz« und mit respektvollen Wendungen, sagt ihm aber brutal, was er denkt: »Ich erkläre Ihnen unbefangen, daß wenn Sie weiterhin Ihr Vermögen so verschleudern, wie Sie es in der Vergangenheit getan haben, ohne daß Sie irgend etwas zur Sicherheit zurückstellen, ich Sie bitten muß, mich von der Leitung Ihrer Geschäfte zu entbinden.«

Es ist eine fast unlösbare, kolossale Aufgabe, Mazarins Besitz, der in alle Winde verstreut ist, wieder zusammenzubringen. Seine Sammlungen, Möbel, Gobelins, Bücher, Gemälde und Statuen, die Gott weiß wohin gegangen, verkauft oder gestohlen sind, müssen aufgespürt werden. Seine Ämter müssen zu höchstem Preis abgegeben werden, seine Abteien gegen Plünderung durch Soldaten geschützt werden. Die kommerziellen Unternehmungen, in denen sich keiner auskennt und die sich bis nach Tunis und Algier erstrecken, müssen geregelt werden. Die Geier, die sich während der Fronde auf das sich auflösende Vermögen gestürzt haben, müssen beruhigt werden. Es ist nicht einfach, den phantastischen Handel, den die Eminenz mit Seife, Zucker und Gewürzen betrieben hat, zu durchschauen oder die Gemächer für die Schar von Nichten, die nach Paris gerufen werden, sobald der Onkel zurück ist, zu möblieren. Dem Seeräuber-Kardinal kann ein guter Fang gemeldet werden: Bei Hyères haben zwei seiner Galeeren ein flandrisches Schiff aufgebracht, das bis an den Rand mit wertvoller Fracht beladen ist. Sogar mit Mazarins Wohlergehen muß Colbert sich befassen und ihm einen warmen, wattierten Hausrock sowie mit Fell gefütterte Halbstiefel besorgen. Ein fünfzigjähriger Erster Minister, der viele Stunden arbeitend am Schreibtisch verbringt, bekommt kalte Füße.

Mazarin setzt schließlich ein solches Vertrauen in Colbert, daß er ihm unbesehen die Leitung seiner gesamten Geschäfte überläßt. Im Oktober 1653 schreibt er Colbert und paßt sich dessen rauhem, aber herzlichem Ton an (der Diener färbt auf den Herrn ab): »Da Sie mich zwingen, mich mit meinen Geschäften abzugeben, wie ich es gegenwärtig tue, müssen Sie ein für allemal zur Kenntnis nehmen, daß ich fünfzig Jahre alt bin.« Er sagt ihm deutlich, daß er alt zu werden beginnt (damals sind fünfzig Jahre ungefähr soviel wie heute siebzig), daß er sich nicht mehr ändern wird, daß er niemals imstande war, sich eingehend mit seinen Geschäften zu befassen, weil er den Kopf voll hat mit Staatsgeschäften. Er solle ihn also in Ruhe lassen, er möge sich um alle mazarinischen Geschäfte kümmern! Er selber befaßt sich mit den Geschäften des Königs.

Colbert ist Mazarins Faktotum, er macht alles. Einerseits treibt er in die Hunderttausende gehende Summen für ihn ein, andererseits verschafft er ihm einen Schneider für sein purpurnes Schleppgewand und den Maler Morel, der das Porträt seiner Nichte Hortense anfertigt. Er achtet darauf, daß Mazarins Jagdrechte im Forst von La Fère gewahrt werden, er betätigt sich als Bauer, der auf den Hühnerhof, als Gärtner, der auf das Gemüse achtgibt. Ein Hauch von Landluft weht durch seine Aufstellungen und Register. »Wir haben jetzt einen Tiergarten, drei Kälber und sechs Kühe, dazu viele frische Eier ... Ich habe an Herrn von Broglie geschrieben, er solle mir noch zwei Kühe aus Flandern schicken, und an Herrn von Bourges, mir zwei aus der Auvergne kommen zu lassen. Wir haben sechs Dutzend Hühner und Küken, die sehr gut genährt sind und hervorragend legen werden, hundert Hammel oder Schafe, damit wir zu gegebener Zeit Lämmer haben. Die kleine indische Sau hat sechs Schweinchen geworfen, von denen drei gestorben sind; den anderen wird es ebenso ergehen, weil sie keine Milch hat. Ich habe ein Vogelhaus mit großen Tauben aufstellen lassen. Ich werde Sorge dafür tragen, daß wir im August einen Fasanenwärter bekommen ... Auch in dem kleinen Park lasse ich arbeiten, damit alle Wege schön und sauber sind. Es wird alle möglichen Gemüsesorten geben.« Madame de Sévigné hält »den Norden« für gefühlskalt. Sie hat unrecht. Im Tonfall der

Agnes aus Molières »Schule der Frauen«: »Die kleine Katze ist tot« läßt er sich bedauernd über die »kleine indische Sau« aus, die »keine Milch hat«, und über den Tod von drei Ferkeln.

Von Ferkeln und frischen Eiern bis zu riesigen Einnahmen bringt Colbert Mazarins Vermögen innerhalb von fünf Jahren wieder in Ordnung. Am 9. April 1655 schreibt er ihm einen merkwürdigen Brief, der aus dem Rahmen der sonstigen Korrespondenz herausfällt. Diesmal keine brutale Offenheit oder rauher Tadel, sondern emphatische Töne, zopfiger Respekt: »Obwohl ich durch die Ehre, mich Eurer Eminenz stets nähern zu dürfen, bei tausend Gelegenheiten gesehen habe, daß Sie keinen anderen Lohn für Ihre tugendhaften Taten erstreben als diese tugendhaften Taten selbst, und daß Ihre Großherzigkeit ebenso leicht die Wohltaten vergißt, wie Sie geneigt sind, Beleidungen zu vergeben, bitte ich Sie inständig, es für angemessen zu halten, daß ich gegenüber so vielen Gunstbezeigungen, die Sie mir und meiner Familie bewiesen haben, nicht unempfindlich erscheine und daß ich durch die Bekanntgabe dieser Gunstbezeigungen Ihnen wenigstens die Art von Begleichung zukommen lasse, zu der ich fähig bin ...«

Es folgt die chronologische Aufstellung aller Wohltaten, die aus den Händen der Eminenz auf Colbert und seine Familie niedergeregnet sind. Auf Colbert persönlich: die Verwaltung der Hofhaltung des Herzogs von Anjou; auf seinen Bruder Nicolas: ein Lehen mit achttausend Pfund Rente, eine Abtei mit sechstausend Pfund, die Domherrnstelle von Saint-Quentin; auf seinen anderen Bruder Edouard-François: eine Kompanie des Regiments von Navarra; auf seinen Vetter Colbert du Terron: ein Drittel der Einnahmen aus den Prisen des Königs, die Verwaltung von Katalonien, die Statthalterschaft von La Rochelle und Brouage; schließlich ebenfalls auf Colbert selbst: das Amt des »Sekretärs der Bestellungen« der »künftigen« Königin. (Nicht mitgerechnet sind die ungeheuren Benefizien, die er heimlich bekommt.) Die höchste Gunst aber ist: er erhält Zutritt zur Königinmutter und zum König.

Diese von Colbert aus vollem Halse gesungene Dankbarkeitshymne wird gedruckt, gebunden und als üppiger Band in Frankreich und im Ausland verbreitet. Warum erfolgt eine so geräuschvolle Dankesbezeigung? Pierre Clément glaubt, Colbert wolle für Mazarin werben und Zögernde ködern, indem er zeigt, wie vorteilhaft es ist, einem solchen Herrn zu dienen. Georges Mongrédien in seinem Buch »Colbert« bietet eine andere Erklärung an, die wohl einleuchtender ist: Mazarin ist allem und allen Dingen gegenüber mißtrauisch. Er sieht, wie Colbert groß wird, aufsteigt. Er befürchtet, eines Tages könne er sich einen anderen Herrn suchen und wichtigere Funktionen als das Einsammeln frischer Eier. Die argwöhnische Eminenz habe Colbert eingegeben, diesen Werbeprospekt zu schreiben, um ihn an sich zu fesseln, ihn vor ganz Europa als seine Kreatur hinzustellen und ihn daran zu hindern, sich einen anderen Patron zu suchen.

Daß Colbert selbst nicht davon entzückt ist, alles dies an die große Glocke zu hängen, wird daraus ersichtlich, daß er später, als er in die Höhen der Ministerämter aufgestiegen ist, die Exemplare seiner tönenden Dankbarkeitsbezeigung aufspüren läßt, um sie zu vernichten.

Um die Freigebigkeit des Kardinals nicht Lügen zu strafen, bombardiert Colbert ihn mit Bittschriften, die ihn selbst betreffen, einen angeheirateten Verwandten, seine Brüder, seine Schwäger und seine Vettern. Dieser Schwerarbeiter läßt sich seine Arbeit auf jede mögliche Art und Weise bezahlen. Warum sollte er auch dem geizigen, raffgierigen Kardinal gegenüber verlegen sein, der jegliche Gier kennt und versteht und der ihm seinen Lohn nur zahlt, wenn er ihn darum bittet?

Im übrigen ahmt Colbert seinen Herrn und Gebieter nach und stellt in einem Notfall dem König sein ungeheures Vermögen zur Verfügung, den er auf der anderen Seite ausnimmt. Nach dem Sieg Condés und der Spanier über Turenne bei Valenciennes greift der eiserne Intendant in seine Tasche und schickt Mazarin viertausend Louisdor, um ihm behilflich zu sein, »ruhmvoll aus einem so ärgerlichen Mißgeschick herauszukommen«.

Der Kardinal beauftragt seinen Mann, der alles für ihn tut, weiterhin mit den unterschiedlichsten Aufgaben: er ist Polizist, Fremdenführer, Heiratsvermittler, Obst- und Gemüsehändler. Er beobachtet alles, was Kardinal Retz in Paris unternimmt, stopft dem Parlament den Mund, stellt im Orden von Cluny die Tugend wieder her, organisiert den Aufenthalt der skandalumwitterten Christine von Schweden in Paris und läßt sie das Museum Mazarins besichtigen. Nebenbei kauft er der königlichen Abenteurerin ihre Diamanten für einen Bissen Brot ab, den sie bitter nötig hat. Für Mazarin erwirbt er zu einem lächerlichen Preis das Silberzeug der Herzogin von Aiguillon. Jahrelang beschäftigt er sich mit der Vermittlung der schwierigen Heirat von Hortense Mancini mit dem Sohn des Marschalls La Meilleraie. Mazarin flüstert ihm zu, er solle für die Aussteuer im Ausverkauf für einen Spottpreis Spitzen aus Genua und Venedig auftreiben. Colbert schickt Mazarin nach La Fère einen Leibrock, einen Stör, Obst und Gemüse aus seinem Garten in Vincennes. Er fordert einen Trupp Soldaten an, um die Krähen abzuschießen, die sich in den Bäumen mästen.

Mit zunehmendem Alter bekommt Mazarins Raffgier groteske Züge, die Molière zu einer Theaterfigur hätten inspirieren können. Der Kaiser stirbt. Mazarin schickt Geschenke an die deutschen Fürsten, die an der Wahl des Nachfolgers teilnehmen, und an deren Minister. Trödelgeschenke vom Flohmarkt, wie aus einer Randbemerkung des Kardinals zu einem Brief von Colbert vom 27. Juni 1657 ersichtlich ist: »Wir werden zwanzig goldene Uhren verschiedener Art schicken, ich werde mich darum kümmern, denn ich habe einige hier [in La Fère]. Sagen Sie aber Lescot [Goldschmied, der für Mazarin Wertgegenstände beschafft], er soll mir die schicken, die er vorrätig hat, und den Preis sagen, auch wenn er andere Goldsachen hat, die sich für Geschenke eignen ...« – »Ich schicke Ihnen vier Wehrgehänge, von denen zwei sehr schön und reich verziert sind; dazu drei Degen ... Falls etwas an den Degen oder Wehrgehängen, die ich Ihnen schicke, fehlt, lassen Sie es ausbessern.« Drei Degen für vier Wehrgehänge! Altes, ausrangiertes Zeug. Dieser Gelegenheitströdler beginnt seine Anpreisungen mit zwei »sehr schönen und reich verzierten« Wehrgehängen, um zu blenden und die Aufmerksamkeit von den beiden anderen, die wahrscheinlich scheußlich sind, abzulenken, und von dem fehlenden Degen.

Schonungslos antwortet ihm Colbert: »Eure Eminenz hat mir siebzehn Uhren geschickt [und nicht zwanzig, wie er angekündigt hat], in einer Kiste, die nicht ganz gefüllt war. Sie werden aus dem Bericht von Herrn Lescot ersehen, daß ich sofort, als ich bemerkte, in welch schlechtem Zustand sie waren, habe untersuchen lassen, wie viele entzwei sind.« Stets muß Mazarin auf Unrichtigkeiten aufmerksam gemacht werden. Um sich zu decken, hat Colbert unverzüglich beim Goldschmied Lescot einen Bericht angefordert. Die meisten dieser minderwertigen Uhren funktionierten nicht. Colbert wagt nicht, sie zu zählen. Er verweist den Kardinal auf Lescots Bericht und auf die deutliche Sprache der Zahlen, diesen Metallhaufen betreffend.

So mit der Wirklichkeit konfrontiert, wälzt Mazarin die Verantwortung auf andere ab, in diesem Fall auf seinen Kammerdiener Bernouin, der ganz bestimmt unschuldig ist: »Bernouin hat dieses ganze Geschäft gemacht, und er ist durchaus imstande, so etwas bei anderen Gelegenheiten wieder zu tun. Wenn eine [von den Uhren] darunter ist, die nichts mehr taugt, soll sie weggelassen und dafür eine andere gekauft werden, um die achtzehn vollzumachen.« (Er bringt es sogar fertig, von den zwanzig versprochenen zwei abzuziehen.)

Bei der Belagerung von Dünkirchen (Juni 1658) beschafft Mazarin für das Militärspital die Wundärzte und die Medikamente, dazu für die Verwundeten Konfitüren und Zitronen. Über diese Fürsorge lachen und spotten die Höflinge und viele Offiziere. »Er [Mazarin] kam auf den Gedanken, Marketender und Armeelieferant zu werden; wie man sagt, ließ er Wein, Fleisch, Brot und Wasser verkaufen, und verdiente an allem, was er verkaufte«, schreibt die Motteville. Dazu ist er fähig. Und vielleicht kann man ihn in diesem Fall nicht einmal zu sehr tadeln. Gewiß, er bereichert sich auf dem Rücken der Soldaten. Doch möglicherweise wären ohne ihn aufgrund der üblichen französischen Unbekümmertheit und Fahrlässigkeit die Truppen durch Hunger und Krankheit dezimiert worden, wie es bei Belagerungen oft der Fall war.

Hinter jedem Tropfen Trinkwasser bei der Belagerung von Dünkirchen, hinter jeder Krume Brot für die Soldaten, hinter jedem Getreidekorn, jedem Fädchen Hanf, der den Armeen zu Lande und zu Wasser geliefert wird, hinter jedem in Amsterdam gekauften Diamanten steht Colbert mit seinen prüfend zusammengezogenen Augenbrauen. 1651 hat dieser geniale Buchhalter das Vermögen eines Verbannten, eines vom Parlament und den Franzosen Verdammten, dessen gesamte Habe konfisziert und geplündert worden war, in die Hand genommen. Sieben Jahre später schickt Colbert dem Kardinal die Bilanz seines wiedergewonnenen und vermehrten Vermögens (1658):

Besitz und Effekten:	8 052 165 Pfund	7 Sous	11 Groschen
Einkünfte:	793 570 Pfund	8 Sous	
Schulden:	378 158 Pfund	1 Sou	

In dieser Siegesmeldung fehlen die zweihundertviertausend Pfund Leibrenten und jährlichen Gehälter, die Kunstwerke des Palais Mazarin und das flüssige Geld. Georges Mongrédien schätzt das gesamte damalige Vermögen Mazarins auf vierzig Millionen neue Francs. Ein märchenhafter Schatz!

Mazarin, Mäzen, Impresario, Minister für Information und für Kunst und Literatur

Mazarin ist viel zu elastisch, als daß er die Öffentlichkeit vernachlässigen würde. Es liegt in seinem Wesen, Kopf und Geist der anderen auszurichten. Er hat die Bedeutung und Wichtigkeit der Presse bald erkannt. Übrigens folgt er in diesem Bereich nur seinem Lehrer Richelieu und selbst Ludwig XIII.

Am 30. Mai 1631 gründet Théophraste Renaudot die, wie er meint, erste französische Zeitung: die Wochenschrift »La Gazette«. (Es hat davor schon andere gegeben, aber Renaudot bringt es fertig, die Legende, er sei der erste, zu verbreiten.) Renaudot, ein waghalsiger Arzt, gibt sich als »Empiriker« und »Zirkulator« aus, er glaubt mithin an die Wirkung chemischer Heilmittel und an die Blutzirkulation. Er erhält durch königliches Patent (2. September 1640) die Genehmigung, »bei sich Öfen aufzustellen und alle möglichen chemischen Versuche vorzunehmen, die ausschließlich der Medizin dienen«. Das geht zu weit! Der Dekan der medizinischen Fakultät von Paris, der aufbrausende Gui Patin, läßt ihm durch das Parlament die Ausübung des Berufs als Mediziner untersagen. (1644)

Unter Ludwig XIII. wird die »Gazette« zur offiziellen Zeitung, zum Sprachrohr Richelieus und des Königs. Sogar Seine Majestät soll eigenhändig »mit vielen Streichungen und Korrekturen« Artikel für das Blatt geschrieben haben. Die gegen Richelieu eingestellten Pamphletisten durchbohren Renaudot mit ihren Pfeilen, vor allem Mathieu de Morgues: »Der nach Lob hungernde und an Lobreden Mangel leidende Kardinal hat eine Schule oder ein Vogelhaus von Psaphon [ein Libyer, der Vögel abrichtete: ›Psaphon ist ein Gott‹ zu krähen] in der wissenschaftlichen Gesellschaft eingerichtet, die sich bei dem Zeitungsschreiber, das heißt beim Vater der Lüge, versammelt. Dort trifft sich eine große Zahl armer Schelme, die lernen, Schminke herzustellen, um die häßlichen Taten zu übertünchen, und Salben anzurühren, um sie auf die Wunden der Öffentlichkeit und des Kardinals zu streichen.«

Als Mazarin Erster Minister wird, stellt sich ihm Renaudot zur Verfügung. Im Januar 1645 verkündet er, daß Frankreich ohne Mazarin nicht leben könne, daß es nach Mazarin verlange, nach Mazarin hungere, »nach seiner großen Frömmigkeit, der Milde und Lauterkeit seiner Sitten, der Festigkeit seines Urteils, seiner Fähigkeit und Erfahrung in Staatsgeschäften, aber vor allem nach seiner Uneigennützigkeit, die wohltätig für alle außer für ihn selber ist«.

Renaudot und Mazarin verstehen sich gut. Der »Zeitungsschreiber« ist so froh darüber, daß er dem Kardinal des öfteren »einige Exemplare der Gazette auf Goldpapier« drucken läßt.

Mazarins Gegner sehen in der Zeitung nur ein Gewebe von Lügen und Phantastereien. Während der Fronde wird Renaudot von einem dieser Leute mit folgenden Worten angegriffen: »Du siehst, daß deine Gazette nicht mehr geht, daß sowohl das Volk wie die Neugierigen deine Lügen satthaben. Du streust sie am Hof aus, wo deine Person und deine Worte so lange gut aufgenommen werden, wie Mazarin lebt ... Dieser Arglistige schickt dich aus, um den Hof zu rechtfertigen. Aber ich glaube, du wirst bald Mühe haben, es zu tun, weil ein Bösewicht einem anderen Bösewicht nicht nützen kann und weil die Bevölkerung keineswegs mehr geneigt ist, dem, was du sagst, oder dem, was Mazarin tut, noch Glauben zu schenken.«

Doch Renaudot widmet Mazarin nicht nur Lobsprüche. Er unterstreicht zuweilen seine wirklichen Verdienste, vor allem sein Streben, den Gelehrten zu helfen und den Geschmack der Franzosen durch Gründung seiner Bibliothek und den Ankauf von Kunstwerken im Ausland zu bessern. Renaudot bewundert Mazarin aufrichtig und beweist das auch: er bleibt ihm während der Fronde treu. Ebenso wahr ist es, daß er ihn für alles lobt und beglückwünscht, besonders für seinen Nepotismus, der heute Ärgernis erregen würde, die Zeitgenossen jedoch weniger schockierte, zumal Mazarin ein Italiener war.

Als die erste Sendung von Musterexemplaren der mazarinischen Familie (drei Nichten und ein Neffe) eintrifft, gerät Renaudot in Begeisterung. Seine Eminenz hat sich weder damit begnügt, das schöne Palais in Rom »zu entblößen von vielen Antiken, Statuen und Gemälden, die er in seiner Wißbegier umsichtig zusammengetragen hatte, um das Palais damit auszustatten, das er in Paris erstellt«, noch »die umfangreiche Bibliothek, die ebenfalls in Rom stand und hier so berühmt geworden ist«, zu verlagern. Seine Eminenz »hat auch was ihm am teuersten ist in seiner Familie zu sich gerufen, damit es nichts gäbe, das ihm gehört und nicht zugleich, wie Seine

Eminenz selber, Frankreich hingegeben und geschenkt sei«. (»Gazette« vom 17. August 1647)

Renaudots Treue zu Mazarin ist so groß, daß er ihm während der Fronde nach Saint-Germain folgt, in der Nacht des 6. Januar 1649, als der König, die Königin und der Hof fliehen. In einem Pamphlet wird seine platte Nase zum Ziel des Spotts: »O Götter, dir fehlt die Nase, sofern die kürzesten nicht die schönsten sind, oder die stinkigsten nicht die besten sind, wie es vom Käse heißt. Aber diesmal hast du eine gehabt, denn die rebellischen Bauern wollten dich umbringen in einem Faß voll schönster Scheiße.« Auch Gui Patin tobt gegen Renaudot. Einem grausamen Pamphlet gibt er den Titel: »Die verfaulte Nase von Théophraste Renaudot, Groß-Zeitungsschreiber von Frankreich und Spion von Mazarin ...« Im Nebentitel setzt er hinzu: »Über die verfaulte Nase von Théophraste Renaudot, Alchimist, Scharlatan, Empiriker, wucherisch wie ein Jude, heimtückisch wie ein Türke, bösartig wie ein Renegat ...«

Wie hoch war die Auflage der »Gazette«? Unendlich viel niedriger als die von Zeitungen heutzutage. Vielleicht erreichte sie, wie die Pamphlete, die für die damalige Zeit enorme Ziffer von fünfzehnhundert Exemplaren. Im 17. Jahrhundert schwankt die Auflage von erfolgreichen Büchern zwischen dreihundert und achthundert.

Und der Preis der »Gazette«? Das Exemplar kostete vier Sous: das war der Preis für zwei Pfund (neunhundert Gramm) guten Weißbrots für die Reichen, oder für vier Pfund (tausendachthundert Gramm) Graubrot oder »Brot der Armen«. Heute würde die »Gazette« soviel kosten wie zwei Stangen Pariser Brot, ungefähr einen Franc. Nur die Reichen konnten sich eine Zeitung leisten, aber sie ließen sie durch viele Hände zirkulieren.

Mazarin ist sich der Rolle bewußt, die die Schriftsteller in der Gesellschaft spielen. Sofern er es nicht schon früher begriffen hatte, mußte ihm die Gründung der Académie française durch Richelieu (1635) auf diesen Gedanken bringen. In jenem Jahr ist er außerordentlicher Nuntius in Paris. Dreiunddreißig Jahre alt, vibrierend vor Wißbegier und Leben. Gewiß ist ihm die Bedeutung dieses Ereignisses nicht entgangen. Die Schriftsteller stellen wohl eine Macht dar, sonst hätte Richelieu die von Boisrobert vorgebrachte Idee, ihre wöchentlichen Zusammenkünfte bei Conrart gesetzlich zu verankern, nicht aufgegriffen. Denn Schlangen an seinem Busen mochte der Kardinal nicht nähren, daß heißt Gesellschaften unterstützen, die ihm eines Tages Widerstand leisten.

Mazarin hat eine andere Taktik. Er denkt nicht daran, die Geister in Institutionen zusammenzufassen. Er begnügt sich damit, sie zu kaufen. Er ist kein verhinderter Schriftsteller wie Richelieu, der sich dafür rächt, daß er nicht schreiben kann, indem er denen, die es können, Regeln aufzwingt. Mazarin ist ein Händler in Dingen des Gewissens. Er hätte den Autor des

»Cid« nicht vor das Gericht der Académie gestellt. Er setzt ihn auf die Liste der Ankäufe, und den Preis gleich daneben. Bei Corneille ist er an den Richtigen geraten. Dieser Verfertiger von Erhabenem ist im Privatleben ein normannischer Bauer von krassem Geiz. Mit schmeichelhaften Widmungen jagt er Belohnungen nach. Beispiel dafür ist die Tragödie »Cinna« (1640), mit deren Widmung er einen feststehenden Begriff schafft: »les dédicaces à la Montoron«. Der biedere Montoron, Generalsteuereinnehmer der Guyenne, war ein naiver, gutmütig ungebildeter Mann. Vom Weihrauch, den die Schriftsteller ihm spendeten, ließ er sich berauschen und überließ ihnen hohe Summen. Für die Widmung von »Cinna«: zweihundert Goldpistolen (etwa zwanzigtausend heutige Francs). Seiner Großherzigkeit wegen vergleicht Corneille Montoron mit Augustus. Der Augustus von Guyenne geht daran zugrunde, nicht der Bärendienste, sondern des Übermaßes an Freigebigkeit wegen, das ihn ruinierte.

Ludwig XIII. wollte nicht ruiniert sterben. Wie sein Vater Heinrich IV. begriff er nicht, wozu die Schriftsteller gut sein sollten. Was Richelieu ihnen zubilligte, sah er als Verschwendung an und knirschte mit den Zähnen. Sobald der eiserne Minister gestorben war, strich er die Leibrenten, die den unnützen Insekten ausgesetzt worden waren. »Damit haben wir nichts mehr zu tun.« Während seiner letzten Lebenstage schwebte er ständig in Angst und Schrecken, wie der Bewohner eines Hauses zu Füßen eines Berges, der auf ihn niederzustürzen droht. Er hatte einiges vernommen und fürchtete, daß die Widmung der Tragödie »Polyeucte« von Corneille über ihn hereinbrechen könnte. Zitternd dachte er an die zweihundert Goldpistolen, die Montoron für »Cinna« hergegeben hatte. Er versuchte, das Unheil abzuwenden. Herrn von Schomberg, der ihm die unselige Absicht des Autors vortrug, antwortete er, er könne auf diese Ehre durchaus verzichten. »Es ist nicht nötig«, sagte er. – »Ah, Sire«, erwiderte Herr von Schomberg, »es geschieht nicht aus Eigennutz.« – »Gut denn, es wird mir ein Vergnügen sein«, gab der König aufatmend zur Antwort.

Um der Gefahr ganz sicher zu entgehen, starb er kurz darauf. Das Gewicht der Widmung fiel auf seine Witwe Anna von Österreich nieder. Sie wurde weniger schwer davon getroffen. (1643) Sie hatte Corneille stets gefördert. 1637 verlieh sie seinem Vater das Adelsprädikat, und sie war es auch, die den genialen Normannen dazu brachte, das zweite Buch seiner »Nachfolge Christi« zu schreiben und einer der größen Dichter Frankreichs zu werden.

Sie erkennt sich in den Gestalten seines Werkes. Durch ihre geheime oder geheim sein wollende Liebe zu Mazarin, durch ihren unglaublichen Mut ist eher sie eine Heldin Corneilles als die abstrakten Schwärmerinnen des Hôtel de Rambouillet. Diese liebende Königin, die mit großer Energie ihre Leidenschaft und ihre Pflicht im Gleichgewicht hält, setzt jeden Tag, an der Spitze des Staates, die Gedankenwelt Corneilles in die Tat um.

Durch die Widmung von »Polyeucte« wird Corneille der offizielle Dichter der Regentschaftszeit, wie Malherbe der Dichter der Zeit Heinrichs IV., Ludwigs XIII. und der Regentschaft Maria von Medicis war, obwohl diese Herrscher es nur widerwillig duldeten. Mit seinen vollen normannischen Lippen bläst Corneille besser als irgend jemand sonst in die Trompete politischer Dichtung, um Anna, Condé, die Siege von Diedenhofen und Rocroi sowie die Hoffnung, die Frankreich in einen fünfjährigen König setzt, zu besingen:

»Frankreich, erwarte alles von einer Herrschaft, die sich siegreich ankündigt.
Denn du siehst bereits, wie die Befehle deiner Königin
In deinen Händen aus den Waffen eines Kindes einen Blitz formen.«

Mazarin vernimmt den Ruf der Trompete. Er setzt den Dichter wieder in den Genuß der Leibrente. Und dieser widmet dem Kardinal, seinem Wohltäter, die Tragödie »Der Tod des Pompejus«, die er wie in Bronze gegossen hat: »Was den Stil angeht, so ist er in diesem Gedicht erhabener als in irgendeinem anderen meiner Werke, und dies sind unbestreitbar die grandiosesten Verse, die ich gemacht habe.« – »Ich biete den großen Pompejus Eurer Eminenz dar, das heißt, die größte Gestalt des alten Rom der erlauchtesten des neuen.« Er lobt den Kardinal, daß er »für die Führung dieses Staates« nur Maximen benutzt, »die auf keine anderen Prinzipien gegründet sind als auf die der Tugend«. Was noch nie jemand behauptet hat, und vor allem nicht »die öffentliche Stimme«, die der Lobredner anführt. Mazarin reißt sich einen Obolus von hundert Goldpistolen vom Herzen, die Hälfte dessen, was Montoron gegeben hatte. In einem »Dank« von achtzig Versen, die recht zähflüssig sind, zeigt sich Corneille »überrascht«. Er nennt den Kardinal »eine übermenschliche Seele, einen Helden mit wahrhaft römischem Herzen«. Er preist ihn, weil er ihm die Demütigung, betteln zu müssen, erspart hat:

»So verbindet sich die Ehre mit der Wohltat, die ich empfange.
Wer gibt wie du, gibt mehr als einmal ...«

Fast sieht es aus, als meine er, die Eminenz gäbe zweimal auf einmal, womit er Montorons großherziger Gabe gleichkommt.

Die Regentin und Mazarin bringen Corneille Glück in der Zeit seiner höchsten Reife (achtunddreißig Jahre). Sie »entcorneillisieren« ihn oder lassen ihn zumindest heruntersteigen von den Kothurnen des Heroismus, die dem großen epischen Ton Richelieus entsprachen. »Allgemeine Lauheit, Schläfrigkeit, Lethargie«, sagte Retz bösartig von der »guten Regentschaft«. Eher könnte man sagen, daß auf die harte Eminenz (Richelieu) die sanfte Eminenz (Mazarin) folgt. Keine Spannung mehr, kein Muskelkrampf, kein Adlerflug hin zum Erhabenen, sondern Salbung, Geschmeidigkeit, Wohlgeruch selbst in Ränken.

Dieser Frühlingshauch aus Italien bringt zwei Zweige bei Corneille zum

Blühen, den komischen und den tragischen. Unter der »guten Regentschaft« der Spanierin schafft er Nachdichtungen von spanischen Komödien: 1643 »Der Lügner«, 1644 »Fortsetzung des Lügners«. Er kommt einem Bedürfnis nach Frohsinn entgegen, er füllt eine Lücke aus. Französische Komödien gibt es noch nicht. Im Interim leitet er glanzvoll über zu Molière.

Innerhalb von drei Jahren (1644–46) kommen drei Tragödien aus seiner Feder: »Rodogune«, »Théodore, vierge et martyre« (Theodora, Jungfrau und Märtyrerin) und »Héraclius, empereur d'Orient«. Er zerbricht die grandiose Gußform der drei übereinandergelagerten Ebenen, der riesigen Kuppeln seiner größten Meisterwerke: die fernen historischen Zeiten, aus denen er seine Themen schöpfte, die Aktualität, der er sie anpaßt, und die zeitlosen Betrachtungen über die Moral und das Schicksal. Der Verfertiger des Erhabenen, der die Waffen der Titanen schmiedet, wird, wie Mazarin, ein Ränkeschmied. Er begibt sich in die Schule der »Combinazioni«. Er knüpft und entwirrt Strähnen, stellt Verkettungen her. Damit sie noch den Namen »Tragödien« verdienen, taucht er sie in Blut. Er strapaziert nicht mehr die Muskeln, wie ein Jahrmarkts-Herkules, sondern die Nerven. Er gleicht sich Mazarin an, er macht sich zum Barockmenschen. Wer wird den vergifteten Kelch trinken? (»Rodogune«.) Eine christliche Jungfrau befindet sich in einem Freudenhaus, in das die Soldaten gehen, um sie zu vergewaltigen. (»Theodora, Jungfrau und Märtyrerin«.)

Im Nachklang zum italienischen Machiavellismus macht Corneille eine Lehre in Machiavellismus und Hölle durch. Er schafft sarkastische Helden: Kleopatra, Phocas, Marcelle. Die Leibrente, die er bekommt, bindet ihn an die Gesetze der Macht. Er arbeitet mit am Buch der »Triumphe Ludwigs des Gerechten«, einem Propagandainstrument Mazarins. Von der Regierung an der Leine gehalten, begeht er sogar eine Niedrigkeit. Feinfühligkeit war nie seine starke Seite. Er nimmt eine Ernennung als Staatsanwalt der Normandie an, anstelle seines abgesetzten Vorgängers.

Der Bär Corneille wird zum Günstling am Hof. 1648 macht er sich daran, ein Schauspiel zu verfassen, bei dem Maschinen und Dekorationen benutzt werden können, die von Torelli für den »Orpheus« von Rossi geschaffen worden waren, Mazarins großes Theaterabenteuer, die Oper, die er im Karneval 1647 nach Frankreich brachte. Mitten in der Fronde, während des Karnevals 1650, drei Wochen nach der Gefangensetzung Condés, Contis und Longuevilles in Vincennes, wird »Andromède« von Corneille aufgeführt, mit der Musik von Assoucy.

Der große Dichter läßt sich von mythologischen Stücken italienischer Machart inspirieren. Dadurch, daß er Mazarins Gunst sucht und den Fundus der Dekorationen benutzt, entdeckt er in sich bisher unerforschte Bereiche: er wird geschmeidig, paßt sich den Lockerungsübungen der Musik und der gemischten Verse, den Dekorationen, den Maschinen an. Er ist ganz anders als die Schablone, die man von ihm angefertigt hat, um ihn

Racine besser gegenüberstellen zu können, er zeigt, daß er zu unbegrenzter Erneuerung fähig ist, er wird der französische Shakespeare. Es gehört große Biegsamkeit dazu, sich zwei so verschiedenen Welten anzupassen, wie es die von Richelieu und Mazarin sind. Solche Verrenkungen hat Racine nicht zu machen brauchen.

Mit »Don Sanche d'Aragon« (Ende 1649) macht Corneille einen weiteren Schritt zum Neuen hin. Er nennt das Stück eine »heroische Komödie«, es ist ein Stück mit Helmbusch und Waffenklirren, das die Phantasie Victor Hugos (»Hernani«, »Ruy Blas«) und Rostands (»Cyrano de Bergerac«) beflügelt hat. »Dieses Stück«, sagt Corneille, »hatte anfänglich großen Erfolg auf dem Theater, doch eine außergewöhnliche Ungunst beeinträchtigte seinen glücklichen Lauf. Die Ablehnung seitens einer illustren Stimme unterdrückte den Beifall, so daß sich das Stück nach kurzer Zeit in die Provinz verbannt sah.« Diese »illustre Stimme« ist die des Großen Condé; der auf seine Vorrechte als Prinz von Geblüt eifersüchtig bedachte Feldherr ist wütend darüber, daß in dem ganzen Stück der Erbe des Throns von Aragon als Sohn eines Fischers dargestellt wird, als ein Abenteurer, als eine Art Cromwell. Auch gefällt es ihm nicht, daß Corneille eine Königin auf die Bühne bringt, die – wie Anna von Österreich – die rebellischen Lehnsherren niederzwingt. Einige Monate nach der Uraufführung läßt Mazarin, der das Stück begreiflicherweise schätzte, Condé nach Vincennes bringen. Doch zuvor hatte der unverbesserliche Frondeur den »Don Sanche« abwürgen können, die »heroische Komödie«, umgebracht von einem Heros.

Die erste Aufführung von »Nicomède« hat Ende 1650 oder Anfang 1651 stattgefunden. Sämtliche Frondeure stehen zusammen gegen Mazarin. Frankreich bespeit ihn wie einen Verräter, wie einen räudigen Hund, wie einen Aussätzigen. Er muß in die Verbannung gehen und die gefangengesetzten Prinzen befreien. Das ist nicht der Zeitpunkt, den der sich drehende und windende Corneille für angebracht hält, ihm treu zu bleiben. Er verrät ihn, indem er »Nicomède« mit stacheligen Andeutungen spickt. Ist Nicomède selbst, der großmütige und spöttelnde Held, der Unverschämte, der sich gegen den römischen Machiavellismus auflehnt, nicht Condé, der Wirbelwind, der in Gewalttätigkeiten und Wortspiele gegen Mazarins Winkelzüge ausbricht? Ist der Volksaufstand, den Laodice schürt, um ihren Geliebten zu befreien, nicht dem Versuch der Herzogin von Longueville vergleichbar, die Normandie aufzuwiegeln, um ihren Mann und ihre Brüder zu befreien? Sollte Flaminius, der wendige römische Botschafter nicht Mazarin sein, und Arsinoé Anna von Österreich? Und ist dieses Sammelsurium von Verrätern und Helden, von kleinlichen Intrigen und großen Heldentaten, von stürmisch klopfenden Herzen und dahingaloppierenden Abenteurern, nicht der Aufruhr und Traum der Fronde? So jedenfalls sieht es das Publikum und umjubelt das Stück, durch das Corneille den geflohenen Minister verrät, der ihm seine Leibrente nicht mehr zahlen kann.

Der schlaue Corneille folgt getreulich allen Wegen und Umwegen der Politik. Das ist seine einzige Treue. Als Mazarin vom König zurückgerufen wird und mit seinen Truppen zurückkommt, ist er mächtiger denn je. In »Pertharite« (1652) berichtigt Corneille unverzüglich seine Schußlinie. Er schildert einen hochherzigen Usurpator und gibt vermittels dieser Gestalt Condé nachträglich den Rat, nicht zu weit zu gehen. Doch das Publikum hat von diesem Hin und Her genug. »Das Stück erschien den Zeitgenossen als kalter Wahnsinn.« Als der Wahnsinn eines Autors, der, anstatt sich seinem Talent hinzugeben, sein Mäntelchen in den Wind hängt.

Corneille selbst ist vom Mißerfolg seiner Tücken und Ränke tief enttäuscht, er sagt von sich, er werde alt. Mit sechsundvierzig Jahren steht er damals an der Schwelle zum Greisenalter. »Es ist wohl besser, daß ich selber Abschied nehme, als darauf zu warten, daß man ihn mir endgültig gibt; und es ist gerecht, daß ich nach zwanzigjähriger Arbeit nun bemerke, daß ich zu alt werde, um noch in Mode zu sein.«

Die Fronde hat zu viele Verrücktheiten begangen. Man glaubt nicht mehr an das Erhabene, man will den Jahrmarkt. Mit Tausenden von burlesken, sarkastischen, tänzelnden Versen wird Corneille von der Bühne vertrieben. Es ist die Rache des gallischen Witzes an den aristokratischen Nachtwandlern. Er zieht sich in eine Sakristei zurück, er wird Kirchendiener seiner Gemeinde in Rouen, löscht die Kerzen aus und sein dramatisches Genie.

Mazarin kann auch den Ruhm für sich in Anspruch nehmen, Molière eine Leibrente ausgesetzt zu haben. Doch in diesem Fall ist ihm der König voraus. Ludwig XIV. erkennt besser als sein italienischer Lehrer, welche Revolution der Lustspieldichter Molière im Theater verursacht. Wie Mazarin ist der zwanzigjährige König ein Theatermensch, aber eines anderen Theaters. Mazarin schätzt das barocke Theater und die Oper. Des Königs Sinn ist auf etwas mehr Französisches gerichtet, das aus dem eigenen Boden kommt, reflektierter, klarer und wahrer ist. 1658 sieht er Molière zum erstenmal als Schauspieler in der Salle des Gardes im Louvre. Der Komödiant ist sechsunddreißig Jahre alt. Dreizehn Jahre lang ist er mit seiner Truppe durch die Provinz gezogen. Das elende Leben hat die Triebfedern seines Willens gespannt, ohne sie zu verhärten. Er kommt nach Paris zurück, um den großen Einsatz zu wagen. In Anwesenheit Seiner Majestät interpretiert er in Corneilles »Nicomède« ehrenwert die Hauptrolle. Wo Überschwang und Wildheit gefordert werden, übt er sich in Zurückhaltung. Nach dem letzten Vorhang unternimmt er etwas Ungewöhnliches: er wendet sich an den König und hält ihm eine kurze Rede: »Da Eure Majestät die Güte gehabt haben, unsere bäurische Aufführung zu akzeptieren, bitte ich Sie untertänigst, mir zu gestatten, Ihnen eines der kleinen Zwischenspiele vorzuführen, das uns einiges Ansehen eingebracht und das in den Provinzen Gefallen gefunden hat.«

Gleich anschließend spielt Molière den »Verliebten Doktor«, ein Stück, das er selber verfaßt hat. Dem Hof gefällt es nicht sehr. Nur die Schauspieler bekommen aus Höflichkeit Beifall, insbesondere Madeleine Béjart, die schöne Liebhaberin. Man hat den Eindruck, dieser Molière ist für immer erledigt. Doch der König hat ein waches Auge, er beobachtet Molière mit äußerster, bei einem jungen Mann von zwanzig Jahren und bei einem König seltenen Aufmerksamkeit. Ludwig als nachdenklicher Geist läßt in seinen Kopf nur Meinungen eindringen, die er geprüft hat; hierin folgt er Descartes' Lehre. Mazarin hat ihm beigebracht, allem und allen zu mißtrauen; er läßt sich vorgeformte Urteile nicht aufzwingen, besonders nicht in dem Spezialgebiet, das ihm am Herzen liegt, dem Theater. Zudem hat Mazarin, willentlich oder nicht, aus Ludwig einen zu starken Autodidakten gemacht, als daß er fertige Ideen übernehmen würde. (Die Vorzüge dieser Erziehungsmethode müssen gelobt werden; wäre der König in althergebrachter Weise erzogen und gebildet worden, hätte er möglicherweise Molière nicht erkannt und gefördert.)

Entgegen der Meinung des Hofes, entgegen der Meinung des Betroffenen selbst spürt der jugendliche Ludwig XIV., was in Molière steckt. Damals ist die Tragödie die herausragende Gattung. Die Dichter von Tragödien und die dramatischen Schauspieler blicken von den Stelzen des Erhabenen auf die Erdenwürmer, die sich schmählich mit der Komödie befassen. Es gilt als niedrig, versuchen zu wollen, seine Zeitgenossen zum Lachen zu bringen. In der Literatur stehen in Frankreich die Kritiker noch heute auf diesem Standpunkt. Zu Anfang seiner Laufbahn ist auch Molière noch in diesem Irrtum befangen. Als Sohn eines Teppichwirkers aus der großbürgerlichen Schicht, glaubt er, nur Erfolg haben zu können, wenn er Tragödien aufführt.

In Avignon hat sich Molière von Mignard in seiner Traumrolle malen lassen, als Cäsar in Corneilles »Der Tod des Pompejus«, angetan mit der Toga, dem Lorbeerkranz, dem Zepter; sein Blick ist in die Weite, in die Zukunft seiner Triumphe gerichtet. Der König beurteilt ihn nicht als Zuschauer, sondern als Kenner des Metiers, denn er selber hat in Komödien und Balletten bereits mitgespielt und wird im Rahmen des Protokolls während seiner Herrschaft der größte französische Regisseur. Er erkennt sofort, daß Molière im Bereich der Tragödie keine Zukunft hat. Sie liegt ihm nicht. Er kann sich nur entfalten, wenn er den Samtumhang und die Krone aus Gewürzlorbeer abgelegt hat. In dem kleinen komischen Stück vom »Verliebten Doktor« atmet er frei, leistet er Großartiges. Hier ist sein eigentliches Feld.

Ludwig XIV. ist stolz auf seine Entdeckung und nimmt Molière unter seine Fittiche. Nicht mit der Geste eines pompösen Wohltäters, sondern mit jugendlich heiterem Enthusiasmus. Er holt ihn in seine Nähe, um ihm Auftrieb zu geben; er erlaubt ihm, im Wechsel mit der italienischen Truppe von Scaramouche im Theater Petit-Bourbon zu spielen, das direkt an den Louvre anschließt und sich der Strahlen der königlichen Gunst erfreut.

Die erste große Überraschung verursacht Molière mit seinem Stück »Les Précieuses ridicules«, Die lächerlichen Preziösen (18. November 1659). Er führt die »Schreckensherrschaft« des Wahrhaftigen ein. Er zermalmt das hochtrabende Kauderwelsch, die festgefügte Substanz der Worte und Gedanken, die Kleinlichkeit des Geistes und der Herzen, alles, was vom Leben wegführt und sich tarnt mit der Pose eines unechten Ideals, mit der Anmaßung geistiger Reinheit, mit allem, was in ihrer Irrealität die Fronde der Prinzen zur Fronde der Preziösen machte und diese Zieraffen in Totschläger verwandelte. Beim Verlassen des Theaters sagt Ménage zu seinem Freund Chapelain: »Gestern bewunderten wir noch alle diese Widersinnigkeiten, die vor unseren Augen soeben feinsinnig und vernünftig kritisiert worden sind. Doch wie der heilige Remigius zu Chlodwig sagte, müssen wir nun verbrennen, was wir angebetet haben, und anbeten, was wir verbrannt haben.«

Die Preziösen wollen sich rächen. Nach der Erstaufführung untersagt einer ihrer mächtigen Verehrer jede weitere. Molière wendet sich an den König wie an den höchsten Richter, den allein maßgeblichen Kritiker. Er schickt ihm den Text seines Stückes nach Saint-Jean-de-Luz, wo sich Ludwig XIV. aufhält, während Mazarin den Pyrenäischen Frieden (1659) unterzeichnet. Nach der Lektüre untersagt der König keineswegs eine weitere Aufführung, sondern genehmigt sie.

Nach seiner Verheiratung und Rückkehr nach Paris sanktioniert Ludwig XIV. durch seine Gegenwart und durch eine Schenkung von dreitausend Pfund die Revolution, die durch die »Précieuses ridicules« im Theater stattgefunden hat. Molière spielt das Stück im Schloß Vincennes, in dem Mazarin im Juli 1660 residiert. Der Kardinal ist schwer krank, ein Greis mit achtundfünfzig Jahren; nur noch sieben Monate sind ihm zu leben vergönnt. Er steht auf dem Gipfel seines Ruhms, und sein Ruhm ist unermeßlich. Er ist der Schiedsrichter Europas. Er hat den König mit der spanischen Infantin verheiratet. Er hat die Pforten des Krieges zugeschlagen. Für ihn tun sich die Tore des Todes auf. Aus Achtung und Zuneigung wagt der junge, zweiundzwanzigjährige, geweihte, gekrönte und verheiratete König nicht, seine Herrschaft zu proklamieren. Während der ganzen Dauer der Vorstellung der »Précieuses«, als auf der Bühne die Sonne einer neuen Theaterära aufgeht, steht der junge Ludwig XIV. hinter dem Sessel der siegreichen und vernichteten Eminenz. Er steht, der lebende Gott, vor dem die Welt später auf den Knien liegt! Innerlich ungeduldig, wie junge Leute es sind, die darauf warten, daß die Greise abtreten, damit sie ihren Platz einnehmen können, doch sein Ungestüm aus Respekt und Liebe zügelnd. »Dieser Minister, den ich liebte und der mich liebte«, schreibt er in seinen Memoiren. Wenn man später Ludwig XIV. wie einen orientalischen Götzen über weltweiter Unterwürfigkeit thronen sieht, sollte man den jungen Mann nicht vergessen, der im Rhythmus Molièrescher Verse dem Leben entgegenstürmt.

Im Theater macht Mazarin seinen Einfluß vor allem im Bereich der Musik geltend. Sie ist für ihn mehr als nur Unterhaltung, sie schafft Atmosphäre, ist ein Heilmittel. Sie löst die enorme nervöse Spannung in ihm. Sie führt ihn heraus aus der düsteren Welt der »Combinazioni«, aus dem zähen Schritt-vor-Schritt der Verhandlungen. Sie trägt ihn in eine Sphäre der Einfachheit und Leichtigkeit, fern allen Hasses und Schmutzes. In den täglichen Geschäften erringt dieser Mann letztlich alles, aber unter Anstrengungen und Schwierigkeiten, indem er gegen den Strom steuert und alles Stück um Stück an sich bringt. In der Musik kann sich dieser Schwärmer, der Barockmensch, der gezwungen ist, sich dauernd zu kontrollieren, einmal entspannen, Geist und Herz können fliegen, schweben, er kann sich die Leidenschaften und den Schwung gestatten, alles, worüber die Franzosen spötteln.

Die mit dem Theater verquickte Musik, das Musikdrama, die Musikkomödie, die Oper ist sein ureigenstes Reich. Zu Beginn seiner Laufbahn in Rom war er der Theater- oder Musikberater des leichtlebigen Kardinals Antonio. Die gesamte obere Gesellschaftsschicht, mit Künstlern wie mit Pailletten besetzt, lebte zusammen mit den Künstlern in der Welt der Musik; man hatte die Oper im Blut. Italien ist damals eine Oper in Gestalt eines Stiefels. Im italienischsten aller Stile, im Barock, wird alles, Architektur, Bildhauerei und Malerei, zu Klang, Triller und Koloratur.

Als Mazarin der Herr in Frankreich geworden ist, führt er dort die Oper ein, sein wanderndes Italien. Er möchte die Königin und den Hof berauschen, indem er sie in ein Meer von Musik, von Theatermaschinen und Ausstattungen taucht. So fördert er seinen Ruf als Magier und den Ruhm des Königs. Nach der düsteren Regierungszeit Ludwigs XIII., der sich nur in der Gesellschaft von Füchsen, Wölfen und einigen wilden Jägern wohlfühlte, wollte Mazarin der Monarchie einen Strahlenkranz von Sonne und Festlichkeit verleihen. Der König, Idol und Schauspieler, dirigiert ein immerwährendes Schauspiel.

Von 1642 bis zu seinem Tod, außer während der Fronde, als der Hof das Schild »Geschlossen« an die Tür heftet, ist der Kardinal wirklich ein Impresario, der italienische Künstler engagiert. Er macht aus ihnen die Interpreten der Opernaufführungen und zugleich seine Spione. Er pflanzt sie in die Umgebung der Prinzen, bei der Probe, zwischen zwei Arien, holt er ihre Berichte ein. Mazarin oder die Allgegenwart. Bei ihm ist, wie in den Vaudevilles, nie etwas zufällig oder absichtslos. Der geringste Gegenstand, der unbedeutendste Statist gehören zur Handlung, sie »spielen mit«.

Doch Frankreich in seinen eingewurzelten Gewohnheiten, in seinem literarischen und künstlerischen Geschmack ist eigenwilliger, als man denkt. Die Franzosen sträuben sich gegen Mazarins Opern wie gegen seine Politik, beides ist ihnen zu italienisch. Man lehnt diese Medizin ab, die ein Scharlatan mit Musik verordnen will.

Am 28. Februar 1645 findet im Palais-Royal die Erstaufführung der dreiaktigen anonymen Pastorale »Nicandro e Fileno« statt, deren Partitur verlorengegangen ist. Anna von Österreich gibt vor, die italienische Oper gern zu hören, obwohl sie, nach einem üppigen Diner, dabei einschläft.

Die in Paris lebenden italienischen Schauspieler sind fürchterlich neidisch auf den Erfolg, den ihre aus Rom gekommenen Landsleute als Sänger in »Nicandro e Fileno« am Hof errungen haben. Sie möchten sie bald wieder verschwinden sehen; sie bitten Mazarin, sie mit einer Aufführung zu betrauen, die die Erinnerung an die Jongleure des hohen C auslöscht. Der Kardinal läßt den Meister der italienischen Techniker, den Ingenieur Torelli, sowie den Ballettmeister Balbi nach Paris kommen. Die beiden Fachleute entscheiden sich für eine Komödie mit Musik, »La finta pazza«, Die falsche Verrückte, von Strozzi, die 1641 in Venedig uraufgeführt wurde. Balbi macht sie für den kleinen siebenjährigen König zurecht; er durchsetzt sie mit komischen Zwischenszenen, mit einem Bären- und Affenballett, mit einem Ballett von Indianern, die im Rhythmus der Musik Papageien fliegen lassen, und einem Straußenballett, das zum Totlachen ist, denn die Oberkörper sind nackt, und im Hinterteil haben die Tänzer Federbüschel stecken. »Durch einen sinnreichen Mechanismus konnten sie ihre Hälse verlängern, um aus einem Brunnen zu trinken.« Die Erstaufführung findet am 14. Dezember 1645 im Theater Petit-Bourbon statt.

Eine der hervorragendsten italienischen Sängerinnen, Margherita Costa, wird von Anna von Österreich empfangen; sie ist auch Komponistin, spielt mehrere Instrumente und ist Dichterin. Sie widmet Mazarin den Entwurf zu einem Pferdeballett, das als »zu schwierig« befunden, aber mit einem Strauß ihrer Gedichte gedruckt wird, um die Dame zu trösten. Was Mazarin gefällt, ist »Orpheus, eine Tragikomödie in Musik«. Das ist für ihn das große Ereignis, das sind seine Westfälischen und Pyrenäischen Friedensverträge auf dem Theater! Er läßt aus Rom einen der beliebtesten Opernkomponisten kommen, einen Meister der Sechszehntelnoten, der die flachsten Libretti, wie das des »Orpheus« in Musik zu kleiden versteht. Das ist endlich eine wirkliche Oper, in der jeder singt. Die Sänger singen ihre Arien, die Chöre ihre Chöre. In die Partien zwischen Arien und Chören wird ein Rezitativ eingeschoben, es wird psalmodiert, es ist ein gesungener Satz, der sich dem Fluß der Rede anpaßt. Was den Franzosen gekünstelt erscheint, ist für die Italiener völlig natürlich. Von morgens bis abends, in Purpur oder in Lumpen, beim Friseur oder auf dem Thron, verbringen sie singend ihr Leben, das selbst ein Rezitativ ist. Seit Jahren singt Mazarin in Frankreich, das sich gegen die Musik sperrt, sein politisches Rezitatv, das von den Westfälischen bis zu den Pyrenäischen Verträgen Europa den Frieden bringt. Er hat es Richelieu und Ludwig XIII. vorgesungen, und er hat sie damit betört. Er hat es der Königin ins Ohr gesungen und ihr Herz damit wiedererweckt.

Im Karneval 1647 feiert »Orpheus« im Palais-Royal Triumphe. Die Aufführung wirkt ansteckend, eine Reihe von weiteren Orpheus-Themen kommen auf die Bühne. Auch eine Mazarinade wird zur Parodie eines höfischen Balletts in sechs Auftritten, dann folgt das »Große Ballett, getanzt vor dem König und der Königin-Regentin, seiner Mutter, vom mazarinischen Trio, um Abschied zu nehmen von Frankreich, in burlesken Versen«. Der Kardinal und seine Nichten vollführen darin allerlei dumme Streiche (1649). Das war zur Zeit der Fronde. Als sie niedergeworfen ist, kehrt Mazarin nach zwei Exilen, einem wirklichen im Ausland und einem anderen in der Champagne, endgültig nach Paris zurück. Er wird mit Jubel empfangen. Er ist nicht mehr ein Paria, auf den ein Kopfpreis ausgesetzt ist, sondern der Wohltäter Frankreichs. Wieder hüpfen Ballette über die Bretter. Drei Wochen nach Mazarins Rückkehr, im Karneval 1653, tanzt der König an der Seite eines jungen Italieners namens Lulli im Königlichen »Ballett der Nacht«; die Worte sind von Benserade, die Musik ist von Cambefort, Boësset und vielleicht auch von Lambert. Mit Hilfe seiner Theatermaschinen macht Torelli aus dem Märchenballett eine getanzte Oper.

Der fünfzehnjährige König tritt im Schlußbild auf. Er ist unverkennbar der Sonnenkönig: eine Sonne auf der Brust, Sonnenstrahlen auf seinem Rock, auf seinen Beinen, auf seinem Hals, an den Handgelenken. Eine Sonne auf den Strumpfbändern, eine Sonne auf jedem der hochhackigen Schuhe. Auf dem Kopf ein Strahlenkranz, aus dem eine dreistöckige Fontäne von Straußenfedern sprießt, wie sie die Schönheitstänzerinnen in den Folies-Bergère tragen. Um den Stellvertreter Gottes auf Erden zu feiern, werden christliche und heidnisch-mythologische Zaubermittel vermischt. Der Allerchristlichste König nimmt das Aussehen der Götter des Olymps an. Kardinal Mazarin ist sein Assistent, der Maschinist. Ludwig XIV.: der einzige Gott, dem dieser Kirchenfürst dient. Seine Politik der Monstranz: der religiöse Akt dieser Eminenz, die nur Priester der monarchischen Religion ist. Seine Mission: den König vorzuführen. Er führt ihn den Soldaten auf seinem Pferd vor, und dann ist er Mars, der Kriegsgott. Er führt ihn den Höflingen in einer mehr fleischlichen, verliebten, narzißtischen Gestalt vor. Als Tänzer zeigt der König seine Schönheit denen, die ihn anbeten. Am Ende des »Balletts der Nacht« erscheint er als Apollo, als Sonnengott, die Quelle allen Lebens, aller Liebe.

Im Petit-Bourbon inszeniert Mazarin im April 1654 »Die Hochzeit von Peleas und Thetis«. Er ist ein Universalgenie, er hat sich »die Mühe gemacht, den Plan dieses großen Balletts und dieser prächtigen Komödie selbst zu entwerfen«. Der »zum Franzosen kanonisierte« Italiener bringt die Fusion der italienischen Oper mit dem französischen höfischen Ballett zustande. Seine Majestät hilft ihm dabei, Ludwig ist der Erste Tänzer und wird als solcher sogar im Programm aufgeführt, und die Dekorationen und Maschinen sind von Torelli, sie werden immer komplizierter und phantastischer: Götter und Göttinnen, auf Wolken ruhend, fliegende Wagen, Zentauren, Grotten, Wälder, Berge, ein wildbewegtes Meer, alles in allem eine sich wandelnde märchenhafte Natur, in der junge Edelleute in seidenen Gewändern tanzen, mit bunten Federn auf dem Kopf, tropischen Schmetterlingen, Feuervögeln gleich.

Fast unmerklich, aber zielbewußt schiebt sich ein junger Florentiner auf die Bühne, es ist Lulli, der zunächst als Tänzer auftritt, nach und nach zu deklamieren, dirigieren und komponieren beginnt. Er wird Schauspieler, Regisseur und, nach dem Abgang Rossis, offizieller Komponist aller Ballette des Hofs. Er wirkt mit an dem von Benserade verfaßten »Großen Willkommensballett, getanzt am 30. Mai 1655 in Compiègne, auf ausdrückliche Weisung des Königs bei der Hochzeit der Herzogin von Modena«. Laura Martinozzi, eine von Mazarins Nichten heiratet Alfonso d'Este, Herzog von Modena.

Am 17. Januar 1657 tanzt der König im großen Saal des Louvre das Ballett vom »Kranken Amor«.

Nach der Unterzeichnung des Pyrenäischen Friedens beginnt Mazarin mit den Vorbereitungen zu den Festlichkeiten der Hochzeit des Königs mit der Infantin von Spanien. Diese Heirat ist die politische Krönung seines Lebens. Es ist auch seine eigene Hochzeit mit dem Ruhm, die er auf diese Weise feiert, mit dem Ruhm, den er, einer der hervorragendsten französischen Staatsmänner, am Ende seines Lebens errungen hat. In einem Wettlauf mit dem Tod (nur noch ein Jahr und wenige Monate bleiben ihm zu leben) läßt er in aller Eile den Architekten Vigarani kommen und beauftragt ihn mit dem Bau des Theaters der Tuilerien, dessen technische Einrichtungen alles übertreffen soll, was Torelli bisher geschaffen hat. Er bestellt bei dem berühmtesten italienischen Komponisten, dem Venezianer Cavalli, eine Oper. Dieser kommt nach Paris und bedeckt, fieberhaft arbeitend, seine Blätter mit Noten. Seine Musik für den »Verliebten Herkules« ist zum festgesetzten Termin fertig. Es fehlt kein Schwänzchen an einer Achtelnote. Nur ist leider der Architekt in Verzug, das Theater ist nicht fertig. Die Aufführung vom »Herkules« wird aufgeschoben.

In der Zwischenzeit wird am 22. November 1660 in der Großen Gemäldegalerie des Louvre eine andere Oper des fleißigen Notenschreibers aufgeführt, »Xerxes«, die nach ihrer Aufführung in Venedig 1654 überall auf der italiensichen Halbinsel Triumphe gefeiert hatte. Lulli, der jetzt als »Monsieur de Lully« auftritt und das hohe Amt des »Oberintendanten der Kammermusik« bekleidet, komponiert die sechs Ballett-Zwischenspiele.

Wann werden die Maurer den letzten Stein in das sagenhafte Theater der Tuilerien einfügen? Damit das Publikum nicht ungeduldig wird und um die italienischen Künstler, die für die Aufführung des »Verliebten Herkules« engagiert sind, zu beschäftigen, tanzt Seine Majestät das »Königliche Ballett der Ungeduld«, nach einem halb französischen, halb italienischen Libretto von Benserade und Buti und der Musik von Lulli. (9. Februar 1661) Achtundzwanzig Tage vor Mazarins Tod wird das »Ballett der Ungeduld«, es ist ein symbolischer Titel, von dem jungen König getanzt, der ungeduldig darauf wartet, selber regieren zu können, endlich der Meister zu sein und nicht der ewige Schüler, der achtungsvoll hinter dem Sessel eines Sterbenden steht.

Mazarin verliert den Wettlauf mit dem Tod. Er weilt schon fast ein Jahr an den düsteren Ufern, als der Architekt das Theater der Tuilerien vollendet. Das letzte Projekt des Kardinals ist ein Fiasko. Das Publikum mag die süßliche italienische Oper nicht mehr und verwirft die Musik des »Verliebten Herkules«. (7. Februar 1662) Das Stück entgeht der völligen Ablehnung nur durch die Ballett-Zwischenspiele von Lulli. Der neue Theaterraum, der eine Art Weltwunder werden sollte, hat eine Akustik wie ein Sieb. Die Musik Cavallis wird von diesem Raum aufgesogen, es ist, als sollte Mazarin, der den Auftrag dazu gegeben hatte, noch einmal begraben werden.

Der Kardinal als Sammler und seine Ali-Baba-Höhle

Sein Palais in Paris verwandelt Mazarin in ein Klein-Italien, desssen Boden und Vegetation aus Teppichen und Gobelins, dessen zauberische Früchte aus Gemälden und Statuen bestehen. Er war für Richelieu bereits als Aufkäufer von Kunstwerken tätig und benutzt sein eigenes Gefallen an Kunstgegenständen als ein Mittel, sich einen Namen zu machen. Doch empfindet er vor den Leinwänden und Marmorfiguren auch die Wollust des Aufspürers, des Spielers. Jeder Kunstgegenstand ist für ihn ein Gegenstand der Liebe, ein Abenteuer, in dem die Freude am Suchen und Finden mitschwingt. »Monsignore Mazarino«, den das violette geistliche Gewand nur lose umhüllt, kauft den »Griechischen Faun« und den »Römischen Faun«, die um 1639 bei Ausgrabungen in der Nähe der Kirche der vier gekrönten Heiligen auf dem Cälius der Erde entrissen wurden.

Aber es liegt auch in Mazarins Logik, aus diesen Kunstschätzen Werkzeuge seiner Politik zu machen. Seine Apollo-, Venus- und Flora-Statuen werden zu Propagandaagenten und verkünden die Pracht des Herrn über Frankreich. Zudem stellen sie ein Kapitel dar, das dem Emigranten, sollte eine neue Flucht nach Brühl oder sonst wohin nötig werden, erlauben würde, der Not zu trotzen.

Mazarin verfügt über ein Heer von Zulieferern: Herrn von Bordeaux, den Gesandten Frankreichs in England, den Kölner Bankier Everhard Jabach, den Kaufmann Lopez, den Juwelier Raymond Lescot. In Rom Elpidio Benedetti, in Florenz Abbate Luigi Strozzi, und noch andere. Er schärft ihnen ständig ein, sparsam zu sein, »billig, wohlfeil einzukaufen«. Er ist hin- und hergerissen zwischen der Angst vor »einem übertriebenen Preis« und der Hoffnung auf »einen vernünftigen Preis«, das heißt einen niedrigen. Nie ist er glücklicher, als wenn er ein Werk erwerben kann, das er begehrt. Verwehrt man es ihm oder wagt er nicht, darum zu bitten, wendet er, um es trotzdem gratis zu bekommen, die unglaublichsten Tricks an.

Seit langem schon gelüstet es ihn, ein Bild von Correggio zu besitzen: »Die Mystische Hochzeit der heiligen Katharina von Alexandrien«, kurz »Il Sposalizio« genannt. Von einem Kardinal zum anderen war das Gemälde in den Besitz von Kardinal Antonio Barberini gekommen, der es sehr verehrte. Da Mazarin ihn nicht selbst darum bitten möchte, läßt er es die Königin tun. Kardinal Antonio kann sich der Bitte nicht entziehen, es bleibt ihm nichts übrig, als einen Abgesandten nach Rom zu schicken, um das kostbare Gemälde zu holen. Mit blutendem Herzen übergibt er es selber der Königin, »die, um es zu ehren, in seiner Gegenwart in ihrem Schlafzimmer aufhängen ließ. Doch kaum hatte er den Rücken gekehrt, schenkte sie es ihrem Vertrauten, der diese ganze Intrige gesponnen hatte, um Besitzer des Bildes zu werden«. (Memoiren von L. H. de Brienne)

Brienne, der nicht völlig verläßlich ist und später im Irrenhaus stirbt, behauptet, daß Mazarin »begierig war, ohne sich in den schönen Dingen wirklich auszukennen, mit Ausnahme der Edelsteine«. Er bezweifelt seine Kenntnisse in der Malerei, weil der Kardinal, sobald Gemälde aus Italien eintrafen, »unverzüglich« Mignard holen ließ, der beim Auspacken dabei sein sollte, »um ihm seinen Eindruck zu sagen«. Dieses Vorgehen gereicht Mazarin eher zur Ehre, er lud zu solchen Prüfungen Jabach und Brienne selbst ein. Man kann nie vorsichtig genug sein, wenn es darum geht, das Echte vom Fragwürdigen zu trennen. Mazarin begeht manche Irrtümer. Wer aber begeht sie nicht, wenn es sich um Malersignaturen handelt? Er kauft einen Carracci, der jedoch nur ein Lanfranco war. Er fällt auf einen italienischen Maler herein, der ihm Kopien als Originale verkauft, »die er hergestellt hatte. Denn er besaß das Geheimnis, sie als alt erscheinen zu lassen, obwohl sie erst kürzlich gemalt worden waren«. Brienne freut sich schadenfroh, daß der Fuchs in eine solche Falle ging, jedoch fügt er gleich hinzu, daß »andere, noch Scharfsinnigere als er, dabei getäuscht worden seien«.

Als Sammler beschränkt sich Mazarin zumeist auf Italien. Er liebt den Prunk, Vergoldungen, alles, was funkelt, alles, was beredt zu den Sinnen spricht. Neues zieht ihn wenig an, er bleibt unbeirrbar klassisch. Bei Bildwerken liebt er nur die Antiken, in der Malerei geht er nicht über die italienische Renaissance hinaus. Er überschreitet die Schwelle des Jahrhunderts nicht. Die modernen Maler aus Holland, Deutschland und Flandern beachtet er kaum. Er bringt es auf sechsundzwanzig Van Dycks, weil er Herrn von Bordeaux die spießbürgerliche Empfehlung gab, nur Porträts, die »Persönlichkeiten von Rang« darstellen, auszuwählen. Der französischen Schule von gestern und heute verschließt er sich. Georges de La Tour, den Ludwig XIII. so bewunderte, ist ein Unbekannter für ihn. Seine Zustimmung finden lediglich Poussin und Gelée, weil sie als Franzosen in Rom leben.

Zu Anfang muß sich Mazarin mit zweitklassigen Objekten begnügen, doch als er sein phänomenales Vermögen zusammengetragen hat, schöpft er mit Hilfe seiner Emissäre Italien ab. Ein ganz großer Beutezug gelingt dank der Revolution in England und der Hinrichtung Karls I. Der englische König ist einer der feinsinnigsten Kunstkenner des Jahrhunderts. Von Rubens und Van Dyck beraten, tätigt er prachtvolle Käufe in den Niederlanden, in Deutschland und Italien. Seine Schlösser Saint James, Whitehall, Somerset House und Hampton Court werden zu wahren Museen. Seine größten Schätze enthält die Gonzaga-Sammlung, die er nach unendlich langem Verhandeln mit den verschiedenen Herzögen von Mantua hat kaufen können.

Nach der Enthauptung Karls I. beschließt das englische Parlament, seinen Besitz zu verkaufen. Das unselige Unternehmen erstreckt sich über Jahre. Unter den Geiern, die sich auf die einzelnen Stücke stürzen, sind Abgesandte des Königs von Spanien, der Königin Christine von Schweden und der schon genannte Kölner Bankier Jabach, der jetzt als Direktor der Ostindischen Companie in Paris residiert; er ruiniert sich aber später durch zu große Ausgaben. Er kauft zahlreiche Gemälde aus der Sammlung Karls I. für sein Stadtpalais in der Rue Neuve-Saint-Merry. Er kauft auch für Mazarin ein, der über die exorbitanten Preise entsetzt ist. An seinen neuen Erwerbungen kann sich der Kardinal nicht lange erfreuen, in der Nacht des 6. Februar 1651 muß er sich wie ein Dieb davonstehlen. Einen seiner Getreuen bittet er, »mit Jabach und Bernardin zu erkunden, was das beste wäre, um meine Siebensachen gegen etwaige Zwischenfälle in Sicherheit zu bringen«. Unter den Begriff »meine Siebensachen« fallen auch die Meisterwerke der Malerei. Der gefürchtete »Zwischenfall« tritt ein. Es ist schwer, sein Eigentum zu schützen. Ein Erlaß des Parlaments setzt einen Preis auf den Kopf des Sammlers aus; die Summe, die der Verkauf seines Hab und Guts erbringt, soll der Jäger erhalten.

Nach seiner endgültigen und glorreichen Rückkehr nach Paris am 13. Februar 1653 kann Mazarin sich ungehemmt bereichern, er beginnt seine durch die Fronde verstreuten Sammlungen wieder zusammenzustellen und zu vergrößern. Er spannt eine Quadriga von Zulieferern vor seinen Wagen: Herrn von Bordeaux, Jabach, der ihm Stücke aus der Sammlung Karls I. weiterverkauft, Raymond Lescot und Lopez, der ihm den »Balthazar Castiglione« von Raffael beschafft. Überhaupt fällt der wertvollste Teil der Sammlung des enthaupteten Königs in die Hände der Eminenz: »Johannes der Täufer« von Leonardo, »Der heilige Georg und der heilige Michael« von Raffael, eine »Heilige Familie« von Garofolo, die »Heilige Familie, von Giorgione, der »Schlaf der Antiope« von Correggio, der »Heilige Joseph« und die »Venus von Pardo« von Tizian, die später »Jupiter und Antiope« genannt wird.

Von den Schätzen aus dem Palais Mazarin, der Ali-Baba-Höhle, existieren zwei Inventare, das eine von 1653, von Colbert erstellt, führt die Namen der Künstler in italienischer Schreibweise auf. Das andere, 1661 nach Mazarins Tod aufgestellte, Inventar ist ein unwahrscheinliches Sammelsurium, in dem glanzvolle Namen neben fragwürdigen stehen, falsche Namen, unleserliche Namen. Es enthält vierhundertfünfzig Originale; die überwiegende Mehrheit ist italienischer Herkunft. Die anderen Länder sind nur beiläufig vertreten, wie es der Zufall ergab. Pläne hat Mazarin nur in der Politik aufgestellt, beim Sammeln seiner Bilder hat er darauf verzichtet.

El Greco ist nur durch ein einziges Bild vertreten, »Die Jungfrau, das Jesuskind, der heilige Johannes und der heilige Joseph«. Lukas van Leyden hingegen, man weiß nicht warum, mit neun Gemälden. Die Flamen, darunter Namen wie Brueghel der Ältere und Cornelissen werden unter der nebulosen Bezeichnung »nach flämischer Manier« zusammengefaßt. Rubens ist mit drei Nummern aufgeführt; besser daran ist Van Dyck mit sechsundzwanzig Bildern, weil er »Persönlichkeiten von Rang« darstellt. Damit sie dem Emporkömmling Mazarin gefielen, mußte dieser »Rang« mindestens ein königlicher sein. Auf den sechsundzwanzig Bildern finden sich sechzehn gekrönte Häupter oder Angehörige königlicher Familien: die Königin Maria von Medici, die Königin von Böhmen, die Königin von England, der König von England, der Kurfürst von der Pfalz und eine Anzahl unbekannterer Prinzessinnen.

Das arme, im Westfälischen Frieden unterlegene Deutschland ist auch an Mazarins Wänden ärmlich vertreten. Ein »Sitzender heiliger Hieronymus«, »nach teutscher Manier auf Holz gemalt«, und die Miniaturen von Johann Wilhelm Baur.

Auch Frankreich ist vernachlässigt. Wie schon gesagt, sind hier die beiden größten Namen Poussin und Claude Gelée, halbe Römer durch ihren Aufenthalt in Rom. Dazu sieben Valentins und zwei Mignards. Diese Abwesenheit der französischen Malerei in den Räumen des Palais Mazarin beweist, daß der Kardinal sich in einem Anflug von Begeisterung zwar als »kanonisierten Franzosen« bezeichnet, daß er sich aber im Innersten seines Herzens nie »naturalisiert« gefühlt hat. Im Bereich des Theaters bringt er die italienische Oper nach Frankreich. In der Malerei und Bildhauerei setzt er nur auf Tote: auf Italiener oder auf die Antiken, das heißt ebenfalls Italiener oder Griechen. Selbst ein Mann, der ihn beweihräuchert, der ihn während der Fronde verteidigt, gibt dies uneingestanden zu. In einer 1649 erschienenen Schrift sagt der Bibliothekar Naudé: »Alle diese Statuen und alle diese hervorragenden Gemälde hat der Kardinal aus Rom kommen lassen, um der französischen Jugend die langen Reisen zu ersparen, die sie unternehmen müßte, um sich in der Skulptur und Malerei zu vervollkommnen.« Vermutlich hat Mazarin diesen Gedanken Naudé ins Ohr geflüstert: Die Sammlung Mazarin ist kein Privateigentum, sie ist eine Einrichtung von öffentlichem Interesse. Doch alles, was er zu sagen weiß, ist, daß das Museum Mazarin nur eine nach Paris verpflanzte »Ecole de Rom« sein soll, um »der französischen Jugend die Reise nach Italien zu ersparen«. Dahinter steht, fest wie ein Fels, die unwandelbare Überzeugung, daß die Franzosen im Bereich der Künste Barbaren sind. Die erhabene Schönheit kommt aus Italien.

Das Inventar von 1661 zählt hundertzwanzig griechische oder römische Statuen auf. Ebenfalls alles »Persönlichkeiten von Rang«: Kaiser, Kaiserinnen, Konsuln und Götter und Göttinnen, deren Nacktheit in einigen Mazarinaden angeprangert wird; man empfindet dieses Palais als ein Lupanar aus Marmor. Und dies sind die Gestalten des Olymps, die sich hier ein Rendezvous geben: Apollo (viermal vertreten), Adonis (zweimal), Merkur (dreimal), Bacchus, Venus und Ceres (je zweimal), Kupido (viermal), Herkules (einmal) und Andromeda mit ihren an den Felsen geschmiedeten Händen. Dazu das Fußvolk: Musen, Faune, Satyre, Hirten.

Unter dem Titel »Das Inventar der Weltwunder, die im Palais des Kardinals Mazarin anzutreffen sind«, führt eine Mazarinade sarkastisch die einzelnen Bildwerke seiner Antiken-Galerie auf: »Rom hat ihm seine Kaiser gegeben ... Alexander figuriert glanzvoll in Porphyr. Viele andere Statuen aus Alabaster verlieren hier ihr strahlendes Weiß, denn es ist bekannt, daß die Reinheit leicht verlorengeht im Haus der Großen.«

Unter den Wunderwerken, vor denen die Zeitgenossen staunend stehen, ist eine »Minerva« oder »Sitzende Roma« aus Porphyr, deren Kopf, Arme und Füße aus Goldbronze sind. Hinzu kommen hundertsechsundzwanzig Büsten auf ihren Sockeln. Zwölf Porphyrköpfe der zwölf Cäsaren und ihre Büste aus buntem orientalischem Alabaster. Zwölf Bronzeköpfe, »zur Hälfte Kaiser, zur Hälfte Konsuln«. Dichterische Musenköpfe, philosophische Denkerköpfe, Köpfe von unbekannten Männern, Frauen und Kindern.

Diese steinernen Früchte aus einem märchenhaften Garten gelangen mit zwei riesigen Sendungen nach Paris: dreiunddreißig »große Kisten mit Skulpturen«, die Abbate Benedetti im Juni 1658 aus Rom abschickt, denen zweiundzwanzig weitere Kisten folgen.

Mazarin setzt seine Aufkäufer für die verschiedensten Zwecke ein. Herr von Bordeaux beschafft ihm nicht nur Gemälde und Statuen, sondern auch Pferde, Hunde und Gobelins. Der Kardinal ist vernarrt in Gobelins. Für den Sohn des Verwalters der Colonna stellen sie den Gipfel der Pracht und Herrlichkeit dar. Zwischen Wandteppichen zu leben, wird nur Königen, Fürsten, Päpsten und Kardinälen zuteil. Sie verbreitern die Räume, durchbrechen die Wände durch Traumlandschaften und Stadtdarstellungen. Sie verwandeln Schlösser und Palais in Theater, deren Dekorationen durch Perspektive und Scheinperspektive, Trompe-l'oeil, mit der Weite spielen und die Unendlichkeit vortäuschen.

Das Inventarverzeichnis von 1653 zählt sechsundsechzig oder siebenundsechzig Gobelins auf, das von 1661 achtundsiebzig. Innerhalb von acht Jahren hat Mazarin mehr als elf oder zwölf neue Wandteppiche gekauft. Hinzugerechnet werden müssen noch die, welche während der Fronde auf Befehl des Parlaments verkauft worden sind, vor allem die, welche Christine von Schweden erwarb und die sie mit dem Takt eines Gangsters dem Kardinal zwei Monate vor seinem Tod gegen eine stolze Summe zum Rückkauf anbot.

Ströme von Gobelins überschwemmen das Palais Mazarin. Gobelins von Karl I., von Kardinal Barberini, die »Scipio«-Gobelins, »gotische« Gobelins, die der Juwelier Lescot aus Portugal holt. Die prächtigsten kommen nach dem Pyrenäischen Frieden vom König von Spanien und von Don Luis de Haro: darunter »Die Taten des Herkules« nach einem Gemälde von Tizian und »Die Früchte des Krieges« nach Giulio Romano.

Den französischen Handwerkern gibt Mazarin nur sehr wenig zu tun; nur selten bekommen sie Aufträge. Ausnahmen sind Wandteppiche wie »Die Geschichte des heiligen Paulus« und »Der Raub der Sabinerinnen«, die von Le Febvre gewebt werden; der Kardinal hat ihn eigens aus Florenz kommen lassen. Die meisten Tapisserien kommen aus den flandrischen und englischen Ateliers, vor allem aus der Manufaktur von Mortlake. Man darf sich nicht blenden lassen von den großen, aber häufig nicht belegten Namen, die die Inventare phantasievoll den Zeichnern der Kartons zudiktieren: Dürer, Holbein, Rubens. Auf jeden Fall aber war Mazarins Sammlung von Wandteppichen weit eklektischer als seine Statuen- und Bildersammlungen. So sehr Mazarin Flandern in der Malerei vernachlässigte, um so höher schätzte er die flandrischen Tapisserien.

Mit den Wandteppichen aus Wolle und Seide gelangen unendlich viele kostbare Möbelstoffe nach Paris, gemusterte, durchwirkte, bemalte und bestickte. Wandbespannungen aus Goldbrokat, »mit verschiedenfarbigen, in Mailand angefertigten und mit größter Sorgfalt und bewunderswerter Kunstfertigkeit auf den wertvollen Grund applizierten Samtblumen«. Wandbespannungen aus Lyoneser Brokatell und holländischem Tuch. Portièren aus neapolitanischem, genuesischem und lucchesischem Damast.

Der Abbate Luigi Strozzi schickt ganze Stoffbahnen zur Verkleidung der Wände, zum Beziehen der Möbel oder zur Aufbewahrung auf dem Speicher, zusammengerollt wie bei einem Tuchhändler: »Florentiner Brokat, goldgrundig, mit Figuren, Brunnen, Laubwerk und Vögeln aus silberner und grüner Seide, grüngrundig, mit kleinen Gold- und Silberblättern, ganze Rollen von Florentiner Satins, einige in Karminrot mit Blumen, andere in Rosenrot und Blau mit chinesischem Muster.«

Natürlich fehlen in dieser Höhle die Bodenteppiche nicht, wo die Ansammlung, der Wunsch etwas zu sein, Elend und Schicksalsschläge für immer zu bannen, die Pracht in einen bunten Bazar verwandelt. Das ist die Festung des Emigranten, der, um den Dämon des Umherirrens zu vertreiben, sich nicht wie Vauban hinter Wällen, sondern hinter Stoffen, Gobelins, Möbeln, Gemälden, Statuen, Teppichen und vielem Krimskrams verschanzt. Ohne wahre Größe zu erreichen, ohne seinem Besitz Adel verleihen zu können, besitzt Mazarin ein Lager von wertvollen Teppichen, so daß er damit handeln könnte. Türkische Teppiche, persische Teppiche, aus Wolle und Seide, Teppiche »nach chinesischer Art«, Teppiche aus der Manufaktur Savonnerie.

Von Möbelstücken wimmelt es. Nur die Schreibtische, die heute »Mazarin« genannt werden, waren nicht vorhanden. Die Bezeichnung ist eine posthume Huldigung an diesen emsigen Arbeiter. Betten jeder Art, viel mehr als dieser schlechte Schläfer je benutzen konnte: »Betten mit Gardinen, Rückenlehnen, Bettpfosten und Unterlagen aus Samt ... Betten, mit Gold und Silber beschlagen, Engelsbetten« für ihn, der nichts Engelhaftes hatte. Ruhebetten, für ihn, der sich nie ausruhte. Ein Traumbett aus rotem Samt und Gold- und Silberstickerei, mit Perlen besetzt, das aus dem Hause Guise stammt: »Das Bett der Allianzen«, eine ideale Liegestatt für einen Diplomaten. Sämtliche Gattungen von Sitzmöbeln sind vertreten: Sessel, Lehnstühle, »Papagei«-Stühle, Faltstühle, Hocker. Dazu Tische, Truhen, Wandschirme und Spiegel.

Aus all diesen Möbeln ragen die Glanzstücke des 17. Jahrhunderts heraus, die Kabinette, Schränke, die durch eine Klappe oder durch Türen zu öffnen sind und in ihrem Innern eine richtige kleine Theaterausstattung haben, mit Fächern, Schubladen, vorgespiegelten Perspektiven, Pfeilern, Balustraden, Säulchen, Karyatiden und Intarsien. Die zauberhaftesten sind die Ebenholzkabinette mit kostbaren Säulen aus Lapislazuli, Amethyst, Bergkristall, in Gold und Silber gefaßt, mit ihren Einlegearbeiten aus Jaspis, Achat, Karneol in Form von Blumengirlanden, Sträußen, Früchten und Vögeln – ein ganzes Paradies ist in diesen Miniaturpalästen eingefangen. Mazarin ist verliebt in diese Möbel, die für ihn Opern gleichkommen, seine Phantasie anregen; er kann sich verwickelte Intrigen, wilde Abenteuer vorstellen, von Stimmen gesungen, die die Stimmen der Wirklichkeit zum Schweigen bringen. Ihm sind unter den Kabinetten die »Arbeiten aus Florenz« am liebsten; der Abbate Nicolo und später der Abbate Luigi Strozzi schicken ihm einige bis ins kleinste ausgeführte Exemplare. Ganz ausnahmsweise werden ein paar Stücke in Paris nachgearbeitet, zum großen Bedauern von Colbert. Um Mazarin zu schmeicheln – er sagt dabei durchaus die Wahrheit, die Mazarin innerlich mit großer Genugtuung bestätigt –, stellt Colbert jedesmal schonungslos fest, daß in Frankreich »weder geschickte Handwerker noch gutes Material« zu finden sind, um solche unbeschreiblich schönen Kabinette anzufertigen, die von Märchenfeen aus Italien zu stammen scheinen.

Aus seinem Italien, das der Kardinal mit Herz und Sinnen, ganz und gar, in sein italienisches Fürstentum mitten in Paris, ins Palais Mazarin, verpflanzen möchte, läßt er eine Fülle von Tischen kommen, Tische aus schwarzem Marmor, Tische aus grauem Marmor. Tische aus »schwarzem Basalt«, verziert mit Gärten aus Tausendundeiner Nacht in Lapislazuli, Chalzedon, Alabaster, Jaspis und Perlmutt, mit Darstellungen von Blumensträußen, Körben, Vögeln und Schmetterlingen.

Brienne versucht, alle diese Schätze aufzuzählen, die im Übermaß vorhanden sind, die in diesem Warenlager überall herumliegen und -stehen, so als hätte Mazarin ganze Städte und Flotten geplündert, als handele es sich um die Beute eines Piraten, eines Freibeuters, eines Bandenchefs, wo Kristalle, Goldgeschirre, feuervergoldete Gegenstände sich drängen mit »Objekten, die mit Rubinen verziert sind, mit Smaragden, Diamanten, Lapislazuli, Jaspis, Achaten und anderen Steinen, das alles in einem Schrank von der Farbe marmorierten Holzes«. Aufgestapelt, aufgehäuft bis zum »Speicher, man hätte das eher für einen Jahrmarkt oder einen Trödelladen gehalten, wenn man so will, als für den Lagerraum einer Privatperson«.

Mitten in Paris befindet sich dieser mazarinische Jahrmarkt, dieser mazarinische Bazar, dessen Pächter oder Besitzer nicht nur von der Sucht nach Geld und Gewinn besessen ist, sondern von der sinnlichen Lust, seine Schätze zu zählen, zu berühren, zu liebkosen. So hat ihn Brienne durch das Schlüsselloch beobachtet: »Seine Eminenz kannte kein größeres Vergnügen, als sein Warenlager zu ordnen und in den verschiedenen Schränken, mit denen es vollgestellt ist, in den herrlichen mit Gold und Silber verzierten Kabinetten, seine Porphyrvasen, sein chinesisches Porzellan, sein Kristall, seine Aquamarine und tausend andere Raritäten, an denen er hing, sorgfältig aufzustellen.«

Im Allerheiligsten dieses Tempels voller Statuen, Gemälde, Gobelins, Teppichen, Möbeln, Bronzen, Stoffen und Fayencen treibt Mazarin einen Kult mit seinen Diamanten. Der bissige kleine Brienne spricht ihm jede künstlerische Kompetenz ab, »ausgenommen was Edelsteine angeht«. Ihre Reinheit wäscht ihn rein vom Schmutz der »Combinazioni«. Ihr Adel ist eine Entschädigung für alle Platitüden. Ihr Funkeln erinnert ihn an das Funkeln seines Sterns, der ihn bis auf den Gipfel der Macht geführt hat. Ihre Einsamkeit tröstet ihn über seine eigene hinweg. Ihr Strahlen und ihre verborgene Verzweiflung ähneln dem verkannten Genie, das in ihm als

Opfer der Mazarinaden strahlt. Zudem sind die Diamanten das hilfreiche Licht des Emigranten: eine Verdichtung von Reichtum und Macht, die Möglichkeit zu überleben, verdichtet zu der Form, die am leichtesten umzusetzen ist.

In seinem Testament vermacht Mazarin der Krone von Frankreich »achtzehn große Diamanten, die zu den schönsten gehören, die es in Europa gibt«. Doch mit seinem Sinn für Nutz und Zins will er auch daraus Gewinn ziehen. Er macht zur Bedingung, daß diese achtzehn Diamanten »Mazarins« genannt werden, damit sein Name auf immer an sie gebunden bleibt. Die beiden berühmtesten sind der herzförmige »Grand Sancy« und der tafelförmige »Miroir du Portugal« (Spiegel von Portugal).

Als in England das erste Grollen der Revolution zu vernehmen war, flüchtete Königin Henriette Marie von England, Tochter Heinrichs IV. und Gemahlin Karls I. mit ihren persönlichen Juwelen und mit den Krondiamanten nach Frankreich. Nachdem alle sonstigen Mittel aufgebraucht waren, machte sie eine Anleihe beim Herzog von Epernon (1647) und ließ ihm den »Grand Sancy« und den »Miroir du Portugal« als Pfand. 1654 forderte der Herzog von Epernon die Rückzahlung seines Darlehens. Es kam zu einem Rechtsstreit, aus dem Mazarin seinen Vorteil zog. Für dreihundertsechszigtausend tourische (in Tours geprägte) Pfund ließ er 1657 durch einen Strohmann, den Finanzintendanten Barthelémy Hervart, die beiden ungewöhnlich wertvollen Steine ankaufen.

Der »Sancy«, einer der weltbekannten Diamanten, ging Karl dem Kühnen nicht, wie die Legende erzählt, in der Schlacht von Grandson oder Murten verloren. Im 16. Jahrhundert taucht er in Portugal auf. Dann kommt er in den Besitz von Nicolas Harley de Sancy, der bedauerlicherweise die Mode aufbringt, einem Diamanten den Namen seines Besitzers zu geben. Nur mit größter Mühe kann er das allzu prächtige Juwel Jakob I., König von England und Vater Karls I., verkaufen. Nach Mazarins Legat wird der »Sancy« den Krondiamanten beigegeben. Zusammen mit anderen »Mazarins« schmückt er die Krone bei der Krönung Ludwigs XV. Im Jahre 1792, zur Zeit der Legislativen Versammlung, wird er mit den Krondiamanten gestohlen, dann wiederentdeckt und verkauft, um militärische Ausgaben zu decken. Er wandert nach Spanien und gehört nacheinander Godoy, Herzog von Alcudia, Joseph Bonaparte, dem Fürsten Demidoff und einem indischen Fürsten. (1860) Danach verschwindet er im Dunkel.

Der »Miroir du Portugal«, der zur portugiesischen Krone gehörte, bevor er nach England kam, verschwand bereits nach dem Raub der französischen Krondiamanten. (1792)

Schritt für Schritt folgt Mazarin den Taten und Werken Richelieus wie ein Schatten. Richelieu gründete eine Bibliothek, die er der Öffentlichkeit zugänglich machen wollte. Den zweiten Teil seines Programms kann er nicht mehr verwirklichen. Mazarin gelingt dies. Für die Nachwelt macht er sich dadurch zum Wohltäter der Intellektuellen, zum Geistesfürsten. Auf diese Weise will er sich vom Schmutz der Politik befreien.

Schon früh beginnt er Bücher zu sammeln. In der »Abhandlung über die schönsten öffentlichen und privaten Bibliotheken, die es in der Welt gab und gibt«, beschreibt Pater Louis Jacob 1644 die Bibliothek in Rom, die Mazarin in seinem Palazzo auf dem Quirinal besitzt. »Sie besteht aus mehr als fünftausend ausgewählten Bänden, gebunden von Leuten, die eigens aus Paris geholt worden waren, aufgestellt in goldverzierten Schränken, auf denen Vasen, Büsten und andere Antiken standen.«

Mazarin hat das Glück, sehr bald den »Genius der Bibliotheken« ausfindig zu machen, den Schutzpatron der Bücherwürmer: Gabriel Naudé. (1600–1653)

Schon in ganz jungen Jahren ist Gabriel Naudé, medizinisch und humanistisch gebildet, von der Leidenschaft für Bücher gepackt. Eine erste Gelegenheit, seinen Hunger zu stillen, gibt ihm der Präsident de Mesmes, der ihm seine reichhaltige Bibliothek anvertraut. 1627 veröffentlicht Naudé eine »Anleitung zur Aufstellung einer Bibliothek«, einen Traktat der »Bibliothekswissenschaft«, in dem erklärt wird, wie man Bücher kauft und pflegt, wie man einen Katalog zusammenstellt. Er wird in Rom der Bibliothekar des Kardinals Bagni, dann des Kardinals Barberini. Richelieu beruft ihn zu sich nach Paris und betraut ihn mit den gleichen Aufgaben. Richelieu ist tot, es lebe Mazarin! Vom harten Kardinal wechselt Naudé über zum weichen Kardinal. In ihm hat Mazarin den besten Hirtenhund gefunden, den man sich vorstellen kann; er treibt ihm aus dem Fundus Frankreichs, Italiens, Deutschlands und Englands die Herde der Bücher zu.

Er ist kein seßhafter, umständlicher Bibliothekar, sondern jemand, der unermüdlich und geschwind durch die Lande reitet und Jagd auf Bücher macht. Ist er zurück mit seiner Beute, ordnet, etikettiert und katalogisiert er sie, um sie auch anderen zugänglich zu machen. Er ist der Freund des gesamten gelehrten Europa, sein Werk ist eine »lebendige Bibliothek, ein beliebter, wandelbarer Arbeitssaal«.

Aufgrund seiner Freundschaft zu Jean de Cordes, einem Kanonikus in Limoges, kann er den Grundstein zu Mazarins Bibliothek legen. Jean de Cordes besitzt eine der reichhaltigsten Büchereien jener Zeit, vornehmlich sind Werke der Theologie und Geschichte vertreten. In seinem Testament legt er fest, daß seine Bibliothek nur en bloc an einen einzigen Käufer abgegeben werden darf, um ihre Einheit nicht zu zerstören. Mazarin verdankt es Naudé, daß er die achttausend, nach Sachgebieten geordneten Titel für zweiundzwanzigtausend Pfund kaufen kann. (August 1643)

Von der Höhe seiner enzyklopädischen Wißbegier (Astrologie, Naturwissenschaften, Medizin, Optik) und seiner polyglotten Neigung (Chinesisch, Isländisch, Hebräisch, Äthiopisch, Altsyrisch) steigt Naudé herunter bis zu den geringsten Kleinigkeiten und Einzelheiten in der Rechnungsaufstellung, die er Mazarin über die Leitung der Bibliothek regelmäßig und pünktlich vorlegt.

Mit der gleichen Besessenheit, mit der Turenne die Soldaten des Königs rekrutiert, rekrutiert Naudé für die Schlachten des Geistes mehr als vierzigtausend Bände. Am 30. Januar 1644 lobt die »Gazette« Mazarin über die Maßen dafür, daß er sein Palais »allen Gelehrten und Wißbegierigen öffnet, die jeden Donnerstag in Massen herbeiströmen und von morgens bis abends in seiner schönen Bibliothek herumblättern«. Zum gleichen Zeitpunkt drückt Pater Jacob seine Bewunderung über die Neuerung aus: eine dem Publikum zugängliche Bibliothek zu eröffnen. Er lobt »den umsichtigen und fleißigen Bibliothekar Gabriel Naudé, Kanonikus von Verdun in Lothringen und Prior von Artige, der eine umfassende Kenntnis von Büchern besitzt«. Am 12. Januar 1647 beglückwünscht die »Gazette« Naudé zu einer höchst ansehnlichen Jagdstrecke von Büchern aus Deutschland.

Unter den Donnerstagsbesuchern sind Namen von illustren Männern zu finden, die gleichzeitig Freunde von Naudé sind: Gui Patin, Antoine Aubery, der Astronom Ismaël Boulliau und Pater Gassendi.

In goldenen Lettern auf schwarzem Marmor wollte Mazarin über der Tür zum Lesesaal in lateinischer Sprache, der Sprache der Triumphbogen, folgende Inschrift anbringen: »Ludovico XIV feliciter imperante ... Julius S. E. R. cardinalis Mazarinus ... bibliothecam hanc ... publice patere voluit ... MDCXLVIII« – Unter der glücklichen Herrschaft Ludwigs XIV. war es der Wunsch von Julius Seiner Ehrwürdigen Eminenz Kardinal Mazarin, der Öffentlichkeit diese Bibliothek zugänglich zu machen ... 1648.

Diesen Traum eines Römers macht die Fronde zunichte. 1649 stemmt sich Naudé heldenhaft gegen die Flut der Mazarinaden. Mit der Feder tritt er, hinter der Barrikade seiner Bücher verschanzt, für Mazarin ein. Er erdenkt ein Gespräch zwischen zwei Druckern namens Mascurat und Saint-Ange. Er preist den Kardinal, den Wohltäter, der jetzt bespien wird.

Tiefbetrübt muß Naudé sich einem Befehl beugen und die Schlüssel zu dieser Bibliothek, Fleisch von seinem Fleisch, Herrn Tubeuf übergeben, dem Präsidenten der Rechnungskammer, dem Strohmann Mazarins für die Bauarbeiten an seinem Palais. Dieser gescheite Mann läßt das Palais und dessen gesamtes Inventar beschlagnahmen, um es vor verblendeten Erlassen des Parlaments und der Volkswut zu schützen. Für Naudé ist diese Schlüsselübergabe gleichbedeutend mit einer Trauerzeremonie. Saal für Saal zeigt er Tubeuf sein mit Liebe errichtetes Lebenswerk, »den zweiten

Zwischenstock voller Bibeln in allen Sprachen, das heißt in Hebräisch und anderen orientalischen Sprachen, in Griechisch, Lateinisch, Französisch, Italienisch, Spanisch, Deutsch, Flämisch, Englisch, Holländisch, Polnisch, Ungarisch, Schwedisch, Finnisch, Gälisch, Rhutenisch, Irisch und so weiter, die große Galerie ist ungefähr neun oder zehn Klafter lang . . .«

Als Mazarin im Februar 1651 in die Verbannung geht, zittert Naudé Tag und Nacht um seine Bibliothek. Jede Drohung seitens des Parlaments ist ein Dolchstoß in sein Herz. Am 30. Dezember ordnen diese Barbaren im langen Talar den gotteslästerlichen Verkauf an, der unverzüglich in ein Gemetzel ausartet. Naudé versucht, unter Einsatz seiner eigenen Person einen Wall zu schaffen. Mit heroischer Beredsamkeit setzt er sich für die Verteidigung des »achten Weltwunders« ein. Vor diesen verblendeten Bürgern, der rasenden Volksmeute breitet er den ungeheuren, für Frankreich höchst bedeutenden Schatz aus, die vierzigtausend Bände, die zweihundert »in alle nur möglichen Sprachen übersetzten« Bibeln, die dreitausendfünfhundert mathematischen Werke und so weiter.

Mazarin hatte nicht die Absicht, diese Schätze egoistisch für sich zu behalten. Er stellte sie den Gelehrten zur Verfügung; seine Absicht war es, sie denen anzuvertrauen, die sie jetzt zuschanden machen: »Im Herzen Frankreichs eine Bibliothek gründen unter der Leitung und dem Schutz der Ersten Präsidenten der drei souveränen Körperschaften dieser Stadt und des Herrn Staatsanwalts.«

Tagtäglich berichtet Naudé, dem das Herz blutet, Mazarin über die Verwüstung seiner Bibliothek, so wie er ihm in glücklichen Zeiten Siegesmeldungen über seine Eroberungen machte. Er schildert die Raubzüge aller »Amateure«, die sich um die Beute reißen, wie zum Beispiel die Königin Christine von Schweden. Der Kardinal verbirgt seinen Schmerz. Schamhaft tut er so, als sei er gegen alles gewappnet. Er sagt, er habe »die Liebe verloren an einer Sache, die mich so viel Geld gekostet hat und Sorgfalt, sie zusammenzubringen«.

Naudé kann seine Erschütterung nicht verhehlen. Er hat nicht, wie Mazarin andere Leidenschaften, die ihn ablenken könnten. Er stirbt mit seiner Bibliothek einen ehrenhaften Tod in Ausübung seines Berufs. Bibliothekar ohne Bibliothek. Fisch ohne Wasser, Vogel ohne Luft, so macht sich Naudé mit Mazarins Genehmigung nach Stockholm auf, wo die Königin Christine ihm den Oberbefehl über ihre Bücher antragen will. Dort vergeht er vor Sehnsucht. Als in Paris wieder Ruhe eingekehrt ist, reist er zurück; aber er erreicht sein Lebensziel nicht. Er stirbt unterwegs, in Abbeville (am 29. Juli 1653), wahrscheinlich in Gedanken an eine Welt, in der die Menschen verehrend vor unvergänglichen Bibliotheken stehen.

Nach Mazarins Rückkehr verlangt die Wiederherstellung der Bibliothek langen Atem und liebevolle Sorgfalt. François de La Poterie, der bereits unter Naudé mitgearbeitet hatte, nimmt die Bürde auf sich. Manche Frondeure geben ihre Beute aus freien Stücken zurück. Königin Christine erweist sich diesmal weniger barbarisch als sonst und tut es ihnen gleich. Durch sanften Druck und durchsichtige Anspielungen wird den Buchhändlern ins Gewissen geredet; sie geben zumindest die wertvollsten Bücher zurück. Naudés Privatbibliothek wird angekauft. 1688, als die Bibliothek ins Collège Mazarin überführt wird, beläuft sie sich auf dreißigtausend Bände.

Colbert wäre dramatischen inneren Kämpfen ausgesetzt gewesen, wenn er, der eine eiserne Seele besaß, sich mit moralischen Problemen befaßt hätte. Er ist der Testamentsvollstrecker Mazarins. Nachdem dieser gestorben ist, ist er vor allem der Diener Ludwigs XIV. Die Treue zu seinem früheren Herrn und Gebieter weicht der Ergebenheit dem neuen gegenüber. Trotz der Schreckensschreie der Sorbonne zweigt er eine Fülle von Werken aus Mazarins Bibliothek in die des Königs ab. 1668 unternimmt er einen räuberischen Tausch, wie ihn früher die raffinierte Eminenz nicht anders vorgenommen hätte. Gegen doppelt vorhandene Bände aus der Bibliothek des Königs tauscht er aus Mazarins Bibliothek Manuskripte, »die nur Verzierungen waren«, und Drucke, die in den königlichen Sammlungen spürbar fehlten. Mit einem Erlaß des Staatsrats vom 12. Januar 1668 werden Experten bestimmt und drei Kataloge erstellt. Der Erlaß vom 26. Juni, der Naudé zu Tode getroffen hätte, legt die Bedingungen des Tauschhandels fest: zweitausendeinhundertsechsundfünfzig Manuskripte und dreitausendsechshundertachtundsiebzig Drucke gehen an die königliche Bibliothek gegen dreitausenddreihunderteinundvierzig Drucke und die geringe Summe von siebzehntausendzweihundertachtundvierzig Pfund für Mazarins Bibliothek. Immerhin, und das ist ein großer Trost, verbleibt in Mazarins Bibliothek Gutenbergs Bibel mit zweiundvierzig Zeilen, die die mazarinische Bibel genannt wird und die vom Parlamentsadvokaten J. Joubert zurückerstattet worden war. Dazu wundervolle Einbände mit Mazarins Wappen, Werke, die dem Kardinal gewidmet waren und die der emsige Naudé damals triumphierend mit der Bezeichnung D. D. versehen hatte, »donné et dédié« – geschenkt und gewidmet.

Eigentlich dürfte man nicht sterben. Als Mazarin noch am Leben war, wurden ihm Bücher zurückerstattet, als er tot ist, nimmt sein Testamentsvollstrecker zu seinem Schaden unlautere »Austausche« vor.

Der Papst und der Kaiser

Kaiser Ferdinand III. stirbt in dem Augenblick, da er Truppen in die Niederlande schickte, um hier den Krieg neu zu entfachen. (1. April 1657). Mazarin webt damals an einem mirakulösen Traum, der in legendäre Zeiten zurückreicht, einem jener aus großen Tiefen kommenden Träume, die man ängstlich hütet, weil sie sich im Licht des Tages verflüchtigen könnten. Der Strom der Geschichte müßte zurückgeleitet werden durch eine Sturmflut französischer Willenskraft. Im Jahr 800 war das Reich von den Römern auf die Franken übergegangen, im 11. Jahrhundert von den Franken auf die Deutschen. Jetzt müßte es wieder an die Franzosen fallen, die auf dem Gipfel ihrer Macht angelangt sind.

In Mazarins italienischer Vorstellung leuchten zwei Throne und zwei Kronen: der Papst und der Kaiser. Der Lehrer und der Schüler, der Pate und das Patenkind. Der eine über die Seelen herrschend, der andere über die Dinge und die Leiber. Der Papst: Mazarin; der Kaiser: Ludwig XIV. Wie einst Karl der Große und Hadrian I. würden sie die Welt regieren.

In den fünfzehn Monaten des Interregnums bemüht sich Mazarin, die Große Europäische Mauer wiederherzustellen, die aus den Verträgen von Münster und Osnabrück bestand und in die der verstorbene Ferdinand III. unter Ausnutzung der Fronde viele Löcher geschlagen hatte. Zugleich bemüht er sich, die eine Hälfte seines Traums zu verwirklichen. So zerbrechlich jedoch ist der Traum, daß er nicht wagt, ihn schriftlich zu formulieren. Andeutungen sind nur da zu entdecken, wo er solche Gedanken abstreitet.

Im September und Oktober schickt er den jungen König nach Metz, in die Nähe des Operationsgebietes. In die vorderste Front der Verhandlungen über die Kaiserwahl in Frankfurt schickt er zwei altgediente Diplomaten, den Marschall von Gramont und Hugues de Lionne, vom 2. Oktober 1657 bis zum 5. März 1658. Vor allem aber schickt er, in Münzgestalt, sein Haustier dorthin, das goldene Kalb. Sein Traum wird hörbar, er schreibt an Servien: »Ich würde unter den gegenwärtigen Umständen gern eine Million in Gold hergeben, denn freigebig und klug verteilt, könnte man so große Dinge damit erreichen, wie man sie in mehreren Jahrhunderten nicht zu hoffen wagt.«

Doch er haßt die Verschwendung. Der Taler muß etwas erbringen. Wenn es möglich wäre, würde er einen Status über jede Meinung und jedes Gewissen verlangen, wie er es von Naudé über jedes Buch seiner Bibliothek verlangte oder von Colbert über jeden Heller seines Vermögens. Gramont und Lionne verspricht er Berge von Gold: »Und wenn ich mich bis aufs Hemd ausziehen müßte, aber es muß Sicherheit [über das Ergebnis] vorhanden sein, denn es wäre nicht sehr angenehm, große Summen für nichts herzugeben, und zudem würde man den Kardinal und seine Gesandten als Possenreißer hinstellen.«

Der Kardinal hat für alles vorgesorgt. Er erhofft die Wahl Ludwigs XIV. zum Kaiser, unter der Bedingung, daß im Fall eines Mißerfolgs nicht bekannt wird, er habe kandidiert. Er fördert vordergründig zwei Kandidaturen: die des Kurfürsten Ferdinand Max von Bayern und des Herzogs Philipp Wilhelm von Pfalz-Neuburg, beide Wittelsbacher. Mit einem zweifachen Ziel, einmal um die Stimmen zu zersplittern und sie dann durch ausgeklügelte Verzichte auf Ludwig XIV. zu konzentrieren, oder aber, sollte einer der beiden Kandidaten Erfolg haben, um die Krone den Habsburgern zu entreißen. Leider zittern die beiden Kandidaten vor Angst, sie stehen auf schwachen Füßen. Sie nehmen Mazarins Subsidien an, erklären aber, daß sie von ihrer Seite aus nichts unternehmen würden.

Leopold von Österreich, König von Ungarn, trägt den Sieg davon. Als er gewählt ist, spickt Mazarin seine offizielle Korrespondenz, weil die Möglichkeit besteht, daß sie abgefangen und geöffnet wird, mit Bekundungen, die aufrichtig sein sollen, im Grunde aber seine geheimen Gedanken verraten: »Jeder hat erkennen können, daß Seine Majestät nie einen Anspruch auf das Reich geltend gemacht hat.« In einem Brief an Lionne scherzt er: »Die Absicht, das Reich dem Haus Österreich wegzunehmen, wäre dem Plan nahegekommen, eine große Flotte mit zwei oder drei Brigantinen schlagen zu wollen.« Doch das hatte er eigentlich vorgehabt. Wenn der Streich fehlgeschlagen ist, bleibt einem nichts anderes, als gezwungen zu lachen.

Der Schlangenmensch bleibt nicht im Irrtum stecken. Unverzüglich macht er eine Kehrtwendung und richtet »seinen ganzen Geist« darauf – als hätte er je etwas anderes getan –, Nutzen aus der Wahl zu ziehen. Er läßt Kaiser Leopold in seiner »Kapitulation« (18. Juli 1658) versprechen, sich »nicht in irgendeiner Form in die Kriege einzumischen, die gegenwärtig in Italien und in Burgund im Gange sind«.

Aber mit Versprechungen allein ist es nicht getan. Sie müssen auch gehalten werden. Kaum einen Monat nach Leopolds »Kapitulation« (im Sinn von Zugeständnis zu verstehen) bringt Mazarin den Rheinbund zustande, den ersten Rheinbund oder »Ligue du Rhin«, dem alle Frankreich freundlich gesinnten Fürsten angehören; sie sollen den Kaiser zwingen, sein Versprechen zu halten und den Westfälischen Frieden zu respektieren. Die Rheinische Allianz wird unterzeichnet von den Kurfürsten von Mainz, Köln und Trier, dem Herzog von Pfalz-Neuburg, den drei Herzögen von Braunschweig, dem Landgrafen von Hessen und dem König von Schweden in seiner Eigenschaft als Herzog von Bremen und Verden. Tags darauf tritt der König von Frankreich dem Bund als »Friedensmitglied« bei.

Seine Majestät und die Bundesgenossen »haben unter sich die Vereinbarung guter Freundschaft und gegenseitiger Hilfe getroffen«. Im Fall eines Angriffs innerhalb oder außerhalb des Reichs wollen sie mit allen Kräften einander zu Hilfe kommen. Die Rheinbündler werden den gegen den König von Frankreich in die Niederlande oder sonstwohin geschickten Truppen den Weg versperren.

In seiner »Geschichte Frankreichs« sagt der Historiker Lavisse, der Rheinbund sei keine »geniale und außerordentliche Operation der Politik Mazarins« gewesen. Beweis: die deutschen Fürsten hätten an ihm ebenso viel Interesse gehabt wie Frankreich, »denn wenn Frankreich den Kaiser daran hindern wollte, Spanien zu Hilfe zu kommen, so wollten die deut-

Maria Mancini (1639–1715), Nichte des Kardinals Mazarin

Ludwig XIV. (1634–1715)

schen Fürsten nicht, daß das Reich nur dem Vorteil der Habsburger dienen sollte«. Die Geschichtsauffassung von Lavisse scheint in diesem Punkt einem Irrtum zu unterliegen. Der hervorragende Historiker betrachtet, so scheint es, ein Unternehmen als »genial und außerordentlich«, wenn es einige Partner zwingt, etwas zu tun, das sie nicht tun wollen. Eine Politik der Ultimaten und der Diktate, die das Saatkorn neuer Kriege in sich trägt. Im Gegenteil, Mazarins »Genie« ist dem der Natur ähnlich, der man nur befehlen kann, indem man ihr gehorcht. Wie die Bäume läßt er langsam Blüten und Früchte wachsen. Er ist der Mann des Kreislaufs der Säfte, des bedächtigen Reifens. Während die Meute seiner Feinde ihm vorwirft, den Krieg zu verlängern, ist er im Grunde seines Herzens ein Mann des Friedens. Sein »geniales und außerordentliches« Unternehmen ist es eben, zwei Interessenströme harmonisch vereinigt zu haben. Sollte es nicht die goldene Regel der Politik sein, Menschen, die gemeinsame Interessen haben, einander anzunähern und miteinander zu verbünden?

Mazarin hatte das »Genie«, einen hoffnungsvollen und friedfertigen Partner zu entdecken, den Erzbischof von Mainz, Kurfürst Johann Philipp von Schönborn. Kein Mann, der Blut wollte, sondern Leben, ein Schöpfer und Bewahrer der Früchte der Kultur. Er verfügt über eine ungewöhnlich hohe Bildung, eine »freie und heitere Gesprächsweise«, eine uneingeschränkte Toleranz, so daß er selbst Lutheraner in seinen Dienst nimmt.

Der Erzbischof von Mainz betrachtet das Reich als eine Gesellschaft von Aristokraten, die vom Wahlkollegium geleitet wird, dessen Erzkanzler er ist; der Kaiser ist nichts weiter als die Puppe, die den Vorsitz führt. Sein Land unterwirft er Frankreich nicht. Er ist ein deutscher Patriot, er denkt an die Macht des einstigen Heiligen Reichs, das als Friedensrichter galt, und an die Macht des Kurfürsten von Mainz, der der Erzkanzler des Reichs und sein Dreh- und Angelpunkt ist. Nur ein Wort kommt aus seinem Mund: Frieden. Und er spricht es auch lateinisch aus: »Inquire pacem et persequere eam.« – Suche den Frieden und verfolge ihn. Er fürchtet und verabscheut den Krieg, »ein Feuer, das Deutschland in Brand gesetzt und es fast in Asche verwandelt hatte«. Wie die anderen Fürsten des Rheinbunds, seien sie Katholiken oder Protestanten, sieht er den habsburgischen Kaiser als ihren schlimmsten Feind an. Er möchte, daß Österreich aus dem Boden des idyllischen Deutschland »herausgerissen« wird. Er verheiratet sich mit Frankreich nur insoweit, als es den Interessen Deutschlands dient. Verheiratet sich Frankreich nicht auch mit dem Rheinbund nur insoweit, als es seinen Interessen dient? Einmal beklagen sich die französischen Unterhändler über den Kurfürsten von Mainz, ihre Beziehungen sind sogar etwas frostig. Vermutlich weil sie sich nicht an die goldenen Regeln guter Ehen gehalten haben. Als sie sich wieder besinnen, lebt die Freundschaft wieder auf.

Lavisse meint: »Hätte Frankreich danach in Deutschland eine kluge und aufrichtige Politik betrieben, wäre Österreich ohne das Elsaß, seinen äußersten westlichen Vorposten, und von den Verbindungswegen mit den Niederlanden durch den Rheinbund abgeschnitten, zwei Jahrhunderte vor Sadowa nach Osten zurückgeworfen worden.«

Doch diese »Klugheit« und diese »Aufrichtigkeit«, dieser klare Blick, der in die Zukunft gerichtet ist und diese so stark unterbaut, daß die Westfälischen Verträge, deren Paraphen unaufhörlich erneuert werden müssen, mit ihren günstigen Auswirkungen bis zur Französischen Revolution reichen, ist das alles zusammen nicht »eine geniale und außerordentliche Unternehmung Mazarins«, die von ihm allein unter Schmähungen verfolgt wird?

Mit der Geduld einer Spitzenklöpplerin, die den zerrissenen Faden immer wieder knüpft oder immer wieder ein Loch stopft, wie die Natur eine Wunde heilt, so versucht Mazarin in Italien die Maschen aufzunehmen, die während der Fronde in das Gewebe der französischen Bündnisse gerissen worden waren.

Er ist wie Ludwig XI. der Meinung, daß es in der Politik nichts Besseres gibt als eine Heirat und daß ein Ehebett nützlicher ist als alle Konferenztische, und verheiratet deshalb Alfonso d'Este, den Sohn des Herzogs von Modena, mit seiner Nichte Laura Martinozzi, die von ihm eine mehr als herzogliche Mitgift bekommt. (1654) Für den Sohn des früheren Verwalters der Colonna ist das nicht schlecht. 1655 bringt er den Herzog von Mantua dazu, eine von Frankreich unterhaltene Schweizer Garnison in Casale zu dulden. In dem berühmten Casale, wo vor fünfundzwanzig Jahren der Reiter Mazarini mit einem Papier wedelnd durch die feindlichen Truppen sprengte und rief: »Frieden, Frieden!« Immer wird Mazarin solch ein Papier vor dem Angesicht der Könige hin und her schwenken.

Ebenfalls 1655 rückt eine kleine französisch-piemontesische Armee in das Mailänder Gebiet ein (ein langgehegter Jugendplan Mazarins). Vor Pavia erleidet sie eine Niederlage. 1654 hatte die französische Flotte vor Neapel kein Glück, wieder einmal nicht, sie kann nur kommen und gehen: Ausschiffung, Wiedereinschiffung. Einerlei. Das Prestige Frankreichs ist in Norditalien wiederhergestellt. Im übrigen wird dort die Entscheidung nicht fallen, sondern an der Grenze zu den Niederlanden, wo Spanien in die Knie gezwungen werden muß. Der Schlüssel zu Krieg und Frieden liegt in Spanien. Er muß gefunden werden. Besser als ein militärischer Sieg ist eine Heirat: der König von Frankreich muß eine Infantin von Spanien ehelichen. Dieser Heiratspolitik widmet Mazarin nunmehr seine ganze Kraft.

»Quo non ascendet?« – Wohin steigt er nicht?
Das Eichhörnchen und der Abgrund der Finanzen

Als Ausländer konzentriert Mazarin sein Können auf die auswärtige Politik: Vorausschau, Nuancierung, Geduld, Geschmeidigkeit, Beständigkeit, Wiederholungen, unermüdliche Tätigkeit.

Die Innenpolitik interessiert ihn nur als Sprungbrett für die Außenpolitik. Was aber den nervus rerum angeht, die Finanzen: sie befinden sich in einem völligen Durcheinander. Im Bereich der auswärtigen Politik ist Mazarin seiner Zeit voraus, im Bereich der Verwaltung jedoch in gewaltigem Rückstand. Um dem Staat oder sich selbst Geld zu verschaffen, verläßt er sich, ohne sich je Zwang aufzuerlegen, auf seine Abenteurernatur. Als besessener Spieler lebt er nur von der Hand in den Mund. Wenn er für den Staat oder für sich Geld benötigt, streckt er dem Hauptverwalter der Finanzen die Hand hin, fiebernd wie ein Süchtiger oder unterwürfig wie eine ausgehaltene Frau, die ihrem Liebhaber Groschen um Groschen entreißen muß.

Der finanzielle Abgrund ist so tief, und der Staat stets so in Gefahr hineinzustürzen, daß Colbert, als er im Jahr des Pyrenäischen Friedens – Mazarin ist auf dem Gipfel des Ruhms angelangt – kühlen Blicks den Schlund auslotend, schreibt: »Der König hat keinen Kredit mehr, man schließt keine Verträge mehr mit ihm ab, weil man glaubt, er stehe kurz vor dem Bankrott. Seit zehn Jahren gibt es keinen Menschen, der, wenn er fünfzigtausend Pfund zur Verfügung hätte, sich mit den Geschäften des Königs abgeben und ihm auch nur einen Sou leihen würde.« Der König ist der Stellvertreter Gottes auf Erden. Man fällt vor ihm auf die Knie, würde ihm aber keinen Pfennig leihen.

Mazarins Verhalten Nicolas Fouquet gegenüber beleuchtet seine Finanzpolitik klar und deutlich.

Nicolas Fouquet wird im Januar 1615 in Paris geboren, er stammt aus einer zweifach parlamentarischen Familie. Durch Blutvergießen erlangt sein Vater das Vertrauen Richelieus; er ist ein Mitglied der Gerichtskammer, die Chalais zum Tode verurteilt. Nicolas hat schnell Erfolg. Nach glänzend absolvierten Studien bei den Jesuiten im Kolleg von Clermont wird er mit achtzehn Jahren (1634) Advokat im Parlament von Paris. Dann, unter Aufhebung der Altersklausel, Parlamentsrat im neuen Parlament, das Richelieu in Metz gründet. Drei Jahre später ist er »Maître des requêtes«, Mitglied einer der Parlamentskammern. Mit fündundzwanzig Jahren wird er durch seine Heirat mit Marie Fouché, der Tocher eines Parlamentsrats in Rennes, wohlhabend: seine Frau bekommt eine Mitgift von hundertsechzigtausend Pfund. Seine Schwiegereltern kaufen ihm das Amt eines »Maître des requêtes« für hundertfünfzigtausend Pfund, dazu bieten sie ihm viertausend Pfund Rente.

Fouquet gewöhnt sich schnell an Reichtum und Erfolg. Mit sechsundzwanzig Jahren, im Februar 1641, kauft er gegen eine Leibrente von sechstausend tourischen Pfund Lotin de Charny die Domäne Vaux-le-Vicomte ab. Innerhalb von fünfzehn Jahren vergrößert er sie beträchtlich, er erwirbt Ländereien und Bauernhöfe hinzu und läßt, 1656 beginnend, das märchenhafte Schloß bauen, über dem Sonne und Blitz funkeln.

Nach achtzehnmonatiger Ehe verliert er seine Frau, die ihm eine Tochter geschenkt hat. Um vier jüngere Brüder großzuziehen, befaßt er sich, nach dem Vorbild seines Vaters, mit Kolonialgeschäften, die große Gewinne abwerfen. Der Tod Richelieus macht seine exotischen Pläne zunichte. Er ergreift die Laufbahn eines Intendanten und ist von 1642 bis 1650 bei der Armee, in der Dauphiné, in Katalonien, bei der Flandern-Armee, die 1649 Paris belagert, bei der Armee, die Mazarin in der Normandie, in Burgund, im Berry und in Guyenne anführt. In die Intrigen der Fronde läßt er sich nicht ein. Mazarin entdeckt in Fouquet einen Finanzier, dessen Stil ihm gefällt: nicht zu viele Zahlen, die den Geist verwirren, Charme in allen Rechnungen und Abrechnungen, Glätte und Leichtigkeit, die Vorstellung, daß das Geld nicht zu den Schwerarbeitern geht, sondern, wie die Liebe, zu den Auserwählten des Glücks. Dazu eine seltene und entwaffnende Treue. Ein Schilfrohr, das sich im Winde biegt und sich dann wieder aufrichtet. Doch spielt man zu sehr und zu lange die Rolle des Schilfrohrs, kann man, wenn man auch nicht wie die Eiche entwurzelt wird, doch die Blätter verlieren. Das Parlament beruft dieses Mazarin zugeneigte Schilfrohr ab.

Auf Reisen, die er in seiner Jugend nach Rouen, Dieppe, Dijon und Libourne unternimmt, begegnet Fouquet einem Gehilfen von Le Tellier, der so grau wirkte wie das Tuch, das sein Vater verkaufte, einen gewissen Colbert, den Mazarin bald darauf beauftragt, das »Imbroglio« seines Vermögens zu entwirren. Die beiden ungefähr dreißigjährigen Männer werden Freunde. Der glanzlose Colbert empfiehlt den glänzenden Fouquet an Le Tellier: »Ein wahrer Ehrenmann, aus guter Familie und mit besonderen Leistungen.«

Ende 1650 gibt Mazarin, der die Geschmeidigkeit Fouquets während der Belagerung von Paris beobachtet hat, ihm die Erlaubnis, das Amt des Generalstaatsanwalts im Parlament zu kaufen, ohne sich um die Einwände von Monsieur zu kümmern. Von nun an haben die Königin und der Kardinal einen Mann mit wachen Augen, der sie in dieser Versammlung von Quertreibern vertritt und unterstützt.

Mit zweiunddreißig Jahren verheiratet sich Fouquet wieder, im Februar 1651, auch diesmal wieder mit einem Sack voll Gold. Er ehelicht Marie-Madeleine de Castille, »die Kusine der Witwe von Chalais, den sein Vater einst zum Tode verurteilt hatte«. Sein Charme läßt das Blut bald in Vergessenheit geraten. Er wird Mitglied einer sehr reichen Familie, die Ämter im Parlament und in der Finanzverwaltung besitzen. Seine Frau ist die Nichte des Verwalters des Herzogs von Orléans, Henri de Castille, und die

Kusine des Schatzmeisters Nicolas Jeannin de Castille. Wie alle seine Zeitgenossen, die zum Höhenflug ansetzen, gründet Fouquet eine Dynastie.

Als Mazarin der Unruhen und der Fronde wegen fliehen muß, betätigt sich Nicolas' jüngerer Bruder, Abbé Basile Fouquet, als Überbringer heimlicher Botschaften an den Verbannten, der sich vorübergehend in Aachen aufhält. In dieser Zeit ist Nicolas seinem Freund Colbert behilflich, einen Teil des Hab und Gutes des Kardinals den Klauen der Plünderer zu entreißen. Aus dem Schiffbruch fischt er Bücher und Wandteppiche. Er deckt das heimliche Hin und Her seines Bruders zwischen Paris und Aachen. Er verhandelt mit beiden Händen mit aller Welt: dem Hof, dem Parlament, Retz und Monsieur. Er steckt Stöcke in die Räder Condés bei dessen Truppenaushebungen. Und über alles unterrichtet er den Kardinal.

Mazarin kehrt nach Frankreich zurück. Der Brand in Paris flammt wieder auf. Bruderkrieg zwischen Condé und Turenne im Faubourg Saint-Antoine. Plünderung und Mord im Rathaus. Einer der wenigen, die bei diesem blutigen Wahn sich einen klaren Blick bewahren, ist Fouquet. Er legt dem Kardinal eine Aufzeichnung von diamantener Klarheit vor: Der König darf sich nicht entfernen. Das Parlament muß von Paris nach Pontoise verlegt werden. Auf diese Weise wird die Hydra zweigeteilt, das Parlament wird sein ganzes Prestige verlieren. Weiterhin schlägt er vor, Mazarin solle eine Abreise vortäuschen. Um zu beweisen, daß die Rebellen mehr wollen als nur seinen Weggang. Um zu zeigen, daß Mazarin kein Hindernis für das Glück der Franzosen ist, da während seiner Abwesenheit das Unglück immer größer wird. Dem Generalstaatsanwalt Fouquet gelingt es, die Präsidenten des Parlaments für seine Ansichten zu gewinnen. Nach zweiwöchigem Zaudern des Kardinals – er befindet sich in einer depressiven Phase – kann Fouquet ihn überzeugen.

Innerhalb von drei Monaten ist die Fronde aufgrund des von Fouquet vorgeschlagenen Verfahrens erledigt. Am 21. Oktober 1652 zieht Ludwig XIV. unter Jubelgeschrei in Paris ein. Einer der wesentlichen Urheber dieses Triumphes ist Fouquet. Er weiß es, Mazarin auch.

Am 2. Januar 1654 stirbt La Vieuville, der Hauptverwalter der Finanzen. Viele Kandidaten drängen sich zu diesem Posten: Servien, Le Tellier, Molé, der Präsident de Maisons, die Marschälle L'Hôpital und Villeroi. Und Fouquet. Er ist erst achtunddreißig Jahre alt: zwölf Jahre jünger als Le Tellier, siebzehn jünger als Villeroi, zweiundzwanzig jünger als Servien und einunddreißig jünger als Molé. Er könnte der Sohn einiger seiner Rivalen sein. Mazarin zögert. Von welchem dieser Bewerber kann er am leichtesten Geld verlangen? Welcher wird das feinste Gehör, die lockerste Hand haben? Colbert schreibt ihm, »er solle sich in der Hauptverwaltung hüten vor Geistern, die imstande sind, den Untergebenen viel zu opfern, um den Prinzipal um so mehr betrügen zu können«. »Der Prinzipal«: Mazarin.

Ein Argument gibt dem Kardinal zu denken. Im Goldenen Zeitalter, als die Finanzen noch im Gleichgewicht waren wie auf einer Apothekerwaage, tat der Hauptverwalter nichts anderes, als über die Staatsgelder verfügen. Er gab den Rechtsinhabern eine Anweisung, die besagte, aus welchem Fonds die Zahlung vorgenommen werden sollte. Der Berechtigte präsentierte dieses Papier beim Schatzamt, der »Epargne«. Sie wird verwaltet von einem Schatzmeister, dem ein Generalkontrolleur und zwölf Finanzintendanten zur Seite stehen.

1653 jedoch sind die Dinge nicht so einfach. Die Finanzen sind ein Schlammloch, in dem sich mehr Schmutz als Gold befindet. Die wichtigste Aufgabe des Hauptverwalters ist es jetzt nicht mehr, über die Staatsgelder zu verfügen, sondern sie aufzutreiben. Er muß die Geldquelle zum Sprudeln bringen. Das Geld steckt in den Schränken der Finanziers, denen die Privatleute es bringen, damit es sich durch Zinsen vermehrt. Nie im Leben würden sie die Unklugheit begehen, es dem König, das heißt dem Staat, anzuvertrauen. Und warum sollten die Finanziers einfältiger sein als die Privatleute? Warum sollten sie dem König Geld leihen, das die Privatleute ihm verwehren? Sie lassen sich auf dieses Abenteuer nur ein, wenn der Hauptverwalter reich ist, wenn er persönlich für die Darlehen, die sie ihm geben, garantieren kann. Sie leihen dem Hauptverwalter Geld, nicht dem König. Fouquet ist ein guter Bürge und die Familie seiner Frau ein noch besserer. Die Angehörigen der Familie Castille sind fähig, in wenigen Tagen Millionen aufzuspüren, wo andere keinen Heller lockermachen würden. Wo der Laie nicht einmal den Zipfel eines Pilzes sieht, füllt der Kenner seinen Korb.

Ein weiterer Vorteil: als Generalstaatsanwalt im Parlament flößt Fouquet den Finanziers Vertrauen hinsichtlich der Justiz ein; in diesem Punkt sind die Geldleute immer etwas ängstlich. Auch ist Fouquet kein beschränkter und flacher Geist. Sein Kopf ist voller hochfliegender Ideen. Er ist ein Poet, wie ein Finanzier es sein soll, denn er hat Phantasie nötiger als die Rechenkunst. Er würde Geschäfte auch in einer Wüste zuwege bringen. Er versteht es, Zweifel auszuräumen, Ecken und Kanten zu glätten, hier letzte Hand anzulegen, dort ein aufmunterndes Wort zu sagen, den Verleiher in Sicherheit zu wiegen. Über die Register des Staatsamtes hinweg glaubt er an seinen Stern. Das ist ein Hauptverwalter nach dem Herzen oder vielmehr nach der Börse Mazarins! Fünf Tage nach seiner endgültigen Rückkehr nach Paris gibt er Fouquet die Stellung. (8. Februar 1653)

Er gibt sie ihm, aber mit einer Einschränkung. Er ist sich noch nicht ganz sicher. Außerdem ist Fouquet noch sehr jung. Mazarin ernennt zwei Hauptverwalter: Servien und Fouquet. Sie sollen einer dem anderen über die Schulter blicken. Sie werden wetteifern, um ihm zu gefallen. Er begnügt sich nicht damit, sie sich gegenseitig überwachen zu lassen, er setzt einen zusätzlichen Spion ein, den Finanzier Hervart. Dieser Hervart hat Mazarin zwei Millionen geliehen, um die letzten Brandfackeln der Fronde unter Gold zu ersticken; Hervart soll nun die Staatsgelder bei den Hauptverwaltern registrieren.

Bei der Bekanntgabe der Ernennungen schreibt der Zeitungsmann Loret, Fouquet sei nur Serviens Stellvertreter. In Wirklichkeit haben sie die gleichen Befugnisse. Doch Servien ist zweiundzwanzig Jahre älter als Fouquet. Er hat schon unter Richelieu gedient, als sein Kollege noch die Schulbank drückte. Er hat an den Westfälischen Verträgen mitgearbeitet. Schicklichkeit und Takt erfordern es eigentlich, daß derjenige, der der Vater sein könnte, den Vorrang vor demjenigen hat, der der Sohn sein könnte. Doch Fouquet hat keineswegs die Absicht, sich von Servien an den Türen oder sonstwo zurückdrängen zu lassen. Mit seinem Bruder, Abbé Basile, dem offiziösen Leiter der mazarinischen Polizei, bildet er den Fouquet-Block: Polizei und Finanzen. Sind diese beiden Institutionen für Mazarin nicht mehr als »Ackerbau und Viehzucht«, »die beiden Brüste Frankreichs«?

Sorgfältig merzen die beiden Fouquets die letzten Spuren der Fronde aus. Nicolas, der ältere der Brüder, spielt die Befugnisse seiner drei Ämter voll aus: als Staatsminister, Hauptverwalter der Finanzen und Staatsanwalt des Parlaments von Paris. In dieser letzteren Funktion führt er peinlich genau Prozesse durch, die Mazarin nützlich sind, insbesondere den Prozeß Condé. Als Hauptverwalter beweist er dem Kardinal täglich, daß er sehr viel fähiger als Servien ist bei der Beschaffung von Geld, vor allem für den Unterhalt der Truppen. Das Alter und die diplomatischen Dienstleistungen Serviens sind zwar ehrenwert, doch um Millionen zu besorgen, ist es besser, mit den Maupeou und den Castille verwandt zu sein wie Fouquet.

Am 24. Dezember 1654 legt Mazarin die Befugnisse der beiden Rivalen fest. Servien beschränkt er auf die Anweisung der Ausgaben. Fouquet wird der Herr über die Einnahmen. Er allein ist fähig, sich mit den Steuerpächtern und Geschäftsleuten zu verständigen. Er allein spürt Geld auf. Für die Öffentlichkeit gibt es nur noch einen einzigen Hauptverwalter der Finanzen: Fouquet. Der andere ist in »Ungnade«.

Es kommt soweit, daß der Atem Mazarins, das Leben Frankreichs vom Augenzwinkern Fouquets abzuhängen scheint. Der allmächtige Kardinal, Herr über das Königreich, liegt dem Wünschelrutengänger zu Füßen. 1655 ringt er verzweifelt die Hände. »In tödlicher Besorgnis« weiß er nicht, »wo ihm der Kopf steht«, er wird »auf allen Seiten von unaufschiebbaren Ausgaben überwältigt«. 1656, nachdem die Soldaten des Königs bei Valenciennes davongelaufen sind, 1657, während der Belagerung von Kortryk und zu Beginn des Feldzugs 1658 gibt die Eminenz nur jammervolle und flehentliche Bitten von sich: »Ich ersuche Sie, die Möglichkeit zu bedenken, daß alles umstürzen kann, wenn der geringste Verzug eintritt bei der Zahlung der Gelder, die sie sich verpflichtet haben, jeden Monat zu zahlen ... Ich beschwöre Sie, daran zu denken und mir das zu schicken, worauf ich vertrauen muß.«

Mazarin klammert sich mit theatralischer italienischer »Furia«, mit barocker Verzweiflung an Fouquets Rockschöße. Wie ein Ertrinkender, der sich an seinem Retter festhält und ihn in Gefahr bringt, mit unterzugehen. Als die königliche Armee bei der Belagerung von Valenciennes auseinanderzulaufen beginnt, muß unverzüglich Geld herbeigeschafft werden, weil sonst ein unheilvolles Desaster eintreten würde. Fouquet selber schröpft sich bis auf die Knochen. Er geht zu seinen Verwandten und Freunden betteln. In vier Tagen bringt er die damals ungeheure Summe von neunhunderttausend Pfund zusammen (heute etwa zwei bis drei Millionen). Er schickt dem Kardinal einen ganzen Geleitzug von Wagen, die unter dem Gewicht der Taler fast zusammenbrechen. Mazarin stimmt einen Dankhymnus an. (Später wird sich herausstellen, was Fouquet davon hat.) »Ich weiß, daß Sie diese Summe aufgrund persönlicher Verbindlichkeiten zusammengebracht haben und daß Sie alles, was Sie auf der Welt besitzen, eingesetzt haben, um uns bei den gegenwärtigen Umständen beizustehen. Ich schulde Ihnen Dankbarkeit dafür und bin zutiefst gerührt über die Art und Weise, wie Sie es gemacht haben. Ausführlich habe ich mit Ihren Majestäten darüber gesprochen, die sich einig sind, daß es wichtig ist, einen Freund wie Sie zu haben. Ihre Majestäten haben mich beauftragt, Ihnen in ihrem Namen für die Mühe zu danken, die Sie sich gemacht haben, und Ihnen zu versichern, daß sie die Erinnerung daran bewahren werden.«

Fouquet zerbricht sich den Kopf darüber, wo er Geld um jeden Preis bekommen kann. Er benutzt alle Mittel und Wege, wendet alle Schliche, alle Taschenspielerkünste an: Schaffung von Ämtern, Münzfälschungen, das heißt Betrügereien, Anleihen auf Renten. Leuten, die nicht auf der Hut sind, stellt er Fallen. 1655 ist kein Geld aufzutreiben. Es versteckt sich. Um es aus den Löchern herauszuholen, kündigt Fouquet an, daß die Goldpistole nach und nach von zwölf auf zehn Pfund herabgesetzt werden wird, und das Silbergeld im jeweiligen Verhältnis dazu. Prompt kommt das Geld wieder ans Tageslicht.

Später waschen sich alle Pontius Pilatusse die Hände, sie wollen mit der Vergeudung und dem Durcheinander nichts zu tun gehabt haben. Alle Schuld wälzen sie auf Fouquet ab und bezichtigen ihn, sich selbst das Gesicht verhüllend, seine Geldkassette und die Staatstruhen verwechselt und die öffentlichen Einnahmen direkt in seine Tasche gelenkt zu haben. Doch genau das war es, was von ihm erwartet wurde. Ihm persönlich gaben die Finanziers Anleihen, er war zum Hauptverwalter nur ernannt worden, weil der Kardinal und der König aus seiner Tasche schöpfen wollten und konnten. Und sie waren sicher, stets etwas vorzufinden. Unablässig, pausenlos mußte Fouquet Geld beschaffen. Um die Staatsausgaben zu bestreiten, um Krieg zu führen, um Seelen zu kaufen, um dem Hof Vergnügungen zu ermöglichen, um den unersättlichen Hunger des Kardinals zu stillen und seinen Durst auf Bestechungsgelder.

Natürlich verliert Fouquet nichts dabei. Es wäre auch unerhört gewesen, wenn er allein verloren hätte. Fouquet ist ein Tänzer, ein Träumer, ein Spieler, ein Genießer. Er pflückt den Tag, die Stunde, die Frau, die Million, die Rose. Für Sorgen, Falten, Kummer, Ordnung und genaue Abrechnungen ist morgen noch Zeit! Es besteht kein Unterschied zwischen der Tasche des Königs und der seinen? Diese Taschen können später säuberlich getrennt werden, wenn Frieden ist.

Seine ganze Familie reißt er in den Wirbel mit hinein. Sein Bruder François wird zum Koadjutor des Bischofs von Narbonne ernannt, Louis zum Bischof von Agde; der Polizist Basile wird Ordenskanzler des Königs. In der Hofhaltung des Königs wird Gilles Erster Stallmeister. Er heiratet die Tochter des Marquis von Aumont.

Seine älteste Tochter gibt Fouquet dem Marquis von Charost, dem Großneffen von Sully: sechshunderttausend Pfund Mitgift. Durch Verwandtschaften herrscht er indirekt über die Bretagne: den Bischofssitz von Dol, das Rathaus von Angers, das Parlament der Bretagne.

Unaufhörlich vergrößert er seinen Grundbesitz. In Saint-Mandé kauft er ein Haus, das er durch Galerien verschönert. Er erweitert den Garten, indem er ein kleines Tal zuschüttet. Zweihundert Orangenbäume und ausländische Pflanzen lassen von fernen Ländern träumen. Doch vor allem in Vaux-le-Vicomte (in der Nähe von Melun) will er zeigen, wer er ist »und ein Denkmal seiner Macht hinterlassen«. Dieses Schloß soll sein »O Jahrhundert, o Erinnerung«, seine Herausforderung an die Zeit, sein Kapitol und sein Tarpejischer Fels, sein Himmel und seine Hölle sein.

Zum Unterschied von Mazarin läßt Fouquet nur französische Künstler für sich arbeiten. Von 1656 an ist das Schloß Vaux das Versuchsfeld, das Forschungsatelier der französischen Kunst. Architekt: Louis Le Vau; Gartenbaumeister: Le Nôtre; Maler: Le Brun, der auch in Maincy bei Vaux eine Gobelinmanufaktur leitet; Bildhauer: Michel Anguier und Puget. Aus Rom schickt Poussin Entwürfe, nach denen Grenzsteine gehauen werden.

Fouquet kreuzt den Weg des Sammlers Mazarin. Er schätzt und sucht alles, was der Kardinal schätzt und sucht. Einer seiner Biographen nennt ihn den »omnium curiositatum indagator«, den Forscher nach allen Ratitäten, eine Bezeichnung, die auch der Eminenz gut anstehen würde. Doch da ist ein Unterschied: bei Fouquet ist man in einem Schloß, bei Mazarin in einem Bazar. Vaux ist eine Lektion des guten Geschmacks für den italienischen Parvenu, der ein Warenlager anhäuft, wie um es bei einer Versteigerung weiterzuverkaufen.

In Vaux formt sich der Geschmack des Großen Französischen Jahrhunderts: das Gleichgewicht zwischen Traum und Wirklichkeit, zwischen Adel und Einfachheit, zwischen Kraft und Anmut, zwischen Strenge und Geschmeidigkeit, zwischen Dichte und Gelöstheit. Angeregt von der Intelligenz des Schloßherrn und der Großzügigkeit des ganzen Plans, gehen die französischen Künstler über sich hinaus. In einer Art ständigen Wettbewerbs geben sie das Beste ihrer selbst, sie gelangen zu dem idealen Punkt, an dem die Gegensätze sich kreuzen: eine Vollkommenheit ohne Steifheit, eine Perfektion, die am Leben nicht verzagen läßt, sondern Schöpferfreude einflößt.

Vaux wird ein Hauptanziehungspunkt in Frankreich. Man geht zur Besichtigung nach Vaux wie heute nach Versailles oder zum Flughafen von Orly. Es ist eine Stätte höchsten nationalen Stolzes. Mit einer Unbefangenheit, wie sie jungen Völkern eigen ist, etwa den Amerikanern des 20. Jahrhunderts, genießt Fouquet diese Anerkennung. Sich seiner Pflichten als Vorbild bewußt, hält er offene Tafel, selbst für das breite Publikum. Die hochgeborenen Besucher können sitzend essen, die große Menge steht beim Essen an den Buffets. Fünfhundert Dutzend Teller sind stets bereit, den Gästen zu dienen. Nicht eingerechnet die sechsunddreißig Dutzend Silberteller für Gäste von Rang und das Service für feierliche Gelegenheiten in Gold. Küchenchef ist der berühmte Vatel, der sich stets umbringen möchte, wenn nur eine Gabel fehlt, was er aber erst 1671 im Dienst von Condé tut.

Fouquet ist umgeben von Dichtern und Frauen. Der galanteste und künstlerischste aller Hauptverwalter der Finanzen macht aus seinem Amt einen ständigen Ort der Einschiffung nach Kythera, ein ständiges Stelldichein der Musen. Dieser Mäzen ohne starres Gehabe ist ebenso beflügelt wie seine Versemacher. Er hilft ihnen mit seiner Liebenswürdigkeit, seiner Geistesfreiheit, seinem eleganten Stil ebenso wie mit seinen Talern.

Nach dem Mißerfolg, den Corneille mit »Pertharite« 1652 erlitten hat, vergräbt er sich als Kirchendiener in Rouen und verfaßt nur noch »fromme Werke«. Er übersetzt die »Nachfolge Christi«, die »Lobpreisungen der Jungfrau« und vieles andere. Fouquet gräbt ihn aus seinen Litaneien wieder aus, er erweckt diesen Lazarus wieder zum Leben und bläst den Sakristeistaub von ihm ab. Er schlägt ihm drei Themen für Tragödien vor: Corneille wählt »Ödipus«. Mit diesem Stück feiert er 1659 im Alter von dreiundfünfzig Jahren, als er sich schon für einen Greis hielt, Triumphe und dankt Fouquet überschwenglich: »Jeder weiß, daß dieser große Minister ebenso der Hauptverwalter der Literatur wie der Finanzen ist.«

Die Dichter wetteifern miteinander, jeder will dem freigebigen Fouquet ein Werk widmen, diesem »modernen Mäzen«, wie Scarron ihn nennt. Das schönste, das am prächtigsten ausgestattete und aus Dankbarkeit geschriebene Werk ist das Pergament-Manuskript des Gedichts »Adonis«, das La Fontaine ihm 1658 widmet. Mit diesen goldenen und honigsüßen Versen bringt ihm der Dichter, auf Papier gemalt, einen Garten aus Rosen, Tulpen und Girlanden dar.

Doch hinter so viel Weihrauch und Blumen ringelt sich die Schlange. Fouquet ist berauscht von seinen Erfolgen und begeht, wie viele vom Schicksal Begünstigte, einige Unvorsichtigkeiten. Anstatt sein Licht ein bißchen unter den Scheffel zu stellen, läßt er seinen Triumph leuchten. Er setzt in sein Wappen das Eichhörnchen – in Altfranzösisch heißt das Eichhörnchen: fouquet –, das mit der kühnen Devise »Quo non ascendet?« – Wohin steigt er nicht? im Wappenfeld nach links klettert. Anstatt die Devise in der Ichform zu bringen, was der Gipfel der Unklugheit gewesen wäre, legt er sie, vielleicht aus Ironie, seinen Feinden in den Mund. Auf jeden Fall läßt sich Fouquet zu einer unverzeihlichen Herausforderung hinreißen, er überschreitet die Grenzen der Schelmerei, vor allem da jeder weiß, daß der Mann, auf den er abzielt, keinen Spaß versteht. Auf den Deckengemälden in Vaux, vornehmlich im »Spielkabinett«, läßt er ein Eichhörnchen darstellen, das vor falschen Nattern davonhüpft, eine wie ein Keulenschlag wirkende Anspielung auf Colbert – »colubra«; französisch: la couleuvre, die Natter. Der Sohn des Tuchhändlers aus Reims verzeiht ihm diese pariserischen »Scherze« nie.

Zwischen Colbert und Fouquet steht mehr als nur die Eifersucht auf einen Rivalen, der den Platz des anderen einnehmen will. Es gibt in der Welt den Gegensatz zwischen Hund und Katze, Wasser und Feuer, kalt und warm, rein animalische, körperliche Unterschiede, auf die man zu allen Zeiten, unter allen Regimen stößt.

Fouquet ist 1615 geboren, Colbert 1619, es liegen nur vier Jahre zwischen ihnen. Fouquet stammt aus einem reichen Haus. Das Haus von Colberts Vater mit seinem großen Tuchlager ist auch nicht arm. Doch Colberts Kindheit ist kühl, verdrießlich, verkrampft. Fouquets charmant, lächelnd, umhegt. Colbert ist »der Norden«, wie Madame de Sévigné sagt, winterliches Frieren an dürftigem Feuer. Fouquet ist der Frühling, die Sonne, mit Wogen von Düften, Musik und Blumen, mit dem Lächeln der Frauen, mit Liebe.

Um einer Welt zu entfliehen, die den zurückstößt, der sie zurückstößt, gibt es für Colbert nur eine Zuflucht, das Kloster: die Arbeit und ihre mönchische Regelmäßigkeit. Die besessene Arbeit, aus der er seinen Himmel und seine Wonne macht, die Schwerarbeit, die er in Wollust verwandelt. Die Kasteiung durch Buchführung: welcher Asket hätte diese Methode angewendet? Das 20. Jahrhundert hat den Elektronenrechner erfunden, der durch Rechnen Ordnung schafft. Der Zeit voraus ist Colbert, der aus dem Kartesianismus die letzten Schlußfolgerungen zieht, der erste »Elektronenrechner«. Keine Maschine, die aus einem Netz elektronischer Leitungen besteht, sondern ein Mann aus Fleisch und Nervensträngen, der völlig mechanisiert ist. Ein Jahrhundert vor dem »Maschinenmenschen« von La Mettrie. Das Heilige Antlitz, in dessen Betrachtung er nach vielen Prüfungen versinkt, ist die ORDNUNG. Sein Garten Eden: die Säuberung, die Vereinfachung, die Sublimation des Chaos in Ordnung. Durch Einteilung, Auflockerung, durch die Trennung von Soll und Haben, die genauso deutlich sein muß wie die Scheidung der Spreu vom Weizen, der Verdammten von den Auserwählten.

Das verfilzte Vermögen Mazarins, in dem alles drunter und drüber geht, bietet dem Ordnungssucher unbeschreibliches Entzücken. Nie hat ein Büßer so große Wonnen empfunden wie Colbert beim Überprüfen der Konten der unordentlichen Eminenz.

Colbert leidet, wenn er sieht, wie Fouquet verfährt. Fouquet benimmt sich nicht anders als Mazarin, doch Mazarin ist der Herr und Gebieter. Was Colbert bei seinem Patron duldet, der ihm zu seinem Buchhalterhimmel verhilft, diese gleichen Machenschaften bei Fouquet sind für Colbert Nägel zu seinem Sarg.

Es ist offenkundig, daß sich Colbert auf Fouquets Platz setzen möchte. Unaufhörlich, mit satanischer Ausdauer sägt er an den Füßen von Fouquets Sessel. Aber stärker als sein Ehrgeiz, stärker als seine Waffen Heimtücke und Treulosigkeit, die er hinter Kniffen und Schlichen versteckt, ist die Auflehnung gegen die UNORDNUNG, gegen die sich Colberts ganzes Wesen stemmt. Hinter Fouquets Liebenswürdigkeit, seinem Lächeln, seinen Luftsprüngen, seinem Liebesgeflüster, seiner Spielerleidenschaft, hinter dem Zauberschloß Vaux, hinter den Festlichkeiten, aus denen die Tage und Nächte des Hauptverwalters bestehen, sieht Colbert den Abgrund. Unter dem Tanzboden den Vulkan. Dieses anmutige Eichhörnchen mit seinen Sprüngen und Schwüngen ist ein Verdammter. Ein Unvorsichtiger, der nicht acht auf sich gibt, der sich der Freude am Erfolg überläßt, der nur an das Glück der Stunde glaubt. Ein Finanzier muß immer auf der Seite des Teufels bleiben. Ein Finanzier, der allen traut, der glaubt, er sei auf Erden, um das Leben zu genießen, und sein Geld bringe ihm das Glück, ist nur ein Luftikus. Die Pflicht eines Buchhalters ist es, ihn in den Vulkan zu stoßen, an dessen Kraterrand er mit aufreizender Leichtigkeit herumtändelt.

1657 ist das erste Donnergrollen zu vernehmen. Colbert bringt einen Mißton in das Konzert von Lobeshymnen, an dem Fouquet sich berauscht. Allerdings nicht er selber, er stiftet ihm ergebene Dichter dazu an. Mitten in den schönsten Chor der Lobpreisungen der Scarron, Pellison und Scudéry platzt der falsche Klang, den Furetière mit seinen »Satiren« verursacht. Er intrigiert, er setzt den von Gold strotzenden Finanziers und ihren lauteschlagenden Sbirren hart zu, und ein zwanzigjähriger Wolf mit Namen Boileau, der unter Colberts Fittichen groß wird, schlägt seine Zähne in das Fell des Eichhörnchens.

Alles beginnt 1657 mit der Abberufung Delormes, eines Gehilfen von Fouquet, der sich die Taschen gefüllt hatte. Jeder füllt sie sich damals in der Clique der Finanzratten: Schatzmeister, Steuerpächter, Bürgen, Steuereinnehmer sowie ihre Gehilfen und Vertreter, dazu die Polizisten, die Gardisten und so weiter. Man reißt eine solche Ratte von ihrem Käse nur los, wenn sie sich zu sehr vollgestopft oder gegenüber einer Oberratte zu unverschämt aufgeführt hat. Kurzum, Fouquet hat die Ratte Delorme entlassen.

Zwei Jahre danach schickt Colbert Mazarin einen Bericht, in dem er sich als weiser Apostel aufspielt, der Fouquet die Rückkehr auf den Pfad der Tugend predigt: »Ich glaube, das war eine sehr günstige Gelegenheit für Fouquet, sein Verhalten zu ändern; daher verdoppelte ich meine Anstrengungen, ihn zu überzeugen. Ich wies ihn darauf hin, daß er alle bisherigen Verschwendungen auf den besagten Delorme abwälzen könne, vorausgesetzt, daß er selber sein Benehmen änderte; ich stellte ihm alle Vorteile vor Augen, die er aus diesem günstigen Umstand ziehen könne . . .«

In diesem unheilvollen Jahr 1657 schürt Colbert den Konflikt zwischen Mazarin und Fouquet. Mazarin ist auf frisches Geld ebenso begierig wie ein Vampyr auf frisches Blut. Sobald er es wittert, fordert er es von Fouquet. 1657 verlangt er Summen, die ihm geschuldet werden: er hat dem Schatzmeister Geld geliehen und für die Truppen Brot und Munition beschafft. Fouquet ist in der Klemme, er hat kein flüssiges Geld; er bietet Mazarin dafür einen Anteil an einem Geschäft an: es handelt sich um die Herstellung von Münzgeld, an der sich die beiden italienischen Bankiers des Kardinals, Cantarini und Cenami, beteiligen sollen. Colbert verhindert dieses Unternehmen, das in der Öffentlichkeit viel Staub aufwirbelt.

Mazarin drängt unerbittlich: Frisches Geld, frisches Geld! An der Kehle gepackt, verspricht Fouquet dreihunderttausend Pfund, von denen die Hälfte sofort an Colbert gezahlt werden soll; der Rest soll durch eine Operation der Finanzintendanzen aufgebracht werden. Gereiztes Geschrei von Mazarin, vermischt mit italienischer Larmoyanz: Frisches Geld, keine Versprechungen mehr! Was man ihm schuldet, muß gezahlt werden. Die anderen Gläubiger des Staates bekommen doch ihre Gelder zurück, »ihnen werden die Zinsen bis zum letzten Pfennig ausbezahlt, während ich nicht einmal weiß, was es heißt, einen Groschen Zinsen zu haben«. Mazarins Brief trifft bei Fouquet zu einer Zeit ein, als ihm auch das Gerede über seine Prachtentfaltung in Vaux-le-Vicomte und über seine finanziellen Zauberkunststücke zu Ohren kommt.

Fouquet ist entrüstet über die Lügen des Kardinals, er ist überanstrengt von der Arbeit, vom Spiel, von der Liebe, von dem genießerischen Leben, dem alles geopfert wird: er hört nur auf seine Sinne, nicht auf seine Vernunft. Er antwortet Mazarin mit einem scharfen Brief. Das ist nicht die Epistel eines Untergeordneten an seinen Vorgesetzten, sondern eine Botschaft von gleich zu gleich. Wieder einmal hat er es versäumt, sich in acht zu nehmen. Er wirft dem Kardinal vor, er höre nur auf das Zischen der Vipern gegen ihn. Er weist die Eminenz brüsk darauf hin, daß sie nicht anders behandelt werden könne als die anderen Gläubiger des Staates, und daß er selber, Fouquet, sich Anleihen an das Schatzamt bis zum Hals aufgeladen habe, dreihunderttausend Pfund mehr als zu Beginn dieses Teufelsjahrs.

Kaum ist der Brief abgegangen, bekommt Fouquet es mit der Angst. Dieser labile Mensch fällt in düsterste Stimmungen. Auf seinen Galopp zu den Gipfeln der Wonnen folgt der Sturz in die tiefste Depression. Ihn überfluten in Gedanken alle Fehler, alle schlechten Eigenschaften Mazarins, des gefährlichsten aller Vorgesetzten: seine Unbeständigkeit, sein Egoismus, seine Undankbarkeit, seine Feigheit, die Abgründe von Verschleierung und Lüge. Kein früher geleisteter Dienst, keine Berufung auf Dankbarkeit und Freundschaft, keine Umarmung – nichts zählt. Er drückt einen ans Herz und kann dabei den Untergang des anderen beschließen.

In der Zurückgezogenheit von Saint-Mandé wird Fouquet von Furcht zerfressen. Er muß auf Ungnade gefaßt sein und seine Verteidigung vorbereiten. Während dieses Sommers im Jahr 1657, seinem ersten dunklen Jahr, faßt er das »Projekt von Saint-Mandé« ab, das ihm später als Verbrechen vor Augen gehalten wird. Im Schatten der Orangenbäume, deren dunkles Laub auf einmal die Farbe der Trauer angenommen zu haben scheint, schreibt Fouquet sein Plädoyer. Er zeichnet ein düsteres Porträt von Mazarin, mit »seinem mißtrauischen und eifersüchtigen Naturell, der Zwietracht und Feindschaft, die er mit unglaublicher Sorgfalt und Kunst in den Sinn aller jener gesät hat, die irgendwie in Staatsdiensten stehen«, er spricht von »dem Vergnügen, das er ganz offensichtlich empfindet, wenn er denen zuhört, die gegen mich reden und denen er alles Vertrauen schenkt, ohne den Wert der Leute und das Interesse, das sie treibt, in Betracht zu ziehen«, er erwähnt auch »den Schaden, den er sich selbst zufügt, indem er einen Hauptverwalter diskreditiert, der durch seinen Kredit allein dem Staat die Existenz ermöglicht«. Der Name eines Feindes erscheint nicht in diesem Text, doch zwischen den Zeilen schwebt der Name Colbert.

Fouquet erwartet, daß er festgenommen wird. Er läßt Bücher kommen und einen Arzt. Er stellt Wachen ein. Blind vertraut er seiner besten Freundin, die zweifellos auch seine Mätresse ist, einer zehn Jahre älteren Bretonin, Madame de Plessis-Bellière, »auf die ich mich in allem verlasse und der gegenüber ich nie ein Geheimnis noch einen Vorbehalt gehabt habe«. Madame de Charost, die Tochter Fouquets, soll nach Calais gehen, wo ihr Schwiegervater Gouverneur ist. Drei Stadtgouverneure, die von Amiens, Hesdin und Arras, sollen ihm behilflich sein. Anhänger sollen sich in Ham zusammentun, in der Abtei, die seinem jüngeren Bruder, dem Abbé gehört. Deslandes, der Kapitän von Concarneau, soll heimlich den Ort befestigen und eine Flottille zusammenziehen. In Tombelaine soll ein Lebensmittellager angelegt werden. Und eine andere vertrauenswürdige Freundin, ebenfalls eine Bretonin, die Marquise d'Asserac, soll eine Insel, die Ile-Dieu, in Verteidigungszustand versetzen. Um die Königin, Mazarin und das Parlament günstig zu stimmen, teilt Fouquet allen seinen Freunden eine Rolle zu. Er stellt sich vor, daß Concarneau und Ham seine Festungen werden können, wie es Le Havre und Brouage für Richelieu und Mazarin waren. Das sind letzte Reflexe aus der Feudalzeit: mütterlicher Schutz durch Mauern.

Mazarin spürt einen gewissen Widerstand und drängt zunächst nicht weiter. Er laviert. Mit seinem Talent als Polizist vertreibt der Abbé Fouquet die Wolken, die zwischen seinem Bruder und dem Kardinal hängen. Für Fouquet holt Mazarin aus seinem Repertoire von Komplimenten die Worte »Achtung und Freundschaft« hervor, was nichts besagt. Der Beweis: Am 20. Oktober ernennt er Hervart zum Generalkontrolleur der Finanzen mit dem heimlichen Auftrag, den »Freund« zu bespitzeln, für den er so viel »Achtung« hat.

Leider begeht Fouquet Schnitzer auf Schnitzer, vor allem macht er die Dummheit, sich mit seinem Bruder Abbé Basile zu entzweien. Es ist angebracht, den Polizeiminister stets auf seiner Seite zu halten. Von diesem Irrtum erholt sich Nicolas Fouquet nicht.

Für den Winter benötigt Mazarin zehn Millionen. Abbé Basile wendet sich an Delorme, jenen früheren Gehilfen, den Fouquet entlassen hat. Delorme schmollt und weigert sich, bei seinen Verleihern anzuklopfen. Um sich beliebt zu machen, gibt Hervart drei Millionen. Wieder sind es Jeannin de Castille und Fouquet, die die Differenz übernehmen, mit geringen Zinsen, aber einer üppigen Provision.

1658, zu Beginn des Flandern-Feldzuges, liegt Mazarin Fouquet wieder mit dem Schrei: Geld, Geld! in den Ohren. 1658 ist ebenfalls ein düsteres Jahr. In mehreren Provinzen verhindern die Parlamente die Steuererhebung. Die Adligen lehnen sich auf, sie versteifen sich auf ihre Vorrechte, auch wenn die Monarchie dabei zugrunde geht. Die Bauern in der Sologne geraten in Aufruhr, sie bringen die Steuereinnehmer um. Das Pariser Parlament wird wieder von Fieberschauern geschüttelt.

Um unter solchen Umständen Geld zu bekommen, müssen alle Skrupel über Bord geworfen werden. Hinweg mit allen Kontoaufstellungen! Was Mazarin braucht, sind nicht gut geführte Register, ist nicht ein Hauptverwalter mit schneeweißem Gewissen, sondern Geld, auf welchen Wegen es auch beschafft wird. Und Fouquet gelingt es unter äußersten Anstrengungen, dieses Geld zu beschaffen. Trotz des Durcheinanders, trotz des Krieges. Er allein konnte diesen Kraftakt vollbringen. Und eben das wirft man ihm später vor!

In diesem Jahr ist Fouquet von Ärger, Bitterkeit und Furcht so mitgenommen, daß er krank wird. Das Eichhörnchen hüpft nicht mehr. Es schwebt zwischen Leben und Tod, an einem Ast, den Mazarin durch seine Forderungen angesägt hat. Er ist zutiefst betrübt, daß er seine Familie und seine Freunde an den Rand des Ruins gebracht hat durch die finanziellen Blutstürze, die er ihnen zugunsten des Königs zugemutet hat. Vom Fieber geschüttelt, im Sterben liegend, entnimmt er dem Vermögen seiner Frau »eine gewisse Summe Geldes für den Unterhalt der Truppen« und schickt sie an Mazarin. Und mit flehentlichen Bitten ringt er den Finanziers La Bazinière und Monnerot vierhunderttausend Pfund ab. Später gerät diese

Tat, mit der ein Sterbender für seinen König sich Gold vom Herzen gerissen hat, in Vergessenheit.

Georges Mongrédien, der mit seinem Buch »L'Affaire Fouquet« den Hauptverwalter der Finanzen leidenschaftlich verteidigt, bringt einen Status des Mazarinschen Vermögens, der am 22. Juni dieses schrecklichen Jahres von Colbert pfenniggenau erstellt worden ist. Er vergleicht ihn mit dem Fouquetschen Status vom gleichen Datum.

Mazarin: 8 052 165 Pfund, 7 Sous, 11 Groschen (an Geld).

Fouquet: 1 750 000 Pfund (einbegriffen der Wert seines Amts als Staatsanwalt, die Domäne Vaux und die Vicomté Melun).

Im August dieses Jahres indes kauft Fouquet Belle-Ile. Der Kauf dieser Insel ist nicht ein Zeichen von überschüssigem Reichtum. Seit Karl IX. gehört Belle-Ile der Familie Retz, die jetzt an Ansehen verloren hat und bei Mazarin seit der Flucht des kleinen Kardinals aus der Burg von Nantes nicht mehr im Geruch der Heiligkeit steht. Der Herzog von Retz stellt Belle-Ile zum Verkauf. Ein einziger Käufer stellt sich ein, der Herzog von Brissac, ein Gegner Mazarins. Der Erste Minister möchte nicht, daß diese Insel ein Bollwerk gegen ihn werden könnte. Am 28. August 1658 bekommt Fouquet nach einer Beratung, an der Séguier, Brienne, Servien und Villeroi teilnehmen, den »Befehl des Königs«, Belle-Ile zu kaufen, »damit dieser Platz nicht in die Hände von verdächtigen Personen fällt, die auch nicht alle Mittel und Fähigkeiten haben, sie gut zu verteidigen«. Verkaufspreis von Belle-Ile (5. September 1658): eine Million dreihunderttausend Pfund. Wie hat Fouquet mit seinem Vermögen von einer Million siebenhundertfünfzigtausend Pfund das bewerkstelligen können? Phantastische Manipulationen von Anleihen, mit denen diese Spieler, Mazarin eingeschlossen, jonglieren – ein solches Leben übersteigt jede bürgerliche Vorstellung und Vernunft.

Trotz seiner scheinbaren Versöhnung mit Mazarin ist Fouquet auf der Hut, ist auf Schutz bedacht und wird allmählich zum wahren Herzog der Bretagne. Er macht aus dieser Provinz für sich ein unangreifbares Lehen. Er schwingt sich zum Herrn über das Herzogtum Penthièvre auf. Der Gouverneur von Concarneau, Deslandes, gibt ihm das schriftliche Versprechen, »nie jemand anderen als ihn anzuerkennen, nie jemand zu gehorchen als ihm«. Im August unterzeichnet Maridor, der Präsident des Parlaments der Bretagne, ein weiteres Schriftstück: »Ich verspreche dem Herrn Generalstaatsanwalt, zu aller Zeit, was auch geschehen mag, mich nur für seine Interessen einzusetzen, ohne jeden Vorbehalt noch Ansehen der Person, welcher Eigenschaft und welchen Ranges sie sein möge, denn ich habe den festen Entschluß gefaßt, seine Befehle in allen Angelegenheiten, die ihn persönlich betreffen, blind auszuführen.« Heimliche Sehnsucht nach der Feudalherrschaft, ein Liebespakt zwischen Herrscher und Vasallen, zwischen Liebhabern und Mätressen.

Nacheinander kauft Fouquet die Vogteien von Guérande, von Le Croisic und vom Mont-Saint-Michel, auf den Namen von Madame d'Assérac. Sein Freund, Admiral von Neuchèse, unterstellt ihm die Flotte. Belle-Ile paßt gut in dieses bretonische Gebilde. Später erheben Fouquets Feinde die Anklage gegen ihn, er habe sich »ein Königreich« gegen den König geschaffen. Was Fouquet in dichterischer Phantasie tat, war nichts weiter, als daß er im Zeitalter Descartes', das heißt der Vernunft, die Politik der alten bretonischen Romane aufleben ließ. Sein Lehrer war nicht Mazarin, sondern der Zauberer Merlin.

Geld! Geld! Mit bloßen Händen gräbt Fouquet die Erde um auf der Suche nach Quellen. 1658 verschafft er dem Schatzamt achthunderttausend Pfund durch Veräußerung von vierhunderttausend Pfund Renten aus der »Tailles«-Steuer. Damals wie auch heute begreift ein Laie nicht das Geringste von diesen geheimnisvollen, komplizierten Vorgängen. In diesem irrsinnigen System nimmt jedes Geschäft magische Züge an, vor denen der Uneingeweihte verblüfft die Waffen streckt. Mazarins Theatermaschinen, die Gestalten auftauchen und verschwinden lassen, sind ein Kinderspiel verglichen mit dem, was der Zauberstab der Finanziers zuwege bringt. Nur ein Beispiel: 1658 gibt das Schatzamt vierhunderttausend Pfund Renten aus, die zum legalen Zinsfuß von 5,22 Prozent ein Kapital von sieben Millionen zweihunderttausend Pfund darstellen. Von kleinen Abstrichen bis zu Amputationen, von kleinen Ermäßigungen bis zu allergrößten Nachlässen schüttet der Steuerpächter schließlich nur achthunderttausend anstatt sieben Millionen zweihunderttausend Pfund aus und streicht jährliche Einkünfte von 18 Prozent ein.

Schandbare Spiele mit den öffentlichen Anleihen, wobei nach außen hin die Verfügungen über die Zinssätze gewahrt bleiben. Fouquet sagt später im Verlauf seines Prozesses: »Die Zeit war 1658 nicht geeignet, neue Bestimmungen einzuführen und das Finanzwesen zu ändern.« Erst morgen, wenn Frieden ist, wird die »Zeit geeignet« sein. Die Monarchie muß im Herzen der Franzosen stark verwurzelt gewesen sein, daß sie mit ihren Irrenhaus-Finanzen bis dahin bestehen konnte. Fouquet wird die Finanzoperation von 1658 in seinem Prozeß als Verbrechen angekreidet. Doch Séguier, Servien und Hervart bleiben ungeschoren, obwohl sie die Verfügung zusammen mit Fouquet, ohne ein Wort zu sagen, unterschrieben haben.

Im Winter 1658 begibt sich der Hof nach Lyon. Dort wird eine der haarsträubendsten Komödien Mazarins aufgeführt: das Projekt einer Heirat des Königs mit der Prinzessin von Savoyen. Es handelt sich um einen Köder, ein Schwenken mit dem roten Tuch, um den Stier zu täuschen, um die Eifersucht des Königs von Spanien zu erregen und ihn zu zwingen, Ludwig XIV. die Hand der Infantin zu geben.

Fouquet sitzt in Paris fest, an der Geldquelle, und leidet unsäglich unter dem Gerede, das über ihn in Umlauf ist und an Mazarins Ohren dringt. Einer der Hauptanstifter ist Colbert. »Diejenigen, die darüber sprechen, wären sehr verlegen, wenn man sie aufforderte, es besser zu machen; sie verstehen nichts von den Affären, über die sie sprechen«, schreibt Fouquet gekränkt an den Kardinal. (26. November)

Abbé Basile ist nun öffentlich der schlimmste Feind seines Bruders geworden. »Es gibt nichts, was er in Lyon dem Kardinal nicht gesagt hätte, um ihn zugrunde zu richten«, schreibt Bussy-Rabutin. Le Tellier schlägt sich auf die Seite der Meute. Von der Menge der Feinde gehetzt, erleidet Fouquet einen neuen Nervenzusammenbruch. Im Dezember ist er am Ende seiner Kräfte und bietet seinen Rücktritt an. Mazarin weist das Gesuch zurück. Fouquet rappelt sich wieder auf. Mazarin wird wieder mißmutig. Fouquet wird wieder krank.

Wenn Optimismus herrscht, läßt Fouquet sein »Projekt von Saint-Mandé« im Geheimfach seines Schreibtischs schlummern. Wenn die Depressionen einsetzen, holt er es heraus. So geschieht es Anfang 1659. Ihm wird klar, daß er es von vorn bis hinten neu fassen muß. Einer der Pfeiler in seinem Befestigungssystem war sein Bruder Basile, der nun sein ärgster Feind geworden ist. Ihm gehört Ham, das zwei Jahre zuvor als ein unbezwinglicher Zufluchtsort galt. Weitere Pfeiler sind geborsten, der Tod hat sie ausgehöhlt.

Der einzige solide Pfeiler ist die Liebe. Auf Madame du Plessis-Bellière kann er sich stets stützen. In seinen Fieberphantasien empfiehlt er, die Steuererhebung auszusetzen, wenn er verhaftet werden sollte, ferner Le Tellier zu entführen sowie die Parlamente und die Körperschaften des Klerus aufzuputschen. Er baut seine Pläne auf die Treue seiner Freunde, die allerdings, als er im Unglück ist, im Wind verweht. Nur auf die Dichter, die Traumwandler, kann er sich verlassen, als der Unstern über ihm schwebt. La Fontaine hat »nahezu drei Jahre gebraucht«, um für ihn die Goldfäden des »Traums von Vaux« zu weben. Mademoiselle de Scudéry läßt in ihrem Roman »Clelia« Saint-Mandé und Madame du Plessis-Bellière erscheinen. Corneille küßt ihm die Füße in einer Epistel, die er ihm schickt. Und Scarron und Pellisson lecken ihm, treu wie Hunde, nach wie vor die Hand.

Gleich und gleich gesellt sich gern. Aus der Treue der Dichter ist zu ermessen, daß Fouquet kein unbarmherziger Wucherer war. »Seine Macht erwuchs ihm nicht nur aus seinem Vermögen, sondern aus der Kunst, Leute an sich zu binden durch Verpflichtungen und Schulden«, sagt Jean Orieux in seinem Werk »Bussy-Rabutin«. »Man war Geldempfänger bei ihm, sein Spion, sofern man es sein wollte, und die Schmach dieses Metiers hatte viele große Herren des Hofs nicht davon abgehalten, sich ihm zu verdingen.« Wem aber hätten sich die großen Herren, die dem Geld nachrannten, damals nicht verdungen? »Wenn ein großer Herr ein Amt kaufen wollte, lieh er Geld von Fouquet. Dieser legte dann auf das Amt eine Art Hypothek. Der Amtsinhaber hatte also nur den Genuß des Amts unter Vorbehalt und auf Zeit. Er lief Gefahr, eine Rückzahlung vornehmen zu müssen, die ihn zwang, das Amt wieder zu verkaufen. Dann ließ es der Hauptverwalter durch einen Strohmann aufkaufen. Auf diese Weise besetzte Fouquet hohe Ämter mit Leuten, die zu ihm gehörten«, sagt Orieux. Tat Mazarin etwas anderes? Gewiß, Fouquet war kein heiliger Vinzenz von Paul, aber er war auch nicht das pflichtvergessene Monstrum, der einzig Verantwortliche für die Zerrüttung der Finanzmaschine, als den man ihn abstempeln wollte, um dem König gefällig zu sein.

Hätte Fouquet durch Machiavellismus an die Macht kommen wollen, wäre er ein kläglicher Rechner gewesen. Es lag doch Naivität darin, daß er Colbert gegenüber so wenig auf der Hut war, daß er sich mit seinem Bruder Basile, dem offiziösen Polizeiminister überwarf und schroff mit Mazarin umging. Fouquet kannte jedoch das Gesetz der Unterwürfigkeit, die Macht der Maske nicht. Er läßt es zu, daß seine Freunde ihm den Beinamen »Zukunft« geben, ein sicheres Mittel, um ihn zu ruinieren. Colbert, der mit aller Macht diese »Zukunft« sein will, redet nicht davon. Er versteckt sich in der Grisaille und umhüllt sich mit Bescheidenheit. »Ich habe nie Ungeduld bezeigt, höher steigen zu wollen als mein Amt«, schreibt er an Mazarin.

Am 16. Februar 1659 stirbt Servien. Colbert möchte nicht, daß Fouquet allein Hauptverwalter bleibt. Er sagt, dieser Todesfall biete »einen Vorwand, um einen anderen Hauptverwalter einzusetzen, sei es, um ihn zum ersten zu machen und über Herrn Fouquet zu stellen, sei es, damit er der zweite ist«. Mazarin wird von Colbert bestürmt und entschließt sich dann, sich selbst zum Hauptverwalter zu ernennen, wobei Colbert die Arbeit übernehmen soll. Nun tritt Hervart, der dritte Spitzbube, in Erscheinung, der im Hintergrund stand und mit dieser Stellung liebäugelte. Er erklärt rundweg, von ihm sei kein Pfennig zu erwarten. Fouquet will sich keinesfalls neben Colbert in den Sessel setzen, weil dieser jede seiner Bewegungen beobachten würde. Er behauptet, er habe in den wenigen Tagen des Hin und Hers seinen ganzen Kredit eingebüßt. Soll Mazarin das Paket der Hauptverwaltung in seine eigenen Hände nehmen, wenn er Lust hat! Er wird sicherlich so viel Geld finden, wie er braucht. Das aber will Mazarin auf keinen Fall. Wäre er selber Hauptverwalter, müßte er sein gesamtes Vermögen einsetzen. Der geizige und raffgierige Kardinal bedauert »den bösen Schritt«, zu dem Colbert ihm geraten hat. Colberts heimtückischer Schlag ist danebengegangen. Er verschiebt seine Rache auf später, auf die Zeit nach Kriegsende, wenn »alle Unordnung behoben werden wird«.

Die gesamte Last der Finanzen lädt man dem Eichhörnchen auf den Rücken. Ihm und seinen Verleihern schuldet der König die phantastische Summe von fünf Millionen Pfund. Das ist zu viel, als daß man ihn umbringen könnte. Scheinheilig streichelt man sein Fell, und seine Angehörigen ebenfalls: am 2. März wird sein Bruder Louis, Bischof von Agde, in Paris in Anwesenheit der Nuntien sowie des Prinzen und der Prinzessin von Conti geweiht. Im Mai feierlicher Einzug seines Bruders François, Erzbischof von Narbonne. Als Zeichen scheinbarer Freundschaft besucht Mazarin das Schloß Vaux, so als wolle er Kräfte schöpfen aus der ihn umgebenden Pracht und Herrlichkeit, ehe er nach Saint-Jean-de-Luz aufbricht zu den Friedensverhandlungen und den Vorbereitungen der spanischen Hochzeit. Er bewundert die Arbeit Le Bruns, der im Salon der Musen die Göttinnen malt, die Unsterblichen, die paarweise in jeder Ecke sitzen und eine Anmut und Sinnlichkeit ausstrahlen, wie er sie nur selten erlebt hat. Er bestaunt die Wasserspiele, die ihn an sein heimatliches Italien erinnern und die bisher in Frankreich noch unbekannt waren: das Wassertor, die Kaskade, die Wassergarbe, die Kronenfontäne, die Tiere, alles in allem ein Wasserzauber, durch den die Kunst der Fontänen Heimatrecht in Frankreich bekommt. Mazarin zollt auch dem Meisterwerk Le Nôtres, dem herrlich gestalteten Garten, Beifall. Nachdem er in die Hände geklatscht hat, streckt er sie aus und fordert hundertfünzigtausend Pfund Vorschuß.

Am 19. Juli empfängt Fouquet Ludwig XIV., Anna von Österreich und Gaston von Orléans in Vaux. So viele Gunstbeweise, so viel Lächeln wiegen ihn in Sicherheit. Über seinem Zauberschloß bekommt der Himmel wieder die Farben des Glücks.

Unterdessen hat Colbert im Hintergrund weitergearbeitet. Er will sich rächen für den Verweis, den er im Februar einstecken mußte. Hervart schlängelt sich an ihn heran, gemeinsam setzen sie ihr unterirdisches Zerstörungswerk fort. Am 22. Juli 1659 schreibt Hervart an Mazarin: Fouquet »hat wieder das Verhalten angenommen, das er zeigte, als Eure Eminenz in Lyon war. Er entzieht mir die Kenntnis aller Dinge, wie und wo er nur kann, und bringt Vergangenheit und Gegenwart durcheinander, damit ich nicht zu unterscheiden vermag, was vorausgezahlt werden muß und was nicht, und damit außer ihm und seinen Kreaturen niemand in den Finanzen klarsieht.«

Aber eben vom Chaos leben damals die Finanzen, nur vom Chaos. Niemand ist imstande klarzusehen. Verlangte man Klarheit und Ehrlichkeit, würde kein Pfennig vorhanden sein. Das weiß Hervart besser als jeder andere. Und Mazarin weiß es auch.

Einen Monat darauf geht Colbert zum Angriff über. Hervart und er haben ihre Rollen festgelegt. Ganz beiläufig läßt er verlauten, »die Finanzen hätten ein Gerichtsverfahren sehr nötig«. Damit hat dieser Jago das zündende Wort ausgesprochen. Der vorsichtige Mazarin geht über den bedrohlichen Punkt hinweg.

Am 24. September wiederholt Colbert seinen Vorstoß. Er macht Fouquet den Vorwurf, er sei zu selten anwesend, ein Vorwurf, den Eifersüchtige gern einem erfolgreichen Rivalen machen: »Der Herr Staatsanwalt ist fast jeden Tag in Vaux. Es wäre gut, wenn der Herr Kanzler Séguier, der nicht viel zu tun hat, einen kleinen Rat bei ihm abhielte.«

Neben anderen Ämtern hat Fouquet das Amt des Postministers inne. Wie Richelieu und Mazarin verfügt er über eine große Schar von Spionen, er läßt sich die Gelegenheit nicht entgehen, ein »Schwarzes Kabinett« zu bilden. Herr von Nouveau, der Postverwalter, einer seiner Vertrauten, gibt ihm heimlich die gesamte an Mazarin adressierte Post zur Kenntnis. Wie war es möglich, daß der schlaue Mazarin diese Kriegslist nicht bemerkt hat? Warum hat er keine Gegenmaßnahmen ergriffen? Wie konnte der Herr über Frankreich, der sich sonst so gern der Polizei bediente und mit Spionen bis zum Scheitelkäppchen gespickt war, eine solche Waffe in den Händen Fouquets lassen? In dem allem steckt viel Zusammenhangloses, Ungefähres, Ungereimtes. Mazarins Innenpolitik ist so subtil, daß man sich fragt, ob er sich bisweilen nicht selber in ihr verheddert, so wie in seinen Vermögensangelegenheiten. Geschieht es nicht ab und an, daß Spione sich selber bespitzeln und schließlich nicht mehr wissen, wen oder was sie ausspionieren? Mit Mazarin muß man an jeder Straßenecke auf eine Farce gefaßt sein, auf Scapin, auf Pantalone, auf einen Hagel von Hieben.

Durch sein »Schwarzes Kabinett« ist Fouquet bestens unterrichtet, so daß er beschließt, Mazarin unangemeldet in Saint-Jean-de-Luz aufzusuchen und zum Gegenangriff überzugehen. Am 28. September bricht er auf und ist schon am 2. Oktober in Bordeaux. Nichts treibt die Pferde zu schnellerer Gangart an als die Leidenschaften der Menschen.

Jetzt ist es Colbert, der sich ohnmächtig fühlen muß, er kann Paris seiner Ämter wegen nicht verlassen. Er ist in größter Aufregung. Fouquet, dieser Charmeur, ist imstande, Mazarin zu umgarnen, vor allem, wenn er ihm Geld verheißt. Colbert beschließt, den tödlichen Stoß zu führen. Wie viele andere greift er zur Feder und schreibt. Alle diese Verfasser von Memoiren, Aufzeichnungen, Pakten und Verträgen stellen Aktionspläne auf, wie die Helden in Romanen, wie später Julien Sorel in Stendhals »Rot und Schwarz«. Wiederum ein Zeichen für die Vitalität eines jungen Volkes, das an seine Zukunft glaubt, an die Tüchtigkeit, an Wirklichkeit werdende Träume.

Zwei Tage lang schließt sich Colbert in sein Arbeitszimmer ein und schreibt an einem vertraulichen Memorandum, das mehr als zwanzig Seiten umfaßt. Stets sind es »vertrauliche« Aufzeichnungen, wie heutzutage viele geheime Dokumente, die am nächsten Tag in den Zeitungen erscheinen. Eine Anklageschrift, durch die der Wind des Henkerbeils weht. Zur Zeit der Revolution wäre Colbert ein schreckenerregender Zulieferer für die Guillotine geworden.

»Die Finanzen sind einzig und allein dem Hauptverwalter und dem Herrn Bruant zugänglich«, seinem Gehilfen. »Ungeheure Gewinne ...

Unverfrorenheit« der Finanziers. Düsteres Bild der allgemeinen Lage. Die Einkünfte aus der Steuerpacht sind bereits bis 1661 verbraucht. Die der »Tailles«-Steuern bis Ende 1662. Von neunzig Millionen Pfund Steuern, die die Franzosen den Steuerpächtern zahlen, bekommt der König nur fünfunddreißig bis vierzig Millionen. Fouquet hat das Durcheinander, das Sammelsurium, das Tohuwabohu zum Prinzip erhoben. Um sich unentbehrlich zu machen. Damit sich ohne ihn niemand darin zurechtfindet. Damit er, auch beim kleinsten Vorgang, beim Ausrechnen von 2 x 2 zu Hilfe geholt wird. »Mit dem Grundsatz der Konfusion haben sie ihr eigenes Vermögen, wie sie es vorhatten, gemacht und sich nur Mühe gegeben, die Erwerbungen, die sie ohne Wissen des Königs oder des Ersten Ministers getätigt haben, zu verschleiern.« Delorme, der von Fouquet entlassene frühere Gehilfe, hat in weniger als zwei Jahren mehr als vierzig Millionen zusammengerafft. Um sich mit Gold vollzustopfen, greift man zu den übelsten Mitteln: man kauft alte Anweisungen des Schatzamts zu drei oder vier Prozent ihres Nennwerts auf – sie lagen seit 1620 unbezahlt herum –, man weist sie neu an und steckt dann das Bargeld in die Tasche.

Fouquet hat sich nicht nur ein kolossales Vermögen, sondern auch eine Klientel mit Polypenarmen geschaffen, die ihn besser beschützt als alle Festungen. Vom Haß getrieben, steigert sich Colbert in die Beredsamkeit eines rächenden Anklägers, der einen Kopf fordert: »Es ist eine weithin und allgemein bekannte Sache (diese Formel wird verwendet, wenn man keine Beweise zu liefern vermag), daß der Hauptverwalter große Anlagen gemacht hat, nicht nur für seine Brüder, nicht nur für alle Verwandten und Freunde (wie es Colbert später für seine Familie tut, wie es im Bereich der Macht damals alle getan haben), nicht nur für alle Gehilfen in seiner Umgebung, sondern auch für alle jene ranghohen Persönlichkeiten des Königreichs, die er auf seine Seite bringen wollte, sei es, um sich in seiner Stellung halten zu können, sei es, um mächtiger zu werden.« Um die Finanzen von der Pest zu heilen, legt Colbert einen Gesundungsplan vor, den er in Anwendung bringen würde, wenn man ihm die Stellung Fouquets gäbe. Zwei Jahre später kommt es dazu.

Was soll mit Fouquet geschehen? Colbert macht verschiedene Vorschläge, darunter den folgenden: ihm die Hauptverwaltung nehmen, ihn vor einen Gerichtshof stellen, dessen Präsident Nesmond und dessen Ankläger Talon, der Fouquet haßt, sein sollen. Colbert hat über seinem Racheplan schon so lange gebrütet, daß er in seinem Kopf von A bis Z fertig ist, ehe er ihn zu Papier bringt. Bis Mazarin diesen Plan gutheißt, soll das Eichhörnchen weiterhin »gestreichelt« werden, denn Geld wird nötiger gebraucht denn je.

Colbert läßt den Plan von seinem Gehilfen Picon kopieren, den er, damit das Geheimnis gewahrt bleibt, unter Verschluß hält. Am 2. Oktober schickt er den Plan an Mazarin nach Saint-Jean-de-Luz.

Fouquets »Schwarzes Kabinett« ist wachsam und schnappt sich eilfertig das Schreiben. Auch in diesem Fall muß man sich wundern, daß Colbert, der Mann aus Marmor, wie Gui Patin ihn nennt, diese alles einkalkulierende Maschine, nicht vorsichtig genug war. Am 5. Oktober bekommt Fouquet in Bordeaux Colberts Memorandum in die Hände. Zusammen mit Gourville schreibt Fouquet es in Windeseile ab, kuvertiert es wieder und legt es zurück in den Kuriersack. Dann setzt er seine Reise fort und trifft am 15. Oktober in Saint-Jean-de-Luz ein.

Das Zusammentreffen Mazarin - Fouquet ist ein Stoff, aus dem der Romancier Dumas ein Romankapitel hätte machen können. Der Verfasser der »Drei Musketiere« übertrieb nicht, die Helden der damaligen Zeit, die heute so romanhaft wirken, waren wirklich so, wie er sie schildert.

Fouquet beklagt sich bei Mazarin über das Komplott, das Colbert, Hervart und Talon gegen ihn schmieden. Er erklärt ihm seine gegenwärtige und zukünftige Finanzpolitik. Am 21. Oktober schreibt Mazarin an Colbert: »Ich habe das Memorandum erhalten und die Lektüre, kurz bevor der Herr Hauptverwalter eintraf, beendet. Ich bin sehr froh gewesen über die Aufklärungen, die ich ihm entnehmen konnte, und ich werde sie mir zunutze machen in dem Maß, als die gegenwärtige Lage der Dinge es gestattet.«

Abweisung. »Ich nehme es zur Kenntnis«, sagen Politiker ausweichend, wenn sie etwas im Sande verlaufen lassen wollen. Colbert verbeißt seinen Zorn.

Genußvoll erzählt Mazarin Colbert von den verschiedenen Komödien, die er vor Fouquet aufgeführt hat: Erstaunen, Lüge. Schläue und List, das ist die Luft, in der er atmet, das ist sein Brot, sein Dogma. Er ist und bleibt ein Komödiant, der ohne Berechnung, aus einem Lebensbedürfnis heraus handelt, der sich selber nur findet, wenn er die Rolle eines anderen spielen und andere düpieren kann. »Ich habe ihm gezeigt, wie erstaunt ich war über das, was er mir vortrug, denn ich hätte nicht die geringste Kenntnis davon; ich konnte ihm im Gegenteil erwidern, daß Sie von ihm stets als der Person auf der Welt gesprochen hätten, deren tiefe Einsichten und Befähigungen Sie am meisten schätzten.« (Er trägt dick auf, wie die Schauspieler sagen. Er übertreibt, des Vergnügens, der Musik wegen.) »Er hat mir entgegnet, er wisse, was er mir gesagt habe, alles aus sicherer Quelle, überdies habe Hervart Ihnen mehrere Memoranden übergeben, und wenn ich die, welche sich mit Finanzen befassen, noch nicht erhalten hätte, so würde ich sie bald bekommen, denn er war überzeugt, daß Sie daran arbeiteten.«

Fouquet ist so »überzeugt« davon, daß die Abschrift von dem Memorandum ihm wie Feuer in der Tasche brennt. So ist der gefangen, der zu fangen glaubte. Diesmal ist die Katze vom Eichhörnchen überlistet worden. Mazarin bildet sich ein, daß Fouquet nur eines im Sinn hat: sich mit Colbert zu verständigen. Er beschuldigt Hervart, er habe durch sein Gerede etwas von dem durchsickern lassen, wovon Fouquet gesprochen hat. Der Kardinal tut, was zu seinen bevorzugten Betätigungen gehört: er bringt seine Mitarbeiter gegeneinander auf, um sie dadurch besser an den Marionettendrähten halten zu können.

»Das sind genau die Worte, die er [Fouquet] mir sagte, und Sie können sich leicht vorstellen, wie erstaunt ich gewesen bin. Aber ich habe mir nichts anmerken lassen, so daß der Hauptverwalter überzeugt gewesen ist, daß Sie mir nichts Nachteiliges über ihn mitgeteilt haben. Sie können in dieser Hinsicht offen mit ihm sprechen; ich sehe, daß er nur den einen Wunsch hat, sich gut mit Ihnen zu stellen und Ihren Rat einzuholen; er sagte mir, daß Sie ihm früher freimütig geraten haben, was Sie seit einiger Zeit nicht mehr tun. Hervart hat nie Geheimnisse bewahren können, und aufgrund einer gewissen Eitelkeit, die zu nichts nütze ist, hat er mehreren Personen alles gesagt, was er weiß. Ich zweifle nicht, daß diese Reden den Hauptverwalter in den Stand gesetzt haben, die Dinge, die er mir gesagt hat, zu durchschauen.«

Mazarin ist bis über den Kopf beschäftigt mit seinem »großen Werk«, wie die Alchimisten für die Umwandlung von Metallen in Gold sagen, das heißt mit seinen letzten Verhandlungen mit Spanien. Deshalb kann er sich nicht den Luxus leisten, seinen Minister Hals über Kopf zu entlassen, um dem zwar sehr nützlichen, aber unnachsichtigen Colbert zu gefallen. Er hat auch Spaß daran, seine beiden Hauptmitarbeiter wie zwei Hunde aufeinanderzuhetzen, sie bellend und geifernd in Atem zu halten.

Am 22. Oktober, am Tag darauf, schreibt Mazarin noch einmal an Colbert. Dringlicher noch beharrt er auf der Notwendigkeit, sich mit Fouquet auszusöhnen. Die beiden Feinde sollen sich den Friedenskuß geben. Fouquet hat versprochen, »sich nicht nur gut mit Ihnen zu stellen, sondern auch Ihre Freundschaft erringen zu wollen, Gutes daraus zu machen und volles Vertrauen zu Ihnen zu haben, über alle Dinge mit Ihnen so zu sprechen, wie er es mit mir tun würde. Ich bitte Sie daher, ihn aufzusuchen, wenn er wieder in Paris ist, und Ihrerseits alles zu tun, damit er erkennt, daß Sie nichts davon abhalten kann, in aufrichtiger Freundschaft mit ihm zu leben, da außer der Achtung, die Sie für ihn haben (eine Achtung, die darauf abzielt, seinen Kopf zu verlangen), auch ich es wünsche, wie Sie wissen, denn ich setze Vertrauen in seine Person. Ich bitte Sie, dies alles gut auszuführen, weil es für die Arbeit wichtig ist und Sie mir Freude machen würden«. Ein ausdrücklicher, unbezweifelbarer Befehl. Colbert gehorcht, obwohl es ihm schwerfällt. Am 28. Oktober unternimmt er einen neuen Versuch. Er teilt Mazarin mit, daß das Eichhörnchen sich über ihn lustig gemacht hat. Es hat sein, Colberts, Memorandum geraubt, es geöffnet und aufgeknabbert wie eine Haselnuß.

Wieder einmal zeigt Colbert, daß er als Modell für Tartüff hätte dienen können. Molière trifft haargenau die Tonlage jener Zeit. Die Illusionen, die er sich über die Freundschaft machte, seine Enttäuschungen, seine Absicht, dem ungetreuen Freund gleichwohl zu verzeihen, die freimütige Anerkennung der Verdienste des Sünders, die Hoffnung, ihn retten zu können: Was könnte diesem Selbstporträt des perfekten Freundes, das der griesgrämige Colbert in der Manier des Grand Siècle malt, hinzugefügt werden?

»Einige Zeit war ich überzeugt, daß er meinen Ratschlägen folgte, und während dieser Zeit lebte unsere Freundschaft wieder auf. Als ich aber sah, daß er stärker als zuvor in die gleiche Unordnung zurückfiel, habe ich mich unmerklich zurückgezogen, und ich muß zugeben, daß ich seit kurzem mit ihm nur noch über die Geschäfte Eurer Eminenz spreche, weil ich sicher bin, daß er durch nichts geändert werden kann. Aber wirklich, es gibt nichts, was ich so sehr gewünscht habe, und ich wünsche es noch jetzt, daß der Generalstaatsanwalt seine beiden schlechten Eigenschaften ablegt, einmal die Intrige und zum anderen die fürchterliche Korruption, in die er sich hineingeritten hat, denn, wären seine großen Fähigkeiten von diesen beiden großen Fehlern befreit, wäre er, wie ich glaube, sehr geeignet, Eurer Eminenz zu dienen.« Und dann, mit gefalteten Händen, die größte Heuchelei: »Ich erstrebe niemandes Platz ... Ich habe nie Ungeduld bezeigt, höher steigen zu wollen als mein Amt.«

Fouquet weiß genau, daß Colbert nie die Waffen strecken wird. Er wendet sich an die Vermittlerin, die ihm stets geholfen hat. In einer langen Beichte, die er der Königin schickt, fällt er vor ihr auf die Knie wie vor der Heiligen Jungfrau. Halb traurig, halb angewidert von dem, was ihm geschieht, betet er den Rosenkranz der dem König geleisteten Dienste herunter: die sechs Millionen, die er für ihn beschafft hat, ohne Provision, ohne einen Pfennig Gewinn, obwohl Seine Majestät nur auf zwei Millionen gehofft hat. Fouquet hatte »nur hunderttausend Taler für den Kardinal« zurückbehalten, als »Gabe«. Unendlich enttäuscht spricht er über die schwache Aussöhnung mit Colbert und ihre Friedensküsse. »Ich tue, was ich kann, um Colbert zu mir zurückzuführen. Ich habe ihm persönlich sehr bedeutende Dienste geleistet; er hat stets Achtung und Zuneigung für mich empfunden; er hat mir große Geheimnisse anvertraut, er hat Wohltaten von mir empfangen. Wenn er aber trotz allem Absichten auf meine Stellung hat und wenn es sein Ziel ist, mich zu beseitigen, um die Finanzen allein oder unter den Anweisungen Seiner Eminenz zu leiten, kann ich ihn weder zurückgewinnen noch beschwichtigen.«

Er scheucht alle Feinde aus den Büschen, wo sie sich versteckt halten: Séguier, Le Tellier, Lionne, der »vielleicht sehr gern meinen Platz einnehmen würde«. Auch Ondedei, den Bischof von Fréjus, und seinen eigenen Bruder Abbé Basile, den Polizeiminister, mit dem er sich unklugerweise entzweit hat. Da man ihn anklagt, da er der gebeugte Büßer ist, auf dessen

Haupt man Asche streut, schlägt er sich an die Brust und bekennt seine Sünden: »Ich will eine umfassende Beichte ablegen ... Ich gebe etwas zu viel Geld aus, und wiewohl ich meine Tafel sehr eingeschränkt habe, auch das Spiel und ähnliches, ist es dennoch wahr, daß der Bau und die Gärten von Vaux viel gekostet haben und daß es klüger gewesen wäre, ich hätte mich darauf nicht eingelassen.«

Und dann kommt das schmerzlichste Geständnis, eine Geste völliger Entäußerung. Um den Sack des Hasses zu leeren, um die Wurzel des Neides auszureißen, will der Betörer den Gegenstand allen Ärgers hergeben, das Schloß Vaux, das Traumwunder Frankreichs, mit seinen Kaskaden, Wasserspielen, Gärten, Statuen und Gemälden. Er bewundert sich selbst, daß er diesen kühnen Plan verwirklicht hat. »Ich habe dem Herrn Kardinal angeboten, es ihm zum Geschenk zu machen, und es hätte mir eine ungeheure Freude gemacht, wenn er es angenommen hätte, weil das Hingeben einer Sache dieser Art eine größere und ungewöhnlichere Tat ist als ihre Erstellung.«

Er vergißt nichts und läßt nichts im Hintergrund: Belle-Ile hat er auf Geheiß des Kardinals gekauft. Sein Vermögen befähigte ihn dazu. Warum sollte er leugnen, daß er reich ist und daß er eine reiche Heirat gemacht hat?

»Ich habe eigenes Vermögen gehabt und habe von meiner Frau mehr hinzubekommen. Die Einkünfte, zusammen mit dem, was die Hauptverwaltung abwarf, haben Ausgaben gestattet, außerdem sorgt das große Geschäft mit dem Geld dafür, daß man nicht sehr eingeschränkt ist.« (Mit zerknirschtem Blick gesteht er, der Büßer, daß man bei großen Geldgeschäften nicht zimperlich ist, daß man nicht so »eingeschränkt« ist wie ein bescheidener Steuerzahler, der nur mit kleinen Summen Geschäfte machen kann.) Jetzt muß er die Königin noch rühren, er muß ihr den Ort zeigen, an den er sich zurückziehen wird, um für sein Seelenheil zu sorgen, was die größten Geister des Jahrhunderts als ihre letzte Aufgabe ansehen. »Gewiß, in der unsicheren Stellung, in der ich mich befinde, die mir von heute auf morgen genommen werden kann, weil ich mir Feinde gemacht habe, bin ich sehr froh, einen Zufluchtsort zu haben, in der Hoffnung, daß, wenn ich ohne Amt bin, ich dorthin gehen kann, um meine Lebenstage in Sicherheit zu beenden, um Gott zu dienen, fern von aller Welt, und mit besonderer Genugtuung, weil der Ort unter der Statthalterschaft der Königin steht, der man achtungsvoll einige kleine Dienste erweisen könnte, um dafür einen gütigen und mächtigen Schutz zu erhalten.«

Ehe Fouquet sich nach Belle-Ile in den Schoß des Herrn zurückzieht, wozu es übrigens nie kommen wird, muß er die Umarmung mit Colbert vollziehen, die Mazarin, die Szene aus der Ferne genießend, verlangt. Er empfängt seinen Feind in Saint-Mandé und berichtet dem Kardinal am 6. Januar 1660 über das Zusammentreffen: »Ich habe Herrn Colbert gesehen, der sich die Mühe gemacht hat, mich in meinem Haus aufzusuchen, und ich habe ihm gesagt, daß ich mich gezwungen gesehen hätte, mich bei Eurer Eminenz gegen viele Dinge zu verteidigen, von denen ich Kenntnis hatte und die er mir anlastete. Ich sagte ihm auch, ich sei sicher, daß er an meiner Stelle nicht anders gehandelt hätte; dies schließe aber nicht aus, daß ich große Hochachtung ihm gegenüber empfände und ihm sogar für vieles verpflichtet sei. Ich fügte hinzu, ich sei überzeugt, daß er mein Verhalten vielleicht nicht getadelt hätte, wenn ihm meine Absichten besser bekannt gewesen wären, und daß wir, da wir für denselben Vorgesetzten arbeiten, nur an den Dienst für ihn denken dürfen, jeder in seinem Amt; daß ich immer sehr gern die Ratschläge, die er mir erteilt, entgegennehmen würde, um sie, wenn es mir möglich sei, zu befolgen, oder ihm meine Gegengründe zu Gehör geben würde; daß ich auf seine Freundschaft hoffte, damit wir gemeinsam an der Durchführung der Befehle Eurer Eminenz arbeiten könnten.« (Colberts Reaktion? Gottesfürchtig! Mazarin hat diese Freundschaft befohlen, und er muß sich dem beugen.) »Er [Colbert] hat sehr freundschaftlich mit mir gesprochen, und ich hoffe, Eure Eminenz wird zufrieden sein mit meinem Verhalten, da ich nur eines im Sinn habe, ihm zu gefallen.«

Einige Tage danach beruhigt Fouquet den Kardinal noch einmal, wobei er versucht, ihn von seiner Manie abzubringen, Menschen zu entzweien, unter dem Vorwand, sie versöhnen zu wollen: »Herr Colbert ist zufrieden von mir geschieden. Ich wage, Eure Eminenz inständig zu bitten, denn es handelt sich um den Dienst für Sie, ihm gegenüber die früheren kleinen Klagen nicht zu wiederholen, die dies Gefühl ändern könnten.«

Fouquet traut Colbert und dem Kardinal so wenig, daß er zu jenem Zeitpunkt seinem Freund Gourville das »Verteidigungsprojekt« zeigt, das gemeinhin das »Projekt von Saint-Mandé« genannt wird. Trotz mancher Flickerei bröckelt es an allen Ecken und Enden ab. Madame d'Assérac hat die Ile-Dieu verkauft. Deslandes, der Fouquet blinden Gehorsam geschworen hatte, ist nicht mehr Gouverneur von Concarneau. Auf Lamoignon ist kein Verlaß mehr. Belle-Ile ist völlig wehrlos: ein Feind würde keinen Widerstand finden. Gourville macht ihm klar, daß dieses Projekt nichts weiter als Narretei ist. Fouquet beschließt, es sofort zu verbrennen, wie ein Anfänger es mit einem schlechten Roman macht. Doch ist das Eichhörnchen offensichtlich leichtfertig, wie wenn es nur zufällig in die Politik der Menschen geraten wäre. Ein unerwarteter Besucher erscheint. Fouquet versteckt sein Verteidigungsprojekt hinter einem Spiegel. Später vergißt er es dort, so daß die Schergen, als sie nach seiner Festnahme das Haus durchsuchen, das Papier zu ihrer freudigen Überraschung finden.

Am 7. November 1659 wird endlich Frieden geschlossen! Unterzeichnung des Pyrenäischen Friedensvertrags auf der Fasaneninsel, im Grenzfluß Bidassoa. Fouquet hält sein Versprechen, sich zu ändern. »Ich weiß sehr wohl«, schreibt er an den König, »daß man nach und nach die Dinge bessern kann.« 1660 möchte er die fiskalischen Ungeheuerlichkeiten ändern, »die Steuern ausgleichen«, die »Tailles«, die die Reichen verschont, senken und die indirekten Steuern, die auf allen lasten, erhöhen.

1660 ist das erste Friedensjahr. Für Fouquet das Jahr der Aufrichtigkeit, der finanziellen Gesundung. Er erneuert die Verträge der großen Steuerverpachtungen, der indirekten Steuern und der Salzsteuer, was für den Staat sehr günstig ist, denn sie bringen dem Schatzamt einen Zuwachs von sechs Millionen ein, dazu hunderttausend Taler als »Gabe«, das heißt ein Geschenk an den König und die Königin. Mit einer Zuwendung von zwanzigtausend Pfund tröstet er Mazarins italienische Bankiers Cenami und Cantarini, die an dem Gewinn nicht teilhaben. Trotz des Geschreis der Inhaber setzt er den Zinsfuß der jüngsten Renten herab.

Jetzt, da er sich auf dem guten Weg befindet, fühlt Fouquet sich munterer und sicherer. Er will die Schulden des Königs überprüfen, Domänen und Gerechtsame, die zu grotesken Preisen veräußert worden waren, zurückkaufen. Er baut den Handels-Rat neu auf. Er bringt das Gespräch zwischen den Intendanten und den Kaufleuten oder Gemeindevertretungen zustande. Um die Handelsmarine zu fördern, belegt er ausländische Schiffe, die französische Häfen anlaufen, mit einer Steuer von fünfzig Sous pro Tonne. Er gründet Handelsgesellschaften. Er rüstet Schiffe aus, kauft die Antilleninsel Sainte-Lucie, beteiligt sich an Unternehmungen in Guadeloupe und Madagaskar. Er exportiert Tuche und andere französische Produkte auf die »Inseln«. Ehe er auf Gottsuche nach Belle-Ile geht, läßt er dort Sardinen fischen. »Alles das«, sagt der Historiker Lavisse, »sind Teile des Colbertschen Programms«. Wie hätte Fouquet Mazarins Befehl zur Aussöhnung mit Colbert besser befolgen können, als daß er die Ideen seines Rivalen in die Tat umsetzt?

Für einen kurzsichtigen Beobachter scheint Fouquet 1660 auf dem Gipfel der Gunst zu stehen. Mazarin hat ihn mit Freundlichkeiten und Schmeicheleien eingedeckt. Mit Colbert ist er anscheinend ausgesöhnt. In die Finanzen bringt er Ordnung. Wie sollten heidnische Menschen diesem reuigen Sünder noch etwas anhaben?

Dann kommt es zum höchsten Beweis der Gunst. Ludwig XIV. hat am 9. Juni in Saint-Jean-de-Luz die Infantin von Spanien geheiratet. Als er sie nach Paris bringt, denkt er sogleich daran, als gehöre es zum Pflichtprogramm der Flitterwochen mit einer Ausländerin, sie mit dem ganzen Hof zum Schloß Vaux zu führen. Am 17. Juli: märchenhafter Empfang, lukullisches Diner mit stets neuen und überraschenden Einfällen. Für die Zeitgenossen und für die Nachwelt bläst der Zeitungsmann Loret – er bezieht eine Leibrente von Fouquet – die Trompete der Fama. Um sich für seine am 1. Oktober fällige »poetische Leibrente« dankbar zu erweisen, berichtet La Fontaine dem Hauptverwalter in hinkenden Versen vom Einzug der jungen

Königin in Paris. Wie sollte Fouquet sich nicht als der glücklichste der Menschen fühlen?

Die Mazarinetten: sieben berockte Figuren auf dem Schachbrett

Im 17. Jahrhundert wird es als normal angesehen, daß ein Erster Minister eine Dynastie gründet. Richelieu hat es getan. Und Richelieu ist ein so mächtiges Vorbild, daß sein Nachfolger es wie selbstverständlich ebenso macht. Doch Richelieu ist Franzose. Bei Mazarin stört, daß er Italiener ist. Ganz Frankreich verachtet ihn. Er müßte sich unsichtbar machen, was er auch des öfteren tut, indem er sich höchst demütig zeigt, allerdings in einer so unterwürfigen Art, daß sie andere abstößt. Doch zugleich breitet er sich wuchernd aus. Wie in einer Posse tut er so, als verberge er sich hinter einem Baum, in Wirklichkeit aber schwirrt er überall umher. Er füllt die Bühne mit dem Hin und Her einer tausendfüßigen Armee. Mit einem Heuschrekkenschwarm, der die Ernte, die Blätter, die Früchte und selbst das Holz der Bäume verschlingt. Eine von der Bibel verkündete Plage Ägyptens, um das Land der Pharaonen zu verwüsten.

Der Italiener Concini hatte sich damit begnügt, sich und seine Frau mit Gold vollzustopfen. Er hatte keine anderen Concini aus Italien kommen lassen. Als die Franzosen schreien: »Schluß mit Mazarin! Nieder mit Mazarin!«, »mazariniert« Mazarin das Königreich. Er bringt einen ganzen Stamm, seine zahlreiche Familie über die Grenze.

Die mazarinische Familientruppe ist bei ihrem Einzug in Frankreich von zweifachem Flankenschutz umgeben, den beiden Schwestern des Kardinals, »zwei tugendhaften Frauen«, Signora Martinozzi und Signora Mancini. Die erste hat zwei Töchter: Anna-Maria und Laura Martinozzi. Die zweite hat fünf Töchter: Laura, Olympia, Maria, Hortensia, Maria-Anna und drei Söhne. Zehn Neffen und Nichten sind unterzubringen. Zehn Kombinationen müssen gefunden werden. Bei zwei der jungen Männer wird der Onkel vom Schicksal daran gehindert, etwas zu tun. Paolo Mancini ist Mazarins Lieblingsneffe, ihm gilt seine ganze Zuneigung. Der Kardinal erzieht ihn wie einen Prinzen, bringt ihn in die Nähe des jungen Königs, weiht ihn in die Staatsgeschäfte ein. Möglicherweise sieht er einen Nachfolger in ihm, den Chef einer mazarinischen Linie von Haushofmeistern, die neben der königlichen Dynastie die Herrschaft ausüben. Solche Hoffnungen werden an der Porte Saint-Antoine in Paris zunichte, wo der junge Italiener in dem homerischen Kampf zwischen Turenne und Condé getötet wird, sechzehn Jahre alt. (2. Juli 1652)

Mazarin hat viele Schläge erhalten, unter diesem wankt er. Er hatte jede Vorsorge getroffen, um alles auf Paolos Haupt zu übertragen: den Namen Mazarin, sein Amt, seinen Ruhm. Diese schwere Krone hängt plötzlich in der Luft. Auf welches Haupt soll er sie setzen? Nicht auf den Strohkopf von Filippo-Giuliano. Auch nicht auf Alfonsos Haupt, der beim Spiel in der Schule mit vierzehn Jahren getötet wird: seine Schulkameraden spielten Prellen mit ihm, sie warfen ihn mit einer Decke in die Luft, beim Auffangen fiel er zu Boden und erlitt einen Schädelbruch. Mazarin muß später auf den Gemahl seiner Nichte Hortensia zurückgreifen, einen skurrilen Mann, der nach des Kardinals Tod den funkelnden Titel eines Herzogs von Mazarin trägt.

Die Mazarinetten erregen vor allem durch ihre Hautfarbe Aufsehen. Im 17. Jahrhundert erfordert es die Schicklichkeit, daß Damen einen Teint wie Lilien und Rosen haben. Eine weiße Haut zu haben, ist ebenso unumgänglich notwendig, wie Handschuhe zu tragen. Es ist die Farbe des Müßiggangs, langen Verweilens in den Gemächern, geschützt vor Sonnenstrahlen und Wind. Die Blässe der Haut ist ein Ausweis für die Gesellschaftsschicht, in der man lebt, für gute Erziehung und Moralität. Mit ihr hängt die Schamhaftigkeit der Frau zusammen, des zarten Geschöpfs, das vor den Pfeilen der Medisance und der Berührung mit der Außenwelt geschützt wird. Die weiße Haut ist die Haut der großen Damen, der Heiligen Jungfrau, der Engel. Die Haut der Frauen, die keine Handarbeit verrichten und die durch ihren gesellschaftlichen Rang vor den Einwirkungen des Lichts und der Luft bewahrt werden. Licht und Luft auf die Haut zu bekommen, käme einer Vergewaltigung durch wilde Reiter gleich. Nur Bäuerinnen und Straßenmädchen haben einen gebräunten Teint.

Die Mazarinetten aber sind schwarzbraun wie die Haselnüsse. »Brünett«, »gelbhäutig«, »mager« – man weiß nicht recht, wie man sie beschreiben soll. Heuschrecken, dunkle Oliven auf Füßen, Elstern, »Fischweiber«, weibliche Teufel. Zwischen all den blassen Damen jener Zeit wirkten sie unendlich viel dunkler, als wir es heute empfinden würden. Töchter der Hölle, Zigeunerinnen. Und diese lebhaften Mädchen, die bei ihrem Onkel wie in einer Kaserne gehalten werden, haben Charakter. Allmählich, durch günstige Heiraten, werden große Damen aus ihnen, aber die meisten behalten ihr kräftiges Blut von der Farbe reifer Brombeeren.

Laura Mancini, die als erste gekommen und inzwischen Laure genannt wird, ist ein liebenswürdiges, hübsches Ding mit einem Kirschenmund. Sie lebt bescheiden dahin. Mit ihr unternimmt Mazarin den ersten Versuch einer hochgestellten Heirat. Er liebäugelt mit einer Verbindung zur königlichen Familie, allerdings zur linken Hand. Er bestimmt Laure für den Enkel Heinrichs IV. und Gabrielle d'Estrées': den Herzog von Mercoeur. Er ist ein sanfter, furchtsamer Mensch, kein Draufgänger wie sein Großvater. Aber ein Sanfter mit Herz. Als Mazarin und Laure in die Verbannung gehen müssen, ins Schloß Brühl, hätte er sich überlegen können, ob es angezeigt sei, die Nichte eines Gehetzten zu heiraten. Er sagt ja und geht sogar nach Brühl, um sein Versprechen zu halten. Laure ist fünfzehn Jahre alt bei der Heirat. Sie stirbt mit einundzwanzig, ebenso bescheiden, wie sie gelebt hat. »Nachdem sie eine glückliche Niederkunft gehabt hatte, starb sie, ohne denen, die Anteil an ihrem Leben nahmen, Muße zu lassen, ihren Tod zu begreifen.« Am Abend des 8. Februar 1657, nach einem Ballett, in dem der König tanzte, hat Mazarin, den Kopf noch voller Ballettmusik, gerade noch Zeit, Laure zu umarmen, ehe sie dahingeht. Sie wäre betrübt gewesen, hätte sie gewußt, daß sie ihn stören muß.

Die Motteville spricht von dem »ein bißchen verschleierten Leben« der Anna-Maria Martinozzi. Auf einem Porträt sieht sie schläfrig aus, mit schweren Augenlidern, einer langen Nase und einem aufgeworfenen, sittsamen Mund. Sie verschafft ihrem Onkel die Gelegenheit zu einem aufsehenerregenden Fischzug. Mit dieser Verschlafenen als Köder fischt er den Bruder seines Todfeindes Condé, den Prinzen Conti. Anna-Maria entgeht nur knapp einer Krankheit, die ihr reizender Gatte sich in den Spelunken von Montpellier geholt hatte. Sie tröstet sich mit barmherzigen Werken und durch jansenistische Neigungen. Mit neunundzwanzig Jahren wird sie Witwe und lebt bis zu ihrem dreiunddreißigsten Lebensjahr fast heiligmäßig. Ihre beiden Söhne steigen, wie Mazarin es sich wünschte, noch weiter auf: der eine ehelicht eine Tochter Ludwigs XIV. und Louise von La Vallière, worüber der Kardinal, hätte er es erlebt, entzückt gewesen wäre; der andere wird 1697 zum König von Polen gewählt, besteigt jedoch den unsicheren Thron nicht. Es braucht nicht alles zu glücken, was man unternimmt.

Mit Laura Martinozzi gelingt Mazarin etwas, das ihn sehr erfreut: aus einer seiner Mazarinetten macht er mehr als eine Marquise, eine Herzogin, eine Prinzessin, als wäre sie von Geblüt; er macht eine regierende Fürstin aus ihr. Es ist nicht wichtig, daß das Fürstentum nur so groß ist wie ein Taschentuch. Er gibt seine Laura dem souveränen Herzog von Modena, Alfonso d'Este. In Compiègne findet unter unglaublicher Prachtentfaltung die Hochzeit durch Prokuration statt, was unter den Souveränen als besonders vornehm galt. Eugen von Savoyen vertritt den Gatten Alfonso d'Este. Mazarin ist selig, eine der »Schmutzprinzessinnen«, der »stinkenden Nattern«, wie die Mazarinaden sie beschimpften, auf einem Thron sitzen zu sehen, wenn es auch nur ein Thrönchen ist. Mazarin hofft auch, aus den Röcken seiner Nichte eine Bastion Frankreichs in Norditalien machen zu können. Er ahnt nicht, wie schnell sein Wunsch in Erfüllung gehen wird, Laura nimmt die Zügel ihres Herzogtums in die Hände. Sie erfüllt ihre Aufgabe gut, sie ist eine folgsame und dankbare Nichte. Hochgeachtet stirbt sie später in Rom.

Noch postum kann Mazarin stolz sein: schließlich hat sich sein Blut mit dem eines wahren Königs vermischt. Die Tochter von Laura, Beatrice d'Este, heiratet den Herzog von York, der dann Jakob II. von England wird. Allerdings muß er später vom Thron steigen, er geht nach Frankreich und stirbt im Schloß von Saint-Germain-en-Laye, wo Mazarin im Frondewinter vor Kälte zitterte und sich mit einem unbequemen Feldbett begnügen mußte.

Nur einer der Neffen bleibt übrig: Filippo Mancini, jetzt Philippe geworden. Sein Onkel schätzt ihn nicht sehr. Er macht alles mit, wie ein Roué aus der Zeit der Régence. Ein Leichtsinniger, ein Libertin, einer, der im Wachen träumt, ein tändelnder Dichter. Durch seine Lässigkeit verdirbt er alles, er bleibt stets auf halbem Wege stehen. Es ist, als wolle er durch seine Unzulänglichkeit die ständigen, genauen Berechnungen des Onkels ausgleichen. Der Onkel nimmt jede Gelegenheit wahr, der Neffe läßt sie verstreichen. Der Onkel tut nichts, ohne nachzudenken, der Neffe tut alles, ohne zu überlegen. Der Onkel geht unbeirrbar voran und greift zu, der Neffe flattert hin und her und läßt alles fahren.

In der Armee schlägt Philippe sich gut, vervollkommnet aber das Kriegshandwerk nicht. Obwohl er in der Jugend zu den Freunden des Königs gehörte, lehnt er es ab, Höfling zu werden. Er reimt, läßt aber seine Verse verwehen. Er eilt von Fest zu Fest, wie eine Figur von Watteau, ein Held in den Gebüschen, bereit zu allen »Einschiffungen nach Kythera«.

Bei seinem sorglosen Flattern gerät er mehrmals in Gefahr, sich die Flügel zu verbrennen. Als er zwanzig Jahre alt ist, nimmt er an einem skandalösen Ereignis teil, das der Herzog von Vivonne während der Karwoche 1659 inszeniert hat. Die Stille Woche hat die Freigeister stets herausgefordert. Bei dem tollen ländlichen Fest spielt ein seltsames Paar die Rolle der Gastgeber. Louis-Victor de Rochechouart-Mortemart, Herzog von Vivonne, ist der Bruder der Damen Thianges und Montespan. »Seine Seele ist ebenso verdorben wie sein Leib«, sagt Madame de Sévigné von ihm, die gewöhnlich ihre Worte wägt. Seine Frau unternimmt eine Abtreibung und beauftragt die Giftmischerin La Voisin, sie mit ihren Pulvern von ihrem Ehemann zu befreien. Diese beiden zwielichtigen Leute laden nach Roissy ein homosexuelles Paar ein, den Grafen von Guiche und Manicamp, dazu Abbé Le Camus, den Almosenier des Königs, einen ganz jungen Leutnant der Garden, Cavois, den Vetter von Madame de Sévigné Bussy-Rabutin und Philippe Mancini. Bussy-Rabutin bringt, zur Untermalung des Vergnügens, vier Geigenspieler mit.

Einige Tage später kommt am Hof und in Paris das Gerücht auf, diese »Ungeheuer« hätten gotteslästerliche Handlungen begangen. Am Karfreitag hätten sie Frösche getauft und dann ein Ferkel, das sie aufgegessen haben. Abbé Le Camus wäre eingeladen worden, um die Schwarze Messe zu feiern. Der Abbé aber hatte, als er merkte, daß diese Landpartie ausartete, das Weite gesucht. Trotzdem wird er zwölf Jahre danach, bei seiner Ernennung zum Bischof von Grenoble, mit einem Spottlied begrüßt, das etwa folgenden Wortlaut hat: »Kommen Schweinchen auf die Welt / In der Dauphiné / Le Camus sie über die Taufe hält / Halleluje!«

Philippe Mancini ist damals in Roissy dabeigeblieben. Der König grollt ihm ein bißchen, aber nicht lange. Philippe kommt noch einmal auf die Anklagebank. Er wird beschuldigt, zwei seiner Schwestern, Olympe und Hortense, zu lieben. Er schmiedet unvorsichtige Verse. Einige Reime, die er Hortense, jetzt Herzogin von Mazarin, widmet, sind so zweideutig, daß man ihm einen Prozeß macht. Er verläuft allerdings im Sande.

Wie aus Versehen wird Philippe doch zum Höfling: er heiratet die Nichte der Montespan, der Favoritin des Königs, Diane-Gabrielle de Thianges. Er befindet sich in Italien und benötigt für die Reise nach Paris zur Hochzeit sechs Monate. Mit seiner Schwester Hortense, die ihn begleitet, langweilt er sich unterwegs nicht. Auch in Paris langweilt er sich nicht, denn Diane hat den Teufel im Leib. Philippe und Diane, von nun an Herzog und Herzogin von Nevers, haben beide großes Gefallen an der »dolce vita«.

Einmal in seinem Leben ist der Herzog von Nevers wirklich dumm. Er liebt Racine. Zu seiner Hochzeit am 14. Dezember 1670 läßt er »Bérénice« aufführen, vielleicht weil das Stück das Schicksal seiner Familie behandelt. Es ist gespickt mit Anspielungen auf die Jugendliebe Ludwigs XIV. zu einer der Schwestern von Philippe: Maria Mancini, mit der Ludwig XIV. zwölf Jahre zuvor gebrochen hatte, um die spanische Infantin zu heiraten. Als damals Mazarin die beiden Verliebten gewaltsam voneinander trennte, hatte Marie zu Ludwig gesagt: »Sie lieben mich, Sie sind König, und ich muß gehen«, und auch: »Sie weinen und Sie sind der Herr.« Im fünften Akt, in der fünften Szene der Tragödie »Bérénice« spitzt der gesamte Hof das Ohr bei den Versen Racines:

»Sie lieben mich, Sie versichern es mir,
Und dennoch muß ich gehen, Sie befehlen es mir!«

Vielleicht hat der Herzog von Nevers in »Bérénice« mehr eine Familientragödie der Mazarins gesehen als ein Werk von Racine. Sieben Jahre danach, im Januar 1677, spielt er Racine einen üblen Scherz. Zusammen mit seinen Schwestern Olympe und Marie-Anne, die inzwischen Gräfin von Soissons und Herzogin von Bouillon geworden sind, läßt er eine Tragödie mit dem Titel »Phädra« aufführen, ein flaches Stück von einem Dichter namens Pradon, der es in drei Monaten heruntergeschrieben hat, mit Rückgriffen auf Racines »Phädra«. Hineingerissen in das literarische Verbrechen werden der Herzog und seine Schwestern von einer Clique verrückter Schöngeister, und Marie-Anne, die Herzogin von Bouillon, treibt die Bosheit so weit, daß sie für die sechs ersten Aufführungen der beiden Stücke (sie werden zur gleichen Zeit gespielt) alle Logen aufkauft, damit der Saal, in dem Racine aufgeführt wird, leer bleibt. Kostenpunkt: fünfzehntausend Pfund. Eine Kabale kommt einen teuer zu stehen. Nevers lebt nach dieser Schandtat noch zweiundzwanzig Jahre, bis 1699.

Olympe Mancini ist durch ihren Vornamen schon zu Großem bestimmt. Madame de Motteville nörgelt in der Art von Kupplerinnen an ihrer Schönheit herum, unerbittlich unterzieht sie Olympes Brüste und Wangen einer genauen Prüfung: »Es hatte den Anschein, als könnten sich Natur und Jugend noch so sehr anstrengen, sie wurde dadurch nicht schöner.« Bald aber ändert sie ihre Meinung ein wenig: »Ihre achtzehn Jahre hatten eine günstige Wirkung auf sie.« Was sie meint, ist das, was man damals »Embonpoint« nennt, nicht übermäßige Beleibtheit, sondern ein Polster, das alle Kanten glättet und eine stattliche Üppigkeit verleiht. »Sie wurde hellhäutig, sie bekam den schönen Teint.« Immer wieder diese Versessenheit auf eine Gesichtsfarbe wie Milch und Blut, die zur Schönheit des Körpers und zum Heil der Seele gehörte. Die Motteville räumt ein: »Ihre einflußreiche Stellung, zusammen mit eleganter Kleidung, gab dieser mittelmäßigen Schönheit Glanz.« Am Hofe gern gesehen, entzückend gekleidet – welches Aschenputtel würde da nicht glänzen? Von einer gewissen Rangstufe an gibt es keine Häßlichkeit mehr.

Olympe ist stolz auf ihren Erfolg. Wie alle Mädchen, die nicht mit Schönheit gesegnet sind und ihr durch äußere Mittel nachgeholfen haben, fürchtet sie, sie könnte wieder häßlich werden, und schwingt sich deshalb auf in kulturelle Sphären: Dichtung, Ballette, Theater. Aus der Zeit, da sie noch unansehnlich war, hat sie sich die Bemühung um ihre geistige Bildung bewahrt, ein Gegengewicht zur krummen Nase und den Kugelaugen. 1655 ist der siebzehnjährige König von dieser Lebhaftigkeit sehr angetan. Anna von Österreich sieht dem Treiben gelassen zu. Sie weiß, daß es nicht weit führen wird, dahinter steckt nicht viel. Olympe weiß genau, was sie will. Sie will Prinzessin werden wie ihre Schwestern. Mit dem König kann sie nicht Königin werden. Und um sich mit der Rolle als Favoritin zu begnügen, ist sie zu stolz. Anne-Marie Martinozzi hat ihr schon den Prinzen von Conti weggenommen, Laure Martinozzi den Herzog von Modena. Sie darf keinen Fehler mehr begehen. Mit achtzehn Jahren (1657) läßt sie sich bereitwilligst mit dem von Mazarin ausgesuchten Kandidaten verheiraten, mit Eugen von Savoyen, Fürst von Carignan, der Graf von Soissons wird. Ein höchst ansehnlicher Gemahl: durch seine Großmutter ist er ein Enkel Karls V., durch seine Mutter hat er französisches königliches Blut in den Adern, durch seinen Vater das Blut der Savoyer. Ein liebenswürdiger, keineswegs einfältiger Mann, und sogar ein »recht intelligenter, gebildeter Mann«. Olympes jüngster Sohn ist der berühmte Prinz Eugen.

Den König ficht diese Heirat nicht an. Seine Leidenschaft für Olympe ging nicht sehr tief, aber sie ist dauerhaft. Im Grunde war es nur eine Freundschaft. Selbst als die La Vallière beim König in Gunst steht, geht er zum Lachen und Spielen häufig zu Olympe. Im Stadtpalais Soissons wird aber nicht nur geplaudert und gespielt, in dieser italienischen Enklave mitten in Paris werden die Sterne befragt, die Geister angerufen und magische

Künste erprobt. Sowohl aus mondäner Wißbegier, als auch um dem Hang zum Geheimnisvollen nachzugeben; im Jahrhundert der starren Dogmen schwelt die Leidenschaft für alles Mysteriöse.

Mißgünstige Schlangen umgeben die unvorsichtige Olympe, sie wollen sie zu Fall bringen.

Olympe hat Louvois' Annäherungsversuche zurückgewiesen. Die Montespan ist eifersüchtig auf ihr vertrautes Verhältnis mit dem König. Alles das muß teuer bezahlt werden.

Gift ist eine der Geheimwaffen der Zeit. Nach Frankreich kam es einst aus Italien, wo es in der Politik Verwendung fand. Die Franzosen stellen es in den Dienst des Geldes und der Liebe. Der Sonnenkönig ist auch der König des Gifts. Nicht, daß Ludwig XIV. es selber benutzt, sondern weil unter seiner Herrschaft viele Menschen vergiftet werden. Die Brinvilliers wird auf der Place de Grève enthauptet und verbrannt (17. Juli 1676), weil sie »ihren Vater zehnmal hintereinander vergiftet hat – vorher gelang es ihr nicht –, ihre Brüder und mehrere andere ... Ihr armseliger kleiner Körper ist nach der Hinrichtung in ein starkes Feuer geworfen worden und die Asche in den Wind, so daß wir sie einatmen und durch die Vermittlung kleiner Substanzen von dem vergiftenden Wesen etwas einnehmen, worüber wir alle sehr erstaunt sein werden«. (Madame de Sévigné)

Vom Scheiterhaufen der Brinvilliers weht Asche über das ganze Jahrhundert. Teile der Aristokratie scheinen die vergiftenden Substanzen eingeatmet zu haben. Unter Nero hat Rom eine kaiserliche Giftmischerin: Lokusta. Unter Ludwig XIV. hat Paris die Brinvilliers und die Voisin. Im Kerker gibt die Witwe Voisin die Namen ihrer Kunden preis: Marschall von Luxembourg, Marquis de Cassac, Racine, der die Schauspielerin Du Parc mit Gift umgebracht haben soll. Und die beiden Mancini-Schwestern: die Herzogin von Bouillon und die Gräfin von Soissons.

Schon beim Tod des Grafen von Soissons war von Gift die Rede gewesen. Im 17. Jahrhundert ist oft die Rede davon, wenn man nicht weiß, woran ein Kranker gestorben ist. (Die damalige unkundige medizinische Wissenschaft weiß es oft nicht.) Oder wenn der Tod urplötzlich eintritt. (Er tritt bei den damaligen Heilverfahren häufig ein.)

Die beiden tollen Schwestern müssen vor der »Chambre Ardente« erscheinen, dem Gerichtshof, der die Verurteilten meistens zum Feuertod verdammte. Die Herzogin Marie-Anne von Bouillon, sieben Jahre jünger als Olympe, ist eine kleine impertinente Teufelin, sie verhöhnt die Richter. Trotz ihres vornehmen Auftretens ist Olympe schüchterner, sie flieht. Überall wird sie als Giftmischerin angesehen. Sie erleidet die gleichen Schmähungen wie ihr Onkel. Am spanischen Hof bekommt sie wieder Ansehen und Würde. Unglücklicherweise stirbt plötzlich die junge Königin. Zu viele plötzliche Todesfälle geschehen im Umkreis von Olympe. Wieder flieht sie, es sieht aus, als habe sie kein reines Gewissen oder als beuge sie sich dem

Verhängnis. In seinen Memoiren wird Saint-Simon zur »Chambre-Ardente«. Er beschuldigt Olympe, die Königin von Spanien mit Milch vergiftet zu haben. Als hätte er daneben gestanden. Für ihn ist alles, was mit Mazarin zusammenhängt, die Hölle. Olympe geht nach Brüssel, dann nach London, 1708 stirbt sie in Brüssel. Trost wird ihr zuteil durch ihren in seiner Jugend kränklichen Sohn, den »kleinen Abbé«. Um seine Schwächlichkeit zu überwinden, erlernt er das Kriegshandwerk unter Montecuccoli. Als er den Befehl über die kaiserlichen Armeen übernimmt, legt er sich den Namen seines Vaters Eugen von Savoyen zu. Als Prinz Eugen wird er einer der größten Heerführer des Zeitalters. Mazarin hat sich vermutlich noch im Grabe gefreut, daß aus seinem Blut ein berühmter Feldhauptmann hervorgegangen ist, sicherlich hat er es aber bedauert, daß er seine Fähigkeiten gegen Frankreich eingesetzt und die Generale Ludwigs XIV. geschlagen hat.

Die berühmteste der Mazarinetten ist Maria Mancini (1640–1715). Sie verweist die anderen in den Rang von Statistinnen.

In Rom, wo sie geboren ist, beginnt ihr Leben unter einem schlechten Stern. Ihr Vater Michele Lorenzo Mancini glaubt felsenfest an die Astrologie. In Marias Horoskop wimmelt es von Mißgeschicken. Ihre Mutter empfindet keine Liebe zu ihr. Ihre ganze Zuneigung gilt Hortensia, der kleinen Letztgeborenen, für die sie schwärmt. Von ihrem siebten Lebensjahr an bekommt Maria von ihrer Mutter nichts anderes zu hören als den Spruch, sie müsse ins Kloster Campo Marzio vom Orden des heiligen Benedikt eintreten. Das häßliche, magere Mädchen hat einen starken Willen. Zwei Jahre lang versucht eine ihrer Tanten vergebens, ihren Sinn zu wandeln. Als sie neun Jahre alt ist, versucht ihre Mutter sie zu beschwatzen: »Nicht wahr, du möchtest gern hier bei der Tante bleiben, für immer?« Weder für immer, noch für einen Tag! Maria ist vom Blute Mazarins, der nie hat Priester werden wollen. Sie will nicht im Kloster bleiben, sie will nach Frankreich, mit der ganzen Sippschaft. Der Onkel verlangt nach ihnen, auch nach ihr, er hat sie nicht ausgenommen.

Unwillig muß Signora Mancini sich beugen. Maria darf ihre jammernde Mutter und ihre sieben Geschwister nach Paris begleiten: ihre Brüder Alfonso, Paolo und Filippo, die beiden älteren Schwestern Laura und Olympia sowie die beiden jüngeren Hortensia und Maria-Anna. Ihre Vornamen werden der französischen Schreib- und Sprechweise angeglichen. Alle sind beliebt und gern gesehen. Sie nicht.

Signora Mancini ist erfreut, daß der Onkel Mazarin sie in ihrer Meinung bestärkt. Auf den ersten Blick hat Marie ihm nicht gefallen: sie ist nicht hübsch, sie ist dürr, abweisend, gefräßig, schmutzig, sie spricht mit einem vulgären Akzent und hat ungehobelte Manieren. Welch ein Unterschied besteht zwischen ihr und ihren Brüdern und Schwestern, die so charmant sind. Und dazu das schlechte Horoskop! Die Geächtete wird ins Kloster von der Heimsuchung Mariä gesteckt.

Im Kloster gibt sie sich die größte Mühe, sich zu ändern, eine andere zu werden. Für den Liebesentzug will sie sich rächen, indem sie sich mehr Bildung aneignet, indem sie mehr Bücher liest als die anderen und ein reineres Französisch spricht. Indem sie ihrem Geist und ihrer Seele eine ureigene Form gibt. Indem sie unvergleichlich, unverwechselbar, einzigartig wird. Sie zeichnet, sie spielt Gitarre. Sie verschanzt sich im düstersten Raum und liest, daß ihr fast die Augen aus dem Kopf fallen. Sie lebt in der Welt der Romanhelden, die für sie echtere Gestalten sind als die Marionetten, die sie umgeben. Wenn die anderen sich für einen Ball rüsten, bekommt Aschenputtel die Weisung, bei ihren Büchern zu bleiben.

Um sie loszuwerden, bietet man sie einem frömmlerischen Hohlkopf zur Heirat an: Armand de La Porte, Sohn des Marschalls La Meilleraie, einem Nachkommen Richelieus, was für Mazarin sehr wichtig ist. Der Hohlkopf will sie nicht, er liebt die ganz junge Hortense.

Olympe glänzt am Hof. Laure ist Herzogin von Mercoeur. Alle schwärmen für Marie-Anne und für Hortense. Die Cousine Laura ist Prinzessin von Modena, die Cousine Anne-Marie ist Prinzessin von Conti. Alle sind sie Prinzessinnen oder Herzoginnen. Man reißt sich um die Mazarinetten. Mangels Mazarinscher Nichten würden sich die größten Herren mit ihren Müttern zufriedengeben. Denn sie wollen Mazarin heiraten. Der Herzog von Anville kommt zu spät, um noch eine Nichte des Kardinals abzukriegen, er bewirbt sich um eine seiner Schwestern. »Es hat den Anschein, daß diesem Edelmann ungeheuer viel daran liegt, durch eine Allianz mit Eurer Eminenz geehrt zu werden, denn nach den Anträgen, die er für irgendeine Ihrer Nichten gemacht hat, besteht jetzt eine Neigung für eine der Mütter«, schreibt ein Bischof, der als Vermittler auftritt.

Trotz des großen Eifers, mit dem alle Welt sich auf die Familie Mazarin stürzt, bleibt Marie noch im Hintergrund. In Paris oder in Fontainebleau verbringt die Jugend des Hofs einen berauschenden Frühling mit Spiel und Tanz. Dem jungen König öffnen sich die Wege der Liebe. Er hat ein Auge auf Olympe geworfen, doch läßt er eine Weile von ihr ab und wendet sich Mademoiselle de La Motte d'Argencourt zu. Hinter dieser harmlosen jungen Person sieht Mazarin jedoch eine große Familie, die stark zusammenhält. Ins Kloster mit der Harmlosen!

Ewig kann Marie nicht angekettet bleiben. Jetzt ist die Reihe an ihr, am Hof zu erscheinen. Eine nach der anderen stellt der Kardinal seine Nichten der Gesellschaft vor. Wird Marie zu früh ins Licht gestellt, erscheint sie möglicherweise zu steif, zu brüsk, zu spöttisch. Sie muß noch Fortschritte machen. Als sie noch im Schatten steht, erregt sie die Aufmerksamkeit des Königs. Aufgrund der Astrologie hatte Lorenzo Mancini seiner Frau vorausgesagt, sie würde mit zweiundvierzig Jahren sterben. Um ihn nicht Lügen zu strafen, verläßt Signora Mancini 1656 diese Welt. Der König besucht sie jeden Abend an ihrem Krankenlager. Zu diesem Zeitpunkt darf Marie nicht ins Zimmer treten. Sie hält sich in einem dunklen Vorzimmer auf. Der König trifft sie dort, richtet ein paar Worte an sie. Es liegt etwas von der Spannung einer Entdeckung darin, es herrscht Zwielicht, die Worte werden hingehaucht. Meistens hat Marie ein Buch in der Hand, der König überrascht sie in ihrer Zurückgezogenheit ... »Seine Majestät bemerkte in mir viel Feuer, Lebhaftigkeit und Heiterkeit ...« (Memoiren von Marie Mancini)

Einige Zeit danach sagt jemand in Anwesenheit des Königs, Marie Mancini sei nicht so hübsch wie ihre Schwestern. »Was mich angeht, ich finde sie reizend«, erwidert er. Auf ihrem Sterbelager versucht die Mutter, Marie das Versprechen abzunehmen, daß sie ins Kloster eintreten werde. Sie stirbt, bevor sie Marie diesen Schwur abzwingen kann.

In den Jahren 1655–1656 wird Marie langsam in den Wirbel des Hofs hineingezogen. Sie tanzt, singt, reitet. Begeistert nimmt sie an den königlichen Jagden teil. Es gibt wenige Reiterinnen und Tänzerinnen, die wie sie Latein und Griechisch können, die Dante gelesen haben und den heiligen Augustin, Ovid, Seneca, den »Großen Cyrus«. Eines Abends fordert man sie im Cercle der Königin auf, eine Tragödie vorzulesen! Es wird bemerkt, daß sie eine schöne, warme Stimme hat. Sie ist hübsch geworden. Sie empfängt Besucher. Sie hat einen Sekretär, Herrn Somaize, Verfasser des »Diktionär der Preziösen«, in dem er sie unter dem Namen Maximiliane verewigt: »Das ist die geistreichste Person von der Welt, sie weiß alles, sie hat alle guten Bücher gelesen, sie schreibt mit unvorstellbarer Gewandtheit.«

Dem König wagt sie alles zu sagen, selbst, daß sie die romantischen Heldinnen der Fronde bewundert. Wie schade, daß so viel Phantasie nicht zum Wohl Seiner Majestät eingesetzt wurde! Sie verehrt die großen Männer, die großen Könige. Sie pflanzt Ludwig XIV. den Ehrgeiz ein, einer von ihnen zu werden. Unendlich lange Gespräche führen sie zusammen, wie Studenten, die die Welt erneuern wollen. Eine junge ernsthafte Priesterin der Religion, der Lebenskraft, eine Sendbotin der Helden. Auf ihrem Weg, der sie zur Begegnung mit dem Erben der Könige führt, ist sie von den Traumgestalten der Romane begleitet. Dem Herrn der sichtbaren Welt offenbart sie die Mächte der unsichtbaren, das Königreich des Geistes. Sie wäre imstande gewesen, bereits aus ihm den »aufgeklärten Despoten« zu machen, den Fénelon später aus seinem Sohn, dem Herzog von Burgund, hat machen wollen und von dem die Philosophen des 18. Jahrhunderts träumen. Den heranwachsenden Ludwig XIV. setzt Marie in Erstaunen, sie gibt ihm Anregungen und Impulse. Er weiß noch nicht, wie er ein Großer werden soll, auch nicht, ob er es werden wird, aber es brodelt in ihm von Geheimnissen und Fähigkeiten, und er ist angetrieben von dem Wunsch, anders zu sein als seine Umgebung.

Marie hat den richtigen Ton getroffen. Sie bezeigt ihm Respekt, erlaubt sich aber Kühnheiten aufgrund ihrer Jugend, ihrer Bildung und der Tatsache, daß sie eine Ausländerin ist. Sie ist Feuer und Flamme, sie lebt von dem Brand, den der junge König selbst und der Wille, ihm zu gefallen, in ihr entfacht haben. Sie ist nicht wie die anderen, ein für allemal, nur schön oder nur häßlich, je nach den Umständen strahlt sie oder sinkt in sich zusammen. Für einen jungen Mann ist es ein Erlebnis, ein weibliches Genie erwecken oder ersticken zu können, die Welt zu erleuchten oder zu verdunkeln.

Bisweilen ist der König über ihre Ideen entsetzt, er hält sie für widersprüchlich. Nach Aristoteles' Auffassung und seiner Theorie der »Reinigung von Leidenschaften« behauptet sie, das Theater habe eine moralische Funktion. Indem es die Leidenschaften vergröbert, offenbart es dem Zuschauer die Folgen und befähigt ihn, sie wirklich zu bekämpfen. Der König neckt sie, führt das Gespräch aber weiter. Am Abend, im Cercle der Königin, sagt er, er habe von einem Prediger sprechen hören, der sehr beliebt sei und der jedem den Rat gebe, des Seelenheils wegen ins Theater zu gehen. »Sein Name?« fragen die Damen. »Marie von Mancini«, ruft der König und bricht wie ein Schüler in Lachen aus.

»Gott, ist Ihre Nichte geistreich!« sagt er tags darauf zum Kardinal. – »Ich habe mehrere Nichten, Sire.« – »Ich meine natürlich Marie.«

Mazarin war glücklich, eine so große Auswahl von Nichten zu haben. Ihre Zahl vermehrt die Möglichkeiten der »Combinazioni«. Marie schien davon ausgeschlossen zu sein. Er hatte mit ihr nicht mehr gerechnet. Ein glatter Verlust. Und jetzt tritt sie in den Reigen. Großartig! Doch Vorsicht! Soll er sich darüber freuen oder es beklagen? Seine Nichten stellen ein Kapital dar, das Zinsen tragen muß. Bisher haben alle Nichten getan, was er wollte. Sie sind Werkzeuge in seiner Hand, sie akzeptieren die Ehegatten, die seine Politik für sie bereithält. Einzig Marie tut, was sie will. Sie selber, nicht ihr Onkel, hat entschieden, daß sie nicht mehr Aschenputtel, sondern ein freies junges Mädchen sein will.

Mazarin macht aus jedem Menschen einen Spion. So hat er eine Gouvernante, Madame de Venel, eingestellt, die als Spionin bei den noch zu verheiratenden Nichten fungiert, bei Marie, Hortense und Marie-Anne. Die Venel berichtet ihm besorgniserregende Dinge über Maries Unabhängigkeitsdrang. Er hat es selber bereits gemerkt. Seine Nichten bilden ein hervorragendes Agentennetz. Nur Marie wehrt sich gegen solche Praktiken. Der Onkel versucht herauszubringen, was der König äußert, wenn er mit ihr unter vier Augen spricht. Für ihn liegt das durchaus auf der Linie der ehrenwerten mittelmeerischen Angeberei. Und der Dankbarkeit, die seine Nichten ihm schulden. Wenn sie ihm die Äußerungen anderer weitergeben, tun sie nur ihre Pflicht. Marie aber will damit nichts zu tun haben. Bebend wie eine vergewaltigte Vestalin sagt sie nur: »Ohne die Zustimmung Seiner

Majestät kann ich über dieses Gespräch nichts berichten.« Es steht fest, mit ihr ist nichts anzufangen. Sie spielt ihr eigenes Spiel. Wohin wird das führen? Wird sie letztlich für ihren Onkel nicht eher gefährlich als nützlich sein? Sie ähnelt jenen wilden Frauen der Fronde, die sie dem König gegenüber verteidigt hat. Wäre es nicht möglich, daß sie sich für den Kardinal eines Tages als ebenso schädlich erweist wie diese tollen Frauenzimmer?

Allmählich gehen Mazarin die Augen auf. Selbst wenn man Argwohn und Mißtrauen zum Lebensgesetz erhebt, ist man nie mißtrauisch genug. Er hat die Kleine nicht genug überwacht. Er hat nicht beachtet, daß die Frauen die teuflische Eigenschaft besitzen, sich anzugleichen, daß sie, wenn die Liebe im Spiel ist, plötzlich erblühen. Je mehr er darüber nachdenkt, desto sorgenvoller wird er. Im Grunde führt sich Marie wie eine Fremde auf. Sie sucht ihren Weg allein und stellt sich dadurch außerhalb des Clans. Sie entgleitet ihm. Er hat keine Macht über sie. Sie ist nicht mehr seine Nichte, sondern eine mögliche Feindin, die überwacht werden muß.

Was könnten sie, Marie und der König, in ihrer jugendlichen Liebesbegeisterung gegen ihn, den alten Minister, im Schilde führen? In den Komödien werden die alten Bärte von den Verliebten geprellt. Mazarin, der viele Rollen gespielt hat, möchte diese jedoch nicht spielen.

Ostern 1658 begleitet Marie, zusammen mit dem Hof, den König in den Krieg, nach Amiens, nach Calais. Sie gehört zu dieser Karawane von Karren und Karossen, zu dieser Umzugsszenerie, bei der durch den Staub der Straßen Silbergeschirr und Bettzeug, Tapisserien, Kleidungsstücke und Toilettegegenstände mitgeschleppt werden, sie gehört dazu, wie alle diese Höflinge in Perücken, die sich gegenseitig belauern wie Raubtiere. Die temperamentvolle Marie ist eine echte Italienerin, ihr macht es Spaß, in diesem Zirkus in der Rolle einer flitterbehangenen Kunstreiterin zu glänzen.

Nach der Übergabe von Mardick zieht sich der Hof nach Compiègne zurück. Hier wird bekannt, daß der König in Calais krank geworden ist. (29. Juni) In der Nacht vom 6. auf den 7. Juli empfängt er die Sterbesakramente. Nur ein Wunder kann ihn noch retten. Das Wunder ereignet sich, dank Notre-Dame-de-la-Paix und dank des Arztes Du Saussois aus Abbeville, der als allerletzten verzweifelten Versuch ein Brechmittel verordnet.

In Compiègne wuchern die Intrigen. Man glaubt, der König werde sterben. Einige hoffen es, andere fürchten es. Man denkt bereits an die Nachfolge. Man blickt auf Monsieur. Die Hydra der Fronde beginnt wieder, ihre Häupter zu erheben. Jeder beobachtet jeden, man dosiert genau den Grad der Trauer, die zu zeigen oder zu verbergen ist. Die Grande Mademoiselle ist entsetzt über die Teilnahmslosigkeit, die Olympe, Gräfin von Soissons, an den Tag legt: »Sie zeigte nicht das geringste Bedauern, das sie eigentlich hätte empfinden müssen der Freundschaft wegen, die der König ihr erwiesen hatte.« Nur ein einziges Wesen gibt sich ganz und gar ihrer Verzweiflung hin. Ohne Rücksicht auf Protokoll, auf Schicklichkeit und Politik. Mit dem Ungestüm eines antiken Klageweibes – oder einer Italienerin (aber Olympe ist ebenfalls eine Italienerin) –, als stürzten Himmel und Erde ein. Als wäre der Tod des jungen Königs das Ende der Welt. Sie allein nimmt den Namen »Sonnenkönig« wortgetreu, der für alle anderen nur ein dichterisches, schmückendes Beiwort ist, und glaubt, daß mit ihm das Licht verlöschen würde. Diese junge, in Tränen aufgelöste Witwe, die alle Welt schockiert und den alten listigen Füchsen ein schlechtes Gewissen eingibt, ist Marie.

Als der König nach Compiègne gebracht wird, wo er in der Waldluft schnell gesundet, erfährt er alles. Der junge Wiederauferstandene findet zum Leben und zur Liebe zurück. Jetzt erkennt er dankbar, wie sehr er verehrt wird. An einer so starken Flamme fängt er selber Feuer.

Im Herbst in Fontainebleau sieht Marie sich auf dem Höhepunkt ihres Lebens. Noch hat der König sich nicht erklärt. Marie ahnt jedoch, daß er es bald tun wird. Sie schreibt in ihren Memoiren: »Die häufigen Besuche des Monarchen, die wundervollen Geschenke, die er mir machte und mehr als das alles, sein Schmachten, seine Seufzer und das allgemeine Entgegenkommen, das er allen meinen Wünschen bezeigte, ließen mich darüber nicht im Zweifel.«

Eines Tages, als der Kardinal sich noch im Norden des Landes aufhält, nimmt der König die Gelegenheit zu einer Eskapade wahr. Sowohl als Patenkind wie als Schüler fühlt er sich freier, wenn der Patenonkel und Lehrer abwesend ist. Zusammen mit Monsieur, einer Schar junger Höflinge und einigen Musikanten, die sie überallhin mitnehmen, wie es heutzutage die jungen Leute mit ihrer Gitarre tun, machen sich der König und Marie zu einer Einsiedelei im Wald von Fontainebleau auf, nahe der Schlucht von Franchard, um dort einen Imbiß einzunehmen. Sie klettern in den Felsen umher, spielen Fangen, lachen und scherzen. Oben auf dem Gipfel stehen die Geiger und spielen. Olympe sitzt im Garten der Einsiedelei und schmollt. Sie hat nicht mitlaufen können, sie erwartet ein zweites Kind. Sie ist eifersüchtig, sie glaubt, Marie tue alles aus Berechnung, sie begreift die aufrichtigen Gefühle ihrer Schwester nicht.

Marie kehrt von dem Ausflug völlig verwandelt zurück. Jetzt weiß sie, daß der König sie liebt, wie sie ihn liebt. Während der nächsten Monate strahlt sie vor Glück.

Als der Hof wieder in Paris ist, weicht sie nicht von der Seite des Königs. In den Augen der Höflinge ist sie die Favoritin. Wie eine Heroine auf dem Theater, denn alles ist zu jener Zeit Theater. Komödien, Tragödien, Ballette, in denen sie den Sommer, das Goldene Jahrhundert, einen Stern, eine Fee, eine Göttin darstellt. In der Welt des Hofes vermischen sich die Gefühle ständig, sie schwanken zwischen Wirklichkeit und Phantasie. Das Leben von Komödianten, unter Lichtern und Schminke, wird gelebt; nichts bleibt geheim, nichts bleibt intim, im Gegenteil, alles wird dem Blick aller ausgesetzt, wird zum Stoff des Schauspiels.

Als der König eines Abends die glückstrahlende Marie in ihrem Hofkleid erblickt, begrüßt er das verwandelte Aschenputtel mit den Worten: »Wie schön sind Sie jetzt, meine Königin!« Marie, die alles absolut nimmt, nimmt auch diesen Ausruf wörtlich: »Meine Königin«, die Gemahlin des Königs. Doch hat der König nicht einfach etwas sagen wollen, was alle Verliebten sagen, für die die Geliebte, und wäre sie in Lumpen, die »Königin« ist?

Die Liebe zwischen Ludwig und Marie vertieft sich mehr und mehr. Ungewollt wird sie von einer diplomatischen List Mazarins noch geschürt. Der so sehnlich erhoffte Friede mit Spanien kann nur durch die Heirat des Königs mit der Infantin besiegelt werden. Die Verhandlungen ziehen sich eine Ewigkeit hin. Um sie voranzutreiben, verfällt der Kardinal auf eine Irreführung von unerhörter Heimtücke, durch die wieder einmal bewiesen wird, wie gering er menschliche Gefühle achtet, wenn er etwas erreichen will. Durchaus eine machiavellistische Idee. Der Staatsmann, der Fürst muß unmenschlich sein, und, wie in einem architektonischen Aufriß, nur seine Interessen, seinen Plan im Auge behalten. Wiegt außerdem der Frieden zwischen zwei Völkern, der Tausende von Menschenleben schont und ungeheure materielle Verluste verhindert, auf der Waage der Geschichte nicht schwerer als eine wohlberechnete, Gefühle nicht achtende Grausamkeit, die zwei oder drei Prinzessinnen in Verzweiflung stürzt? Wer ein Ziel anvisiert, darf Mittel und Wege nicht scheuen.

Was die Mittel und Wege anlangt, ist Mazarin nicht zimperlich. Er läßt bei der Herzogin Christine von Savoyen anfragen, ob eine Heirat Ludwigs XIV. mit ihrer Tochter Margarethe ins Auge gefaßt werden könne. Margarethe ist ein kleingeratenes, gelbhäutiges, etwas buckliges Mädchen.

Mazarin hat es so eilig, daß er nicht, wie er es sonst immer tut, zuerst Gerüchte in Umlauf setzt. Um den König von Spanien zu beunruhigen und ihm eine mögliche Gefahr mit Hammerschlägen klarzumachen, inszeniert er eine Heiratsunternehmung. Eine komische Oper mit großem Aufwand, mit Karossen, Karren, Eskorten und Gefolge. Ein Zusammentreffen mit der mutmaßlichen Verlobten und ihrer Familie in Lyon. Der Einsatz ist so gewaltig, daß Mazarin auf die Nebenausgaben nicht achtet. Er unternimmt einen Coup, der die Bank sprengen könnte. Wenn der Köder nicht verfängt, wenn der König von Spanien sich nicht beeindrucken läßt, wird trotzdem nicht alles verloren sein. Es bleibt dann Ludwig XIV. nichts anderes übrig, als die Zwergin zu heiraten, deren Buckel zwar Spanien den Zugang nach Norditalien versperrt, den französischen Einfluß in diesem Gebiet jedoch festigt.

Ludwig XIV. selber sieht in dieser Reise nur eine gute Gelegenheit, unbeschwert vom Protokoll mit Marie über die Straßen galoppieren zu können. Ihm liegt weder an der Zwergin von Savoyen, noch an der steifen Infantin von Spanien, die zudem, was lange Palaver ergeben haben, sehr unzugänglich ist.

Die Herzogin Christine von Savoyen trifft am 28. November 1658 in Lyon ein. Sie geht mit ihren sechsspännigen Karossen und ihren Garden in schwarzer, gold- und silberverschnürter Uniform in die Falle.

Als der König erfährt, daß der Zug der Savoyer sich den Vorstädten nähert, reitet er ihm entgegen. Er ist schnell wieder bei der Karosse seiner Mutter, die ihn nach seinen Eindrücken über seine »Verlobte« fragt: »Nun, mein Sohn?« Mit schneidender Ironie erwidert er: »Sie ist kleiner als die Frau Marschallin [Villeroy], hat aber eine ganz reizende Figur. Sie hat einen gelblichen Teint, aber das steht ihr gut. Sie hat schöne Augen. Kurzum, sie gefällt mir und entspricht meinen Vorstellungen.«

Die Grande Mademoiselle geht bei ihrer Begutachtung strenger vor. Mit weiblicher Grausamkeit weist sie auf den schwachen Punkt hin, den Buckel, den man bei seinem Namen nennen muß, obwohl sie ihn nicht ausspricht, was die Sache noch verschlimmert: »Sie ist klein, hat aber eine ganz hübsche Figur. Wenn sie geht, scheint sie breite Hüften zu haben und auch irgend etwas, das nicht ganz gerade ist. Ihr Kopf ist zu groß für ihren Körper, doch ist das von vorn weniger auffällig als von hinten, obwohl es eine sehr unausgeglichene Sache ist.«

Mazarin hat erreicht, was er wollte. Der König von Spanien hat den Köder geschluckt. Diese im Protokoll erstarrte Figur geht aus ihrer Bewegungslosigkeit heraus, als die Reise nach Lyon bekannt wird. Fassungslos vernehmen die Höflinge, die den Klang seiner Stimme fast nicht mehr kannten, die Worte, die er mit Faustschlägen auf den Tisch begleitet: »Das darf nicht sein und wird nicht sein!«

Unverzüglich schickt er einen seiner besten Minister, Don Antonio Pimentelli, den die Franzosen »Pimentel« nennen, nach Lyon. So eilig, daß er ihm nicht einmal einen Paß mitgibt.

Am Abend des Tages, an dem die Herzogin von Savoyen in Lyon eintrifft, findet ein großer Ball statt. Marie Mancini, die ihre Worte nicht abwägt, flüstert dem König mürrisch zu: »Empfinden Sie es nicht als schändlich, daß man Ihnen eine so häßliche Frau geben will?« Plötzlich wird Colbert mitgeteilt, ein Fremder ohne Paß wünsche ihn zu sehen. In Romanen ist meistens ein Mönch oder ein Bettler der Schicksalsbote. Als Colbert in den Saal zurückkommt, geht Mazarin hinaus. Nach einer Stunde erscheint er wieder mit dem Gesicht einer Sphinx und geht auf die Königin zu: »Ich bringe Ihnen eine Nachricht, auf die Sie am wenigsten gefaßt sind.« – »Es ist also die Infantin«, ruft die Königin aus. – »Sie haben es gesagt, die Infantin gehört Ihnen!«

Wie aber soll man jetzt die Savoyer loswerden? Ludwig XIV. richtet kaum noch das Wort an Margarethe. Hingegen ist er ständig mit Marie zusammen, die, wie die Grande Mademoiselle sagt, »es verstand, die Männer zu bezaubern. Die Herzogin von Savoyen erfährt schließlich, daß sich etwas ereignet hat, daß irgend jemand aus Spanien eingetroffen ist. Sie beschwört den Kardinal, sie nicht länger hinzuhalten, ihr eine bindende Antwort hinsichtlich ihrer Tochter zu geben. »Sie wurde sehr ärgerlich, und man sagt sogar, sie habe mit dem Kopf gegen die Wand gestoßen.« Mazarin polstert seine Brutalität mit einer diplomatischen Lüge aus. Er sagt ihr, »es sei wahr, daß man eine Nachricht aus Spanien erhalten habe, daß er dem aber kaum Gewicht beilege. Sollte es aber so weit kommen, daß man von Frieden spreche, würde es ihm als ein Verbrechen erscheinen, den Vorschlägen kein Gehör zu schenken.«

Um die Herzogin zu trösten, überreicht er ihr ein schönes Dokument. Es ist ein Schuldschein, der mit Wind geschrieben ist und die bittere Pille vergolden soll, die die arme Frau schlucken muß. Vom König und von einer Schar von Staatssekretären unterzeichnet, bezeugt das Papier, daß Ludwig XIV., sofern er nicht gezwungen ist, sich des Heils der Christenheit und seines Königreichs wegen mit der Infantin von Spanien zu verheiraten, er die Prinzessin Margarethe ehelichen würde.

Die Betroffene setzt den Hof durch ihre Kaltblütigkeit in Erstaunen. Sie scheint hundert Meilen von aller Aufregung entfernt zu sein, so als handele es sich um eine ganz andere Person. Ihre Mutter hingegen ist bleich wie der Tod, mit »geschwollenen Augen«. Doch plötzlich dreht sie sich wie eine Wetterfahne und zeigt ein anderes Gesicht. Sie breitet die Geschenke des Kardinals aus: wohlriechende Juwelen und mit Diamanten besetzte, schwarzemaillierte goldene Ohrringe. »Jeder bewunderte«, sagt die Grande Mademoiselle, »die Veränderung. Nach dem Diner hat sie geweint, und am Abend war sie so fröhlich.«

Endlich reisen die Herzogin von Savoyen und ihre Tochter ab. Sie verlassen Lyon am 8. Dezember. Abschied unter Tränen und Umarmungen. Tränen der Herzogin, Tränen der Prinzessin Luise, Tränen von Margarethe, der zurückgewiesenen Kandidatin. Tränen, die selten bei ihr sind, »eher vor Zorn als vor Rührung« vergossen. Kaum sind sie fort, seufzt Anna von Österreich, wie gewöhnlich weibisch-spöttisch, »sie sei sehr froh, diese ganzen Leute los zu sein«. Sie ist erleichtert und macht sich unter Gelächter lustig über die uneleganten Toiletten der Herzogin und über die Umarmungen, die Tränen und den Gesinnungswechsel. Sie sagt, »das sei die größte Komödiantin, die es auf der Welt gebe«.

Marie weiß nichts von der Anwesenheit Pimentels. Sie ist ganz ihrem Glück und ihren Illusionen hingegeben. Die Motteville analysiert ihre Gefühle folgendermaßen: »Sie bewunderte die Treue des Königs sowie die Macht, die sie über ihn hatte; und die Genugtuung, die sie empfand in dem Glauben, geliebt zu werden, bewirkte, daß sie denjenigen, den sie schon zu sehr liebte, noch stärker liebte.«

Die Rückreise nach Paris ist ein einziges Entzücken. Marie in ihrem enganliegenden Leibrock aus schwarzem Samt und ihrem mit vielen farbigen Federn geschmückten Barett sieht zauberhaft aus.

Abends, wenn haltgemacht wird: Gitarrenkonzert, Lieder, verliebte Blicke.

In Paris muß sich die spionierende Gouvernante, Frau von Venel, anstrengen, um die Verliebten zu überwachen. Um ihr einen Streich zu spielen, schenkt ihr der König ein Kästchen, in dem sich ein Dutzend Mäuse befindet, worauf die Anstandsdame die Flucht ergreift. Leider nur vorübergehend.

Von Februar bis Juni 1659 dauern die Geheimverhandlungen im Palais Mazarin zwischen dem Kardinal und Pimentel. Sie sind lang und dornenvoll. Viel Zeit ist nötig, um die Wunden, die der nicht enden wollende Krieg geschlagen hat, zu heilen und das gegenseitige Mißtrauen auszuräumen. Auch dies ist wieder ein schreckliches Jahr. Die Elemente der Natur sind so zornig, wie die Gegner verbissen sind. Vier Monate hat ein harter Winter geherrscht, und als das Tauwetter einsetzt, wird Frankreich von Überschwemmungen heimgesucht, die der Sintflut gleichen. Über den Wassern schwebt Pimentel wie die Taube, die den Olivenzweig von der anderen Seite der Pyrenäen bringt. Er wird umschmeichelt, er wird hofiert, man trägt ihn fast auf den Armen von Fest zu Fest, wie einen kostbaren Gegenstand.

Erst am 8. Mai wird der Waffenstillstand unterzeichnet, ihm folgt ein provisorischer Vertrag, der bis zum Abschluß des endgültigen gelten soll. Dieser krönt dann die Verhandlungen zwischen Mazarin und Don Luis de Haro an der spanischen Grenze.

Ein Fest folgt dem anderen. Ringelstechen, Maskeraden, Theateraufführungen, Schäferspiele, Ballette, und bei all diesen Spielen ist Marie das Idol. Ob Ludwig XIV. als Apollo auftritt, als Hirte, Ägypter oder Ritter, in allen Verkleidungen betet er sie an. Bei einer Lotterie, die der Kardinal veranstaltet, bei der jeder etwas gewinnt und bei der die Gewinne Möbel, prächtige Stoffe, Kristalleuchter oder Silbergeschirr sind, bekommt Marie das schönste Schmuckstück.

Don Juan d'Austria, ein natürlicher Sohn Philipps IV. von Spanien und Statthalter in den Niederlanden, kommt in den Louvre, um die Königin, seine Tante, zu besuchen. Anna ist glücklich, wieder in spanischer Umgebung zu sein. Sie empfängt ihn herzlich. In Don Juans Gefolge befindet sich nicht ein Hofnarr, sondern die Hofnärrin Capitor, in Männerkleidung, mit dem Degen an der Seite. Sie spottet grausam – wahrscheinlich hatte sie den Auftrag dazu – über die Liebschaft zwischen dem König und Marie. Sie lobt die Infantin Maria Theresia über die Maßen.

Marie, die alles Vorbildliche und Schöne liebt, verabscheut die Narren, überhaupt alles, was Grimassen schneidet und töricht schwätzt. Sie haßt Capitor um so mehr, als sie den spanischen Heiratsplan in alle Winde ausposaunt. Marie muß erleben, daß ihr Verhältnis zum König von diesem geifernden Monstrum vor aller Augen ausgebreitet wird. Sie verlangt, daß die Capitor sofort Paris verläßt.

Die grelle, heisere Stimme der Närrin hat den König wachgerüttelt. Seit Monaten lebte er in Illusionen. Jetzt steht er der Wirklichkeit gegenüber. Die Heirat mit der Infantin taucht verschwommen am Horizont auf und nimmt allmählich bedrohliche Deutlichkeit an. Jetzt begreift der junge König den vollen Sinn seines Ausrufs: »Wie schön sind Sie jetzt, meine Königin!« Panik packt ihn. Er fühlt sich unendlich jung und wehrlos. Nachdem er sich ein Leben in Seligkeit mit Marie vorgestellt hat, sieht er nun den Abgrund eines Zusammenlebens mit der Infantin vor sich. Auch er also soll eines dieser königlichen Opfer werden, von denen die Geschichte in Fülle zu berichten weiß. Sein ganzer monarchischer Ruhm, alle Metaphern der Dichter über den Sonnenkönig, alle Kniefälle, der ganze Weihrauch um den lebenden Gott waren mithin nur dazu da, ihm zu verhehlen, in welcher Lage er sich befindet, er als königliches Tier, das unter Hochrufen zum ehelichen Schlachthaus geführt wird. Jetzt empfindet er körperlich die Schrecken vor einer politischen Heirat, die Demütigung, nichts weiter zu sein als eine herausgeputzte Figur auf dem Schachbrett.

Entsetzen überkommt ihn. Bislang hat er König gespielt. Doch wie soll er, wenn er allein ist, auf dem Gipfel über allen, an den Pranger des Protokolls gefesselt, ein ganzes Leben lang diese Dornenkrone tragen, wenn ihm nicht eine Frau dabei hilft, die er liebt? »Ein König kann nichts Besseres tun, als jemanden heiraten, der ihn liebt«, hatte ihnen, Marie und ihm, Königin Christine von Schweden gesagt, als sie einmal in der Orangerie von Vaux miteinander spazierengingen. Sie war leichtfertig, wie ein Haudegen ausstaffiert, aber bisweilen kommt die Wahrheit aus dem Munde der Verrückten.

Der König hat sich entschieden. Er bittet Mazarin um die Hand seiner Nichte. Er unterbreitet ihm das Anliegen in der schmeichelhaftesten Art und Weise, um seine Eigenliebe als Erster Minister zu befriedigen. Sein Entschluß sei nicht von der Liebe diktiert, es ist ein königlicher Akt, reiflich überlegt und abgewogen, in Ansehung eines treuen Dieners, »weil er keine bessere Möglichkeit fand, seine langjährigen und bedeutenden Dienste in sichtbarer Weise zu belohnen«. Eine rührende List, die seine Gefühlstiefe beweist und seinen heißen Wunsch, seine Liebe verwirklichen zu können.

Man könnte sich verwundert fragen, warum Mazarin, der gewiß über die Maßen erfreut und geehrt war, nicht zugestimmt hat. Welch ein Triumph, welch ein unfaßbarer, unglaublicher, unüberbietbarer – die Adjektive reichen nicht aus – Sieg wäre es gewesen! Er hätte es mit allen Märchen aufnehmen können. Aber um ihn zu erringen, hätte er über die Leiche Annas von Österreich hinweggehen müssen. Die Motteville behauptet, die Königin habe ihm mit dem Ausbruch einer neuen Fronde gedroht, bei der sie diesmal auf der Seite der Frondeure stehen würde. Vermutlich sind diese Worte erst später aufgebracht worden, aber sie entsprechen dem Denken Annas. Trotz ihrer Liebe zu Mazarin, die jetzt eher dem abgestandenen Gefühl gleicht, das man für einen alten, von Gicht und Harnsteinen geplagten Ehemann empfindet, empört sich ihr monarchisches Blut angesichts dieser »Erbärmlichkeit«. Es fehlt ihr auch nicht an Argumenten, die sie ihrem Sohn an den Kopf werfen kann. Vor allem eines: Diese Mesalliance würde immer und ewig als monströs angesehen werden, und die Könige in ihren Gräbern wären noch erschreckt worden. Wie kann ein vernünftiger, auf seine Pflicht bedachter Souverän es wagen, an diese Mißheirat zu denken in einem Augenblick, da sie ein tödlicher Affront Spanien gegenüber wäre und ein Hindernis beim Abschluß des Friedens zwischen zwei großen Ländern, die sich unter Blut und Tränen seit so vielen Jahren gegenüberstehen? Wie kann sich ihr Sohn, der weiß, wie sehr sie, die Spanierin, unter diesem Krieg zwischen ihrem Vaterland, in dem sie geboren ist, und ihrem Vaterland, das sie sich erwählte, gelitten, und wie sehr sie ihr ganzes Leben die endliche Versöhnung herbeigesehnt hat, wie kann er sich dem widersetzen, um eigensüchtig seiner Liebe zu diesem schwarzbraunen Mädchen zu frönen!

Ludwig XIV. versteift sich. Die Königin bittet Mazarin, bei seiner Nichte vorstellig zu werden und sie dahin zu bringen, daß sie auf diese Hirngespinste verzichtet. Es wäre falsch, dem Kardinal voreilig Beifall zu spenden, ihn zu bewundern, daß er diese Krone, eine wahre, eine große, mit dem Fuß wegstößt, er, der für seine anderen Nichten dauernd auf der Suche nach kleinen Kronen war. Diese Heirat wäre für ihn ein schlechtes Geschäft gewesen, eher eine Katastrophe. Der Teufel bietet es ihm an, es ist wie eine jener Versuchungen, denen Spieler am Ende einer langen Nacht oftmals erliegen. Was die märchenhafte Krönung seines ganzen Denkens und Trachtens sein könnte, wäre sein Untergang und der Zusammenbruch seines Werkes gewesen. Es kann als sicher gelten, daß Mazarin, der alles abwägt, alles berechnet, der, was man immer erst hinterher erkennt, nie einen Gedanken gedacht hat, der nicht Kalkül gewesen ist, das Für und Wider dieses unglaublichen Ereignisses klarsichtig und scharfsinnig analysiert und bedacht hat.

Obwohl sein Urteil feststand, hat er Marie während der Verhandlungen zu einem bestimmten Zeitpunkt Pimentel gegenüber als Druckmittel benutzen können. Durch sie wurde bewiesen, daß der König von Frankreich kein Bittsteller war, daß er eine andere liebte. Spanien war es, das nach Frankreich kam, um die Infantin anzubieten, und der Mann, der sogar nach Lyon gekommen war, um dieses Angebot zu unterbreiten, hatte es so eilig gehabt, daß er ohne Paß abgereist war. Jetzt ist diese Etappe überwunden. Die Heirat mit der Infantin ist eine beschlossene Sache. Marie ist nicht nur nicht mehr nützlich, sondern äußerst schädlich.

Anfänglich wußte Mazarin nicht, wie er sich Marie gegenüber verhalten sollte. Er hatte anderes zu tun, als die Stimmungen junger Mädchen zu beachten. Doch Marie verstand es, ihn auf sich aufmerksam zu machen, ihn zu zwingen, sich mit ihr zu beschäftigen. Schließlich meint er, sie gründlich zu kennen, wenigstens was er darunter versteht: er bleibt blind gegenüber allen Seelenregungen, aller geistigen Tiefe, hingegen stellt er hart und trocken fest, was man im Bereich des tätigen Lebens mit ihr anfangen könnte: gar nichts nämlich. Oder nur Schlechtes.

Sie haßt ihn, sie ist nur dem Namen nach seine Nichte. Ein unbekanntes, auf der Straße aufgelesenes Mädchen, das sich seinen politischen Absichten beugen würde, wäre eher seine Nichte als sie. Marie ist eine Fremde für ihn. Schon immer spielt sie ihr Spiel ohne ihn, gegen ihn. Sollte sie, aller Berechnung zum Trotz, Königin werden, müßte Mazarin zusehen, wie seine schlimmste Feindin auf den Thron Frankreichs steigt. Sie hätte dafür gesorgt, daß der König sich von ihm abwendet. Ihm wäre nichts weiter übriggeblieben, als seinen Abschied zu nehmen.

Wenn sie Königin wäre, würde sie sein Werk zunichte machen. Ihretwegen würde sich das geschmähte Spanien gegen ihn stellen mit einem Haß, wie ihn nur das Land kennt, dem die Ehre über alles geht. Ihretwegen würde der Krieg draußen wieder entbrennen, und die Fronde im Innern. Und diesmal würde der gealterte, gichtige, sich im Irrtum verfangende Mazarin nicht mehr die Liebe Annas von Österreich besitzen, die ihn aufrecht hält. Schließlich und endlich – und das ist ein Hintergedanke, der allmählich Gestalt annimmt – würde Marie Mancini als Königin von Frankreich, weil sie die Wut der Spanier herausfordert, Mazarin auf immer von der päpstlichen Tiara fernhalten. Sogar jegliche Hoffnung würde sie ihm nehmen: aus Frankreich vertrieben, würde er in den Rang eines Vagabunden und »Schurken« herabsinken, wovor er sich immer gefürchtet hat.

Indem Mazarin sich dieser Heirat widersetzt, die ihm ebenso närrisch erscheint wie ein Einfall der Capitor, beweist er weder Heroismus noch Patriotismus. Er gehorcht einem Reflex, wie ein Hund, der seinen Knochen verteidigt. Er ist besonders hart, weil Maries Charakter ihn abstößt, sie ist eine Träumerin, eine Grüblerin, die Phantomen nachjagt, eine Preziöse, eine verspätete Frondeuse. Eine jener Unbrauchbaren, die mit großen Worten und großen Gefühlen die Menschen an der Arbeit hindern, die das Leben begreifen und sich bemühen, es erträglicher zu machen. Im übrigen hat ihr Horoskop es vorausgesagt, und für Mazarin ist ein Horoskop so gut wie ein Bibelwort. Bitter bereut er es, daß er nicht früher auf ihr Horoskop geachtet hat: Katastrophen, eine Fülle von Katastrophen! Wie hätte es anders sein sollen bei einem Charakter, der alles in den Wind schlägt, was der Kardinal durch harte Erfahrung gelernt hat, bei einem Wesen, das sich gelehrt gibt und es unter seiner Würde findet, dem Schicksal in die Speichen zu greifen, indem man hier nachgibt und dort wieder einholt, hier demütig, dort gewandt, das im Gegenteil mit dem starr aufs Absolute gerichteten Blick alles versperrt und verbaut?

Viel Zeit ist ins Land gegangen. Mazarin denkt nicht mehr an seinen Aufenthalt in Spanien, als er jung war, als er die Rolle des Verliebten spielte und der Nachkomme der Colonna den Graubart, um ihn zur Vernunft zu bringen. Jetzt ist es Mazarin, der die stürmische Liebe der Jungen unterdrückt. Er muß den König von dieser Geißel befreien, um seine Aufgabe als Pate und Lehrer, die ihm der sterbende Ludwig XIII. ans Herz gelegt hat, zu erfüllen. Er erteilt seinem Schüler die wichtigste praktische Lektion. Er befreit ihn von jener Frau, die ihn zum Sklaven machen und selbst eine erbärmliche Königin sein würde. Er ebnet ihm den Weg, ein großer König zu werden.

Von nun an behandelt Mazarin seine Nichte wie ein Insekt der römischen Campagna, das die Malaria überträgt. Er scheucht sie mit einer Handbewegung fort. Er verbannt sie nach Brouage, einem kleinen Hafen an der Küste der Charente, der ihm gehört. Dort soll sie mit ihren jüngeren Schwestern unter der Aufsicht von Frau von Venel eingesperrt bleiben, während der Hof an den Fuß der Pyrenäen zieht, zur endgültigen Unterzeichnung des Friedensvertrags.

Marie läuft zum König, um ihm das Unglück mitzuteilen. Tränen und Schreie. Er ist der König. Er vermag alles. Auf ein Zeichen von ihm würden alle in der Erde versinken. Wird er es zulassen? ... Ludwig stürzt zu seiner Mutter, die mit Mazarin zusammen ist. Er wirft sich schluchzend vor ihr nieder. Wie Helden Homers, wie Helden der »Preziösen«-Romane kommen ihm leicht die Tränen. Anna von Österreich läßt sich fast erweichen, in Dingen der Liebe ist sie leicht gerührt. Mazarin bewahrt kühles Blut, er verkörpert die Staatsräson, die heroischen Gefühle Corneilles, hinter denen die großen Begriffe und Anliegen stehen. Er will nicht »zulassen, daß der König etwas unternimmt, das seinem Ruhm so entgegensteht«. Er läßt das große Wort »Gloire« ertönen, das damals so häufig in den Romanen und auf dem Theater ausgesprochen wird und in allen Herzen Widerhall erweckt. Der »furia« der Nichte entspricht die »furia« des Onkels. So heftig und ungestüm Maries Ausbrüche waren, Mazarin, der alte italienische Schauspieler, der bei so vielen Auftritten Beifall bekommen hat, steht ihr in nichts nach. Mit theatralischem Aufstampfen des Fußes schwört er, »er würde seine Nichte eher erdolchen, als sie durch eine so große Treulosigkeit in den hohen Rang zu erheben«.

Marie kann nicht glauben, daß dies das Ende sein soll. Sie hat doch die »Perlenkette« bekommen, die der König für achtundsiebzigtausend Pfund der nach Fontainebleau geflohenen Königin von England abgekauft hat. Sie ahnte nicht, daß er ihr damit, ohne es zu wissen, das Geschenk der Trennung machte.

Der König geht zu Marie zurück. Er wiegt sie in seinen Armen. Er schwört ihr, sie ewig zu lieben. Wer will denn wissen, ob der Frieden wirklich unterzeichnet wird? So oft sind Verhandlungen im Sande verlaufen! Auch diese können sich noch festfahren. Es muß Zeit gewonnen, ihre Liebe muß geheimgehalten werden. Der Kardinal darf nicht verärgert werden. Sie muß fortgehen, vielleicht nur für wenige Wochen. Dann wird sich vielleicht alles klären. Er wird ihr jeden Tag schreiben. Diese Bedingung, diesen Ersatz hat er mit Mazarin ausgehandelt.

Am 22. Juni 1659 reist Marie ab, der König begleitet sie bis zu ihrer Karosse. Lange verweilt er am Wagenschlag, er weint und schluchzt. Marie spricht die berühmt gewordenen Worte, die Racine inspiriert und die Menschen der folgenden Jahrhunderte erschüttert haben. Die stolze Klage einer Prinzessin der Unbedingtheit, die nichts weiß von den Kompromissen des Lebens, die einzig für die kristallene Zeit der Jugend geschaffen war:

»Ah, Sire, Sie sind König, Sie weinen, und ich muß gehen!«

Als die Karosse sich in Bewegung setzt, reißt sie in ihrer Verzweiflung Ludwig die Manschette ab und ruft: »Ich bin verlassen!« Der Schrei verletzten Stolzes. Sie empfindet das gebrochene Wort als Kränkung. Der Ruhm der preziösen Heldin ist geschmäht worden. Eine Liebende, der man den geliebten Mann nimmt, würde seufzen: »Ich werde Sie nie wiedersehen!« Mazarin hatte recht. Mit diesem Schröpfkopf am Leib wäre Ludwig XIV. nie »der Große König« geworden.

Mazarin geleitet seine Gefangene bis nach Poitiers. Täglich gehen Briefe zwischen dem Kardinal, dem König und Anna von Österreich hin und her. Vor allem aber zwischen dem König und Marie. Diese vier Menschen halten sich nur aufrecht durch ihre Briefe, die durch ihre verzweiflungsvollen Äußerungen über Raum und Zeit triumphieren.

Bei jedem abendlichen Halt erscheint ein reitender, staubbedeckter Musketier, es ist der Liebesbote. Er übergibt dem Kardinal einen geschlossenen Umschlag, der einen versiegelten Brief für Marie enthält. Der Bote ist ebenso atemlos und erschöpft wie die Liebenden, doch er muß mit der Antwort sofort wieder aufbrechen.

Erfahren in allen Liebesdingen, umgibt Anna von Österreich ihren Sohn mit »äußerster Zärtlichkeit«. Vergebens. »Seine Majestät hat Fieber, leidet an Schlaflosigkeit und magert beträchtlich ab«, stellt der Arzt fest.

Zwei lange Züge von Karossen und Wagen sind unterwegs. Der Zug Mazarins, der hinunterfährt zum Grenzfluß Bidassoa, und der Don Luis de Haros, des Vertreters des spanischen Königs, der sich nach Norden begibt, um sich mit Frankreich zu treffen. Werden sich in dem Augenblick, da das Schicksal Europas auf dem Spiel steht, da Frieden oder Krieg als Frage über den Nationen schwebt, zwei unbesonnene Menschen weigern, sich von der Geschichte zermahlen zu lassen? Sollten sie ihre Liebe über das Glück der Völker stellen? Es ist ein innerer Kampf, Shakespeares und Corneilles würdig.

In einem Brief schreibt Mazarin am 6. Juli 1659 aus Poitiers an Ludwig XIV.: »Die Vertraute [die Königin] hat mir den Zustand geschildert, in dem Sie sich befinden, und ich bin verzweifelt darüber. Sie müssen unbedingt etwas dagegen tun, wenn Sie nicht unglücklich werden und Ihre treuen Diener betrüben wollen ... Wenn Sie sich nicht ernsthaft entschließen, Ihr Verhalten zu ändern, wird Ihr Leid immer schlimmer werden. Ich beschwöre Sie um Ihres Ruhmes und Ihrer Ehre willen, um Gottes und Ihres Königreichs willen, sich großherzig zu bemühen und sich in einen Stand zu setzen, daß Sie die Reise nach Bayonne nicht mißvergnügt unternehmen. Denn Sie würden sich schuldig machen vor Gott und den Menschen, wenn Sie sie nicht in der Absicht unternähmen, die Ihnen von der Vernunft, von der Ehre und dem Gedanken an den Nutzen eingegeben werden sollte.«

In Poitiers trennt sich Mazarin von seinen Nichten. Marie fährt weiter nach Brouage, dem kleinen versandeten Hafen zwischen Sümpfen. In diese Festung nimmt sie nur einen arabischen Astrologen aus La Rochelle mit, der unaufhörlich die Sterne befragen muß. Aus Saint-Jean-de-Luz, wo der Pyrenäen-Vertrag vorbereitet wird, schreibt der von der Gicht geplagte Mazarin an die Venel, »der besagte Araber solle weggeschickt werden ... Wenn meine Nichte so darauf versessen ist, ihre Zukunft zu kennen, so sagen Sie ihr, was ihr wirkliches Horoskop sein wird: Wenn sie mir nicht glaubt und sich nicht verhält, wie ich es wünsche, wird sie das unglücklichste Geschöpf auf der Welt sein.«

So wie ein Ertrinkender sich an ein Seil klammert, hängt Marie an den Briefen, die der König ihr schreibt und die sie an ihn schreibt. Als Briefüberbringer fungiert der Gouverneur Colbert du Terron, ein Vetter Colberts. Er versieht diesen Dienst so rechtschaffen und eifrig, so daß der Kardinal, der vergeblich versucht hat, ihn zu bestechen, es nur bedauern kann.

Auch Mazarin umzingelt den König förmlich mit seinen Briefen. Er drängt, er fleht, er droht; er wendet alle Tonarten an, er predigt sogar: »Gott hat die Könige eingesetzt, damit sie über das Wohl, die Sicherheit und die Ruhe ihrer Untertanen wachen und nicht, damit sie dieses Wohl und diese Ruhe ihren persönlichen Leidenschaften opfern ... Sie können mit Ihren guten Eigenschaften und Fähigkeiten ein großer König werden, prüfen Sie sich, ob Sie es wollen.« Da das Staatswohl diesen Tollkopf gleichgültig läßt, weist Mazarin wie ein sizilianischer Onkel auf die geschmähte Ehre seiner Familie hin, eine Kränkung, die dort unten nur mit Blut abzuwaschen ist: »Da es um meinen Ruf geht und um den Ruf einer Person, die Sie mit Ihrem Wohlwollen beehren, und da dieser Ruf sicherlich eine nicht wiedergutzumachende Einbuße erleiden würde, wenn Sie nicht die Güte haben, den Umgang, den Sie mit solchem Aufsehen unterhalten, abzubrechen, flehe ich Sie an, es zu tun.«

Er versucht ein letztes Mittel, das Messer an der Kehle, die große Szene des fünften Aktes. Der König ist der Herr. Er muß entscheiden: Soll der Kardinal die Heirat mit der Infantin vorbereiten, oder soll er es nicht? Ist seine Antwort: nein, bricht Mazarin die Verhandlungen ab. Dann gibt er dem König alles zurück, was er von ihm bekommen hat, um ihm nichts mehr zu schulden. Er geht mit seinen Nichten nach Italien, um sich »auf einer einsamen Insel« zu vergraben.

Angesichts der Ungeheuerlichkeit des Dramas lenkt der König ein. In seinem wirren Kopf flackert noch ein kleines Licht der Vernunft. Was auf ihn einstürzt, ist zu schwer für ihn. Er läßt geschehen, was geschehen soll. Möge der Kardinal die Verhandlungen weiterführen! Da es sein muß, werden die Königin und er selber – er wie ein Schlafwandler – sich auf den Weg in Richtung Pyrenäen machen.

Auf die Resignation folgt Grimm. Da dieser »Überspannte« es will (so wagt er seinen Patenonkel zu nennen), wird er sich nach Süden begeben, doch so, wie ein Verurteilter aufs Schafott steigt. Unter einer Bedingung: daß er Marie ein letztes Mal in La Rochelle sehen darf. Anna von Österreich wird schwach. So große Liebe erschüttert diese Frau, die selber eine große Liebende ist. Sie stimmt einer Begegnung zu, aber nicht in La Rochelle, wo große Empfänge zu erwarten wären und daher Gelegenheit zu beträchtlichem Aufsehen. Besser während einer Etappe auf der Reise, in Saint-Jean-d'Angély, in aller Heimlichkeit.

Frau von Venel ist außer sich vor Aufregung, denn ohne Anweisungen des Kardinals weiß sie nicht, was sie tun soll. Sie bringt alle möglichen Hinderungsgründe vor: die Mädchen hätten keine schickliche Kleidung, nur die billigen Fähnchen, die sie für einen Aufenthalt von drei Wochen aus Paris mitgenommen haben. Doch Marie hat schon ihre Haare waschen lassen, diese gekräuselte Mähne, die der König so bewundert. Zusammen mit Hortense und Marie-Anne macht sie sich im Galopp in einer Kutsche auf die fünfzig Kilometer lange Reise ins Königreich der Liebe, angetan mit einem einfachen grauen Schulmädchenkleid.

Mit verhängtem Zügel, sein Pferd geht fast zuschanden, trifft der König drei Stunden vor seiner Mutter in Saint-Jean-d'Angély ein. Die Königin ist entsetzt darüber. Kaum zu glauben, daß dieser zwanzigjährige stürmische, sich nicht beherrschende Mensch einmal ein goldener Götze werden wird. Mit Marie verlebt Ludwig drei herrliche Tage glühender, reiner Liebe. Hortense schreibt später: »Die Leidenschaft, die der König erkennen ließ, ist unvergleichlich, ebenso die Zärtlichkeit, mit der er Marie um Verzeihung bat für alles, was sie seinetwegen erdulden mußte.«

Anna von Österreich ist so liebenswürdig zu Marie, daß sie wieder Hoffnung schöpft. Kühn bittet sie sogar um die Genehmigung, dem Hof nach Bordeaux folgen zu dürfen. Die Königin stimmt zu, vorausgesetzt, daß »der Kardinal es für gut befindet«. Wie ist dieses Spiel zu verstehen? Wohl als Doppelspiel, bei dem das Einverständnis eines Paares vorgeführt wird: die Mutter verkörpert die Nachgiebigkeit und der Vater die Strenge. Die Königin und Mazarin haben sich die Aufgabe geteilt.

Auf der Fasaneninsel im Grenzfluß Bidassoa ziehen sich die Besprechungen zwischen Mazarin und Don Luis ewig hin. Der Kardinal ist gealtert, Gicht und Harnsteine haben seine Kräfte angegriffen, er hat nicht mehr seine frühere Wendigkeit. Als er von der Zusammenkunft der beiden Liebenden in Saint-Jean-d'Angély erfährt, ist er fassungslos. Er sitzt hier am Verhandlungstisch, verbraucht seine letzte Energie, preßt aus seinem Hirn und seinem Innern das letzte Feuer heraus, schlägt sich von Angesicht zu Angesicht mit diesem unzugänglichen Don Luis herum, der ebenso hart ist wie die Erde Kastiliens. Und währenddessen machen dieser königliche Süßholzraspler und diese Megäre mit ihrer Selbstsucht sein Lebenswerk zunichte und stoßen ihm den Dolch in den Rücken!

Der Mann, der seine Gefühle und Gedanken immer gezügelt hat, verliert völlig die Fassung. Vergessen ist aller Mazarinismus, jede Zurückhaltung, jede Vorsicht, jegliche Kunst der Umschreibung, der Abschwächung, mit der er seine eigenen Gedanken zähmte, und die Verstellungskunst, die den Gegner, ohne daß dieser sich darüber klar wurde, dazu zwang, in die Falle zu gehen und sich sogar den Ansichten des anderen anzupassen, obwohl er glaubte, sie noch zu bekämpfen! Wie ein Kutscher, wie ein schnaubender Frondeur, wie der trunkene Condé, explodiert, wütet und schimpft dieser Mann, der bisher als unerschütterlich galt. Er schickt dem König einen äußerst unbesonnenen, unbedachten, achtzehn Seiten langen Brief. Es ist, als ließe der Künstler der Verstellung die Maske fallen. Er läßt es an Respekt fehlen. Das darf man sich mit Ludwig XIV. nicht erlauben, selbst als er noch jung, liebestoll, verwirrt und aufgeregt ist. Mazarin vergißt, was sich gehört. Er behandelt den König wie einen Jungen, dem ein tüchtiges Paar Ohrfeigen gebührt und der sie bekommen wird, wenn er sich nicht mit schützendem Arm dagegen wehrt. Er schreit wie ein überforderter Vater, der nicht mehr weiter weiß, der nur unter Drohungen die Rute schwenken und sich auf die väterliche Autorität berufen kann, der merkt, daß ihm sein Sohn über die Kluft zwischen den Generationen hinweg entgleitet. Ein verbitterter Pauker, ein abgekämpfter Pedant, der einen schlechten Schüler bei unerlaubtem Tun ertappt: »Sie verbringen Ihre Zeit damit, Mariens Briefe zu lesen und ihr zu schreiben. Und was unbegreiflich ist, Sie benutzen alle nur vorstellbaren Möglichkeiten, um Ihrer Leidenschaft nachzugeben, während Sie kurz vor Ihrer Heirat stehen.«

In seinem Haß wettert er gegen seine Nichte. Mit der Wut des kleinen Mannes, mit der Eifersucht des Gescheiterten tritt er, der von Liebe, Reichtum und Ruhm Verwöhnte, das Bild der Angebeteten vor dem, der sie anbetet, mit Füßen: »Sie hat einen unermeßlichen Ehrgeiz, einen verqueren, überspannten Geist, eine Verachtung aller Welt gegenüber, keine Zurückhaltung in ihrem Benehmen, und sie ist stets bereit, alle möglichen Narreteien zu begehen . . . Sie wissen doch genau wie ich, daß sie tausend Fehler hat und nicht eine einzige Eigenschaft, die der Ehre Ihres Wohlwollens würdig wäre.«

Mit der anzüglichen Gebärde eines Tugendwächters und einer Gewöhnlichkeit, die nur Ekel bei einem Jugendlichen hervorrufen können, zupft er den König am Ärmel (»Sagen Sie . . .«), um ihn zu zwingen, sich die Szene eines Bänkelsängerliedes richtig vorzustellen: wie ein junges Mädchen in die Gosse gerät. »Sagen Sie, welche Rolle will sie eigentlich spielen, nachdem Sie verheiratet sein werden? Hat sie ihre Pflicht so weit vergessen, daß sie glaubt, sie könnte, wäre ich ein so unredlicher oder, um es besser zu sagen, ein so niederträchtiger Mann, um es gutzuheißen, ein Metier ausüben, das sie entehrt?« Ein Rest von vorsichtiger Klugheit, der ihm verblieben ist, hindert ihn am Ende dieses Gezänks daran, seinen Rücktritt auf den Tisch zu werfen, wie er es schon einmal getan hat. In dem Zustand höchster Erregung wäre der König fähig, ihn anzunehmen. Mazarin hält es für richtiger, den Tod eines alten, treuen Dieners an die Wand zu malen, der von der Schlechtigkeit, die seine Nichte seinem Herrn antut, umgebracht wird. Doch dieses rührselige Bild kann einen jungen Mann, der in dem über ihn hinwegbrausenden Orkan hart geworden ist, kaum erreichen. Der getadelte Verliebte wird sich eher in sich selbst verkriechen und ungerührt nur die Drähte sehen, an denen der alte Komödant zieht. »Ich versichere Ihnen, nichts könnte mich hindern, vor Kummer zu sterben, wenn ich mitansehen müßte, wie ein Mensch, der mir so nahesteht wie Sie, mehr Unglück und Gefahr verursacht, als ich Ihnen seit dem Tag, an dem ich begann Ihnen zu dienen, Dienste geleistet habe.«

»Nun gut, sterben Sie nur!« denkt vielleicht der König, ihn beim Wort nehmend. Wie Marie und Philippe beim Tod Mazarins dann wirklich ausrufen: »Gott sei Dank, er ist krepiert!«

Wie achtzehn Ohrfeigen empfindet König Ludwig XIV. dieses achtzehn Seiten lange Ungewitter. Er ist König. Er ist einundzwanzig Jahre alt. Weder sein Rang noch sein Alter lassen es zu, daß er Ohrfeigen empfängt. In diesem Ton darf niemand zu ihm sprechen. Es wird Zeit, daß er endlich regiert. Er hat Mazarin bewundert, solange dieser ihn durch seine Meisterschaft beeindruckte. Da Mazarin nicht mehr Herr über sich selbst ist, kann er nicht mehr Herr über andere sein. So denken die Jungen. Für diesen gichtigen Greis, der seinen Zorn herausstottert und ihn mit dem Stock bedroht, hat der König nur noch Mitleid und, wenn einige Zeit vergangen sein wird, Dankbarkeit für sein früheres Werk. Doch im Augenblick ist die Bewunderung erloschen. Er läßt in seiner Erwiderung durchblicken, wenn der Kardinal es im Sinn habe, »die Staatsgeschäfte aufzugeben«, andere sie weiterführen werden.

Der König gibt noch nicht nach. Er macht eine letzte kindliche Geste. Durch einen Boten schickt er Marie nach Brouage zwar nicht eine weitere

»Perlenkette« im Wert von achtundsiebzigtausend Pfund, sondern einen kleinen Hund, den Abkömmling von »Friponne«, der Hündin der Königin, die Marie so gern mochte.

Inzwischen hat Mazarin die Verhandlung auf der Fasaneninsel vorangebracht. Die Heirat des Königs mit der Infantin ist endlich beschlossen worden. Don Luis hat es jetzt eilig, er schlägt als Datum den Monat Oktober vor.

Doch Mazarin ist wegen des kleinen Hundes in Verlegenheit. Der Abkömmling von »Friponne« steht als Hindernis im Wege. »Ich schäme mich«, schreibt der Kardinal an die Königin, »daß ich gezwungen bin, Don Luis hinsichtlich der Hochzeit etwas sagen zu müssen, das nicht der Wahrheit entspricht.«

Ihm ist klargeworden, daß er einen Fauxpas begangen hat, und jetzt, da er fast alle Sicherheiten in seinen gichtigen Händen hält, macht er in seinen Briefen Kniefälle vor dem König. Er versucht, durch ein Übermaß von Achtungsbezeigungen Vergebung dafür zu erlangen, daß er das Protokoll verletzt hat. Er schickt Seiner Majestät die Artikel des Friedens- und Heiratsvertrages, die von ihm und Don Luis unterzeichnet sind. Es fehlt nur noch das Handzeichen des Königs. Mazarin kann sich nicht vorstellen, daß Ludwig diese Gelegenheit, ein großer König zu werden, ausschlagen wird, daß er sich auf die Seite der mittelmäßigen Herrscher begibt, die zum Abhub der Geschichte gehören.

Im übrigen ist es Marie selbst, die Ludwig drängt, die richtige Seite zu wählen. Sie hat erfahren, daß der Vertrag unterzeichnet ist. Sie weiß jetzt, daß die Mauer des Fait accompli mächtiger ist als die Mauer von Jericho. Nie wird der König es unternehmen, sie zu durchbrechen. Täte er es heute, in einem letzten Aufschwung seiner Leidenschaft, würde er Marie später dafür verantwortlich machen. Sie will schneller sein als der König, ihm zuvorkommen und das Echo ihres Aufschreis vom 22. Juni, das noch in der Luft schwebt, ersticken: »Ich bin verlassen!« Diesmal wird nicht sie verlassen, sie verläßt den anderen. Am 3. September schreibt sie an ihren Onkel: »Monseigneur, Ich glaube, gegenwärtig wird Eure Eminenz mit meinem Verhalten zufrieden sein. Ich habe den König gebeten, es für richtig zu befinden, daß ich ihm nicht mehr schreibe und daß er das gleiche tut ...«

Triumphierend äußert sich der Kardinal Frau von Venel gegenüber: »Ich gestehe Ihnen, daß ich seit langem keine so große Freude empfunden habe ... Denn ich sehe, sie hat von sich aus diesen großherzigen Entschluß gefaßt, der ihrer Ehre entspricht ...«

Zunächst traut der König seinen Augen nicht. Hat er richtig gelesen, richtig gesehen? Dann muß er sich der Gewißheit beugen. Er ist abgewiesen worden wie ein unerwünschter Freier. Wut, Schmerz, Argwohn, Zweifel.

Dieses letzte Aufflackern der Liebe des Königs trübt Mazarins Freude über den Sieg: »Es greift mir derart ans Herz«, schreibt er an die Königin, »daß ich Ihnen nicht mehr zu sagen vermag. Es wird Ihnen nicht schwerfallen, es zu glauben, wenn Sie daran denken, was mir alles durch den Kopf geht.« Als der König ihm freie Hand läßt, schreibt er ihm erschöpft und wie gerädert: »Wiewohl es eine Angelegenheit ist, die Ihr Wohlergehen, Ihre Ehre und die Ruhe Ihrer Untertanen angeht, bin ich Ihnen genauso verpflichtet, als ginge es um mein Leben.«

Um den König und Marie endgültig voneinander zu trennen, errichtet Mazarin einen Wall falscher Gerüchte: jetzt, da Marie ihrem Ehrgeiz Zügel anlegen müßte, hat sie den König bereits vergessen. Sie denkt nur noch daran, sich zu verheiraten. Mazarin besinnt sich auf sein Talent als Kuppler. Er redet Olympe zu, sie solle versuchen, den König wieder zu animieren. Als Belohnung winkt er mit einem Amt bei der neuen jungen Königin. Während des Winters reist der Hof durch die Provence, Olympe ist stets an der Seite des Königs und macht ihm, wie früher, deutliche Avancen. Lange halten sich die Männer auf den Gipfeln der Liebe nicht auf.

Der König fühlt sich abgewiesen, und will sich, wie andere Verschmähte, dadurch rächen, daß er sich kopfüber in die Ehe stürzt. Don Luis hat Oktober vorgeschlagen. Also soll es Oktober sein! Der Kardinal begreift, in welchem Zustand Ludwig ist, er hält es für besser, etwas Zeit zu gewinnen und schickt den Herzog von Gramont nach Madrid, der um die Hand der Infantin anhalten soll. »Ich glaube, der Vertraute wird froh sein über einen Aufschub«, schreibt er an die Königin, »denn ich versichere Ihnen, daß er unglücklich sein wird, wenn er die Heirat in dem Geisteszustand unternimmt, in dem er sich befindet, und die Infantin ebenfalls. Und Sie und ich würden untröstlich sein.«

Im Januar 1660 gestattet der Kardinal seiner Nichte, nach Paris zurückzukehren. Bei einer offiziellen Gelegenheit sieht sie den König wieder. Er ist eisig. Er hat die Verleumdungen, die Mazarin ausgestreut hat, für bare Münze genommen. Er glaubt, Marie liebe jetzt Karl von Lothringen. In Wirklichkeit hat sie in Brouage einen Bewerber, den der Bischof von Fréjus ihr im Namen ihres Onkels anbot, abgewiesen; es war Lorenzo Onofrio Colonna, Herzog von Tagliacozzo, Fürst von Palliano und Grande von Spanien, Konnetabel des Königreichs Neapel.

Am 9. Juni 1660 heiratet der König die Infantin in Saint-Jean-de-Luz. Mazarin stirbt am 9. März 1661. Bei dieser Gelegenheit begegnet Marie dem König noch einmal. Alle Mißverständnisse sind verflogen. Sie gestehen sich, daß sie sich noch immer lieben. Marie lehnt alle Ehren ab, alle Hofämter. Sie panzert sich mit Stolz und beschließt, das Land zu verlassen, um nicht schwach zu werden. Einen Monat nach dem Tod ihres Onkels willigt sie in die Ehe ein, die für den Kardinal ein letzter Triumph gewesen wäre. In der Kapelle des Königs vermählt sie sich durch Stellvertretung mit dem Fürsten Colonna, den sie noch nie gesehen hat. Einen jener Colonna, deren Verwalter Mazarins Vater war. Sie, die Rebellin, macht die italienischste aller Heiraten, über die ihr Onkel wahrscheinlich Glück und Genugtuung empfunden hätte, denn hiermit kehrt die Familie an die Quelle des Schicksals zurück.

Vierundfünfzig Lebensjahre liegen noch vor Marie. Sie sind voller Aufregungen und Abenteuer. Colonna ist begierig zu wissen, ob seine Ehegattin, die von dem größten König Europas geliebt wurde, noch Jungfrau ist. Um es sogleich zu erfahren, vergewaltigt er Marie auf dem Bucentoro, der Prachtgaleere, mit der sie Einzug in Mailand halten. Frau von Venel trommelt mit den Fäusten an die Tür: »Nicht vor der Messe! Nicht vor der Messe!«

Die spröde Marie bleibt Colonna treu, wie sie Ludwig treu geblieben wäre. Aber der herkulische, gutaussehende Colonna hat die Manieren eines Totschlägers, tatsächlich hat er mehrere Menschen »ad patres« befördert. Er betrügt sie, obwohl er von Eifersucht zerfressen ist. Für seinen Geschmack hat sie zu große literarische Neigungen. Er schätzt den vertrauten Umgang Maries mit ihrem Bruder Nevers nicht, dem herzoglichen kleinen Poeten, und mit ihrer Schwester Hortense, die ihrem zu fromm gewordenen Mann aus dem Wege geht.

Colonna, der zu allem fähig ist, verdächtigt seine Frau der schlimmsten Dinge. Er behauptet, Marie habe nackt im Tiber gebadet, im Beisein des Chevalier de Lorraine, »dieses Adonis, dieses zweideutigen Günstlings von Monsieur«. Hortense überredet ihre Schwester, diesen Tyrannen zu verlassen.

Maries Leben, das wie eine Tragödie von Corneille begonnen hatte, wie das der »Astrea« aus dem Roman oder der »Verliebten Diane« von Montemayor, läuft nun weiter wie ein pikaresker Roman. Auf einem kleinen Fischerboot gelangen die beiden Abenteuerinnen nach Frankreich. Bei der Landung haben sie nur noch Fetzen am Leib. Frau von Grignan gibt ihnen Kleider, in denen sie wie Dienstmädchen aussehen, und in Aix werden die Vagabundinnen, die sich als Männer verkleidet haben, festgenommen.

Marie hofft, den König wiedersehen zu können. Um ihn wieder an sich zu fesseln, sagen die junge Königin und die Favoritin, die hoffärtige Montespan. Marie bekommt den Befehl, nicht in die Nähe von Paris zu kommen, sich nach Norden nicht über Lyon hinaus zu wagen; sie wird wie eine Aussätzige behandelt. Der König soll unschuldig sein an dieser harten Maßnahme, denn er ist abwesend von Paris, er führt Krieg in Holland; die Königin soll das Verbot erwirkt haben. Wie dem auch sei, der König hat jedenfalls nicht angeordnet, sie zu empfangen. Er hat die Briefe, die sie ihm schrieb, gar nicht beachtet, er, der einst quer durch sein ganzes Königreich galoppiert wäre, wenn sie nur ein Wort geschrieben hätte. Früher nannte er sie »meine Königin«, jetzt meint er, ihr höchste Huld zu bezeigen, indem er ihr erlaubt, sich in die Abtei Lys, in der Nähe von Lyon, zurückzuziehen, indem er ihr einen Obolus von zehntausend Goldpistolen hinwirft. Sie hat noch den Mut, darüber zu spötteln, sie ist noch fähig zu einem geistreichen Wort. In einem Brief der Scudéry an Bussy-Rabutin vom August 1672 steht: »Scherzend antwortete sie Herrn von Créquy, sie habe zwar sagen hören, daß man Damen Geld gebe, um sie zu sehen, doch nicht, um sie nicht zu sehen.«

Allmählich wird sie zu einer Bohemienne, zu einer Halbverrückten. Sie behauptet steif und fest, ihr Mann habe sie vergiften wollen. An Colbert schreibt sie einen Brief, er solle auf den König einwirken, ihr ihren Platz am Hof wieder zu verschaffen. Doch Ludwig XIV. ist nicht mehr der kühne Reiter, der auf ihr Geheiß nach Saint-Jean-d'Angély sprengte. Er ist ein von Frauen umschwärmter Sultan geworden, der Geliebte der La Vallière und der Montespan, der Despot, von dem jeder ein Lächeln erbettelt. Ein Majestätsverbrechen ist es, ein Frevel am Sonnengott, wenn jemand behauptet, Rechte auf ihn zu haben. Er verbannt Marie in die Abtei Avenay.

Sie aber flieht, sie flüchtet zum Herzog von Savoyen, dem ritterlichen Karl-Emmanuel. Dieser hatte sie seit vierzehn Jahren nicht mehr gesehen, seit jener Heiratsfalle, die Mazarin in Lyon für seine Schwester Margarethe aufgestellt hatte. Damals war Marie das Idol des Königs und des Hofes. Er ist entsetzt zu sehen, was aus ihr geworden ist, »gekleidet wie eine armselige Zigeunerin, mit einem zerknitterten Rock und einer verblichenen Bluse«. Bald darauf verliebt er sich in sie. Sie wehrt sich. In Begleitung des Marquis von Borgomaniero flieht sie. Dieser Marquis, ein Spion Colonnas, ist nach Turin geschickt worden, um sie zur Rückkehr nach Rom zu bewegen. Das heißt, sich dem Tod oder dem Kloster auszuliefern.

Marie irrt von Basel nach Mainz, Frankfurt, Köln und Brüssel, all das kann ihr nur schaden. Der Spion möchte sie zu seiner Mätresse machen, sie behandelt ihn von oben herab. Aus Rache läßt er sie in Mecheln festnehmen, dann kommt sie als Gefangene in die Zitadelle von Antwerpen.

Flucht ist für sie wie eine Droge. Wie sie es immer gemacht hat, flieht sie das Leben. Früher nur in Gedanken, jetzt träumt sie von Spanien, von Gitarren, von Patios. Um diesen Traum zu verwirklichen, schifft sie sich nach Spanien ein. Sie bekommt von der Regentin die Erlaubnis, sich ins Kloster von Santo Domingo el Real zurückzuziehen. Wieder flieht sie, um einem Spion zu entgehen, diesmal ist es der natürliche Bruder ihres Mannes, Don Ferdinando Colonna.

Der Konnetabel Colonna ist zum Vizekönig von Aragonien ernannt worden. Er läßt Marie halbnackt aus dem Bett holen und sperrt sie in den Alkazar von Segovia. Dann zwingt er sie, ins Kloster der Empfängnis in Madrid einzutreten und den Schleier zu nehmen.

1680 stirbt Colonna in Italien, geplagt von Gewissensbissen. Über Maries letzte Lebensjahre ist nicht viel bekannt. Im gleichen Jahr wie Ludwig XIV. stirbt sie in Pisa an einem Schlaganfall, in der Zelle eines heiligmäßigen Mönchs der Priorei vom Heiligen Grab. Diesen Mönch plagte sie unaufhörlich mit Fragen über den Glauben, und an jenem Tag hatte er sich geweigert, mit ihr zu sprechen. Auf ihren Grabstein ließ ihr Sohn, Kardinal Carlo Colonna, die Inschrift einmeißeln, die sie sich gewünscht hatte: »Maria Mancini Columna / Pulvis et Cinis«. Staub und Asche.

Hortense Mancini, die als »die hübscheste Frau Europas« bezeichnet wird, ist auch eine der leichtsinnigsten. Ihrer Schönheit wegen kann sie durch alle Feuerreifen des Lebens springen, ohne sich die Flügel zu verbrennen. Als sie noch ein kleines Mädchen war, wird sie heiß umworben von einem Dummkopf: Armand de La Porte, Sohn des Marschalls La Meilleraie und Nachkomme Richelieus. Sie weist ihn ab. Ihr Onkel hat für sie andere, hochgestellte Freier: Karl II. von England; den Bruder des Königs von Portugal, den späteren Peter II.; den Herzog von Savoyen, den Bruder der Prinzessin Margarethe; einen Courtenay, den letzten Nachkommen der Kapetinger von Byzanz.

Über so viele Kronen gerät Mazarin ins Stolpern. Als er sein Ende nahen fühlt, greift er auf den Bewerber zurück, der in seinen Augen ein ungeheures Prestige hat: den Nachkommen seines früheren Patrons. Für ihn ist alles, was mit Richelieu zusammenhängt, heilig. Er gibt also unter allen Freiern Armand de La Porte den Vorzug. Zwei Riesenberge von Gold trägt Hortense mit ihm zusammen: Mazarins Vermögen und das von Richelieu. Mazarin vermacht Armand seinen Titel und seinen Namen. Der Hohlkopf und die Venus werden Herzog und Herzogin von Mazarin.

Die beiden Gatten beginnen ein märchenhaftes Leben im Palais Mazarin. Nicht alle Ehemänner können in ihrem Haus ein Übermaß an Schönheit und Leichtsinn ertragen. Hortenses Schönheit bringt Armand um den Verstand. Er wird ein Griesgram, ein Tugendbold. Er ähnelt den neurotischen Menschen, die sich unaufhörlich die Hände waschen müssen. Seine Frömmelei erreicht den Gipfel des Grotesken. Dieser sexuell Verkrampfte schlägt mit einem Hammer allen Statuen, die seiner Meinung nach die Scham verletzen, die Verzierungen ab. Und mit schwarzer Farbe übermalt er die anstößigen Partien auf den Gemälden. Er findet, die Bäuerinnen nähmen beim Buttern obszöne Stellungen ein. Er zeigt ihnen andere, die schicklicher sind. Er untersagt ihnen das Melken der Kühe, damit ihr Schlaf nicht durch schlüpfrige Gedanken gestört wird. Damit seine Töchter keusch bleiben, will er ihnen die Zähne abfeilen lassen. Saint-Evremond behauptet allerdings, dieser Tugendapostel sei für die Reize eines schnurrbärtigen Reitknechts und eines Pagen nicht unempfänglich gewesen.

Armand war übermäßig prozeßsüchtig, er geht dreihundertmal vor Gericht. Die meisten Prozesse verliert er. Sein ungeheures Vermögen betrachtet er als Teufelsgeschenk und sieht zu, wie seine Gegner sich kleine Stücke davon abbrechen. In einem Anfall von Eifersucht sperrt er Hortense ins Kloster von Chelles. Leider findet sie dort nicht Gottes Frieden, sondern trifft auf eines der lüsternsten Geschöpfe des Jahrhunderts, auf Sidonie de Courcelles. Die beiden Schönheiten stellen den heiligmäßigen Ort auf den Kopf. Der Herzog schickt eine Kavalkade von sechzig Reitern aus, um die Sünderin zurückzuholen. Zum Glück bietet die Priorin Einhalt.

Das Parlament, damals Gerichtshof, stellt die Ehre der allzu schönen Hortense wieder her. Doch sie hat genug davon, sich von einem Verrückten einsperren und von greisen Richtern rehabilitieren zu lassen. Als Mann verkleidet reist sie nach Italien zu ihrer Schwester Marie. Sie vergnügt sich wie eine Verrückte mit den beiden Colonna und dem Herzog von Nevers, ihrem Bruder. Dann ruft Ludwig XIV. sie wieder nach Paris zurück und beruhigt den aufgeregten Ehemann. Doch bald empfindet der König sie wieder als lästig und verbannt sie mit einer kärglichen Pension nach Rom. Mazarin liegt schon seit Jahren im Grab, und Ludwig XIV. entledigt sich allmählich der turbulenten Mazarinetten.

Nach der abenteuerlichen Landung der beiden Schwestern in der Provence erlebt Hortense drei Jahre lang ihr Savoyer Zwischenspiel: sie umgarnt den galanten Herzog. In Chambéry und Umgebung tanzt sie, jagt sie, vergnügt sich in Strömen von Asti spumante. Als der Herzog, ihr Liebhaber, stirbt, bricht sie auf, ehe seine Witwe sie verjagen kann. Sie reist durch die Schweiz, Deutschland und Holland, ständig von einer Meute von Galans umgeben. In England bezwingt sie Karl II. Das Parlament hat nichts einzuwenden gegen diese Liaison, weil die bisherige Favoritin unbeliebt war. Doch ist ihr die Rolle als königliche Egeria zu beschwerlich, ihr ist der unbedeutende Prinz von Monaco im Bett lieber. Am Hof von Saint James beschirmt sie die Gruppe der Franzosen in London. Ihr wird sogar die Ehre zuteil, daß ein Mann im Duell für sie fällt. Einer ihrer Neffen, der sechzehnjährige Sohn Olympes, der nach London gekommen ist, um seine hübsche Tante zu bewundern, durchbohrt ihren schwedischen Geliebten.

Nach so viel Saus und Braus findet die noch immer schöne Hortense dann ihren Frieden, sie wird auch innerlich zur Engländerin. Ihr sind Pferde und Jagd lieber als die Männer. An die Stelle der Duelle ihrer Liebhaber treten jetzt Hahnenkämpfe. Als sie 1699 in Chelsea stirbt, sind ihr Sohn und die Herzogin von Bouillon bei ihr.

Die letzte der Mazarinetten, Marie-Anne Mancini (1646–1714) bleibt ihr Leben lang ein kleines Mädchen. Wahrscheinlich weil der Kardinal ihr, als sie dreizehn Jahre alt war, einen Streich spielte, der sie für immer gezeichnet hat. Eine von den Possen, über die sich damals die feine Gesellschaft und auch die Preziösen amüsierten. Sie zeugen für eine Geisteshaltung, die heute kein Verständnis mehr finden würde.

Der gesamte Hof tat sich zusammen und redete Marie-Anne ein, sie habe ein Liebesabenteuer hinter sich und sei schwanger. Heimlich werden ihre Kleider enger gemacht. Man schlägt die Hände über dem Kopf zusammen und behauptet, sie werde von Tag zu Tag dicker. Eines Nachts legt man ihr ein neugeborenes Kind ins Bett und versichert ihr allen Ernstes, sie habe es schlafend zur Welt gebracht. Unter Anführung des Königs erscheint der ganze Hof, um der jungen Mutter zu gratulieren, die in Tränen aufgelöst ist.

Als Marie-Anne fünfzehn Jahre alt ist, wird sie mit Maurice de La Tour, Herzog von Bouillon, einem Neffen von Turenne verheiratet. Auf einem Bild sitzt sie in einem riesigen Sessel, ganz klein und ängstlich, mit verrutschtem Kopfputz. Sie schwärmt für Verse, an denen sie sich erbaut, sie schwärmt für die Dichter. In ihrem Haus unterhält sie eine kleine Akademie, einen Cercle von Schöngeistern, der ein bißchen schülerhaft wirkt, aber durch den Charme ihrer sechzehn Jahre und ihre Fröhlichkeit manchen Reiz bekommt. Wie eine Herzogin sieht sie ganz und gar nicht aus, sie fühlt sich frei, ist ausgelassen und auch lockeren Geschichten nicht abgeneigt.

Der Herzog von Bouillon ist der Herr über Château-Thierry. Folglich ist Marie-Anne die Herzogin des Dichters La Fontaine, der dort seinen Wohnsitz hat. Sie entledigt sich ihrer Aufgabe als Landesmutter auf charmante Art und Weise. Als La Fontaine nach der Festnahme seines Schutzherrn Fouquet mit leeren Händen dasteht, unterstützt und ermuntert sie ihn, eine in Vergessenheit geratene Literaturgattung wiederzuerwecken: die Fabel. Und sie verschafft ihm eine kleine Stellung als Edelmann der Herzogin-Witwe von Orléans. Er besingt die schelmische kleine Herzogin in ein paar Versen. Mit Dichtern und großen Männern hat sie eine glückliche Hand. In den getäfelten Räumen ihres Stadtpalais treffen sich der alt gewordene Corneille, Molière, La Fontaine, Marschall Turenne und andere höchste Herren.

Munter wie Marie-Anne ist, liebt sie das Leben in seiner Vielgestalt. Schwangerschaften, Maskenbälle, Treibjagden. Eigenhändig tötet sie einen Eber. Aber schwerer zu töten als dieses Tier ist die Verleumdung. Man sagt Marie-Anne nach, sie habe einige Geliebte: ihren eigenen Schwager, den Herzog von Albret, und einen sehr gut aussehenden Mann namens Louvigny. Die Voisin reißt sie in ihre Giftmischer-Affäre hinein. Zu große Munterkeit übersieht bisweilen den Unterschied zwischen Herzoginnen und Giftmischerinnen.

Kommt es zu einer Affäre, zieht sich Marie-Anne für eine Weile zurück. Gras wächst darüber, und alles kann von neuem beginnen. Was ihr nicht zu verzeihen ist: daß sie gegen Racines »Phädra« intrigiert hat. Wer La Fontaine fördert und beschützt, darf Racine nicht kränken. Diese neue rein literarische »Gift-Affäre«, in der sie schuldig zu sprechen ist, belastet ihr Gewissen nicht. Marie-Anne ist von allen Mazarinetten diejenige, über deren Leben am wenigsten Wolken hängen. Sie stirbt reich, geehrt, friedlich, überstrahlt vom Ruhme ihres Sohnes, des Prinzen von Turenne, der unter den Bannern von Venedig die Türken besiegt.

Der Triumphator von der Fasaneninsel

Die Friedensverhandlungen auf höchster Ebene nehmen ein Jahr in Anspruch. In kürzester Zeit konnten die alten Wunden nicht geschlossen werden.

Im November 1658 begannen die Besprechungen im Nebel von Lyon, sie wurden dann in Paris weitergeführt. Von Februar bis Juni 1659 dient das Palais Mazarin mit seinen Gemälden und Statuen als Rahmen für die Geheimverhandlungen des Kardinals mit Pimentel. Verstohlen verläßt die Eminenz den Louvre und begibt sich zu den Sitzungen, die einen Anflug von Verschwörung haben. Am 8. Mai kommt es zu einem Waffenstillstand und am 4. Juni zu einem Vertrag.

In einem Memorandum stellt Hugues de Lionne alle schwierigen, noch offenstehenden Fragen zusammen; sie werden auf später verschoben, um »zwischen den beiden Prinzipalministern abgesprochen und in der gebührenden Weise gelöst zu werden«.

Einverständnis besteht bereits hinsichtlich des Artois, das bei Frankreich verbleibt (außer Aire und Saint-Omer), des Roussillon, des Elsaß und einer Handvoll Orte in Luxemburg, im Hennegau und in Flandern.

Über die Frage, was mit Condé geschehen soll, geraten Mazarin und Pimentel hart aneinander. Mazarin möchte dem rebellischen Adler die Flügel stutzen. Spanien verlangt, daß Frankreich ihn mit offenen Armen aufnimmt und ihn in seinen Besitz und seine Würden wieder einsetzt. Um der Ehre willen und um den Franzosen eine Lehre zu erteilen: Spanien läßt seine Freunde nicht im Stich. Spanien bleibt auch in Zukunft die Zufluchtsstätte für verbitterte Franzosen.

Für die Schlußverhandlungen über den Frieden wird ein Ort gesucht, der keiner der beiden Parteien einen Vorteil bietet, bei dem keiner das Gesicht verliert. Ein in einem Raum schwebender Ast, auf den sich die Friedenstaube niedersetzen kann, ohne neue Blitze zu entfachen. Die Wahl fällt auf eine von Vögeln beherrschte Insel, die Fasaneninsel, die mitten im Grenzfluß Bidassoa liegt, zwischen Frankreich und Spanien, die weder dem einen noch dem anderen gehört. Ein treffendes Symbol im Jahrhundert des Theaters: diese Insel, mitten im Wasser gelegen, scheint zugleich, wie ihr Name sagt, in den Lüften zu schweben, über den Schrecken der Welt. Wie die Insel in Shakespeares »Sturm«, über die der Magier Prospero gebietet. Auf der Fasaneninsel ist Mazarin nicht in Spanien, und der spanische Premierminister Don Luis de Haro nicht in Frankreich. Sie sind im Niemandsland, in einer gedanklichen Sphäre, in der Gerechtigkeit und Liebe sich begegnen sollen. Doch hat der Magier Mazarin nicht verhindern können, daß die Gicht mit an dem im Abstrakten schwebenden Konferenztisch sitzt, dazu die Harnsteine und Nierenkoliken. Der Schüler Richelieus, der sich sein ganzes Leben bemüht hat, in den Fußstapfen seines Lehrers zu wandeln, wiederholt am Ende, durch eine unglaubliche Anpassung im Schmerz, sogar Richelieus Wundmale. Richelieu ist der Gekreuzigte bei seinen letzten Arbeiten, Mazarin ist der Gekreuzigte bei den Verhandlungen, durch die Richelieus Werk vollendet wird. Die Marter dauert von dem ersten Zusammentreffen Mazarins mit Don Luis am 13. August 1659 bis zur Unterschrift des Pyrenäischen Friedens am 7. November. Fast drei Monate Qualen, die der Kardinal, geschminkt, gelockt, parfümiert, heroisch erträgt und noch lächelt, wenn ihm der Schmerz die Zunge durchbohrt. Don Luis steigert die inneren Schmerzen noch durch seine harte, verbissene und höhnische Verhandlungsweise.

Der Grundstein und zugleich der Schlußstein des ganzen Vertrages ist die Heirat des Königs. Ludwig XIV. und die Infantin werden an der Stelle des Gebäudes eingesetzt, die alles zusammenhält. Der Vertrag bekommt erst Gültigkeit durch diese Heirat. Sie ist aber nur möglich, wenn die Infantin auf ihre spanischen Erbansprüche verzichtet. Sonst würde sie in ihrem Hochzeitskörbchen Spanien mit in die Ehe bringen.

In einem Brief an Hugues de Lionne (Saint-Jean-de-Luz, 18. August) läßt Mazarin durchblicken, worum es ihm geht. Er möchte, daß durch die Infantin Spanien eines Tages an Frankreich fällt. Andernfalls hätte Frankreich, trotz einem vierundzwanzig Jahre währenden Krieg, noch kein Interesse, den Friedensvertrag zu unterzeichnen. Ohne die Erwägung der Heirat des Königs »mit einer Prinzessin, die die Erbin einer so großen Monarchie wie Spanien werden könnte, hätte der König keinen Anlaß gehabt, in so vielen Punkten nachzugeben und das zu einem Zeitpunkt, da die Lage der Dinge und die Stärke seiner Waffen ihn neue und größere Vorteile durch die Fortführung des Krieges erhoffen lassen«.

Alles ist bei diesen Verhandlungen abgemessen und abgewogen, sogar die protokollarischen Titel und Ränge. Großartig breitet der Spanier die seinen aus. Mazarin geht es mehr um Realitäten als um äußeren Flitter. Aber um nicht nachzustehen, überlegt er doch, »welche Titel er in dem Vertrag anführen soll: ›Gern hätte ich mich mit dem des Kardinals begnügt, wie ich es üblicherweise tue. Da aber Don Luis die seinen aufführt, schien es mir um der Ehre willen richtig, es ebenfalls zu tun.‹« (Brief Mazarins an Le Tellier, 15. August 1659)

Nach unendlichem Hin und Her, nach Ablehnungen, Wiederaufnahmen, Schritten nach vorn und Sprüngen zurück, Konzessionen und Forderungen wird der Pyrenäische Vertrag zum 7. November unterzeichnet. Einhundertvierundzwanzig Artikel.

Schließlich und endlich hat man aus Erschöpfung, so wie man müde ins Bett fällt, eine Einigung über die Behandlung, die Condé erfahren soll, erzielt. Eine Konzession an Spanien. Im Jahr 1656 hatte Mazarin es rundweg abgelehnt, den Namen Condé in einen Vertrag aufzunehmen. Er hatte die Verhandlungen abgebrochen. Diesmal bleibt Don Luis fest. Dafür, daß Mazarin den wilden Krieger, der Frankreich verraten hat, wieder in seinen Besitz und in seine Würden einsetzt, gibt Spanien zum Ausgleich die Städte Philippeville, Marienburg und Avesnes an Frankreich und überläßt Juliers dem Herzog von Pfalz-Neuburg, einem der sichersten deutschen Verbündeten Frankreichs. Um Mazarin zum Nachgeben zu zwingen, hatte Don Luis gedroht, für Condé ein eigenes Fürstentum in Kalabrien zu schaffen oder eines direkt an der französischen Grenze.

Die letzten Widerstände Mazarins können nur dadurch gebrochen werden, daß die Wunde, die der Verräter »der Ehre des Königs« zugefügt hat, geschlossen wird. Der Unbezähmbare beugt das Knie und bietet dem König seine Entschuldigung an. Er schreibt ihm einen Brief, daß er »äußersten Schmerz darüber empfinde, einige Jahre lang ein Verhalten an den Tag gelegt zu haben, das für Seine Majestät höchst unerfreulich war . . . Mit seinem Blut möchte er das wiedergutmachen, was er im Innern Frankreichs und draußen an Feindseligkeiten begangen hat«. Er unterwirft sich voll und ganz. Er erhebt auf nichts Anspruch als »nur auf die Güte und Gefühlsregungen des Königs, seines souveränen Herrn«.

Nun geruht der König, der Stellvertreter Gottes auf Erden, Barmherzigkeit walten zu lassen. »Im Hinblick auf den Frieden und in Anbetracht des Amtes Seiner Katholischen Majestät, der von Seiner Königlichen Gnade Gebrauch macht«, nimmt er »den Prinzen in Gnaden« wieder auf. Er verleiht ihm die Statthalterschaft über die Provinz Burgund und Bresse. Er setzt ihn wieder ein in seinen »Besitz, seine Ehren, Würden und Vorrechte als Erster Prinz von Geblüt«.

Weitere Konzessionen an Spanien: Frankreich läßt seinen Verbündeten, den König von Portugal, fallen. In geheimen Artikeln wird festgelegt, daß Frankreich ihm in keiner Weise Hilfe leisten wird. In anderen, nicht minder geheimen Artikeln verpflichtet sich Frankreich, niemals eine republikanische Regierung in England zu unterstützen.

Noch mehr Konzessionen: in fünf Artikeln werden die Gebiete genannt, die Frankreich an Spanien zurückgibt. In den Niederlanden: Ypern, Oudenaarde, Dixmuiden, Veurne . . . Andere in Italien, in der Franche-Comté und »auf der spanischen Seite«, das heißt in Spanien selbst.

Nun die Konzessionen seitens Spaniens: Spanien stimmt der Konvention zu, die Frankreich dem Herzog von Lothringen auferlegt und die er annehmen muß, weil sonst sein Territorium von französischen Truppen besetzt wird. Die französischen Forderungen: Schleifung der Befestigungen von Nancy, Abtretung des Herzogtums Bar an Frankreich, der Enklave

Moyenvice, der Vogteien Marville, Stenay, Dun, Jamets und der Grafschaft Clermont-en-Argonne. Freies Durchzugsrecht durch Lothringen für die französischen Truppen, die ins Elsaß, nach Philippsburg und Breisach marschieren.

Spanien tritt das Roussillon und die Cerdagne an Frankreich ab, ferner das Artois, außer Aire und Saint-Omer; in Flandern Gravelines, Bourbourg und Saint-Venant; im Hennegau Landrecies und Le Quesnoy; in Luxemburg Diedenhofen, Montmédy und Damvilliers. Der Vertrag bestätigt die Vereinigung des Elsaß mit Frankreich.

Um das französische Bollwerk im Norden auszubauen, hätte Mazarin gern die Niederlande eingesteckt. Doch durch den Vertrag werden die Niederlande kaum angetastet. Mazarin tröstet sich mit der geheimen Hoffnung, daß die Infantin eines Tages die Niederlande erben wird.

Die Heirat Ludwigs XIV. mit der Infantin Maria Theresia ist beschlossen. Nach Überwindung von Schwierigkeiten, die ebenso schroff waren, wie die Mauer der Pyrenäen, die Frankreich von Spanien trennt. Ein Punkt beunruhigt den König von Spanien ungemein und bringt ihn fast zur Verzweiflung, wenn er an die Heirat seiner Tochter denkt: die »Aussichten auf Erbschaft«, wie es bei Erbschaften allgemein heißt. Einmal vergißt er »seine angeborene Würde«, wie ein Zeuge sagt, und weint im Beisein anderer. Die Gesundheit des großen, hageren Königs ist so angegriffen, daß er sich nur durch die Milch einer Amme aufrechterhält. Daher muß an seine Nachfolge gedacht werden. Er fordert, daß im Vertrag mehrmals, mit greller Deutlichkeit, festgelegt wird, daß die Infantin auf die gesamte oder teilweise Erbfolge in der spanischen Monarchie verzichtet. Mazarin hofft, trotzdem auf seine Kosten zu kommen, indem er versucht, die Niederlande davon auszunehmen.

Don Luis läßt sich nicht beirren: Die Infantin muß auf jeden Zoll spanischen Bodens verzichten.

Zum Ausgleich dafür, daß ihm dieses Königreich entgeht, verlangt Mazarin eine Mitgift. Gemäß Artikel 2 des Heiratsvertrages besteht sie aus der gewaltigen Summe von fünfhunderttausend Goldtalern, zahlbar in Paris in drei Raten.

An dieser Stelle kommt Hugues de Lionne auf den Gedanken, ein kleines, scheinbar nichtiges Wort in den Vertragstext einzufädeln, eine einfache Präposition, die unauffällig aussieht, in Wirklichkeit aber eine Falle ist, in die ein Königreich hineinstürzen kann: das Wort »moyennant« – »gegen die«.

Der Artikel 4 beginnt mit dem harmlosen »gegen die«: »Gegen die effektive Zahlung an Seine Allerchristlichste Majestät begnügt sich die Durchlauchtigste Infantin mit der obengenannten Mitgift, ohne daß sie später irgendein Recht geltend machen kann ...«

»Gegen die«, heißt »unter der Bedingung, daß ...« Wenn Spanien diese märchenhafte Summe zahlt, verzichtet die Infantin auf ihre Rechte hinsichtlich des Königreichs. Zahlt Spanien aber nicht, bleibt die Infantin im Besitz ihrer Rechte.

Sollte Don Luis die Falle nicht bemerkt haben? Er hat sie bemerkt. Sie sprang ihm in die Augen. Doch als Spanier, der auf seinem »pundonor«, seinem Ehrenstandpunkt, besteht, kann er, sofern er Spanien nicht als zahlungsunfähig erklären will, dieses »gegen die« nicht beiseite schieben.

So wild wie der Torero seinen Degen in den Nacken des Stieres stößt, beharrt Mazarin auf dem »gegen die« und setzt fest, daß das erste Drittel der Mitgift »zum Zeitpunkt des Vollzugs der Ehe« gezahlt werden soll. Angesichts der baldigen Fälligkeit sagt einer der entsetzten spanischen Unterhändler mit schwarzem kastilianischem Humor: »Entweder stürzt Spanien zwischen heute und der Hochzeitsnacht in einen Abgrund, oder wir Spanier, wie wir hier sind, verpfänden unser gesamtes Hab und Gut und gehen ins Gefängnis, wenn es nötig ist, um nicht einen Augenblick später als gefordert die fünfhunderttausend Goldtaler zu zahlen, damit wir uns nicht selber zugrunde richten und durch unsere Schuld die Folgen des Verzichts der Infantin null und nichtig werden . . .«

Die Ehe wird im Juni 1660 in gebührender Weise »vollzogen«. Aber in Frankreich ist von der ersten Teilzahlung kein einziger Goldtaler der Mitgift zu sehen, weder an jenem Tag noch an irgendeinem anderen.

Im übrigen ist Mazarin zu optimistisch gewesen, als er seine »Aussichten auf Erbschaft« bei der Nachfolge in Spanien auf die Ammenmilch Seiner Katholischen Majestät gründete. Philipp IV. hat nur einen kränklichen Sohn. Er selber ist erst einundfünfzig Jahre alt. Er hat sich wiederverheiratet, mit einer vierundzwanzigjährigen Frau. Er kann noch weitere Kinder haben. Und er wird noch weitere bekommen, um das »gegen die« abzuwenden.

Zwar verliert Mazarin, kurzfristig gesehen, in dieser Hinsicht, aber auf lange Sicht gewinnt er. Die Erbfolge in Spanien wird im Jahr 1700 akut. Das Europa des 18. Jahrhunderts wird das Europa der Bourbonen: einer herrscht in Madrid, einer in Neapel, einer in Parma und Piacenza. Aufgrund dieses Pflanzbeets von Königen sowie der Ausstrahlung der französischen Zivilisation, einem Erbteil des Grand Siècle, wird das Europa des 18. Jahrhundert ein französisches.

Nicht alle Leute in Frankreich bejubeln den Abschluß des Pyrenäischen Friedensvertrags. Es gibt Franzosen, die angesichts der großen Tat des früh gealterten Kardinals keineswegs in Begeisterung geraten; sie sehen nicht, wie er gegen den steinernen Don Luis um jede Klausel ringen muß, während er von Schmerzen gemartert und von der Angst zerfressen ist, die närrische Liebe seines Patenkindes und seiner Nichte könne im letzten Augenblick das vertrackte Gerüst des Vertrags umstürzen.

Allezeit meinen die Generale, die Diplomaten ließen ihre Siege in Kunkellehen münden. Mazarins Kritiker Saint-Evremond berichtet, Turenne habe beklagt, daß Frankreich nicht das gesamte Gebiet bis zur Schelde geschluckt habe, und die Franzosen insgesamt bedauern, daß nicht ganz Lothringen eingesteckt wurde. Die Räumung von Saint-Omer, Ypern und so weiter, sowie alle anderen »Räumungen« betrachten sie als einen Verrat. Das Wort »Räumung« bleibt dem Volk in der Kehle stecken. Selbst Voltaire bezichtigt Mazarin der Schwäche.

Später hingegen bezichtigt man ihn der Gefräßigkeit. Der Historiker Lavisse schreibt 1911 seufzend: »Diese Heirat gab König Ludwig XIV. zu weitgehende ehrgeizige Pläne ein, die sofort erkannt wurden und seine Verbündeten sowie seine Feinde beunruhigten. Er ist in der Folgezeit gezwungen, die Provinzen, die er infolge der Rechtsansprüche der Königin forderte, zu erobern; er hätte sie auch erobert, wenn er eine andere Frau geheiratet hätte. Und die spanische Erbfolge führt zu einem der längsten und schrecklichsten Kriege der neueren Geschichte. Frankreich verliert dabei Kolonien und gewinnt keinen Fußbreit Boden ... Die Heirat Ludwigs XIV. mit Maria Theresia ist im Grunde nur eine glanzvolle Angelegenheit. Sollte Mazarin sich durch diesen Glanz haben täuschen lassen, und sollte er den Ruhm der Dynastie den Interessen des Königreichs vorgezogen haben, so war das ein gewaltiger Irrtum. Richelieu hätte ihn sicherlich nicht begangen, da er ein geborener Franzose war.«

Lavisse vergleicht diese Heirat mit den Heiraten zwischen den Häusern Burgund, Österreich und Spanien im 15. und 16. Jahrhundert: »Solche Verbindungen zwischen Personen, die Völker in ihrem Besitz hatten, haben fürchterliche Leiden zur Folge gehabt, die weder notwendig noch zu irgend etwas und für irgend jemand nützlich waren.« Lavisse vergißt, daß die Heirat Ludwigs XIV. mit der Infantin eine »conditio sine qua non« des Pyrenäen-Vertrags war. Ohne Heirat kein Friedensvertrag. Daher rührt Mazarins Panik angesichts der Liebesleidenschaft des Königs und Maries, die den Frieden hätte verhindern können. Im übrigen soll der bereits unterzeichnete Vertrag erst zum Zeitpunkt der Hochzeit in Kraft treten. Im Ehebett wird der Frieden geschlossen. Dort vermählen sich die beiden Länder, sie vereinigen ihr Fleisch, wenn auch nicht ihr Herz und ihre Seele.

»Eine glanzvolle Angelegenheit« soll diese Heirat sein? Das ist sie keineswegs. Was »glänzt«, sind die fünfhunderttausend Goldtaler, dieses goldene Vlies, das in legendären Zeiten in Kolchis von einem Drachen gehütet wurde, der Don Luis ähnelte. Und von einem Jason, einem Doppelgänger Mazarins, geraubt wurde. Diesen Schatz, den der Kardinal mit seinem Zauberstab funkeln lassen wollte – er glaubt an die Magie des märchenhaften Metalls –, bekommt Frankreich nie zu sehen.

Was Frankreich aber zu sehen bekommt und was sich nicht in Luft auflöst, ist der Frieden, den das Land bitter nötig hatte. Vierundzwanzig

Kriegsjahre und die Fronde haben Frankreich ausgelaugt. Aus Richelieus Händen hatte Mazarin ein bereits verwüstetes Reich übernommen. In den Jahren 1635 bis 1660 sind die Grenzprovinzen – Picardie, Lothringen, Burgund und Champagne – von den kaiserlichen Armeen verheert worden. Der größte Teil der Soldaten besteht aus Söldnern. Der Sold wird sehr unregelmäßig gezahlt. Die Versorgung mit Lebensmitteln ist ein völliges Durcheinander. Die Soldaten leben hauptsächlich von Plünderungen, sie fressen das Land auf. 1635 zerstampfen sechs Heere Lothringen: zwei französische, zwei kaiserliche, ein Heer des Herzogs Karl und ein schwedisches unter Bernhard von Sachsen-Weimar. In Städten wie Saint-Nicolas fällt die Einwohnerzahl von zehntausend auf vierhundert. Fast überall in Frankreich werden die Landbewohner, die nicht im Elend umkommen, massakriert. Wer den Massakern entkommt, entgeht aber nicht der Pest.

»Die armen Leute sterben vor Hunger; das Pfund Brot kostet mehr als einen Franc. Sie essen puren Hanf ... Manche Dörfer waren derart menschenleer, daß die Wölfe in die Häuser eindrangen ... Bald waren sie so an die Leichennahrung gewöhnt, daß sie bewohnte Häuser überfielen, aus denen sie hauptsächlich Frauen und Kinder raubten und sie auffraßen. Eicheln und Wurzeln wurden zur täglichen Nahrung. Es gab Leute, die auf Menschenjagd gingen wie auf Hasenjagd ... Menschliche Leichen und Tierkadaver werden von den armen Leuten eingesammelt wie eßbares Fleisch. Infolge all dieser Miseren betrug die Zahl der Haushalte in den Dörfern nicht mehr als zwei bis fünfzehn.« (Nach einem zeitgenössischen Bericht, entnommen aus: August Bailly, »Mazarin«.)

Und diese Unglücklichen, die selber schon wie Tiere lebten, sollen noch die Truppen ernähren! Da in den Provinzen, die nur noch Wüsten sind, die Steuer nicht erhoben werden kann, stürzt sich der Fiskus auf die anderen und preßt sie aus. Die Bevölkerung ist am Ende ihrer Kräfte, aus dem steuerzahlenden Schaf wird ein Tiger. »In Issoire haben sie die Steuergehilfen in einen mit Kalk gefüllten Kessel geworfen, in denen die Gerber ihre Ochsenhäute einweichen ... Ein Polizist hat mehr als zwanzig Verwundungen erlitten«, schreibt 1644 ein Intendant an Séguier. 1646 befinden sich dreiundzwanzigtausend Steuerzahler, an Fußketten geschmiedet, im Gefängnis, weil sie ihre Steuern nicht bezahlt haben.

Die vom Krieg verschonten Provinzen werden von der Pest und vom Fiskus aufgefressen. Pest in der Normandie (1650): viertausend Tote innerhalb von zwei Wochen in Rouen. Pest in der Provence, in der Grafschaft Avignon, im unteren Languedoc. Pest in Saint-Quentin: dreitausend Tote im Jahr 1636. Pest infolge unzureichender Ernährung der Armen in den Städten, der Bauern und im größten Teil der bürgerlichen Bevölkerung in der Provinz.

»Wir versichern, zwischen Reims und Rethel mit eigenen Augen Herden gesehen zu haben, die nicht aus Tieren bestanden, sondern aus Männern und Frauen, die auf die Felder gingen und die Erde wie Schweine umwühlten und nach Wurzeln suchten. Da sie nur ungenießbare fanden und sich nur zur Hälfte sättigen konnten, wurden sie so schwach, daß sie überhaupt nicht mehr weiterleben konnten. Der Pfarrer von Boult hat uns gesagt, er habe drei seiner Pfarrkinder, die an Hunger gestorben waren, beerdigt; die anderen lebten nur von gehacktem und mit Erde vermengtem Stroh. Fünf verfaulte und stinkende Pferde sind verschlungen worden; ein fünfundsiebzigjähriger Greis war ins Pfarrhaus gekommen, um dort am Feuer ein Stück Pferdefleisch zu rösten, von einem Tier, das vor zwei Wochen an Räude eingegangen, mit Würmern durchsetzt und auf den Misthaufen geworfen worden war.«

Zu den Kriegsschrecken gesellen sich die Schrecken der Fronde. Blut und Tränen werden Condé angelastet. In einem Vers heißt es über ihn: »Condé, der einzige Urheber unseres großen Elends ...« Doch wieviele Franzosen, die Frankreich in den kriminellen Infantilismus hineingerissen haben, sind nicht ebenfalls die Urheber »unseres größten Elends«?

Zwei Männer haben gegen diese Geißel angekämpft. Der eine ist der heilige Vinzenz von Paul in seiner zerlumpten Soutane, mit seinen groben Bauernstiefeln. Gegen die Heere des Bösen stellt er die Armeen der Nächstenliebe: die Lazaristen (Mitglieder einer 1625 von ihm gegründeten Missionsvereinigung); die Töchter der Barmherzigkeit; das Liebeswerk für Findelkinder und für die Galeerensträflinge. Der andere ist Kardinal Mazarin in seinem Purpurgewand, umweht von Wohlgerüchen, auf seinem Goldhaufen sitzend, gequält von Nierenkoliken. Er kämpft um den Frieden unter dem Kreuz, das Gott ihm auferlegt hat.

Lavisse gibt einer 1911 noch stark verbreiteten Auffassung Ausdruck, die viele Franzosen aus Fremdenfeindlichkeit dahin geführt hat, Mazarin zu verkennen und die Fronde sozusagen jahrhundertelang hinauszuziehen, und fragt sich, ob der Kardinal der Heirat Ludwigs XIV. mit der Infantin nicht letztlich deshalb zugestimmt habe, »weil er zu einem Ende kommen wollte. Er war erschöpft, krank und hatte vielleicht genug, wie man sagt. Wir pflegen uns historische Persönlichkeiten anders vorzustellen, als wir es sind, und suchen deshalb häufig weitabliegende Gründe, die indes naheliegen und einfach sind.«

Nein, Mazarin ist eben nicht eine »Persönlichkeit« wie Herr Lavisse! Hinter den Merkmalen des Alters, des Leidens und des Geizes bleibt der Kardinal im Grunde stets der inspirierte Reiter von Casale, vielleicht der einzige Mann auf der Welt, der am Rand des Unausweichlichen jemals einen Krieg zum Stillstand gebracht hat, bleibt er der von den Möglichkeiten der Diplomatie besessene und von jugendlicher Begeisterung erfüllte Mann, der an ein und demselben Tag den stachligen Kardinal Barberini mit neun langen Briefen bombardierte.

Zu glauben, daß Mazarin »genug hatte, wie man sagt«, bedeutet, daß der Historiker das Genie im allgemeinen und das Genie Mazarins im besonderen nicht richtig gesehen hat. Wie wenn Molière, von Schwindsucht zerfressen, »genug gehabt hätte«, keine Komödien mehr geschrieben und den »Eingebildeten Kranken« nicht mehr gespielt hätte. Wie wenn der todkranke Mozart »genug gehabt hätte«, und aufgehört hätte zu komponieren! Ein Genie hat niemals »genug«, sondern manifestiert sein Genie. Selbst der Tod kann ihm den Mund nicht verschließen, er verleiht ihm Unsterblichkeit.

Noch als Toter hätte Mazarin, mit Don Luis de Haro auf der Fasaneninsel sitzend, weiterdiskutiert. Im übrigen war es ein Toter auf Abruf, der dort steif in seinem Sessel saß, eine angemalte, parfümierte und gelockte Mumie. Ein weiteres Zauberkunststück in seiner Lebensoper.

Heroisch hält er sich am Leben, sitzt unendliche Stunden lang Don Luis fast immer allein gegenüber und fällt am Abend, wenn er in seine Unterkunft in Ciboure zurückkehrt, wie ein Toter ins Bett. Einmal drängt ihn die Königin, da er unbeugsam seinen Gesundheitszustand verschleiert, ihr zu sagen, wie es ihm wirklich ergehe. »Sehr schlecht!« antwortet der Gequälte. Er schlägt die Bettdecke zurück und zeigt seine Beine, zwei bleiche, von violetten Flecken besäte Stöcke. »Sehen Sie, Madame, in welchem Zustand die Beine sind, die Frankreich die Ruhe gebracht haben.«

Es wäre unrecht, wollte man, Lavisse folgend, Mazarin die später von Ludwig XIV. begangenen Fehler und Irrtümer vorwerfen. Der König erweist sich als schlechter Schüler, indem er dem Pyrenäen-Vertrag eine harte Auslegung angedeihen läßt, die weit entfernt ist von der milden Interpretation seines Lehrers. Mazarin selber ist der vorbildliche Schüler Richelieus. Der beste Schüler ist derjenige, der die Irrtümer seines Lehrers nicht wiederholt, sondern im Gedenken an hervorragende Unterrichtsstunden die Fehler verbessert und das Gelernte seinem eigenen Charakter und Wesen anpaßt. Mazarin möchte, wie Richelieu, aus dem König von Frankreich das Haupt der Christenheit machen. Doch möchte er nicht, wie der gebieterische Richelieu, den Tyrannen der Christenheit aus ihm machen. Als gebürtiger Franzose will Richelieu das Haus Österreich »demütigen«. Mazarin als Römer, als Kardinal der römischen Kirche und als Europäer läßt sich von der Überlieferung der Päpste und Kaiser inspirieren. Er träumt von einem verbündeten und nicht erniedrigten Haus Österreich, das aus freiem Willen dem französischen Bourbonen den Vortritt läßt, ohne sich unter seinen Stiefel zu beugen. Tausendmal hätte Mazarin die Tiara verdient, und da er das stets vor Augen hat, verhält er sich als Diplomat wie ein Papst. Er erstrebt die Einheit der befriedeten Christenheit, ohne daß die Allianz mit dem protestantischen England verlorengeht, unter dem Schiedsspruch des Königs von Frankreich.

Im 18. Jahrhundert führen die beiden Kardinäle Dubois und Fleury Mazarins Politik fort. Die Französische Revolution – sie ist und bleibt streng französisch – hält sich leider an Richelieus Schule, sie legt seine Lehren noch härter aus. Glück und Frieden für Frankreich und Europa wären wohl eher in den Furchen erblüht, die Mazarin gezogen hat.

Der im Sterben liegende Schiedsrichter Europas

Nach dem Pyrenäischen Friedensvertrag wird Mazarin durch sein diplomatisches Geschick zum Schiedsrichter Europas, wie Ludwig der Heilige es wurde, weil er im Geruch der Heiligkeit stand. Hat ihm der König seine Heftigkeit vergeben, seine das Protokoll und den Respekt sprengenden Briefe? Ist seine Bewunderung für Mazarin wiedergekehrt? Jedenfalls lassen er und seine Mutter sich blindlings von ihm leiten. In einer Zeit, in der man eher alt wurde als heute, ist er zu bald ein richtiger Greis geworden. Durch seelische und körperliche Leiden, durch dauernde Spannungen, Berechnungen und »Combinazioni«, durch die erstickende Luft allgemeinen Mißtrauens, die Anstrengungen, welche die Verschleierungskunst und die Habgier erfordern. Was er an Lebensfreude einbüßt, gewinnt er an Macht. Pontifex, Orakel, Monument.

»Es ist nicht erinnerlich«, sagt Pater Bissaro, »daß jemals der Minister eines Fürsten gestorben ist, der eine solche Fülle von Autorität genoß und über Gunstbezeigungen so frei verfügte wie Seine Eminenz; so daß er bis zu seinem letzten Atemzug ein Tresor blieb für alle jene, die Wohltaten erwarteten.«

Für Mazarin ist der Frieden unteilbar. Er ist das »nahtlose Kleid«, wie Kardinal Bérulle von der Kirche sagte. Nachdem er im Süden den Frieden mit Spanien hergestellt hat, richtet er seinen Blick nach Norden.

Die Ostsee ist ein brodelnder Kessel. 1654 Abdankung der Königin von Schweden, der verrückten Christine. Ihr Nachfolger und Vetter Karl Gustav führt Krieg, um seinen Staatsschatz aufzufüllen. Er zieht zuerst nach Polen, dessen König Johann Kasimir Wasa öffentlich Rechte auf die schwedische Krone geltend gemacht hat. Kurfürst Friedrich Wilhelm von Brandenburg verbündet sich mit Karl Gustav, um Polen, dessen Lehnsherr er in Preußen ist, zu zwingen, ihm die Souveränität über dieses Herzogtum abzutreten. Der Schwede erkennt es ihm nur murrend zu. Der verärgerte Brandenburger tritt der Koalition Dänemark-Rußland-Polen-Österreich bei. Jetzt stürzt sich der Schwede auf Dänemark, das er im ersten Anlauf schlucken zu können glaubt. Die holländische Flotte gebietet ihm Einhalt.

Mazarin drängt Cromwell, etwas gegen Holland zu unternehmen. Er braucht Schweden als Bundesgenossen und auch Polen, dessen Königin Marie von Gonzaga Sympathien für Frankreich hat. Auf jeden Fall muß Österreich blockiert werden, das sich den Zwist der Protestanten im Norden zunutze machen will, um sich für die Niederlage zu rächen.

Da Mazarin nun von spanischer Seite nichts mehr zu befürchten hat, kann er den Norden gemächlich befrieden. Er ist beim Frieden zu Oliva (3. Mai 1660) der einzige Vermittler. Der König von Polen entsagt allen Ansprüchen auf die schwedische Krone. Livland wird zwischen Schweden und Polen aufgeteilt. Der Kurfürst von Brandenburg gibt seine Eroberungen im schwedischen Pommern zurück. Als Ausgleich erkennt man ihm die Oberhoheit in Preußen zu. Aus diesem Artikel des Friedens zu Oliva erwächst später die deutsche Einheit: Friedrich Wilhelm, der überall nur Vasall ist, ist sein eigener Herr allein in Preußen. Sein Nachfolger Friedrich I. wird König in Preußen. Und bei der Bewältigung der deutschen Wirrnis werden die Hohenzollern aus Königen von Preußen Deutsche Kaiser.

Beim Frieden zu Kopenhagen (6. Juni 1660) ist Mazarin Vermittler, zusammen mit Holland und England. Da Karl Gustav im Februar 1660 vor Friedensschluß stirbt, gehen die Verhandlungen schneller voran. Schweden gibt die kürzlich gemachten Eroberungen heraus, behält aber die Provinzen Schonen, Halland und Bleckingen.

Festliche Hochzeit

Nach harter Arbeit frohe Feste. Das Protokoll entfaltet das Hochzeitsgepränge mit ritueller Bedächtigkeit.

Als außerordentlicher Gesandter begibt sich der Marschall-Herzog von Gramont nach Spanien, um offiziell um die Hand der Infantin anzuhalten. Er braucht einen Monat, um von Bordeaux nach Madrid zu gelangen, weil er überall zu Festen geladen wird. Doch schließlich reitet er im Galopp in die aufgeregte spanische Hauptstadt ein, er ist begleitet von seinen Edelleuten in rosafarbenen Leibröcken, der Farbe der Liebe, geschmückt sind sie mit Bändern und Federn. Die schwarzgekleideten, ewig Trauer tragenden Spanier sind höchlichst erstaunt über diese Farbenpracht.

Die Franzosen hingegen sind verblüfft über die priesterliche Steifheit des spanischen Protokolls: »Die Audienzen, die der König von Frankreich abhält, sind kläglich, verglichen mit denen, die der König von Spanien abhält«, sagt irgendein Zeuge. Die Bemerkung wird Ludwig XIV. übermittelt; sie trifft nicht auf taube Ohren.

Im königlichen Palast in Madrid gelangen die Franzosen, nachdem sie eine Unzahl von Sälen durch ein Spalier stummer Höflinge durchquert haben, ins Allerheiligste. Dort thront, ganz in Schwarz gekleidet, unter einem goldenen Baldachin, Seine Majestät König Philipp IV. Ein Standbild in Trauer, das nicht einmal die Augen bewegt und mit keiner Silbe auf die Rede des Marschalls antwortet. Ein Götze der Monarchie, so hoch über den Menschen schwebend, daß ihre Gesten und Worte ihn nicht erreichen.

Dann werden die Franzosen in einen Raum geführt, wo sie die vierundzwanzigjährige Königin, die Nichte und neue Gemahlin des Königs, begrüßen sowie die einundzwanzigjährige Infantin Maria Theresia. Auch hier kein Wort, keine Gebärde, kein Lächeln. In einer höfischen, schmeichelhaften Beschreibung sagt die Motteville von der Infantin-Königin: »Sie war klein von Wuchs, aber gut proportioniert. Wir bewunderten an ihr die erstaunlichste Blässe, die man sich vorstellen kann, sowie ihre ganze Persönlichkeit. Ihre blauen Augen erschienen uns schön, sie bezauberten uns durch ihre Milde und ihren Glanz. Wir rühmten die Schönheit ihrer ein wenig dicken Purpurlippen. Ihr Gesicht war länglich; da es in der unteren Partie rund war, gefiel es uns; und auch ihre ein wenig dicken, aber schönen Wangen bekamen ihr lobend Teil. Ihr Haar war silberblond, was sehr gut zur schönen Farbe ihres Gesichts paßte. Um es richtig zu sagen: bei größerem Wuchs und besseren Zähnen hätte sie es verdient, in die Reihe der schönsten Damen Europas gestellt zu werden.«

Übersetzt bedeutet dieser Höflingsjargon: Die Infantin war eine Zwergin mit dicken Lippen, Pausbacken und verdorbenen Zähnen. Und was die Motteville nicht sagen kann und darf: Ihre Intelligenz war die eines sechsjährigen Mädchens, das zudem nicht einmal Französisch spricht.

Marschall Gramont möchte ein paar herzliche Worte nach Frankreich zurückbringen. Das einzige, was er aus der Umgebung der Infantin in Erfahrung bringen kann ist folgendes: Sie möchte ihren Beichtvater mit nach Paris nehmen, ihre Liliputanerin, ein Ausbund von Häßlichkeit, die sie wie eine Puppe behandelt, und ihre Kammerzofe Molina.

Von der Infantin selbst, die ehrerbietig darum gebeten wird, bekommt er nur einen Satz zu hören, den sie wie ein Automat auf spanisch von sich gibt: »Sagen Sie der Königin, meiner Herrin und Tante, daß ich ihr stets zu Füßen liegen werde.«

Als sich die ersten Frühlingsknospen zeigen, setzt sich der unendlich lange Zug des Königs von Spanien mit seiner zum Hochzeitsopfer bereiten Iphigenie auf die Grenze zu in Bewegung. Die Spanier bleiben in San Sebastian, die Franzosen in Saint-Jean-de-Luz, als hinge ein flammendes Schwert zwischen ihnen. Das Protokoll untersagt es Ludwig XIV. in aller Strenge, seine Verlobte zu sehen, bevor die Heirat durch Stellvertretung geschlossen ist. Religiöses und königliches Verbot. Schrecken vor dem Fleisch, das mit Weihwasser besprengt wird und aus dem die Dämonen ausgetrieben werden müssen, ehe es konsumiert werden kann.

Ungeduldig und in der Meinung, daß Schreiben nicht Ansehen ist, schickt Ludwig XIV. der Infantin einen Brief. Der König von Spanien verbietet, daß er ihr ausgehändigt wird. Vor der Hochzeit ist solch ein Brief von einem Mann, wenn es auch der König ist, der Teufel in Person. Verstohlen – was aber bereits eine Sünde ist – zeigt der Überbringer Maria Theresia von ferne den Brief. Allein bei dem Gedanken an die Hochzeit kommt, selbst bei einer Infantin, der Geist über die Mädchen. Kaum vernehmbar flüstert Maria Theresia, und es ist eine teuflische Kühnheit von ihr: »Ich kann ohne die Erlaubnis meines Vaters keine Briefe empfangen, aber er hat mir versprochen, daß alles prompt vor sich gehen wird.« Verwegenheit hat sie gepackt. Nachdem sie mit lauter Stimme die Komplimente für Anna von Österreich ausgesprochen hat, fügt sie fast unhörbar hinzu: »Was ich von der Königin sage, kann auch auf den König bezogen werden.«

Am 3. Juni 1660 wurde in der Kathedrale von Fontarabia Don Luis de Haro, Erster Minister Spaniens, in Stellvertretung des Königs von Frankreich und in seinem Namen, mit der Infantin Maria Theresia getraut. Bleichen Gesichts betritt Philipp IV. die Kirche, an der linken Hand führt er seine Tochter. Er ist in Grau und Silber gekleidet, was ihm das Aussehen eines großen, alten, schillernden Fisches gibt. An seinem Hut prangt ein riesiger Diamant, der »Spiegel von Portugal«, und die herrlichste Perle der Welt, die »Pelegrina«. Die Infantin trägt ein weißseidenes, mit Gold besetztes Kleid und eine Perücke. Ihr Vater geleitet sie zum Altar, vor dem sie auf einem Samtkissen niederkniet.

Als der Augenblick der Akzeptation gekommen ist, erweist sie dem König von Spanien eine tiefe Reverenz und murmelt demütig: »Ja.« Dann streckt sie ihren Arm Don Luis entgegen und Don Luis ihr den seinen. Nun dreht sie sich um sich selbst und reicht ihrem Vater die Hand: er küßt sie und bricht plötzlich in Tränen aus.

Am folgenden Tag trifft Anna von Österreich auf der Fasaneninsel in dem von Velasquez ausgemalten Verhandlungspavillon mit ihrem Bruder und ihrer Schwiegertochter zusammen. Sie hat ihn seit fünfundzwanzig Jahren nicht gesehen; ihre Nichte kennt sie nicht. Zwei Teppiche sind ausgelegt, so weit sie reichen, befinden sich die beiden Parteien jeweils auf ihrem Territorium. Der Raum zwischen den beiden Teppichen stellt die unsichtbare, gedankliche Grenzlinie dar, die die Monarchen nicht überschreiten dürfen. Ein Souverän verläßt sein Reich nicht. Wenn er nicht im Lande anwesend ist, stockt das Leben in dem großen Körper, wie in einem Organismus ohne Herz.

Anna tritt an den äußersten Rand ihres Teppichs, an den Rand Frankreichs. Sie streckt die Arme aus und beugt den Kopf vor, um ihren Bruder zu umarmen. Wie festgefroren in der Etikette und voller Angst, sie könne ein paar Zentimeter nach Spanien hereinkommen oder aber ihn um ein weniges nach Frankreich hinüberziehen, legt Philipp IV. seinen Kopf so weit in den Nacken, »daß sie ihn nicht erreichen konnte«. Vielleicht meint er, seine Schwester sei zu französisiert, sie benehme sich wie eine Waschfrau.

Der König von Spanien und die Königinmutter von Frankreich setzen sich, jeder auf seinem Staatsgebiet, in zwei Sessel, die zu beiden Seiten der Grenze aufgestellt sind. Die Infantin stellt ihren Reifrock, groß wie eine

Taucherglocke, eine Bastion der Tugend, auf einige Samtkissen. Ludwigs XIV. junger Bruder, Monsieur, hat Anrecht auf einen Klappstuhl.

Fünfundvierzigjähriger Aufenthalt in Frankreich, dem Paradies des Gesprächs und der Unterhaltung, hat Anna in die Lage versetzt, die Konversation zu bestreiten. Vor ihrem stummen Bruder veranstaltet sie eine Vorführung der französischen Kunst, eine perfekte Hausherrin und Dirigentin der Gesprächsthemen zu sein. An Stoff mangelt es ihr nicht. Vierundzwanzig Jahre Krieg ... Als Dame von Welt beklagt sie die Dauer des Krieges und seine Schrecken. Einige Worte preßt sie aus ihrem Bruder heraus: »Ach, Madame, es war der Teufel, der ihn gemacht hat!« Der in den Menschen verkörperte Teufel. In liebenswerter Weise drückt die Königin ihren Schmerz über die vielen vergangenen Jahre aus: »Ich glaube, Eure Majestät werden mir verzeihen, daß ich eine so gute Französin geworden bin. Ich war es meinem Sohn und Frankreich schuldig.« – »Das erkenne ich an, Euer Majestät. Die Königin, meine Frau, tut das gleiche«, antwortet geziert der König. Zu Ehren seiner neuen jungen Frau, die eigentlich sein verstorbener Sohn heiraten sollte, stößt er einige leichte Seufzer aus, und er sagt einige sehnsüchtige Worte, seine erste Frau, die Tochter Heinrichs IV., betreffend.

In diesem Augenblick erscheint verstohlen Mazarin. Er kündigt einen ungenannten Besucher an, der die bescheidene Anfrage vorbringt: ob man ihm die Tür einen Spalt öffnen würde. Die Königin bittet ihren Bruder um Genehmigung. Durch die Gedanken an seine beiden Frauen gerührt, nickt er bejahend mit dem Kopf. Ein religiöser und diplomatischer Akt vollzieht sich. Die Türen sind geheiligte Orte, an denen alle Etikette-, Protokoll- und Rangfragen sich zuspitzen. Wie bei einem Ballett oder einer Papstmesse öffnen Don Luis und Mazarin jeder einen der Türflügel. Diese Vergewaltigung des Protokolls, dieses Nachgeben einer Gefühls- und Sinnenregung stellt einen französisch-spanischen Akt dar, der eigentlich als Zusatzartikel im Vertrag erscheinen müßte. Don Luis und Mazarin stellen sich beiderseits auf. Sie sprechen weiter miteinander wie Theaterfiguren im Hintergrund der Bühne, während im Vordergrund die Handlung abläuft. Im Türspalt erscheint Ludwig XIV., er blickt lüstern auf seine zukünftige Frau. Nicht weniger lüstern betrachtet ihn Maria Theresia, die in Frankreich von nun an Marie-Thérèse heißt.

Der reglos dasitzende spanische Monarch dreht die Augen um einen Zentimeter zur Seite. Der Anflug eines Lächelns geht über sein Gesicht. »Tengo lindo hierno!« – »Ich habe einen schönen Schwiegersohn«, sagt er und fügt, zu seiner Schwester gewandt, hinzu: »Wir werden Enkelkinder haben.« Anna von Österreich ist so zur Französin geworden, daß sie impulsiv an die Infantin die Frage stellt: »Wie gefällt Ihnen dieser Fremde?« – »Es ist nicht der Augenblick, das zu sagen«, unterbricht eiskalt der Vater das Gespräch. Lebhaft jugendlich flüstert Philipp von Orléans, Monsieur, der Infantin ins Ohr: »Wie gefällt Eurer Majestät die Tür?« – »Die Tür ist sehr schön und gefällt mir gut«, antwortet sie naiv.

Philipp IV. und die Infantin schwimmen auf ihrem schönen goldverzierten Schiff nach Fontarabia zurück. Auf dem französischen Ufer sprengt Ludwig XIV. zu Pferde, den Hut in der Hand und unaufhörlich grüßend, neben dem Nachen her. Seine Edelleute, bänder- und federngeschmückt, begleiten ihn. Der König von Spanien erblickt seinen Schwiegersohn, »der sich wie ein Liebhaber benimmt, aber umgeben ist wie ein König von Frankreich«. Einige Zeugen sagen, er habe seine starre Haltung bewahrt und »sich nicht gerührt«, andere berichten, er sei angesichts des ungewöhnlichen Schauspiels lebhaft geworden »und habe ihn [Ludwig XIV.] sehr tief gegrüßt, solange er ihn erblicken konnte«. Eine äußerst seltene Ehrenbezeigung, denn gemeinhin nahm er den Hut nicht vom Kopf. Doch alle sind sich in einem Punkt einig: die Infantin wagt nur, verstohlene Blicke zum französischen Ufer hinüberzuwerfen.

Am Abend nimmt Maria Theresia die Geschenke ihres zukünftigen Gatten in Empfang, die ihr Herr von Créqui und eine Eskorte von Edelleuten bringen. »Es war eine ziemlich große, goldbeschlagene Truhe, die alles, was man sich an Schmuckstücken und Diamanten nur vorstellen kann, enthielt, ohne die Uhren zu zählen, die Stundenbücher, die Schminkkästchen, die Flakons, die Etuis mit Scheren, Messern und Zahnstochern, die Miniaturen, Kreuze, Rosenkränze, Ringe und Armbänder. Schließlich war da noch ein kleinerer Schrein, in dem Perlen lagen, diamantene Ohrgehänge und ein kostbarer Behälter für die Kronjuwelen, die das Reich nie verlassen und die die Königinnen nie als Eigentum besitzen. Man wird mir leicht glauben, wenn ich sage, daß ich ein so prächtiges und aufmerksames Geschenk noch nicht gesehen habe.« (Memoiren der Mademoiselle de Montpensier)

Die französischen Sendboten hätten gern gesehen, wie erstaunt und erfreut die Infantin ist. Sie steht so unter den Regeln des Protokolls, daß sie diese »ziemlich große Truhe« mit ihren Wunderdingen automatisch ihrer Ehrendame weiterreicht, ohne sie zu öffnen. Eine königliche Prinzessin geruht nicht, die menschliche Geste des Öffnens einer Truhe zu vollziehen.

Am nächsten Tag, auf der Fasaneninsel, Versöhnung und Austausch von Friedensküssen der beiden Könige, deren Truppen sich vierundzwanzig Jahre lang gegenseitig umgebracht haben.

Die französische königliche Familie durchschreitet, geführt von Mazarin, mehrere Räume des Velasquez-Pavillons und betritt ein mit Tapisserien ausgeschlagenes Zimmer, wo Philipp IV. und Maria Theresia sie erwarten. Die Infantin trägt ein Kleid aus weißer Seide, das mit goldenen Lilien besät ist und auf dem ein Bukett birnenförmiger, von Diamanten eingefaßter Smaragden glitzert.

Auf der spanischen Seite ist der Boden mit gold- und silbergrundigen Perserteppichen ausgelegt. Auf französischer Seite mit karminrotem Samt, der mit breiten Gold- und Silberstreifen besetzt ist. Zwischen zwei sich gegenüberstehenden Tischen verläuft die gedachte Grenze. Jeder Tisch steht auf einem eigenen Teppich, der sich von dem anderen unterscheidet.

»Jeder der beiden Könige stellte sich vor seinen Tisch; zu ihren Füßen lag ein Kissen. Der Herr Kardinal [Mazarin] brachte das Evangelium, auf das ein Kreuz gestellt wurde; dem König von Spanien brachte es der Patriarch von Indien. Der Herr Kardinal trug sein Chorhemd und der andere [der Patriarch] das seine. Die beiden Könige knieten nieder. Der Staatssekretär Graf von Brienne nahm den Friedensvertrag in die Hand und ebenso Don Fernando Ruiz de Contreras, der spanische Staatssekretär; beide lasen laut, zur gleichen Zeit und jeder in seiner Sprache, den Text. Danach legten die beiden Könige die Hand auf das Evangelium und schworen, alles zu halten, was im Friedensvertrag stünde. Der König von Spanien sprach als erster, man sagte, es sei eine Ehrerbietung, die er uns erwiesen habe. Dann erhoben sie sich und umarmten sich. Der König antwortete ihm, er schwöre ebensowohl Freundschaft wie Frieden.« (Memoiren der Mademoiselle de Montpensier)

Am folgenden Tag die herzzerreißende Trennung. Der König von Spanien verliert seine Tochter. Es ist, als trete sie in ein Kloster ein oder versinke in einem Grab. Alle Anwesenden weinen: Anna von Österreich, Ludwig XIV. und, von ihm angesteckt, auch sein Bruder. Die Infantin kniet dreimal vor ihrem Vater nieder, und er segnet sie. Sie ist fast ohnmächtig. Dann entfernt sie sich, um sich nach französischer Art zu kleiden. Mazarin dankt Philipp IV., daß er Frankreich die Ehre gemacht habe, seine Tochter ihrem Gemahl persönlich zuzuführen. »Ich wäre sogar zu Fuß gekommen«, antwortet der Stumme unter Schluchzen.

Maria Theresia erscheint in ihrem ersten französischen Kleid. Frankreich umweht sie mit seiner Luft, sie ist umhüllt von rosenroter, mit Gold und Silber bestickter Seide und umflutet vom Feuer ihrer Juwelen.

In Saint-Jean-de-Luz nimmt Maria Theresia ihre erste französische Mahlzeit ein in dem Haus, in dem Anna von Österreich residiert.

Am 8. Juni: Anproben. Es ist der Tag der Schneiderinnen und Friseure. Eine der beiden Hauptfiguren des großen Schauspiels wird für die Bühne zurechtgemacht. Am 9. Juni: die Eheschließung in Saint-Jean-de-Luz. Vor den Häusern, in denen die Mitglieder der königlichen Familie wohnen, ist der Erdboden mit kostbaren Teppichen bedeckt. Auf beiden Seiten des Weges erheben sich weiß-goldene Säulen, die durch Girlanden verbunden sind. Die Regimenter der Schweizer und französischen Garden stehen Spalier. Ohrenbetäubendes Geläut der Glocken. Und natürlich eine ungeheure Menschenmenge, die vor Begeisterung jubelt, als sähe sie Gott und seine Engel.

Der Hochzeitszug bewegt sich zu Fuß voran. An der Spitze der Prinz von Conti. Dann Kardinal Mazarin, stärker noch als sonst geschminkt, parfümiert und gelockt; er verbirgt seine Schmerzen unter seinem Hermelinkragen und seinem wallenden Purpurgewand.

Ganz allein, der König. Wie ist er gekleidet? Die Grande Mademoiselle hat plötzlich ihr Gedächtnis verloren. Sie sagt in ihren Memoiren nichts darüber. In Fontarabia hat sie genau gesehen, wie Philipp IV. angezogen war. Wahrscheinlich erinnert sie sich nicht mehr, weil sie Ludwig XIV. hatte heiraten wollen und weil diese Hochzeit den Zusammenbruch ihrer Träume bedeutet. »Ich erinnere mich nicht mehr genau, wie er gekleidet war. Ich glaube, daß er sehr mit Gold bestickt war, und Monsieur ebenfalls. Daß ihre Hutbänder mit Diamanten besetzt waren. Ich glaube, daß Monsieur die Königin führte.« Augenzeugen, die ein besseres Erinnerungsvermögen haben, bezeugen, daß der König ein Habit aus Goldstoff mit schwarzen Verzierungen trug.

Maria Theresia hat zu ihrer Rechten den Herzog von Orléans, den Bruder des Königs, zu ihrer Linken ihren Ehren-Chevalier, Herrn von Bernaville. Über ihrer Silberbrokatrobe trägt sie einen lilafarbenen Samtumhang, der mit goldenen Lilien bestickt und zehn Ellen (zwölf Meter) lang ist. Diese samtene Flut wird seitlich von den Damen von Valois und Alençon gehalten, und das Ende der Schleppe von der Prinzessin von Carignan. Zwei Damen halten die Krone über dem Haupt der neuen Königin.

Schwarze, mit Silber durchwirkte Schleier mildern die Spuren, die die Zeit bei der Königinmutter hinterlassen hat; sie bewahrt die Schönheit einer prächtigen Rose, die langsam verwelkt.

Am Ende des Zuges geht die Grande Mademoiselle, in Schwarz, um den Hals eine aus zwanzig Reihen bestehende Perlenkette. Sie trägt Trauer um ihren Vater und um ihre dahingeschwundenen Illusionen.

In der Kirche nimmt der Bischof von Bayonne die Trauung der beiden Ehegatten vor, sie sitzen unter einem mit Lilien bestickten Samtbaldachin, auf den Büschel von Straußenfedern gesteckt sind. Anna von Österreich sieht auf ihrer Estrade unter einem schwarzsamtenen Baldachin, sie selber schwarzgekleidet, sehr vorteilhaft aus.

Nach der Zeremonie Festmahl des Königs, der beiden Königinnen und Monsieurs. Vom Balkon herunter bedanken sich die Neuvermählten für die Zurufe des Volkes und werfen Geldstücke in die Menge. Kaum ist der letzte Gang des Mahls abgetragen, bittet der König, schlafen gehen zu können. Er hat es eilig, seine Pflichten zu erfüllen. »Es ist zu früh!« sagt die entsetzte spanische Jungfrau. Doch sie unterdrückt ihr Zittern. Als die Kammerzofen sie entkleiden, ist sie selber ungeduldig: »Schnell, schnell! Der König erwartet mich.«

Einige Schriftsteller und Historiker halten Maria Theresia für eine Haremssultanin, weil sie gern Stofftiere um sich hat und Zwerge, und weil sie morgens beim Lever in die Hände klatscht, um den Hof darüber zu unterrichten, daß der König sie in der Nacht mit seinem Besuch beehrt hat. Aber

Maria Theresia ist auch eine ihren Mann abgöttisch liebende Frau, eine Kindfrau, die in ihrer Naivität und ihrer Unkenntnis des Französischen inmitten dieses grausamen Hofs wie eingemauert lebt. Einige bedauern die in ihre Kindlichkeit und Liebe verstrickte Gefangene. Nach der Hochzeitsnacht nimmt der König die erste Mahlzeit ohne sie ein. Man kann sich vorstellen, mit welchen Glossen die Höflinge das Ereignis kommentieren. Um allen Spöttereien ein Ende zu machen, beschließt Seine Majestät, während der Rückreise mit seiner jungen Frau zusammenzuwohnen.

Dennoch entzieht sich Ludwig XIV. diesem Paradezug unter Triumphbogen, mit denen Frankreich ihn als Symbol des Friedens feiert. Am 27. in Saintes verkündet er gebieterisch, die Königinnen und der Hof sollten den Weg bis Saint-Jean-d'Angély fortsetzen, während er sich zur Inspektion nach La Rochelle begeben würde. Anna von Österreich und Mazarin sind entsetzt, sie ahnen, daß er an Marie Mancini denkt und daß die Wunde noch nicht geheilt ist. Der Kardinal versucht sich einzuschalten; er führt den Titel eines Statthalters der Saintonge. Ihm käme die Ehre zu, Seine Majestät durch seine Provinz zu geleiten. Doch der König lehnt dieses zu fadenscheinige Angebot ab. Er nimmt nur Philippe Mancini und zwei andere Edelleute mit.

In La Rochelle besichtigt der König einige Schiffe. Am 28. Juni verbringt er die Nacht in Brouage, in dem Bett, in dem Marie so viel und so oft an ihn gedacht hat. Ludwig liegt lange schlaflos, er ist nicht mehr der König, sondern ein von Tränen überwältigter junger Mann, der seiner Verzweiflung nachgibt. Ein endloser Tränenstrom, der tief aus der Jugend kommt und seine Pflichten überflutet, die letzten Tränen reiner Liebe eines Mannes, der nur sich selbst gehört und die gleichen Freuden und Schmerzen wie der bescheidenste der Menschen empfindet. Hier am Meeresufer erlebt er seinen Ölberg, die verzweiflungsvolle Nachtwache, während der die letzten Schwächen von ihm abfallen. Am folgenden Tag, als er in Saint-Jean-d'Angély wieder mit dem Hof zusammentrifft, ist er der König, hart geworden, gepanzert, bereit, sein Kreuz zu tragen.

Am 25. August 1660 ziehen der König und die Königin feierlich in Paris ein. Gott steigt auf die Erde herab, um den Menschen die Ordnung und den Frieden zu bringen. Es ist der Triumphzug des Sonnenkönigs, der die in vierundzwanzig Unglücksjahren zusammengeballten Wolken teilt und die Menschheit mit Licht überflutet. Dem Volk von Paris, bis zum letzten Lastenträger, scheinen alle diese Bilder aus dem Musenhimmel zu kommen und durch die Straßen zu ziehen. Die abstrakten Bilder verschwinden, der König erscheint »so wie die Dichter uns jene Menschen schildern, die sie vergöttlicht haben«.

An der Porte Saint Antoine, wo Condé und Turenne ihr brudermörderisches Duell ausgefochten haben, erhebt sich, um dieses erinnerungsschwere

Ereignis zu überdecken, ein monumentaler Triumphbogen. Der König und die Königin sitzen auf zwei Thronsesseln und nehmen aus den Händen des Vorstehers der Kaufleute die Schlüssel der Stadt in Empfang. Dann besteigt Seine Majestät einen spanischen Falben, der unter einem Brokatbaldachin tänzelt. Die Königin steigt in ihre offene, ebenfalls von einem Baldachin überdeckte, dem Prachtwagen der Göttinnen gleichende Karosse. Unter unbeschreiblichen Begeisterungsausbrüchen setzt sich der Zug nach Paris hinein in Bewegung. Als sollte das während der Fronde vergossene Blut unsichtbar gemacht werden, haben die Pariser die Pflastersteine, die einst zur Errichtung der Barrikaden dienten, mit einem so dicken Teppich von Blüten und Blättern bedeckt, daß von den Rädern der Kutschen Wohlgerüche aufgewirbelt werden. Der Zug braucht am Nachmittag vier Stunden, um von der Place du Trône, über die Ile de la Cité zum Louvre zu gelangen. Der Hofstaat Mazarins, der Hofstaat des Königs und der beiden Königinnen, die Kanzlei, die Chevaulegers, die Beamten der Krone, der König selber, von Gold und Edelsteinen funkelnd, sein Bruder, Monsieur, die Prinzen von Geblüt, die lächelnde Königin, deren Karosse von einem Schwarm weißgekleideter Pagen umgeben ist, diese ganze Märchenpracht zieht durch Paris, das sich in einen Garten betäubender Düfte verwandelt hat. Der prächtigste Triumphbogen steht auf der Place Dauphine, Le Brun, der spätere Hofmaler und Hofdekorateur, hat ihn errichtet, anscheinend mehr zum Ruhm Mazarins als zum Ruhm des Königs. Die Allegorien stellen den Eifer dar, mit dem der Kardinal die Staatsgeschäfte und Friedensverhandlungen geführt hat. Verherrlichung des Königs, Triumph des Ministers. Neben dem König und der Königin ist der dritte Anziehungspunkt dieser Kavalkade »der Aufzug Seiner Eminenz«.

Mazarin entfaltet bei dieser Inszenierung die Kunst der klugen Steigerung. Zuerst zweiundsiebzig Maultiere, von fünfundzwanzig grünlivrierten Männer geführt. Vierundzwanzig dieser Maultiere tragen einfache rote Decken sowie »Federn und gewöhnlichen Kopfschmuck«. Die nächsten vierundzwanzig tragen Schabracken »aus feinstem Seidengewebe mit eingewirkten goldenen Figuren«, Glöckchen, Kopfgeschirre und Zaumzeug aus massivem Silber. Die letzten vierundzwanzig sind geschmückt mit »großen karminroten Samtdecken, auf denen Wappen und Wappensprüche eingestickt sind, daneben Füllhörner, aus denen Früchte und Blumen quellen«. Auf dem Kopf tragen sie »prächtige weiße und rote Straußenfedern«, aus denen wiederum Reiherfedern sprießen. »Dann kamen«, erzählt der venezianische Gesandte, »der Stallmeister Seiner Eminenz mit vierundzwanzig reichgekleideten und wohlberittenen Pagen, dann zwölf prächtige, mit karminrotem, gold- und silberbesticktem Samt bedeckte Pferde, die von zwölf Männern an der Hand geführt wurden; danach andere Pferde und Reiter in der Livree des Kardinals.« Dann eine weitere Steigerung in der Reihe der Herrlichkeiten: elf sechsspännige Karossen, »die Pferde jeweils in gleicher

Größe und Farbe ausgesucht, und nach ihrem Geburtsort«, welch Raffinement!

Zum Schluß, wie bei den Raketen eines Feuerwerks, das große Bukett, das sich in Sterne auflöst, aus denen wiederum Sterne fallen und dann, nach einer winzigen Pause, die schönste Himmelsperle. Fünfzig Reiter, »alle von hohem Rang, in reicher Kleidung auf unglaublich wertvollen Pferden«. Nun aber, als letzter und endgültiger Höhepunkt, auf den alle Welt während des ganzen Aufzugs wartet: die Karosse Seiner Eminenz. Von acht und nicht von sechs »herrlichen Pferden« gezogen. Doch ist diese Prachtkarosse – eine phantastische Koketterie dieses »unnachahmlichen Lebens« – nicht etwa die größte, sondern die kleinste. Wie ein Schrein, der den Diamanten der Diamanten enthält, der für sich allein unermeßlich viel teurer ist als alle anderen Glanzstücke.

Und nun der Theatercoup. Der Zauberer führt sein letztes Kunststück vor: diese Karosse ist leer. Der Illusionist entzieht sich den Schmerzen, dem Tod. Er läßt sich selbst verschwinden. Wo ist er? Sucht ihn! Ein wahres Bilderrätsel. Der Künstler hat sich das unendlich lange Rollen im Wagen über das holprige Pflaster ersparen wollen, er hat die Fähigkeit zu fliegen. Den Qualen des Körpers, den Verheerungen, die die Zeit ihm zugefügt hat, entrinnend, schwebt er oben in den Lüften, wie in der Oper der »deus ex machina« in seiner Luftgondel. Er ist auf einem der Balkone des Hauses der Frau von Beauvais in der Rue Saint-Antoine gelandet, von wo aus er dem Schauspiel zusieht. Lächelt er selber, oder ist es seine geschminkte Mumie? Man vermag es nicht mehr zu unterscheiden. Auf welchem der drei Balkone sitzt er? Er hat den Historikern eine solche Wolke von Puder ins Gesicht gestreut, daß sie nicht mehr klar sehen können. Einige behaupten, ihn auf dem Balkon der Königinmutter zu erblicken: die beiden Liebenden, auf dem Höhepunkt ihres gemeinsamen Werks vereint, nehmen unter Tränen die jubelnden Zurufe der Bevölkerung entgegen. Andere sagen, auf dem mittleren Balkon, dem größten und am weitesten vorspringenden, habe unter einem Baldachin die Königinmutter gesessen, zu ihrer Rechten die Königin von England und deren Tochter, die spätere Herzogin von Orléans.

Auf dem zweiten Balkon befinden sich die Hofdamen der Königinnen. Unter ihnen Marie Mancini, von innerer Erregung geschüttelt, und Madame Scarron, die dann Madame de Maintenon wird: das Gestern und das Morgen, die Schauspielerinnen des Stückes, denen das Schicksal den Augenblick ihres Auftritts und Abgangs von der Bühne bezeichnet.

Auf dem dritten Balkon »der Herr Kardinal von Mazarin, der fast die ganze Zeit Herrn von Turenne im schwarzen Habit bei sich hatte . . .«

Als der König unter dem Balkon ankommt, läßt er sein Pferd schwenken. Mit der ihm eigenen, unnachahmlichen Würde zieht er den mit weißen Federn geschmückten Hut und grüßt lange und ehrerbietig seine Mutter und den Kardinal. Seine Mutter, die er verehrt und in der vielleicht schon die Krebsgeschwulst schwärt, an der sie fünf Jahre später stirbt. Den Kardinal, der ihn geformt und der ihm seinen Thron bewahrt, der ihm die Wege zu einer großen Regierungszeit geebnet hat und der unter seinem Purpurgewand bereits ein Leichnam ist.

Madame Scarron, die spätere heimliche Gemahlin des Königs, sie selber also spätere Königin von Frankreich, ist fasziniert von dieser göttlichen Grußbezeigung. Am Tag darauf schreibt sie an eine Freundin, in ihren Worten offenbart sich ihre Höflingsseele. »Ich glaube nicht, daß man etwas Schöneres erleben kann. Die Königin hat sich gestern abend, sicherlich völlig überwältigt von dem Ehemann, den sie sich erwählt hat, schlafen gelegt.« »Völlig überwältigt«, wie ganz Frankreich, das verliebt in seinen König ist. Aber was soll das heißen: »der Ehemann, den sie sich erwählt hat«?

In der Menschenmenge stehen auch zwei Dichter, die das Ereignis besingen: Racine, zwanzig Jahre, La Fontaine, neununddreißig Jahre alt. Racine verfaßt eine höfische Ode, »Die Nymphe der Seine«, und läßt sie durch seinen Vetter Charles Perrault vorlegen. Der Verfasser der »Märchen« wirft Racine vor, er habe die neue Königin mit Venus, der Prostituierten, verglichen. Und persönlich trägt Racine seine Ode zu Chapelain, dem allmächtigen Papst der Literatur, der wiederum den Ausdruck »die Tritonen der Seine« bemängelt. Denn die »Tritonen« leben nur in Salzwasser, und deswegen muß Racine die ganze Strophe umdichten. Am liebsten hätte er sie wohl alle ertränkt!

La Fontaine hingegen, der ewige Anfänger, denkt nicht daran, irgend jemand den Hof zu machen. Dem prächtigen Maultier-Aufzug Seiner Eminenz gegenüber läßt er eher Bosheit und Spott in seinem Gedicht anklingen. Er bezeigt gallische Impertinenz, er macht deutlich, daß in jedem Franzosen, auch wenn er ein Dichter ist, ein mißtrauischer Steuerzahler steckt. Was hat das alles gekostet?

»Alles dies muß ich zurücklassen!«

Mazarin arbeitet sich zu Tode. Um sein Werk zu vollenden, hält er sich durch heroische Zauberkunststücke am Leben. Dann verfliegt der Zauber, und Frankreich wird gewahr, daß er schon seit langem tot ist.

Kein Staatsmann ist grausamer geschmäht worden. Keiner hat je solchen Ruhm geerntet wie er nach dem Pyrenäischen Frieden. Ausländische Fürsten und Minister schreiben ihm, ziehen den Hut vor ihm und bitten um sein Urteil in schwierigen Fällen. Was nie zuvor geschehen ist und nie wieder geschehen wird: das Parlament, das einst einen Preis auf seinen Kopf ausgesetzt hatte, schickt eine Abordnung zu ihm, um ihn zu beglückwünschen.

Hat er daran gedacht, Papst zu werden? Andere haben für ihn daran gedacht. Im Monat Dezember 1655 schon schrieb ihm ein Jesuit: »In allen Vorzimmern und allen religiösen Körperschaften wird nur von den Verpflichtungen gesprochen, welche die Christenheit Seiner Eminenz gegenüber hat, und man hört nur sein Loblied singen. Alle, die sich auskennen, sind der Meinung, daß Seine Eminenz die Konklaven beherrschen wird und dem die Tiara aufs Haupt setzen kann, der ihm genehm ist, selbst auf sein eigenes Haupt, wenn er Lust dazu hat.« (Lavisse »Geschichte Frankreichs«)

Ehe Mazarin am 13. August 1659 den Fuß auf die Fasaneninsel setzt, herrscht in Rom bereits Begeisterung. Tausendfach wird das Gerücht ausgestreut, »er könne nach der Papstwürde streben oder zumindest einen Pontifex nach seinem Belieben schaffen«. (26. Juli) Benedetti, Mazarins langjähriges Faktotum in Rom, sieht ihn schon auf dem Stuhl des heiligen Petrus sitzen. (Brief vom 28. Juli) Mit jedem Tag, der den Frieden näherbringt, wird die Begeisterung für ihn größer. Noch einmal schreibt Benedetti am 11. August, er ist wie berauscht. Die Kirche und ihre Staaten ersehnen sich einen Papst wie Mazarin. Eine einzige Bedingung ist zu erfüllen: um jeglichen Anwurf zu vermeiden, muß er sich zum Priester weihen lassen.

Viele Jahrzehnte ist Mazarin von Rom als der Antichrist angesehen, ebenso lange in Rom von Spanien bekämpft worden, nun erlebt er es endlich, daß die beiden mächtigsten Parteien im Konklave sich auf seinen Namen einigen würden. Es könnte zu einer triumphalen Papstwahl kommen. Es klingt wie ein Traum: Mazarin als Papst! Einer der außergewöhnlichsten des ganzen Papsttums. Gäbe es eine Gerechtigkeit in dieser Welt, wären die Menschen vom wohlabgewogenen Interesse geleitet, dieser Rechenkunst der Leidenschaften und Meinungen, müßte er eigentlich Papst werden, und es ist unbestreitbar, daß die Kirche im 17. Jahrhundert einen solchen Pontifex dringend gebraucht hätte. Das wäre die Krönung der ungewöhnlichen Laufbahn des Sohns eines Verwalters der Colonna! Er, der immer mit der Politik so beschäftigt war, daß er nie die Zeit fand, nach Rom zu gehen, um seinen Kardinalshut in Empfang zu nehmen, würde dort jetzt die Tiara bekommen!

Und dieser Triumph käme zur rechten Zeit. Wenn der Abbé von Choisy behauptet, Mazarin sei gestorben »in der Vorstellung, Papst zu werden«, so hat er große Einsicht bewiesen: »Er wußte, daß der König nichts unterlassen würde, um ihm zum Erfolg zu verhelfen, aus Freundschaft, aus Dankbarkeit, aus Stolz und vielleicht sogar, um sich auf ehrenwerte Art und Weise von einem Ersten Minister zu trennen, der ihm allmählich lästig wurde.« (Lavisse)

Sollte es für den Emigranten, der während der Fronde fürchtete, nur mit seinem Hemd bekleidet »wie ein Spitzbube« nach Rom zurückgeschickt zu werden, keinen anderen Abgang geben, denn als Papst dorthin zurückzukehren? Er kennt die Menschen zu gut – insbesondere den Menschen, den er wie seinen Sohn erzogen hat und dessen Verstellungskunst er zu ergründen sucht –, um nicht zu wissen, daß sich ein Drama über seinem Haupt zusammenballt. Er kann den zweiundzwanzigjährigen geweihten, verheirateten, vergötterten König, den Auserwählten des Herrn, den Auserwählten der Frauen, den Auserwählten des Volkes nicht ewig unter Vormundschaft halten. Wäre es für den jungen ungeduldigen König, der seinen alten Vormund gern loswerden möchte, nicht die allerbeste Art und Weise, wenn er hinter ihm die Tür zuschlagen und ihm zwar nicht einen Knochen, aber eine Tiara nachwerfen würde?

Papst Alexander VII. wird alt. Die Unterzeichnung des Pyrenäischen Friedens und die Heirat des Königs stopfen den letzten Neidern den Mund und zwingen sie, wie Benedetti schreibt, sich der Bewunderung für Mazarin anzuschließen. »Jeder ist der Auffassung, daß Eure Eminenz zustimmen müsse, Papst zu werden.« (8. Dezember 1659) Am 25. Oktober 1660 berichtet Pater Duneau, der nicht so direkt betroffen ist wie Benedetti, in einer chiffrierten Botschaft: Mazarins Wahl scheint gesichert, »sofern die Kardinäle nicht den Verstand verlieren«.

Wie stets faßt Mazarin alle Eventualitäten ins Auge. Am 20. Dezember 1659 gibt er, für den Fall eines Konklaves, die Anweisung, für seinen uralten Freund, den Kardinal Sacchetti, zu stimmen, in dessen Schoß er jederzeit »das allervertraulichste Geheimnis« legen würde. Aber intuitiv ahnt er, im Gegensatz zur allgemeinen Auffassung, daß Papst Alexander VII. vom Tod noch weit entfernt ist. Ihm verbleiben noch sieben Jahre Lebenszeit.

Mazarin wartet acht Monate, um einen seiner aufsehenerregenden Theatercoups auszulösen: Am 20. August 1660 läßt er verlauten, er habe die Absicht, sich zum Priester weihen zu lassen. Wenn bisher daran gezweifelt werden konnte, daß er Anna von Österreich nicht geheiratet hat, mit dieser Ankündigung ist es bewiesen. Will der Verwandlungskünstler eine letzte Rolle übernehmen, will er sich, dem Rat Benedettis folgend, zum Priester weihen lassen, damit er Papst werden kann? Madeleine Laurain-Portemer, die große Spezialistin auf diesem Gebiet, untersucht und prüft die Daten. Sie glaubt an die Aufrichtigkeit des Kardinals. Nach der Hochzeit des Königs hat sich Mazarins Gesundheitszustand verschlechtert. Die Krankheit hat ihn wochenlang ans Bett gefesselt. Am 20. August 1660 gibt er seine Absicht kund, sich zum Priester weihen zu lassen. Wie kann sich dieser wandelnde Leichnam, der sechs Tage später (26. August) nicht die Kraft hat, in seiner Karosse den königlichen Hochzeitszug mitzumachen, einbilden, die Kraft zu haben, Papst zu sein? »Während der Prüfungs- und Leidenszeit ist er in sich gegangen«, meint Madeleine Laurain-Portemer. Am gleichen Tag (20. August) schreibt er an Kardinal Antonio Barberini und an Benedetti. In beiden Briefen der gleiche fromme Glockenklang. An

Kardinal Antonio: »Ich danke der Göttlichen Majestät für alles, besonders dafür, daß es Ihr gefallen hat, mir alle die bösen Dinge aufzubürden, die die Herstellung der Ruhe in der Welt hätten stören können, für die ich mich aufgeopfert habe und für die ich mich erneut mit größter Freude aufopfern würde, unter Hintansetzung meiner Person.«

Benedetti setzt er auseinander, daß er jetzt, da er Europa den Frieden gebracht habe, mehr Zeit hätte, »als Kardinal Priester zur Göttlichen Majestät für die Einheit der christlichen Fürsten zu beten und zu bitten, daß Sie ihnen heiligen Eifer eingebe für die Aufrechterhaltung und Verbreitung der Religion«.

Trotz Laurain-Portemers Auffassung kann ein Zweifel aufkommen. Er hat die Welt so oft getäuscht! Sind diese Kniefälle, ist diese plötzliche Frömmigkeit, diese völlige Hingabe an Gott nicht seine vorletzte, hervorragend gespielte Rolle, bevor er stirbt? In dem Brief an Benedetti fährt Mazarin fort: »Erbitten Sie mithin, sobald Sie diesen Brief bekommen haben, für mich ein ›extra tempora‹ und schicken Sie es mir sofort.«

Was kann Mazarin beabsichtigt haben? Etwas wirkt merkwürdig an diesem Brief. Ist es der plötzliche Übergang aus einem Zustand mystischer Ekstase in einen bürokratischen Tonfall? Ist es das italienische Wort »subito«, sofort, das in seiner Flinkheit etwas Komisches an sich hat? Jedenfalls könnte ein Übelwollender ein listiges Aufblitzen im Auge der Eminenz erkennen. In den Händen des ewigen Pantalone der Commedia dell'arte könnte dieses von Seiner Heiligkeit erbetene »extra tempora« einem zweifachen Spiel und Zweck dienen. Wenn Pantalones Gesundheitszustand sich verschlimmert, kann er sich als geweihter Priester tiefer in Gottes Schoß versenken und für sein Seelenheil sorgen, und wenn sein Zustand sich bessert, wer sollte ihn daran hindern, nach der Tiara zu greifen?

Alexander VII. kommt diesem »subito« nach. Er unterzeichnet »subito« das Breve oder Indult vom 23. September außerhalb der dafür vorgesehenen traditionellen Tage. Und er läßt es durch seinen Neffen, den Kardinal Chigi, sofort zu Benedetti bringen.

Dieses Indult öffnet alle Türen: »Jedweder Bischof, sei er aus der Diözese seines Wohnsitzes oder nicht, war berechtigt, Mazarin die niederen Weihen zu spenden, an Wochentagen oder nicht, in vier Tagen oder einem einzigen, dann die höheren Weihen (Subdiakonat, Diakonat, Presbyterat) an drei Sonntagen oder aufeinanderfolgenden Festen, ohne die vom Konzil zu Trient vorgeschriebenen Pausen zu beachten. Sobald Mazarin die Weihen empfangen hat, kann er sein Priesteramt aufnehmen und die Messe ›frei und rechtmäßig‹ feiern.« (Laurain-Portemer)

Gott lehnt dieses »subito« ab. Er weist diesen Priester der letzten Stunde zurück, der nun endlich, mit der Verspätung eines ganzen Lebensalters, seinen Eltern, seinen Lehrern, den Jesuiten und Papst Urban VIII. gehorcht. Klarer als die Historiker hat Er die Gründe für diese späte Berufung erkannt. Die Vollkommenheit ist nicht von dieser Welt. Vielleicht hat Er nicht gewollt, daß der einzige Staatsmann, der die meisten seiner Ziele erreicht hat, die geistliche mit der weltlichen Macht vereint. Vielleicht hat Er Frankreich nicht zu viel Macht geben wollen mit einem König, der Europa beherrscht, und einem französisch-italienischen Papst in Rom. Vielleicht hat Er der Königinmutter die Kränkung ersparen wollen, daß Mazarin sie an der Schwelle zum Greisenalter verläßt, um sich auf den Thron des heiligen Petrus zu setzen, jetzt, da sein Körper und sein Ehrgeiz sie nicht mehr benötigen.

Monatelang ringt Mazarin im Louvre mit dem Tod, während sich Festlichkeit an Festlichkeit reiht. Er selbst veranstaltet die Vergnügen für den jungen Hof, um die neue Sonne nicht zu verdunkeln. Er leitet das Goldene Zeitalter ein, und zur Einweihung macht er der jungen Königin ein märchenhaftes Geschenk: ein Tafelgeschirr aus massivem Gold, eine rot und silbern ausgeschlagene Karosse mit zehn russischen Pferden und eine andere, in Grün und Gold, mit zehn indischen Pferden, dazu Schmuckstücke im Wert von einer Million zweihunderttausend Pfund, einer heute kaum auszurechnenden Summe.

In seinen Gemächern im Louvre sitzt er in seinem Sessel, aufrechterhalten durch unbeugsame Energie, und läßt die neue Welle der Vergnügungen über sich ergehen. Auch auf der Bühne beginnt eine neue Zeit, die große Komödie des Lebens wird dargestellt: »Der Leichtsinnige« und »Die lächerlichen Preziösen« von Molière. Colbert übergibt auf Geheiß des Königs dem Dichter die Summe von dreitausend Pfund, und der König spricht Colbert gegenüber die Empfehlung aus: »Molière muß weiterhin Wertschätzung bezeigt werden. Er läßt ein Talent für Komik erkennen, aus dem der Staat bei passender Gelegenheit großen Nutzen ziehen kann.«

Im Trubel der Feste, mit denen sich der junge König und sein Hof vergnügen, ist Mazarin streng gebunden an eine Diät: er darf nur Milch, Kraftbrühe, Rebhühner und Opiumpillen zu sich nehmen.

Er muß einen Riß in seiner England-Politik abdichten. Karl II. ist wieder auf den Thron gestiegen, seine Untertanen, die am Puritanismus fast erstickt waren, jubelten ihm zu. Doch Frankreich als ehemaliger Verbündeter des Königsmörders Cromwell hat darunter zu leiden. Der französische Gesandte in London verläßt unter Mißfallensäußerungen das Land.

Trotzdem hält Mazarin die Stuarts an der Leine. Sie brauchen sein Geld, um nicht Sklaven des Parlaments zu werden. Die Brücke über den Ärmelkanal schlägt eine geschickte Vermittlerin, Anna von Gonzaga. Anna von Österreich bittet die Königinmutter von England um die Hand der Prinzessin Henriette für ihren Sohn, den recht unmännlichen Monsieur. Mit welchen Scherzen Ludwig XIV. seinen Bruder neckte, berichtet die Grande

Mademoiselle: »Er sagte zu Monsieur, er solle sich nicht zu sehr beeilen, die Gebeine der Unschuldigen Kindlein zu heiraten ... Es ist allerdings wahr, daß die (spätere) Madame sehr mager war, doch kann man nicht bestreiten, daß sie zugleich sehr liebenswürdig war. Sie zeigte so viel Anmut bei allem, was sie tat, sie war so aufgeschlossen, daß jeder, der mit ihr zusammenkam, angetan war von ihr. Sie hatte es fertiggebracht, Lob einzuheimsen für ihre hübsche Figur, obwohl sie bucklig war. Monsieur bemerkte es erst, als er sie geheiratet hatte.« Dieses Buckels wegen mußte das britische Parlament eine Mitgift aussetzen. Und als sie Anfang 1661 wieder nach Frankreich kam, bezauberte sie mit ihrer Koketterie und ihrem Charme sogar Monsieur.

Einige Leute behaupten, Mazarin habe sich durch Geheimklauseln im Pyrenäischen Vertrag die Unterstützung Spaniens für den Fall seiner Bewerbung um die Tiara gesichert. Einen neuen Beweis für Mazarins Absichten auf die Papstwürde sehen sie in seinem Verhalten den Türken gegenüber. »Hatte der Kardinal, der als Franzose Europäer war, den Plan, die Waffen der miteinander versöhnten christlichen Nationen gegen die Türken zu richten? Wollte er den ursprünglichen Gedanken Pater Josephs wieder aufnehmen, vielleicht in der geheimen Hoffnung, auf diesem Umweg zur Papstwürde zu gelangen?« So fragt Maurice Schumann in dem Buch »Mazarin Européen«.

Der Historiker Raymond Darricau hat Mazarins Politik gegenüber dem Osmanischen Reich genauestens untersucht (Revue d'Histoire diplomatique 1960). Papst Alexander VII. ist über die Fortschritte beunruhigt, die die Türkei als christenfeindliche Nation zu verzeichnen hat. Unter Sultan Mohammed IV. und seinem tüchtigen Großwesir Mohammed Köprülü umfaßt die Türkei 1660 außer den alten Provinzen Thrakien, Mazedonien und Kreta nun Bulgarien, Serbien, Bosnien, Kroatien, Dalmatien, die Moldau, die Walachei und ein Stück von Ungarn. Sie übt Hoheitsrechte aus über Siebenbürgen und über das westliche Kleinasien bis zum Tigris. Armenien, ein Teil Arabiens und Marokko gehorchen ihr. Sie streckt ihre Fühler nach dem übrigen Ungarn aus. Und durch die Belagerung von Kandia auf Kreta, einer venezianischen Besitzung, bedroht sie den gesamten Archipel.

Es darf nicht vergessen werden, daß Mazarin seine Laufbahn als vatikanischer Diplomat begann. In seinem Denken sind die Leitgedanken der Kirche verwurzelt: in Europa, in der Christenheit muß der Friede wiederhergestellt werden. Dann müssen die Streitkräfte sich gegen den Türken wenden. Wiewohl Mazarin sich mit Innozenz X. und Alexander VII. gestritten hat, wobei die Schuld bei den beiden Päpsten zu suchen ist, hat Mazarin ihr Verlangen nicht mißachtet. Im übrigen stößt er in Frankreich auf diese Gedanken, sowohl in dem geheimnisvollen »großen Plan« Heinrichs IV., wie in den Kreuzzugsplänen, die Pater Joseph unter seiner Kapuze ausbrütete.

Seit Mazarin die Macht in der Hand hat, denkt er daran, den Venezianern beizustehen. Neben Unternehmungen zur See will er Operationen zu Lande in Deutschland und in Mitteleuropa durchführen. Bekannt geworden sind diese Dinge durch seinen Beichtvater, Pater Angelo Bissaro, und durch seinen Sekretär, den getreuen Benedetti. Es liegt ein Brief Mazarins vom 20. Juni 1658 vor, in dem er mitteilt, er habe hunderttausend Taler nach Venedig geschickt, zum Kampf gegen die Türken.

Doch Mazarin ist vorsichtig in seiner Politik. Seit dem 16. Jahrhundert treibt Frankreich aktiv Handel mit der Türkei. Diese gewinnbringende Quelle darf nicht zum Versiegen gebracht werden. Andererseits haben im Zuge der Gegenreform nach dem Konzil von Trient katholische Missionen den Rand des Mittelmeers besetzt. Franziskaner, Karmeliter, Kapuziner, Jesuiten und Theatiner stehen in freundschaftlicher Beziehung zu den orthodoxen Kirchen. Mazarin ist darüber unterrichtet. In Rom hat er viel mit den Prälaten der Kongregation Propaganda fide verkehrt. Sie haben ihm gesagt, daß ein harter Kreuzzug das von den Missionaren errichtete Gebäude zum Einsturz bringen würde. Und ein Teil der französischen Öffentlichkeit bestätigt ihm, daß ein solcher Schlag die französische Vorrangstellung im Orient, ein Jahrhundertwerk, zugrunde richten würde.

Im März 1646 stürzen sich die Türken auf Kreta. Die bedrängten Venezianer rufen Europa zu Hilfe. Das von den Ungläubigen belagerte Kandia wird zum Pflock, der ins Herz der Christen dringt. Im geheimen läßt Mazarin Tausende von französischen Seeleuten und Soldaten durch venezianische Emissäre anwerben. Zwei französische Offiziere rüsten unter angenommenen venezianischen Namen in der Toskana und in Holland ein Dutzend Schiffe aus.

Mazarin geht behutsam zu Werk, um es mit der Hohen Pforte nicht zu verderben. Er kann den Sultan nicht daran hindern, die Abberufung des französischen Gesandten in Konstantinopel zu verlangen, der beschuldigt wird, mit den christlichen Truppen auf Kreta in Briefwechsel zu stehen. Doch seit 1658 verhandelt er heimlich mit Venedig, dem Papst und den italienischen Staaten, um einen gemeinsamen Feldzug gegen die Türken vorzubereiten.

Im Januar 1660 entsendet Venedig einen außerordentlichen Gesandten namens Nani nach Frankreich. Mazarin bestätigt ihm gegenüber seinen Entschluß, ein Hilfskorps ins »Reich von Kandia« zu schicken. Der Kardinal und der König begeben sich nach Toulon, um die Flotte zu inspizieren. (7.–18. Februar) Sie besprechen sich mit dem Chevalier Paul, dem damals bedeutendsten Marinefachmann, der zugleich Ratgeber des heiligen Vinzenz von Paul in allen Missionsangelegenheiten war. Am 11. Februar bittet Mazarin den Herzog von Modena, ihm seinen Bruder Almeric zu schicken, der die Expedition befehligen soll. Zur Belohnung würde er dafür sorgen, daß Almeric zum König von Polen gewählt wird, indem er ihn mit der Schwester der Königin von Polen, der Hauptperson bei der Wahl, verheiratet. Dieser halb seemännische, halb religiöse Handel, dieses »Imbroglio« von Takelungen und Hochzeiten zeigt, daß die Luft des Mittelmeers den vom Tod Gezeichneten erfrischt hat.

In Nîmes (12. April) ernennt Mazarin einen seiner vertrautesten Agenten zum Generalkommissar der Expedition; es ist Guillaume Millet de Jeure, der seine tiefsten Geheimnisse kennt und einst die Schreiben seiner Eminenz von Brühl zur Königin nach Paris brachte. Er erklärt ihm, wie man falsche Gerüchte ausstreut, »um die Truppen, die rhoneabwärts zogen, nicht aufzuregen; man hatte ihnen eingeredet, sie würden in der Provence bleiben, um ein paar Aufständische zu bestrafen.«

Bis zum Schluß ist Mazarin mit dem Kandia-Feldzug beschäftigt. Noch im Sterben, als er schon keine Audienzen mehr gewährt, greift er einen alten Plan auf: eine allgemeine Liga der christlichen Fürsten zu bilden. Mit letzter Kraft schreibt er in diesem Sinn an die Kurfürsten Erzbischöfe von Mainz und Köln.

Im Dezember erfährt er die schreckliche Nachricht: Kandia ist ein Desaster geworden. Viele Soldaten der Expedition geraten in Sklaverei. Die christlichen Gefangenen werden durch die Straßen von Konstantinopel getrieben. Sein italienisches Regiment, auf das er so stolz war, ist vernichtet.

Mit ersterbender Stimme gibt Mazarin genaue Anweisungen an Lionne, Brienne und Le Tellier, um Venedig auf andere Weise zu helfen. Er versucht, Spanien für den Kreuzzug zu gewinnen. Und er gibt Ludwig XIV. den Rat, den allerletzten, Venedig auf jeden Fall zu unterstützen. Als der Nuntius ihm den päpstlichen Segen »in articulo mortis« erteilt und Mazarin sich endlich ganz Gott anheimgibt, bedauert er nur eines: daß er diesen Kreuzzug zum Wohl der Christenheit nicht mehr zu einem guten Ende hat führen können. Er übergibt dem päpstlichen Abgesandten »ein Billet, in dem die Modalitäten einer Schenkung von sechshunderttausend Pfund zugunsten des Heiligen Stuhls festgelegt werden, um die Operationen gegen den gemeinsamen Feind zu finanzieren«. (Raymond Darricau)

Der Tod des Kardinals (9. März 1661) wird in Venedig mit Bestürzung aufgenommen und wie ein nationaler Trauertag empfunden. Ludwig XIV. kann der Serenissima nur wenig Trost spenden. Für sie ist ein Wunder zu Ende gegangen, Ziel und Zweck des Kreuzzugs gegen die Türken haben sich gewandelt. Auf dem Sterbelager wird offenbar, daß dieser Opernkardinal ein wirklicher Kirchenfürst und ein ergebener Sohn der Kirche war, der für ihre Verherrlichung und ihren Ruhm eintrat. Vielleicht war der Kreuzzug ursprünglich geplant, um durch ihn die Tiara zu erlangen, letztlich hat er Mazarin dazu verholfen, den Himmel zu gewinnen.

Mazarin schleppt den Tod aus dem Louvre-Palast in das befestigte Schloß Vincennes. Der von der Arbeit besessene, bis zur letzten Faser verbrauchte

Mann muß das Wüten einer Nierenentzündung und eines Lungenödems ertragen. Den Gnadenstoß versetzt ihm die Harnvergiftung. Um den harten Zugriff des Todes zu mildern, zieht Mazarin nach Vincennes um. In dem weitläufigen Park hofft er, Atemluft zu bekommen und den Tod durch das Schauspiel seines Ruhmes und Glanzes einzuschüchtern.

Mazarin ist Gouverneur von Vincennes. Vincennes ist seine feudale Burg und seine Sommerresidenz. Hier kann der Besieger der Feudalherren der Fronde seiner feudalen Neigung nachgehen, hier befindet er sich im Bereich des heiligen Ludwig und Karls V. Der alte Wehrturm ist mit Kanonen bestückt, seine berittenen Musketiere und die dreihundert Garden zu Fuß tragen sein Wappen auf der Schulter. Er läßt in den Gräben mit der Gebärde eines Großtürken, wie ihn der König in seiner Jugend nannte, einen Tiergarten mit Bären, Löwen und Tigern anlegen, der alle Welt in Staunen und Schrecken versetzt. Und vielleicht läßt sich sogar der Tod abschrecken.

Für die Freuden des Lebens hat Mazarin durch Le Vau moderne Gebäude errichten lassen. Vielleicht verjagen die Maurer den Knochenmann wirkungsvoller als die Kanonen und die Tiger. Seit 1653 sind die Bauarbeiter mit der Kelle am Werk und schaffen bis zu seinem letzten Atemzug. Hier finden auch die vielen Feste statt, die der Kardinal dem König und dem Hof gibt. Als wolle er, nachdem er Europa den Frieden gebracht hat, jetzt der Welt Vergnügungen bringen. Der auf dem Gipfel seines Ruhms stehende Staatsmann verwandelt sich zum Maître de plaisir für die Jugend. Die Theatertruppen von Floridor und Molière treten für diesen unvergleichlichen Regisseur auf, der sich dem Schauspiel der Träume hingibt, nachdem er das diplomatische Schauspiel der Welt inszeniert hat. Eine schmerzvolle Aufgabe bei den Qualen, die die Krankheit verursacht, aber auch beabsichtigter Rausch: der König soll in einen Wirbel gerissen werden, um mit der jungen Königin die Illusion eines Honigmonds zu genießen.

Spiele, Tänze, Jagden, Theateraufführungen bis hinein in den Januar 1661. Doch in Vincennes ist der Winter härter als in Paris. Der Tod kommt näher. Um ihm auszuweichen, zieht man wieder in den Louvre um. Mazarin arbeitet noch immer. Er hat den Vorsitz, wenn die Ratsgremien zusammentreten. Er führt sich auf wie ein Satrap, der auf nichts und niemanden mehr Rücksicht nimmt. »Die Ratssitzungen wurden in seinem Schlafgemach abgehalten, während er rasiert und angezogen wurde, und oft spielte er mit seiner Grasmücke und seinem Äffchen, während ihm Staatsangelegenheiten vorgetragen wurden. Er bot in seinem Schlafzimmer niemandem eine Sitzgelegenheit an, nicht einmal dem Kanzler und dem Marschall Villeroi.« (Lavisse)

Er erzieht und unterrichtet den König auch weiterhin, und dieser bezeigt ihm weiterhin tiefen Respekt, obwohl er sich häufig verstellen muß. »Sobald der König fertig angezogen ist, begibt er sich zum Kardinal ... Diese Besuche erfolgen ohne Zeremoniell, in völliger Zwanglosigkeit. Der

Kardinal verläßt sein Zimmer nicht, er begleitet den König nicht hinaus. Wenn er beschäftigt ist, geruht der König im Vorzimmer zu warten... Gewöhnlich dauert das Zusammensein mehrere Stunden; während dieser Zeit unterrichtet der Kardinal den König über die laufenden Geschäfte, belehrt und bildet ihn. So erfährt Seine Majestät alles aus guter Quelle«, schreibt der venezianische Gesandte Nani in einem Bericht. Doch weist der Diplomat auch auf den undurchschaubaren Charakter des Königs hin: »Er bezeigt jedem gegenüber vollkommene Gleichgültigkeit, so daß unter den ihm Nahestehenden niemand sich rühmen kann, von ihm durch Bevorzugung oder besonderes Vertrauen ausgezeichnet worden zu sein. Diese Eigenschaft, die man selten bei einem Fürsten antrifft, ist bei einem Monarchen in der Blüte der Jahre sehr erstaunlich . . .«

Auch beim Kartenspiel versucht Mazarin, den Tod zu hintergehen. Das Spiel ist das erste und letzte seiner Zerstreuungen. Jeden Abend wagt er, drei- bis viertausend Goldpistolen einzusetzen. Der Kardinal ist eine seltsame Mischung aus Verschwendung und Geiz. Er ist imstande, eine kostenlose Lotterie für den Hof zu veranstalten, bei dem die Gewinne mehr als eine Million wert sind. Die Grande Mademoiselle ist erstaunt darüber: »Diese galante Großzügigkeit erregte viel Aufsehen am Hof, überall im Reich und in den fremden Ländern. Sie war außerordentlich, und ich glaube, man hat in Frankreich eine solche Freigebigkeit nie erlebt.« Seinen Nichten gibt er Louisdors, die sie mit vollen Händen aus den Fenstern des Palais Mazarin werfen, um sich zu amüsieren und zuzuschauen, wie die Diener sich darum balgen. Doch kann der Kardinal andrerseits beim Spiel seine Raffgier so weit treiben, daß er die Goldpistolen, die er gewinnt, in der Hand wägt, und die, die er als zu leicht befindet, beiseite legt, um sie am nächsten Tag einzusetzen.

Mit zunehmendem Alter und fortschreitender Krankheit benimmt er sich jetzt der Königinmutter gegenüber brummig wie ein alter Ehemann. Er redet mit ihr wie mit einer »Zofe«. Er lehnt ihr alles ab. Er setzt ihr Haushaltsgeld herunter, ihre Ausgaben für die Tafel, für die Toilette. Er nörgelt über die Lebensführung des königlichen Paares. Er weigert sich, der jungen Königin Geld fürs Kartenspiel zu geben, während er »seiner Nichte, der Gräfin von Soissons, gewaltige Summen zum Spielen gab«.

Als der Hof mit Mazarin nach Vincennes umzieht, bewohnt die getreue Königinmutter die Gemächer, die seinen Zimmern am nächsten liegen, damit sie ihm beistehen kann. Wenn sie ihn des Nachts bei seinen Erstikkungsanfällen schreien hört, stürzt sie zu ihm, um seine Kissen aufzuschütteln. Er schilt sie mit harten Ausdrücken, wie Molières Greis mit seiner Dienerin tut: »Diese Frau bringt mich noch ins Grab . . . Wird sie mich nie in Ruhe lassen? . . .« In Molières Komödie beschimpft Argan seine Toinette: »Hündin! . . . Luder! . . . Diese Spitzbübin bringt mich ins Grab.«

Als Mazarin meint, er habe den Tod von seiner Fährte abgelenkt, offenbart er sich ihm plötzlich unter einem unerwarteten Aspekt. Im Augenblick der Zurichtungen für ein Ballett, das er einüben ließ, wie in seiner Jugendzeit in Rom beim Kardinal Antonio. Dieses der jungen Königin gewidmete Ballett sollte in der Gemäldegalerie des Louvre, die dann zur Apollo-Galerie geworden ist, getanzt werden. Mazarin hatte es sich in den Kopf gesetzt, diesen Saal völlig italienisch zu dekorieren. Er ließ ihn mit einem Meisterwerk Mailänder Webkunst ausschlagen, die seiner Meinung nach alles, was die Franzosen zu schaffen imstande waren, weit übertraf: goldene Brokatmuster auf grünem und rotem Grund. Am Abend des 6. Februar 1661 bricht, wahrscheinlich durch die Unvorsichtigkeit eines Arbeiters, ein Brand aus. Im Nu sind die Brokatstoffe von den Flammen verzehrt. Sie verschlingen auch die Porträts der Könige sowie die Wand- und Deckengemälde. Erst gegen sieben Uhr morgens kann das Feuer gelöscht werden.

In seinen Memoiren beschreibt der junge Brienne, der Kindheitsgefährte des Königs, eindrucksvoll das Verhalten des Kardinals. Brienne gegenüber ist meistens Vorsicht geboten, denn er stolziert gern wie ein Pfau im Vordergrund der Bühne umher. Um so mehr kann man ihm Glauben schenken, wenn er Szenen beschreibt, in denen er keine Rolle spielt. Dennoch sollte man nicht blindlings jemandem folgen, der sagt: »Man kann einem Mann Glauben schenken, der diese Zeilen in Saint-Lazare schreibt.« (Damals das Irrenhaus) Dort stirbt er später, geisteskrank.

Brienne behauptet, er habe gesehen, wie Mazarin aus seinem Schlafgemach kam, gestützt vom Kapitän seiner Garden. Er ist von der Krankheit so ausgehöhlt, daß er meint, das Unheil nicht zu überleben. Für ihn ist es wie eine Warnung des Himmels, wie jenes »mene tekel upharsin« (gezählt, gewogen, geteilt), das von unsichtbarer Hand an die Mauer des Saals geschrieben wurde, in dem der Babylonierkönig Belsazar, als Cyrus in die Stadt einzog, seine letzte Orgie feierte. Der Kardinal habe gezittert, sagt Brienne, er sei völlig niedergeschlagen gewesen. Der Tod stand ihm im Gesicht geschrieben. Hofleute drängten sich um ihn und redeten auf ihn ein. Er war so verstört, daß er kein Wort herausbrachte. Vier Männer trugen ihn auf einem Stuhl die Treppe hinunter, setzten ihn in seine Karosse und brachten ihn ins Palais Mazarin, während die Flammen den Raum erfaßten, den er soeben verlassen hatte. Das Feuer verjagt ihn aus dem Palast der Könige. In diesem Augenblick hat sich Mazarin, dem die Sterne so viel bedeuteten, dem Ende nahe gefühlt wie nie zuvor.

Brienne schildert eine andere erschütternde Szene, deren Zeuge er im Palais Mazarin zwischen dem 6. und 9. Februar gewesen sein will: »Ich wandelte durch die neuen Gemächer seines Palais und befand mich in der kleinen Galerie mit der Scipio-Tapisserie, der schönsten Tapisserie des Kardinals, ganz aus Wolle. Ich vernahm sein Kommen am Schlurfen seiner Pantoffeln, die er wie ein müder, von schwerer Krankheit befallener Mann über den Boden gleiten ließ. Ich versteckte mich und hörte, wie er sagte: ›Alles dies muß ich zurücklassen!‹ Nach jedem Schritt blieb er stehen, denn er war sehr schwach, er stützte sich bald rechts, bald links und ließ seine Augen auf dem Gegenstand ruhen, der in sein Blickfeld geriet. Und wieder sagte er mit einem tiefen Seufzer: ›Alles dies muß ich zurücklassen!‹ Sich umwendend fügte er hinzu: ›Und auch dies! Was hat es für Mühe gekostet, diese Dinge zu erwerben! Kann ich sie ohne Bedauern zurücklassen? Dort, wohin ich gehe, werde ich sie nicht mehr sehen! . . .‹«

Brienne hat das Lamento wohl ein bißchen zu lang ausgesponnen. Es ist nicht sehr wahrscheinlich, daß ein Mann, der zu sich selbst spricht, so gut geformte Sätze artikuliert wie »Kann ich sie ohne Bedauern zurücklassen? Dort, wohin ich gehe, werde ich sie nicht mehr sehen«. Doch es ist nicht unwahrscheinlich, daß im Jahrhundert des Theaters ein Italiener, ein geborener Schauspieler und Regisseur, vor sich hinseufzt: »Alles dies muß ich zurücklassen!« Vielleicht auch: »Was hat es für Mühe gekostet, diese Dinge zu erwerben!« Von christlicher Entsagung ist nichts zu spüren, das sind Opernklänge, wie die Italiener sie in ihrer klingenden Sprache hervorbringen. Jede Episode des Daseins wird singend erlebt.

Am 8. Februar läßt sich Mazarin nach Vincennes bringen. Hier will er den Tod erwarten. Der Hof folgt ihm. Doch die Anwesenheit des Königs, der Königin, der Königinmutter, des funkelnden Schwarms der Höflinge, seiner berittenen Musketiere und seiner dreihundert Garden zu Fuß genügen ihm nicht zur Abwehr des Todes. Er schart um sich eine Mauer auserwählter Freunde, die er zu sich ruft und »die ihn nicht verlassen sollen«. Unter ihnen der Herzog von Gramont, den er schon 1630, zur Zeit des Feldzugs von Mantua, kennengelernt hat. Ein hervorragender Hofmann, der nach Madrid geschickt worden war, um für den König um die Hand der Infantin zu bitten.

Von Mazarins Ende in Vincennes berichten zwei Dokumente: »Die Beschreibung des Todes des Kardinals Mazarin von seinem Beichtvater, dem Theatinerpater Angelo Bissaro« und »Die Beschreibung des Todes des Kardinals Mazarin von Monsieur Joly, dem Pfarrer von Saint-Nicolas-des-Champs«.

Das zweite Dokument ist eine erbauliche Erzählung, mit der die Anschuldigungen der Gottlosigkeit widerlegt werden sollten, die über die letzten Stunden des Kardinals als Gerücht umliefen. Es wurde geschrieben, um verbreitet und bekannt zu werden, und das wurde auch erreicht.

Das erste Dokument hingegen ist ein Geheimbericht, den Pater Bissaro an den General des Theatinerordens sandte. Er ruht in den Archiven der Generalkurie der Theatiner in Rom, bis der Historiker Raymond Darricau ihn in den fünfziger Jahren unseres Jahrhunderts entdeckt. Eine erste Studie erscheint in der Zeitschrift »Regnum Dei, collectanea theatina«.

(1955) Der von Madeleine Laurain-Portemer entzifferte Text wird zunächst in italienischer Sprache veröffentlicht, 1960 auch in Französisch, unter dem Titel »Der Tod des Kardinals Mazarin« im »Annuaire-Bulletin de la Société d'Histoire de France«; als Verfasser zeichnen Raymond Darricau und die Übersetzerin Laurain-Portemer.

Mazarin ist in seinem Leben unter tausend Stürmen alles gelungen, ihm gelingt auch der Tod. Es galt, ein zweifaches Ziel zu erreichen, einmal: sich mit einem so dichten Geheimnis zu umgeben, daß alles, was der Sterbende, um seinen irdischen Ruhm zu retten, verbergen wollte, für die Augen der Menschen undurchdringlich blieb, und zum anderen: Gott allein im letzten Augenblick das zu offenbaren, was ihm zur Rettung seiner Seele nötig schien. Ein subtiles Unternehmen, bei dem alles von der Einschätzung der Zeit abhängt. Wann ist der letzte Augenblick gekommen, da man sich von der Erde lösen muß, um sich zum Himmel hinaufzuschwingen? Ein Trapezakt des unvergleichlichen Akrobaten. Wenn er sich zu früh entscheidet, wenn er Zeit und Entfernung nicht richtig einschätzt, wird er zerschmettert am Boden liegen, zwischen den Trümmern seiner Geheimnisse. Macht er es richtig, schwingt er leicht von einem Trapez zum anderen.

Mazarin gelingt ein Kunststück: er vermag den allmächtigen Jesuiten zu entgehen, die in Frankreich die Beichtväter der Großen und der Könige sind. Er, der Italiener, einst zwar zum »Franzosen kanonisiert«, bis zum Ende aber mit »Mazarini« unterzeichnend, bleibt Italiener auch im Tod. Durch ein klug eingefädeltes Manöver bekommt er einen italienischen Beichtvater, der dem strengsten Orden angehört, dem lautersten, der »das Vorbild eines priesterlichen Lebens darstellt, das ganz auf die Messe und Eucharistie ausgerichtet ist«. Einen solchen Beichtvater wählt er, der kaum öfter zur Messe ging als der laueste der Gläubigen, der niemals hatte Priester sein wollen und der stirbt, ohne Priester gewesen zu sein.

Der Theatinerorden wurde 1524 in Italien vom heiligen Cajetan und von Gian Piero Caraffa, Bischof von Chieta, lateinisch »Teate«, dem späteren Papst Paul IV., gegründet, zur Zeit, als vor und nach dem Konzil von Trient große Glaubensstreitigkeiten herrschten. Eine von Pater Del Monaco geleitete Theatinermission läßt sich 1644 in Paris nieder. Sie hat unter schlimmen Kränkungen zu leiden und erträgt sie mit asketischer Ergebung, wie es die Ordensregeln erheischen. Hilfe wird dem Orden von Mazarin zuteil. Während seiner römischen Jahre hatte er Umgang mit Theatinern und war mit Pater Del Monaco freundschaftlich verbunden. Auch dies ein Geheimnis der Sphinx, deren Gewand aus Licht und Schattenfalten besteht. Dieser Genießer der irdischen Güter bewahrt in seinem Innern sicherlich unzugängliche Winkel, die ihm Trost und Stärke geben. Leider kann er für die Theatiner nicht so viel tun, wie er möchte. Er ist in Frankreich noch nicht der Herrscher und der Antichrist, aber fast. »Der Schurke aus Sizilien« wagt es nicht, Paris eine Kolonie sizilianischer Priester zuzumuten, die spanische Untertanen und ultramontan bis auf die Knochen sind.

Ende 1644 wird Mazarin in Fontainebleau schwer krank. Es ist Zeit, an sein Seelenheil zu denken. Er wählt das wirksamste Mittel. Über den Kopf der französischen Priester aller Schattierungen hinweg beruft er Pater Del Monaco zu seinem Beichtvater. Mit liebenswürdiger und verführerischer Geste schickt er eine seiner schönsten, von sechs Pferden gezogenen Kutsche zu dem demütigen Vertreter Gottes, der in seinen Händen den Schlüssel zum Himmel hält. Der Pater stellt Bedingungen: »Er könne die Aufgabe, die von ihm verlangt wird, nicht übernehmen, wenn Seine Eminenz ihm nicht im voraus verspricht, alles zu tun, was er ihm hinsichtlich seines Seelenheils aufgeben wird. Er selber wolle seine Seele retten und nicht sie verlieren, indem er die Seele eines anderen leitet.«

Von nun an kommen die Theatiner in Paris in Mode. Die Königinmutter hält ihre Hand über sie und beauftragt sie, Almosen zu verteilen. Mazarin hängt derart an Pater Del Monaco, daß er ihn nicht mehr von seiner Seite läßt. Er nimmt ihn mit in die Verbannung nach Brühl, er ernennt ihn zum Almosenier seiner Truppen. Als Mazarin aus dem Exil zurückkehrt, stirbt der Pater Ende 1651 in La Fère-en-Tardenois. An seine Stelle setzt Mazarin Pater Angelo Bissaro, den er ebenfalls nicht mehr von seiner Seite läßt und der ihm in seinem letzten Kampf Beistand leistet.

Die Beschreibung von Pater Bissaro ist so natürlich und unbefangen, daß sie eher von einem Franziskaner als von einem Theatiner stammen könnte. In Vincennes will der bescheidene Mönch im Hintergrund bleiben, sich unsichtbar machen. Er sieht unendliche Schwierigkeiten vor sich, vor allem diese drei: Erstens. Seine abgeschabte Kutte ist der Zielpunkt aller Blicke. Zweitens. Er ist »der Belagerung einer Menge von anderen Bewerbern und mißgünstigen Leuten ausgesetzt«. Drittens. Er hat Angst, einen Fehler zu begehen und dadurch die Geltung zu verlieren, die er »sehr nötig braucht bei einer so wichtigen Angelegenheit«.

Die Königinmutter fürchtet, der Arme könne seiner Aufgabe nicht gewachsen sein. Sie weiß, welche Sündenlast auf dem Kardinal liegt. Der Arme selbst fürchtet, er würde die »Worte aus Seide« nicht finden, die Camus, der Freund des heiligen Franz von Sales, den Großen ins Ohr zu flüstern empfiehlt.

Als Pater Bissaro nach Vincennes kommt, hört er, daß der Kardinal in den schlimmen, schlaflosen Nächten sich »Seefahrerbücher und seltsame Geschichten« vorlesen läßt, Bücher, die heutigen Kriminalromanen gleichzusetzen sind. Diese Lektüre ersetzt der gute Pater durch Lesungen aus Werken von Grenade, einem spanischen Dominikaner, der Mazarin sehr gefällt, weil er selber fließend spanisch spricht. Wenn er von Grenade genug hat, kann man es mit »De Consideratione« des heiligen Bernhard versuchen. Jeden Abend verabreicht Pater Bissaro mehr als zwei Stunden lang seinem illustren Kranken reichliche Portionen aus diesen Werken; er bedient sich dabei der Stimme eines anderen Theatiners, des Paters Camillo San Severino, der die Lesung vornimmt. Der Kardinal lobt diesen frommen Eifer, »er sagt, die Macht des Buches dringe ihm bis auf den Grund der Seele«, stärker gewiß als die Seefahrer- und anderen seltsamen Geschichten.

Nach diesem kleinen Gewalstreich sieht der Hof den demütigen Theatiner mit anderen Augen an. Entfesselt aber wird ein Krieg der Beichtväter. Die Mönche der anderen Orden ereifern sich über Pater Bissaro, dem es geglückt ist, den begehrten Platz einzunehmen. Die Spezialisten, die »vorgeben, daß alle großen Fürsten durch ihre Hände gehen, waren wütend, daß sie bei einer solchen Gelegenheit nicht in Betracht gezogen wurden und jetzt, da er tot ist, beklagen sie sich bitter und sagen viel Schlechtes über ihn, weil er ihnen nichts Gutes getan hat«. Auch die Pfarrer von Paris zeigen die Zähne. Sie verweisen auf die Vorschrift und machen geltend, »daß bei einer solchen Gelegenheit das Gewissen durch die Hände des Pfarrers gehen müsse, daß die stets eigennützigen Mönche ihre Pflicht nicht ungehindert erfüllen könnten«. Diese Neider versuchen, den sanften Theatiner in Schrecken zu versetzen und solches Gerede »in die Ohren Seiner Eminenz« dringen zu lassen. Aber Pater Bissaro hat ein dickes Fell bekommen. Vorschrift gegen Vorschrift. Er erwidert den Pfarrern auf lateinisch, daß ein Kardinal sein eigenes Gesetz habe: »Cardinalis est ordinarius familiae.« Ein Kardinal ist »der Ordinarius« seiner »Familie«. Für sein Gefolge gilt er als Bischof, der die Diözese seines Wohnsitzes verwaltet.

Die Bischöfe zetern. Sie sind gerade zu einer Versammlung zusammengetreten. Die meisten glauben, daß dieses obskure Mönchlein es nie fertigbringen wird, dem Kardinal bewußt zu machen, »daß er sterben muß«. Manche meinen, er habe keine andere Funktion als ein Wandschirm. Mazarin habe kein Vertrauen zu ihm. Er sage ihm nur unbedeutende Dinge. Ein Mitraträger nennt ihn den »Beichtvater der Komplimente«. Mit spöttischem Lächeln zieht das Mönchlein »das Faktum der Generalbeichte«, von der die Bischöfe nichts wissen, aus dem Ärmel. »Die Generalbeichte«: das tiefste Geheimnis des Herrn der Geheimnisse. Seit seiner »Konversion« im Jahre 1644 beichtete der Kardinal regelmäßig jede Woche, zuerst dem Pater Del Monaco, dann, nach dessen Tod, dem Pater Bissaro. Seit zehn Jahren kennt mithin »der Beichtvater der Komplimente« alle Winkel und Falten dieser undurchschaubaren Seele genauso gut wie die Winkel und Falten seiner Kapuze.

Auf ebenso wunderliche wie lautere Weise (Ironie ist eins der Gesetze der Heiligkeit) amüsiert sich das Mönchlein darüber, daß er von so vielen Augenpaaren betrachtet wird wie ein »spectaculum Deo et hominibus«: ein Schauspiel für Gott und die Menschen. Er erstrebt nur das Seelenheil seines Beichtkindes, ohne zu versäumen, »das Ansehen seines Ordens zu vermehren«, des Theatinerordens. Daß diese illustre Seele in seine Hände gegeben worden ist, bedeutet himmlisches Manna für seinen Orden, und er drückt seine Genugtuung so aus: »Mir lag sehr viel daran, daß bei einer Gelegenheit, die man als einzigartig bezeichnen kann (denn Gott weiß, wann eine solche sich wieder einstellen wird), Frankreich eine gute Meinung über den Orden bekam.«

Pater Bissaro wird von »zahllosen Bewerbern« belagert. Das ist die Schar der Ehrgeizigen, der Gierigen und der aufdringlichen Bittsteller, die sogar unter das Bett des Sterbenden kriechen würden, um ihm irgend etwas zu entreißen. »Es ist nicht erinnerlich, daß je der Minister eines Fürsten gestorben ist, der eine solche Machtbefugnis genoß und über Gunstbeweise verfügte wie seine Eminenz; so daß er bis zu seinem letzten Atemzug eine Schatzkammer für die war, die Gunstbeweise von ihm erwarteten ...«

Der Hof des Schlosses sowie die Wiesen ringsum sind voller Wagen: der Schwarm der Geier, die in ihren Karossen erscheinen. »Vier- bis sechsmal am Tag gingen der König und die Königinmutter zu Seiner Eminenz ins Zimmer, der König noch öfter. Die Räume füllten sich mit großen Herren, und in dem Ankleidezimmer, durch das der König schreiten mußte, war es zum Ersticken. Dort hielt ich mich mit Don Camillo vom Morgengrauen bis zwei Uhr nach Mitternacht auf. Ich vernahm alle Reden und traf meine Maßnahmen, um stets bereit zu sein, ganz allein zu Seiner Eminenz hineinzugehen.«

Der Beichtvater ist der Mensch, der zu jeder Tages- und Nachtzeit »ganz allein« zu Seiner Eminenz geht. Die höchsten Persönlichkeiten kriechen vor ihm, damit er dem Kardinal ihre Namen nennt: »Der Herzog oder Marquis Sowieso kommt häufig, um zu erfahren, wie es Eurer Eminenz geht.« Sie bestürmen ihn, sie lassen ihm keine Ruhe, sie stecken ihm Briefchen in die Tasche, mit denen sie Ämter, Bischofssitze, Pfründen, Vergünstigungen und Leibrenten erbitten. Sie rufen ihn hierhin und dorthin, »was mir äußerst peinlich war, denn es war für mich sehr schwierig, öfters in die Gärten hinunterzugehen oder das Schloß zu verlassen, und es war auch gefährlich, nein zu ranghohen Personen zu sagen«.

Er wagt nicht, den Kardinal »anderer Leute wegen zu belästigen«, aus Furcht, sein Vertrauen einzubüßen. Doch die Bittsteller sind erbarmungslos: »Wer sein eigenes Interesse im Kopf hatte, nahm keine Entschuldigungen an.« Ein Großer unter den Großen, »quasi exceptione major« (fast größer als jede Ausnahme) schreibt ihm eigenhändig ein Billet, um »Seine Eminenz an eine Sache zu erinnern, die S. E. unangenehm war (und das mit Recht), doch der Rang der Persönlichkeit erlaubte es S. E. nicht, nein zu sagen. Und um mich zu zwingen, mit S. E. zu sprechen, ließ die Persönlichkeit mehrere Tage lang einen ihrer Edelleute an meiner Seite ausharren. Ich erledigte dies, wie es Gott gefiel, ohne S. E. zu lästig zu fallen«.

Bisweilen stürzen sich die Bittsteller in Gruppen von zwanzig oder dreißig auf den Beichtvater, »und als fiele mir die ganze Stadt Paris nicht schon genug zur Last, brachte man mir aus dem gesamten Reich Briefe und Aufzeichnungen«. Der Unglückliche wird zerrissen, zerstückelt, gekreuzigt. Er muß auch vor dem Kardinal auf der Hut sein, der die Franzosen für unersättlich hält. »Pater, man muß das Wesen dieser Nation kennen, die nie zufrieden ist und sich nie mit etwas begnügt; und stets sehen Sie dasselbe Gesicht, das Sie bestürmt.«

Gegenüber dem argwöhnischen Mazarin ist völlige Uneigennützigkeit am Platze. »Insbesondere ließ ich es mir bei S. E. angelegen sein, mich uneigennützig zu zeigen; sein äußerst geiziges Wesen machte mir klar, daß dieses Verhalten wichtig war.« Pater Bissaro erwähnt eine Geldgeschichte, die beweist, daß der Kardinal seinem Beichtvater gegenüber nicht sehr großzügig war. Der Pater hatte zur Konferenz auf der Fasaneninsel keine Winterkleidung mitgenommen. Um sich solche zu beschaffen, gibt er ihm nur hundert Taler. Einige Monate später drängt der Kammerdiener den Mönch im Auftrag des Kardinals, ihm zu sagen, was er brauche. Der Pater erbittet hundert Francs, das heißt dreiunddreißig Taler. »Der Kammerdiener gab mir hundertdreiunddreißig Taler, nachdem er mit dem Kardinal gesprochen hatte.« (Alles muß mit ihm besprochen werden!) »Aber ich gab ihm hundert Taler zurück und behielt dreißig für mich, was der Kammerdiener, der mein Freund ist, S. E. liebenswürdigerweise berichtete.«

Nach der Schlacht der Priester und Bittsteller findet die Schlacht der Ärzte statt. Die Zeitgenossen beschuldigen die Ärzte, viele Große des Jahrhunderts getötet zu haben. Man erinnere sich an die Angst, die Mazarin ausstand, als der König im Jahr 1658 krank wurde, und er verlangte, daß Seine Majestät behandelt werden solle wie ein einfacher Privatmann. Für sich selbst erhält er diese Vergünstigung nicht. Er entgeht der Geißel der Könige nicht, der übergroßen Menge von Ärzten und ihren widersprüchlichen Behandlungsweisen. Sie bekämpfen sich gegenseitig; um ihren Willen durchzusetzen, verschreiben sie die unterschiedlichsten Medikamente. Je mehr Ärzte hinzugezogen werden, um so größer werden die Irrtümer und Fehler.

Zehn spitze Hüte bemühen sich um Mazarin: Vallot, Séguin, Esprit, Guénault, Vézou, d'Acquin, Brayer, Morin, Ravissant und Desfougerais (alias Elie Béda), unterstützt von Félix, dem Ersten Wundarzt des Königs, und von Poisson, dem Apotheker des Königs und Seiner Eminenz. Konsultationen und Behandlungen kosten fünfundzwanzigtausendachthundert Pfund.

Pater Bissaro ist der Meinung, die Ärzte haben es nicht verstanden, Mazarin richtig zu behandeln, »trotz ihrer gegenteiligen Beteuerungen«. Fast bis zum Ende behaupten sie, »er habe kein Fieber gehabt, sondern eine gewisse Pulsunregelmäßigkeit, die von einer Atemschwierigkeit herrühre, seiner hauptsächlichsten Krankheit, bis die Wassersucht offenbar wurde. Aber nach dem Tod stellte man fest, daß die Lunge zerstört, die Leber eingetrocknet, die Gehirnsubstanz jedoch in bestem Zustand war.« Für die Wassersucht und die Lungenkrankheit machen viele die achtzig Spülungen, die man ihm aufgezwungen hat, verantwortlich, »dazu kleine Arzneien und viermal medizinischen Wein, eine Antimon-Zubereitung«.

Pater Bissaro hält die Krankheit dieses außergewöhnlichen Menschen für »außergewöhnlich«. »Bald sieht man ihn wiederauferstanden, bald tot. Der Kardinal begab sich im Wagen oder im Tragstuhl in den Wald, und am nächsten Morgen lag er wieder im Sterben.« Eins ist gewiß: »Offenkundig haben die Medikamente ihn getötet, denn wiewohl am Tag der Verabreichung und am nächsten Tag die Wirkung wunderbar war, danach machte sich nichtsdestotrotz eine so große Verschlimmerung bemerkbar, daß man erschüttert war.«

Die Kräfte bleiben erhalten. Noch zwei Tage vor seinem Tod »erhob er sich allein aus dem Bett; der Verstand blieb ebenso klar, wie er in gesunden Zeiten gewesen war«. Manchmal stockt sein Atem. Der Kardinal sitzt auf seinem Stuhl neben dem Kamin, und plötzlich sinkt sein Kopf auf die Brust. Er könnte ins Feuer fallen, wenn sein Kammerdiener nicht achtgäbe.

Der berühmteste der zehn Ärzte ist Guénault. Er hält es für seine Pflicht, Mazarin zu unterrichten: »Monseigneur, man darf Eurer Eminenz nichts vorspiegeln; unsere Heilmittel können Ihre Tage verlängern, aber sie können die Ursache des Übels nicht heilen ... Bereiten Sie sich deshalb, Monseigneur, auf den schrecklichen Übergang vor.« Brienne berichtet, der Kardinal habe dieses Urteil tapfer entgegengenommen. »Wie lange habe ich noch zu leben?« fragt er. – »Wenigstens zwei Monate.« – »Das genügt«, sagt Seine Eminenz. »Adieu, besuchen Sie mich recht oft. Ich bin Ihnen so verpflichtet, wie es nur ein Freund sein kann.« In seinen Memoiren fährt Brienne fort: »Er war von dem Urteil, das Guénault über ihn gefällt hatte, so beeindruckt, daß er, wenn er allein war (ich sage es, weil ich es mehr als einmal gehört habe), oft aus seiner tiefen Grübelei auffuhr und in klagendem Tonfall sagte: »Guénault hat es gesagt, Guénault hat es gesagt!‹«

Bemerkenswert ist, daß Brienne die Selbstgespräche Mazarins am Kamin in derselben Art und im selben Tonfall wiedergibt wie das berühmte »Dies alles muß ich zurücklassen!« Jedesmal hebt er hervor, daß er der Zeuge gewesen ist (»ich sage es, weil ich es mehr als einmal gehört habe«). Im zweiten Fall: »Ich hörte diese Worte sehr deutlich.« Deutet diese Unterstreichung nicht darauf hin, daß sie von einem Mythomanen stammt?

Pater Bissaro erwähnt das Verdikt von Guénault nicht, ebenso wenig wie Briennes hübsche Geschichte. Er befindet sich in einer schwierigen Lage. Solange die Ärzte mit Mazarin nur über das Leben sprechen, wagt er nicht von »Vorbereitung auf den baldigen Tod« zu sprechen. Das wirft alle seine Pläne um. »Ein so unregelmäßiger Krankheitszustand brachte meine

Maßnahmen durcheinander.« Unmöglich, die Wahrheit zu erfahren! Die Ärzte mit ihren spitzen Hüten bilden eine Schranke. Konsultationen »unter Ausschluß der Öffentlichkeit«. Sie versicherten dem Kardinal stets, »er werde gesund werden. Doch es war ganz offensichtlich, daß er schwächer wurde«. Der gesamte Hof mißbilligt das Verhalten der Ärzte und bezeichnet sie als »Ignoranten und schamlose Kriecher«. Einer dieser Schmeichler, dem man vorwarf, die Ärzte wüßten nicht, um welche Krankheit es sich handle, erwiderte: »Wir kennen sie so gut, als sähen wir ins Innere des Körpers.«

Die Großen am Hof preisen jeweils ihren Arzt, der der beste sei, und bieten ihn an, oder aber ihren Wunderdoktor, der von Geheimrezepten strotzt. Doch lehnen es der König und der Kardinal ab, Arzneien anzuwenden, deren Zusammensetzung unbekannt ist. Sie müssen von den Ärzten geprüft werden. »Alles wurde in Gegenwart des Königs und von uns allen im Ankleidezimmer besprochen. Mit kaum glaublichem Eifer und großer Hingabe unterzog sich der König dieser Aufgabe, und häufig wollte er selber die Wirkung der Mittel sehen. Man brachte viele herbei, aber keines vermochte die strenge Ablehnung der Ärzte zu besiegen.«

Zwanzig Tage vor dem Tod spricht Pater Bissaro allein mit fünf der wichtigsten Ärzte, darunter der Erste Arzt des Königs. Er sagt ihnen, »er sähe, daß S. E. mit großen Schritten auf den Tod zugehe, und es erschiene sehr sonderbar, daß sie etwas anderes sagten; sie könnten ohne mich tun, was sie ihrer Kunst zufolge für gut erachteten; ich aber könnte mein Amt ohne sie nicht ausüben«. Der Beichtvater stellt den Ärzten ein Ultimatum. »Damit würde ich ihr Gewissen belasten, und ich würde vor Gott und ihren Herren Verwahrung einlegen, wenn S. E. ohne Testament, heilige Wegzehrung und Letzte Ölung sterben würde.« Die Quacksalber schweigen eine Weile und sehen sich nacheinander an. Im Namen aller sagt der älteste von ihnen, »daß die Krankheit S. E. im Augenblick in keiner Weise besorgniserregend sei, daß ich genügend Zeit hätte, um an die Sakramente zu denken, daß ich rechtzeitig unterrichtet würde und daß ich ihnen vertrauen könnte«. Doch ein Arzt, der während der Konsultation den anderen widersprochen hatte, flüstert dem Mönch ins Ohr: »Mein Vater, hüten Sie sich! Arme kleine Narren sind sie, die nur von dem Wunsch beseelt sind zu schmeicheln, und zwar derart, daß sie lieber der Ansicht des Ersten Arztes zustimmen, als die Wahrheit zu sagen, die sich aus den Konsultationen ergibt.«

Der Beichtvater geht zu Mazarin. Er gibt ihm zu verstehen, daß es Zeit sei, das Testament zu machen, »denn wenn die Krankheit sich verschlimmern sollte (was Gott verhüten möge), wird das Aufsetzen des Testaments ein mühsames Unterfangen, und Eure Eminenz könnte sich ihm nicht widmen, wie jetzt. Dieser Vorschlag gefiel ihm, und es war eine so langwierige Angelegenheit, daß sie bis drei Tage vor dem Tod dauerte«.

Pater Bissaro gibt an, er habe sich in das Testament nicht eingemischt. Aber ... »Aber der Mahnung unseres G. P. Caraffa folgend, habe ich S. E. in allgemeiner Form das ins Gedächtnis gerufen, was mir notwendig erschien.« (»Ins Gedächtnis rufen«: Es gibt viele Möglichkeiten, einem Sterbenden Einzelheiten für ein Testament ins Gedächtnis zu rufen, vor allem »in allgemeiner Form!) Jedenfalls behauptet der gute Pater, kein Wort über »unsere Interessen« gesagt zu haben. »Und die Schenkung der hunderttausend Taler« (die Mazarin dem Theatinerorden aussetzte) »wird am Hof als reine Willensäußerung S. E. angesehen, ohne mein Dazutun, und jeder bedauert uns nur, daß er uns nicht mehr hinterlassen hat.« Seine Eminenz hatte den Theatinern »mehr hinterlassen«, aber ... »Nach seinem Tod habe ich erfahren, daß er die Schenkung einer sehr viel höheren Summe als hunderttausend Taler ausgesetzt hatte, aber heimlich hat man sie vor der Unterzeichnung gestrichen.«

Pater Bissaro, der lange bei anderen Punkten verweilt, geht über diesen schnell hinweg. In sechs Zeilen behandelt er eines der Hauptprobleme des Testaments, das die Historiker noch nicht völlig geklärt haben. Leichten Gewissens wäscht er sich die Hände, indem er schließlich sagt: »In einem wichtigen Punkt bin ich also gedeckt.« Wogegen »gedeckt«? »Gedeckt« zweifellos gegen gewisse Beschuldigungen. Früher hat Pater Bissaro in seiner Beschreibung seine Uneigennützigkeit hervorgehoben, ohne die Versuchungen, denen er unterworfen war, und die »Dienste«, die er geleistet hat, zu vertuschen: »Indes habe ich es nicht versäumt, Freunden und hochstehenden Persönlichkeiten einen Dienst zu erweisen, doch unter vernünftigen Bedingungen und ohne Aufhebens davon zu machen ... Ich habe dieser und jener Person geraten, andere Mittel zu ergreifen, und habe gesagt, daß ich in keiner Weise einen Nutzen hätte, und ich habe entrüstet alle jene zurückgewiesen, die mir hohe Summen versprachen, obwohl dies hier gang und gäbe ist.«

Wer sind diese »Freunde«, diese »hochstehenden Persönlichkeiten«, »diese und jene Personen«? Könnte es nicht Colbert sein, der bereits mit »Monseigneur« angeredet wird, oder Ondedei, der Bischof von Fréjus, ein Vertrauensmann Mazarins? Colbert schleicht unentwegt um das Bett des Todkranken herum. Auch er drängt den Kardinal – und warum nicht durch Vermittlung des Theatiners? –, sein Testament zu machen. Colbert gibt Mazarin die letzte große listige Idee ein: den König zu seinem Universalerben zu machen, dem König sein riesiges Vermögen, das er diesem nach und nach abgenommen hat, zurückzuerstatten. Das heißt, es legal wieder herauszugeben.

Drei Tage lang zögert der König, wenigstens tut er so. Welch eine Verlockung für einen jungen Sonnenkönig, der ungeduldig darauf wartet, seine Strahlen aussenden zu können, und den der Kardinal in finanzieller Hinsicht kurzgehalten hatte! Nach dieser Frist gibt Seine Majestät seine königliche Entscheidung bekannt: Nein! Er verzichtet auf die Goldquelle. Ein König geruht nicht, auch nur einen Taler von einem seiner Diener anzunehmen, der Berge von Geld angehäuft hat, während er, der König, die Augen zudrückte.

Über diese Großherzigkeit vergießt Mazarin ein paar der letzten und aufrichtigsten Tränen. Eiligst verheiratet er seine letzten Mazarinetten: Hortense mit dem mehr als sonderbaren Sohn des Marschalls La Meilleraie. (26. Februar) Die Heirat Marie Mancinis mit dem Konnetabel Colonna kann er nur in die Wege leiten. Die Papiere aus Italien treffen nicht ein. Mazarin stirbt, ohne sie erhalten zu haben. Trotzdem wird die Hochzeit gefeiert: Der König und Anna von Österreich sehen Marie lieber in Rom als in Paris. Am 15. April 1661 heiratet Marchese Angeli in Stellvertretung des Konnetabels Colonna Marie Mancini in der königlichen Kapelle des Louvre, in Gegenwart Ihrer Majestäten.

Seinen letzten Vertrag unterzeichnet Mazarin am 28. Februar mit dem Herzog von Lothringen. Durch diesen Akt werden lediglich einige Klauseln des Pyrenäen-Vertrags zurückgenommen. Der Herzog war damals ein Gefangener der Spanier und hatte sich geweigert, das anzuerkennen, was hinter seinem Rücken beschlossen worden war.

Nachdem alle diplomatischen und Ehefragen geklärt sind, kann Mazarin sich an die ungeheure Aufgabe der Abfassung seines Testaments machen. Er geht mit ebenso scharfem Verstand daran wie sonst an schwierige Unternehmungen. Das vollständige Dokument wird am 7. März 1661 unterzeichnet, zwei Tage vor seinem Tod, in dem Raum, »von dem aus man auf den Donjon blickt«. Es umfaßt mehrere Kodizille, die ebenso wie das Testament von zwei Pariser Notaren zwischen dem 3. und 7. März registriert werden. Das Ganze ist sehr umfangreich und dauert sehr lange. Nicht weil der Verstand des Kardinals sich verdunkelt, sondern weil er große Güte walten läßt. Es sind viele Leute, die er bedenken möchte. Wenn er meint, er sei mit diesem oder jenem nicht großzügig genug verfahren, kommt er darauf zurück und vergrößert die Schenkung. Tag für Tag werden dem König alle abgefaßten Artikel vorgelegt. Seine Majestät stimmt ihnen nacheinander zu.

Mazarin beginnt mit Danksagungen an Gott, Ludwig XIII., Anna von Österreich und Ludwig XIV. Der Krone vermacht er seine achtzehn schönsten und wertvollsten Diamanten. Richelieu hat einst das gleiche getan mit einem großen Diamanten, mit edelsteinbesetzten Meßgeräten und einer Menge von Juwelen. Mazarin aber möchte, daß diese Diamanten seinen Namen auch in künftigen Jahrhunderten funkeln lassen. Er fordert, man solle sie »Mazarins« nennen. Acht dieser märchenhaften Steine werden zusammen mit dem »Sancy« in die Krone gefaßt, die Ludwig XV. 1722 bei der Krönung trägt. Sie wiegen zwischen sechzig und siebzig Grän (ein Grän ist 0,053 Gramm) und bilden die Blüten der acht Lilien, die den Reif zieren. Der Sohn des Verwalters der Colonna strahlt von der Königskrone herab. Er krönt den Nachfolger seines Schülers, dem er das Reich gerettet hat. Für den König persönlich, die Königinmutter und Monsieur streut er eine Handvoll Juwelen auf die Straße des Todes. Er geht in die Nacht und hinterläßt eine leuchtende Spur.

Colbert vermacht er die Schatzkammer der Geschichte, die für die Nachwelt ebenso wertvoll ist wie die Diamanten. Der undurchdringliche Hüter der Geheimnisse bekommt alle seine Papiere: Urschriften und Verzeichnisse der abgeschickten Briefe, erhaltene Briefe, persönliche Aufzeichnungen. Mazarin erklärt, »nichts Teureres und Kostbareres zu haben als dies, dessen Kenntnis für die Angelegenheiten Seiner Majestät und des Staates wichtig ist«.

Colbert erhält von Mazarin das Fleisch seines Fleisches, das, was er hervorgebracht hat, sein Werk, seine Seele. Hier manifestiert sich die Seele des Mannes, der so spät zum Glauben gefunden hat. In diesen Papieren pulst ein Leben voller diplomatischer Schlachten, die trotz aller Schmähungen auf ein einziges Ziel ausgerichtet waren: die Grandeur eines Reichs von dieser Welt, eines Reichs, das nicht ihm gehörte.

Dann denkt Mazarin an seine Familie. Er liebt sie nicht sonderlich. Und die Familie liebt ihn ebensowenig. Auf seinem Schmerzenslager vernimmt er im Geist das Geschrei seiner Angehörigen. Deshalb verwendet er auf die Abfassung dieser Artikel mehr Sorgfalt als auf andere. Um allen Anfechtungen des Testaments vorzubeugen, um zu verhindern, daß lange und krumme Finger nach dem Legat des Nächsten greifen, verfügt er, daß jeder, der Einspruch erhebt, von der Erbschaft ausgeschlossen wird.

Seinem Neffen Philippe Mancini, dem Leichtsinnigen, vermacht er seinen italienischen Besitz und sein Herzogtum Nevers, das er im Oktober 1659 erworben hat. Dem Sohn der Herzogin von Mercœur, der ältesten Mancini-Nichte, Laure, 1657 verstorben, hinterläßt er den Besitz im Herzogtum Auvergne. Eine Unzahl von Einzellegaten bestimmt er für seine Schwester Martinozzi, seine beiden Nichten, die Herzogin von Modena und die Prinzessin von Conti, und die drei anderen Mancini-Nichten: der stattlichen Olympe (Gräfin von Soissons), der leidenschaftlichen Marie (Frau des Konnetabel Colonna) und der reizenden Marie-Anne (der späteren Herzogin von Bouillon).

Fast wie von ungefähr, wie zwischen Paranthesen, tauchen die Universalerben auf, als habe dieses abschließende Wort etwas Furchteinflößendes für den Sterbenden, es wirkt wie eine Schaufel Erde, die ihm auf den Kopf geworfen wird. Der lächerliche bigotte Armand de La Porte, der die Ehre erhält, den Namen eines Herzogs von Mazarin zu führen, und seine Frau, die galante Hortense, bekommen das Herzogtum Mayenne, das der Kardinal 1654 dem Herzog von Mantua abgekauft hat. Die beiden erben auch die Statthalterschaften des Elsaß und von Brouage. Doch bleibt Mazarin bis zum Ende der Fürst des Durcheinanders: so barock sein Vermögen ist, so barock sind seine testamentarischen Verfügungen. Sein Universallegat an Armand und Hortense ist weniger »universal« als er behauptet: er verschnörkelt es mit Einzellegaten, zum Beispiel dem halben Palais Mazarin in Paris, dessen andere Hälfte der frivole Philippe Mancini bekommen soll. Zu seinen Lebzeiten hat Mazarin so viel Freude an »Imbroglios« gehabt, daß er nicht darauf verzichten mag, sie auch in sein Testament einzuschmuggeln. Einerseits stopft er denen, die möglicherweise Einspruch erheben, den Mund, andererseits stachelt er sie gegeneinander auf, damit sie sich nach seinem Tod in die Haare geraten. Der eingefleischte Diplomat steigt mit der Waage der Gerechtigkeit ins Grab. Dem Durcheinander in seinem Palais-Museum entspricht ein Durcheinander von Verfügungen über die Verteilung der Sammlungen und Kunstgegenstände: ein Zankapfel für seine Erben.

Schließlich schüttet Mazarin den Rest des Inhalts seines Füllhorns über eine Vielzahl von Personen und Einrichtungen aus: seine Freunde, seine Diener, Klöster, Spitäler, Schriftsteller und so weiter.

Der Tod mahnt ihn zur Eile. In seinen letzten Stunden beauftragt er, der sein Leben lang unendlich vielen Leuten Aufträge erteilt hat, seine Universal- und anderen Erben, sich denen gegenüber, die ihm zu Diensten gewesen sind und die er aus Zeit- und Kraftmangel nicht mehr aufzählen kann, erkenntlich zu zeigen.

Auch die Theatiner seines beflissenen Beichtvaters vergißt er nicht. Dank seines Legats können sie ihre Kirche restaurieren, auf dem Grundstück gelegen, das heute von den Hausnummern 13 bis 17 am Quai Voltaire und 26 bis 30 in der Rue de Lille gebildet wird. Während seiner letzten Lebenstage spricht Mazarin mit Pater Bissaro über den Bau, über Entwürfe der inneren und äußeren Ausschmückung, es »zerstreute ihn«. Die Kirche soll Sainte-Anne-la-Royale genannt werden, zu Ehren von Anna von Österreich. Sein Wunsch ist es, daß dort sein Herz begraben wird, unter den Gewölben, die der Frau gewidmet sind, die ihn treu geliebt hat. Mit den Arbeiten an dieser der Liebe geweihten Stätte wird 1662 begonnen, sie müssen aber, weil kein Geld mehr vorhanden ist, 1669 eingestellt werden.

Bis über den Tod hinaus will Mazarin seinen Lehrer Richelieu nachahmen, er möchte seinen Namen und sein Werk späteren Generationen ins Gedächtnis pflanzen, indem er ein Universitätsinstitut gründet. Richelieus Sorbonne liegt im Quartier Latin, für sein Collège des Quatre-Nations macht Mazarin einen königlichen Standort ausfindig. Seine Diamanten werden auf der Krone der Könige funkeln, sein Collège wird gegenüber ihrem Palast erstehen, auf dem anderen, dem linken Ufer der Seine, dort wo die Tour de Nesles stand und ein alter stinkender Graben lag, der zur Kloake geworden war.

Mazarin ist häufig beschuldigt worden, die Erziehung des Königs vernachlässigt zu haben, mit diesem Institut wird er zum Erzieher von sechzig Söhnen von Edelleuten, die aus Landschaften stammen, die dem Königreich angegliedert oder jüngst erobert worden sind. Die Quatre-Nations, die vier Nationen sind: Elsaß, Pinerolo, Artois-Flandern-Hennegau und Roussillon-Cerdagne. Zwölf Doktoren der Sorbonne sollen das Collège leiten, sie ernennen vier Inspektoren, den Großmeister, acht Beigeordnete verschiedener Grade und acht Lehrer. Jeder dieser Lehrer hat eine Klasse: sechs Klassen für die Humaniora, zwei für Philosophie.

Dem Collège des Quatre-Nations vermacht Mazarin seine Bibliothek, der er so viel Liebe und Sorgfalt gewidmet hat. Sie soll einen Bibliothekar, einen Unterbibliothekar und zwei Angestellte bekommen. Dem Collège soll eine Akademie mit fünfzig Freiplätzen für die hervorragendsten Schüler angeschlossen werden. Dazu gehören sollen ein Stallmeister, ein Tanzmeister, ein Waffenmeister. Almoseniere des Collèges sollen die Theatiner sein.

Zwei Millionen Pfund bestimmt Mazarin für den Ankauf des Geländes und für die Errichtung der Gebäude. Den Unterhalt des Collèges werden vierzigtausend Pfund Rente sicherstellen, die dem Rathaus von Paris anvertraut werden. Für die Ernährung soll eine von Mazarins Abteien sorgen, Saint-Michel-en-l'Hern. Er hat alles bis ins einzelne festgelegt, sogar die Verwaltung. Er gibt dem Wunsch Ausdruck, in der Kapelle des Collège beigesetzt zu werden, wenn sie fertiggestellt ist.

Der Bau des Collège Mazarin wird dem Architekten des Schlosses Vaux, des Palais Lambert, eines Teils des Louvre und der von Mazarin selbst in Auftrag gegebenen Anbauten in Vincennes anvertraut: Le Vau. Die Arbeiten beginnen 1662; nach dem Tod von Le Vau (1670) werden sie von François d'Orbay fortgesetzt. Doch schon 1668 hat das Collège seine Pforten geöffnet.

1684 wird Mazarins Bibliothek aus seinem Palais in der Rue de Richelieu ins Collège gebracht und dort mit der gesamten Innenausstattung, Regalen und Schränken, aufgestellt. Sie wird zur Bibliothèque Mazarin. Das 1689 von Coysevox, Le Hongre und Tubi geschaffene Grabmal des Kardinals befindet sich im Louvre.

Seit 1801 ist das Collège des Quatre-Nations der Sitz des Institut de France. In der umgewandelten Kapelle hält die Académie française ihre Sitzungen ab.

Am 7. März fühlt Mazarin das Ende herannahen, er empfängt den König und seine Minister Le Tellier, Lionne und Fouquet. Er lobt die drei vor dem König als »befähigte und absolut treue Diener«. Er versichert Seiner Majestät, daß Fouquet in der Lage sei, vortreffliche Ratschläge zu geben, nicht nur hinsichtlich der Finanzen, sondern hinsichtlich »aller Staatsgeschäfte, welcher Art sie auch sein mögen«.

Eine gewaltige Lüge. Man fragt sich, ob er sie seinem Theatiner gebeichtet hat. Colbert und Ondedei, Bischof von Fréjus, bedrängen Pater Bissaro, er solle Mazarin dazu bringen, Fouquet fallenzulassen. Colbert und seine Leute, zu denen Le Tellier, Talon und Hervart gehören, wollen dem Sterbenden unbedingt Worte abringen, mit denen der Hauptverwalter der Finanzen verdammt wird. Dieses Verdikt würde auf den König mehr Wirkung haben als das Gift, das sie verträufeln. Möglicherweise setzen sie den Kranken in Schrecken, wenn sie ihn daran erinnern, daß Fouquet sehr viel über seine Machenschaften weiß, möglicherweise malen sie ihm aus, es könne nach seinem Tod einen Skandal geben, der das Andenken an ihn beschmutzt, das Andenken, den einzig bleibenden Schatz der Toten. Durch Drohungen, Erpressung oder neue und noch schlimmere Verleumdungen zwingen sie seinen letzten Atemzügen die Kraft ab, »dem König die Einzelheiten des schlechten Verhaltens Fouquets mitzuteilen und ihm zugleich zu raten, ihm gegenüber große Vorsicht walten zu lassen, ihn genau zu überwachen, ihm alle seine Verfehlungen vorzuhalten und ihn wissen zu lassen, daß Seine Majestät ihn nur in seinem Dienst behielte, wenn er sein Verhalten änderte«.

Fouquet beschuldigt Colbert, dieser habe Pater Bissaro gekauft. Beweise dafür gibt es nicht, doch fähig dazu war er.

Wie alle »historischen Worte« ist auch der Ausspruch falsch, den Abbé de Choisy Mazarin in den Mund legt: »Sire, ich verdanke Ihnen alles, aber ich glaube, ich kann mich erkenntlich erweisen, indem ich Ihnen Colbert hinterlasse.« Der Sterbende hat gewiß nicht mehr die Kraft gehabt, einen so geschliffenen Satz zu formulieren. Aber in weniger gekünstelter Art und Weise sagt er in seinem Testament ungefähr das gleiche. Er vermacht »Colbert das Haus, in dem er wohnt, ohne daß dieser verpflichtet ist, irgend etwas dafür zu zahlen; sollte jemand es fordern, würde er enterbt werden. Er bittet den König, sich seiner zu bedienen, da er vertrauenswürdig und treu sei«.

Aber auch Fouquet war ihm treu gewesen, mit völliger Hingabe, selbst während seines Exils, als ganz Frankreich ihn von fern bespie und schrie: »Tötet ihn! Tötet ihn!« Acht Jahre lang hatte Fouquet, bisweilen unter blutigem Schweiß, Geld herbeigeschafft, Gott weiß woher, Taler für Taler, Goldpistole für Goldpistole, um die unersättliche Gier des Kardinals zu stillen und es ihm möglich zu machen, diese Gier durch seine Politik zu entschuldigen. Dieser Verrat, dieser Fußtritt verfinstert das Bild Mazarins, mehr aber noch das Bild Colberts, der, um Finanzminister zu werden, vor nichts zurückgeschreckt ist.

An diesem 7. März gibt Mazarin dem König die letzten Ratschläge. Sie erstreckten sich wahrscheinlich über die ganze Zeitspanne seines Aufenthalts in Vincennes. Doch der letzte Tag wirft seine Trauerschatten über sie.

Nach der Rückkehr in den Louvre diktiert Ludwig XIV. seinem Sekretär Toussaint Rose einen Bericht, in dem er seine Unterhaltung mit dem Kardinal zusammenfaßt. Zehn Ratschläge, »die ich so gut ich konnte in mich aufgenommen habe«, sagt der König als guter Schüler. »Bericht, dessen Inhalt der König dem Sieur Rose, Sekretär seines Kabinetts, diktierte und dessen Artikel er noch einmal las, nachdem er sie sich im Louvre am 10. März 1661 hatte vorlegen lassen.« Am Tag nach dem Tod des Kardinals, solange die Erinnerung des Königs noch frisch war. »Wegen irgendwelcher Vorkommnisse hörte der König auf, die Fortsetzung dieses Berichts zu diktieren«, stellt Toussaint Rose in einer Aufzeichnung fest. Was für »Vorkommnisse«? Sollten Feinde Mazarins oder, ganz im Gegenteil, Freunde wie Colbert und Anna von Österreich, in entgegengesetzter Absicht auf die gleiche Gefahr hingewiesen haben? »Sire, wollen Sie Ihr ganzes Leben der Schüler-Papagei Mazarins bleiben?« Oder: »Laufen Sie nicht Gefahr, den Eindruck zu erwecken, daß Mazarin, auch nach seinem Tod, noch hat König sein wollen?«

Hier die neun Gebote des Kardinals:

Erstes Gebot: »Die Kirche in allen ihren Rechten, Unverletzlichkeiten und Privilegien belassen, da ich ihr ältester Sohn bin, und nicht zulassen, daß sie, unter welchem Vorwand auch immer, abgeschwächt werden; daß ich gewissenhaft dazu verpflichtet wäre; auch solle ich acht geben, daß diejenigen, denen ich Pfründen überlasse, die Fähigkeit, die Frömmigkeit und die anderen Eigenschaften haben, um sie würdig zu verwalten, daß sie vor allem aber gutgesinnt für ihren Dienst und für die Ruhe des Staates sind, außerdem sollte ich die Zügel kurz halten, damit sich der Luxus nicht bei ihnen einschleicht und sie überdies nichts tun, was ihrem Amt und ihrem Wesen unwürdig wäre.«

Kurzum, der ideale Bischof soll das Gegenteil des Kardinals von Retz sein.

Zweites Gebot: »Was den Adel anbetrifft, er sei mein rechter Arm, ich solle ihn hoch einschätzen und ihn bei jeder Gelegenheit mit Vertrauen und Güte behandeln.«

Glaubt Mazarin, der zu Recht viele große Herren eingekerkert hat, das, was er sagt? Oder ist eher Gui Patin Glauben zu schenken, der, ohne daß es Unterlagen dafür gibt, gesagt hat: »Der Mazarin hat den König gebeten, niemals einen Degenträger als Ratgeber zu berufen.« In Erinnerung an die Fronde der Prinzen hütet sich der König derart vor dem Adel, daß er ihn von der Macht fernhält. Saint-Simon geißelt später diese »lange Herrschaft gemeiner Bourgeoisie«. Der König macht aus den Adligen Hofhunde, die in Versailles an der Leine gehalten werden und ihre magere Kost nur durch seine Güte erhalten.

Drittes Gebot: »Im Hinblick auf den Richterstand wäre es gerecht, ihn auszuzeichnen, es wäre aber wichtig zu verhindern, daß die Inhaber solcher

Ämter sich zu viel herausnehmen, und sie zu zwingen, sich in den Grenzen ihrer Pflichten zu halten, ohne an etwas anderes zu denken, als allen meinen Untertanen die Gerechtigkeit widerfahren zu lassen, die ich ihnen auferlegt habe.«

Dieses Gebot ruft vermutlich beim König schmerzliche Erinnerungen an die parlamentarische Fronde hervor. Er beschränkt die Parlamente auf ihre Aufgabe der Rechtsprechung und verwehrt ihnen die Mitsprache in der Politik.

Viertes Gebot: »Die Pflicht eines guten Königs erfordere es, meinem Volk nicht nur Erleichterung bei der Erhebung der Taille [Steuer für die Nichtadligen und Nichtgeistlichen] zu verschaffen, sondern auch bei allen anderen Steuern, so weit jedenfalls, wie es die notwendigen und für die allgemeine Erhaltung des Staates unumgänglichen Ausgaben erlauben, worin auch ihre eigene Erhaltung eingeschlossen ist.«

Bald nach Mazarins Tod verwirklicht der König mit Hilfe Colberts aufgrund einer allgemeinen Finanzreform diese »Erleichterung«.

Fünftes Gebot: »Ich solle neben mir sehr fähige und absolut treue Diener haben. Es wäre an mir zu erkennen, wozu jeder von ihnen geeignet ist, um sie ihren Begabungen gemäß zu verwenden.«

Noch angesichts des Todes ist Mazarin mißtrauisch. Mündlich hat er Fouquet bereits hintergangen. Sicherlich hat er ein genaues Urteil über die anderen Minister abgegeben. Doch da er immer eine Abneigung gegen Papiere hatte, hütet er sich, irgendeine schriftliche Äußerung zu hinterlassen.

Sechstes Gebot: »Ich solle darauf achten, daß jeder die Überzeugung habe, ich bin der Herr, daß man nur von mir allein Gunstbezeigungen erwarten dürfe und sie vor allem nur denen erteile, die sie aufgrund ihrer Tätigkeit, ihrer Fähigkeit und ihrer Hingabe an meine Person verdienen.«

Siebtes Gebot: »Ich solle Sorge tragen, daß alle Mitglieder meines Rats in gutem Einvernehmen untereinander leben, weil Zwietracht unter ihnen dem mir zu leistenden Dienst schädlich sei; ich solle ihre Meinung über die jeweiligen Fälle anhören, stets die beste unter den verschiedenen Ansichten herausgreifen, meine Entscheidung selber treffen und sie dann nachdrücklich aufrechterhalten und nicht zulassen, daß auch nur die mindeste Beeinträchtigung meiner Autorität erfolgt.«

Achtes Gebot: »Ich müsse, wenn jemand, den ich in meinen Angelegenheiten verwende, ungeschickt genug wäre, etwas ohne mein Geheiß zu unternehmen, ihn auf jeden Fall entfernen, da er unwürdig sei, mir zu dienen.«

Alles in allem empfehlen die letzten Gebote Ludwig XIV., die Macht selbst auszuüben. Warum will Mazarin keine Nachfolger haben? Aus Eifersucht, weil er sich als einzigartig empfindet? Weil er meint, daß Le Tellier, Lionne, Colbert und natürlich Fouquet nicht das notwendige Format haben?

Weil er glaubt, Ludwig XIV. sei fähig, die Macht allein auszuüben? Weil er Richelieu überflügeln will, der einen Nachfolger hatte, Mazarin nämlich, während er, der Italiener, als Nachfolger nur den König haben würde? Weil er ahnt, daß Ludwig XIV., der zu lange unter Vormundschaft stand, nur darauf wartet, allein zu regieren? Indem er dem König dazu rät, verhindert er dessen befreites Aufseufzen und den Ausruf: »Endlich allein!« Nein, noch nicht allein und niemals allein, denn der Souverän, auch als er absoluter Herrscher wird, verhält sich wie ein guter Schüler, der seine Lektion hersagt.

Als Ludwig XIV. dann wirklich und absolut regiert, unternimmt er eine Revolution. Eine königliche Revolution. Seit dem Tod Heinrichs IV. (1610) haben die Franzosen sich daran gewöhnt, Minister und Günstlinge, wie in Spanien, an der Regierung zu sehen. Als Ludwig XIV. nach dem Tod des Kardinals die Zügel in die Hand nimmt, sind viele der gleichen Meinung wie Gui Patin: »Man kann von Mazarin sagen, was von Alexander dem Großen gesagt wurde: Etiam mortuus adhuc imperat.« Selbst da er tot ist, regiert er noch.

Fünfundzwanzig Jahre danach schreibt der venezianische Gesandte: »Man kann sagen, daß Mazarin noch immer lebendig ist, daß er aus seinem Grab heraus regiert, wie er einst in seinem Kabinett regiert hat.«

Neuntes Gebot: »Ich dürfe keinen Skandal an meinem Hof dulden und keine Ausschweifung zulassen; daß ich um Gottes Willen dazu verpflichtet sei und selbst um der Welt willen, da es sich um meine Ehre handele; es wäre gut, wenn jeder wüßte, daß ich in diesen Dingen in höchstem Grade streng sein und niemanden ausnehmen würde.«

Das allerdings ist ein Punkt, den der König nicht sehr respektiert. Sein Liebeshunger obsiegt. In einem katholischen Land führt er das Leben eines Sultans im Harem. Erst am Ende seines Lebens erinnert er sich, als Frömmelei und Langeweile bei der Maintenon aufkommen, an dieses Gebot.

»Ich vertraue auf Jesus Christus!«

In der Nacht von Dienstag auf Mittwoch (8./9. März) glaubt Pater Bissaro, nachdem er die Ärzte befragt hat, sich schlafen legen zu können. Im Morgengrauen wird er geweckt. Ein Arzt, der ihm »bei seinem Leben« versprochen hatte, ihn rechtzeitig zu benachrichtigen, sagt ihm »ganz erschüttert«, daß Seine Eminenz zweimal in seinen Armen fast gestorben wäre. Es muß ihm unbedingt die Kommunion gereicht werden. Die heilige Wegzehrung, entscheidet Pater Bissaro.

Der Kardinal hat Bedenken, weil er nach Mitternacht eine Kraftbrühe zu sich genommen hat (man muß nüchtern sein, wenn man die Kommunion empfängt), vielleicht auch wegen seines körperlichen Zustands und seines übelriechenden Atems, den der Fürst der Wohlgerüche zu mildern versucht, indem er unaufhörlich parfümierte Pastillen im Mund zergehen läßt.

Der Beichtvater spricht vorsichtig das schreckenerregende Wort »viatique« aus, was das Ende bedeutet, die Sterbesakramente. Der Kardinal klammert sich an eine letzte Hoffnung: »Aber, ist es soweit? Was sagen die Ärzte?« – »Ich spreche zu Eurer Eminenz auf ihren Rat hin.«

Mazarin fügt sich. Er empfängt die Absolution »mit großer Andacht und mit Tränen«. Der Rendant der Sainte Chapelle von Vincennes zelebriert die Messe in seinem Schlafgemach und erteilt ihm die Sterbesakramente. Seine Eminenz »empfing sie mit großer Andacht, und die Ansprache, die S. E. danach hielt, in der er von den Wohltaten sprach, die Gott ihm gewährt hatte, und sich der Undankbarkeit bezichtigte, brachte alle Anwesenden sehr zum Weinen«.

Drei Tage vor dem Tod glaubte Pater Bissaro, nicht allein mit Don Camillo beim Kardinal bleiben zu können: »Die würdige Haltung, in der S. E. sich zum Sterben bereitmachte, verdiente Zeugen, denen das Volk Glauben schenken konnte, weil man uns beiden allein nicht geglaubt und an Erfindungen unsererseits gedacht hätte ... Noch heute gibt es viele, die behaupten, S. E. sei wie ein großer Weiser gestorben, das heißt mit Unerschrockenheit, aber ohne offenkundige Frömmigkeit.« Außerdem hätten die Pariser Pfarrer sich beschwert, wenn sie durch italienische Mönche vom Tod des Ersten Ministers des Königs von Frankreich ferngehalten worden wären.

Pater Bissaro läßt deshalb Pierre Marlin, den Pfarrer der Pariser Kirchengemeinde Saint-Eustache, der Mazarin angehört, rufen. Es ist ein Ex-Frondeur, der im Viertel der Markthallen sehr beliebt ist. Und noch einen weiteren Priester, »der durch den Beistand, den er Sterbenden geleistet, sich großes Ansehen erworben hat«, Claude Joly, Pfarrer von Saint-Nicolas-des-Champs. »Man kann sagen, diese Pariser Pfarrer entledigten sich ihrer Aufgabe sehr gut«, muß Pater Bissaro nolens volens zugeben.

Am 7. März erhält der Kardinal die Letzte Ölung. Er empfängt sie »in bewunderungswürdiger Verfassung, auf einem Stuhl sitzend«. Doch bei Mazarin streift das Possenhafte bis zum Schluß das Erhabene. Selbst in den letzten Stunden ruft ihm Gott durch einen komplizenhaften Wink in Erinnerung, daß das Leben ein Spiel ist. Bei der Salbung der Augen »war der Offiziant verwirrt, er fand die richtige Formel nicht, nachdem er ein Auge gesalbt hatte; so mußte S. E. eine ganze Weile mit einem geschlossenen und einem offenen Auge ausharren, was S. E. geduldig ertrug«. Was für ein Mienenspiel ist dieses Augenzwinkern zum Leben hin, das er verlassen muß, nachdem er so viele Rollen gespielt hat!

Am Abend kommt es zu einer noch wunderlicheren Szene, bei der die Anwesenden nicht wissen, ob sie lachen oder weinen sollen, die aber, da es dem Ende zugeht, erschütternd ist. »Als S. E. sich am Abend zu Bett legen wollte – wo er dann starb – trugen ihn zwei der Kammerdiener; sie fielen der Länge nach mit S. E. hin.« Welche Szene aus der »Commedia dell'arte« – sie hatte in dem Gemälde noch gefehlt!

Die Vorzimmer sind überfüllt. Man stößt sich, man drängt sich. »Jeder trachtet danach, sich wenigstens zeigen zu können.« Am Tag der Letzten Ölung bleibt Seine Eminenz von morgens bis abends auf dem Stuhl sitzen. Pater Bissaro macht noch immer den Türhüter. Einigen großen Herren gewährt er die außerordentliche Gunst, hereinkommen zu dürfen. Er gestattet es auch dem Beichtvater des Königs, einem Jesuiten. Er versagt es dem König selbst, weil dieser weint. Er bittet ihn inständigst, sich nicht sehen zu lassen, »was er tat, aber er blieb und schaute durch den Türspalt«.

Nachdem der König gegangen ist, drängt die Menge der Seigneurs so stark, daß die Tür gesprengt zu werden droht. Pater Bissaro muß den König anflehen, den Kapitän seiner Garden mit strengen Befehlen zu schicken, andernfalls würde alles in einem Durcheinander enden.

Noch in der Todesnacht wird dem unglücklichen Sterbenden ein Ja abgepreßt für irgendeine Leibrente, die »auf der Liste vergessen worden war«. Mazarin, der durch Bestechlichkeit und Käuflichkeit regiert hat, wird am Ende selbst durch sie belästigt.

Hier endet der Bericht von Pater Bissaro; er zieht sich mit einem »Benedictus Deus« auf den Lippen zurück. Abgelöst wird er vom Pfarrer Joly, den der Herzog von Gramont empfohlen hat.

Der Bericht von Pfarrer Joly ist sehr viel weniger interessant als der von Pater Bissaro. Ohne Schwung und ohne Würze ist der Bericht nur die trockene Wiedergabe der Mission, die der hervorragende, breitgebaute, schwere Prediger zu erfüllen hat. Wie gesagt wurde, verhielt er sich sehr geschickt als Beistand von Sterbenden. Doch bei Mazarin kommt man mit Geschicklichkeit nicht weit. Mazarin ist ein guter Menschenkenner, er vermag in der Seele seines Gegenübers zu lesen. Pfarrer Joly hat im Februar zwei Unterhaltungen mit ihm in Vincennes gehabt, eine weitere Anfang März und eine am letzten Tag. Er hält sich für schlau, da er so beurteilt wird, und versucht, »über einige wichtige Punkte zu sprechen, wie über die Handhabung öffentlicher Gelder« und die Angelegenheit des Kardinals von Retz. Mazarin unterbricht ihn sofort und sagt: »Sprechen Sie mir von Gott, Herr Joly.«

Am 6. März 1661 hält Pfarrer Joly um zehn Uhr morgens in einer mit Gläubigen überfüllten Kirche die Predigt zum zweiten Fastensonntag, als ein Abgesandter des Hofes ihn mitten im Wort unterbricht: er wird eilig nach Vincennes gerufen. Joly breitet theatralisch beide Arme aus und fordert die Anwesenden auf, für Seine Eminenz zu beten.

Mit seinem Bericht will er die Öffentlichkeit beeindrucken, ihr klarmachen, daß Mazarin nicht als Weiser gestorben ist, sondern als Christ, und daß seine Tapferkeit in der letzten Stunde die Tapferkeit eines der Kirche ergebenen Sohnes ist. Er verheimlicht nicht, daß sein Amt ihm Vorteile eingebracht hat: zwölftausend Pfund Almosen für Gefangene und die Armen seiner Gemeinde. Auch persönlich hat er Vorteile gehabt: er bekam das Bistum von Léon, welches er gegen das von Agen eintauschte (die Bretonen hätten den gewaltigen Prediger nicht verstanden), dazu Mazarins Uhr, »prachtvoll, mit doppeltem goldenem Gehäuse, mit einem Diamanten besetzt«, ungefähr viertausend Pfund wert, und ein Gemälde von Carracci, einen Heiligen darstellend, auf zehn- bis zwölftausend Pfund geschätzt.

Der Pfarrer berichtet, Mazarin habe an dem Tag, als er die Letzte Ölung empfing, nur Bekenntnisse des Glaubens, der Hoffnung, der Zerknirschung über seine Sünden und des Vertrauens auf Gottes Barmherzigkeit ausgesprochen: »Er sagte einige eindrucksvolle und schöne Stellen aus den Psalmen her, mehrmals rezitierte er den Psalm Miserere mei Deus.« Und dann gibt der Pfarrer eine Beschreibung, die der zurückhaltende Theatiner nicht gegeben hätte. Er zeigt den Kardinal mit »unbedecktem Haupt, manchmal mit ausgebreiteten Armen, dann die Hände faltend, in denen er ein kleines Kruzifix hielt, er hob die Augen mit einem Ausdruck großer Frömmigkeit zum Himmel«. Fast wie ein Seliggesprochener, wie auf dem Gemälde von Carracci.

Am 8. März äußert der Kardinal den Wunsch, die Messe solle in seinem Schlafgemach zelebriert werden. Er sagt, »vielleicht habe er nicht ein einziges Mal in seinem Leben die Messe in der Verfassung angehört, wie die Kirche es verlange«. Ein Geständnis, das durchaus wahrscheinlich klingt, das der Theatiner aber nicht preisgegeben hätte.

Um neun Uhr seufzt der Kardinal: »Das Ende ist nahe, ich bitte Gott, er möge mir gnädig sein.«

Die Historiker Raymond Darricau und Madeleine Laurain-Portemer stellen fest, daß »alle Einzelheiten, die dann folgen, nur vom Pfarrer Joly wiedergegeben werden«. Er brüstet sich, er will den Anschein erwecken, als sei der Kardinal dank seiner, Jolys Geschicklichkeit, als Christ, fast als Heiliger gestorben. Es gibt niemanden, der eine Seele so gut zu retten vermag wie er.

Dieser Meinung ist der Theatiner nicht. Bevor er dem Pfarrer Joly das Feld überläßt, berichtet er noch, Joly habe den Kardinal gequält, indem er ihm »dieses und jenes« anempfahl. »Ich habe mehr als einmal sagen hören, daß, wenn der Kardinal noch einen Tag länger gelebt hätte, er ihn fortgeschickt oder ihn gebeten hätte, sich zurückzuziehen«.

Dieser Quälgeist drängt den jetzt wehrlosen Sterbenden in ein Melodrama. Er fragt ihn, »ob er nicht irgendeine öffentliche Buße tun wolle für alle Ärgernisse und schlechten Beispiele, die er im Lauf seines Lebens gegeben habe«. Welche andere Antwort ist möglich als »Sehr gern«? »Dann nahm er die geweihte Kerze in die Hand, und mit bloßem Haupt, als Zeichen achtbarer Abbitte und öffentlicher Wiedergutmachung, bat er Gott um Vergebung für alle seine Sünden, auch bat er diejenigen, die er möglicherweise beleidigt hatte, ihm verzeihen zu wollen; dann erneuerte er die Beteuerungen und Gelübde seiner Taufe.«

Mazarin fügt sich gelehrig in diese letzte Rolle, die er zu spielen hat. Er fällt »in lange Ermattungszustände und in eine Art von Agonie«. Er gehorcht dem harten Joly, der ein heiliges Feuer in ihm entzünden will. »Er litt große Schmerzen, ohne zu klagen, er ist bereit, sich dem Willen Gottes zu fügen, er sagt, er sei ein großer Sünder und verdiene noch größere Qualen.« Joly macht aus dem Kardinal einen Märtyrer, der seiner Umgebung ein erbauliches Vorbild gibt: »Mut, man muß leiden!« Und als wolle er sich mit den asketischsten aller Heiligen messen: »Ich freue mich, daß Gott mir mein Urteil spricht, damit ich meine Schmerzen spüre und ein wenig Reue übe.« Und in seiner Heiligengeschichte bringt er die letzten Worte Sankt Mazarins: »Sprechen Sie mir nur weiter von Gott, auch wenn ich nicht antworte; ich lasse nicht nach, zuzuhören, und ich drücke Ihnen die Hand, um es Ihnen zu beweisen ... Ich spüre bereits Gottes Barmherzigkeit.«

Des öfteren spricht der Kardinal mit tiefster Ergebenheit den heiligen Namen Jesu aus, »er sagt, er sei seine ganze Hoffnung«. Unablässig kommen Worte der Heiligen Schrift aus seinem Mund. Er hält »ein Kruzifix in der Hand, das er mehrere Male küßte und anbetete«.

Welches sind die letzten Worte Mazarins? Pater Rapin berichtet, Pfarrer Joly sei in einer Galerie auf und ab gegangen, als er plötzlich zum Kardinal geholt wurde. »Er rief ihm« (was seiner rüden Art und Weise durchaus entspricht), »auf den Sessel zueilend, in den man den Kardinal gesetzt hatte, mit lauter Stimme zu: ›Monseigneur, die Stunde ist gekommen.‹ Worauf der Kardinal antwortete: ›Die Stunde der Barmherzigkeit.‹ Und als er diese Worte gesprochen hatte, starb er.« Frau von Motteville behauptet, der Kardinal habe, eingedenk der Devotion seiner Mutter für die Jungfrau Maria gesagt: »Ach, Heilige Jungfrau, erbarme Dich meiner und nimm meine Seele zu Dir.«

Reine Legenden! Da Pfarrer Joly, zusammen mit Pater Bissaro und Don Camillo, die aber geschwiegen haben, der einzige Zeuge der letzten Augenblicke war, muß seinem Bericht Glauben geschenkt werden. Gegen Mitternacht soll der Kardinal gesagt haben: »Es wird mit mir bald zu Ende sein, mein Verstand verwirrt sich. Ich vertraue auf Jesus Christus.«

Das Ende: »Ungefähr zwei Stunden nach Mitternacht ließ ihn Pfarrer Joly das Kruzifix küssen, das er in der Hand hielt. Er sprach mehrmals den hochheiligen Namen Jesu aus, wobei er ohne jedes andere äußere Zeichen nur den Mund ein wenig öffnete. So gab er seinen Geist in die Hände Gottes, am 9. März des Jahres 1661.«

Der König und die Königin schlafen. Der König hat mit seiner Amme Pierrette Dufour, jetzt Kammerzofe der Königin, die dem Protokoll gemäß im gleichen Raum wie die beiden Majestäten schläft, ein Zeichen verabredet. Im Morgengrauen, als Pierrette hört, daß der König sich bewegt, macht sie ihm das Zeichen: Mazarin ist gestorben. Ludwig erhebt sich leise. Er zieht sich an und begibt sich in die Gemächer des Kardinals. Tränenüberströmt umarmt er den Herzog von Gramont. »Wir haben einen guten Freund verloren.« Während dieser ganzen Tage weint er viel.

Für den Hof ordnet er Trauer in Schwarz an, die sonst nur bei einem Todesfall innerhalb der königlichen Familie getragen wird. Er beruft die Minister für den nächsten Tag um sieben Uhr morgens in den Louvre. Zusammen mit seiner Mutter fährt er in der Karosse nach Paris zurück. Königin Maria Theresia, die ein Kind erwartet, wird in einer Sänfte weniger durchgerüttelt. Während der Fahrt gibt sich der König wieder seinen Tränen und seiner Trauer hin. Die Auseinandersetzung mit dem Kardinal Marie Mancinis wegen hat er vergessen. Vielleicht gibt er ihm bereits recht. Er ist niedergeschlagen und bekümmert, er ist allein mit seinem Amt und seiner Bürde als König, er hat seinen geistigen Vater verloren. Seit Mazarin tot ist, ermißt er in jeder Stunde, was er ihm alles schuldet. Anna von Österreich sitzt gereizt neben diesem schluchzenden Standbild in der Karosse. Ist es Scham und Stolz, mit dem sie ihren eigenen Schmerz verschleiern will? Oder war sie des alten kranken Liebhabers überdrüssig, den sie aus dem Nichts geholt und der für sie zum Schluß nur Zurückweisung und Geiz übrig hatte? Jetzt, da die Sinne schweigen, erhebt sich die Stimme der Habsburger. Die Tochter Philipps III. von Spanien, die Enkelin Philipps II. und Urenkelin Karls V. stößt den Sohn eines Verwalters, also eines Dieners, in sein Nichts zurück. Die Motteville berichtet, sie »sei die erste gewesen, die denen, welche unablässig die Rede auf den verstorbenen Kardinal brachten, gesagt habe, es solle darüber nicht mehr gesprochen werden«. Vielleicht hätte Julia das gleiche nach Romeos Tod gesagt, wären sie zusammen alt geworden.

Eine noch härtere Totenrede entsteht unter der Feder der närrischen Hortense Mancini in ihren Memoiren: »Nie hatte jemand in der Öffentlichkeit so sanfte Manieren und im Familienkreis so rauhe. Alle unsere Gedanken und Neigungen waren den seinen entgegengesetzt . . . Mein Bruder [Philippe] und meine Schwester Marie sagten, als die Nachricht von seinem Tod eintraf, zueinander: ›Gott sei Dank ist er krepiert!‹ Offen gesagt, ich war auch nicht sehr betrübt.«

Glücklicherweise stimmt die Nachwelt diesem Urteil nicht zu. Nach dem Tod des Kardinals bereiten Frankreich und Europa ein großes Schauspiel vor, um das Genie dieses ruhmreichen Schauspielers zu würdigen.

Das Palais Mazarin ist schwarz verhangen. Die Kirchen der Hauptstadt beginnen mit den zehntausend Messen und einer Ewigkeit von Gebeten, die die Königmutter und der König für das Seelenheil des Toten sprechen lassen. Durch Plakate, die in allen Straßen angeschlagen werden, wird das Volk von Paris, das den italienischen Abenteurer einst durch die Gosse zog, zum Gebet aufgefordert:

»Bete zu GOTT für die Seele des sehr hohen,
sehr mächtigen und Eminentissime JULE
Kardinal MAZARIN, Herzog von Nevers,
Haupt des Rats des Königs und Erster Minister
des Staates, welcher im Schloß von Vincennes
am Mittwoch, dem neunten Tag des März dieses Jahres
verschieden ist, für dessen Seele der KÖNIG
in der Kirche von Paris Gebete sprechen läßt,
an welchem Ort heute nachmittag
Vespern und Totenvigilien abgehalten werden,
denn morgen um zehn Uhr am Vormittag
wird die feierliche Seelenmesse zelebriert.
Betet zu Gott für ihn, bitte.«

Der Leichnam ist auf einem Prunkbett aufgebahrt, das in den Chor der Sainte-Chapelle von Vincennes getragen worden ist, wo die Prälaten und die Großen der Totenmesse beiwohnen. Am 28. März wird sein Herz, in dem man »einen kleinen Stein« (Motteville) gefunden hat, zu den Theatinern gebracht, in das Gebäude Sainte-Anne-la-Royale, das er gestiftet hat. Der feierliche Zug verläßt Vincennes um sieben Uhr abends beim Schein unzähliger Fakeln. Der Leichnam bleibt in der kleinen Sakristei der Sainte-Chapelle von Vincennes, bis sein Grab in der Kapelle des Collège des Quatre-Nations fertiggestellt ist. Dorthin wird er am 9. September 1684 unter großen Feierlichkeiten überführt. Wie die Leichname aller berühmten Menschen wird er zerstückelt, eine Schlachterei, die vom Reliquienkult inspiriert ist. Der Ruhm führt zur gleichen Vierteilung wie der Königsmord. Seine Eingeweide werden in der Sainte-Chapelle des Schlosses von Vincennes beigesetzt.

In Rom wird in der Kirche seiner Gemeinde Santi Vincenzo e Anastasio, neben der Fontana di Trevi, in die heute Verliebte eine Geldmünze werfen, wenn sie nach Rom zurückkommen wollen, die Trauerfeierlichkeit abgehalten für den, der nicht zurückkam. Sein getreuer Sekretär Elpidio Benedetti, »erdachte« den Katafalk. Francesco Grimaldi, aus Bologna stammend, der große Wandgemälde im Palais Mazarin in Paris schuf, nimmt die Ausschmückung vor. Auf der Fassade eine Widmung mit seinem Namen. Unter dem Fenster sein Wappen mit dem Kardinalshut, der so schwierig zu erlangen war, das Liktorenbündel und das Beil, das er nie benutzte, sowie die drei Sterne, die ihn leiteten.

Ludwig XIV. schickt seinen Prediger, den redegewandten Pater Léon nach Rom, er soll vor dem Heiligen Kollegium die »Leichenrede« auf Mazarin halten. Versehen mit vielen Schnörkeln entwirft der Karmeliter ein genaues Porträt der Sphinx: ».. . Es muß gesagt werden, daß das Leben des großen Kardinals Jules Mazarin wirklich ein geheimnisvolles Rätsel ist: wie die vollkommensten Gemälde, zusammengefügt aus Gegensätzlichkeiten, die ihn für alle Jahrhunderte nicht weniger bewunderungswürdig machen, wie es auch ohne Zweifel sehr schwierig sein wird, ihn nachzuahmen. Mein Gott! Welche Klarheit und welche Dunkelheit! Welches Licht und welcher Schatten erhöhen die Schönheit dieses Gemäldes! Ein französischer Italiener, ein Soldat und ein Jurist, ein Laie ohne Weihen und ein Eminentissime Kardinal, ein Fremdling und ein Familienangehöriger, ein Verbannter und ein Bevollmächtigter, ein Untertan und ein Freund der Könige, so wie es Isai für David war . . . Ein erlauchter Verfolgter, ruhmvoll geschmäht. Ein Phönix, der aus der Asche steigt. Eine Sonne, die um so stärker leuchtet, nachdem sie durch die Finsternis einer dichten Nacht gegangen ist: ›Post nubila Phoebus‹ (Nach den Wolken Phöbus). Und schließlich wird der Schlichter so vieler Völker und Nationen in wenigen Monaten eine sterbliche Hülle . . .«

Pater Léon hätte hinzufügen können: Der Geliebte einer Königin, der Pate, der Lehrer, der politische Vater eines Königs. Ein Fremder, der Frankreich diente, obwohl das Land es nicht will, während Frankreichs Söhne ihr Land verrieten; der Richelieus Werk vollendete, Frankreich zur beherrschenden Nation Europas machte und den Aufstieg des Sonnenkönigs vorbereitete. Einer der wenigen Staatsmänner, die unter schlimmsten Widerwärtigkeiten und schlimmsten Schmähungen ihre Ziele erreicht haben. Und der im Augenblick, da er noch höher hätte steigen können, auf den Thron des heiligen Petrus, nachdem er alles erlangt hatte, Liebe, Reichtum und Macht, auf dem Gipfel des Ruhms vom Tod hinweggerafft wird, ohne Ruhe genossen zu haben. Was für Aufregungen, was für Abenteuer in einer so undurchschaubaren, von List gezeichneten Seele und in einem von ständiger Berechnung angespannten Kopf! Was für ein gewaltiger Roman, was für eine Oper, was für eine Posse, was für ein Epos ist dieses Leben, welches das Publikum in Staunen und Verwunderung setzt und dessen Held, wenn der Vorhang fällt, vom Publikum mit nicht endenwollendem Beifall bedacht wird!

Am Tag nach Mazarins Tod, am 10. März 1661, um sieben Uhr morgens versammeln sich im Louvre der Kanzler Séguier, die Minister und Staatssekretäre um den Sessel des Königs. Alle Anwesenden stehen, auch der König. Seine Majestät richtet das Wort an den Kanzler: »Monsieur, ich habe Sie mit meinen Ministern und meinen Staatssekretären hierher kommen lassen, um Ihnen zu sagen, daß ich bisher meinen Staat gern durch den verstorbenen Herrn Kardinal habe regieren lassen. Es ist Zeit, daß ich ihn selber regiere. Sie werden mir mit Ihrem Rat zur Seite stehen, wenn ich

Sie darum bitte. Außer den gewöhnlichen Geschäften des Siegels, an denen ich nichts zu ändern gedenke, bitte ich Sie und befehle ich Ihnen, Herr Kanzler, nichts in irgendeinem Auftrag zu siegeln als auf meine Befehle hin oder ohne mit mir vorher darüber gesprochen zu haben, es sei denn, ein Staatssekretär überbringt Ihnen die Befehle von mir. Und Ihnen, meine Staatssekretäre, befehle ich, nichts ohne mein Gebot zu unterzeichnen, nicht einmal einen Schutzbrief oder einen Paß. Und Sie, Herr Hauptverwalter, bitte ich, sich Colberts zu bedienen, den der verstorbene Herr Kardinal mir empfohlen hat. Was Lionne angeht, er besitzt meine Zuneigung, ich bin mit seinen Diensten zufrieden.« (Memoiren von Brienne)

Als Mazarin noch regierte, hatte der lebende Gott sich auf sein Amt romantisch jugendlich vorbereitet. In seinen Memoiren schreibt Ludwig XIV.: »Unablässig prüfte ich mich im geheimen und ohne Vertrauten, ich dachte allein und in mir selbst über alle Ereignisse nach, voller Zuversicht und Freude, wenn ich manchmal entdeckte, daß meine ursprünglichen Gedanken die gleichen waren, zu denen schließlich auch fähige und meisterliche Leute kamen, und ich war im Grunde überzeugt, daß ich nicht auf den Thron gekommen bin und auf ihm verblieben wäre, wenn ich nicht, zusammen mit dem starken Willen, Gutes zu tun, auch die Mittel dazu gefunden hätte.«

Doch was tut dieser junge Mann, der sich »im geheimen« prüft, anderes, als die Lehren seines Meisters zu beherzigen? Und als am Morgen des 10. März 1661 das Leben ihn allein in die Arena stellt, er zum ersten Mal seine Kräfte entfaltet und erstaunt ist über den Klang seiner eigenen Stimme, gleicht da diese Schroffheit, diese steife Gebärde eines Automaten nicht dem Auftritt eines Mediums, das aus der Ferne von seinem Hypnotiseur gelenkt wird?

ZEITTAFEL

1602	*14. Juli: Giulio Mazarini als Sohn des Pietro Mazarini und seiner Frau Hortensia geb. Bufalini in der Abtei von Pescina/Abruzzen geboren.* Gründung der Niederländisch-Ostindischen Kompanie.
1603	24. März: Elisabeth Tudor gestorben. Jakob I. aus dem Haus Stuart wird König von England.
1606	6. Juni: Pierre Corneille geboren. 15. Juli: Rembrandt Harmensz van Rijn geboren.
1609	*Giulio Mazarini tritt ins römische Jesuitenkolleg ein.* Gründung der Katholischen Liga im Deutschen Reich.
1610	7. Januar: Galileo Galilei entdeckt die Jupitermonde. 14. Mai: Heinrich IV. von Frankreich in Paris von dem katholischen Fanatiker Ravaillac ermordet. Sein Nachfolger auf dem Thron wird Ludwig XIII.
1611	30. Oktober: Karl IX. von Schweden gestorben. Gustav II. Adolf wird schwedischer König.
1612	20. Januar: Kaiser Rudolf II. gestorben. Sein Bruder Matthias römisch-deutscher Kaiser.
1615	25. November: Ludwig XIII. heiratet in Bordeaux Anna von Österreich.
1616	Richelieu Staatssekretär. 23. April: Miguel de Cervantes Saavedra gestorben.
1617	29. August: Jean Baptiste Colbert geboren.
1618—1648	Dreißigjähriger Krieg.
1618—1623	Böhmisch-Pfälzischer Krieg.
1618	23. Mai: Prager Fenstersturz.
1619	24. Februar: Charles Lebrun geboren. 20. März: Kaiser Matthias gestorben. Ferdinand II. Nachfolger.
1620	8. November: Schlacht am Weißen Berge. Kaiser Ferdinand II. besiegt den »Winterkönig« Friedrich V.
1621	28. Januar: Paul V. gestorben. Gregor XV. wird Papst. 31. März: Philipp III. von Spanien gestorben. Philipp IV. spanischer König. 8. Juli: Jean de La Fontaine geboren.
1622—1624	*Giulio Mazarini zusammen mit Girolamo Colonna in Spanien. Jurastudium in Alcalá und Madrid.*
1622	15. Januar: Jean Baptiste Poquelin (= Molière) geboren.
1623	*Mazarini Hauptmann einer päpstlichen Truppe in Veltlin.* 19. Juni: Blaise Pascal geboren.

	8. Juli: Gregor XV. gestorben. Maffeo Barberini besteigt als Urban VIII. den päpstlichen Thron.
1624	Richelieu leitender Minister unter Ludwig XIII.
1625—1630	Niedersächsisch-Dänischer Krieg.
1625	27. März: Jakob I. von England gestorben. Karl I. folgt ihm auf den Thron.
1626	Richelieu schlägt den Aufstand des Gaston von Orléans nieder.
1627	23. Mai: Luis de Gongora gestorben. 27. September: Jacques Bénigne Bossuet geboren.
1628—1631	Mantuanischer Erbfolgekrieg. Die französische Nebenlinie Gonzaga-Nevers erlangt die Herrschaft in Mantua.
1628	*Erste diplomatische Mission Mazarinis.* Eroberung von La Rochelle. Die Hugenotten verlieren ihren bedeutendsten Sicherheitsplatz.
1629	Gnadenfriede von Alais. Rechte der Hugenotten eingeschränkt, doch die Freiheit der Religionsausübung bleibt erhalten.
1630—1635	Schwedischer Krieg.
1630	*29. Januar: Mazarini trifft zum erstenmal mit Richelieu zusammen.* *April: Begegnung mit Père Joseph in Pinerolo.* *17. Mai: Mazarini bei König Ludwig XIII. in Grenoble.* *29. Juni: In Grenoble zweites Treffen mit Richelieu.* Oktober: Reichsfürsten unterstützen auf dem Regensburger Fürstentag die französische Politik. *Herbst: Giulio Mazarini wieder in Rom.* 11. November: »Tag der Geprellten«. Ludwig XIII. entscheidet sich zugunsten seiner Minister und gegen seine Mutter Maria von Medici. 15. November: Johannes Kepler gestorben. Bündnis Frankreichs mit den Niederlanden.
1631	*Mazarini reist nach Frankreich zur Vorbereitung des Vertrages von Cherasco.* *Januar: Erste Begegnung mit Königin Anna.* 23. Januar: Subsidienvertrag von Bärwalde zwischen Richelieu und Gustav Adolf von Schweden (1633, 1638 und 1641 verlängert). 23. Februar: Maria von Medici verläßt Paris und geht nach Compiègne. 6. April/19. Juni: Italienischer Friede. Vertrag von Cherasco. 30. Mai: Théophraste Renaudots Wochenschrift »La Gazette« erscheint als erste französische Zeitung.
1632	*Frühjahr/Sommer: Mazarini in Paris.* *Juni: Er erhält in Sainte-Menehould die Scheintonsur.*

	Ernennung zum Kanoniker von San Giovanni in Laterano und Santa Maria Maggiore. 29. August: John Locke geboren. 16. November: Gustav Adolf von Schweden fällt bei Lützen. 24. November: Baruch de Spinoza geboren. 28. November: Jean-Baptiste Lully geboren. Richelieu schlägt den Aufstand Heinrichs II. von Montmorency nieder. Montmorency enthauptet.
1633	*Mazarini Auditor bei der Legation in Avignon.* *Er legt die Soutane an, ohne zum Priester geweiht zu sein.* Galileo Galilei muß seine Lehre widerrufen.
1634	*Mazarini erhält die Pfründe der Abtei von Saint-Avold.* *Ernennung zum Vizelegaten von Avignon.* 25. Februar: Wallenstein in Eger ermordet. *November: Mazarini, seither auch »Mazarin« genannt, zieht als außerordentlicher Nuntius des Papstes in Paris ein.*
1635—1648	Schwedisch-Französischer Krieg.
1635	*7. Mai: Begegnung mit Anna von Österreich.* 11. Juli: Vertrag von Rivoli. Allianz Frankreich-Savoyen. 27. August: Lope de Vega gestorben. Frankreich erklärt Spanien den Krieg und tritt damit in den Dreißigjährigen Krieg ein. Richelieu gründet die Académie Française. *Am Jahresende verläßt Mazarin Paris und geht ins päpstliche Avignon.*
1637	15. Februar: Ferdinand II. gestorben. Ferdinand III. wird römisch-deutscher Kaiser.
1638	*Mazarin in Rom.* 5. September: Louis-Dieudonné, Dauphin von Frankreich, der spätere Ludwig XIV., geboren.
1639	27. Juli: Die Spanier nehmen Turin ein. *13. Dezember: Mazarin verläßt Rom endgültig und bleibt in Frankreich.* 21. Dezember: Jean Baptiste Racine geboren.
1640	*5. Januar: Ankunft in Paris.* *Mission in Turin. Mazarin soll die Trennung der Christine von Savoyen von ihrem Geliebten Philippe d'Aglié erreichen.* 30. Mai: Peter Paul Rubens gestorben. 8. August: Die Spanier müssen Arras aufgeben. 21. September: Philippe d'Orléans, Bruder Ludwigs XIV., geboren.
1641	*Mazarin erwirbt den Palazzo Bentivoglio in Rom.* *16. Dezember: Ernennung zum Kardinal.* Die Parlamente (Gerichte) verlieren das Recht, gegen königliche Edikte Einspruch zu erheben.

1642—1646	Bürgerkrieg in England.
1642	*Ludwig XIII. gewährt Mazarin und den Kardinälen denselben Rang, den die Prinzen von Geblüt innehaben.* 8. Januar: Galileo Galilei gestorben. 3. Juli: Maria von Medici in Köln gestorben. Verschwörung von Cinq Mars und de Thou gescheitert. September: Hinrichtung der Anführer. 4. Dezember: Richelieu gestorben. *Ludwig XIII. beruft Mazarin in den Conseil.*
1643	*Mazarin mietet in Paris das Palais Chevry-Tubeuf.* 4. Januar: Isaac Newton geboren. 14. Mai: Ludwig XIII. gestorben. Der minderjährige Ludwig XIV. wird König. Anna von Österreich übernimmt die Regentschaft. 19. Mai: Sieg des Herzogs von Enghien über die Spanier bei Rocroi. *Mazarin zum ersten Minister gewählt.*
1644	*11. April: Mazarins Mutter in Rom gestorben.* 29. Juli: Papst Urban VIII. gestorben. 3./5. August: Die Herzöge Enghien und Turenne erringen den Sieg von Freiburg. 15. September: Innozenz X. zum Papst gewählt.
1645/46	Auseinandersetzungen zwischen Frankreich und Papst Innozenz X.
1645	Französischer Sieg von Nördlingen.
1646	*15. März: Ernennung zum ersten Erzieher des Königs.* *Mai: Mazarin wird Intendant der königlichen Bauten und Schloßvogt von Fontainebleau.* 1. Juli: Gottfried Wilhelm Leibniz geboren.
1647	*Mazarin läßt seine Neffen und Nichten nach Paris kommen.*
1648—1653	Fronde-Kämpfe.
1648	*Mazarin darf eine Kompanie von hundert Mann zu seiner persönlichen Sicherheit aufstellen.* 12. März: Tirso de Molina gestorben. 20. August: Sieg von Lens über die Spanier. 26. August: Broussel wird verhaftet. Beginn der Parlamentsfronde in Paris. 24. Oktober: Westfälischer Friede. Ende des Dreißigjährigen Krieges.
1649	5. Januar: Der junge Ludwig XIV. und sein Hof flüchten nach Saint-Germain. 30. Januar: Karl I. von England enthauptet. England Republik unter Oliver Cromwell. 11. März: Friede von Rueil zwischen König und Parlament.
1650	11. Februar: René Descartes (Cartesius) gestorben.

1651 *6./7. Februar: Mazarin flieht aus Paris.*
14.–27. März: Asyl beim Erzbischof von Lüttich in der Burg von Bouillon.
März–Oktober: Aufenthalt auf Schloß Brühl bei Köln.
6. August: François Fénelon geboren.
6. September: Ludwig XIV. nach dem Gesetz volljährig.
12. Dezember: Ludwig XIV. beordert Mazarin zurück an den französischen Hof.
24. Dezember: Mazarin wieder in Frankreich.

1652 *28. Januar–8. Februar: Mazarin am königlichen Hof in Poitiers.*
Prinz Louis II. Condé verbündet sich mit dem gegnerischen Spanien.
12. August: Mazarin wird auf Druck der Fronde abberufen und zieht sich in die Champagne zurück.
21. Oktober: Ludwig XIV. kehrt nach Paris zurück.

1653 *3. Februar: Mazarin erneut in Paris. Begeisterter Empfang.*
Ende der Fronde-Kämpfe.

1654 *Mazarins Vater in Rom gestorben.*
7. Juni: Ludwig XIV. in Reims gekrönt.

1655 7. Januar: Papst Innozenz X. gestorben.
7. April: Kardinal Chigi wird als Alexander VII. sein Nachfolger.
Schließung der jansenistischen Schulen in Frankreich.

1656 Verurteilung der jansenistischen Lehre.

1657 3. März: Vertrag von Paris zwischen Frankreich und dem England Cromwells.
2. April: Ferdinand III. gestorben. Im folgenden Jahr wird Leopold I. Kaiser.

1658 28. März: Vertrag von Paris verlängert.
23. Juni: Franzosen und Engländer nehmen Dünkirchen ein.
29. Juni: Ludwig XIV. schwer erkrankt.
3. September: Oliver Cromwell gestorben.
Unruhen in nahezu allen französischen Provinzen.
Erster Rheinbund zwischen Frankreich und mehreren deutschen Fürsten.

1659 *Mazarin erwirbt das Herzogtum von Nevers.*
Nierenerkrankung.
Prinz Louis II. Condé rehabilitiert.
7. November: Pyrenäenfriede zwischen Frankreich und Spanien.
Frankreich gewinnt das Roussillon, Artois und Teile Lothringens. In einem Ehevertrag wird die Heirat Ludwigs XIV. mit der spanischen Infantin Maria Theresia vereinbart.
Ludwig XIV. trennt sich von Marie Mancini.

1660 März: Das aufständische Marseille wird von Ludwig XIV. eingenommen. Beseitigung der Provinzautonomie.
9. Juni: Ludwig XIV. und Maria Theresia von Spanien verheiratet.
7. August: Diego Velazquez gestorben.
Karl II. wird König von England.

1661 *8. Februar: Mazarin übersiedelt nach Vincennes.*
Brand im Louvre.
7. März: Unterzeichnung des Testaments.
9. März: Mazarin in Vincennes an einem Lungenödem gestorben.
Ludwig XIV. übernimmt die Selbstregierung.
Beginn des Schloßbaus in Versailles.

BIBLIOGRAPHIE

ALEWYN, Richard. *L'Univers du Baroque,* Éd. Gonthier, Paris, 1964.

AMIGUET, Philippe. *La Grande Mademoiselle et son siècle,* Albin Michel, 1957.

AUMALE, Duc d'. *Histoire des princes de Condé,* Éd. Calmann-Lévy. Paris. *Inventaire de tous les meubles du cardinal Mazarin dressé en 1653 et publié d'après l'original,* Londres, 1861.

BAILLY, Auguste. *Mazarin,* Éd. Fayard, Paris, 1935.

BATIFFOL, L. *Richelieu et le roi Louis XIII,* Paris, 1934. – *La vie de Paris sous Louis XIII,* Éd. Calmann-Lévy, Paris. – *Le Louvre sous Henri IV et Louis XIII,* Éd. Calmann-Lévy. – *Le cardinal de Retz. Ambitions et aventures d'un homme d'esprit au XVIIe siècle,* Paris, 1927. – *Les origines du Palais Mazarin, Gazette des Beaux-Arts,* 3e période, t. XXXIX, 1908, pp. 265–289.

BOURGEOIS, E. *Manuel historique de politique étrangère,* t. I, ch. II, *»Politique extérienne de Mazarin«.*

BAZZONI, Auguste. *Un nunzio straordinario alla corte di Francia nel secolo XVII. »Biblioteca della Rivista Europea-Rivista Internazionale«,* fasc. 6, Florenz, 1882.

BERCHET et BAROZZI. *Relazioni degli ambasciatori veneti.* Venedig, 1860. *Relazioni della Corte di Roma.* Venedig, 1877.

BADALO-DULONG, Claude. *Trente ans de diplomatie française en Allemagne, Louis XIV et l'Électeur de Mayence* (1648–1678), Paris, 1957, 263 p.

BARINE, Arvède. *La jeunesse de la Grande Mademoiselle,* Éd. Hachette.

BRIENNE, le Jeune. *Mémoires.*

BLET, S. J. *Richelieu et les débuts de Mazarin, Revue d'Histoire moderne et contemporaine,* 1959, pp. 241–268. BIBLIOTHÈQUE NATIONALE. *Mazarin homme d'État et collectionneur.* Exposition organisée pour le 3e centenaire de sa mort (Paris, 1961), par Julien Cain, Madeleine Laurain-Portemer, J. Vallery-Radot, R. A. Weignert.

CHÉRUEL, Alphonse. *Histoire de France pendant la minorité de Louis XIV,* Éd. Hachette, Paris. *Histoire des France sous le ministère de Mazarin,* Paris, 1882, 3 vol. Éd. Hachette, Paris.

CHÉRUEL, Alphonse, et vicomte B. d'AVENEL. *Lettres du cardinal Mazarin pendant son ministère, documents inédits,* 1872–1906, 9 vol.

COSNAC, L. G. *Les richesses du Palais Mazarin. Inventaire dressé après la mort du cardinal Mazarin en 1661,* Paris, 1884.

COURTEAULT, Henri. *La Fronde à Paris,* Éd. Firmin-Didot, Paris, 1930.

CRONIN, Vincent. *Louis XIV,* Librairie Académique Perrin, 1967.

COSNAC, de C. J. *Mazarin et Colbert,* 2 vol. Paris, 1892.

COUSIN, Victor. *La Société français au XVIIe siècle,* Éd. Didier, Paris. – *Carnets autographes du cardinal Mazarin. »Journal des savants«,* 1854–1856.
– *Madame de Chevreuse,* Paris, 1862 (cite onze lettres inédites d'Anne d'Autriche à Mazarin).

CONRART. *Mémoires.*

COLOMBIER, P. du. *L'homme qui a introduit en France le virus de la collection* (Mazarin), Connaissance des Arts, mars 1961, pp. 90–96.

COVILLE, Henri. *Documents sur le capitaine Jules Mazarin.* Extr. des *Mélanges d'Archéologie et d'Histoire, publiés par l'École française de Rome,* t. XXXIV, 1941, pp. 201–233. – *Mazarin et ses démêlés avec le pape Innocent X, Bibliothèque de l'École des Hautes Études, 210e fascicule,* Librairie Ancienne Honoré Champion. Edouard Chamion, 1914.

CABRINI, Anne-Marie. *Mazarin aventure et politique*, André Bonne, Paris, 1962.

DARRICAU, R. *Les Clercs réguliers théatins à Paris, Sainte-Anne-la-Royale, Regnum Dei*, X–XVI, 1954, 1959. – *Guillaume Millet de Jeure, confident de Mazarin* (1620–1690); *Extr. du Bull. philosophique et historique* (jusqu'en 1715), 1968, pp. 351–387. – *Mazarin et l'Empire ottoman. L'expédition de Candie* (1660), *Rev. d'Histoire diplomatique*, oct. déc. 1960, pp. 335–355.

DARRICAU, R., et Madeleine Laurain. *La mort du Cardinal Mazarin. Extr. de l'Annuaire-Bulletin de la Société d'Histoire de France*, 1960, pp, 58–120.

DETHAN, Georges. *Gaston d'Orléans, conspiriteur et prince charmant*, Paris, 1957, p. 503. – *Mazarin et ses amis, suivi d'un choix de lettres inédites*, Berger-Levrault, 1968. – *Le jeune Monsignore à la conquéte de Richelieu*, in *Mazarin*, 1959, 7–51.

DUBUISSON-AUBENAY. *Journal des Guerres civiles* (1648–1652), publié par G. Saige, Éd. Champion, Paris, 1883.

ERLANGER, Philippe. *Louis XIII. – Buckingham. – Cinq-Mars. – Monsieur, frère de Louis XIV. – Louis XIV*, Fayard. Paris, 1965. – *Richelieu, 3 vol. Librairie* Académique Perrin, Paris 1969.

FRANKLIN, A. *Histoire de la Bibliothèque Mazarine et du Palais de l'Institut*, 2 e Éd. Paris, 1901.

FEDERN, C. *Mazarin*. München, 1922, u. Paris, 1934.

GOURNAY, F. A. de. *Huet, évêque d'Avranches*, sa vie, ses œuvres, Paris, 1854.

GRAND-MESNIL, Marie-Noëlle. *Mazarin, la Fronde et la Presse* (1647–1649), A. Colin, Paris, 1967.

HANOTAUX, Gabriel, et LA FORCE, Duc de. *Richelieu* (Flammarion, Paris).

JACQUART, J. *La Fronde des princes dans la région parisienne et ses conséquences* matérielles, Rev. d'Histoire moderne et contemporaine, 1960, pp. 257–290.

JANSEN, P. *Le cardinal Mazarin et le mouvement janséniste français* (1653–1659) (Paris, Librairie philosophique J. Vrin, 1967).

LA FORCE, Duc de. *Lauzun*, Hachette, Paris. *La vie amoureuse de la Grande Mademoiselle*, Flammarion, Paris.

LORRIS, P. G. *La Fronde*, 1961, 429 p.

LAVISSE, Ernest. *Histoire de France depuis les origines jusqu'à la Révolution*, t. VII. Hachette, Paris, 1911.

LAURAIN-PORTEMER, Madeleine. *Le Statut de Mazarin dans l'Église. Aperçus sur le Haut Clergé de la Contre-Réforme.* Extr. de la Bibliothèque de l'École des Chartes, t. CXXVII, 1969, pour les pages 1–64 du tiré à part, t. CXXVIII, 1970, pour les pages 65–140 du tiré à part. – *Mazarin, Benedetti et l'Escalier de la Trinité des Monts.* Extr. de la Gazette des Beaux-Arts, 1er décembre 1968. – *Les préliminaires du second séjour de Romanelli à Paris. Extr. des Mélanges d'Archéologie et d'Histoire, publiés par l'École Française de Rome.* t. LXXXI, 1969. – *Mazarin et Le Bernin* à propos du »*Temps qui découvre la vérité*«. Extr. de *La Gazette des Beaux-Arts*, octobre 1969.

LABORDE, L. de. *Le Palais Mazarin et les habitations de ville et de campagne au XVIIe siècle*, Paris, 1845.

LACOUR-GAYET, G. *L'éducation politique de Louis XIV*, Paris, 1898, X–472 p.

LEMAN, Auguste. *Urbain VIII et la rivalité de la France et de la Maison d'Autriche, de 1531 à 1536.* Lille-Paris, 1919.

LUZARCHE, Victor. *Carnet de Mazarin, publié d'après l'original*, Tours, 1893.

LA ROCHEFOUCAULD. *Mémoires*, publiés par Henri Rambaud, Cité des Livres, Paris.

LEFÈVRE D'ORMESSON, Oliver. *Journal*, extr. des *Mémoires* d'André Lefèvre d'Ormesson, publié par A. Chéruel, Imprimerie impériale, Paris, 1860.

MAGNE, Émile. *La vie quotidienne au temps de Louis XIII*, Hachette, Paris. – *Madame de Lafayette en ménage*, Émile-Paul, Paris

MALLET-JORIS, Françoise. *Marie Mancini, le premier amour de Louis XIV*. Hachette, Paris, 1964.

MOLÉ, Mathieu. *Mémoires*, Éd. de la Société d'histoire de France, Paris, 1856.

MÉMOIRES de La Porte, de Montrésor, de la duchesse de Nemours, d'Omer Talon, Collection Michaud et Poujoulat.

MONGRÉDIEN, G. *Le Grand Condé, l'homme et son œuvre*, Paris, 1969. – *L'Affaire Foucquet*, Hachette, Paris, 1956. – *Le Rideau s'ouvre sur le Grand Siècle*, in *Mazarin*, 1959, pp. 255–289, Hachette, 1963, Paris. – *Colbert*, Hachette, 1963, Paris.

MONTGLAT, Marquis de. *Mémoires*, collection Michaud et Poujoulat.

MOREAU, C. *Choix de Mazarinades*, 2 vol.

MOTTEVILLE, Mme de. *Mémoires* (1723), nouvelle édition avec notice de Sainte-Beuve, Paris. – *Registre de l'Hôtel de Ville pendant la Fronde*. Éd. de la Société de l'Histoire de France, Paris, 1846.

MONTPENSIER, Mlle de. *Mémoires* (1723), publiés avec des notes biographiques et historiques par Alphonse Chéruel, Éd. Fasquelle, Paris. – *Mémoires*, éditions de 1735 et 1746, Amsterdam. – *Correspondance de Mademoiselle avec Mme de Motteville sur un projet de vie solitaire*, paru à Cologne (1667), sous le titre *Recueil de pièces nouvelles et galantes*. – *La Galerie des Portraits de Mademoiselle de Montpensier*, publiée avec des notes par Éd. de Barthélémy, Éd. Didier, Paris, 1860. – *Les Portraits de Cour*, Collection Danjou, t. VIII. – *Divers Portraits*, 1669.

ORIEUX, Jean. *Bussy-Rabutin*, Flammarion, 1958.

PEREY, Lucien. *Marie Mancini Colonna*, Calmann-Lévy, Paris, 1896.

RETZ, Cardinal de. *Mémoires*, Éd. Champollion, 1837.

RICHELIEU, Cardinal de. *Lettres, Papiers d'État, Instructions diplomatiques*, publiés par Avenel, en 1864, Imprimerie nationale.

ROBIQUET, Paul. *Le Cœur d'une Reine*, Éd. Alcan, Paris.

SAINT-AULAIRE, Comte de. *Richelieu*, Éd. Dunod, Paris.

SAINTE-BEUVE. *Causeries du Lundi*, t. III, Garnier frères, Paris.

SAINT-SIMON, Duc de. *Mémoires*, Éd. Chéruel et Ad. Régnier, Hachette, Paris, 1914. Edition critique, notes et commentaires par A. de Boislisle, Hachette, Paris, 1879–1918. Édition de la Pléiade, Texte établi et annoté par Gonzague Truc., N. R. F., Paris, 1947.

SAINT-SIMON. *Écrits inédits*, Hachette, Paris, 1880.

SÉVIGNÉ, Marquise de. *Correspondance*, Éd. Monmerqué, dans la Collection des Grands Écrivains, Paris, 1862.

TALLEMANT DES RÉAUX. *Historiettes*, Éd. Monmerqué, Paris, 1854.

URFÉ, Honoré d'. *L'Astrée*, Hatier, Éd. Paris.

VARENDE LA. *Anne d'Autriche*, Flammarion, 1954.

VAUNOIS, Louis. *Vie de Louis XIII*, Grasset, 1944.

WEIGERT, R. A. *L'Hôtel de Chevry-Tubeuf et les débuts du Palais Mazarin*, Bulletin de la Société de l'Histoire de l'art français, 1945, pp. 18–33. – Note sur un dessin de la Collection Cronstedt au National Museum de Stockolm représentant la Galerie Basse du Palais Mazarin. *Bulletin de la Société de l'Histoire de l'art français*. 1939, pp. 93–97. – *Les premières années du Palais Mazarin* (en préparation).

NEUERE LITERATUR

(Ergänzungen*)

Quellen:

Choyko-Boutière, H. (Ed.), Correspondance du cardinal Mazarin et du chancelier de Pologne Jerzy Ossolinski. Lettres de 1643 et 1650. In: Antemurale (Rom) 17 (1974), S. 8–25.

Jansen, P. (Ed.), Arnauld d'Andilly et Mazarin. Lettres inédites. Diss. 2 vol. Paris 1968.

Russo, S. A. (Ed.), Unpublished Letters of Jules Cardinal Mazarin Written during the Fronde, 1649–1650. Diss. Ann Arbor, Mich. 1969.

Sekundärliteratur:

Bailly, A., Mazarin. Übers. v. G. Rottmann. Innsbruck 1947.

Barbiche, B., A propos du statut de Mazarin dans l'Eglise. In: Bibliothèque de l'Ecole des chartes (Paris) 128 (1970), S. 420–422.

Billioud, J., La famille de Mazarin à Marseille. In: Les Conférences de l'Institut historique de Provence (Marseille) 40 (1962), S. 123 und Marseille, revue municipale 1962, sér. 3, no. 49, S. 3–12.

Boulenger, M., Mazarino. Milano 1955.

Bourdette, J.-M., Paris-Sedan, via Pontfaverger en 1657. Le voyage de la Grande Mademoiselle et sa réconciliation avec le roi, la reine-mère et Mazarin. In: Mémoires de la Société d'agriculture, commerce, sciences et arts du département de la Marne (Châlons-sur-Marne) 85 (1970), S. 105–114.

Bregail, G., Mazarin et Louis XIV à Vic-Fezenzac. In: Bulletin de la Société archéologique, historique, littéraire et scientifique du Gers (Auch) 56 (1955), S. 205–206.

Bronne, C., Quand Mazarin gouvernait la France de Bouillon. In: Revue générale (Bruxelles) 1972, S. 53–63.

Cabrini, A.-M., Mazarin. Aventure et politique. Paris/Bonne 1962.

Carrier, H., Souvenirs de la Fronde en U.R.S.S.: les collections russes de mazarinades. In: Revue historique (Paris) 98 (1974), S. 27–50.

Church, W. F., The Impact of Absolutism in France. National Experience under Richelieu, Mazarin and Louis XIV. New York 1969.

Dent, J., Le rôle des clientèles dans l'aristocratie financière française sous le cardinal de Mazarin. In: Essays in Memory of A. Cobban (Bristol) 1973, S. 41–69.

La descendance des nièces de Mazarin. In: Chercheur et curieux (Paris) 3 (1953), S. 519–520 u. 557.

---

* Weitere neuere Literatur zu kunstgeschichtlichen und literarischen Fragen siehe besonders bei
– Bibliographie annuelle de l'Histoire de France du cinquième siècle à 1939. Paris 1956 ff.

Zusätzliche Angaben, auch zur älteren Literatur gibt etwa
– *Schieder, T.* (Hg.), Handbuch der Europäischen Geschichte. Bd. 3. Stuttgart 1971, bes. S. 837.

Dethan, G., Mazarin avant le ministère. In: Revue historique (Paris) 86 (1962), S. 33–66.
–, Le Père Joseph et Mazarin. In: La Revue de Paris 1968, S. 23–30.
–, Recherches nouvelles sur la personnalité de Mazarin. In: Revue des travaux de l'Académie des sciences morales et politiques (Paris) 122 (1969), S. 203–217.
–, La religion de Mazarin. In: Les Amis de St. François (Paris) n. sér. 11 (1970), S. 130–133.
Erlanger, P., L'ascension de Mazarin. In: La Revue de Paris 70 (1963), S. 110–118.
La France d'Henri IV à Mazarin. In: Connaissance de l'histoire (Paris) 1967, S. 353–384.
Gramada, I., Franta lui Richelieu si Mazarin. Bukarest 1971.
Grand-Mesnil, M.-N., Les mazarinades, sources de l'histoire de Paris. In: Bulletin de la Société de l'histoire de Paris et de l'Ile-de-France (Paris) 96 (1971), S. 27–30.
Heitz, A., Auf den Spuren Mazarins im Sundgau. In: Annuaire de la Société d'histoire sundgovienne (Mulhouse) 1956, S. 148–150.
Heitz, J., Mazarin. In: Musée du Rethélois et du Porcien. Bulletin archéologique, historique et folklorique (Rethel) 1967, S. 12–15.
Nouvelle Histoire de France. T. 15: La pourpre et la politique, la Régence et le gouvernement de Mazarin, 1642–1661. Paris. 1966.
Jansen, P., Le cardinal Mazarin et le mouvement janséniste français. In: Chroniques de Port-Royal (Paris) 1971, S. 6–19.
Un peu de joie à Nevers à la mort de Mazarin. In: Mémoires de la Société académique du Nivernais (Nevers) 53 (1965), S. 91–94.
Laurain, M./Darricau, R., La mort du cardinal Mazarin. In: Annuaire-bulletin de la Société de l'histoire de France (Paris) 1960, S. 57–120.
Laurain-Portemer, M., Le statut de Mazarin dans l'Eglise. Aperçus sur le haut-clergé de la Contre-Réforme. In: Bibliothèque de l'Ecole des chartes (Paris) 127 (1969), S. 355–419 u. 128 (1970), S. 5–80.
Lindsay, R. O./Neu, J., Mazarinades. A Checklist of Copies in Major Collections in the United States. In: The Scarecrow Press (Metuchen) 1972, S. VI–507.
Loirette, F., Une mazarinade en action: le Carnaval de Bordeaux (1651). In: Bulletin et mémoires de la Société archéologique de Bordeaux 66 (1972), S. 83–88.
Madelin, L., Mazarin, grand serviteur de la monarchie. In: Historia (Paris) 1960, S. 453–465.
Mazarin, Textes réunis sous la direction de G. Mongredien. Paris 1959.
Mazarin et Mancini, In: Chercheurs et curieux (Paris) 8 (1958), S. 377 bis 378.
Poelhekke, J. J., Mazarin's vroegste bemoeienis met de Nederlanden in 1635. In: Bijdragen voor de Geschiedenis der Nederlanden (Anvers) 16 (1961), S. 1–57.
Saint-Aulaire, A. F. C. Comte de, Mazarin. Übers. v. F. Jaffé. Stuttgart 1961. (Frz. Ausg. Paris 1946).

Salmon, J. H. M., Cardinal Mazarin and the Fronde. In: History Today (London) 7 (1957), S. 458–465.
Sanabre, J., Mémorial del monestir de Poblet al primer ministre de França, cardenal Mazari, 1643. In: Miscellanea populetana 1966, S. 463–482.
Villain, J., Mazarin, homme d'argent. Paris 1956.
–, Comment Mazarin s'enrichit (1643–1648). In: Revue des Deux Mondes (Paris) 1955, S. 698–708.

DAS HAUS MAZARIN

Giovanni Battista Mazarini

Pietro Mazarini
* 1576 † 1654
ꝏ Hortensia Bufalini
† 1644

Giulio Mazarini
(Jules Mazarin)
* 1602 † 1661
1641 Kardinal
1643 Erster Minister
1659 Hzg. v. Nevers

Michele Alessandro Mazarini
(Michel Mazarin)
* 1607 † 1648
1647 Kardinal
1648 Erzbf. v. Aix

Laura-Margherita Mazarini
* 1608 † 1685
ꝏ Geronimo Martinozzi
† 1639

Anna Maria Martinozzi
* 1639 † 1672
ꝏ Armand de Bourbon
Prz. v. Conti
* 1629 † 1666
(Jüngster Sohn v. Louis [I.] de Bourbon, Prz. v. Condé)

Laura Martinozzi
* 1640 † 1687
ꝏ Alfonso d'Este
Hzg. v. Modena

Michele-Paolo Mancini
* 1636 gef. 1652

Laura (Laure) Mancini
* 1636 † 1657
ꝏ Louis
Hzg. v. Vendôme u. Mercœur
* 1612 † 1669
1667 Kardinal
(Sohn v. Césare Vendôme, d. natürl. Sohn v. Kg. Heinrich IV. u. Gabrielle d'Estrées)
ꝏ (1.) Mlle de Guise

Louis-Armand de Bourbon
* 1661 † 1685
ꝏ Erste Mlle de Blois
* 1666
(Natürl. Tochter v. Kg. Ludwig XIV. u. Louise de La Vallière)

François-Louis de Bourbon
* 1664 † 1709
1697 Poln. Thronkand.
ꝏ Marie-Thérèse de Bourbon
(Tochter v. Louis II. de Bourbon, Prz. v. Condé)

Maria Beatrice Eleonora d'Este
* 1658 † 1718
ꝏ Jakob II. Stuart
*1633 † 1701
1685–88 Kg. v. Engl.

Francesco II.
Hzg. v. Modena
* 1660 † 1694

Louis-Joseph de Bourbon
Hzg. v. Vendôme
* 1654 † 1712

Philippe
Chevalier (Grand Prieur) de Vendôme
* 1655 † 1727

Louis Armand II. de Bourbon
* 1695 † 1727

Jakob Eduard
* 1688 † 1766
ꝏ Maria Klementine
Przn. Sobieski
* 1702 † 1735

6 weitere Kinder

Karl Eduard
Gf. v. Albany
* 1720 † 1788

Heinrich Benedikt
* 1725 † 1807
1747 Kardinal

- Girolama Mazarini
  * 1614 † 1656
  ⚭ Michele-Lorenzo Mancini
  - Filippo Giuliano (Philippe-Julien) Mancini
    * 1639 † 1699
    1661 Hzg. v. Nevers
    ⚭ Diane-Gabrielle de Thianges (Nichte v. Mme de Montespan)
    - Philippe-Jules-François Mancini
      * 1676 † 1769
      ⚭ Anne-Marie Spinola
      - Louis-Jules-Barbon Mancini
        Hzg. v. Nivernais
        * 1716 † 1798
    - Jacques-Hippolyte Gf. Mancini
      * 1690
    - Diane-Gabrielle-Victoire Mancini
      ⚭ Charles-Louis Henin v. Chimay
    - Diane-Adélaide-Philippe
      ⚭ Louis Armand Hzg. d'Estrées
      † 1716
  - Olimpia (Olympe) Mancini
    * 1639 † 1708
    ⚭ Eugène-Maurice v. Savoyen-Carignan Gf. v. Soissons
    † 1673
    - Louis Thomas
      * 1658 † 1702
    - Eugen („Prz. Eugen")
      Prz. v. Savoyen-Carignan
      * 1663 † 1736
  - Maria (Marie) Mancini
    * 1640 † 1715
    ⚭ Lorenzo Onofrio Colonna Connetable v. Neapel
    - Carlo Colonna
      Kardinal
  - Alfonso Mancini
    * 1644
    † 1658
  - Marie-Anne Mancini
    * 1646 † 1714
    ⚭ Maurice de La Tour d'Auvergne Hzg. v. Bouillon
    - …
      Prz. v. Turenne
    - weitere Kinder
  - Hortensia (Hortense) Mancini
    * 1646 † 1699
    ⚭ Armand de La Porte Gf. de La Meilleraie spät. Hzg. Mazarin
    - Sohn
    - mehrere Töchter
- … (Tochter)
  ⚭ Francesco Luti
- … (Tochter)

NAMENVERZEICHNIS

Frankreich
und seine Landschaften
Der Kanal
Artois
Lille
Arras
Amiens
Picardie
Rouen
Oise
Isle de France
Reims
Marne
Normandie
Lothringen und Bar
Nancy
Paris
Champagne
Bretagne
Rennes
Maine
Orléanais
Seine
Strassburg
Le Mans
Orléans
Angers
Nantes
Tours
Loire
Anjou
Dijon
Burgund
Elsass
Freigrafschaft
Besancon
Bourges
Berry
Poitiers
Poitou
La Rochelle
Bourbonnois
La Marche
Clermont
Limoges
Limousin
Auvergne
Grenoble
Bordeaux
Dorbogne
Guyenne
Dauphiné
Rhône
Garonne
Gascogne
Navarra
und
Pau
Béarn
Languedoc
Provence
Aix
Marseille
Toulon
Rhein